사서강독

四書講讀 原文·諺解

論 語
孟 子
中 庸
大 學

林東錫 編

동서문화사

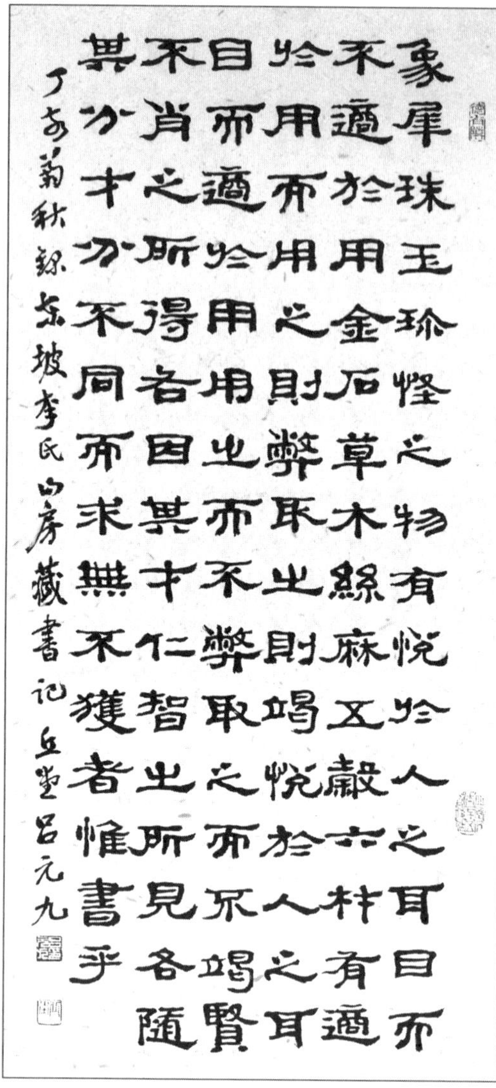

"상아, 물소 뿔, 진주, 옥. 진괴한 이런 물건들은 사람의 이목은 즐겁게 하지만 쓰임에는 적절하지 않다. 그런가 하면 금석이나 초목, 실, 삼베, 오곡, 육재는 쓰임에는 적절하나 이를 사용하면 닳아지고 취하면 고갈된다. 그렇다면 사람의 이목을 즐겁게 하면서 이를 사용하기에도 적절하며, 써도 닳지 아니하고 취하여도 고갈되지 않고, 똑똑한 자나 불초한 자라도 그를 통해 얻는 바가 각기 그 자신의 재능에 따라주고, 어진 사람이나 지혜로운 사람이나 그를 통해 보는 바가 각기 그 자신의 분수에 따라주되 무엇이든지 구하여 얻지 못할 것이 없는 것은 오직 책뿐이로다!"

≪소동파전집≫(34) 〈이씨산방장서기〉에서 구당(丘堂) 여원구(呂元九) 선생의 글씨 丁亥(2007)년 가을

책머리에

동양문화의 시작은 유가경전儒家經典이며 그 유가경전의 기본 바탕은 바로 〈사서四書〉라 할 수 있다. 송대 주희朱熹가 《논어論語》·《맹자孟子》를 기본을 삼고, 다시 《예기禮記》 속의 〈중용中庸〉과 〈대학大學〉 두 편을 분리, 편정編定하여 기존의 주석과 자신의 견해를 넣어 〈사서〉로 삼은 이래, 곧바로 과거 시험의 기본 과목이 되었으며, 이 것이 이웃나라에 흘러 한학의 정수精髓로써 꽃이며 열매 역할을 해왔다. 따라서 문사철文史哲 어느 분야를 막론하고 이 〈사서〉를 디딤돌로 하지 않고서는 한 발도 올라 설 수 없으며, 이를 발판으로 하지 않고서는 그 어떤 뜀틀도 넘어 갈 수 없다.

이에 따라 우리나라에서도 일찍이 〈사서〉에 대한 언해諺解와 연구가 활발하게 진행되었다. 즉 세종世宗 때에 이미 〈경서음해經書音解〉가 이루어지기 시작하였다. 서거정徐居正의 《필원잡기筆苑雜記》(1)에 "世宗天性好學, 其未出閤, 每讀書必百遍, ……晚年倦勤不視朝, 然於文學之事, 尤所軫慮, 命儒臣, 分局撰次諸書, 曰高麗史, 曰治平要覽, 曰兵要, 曰諺文, 曰韻書, 曰五禮儀, 曰四書五經音解, 同時撰修, 皆經睿裁成書. 一日御覽可數十卷, 其可謂天行健純亦不已也"라 하였으며, 《문헌비고文獻備考》(245)에도 "經書音解, 世宗朝命儒臣設局撰次以便句讀"라 하였다. 그리고 선조宣祖 18년(1585)에 교정청校正廳에서 소위 〈칠서언해七書諺解〉의 교정과 언해를 끝냈음을 《선조실록宣祖實錄》 21년 10월 조에서 밝히고 있다. 그러나 역대로 원문(본문)만 언해하였으며, 집주는 언급하지 않았다. 지금 도산서원陶山書院에 선조 23년(1587)의 간기를 가진 경진자본庚辰字本 〈사서언해〉가 소장되어있다. 따라서 본 책의 '도산본'이라 함은 퇴계退溪 이황李滉이 언해한 것이 아니라 도산서원에 소장된 교정청 〈사서언해〉를 가리킨다. 이는 1976년 大提閣에서 영인 출간되었다.

그리고 〈율곡사서언해栗谷四書諺解〉는 선조 9년(1576)에 율곡 이이李珥가 왕명으로 《대학》(1권), 《중용》(1권), 《논어》(4권), 《맹자》(7권)를 언해한 것으로 지금도 전하고 있다. 이는 선조 7년 미암眉巖 유희춘柳希春이 왕명으로 사서와 오경을 구결과 언해를 붙여 편찬하려다가 9년에 율곡에게 이 일을 맡길 것을 상소하여, 우선 사서만을 언해한 것이다. 지금 전하는 것은 영조 25년(1749) 홍계희洪啓禧가 그 등본謄本을 율곡의 후손과 문생을 통해 구하여 간행한 것이며, 성균관대학교 양현재養賢齋에서 1966년에 영인 간행하였다.

본 강독본에는 원문을 장별로 분류하여 일련번호를 부여하고, 아울러 이 두 언해를 함께 실어 대조, 분석, 방증의 자료로 활용할 수 있도록 하였다. 국문학 고전 연구자는 더 쉽게 이용할 수 있고, 동양학의 철학, 사학, 한문학, 중문학 등에서도 〈사서〉를 강독하고 연구하는 데에 필히 언해를 대조하여야 오류를 수정하고 바른 해석을 내릴 수 있도록 하기 위함이다. 그리고 언해를 통해 쉽게 접근함은 우리 문화의 발양에도 큰 성과를 거둘 수 있을 뿐더러 역반공배力半功倍의 효과도 기대할 수 있기 때문이라 여겼던 것이다.

집집마다 사람마다 이 〈사서〉를 갖추고 있으되 제대로 읽지 못하고 그저 앞부분 몇 구절이나 그 속에 어떤 구절이 있으려니 하는 안도감으로 소장하고 있는 경우도 있을 수 있다. 물론 〈사서〉는 전체를 다 읽고 외우며 훤히 파악하고 있기란 전문 학자가 아니면 그리 쉬운 일은 아닐 것이다. 그러나 언제라도 펴서 찾아보고 원래의 뜻을 깊이 알아 이를 활용할 수 있도록 늘 가까이 두고 산다면 그 자체로써 이미 선인에 대한 고마움의 표시이며 보답인 동시에, 현재 나의 삶을 풍요롭게 하는 하나의 내 모습이기도 할 것이다.

집안에 고전 경서經書를 두는 것은 그 책의 제목만 보아도 저절로 감화를 받는다. 이는 결코 허황된 말이 아니다. 게다가 책이란 우연히 펴서 눈에 닿는 어느 한 구절 때문에 일생의 성품이 바뀌거나 확신을 갖는 경우도 있다. "훌륭한 선생님과 좋은 친구가 곁에 있고, 시서예악의 고전이 그 앞에 펼쳐져 있는데도 이를 버리고 옳지 않은 짓을 할 자는 드물다"(賢師良友在其側, 詩書禮樂陳其前, 棄而爲不善者, 鮮矣. 《說苑》)라 하였다. 따라서 고전은 현세의 의식주를 넘어 어떤 인간으로 살 것인지를 결정해주는 위해한 스승이요, 좋은 친구이며, 훌륭한 길잡이요, 뛰어난 명약이다. 약은 먹지 않고 준비만 해 두어도 병이 반은 낫는 법이다. 이처럼 소장하고 있는 책은 그 가문의 성격을 규정하며, 어릴 때 어떤 책의 표지를 늘 보고 자랐는가에 따라 자녀의 인생관이 결정된다.

"오늘날과 같은 빠른 속도와 무쌍한 변화의 시대에 어찌 과거지향적인 고전에 매달릴 수 있겠는가"라는 질문은 의미가 없다. 더구나 "단순히 읽고 끝날 이야기도 아닌 어려운 경서의 해석에 심혈을 기울일 시간이 있을까"하고 여긴다면 이는 삶의 기본 방향을 모르는 소치라고 여길 수밖에 없다. "지금을 보려면 옛날을 보라. 옛날이 없이는 지금이 있을 수 없다"(觀今宜鑑古, 無古不成今. 《昔時賢文》)라 하였다. 내일을 위해 오늘을 살피고 오늘의 이 모습은 어제를 통해 거울삼을 수 있는 것이 인간이다. 인간은 완벽할 수 없다. 그러나 완벽을 추구할 수 있는 자유의지는 천부적으로 부여받았다. 그 완벽과 원만한 삶을 위하여 고전은 잣대가 되고 법칙이 되는 것이다.

따라서 수 천년 연구되고 인용되고, 그 똑같은 길을 시간의 선후에 관계없이 태어난 사람마다 누구나 원점부터 다시 반복해야 하는 이유는 분명히 있다.

내 몸을 위해 음식물을 먹어야 하듯 정신 수양을 위해서는 고전이라는 양식을 스스로에게 공급해주어야 하기 때문이다.

그렇다고 해서 누구나 과거 공부 방법인 독서백편의자현讀書百遍義自見으로 완고하게 여기에만 매달릴 수도 없다. 이에 우선 공구서工具書로서의 〈사서〉 하나쯤은 소지하고 있어야 한다. 게다가 "공인이 자신이 맡은 일을 잘 하려면 반드시 먼저 연장을 잘 갈아놓는 법"(工欲善其事, 必先利其器. 《論語》)이라 하였으니 이 〈사서〉라는 원문 도구를 준비하여 바르게 수선해 놓는다면 어떤 일이든 제대로 수행하지 못할 경우가 있겠는가?

근래 대학마다, 혹은 서당에서 다시 고전 읽기와 가르치기, 강독講讀, 윤독輪讀 등이 활발하게 이루어지고 있음은 참으로 다행스럽고 밝은 미래를 약속해주는 희망찬 현상이다. 그러나 수없이 많은 교재가 있지만 바르게 강독하고 편리하게 이용하며 자유롭게 토론할 수 있는 정본 텍스트가 미비한 것이 아닌가 하는 생각을 평소에 가졌었다. 또한 원문만 필요로 하는 경우가 허다함에도 그러한 판본이 흔하지 않아 표점과 일련번호, 언해를 묶어 단순하게 꾸민 것이다.

끝으로 이 책은 순전히 강독, 강의, 윤독, 공구서, 교재로써 활용하기 위한 것이다. 따라서 원의나 미세한 부분에 대한 안내와 토론, 해석은 본인의 〈四書〉 역주본을 참고하기 바라며, 오자나 누소漏疎한 부분이 없을 수 없으니 발견하는 대로 질정叱正하여 일러주기를 고대한다.

莎浦 林東錫이 己丑 正月에 負郭齋에서 적다.

차 례

論 語

孟 子

中 庸

大 學

論 語

<原文·諺解>

순서	篇名	章數	일련번호	순서	篇名	章數	일련번호
1	學而	16	001 - 016	11	先進	25	254 - 278
2	爲政	24	017 - 040	12	顔淵	24	279 - 302
3	八佾	26	041 - 066	13	子路	30	303 - 332
4	里仁	26	067 - 092	14	憲問	47	333 - 379
5	公冶長	27	093 - 119	15	衛靈公	41	380 - 420
6	雍也	28	120 - 147	16	季氏	14	421 - 434
7	述而	37	148 - 184	17	陽貨	26	435 - 460
8	泰伯	21	185 - 205	18	微子	11	461 - 471
9	子罕	30	206 - 235	19	子張	25	472 - 496
10	鄕黨	18	236 - 253	20	堯曰	3	497 - 499

第一〈學而〉

001(1-1)

子曰:「學而時習之, 不亦說乎? 有朋自遠方來, 不亦樂乎? 人不知, 而不慍, 不亦君子乎?」

① 陶山本

子(ᄌᆞ) ㅣ ᄀᆞᆯᄋᆞ샤ᄃᆡ 學(ᄒᆞᆨ)ᄒᆞ고 時(시)로 習(습)ᄒᆞ면 ᄯᅩᄒᆞᆫ 깃브디 아니ᄒᆞ랴
버디 遠方(원방)으로브터 오면 ᄯᅩᄒᆞᆫ 즐겁디 아니ᄒᆞ랴
사ᄅᆞᆷ이 아디 몯ᄒᆞ야도 慍(온)티 아니ᄒᆞ면 ᄯᅩᄒᆞᆫ 君子(군ᄌᆞ) ㅣ 아니가

② 栗谷本

子(ᄌᆞ) ㅣ ᄀᆞᄅᆞ샤ᄃᆡ 學(ᄒᆞᆨ)ᄒᆞ고 時(시)로 習(습)ᄒᆞ면 ᄯᅩᄒᆞᆫ 說(열)홉디 아니랴
朋(붕)이 遠方(원방)으로브터 오리 이시면 ᄯᅩᄒᆞᆫ 樂(락)홉디 아니ᄒᆞ랴
人(인)이 아디 몯ᄒᆞ야도 慍(온)티 아니면 ᄯᅩᄒᆞᆫ 君子(군ᄌᆞ) ㅣ 아니랴

002(1-2)

有子曰:「其爲人也孝弟, 而好犯上者, 鮮矣; 不好犯上, 而好作亂者, 未之有也. 君子務本, 本立而道生. 孝弟也者, 其爲仁之本與!」

① 陶山本

有子(유ᄌᆞ) ㅣ ᄀᆞᆯ오ᄃᆡ 그 사ᄅᆞᆷ이론디 孝(효)ᄒᆞ며 弟(뎨)ᄒᆞ고 上□□□□□홈을 好(호)ᄒᆞᆯ 者(쟈) ㅣ 젹으니 上(샹)을 犯(범)홈을 好(호)티 아니ᄒᆞ고 亂(란)을 作(작)홈을 好(호)ᄒᆞᆯ 者(쟈) ㅣ 잇디 아니ᄒᆞ니라

君子(군ᄌᆞ)ᄂᆞᆫ 本(본)을 힘ᄡᅳᆯ 디니 本(본)이 셤애 道(도) ㅣ 生(ᄉᆡᆼ)ᄒᆞᄂᆞ니 孝弟(효뎨)ᄂᆞᆫ 그 仁(ᄉᆡᆫ)ᄒᆞ욜 本(본)인뎌

② 栗谷本

有子(유ᄌᆞ) ㅣ ᄀᆞᆯ오ᄃᆡ 그 人(인)이론디 孝弟(효뎨)코 上(샹) 犯(범)호ᄆᆞᆯ 됴히 너길 者(쟈) ㅣ 져그니 上(샹) 犯(범)호ᄆᆞᆯ 됴히 너기고 亂(란) 作(작)호ᄆᆞᆯ 됴히 너길 者(쟈) ㅣ 잇디 아니ᄒᆞ니라

君子(군ᄌᆞ) ㅣ 本(본)을 務(무)ᄒᆞᆯ디니 本(본)이 立(립)호매 道(도) ㅣ 生(ᄉᆡᆼ)ᄒᆞᄂᆞ니 孝弟(효뎨)ᄂᆞᆫ 그 仁(인)ᄒᆞᆯ 本(본)인뎌

003(1-3)

子曰:「巧言令色, 鮮矣仁!」

① 陶山本

子(ᄌᆞ)ㅣ ᄀᆞᆯᄋᆞ샤ᄃᆡ 言(언)을 巧(교)히 ᄒᆞ며 色(ᄉᆡᆨ)을 令(령)히 ᄒᆞᆯ 이 仁(ᄉᆡᆫ)ᄒᆞᆯ 이 鮮(션)ᄒᆞ니라

② 栗谷本

子(ᄌᆞ)ㅣ ᄀᆞᄅᆞ샤ᄃᆡ 言(언)을 巧(교)히 ᄒᆞ며 色(ᄉᆡᆨ)을 令(령)히 ᄒᆞᄂᆞᆫ이 仁(인)이 져그니라

004(1-4)

曾子曰:「吾日三省吾身: 爲人謀而不忠乎? 與朋友交而不信乎? 傳不習乎?」

① 陶山本

曾子(증ᄌᆞ)ㅣ ᄀᆞᆯᄋᆞ샤ᄃᆡ 내 날로 세 가지로 내 몸을 ᄉᆞᆯ피노니 사ᄅᆞᆷ을 爲(위)ᄒᆞ야 謀(모)홈애 忠(튱)티 몯ᄒᆞᆫ가 朋友(붕우)로 더브러 交(교)홈애 信(신)티 몯ᄒᆞᆫ가 傳(뎐)코 習(습)디 몯ᄒᆞᆫ개니라

② 栗谷本

曾子(증ᄌᆞ)ㅣ ᄀᆞᄅᆞ샤ᄃᆡ 내 日(일)마다 三(삼)으로 내 몸을 省(셩)ᄒᆞ노니 人(인)을 爲(위)ᄒᆞ야 謀(모)호매 忠(튱)티 몯ᄒᆞᆫ가 朋友(붕우)로 더브러 交(교)호매 信(신)티 몯ᄒᆞᆫ가 傳(뎐)ᄒᆞᆫ 거슬 習(습)디 몯ᄒᆞᆯ가 호미니라

005(1-5)

子曰:「道千乘之國, 敬事而信, 節用而愛人, 使民以時.」

① 陶山本

子(ᄌᆞ)ㅣ ᄀᆞᆯᄋᆞ샤ᄃᆡ 千乘(쳔승)ㅅ 나라ᄒᆞᆯ 道(도)호ᄃᆡ 일을 敬(경)하고 信(신)ᄒᆞ며 쓰기를 節(졀)ᄒᆞ고 사ᄅᆞᆷ을 愛(ᄋᆡ)ᄒᆞ며 民(민)을 브료ᄃᆡ 時(시)로ᄡᅥ ᄒᆞᆯ 띠니라

② 栗谷本

子(ᄌᆞ)ㅣ ᄀᆞᄅᆞ샤ᄃᆡ 千乘(쳔승) 나라ᄒᆞᆯ 다ᄉᆞ리되 일을 敬(경)하고 信(신)ᄒᆞ며 用(용)을 節(졀)ᄒᆞ고 人(인)을 愛(ᄋᆡ)ᄒᆞ며 民(민)을 使(ᄉᆞ)호ᄃᆡ 時(시)로ᄡᅥ ᄒᆞᆯ 디니라

006(1-6)

子曰:「弟子, 入則孝, 出則弟, 謹而信, 汎愛衆, 而親仁. 行有餘力, 則以學文.」

① 陶山本

子(ᄌᆞ) ㅣ ᄀᆞᆯᄋᆞ샤ᄃᆡ 弟子(뎨ᄌᆞ) ㅣ 드러ᄂᆞᆫ 孝(효)ᄒᆞ고 나ᄂᆞᆫ 弟(뎨)ᄒᆞ며 謹(근)ᄒᆞ고 信(신)ᄒᆞ며 너비 衆(즁)을 愛(ᄋᆡ)호ᄃᆡ 仁(ᅀᅵᆫ)을 親(친)히 ᄒᆞᆯ 띠니 行(ᄒᆡᇰ)홈애 남은 힘이 잇거든 곧 ᄡᅥ 글을 學(ᄒᆞᆨ)ᄒᆞᆯ 띠니라

② 栗谷本

子(ᄌᆞ) ㅣ ᄀᆞᄅᆞ샤ᄃᆡ 弟子(뎨ᄌᆞ) ㅣ 들면 孝(효)ᄒᆞ고 나면 弟(뎨)ᄒᆞ며 謹(근)코 信(신)ᄒᆞ며 너비 衆(즁)을 愛(ᄋᆡ)호ᄃᆡ 仁(인)을 親(친)히 ᄒᆞᆯ 디니 行(ᄒᆡᇰ)호매 나ᄆᆞᆫ 힘이 잇거든 ᄡᅥ 文(문)을 學(ᄒᆞᆨ)ᄒᆞᆯ 디니라

007(1-7)

子夏曰:「賢賢易色; 事父母, 能竭其力; 事君, 能致其身; 與朋友交, 言而有信. 雖曰未學, 吾必謂之學矣.」

① 陶山本

子夏(ᄌᆞ하) ㅣ ᄀᆞᆯ오ᄃᆡ 어딘 이를 어딜이 너교ᄃᆡ 色(ᄉᆡᆨ)을 밧고며 父母(부모)를 셤교ᄃᆡ 能(ᄂᆞᆼ)히 그 힘을 竭(갈)ᄒᆞ며 님금을 셤교ᄃᆡ 能(ᄂᆞᆼ)히 그 몸을 致(티)ᄒᆞ며 朋友(붕우)로 더브러 交(교)호ᄃᆡ 言(언)홈애 信(신)이 이시면 비록 學(ᄒᆞᆨ)디 몯ᄒᆞ얏다 닐어도 나ᄂᆞᆫ 반ᄃᆞ시 學(ᄒᆞᆨ)ᄒᆞ얏다 닐오리라

② 栗谷本

子夏(ᄌᆞ하) ㅣ ᄀᆞᆯ오ᄃᆡ 賢(현)을 賢(현)히 너기되 色(ᄉᆡᆨ)과 易(역)ᄒᆞ며 父母(부모)를 셤기되 能(ᄂᆞᆼ)히 그 힘을 竭(갈)ᄒᆞ며 君(군)을 셤기되 能(ᄂᆞᆼ)히 그 몸을 致(티)ᄒᆞ며 朋友(붕우)로 더브러 交(교)호ᄃᆡ 言(언)호매 信(신)이 이시면 비록 ᄀᆞᆯ오ᄃᆡ 學(ᄒᆞᆨ)디 몯ᄒᆞ얏다 ᄒᆞ나 나ᄂᆞᆫ 반ᄃᆞ시 學(ᄒᆞᆨ)ᄒᆞ얏다 니로리라

008(1-8)

子曰:「君子不重, 則不威; 學則不固. 主忠信. 無友不如己者. 過則勿憚改.」

① 陶山本

子(ᄌᆞ)ㅣ ᄀᆞᆯᄋᆞ샤ᄃᆡ 君子(군ᄌᆞ)ㅣ 重(듕)티 아니ᄒᆞ면 威(위)티 아니ᄒᆞᄂᆞ니 學(ᄒᆞᆨ)ᄒᆞ면 固(고)티 몯ᄒᆞᄂᆞ니라

忠信(튱신)으로 主(쥬)ᄒᆞ며

己(긔) ᄀᆞᆮ디 몯ᄒᆞᆫ 이를 友(우)티 말오

過(과)ㅣ어든 改(ᄀᆡ)홈을 憚(탄)티 말올 띠니라

② 栗谷本

子(ᄌᆞ)ㅣ ᄀᆞᄅᆞ샤ᄃᆡ 君子(군ᄌᆞ)ㅣ 重(듕)티 아니ᄒᆞ면 威(위)티 몯ᄒᆞ고 學(ᄒᆞᆨ)도 固(고)티 몯ᄒᆞ니라

忠信(튱신)을 主(쥬)ᄒᆞ며

己(긔) ᄀᆞᆮ디 몯ᄒᆞ니ᄅᆞᆯ 友(우)티 말며

過(과)ㅣ어든 改(ᄀᆡ)호ᄆᆞᆯ 憚(탄)티 마ᄅᆞᆯ 디니라

009(1-9)

曾子曰:「愼終, 追遠, 民德歸厚矣.」

① 陶山本

曾子(증ᄌᆞ)ㅣ ᄀᆞᆯᄋᆞ샤ᄃᆡ 終(죵)을 愼(신)ᄒᆞ며 遠(원)을 追(튜)ᄒᆞ면 民(민)의 德(덕)이 厚(후)에 歸(귀)ᄒᆞ리라

② 栗谷本

曾子(증ᄌᆞ)ㅣ ᄀᆞᄅᆞ샤ᄃᆡ 終(죵)애 愼(신)ᄒᆞ며 遠(원)을 追(튜)ᄒᆞ면 民德(민덕)이 厚(후)의 歸(귀)ᄒᆞ리라

010(1-10)

子禽問於子貢曰:「夫子至於是邦也, 必聞其政, 求之與? 抑與之與?」子貢曰:「夫子溫·良·恭·儉·讓以得之. 夫子之求之也, 其諸異乎人之求之與.」

① 陶山本

子禽(ᄌᆞ금)이 子貢(ᄌᆞ공)의게 무러 ᄀᆞᆯ오ᄃᆡ 夫子(부ᄌᆞ)ㅣ 이 邦(방)에 니르샤 반ᄃᆞ시 그 政(졍)을 드르시ᄂᆞ니 求(구)ᄒᆞ시ᄂᆞ냐 與(여)ᄒᆞᄂᆞ냐

子貢(ᄌᆞ공)이 ᄀᆞᆯ오ᄃᆡ 夫子(부ᄌᆞ)ᄂᆞᆫ 溫(온)ᄒᆞ시며 良(량)ᄒᆞ시며 恭(공)ᄒᆞ시며 儉(검)ᄒᆞ시며 讓(샹)ᄒᆞ시모로ᄡᅧ 得(득)ᄒᆞ시ᄂᆞ니 夫子(부ᄌᆞ)의 求(구)ᄒᆞ시믄 그 사ᄅᆞᆷ의 求(구)홈애 다ᄅᆞ신뎌

② 栗谷本

子禽(ᄌᆞ금)이 子貢(ᄌᆞ공)ᄃᆞ려 問(문)ᄒᆞ야 ᄀᆞᆯ오ᄃᆡ 夫子(부ᄌᆞ)ㅣ 이 나라히 니ᄅᆞ시매 반ᄃᆞ시 그 政(졍)을 드ᄅᆞ시ᄂᆞ니 求(구)ᄒᆞ시냐 與(여)ᄒᆞᄂᆞ냐

子貢(ᄌᆞ공)이 ᄀᆞᆯ오ᄃᆡ 夫子(부ᄌᆞ)ㅣ 溫(온)과 良(량)과 恭(공)과 儉(검)과 讓(양)으로ᄡᅧ 得(득)ᄒᆞ시ᄂᆞ니 夫子(부ᄌᆞ)의 求(구)ᄒᆞ샤ᄆᆞᆫ 그 人(인)의 求(구)호과 다ᄅᆞᆫ뎌

011(1-11)

子曰:「父在, 觀其志; 父沒, 觀其行; 三年無改於父之道, 可謂孝矣.」

① 陶山本

子(ᄌᆞ)ㅣ ᄀᆞᆯᄋᆞ샤ᄃᆡ 父(부)ㅣ 在(ᄌᆡ)홈애 그 志(지)를 보고 父(부)ㅣ 沒(몰)홈애 그 行(ᄒᆡᆼ)을 볼 ᄯᅵ나 三年(삼년)을 父(부)의 道(도)애 고티미 업세사 可(가)히 孝(효)ㅣ라 닐을 이니라

② 栗谷本

子(ᄌᆞ)ㅣ ᄀᆞᄅᆞ샤ᄃᆡ 父(부)ㅣ 在(ᄌᆡ)호매 그 志(지)ᄅᆞᆯ 보고 父(부)ㅣ 沒(몰)호매 그 行(ᄒᆡᆼ)을 볼 디니 三年(삼년)을 父(부)의 道(도)애 改(ᄀᆡ)호미 업서야 可(가)히 孝(효)ㅣ라 니를 디니라

012(1-12)

有子曰:「禮之用, 和爲貴. 先王之道, 斯爲美; 小大由之. 有所不行, 知和而和, 不以禮節之, 亦不可行也.」

① 陶山本

有子(유ᄌᆞ)ㅣ ᄀᆞᆯ오ᄃᆡ 禮(례)의 用(용)이 和(화)ㅣ 貴(귀)ᄒᆞ니 先王(션왕)의 道(도)ㅣ 이 아름다온 디라 小(쇼)와 大(대)ㅣ 말ᄆᆡ암으니라

行(ᄒᆡᆼ)티 몯ᄒᆞᆯ ᄲᅢ 이시니 和(화)ᄅᆞᆯ 아라 和(화)만 ᄒᆞ고 禮(례)로ᄡᅥ 節(졀)티 아니면 ᄯᅩᄒᆞᆫ 可(가)히 行(ᄒᆡᆼ)티 몯ᄒᆞᄂᆞ니라

② 栗谷本

有子(유ᄌᆞ)ㅣ ᄀᆞᆯ오ᄃᆡ 禮(례)의 用(용)이 和(화)ㅣ 貴(귀)ᄒᆞ니 先王(션왕)의 道(도)ㅣ 이 美(미)ᄒᆞᆫ 디라 小大(쇼대)의 由(유)ᄒᆞᆯ 디니라

行(힝)티 몯홀 배 잇ᄂᆞ니 和(화)만 아라 和(화)ᄒᆞ고 禮(례)로ᄡᅥ 節(절)티 아니면 ᄯᅩᄒᆞᆫ 可(가)히 行(힝)티 몯홀 디니라

013(1-13)

有子曰:「信近於義, 言可復也. 恭近於禮, 遠恥辱也. 因不失其親, 亦可宗也.」

① 陶山本

有子(유ᄌᆞ)ㅣ ᄀᆞᆯ오ᄃᆡ 信(신)이 義(의)예 갓가오면 言(언)을 可(가)히 復(복)ᄒᆞ며 恭(공)이 禮(례)예 갓가오면 恥(티)와 辱(욕)을 遠(원)ᄒᆞ며 因(인)홈애 그 親(친)홀 이를 일티 아니ᄒᆞ면 ᄯᅩᄒᆞᆫ 可(가)히 宗(종)ᄒᆞ얌즉 ᄒᆞ니라

② 栗谷本

有子(유ᄌᆞ)ㅣ ᄀᆞᆯ오ᄃᆡ 信(신)이 義(의)예 近(근)ᄒᆞ면 言(언)을 可(가)히 復(복)홀 디오 恭(공)이 禮(례)예 近(근)ᄒᆞ면 恥辱(티욕)을 멀리 홀 디오 因(인)호매 그 親(친)홀 ᄃᆡ롤 失(실)티 아니면 ᄯᅩᄒᆞᆫ 可(가)히 宗(종)홀 디니라

014(1-14)

子曰:「君子食無求飽, 居無求安, 敏於事而愼於言, 就有道而正焉, 可謂好學也已.」

① 陶山本

子(ᄌᆞ)ㅣ ᄀᆞᆯᄋᆞ샤ᄃᆡ 君子(군ᄌᆞ)ㅣ 食(식)홈애 飽(포)홈을 求(구)티 아니ᄒᆞ며 居(거)홈애 安(안)홈을 求(구)티 아니ᄒᆞ며 事(ᄉᆞ)애 敏(민)ᄒᆞ며 言(언)애 愼(신)ᄒᆞ고 道(도)인ᄂᆞᆫ ᄃᆡ 나ᅀᅡ가 正(졍)ᄒᆞ면 可(가)히 學(혹)을 됴히 너긴다 닐을 이니라

② 栗谷本

子(ᄌᆞ)ㅣ ᄀᆞᄅᆞ샤ᄃᆡ 君子(군ᄌᆞ)ㅣ 食(식)애 飽(포)호ᄆᆞᆯ 求(구)티 말며 居(거)호매 安(안)호ᄆᆞᆯ 求(구)티 말며 事(ᄉᆞ)애 敏(민)ᄒᆞ고 言(언)애 愼(신)ᄒᆞ고 有道(유도)애 就(취)ᄒᆞ야 正(졍)ᄒᆞ면 可(가)히 學(혹)을 好(호)ᄒᆞᆫ다 니ᄅᆞᆯ 디니라

015(1-15)

子貢曰:「貧而無諂, 富而無驕, 何如?」子曰:「可也; 未若貧而樂, 富而好禮者也.」子貢曰:「詩云:『如切如磋, 如琢如磨』, 其斯之謂與?」子曰:「賜也, 始可與言詩已矣, 告諸往而知來者.」

① 陶山本

子貢(ᄌᆞ공)이 ᄀᆞᆯ오ᄃᆡ 貧(빈)ᄒᆞ야도 諂(텸)홈이 업스며 富(부)ᄒᆞ야도 驕(교)홈이 업소ᄃᆡ 엇더ᄒᆞ닝잇고 子(ᄌᆞ)ㅣ ᄀᆞᆯᄋᆞ샤ᄃᆡ 可(가)ᄒᆞ나 貧(빈)ᄒᆞ고 樂(락)ᄒᆞ며 富(부)ᄒᆞ고 禮(례)를 好(호)ᄒᆞᄂᆞᆫ 者(쟈)만 ᄀᆞᆮ디 몯ᄒᆞ니라

子貢(ᄌᆞ공)이 ᄀᆞᆯ오ᄃᆡ 詩(시)예 닐오ᄃᆡ 切(졀)ᄐᆞᆺ ᄒᆞ고 磋(차)ᄐᆞᆺ ᄒᆞ며 琢(탁)ᄃᆞᆺ ᄒᆞ고 磨(마)ᄐᆞᆺ ᄒᆞ다 ᄒᆞ니 그 이ᄅᆞᆯ 닐옴인뎌

子(ᄌᆞ)ㅣ ᄀᆞᆯᄋᆞ샤ᄃᆡ 賜(ᄉᆞ)ᄂᆞᆫ 비로소 可(가)히 더브러 詩(시)를 니ᄅᆞ리로다 往(왕)을 告(고)홈애 來者(ᄅᆡ쟈)를 알오녀

② 栗谷本

子貢(ᄌᆞ공)이 ᄀᆞᆯ오ᄃᆡ 貧(빈)코 諂(텸)이 업ᄉᆞ미 富(부)코 驕(교)호미 업ᄉᆞ면 엇더ᄒᆞ니잇고 子(ᄌᆞ)ㅣ ᄀᆞᄅᆞ샤ᄃᆡ 可(가)ᄒᆞ나 (빈)코 樂(락)ᄒᆞ며 富(부)코 禮(례)ᄅᆞᆯ 好(호)ᄒᆞᄂᆞ니만 ᄀᆞᆮ디 몯ᄒᆞ니라

子貢(ᄌᆞ공)이 ᄀᆞᆯ오ᄃᆡ 詩(시)예 닐오ᄃᆡ 切(졀)ᄐᆞᆺ 磋(차)ᄐᆞᆺ ᄒᆞ며 琢(탁)ᄐᆞᆺ 磨(마)ᄐᆞᆺ ᄒᆞ다 ᄒᆞ니 그 이ᄅᆞᆯ 니로민뎌

子(ᄌᆞ)ㅣ ᄀᆞᄅᆞ샤ᄃᆡ 賜(ᄉᆞ)ᄂᆞᆫ 비로소 可(가)히 더브러 詩(시)를 니ᄅᆞ리로다 往(왕)을 告(고)호매 來者(ᄅᆡ쟈)ᄅᆞᆯ 알고녀

016(1-16)

子曰:「不患人之不己知, 患不知人也.」

① 陶山本

子(ᄌᆞ)ㅣ ᄀᆞᆯᄋᆞ샤ᄃᆡ 人(ᅀᅵᆫ)의 己(긔)ᄅᆞᆯ 아디 몯홈을 患(환)티 말고 人(ᅀᅵᆫ)을 아디 몯홈을 患(환)홀 띠니라

② 栗谷本

子(ᄌᆞ)ㅣ ᄀᆞᄅᆞ샤ᄃᆡ 人(인)의 날 아디 몯호ᄆᆞᆯ 患(환)티 말고 人(인) 아디 몯호ᄆᆞᆯ 患(환)ᄒᆞᆯ 디니라

第二〈爲政〉

017(2-1)

子曰:「爲政以德, 譬如北辰居其所而衆星共之.」

① 陶山本

子(ᄌᆞ)ㅣ ᄀᆞᆯᄋᆞ샤ᄃᆡ 政(졍)을 호ᄃᆡ 德(덕)으로뻐 홈이 譬(비)컨댄 北辰(븍신)이 그 所(소)애 居(거)ᄒᆞ얏거든 모든 별이 共(공)홈 ᄀᆞᄐᆞ니라

② 栗谷本

子(ᄌᆞ)ㅣ ᄀᆞᄅᆞ샤ᄃᆡ 政(졍)ᄒᆞᄂᆞᆫ 이 德(덕)을 뻐 호미 譬(비)컨댄 北辰(븍신)이 그 所(소)애 居(거)ᄒᆞ얏거든 衆星(즁셩)이 共(공)홈 ᄀᆞᄐᆞ니라

018(2-2)

子曰:「詩三百, 一言以蔽之, 曰:『思無邪』.」

① 陶山本

子(ᄌᆞ)ㅣ ᄀᆞᆯᄋᆞ샤ᄃᆡ 詩(시)ㅣ 三百(삼빅)애 ᄒᆞᆫ 말이 뻐 蔽(폐)ᄒᆞ야시니 ᄀᆞᆯ온 思(ᄉᆞ)ㅣ 邪(사) 업슴이니라

② 栗谷本

子(ᄌᆞ)ㅣ ᄀᆞᄅᆞ샤ᄃᆡ 詩(시) 三百(삼빅)애 ᄒᆞᆫ 말이 뻐 蔽(폐)ᄒᆞ니 ᄀᆞᆯ온 思(ᄉᆞ)ㅣ 邪(사) 업다 호미니라

019(2-3)

子曰:「道之以政, 齊之以刑, 民免而無恥; 道之以德, 齊之以禮, 有恥且格.」

① 陶山本

子(ᄌᆞ)ㅣ ᄀᆞᆯᄋᆞ샤ᄃᆡ 道(도)호ᄃᆡ 政(졍)으로뻐 ᄒᆞ고 齊(졔)호ᄃᆡ 刑(형)으로뻐 ᄒᆞ면 民(민)이 免(면)홀 만ᄒᆞ고 恥(티)홈은 업ᄂᆞ니라

道(도)호ᄃᆡ 德(덕)으로뻐 ᄒᆞ고 齊(졔)호ᄃᆡ 禮(례)로뻐 ᄒᆞ면 恥(티)홈이 잇고 ᄯᅩ 格(격)ᄒᆞᄂᆞ니라

② 栗谷本

子(ᄌᆞ)ㅣ ᄀᆞᄅᆞ샤ᄃᆡ 政(졍)으로ᄡᅥ 道(도)ᄒᆞ고 刑(형)으로ᄡᅥ 齊(졔)ᄒᆞ면 民(민)이 免(면)호ᄃᆡ 恥(티)업ᄉᆞ니라

德(덕)으로ᄡᅥ 道(도)ᄒᆞ고 禮(례)로ᄡᅥ 齊(졔)ᄒᆞ면 恥(티)잇고 ᄯᅩᄒᆞᆫ 格(격)ᄒᆞᄂᆞ니라

020(2-4)

子曰:「吾十有五而志于學, 三十而立, 四十而不惑, 五十而知天命, 六十而耳順, 七十而從心所欲, 不踰矩.」

① 陶山本

子(ᄌᆞ)ㅣ ᄀᆞᆯᄋᆞ샤ᄃᆡ 내 열히오 ᄯᅩ 다ᄉᆞ새 學(혹)애 志(지)ᄒᆞ고

셜흔에 立(립)ᄒᆞ고

마ᄋᆞᆫ애 惑(혹)디 아니ᄒᆞ고

쉰에 天命(텬명)을 알고

여슌에 耳(ᅀᅵ)ㅣ 順(슌)ᄒᆞ고

닐흔에 ᄆᆞᅀᆞᆷ의 欲(욕)ᄒᆞᄂᆞᆫ 바를 조차 矩(구)에 넘디 아니호라

② 栗谷本

子(ᄌᆞ)ㅣ ᄀᆞᄅᆞ샤ᄃᆡ 내 十(십)이오 ᄯᅩ 五(오)애 學(혹)의 志(지)ᄒᆞ고

三十(삼십)애 立(립)ᄒᆞ고

四十(사십)애 惑(혹)디 아니코

五十(오십)애 天命(텬명)을 알고

六十(륙십)애 耳(이)ㅣ 順(슌)ᄒᆞ고

七十(칠십)애 ᄆᆞᄋᆞᆷ의 欲(욕)ᄒᆞᄂᆞᆫ 바ᄅᆞᆯ 조초ᄃᆡ 矩(구)ᄅᆞᆯ 踰(유)티 아니호라

021(2-5)

孟懿子問孝. 子曰:「無違.」樊遲御, 子告之曰:「孟孫問孝於我, 我對曰:『無違』.」樊遲曰:「何謂也?」子曰:「生, 事之以禮; 死, 葬之以禮, 祭之以禮.」

① 陶山本

孟懿子(밍의ᄌᆞ)ㅣ 孝(효)를 묻ᄌᆞ온대 子(ᄌᆞ)ㅣ ᄀᆞᆯᄋᆞ샤ᄃᆡ 違(위)홈이 업슴이니라

樊遲(번디)ㅣ 御(어)ᄒᆞ야쩌니 子(ᄌᆞ)ㅣ 告(고)ᄒᆞ야 ᄀᆞᆯᄋᆞ샤ᄃᆡ 孟孫(ᄆᆡᆼ손)이 孝(효)를 내게 무러늘 내 對(ᄃᆡ)ᄒᆞ야 ᄀᆞᆯ오ᄃᆡ 違(위)홈이 업슴이라 호라

樊遲(번디)ㅣ ᄀᆞᆯ오ᄃᆡ 엇디 닐옴이닝잇고 子(ᄌᆞ)ㅣ ᄀᆞᆯᄋᆞ샤ᄃᆡ 사라실 쩨 셤김을 禮(례)로써 ᄒᆞ며 죽음애 葬(장)홈을 禮(례)로써 ᄒᆞ며 祭(졔)홈을 禮(례)로써 홈이니라

② 栗谷本

孟懿子(ᄆᆡᆼ의ᄌᆞ)ㅣ 孝(효)를 問(문)ᄒᆞᆫ대 子(ᄌᆞ)ㅣ ᄀᆞᄅᆞ샤ᄃᆡ 違(위)호미 업슬 디니라

樊遲(번디)ㅣ 御(어)ᄒᆞ얏더니 子(ᄌᆞ)ㅣ 告(고)ᄒᆞ야 ᄀᆞᄅᆞ샤ᄃᆡ 孟孫(ᄆᆡᆼ손)이 내게 孝(효)ᄅᆞᆯ 뭇거늘 내 對(ᄃᆡ)ᄒᆞ야 ᄀᆞᆯ오ᄃᆡ 無違(무위)라 호라

樊遲(번디)ㅣ ᄀᆞᆯ오ᄃᆡ 엇디 니로미니잇고 子(ᄌᆞ)ㅣ ᄀᆞᄅᆞ샤ᄃᆡ 生(ᄉᆡᆼ)애 事(ᄉᆞ)호ᄆᆞᆯ 禮(례)로써 ᄒᆞ며 死(ᄉᆞ)애 葬(장)호ᄆᆞᆯ 禮(례)로써 ᄒᆞ며 祭(졔)ᄅᆞᆯ 禮(례)로써 호미니라

022(2-6)

孟武伯問孝. 子曰:「父母唯其疾之憂.」

① 陶山本

孟武伯(ᄆᆡᆼ무ᄇᆡᆨ)이 孝(효)를 묻ᄌᆞ온대 子(ᄌᆞ)ㅣ ᄀᆞᆯᄋᆞ샤ᄃᆡ 父母(부모)ᄂᆞᆫ 오직 그 疾(질)을 근심ᄒᆞ시ᄂᆞ니라

② 栗谷本

孟武伯(ᄆᆡᆼ무ᄇᆡᆨ)이 孝(효)ᄅᆞᆯ 問(문)ᄒᆞᆫ대 子(ᄌᆞ)ㅣ ᄀᆞᄅᆞ샤ᄃᆡ 父母(부모)ᄂᆞᆫ 오직 그 疾(질)을 憂(우)ᄒᆞ시ᄂᆞ니라

023(2-7)

子游問孝. 子曰:「今之孝者, 是謂能養. 至於犬馬, 皆能有養; 不敬, 何以別乎?」

① 陶山本

子游(ᄌᆞ유)ㅣ 孝(효)를 묻ᄌᆞ온대 子(ᄌᆞ)ㅣ ᄀᆞᆯᄋᆞ샤ᄃᆡ 이젯 孝(효)ᄂᆞᆫ 이 닐온 能(능)히 養(양)홈이니 犬(견)과 馬(마)애 니르러도 다 能(능)히 養(양)홈이 인ᄂᆞ니 敬(경)티 아니ᄒᆞ면 므스거스로써 別(별)ᄒᆞ리오

② 栗谷本

子游(ᄌᆞ유)ㅣ 孝(효)ᄅᆞᆯ 問(문)ᄒᆞᆫ대 子(ᄌᆞ)ㅣ ᄀᆞᄅᆞ샤ᄃᆡ 이제 孝(효)ᄂᆞᆫ 이 닐온 能(능)히 養(양)호ᄆᆞᆯ 니ᄅᆞᄂᆞ니 犬馬(견마)의 니르러도 다 能(능)히 養(양)호ᄆᆞᆯ 둣ᄂᆞ니 敬(경)티 아니면

엇디 뻐 別(별)ᄒᆞ리오

024(2-8)

子夏問孝. 子曰:「色難. 有事, 弟子服其勞; 有酒食, 先生饌, 曾是以爲孝乎?」

① 陶山本

子夏(ᄌᆞ하)ㅣ 孝(효)를 묻ᄌᆞ온대 子(ᄌᆞ)ㅣ ᄀᆞᆯᄋᆞ샤ᄃᆡ 色(ᄉᆡᆨ)이 어려오니 일이 잇거든 弟子(뎨ᄌᆞ)ㅣ 그 勞(로)ᄅᆞᆯ 服(복)ᄒᆞ고 酒(쥬)와 食(ᄉᆞ)ㅣ 잇거든 先生(션ᄉᆡᆼ)을 饌(찬)홈이 일즉 이를 뻐 孝(효)ㅣ라 ᄒᆞ랴

② 栗谷本

子夏(ᄌᆞ하)ㅣ 孝(효)를 問(문)ᄒᆞᆫ대 子(ᄌᆞ)ㅣ ᄀᆞᄅᆞ샤ᄃᆡ 色(ᄉᆡᆨ)이 難(란)ᄒᆞ니 事(ᄉᆞ)ㅣ 잇거든 弟子(뎨ᄌᆞ)ㅣ 그 勞(로)ᄅᆞᆯ 服(복)ᄒᆞ고 酒食(쥬ᄉᆞ)ㅣ 잇거든 先生(션ᄉᆡᆼ)을 饌(찬)호ᄆᆞᆯ 일즉 일로뻐 孝(효)ㅣ라 ᄒᆞ랴

025(2-9)

子曰:「吾與回言終日, 不違, 如愚. 退而省其私, 亦足以發, 回也不愚.」

① 陶山本

子(ᄌᆞ)ㅣ ᄀᆞᆯᄋᆞ샤ᄃᆡ 내 回(회)로 더브러 言(언)홈을 日(실)을 終(죵)홈애 어글웃디 아니홈이 어린ᄃᆞᆺ ᄒᆞ더니 退(퇴)커든 그 私(ᄉᆞ)를 省(셩)ᄒᆞᆫᄃᆡ ᄯᅩᄒᆞᆫ 足(죡)히 뻐 發(발)ᄒᆞᄂᆞ니 回(회)ㅣ 어리디 아니ᄒᆞ도다

② 栗谷本

子(ᄌᆞ)ㅣ ᄀᆞᄅᆞ샤ᄃᆡ 내 回(회)로 더브러 日(일)이 終(죵)토록 言(언)호매 違(위)티 아니호미 愚(우)ᄒᆞᆫᄃᆞᆺ 호되 退(퇴)ᄒᆞ야 그 私(ᄉᆞ)ᄅᆞᆯ 省(셩)ᄒᆞᆫ딘 ᄯᅩᄒᆞᆫ 足(죡)히 뻐 發(발)ᄒᆞ니 回(회)ㅣ 愚(우)티 아니토다

026(2-10)

子曰:「視其所以, 觀其所由, 察其所安. 人焉廋哉? 人焉廋哉?」

① 陶山本

子(ᄌᆞ)ㅣ ᄀᆞᆯᄋᆞ샤ᄃᆡ 그 以(이)ᄒᆞᄂᆞᆫ 바ᄅᆞᆯ 視(시)ᄒᆞ며
그 由(유)ᄒᆞᆫ 바ᄅᆞᆯ 觀(관)ᄒᆞ며
그 安(안)ᄒᆞᄂᆞᆫ 바ᄅᆞᆯ 察(찰)ᄒᆞ면
사ᄅᆞᆷ이 엇디 숨기리오 사ᄅᆞᆷ이 엇디 숨기리오

② 栗谷本

子(ᄌᆞ)ㅣ ᄀᆞᄅᆞ샤ᄃᆡ 그 以(이)ᄒᆞᄂᆞᆫ 바ᄅᆞᆯ 보며
그 由(유)ᄒᆞᆫ 바ᄅᆞᆯ 보며
그 安(안)ᄒᆞᄂᆞᆫ 바ᄅᆞᆯ 察(찰)ᄒᆞ면
人(인)이 엇디 廋(수)ᄒᆞ리오 人(인)이 엇디 廋(수)ᄒᆞ리오

027(2-11)

子曰:「溫故而知新, 可以爲師矣.」

① 陶山本

子(ᄌᆞ)ㅣ ᄀᆞᆯᄋᆞ샤ᄃᆡ 故(고)를 溫(온)ᄒᆞ야 新(신)을 知(디)ᄒᆞ면 可(가)히 ᄡᅧ 師(ᄉᆞ)ㅣ 되염즉 ᄒᆞ니라

② 栗谷本

子(ᄌᆞ)ㅣ ᄀᆞᄅᆞ샤ᄃᆡ 故(고)ᄅᆞᆯ 溫(온)ᄒᆞ야 新(신)을 알면 可(가)히 ᄡᅧ 師(ᄉᆞ)ㅣ 될 디니라

028(2-12)

子曰:「君子不器.」

① 陶山本

子(ᄌᆞ)ㅣ ᄀᆞᆯᄋᆞ샤ᄃᆡ 君子(군ᄌᆞ)ᄂᆞᆫ 器(긔)ㅣ 아니니라

② 栗谷本

子(ᄌᆞ)ㅣ ᄀᆞᄅᆞ샤ᄃᆡ 君子(군ᄌᆞ)ᄂᆞᆫ 器(긔)ㅣ 아니니라

029(2-13)

子貢問君子. 子曰:「先行其言, 而後從之.」

① 陶山本

子貢(ᄌᆞ공)이 君子(군ᄌᆞ)를 묻ᄌᆞ온대 子(ᄌᆞ)ㅣ ᄀᆞᆯᄋᆞ샤ᄃᆡ 몬져 그 言(언)을 行(ᄒᆡᇰ)ᄒᆞ고 後(후)에 從(죵)ᄒᆞᄂᆞ니라

② 栗谷本

子貢(ᄌᆞ공)이 君子(군ᄌᆞ)를 問(문)ᄒᆞᆫ대 子(ᄌᆞ)ㅣ ᄀᆞᄅᆞ샤ᄃᆡ 몬져 그 言(언)을 行(ᄒᆡᇰ)ᄒᆞ고 後(후)에 從(죵)ᄒᆞᄂᆞ니라

030(2-14)

子曰:「君子周而不比, 小人比而不周.」

① 陶山本

子(ᄌᆞ)ㅣ ᄀᆞᆯᄋᆞ샤ᄃᆡ 君子(군ᄌᆞ)ᄂᆞᆫ 周(쥬)ᄒᆞ고 比(비)티 아니ᄒᆞ고 小人(쇼신)ᄋᆞᆫ 比(비)ᄒᆞ고 周(쥬)티 아니ᄒᆞᄂᆞ니라

② 栗谷本

子(ᄌᆞ)ㅣ ᄀᆞᄅᆞ샤ᄃᆡ 君子(군ᄌᆞ)ᄂᆞᆫ 周(쥬)코 比(비)티 아니ᄒᆞ고 小人(쇼인)ᄋᆞᆫ 比(비)코 周(쥬)티 아니ᄒᆞ니라

031(2-15)

子曰:「學而不思則罔, 思而不學則殆.」

① 陶山本

子(ᄌᆞ)ㅣ ᄀᆞᆯᄋᆞ샤ᄃᆡ 學(ᄒᆞᆨ)ᄒᆞ고 思(ᄉᆞ)티 아니ᄒᆞ면 罔(망)ᄒᆞ고 思(ᄉᆞ)ᄒᆞ고 學(ᄒᆞᆨ)디 아니ᄒᆞ면 殆(ᄐᆡ)ᄒᆞᄂᆞ니라

② 栗谷本

子(ᄌᆞ)ㅣ ᄀᆞᄅᆞ샤ᄃᆡ 學(ᄒᆞᆨ)고 思(ᄉᆞ)티 아니ᄒᆞ면 罔(망)ᄒᆞ고 思(ᄉᆞ)코 學(ᄒᆞᆨ)디 아니ᄒᆞ면 殆(ᄐᆡ)ᄒᆞᄂᆞ니라

032(2-16)

子曰:「攻乎異端, 斯害也已.」

① 陶山本

子(ᄌᆞ)ㅣ ᄀᆞᆯᄋᆞ샤ᄃᆡ 異端(이단)을 攻(공)ᄒᆞ면 이 害(해)니라

② 栗谷本

子(ᄌᆞ)ㅣ ᄀᆞᄅᆞ샤ᄃᆡ 異端(이단)을 攻(공)ᄒᆞ면 이 害(해)호미니라

033(2-17)

子曰:「由! 誨女知之乎! 知之爲知之, 不知爲不知, 是知也.」

① 陶山本

子(ᄌᆞ)ㅣ ᄀᆞᆯᄋᆞ샤ᄃᆡ 由(유)아 너를 알옴을 ᄀᆞᄅᆞ칠 띤뎌 아는 거슬 아노라 ᄒᆞ고 아디 몯ᄒᆞᄂᆞᆫ 거슬 아디 몯ᄒᆞ노라 홈이 이 알옴이니라

② 栗谷本

子(ᄌᆞ)ㅣ ᄀᆞᄅᆞ샤ᄃᆡ 由(유)아 너를 知(디)호ᄆᆞᆯ ᄀᆞᄅᆞ칠딘뎌 知(디)란 知(디)라 ᄒᆞ고 不知(블디)란 不知(블디)라 호미 이 知(디)호미니라

034(2-18)

子張學干祿. 子曰:「多聞闕疑, 愼言其餘, 則寡尤; 多見闕殆, 愼行其餘, 則寡悔. 言寡尤, 行寡悔, 祿在其中矣.」

① 陶山本

子張(ᄌᆞ댱)이 祿(록)을 干(간)홈을 學(ᄒᆞᆨ)호려 ᄒᆞᆫ대

子(ᄌᆞ)ㅣ ᄀᆞᆯᄋᆞ샤ᄃᆡ 해 드러 疑(의)를 闕(궐)ᄒᆞ고 그 남ᄋᆞ니를 삼가 니르면 허믈이 적으며 해 보와 殆(ᄐᆡ)를 闕(궐)ᄒᆞ고 그 남ᄋᆞ니를 삼가 行(ᄒᆡᆼ)ᄒᆞ면 뉘웃브미 젹ᄂᆞ니 言(언)이 허믈이 젹으며 行(ᄒᆡᆼ)이 뉘웃브미 젹으면 祿(록)이 그 가온대 인ᄂᆞ니라

② 栗谷本

子張(ᄌᆞ댱)이 祿(록)을 干(간)호ᄆᆞᆯ 學(ᄒᆞᆨ)ᄒᆞᆫ대

子(ᄌᆞ)ㅣ ᄀᆞᄅᆞ샤ᄃᆡ 해 聞(문)ᄒᆞ야 疑(의)를 闕(궐)ᄒᆞ고 그 나ᄆᆞ니를 삼가 言(언)ᄒᆞ면 尤(우)이 寡(과)ᄒᆞ고 해 見(견)ᄒᆞ야 殆(ᄐᆡ)를 闕(궐)ᄒᆞ고 그 나ᄆᆞ니를 삼가 行(ᄒᆡᆼ)ᄒᆞ면 悔(회)ㅣ 寡(과)ᄒᆞᄂᆞ니 言(언)이 尤(우) 寡(과)ᄒᆞ고 行(ᄒᆡᆼ)이 悔(회) 寡(과)ᄒᆞ면 祿(록)이 그 中(듕)의 이시리니라

035(2-19)

哀公問曰:「何爲則民服?」孔子對曰:「擧直錯諸枉, 則民服; 擧枉錯諸直, 則民不服.」

① 陶山本

哀公(익공)이 묻ᄌᆞ와 ᄀᆞᆯ오ᄃᆡ 엇디ᄒᆞ면 民(민)이 服(복)ᄒᆞᄂᆞ닝잇고 孔子(공ᄌᆞ)ㅣ 對(ᄃᆡ)ᄒᆞ야 ᄀᆞᆯᄋᆞ샤ᄃᆡ 直(딕)을 擧(거)ᄒᆞ고 모든 枉(왕)을 錯(조)ᄒᆞ면 民(민)이 服(복)ᄒᆞ고 枉(왕)을 擧(거)ᄒᆞ고 모든 直(딕)을 錯(조)ᄒᆞ면 民(민)이 服(복)디 아니ᄒᆞᄂᆞ닝이다

② 栗谷本

哀公(익공)이 問(문)ᄒᆞ야 ᄀᆞᄅᆞ샤ᄃᆡ 엇디ᄒᆞ면 民(민)이 服(복)ᄒᆞ리잇고 孔子(공ᄌᆞ)ㅣ 對(ᄃᆡ)ᄒᆞ야 ᄀᆞᄅᆞ샤ᄃᆡ 直(딕)을 擧(거)ᄒᆞ고 모든 枉(왕)을 錯(조)ᄒᆞ면 民(민)이 服(복)ᄒᆞ고 枉(왕)을 擧(거)ᄒᆞ고 모든 直(딕)을 錯(조)ᄒᆞ면 民(민)이 服(복)디 아닛ᄂᆞ니이다

036(2-20)

季康子問:「使民敬·忠以勸, 如之何?」子曰:「臨之以莊, 則敬; 孝慈, 則忠; 擧善而敎不能, 則勸.」

① 陶山本

季康子(계강ᄌᆞ)ㅣ 묻ᄌᆞ오ᄃᆡ 民(민)으로 ᄒᆞ여곰 敬(경)ᄒᆞ며 忠(튱)ᄒᆞ며 ᄡᅥ 勸(권)케 호ᄃᆡ 엇디ᄒᆞ리잇고 子(ᄌᆞ)ㅣ ᄀᆞᆯᄋᆞ샤ᄃᆡ 臨(림)호ᄃᆡ 莊(장)으로ᄡᅥ ᄒᆞ면 敬(경)ᄒᆞ고 孝(효)ᄒᆞ며 慈(ᄌᆞ)ᄒᆞ면 忠(튱)ᄒᆞ고 善(션)을 擧(거)ᄒᆞ고 能(능)티 몯ᄒᆞᄂᆞᆫ 이를 ᄀᆞᄅᆞ치면 勸(권)ᄒᆞᄂᆞ니라

② 栗谷本

季康子(계강ᄌᆞ)ㅣ 問(문)호ᄃᆡ 民(민)으로 ᄒᆡ여곰 敬(경)코 忠(튱)코 ᄡᅥ 勸(권)케 홀딘댄 엇디ᄒᆞ리잇고 子(ᄌᆞ)ㅣ ᄀᆞᄅᆞ샤ᄃᆡ 臨(림)호ᄃᆡ 莊(장)으로ᄡᅥ ᄒᆞ면 敬(경)ᄒᆞ고 孝(효)ᄒᆞ며 慈(ᄌᆞ)ᄒᆞ면 忠(튱)ᄒᆞ고 善(션)을 擧(거)ᄒᆞ고 不能(블능)을 敎(교)ᄒᆞ면 勸(권)ᄒᆞᄂᆞ니라

037(2-21)

或謂孔子曰:「子奚不爲政?」子曰:「書云:『孝乎! 惟孝, 友于兄弟, 施於有政.』是亦爲政, 奚其爲爲政?」

① 陶山本

或(혹)이 孔子(공ᄌᆞ)ㅅᄭᅴ 닐어 ᄀᆞᆯ오ᄃᆡ 子(ᄌᆞ)ᄂᆞᆫ 엇디 政(졍)을 ᄒᆞ디 아니ᄒᆞ시ᄂᆞ닝잇고

子(ᄌᆞ)ㅣ ᄀᆞᆯᄋᆞ샤ᄃᆡ 書(셔)애 孝(효)를 닐런ᄂᆞᆫ뎌 孝(효)ᄒᆞ며 兄弟(형뎨)예 友(우)ᄒᆞ야 政(졍)에 베프다 ᄒᆞ니 이 ᄯᅩᄒᆞᆫ 政(졍)을 홈이니 엇디ᄒᆞ야ᅀᅡ 그 政(졍)을 ᄒᆞ다 ᄒᆞ리오

② 栗谷本

或(혹)이 孔子(공ᄌᆞ)ㅅᄭᅴ 닐러 ᄀᆞᆯ오ᄃᆡ 子(ᄌᆞ)ᄂᆞᆫ 엇디 政(졍)을 ᄒᆞ디 아니ᄒᆞ시ᄂᆞ니잇고

子(ᄌᆞ)ㅣ ᄀᆞᄅᆞ샤ᄃᆡ 書(셔)의 孝(효)ᄅᆞᆯ 닐런ᄂᆞᆫ뎌 孝(효)ᄒᆞ며 兄弟(형뎨)의 友(우)ᄒᆞ야 有政(유졍)의 施(시)ᄒᆞ다 ᄒᆞ니 이 ᄯᅩᄒᆞᆫ 政(졍)을 호미니 엇디ᄒᆞ야사 그 政(졍)을 ᄒᆞ다 ᄒᆞ리오

038(2-22)

子曰:「人而無信, 不知其可也. 大車無輗, 小車無軏, 其何以行之哉?」

① 陶山本

子(ᄌᆞ)ㅣ ᄀᆞᆯᄋᆞ샤ᄃᆡ 사ᄅᆞᆷ이오 信(신)이 업스면 그 可(가)홈을 아디 몯게라 大(대)ᄒᆞᆫ 車(거)ㅣ 輗(예)ㅣ 업스며 小(쇼)ᄒᆞᆫ 車(거)ㅣ 軏(월)이 업스면 그 므서스로ᄡᅥ 行(힝)ᄒᆞ리오

② 栗谷本

子(ᄌᆞ)ㅣ ᄀᆞᄅᆞ샤ᄃᆡ 人(인)이오 信(신)이 업ᄉᆞ면 그 可(가)호ᄆᆞᆯ 아디 몯게라 큰 수릐 輗(예)ㅣ 업ᄉᆞ며 져근 수릐 軏(월)이 업ᄉᆞ면 그 엇디 ᄡᅥ 行(힝)ᄒᆞ리오

039(2-23)

子張問:「十世可知也?」子曰:「殷因於夏禮, 所損益, 可知也; 周因於殷禮, 所損益, 可知也. 其或繼周者, 雖百世, 可知也.」

① 陶山本

子張(ᄌᆞ댱)이 묻ᄌᆞ오ᄃᆡ 十世(십셰)를 可(가)히 알 꺼시닝잇가

子(ᄌᆞ)ㅣ ᄀᆞᆯᄋᆞ샤ᄃᆡ 殷(은)이 夏(하)ㅅ 禮(례)예 因(인)ᄒᆞ니 損(손)ᄒᆞ며 益(익)ᄒᆞᆫ 바를 可(가)히 알 꺼시며 周(쥬)ㅣ 殷(은)ㅅ 禮(례)예 因(인)ᄒᆞ니 損(손)ᄒᆞ며 益(익)ᄒᆞᆫ 바를 可(가)히 알 꺼시니 그 或(혹) 周(쥬)를 니을 者(쟈)ㅣ면 비록 百世(ᄇᆡᆨ셰)라도 可(가)히 알 꺼시니라

② 栗谷本

子張(ᄌᆞ댱)이 問(문)호ᄃᆡ 十世(십셰)ᄅᆞᆯ 可(가)히 알 리잇가

子(ᄌᆞ)ㅣ ᄀᆞᄅᆞ샤ᄃᆡ 殷(은)이 夏(하)ㅅ 禮(례)ᄅᆞᆯ 因(인)ᄒᆞ니 損(손)ᄒᆞ며 益(익)ᄒᆞᆫ 바ᄅᆞᆯ 可(가)히 알 디며 周(쥬)ㅣ 殷(은)ㅅ 禮(례)ᄅᆞᆯ 因(인)ᄒᆞ니 損(손)ᄒᆞ며 益(익)ᄒᆞᆫ 바ᄅᆞᆯ 可(가)히 알 디니 그 或(혹) 周(쥬)ᄅᆞᆯ 니을 者(쟈)ㅣ면 비록 百世(ᄇᆡᆨ셰)라도 可(가)히 알 디니라

040(2-24)

子曰:「非其鬼而祭之, 諂也. 見義不爲, 無勇也.」

① 陶山本

子(ᄌᆞ)ㅣ 골ᄋᆞ샤ᄃᆡ 그 鬼(귀)ㅣ 아닌 거슬 祭(졔)홈이 諂(텸)이오
義(의)를 보고 ᄒᆞ디 아니홈이 勇(용)이 업슴이니라

② 栗谷本

子(ᄌᆞ)ㅣ ᄀᆞᄅᆞ샤ᄃᆡ 그 鬼(귀)ㅣ 아닌 거ᄉᆞᆯ 祭(졔)호미 諂(텸)이오
義(의)ᄅᆞᆯ 보고 ᄒᆞ디 아니호ᄆᆞᆫ 勇(용)이 업소미니라

第三〈八佾〉

041(3-1)

孔子謂季氏,「八佾舞於庭, 是可忍也, 孰不可忍也?」

① 陶山本

孔子(공ᄌᆞ)ㅣ 季氏(계시)를 니ᄅᆞ샤ᄃᆡ 八佾(팔일)로 庭(뎡)에 舞(무)ᄒᆞ니 이ᄅᆞᆯ 可(가)히 ᄎᆞᆷ아 ᄒᆞ곤 므스거ᄉᆞᆯ 可(가)히 ᄎᆞᆷ아 몯ᄒᆞ리오

② 栗谷本

孔子(공ᄌᆞ)ㅣ 季氏(계시)ᄅᆞᆯ 니ᄅᆞ샤ᄃᆡ 八佾(팔일)로 庭(뎡)의 舞(무)ᄒᆞ니 이ᄅᆞᆯ 可(가)히 忍(인)ᄏᆞᆫ 므서ᄉᆞᆯ 可(가)히 ᄎᆞᆷ아 몯ᄒᆞ리오

042(3-2)

三家者以雍徹. 子曰:「『相維辟公, 天子穆穆』, 奚取於三家之堂?」

① 陶山本

三家者(삼가쟈)ㅣ 雍(옹)으로써 徹(텰)ᄒᆞ더니 子(ᄌᆞ)ㅣ ᄀᆞᆯᄋᆞ샤ᄃᆡ 相(샹)ᄒᆞᄂᆞᆫ 이 辟公(벽공)이어ᄂᆞᆯ 天子(텬ᄌᆞ)ㅣ 穆穆(목목)ᄒᆞ욤을 엇디 三家(삼가)ㅅ 堂(당)에 取(취)ᄒᆞᆫ고

② 栗谷本

三家(삼가)ㅣ 雍(옹)으로써 徹(텰)ᄒᆞ거ᄂᆞᆯ 子(ᄌᆞ)ㅣ ᄀᆞᄅᆞ샤ᄃᆡ 相(샹)ᄒᆞᄂᆞ니ᄂᆞᆫ 辟公(벽공)이어든 天子(텬ᄌᆞ)ㅣ 穆穆(목목)ᄒᆞ시다 호ᄆᆞᆯ 엇디 三家(삼가)의 堂(당)애 取(취)ᄒᆞᄂᆞᆫ고

043(3-3)

子曰:「人而不仁, 如禮何? 人而不仁, 如樂何?」

① 陶山本

子(ᄌᆞ)ㅣ ᄀᆞᆯᄋᆞ샤ᄃᆡ 사ᄅᆞᆷ이오 仁(ᅀᅵᆫ)티 아니ᄒᆞ면 禮(례)예 엇디 ᄒᆞ며 사ᄅᆞᆷ이오 仁(ᅀᅵᆫ)티 아니ᄒᆞ면 樂(악)애 엇디ᄒᆞ료

② 栗谷本

子(ᄌᆞ)ㅣ ᄀᆞᄅᆞ샤ᄃᆡ 人(인)이오 仁(인)티 아니면 禮(례)예 엇디 며 人(인)이오 仁(인)티 아니면 樂(악)애 엇디리오

044(3-4)

林放問禮之本. 子曰:「大哉問! 禮, 與其奢也, 寧儉; 喪, 與其易也, 寧戚.」

① 陶山本

林放(림방)이 禮(례)의 本(본)을 묻ᄌᆞ온대
子(ᄌᆞ)ㅣ ᄀᆞᆯᄋᆞ샤ᄃᆡ 크다 무롬이여
禮(례)ㅣ 그 奢(샤)홈으로 더브러론 출하리 儉(검)홀 ᄯᅵ오 喪(상)이 그 易(이)홈으로 더브러론 출하리 戚(쳑)홀 ᄯᅵ니라

② 栗谷本

林放(림방)이 禮(례)의 本(본)을 問(문)ᄒᆞᆫ대
子(ᄌᆞ)ㅣ ᄀᆞᄅᆞ샤ᄃᆡ 크다 問(문)호미여
禮(례)ㅣ 다ᄆᆞᆺ 그 奢(샤)호ᄆᆞ론 출히 儉(검)홀 디오 喪(상)이 다ᄆᆞᆺ 그 易(이)호ᄆᆞ론 출히 戚(쳑)홀 디니라

045(3-5)

子曰:「夷狄之有君, 不如諸夏之亡也.」

① 陶山本

子(ᄌᆞ)ㅣ ᄀᆞᆯᄋᆞ샤ᄃᆡ 夷狄(이뎍)의 君(군)이 이심이 諸夏(져하)의 업ᄉᆞ니 ᄀᆞᆮ디 아니ᄒᆞ니라

② 栗谷本

子(ᄌᆞ)ㅣ ᄀᆞᄅᆞ샤ᄃᆡ 夷狄(이뎍)의 님금 이쇼미 諸夏(져하)의 업기ᄀᆞᆮ디 아니니라

046(3-6)

季氏旅於泰山. 子謂冉有曰:「女弗能救與?」對曰:「不能.」子曰:「嗚呼! 曾謂泰山不如林放乎?」

① 陶山本

季氏(계시)ㅣ 泰山(태산)애 旅(려)ᄒᆞ더니 子(ᄌᆞ)ㅣ 冉有(염유)ᄃᆞ려 닐어 ᄀᆞᆯᄋᆞ샤ᄃᆡ 네 能(능)히 救(구)티 몯ᄒᆞ리로소냐 對(ᄃᆡ)ᄒᆞ야 ᄀᆞᆯ오ᄃᆡ 能(능)티 몯ᄒᆞ리로송이다 子(ᄌᆞ)ㅣ ᄀᆞᆯᄋᆞ샤ᄃᆡ 嗚呼(오호)ㅣ라 일즉 泰山(태산)이 林放(림방)만 ᄀᆞᆮ디 몯ᄒᆞ다 니ᄅᆞ랴

② 栗谷本

季氏(계시) ㅣ 泰山(태산)의 旅(려)ᄒᆞ거ᄂᆞᆯ 子(ᄌᆞ) ㅣ 冉有(염유)ᄃᆞ려 닐러 ᄀᆞᄅᆞ샤ᄃᆡ 네 能(능)히 救(구)티 몯ᄒᆞ리러냐 對(ᄃᆡ)ᄒᆞ야 ᄀᆞᆯ오ᄃᆡ 能(능)티 몯호이다 子(ᄌᆞ) ㅣ ᄀᆞᄅᆞ샤ᄃᆡ 嗚呼(오호) ㅣ 라 일즉 泰山(태산)이 林放(림방)만 굿디 몯ᄒᆞ다 ᄒᆞᄂᆞ냐

047(3-7)

子曰:「君子無所爭. 必也射乎! 揖讓而升, 下而飮. 其爭也君子.」

① 陶山本

子(ᄌᆞ) ㅣ ᄀᆞᆯ으샤ᄃᆡ 君子(군ᄌᆞ) ㅣ ᄃᆞ토ᄂᆞᆫ 배 업스나 반ᄃᆞ시 射(샤)ㄴ뎌 揖讓(읍샹)ᄒᆞ야 올라 ᄂᆞ려와 머키ᄂᆞ니 그 ᄃᆞ토미 君子(군ᄌᆞ) ㅣ 니라

② 栗谷本

子(ᄌᆞ) ㅣ ᄀᆞᄅᆞ샤ᄃᆡ 君子(군ᄌᆞ) ㅣ 爭(징)ᄒᆞᆯ 배 업스나 반ᄃᆞ시 射(샤)ㄴ뎌 揖讓(읍양)코 升(승)ᄒᆞ야 下(하)호매 飮(음)ᄒᆞᄂᆞ니 그 爭(징)호미 君子(군ᄌᆞ) ㅣ 니라

048(3-8)

子夏問曰:「『巧笑倩兮, 美目盼兮, 素以爲絢兮.』何謂也?」子曰:「繪事後素.」曰:「禮後乎?」子曰:「起予者商也! 始可與言詩已矣.」

① 陶山本

子夏(ᄌᆞ하) ㅣ 묻ᄌᆞ와 ᄀᆞᆯ오ᄃᆡ 巧(교)ᄒᆞᆫ 笑(쇼) ㅣ 倩(쳔)ᄒᆞ며 美(미)ᄒᆞᆫ 目(목)이 盼(변)홈이여 素(소)로ᄡᅥ 絢(현)을 ᄒᆞ다 ᄒᆞ니 엇디 닐옴이니잇고

子(ᄌᆞ) ㅣ ᄀᆞᆯ으샤ᄃᆡ 繪(회)ᄒᆞᄂᆞᆫ 일이 素(소)애 後(후) ㅣ 니라

ᄀᆞᆯ오ᄃᆡ 禮(례) ㅣ 後(후)ㄴ뎌 子(ᄌᆞ) ㅣ ᄀᆞᆯ으샤ᄃᆡ 나ᄅᆞᆯ 起(긔)ᄒᆞᄂᆞᆫ 者(쟈)ᄂᆞᆫ 商(샹)이로다 비르소 可(가)히 더브러 詩(시)를 닐엄즉 ᄒᆞ도다

② 栗谷本

子夏(ᄌᆞ하) ㅣ 問(문)ᄒᆞ야 ᄀᆞᆯ오ᄃᆡ 巧(교)ᄒᆞᆫ 笑(쇼) ㅣ 倩(쳔)ᄒᆞ며 美(미)ᄒᆞᆫ 目(목)이 盼(변)호미여 素(소)로ᄡᅥ 絢(현)ᄒᆞ다 ᄒᆞ니 엇디 니로미니잇고

子(ᄌᆞ) ㅣ ᄀᆞᄅᆞ샤ᄃᆡ 繪(회)ᄒᆞᄂᆞᆫ 일이 素(소)애 後(후)ᄒᆞᄂᆞ니라

ᄀᆞᆯ오ᄃᆡ 禮(례) ㅣ 後(후) ㅣ 잇가 子(ᄌᆞ) ㅣ ᄀᆞᄅᆞ샤ᄃᆡ 나ᄅᆞᆯ 起(긔)ᄒᆞᄂᆞᆫ 者(쟈)ᄂᆞᆫ 商(샹)이라 비로소 可(가)히 더브러 詩(시)ᄅᆞᆯ 니ᄅᆞ리로다

049(3-9)

子曰:「夏禮, 吾能言之, 杞不足徵也; 殷禮, 吾能言之, 宋不足徵也. 文獻不足故也. 足, 則吾能徵之矣.」

① 陶山本

子(ᄌᆞ)ㅣ 골ᄋᆞ샤ᄃᆡ 夏(하)ㅅ 禮(례)를 내 能(능)히 니르나 杞(긔)예 足(죡)히 徵(딩)티 몯ᄒᆞ며 殷(은)ㅅ 禮(례)를 내 能(능)히 니르나 宋(송)에 足(죡)히 徵(딩)티 몯홈은 文(문)과 獻(헌)이 足(죡)디 몯ᄒᆞᆫ 故(고)ㅣ니 足(죡)ᄒᆞ면 내 能(능)히 徵(딩)호리라

② 栗谷本

子(ᄌᆞ)ㅣ ᄀᆞᄅᆞ샤ᄃᆡ 夏(하)ㅅ 禮(례)를 내 能(능)히 니ᄅᆞ나 杞(긔)를 足(죡)히 徵(딩)티 몯ᄒᆞ며 殷(은)ㅅ 禮(례)를 내 能(능)히 니ᄅᆞ나 宋(송)을 足(죡)히 徵(딩)티 몯호ᄆᆞᆫ 文獻(문헌)이 足(죡)디 몯ᄒᆞᆫ 故(고)ㅣ니 足(죡)ᄒᆞ면 내 能(능)히 徵(딩)호리라

050(3-10)

子曰:「禘自旣灌而往者, 吾不欲觀之矣.」

① 陶山本

子(ᄌᆞ)ㅣ 골ᄋᆞ샤ᄃᆡ 禘(톄)ㅣ 임의 灌(관)홈으로브터 往(왕)ᄒᆞᆫ 者(쟈)ᄂᆞᆫ 내 보고져 아니ᄒᆞ노라

② 栗谷本

子(ᄌᆞ)ㅣ ᄀᆞᄅᆞ샤ᄃᆡ 禘(톄)ㅣ 이믜 灌(관)홈브터 往(왕)호ᄆᆞ론 내 보고져 ᄒᆞ디 아닛노라

051(3-11)

或問禘之說. 子曰:「不知也; 知其說者之於天下也, 其如示諸斯乎!」指其掌.

① 陶山本

或(혹)이 禘(톄)의 說(셜)을 묻ᄌᆞ온대 子(ᄌᆞ)ㅣ 골ᄋᆞ샤ᄃᆡ 아디 몯ᄒᆞ노라 그 說(셜)을 아는 者(쟈)ㅣ 天下(텬하)애 그 이를 봄 ᄀᆞᄐᆞᆫ뎌 ᄒᆞ시고 그 掌(쟝)을 ᄀᆞᄅᆞ치시다

② 栗谷本

或(혹)이 禘(톄)의 說(셜)을 問(문)ᄒᆞᆫ대 子(ᄌᆞ)ㅣ ᄀᆞᄅᆞ샤ᄃᆡ 아디 몯ᄒᆞ리로다 그 說(셜)을 아는 者(쟈)ㅣ 天下(텬하)애 그 이 보기 ᄀᆞᄐᆞᆫ뎌 ᄒᆞ시며 그 掌(쟝)을 指(지)ᄒᆞ시다

052(3-12)

祭如在, 祭神如神在. 子曰:「吾不與祭, 如不祭.」

① 陶山本

祭(졔)ᄒᆞ샤ᄃᆡ 읻ᄂᆞᆫ ᄃᆞ시 ᄒᆞ시며 神(신)을 祭(졔)ᄒᆞ샤ᄃᆡ 神(신)이 읻ᄂᆞᆫ ᄃᆞ시 ᄒᆞ더시다
子(ᄌᆞ)ㅣ ᄀᆞᆯᄋᆞ샤ᄃᆡ 내 祭(졔)예 與(여)티 몯ᄒᆞ면 祭(졔) 아니홈 ᄀᆞᄐᆞ니라

② 栗谷本

祭(졔)ᄒᆞ실 제 在(ᄌᆡ)ᄒᆞ신ᄃᆞᆺ ᄒᆞ시며 神(신)을 祭(졔)ᄒᆞ실 제 神(신)이 在(ᄌᆡ)ᄒᆞᆫᄃᆞᆺ ᄒᆞ더시다
子(ᄌᆞ)ㅣ ᄀᆞᄅᆞ샤ᄃᆡ 내 祭(졔)예 참예티 몯ᄒᆞ면 祭(졔) 아니홈 ᄀᆞᄐᆞ니라

053(3-13)

王孫賈問曰:「與其媚於奧, 寧媚於竈, 何謂也?」子曰:「不然; 獲罪於天, 無所禱也.」

① 陶山本

王孫賈(왕손가)ㅣ 묻ᄌᆞ와 ᄀᆞᆯ오ᄃᆡ 그 奧(오)애 媚(미)홈으로 더브러론 출하리 竈(조)애 媚(미)홀 ᄯᅵ라 ᄒᆞ니 엇디 닐오미닝잇고
子(ᄌᆞ)ㅣ ᄀᆞᆯᄋᆞ샤ᄃᆡ 그러티 아니ᄒᆞ다 罪(죄)를 하ᄂᆞᆯᄭᅴ 어드면 禱(도)홀 ᄲᅵ 업ᄉᆞ니라

② 栗谷本

王孫賈(왕손가)ㅣ 問(문)ᄒᆞ야 ᄀᆞᆯ오ᄃᆡ 다ᄆᆞᆺ 그 奧(오)애 媚(미)호ᄆᆞ런 출히 竈(조)애 媚(미)홀 거시라 ᄒᆞ니 엇디 닐오미니잇고
子(ᄌᆞ)ㅣ ᄀᆞᄅᆞ샤ᄃᆡ 그러티 아니ᄒᆞ니 天(텬)의 罪(죄)를 獲(획)ᄒᆞ면 禱(도)홀 배 업ᄉᆞ니라

054(3-14)

子曰:「周監於二代, 郁郁乎文哉! 吾從周.」

① 陶山本

子(ᄌᆞ)ㅣ ᄀᆞᆯᄋᆞ샤ᄃᆡ 周(쥬)ㅣ 二代(ᅀᅵᄃᆡ)예 監(감)ᄒᆞ니 郁郁(욱욱)히 文(문)ᄒᆞᆫ 디라 내 周(쥬)를 조초리라

② 栗谷本

子(ᄌᆞ)ㅣ ᄀᆞᄅᆞ샤ᄃᆡ 周(쥬)ㅣ 二代(이ᄃᆡ)예 監(감)ᄒᆞ니 郁郁(욱욱)ᄒᆞᆫ 文(문)인 디라 내 周(쥬)ᄅᆞᆯ 從(죵)ᄒᆞ리라

055(3-15)

子入大廟, 每事問. 或曰:「孰謂鄹人之子知禮乎? 入大廟, 每事問.」子聞之, 曰:「是禮也.」

① 陶山本

子(ᄌᆞ)ㅣ 大廟(태묘)애 드르샤 每事(ᄆᆡᄉᆞ)를 무르신대 或(혹)이 ᄀᆞᆯ오ᄃᆡ 뉘 닐오ᄃᆡ 鄹人(추신)의 子(ᄌᆞ)를 禮(례)를 안다 ᄒᆞ더뇨 大廟(태묘)애 드러 每事(ᄆᆡᄉᆞ)를 묻고녀 子(ᄌᆞ)ㅣ 드르시고 ᄀᆞᆯᄋᆞ샤ᄃᆡ 이 禮(례)ㅣ니라

② 栗谷本

子(ᄌᆞ)ㅣ 大廟(태묘)의 드르샤 每事(ᄆᆡᄉᆞ)ᄅᆞᆯ 問(문)ᄒᆞ신대 或(혹)이 ᄀᆞᆯ오ᄃᆡ 뉘 鄹人(추인)의 子(ᄌᆞ)ᄅᆞᆯ 닐오ᄃᆡ 禮(례) 안다 ᄒᆞᄂᆞ뇨 大廟(태묘)의 드러 每事(ᄆᆡᄉᆞ)ᄅᆞᆯ 뭇고녀 子(ᄌᆞ)ㅣ 듯고 ᄀᆞᄅᆞ샤ᄃᆡ 이 禮(례)ㅣ니라

056(3-16)

子曰:「射不主皮, 爲力不同科, 古之道也.」

① 陶山本

子(ᄌᆞ)ㅣ ᄀᆞᆯᄋᆞ샤ᄃᆡ 射(샤)홈애 皮(피)를 主(쥬)티 아니홈은 힘이 科(과)ㅣ 同(동)티 아님을 爲(위)ᄒᆞ애니 녯 道(도)ㅣ니라

② 栗谷本

子(ᄌᆞ)ㅣ ᄀᆞᄅᆞ샤ᄃᆡ 射(샤)ㅣ 皮(피)ᄅᆞᆯ 主(쥬)티 아니호ᄆᆞᆫ 힘이 科(과)ㅣ 同(동)티 아니호ᄆᆞᆯ 爲(위)호미니 녯 道(도)ㅣ니라

057(3-17)

子貢欲去告朔之餼羊. 子曰:「賜也! 爾愛其羊, 我愛其禮.」

① 陶山本

子貢(ᄌᆞ공)이 朔(삭)을 告(곡)ᄒᆞᄂᆞᆫ 餼羊(희양)을 去(거)코져 ᄒᆞᆫ대
子(ᄌᆞ)ㅣ ᄀᆞᆯᄋᆞ샤ᄃᆡ 賜(ᄉᆞ)아 너는 그 羊(양)을 愛(ᄋᆡ)ᄒᆞ는다 나ᄂᆞᆫ 그 禮(례)를 愛(ᄋᆡ)ᄒᆞ노라

② 栗谷本

子貢(ᄌᆞ공)이 朔告(삭곡)ᄒᆞᄂᆞᆫ 餼羊(희양)을 去(거)코져 ᄒᆞ거ᄂᆞᆯ
子(ᄌᆞ)ㅣ ᄀᆞᄅᆞ샤ᄃᆡ 賜(ᄉᆞ)아 너ᄂᆞᆫ 그 羊(양)을 앗기ᄂᆞᆫ다 나ᄂᆞᆫ 그 禮(례)ᄅᆞᆯ 앗기노라

058(3-18)

子曰:「事君盡禮, 人以爲諂也.」

① 陶山本

子(ᄌᆞ)ㅣ ᄀᆞᆯᄋᆞ샤ᄃᆡ 君(군)을 셤곰애 禮(례)를 다 홈을 사ᄅᆞᆷ이 ᄡᅥ 諂(텸)ᄒᆞᆫ다 ᄒᆞᄂᆞ다

② 栗谷本

子(ᄌᆞ)ㅣ ᄀᆞᄅᆞ샤ᄃᆡ 君(군)을 事(ᄉᆞ)호매 禮(례)ᄅᆞᆯ 盡(진)호ᄆᆞᆯ 人(인)이 ᄡᅥ 諂(텸)이라 ᄒᆞᄂᆞ다

059(3-19)

定公問:「君使臣, 臣事君, 如之何?」孔子對曰:「君使臣以禮, 臣事君以忠.」

① 陶山本

定公(뎡공)이 묻ᄌᆞ오ᄃᆡ 君(군)이 臣(신)을 브리며 臣(신)이 君(군)을 셤교ᄃᆡ 엇디 ᄒᆞ링잇고 孔子(공ᄌᆞ)ㅣ 對(ᄃᆡ)ᄒᆞ야 ᄀᆞᆯᄋᆞ샤ᄃᆡ 君(군)이 臣(신)을 브료ᄃᆡ 禮(례)로ᄡᅥ ᄒᆞ며 臣(신)이 君(군)을 셤교ᄃᆡ 忠(튱)으로ᄡᅥ 홀 띠닝이다

② 栗谷本

定公(뎡공)이 問(문)ᄒᆞ샤ᄃᆡ 君(군)이 臣(신)을 使(ᄉᆞ)ᄒᆞ며 臣(신)이 君(군)을 事(ᄉᆞ)호ᄃᆡ 엇디ᄒᆞ리잇고 孔子(공ᄌᆞ)ㅣ 對(ᄃᆡ)ᄒᆞ야 ᄀᆞᄅᆞ샤ᄃᆡ 君(군)이 臣(신)을 使(ᄉᆞ)호ᄃᆡ 禮(례)로ᄡᅥ ᄒᆞ고 臣(신)이 君(군)을 事(ᄉᆞ)호ᄃᆡ 忠(튱)으로ᄡᅥ 홀 디니이다

060(3-20)

子曰:「關雎, 樂而不淫, 哀而不傷.」

① 陶山本

子(ᄌᆞ)ㅣ ᄀᆞᆯᄋᆞ샤ᄃᆡ 關雎(관져)는 樂(락)호ᄃᆡ 淫(음)티 아니ᄒᆞ고 哀(ᄋᆡ)호ᄃᆡ 傷(샹)티 아니ᄒᆞ니라

② 栗谷本

子(ᄌᆞ)ㅣ ᄀᆞᄅᆞ샤ᄃᆡ 關雎(관져)는 樂(락)고 淫(음)티 아니ᄒᆞ며 哀(ᄋᆡ)코 傷(샹)티 아니ᄒᆞ니라

061(3-21)

哀公問社於宰我. 宰我對曰:「夏后氏以松, 殷人以柏, 周人以栗, 曰, 使民戰栗.」子聞之, 曰:「成事不說, 遂事不諫, 旣往不咎.」

① 陶山本

哀公(ᄋᆡ공)이 社(샤)를 宰我(ᄌᆡ아)의게 무ᄅᆞ신대 宰我(ᄌᆡ아)ㅣ 對(ᄃᆡ)ᄒᆞ야 ᄀᆞᆯ오ᄃᆡ 夏后氏(하후시)는 松(숑)으로ᄡᅥ ᄒᆞ고 殷人(은신)은 栢(ᄇᆡᆨ)으로ᄡᅥ ᄒᆞ고 周人(쥬신)은 栗(률)로ᄡᅥ ᄒᆞ니 ᄀᆞᆯ온 民(민)으로 ᄒᆞ여곰 戰栗(젼률)케 홈이닝이다

子(ᄌᆞ)ㅣ 드ᄅᆞ시고 ᄀᆞᆯᄋᆞ샤ᄃᆡ 成(셩)ᄒᆞᆫ 일이라 說(셜)티 몯ᄒᆞ며 遂(슈)ᄒᆞᆫ 일이라 諫(간)티 몯ᄒᆞ며 임의 디난 디라 咎(구)티 몯ᄒᆞ리로다

② 栗谷本

哀公(ᄋᆡ공)이 宰我(ᄌᆡ아)ᄃᆞ려 社(샤)를 問(문)ᄒᆞ신대 宰我(ᄌᆡ아)ㅣ 對(ᄃᆡ)ᄒᆞ야 ᄀᆞᆯ오ᄃᆡ 夏后氏(하후시)는 松(숑)으로ᄡᅥ ᄒᆞ고 殷人(은인)은 栢(ᄇᆡᆨ)으로ᄡᅥ ᄒᆞ고 周人(쥬인)은 栗(률)로ᄡᅥ ᄒᆞ니 ᄀᆞᆯ온 民(민)으로 ᄒᆡ여곰 戰栗(젼률)케 호미니이다

子(ᄌᆞ)ㅣ 듣고 ᄀᆞᄅᆞ샤ᄃᆡ 成事(셩ᄉᆞ)는 說(셜)티 몯ᄒᆞ며 遂事(슈ᄉᆞ)는 諫(간)티 몯ᄒᆞᄂᆞ니 이믜 往(왕)ᄒᆞᆫ 디라 咎(구)티 몯ᄒᆞ리로다

062(3-22)

子曰:「管仲之器小哉!」或曰:「管仲儉乎?」曰:「管氏有三歸, 官事不攝, 焉得儉?」「然則管仲知禮乎?」曰:「邦君樹塞門, 管氏亦樹塞門. 邦君爲兩君之好, 有反坫, 管氏亦有反坫. 管氏而知禮, 孰不知禮?」

① 陶山本

子(ᄌᆞ)ㅣ ᄀᆞᆯᄋᆞ샤ᄃᆡ 管仲(관듕)의 그르시 小(쇼)ᄒᆞ다

或(혹)이 ᄀᆞᆯ오ᄃᆡ 管仲(관듕)은 儉(검)ᄒᆞ닝잇가 ᄀᆞᆯᄋᆞ샤ᄃᆡ 管氏(관시)ㅣ 三歸(삼귀)를 두며 官事(관ᄉᆞ)를 攝(셥)디 아니ᄒᆞ니 엇디 시러곰 儉(검)ᄒᆞ리오

그러면 管仲(관듕)은 禮(례)를 아닝잇가 ᄀᆞᆯᄋᆞ샤ᄃᆡ 邦君(방군)이ᅀᅡ 樹(슈)로 門(문)을 塞(ᄉᆡᆨ)ᄒᆞ거ᄂᆞᆯ 管氏(관시) ᄯᅩᄒᆞᆫ 樹(슈)로 門(문)을 塞(ᄉᆡᆨ)ᄒᆞ며 邦君(방군)이ᅀᅡ 兩君(량군)의 好(호)를 홈애 反(반)ᄒᆞᄂᆞᆫ 坫(뎜)을 두거ᄂᆞᆯ 管氏(관시) ᄯᅩᄒᆞᆫ 反(반)ᄒᆞᄂᆞᆫ 坫(뎜)을 두니 管氏(관시)오 禮(례)를 알면 뉘 禮(례)를 아디 몯ᄒᆞ리오

② 栗谷本

子(ᄌᆞ)ㅣ ᄀᆞᄅᆞ샤ᄃᆡ 管仲(관듕)의 그르시 져근뎌

或(혹)이 ᄀᆞᆯ오ᄃᆡ 管仲(관듕)은 儉(검)ᄒᆞ더니잇가 ᄀᆞᄅᆞ샤ᄃᆡ 管氏(관시)ㅣ 三歸(삼귀)ᄅᆞᆯ 두며 官事(관ᄉᆞ)ᄅᆞᆯ 攝(셥)디 아니ᄒᆞ니 엇디 시러곰 儉(검)ᄒᆞ리오

그러면 管仲(관듕)은 禮(례)ᄅᆞᆯ 아더니잇가 ᄀᆞᄅᆞ샤ᄃᆡ 邦君(방군)이아 樹(슈)로 門(문)을 塞(ᄉᆡᆨ)ᄒᆞ거ᄂᆞᆯ 管氏(관시)ㅣ ᄯᅩᄒᆞᆫ 樹(슈)로 門(문)을 塞(ᄉᆡᆨ)ᄒᆞ며 邦君(방군)이아 兩君(양군)의 好(호)ᄅᆞᆯ ᄒᆞᆯ 제 反坫(반뎜)을 ᄃᆞᆺ거ᄂᆞᆯ 管氏(관시)ㅣ ᄯᅩᄒᆞᆫ 反坫(반뎜)을 두니 管氏(관시)ㅣ 禮(례)ᄅᆞᆯ 알면 뉘 禮(례)ᄅᆞᆯ 아디 못ᄒᆞ리오

063(3-23)

子語魯大師樂, 曰:「樂其可知也: 始作, 翕如也; 從之, 純如也, 皦如也, 繹如也, 以成.」

① 陶山本

子(ᄌᆞ)ㅣ 魯(로) 大師(태ᄉᆞ)ᄃᆞ려 樂(악)을 닐어 ᄀᆞᆯᄋᆞ샤ᄃᆡ 樂(악)은 그 可(가)히 알 띠니 비르소 作(작)홈애 翕(흡)ᄃᆞᆺ ᄒᆞ야 從(죵)홈애 純(슌)ᄐᆞᆺ ᄒᆞ며 皦(교)ᄐᆞᆺ ᄒᆞ며 繹(역)ᄃᆞᆺ ᄒᆞ야 ᄡᅥ 成(셩)ᄒᆞᄂᆞ니라

② 栗谷本

子(ᄌᆞ)ㅣ 魯(로) 大師(태ᄉᆞ)ᄃᆞ려 樂(악)을 닐러 ᄀᆞᄅᆞ샤ᄃᆡ 樂(악)은 그 可(가)히 알 디니 처음 作(작)ᄒᆞᆯ 제 翕(흡)ᄒᆞ야 從(죵)호매 純(슌)ᄒᆞ며 皦(교)ᄒᆞ며 繹(역)ᄒᆞ야 ᄡᅥ 成(셩)ᄒᆞᄂᆞ니라

064(3-24)

儀封人請見, 曰:「君子之至於斯也, 吾未嘗不得見也.」從者見之. 出曰:「二三子何患於喪乎? 天下之無道也久矣, 天將以夫子爲木鐸.」

① 陶山本

儀(의)ㅅ 封人(봉싄)이 뵈ᄋᆞ옴을 請(쳥)ᄒᆞ야 ᄀᆞᆯ오ᄃᆡ 君子(군ᄌᆞ)ㅣ 이예 니르롬애 일즉 시러곰 見(견)티 몯ᄒᆞ디 아니ᄒᆞ얀노라 從者(죵쟈)ㅣ 見(현)ᄒᆞ이온대 나와 ᄀᆞᆯ오ᄃᆡ 二三子(ᅀᅵ삼ᄌᆞ)ᄂᆞᆫ 엇디 喪(상)홈애 患(환)ᄒᆞ리오 天下(텬하)의 道(도)ㅣ 업슴이 오란 디라 하ᄂᆞᆯ히 쟝ᄎᆞᆺ 夫子(부ᄌᆞ)로ᄡᅥ 木鐸(목탁)을 삼으시리라

② 栗谷本

儀(의) 封人(봉인)이 뵈ᄋᆞ와지라 請(쳥)ᄒᆞ야 ᄀᆞᆯ오ᄃᆡ 君子(군ᄌᆞ)ㅣ 이에 至(지)호매 내 일즉 어더보디 아니티 아녓노라 ᄒᆞ야ᄂᆞᆯ 從者(죵쟈)ㅣ 뵈옵게 ᄒᆞᆫ대 나와 ᄀᆞᆯ오ᄃᆡ 二三子(이삼ᄌᆞ)ᄂᆞᆫ 엇디 喪(상)의 患(환)ᄒᆞ리오 天下(텬하)의 道(도) 업선디 오란 디라 天(텬)이 쟝ᄎᆞᆺ 夫子(부ᄌᆞ)로ᄡᅥ 木鐸(목탁)을 삼으시리라

065(3-25)

子謂韶,「盡美矣, 又盡善也.」謂武,「盡美矣, 未盡善也.」

① 陶山本

子(ᄌᆞ)ㅣ 韶(쇼)를 니ᄅᆞ샤ᄃᆡ 극진히 美(미)ᄒᆞ고 ᄯᅩ 극진히 善(션)타 ᄒᆞ시고 武(무)를 니ᄅᆞ샤ᄃᆡ 극진히 美(미)ᄒᆞ고 극진히 善(션)티 몯ᄒᆞ다 ᄒᆞ시다

② 栗谷本

子(ᄌᆞ)ㅣ 韶(쇼)ᄅᆞᆯ 니ᄅᆞ샤ᄃᆡ 美(미)ᄅᆞᆯ 盡(진)ᄒᆞ며 ᄯᅩ 善(션)을 盡(진)타 ᄒᆞ시고 武(미)ᄅᆞᆯ 니ᄅᆞ샤ᄃᆡ 美(미)ᄅᆞᆯ 盡(진)ᄒᆞ고 善(션)을 盡(진)티 몯ᄒᆞ다 ᄒᆞ시다

066(3-26)

子曰:「居上不寬, 爲禮不敬, 臨喪不哀, 吾何以觀之哉?」

① 陶山本

子(ᄌᆞ)ㅣ ᄀᆞᆯᄋᆞ샤ᄃᆡ 上(샹)애 居(거)ᄒᆞ야 寬(관)티 아니ᄒᆞ며 禮(례)를 호ᄃᆡ 敬(경)티 아니ᄒᆞ며 喪(샹)애 臨(림)ᄒᆞ야 哀(ᄋᆡ)티 아니ᄒᆞ면 내 므스거스로ᄡᅥ 보리오

② 栗谷本

子(ᄌᆞ)ㅣ ᄀᆞᄅᆞ샤ᄃᆡ 上(샹)의 居(거)ᄒᆞ야 寬(관)티 아니ᄒᆞ며 禮(례)ᄅᆞᆯ 호ᄃᆡ 敬(경)티 아니ᄒᆞ며 喪(상)을 臨(림)ᄒᆞ야 哀(ᄋᆡ)티 아니ᄒᆞ면 내 므서스로ᄡᅥ 보리오

第四〈里仁〉

067(4-1)

子曰:「里仁爲美. 擇不處仁, 焉得知?」

① 陶山本

子(ᄌᆞ)ㅣ ᄀᆞᆯᄋᆞ샤ᄃᆡ ᄆᆞ올히 仁(ᅀᅵᆫ)ᄒᆞᆷ이 아ᄅᆞᆷ다오니 ᄀᆞᆯᄒᆡ오ᄃᆡ 仁(ᅀᅵᆫ)에 處(쳐)티 아니ᄒᆞ면 엇디 시러곰 知(디)타 ᄒᆞ리오

② 栗谷本

子(ᄌᆞ)ㅣ ᄀᆞᄅᆞ샤ᄃᆡ 里(리)ㅣ 仁(인)호미 美(미)ᄒᆞ니 擇(ᄐᆡᆨ)호ᄃᆡ 仁(인)에 處(쳐)티 아니면 엇디 시러곰 知(디)ᄒᆞ리오

068(4-2)

子曰:「不仁者不可以久處約, 不可以長處樂. 仁者安仁, 知者利仁.」

① 陶山本

子(ᄌᆞ)ㅣ ᄀᆞᆯᄋᆞ샤ᄃᆡ 仁(ᅀᅵᆫ)티 아니ᄒᆞᆫ 者(쟈)ᄂᆞᆫ 可(가)히 ᄡᅥ 오래 約(약)에 處(쳐)티 몯ᄒᆞ며 可(가)히 ᄡᅥ 기리 樂(락)에 處(쳐)티 몯ᄒᆞᄂᆞ니 仁(ᅀᅵᆫ)ᄒᆞᆫ 者(쟈)ᄂᆞᆫ 仁(ᅀᅵᆫ)을 安(안)ᄒᆞ고 知(디)ᄒᆞᆫ 者(쟈)ᄂᆞᆫ 仁(ᅀᅵᆫ)에 利(리)히 너기ᄂᆞ니라

② 栗谷本

子(ᄌᆞ)ㅣ ᄀᆞᄅᆞ샤ᄃᆡ 仁(인)티 몯ᄒᆞᆫ 者(쟈)ᄂᆞᆫ 可(가)히 ᄡᅥ 오래 約(약)의 處(쳐)티 몯ᄒᆞ며 可(가)히 ᄡᅥ 기리 樂(락)의 處(쳐)티 몯ᄒᆞ리니 仁(인)ᄒᆞᆫ 者(쟈)ᄂᆞᆫ 仁(인)의 安(안)ᄒᆞ고 知(디)ᄒᆞᆫ 者(쟈)ᄂᆞᆫ 仁(인)의 利(리)ᄒᆞᄂᆞ니라

069(4-3)

子曰:「唯仁者能好人, 能惡人.」

① 陶山本

子(ᄌᆞ)ㅣ ᄀᆞᆯᄋᆞ샤ᄃᆡ 오직 仁(ᅀᅵᆫ)ᄒᆞᆫ 者(쟈)ㅣᅀᅡ 能(능)히 사ᄅᆞᆷ을 好(호)ᄒᆞ며 能(능)히 사ᄅᆞᆷ을 惡(오)ᄒᆞᄂᆞ니라

② 栗谷本

子(ᄌᆞ)ㅣ ᄀᆞᄅᆞ샤ᄃᆡ 오직 仁(인)ᄒᆞᆫ 者(쟈)ㅣ아 能(능)히 人(인)을 好(호)ᄒᆞ며 能(능)히 人(인)을 惡(오)ᄒᆞᄂᆞ니라

070(4-4)

子曰:「苟志於仁矣, 無惡也.」

① 陶山本

子(ᄌᆞ)ㅣ ᄀᆞᆯᄋᆞ샤ᄃᆡ 진실로 仁(신)에 志(지)ᄒᆞ면 惡(악)이 업ᄂᆞ니라

② 栗谷本

子(ᄌᆞ)ㅣ ᄀᆞᄅᆞ샤ᄃᆡ 진실로 仁(인)의 志(지)ᄒᆞ면 惡(악)이 업스리라

071(4-5)

子曰:「富與貴, 是人之所欲也; 不以其道得之, 不處也. 貧與賤, 是人之所惡也; 不以其道得之, 不去也. 君子去仁, 惡乎成名? 君子無終食之間違仁, 造次必於是, 顚沛必於是.」

① 陶山本

子(ᄌᆞ)ㅣ ᄀᆞᆯᄋᆞ샤ᄃᆡ 富(부)홈과 다ᄆᆞᆺ 貴(귀)홈이 이 사ᄅᆞᆷ의 ᄒᆞ고져 ᄒᆞᄂᆞᆫ 배나 그 道(도)로ᄡᅥ 아니ᄒᆞ야 어더든 處(쳐)티 아니ᄒᆞ며 貧(빈)홈과 다ᄆᆞᆺ 賤(쳔)홈이 이 사ᄅᆞᆷ의 惡(오)ᄒᆞᄂᆞᆫ 배나 그 道(도)로ᄡᅥ 아니ᄒᆞ야 어더도 去(거)티 아니 ᄒᆞᆯ ᄯᅵ니라

君子(군ᄌᆞ)ㅣ 仁(신)을 去(거)ᄒᆞ면 어ᄃᆡ 일홈을 일오리오

君子(군ᄌᆞ)ㅣ 食(식) 終(죵)ᄒᆞᆯ ᄉᆞ이를 仁(신)에 違(위)홈이 업ᄂᆞ니 造次(조ᄎᆞ)애 반ᄃᆞ시 이예 ᄒᆞ며 顚沛(뎐패)예 반ᄃᆞ시 이예 ᄒᆞᄂᆞ니라

② 栗谷本

子(ᄌᆞ)ㅣ ᄀᆞᄅᆞ샤ᄃᆡ 富(부)와 다ᄆᆞᆺ 貴(귀)ㅣ 이 人(인)의 欲(욕)ᄒᆞᄂᆞᆫ 배나 그 道(도)로ᄡᅥ 得(득)디 아녓거든 處(쳐)티 말며 貧(빈)과 다ᄆᆞᆺ 賤(쳔)이 이 人(인)의 惡(오)ᄒᆞᄂᆞᆫ 배나 그 道(도)로ᄡᅥ 得(득)디 아닐 디라도 去(거)티 마롤 디니라

君子(군ᄌᆞ)ㅣ 仁(인)의 ᄣᅥ나면 엇디 名(명)을 成(셩)ᄒᆞ리오

君子(군ᄌᆞ)ᄂᆞᆫ 食(식)을 終(죵)ᄒᆞᆯ 즈음도 仁(인)의 違(위)호미 업슬디니 造次(조ᄎᆞ)애 반ᄃᆞ시 이에 ᄒᆞ며 顚沛(뎐패)예 반ᄃᆞ시 이에 ᄒᆞᆯ 디니라

072(4-6)

子曰:「我未見好仁者·惡不仁者. 好仁者, 無以尙之; 惡不仁者, 其爲仁矣, 不使不仁者加乎其身. 有能一日用其力於仁矣乎? 我未見力不足者. 蓋有之矣, 我未之見也.」

① 陶山本

ᄌᆞ(ᄌᆞ)ㅣ ᄀᆞᆯᄋᆞ샤ᄃᆡ 내 仁(ᅀᅵᆫ)을 好(호)ᄒᆞᄂᆞᆫ 者(쟈)와 不仁(블ᅀᅵᆫ)을 惡(오)ᄒᆞᄂᆞᆫ 者(쟈)를 보디 몯게라 仁(ᅀᅵᆫ)을 好(호)ᄒᆞᄂᆞᆫ 者(쟈)ᄂᆞᆫ ᄡᅧ 더을 꺼시 업고 不仁(블ᅀᅵᆫ)을 惡(오)ᄒᆞᄂᆞᆫ 者(쟈)ᄂᆞᆫ 그 仁(ᅀᅵᆫ)을 ᄒᆞ욤이 不仁(블ᅀᅵᆫ)으로 ᄒᆞ여곰 그 몸애 加(가)티 아니ᄒᆞᄂᆞ니라

能(능)히 一日(일ᅀᅵᆯ)에 그 힘을 仁(ᅀᅵᆫ)에 ᄡᅳ리 인ᄂᆞ냐 내 힘이 足(죡)디 몯ᄒᆞᆫ 者(쟈)ᄅᆞᆯ 보디 몯게라

잇거ᄂᆞᆯ 내 보디 몯ᄒᆞ엿도다

② 栗谷本

子(ᄌᆞ)ㅣ ᄀᆞᄅᆞ샤ᄃᆡ 내 仁(인)을 好(호)ᄒᆞᄂᆞᆫ 者(쟈)와 不仁(블인)을 惡(오)ᄒᆞᄂᆞᆫ 者(쟈)ᄅᆞᆯ 보디 몯게라 仁(인)을 好(호)ᄒᆞᄂᆞᆫ 者(쟈)ᄂᆞᆫ ᄡᅧ 더ᄒᆞᆯ 거시 업고 不仁(블인)을 惡(오)ᄒᆞᄂᆞᆫ 者(쟈)ᄂᆞᆫ 그 仁(인)을 호미 仁(인)티 아닌 거ᄉᆞ로 히여곰 그 모ᄆᆡ 加(가)케 아닛ᄂᆞ니라

能(능)히 一日(일일)에 그 힘을 仁(인)에 ᄡᅳ리 잇ᄂᆞ냐 내 힘 足(죡)디 몯ᄒᆞᆫ 者(쟈)ᄅᆞᆯ 보디 몯게라

잇거ᄂᆞᆯ 내 보디 몯ᄒᆞ얏ᄂᆞ냐

073(4-7)

子曰:「人之過也, 各於其黨. 觀過, 斯知仁矣.」

① 陶山本

子(ᄌᆞ)ㅣ ᄀᆞᆯᄋᆞ샤ᄃᆡ 사ᄅᆞᄆᆡ 허믈이 각각 그 류에니 허믈을 봄애 이에 仁(ᅀᅵᆫ)을 알 ᄯᅵ니라

② 栗谷本

子(ᄌᆞ)ㅣ ᄀᆞᄅᆞ샤ᄃᆡ 人(인)의 허므리 각을 그 黨(당)의 ᄒᆞᄂᆞ니 過(과)ᄅᆞᆯ 보매 이에 仁(인)을 알리라

074(4-8)

子曰:「朝聞道, 夕死可矣.」

① 陶山本

子(ᄌᆞ)ㅣ ᄀᆞᆯᄋᆞ샤ᄃᆡ 아ᄎᆞᆷ의 道(도)를 드르면 나죄 죽어도 可(가)ᄒᆞ니라

② 栗谷本

子(ᄌᆞ)ㅣ ᄀᆞᄅᆞ샤ᄃᆡ 아ᄎᆞᄆᆡ 道(도)ᄅᆞᆯ 드르면 나죄 주거도 可(가)ᄒᆞ니라

075(4-9)

子曰:「士志於道, 而恥惡衣惡食者, 未足與議也.」

① 陶山本

子(ᄌᆞ)ㅣ ᄀᆞᆯᄋᆞ샤ᄃᆡ 士(ᄉᆞ)ㅣ 道(도)애 志(지)호ᄃᆡ 사오나온 옷과 사오나온 음식을 붓그리ᄂᆞᆫ 者(쟈)ᄂᆞᆫ 足(죡)히 더브러 議(의)티 몯ᄒᆞᆯ 꺼시니라

② 栗谷本

子(ᄌᆞ)ㅣ ᄀᆞᄅᆞ샤ᄃᆡ 士(ᄉᆞ)ㅣ 道(도)애 志(지)호ᄃᆡ 惡衣(악의)와 惡食(악식)을 붓그리ᄂᆞᆫ 者(쟈)ᄂᆞᆫ 足(죡)히 더브러 의논 몯ᄒᆞᆯ 디니라

076(4-10)

子曰:「君子之於天下也, 無適也, 無莫也, 義之與比.」

① 陶山本

子(ᄌᆞ)ㅣ ᄀᆞᆯᄋᆞ샤ᄃᆡ 君子(군ᄌᆞ)ㅣ 天下(텬하)애 適(뎍)홈도 업스며 莫(막)홈도 업서 義(의)로 더브러 比(비)ᄒᆞᄂᆞ니라

② 栗谷本

子(ᄌᆞ)ㅣ ᄀᆞᄅᆞ샤ᄃᆡ 君子(군ᄌᆞ)ㅣ 天下(텬하)애 適(뎍)홈도 업ᄉᆞ며 莫(막)도 업고 義(의)ᄅᆞᆯ 다ᄆᆞᆺ 比(비)ᄒᆞᆯ 디니라

077(4-11)

子曰:「君子懷德, 小人懷土; 君子懷刑, 小人懷惠.」

① 陶山本

子(ᄌᆞ)ㅣ ᄀᆞᆯᄋᆞ샤ᄃᆡ 君子(군ᄌᆞ)ᄂᆞᆫ 德(덕)을 懷(회)ᄒᆞ고 小人(쇼ᅀᅵᆫ)은 土(토)를 懷(회)ᄒᆞ며 君子(군ᄌᆞ)ᄂᆞᆫ 刑(형)을 懷(회)ᄒᆞ고 小人(쇼ᅀᅵᆫ)은 惠(혜)ᄅᆞᆯ 懷(회)ᄒᆞᄂᆞ니라

② 栗谷本

子(ᄌᆞ)ㅣ ᄆᆞᄅᆞ샤ᄃᆡ 君子(군ᄌᆞ)ᄂᆞᆫ 德(덕)을 懷(회)ᄒᆞ고 小人(쇼인)은 土(토)ᄅᆞᆯ 懷(회)ᄒᆞ며 君子(군ᄌᆞ)ᄂᆞᆫ 刑(형)을 懷(회)ᄒᆞ고 小人(쇼인)은 惠(혜)ᄅᆞᆯ 懷(회)ᄒᆞᄂᆞ니라

078(4-12)

子曰:「放於利而行, 多怨.」

① 陶山本

子(ᄌᆞ)ㅣ ᄀᆞᆯᄋᆞ샤ᄃᆡ 利(리)예 放(방)ᄒᆞ야 行(ᄒᆡᆼ)ᄒᆞ면 怨(원)이 하ᄂᆞ니라

② 栗谷本

子(ᄌᆞ)ㅣ ᄆᆞᄅᆞ샤ᄃᆡ 利(리)예 放(방)ᄒᆞ야 行(ᄒᆡᆼ)ᄒᆞ면 怨(원)이 하ᄂᆞ니라

079(4-13)

子曰:「能以禮讓爲國乎, 何有? 不能以禮讓爲國, 如禮何?」

① 陶山本

子(ᄌᆞ)ㅣ ᄀᆞᆯᄋᆞ샤ᄃᆡ 能(능)히 禮讓(례ᅀᅣᆼ)으로ᄡᅥ ᄒᆞ면 國(국)을 ᄒᆞᆷ애 므서시 이시며 能(능)히 禮讓(례ᅀᅣᆼ)으로ᄡᅥ 國(국)을 ᄒᆞ디 몯ᄒᆞ면 禮(례)예 엇디 ᄒᆞ리오

② 栗谷本

子(ᄌᆞ)ㅣ ᄆᆞᄅᆞ샤ᄃᆡ 能(능)히 禮讓(례양)으로ᄡᅥ ᄒᆞ면 나라ᄒᆞ기예 므서시 어려우며 能(능)히 禮讓(례양)으로ᄡᅥ 나라ᄒᆞᆯ ᄒᆞ디 몯ᄒᆞ면 禮(례)예 엇디ᄒᆞ리오

080(4-14)

子曰:「不患無位, 患所以立. 不患莫己知, 求爲可知也.」

① 陶山本

子(ᄌᆞ)ㅣ ᄀᆞᆯᄋᆞ샤ᄃᆡ 位(위) 업ᄉᆞᆷ을 患(환)티 말오 ᄡᅧ 立(립)ᄒᆞᆯ ᄲᅡᄅᆞᆯ 患(환)ᄒᆞ며 己(긔) 아디 몯호ᄆᆞᆯ 患(환)티 말오 可(가)히 알게 ᄒᆞ욤을 求(구)ᄒᆞᆯ ᄯᅵ니라

② 栗谷本

子(ᄌᆞ)ㅣ ᄀᆞᄅᆞ샤ᄃᆡ 位(위) 업소ᄆᆞᆯ 患(환)티 말고 ᄡᅧ 立(립)ᄒᆞᆯ 바ᄅᆞᆯ 患(환)ᄒᆞ며 날을 아디 몯호ᄆᆞᆯ 患(환)티 말고 可(가)히 알게 ᄒᆞ기ᄅᆞᆯ 求(구)ᄒᆞᆯ 디니라

081(4-15)

子曰:「參乎! 吾道一以貫之.」曾子曰:「唯.」子出, 門人問曰:「何謂也?」曾子曰:「夫子之道, 忠恕而已矣.」

① 陶山本

子(ᄌᆞ)ㅣ ᄀᆞᆯᄋᆞ샤ᄃᆡ 參(솜)아 吾道(오도)ᄂᆞᆫ 一(일)이 ᄡᅧ 貫(관)ᄒᆞ얀ᄂᆞ니라 曾子(증ᄌᆞ)ㅣ ᄀᆞᆯᄋᆞ샤ᄃᆡ 唯(유)ㅣ라

子(ᄌᆞ)ㅣ 出(츌)커시ᄂᆞᆯ 門人(문인)이 묻ᄌᆞ와 ᄀᆞᆯ오ᄃᆡ 엇디 니ᄅᆞ심이닝잇고 曾子(증ᄌᆞ)ㅣ ᄀᆞᆯᄋᆞ샤ᄃᆡ 夫子(부ᄌᆞ)의 道(도)ᄂᆞᆫ 忠(튱)과 恕(셔) ᄯᆞᄅᆞᆷ이니라

② 栗谷本

子(ᄌᆞ)ㅣ ᄀᆞᄅᆞ샤ᄃᆡ 參(솜)아 내 道(도)ᄂᆞᆫ 一(일)이 ᄡᅧ 貫(관)ᄒᆞ얏ᄂᆞ니라 曾子(증ᄌᆞ)ㅣ ᄀᆞᆯ오ᄃᆡ 唯(유)ㅣ라

子(ᄌᆞ)ㅣ 出(츌)커시ᄂᆞᆯ 門人(문인)이 問(문)ᄒᆞ야 ᄀᆞᆯ오ᄃᆡ 엇디 니ᄅᆞ시미니잇고 曾子(증ᄌᆞ)ㅣ ᄀᆞᄅᆞ샤ᄃᆡ 夫子(부ᄌᆞ)의 道(도)ᄂᆞᆫ 忠恕(튱셔) ᄯᆞᄅᆞ미시니라

082(4-16)

子曰:「君子喩於義, 小人喩於利.」

① 陶山本

子(ᄌᆞ)ㅣ ᄀᆞᆯᄋᆞ샤ᄃᆡ 君子(군ᄌᆞ)ᄂᆞᆫ 義(의)예 喩(유)ᄒᆞ고 小人(쇼신)은 利(리)예 喩(유)ᄒᆞᄂᆞ니라

② 栗谷本

子(ᄌᆞ)ㅣ ᄀᆞᄅᆞ샤ᄃᆡ 君子(군ᄌᆞ)ᄂᆞᆫ 義(의)예 喩(유)ᄒᆞ고 小人(쇼인)은 利(리)예 喩(유)ᄒᆞᄂᆞ니라

083(4-17)

子曰:「見賢思齊焉, 見不賢而內自省也.」

① 陶山本

子(ᄌᆞ)ㅣ ᄀᆞᆯᄋᆞ샤ᄃᆡ 賢(현)ᄒᆞᆫ 이ᄅᆞᆯ 보고 齊(졔)홈을 思(ᄉᆞ)ᄒᆞ며 賢(현)티 아니ᄒᆞᆫ 이ᄅᆞᆯ 보고 안ᄒᆞ로 스스로 省(셩)홀 ᄯᅵ니라

② 栗谷本

子(ᄌᆞ)ㅣ ᄀᆞᄅᆞ샤ᄃᆡ 賢(현)을 보고 齊(졔)ᄒᆞ믈 思(ᄉᆞ)ᄒᆞ며 不賢(블현)을 보고 안ᄒᆞ로 스스로 술필 디니라

084(4-18)

子曰:「事父母幾諫, 見志不從, 又敬不違, 勞而不怨.」

① 陶山本

子(ᄌᆞ)ㅣ ᄀᆞᆯᄋᆞ샤ᄃᆡ 父母(부모)를 셤교ᄃᆡ 幾(긔)히 諫(간)홀 ᄯᅵ니 志(지)ㅣ 좃디 아니ᄒᆞ심을 보고 ᄯᅩ 敬(경)ᄒᆞ야 違(위)티 아니ᄒᆞ며 勞(로)ᄒᆞ야도 怨(원)티 아니홀 ᄯᅵ니라

② 栗谷本

子(ᄌᆞ)ㅣ ᄀᆞᄅᆞ샤ᄃᆡ 父母(부모)ᄅᆞᆯ 셤교ᄃᆡ 미히 諫(간)홀디니 志(지)의 좃디 아니ᄒᆞ샤ᄆᆞᆯ 보고 ᄯᅩ 敬(경)ᄒᆞ야 違(위)티 말며 勞(로)ᄒᆞ야도 怨(원)티 마롤 디니라

085(4-19)

子曰:「父母在, 不遠遊, 遊必有方.」

① 陶山本

子(ᄌᆞ)ㅣ ᄀᆞᆯᄋᆞ샤ᄃᆡ 父母(부모)ㅣ 겨시거시든 멀리 遊(유)티 아니ᄒᆞ며 遊(유)호ᄃᆡ 반ᄃᆞ시 方(방)을 둘 ᄯᅵ니라

② 栗谷本

子(ᄌᆞ)ㅣ ᄀᆞᄅᆞ샤ᄃᆡ 父母(부모)ㅣ 在(ᄌᆡ)커시든 멀리 遊(유)티 말며 遊(유)호ᄃᆡ 반ᄃᆞ시 方(방)을 둘 디니라

086(4-20)

子曰:「三年無改於父之道, 可謂孝矣.」

① 陶山本 : 없음

② 栗谷本 : 없음

087(4-21)

子曰:「父母之年, 不可不知也. 一則以喜, 一則以懼.」

① 陶山本

子(ᄌᆞ)ㅣ 골ᄋᆞ샤ᄃᆡ 父母(부모)의 나ᄒᆞᆫ 可(가)히 知(디)티 아니티 몯홀 꺼시니 一(일)로ᄂᆞᆫ 뼈 깃브고 一(일)로ᄂᆞᆫ 뼈 저프니라

② 栗谷本

子(ᄌᆞ)ㅣ ᄀᆞᄅᆞ샤ᄃᆡ 父母(부모)의 나홀 知(디)티 아니호미 可(가)티 아니ᄒᆞ니 一(일)로ᄂᆞᆫ 뼈 깃부고 一(일)로ᄂᆞᆫ 뼈 두리오니라

088(4-22)

子曰:「古者言之不出, 恥躬之不逮也.」

① 陶山本

子(ᄌᆞ)ㅣ 골ᄋᆞ샤ᄃᆡ 古者(고쟈)애 말숨을 내디 아니홈은 몸의 밋디 몯홈을 븟그림이니라

② 栗谷本

子(ᄌᆞ)ㅣ ᄀᆞᄅᆞ샤ᄃᆡ 네 言(언)의 出(츌)티 아니호ᄆᆞᆫ 躬(궁)의 밋디 몯호ᄆᆞᆯ 븟그리미니라

089(4-23)

子曰:「以約失之者, 鮮矣.」

① 陶山本

子(ᄌᆞ)ㅣ ᄀᆞᆯᄋᆞ샤ᄃᆡ 約(약)으로써 실(失)ᄒᆞᆯ 者(쟈)ㅣ 져그니라

② 栗谷本

子(ᄌᆞ)ㅣ ᄀᆞᄅᆞ샤ᄃᆡ 約(약)으로써 失(실)ᄒᆞᆯ 者(쟈)ㅣ 져그니라

090(4-24)

子曰:「君子欲訥於言而敏於行.」

① 陶山本

子(ᄌᆞ)ㅣ ᄀᆞᆯᄋᆞ샤ᄃᆡ 君子(군ᄌᆞ)ᄂᆞᆫ 言(언)에 訥(눌)ᄒᆞ고 行(ᄒᆡᆼ)애 敏(민)코져 ᄒᆞᄂᆞ니라

② 栗谷本

子(ᄌᆞ)ㅣ ᄀᆞᄅᆞ샤ᄃᆡ 君子(군ᄌᆞ)ᄂᆞᆫ 言(언)의 訥(눌)ᄒᆞ고 行(ᄒᆡᆼ)의 敏(민)콰져 시부니라

091(4-25)

子曰:「德不孤, 必有鄰.」

① 陶山本

子(ᄌᆞ)ㅣ ᄀᆞᆯᄋᆞ샤ᄃᆡ 德(덕)이 孤(고)티 아니ᄒᆞᆫ 디라 반ᄃᆞ시 鄰(린)이 인ᄂᆞ니라

② 栗谷本

子(ᄌᆞ)ㅣ ᄀᆞᄅᆞ샤ᄃᆡ 德(덕)이 孤(고)티 아닛ᄂᆞᆫ디라 반ᄃᆞ시 隣(린)이 잇ᄂᆞ니라

092(4-26)

子游曰:「事君數, 斯辱矣; 朋友數, 斯疏矣.」

① 陶山本

子游(ᄌᆞ유)ㅣ ᄀᆞᆯ오ᄃᆡ 君(군)을 셤김애 數(삭)ᄒᆞ면 이에 辱(욕)ᄒᆞ고 朋友(붕우)에 數(삭)ᄒᆞ면 이에 踈(소)ᄒᆞᄂᆞ니라

② 栗谷本

子游(ᄌᆞ유)ㅣ ᄀᆞᆯ오ᄃᆡ 님금을 셤기매 數(삭)ᄒᆞ면 이에 辱(욕)ᄒᆞ고 朋友(붕우)에 數(삭)ᄒᆞ면 이에 踈(소)ᄒᆞ리라

第五〈公冶長〉

093(5-1)

子謂公冶長,「可妻也. 雖在縲絏之中, 非其罪也.」以其子妻之. 子謂南容,「邦有道, 不廢; 邦無道, 免於刑戮.」以其兄之子妻之.

① 陶山本

子(ᄌᆞ)ㅣ 公冶長(공야댱)을 닐ᄋᆞ샤ᄃᆡ 可(가)히 妻(쳐)ᄒᆞ얌즉 ᄒᆞ도다 비록 縲絏(류셜)ㅅ 中(듕)에 이시나 그 罪(죄)ㅣ 아니라 ᄒᆞ시고 그 子(ᄌᆞ)로뻐 妻(쳐)ᄒᆞ시다

子(ᄌᆞ)ㅣ 南容(남용)을 닐ᄋᆞ샤ᄃᆡ 나라히 道(도)ㅣ 이숌애 廢(폐)티 아니ᄒᆞ며 나라히 道(도)ㅣ 업슴애 刑戮(형륙)에 免(면)ᄒᆞ리라 ᄒᆞ시고 그 兄(형)의 子(ᄌᆞ)로뻐 妻(쳐)ᄒᆞ시다

② 栗谷本

子(ᄌᆞ)ㅣ 公冶長(공야댱)을 니ᄅᆞ샤ᄃᆡ 可(가)히 妻(쳐)ᄒᆞ얌즉 ᄒᆞ니 비록 縲絏(류셜) 가온대 이시나 그 罪(죄) 아니라 ᄒᆞ시고 그 子(ᄌᆞ)로뻐 妻(쳐)ᄒᆞ시다

子(ᄌᆞ)ㅣ 南容(남용)을 니ᄅᆞ샤ᄃᆡ 邦(방)이 道(도)ㅣ 이신 제 廢(폐)티 아니코 邦(방)이 道(도)ㅣ 업슨 제 刑戮(형륙)의 免(면)ᄒᆞ리라 ᄒᆞ시고 그 兄(형)의 子(ᄌᆞ)로뻐 妻(쳐)ᄒᆞ시다

094(5-2)

子謂子賤,「君子哉若人! 魯無君子者, 斯焉取斯?」

① 陶山本

子(ᄌᆞ)ㅣ 子賤(ᄌᆞ쳔)을 닐ᄋᆞ샤ᄃᆡ 君子(군ᄌᆞ)ㅣㄴ 디라 이러틋 ᄒᆞᆫ 사ᄅᆞᆷ이여 魯(로)애 君子(군ᄌᆞ)ㅣ 업스면 이 어듸가 이롤 取(취)ᄒᆞ리오

② 栗谷本

子(ᄌᆞ)ㅣ 子賤(ᄌᆞ쳔)을 니ᄅᆞ샤ᄃᆡ 君子(군ᄌᆞ)ㅣㄴ 디라 이ᄀᆞ튼 사ᄅᆞᆷ이여 魯(로)애 君子(군ᄌᆞ)ㅣ 업ᄉᆞ면 이 엇디 이롤 取(취)ᄒᆞ리오

095(5-3)

子貢問曰:「賜也何如?」子曰:「女, 器也.」曰:「何器也?」曰:「瑚璉也.」

① 陶山本

子貢(ᄌᆞ공)이 묻ᄌᆞ와 ᄀᆞᆯ오ᄃᆡ 賜(ᄉᆞ)ᄂᆞᆫ 엇더ᄒᆞᆫ잇고 子(ᄌᆞ)ㅣ ᄀᆞᆯᄋᆞ샤ᄃᆡ 너ᄂᆞᆫ 器(긔)ㅣ니라 ᄀᆞᆯ오ᄃᆡ 엇던 器(긔)ㅣ닝잇고 ᄀᆞᆯᄋᆞ샤ᄃᆡ 瑚(호)ㅣ며 璉(련)이니라

② 栗谷本

子貢(ᄌᆞ공)이 問(문)ᄒᆞ야 ᄀᆞᆯ오ᄃᆡ 賜(ᄉᆞ)ᄂᆞᆫ 엇더ᄒᆞ니잇고 子(ᄌᆞ)ㅣ ᄀᆞᄅᆞ샤ᄃᆡ 너ᄂᆞᆫ 그르시니라 ᄀᆞᆯ오ᄃᆡ 무슴 그르시니잇고 ᄀᆞᄅᆞ샤ᄃᆡ 瑚璉(호련)이니라

096(5-4)

或曰:「雍也仁而不佞.」子曰:「焉用佞? 禦人以口給, 屢憎於人. 不知其仁, 焉用佞?」

① 陶山本

或(혹)이 ᄀᆞᆯ오ᄃᆡ 雍(옹)은 仁(ᅀᅵᆫ)ᄒᆞ고 佞(녕)티 몯ᄒᆞ도다

子(ᄌᆞ)ㅣ ᄀᆞᆯᄋᆞ샤ᄃᆡ 엇디 佞(녕)을 ᄡᅳ리오 人(ᅀᅵᆫ)을 禦(어)호ᄃᆡ 口給(구급)으로ᄡᅧ ᄒᆞ야 ᄌᆞ조 人(ᅀᅵᆫ)에 憎(증)ᄒᆞ이ᄂᆞ니 그 仁(ᅀᅵᆫ)은 아디 몯ᄒᆞ거니와 엇디 佞(녕)을 ᄡᅳ리오

② 栗谷本

或(혹)이 ᄀᆞᆯ오ᄃᆡ 雍(옹)은 仁(인)코 佞(녕)티 몯ᄒᆞ도다

子(ᄌᆞ)ㅣ ᄀᆞᄅᆞ샤ᄃᆡ 엇디 ᄡᅧ 佞(녕)ᄒᆞ리오 人(인)을 口給(구급)으로ᄡᅧ 禦(어)ᄒᆞ다가 ᄌᆞ조 人(인)의게 믜이ᄂᆞ니 그 仁(인)은 아디 몯ᄒᆞ거니와 엇디 ᄡᅧ 佞(녕)ᄒᆞ리오

097(5-5)

子使漆雕開仕. 對曰:「吾斯之未能信.」子說.

① 陶山本

子(ᄌᆞ)ㅣ 漆雕開(칠됴기)로 ᄒᆞ여곰 仕(ᄉᆞ)ᄒᆞ라 ᄒᆞ신대 對(ᄃᆡ)ᄒᆞ야 ᄀᆞᆯ오ᄃᆡ 내 이를 能(능)히 信(신)티 몯ᄒᆞ얀노이다 子(ᄌᆞ)ㅣ 說(열)ᄒᆞ시다

② 栗谷本

子(ᄌᆞ)ㅣ 漆雕開(칠됴기)로 히여곰 仕(ᄉᆞ)ᄒᆞ라 ᄒᆞ신대 對(ᄃᆡ)ᄒᆞ야 ᄀᆞᆯ오ᄃᆡ 내 이를 能(능)히 信(신)티 몯ᄒᆞ얏노이다 子(ᄌᆞ)ㅣ 說(열)ᄒᆞ시다

098(5-6)

子曰:「道不行, 乘桴浮于海. 從我者, 其由與?」子路聞之喜. 子曰:「由也好勇過我, 無所取材.」

① 陶山本

子(ᄌᆞ)ㅣ ᄀᆞᆯᄋᆞ샤ᄃᆡ 道(도)ㅣ 行(ᄒᆡᆼ)티 몯ᄒᆞᄂᆞᆫ 디라 桴(부)를 乘(승)ᄒᆞ야 海(ᄒᆡ)에 浮(부)호리니 나를 從(죵)홀 者(쟈)ᄂᆞᆫ 그 由(유)ㄴ뎌 子路(ᄌᆞ로)ㅣ 듣고 깃거ᄒᆞᆫ대 子(ᄌᆞ)ㅣ ᄀᆞᆯᄋᆞ샤ᄃᆡ 由(유)ᄂᆞᆫ 勇(용)을 好(호)홈이 내게 過(과)ᄒᆞ나 取(취)ᄒᆞ야 材(ᄌᆡ)홀 빼 업도다

② 栗谷本

子(ᄌᆞ)ㅣ ᄀᆞᄅᆞ샤ᄃᆡ 道(도)ㅣ 行(ᄒᆡᆼ)티 몯ᄒᆞ란ᄃᆡ 桴(부)ᄅᆞᆯ 乘(승)ᄒᆞ야 海(ᄒᆡ)에 浮(부)호리니 날 조ᄎᆞ리ᄂᆞᆫ 그 由(유)ㄴ뎌 子路(ᄌᆞ로)ㅣ 듯고 깃거ᄒᆞᆫ대 子(ᄌᆞ)ㅣ ᄀᆞᄅᆞ샤ᄃᆡ 由(유)ㅣ 勇(용)을 好(호)ᄒᆞ기 내게 너므나 取(취)ᄒᆞ야 材(ᄌᆡ)ᄒᆞᆫ 배 업도다

099(5-7)

孟武伯問:「子路仁乎?」子曰:「不知也.」又問. 子曰:「由也, 千乘之國, 可使治其賦也, 不知其仁也.」「求也何如?」子曰:「求也, 千室之邑, 百乘之家, 可使爲之宰也, 不知其仁也.」「赤也何如?」子曰:「赤也, 束帶立於朝, 可使與賓客言也, 不知其仁也.」

① 陶山本

孟武伯(ᄆᆡᆼ무ᄇᆡᆨ)이 묻ᄌᆞ오ᄃᆡ 子路(ᄌᆞ로)ᄂᆞᆫ 仁(ᅀᅵᆫ)ᄒᆞ닝잇가 子(ᄌᆞ)ㅣ ᄀᆞᆯᄋᆞ샤ᄃᆡ 아디 몯ᄒᆞ노라

ᄯᅩ 묻ᄌᆞ온대 子(ᄌᆞ)ㅣ ᄀᆞᆯᄋᆞ샤ᄃᆡ 由(유)ᄂᆞᆫ 千乘(쳔승)ㅅ 나라ᄒᆡ 可(가)히 ᄒᆞ여곰 그 賦(부)ᄂᆞᆫ 治(티)ᄒᆞ얌즉 ᄒᆞ거니와 그 仁(ᅀᅵᆫ)은 아디 몯게라

求(구)ᄂᆞᆫ 엇더ᄒᆞ닝잇고 子(ᄌᆞ)ㅣ ᄀᆞᆯᄋᆞ샤ᄃᆡ 求(구)ᄂᆞᆫ 千室(쳔실)ㅅ 邑(읍)과 百乘(ᄇᆡᆨ승)ㅅ 家(가)애 可(가)히 ᄒᆞ여곰 宰(ᄌᆡ)되염즉 ᄒᆞ거니와 그 仁(ᅀᅵᆫ)은 아디 몯게라

赤(젹)은 엇더ᄒᆞ닝잇고 子(ᄌᆞ)ㅣ ᄀᆞᆯᄋᆞ샤ᄃᆡ 赤(젹)은 帶(ᄃᆡ)를 束(속)ᄒᆞ야 朝(됴)애 立(립)ᄒᆞ야 可(가)히 ᄒᆞ여곰 賓客(빈ᄀᆡᆨ)으로 더브러 言(언)ᄒᆞ얌즉 ᄒᆞ거니와 그 仁(ᅀᅵᆫ)은 아디 몯게라

② 栗谷本

孟武伯(ᄆᆡᆼ무ᄇᆡᆨ)이 問(문)호ᄃᆡ 子路(ᄌᆞ로)ㅣ 仁(인)ᄒᆞ니잇가 子(ᄌᆞ)ㅣ ᄀᆞᄅᆞ샤ᄃᆡ 아디 몯ᄒᆞ노라

또 問(문)혼대 子(즈)ㅣ ᄀᆞᄅᆞ샤ᄃᆡ 由(유)ᄂᆞᆫ 千乘(쳔승) 나라ᄒᆡ 可(가)히 ᄒᆡ여곰 그 賦(부)를 다ᄉᆞ리려니와 그 仁(인)은 아디 몯게라

求(구)ᄂᆞᆫ 엇더ᄒᆞ니잇고 子(즈)ㅣ ᄀᆞᄅᆞ샤ᄃᆡ 求(구)ᄂᆞᆫ 千室(쳔실) 고올과 百乘(ᄇᆡᆨ승) 집의 可(가)히 ᄒᆡ여곰 宰(ᄌᆡ)를 사ᄆᆞ려니와 그 仁(인)은 아디 몯게라

赤(젹)은 엇더ᄒᆞ니잇고 子(즈)ㅣ ᄀᆞᄅᆞ샤ᄃᆡ 赤(젹)은 帶(ᄃᆡ)를 束(속)ᄒᆞ고 朝(됴)애 立(립) ᄒᆞ아 可(가)히 ᄒᆡ여곰 賓客(빈ᄀᆡᆨ)과 더브러 言(언)ᄒᆞ려니와 그 仁(인)은 아디 몯게라

100(5-8)

子謂子貢曰:「女與回也孰愈?」對曰:「賜也何敢望回? 回也聞一以知十, 賜也聞一以知二.」子曰:「弗如也; 吾與女弗如也.」

① 陶山本

子(즈)ㅣ 子貢(즈공)ᄃᆞ려 닐어 ᄀᆞᆯᄋᆞ샤ᄃᆡ 네 回(회)로 더브러 뉘 愈(유)ᄒᆞ뇨

對(ᄃᆡ)ᄒᆞ야 ᄀᆞᆯ오ᄃᆡ 賜(ᄉᆞ)는 엇디 敢(감)히 回(회)를 ᄇᆞ라링잇고 回(회)ᄂᆞᆫ ᄒᆞ나흘 들어 뻐 열흘 알고 賜(ᄉᆞ)ᄂᆞᆫ ᄒᆞ나흘 들어 뻐 둘흘 아농이다

子(즈)ㅣ ᄀᆞᆯᄋᆞ샤ᄃᆡ ᄀᆞᆮ디 몯ᄒᆞ니라 내 네의 ᄀᆞᆮ디 몯호라 홈을 與(여)ᄒᆞ노라

② 栗谷本

子(즈)ㅣ 子貢(즈공)ᄃᆞ려 닐러 ᄀᆞᄅᆞ샤ᄃᆡ 네 다ᄆᆞᆺ 回(회)로 뉘 나ᄋᆞ뇨

對(ᄃᆡ)ᄒᆞ야 ᄀᆞᆯ오ᄃᆡ 賜(ᄉᆞ)ㅣ 엇디 敢(감)히 回(회)를 ᄇᆞ라리잇고 回(회)ᄂᆞᆫ 一(일)을 聞(문)호매 十(십)을 알고 賜(ᄉᆞ)ᄂᆞᆫ 一(일)을 聞(문)호매 二(이)를 아노이다

子(즈)ㅣ ᄀᆞᄅᆞ샤ᄃᆡ ᄀᆞᆮ디 아니ᄒᆞ니 내 네의 ᄀᆞᆮ디 아니타 호ᄆᆞᆯ 與(여)ᄒᆞ노라

101(5-9)

宰予晝寢. 子曰:「朽木不可雕也, 糞土之牆不可杇也; 於予與何誅?」子曰:「始吾於人也, 聽其言而信其行; 今吾於人也, 聽其言而觀其行. 於予與改是.」

① 陶山本

宰予(ᄌᆡ여)ㅣ 晝(듀)에 寢(침)ᄒᆞ거늘 子(즈)ㅣ ᄀᆞᆯᄋᆞ샤ᄃᆡ 朽(후)ᄒᆞᆫ 木(목)은 可(가)히 雕(됴)티 몯홀 꺼시며 糞土(분토)ㅅ 牆(쟝)은 可(가)히 杇(오)티 몯홀 꺼시니 予(여)에 엇디 誅(듀)ᄒᆞ리오

子(즈)ㅣ ᄀᆞᆯᄋᆞ샤ᄃᆡ 비르소 내 人(신)의게 그 言(언)을 듣고 그 行(ᄒᆡᆼ)을 信(신)ᄒᆞ다니 이제 내 人(신)의게 그 言(언)을 듣고 그 行(ᄒᆡᆼ)을 觀(관)ᄒᆞ노니 予(여)의게 이를 改(ᄀᆡ)ᄒᆞ과라

② 栗谷本

宰予(ᄌᆡ여) ㅣ 나ᄌᆡ 자거ᄂᆞᆯ 子(ᄌᆞ) ㅣ ᄀᆞᄅᆞ샤ᄃᆡ 朽木(후목)을 可(가)히 雕(됴)티 몯ᄒᆞ며 糞土(분토)의 牆(쟝)을 可(가)히 杇(오)티 몯홀거시니 予(여)의게 엇디 誅(듀)ᄒᆞ리오

子(ᄌᆞ) ㅣ ᄀᆞᄅᆞ샤ᄃᆡ 처음에 내 人(인)의게 그 말을 듣고 그 行(ᄒᆡᆼ)을 밋다니 이제 내 人(인)의게 그 말을 듣고 그 行(ᄒᆡᆼ)을 보노니 予(여)의게 이ᄅᆞᆯ 改(ᄀᆡ)ᄒᆞ과라

102(5-10)

子曰:「吾未見剛者.」或對曰:「申棖.」子曰:「棖也慾, 焉得剛?」

① 陶山本

子(ᄌᆞ) ㅣ ᄀᆞᆯᄋᆞ샤ᄃᆡ 내 剛(강)ᄒᆞᆫ 者(쟈)를 보디 몯게라 或(혹)이 對(ᄃᆡ)ᄒᆞ야 ᄀᆞᆯ오ᄃᆡ 申棖(신뎡)이닝이다 子(ᄌᆞ) ㅣ ᄀᆞᆯᄋᆞ샤ᄃᆡ 棖(뎡)은 慾(욕)ᄒᆞ거니 엇디 시러곰 剛(강)ᄒᆞ리오

② 栗谷本

子(ᄌᆞ) ㅣ ᄀᆞᄅᆞ샤ᄃᆡ 내 剛(강)ᄒᆞᆫ 者(쟈)ᄅᆞᆯ 보디 몯게라 或(혹)이 對(ᄃᆡ)ᄒᆞ야 ᄀᆞᆯ오ᄃᆡ 申棖(신뎡)이니이다 子(ᄌᆞ) ㅣ ᄀᆞᄅᆞ샤ᄃᆡ 棖(뎡)은 慾(욕)ᄒᆞ거니 엇디 시러곰 剛(강)ᄒᆞ리오

103(5-11)

子貢曰:「我不欲人之加諸我也, 吾亦欲無加諸人.」子曰:「賜也, 非爾所及也.」

① 陶山本

子貢(ᄌᆞ공)이 ᄀᆞᆯ오ᄃᆡ 내 人(신)이 내게 加(가)ᄒᆞ과댜 아니ᄒᆞᄂᆞᆫ 거슬 내 ᄯᅩᄒᆞᆫ 人(신)의게 加(가)홈이 업고져 ᄒᆞ농이다 子(ᄌᆞ) ㅣ ᄀᆞᆯᄋᆞ샤ᄃᆡ 賜(ᄉᆞ)아 네의 及(급)홀 빼 아니니라

② 栗谷本

子貢(ᄌᆞ공)이 ᄀᆞᆯ오ᄃᆡ 내 人(인)이 내게 加(가)호ᄆᆞᆯ 欲(욕)디 아닌 거ᄉᆞ로 내 ᄯᅩᄒᆞᆫ 人(인)의게 加(가)호ᄆᆞᆯ 업고져 ᄒᆞ노이다 子(ᄌᆞ) ㅣ ᄀᆞᄅᆞ샤ᄃᆡ 賜(ᄉᆞ)아 네 及(급)홀 배 아니니라

104(5-12)

子貢曰:「夫子之文章, 可得而聞也; 夫子之言性與天道, 不可得而聞也.」

① 陶山本

子貢(ᄌᆞ공)이 ᄀᆞᆯ오ᄃᆡ 夫子(부ᄌᆞ)의 文章(문쟝)은 可(가)히 시러곰 드르려니와 夫子(부ᄌᆞ)의 性(셩)과 다ᄆᆞᆺ 天道(텬도)를 닐ᄋᆞ샤ᄆᆞᆫ 可(가)히 시러곰 듣디 몯ᄒᆞᆯ 이니라

② 栗谷本

子貢(ᄌᆞ공)이 ᄀᆞᆯ오ᄃᆡ 夫子(부ᄌᆞ)의 文章(문쟝)은 可(가)히 시러곰 드르려니와 夫子(부ᄌᆞ)의 性(셩)과 다ᄆᆞᆺ 天道(텬도) 言(언)ᄒᆞ샤ᄆᆞᆫ 可(가)히 시러곰 듣디 몯ᄒᆞᆯ 디니라

105(5-13)

子路有聞, 未之能行, 唯恐有聞.

① 陶山本

子路(ᄌᆞ로)ᄂᆞᆫ 드롬이 잇고 能(능)히 行(ᄒᆡᆼ)티 몯ᄒᆞ야셔 드롬이 이실가 저허ᄒᆞ더라

② 栗谷本

子路(ᄌᆞ로)ᄂᆞᆫ 聞(문)이 잇고 能(능)히 行(ᄒᆡᆼ)티 몯ᄒᆞ야셔ᄂᆞᆫ 오직 聞(문)호미 이실가 저터라

106(5-14)

子貢問曰:「孔文子何以謂之『文』也?」子曰:「敏而好學, 不恥下問, 是以謂之『文』也.」

① 陶山本

子貢(ᄌᆞ공)이 묻ᄌᆞ와 ᄀᆞᆯ오ᄃᆡ 孔文子(공문ᄌᆞ)를 엇디 ᄡᅥ 文(문)이라 니르닝잇고 子(ᄌᆞ)ㅣ ᄀᆞᆯᄋᆞ샤ᄃᆡ 敏(민)ᄒᆞ고 學(ᄒᆞᆨ)을 好(호)ᄒᆞ며 下問(하문)을 恥(티)티 아니ᄒᆞᆫ 디라 일로ᄡᅥ 文(문)이라 니ᄅᆞ니라

② 栗谷本

子貢(ᄌᆞ공)이 問(문)ᄒᆞ야 ᄀᆞᆯ오ᄃᆡ 孔文子(공문ᄌᆞ)를 엇디 ᄡᅥ 文(문)이라 니ᄅᆞ니잇고 子(ᄌᆞ)ㅣ ᄀᆞᄅᆞ샤ᄃᆡ 敏(민)코 學(ᄒᆞᆨ)을 好(호)ᄒᆞ며 아래 問(문)ᄒᆞ기ᄅᆞᆯ 恥(티)티 아니ᄒᆞ니 일로ᄡᅥ 文(문)이라 니ᄅᆞ니라

107(5-15)

子謂子産:「有君子之道四焉: 其行己也恭, 其事上也敬, 其養民也惠, 其使民也義.」

① 陶山本

子(ᄌᆞ)ㅣ 子産(ᄌᆞ산)을 닐ᄋᆞ샤ᄃᆡ 君子(군ᄌᆞ)의 道(도)ㅣ 네히 인ᄂᆞ니 그 己(긔)를 行(ᄒᆡᆼ)홈이 恭(공)ᄒᆞ며 그 上(샹)을 事(ᄉᆞ)홈이 敬(경)ᄒᆞ며 그 民(민)을 養(양)홈이 惠(혜)ᄒᆞ며 그 民(민)을 使(ᄉᆞ)홈이 義(의)ᄒᆞ니라

② 栗谷本

子(ᄌᆞ)ㅣ 子産(ᄌᆞ산)을 니ᄅᆞ샤ᄃᆡ 君子(군ᄌᆞ)의 道(도)ㅣ 네흘 두어시니 그 己(긔)ᄅᆞᆯ 行(ᄒᆡᆼ)호미 恭(공)ᄒᆞ며 그 上(샹)을 事(ᄉᆞ)호미 敬(경)ᄒᆞ며 그 民(민)을 養(양)호미 惠(혜)ᄒᆞ며 그 民(민)을 使(ᄉᆞ)호미 義(의)니라

108(5-16)

子曰:「晏平仲善與人交, 久而敬之.」

① 陶山本

子(ᄌᆞ)ㅣ ᄀᆞᆯᄋᆞ샤ᄃᆡ 晏平仲(안평듕)은 人(신)으로 더브러 交(교)홈을 善(션)히 ᄒᆞᄂᆞ다 오라되 敬(경)ᄒᆞ곤여

② 栗谷本

子(ᄌᆞ)ㅣ ᄀᆞᄅᆞ샤ᄃᆡ 晏平仲(안평듕)은 사ᄅᆞᆷ 더브러 交(교)ᄒᆞ기ᄅᆞᆯ 善(션)ᄒᆞ놋다 久(구)호ᄃᆡ 敬(경)코녀

109(5-17)

子曰:「臧文仲居蔡, 山節藻梲, 何如其知也?」

① 陶山本

子(ᄌᆞ)ㅣ ᄀᆞᆯᄋᆞ샤ᄃᆡ 臧文仲(장문듕)이 蔡(채)를 居(거)호ᄃᆡ 節(절)애 山(산)을 ᄒᆞ며 梲(졀)애 藻(조)를 ᄒᆞ니 엇디 그 知(디)라 ᄒᆞ리오

② 栗谷本

子(ᄌᆞ)ㅣ ᄀᆞᄅᆞ샤ᄃᆡ 臧文仲(장문듕)이 蔡(채)를 居(거)호ᄃᆡ 節(졀)애 山(산)을 ᄒᆞ고 梲(졀)애 藻(조)를 ᄒᆞ니 엇디 그 知(디)리오

110(5-18)

子張問曰:「令尹子文三仕爲令尹, 無喜色; 三已之, 無慍色. 舊令尹之政, 必以告新令尹. 何如?」子曰:「忠矣.」曰:「仁矣乎?」曰:「未知; 焉得仁?」「崔子弑齊君, 陳文子有馬十乘, 棄而違之. 至於他邦, 則曰, 『猶吾大夫崔子也.』違之. 之一邦, 則又曰:『猶吾大夫崔子也.』違之. 何如?」子曰:「淸矣.」曰:「仁矣乎?」曰:「未知; 焉得仁?」

① 陶山本

子張(ᄌᆞ댱)이 묻ᄌᆞ와 ᄀᆞᆯ오ᄃᆡ 슈尹(령윤) 子文(ᄌᆞ문)이 세 번 仕(ᄉᆞ)ᄒᆞ야 슈尹(령윤)이 도요ᄃᆡ 喜(희)ᄒᆞᆫ 色(ᄉᆡᆨ)이 업스며 세 번 已(이)호ᄃᆡ 慍(온)ᄒᆞᆫ 色(ᄉᆡᆨ)이 업서 녯 슈尹(령윤)의 政(졍)을 반ᄃᆞ시 ᄡᅧ 新슈尹(신령윤)에 告(고)ᄒᆞ니 엇더ᄒᆞᇰ닝잇고 子(ᄌᆞ)ㅣ ᄀᆞᆯᄋᆞ샤ᄃᆡ 忠(튱)ᄒᆞ니라 ᄀᆞᆯ오ᄃᆡ 仁(ᄉᆡᆫ)ᄒᆞᇰ닝잇가 ᄀᆞᆯᄋᆞ샤ᄃᆡ 아디 몯게라 엇디 시러곰 仁(ᄉᆡᆫ)ᄒᆞ리오

崔子(최ᄌᆞ)ㅣ 齊君(졔군)을 弑(시)ᄒᆞ야ᄂᆞᆯ 陳文子(딘문ᄌᆞ)ㅣ 馬(마) 十乘(십승)을 둣더니 棄(기)ᄒᆞ야 違(위)ᄒᆞ고 他邦(타방)애 至(지)ᄒᆞ야 곧 ᄀᆞᆯ오ᄃᆡ 우리 태우 崔子(최ᄌᆞ) ᄀᆞᆮ다 ᄒᆞ고 違(위)ᄒᆞ며 一邦(일방)애 之(지)ᄒᆞ야 곧 ᄯᅩ ᄀᆞᆯ오ᄃᆡ 우리 태우 崔子(최ᄌᆞ) ᄀᆞᆮ다 ᄒᆞ고 違(위)ᄒᆞ니 엇더ᄒᆞᇰ닝잇고 子(ᄌᆞ)ㅣ ᄀᆞᆯᄋᆞ샤ᄃᆡ 淸(쳥)ᄒᆞ니라 ᄀᆞᆯ오ᄃᆡ 仁(ᄉᆡᆫ)ᄒᆞᇰ닝잇가 ᄀᆞᆯᄋᆞ샤ᄃᆡ 아디 몯게라 엇디 시러곰 仁(ᄉᆡᆫ)ᄒᆞ리오

② 栗谷本

子張(ᄌᆞ댱)이 問(문)ᄒᆞ야 ᄀᆞᆯ오ᄃᆡ 슈尹(령윤) 子文(ᄌᆞ문)이 세 번 仕(ᄉᆞ)ᄒᆞ야 슈尹(령윤)을 호ᄃᆡ 喜(희)ᄒᆞᆫ 色(ᄉᆡᆨ)이 업ᄉᆞ며 세 번 마로ᄃᆡ 慍(온)ᄒᆞᆫ 色(ᄉᆡᆨ)이 업고 녯 슈尹(령윤)의 政(졍)을 반ᄃᆞ시 ᄡᅧ 新슈尹(신령윤)ᄃᆞ려 告(고)ᄒᆞ니 엇더ᄒᆞ니잇고 子(ᄌᆞ)ㅣ ᄀᆞᄅᆞ샤ᄃᆡ 忠(튱)ᄒᆞ니라 ᄀᆞᆯ오ᄃᆡ 仁(인)ᄒᆞ니잇가 ᄀᆞᄅᆞ샤ᄃᆡ 아디 몯ᄒᆞ거니와 엇디 시러곰 仁(인)ᄒᆞ리오

崔子(최ᄌᆞ)ㅣ 齊君(졔군)을 弑(시)ᄒᆞ야ᄂᆞᆯ 陳文子(딘문ᄌᆞ)ㅣ 말 十乘(십승)을 둣더니 棄(기)코 違(위)ᄒᆞ고 他邦(타방)의 니ᄅᆞ면 ᄀᆞᆯ오ᄃᆡ 우리 大夫(대부) 崔子(최ᄌᆞ) ᄀᆞᆮ다 ᄒᆞ고 違(위)ᄒᆞ며 一邦(일방)의 가ᄂᆞᆫ 곧 ᄯᅩ ᄀᆞᆯ오ᄃᆡ 우리 大夫(대부) 崔子(최ᄌᆞ) ᄀᆞᆮ다 ᄒᆞ고 違(위)ᄒᆞ니 엇더ᄒᆞ니잇고 子(ᄌᆞ)ㅣ ᄀᆞᄅᆞ샤ᄃᆡ 淸(쳥)ᄒᆞ니라 ᄀᆞᆯ오ᄃᆡ 仁(인)ᄒᆞ니잇가 ᄀᆞᄅᆞ샤ᄃᆡ 아디 몯ᄒᆞ거니와 엇디 시러곰 仁(인)ᄒᆞ리오

111(5-19)

季文子三思而後行. 子聞之, 曰:「再, 斯可矣.」

① 陶山本

季文子(계문ᄌᆞ)ㅣ 세 번 思(ᄉᆞ)ᄒᆞᆫ 後(후)에 行(ᄒᆡᆼ)ᄒᆞ더니 子(ᄌᆞ)ㅣ 드ᄅᆞ시고 ᄀᆞᆯᄋᆞ샤ᄃᆡ 再(ᄌᆡ)ㅣ 可(가)ᄒᆞ니라

② 栗谷本

季文子(계문ᄌᆞ)ㅣ 세 번 思(ᄉᆞ)ᄒᆞᆫ 後(후)에 行(ᄒᆡᆼ)ᄒᆞ더니 子(ᄌᆞ)ㅣ 듣고 ᄀᆞᄅᆞ샤ᄃᆡ 두 번 홈이 可(가)ᄒᆞ니라

112(5-20)

子曰:「甯武子, 邦有道, 則知; 邦無道, 則愚. 其知可及也, 其愚不可及也.

① 陶山本

子(ᄌᆞ)ㅣ ᄀᆞᆯᄋᆞ샤ᄃᆡ 甯武子(녕무ᄌᆞ)ㅣ 邦(방)이 道(도)ㅣ 이시면 知(디)ᄒᆞ고 邦(방)이 道(도)ㅣ 업스면 愚(우)ᄒᆞ니 그 知(디)ᄂᆞᆫ 可(가)히 及(급)ᄒᆞ려니와 그 愚(우)ᄂᆞᆫ 可(가)히 及(급)디 몯홀 이니라

② 栗谷本

子(ᄌᆞ)ㅣ ᄀᆞᄅᆞ샤ᄃᆡ 甯武子(녕무ᄌᆞ)ㅣ 邦(방)이 道(도)ㅣ 이시면 知(디)ᄒᆞ고 邦(방)이 道(도)ㅣ 업스면 愚(우)ᄒᆞ니 그 知(디)ᄂᆞᆫ 可(가)히 미ᄎᆞ려니와 그 愚(우)ᄂᆞᆫ 可(가)히 밋디 몯ᄒᆞ리니라

113(5-21)

子在陳, 曰:「歸與! 歸與! 吾黨之小子狂簡, 斐然成章, 不知所以裁之.」

① 陶山本

子(ᄌᆞ)ㅣ 陳(딘)에 겨샤 ᄀᆞᆯᄋᆞ샤ᄃᆡ 歸(귀)홀 띤뎌 歸(귀)홀 띤뎌 우리 黨(당)앳 小子(쇼ᄌᆞ)ㅣ 狂簡(광간)ᄒᆞ야 斐然(비연)히 章(쟝)을 成(셩)ᄒᆞ고 ᄡᅥ 裁(ᄌᆡ)홀 ᄭᅡᄅᆞᆯ 아디 몯ᄒᆞᄂᆞᆺ다

② 栗谷本

子(ᄌᆞ)ㅣ 陳(딘)에 겨샤 ᄀᆞᄅᆞ샤ᄃᆡ 歸(귀)ᄒᆞᆯ 딘더 歸(귀)ᄒᆞᆯ 딘더 우리 黨(당)의 小子(쇼ᄌᆞ)ㅣ 狂(광)코 簡(간)ᄒᆞ야 斐然(비연)히 章(쟝)이 일고 ᄡᅧ 裁(ᄌᆡ)ᄒᆞᆯ 바ᄅᆞᆯ 아디 몯ᄒᆞᄂᆞ니라

114(5-22)

子曰:「伯夷·叔齊不念舊惡, 怨是用希.」

① 陶山本

子(ᄌᆞ)ㅣ ᄀᆞᆯᄋᆞ샤ᄃᆡ 伯夷(ᄇᆡᆨ이)와 叔齊(ᄉᆔᆨ졔)ᄂᆞᆫ 舊惡(구악)을 念(념)티 아니ᄒᆞ논 디라 怨(원)이 일로ᄡᅥ 드므니라

② 栗谷本

子(ᄌᆞ)ㅣ ᄀᆞᄅᆞ샤ᄃᆡ 伯夷(ᄇᆡᆨ이) 叔齊(ᄉᆔᆨ졔)ᄂᆞᆫ 녜 惡(악)을 念(념)티 아니ᄒᆞᄂᆞᆫ 디라 怨(원)이 일로ᄡᅥ 드므니라

115(5-23)

子曰:「孰謂微生高直? 或乞醯焉, 乞諸其鄰而與之.」

① 陶山本

子(ᄌᆞ)ㅣ ᄀᆞᆯᄋᆞ사ᄃᆡ 뉘 微生高(미ᄉᆡᆼ고)를 닐오ᄃᆡ 直(ᄃᆡᆨ)다 ᄒᆞᄂᆞ뇨 或(혹)이 醯(혜)를 乞(걸)ᄒᆞ여ᄂᆞᆯ 그 鄰(린)에 乞(걸)ᄒᆞ야 與(여)ᄒᆞ곤여

② 栗谷本

子(ᄌᆞ)ㅣ ᄀᆞᆯᄋᆞ사ᄃᆡ 뉘 微生高(미ᄉᆡᆼ고)ᄅᆞᆯ 닐오ᄃᆡ 直(ᄃᆡᆨ)다 ᄒᆞᄂᆞᆫ고 或(혹)이 醯(혜)ᄅᆞᆯ 빌거ᄂᆞᆯ 그 鄰(린)의 비러주고녀

116(5-24)

子曰:「巧言·令色·足恭, 左丘明恥之, 丘亦恥之. 匿怨而友其人, 左丘明恥之, 丘亦恥之.」

① 陶山本

子(ᄌᆞ)ㅣ ᄀᆞᆯᄋᆞ샤ᄃᆡ 言(언)을 巧(교)히 ᄒᆞ며 色(ᄉᆡᆨ)을 令(령)히 ᄒᆞ며 恭(공)을 足(주)히

홈을 左丘明(자구명)이 恥(티)ᄒᆞ더니 丘(구)ㅣ 쏘ᄒᆞᆫ 恥(티)ᄒᆞ노라 怨(원)을 匿(닉)ᄒᆞ고 그 사ᄅᆞᆷ을 友(우)홈을 左丘明(자구명)이 恥(티)ᄒᆞ더니 丘(구)ㅣ 쏘ᄒᆞᆫ 恥(티)ᄒᆞ노라

② 栗谷本

子(ᄌᆞ)ㅣ ᄀᆞᄅᆞ샤ᄃᆡ 言(언)을 巧(교)히 ᄒᆞ며 色(ᄉᆡᆨ)을 令(령)히 ᄒᆞ며 恭(공)을 너므ᄒᆞ기를 左丘明(자구명)이 븟그려 ᄒᆞ더니 丘(구)ㅣ 쏘ᄒᆞᆫ 븟그려 ᄒᆞ며 怨(원)을 匿(닉)ᄒᆞ고 그 人(인) 友(우)ᄒᆞ기를 左丘明(자구명)이 븟그려 ᄒᆞ더니 丘(구)ㅣ 쏘ᄒᆞᆫ 븟그려 ᄒᆞ노라

117(5-25)

顔淵·季路侍. 子曰:「盍各言爾志?」子路曰:「願車馬衣輕裘, 與朋友共, 敝之而無憾.」顔淵曰:「願無伐善, 無施勞.」子路曰:「願聞子之志.」子曰:「老者安之, 朋友信之, 少者懷之.」

① 陶山本

顔淵(안연)과 季路(계로)ㅣ 侍(시)ᄒᆞ얏더니 子(ᄌᆞ)ㅣ ᄀᆞᆯᄋᆞ샤ᄃᆡ 엇디 각각 네의 뜯을 니ᄅᆞ디 아니ᄒᆞ리오

子路(ᄌᆞ로)ㅣ ᄀᆞᆯ오ᄃᆡ 願(원)컨댄 車馬(거마)와 輕裘(경구)를 衣(의)홈을 朋友(붕우)로 더브러 ᄒᆞᆫ 가지로 ᄒᆞ야 敝(폐)ᄒᆞ야도 憾(감)홈이 업고져 ᄒᆞ농이다

顔淵(안연)이 ᄀᆞᆯ오ᄃᆡ 願(원)컨댄 善(션)을 伐(벌)홈이 업ᄉᆞ며 勞(로)를 施(시)홈이 업고져 ᄒᆞ농이다

子路(ᄌᆞ로)ㅣ ᄀᆞᆯ오ᄃᆡ 願(원)컨댄 子(ᄌᆞ)의 志(지)를 듣ᄌᆞᆸ고져 ᄒᆞ농이다 子(ᄌᆞ)ㅣ ᄀᆞᆯᄋᆞ샤ᄃᆡ 老者(로쟈)를 安(안)ᄒᆞ며 朋友(붕우)를 信(신)으로 ᄒᆞ며 少者(쇼쟈)를 懷(회)홈이니라

② 栗谷本

顔淵(안연)과 季路(계로)ㅣ 뫼셧더니 子(ᄌᆞ)ㅣ ᄀᆞᄅᆞ샤ᄃᆡ 각각 네 ᄠᅳᆺ을 니ᄅᆞ기를 엇디 아니ᄒᆞ료

子路(ᄌᆞ로)ㅣ ᄀᆞᆯ오ᄃᆡ 願(원)컨댄 車馬(거마)와 輕裘(경구) 닙기를 朋友(붕우)로 더브러 共(공)ᄒᆞ야 敝(폐)ᄒᆞ야도 憾(감)호미 업고져 ᄒᆞ노이다

顔淵(안연)이 ᄀᆞᆯ오ᄃᆡ 願(원)컨댄 善(션)을 伐(벌)홈이 업스며 勞(로)를 施(시)홈이 업고져 ᄒᆞ노이다

子路(ᄌᆞ로)ㅣ ᄀᆞᆯ오ᄃᆡ 願(원)컨댄 子(ᄌᆞ)의 志(지)를 聞(문)코져 ᄒᆞ노이다 子(ᄌᆞ)ㅣ ᄀᆞᄅᆞ샤ᄃᆡ 老者(로쟈)를 安(안)ᄒᆞ며 朋友(붕우)를 信(신)ᄒᆞ며 少者(쇼쟈)를 懷(회)홈이니라

118(5-26)

子曰:「已矣乎, 吾未見能見其過而內自訟者也.」

① 陶山本

子(ᄌᆞ)ㅣ ᄀᆞᆯᄋᆞ샤ᄃᆡ 말ᄋᆞᆯ 디라 내 能(ᄂᆞᆼ)히 그 過(과)를 보고 內(ᄂᆡ)로 스스로 訟(ᄉᆞᆼ)ᄒᆞᄂᆞᆫ 者(쟈)를 보디 몯게라

② 栗谷本

子(ᄌᆞ)ㅣ ᄀᆞᄅᆞ샤ᄃᆡ 마롤 디라 내 能(ᄂᆞᆼ)히 그 過(과)ᄅᆞᆯ 보고 안ᄒᆞ로 스스로 訟(ᄉᆞᆼ)ᄒᆞᄂᆞᆫ 者(쟈)ᄅᆞᆯ 보디 몯게라

119(5-27)

子曰:「十室之邑, 必有忠信如丘者焉, 不如丘之好學也.」

① 陶山本

子(ᄌᆞ)ㅣ ᄀᆞᆯᄋᆞ샤ᄃᆡ 十室(십실)ㅅ 邑(읍)에 반ᄃᆞ시 忠信(튱신)이 丘(구) ᄀᆞᄐᆞᆫ 者(쟈)ㅣ 잇거니와 丘(구)의 學(ᄒᆞᆨ)을 好(호)홈만 ᄀᆞᆮ디 몯ᄒᆞ니라

② 栗谷本

子(ᄌᆞ)ㅣ ᄀᆞᄅᆞ샤ᄃᆡ 十室(십실) 고을히 반ᄃᆞ시 忠信(튱신)이 丘(구)ᄀᆞᆺᄐᆞ니 이시려니와 丘(구)의 學(ᄒᆞᆨ) 好(호)호ᄆᆞᆫ ᄀᆞᆺ디 몯ᄒᆞᄂᆞ니라

第六〈雍也〉

120(6-1)

子曰:「雍也可使南面.」仲弓問子桑伯子. 子曰:「可也簡.」仲弓曰:「居敬而行簡, 以臨其民, 不亦可乎? 居簡而行簡, 無乃大簡乎?」子曰:「雍之言然.」

① 陶山本

子(ᄌᆞ)ㅣ ᄀᆯᄋᆞ샤ᄃᆡ 雍(옹)은 可(가)히 ᄒᆡ여곰 南面(남면)ᄒᆞ얌즉 ᄒᆞ두다

仲弓(듕궁)이 子桑伯子(ᄌᆞ상ᄇᆡᆨᄌᆞ)를 묻ᄌᆞ온대 子(ᄌᆞ)ㅣ ᄀᆯᄋᆞ샤ᄃᆡ 可(가)홈이 簡(간)이니라

仲弓(듕궁)이 ᄀᆯ오ᄃᆡ 敬(경)애 居(거)ᄒᆞ고 簡(간)을 行(ᄒᆡᆼ)ᄒᆞ야 ᄡᅧ 그 ᄇᆡᆨ셩을 臨(림)ᄒᆞ면 ᄯᅩᄒᆞᆫ 可(가)티 아니ᄒᆞᆫ잇가 簡(간)애 居(거)ᄒᆞ고 簡(간)을 行(ᄒᆡᆼ)ᄒᆞ면 아니 너무 簡(간)ᄒᆞᆫ잇가

子(ᄌᆞ)ㅣ ᄀᆯᄋᆞ샤ᄃᆡ 雍(옹)의 말이 그러ᄒᆞ다

② 栗谷本

子(ᄌᆞ)ㅣ ᄀᆞᄅᆞ샤ᄃᆡ 雍(옹)은 可(가)히 ᄒᆡ여곰 南面(남면)ᄒᆞ얌즉 ᄒᆞ도다

仲弓(듕궁)이 子桑伯子(ᄌᆞ상ᄇᆡᆨᄌᆞ)ᄅᆞᆯ 問(문)ᄒᆞᆫ대 子(ᄌᆞ)ㅣ ᄀᆞᄅᆞ샤ᄃᆡ 可(가)ᄒᆞ니 簡(간)ᄒᆞ니라

仲弓(듕궁)이 ᄀᆯ오ᄃᆡ 敬(경)의 居(거)코 簡(간)을 行(ᄒᆡᆼ)ᄒᆞ야 ᄡᅧ 그 民(민)을 臨(림)ᄒᆞ면 ᄯᅩᄒᆞᆫ 可(가)티 아니리잇가 簡(간)의 居(거)ᄒᆞ고 簡(간)을 行(ᄒᆡᆼ)ᄒᆞ면 아니 너모 簡(간)ᄒᆞ리잇가

子(ᄌᆞ)ㅣ ᄀᆞᄅᆞ샤ᄃᆡ 雍(옹)의 말이 올타

121(6-2)

哀公問:「弟子孰爲好學?」孔子對曰:「有顔回者好學, 不遷怒, 不貳過. 不幸短命死矣, 今也則亡, 未聞好學者也.」

① 陶山本

哀公(ᄋᆡ공)이 묻ᄌᆞ오ᄃᆡ 弟子(뎨ᄌᆞ)ㅣ 뉘 學(ᄒᆞᆨ)을 됴히 너기ᄂᆞᆫ잇고 孔子(공ᄌᆞ)ㅣ 對(ᄃᆡ)ᄒᆞ야 ᄀᆯᄋᆞ샤ᄃᆡ 顔回(안회)라 ᄒᆞ리 學(ᄒᆞᆨ)을 됴히 너겨 怒(노)를 遷(쳔)티 아니ᄒᆞ며 過(과)를 貳(ᅀᅵ)티 아니ᄒᆞ더니 幸(ᄒᆡᆼ)티 몯ᄒᆞ야 命(명)이 短(단)ᄒᆞ야 죽은 디라 이제는 업스니 學(ᄒᆞᆨ)을 됴히 너기ᄂᆞᆫ 이를 듣디 몯겡이다

② 栗谷本

哀公(익공)이 問(문)ᄒᆞ샤ᄃᆡ 弟子(뎨ᄌᆞ)ㅣ 뉘 學(ᄒᆞᆨ)을 好(호)ᄒᆞᄂᆞ니잇고 孔子(공ᄌᆞ)ㅣ 對(ᄃᆡ)ᄒᆞ야 ᄀᆞᄅᆞ샤ᄃᆡ 顔回(안회)라 ᄒᆞᆫ 者ᄒᆞ(쟈)ㅣ 學(ᄒᆞᆨ)을 好(호)ᄒᆞ야 怒(노)를 遷(쳔)티 아니ᄒᆞ며 過(과)를 貳(이)티 아니터니 幸(ᄒᆡᆼ)티 몯ᄒᆞ야 命(명)이 短(단)ᄒᆞ야 죽은 디라 이제ᄂᆞᆫ 업스니 學(ᄒᆞᆨ) 好(호)ᄒᆞᆯ 者(쟈)를 듣디 몯게이다

122(6-3)

子華使於齊, 冉子爲其母請粟. 子曰:「與之釜.」請益. 曰:「與之庾.」冉子與之粟五秉. 子曰:「赤之適齊也, 乘肥馬, 衣輕裘. 吾聞之也: 君子周急不繼富.」原思爲之宰, 與之粟九百, 辭. 子曰:「毋! 以與爾鄰里鄕黨乎!」

① 陶山本

子華(ᄌᆞ화)ㅣ 齊(졔)예 브리이더니 冉子(셤ᄌᆞ)ㅣ 그 어미를 爲(위)ᄒᆞ야 粟(속)을 請(쳥)ᄒᆞᆫ대 子(ᄌᆞ)ㅣ ᄀᆞᆯᄋᆞ샤ᄃᆡ 釜(부)를 주라 더홈을 請(쳥)ᄒᆞᆫ대 ᄀᆞᆯᄋᆞ샤ᄃᆡ 庾(유)를 주라 ᄒᆞ야시ᄂᆞᆯ 冉子(셤ᄌᆞ)ㅣ 粟(속) 다ᄉᆞᆺ 秉(병)을 준대

子(ᄌᆞ)ㅣ ᄀᆞᆯᄋᆞ샤ᄃᆡ 赤(젹)의 齊(졔)예 갈 제 肥馬(비마)를 ᄐᆞ며 輕裘(경구)를 닙으니 나ᄂᆞᆫ 들오니 君子(군ᄌᆞ)ᄂᆞᆫ 急(급)ᄒᆞᆫ 이를 周(쥬)ᄒᆞ고 富(부)ᄒᆞᆫ 이를 繼(계)티 아니ᄒᆞᆫ다 호라

原思(원ᄉᆞ)ㅣ 宰(지)되엿더니 粟(속) 九百(구ᄇᆡᆨ)을 주어시ᄂᆞᆯ ᄉᆞ양ᄒᆞᆫ대

子(ᄌᆞ)ㅣ ᄀᆞᆯᄋᆞ샤ᄃᆡ 말아 ᄡᅥ 네의 鄰(린)이며 里(리)며 鄕(향)이며 黨(당)을 줄 띤뎌

② 栗谷本

子華(ᄌᆞ화)ㅣ 齊(졔)예 使(ᄉᆞ)ᄒᆞ거ᄂᆞᆯ 冉子(염ᄌᆞ)ㅣ 그 母(모)를 爲(위)ᄒᆞ야 粟(속)을 請(쳥)ᄒᆞᆫ대 子(ᄌᆞ)ㅣ ᄀᆞᄅᆞ샤ᄃᆡ 釜(부)를 주라 益(익)호ᄆᆞᆯ 請(쳥)ᄒᆞᆫ대 ᄀᆞᄅᆞ샤ᄃᆡ 庾(유)를 주라 冉子(염ᄌᆞ)ㅣ 粟(속) 五秉(오병)을 준대

子(ᄌᆞ)ㅣ ᄀᆞᄅᆞ샤ᄃᆡ 赤(젹)이 齊(졔)예 適(뎍)ᄒᆞᆯ 제 肥馬(비마)를 乘(승)ᄒᆞ며 輕裘(경구)를 衣(의)ᄒᆞ니 나ᄂᆞᆫ 드르니 君子(군ᄌᆞ)ᄂᆞᆫ 急(급)을 周(쥬)ᄒᆞ고 富(부)를 繼(계)티 아닛ᄂᆞᆫ다 ᄒᆞ니라

原思(원ᄉᆞ)ㅣ 宰(지)되얏ᄂᆞᆫ 디라 粟(속) 九百(구ᄇᆡᆨ)을 주신대 辭(ᄉᆞ)ᄒᆞ거ᄂᆞᆯ

子(ᄌᆞ)ㅣ ᄀᆞᄅᆞ샤ᄃᆡ 마라 ᄡᅥ 너의 鄰里(린리) 鄕黨(향당)을 줄 띤뎌

123(6-4)

子謂仲弓, 曰:「犁牛之子騂且角, 雖欲勿用, 山川其舍諸?」

① 陶山本

子(ᄌᆞ)ㅣ 仲弓(듕궁)을 닐어 ᄀᆞᆯᄋᆞ샤ᄃᆡ 犁牛(리우)의 子(ᄌᆞ)ㅣ 騂(셩)ᄒᆞ고 ᄯᅩ 角(각)ᄒᆞ면 비록 ᄡᅳ디 말고쟈 ᄒᆞ나 山川(산쳔)은 그 ᄇᆞ리랴

② 栗谷本

子(ᄌᆞ)ㅣ 仲弓(듕궁)을 닐러 ᄀᆞᄅᆞ샤ᄃᆡ 犁牛(리우)의 子(ᄌᆞ)ㅣ 騂(셩)코 ᄯᅩᄒᆞᆫ 角(각)ᄒᆞ면 비록 ᄡᅳ디 말고져 ᄒᆞ나 山川(산쳔)은 그 舍(샤)ᄒᆞ랴

124(6-5)

子曰:「回也, 其心三月不違仁, 其餘則日月至焉而已矣.」

① 陶山本

子(ᄌᆞ)ㅣ ᄀᆞᆯᄋᆞ샤ᄃᆡ 回(회)ᄂᆞᆫ 그 ᄆᆞᄋᆞᆷ이 석 ᄃᆞᆯ을 仁(신)에 어글웃디 아니ᄒᆞ고 그 나ᄆᆞᆫ 이ᄂᆞᆫ 날이며 ᄃᆞᆯ로 니를 ᄯᆞᄅᆞᆷ이니라

② 栗谷本

子(ᄌᆞ)ㅣ ᄀᆞᄅᆞ샤ᄃᆡ 回(회)ᄂᆞᆫ 그 ᄆᆞᄋᆞᆷ이 三月(삼월)을 仁(인)의 違(위)티 아니코 그 나ᄆᆞ니ᄂᆞᆫ 日月(일월)애 至(지)ᄒᆞᆯ ᄯᆞᄅᆞᆷ이니라

125(6-6)

季康子問:「仲由可使從政也與?」子曰:「由也果, 於從政乎何有?」曰:「賜也可使從政也與?」曰:「賜也達, 於從政乎何有?」曰:「求也可使從政也與?」曰:「求也藝, 於從政乎何有?」

① 陶山本

季康子(계강ᄌᆞ)ㅣ 묻ᄌᆞ오ᄃᆡ 仲由(듕유)ᄂᆞᆫ 可(가)히 ᄒᆡ여곰 政(졍)을 從(죵)ᄒᆞ얌즉 ᄒᆞᆫ닝잇가 子(ᄌᆞ)ㅣ ᄀᆞᆯᄋᆞ샤ᄃᆡ 由(유)ᄂᆞᆫ 果(과)ᄒᆞ니 政(졍)을 從(죵)홈애 므스거시 이시리오 ᄀᆞᆯ오ᄃᆡ 賜(ᄉᆞ)ᄂᆞᆫ 可(가)히 ᄒᆡ여곰 政(졍)을 從(죵)ᄒᆞ얌즉 ᄒᆞᆫ닝잇가 ᄀᆞᆯᄋᆞ샤ᄃᆡ 賜(ᄉᆞ)ᄂᆞᆫ 達(달)ᄒᆞ니 政(졍)을 從(죵)홈애 므스거시 이시리오 ᄀᆞᆯ오ᄃᆡ 求(구)ᄂᆞᆫ 可(가)히 ᄒᆡ여곰 政(졍)을 從(죵)ᄒᆞ얌즉 ᄒᆞᆫ닝잇가 ᄀᆞᆯᄋᆞ샤ᄃᆡ 求(구)ᄂᆞᆫ 藝(예)ᄒᆞ니 政(졍)을 從(죵)홈애 므스거시 이시리오

② 栗谷本

季康子(계강ᄌᆞ)ㅣ 問(문)호ᄃᆡ 仲由(듕유)ㅣ 可(가)히 ᄒᆞ여곰 從政(죵졍)ᄒᆞ얌즉 ᄒᆞ니잇가 子(ᄌᆞ)ㅣ ᄀᆞᄅᆞ샤ᄃᆡ 由(유)ㅣ 果(과)커니 從政(죵졍)애 므서시 어려우리오 ᄀᆞᆯ오ᄃᆡ 賜(ᄉᆞ)ㅣ 可(가)히 ᄒᆞ여곰 從政(죵졍)ᄒᆞ얌즉 ᄒᆞ니잇가 ᄀᆞᄅᆞ샤ᄃᆡ 賜(ᄉᆞ)ㅣ 達(달)커니 從政(죵졍)애 므서시 어려우리오 ᄀᆞᆯ오ᄃᆡ 求(구)ㅣ 可(가)히 ᄒᆞ여곰 從政(죵졍)ᄒᆞ얌즉 ᄒᆞ니잇가 ᄀᆞᄅᆞ샤ᄃᆡ 求(구)ㅣ 藝(예)커니 從政(죵졍)애 므서시 어려우리오

126(6-7)

季氏使閔子騫爲費宰. 閔子騫曰:「善爲我辭焉! 如有復我者, 則吾必在汶上矣.」

① 陶山本

季氏(계시)ㅣ 閔子騫(민ᄌᆞ건)으로 ᄒᆡ여곰 費(비)ㅅ 宰(지)를 ᄒᆞ인대 閔子騫(민ᄌᆞ건)이 ᄀᆞᆯ오ᄃᆡ 善(션)히 나를 爲(위)ᄒᆞ야 辭(ᄉᆞ)ᄒᆞ라 만일에 내게 다시 홈이 이실 띤댄 곧 내 반ᄃᆞ시 汶(문)ㅅ 上(샹)애 이쇼리라

② 栗谷本

季氏(계시)ㅣ 閔子騫(민ᄌᆞ건)을 ᄒᆞ여곰 費宰(비지)를 ᄒᆞ라ᄒᆞᆫ대 閔子騫(민ᄌᆞ건)이 ᄀᆞᆯ오ᄃᆡ 善(션)히 나를 爲(위)ᄒᆞ야 辭(ᄉᆞ)ᄒᆞ라 만일에 내게 復(부)호미 이시면 내 반ᄃᆞ시 汶上(문샹)의 이쇼리라

127(6-8)

伯牛有疾, 子問之, 自牖執其手, 曰:「亡之, 命矣夫! 斯人也而有斯疾也! 斯人也而有斯疾也!」

① 陶山本

伯牛(ᄇᆡᆨ우)ㅣ 疾(질)이 잇거ᄂᆞᆯ 子(ᄌᆞ)ㅣ 무ᄅᆞ실 ᄉᆡ 牖(유)로브터 그 손을 잡아 ᄀᆞᆯᄋᆞ샤ᄃᆡ 업스리러니 命(명)이라 이 사ᄅᆞᆷ이 이 疾(질)을 둘셔 이 사ᄅᆞᆷ이 이 疾(질)을 둘셔

② 栗谷本

伯牛(ᄇᆡᆨ우)ㅣ 疾(질)을 두거ᄂᆞᆯ 子(ᄌᆞ)ㅣ 問(문)ᄒᆞ실 ᄉᆡ 牖(유)로브터 그 手(슈)를 자바 ᄀᆞᄅᆞ샤ᄃᆡ 亡(망)ᄒᆞ리로다 命(명)이여 이 사ᄅᆞᆷ이 이 疾(질)을 둘셔 이 사ᄅᆞᆷ이 이 疾(질)을 둘셔

128(6-9)

子曰:「賢哉, 回也! 一簞食, 一瓢飮, 在陋巷, 人不堪其憂, 回也不改其樂. 賢哉, 回也!」

① 陶山本

子(ᄌᆞ)ㅣ ᄀᆞᆯᄋᆞ샤ᄃᆡ 賢(현)ᄒᆞ다 回(회)ㅣ여 ᄒᆞᆫ 簞(단)앳 食(ᄉᆞ)와 ᄒᆞᆫ 瓢(표)앳 飮(음)으로 陋巷(루항)애 이심을 사ᄅᆞᆷ이 그 시름을 이긔디 몯ᄒᆞ거늘 回(회)ㅣ 그 樂(락)을 改(ᄀᆡ)티 아니ᄒᆞ니 賢(현)ᄒᆞ다 回(회)ㅣ여

② 栗谷本

子(ᄌᆞ)ㅣ ᄀᆞᄅᆞ샤ᄃᆡ 賢(현)ᄒᆞ다 回(회)여 ᄒᆞᆫ 簞(단) 밥과 ᄒᆞᆫ 瓢(표) 飮(음)으로 陋巷(루항)의 잇기를 人(인)이 그 憂(우)를 견ᄃᆡ디 몯ᄒᆞ거ᄂᆞᆯ 回(회)ㅣ 그 樂(락)을 改(ᄀᆡ)티 아니ᄒᆞ니 賢(현)ᄒᆞ다 回(회)여

129(6-10)

冉求曰:「非不說子之道, 力不足也.」子曰:「力不足者, 中道而廢. 今女畫.」

① 陶山本

冉求(염구)ㅣ ᄀᆞᆯ오ᄃᆡ 子(ᄌᆞ)의 道(도)를 說(열)티 아니홈이 아니언마ᄂᆞᆫ 힘이 足(족)디 몯호이다 子(ᄌᆞ)ㅣ ᄀᆞᆯᄋᆞ샤ᄃᆡ 힘이 足(족)디 몯ᄒᆞᆫ 者(쟈)ᄂᆞᆫ 道(도)애 中(듕)ᄒᆞ야 廢(폐)ᄒᆞᄂᆞ니 이제 너ᄂᆞᆫ 畫(획)홈이로다

② 栗谷本

冉求(염구)ㅣ ᄀᆞᆯ오ᄃᆡ 子(ᄌᆞ)의 道(도)를 說(열)티 아니미 아니언마ᄂᆞᆫ 힘이 足(족)디 몯호이다 子(ᄌᆞ)ㅣ ᄀᆞᄅᆞ샤ᄃᆡ 힘이 足(족)디 몯ᄒᆞᆫ 者(쟈)ᄂᆞᆫ 中道(듕도)애 廢(폐)ᄒᆞᄂᆞ니 이제 너ᄂᆞᆫ 畫(획)호미니라

130(6-11)

子謂子夏曰:「女爲君子儒! 無爲小人儒!」

① 陶山本

子(ᄌᆞ)ㅣ 子夏(ᄌᆞ하)ᄃᆞ려 닐어 ᄀᆞᆯᄋᆞ샤ᄃᆡ 네 君子(군ᄌᆞ)ㅅ 儒(유)ㅣ 되고 小人(쇼인)ㅅ

儒(유)ㅣ 되디 말라

② 栗谷本

子(ᄌᆞ)ㅣ 子夏(ᄌᆞ하)ᄃᆞ려 닐러 ᄀᆞᄅᆞ샤ᄃᆡ 네 君子(군ᄌᆞ) 儒(유)ㅣ 되고 小人(쇼인) 儒(유)ㅣ 되디 말라

131(6-12)

子游爲武城宰. 子曰:「女得人焉爾乎?」曰:「有澹臺滅明者, 行不由徑, 非公事, 未嘗至於偃之室也.」

① 陶山本

子游(ᄌᆞ유)ㅣ 武城(무셩)ㅅ 宰(ᄌᆡ)되엿더니 子(ᄌᆞ)ㅣ ᄀᆞᆯᄋᆞ샤ᄃᆡ 네 사ᄅᆞᆷ을 어던ᄂᆞᆫ다 ᄀᆞᆯ오ᄃᆡ 澹臺滅明(담ᄃᆡ멸명)이라 ᄒᆞᆯ 이 이시니 行(ᄒᆡᆼ)홈애 徑(경)을 말믜암디 아니ᄒᆞ며 公事(공ᄉᆞ)ㅣ 아니어든 일쯕 偃(언)의 室(실)에 니르디 아니ᄒᆞᄂᆞ닝이다

② 栗谷本

子游(ᄌᆞ유)ㅣ 武城(무셩) 宰(ᄌᆡ)되엿거ᄂᆞᆯ 子(ᄌᆞ)ㅣ ᄀᆞᄅᆞ샤ᄃᆡ 네 人(인)을 어덧ᄂᆞᆫ다 ᄀᆞᆯ오ᄃᆡ 澹臺滅明(담ᄃᆡ멸명)이라 ᄒᆞ리 이시니 行(ᄒᆡᆼ)ᄒᆞᆯ 제 徑(경)을 由(유)티 아니ᄒᆞ며 公事(공ᄉᆞ)ㅣ 아니어든 일즉 偃(언)의 室(실)에 至(지)티 아니터이다

132(6-13)

子曰:「孟之反不伐, 奔而殿, 將入門, 策其馬, 曰:『非敢後也, 馬不進也.』」

① 陶山本

子(ᄌᆞ)ㅣ ᄀᆞᆯᄋᆞ샤ᄃᆡ 孟之反(ᄆᆡᆼ지반)은 伐(벌)티 아니ᄒᆞᄂᆞᆺ다 奔(분)홈에 殿(뎐)ᄒᆞ야 將(쟝)ᄎᆞᆺ 門(문)의 들 ᄉᆡ 그 ᄆᆞᆯ을 策(ᄎᆡᆨ)ᄒᆞ야 ᄀᆞᆯ오ᄃᆡ 敢(감)히 後(후)ᄒᆞᆫ 줄이 아니라 ᄆᆞᆯ이 나ᅀᅡ가디 안이 홈이라 ᄒᆞ니라

② 栗谷本

子(ᄌᆞ)ㅣ ᄀᆞᄅᆞ샤ᄃᆡ 孟之反(ᄆᆡᆼ지반)은 伐(벌)티 아닛ᄂᆞᆺ다 奔(분)ᄒᆞᆯ제 殿(뎐)ᄒᆞᆯ ᄉᆡ 쟝ᄎᆞᆺ 門(문)에 들제 그 ᄆᆞᆯ을 策(ᄎᆡᆨ)ᄒᆞ야 ᄀᆞᆯ오ᄃᆡ 敢(감)히 後(후)호미 아니라 ᄆᆞᆯ이 進(진)티 아니호미라 ᄒᆞ니라

133(6-14)

子曰:「不有祝鮀之佞, 而有宋朝之美, 難乎免於今之世矣.」

① 陶山本

子(ᄌᆞ)ㅣ ᄀᆞᆯᄋᆞ샤ᄃᆡ 祝鮀(츅타)의 佞(녕)을 두며 宋朝(송됴)의 美(미)를 두디 아니면 이젯 世(셰)예 免(면)홈이 어려우니라

② 栗谷本

子(ᄌᆞ)ㅣ ᄀᆞᄅᆞ샤ᄃᆡ 祝鮀(츅타)의 佞(녕)을 둠과 宋朝(송됴)의 美(미)ᄅᆞᆯ 두디 아니면 이제 世(셰)예 免(면)호미 어려우니라

134(6-15)

子曰:「誰能出不由戶? 何莫由斯道也?」

① 陶山本

子(ᄌᆞ)ㅣ ᄀᆞᆯᄋᆞ샤ᄃᆡ 뉘 能(능)히 出(츌)홈애 戶(호)를 由(유)티 아니리오마ᄂᆞᆫ 엇디 이 道(도)를 由(유)티 아니ᄒᆞᄂᆞᆫ고

② 栗谷本

子(ᄌᆞ)ㅣ ᄀᆞᄅᆞ샤ᄃᆡ 뉘 能(능)히 날 제 戶(호)ᄅᆞᆯ 由(유)티 아니리오마ᄂᆞᆫ 엇디 이 道(도)ᄅᆞᆯ 由(유)티 아닛ᄂᆞᆫ고

135(6-16)

子曰:「質勝文則野, 文勝質則史. 文質彬彬, 然後君子.」

① 陶山本

子(ᄌᆞ)ㅣ ᄀᆞᆯᄋᆞ샤ᄃᆡ 質(질)이 文(문)을 勝(승)ᄒᆞ면 野(야)ㅣ오 文(문)이 質(질)을 勝(승)ᄒᆞ면 史(ᄉᆞ)ㅣ니 文(문)과 質(질)이 彬彬(빈빈)ᄒᆞᆫ 後(후)에 君子(군ᄌᆞ)ㅣ니라

② 栗谷本

子(ᄌᆞ)ㅣ ᄀᆞᄅᆞ샤ᄃᆡ 質(질)이 文(문)을 勝(승)ᄒᆞ면 野(야)ᄒᆞ고 文(문)이 質(질)을 勝(승)ᄒᆞ면 史(ᄉᆞ)ㅣ니 文(문)과 質(질)이 彬彬(빈빈)ᄒᆞ야아 그런 後(후)애 君子(군ᄌᆞ)ㅣ니라

136(6-17)

子曰:「人之生也直, 罔之生也幸而免.」

① 陶山本

子(ᄌᆞ)ㅣ ᄀᆞᆯᄋᆞ샤ᄃᆡ 사ᄅᆞᆷ의 生(ᄉᆡᆼ)이 直(ᄃᆡᆨ)ᄒᆞᆫ 거시니 罔(망)의 生(ᄉᆡᆼ)ᄒᆞᆷ은 힝혀 免(면)ᄒᆞ얀ᄂᆞ니라

② 栗谷本

子(ᄌᆞ)ㅣ ᄀᆞᄅᆞ샤ᄃᆡ 人(인)의 生(ᄉᆡᆼ)이 直(ᄃᆡᆨ)ᄒᆞ니 罔(망)의 生(ᄉᆡᆼ)호ᄆᆞᆫ 幸(힝)혀 免(면)호미니라

137(6-18)

子曰:「知之者不如好之者, 好之者不如樂之者.」

① 陶山本

子(ᄌᆞ)ㅣ ᄀᆞᆯᄋᆞ샤ᄃᆡ 아ᄂᆞᆫ 이 됴히 너기ᄂᆞᆫ 이만 ᄀᆞᆮ디 몯ᄒᆞ고 됴히 너기ᄂᆞᆫ 이 즐겨ᄒᆞᄂᆞᆫ 이만 ᄀᆞᆮ디 몯ᄒᆞ니라

② 栗谷本

子(ᄌᆞ)ㅣ ᄀᆞᄅᆞ샤ᄃᆡ 知(디)ᄒᆞᄂᆞᆫ 者(쟈)ㅣ 好(호)ᄒᆞᄂᆞᆫ 者(쟈)만 ᄀᆞᆺ디 몯ᄒᆞ고 好(호)ᄒᆞᄂᆞᆫ 者(쟈)ㅣ 樂(락)ᄒᆞᄂᆞᆫ 者(쟈)만 ᄀᆞᆺ디 몯ᄒᆞ니라

138(6-19)

子曰:「中人以上. 可以語上也; 中人以下, 不可以語上也.」

① 陶山本

子(ᄌᆞ)ㅣ ᄀᆞᆯᄋᆞ샤ᄃᆡ 中人(듕신)으로ᄡᅥ 우흔 可(가)히 ᄡᅥ 우ᄒᆞᆯ 니ᄅᆞ려니와 中人(듕신)으로ᄡᅥ 아래ᄂᆞᆫ 可(가)히 ᄡᅥ 우ᄒᆞᆯ 니ᄅᆞ디 몯ᄒᆞᆯ ᄭᅥ시니라

② 栗谷本

子(ᄌᆞ)ㅣ ᄀᆞᄅᆞ샤ᄃᆡ 中人(듕인)으로ᄡᅥ 우흔 可(가)히 ᄡᅥ 上(샹)을 語(어)ᄒᆞᄅᆞ려니와 中人(듕인)으로ᄡᅥ 아래ᄂᆞᆫ 可(가)히 ᄡᅥ 上(샹)을 語(어)티 몯ᄒᆞᆯ 디니라

139(6-20)

樊遲問知. 子曰:「務民之義, 敬鬼神而遠之, 可謂知矣.」問仁. 曰:「仁者先難而後獲, 可謂仁矣.」

① 陶山本

樊遲(번디)ㅣ 知(디)를 묻ᄌᆞ온대 子(ᄌᆞ)ㅣ 골ᄋᆞ샤ᄃᆡ 民(민)의 義(의)를 힘ᄡᅳ고 鬼神(귀신)을 공경코 멀리ᄒᆞ면 可(가)히 知(디)라 닐ᄋᆞᆯ 띠니라 仁(ᅀᅵᆫ)을 묻ᄌᆞ온대 골ᄋᆞ샤ᄃᆡ 仁(ᅀᅵᆫ)ᄒᆞᆫ 者(쟈)ㅣ 難(난)을 몬져ᄒᆞ고 獲(획)홈을 後(후)ᄒᆞ면 可(가)히 仁(ᅀᅵᆫ)이라 니ᄅᆞᆯ 띠니라

② 栗谷本

樊遲(번디)ㅣ 知(디)ᄅᆞᆯ 問(문)ᄒᆞᆫ대 子(ᄌᆞ)ㅣ ᄀᆞᄅᆞ샤ᄃᆡ 民(민)의 義(의)ᄅᆞᆯ 務(무)ᄒᆞ고 鬼神(귀신)을 敬(경)코 멀리ᄒᆞ면 可(가)히 知(디)라 니ᄅᆞᆯ 디니라 仁(인)을 問(문)ᄒᆞᆫ대 ᄀᆞᄅᆞ샤ᄃᆡ 仁(인)ᄒᆞᆯ 者(쟈)ㅣ 難(난)을 先(션)ᄒᆞ고 獲(획)을 後(후)ᄒᆞ면 可(가)히 仁(인)이라 니ᄅᆞᆯ 디니라

140(6-21)

子曰:「知者樂水, 仁者樂山. 知者動, 仁者靜. 知者樂, 仁者壽.」

① 陶山本

子(ᄌᆞ)ㅣ 골ᄋᆞ샤ᄃᆡ 知(디)ᄒᆞᆫ 者(쟈)ᄂᆞᆫ 水(슈)를 됴히 너기고 仁(ᅀᅵᆫ)ᄒᆞᆫ 者(쟈)ᄂᆞᆫ 山(산)을 됴히 너기ᄂᆞ니 知(디)ᄒᆞᆫ 者(쟈)ᄂᆞᆫ 動(동)ᄒᆞ고 仁(ᅀᅵᆫ)ᄒᆞᆫ 者(쟈)ᄂᆞᆫ 靜(졍)ᄒᆞ며 知(디)ᄒᆞᆫ 者(쟈)ᄂᆞᆫ 樂(락)ᄒᆞ고 仁(ᅀᅵᆫ)ᄒᆞᆫ 者(쟈)ᄂᆞᆫ 壽(슈)ᄒᆞᄂᆞ니라

② 栗谷本

子(ᄌᆞ)ㅣ ᄀᆞᄅᆞ샤ᄃᆡ 知者(디쟈)ᄂᆞᆫ 水(슈)ᄅᆞᆯ 樂(요)ᄒᆞ고 仁者(인쟈)ᄂᆞᆫ 山(산)을 樂(요)ᄒᆞᄂᆞ니 知者(디쟈)ᄂᆞᆫ 動(동)ᄒᆞ고 仁者(인쟈)ᄂᆞᆫ 靜(졍)ᄒᆞ며 知者(디쟈)ᄂᆞᆫ 樂(락)ᄒᆞ고 仁者(인쟈)ᄂᆞᆫ 壽(슈)ᄒᆞᄂᆞ니라

141(6-22)

子曰:「齊一變, 至於魯; 魯一變, 至於道.」

① 陶山本

子(ᄌᆞ)ㅣ 골ᄋᆞ샤ᄃᆡ 齊(졔)ㅣ ᄒᆞᆫ 번 變(변)ᄒᆞ면 魯(로)애 니르고 魯(로)ㅣ ᄒᆞᆫ 번 變(변)ᄒᆞ면 道(도)애 니를 띠니라

② 栗谷本

子(ᄌᆞ)ㅣ ᄀᆞᄅᆞ샤ᄃᆡ 齊(졔) ᄒᆞᆫ 번 變(변)ᄒᆞ면 魯(로)의 니ᄅᆞ고 魯(로)ㅣ ᄒᆞᆫ 번 變(변)ᄒᆞ면 道(도)의 니ᄅᆞ리니라

142(6-23)

子曰:「觚不觚, 觚哉! 觚哉!」

① 陶山本

子(ᄌᆞ)ㅣ ᄀᆞᆯᄋᆞ샤ᄃᆡ 觚(고)ㅣ 觚(고)티 아니면 觚(고)ㅣ랴 觚(고)ㅣ랴

② 栗谷本

子(ᄌᆞ)ㅣ ᄀᆞᄅᆞ샤ᄃᆡ 觚(고)ㅣ 觚(고)티 아니면 觚(고)ㅣ랴 觚(고)ㅣ랴

143(6-24)

宰我問曰:「仁者, 雖告之曰,『井有仁焉.』其從之也?」子曰:「何爲其然也? 君子可逝也, 不可陷也; 可欺也, 不可罔也.」

① 陶山本

宰我(ᄌᆡ아)ㅣ 묻ᄌᆞ와 ᄀᆞᆯ오ᄃᆡ 仁者(신쟈)ᄂᆞᆫ 비록 告(고)ᄒᆞ야 ᄀᆞᆯ오ᄃᆡ 井(졍)에 사ᄅᆞᆷ이 잇다 ᄒᆞ야도 그 從(죵)ᄒᆞ리로소이다 子(ᄌᆞ)ㅣ ᄀᆞᆯᄋᆞ샤ᄃᆡ 엇디 그 그러ᄒᆞ리오 君子(군ᄌᆞ)ᄂᆞᆫ 可(가)히 가게 ᄒᆞᆯ ᄯᅵ언뎡 可(가)히 ᄲᅡ디게 몯ᄒᆞ며 可(가)히 欺(긔)ᄒᆞᆯ ᄯᅵ언뎡 可(가)히 罔(망)티 몯ᄒᆞᆯ ᄭᅥ시니라

② 栗谷本

宰我(ᄌᆡ아)ㅣ 問(문)ᄒᆞ야 ᄀᆞᆯ오ᄃᆡ 仁者(인쟈)ᄂᆞᆫ 비록 告(고)ᄒᆞ야 ᄀᆞᆯ오ᄃᆡ 井(졍)애 人(인)이 잇다 ᄒᆞᆯ 지라도 그 從(죵)ᄒᆞ리잇가 子(ᄌᆞ)ㅣ ᄀᆞᄅᆞ샤ᄃᆡ 엇디 그 그러ᄒᆞ리오 君子(군ᄌᆞ)ᄂᆞᆫ 可(가)히 逝(셔)케 ᄒᆞᆯ 디언뎡 可(가)히 陷(함)티 몯ᄒᆞ며 可(가)히 欺(긔)ᄒᆞᆯ 디언뎡 可(가)히 罔(망)티 몯ᄒᆞᆯ 디니라

144(6-25)

子曰:「君子博學於文, 約之以禮, 亦可以弗畔矣夫!」

① 陶山本

子(ᄌᆞ)ㅣ ᄀᆞᆯᄋᆞ샤ᄃᆡ 君子(군ᄌᆞ)ㅣ 文(문)에 너비 學(ᄒᆞᆨ)ᄒᆞ고 約(약)호ᄃᆡ 禮(례)로ᄡᅥ ᄒᆞ면 또 可(가)히 ᄡᅥ 畔(반)티 아니ᄒᆞ린뎌

② 栗谷本

子(ᄌᆞ)ㅣ ᄀᆞᄅᆞ샤ᄃᆡ 君子(군ᄌᆞ)ㅣ 文(문)에 너비 學(ᄒᆞᆨ)ᄒᆞ고 禮(례)로ᄡᅥ 約(약)ᄒᆞ면 또ᄒᆞᆫ 可(가)히 ᄡᅥ 畔(반)티 아닐 딘뎌

145(6-26)

子見南子，子路不說. 夫子矢之曰:「予所否者，天厭之! 天厭之!」

① 陶山本

子(ᄌᆞ)ㅣ 南子(남ᄌᆞ)를 보신대 子路(ᄌᆞ로)ㅣ 깃거티 아니ᄒᆞ거ᄂᆞᆯ 夫子(부ᄌᆞ)ㅣ 矢(시)ᄒᆞ야 ᄀᆞᆯᄋᆞ샤ᄃᆡ 내 否(부)ᄒᆞᆫ 밴댄 하ᄂᆞᆯ히 厭(염)ᄒᆞ시리라 하ᄂᆞᆯ히 厭(염)ᄒᆞ시리라

② 栗谷本

子(ᄌᆞ)ㅣ 南子(남ᄌᆞ)를 보신대 子路(ᄌᆞ로)ㅣ 說(열)티 아니커ᄂᆞᆯ 夫子(부ᄌᆞ)ㅣ 矢(시)ᄒᆞ야 ᄀᆞᄅᆞ샤ᄃᆡ 내 否(부)ᄒᆞᆫ 배면 天(텬)이 厭(염)ᄒᆞ시리라 天(텬)이 厭(염)ᄒᆞ시리라

146(6-27)

子曰:「中庸之爲德也，其至矣乎! 民鮮久矣.」

① 陶山本

子(ᄌᆞ)ㅣ ᄀᆞᆯᄋᆞ샤ᄃᆡ 中庸(듕용)의 德(덕)이로옴이 그 至(지)ᄒᆞᆫ뎌 民(민)이 鮮(션)컨디 오라니라

② 栗谷本

子(ᄌᆞ)ㅣ ᄀᆞᄅᆞ샤ᄃᆡ 中庸(듕용)의 德(덕)이론디 그 지극ᄒᆞᆫ뎌 民(민)이 져건디 오래니라

147(6-28)

子貢曰:「如有博施於民而能濟衆，何如? 可謂仁乎?」子曰:「何事於仁! 必也聖乎! 堯舜其猶病諸! 夫仁者，己欲立而立人，己欲達而達人. 能近取譬，可謂仁之方也已.」

① 陶山本

子貢(ᄌᆞ공)이 ᄀᆞᆯ오ᄃᆡ 만일에 民(민)의게 施(시)홈을 너비ᄒᆞ고 能(능)히 濟(졔)홈이 衆(즁)혼ᄃᆡ 엇더ᄒᆞ닝잇고 可(가)히 仁(ᅀᅵᆫ)이라 니ᄅᆞ링잇가 子(ᄌᆞ)ㅣ ᄀᆞᆯᄋᆞ샤ᄃᆡ 엇디 仁(ᅀᅵᆫ)에 事(ᄉᆞ)ᄒᆞ리오 반ᄃᆞ시 聖(셩)인뎌 堯舜(요슌)도 그 오히려 病(병)도이 너기시니라

仁(ᅀᅵᆫ)ᄒᆞᆫ 者(쟈)ᄂᆞᆫ 몸이 立(립)고져 홈애 사ᄅᆞᆷ을 立(립)게 ᄒᆞ며 몸이 達(달)코져 홈애 사ᄅᆞᆷ을 達(달)케 ᄒᆞᄂᆞ니라

能(능)히 갓가온 ᄃᆡ 取(취)ᄒᆞ야 譬(비)ᄒᆞ면 可(가)히 仁(ᅀᅵᆫ)의 方(방)이라 니ᄅᆞᆯ 띠니라

② 栗谷本

子貢(ᄌᆞ공)이 ᄀᆞᆯ오ᄃᆡ 만일 民(민)의게 너비 施(시)ᄒᆞ고 能(능)히 衆(즁)을 濟(졔)호미 이실 딘댄 엇더ᄒᆞ니잇고 可(가)히 仁(인)이라 니ᄅᆞ리잇가 子(ᄌᆞ)ㅣ ᄀᆞᄅᆞ샤ᄃᆡ 엇디 仁(인)만 事(ᄉᆞ)ᄒᆞ리오 반ᄃᆞ시 聖(셩)인뎌 堯舜(요슌)도 그 오히려 病(병)ᄒᆞ시니라

그 仁者(인쟈)ᄂᆞᆫ 己(긔) 立(립)고져 호매 人(인)을 立(립)ᄒᆞ며 己(긔) 達(달)코져 호매 人(인)을 達(달)ᄒᆞᄂᆞ니라

能(능)히 갓가이 取(취)ᄒᆞ야 譬(비)ᄒᆞ면 可(가)히 仁(인)ᄒᆞᆯ 方(방)이라 니ᄅᆞᆯ 띠니라

第七〈述而〉

148(7-1)

子曰:「述而不作, 信而好古, 竊比於我老彭.」

① 陶山本

子(ᄌᆞ)ㅣ ᄀᆞᆯᄋᆞ샤ᄃᆡ 述(슐)ᄒᆞ고 作(작)디 아니ᄒᆞ며 信(신)ᄒᆞ고 녜를 됴히 너김을 그윽이 우리 老彭(로ᄑᆡᆼ)의게 比(비)ᄒᆞ노라

② 栗谷本

子(ᄌᆞ)ㅣ ᄀᆞᄅᆞ샤ᄃᆡ 述(슐)ᄒᆞ고 作(작)디 아니ᄒᆞ며 信(신)ᄒᆞ고 古(고)ᄅᆞᆯ 好(호)호ᄆᆞᆯ 그윽이 우리 老彭(로ᄑᆡᆼ)의게 比(비)ᄒᆞ노라

149(7-2)

子曰:「默而識之, 學而不厭, 誨人不倦, 何有於我哉?」

① 陶山本

子(ᄌᆞ)ㅣ ᄀᆞᆯᄋᆞ샤ᄃᆡ 默(믁)ᄒᆞ야 識(지)ᄒᆞ며 學(ᄒᆞᆨ)ᄒᆞ야 厭(염)티 아니ᄒᆞ며 사ᄅᆞᆷ ᄀᆞᄅᆞ침을 게을이 아니홈이 므서시 내게 인ᄂᆞ뇨

② 栗谷本

子(ᄌᆞ)ㅣ ᄀᆞᄅᆞ샤ᄃᆡ 默(믁)고 識(지)ᄒᆞ며 學(ᄒᆞᆨ)고 厭(염)티 아니ᄒᆞ며 人(인) ᄀᆞᄅᆞ치기 倦(권)티 아니호미 므서시 내게 읻ᄂᆞ뇨

150(7-3)

子曰:「德之不修, 學之不講, 聞義不能徙, 不善不能改, 是吾憂也.」

① 陶山本

子(ᄌᆞ)ㅣ ᄀᆞᆯᄋᆞ샤ᄃᆡ 德(덕)의 脩(슈)티 몯홈과 學(ᄒᆞᆨ)의 講(강)티 몯홈과 義(의)를 듣고 能(능)히 徙(ᄉᆞ)티 몯ᄒᆞ며 善(션)티 몯ᄒᆞᆫ 거슬 能(능)히 고티디 몯홈이 이 내의 시름이니라

② 栗谷本

子(ᄌᆞ)ㅣ ᄀᆞᄅᆞ샤ᄃᆡ 德(덕)의 脩(슈)티 몯홈과 學(ᄒᆞᆨ)의 講(강)티 몯홈과 義(의)ᄅᆞᆯ 듣고 能(능)히 徙(ᄉᆞ)티 몯홈과 善(션)티 아닌 거ᄉᆞᆯ 能(능)히 改(ᄀᆡ)티 몯호미 이 내 시름이니라

151(7-4)

子之燕居, 申申如也, 夭夭如也.

① 陶山本

子(ᄌᆞ)의 燕居(연거)ᄒᆞ심애 申申(신신)ᄐᆞᆺ ᄒᆞ시며 夭夭(요요)ᄐᆞᆺ ᄒᆞ더시다

② 栗谷本

子(ᄌᆞ)의 燕居(연거)ᄒᆞ실 제 申申(신신)히 ᄒᆞ시며 夭夭(요요)히 ᄒᆞ더시다

152(7-5)

子曰:「甚矣, 吾衰也! 久矣吾不復夢見周公!」

① 陶山本

子(ᄌᆞ)ㅣ ᄀᆞᆯᄋᆞ샤ᄃᆡ 甚(심)ᄒᆞ다 내 衰(쇠)홈이여 오라다 내 다시 ᄭᅮᆷ에 周公(쥬공)을 보디 몯ᄒᆞ리로다

② 栗谷本

子(ᄌᆞ)ㅣ ᄀᆞᄅᆞ샤ᄃᆡ 甚(심)ᄒᆞ다 나의 衰(쇠)홈이여 오래 내 다시 ᄭᅮᆷ의 周公(쥬공)을 보ᄋᆞᆸ디 몯ᄒᆞ리로다

153(7-6)

子曰:「志於道, 據於德, 依於仁, 游於藝.」

① 陶山本: 궐.

② 栗谷本

子(ᄌᆞ)ㅣ ᄀᆞᄅᆞ샤ᄃᆡ 道(도)애 志(지)ᄒᆞ고
德(덕)의 據(거)ᄒᆞ고
仁(인)의 依(의)ᄒᆞ고
藝(예)예 游(유)홀 ᄯᅵ니라

154(7-7)

子曰:「自行束脩以上, 吾未嘗無誨焉.」

① 陶山本 : 결.

② 栗谷本

子(ᄌᆞ)ㅣ ᄀᆞᄅᆞ샤ᄃᆡ 束脩(속슈) 行(ᄒᆡᆼ)홈브터 以上(이샹)은 내 일즉 誨(회)홈이 업디 아니호라

155(7-8)

子曰:「不憤不啓, 不悱不發. 擧一隅不以三隅反, 則不復也.」

① 陶山本 : 결.

② 栗谷本

子(ᄌᆞ)ㅣ ᄀᆞᄅᆞ샤ᄃᆡ 憤(분)티 아니커ᄃᆞᆫ 啓(계)티 말며 悱(비)티 아니커ᄃᆞᆫ 發(발)티 말며 ᄒᆞᆫ 모홀 擧(거)호매 세 모ᄒᆞ로ᄡᅧ 反(반)티 아니커ᄃᆞᆫ 復(부)티 마롤 ᄯᅵ니라

156(7-9)

子食於有喪者之側, 未嘗飽也. 子於是日哭, 則不歌.

① 陶山本

子(ᄌᆞ)ㅣ 喪(상)인ᄂᆞᆫ 者(쟈)의 겨틔셔 食(식)ᄒᆞ심애 일쯕 飽(포)티 아니터시다

子(ᄌᆞ)ㅣ 이 날애 哭(곡)ᄒᆞ시면 歌(가)티 아니ᄒᆞ더시다

② 栗谷本

子(ᄌᆞ)ㅣ 喪(상)이 읻ᄂᆞᆫ 者(쟈)의 側(측)의셔 食(식)ᄒᆞ실 ᄉᆡ 일즉 飽(포)티 몯ᄒᆞ더시다

子(ᄌᆞ)ㅣ 이 날의 哭(곡)ᄒᆞ면 歌(가)티 아니터시다

157(7-10)

子謂顔淵曰:「用之則行, 舍之則藏, 惟我與爾有是夫!」子路曰:「子行三軍, 則誰與?」子曰:「暴虎馮河, 死而無悔者, 吾不與也. 必也臨事而懼, 好謀而成者也.」

① 陶山本

子(ᄌᆞ)ㅣ 顔淵(안연)ᄃᆞ려 닐러 ᄀᆞᆯᄋᆞ샤ᄃᆡ 用(용)ᄒᆞ면 行(ᄒᆡᆼ)ᄒᆞ고 舍(샤)ᄒᆞ면 藏(쟝)홈을

오직 나와 다뭇 네 이룰 둔는뎌

子路(ᄌᆞ로)ㅣ 골오ᄃᆡ 子(ᄌᆞ)ㅣ 三軍(삼군)을 行(ᄒᆡᆼ)ᄒᆞ시면 누를 더브러 ᄒᆞ시리잇고

子(ᄌᆞ)ㅣ 골ᄋᆞ샤ᄃᆡ 虎(호)를 暴(포)ᄒᆞ며 河(하)를 馮(빙)ᄒᆞ야 죽어도 뉘웃츰이 업는 者(쟈)를 내 더브러 아니호리니 반ᄃᆞ시 일에 臨(림)ᄒᆞ야 저허ᄒᆞ며 謀(모)홈을 됴히 너기고 成(셩)ᄒᆞᄂᆞᆫ 者(쟈)ㅣ니라

② 栗谷本

子(ᄌᆞ)ㅣ 顔淵(안연)ᄃᆞ려 닐러 골ᄋᆞ샤ᄃᆡ 用(용)ᄒᆞ면 行(ᄒᆡᆼ)ᄒᆞ고 舍(샤)ᄒᆞ면 藏(쟝)호믈 오직 나와 다ᄆᆞᆫ 네 이룰 둣는뎌

子路(ᄌᆞ로)ㅣ 골오ᄃᆡ 子(ᄌᆞ)ㅣ 三軍(삼군)을 行(ᄒᆡᆼ)ᄒᆞ시면 눌과 與(여)ᄒᆞ시리잇고

子(ᄌᆞ)ㅣ ᄀᆞᄅᆞ샤ᄃᆡ 虎(호)를 暴(포)ᄒᆞ며 河(하)를 馮(빙)ᄒᆞ야 주거도 悔(회)호미 업슨 者(쟈)는 내 與(여)티 아니코 반ᄃᆞ시 事(ᄉᆞ)를 臨(림)ᄒᆞ야 懼(구)ᄒᆞ며 謀(모)를 好(호)ᄒᆞ고 成(셩)홀 者(쟈)ㅣ니라

158(7-11)

子曰:「富而可求也, 雖執鞭之士, 吾亦爲之. 如不可求, 從吾所好.」

① 陶山本

子(ᄌᆞ)ㅣ 골ᄋᆞ샤ᄃᆡ 富(부)를 可(가)히 求(구)홀 꺼신댄 비록 채를 잡는 士(ᄉᆞ)ㅣ라도 내 ᄯᅩᄒᆞᆫ ᄒᆞ려니와 만일에 可(가)히 求(구)티 몯홀 꺼신댄 내의 됴히 너기는 바를 조초리라

② 栗谷本

子(ᄌᆞ)ㅣ ᄀᆞᄅᆞ샤ᄃᆡ 富(부)를 可(가)히 求(구)홀 딘댄 비록 鞭(편)을 執(집)ᄒᆞᄂᆞᆫ 士(ᄉᆞ)ㅣ라도 내 ᄯᅩᄒᆞᆫ ᄒᆞ려니와 可(가)히 求(구)티 몯홀 딘댄 나의 好(호)ᄒᆞᄂᆞᆫ 바를 조초리라

159(7-12)

子之所愼: 齊, 戰, 疾.

① 陶山本

子(ᄌᆞ)의 삼가시ᄂᆞᆫ 바ᄂᆞᆫ 齊(ᄌᆡ)와 戰(젼)과 疾(질)이러시다

② 栗谷本

子(ᄌᆞ)의 愼(신)ᄒᆞ시ᄂᆞᆫ 바ᄂᆞᆫ 齊(ᄌᆡ)와 戰(젼)과 疾(질)이러시다

160(7-13)

子在齊聞韶, 三月不知肉味, 曰: 「不圖爲樂之至於斯也!」

① 陶山本

子(ᄌᆞ)ㅣ 齊(졔)예 겨샤 韶(쇼)를 드르시고 學(ᄒᆞᆨ)ᄒᆞ신 석 ᄃᆞᆯ을 肉味(ᅀᅲᆨ미)를 아디 몯ᄒᆞ샤 ᄀᆞᆯᄋᆞ샤ᄃᆡ 樂(악)을 홈이 이에 니를 줄을 圖(도)티 아니호라

② 栗谷本

子(ᄌᆞ)ㅣ 齊(졔)예 겨셔 韶(쇼)ᄅᆞᆯ 드르시고 學(ᄒᆞᆨ)ᄒᆞ신 석 ᄃᆞᆯ을 肉味(육미)ᄅᆞᆯ 아디 몯ᄒᆞ샤 ᄀᆞᄅᆞ샤ᄃᆡ 樂(악)호미 이에 니를 주ᄅᆞᆯ 혜아리디 아니호라

161(7-14)

冉有曰: 「夫子爲衛君乎?」 子貢曰: 「諾; 吾將問之.」 入, 曰: 「伯夷·叔齊何人也?」 曰: 「古之賢人也.」 曰: 「怨乎?」 曰: 「求仁而得仁, 又何怨?」 出, 曰: 「夫子不爲也.」

① 陶山本

冉有(ᅀᅧᆷ유)ㅣ ᄀᆞᆯ오ᄃᆡ 夫子(부ᄌᆞ)ㅣ 衛君(위군)을 爲(위)ᄒᆞ시랴 子貢(ᄌᆞ공)이 ᄀᆞᆯ오ᄃᆡ 諾(락)다 내 쟝ᄎᆞᆺ 묻ᄌᆞ오리라

들어가 ᄀᆞᆯ오ᄃᆡ 伯夷(ᄇᆡᆨ이)와 叔齊(ᅀᅮᆨ졔)ᄂᆞᆫ 엇던 사ᄅᆞᆷ이니잇고 ᄀᆞᆯᄋᆞ샤ᄃᆡ 녯 賢人(현ᅀᅵᆫ)이니라 ᄀᆞᆯ오ᄃᆡ 怨(원)ᄒᆞ더니잇가 ᄀᆞᆯᄋᆞ샤ᄃᆡ 仁(ᅀᅵᆫ)을 求(구)ᄒᆞ야 仁(ᅀᅵᆫ)을 得(득)ᄒᆞ야니 ᄯᅩ 엇디 怨(원)ᄒᆞ리오 나와 ᄀᆞᆯ오ᄃᆡ 夫子(부ᄌᆞ)ㅣ 爲(위)티 아니 ᄒᆞ시리러라

② 栗谷本

冉有(염유)ㅣ ᄀᆞᆯ오ᄃᆡ 夫子(부ᄌᆞ)ㅣ 衛君(위군)을 爲(위)ᄒᆞ실가 子貢(ᄌᆞ공)이 ᄀᆞᆯ오ᄃᆡ 諾(락)다 내 쟝ᄎᆞᆺ 뭇ᄌᆞ오리라

드러 ᄀᆞᆯ오ᄃᆡ 伯夷(ᄇᆡᆨ이) 叔齊(ᅀᅮᆨ졔)ᄂᆞᆫ 엇던 사ᄅᆞᆷ이니잇고 ᄀᆞᄅᆞ샤ᄃᆡ 녜 어딘 사ᄅᆞᆷ이니라 ᄀᆞᆯ오ᄃᆡ 怨(원)ᄒᆞ더니잇가 ᄀᆞᄅᆞ샤ᄃᆡ 仁(인)을 求(구)ᄒᆞ야 仁(인)을 어더니 ᄯᅩ 엇디 怨(원)ᄒᆞ리오 나와 ᄀᆞᆯ오ᄃᆡ 夫子(부ᄌᆞ)ㅣ 爲(위)티 아니시리러라

162(7-15)

子曰: 「飯疏食飮水, 曲肱而枕之, 樂亦在其中矣. 不義而富且貴, 於我如浮雲.」

① 陶山本

子(ᄌᆞ)ㅣ ᄀᆞᆯᄋᆞ샤ᄃᆡ 蔬食(소ᄉᆞ)를 飯(반)ᄒᆞ며 水(슈)를 飮(음)ᄒᆞ고 肱(굉)을 曲(곡)ᄒᆞ야 枕(침)ᄒᆞ야도 樂(락)이 ᄯᅩᄒᆞᆫ 그 가온대 인ᄂᆞ니 義(의)아니오 富(부)코 ᄯᅩ 貴(귀)홈은 내게 浮雲(부운) ᄀᆞᄐᆞ니라

② 栗谷本

子(ᄌᆞ)ㅣ ᄀᆞᄅᆞ샤ᄃᆡ 蔬食(소ᄉᆞ)ᄅᆞᆯ 머그며 믈을 마시고 肱(굉)을 曲(곡)ᄒᆞ야 枕(침)ᄒᆞᆯ디라도 樂(락)이 ᄯᅩᄒᆞᆫ 그 中(듕)의 잇ᄂᆞ니 義(의)아니오 富(부)코 ᄯᅩ 貴(귀)호ᄆᆞᆫ 내게 浮雲(부운) ᄀᆞᄐᆞ니라

163(7-16)

子曰:「加我數年, 五十以學易, 可以無大過矣.」

① 陶山本

子(ᄌᆞ)ㅣ ᄀᆞᆯᄋᆞ샤ᄃᆡ 나ᄅᆞᆯ 두어 ᄒᆡ를 假(가)ᄒᆞ야 ᄆᆞᄎᆞᆷ내 ᄡᅥ 易(역)을 學(ᄒᆞᆨ)ᄒᆞ면 可(가)히 ᄡᅥ 큰 허믈이 업스리라

② 栗谷本

子(ᄌᆞ)ㅣ ᄀᆞᄅᆞ샤ᄃᆡ 나ᄅᆞᆯ 數年(수년)을 빌려 ᄆᆞᄎᆞᆷ내 ᄡᅥ 易(역)을 ᄇᆡ호면 可(가)히 ᄡᅥ 큰 허믈이 업스리라

164(7-17)

子所雅言, 詩·書·執禮, 皆雅言也.

① 陶山本

子(ᄌᆞ)의 샹해 言(언)ᄒᆞ시논 바ᄂᆞᆫ 詩(시)와 書(셔)와 자밧ᄂᆞᆫ 禮(례)ㅣ 다 샹해 言(언)이러시다

② 栗谷本

子(ᄌᆞ)의 샹녜 言(언)ᄒᆞ시논 바ᄂᆞᆫ 詩(시)와 書(셔)와 執(집)ᄒᆞᆯ 禮(례) 다 샹녜 言(언)이러시다

165(7-18)

葉公問孔子於子路, 子路不對. 子曰:「女奚不曰:『其爲人也, 發憤忘食, 樂以忘憂, 不知老之將至』云爾.」

① 陶山本

葉公(셥공)이 孔子(공ᄌᆞ)를 子路(ᄌᆞ로)의게 무러늘 子路(ᄌᆞ로)ㅣ 對(ᄃᆡ)티 아니ᄒᆞᆫ대 子(ᄌᆞ)ㅣ ᄀᆞᆯᄋᆞ샤ᄃᆡ 네 엇디 ᄀᆞᆯ오ᄃᆡ 그 사ᄅᆞᆷ이로옴이 憤(분)을 發(발)ᄒᆞ야 食(식)을 니즈며 樂(락)ᄒᆞ야 ᄡᅥ 시름을 니저 늘금의 쟝ᄎᆞᆺ 니르롬을 아디 몯ᄒᆞᆫ다 아니ᄒᆞ뇨

② 栗谷本

葉公(셥공)이 孔子(공ᄌᆞ)ᄅᆞᆯ 子路(ᄌᆞ로)ᄃᆞ려 問(문)ᄒᆞ거늘 子路(ᄌᆞ로)ㅣ 對(ᄃᆡ)티 아니ᄒᆞᆫ대 子(ᄌᆞ)ㅣ ᄀᆞᄅᆞ샤ᄃᆡ 네 엇디 그 사ᄅᆞᆷ이론대 憤(분)을 發(발)ᄒᆞ면 食(식)을 닛고 樂(락)ᄒᆞ면 ᄡᅥ 憂(우)ᄅᆞᆯ 忘(망)ᄒᆞ야 老(로)의 쟝ᄎᆞᆺ 니ᄅᆞᆯ 주ᄅᆞᆯ 아디 몯ᄒᆞᆫ다 니ᄅᆞ디 아니ᄒᆞ뇨

166(7-19)

子曰:「我非生而知之者, 好古, 敏以求之者也.」

① 陶山本

子(ᄌᆞ)ㅣ ᄀᆞᆯᄋᆞ샤ᄃᆡ 내 生(ᄉᆡᆼ)ᄒᆞ야 아는 者(쟈)ㅣ 아니라 녜를 됴히 너겨 敏(민)히 ᄡᅥ 求(구)ᄒᆞᄂᆞᆫ 者(쟈)ㅣ로라

② 栗谷本

子(ᄌᆞ)ㅣ ᄀᆞᄅᆞ샤ᄃᆡ 내 나며 안 者(쟈)ㅣ 아니라 古(고)ᄅᆞᆯ 好(호)ᄒᆞ야 敏(민)히 ᄡᅥ 求(구)ᄒᆞᄂᆞᆫ 者(쟈)ㅣ로라

167(7-20)

子不語怪, 力, 亂, 神.

① 陶山本

子(ᄌᆞ)ㅣ 恠와 力(력)과 亂(란)과 神(신)을 니ᄅᆞ디 아니ᄒᆞ더시다

② 栗谷本

子(ᄌᆞ)ㅣ 恠와 力(력)과 亂(란)과 神(신)을 語(어)티 아니터시다

168(7-21)

子曰:「三人行, 必有我師焉: 擇其善者而從之, 其不善者而改之.」

① 陶山本

子(ᄌᆞ)ㅣ ᄀᆞᆯᄋᆞ샤ᄃᆡ 세 사ᄅᆞᆷ이 行(ᄒᆡᆼ)홈애 반ᄃᆞ시 내 스승이 인ᄂᆞ니 그 어딘 者(쟈)ᄅᆞᆯ ᄀᆞᆯᄒᆡ여 좃고 그 어디디 아닌 者(쟈)ᄅᆞᆯ 고틸 띠니라

② 栗谷本

子(ᄌᆞ)ㅣ ᄀᆞᄅᆞ샤ᄃᆡ 三人(삼인)이 行(ᄒᆡᆼ)호매 반ᄃᆞ시 내 스승이 잇ᄂᆞ니 그 善(션)ᄒᆞᆫ 者(쟈)ᄅᆞᆯ ᄀᆞᆯᄒᆡ여 좃고 그 善(션)티 아닌 者(쟈)ᄅᆞᆯ 改(기)홀 디니라

169(7-22)

子曰:「天生德於予, 桓魋其如予何?」

① 陶山本

子(ᄌᆞ)ㅣ ᄀᆞᆯᄋᆞ샤ᄃᆡ 하ᄂᆞᆯ히 德(덕)을 내게 生(ᄉᆡᆼ)ᄒᆞ시니 桓魋(환퇴)ㅣ 그 내게 엇디리오

② 栗谷本

子(ᄌᆞ)ㅣ ᄀᆞᄅᆞ샤ᄃᆡ 天(텬)이 德(덕)을 내게 내시니 桓魋(환퇴)ㅣ 그 내게 엇디ᄒᆞ리오

170(7-23)

子曰:「二三子以我爲隱乎? 吾無隱乎爾. 吾無行而不與二三子者, 是丘也.」

① 陶山本

子(ᄌᆞ)ㅣ ᄀᆞᆯᄋᆞ샤ᄃᆡ 二三子(ᅀᅵ삼ᄌᆞ)ᄂᆞᆫ 날로ᄡᅧ 隱(은)ᄒᆞᆫ다 ᄒᆞᄂᆞ냐 내 네게 隱(은)홈이 업소라 내 行(ᄒᆡᆼ)ᄒᆞ고 二三子(ᅀᅵ삼ᄌᆞ)에 與(여)티 아니홈이 업ᄉᆞᆫ 者(쟈)ㅣ 이 丘(구)ㅣ니라

② 栗谷本

子(ᄌᆞ)ㅣ ᄀᆞᄅᆞ샤ᄃᆡ 二三子(이삼ᄌᆞ)ᄂᆞᆫ 날로ᄡᅧ 隱(은)ᄒᆞᆫ다 ᄒᆞᄂᆞ냐 내 네게 隱(은)호미 업소라 내 行(ᄒᆡᆼ)호매 二三子(이삼ᄌᆞ)ᄅᆞᆯ 與(여)티 아니미 업소믄 이 丘(구)ㅣ니라

171(7-24)

子以四教: 文, 行, 忠, 信.

① 陶山本

子(ᄌᆞ)ㅣ 네흐로ᄡᅧ ᄀᆞᄅᆞ치시니 文(문)과 行(ᄒᆡᇰ)과 忠(튱)과 信(신)이니라

② 栗谷本

子(ᄌᆞ)ㅣ 四(ᄉᆞ)로ᄡᅧ 敎(교)ᄒᆞ시니 文(문)과 行(ᄒᆡᇰ)과 忠(튱)과 信(신)이러시다

172(7-25)

子曰:「聖人, 吾不得而見之矣; 得見君子者, 斯可矣.」子曰:「善人, 吾不得而見之矣; 得見有恆者, 斯可矣. 亡而爲有, 虛而爲盈, 約而爲泰, 難乎有恆矣.」

① 陶山本

子(ᄌᆞ)ㅣ ᄀᆞᆯᄋᆞ샤ᄃᆡ 聖人(셩신)을 내 어더보디 몯ᄒᆞ거든 君子(군ᄌᆞ)를 어더보면 이 可(가)ᄒᆞ니라

子(ᄌᆞ)ㅣ ᄀᆞᆯᄋᆞ샤ᄃᆡ 善人(션신)을 내 어더보디 몯ᄒᆞ거든 恒(ᄒᆞᆼ) 인ᄂᆞᆫ 者(쟈)를 어더보면 이 可(가)ᄒᆞ니라

亡(무)호ᄃᆡ 有(유)호라 ᄒᆞ며 虛(허)호ᄃᆡ 盈(영)호라 ᄒᆞ며 約(약)호ᄃᆡ 泰(태)호라 ᄒᆞ면 恒(ᄒᆞᆼ) 이심이 어려우니라

② 栗谷本

子(ᄌᆞ)ㅣ ᄀᆞᄅᆞ샤ᄃᆡ 聖人(셩인)을 내 어더보디 몯ᄒᆞ거든 君子(군ᄌᆞ)ㅣᆫ 者(쟈)를 어더보미 이 可(가)ᄒᆞ니라

子(ᄌᆞ)ㅣ ᄀᆞᄅᆞ샤ᄃᆡ 善人(션인)을 내 어더보디 몯ᄒᆞ거든 恒(ᄒᆞᆼ)이 잇ᄂᆞᆫ 者(쟈)를 어더보미 이 可(가)ᄒᆞ니라

亡(무)ᄒᆞ고 有(유)ᄒᆞᆫ 양 ᄒᆞ며 虛(허)ᄒᆞ고 盈(영)ᄒᆞᆫ 양 ᄒᆞ며 約(약)ᄒᆞ고 泰(태)ᄒᆞᆫ 양 ᄒᆞ면 恒(ᄒᆞᆼ) 이쇼미 어려우니라

173(7-26)

子釣而不綱, 弋不射宿.

① 陶山本

子(ᄌᆞ)ᄂᆞᆫ 釣(됴)ᄒᆞ시고 綱(강)티 아니ᄒᆞ시며 弋(익)ᄒᆞ샤ᄃᆡ 宿(슉)을 射(셕)디 아니ᄒᆞ더시다

② 栗谷本

子(ᄌᆞ)ᄂᆞᆫ 釣(됴)ᄒᆞ고 綱(강)티 아니ᄒᆞ시며 弋(익)호ᄃᆡ 宿(슉)을 射(셕)디 아니터시다

174(7-27)

子曰:「蓋有不知而作之者, 我無是也. 多聞, 擇其善者而從之; 多見而識之; 知之次也.」

① 陶山本

子(ᄌᆞ)ㅣ ᄀᆞᆯᄋᆞ샤ᄃᆡ 아디 몯ᄒᆞ고 作(작)ᄒᆞᆯ 이 인ᄂᆞ냐 내 이 업소라 해 들어 그 善(션)을 擇(ᄐᆡᆨ)ᄒᆞ야 졷ᄎᆞ며 해 보와 識(지)홈이 知(디)의 次(ᄎᆞ)ㅣ니라

② 栗谷本

子(ᄌᆞ)ㅣ ᄀᆞᄅᆞ샤ᄃᆡ 아디 몯ᄒᆞ고 作(작)ᄒᆞᆯ 者(쟈)ㅣ 잇ᄂᆞ냐 내 이 업소라 해 聞(문)ᄒᆞ야 그 善(션)ᄒᆞᆫ 者(쟈)ᄅᆞᆯ ᄀᆞᆯᄒᆞ여 조ᄎᆞ며 해 견(견)ᄒᆞ야 識(지)호미 知(디)의 次(ᄎᆞ)ㅣ니라

175(7-28)

互鄕難與言, 童子見, 門人惑. 子曰:「與其進也, 不與其退也, 唯何甚? 人潔己以進, 與其潔也, 不保其往也.」

① 陶山本

互鄕(호향)은 더브러 말홈이 어렵더니 童子(동ᄌᆞ)ㅣ 뵈ᄋᆞ와ᄂᆞᆯ 門人(문인)이 惑(혹)ᄒᆞᆫ대

子(ᄌᆞ)ㅣ ᄀᆞᆯᄋᆞ샤ᄃᆡ 사ᄅᆞᆷ이 己(긔)를 潔(결)ᄒᆞ야 ᄡᅧ 進(진)ᄒᆞ거든 그 潔(결)을 與(여)ᄒᆞ고 그 往(왕)을 保(보)티 몯ᄒᆞ며 그 進(진)홈을 與(여)ᄒᆞ고 그 退(퇴)를 與(여)홈이 아니니 엇디 甚(심)히 ᄒᆞ리오

② 栗谷本

互鄕(호향)이 더브러 말ᄒᆞ니 어렵더니 童子(동ᄌᆞ)ㅣ 見(현)커ᄂᆞᆯ 門人(문인)이 惑(혹)ᄒᆞᆫ대

子(ᄌᆞ)ㅣ ᄀᆞᄅᆞ샤ᄃᆡ 人(인)이 己(긔)ᄅᆞᆯ 潔(결)히 ᄒᆞ고 ᄡᅧ 進(진)커든 그 潔(결)을 與(여)ᄒᆞ고 그 往(왕)을 保(보)티 몯ᄒᆞ며 그 進(진)을 與(여)ᄒᆞ고 그 退(퇴)ᄅᆞᆯ 與(여)호미 아니니 엇디 甚(심)히 ᄒᆞ리오

176(7-29)

子曰:「仁遠乎哉? 我欲仁, 斯仁至矣.」

① 陶山本

子(ᄌᆞ)ㅣ 골ᄋᆞ샤ᄃᆡ 仁(ᅀᅵᆫ)이 머냐 내 仁(ᅀᅵᆫ)코쟈 ᄒᆞ면 이예 仁(ᅀᅵᆫ)이 니르ᄂᆞ니라

② 栗谷本

子(ᄌᆞ)ㅣ ᄀᆞᄅᆞ샤ᄃᆡ 仁(인)이 遠(원)ᄒᆞ냐 내 仁(인)코져 ᄒᆞ면 이에 仁(인)이 至(지)ᄒᆞ리라

177(7-30)

陳司敗問:「昭公知禮乎?」孔子曰:「知禮.」孔子退, 揖巫馬期而進之, 曰:「吾聞君子不黨, 君子亦黨乎? 君取於吳, 爲同姓, 謂之吳孟子. 君而知禮, 孰不知禮?」巫馬期以告. 子曰:「丘也幸, 苟有過, 人必知之.」

① 陶山本

陳(딘)ㅅ 司敗(ᄉᆞ패)ㅣ 묻ᄌᆞ오ᄃᆡ 昭公(쇼공)이 禮(례)를 아ᄅᆞ시더니잇가 孔子(공ᄌᆞ)ㅣ 골ᄋᆞ샤ᄃᆡ 禮(례)를 아ᄅᆞ시더니라

孔子(공ᄌᆞ)ㅣ 退(퇴)ᄒᆞ야시늘 巫馬期(무마긔)를 揖(읍)ᄒᆞ야 나오와 골오ᄃᆡ 나는 들오니 君子(군ᄌᆞ)ᄂᆞᆫ 黨(당)티 아니ᄒᆞᆫ다 호니 君子(군ᄌᆞ)도 ᄯᅩᄒᆞᆫ 黨(당)ᄒᆞᄂᆞ냐 君(군)이 吳(오)애 取(취)ᄒᆞ니 同姓(동셩)인 디라 닐오ᄃᆡ 吳孟子(오ᄆᆡᆼᄌᆞ)ㅣ라 ᄒᆞ니 君(군)이오 禮(례)를 알면 뉘 禮(례)를 아디 몯ᄒᆞ리오

巫馬期(무마긔)ㅣ ᄡᅧ 告(고)ᄒᆞᆫ대 子(ᄌᆞ)ㅣ 골ᄋᆞ샤ᄃᆡ 丘(구)ㅣ 幸(ᄒᆡᆼ)이로다 진실로 허믈이 잇거든 사ᄅᆞᆷ이 반ᄃᆞ시 알고녀

② 栗谷本

陳(딘) 司敗(ᄉᆞ패)ㅣ 問(문)호ᄃᆡ 昭公(쇼공)이 禮(례)를 아ᄅᆞ시더니잇가 孔子(공ᄌᆞ)ㅣ ᄀᆞᄅᆞ샤ᄃᆡ 禮(례)를 아ᄅᆞ시니라

孔子(공ᄌᆞ)ㅣ 退(퇴)케시늘 巫馬期(무마긔)를 揖(읍)ᄒᆞ야 進(진)ᄒᆞ야 골오ᄃᆡ 나는 드로니 君子(군ᄌᆞ)는 黨(당)티 아니ᄒᆞᆫ다 ᄒᆞ니 君子(군ᄌᆞ)도 ᄯᅩᄒᆞᆫ 黨(당)ᄒᆞᄂᆞ냐 君(군)이 吳(오)에 取(취)ᄒᆞ니 同姓(동셩)인 디라 吳孟子(오ᄆᆡᆼᄌᆞ)ㅣ라 니ᄅᆞ니 君(군)이 禮(례)를 알면 뉘 禮(례)를 아디 몯ᄒᆞ리오

巫馬期(무마긔)ㅣ ᄡᅧ 告(고)ᄒᆞᆫ대 子(ᄌᆞ)ㅣ ᄀᆞᄅᆞ샤ᄃᆡ 丘(구)ㅣ 幸(ᄒᆡᆼ)이로다 過(과)ㅣ 이시면 人(인)이 반ᄃᆞ시 알고녀

178(7-31)

子與人歌而善, 必使反之, 而後和之.

① 陶山本

子(ᄌᆞ)ㅣ 사ᄅᆞᆷ으로 더브러 歌(가)ᄒᆞ심애 善(션)ᄒᆞ거든 반ᄃᆞ시 ᄒᆞ여곰 反(반)ᄒᆞ라 ᄒᆞ시고 後(후)에 和(화)ᄒᆞ더시다

② 栗谷本

子(ᄌᆞ)ㅣ 人(인)과 더브러 歌(가)호매 善(션)커든 반ᄃᆞ시 ᄒᆞ여곰 反(반)ᄒᆞ라 ᄒᆞ시고 後(후)에 和(화)ᄒᆞ더시다

179(7-32)

子曰:「文, 莫吾猶人也. 躬行君子, 則吾未之有得.」

① 陶山本

子(ᄌᆞ)ㅣ ᄀᆞᆯᄋᆞ샤ᄃᆡ 文(문)은 아니 내 사ᄅᆞᆷ ᄀᆞᄐᆞ냐 君子(군ᄌᆞ)를 몸소 行(ᄒᆡᆼ)홈은 곧 내 得(득)홈이 잇디 몯호라

② 栗谷本

子(ᄌᆞ)ㅣ ᄀᆞᄅᆞ샤ᄃᆡ 文(문)은 아니 내 人(인) ᄀᆞᄐᆞ냐 모ᄆᆞ로 君子(군ᄌᆞ)를 行(ᄒᆡᆼ)호ᄆᆞᆫ 곧 내 得(득)호미 잇디 몯호라

180(7-33)

子曰:「若聖與仁, 則吾豈敢? 抑爲之不厭, 誨人不倦, 則可謂云爾已矣.」公西華曰:「正唯弟子不能學也.」

① 陶山本

子(ᄌᆞ)ㅣ ᄀᆞᆯᄋᆞ샤ᄃᆡ 만일 聖(셩)과 다ᄆᆞᆺ 仁(싄)은 내 엇디 敢(감)ᄒᆞ리오 爲(위)홈을 厭(염)티 아니ᄒᆞ며 사ᄅᆞᆷ ᄀᆞᄅᆞ침을 게을리 아니홈은 곧 可(가)히 니ᄅᆞᆯ ᄯᆞᄅᆞᆷ이니라 公西華(공셔화)ㅣ ᄀᆞᆯ오ᄃᆡ 正(졍)히 弟子(뎨ᄌᆞ)ㅣ 能(능)히 學(ᄒᆞᆨ)디 몯홈이로소이다

② 栗谷本

子(ᄌᆞ)ㅣ ᄀᆞᄅᆞ샤ᄃᆡ 만일 聖(셩)과 다ᄆᆞᆺ 仁(인)은 내 엇디 敢(감)ᄒᆞ리오 ᄯᅩᄒᆞᆫ 호ᄆᆞᆯ 厭(염)티 아니ᄒᆞ며 人(인) ᄀᆞᄅᆞ치미 게으르디 아니호ᄆᆞᆫ 可(가)히 그러타 니ᄅᆞᆯ 디니라 公西華(공셔화)ㅣ

골오ᄃᆡ 正(졍)히 弟子(뎨ᄌᆞ)의 能(능)히 學(ᄒᆞᆨ)디 몯ᄒᆞᆯ 디로소이다

181(7-34)

子疾病, 子路請禱. 子曰:「有諸?」子路對曰:「有之; 誄曰:『禱爾于上下神祇.』」子曰:「丘之禱久矣.」

① 陶山本

子(ᄌᆞ)ㅣ 疾(질)이 病(병)ᄒᆞ거시ᄂᆞᆯ 子路(ᄌᆞ로)ㅣ 禱(도)홈을 請(쳥)ᄒᆞᆫ대 子(ᄌᆞ)ㅣ 골ᄋᆞ샤ᄃᆡ 인ᄂᆞ냐 子路(ᄌᆞ로)ㅣ 對(ᄃᆡ)ᄒᆞ야 골오ᄃᆡ 인ᄂᆞ니 誄(뢰)예 골오ᄃᆡ 너ᄅᆞᆯ 上下(샹하)ㅅ 神祇(신기)예 비다 ᄒᆞ도소이다 子(ᄌᆞ)ㅣ 골ᄋᆞ샤ᄃᆡ 丘(구)의 禱(도)홈이 오라니라

② 栗谷本

子(ᄌᆞ)ㅣ 疾病(질병)ᄒᆞ얏거시ᄂᆞᆯ 子路(ᄌᆞ로)ㅣ 禱(도)호ᄆᆞᆯ 請(쳥)ᄒᆞᆫ대 子(ᄌᆞ)ㅣ ᄀᆞᄅᆞ샤ᄃᆡ 잇ᄂᆞ냐 子路(ᄌᆞ로)ㅣ 對(ᄃᆡ)ᄒᆞ야 골오ᄃᆡ 잇ᄂᆞ니 誄(뢰)예 골오ᄃᆡ 너ᄅᆞᆯ 上下(샹하) 神祇(신기)예 禱(도)ᄒᆞ다 ᄒᆞ니이다 子(ᄌᆞ)ㅣ ᄀᆞᄅᆞ샤ᄃᆡ 丘(구)의 禱(도)ᄒᆞ얀디 오라니라

182(7-35)

子曰:「奢則不孫, 儉則固. 與其不孫也, 寧固.」

① 陶山本 : 缺(落張)

② 栗谷本

子(ᄌᆞ)ㅣ ᄀᆞᄅᆞ샤ᄃᆡ 奢(샤)ᄒᆞ면 孫(손)티 아니ᄒᆞ고 儉(검)ᄒᆞ면 固(고)ᄒᆞᄂᆞ니 다뭇 그 孫(손)티 아니호ᄆᆞ론 출히 固(고)ᄒᆞᆯ 디니라

183(7-36)

子曰:「君子坦蕩蕩, 小人長戚戚.」

① 陶山本 : 缺(落張)

② 栗谷本

子(ᄌᆞ)ㅣ ᄀᆞᄅᆞ샤ᄃᆡ 君子(군ᄌᆞ)ᄂᆞᆫ 坦(탄)ᄒᆞ야 蕩蕩(탕탕)ᄒᆞ고 小人(쇼인)은 댱샹 戚戚(쳑쳑)ᄒᆞᄂᆞ니라

184(7-37)

子溫而厲，威而不猛，恭而安.

① 陶山本 : 缺(落張)

② 栗谷本

子(ᄌᆞ)ᄂᆞᆫ 溫(온)호되 厲(려)ᄒᆞ시며 威(위)호ᄃᆡ 猛(ᄆᆡᆼ)티 아니시며 恭(공)코 安(안)ᄒᆞ더시다

第八 〈泰伯〉

185(8-1)

子曰:「泰伯, 其可謂至德也已矣. 三以天下讓, 民無得而稱焉.」

① 陶山本: (앞 부분 落帳)

녀

② 栗谷本

子(ᄌᆞ)ㅣ ᄀᆞᄅᆞ샤ᄃᆡ 泰伯(태ᄇᆡᆨ)은 그 可(가)히 지극ᄒᆞᆫ 德(덕)이라 니ᄅᆞ리로다 세 번 天下(텬하)로ᄡᅥ 讓(양)호ᄃᆡ 民(민)이 시러곰 稱(칭)홈이 업고녀

186(8-2)

子曰:「恭而無禮則勞, 愼而無禮則葸, 勇而無禮則亂, 直而無禮則絞. 君子篤於親, 則民興於仁; 故舊不遺, 則民不偸.」

① 陶山本

子(ᄌᆞ)ㅣ ᄀᆞᆯᄋᆞ샤ᄃᆡ 恭(공)ᄒᆞ고 禮(례)ㅣ 업스면 勞(로)ᄒᆞ고 愼(신)ᄒᆞ고 禮(례)ㅣ 업스면 葸(싀)ᄒᆞ고 勇(용)ᄒᆞ고 禮(례)ㅣ 업스면 亂(란)ᄒᆞ고 直(딕)ᄒᆞ고 禮(례)ㅣ 업스면 絞(교)ᄒᆞᄂᆞ니라

君子(군ᄌᆞ)ㅣ 親(친)애 篤(독)ᄒᆞ면 民(민)이 仁(싄)애 興(흥)ᄒᆞ고 故舊(고구)를 遺(유)티 아니ᄒᆞ면 民(민)이 偸(투)티 아니ᄒᆞᄂᆞ니라

② 栗谷本

子(ᄌᆞ)ㅣ ᄀᆞᄅᆞ샤ᄃᆡ 恭(공)코 禮(례)ㅣ 업스면 勞(로)ᄒᆞ고 愼(신)코 禮(례)ㅣ 업스면 葸(싀)ᄒᆞ고 勇(용)코 禮(례)ㅣ 업스면 亂(란)ᄒᆞ고 直(딕)고 禮(례)ㅣ 업스면 絞(교)ᄒᆞᄂᆞ니라

君子(군ᄌᆞ)ㅣ 親(친)의 篤(독)ᄒᆞ면 民(민)이 仁(인)의 興(흥)ᄒᆞ며 故舊(고구)ᄅᆞᆯ 遺(유)티 아니ᄒᆞ면 民(민)이 偸(투)티 아니ᄒᆞᄂᆞ니라

187(8-3)

曾子有疾, 召門弟子曰:「啓予足! 啓予手! 詩云,『戰戰兢兢, 如臨深淵, 如履薄冰.』而今而後, 吾知免夫! 小子!」

① 陶山本

曾子(증ᄌᆞ)ㅣ 疾(질)이 겨샤 門弟子(문뎨ᄌᆞ)를 블러 ᄀᆞᆯᄋᆞ샤ᄃᆡ 내 발을 啓(계)ᄒᆞ며 내 손을 啓(계)ᄒᆞ라 詩(시)예 닐오ᄃᆡ 戰戰(젼젼)ᄒᆞ며 兢兢(긍긍)ᄒᆞ야 기픈 모슬 디ᄂᆞᆫ 둧 ᄒᆞ며 여룬 어름을 ᄇᆞᆲ둧 ᄒᆞ다 ᄒᆞ니 이젠 後(후)에ᅀᅡ 내 免(면)홈을 알와라 小子(쇼ᄌᆞ)아

② 栗谷本

曾子(증ᄌᆞ)ㅣ 疾(질)이 겨샤 門弟子(문뎨ᄌᆞ)ᄅᆞᆯ 블러 ᄀᆞᄅᆞ샤ᄃᆡ 내 足(죡)을 啓(계)ᄒᆞ며 내 手(슈)ᄅᆞᆯ 啓(계)ᄒᆞ라 詩(시)예 닐오ᄃᆡ 戰戰(젼젼)ᄒᆞ며 兢兢(긍긍)ᄒᆞ야 기픈 소흘 臨(림)ᄐᆞᆺ ᄒᆞ며 여룬 어름을 ᄇᆞᆲ둧 ᄒᆞ다 ᄒᆞ니 이젠 後(후)에사 내 免(면)호ᄆᆞᆯ 알와라 小子(쇼ᄌᆞ)아

188(8-4)

曾子有疾, 孟敬子問之. 曾子言曰:「鳥之將死, 其鳴也哀; 人之將死, 其言也善. 君子所貴乎道者三: 動容貌, 斯遠暴慢矣; 正顔色, 斯近信矣; 出辭氣, 斯遠鄙倍矣. 籩豆之事, 則有司存.」

① 陶山本

曾子(증ᄌᆞ)ㅣ 疾(질)이 잇거시ᄂᆞᆯ 孟敬子(ᄆᆡᆼ경ᄌᆞ)ㅣ 묻ᄌᆞᆸ더니

曾子(증ᄌᆞ)ㅣ 닐러 ᄀᆞᆯᄋᆞ샤ᄃᆡ 새 쟝ᄎᆞᆺ 죽음애 그 우롬이 슬프고 사ᄅᆞᆷ이 쟝ᄎᆞᆺ 죽음애 그 마리 어디ᄂᆞ니라

君子(군ᄌᆞ)ㅣ 道(도)애 貴(귀)히 너기ᄂᆞᆫ 배 세히니 容貌(용모)를 動(동)ᄒᆞ욤애 이예 暴慢(포만)을 멀리 ᄒᆞ며 ᄂᆞᆺ비ᄎᆞᆯ 正(졍)ᄒᆞ욤애 이예 信(신)에 갓가오며 辭氣(ᄉᆞ긔)를 내욤애 이예 鄙倍(비패)를 멀리 홀 ᄯᅵ니 籩豆(변두)ㅅ 일은 有司(유ᄉᆞ)ㅣ 인ᄂᆞ니라

② 栗谷本

曾子(증ᄌᆞ)ㅣ 疾(질)이 잇거시ᄂᆞᆯ 孟敬子(ᄆᆡᆼ경ᄌᆞ)ㅣ 問(문)ᄒᆞᆫ대

曾子(증ᄌᆞ)ㅣ 言(언)ᄒᆞ야 ᄀᆞᄅᆞ샤ᄃᆡ 鳥(됴)의 쟝ᄎᆞᆺ 死(ᄉᆞ)홀 제 그 鳴(명)이 哀(ᄋᆡ)ᄒᆞ고 人(인)의 쟝ᄎᆞᆺ 死(ᄉᆞ)홀 제 그 言(언)이 善(션)ᄒᆞᄂᆞ니라

君子(군ᄌᆞ)ㅣ 道(도)의 貴(귀)히 너기ᄂᆞᆫ 배 三(삼)이니 容貌(용모)ᄅᆞᆯ 動(동)호매 이에 暴慢(포만)을 멀리 ᄒᆞ며 顔色(안ᄉᆡᆨ)을 正(졍)호매 이에 信(신)의 近(근)ᄒᆞ며 辭氣(ᄉᆞ긔)ᄅᆞᆯ 出(츌)호매 이에 鄙倍(비패)ᄅᆞᆯ 멀리 호미니 籩豆(변두)의 일은 有司(유ᄉᆞ)ㅣ 잇ᄂᆞ니라

189(8-5)

曾子曰:「以能問於不能, 以多問於寡; 有若無, 實若虛, 犯而不校. 昔者吾友嘗從事於斯矣.」

① 陶山本

曾子(증ᄌᆞ)ㅣ ᄀᆞᆯᄋᆞ샤ᄃᆡ 能(능)으로ᄡᅥ 不能(블능)애 무르며 多(다)로ᄡᅥ 寡(과)애 무르며 이슈ᄃᆡ 업슨ᄃᆞᆺ ᄒᆞ며 實(실)호ᄃᆡ 虛(허)ᄒᆞᆫᄃᆞᆺ ᄒᆞ며 犯(범)ᄒᆞ야도 校(교)티 아니홈을 녜 내 버디 일쯕 이예 從事(죵ᄉᆞ)ᄒᆞ더니라

② 栗谷本

曾子(증ᄌᆞ)ㅣ ᄀᆞᄅᆞ샤ᄃᆡ 能(능)으로ᄡᅥ 不能(블능)의게 問(문)ᄒᆞ며 多(다)로ᄡᅥ 寡(과)의게 問(문)ᄒᆞ며 有(유)ᄒᆞ고 無(무)ᄒᆞᆫᄃᆞᆺ ᄒᆞ며 實(실)ᄒᆞ고 虛(허)ᄒᆞᆫᄃᆞᆺ ᄒᆞ며 犯(범)ᄒᆞ야도 校(교)티 아니호ᄆᆞᆯ 녜 내 버디 일즉 이에 從事(죵ᄉᆞ)ᄒᆞ더니라

190(8-6)

曾子曰:「可以託六尺之孤, 可以寄百里之命, 臨大節而不可奪也. 君子人與? 君子人也.」

① 陶山本

曾子(증ᄌᆞ)ㅣ ᄀᆞᆯᄋᆞ샤ᄃᆡ 可(가)히 ᄡᅥ 六尺(륙쳑)ㅅ 孤(고)를 託(탁)ᄒᆞ얌즉 ᄒᆞ며 可(가)히 ᄡᅥ 百里(ᄇᆡᆨ리)ㅅ 命(명)을 寄(긔)ᄒᆞ얌즉 ᄒᆞ고 大節(대졀)애 臨(림)ᄒᆞ야 可(가)히 奪(탈)티 몯ᄒᆞ리면 君子(군ᄌᆞ)앳 사ᄅᆞᆷ가 君子(군ᄌᆞ)앳 사ᄅᆞᆷ이니라

② 栗谷本

曾子(증ᄌᆞ)ㅣ ᄀᆞᄅᆞ샤ᄃᆡ 可(가)히 ᄡᅥ 六尺(륙쳑)의 孤(고)ᄅᆞᆯ 託(탁)ᄒᆞ며 可(가)히 ᄡᅥ 百里(ᄇᆡᆨ리)의 命(명)을 寄(긔)코 大節(대졀)을 臨(림)ᄒᆞ야 可(가)히 奪(탈)티 몯ᄒᆞ면 君子(군ᄌᆞ)읫 人(인)가 君子(군ᄌᆞ)읫 人(인)이니라

191(8-7)

曾子曰:「士不可以不弘毅, 任重而道遠. 仁以爲己任, 不亦重乎? 死而後已, 不亦遠乎?」

① 陶山本

曾子(증ᄌᆞ)ㅣ ᄀᆞᆯᄋᆞ샤ᄃᆡ 士(ᄉᆞ)ㅣ 可(가)히 ᄡᅥ 弘(홍)ᄒᆞ며 毅(의)티 아니티 몯홀 꺼시니 任(임)이 重(듕)ᄒᆞ고 道(도)ㅣ 遠(원)ᄒᆞ니라

仁(인)으로ᄡᅥ 몸의 任(임)을 삼ᄂᆞ니 ᄯᅩᄒᆞᆫ 重(듕)티 아니ᄒᆞ냐 죽은 後(후)에 마ᄂᆞ니 ᄯᅩᄒᆞᆫ 遠(원)티 아니ᄒᆞ냐

② 栗谷本

曾子(증ᄌᆞ)ㅣ ᄀᆞᄅᆞ샤ᄃᆡ 士(ᄉᆞ)ㅣ 可(가)히 ᄡᅧ 弘毅(홍의)티 아니티 몯ᄒᆞᆯ 디니 任(임)이 重(듕)ᄒᆞ고 道(도)ㅣ 遠(원)ᄒᆞ니라

仁(인)으로ᄡᅧ 己(긔) 任(임)을 사ᄆᆞᆯ 디니 ᄯᅩᄒᆞᆫ 重(듕)티 아니ᄒᆞ냐 死(ᄉᆞ)ᄒᆞᆫ 後(후)에 말 디니 ᄯᅩᄒᆞᆫ 遠(원)티 아니ᄒᆞ냐

192(8-8)

子曰:「興於詩, 立於禮, 成於樂.」

① 陶山本

子(ᄌᆞ)ㅣ ᄀᆞᆯᄋᆞ샤ᄃᆡ 詩(시)예 興(흥)ᄒᆞ며
禮(례)예 立(립)ᄒᆞ며
樂(악)애 成(셩)ᄒᆞᄂᆞ니라

② 栗谷本

子(ᄌᆞ)ㅣ ᄀᆞᄅᆞ샤ᄃᆡ 詩(시)예 興(흥)ᄒᆞ고
禮(례)예 立(립)ᄒᆞ고
樂(악)의 成(셩)ᄒᆞᄂᆞ니라

193(8-9)

子曰:「民可使由之, 不可使知之.」

① 陶山本

子(ᄌᆞ)ㅣ ᄀᆞᆯᄋᆞ샤ᄃᆡ 民(민)은 可(가)히 ᄒᆞ여곰 由(유)케 ᄒᆞ고 可(가)히 ᄒᆞ여곰 알게 몯ᄒᆞᄂᆞ니라

② 栗谷本

子(ᄌᆞ)ㅣ ᄀᆞᄅᆞ샤ᄃᆡ 民(민)을 可(가)히 ᄒᆞ여곰 由(유)케 ᄒᆞ려니와 可(가)히 ᄒᆞ여곰 知(디)케 몯ᄒᆞᄂᆞ니라

194(8-10)

子曰:「好勇疾貧, 亂也. 人而不仁, 疾之已甚, 亂也.」

① 陶山本

子(ᄌᆞ)ㅣ ᄀᆞᆯᄋᆞ샤ᄃᆡ 勇(용)을 됴히 너기고 貧(빈)을 疾(질)ᄒᆞᆷ이 亂(란)ᄒᆞᆷ이오 사ᄅᆞᆷ이오 仁(신)티 아니ᄒᆞ니ᄅᆞᆯ 疾(질)ᄒᆞᆷ을 너모 甚(심)히 ᄒᆞᆷ이 亂(란)ᄒᆞᆷ이니라

② 栗谷本

子(ᄌᆞ)ㅣ ᄀᆞᄅᆞ샤ᄃᆡ 勇(용)을 好(호)ᄒᆞ고 貧(빈)을 疾(질)호미 亂(란)ᄒᆞᆯ 디며 人(인)이 仁(인)티 아니커든 疾(질)호ᄆᆞᆯ 已甚(이심)호미 亂(란)케 호미니라

195(8-11)

子曰:「如有周公之才之美, 使驕且吝, 其餘不足觀也已.」

① 陶山本

子(ᄌᆞ)ㅣ ᄀᆞᆯᄋᆞ샤ᄃᆡ 만일에 周公(쥬공)의 才(ᄌᆡ)의 美(미)ᄒᆞᆷ을 두고도 ᄒᆞ여곰 驕(교)ᄒᆞ고 ᄯᅩ 吝(린)ᄒᆞ면 그 나믄 거슨 足(족)히 보디 몯ᄒᆞᆯ 꺼시니라

② 栗谷本

子(ᄌᆞ)ㅣ ᄀᆞᄅᆞ샤ᄃᆡ 만일 周公(쥬공)의 才(ᄌᆡ)의 美(미)호ᄆᆞᆯ 두고도 ᄒᆞ여곰 驕(교)코 ᄯᅩᄒᆞᆫ 吝(린)ᄒᆞ면 그 나ᄆᆞ니ᄂᆞᆫ 足(족)히 觀(관)티 몯ᄒᆞᆯ 디니라

196(8-12)

子曰:「三年學, 不至於穀, 不易得也.」

① 陶山本

子(ᄌᆞ)ㅣ ᄀᆞᆯᄋᆞ샤ᄃᆡ 三年(삼년)을 學(ᄒᆞᆨ)ᄒᆞᆷ애 穀(곡)애 ᄠᅳᆮᄒᆞ디 아니ᄒᆞᄂᆞ니ᄅᆞᆯ 수이 얻디 몯ᄒᆞ리니라

② 栗谷本

子(ᄌᆞ)ㅣ ᄀᆞᄅᆞ샤ᄃᆡ 三年(삼년)을 學(ᄒᆞᆨ)ᄒᆞ고 穀(곡)의 至(지)티 아니리ᄅᆞᆯ 쉬이 엇디 몯ᄒᆞᆯ 디니라

197(8-13)

子曰:「篤信好學, 守死善道. 危邦不入, 亂邦不居. 天下有道則見, 無道則隱. 邦有道, 貧且賤焉, 恥也; 邦無道, 富且貴焉, 恥也.」

① 陶山本

子(ᄌᆞ)ㅣ ᄀᆞᆯᄋᆞ샤ᄃᆡ 篤(독)히 信(신)ᄒᆞ고도 學(ᄒᆞᆨ)을 好(호)ᄒᆞ며 死(ᄉᆞ)를 守(슈)ᄒᆞ고도 道(도)를 善(션)히 홀 띠니라

危(위)ᄒᆞᆫ 邦(방)애 入(십)디 아니ᄒᆞ고 亂(란)ᄒᆞᆫ 邦(방)에 居(거)티 아니ᄒᆞ며 天下(텬하)ㅣ 道(도)ㅣ 이시면 見(현)ᄒᆞ고 道(도)ㅣ 업ᄉᆞ면 隱(은)홀 띠니라

邦(방)이 道(도)ㅣ 이숌애 貧(빈)ᄒᆞ고 또 賤(쳔)홈이 붓그러우며 邦(방)이 道(도)ㅣ 업슴애 富(부)ᄒᆞ고 또 貴(귀)홈이 붓그러우니라

② 栗谷本

子(ᄌᆞ)ㅣ ᄀᆞᄅᆞ샤ᄃᆡ 篤(독)히 信(신)ᄒᆞ고 學(ᄒᆞᆨ)을 好(호)ᄒᆞ며 死(ᄉᆞ)로 지킈며 道(도)를 善(션)히 홀 디니라

危(위)ᄒᆞᆫ 邦(방)의 入(입)디 아니ᄒᆞ고 亂(란)ᄒᆞᆫ 邦(방)의 居(거)티 아니ᄒᆞ며 天下(텬하)ㅣ 道(도)ㅣ 잇거든 見(현)ᄒᆞ고 道(도)ㅣ 업거든 隱(은)홀 디니라

邦(방)이 道(도)ㅣ 이쇼매는 貧(빈)코 또 賤(쳔)호미 恥(티)ㅣ오 邦(방)이 道(도)ㅣ 업스매는 富(부)코 또 貴(귀)호미 恥(티)ㅣ니라

198(8-14)

子曰:「不在其位, 不謀其政.」

① 陶山本

子(ᄌᆞ)ㅣ ᄀᆞᆯᄋᆞ샤ᄃᆡ 그 位(위)예 잇디 아니ᄒᆞ얀 그 政(졍)을 謀(모)티 아니홀 띠니라

② 栗谷本

子(ᄌᆞ)ㅣ ᄀᆞᄅᆞ샤ᄃᆡ 그 位(위)예 잇디 아니ᄒᆞ얀 그 政(졍)을 謀(모)티 아닐 디니라

199(8-15)

子曰:「師摯之始, 關雎之亂, 洋洋乎盈耳哉!」

① 陶山本

子(ᄌᆞ)ㅣ ᄀᆞᆯᄋᆞ샤ᄃᆡ 師摯(ᄉᆞ지)의 始(시)예 關雎(관져)ㅅ 亂(란)이 洋洋(양양)히 귀예 盈(영)ᄒᆞ다

② 栗谷本

子(ᄌᆞ)ㅣ ᄀᆞᄅᆞ샤ᄃᆡ 師摯(ᄉᆞ지)의 처음의 關雎(관져)의 亂(란)이 洋洋(양양)히 귀예 ᄀᆞ옥ᄒᆞ더니라

200(8-16)

子曰:「狂而不直, 侗而不愿, 悾悾而不信, 吾不知之矣.」

① 陶山本

子(ᄌᆞ)ㅣ ᄀᆞᆯᄋᆞ샤ᄃᆡ 狂(광)호ᄃᆡ 直(딕)디 아니ᄒᆞ며 侗(통)호ᄃᆡ 愿(원)티 아니ᄒᆞ며 悾悾(공공)호ᄃᆡ 信(신)티 아닌 이를 내 아디 몯ᄒᆞ노라

② 栗谷本

子(ᄌᆞ)ㅣ ᄀᆞᄅᆞ샤ᄃᆡ 狂(광)코 直(딕)디 아니ᄒᆞ며 侗(통)코 愿(원)티 아니ᄒᆞ며 悾悾(공공)코 信(신)티 아니ᄒᆞ면 내 아디 몯ᄒᆞ리로라

201(8-17)

子曰:「學如不及, 猶恐失之.」

① 陶山本

子(ᄌᆞ)ㅣ ᄀᆞᆯᄋᆞ샤ᄃᆡ 學(ᄒᆞᆨ)홈을 밋디 몯ᄒᆞᆯ듯 ᄒᆞ고 오히려 일흘가 저허홀 ᄯᅵ니라

② 栗谷本

子(ᄌᆞ)ㅣ ᄀᆞᄅᆞ샤ᄃᆡ 學(ᄒᆞᆨ)호ᄆᆞᆯ 及(급)디 몯ᄒᆞᆯ듯 ᄒᆞ고 오히려 失(실)ᄒᆞᆯ가 저ᄒᆞᆯ 디니라

202(8-18)

子曰:「巍巍乎, 舜禹之有天下也而不與焉!」

① 陶山本

子(ᄌᆞ)ㅣ ᄀᆞᆯᄋᆞ샤ᄃᆡ 巍巍(외외)ᄒᆞ다 舜(슌)과 禹(우)의 天下(텬하)ᄅᆞᆯ 두시되 與(여)티 아니ᄒᆞ심이여

② 栗谷本

子(ᄌᆞ)ㅣ ᄀᆞᄅᆞ샤ᄃᆡ 巍巍(외외)ᄒᆞ다 舜禹(슌우)의 天下(텬하)ᄅᆞᆯ 두되 與(여)티 아니ᄒᆞ시미여

203(8-19)

子曰:「大哉! 堯之爲君也! 巍巍乎! 唯天爲大, 唯堯則之. 蕩蕩乎, 民無能名焉. 巍巍乎其有成功也, 煥乎其有文章!」

① 陶山本

子(ᄌᆞ)ㅣ ᄀᆞᆯᄋᆞ샤ᄃᆡ 크다 堯(요)의 님금되샴이여 巍巍(외외)ᄒᆞ다 오직 하ᄂᆞᆯ히 크거시ᄂᆞᆯ 오직 堯(요)ㅣ 則(측)ᄒᆞ시니 蕩蕩(탕탕)ᄒᆞ다 民(민)이 能(능)히 일홈홈이 업도다

巍巍(외외)ᄒᆞ다 그 成功(셩공)이 이슘이여 煥(환)ᄒᆞ다 그 文章(문쟝)이 이슘이여

② 栗谷本

子(ᄌᆞ)ㅣ ᄀᆞᄅᆞ샤ᄃᆡ 크다 堯(요)의 님금되시미여 巍巍(외외)히 오직 天(텬)이 크거ᄂᆞᆯ 오직 堯(요)ㅣ 則(측)ᄒᆞ시니 蕩蕩(탕탕)ᄒᆞᆫ 디라 民(민)이 能(능)히 名(명)호미 업도다

巍巍(외외)ᄒᆞ다 그 成功(셩공) 이쇼미여 煥(환)ᄒᆞ다 그 文章(문쟝) 이쇼미여

204(8-20)

舜有臣五人而天下治. 武王曰:「予有亂臣十人.」孔子曰:「才難, 不其然乎? 唐虞之際, 於斯爲盛. 有婦人焉, 九人而已. 三分天下有其二, 以服事殷. 周之德, 其可謂至德也已矣.」

① 陶山本

舜(슌)이 신하 다ᄉᆞᆺ 사ᄅᆞᆷ을 두심애 天下(텬하)ㅣ 다ᄉᆞ니라

武王(무왕)이 ᄀᆞᆯᄋᆞ샤ᄃᆡ 내 다ᄉᆞ리ᄂᆞᆫ 신하 열 싸ᄅᆞᆷ을 둗노라

孔子(공ᄌᆞ)ㅣ ᄀᆞᆯᄋᆞ샤ᄃᆡ 才(ᄌᆡ) 어렵다 홈이 그 그러티 아니ᄒᆞ냐 唐虞(당우)ㅅ 際(졔)ㅣ 이에셔 盛(셩)ᄒᆞ나 婦人(부신)이 인ᄂᆞᆫ 디라 아홉 사ᄅᆞᆷ□ □ᄅᆞᆷ이니라

天下(텬하)를 三分(삼분)홈애 그 둘흘 두샤 ᄡᅧ 殷(은)을 服事(복ᄉᆞ)ᄒᆞ시니 周(쥬)의 德(덕)은 그 可(가)히 지극ᄒᆞᆫ 德(덕)이라 니ᄅᆞᆯ ᄯᆞᄅᆞᆷ이로다

② 栗谷本

舜(슌)이 신하 五人(오인)을 두시매 天下(텬하)ㅣ 治(티)ᄒᆞ니라

武王(무왕)이 ᄀᆞᄅᆞ샤ᄃᆡ 내 亂臣(란신) 十人(십인)을 둣노라

孔子(공ᄌᆞ)ㅣ ᄀᆞᄅᆞ샤ᄃᆡ 才(ᄌᆡ) 어렵다 호미 그 올티 아니ᄒᆞ냐 唐虞(당우)ㅅ ᄌᆞ음 곳 이에셔 盛(셩)호ᄃᆡ 婦人(부인)이 이실 ᄲᅮᆫ이언뎡 아홉 사ᄅᆞᆷ ᄯᆞᄅᆞᆷ이니라

天下(텬하)ᄅᆞᆯ 세희 分(분)호매 그 둘흘 두샤 ᄡᅧ 殷(은)을 服事(복ᄉᆞ)ᄒᆞ시니 周(쥬)의 德(덕)은 그 可(가)히 지극ᄒᆞᆫ 德(덕)이라 니ᄅᆞ리로다

205(8-21)

子曰:「禹, 吾無間然矣. 菲飮食而致孝乎鬼神, 惡衣服而致美乎黻冕, 卑宮室而盡力乎溝洫. 禹, 吾無間然矣.」

① 陶山本

子(ᄌᆞ)ㅣ ᄀᆞᆯᄋᆞ샤ᄃᆡ 禹(우)ᄂᆞᆫ 내 間然(간연)홈이 업도다 飮食(음식)을 菲(비)히 ᄒᆞ시고 孝(효)를 鬼神(귀신)애 닐위시며 衣服(의복)을 惡(악)히 ᄒᆞ시고 美(미)를 黻冕(블면)애 닐위시며 宮室(궁실)을 ᄂᆞᆽ게 ᄒᆞ시고 힘을 溝洫(구혁)애 다 ᄒᆞ시니 禹(우)ᄂᆞᆫ 내 間然(간연)홈이 업도다

② 栗谷本

子(ᄌᆞ)ㅣ ᄀᆞᄅᆞ샤ᄃᆡ 禹(우)ᄂᆞᆫ 내 間(간)호미 업도다 飮食(음식)을 菲(비)히 ᄒᆞ고 鬼神(귀신)애 孝(효)ᄅᆞᆯ 致(티)ᄒᆞ시며 衣服(의복)을 惡(악)히 ᄒᆞ고 美(미)ᄅᆞᆯ 黻冕(블면)의 美(미)ᄅᆞᆯ 致(티)ᄒᆞ시며 宮室(궁실)을 卑(비)히 ᄒᆞ고 溝洫(구혁)의 力(력)을 盡(진)ᄒᆞ시니 禹(우)ᄂᆞᆫ 내 間(간)호미 업도다

第九〈子罕〉

206(9-1)

子罕言利與命與仁.

① 陶山本

子(ᄌᆞ)ᄂᆞᆫ 利(리)와 다ᄆᆺ 命(명)과 다ᄆᆺ 仁(ᅀᅵᆫ)을 져기 니ᄅᆞ더시다

② 栗谷本

子(ᄌᆞ)ᄂᆞᆫ 利(리)와 다ᄆᆺ 命(명)과 다ᄆᆺ 仁(인)을 드므리 니ᄅᆞ더시다

207(9-2)

達巷黨人曰:「大哉孔子! 博學而無所成名.」子聞之, 謂門弟子曰:「吾何執? 執御乎? 執射乎? 吾執御矣.」

① 陶山本

達巷黨人(달항당ᅀᅵᆫ)이 ᄀᆞᆯ오ᄃᆡ 크다 孔子(공ᄌᆞ)ㅣ여 넙이 學(ᄒᆞᆨ)호ᄃᆡ 名(명)을 成(셩)ᄒᆞᆫ 배 업도다

子(ᄌᆞ)ㅣ 드르시고 門弟子(문뎨ᄌᆞ)ᄃᆞ려 닐어 ᄀᆞᆯᄋᆞ샤ᄃᆡ 내 므서슬 執(집)ᄒᆞ료 御(어)를 執(집)ᄒᆞ랴 射(샤)를 執(집)ᄒᆞ랴 내 御(어)를 執(집)호리라

② 栗谷本

達巷黨人(달항당인)이 ᄀᆞᆯ오ᄃᆡ 크다 孔子(공ᄌᆞ)ㅣ여 너비 學(ᄒᆞᆨ)호ᄃᆡ 名(명)을 成(셩)ᄒᆞᆫ 배 업도다

子(ᄌᆞ)ㅣ 드르시고 門弟子(문뎨ᄌᆞ)ᄃᆞ려 닐러 ᄀᆞᄅᆞ샤ᄃᆡ 내 므서슬 執(집)ᄒᆞᆯ고 御(어)ᄅᆞᆯ 執(집)ᄒᆞ랴 射(샤)ᄅᆞᆯ 執(집)ᄒᆞ랴 내 御(어)ᄅᆞᆯ 執(집)호리라

208(9-3)

子曰:「麻冕, 禮也; 今也純, 儉, 吾從衆. 拜下, 禮也; 今拜乎上, 泰也. 雖違衆, 吾從下.」

① 陶山本

子(ᄌᆞ)ㅣ ᄀᆞᆯᄋᆞ샤ᄃᆡ 麻(마)로 冕(면)이 禮(례)어늘 이제 純(슌)오로 ᄒᆞ니 儉(검)ᄒᆞᆫ 디라 내 衆(즁)을 從(죵)호리라

下(하)에셔 拜(ᄇᆡ)홈이 禮(례)어ᄂᆞᆯ 이제 上(샹)에셔 拜(ᄇᆡ)ᄒᆞ니 泰(태)ᄒᆞᆫ 디라 비록 衆(즁)을 違(위)ᄒᆞ나 내 下(하)를 從(죵)호리라

② 栗谷本

子(ᄌᆞ)ㅣ ᄀᆞᄅᆞ샤ᄃᆡ 麻冕(마면)이 禮(례)ㅣ나 이제 純(슌)ᄒᆞ니 儉(검)ᄒᆞᆫ 디라 내 衆(즁)을 조초리라

下(하)에셔 拜(ᄇᆡ)호미 禮(례)ㅣ어ᄂᆞᆯ 이제ᄂᆞᆫ 上(샹)에셔 拜(ᄇᆡ)ᄒᆞᄂᆞ니 泰(태)ᄒᆞᆫ 디라 비록 衆(즁)을 어긔나 내 下(하)ᄅᆞᆯ 조초리라

209(9-4)

子絶四: 毋意, 毋必, 毋固, 毋我.

① 陶山本

子(ᄌᆞ)ㅣ 四絶(ᄉᆞ졀)터시니 意(의)ㅣ 업스며 必(필)이 업스며 固(고)ㅣ 업스며 我(아)ㅣ 업더시다

② 栗谷本

子(ᄌᆞ)ㅣ 네 가지ᄅᆞᆯ 絶(졀)ᄒᆞ시니 意(의)ㅣ 업스며 必(필)이 업스며 固(고)ㅣ 업스며 我(아)ㅣ 업더시다

210(9-5)

子畏於匡, 曰:「文王旣沒, 文不在玆乎? 天之將喪斯文也, 後死者不得與於斯文也; 天之未喪斯文也, 匡人其如予何?」

① 陶山本

子(ᄌᆞ)ㅣ 匡(광)애 畏(외)ᄒᆞ더시니

ᄀᆞᆯᄋᆞ샤ᄃᆡ 文王(문왕)이 이믜 沒(몰)ᄒᆞ시니 文(문)이 이예 잇디 아니ᄒᆞ냐

하ᄂᆞᆯ히 쟝ᄎᆞᆺ 이 文(문)을 喪(상)ᄒᆞ실 띤댄 後(후)에 死(ᄉᆞ)ᄒᆞᆯ 者(쟈)ㅣ 시러곰 이 文(문)에 與(여)티 몯ᄒᆞ려니와 하ᄂᆞᆯ히 이 文(문)을 喪(상)티 아녀 겨시니 匡(광)ㅅ 人(신)이 그 내게 엇디ᄒᆞ리오

② 栗谷本

子(ᄌᆞ)ㅣ 匡(광)에셔 畏(외)ᄒᆞ더시니

ᄀᆞᄅᆞ샤ᄃᆡ 文王(문왕)이 이믜 沒(몰)ᄒᆞ시니 文(문)이 이에 잇디 아니ᄒᆞ냐

天(텬)이 쟝ᄎᆞᆺ 이 文(문)을 喪(상)ᄒᆞ실 딘댄 後(후)에 死(ᄉᆞ)ᄒᆞᄂᆞᆫ 者(쟈)ㅣ 시러곰 이 文(문)에 참예티 몯ᄒᆞ리니 天(텬)이 이 文(문)을 喪(상)티 아니실 딘댄 匡人(광인)이 그 내게 엇디ᄒᆞ리오

211(9-6)

大宰問於子貢曰:「夫子聖者與? 何其多能也?」子貢曰:「固天縱之將聖, 又多能也.」子聞之, 曰:「大宰知我乎! 吾少也賤, 故多能鄙事. 君子多乎哉? 不多也.」牢曰:「子云:『吾不試, 故藝.』」

① 陶山本

大宰(태ᄌᆡ)ㅣ 子貢(ᄌᆞ공)의게 무러 ᄀᆞᆯ오ᄃᆡ 夫子(부ᄌᆞ)ᄂᆞᆫ 聖(셩)이신 者(쟈)가 엇디 그 能(능)이 하시뇨

子貢(ᄌᆞ공)이 ᄀᆞᆯ오ᄃᆡ 진실로 天(텬)이 縱(죵)ᄒᆞ신 쟝ᄎᆞᆺ 聖(셩)이시고 ᄯᅩ 能(능)이 하시니라

(以下 落張)

② 栗谷本

大宰(태ᄌᆡ)ㅣ 子貢(ᄌᆞ공)의게 問(문)ᄒᆞ야 ᄀᆞᆯ오ᄃᆡ 夫子(부ᄌᆞ)ᄂᆞᆫ 聖(셩)ᄒᆞ신 者(쟈)가 엇디 그 能(능)이 하시뇨

子貢(ᄌᆞ공)이 ᄀᆞᆯ오ᄃᆡ 진실로 天(텬)이 縱(죵)ᄒᆞ신 쟝ᄎᆞᆺ 聖(셩)이시고 ᄯᅩ 能(능)이 하시니라

자(ᄌᆞ)ㅣ 드르시고 ᄀᆞᄅᆞ샤ᄃᆡ 太宰(태ᄌᆡ)ㅣ 나ᄅᆞᆯ 안뎌 내 져믄제 賤(쳔)ᄒᆞᆫ디라 故(고)로 鄙事(비ᄉᆞ)ᄅᆞᆯ 해 能(능)ᄒᆞ다니 君子(군ᄌᆞ)ᄂᆞᆫ 多(다)ᄒᆞᄂᆞ냐 多(다)티 아닛ᄂᆞ니라

牢(로)ㅣ ᄀᆞᆯ오ᄃᆡ 子(ᄌᆞ)ㅣ 니ᄅᆞ샤ᄃᆡ 내 試(시)ᄒᆞ이디 몯ᄒᆞᆫ 故(고)로 藝(예)호라 ᄒᆞ시니라

212(9-7)

子曰:「吾有知乎哉? 無知也. 有鄙夫問於我, 空空如也. 我叩其兩端而竭焉.」

① 陶山本 : 缺(落張)

② 栗谷本

자(ᄌᆞ)ㅣ ᄀᆞᄅᆞ샤ᄃᆡ 내 知(디)호미 잇ᄂᆞ냐 知(디)호미 업거니와 鄙夫(비부)ㅣ 내게 무로ᄃᆡ

空空(공공)ᄒᆞᆯ 디라도 내 그 兩端(량단)을 叩(고)ᄒᆞ야 竭(갈)ᄒᆞ노라

213(9-8)

子曰:「鳳鳥不至, 河不出圖, 吾已矣夫!」

① 陶山本

子(ᄌᆞ)ㅣ ᄀᆞᆯᄋᆞ샤ᄃᆡ 鳳鳥(봉됴)ㅣ 니르디 아니ᄒᆞ며 河(하)애 圖(도)ㅣ 나디 아니ᄒᆞ니 내 마롤 띤뎌

② 栗谷本

子(ᄌᆞ)ㅣ ᄀᆞᄅᆞ샤ᄃᆡ 鳳鳥(봉됴)ㅣ 니ᄅᆞ디 아니ᄒᆞ며 河(하)에 圖(도)ㅣ 나디 아니ᄒᆞ니 내 마롤 딘뎌

214(9-9)

子見齊衰者·冕衣裳者與瞽者, 見之, 雖少, 必作; 過之, 必趨.

① 陶山本

子(ᄌᆞ)ㅣ 齊衰(ᄌᆡ최)ᄒᆞᆫ 者(쟈)와 冕(면)ᄒᆞ고 衣裳(의샹)ᄒᆞᆫ 者(쟈)와 다ᄆᆞᆺ 瞽者(고쟈)ᄅᆞᆯ 보시고 보심애 비록 少(쇼)ᄒᆞ나 반ᄃᆞ시 作(작)ᄒᆞ시며 디나심애 반ᄃᆞ시 趨(추)ᄒᆞ더시다

② 栗谷本

子(ᄌᆞ)ㅣ 齊衰者(ᄌᆡ최쟈)와 冕衣裳者(면의샹쟈)와 다ᄆᆞᆺ 瞽者(고쟈)ᄅᆞᆯ 보시고 보시매 비록 少(쇼)ᄒᆞ나 반ᄃᆞ시 作(작)ᄒᆞ시며 過(과)ᄒᆞ실 제 반ᄃᆞ시 趍(추)ᄒᆞ더시다

215(9-10)

顔淵喟然歎曰:「仰之彌高, 鑽之彌堅. 瞻之在前, 忽焉在後. 夫子循循然善誘人, 博我以文, 約我以禮, 欲罷不能. 旣竭吾才, 如有所立卓爾. 雖欲從之, 末由也已.」

① 陶山本

顔淵(안연)이 喟然(위연)히 歎(탄)ᄒᆞ야 ᄀᆞᆯ오ᄃᆡ 仰(앙)홈애 더욱 놉프며 鑽(찬)홈애 더욱 구ᄃᆞ며 瞻(쳠)홈애 앒ᄑᆡ 잇더니 믄득 뒤헤 잇도다

夫子(부ᄌᆞ)ㅣ 循循(슌슌)히 사ᄅᆞᆷ을 善(션)히 誘(유)ᄒᆞ샤 나ᄅᆞᆯ 博(박)ᄒᆞ샤ᄃᆡ 文(문)으로ᄡᅧ ᄒᆞ시고 나ᄅᆞᆯ 約(약)ᄒᆞ샤ᄃᆡ 禮(례)로ᄡᅧ ᄒᆞ시니라

罷(파)코쟈 ᄒᆞ나 能(능)티 몯ᄒᆞ야 임의 내 才(ᄌᆡ)를 竭(갈)호니 立(립)ᄒᆞᆫ 배 卓(탁)홈이 인ᄂᆞᆫᄃᆞᆺ ᄒᆞᆫ 디라 비록 좃고져 ᄒᆞ나 말ᄆᆡ암옴이 업도다

② 栗谷本

顔淵(안연)이 喟然(위연)히 탄식ᄒᆞ야 ᄀᆞᄅᆞ샤ᄃᆡ 仰(앙)호매 더옥 노프며 鑽(찬)호매 더욱 구드며 瞻(쳠)호매 업픠 잇더니 믄득 뒤희 잇도다

夫子(부ᄌᆞ)ㅣ 循循(슌슌)히 人(인)을 잘 誘(유)ᄒᆞ샤 나ᄅᆞᆯ 文(문)으로ᄡᅧ 博(박)ᄒᆞ시고 나ᄅᆞᆯ 禮(례)로ᄡᅧ 約(약)ᄒᆞ시니

罷(파)코져 호ᄃᆡ 能(능)티 몯ᄒᆞ야 이믜 내 才(ᄌᆡ)ᄅᆞᆯ 竭(갈)호니 立(립)ᄒᆞᆫ 배 卓(탁)ᄒᆞᆫ거시 잇ᄂᆞᆫᄃᆞᆺ ᄒᆞᆫ 디라 비록 從(죵)코져 ᄒᆞ나 由(유)호미 업도다

216(9-11)

子疾病, 子路使門人爲臣. 病閒, 曰:「久矣哉, 由之行詐也! 無臣而爲有臣. 吾誰欺? 欺天乎! 且予與其死於臣之手也, 無寧死於二三子之手乎! 且予縱不得大葬, 予死於道路乎?」

① 陶山本

子(ᄌᆞ)ㅣ 疾(질)이 病(병)커시늘 子路(ᄌᆞ로)ㅣ 門人(문ᅀᅵᆫ)으로 ᄒᆞ여곰 臣(신)을 사맛더니 病(병)이 間(간)ᄒᆞ심애 ᄀᆞᆯᄋᆞ샤ᄃᆡ 올아다 由(유)의 詐(사)ᄅᆞᆯ 行(ᄒᆡᆼ)홈이여 臣(신) 업슬 꺼시 臣(신) 두믈 ᄒᆞ니 내 누를 소기료 하ᄂᆞᆯᄒᆞᆯ 소긴뎌

ᄯᅩ 내 그 臣(신)의 手(슈)에 死(ᄉᆞ)홈으로 더브러론 二三子(ᅀᅵ삼ᄌᆞ)의 手(슈)애 死(ᄉᆞ)홈이 출티 아니ᄒᆞ냐 ᄯᅩ 내 비록 시러곰 大葬(대장)티 몯ᄒᆞ나 내 道路(도로)애 死(ᄉᆞ)ᄒᆞ랴

② 栗谷本

子(ᄌᆞ)ㅣ 疾病(질병)ᄒᆞ야거시ᄂᆞᆯ 子路(ᄌᆞ로)ㅣ 門人(문인)으로 ᄒᆞ여곰 臣(신)을 사맛더니 病(병)이 間(간)호매 ᄀᆞᄅᆞ샤ᄃᆡ 오라다 由(유)의 詐(사)ᄅᆞᆯ 行(ᄒᆡᆼ)호미여 臣(신)이 업ᄉᆞᆫ 거ᄉᆞᆯ 臣(신)이 잇게 ᄒᆞ니 내 누ᄅᆞᆯ 소기뇨 天(텬)을 소기민뎌

ᄯᅩᄒᆞᆫ 내 다ᄆᆞᆺ 그 臣(신)의 손에 주그모론 二三子(이삼ᄌᆞ)의 손에 주그미 편티 아니ᄒᆞ냐 ᄯᅩᄒᆞᆫ 내 비록 大葬(태장)을 得(득)디 몯ᄒᆞ나 내 道路(도로)에 주그랴

217(9-12)

子貢曰:「有美玉於斯, 韞匵而藏諸? 求善賈而沽諸?」子曰:「沽之哉!

沽之哉! 我待賈者也.」

① 陶山本

子貢(즈공)이 골오듸 美(미)흔 玉(옥)이 이에 이시니 匵(독)애 韞(온)호야 藏(장)호링잇가 善(션)흔 賈(가)를 求(구)호야 沽(고)호링잇가 子(즈)ㅣ 골으샤듸 沽(고)홀 띠나 沽(고)홀 띠나 나는 賈(가)를 기드리는 者(쟈)ㅣ로라

② 栗谷本

子貢(즈공)이 골오듸 美(미)흔 玉(옥)이 이에 이시니 匵(독)에 韞(온)호야 藏(장)호리잇가 善賈(션가)를 求(구)호야 沽(고)호리잇가 子(즈)ㅣ 가르샤듸 沽(고)홀 딘뎌 沽(고)홀 딘뎌 나는 賈(가)를 待(듸)호는 者(쟈)ㅣ로라

218(9-13)

子欲居九夷. 或曰:「陋, 如之何?」子曰:「君子居之, 何陋之有?」

① 陶山本

子(즈)ㅣ 九夷(구이)예 居(거)코져 호더시니

或(혹)이 골오듸 陋(루)호거니 엇디 호링잇고 子(즈)ㅣ 골으샤듸 君子(군즈)ㅣ 居(거)호면 므슴 陋(루)홈이 이시리오

② 栗谷本

子(즈)ㅣ 九夷(구이)예 居(거)코져 호거시늘

或(혹)이 골오듸 陋(루)커든 엇디 호리잇고 子(즈)ㅣ 가르샤듸 君子(군즈)ㅣ 居(거)호면 엇디 陋(루)호미 이시리오

219(9-14)

子曰:「吾自衛反魯, 然後樂正, 雅頌各得其所.」

① 陶山本

子(즈)ㅣ 골으샤듸 내ㅣ 衛(위)로브터 魯(로)애 도라온 然後(연후)에 樂(악)이 正(정)호야 雅(아)와 頌(송)이 각각 그 所(소)를 得(득)호니라

② 栗谷本

子(즈)ㅣ 가르샤듸 내 衛(위)로브터 魯(로)의 反(반)흔 後(후)에 樂(악)이 正(정)호야 雅(아)와 頌(송)이 각각 그 所(소)를 得(득)호니라

220(9-15)

子曰:「出則事公卿, 入則事父兄, 喪事不敢不勉, 不爲酒困, 何有於我哉?」

① 陶山本

子(ᄌᆞ)ㅣ ᄀᆞᆯᄋᆞ샤ᄃᆡ 나ᄂᆞᆫ 公卿(공경)을 셤기고 드러ᄂᆞᆫ 父兄(부형)을 셤기며 喪事(상ᄉᆞ)를 敢(감)히 힘쓰디 아니티 아니ᄒᆞ며 술의 困(곤)홈이 되디 아니홈이 므스거시 내게 인ᄂᆞ뇨

② 栗谷本

子(ᄌᆞ)ㅣ ᄀᆞᄅᆞ샤ᄃᆡ 나면 公卿(공경)을 셤기고 들면 父兄(부형)을 셤기며 喪事(상ᄉᆞ)ᄅᆞᆯ 敢(감)히 勉(면)티 아니티 아니ᄒᆞ며 酒(쥬)의 困(곤)을 아니호미 므서시 내게 잇ᄂᆞ뇨

221(9-16)

子在川上, 曰:「逝者如斯夫! 不舍晝夜.」

① 陶山本

子(ᄌᆞ)ㅣ 川上(쳔샹)의 겨셔 ᄀᆞᆯᄋᆞ샤ᄃᆡ 逝(셔)ᄒᆞᄂᆞᆫ 者(쟈)ㅣ 이 ᄀᆞᄐᆞᆫ뎌 晝夜(듀야)의 舍(샤)티 아니ᄒᆞᄂᆞᆺ다

② 栗谷本

子(ᄌᆞ)ㅣ 川上(쳔샹)의 겨샤 ᄀᆞᄅᆞ샤ᄃᆡ 가ᄂᆞᆫ 者(쟈)ㅣ 이 ᄀᆞᄐᆞᆫ뎌 晝夜(쥬야)의 舍(샤)티 아니ᄒᆞᄂᆞᆺ다

222(9-17)

子曰:「吾未見好德如好色者也.」

① 陶山本

子(ᄌᆞ)ㅣ ᄀᆞᆯᄋᆞ샤ᄃᆡ 내 德(덕)을 됴히 너김이 色(ᄉᆡᆨ) 됴히 너김 ᄀᆞ티 ᄒᆞᄂᆞᆫ 이ᄅᆞᆯ 보디 몯게라

② 栗谷本

子(ᄌᆞ)ㅣ ᄀᆞᄅᆞ샤ᄃᆡ 내 德(덕) 好(호)호ᄆᆞᆯ 色(ᄉᆡᆨ) 好(호)홈ᄀᆞᆺ티 ᄒᆞᄂᆞᆫ 者(쟈)ᄅᆞᆯ 보디 몯케라

223(9-18)

子曰:「譬如爲山, 未成一簣, 止, 吾止也. 譬如平地, 雖覆一簣, 進, 吾往也.」

① 陶山本

子(ᄌᆞ)ㅣ ᄀᆞᆯᄋᆞ샤ᄃᆡ 譬(비)컨댄 뫼흘 ᄆᆡᆼᄀᆞ롬애 ᄒᆞᆫ 簣(궤)를 일오디 몯ᄒᆞ야셔 그침도 내의 그침이 ᄀᆞᄐᆞ며 譬(비)컨댄 平地(평디)예 비록 ᄒᆞᆫ 簣(궤)를 覆(복)ᄒᆞ나 나아감도 내의 감 ᄀᆞᄐᆞ니라

② 栗谷本

子(ᄌᆞ)ㅣ ᄀᆞᄅᆞ샤ᄃᆡ 譬(비)컨댄 뫼ᄒᆞ기예 ᄒᆞᆫ 簣(궤)만 일우디 몯ᄒᆞ나 그 止(지)홈도 내 止(지)호미며 譬(비)컨댄 平地(평디)예 비록 ᄒᆞᆫ 簣(궤)ᄅᆞᆯ 覆(복)ᄒᆞ나 進(진)홈도 내 往(왕)호미니라

224(9-19)

子曰:「語之而不惰者, 其回也與!」

① 陶山本

子(ᄌᆞ)ㅣ ᄀᆞᆯᄋᆞ샤ᄃᆡ 語(어)홈애 惰(타)티 아니ᄒᆞᄂᆞᆫ 이ᄂᆞᆫ 그 回(회)ㄴ뎌

② 栗谷本

子(ᄌᆞ)ㅣ ᄀᆞᄅᆞ샤ᄃᆡ 語(어)호매 惰(타)티 아니ᄂᆞᆫ 者(쟈)ᄂᆞᆫ 그 回(회)ᅵᆫ뎌

225(9-20)

子謂顔淵, 曰:「惜乎! 吾見其進也, 未見其止也.」

① 陶山本

子(ᄌᆞ)ㅣ 顔淵(안연)을 닐어 ᄀᆞᆯᄋᆞ샤ᄃᆡ 惜(셕)홉다 내 그 나아감을 보고 그 그침을 보디 몯호라

② 栗谷本

子(ᄌᆞ)ㅣ 顔淵(안연)을 닐러 ᄀᆞᄅᆞ샤ᄃᆡ 惜(셕)홉다 내 그 進(진)호ᄆᆞᆯ 보고 그 止(지)호ᄆᆞᆯ 보디 몯ᄒᆞ얏더니라

226(9-21)

子曰:「苗而不秀者有矣夫! 秀而不實者有矣夫!」

① 陶山本

子(ᄌᆞ)ㅣ ᄀᆞᆯᄋᆞ샤ᄃᆡ 苗(묘)ᄒᆞ고 秀(슈)티 몯ᄒᆞ리 이시며 秀(슈)ᄒᆞ고 實(실)티 몯ᄒᆞ리 인ᄂᆞᆫ뎌

② 栗谷本

子(ᄌᆞ)ㅣ ᄀᆞᄅᆞ샤ᄃᆡ 苗(묘)코 秀(슈)티 몯ᄒᆞᆫ 者(쟈)ㅣ 이시며 秀(슈)코 實(실)티 몯ᄒᆞᆫ 者(쟈)ㅣ 잇ᄂᆞᆫ뎌

227(9-22)

子曰:「後生可畏, 焉知來者之不如今也? 四十·五十而無聞焉, 斯亦不足畏也已.」

① 陶山本

子(ᄌᆞ)ㅣ ᄀᆞᆯᄋᆞ샤ᄃᆡ 後生(후ᄉᆡᆼ)이 可(가)히 두려오니 엇디 來者(ᄅᆡ쟈)의 이제 ᄀᆞᆮ디 몯ᄒᆞᆯ 줄을 알리오 四十(ᄉᆞ십) 五十(오십)이오 드름이 업스면 이 ᄯᅩᄒᆞᆫ 足(죡)히 두렵디 아니ᄒᆞ니라

② 栗谷本

子(ᄌᆞ)ㅣ ᄀᆞᄅᆞ샤ᄃᆡ 後生(후ᄉᆡᆼ)이 可(가)히 저프니 오ᄂᆞᆫ 者(쟈)ㅣ 이제 ᄀᆞᆮ디 아닐 주를 엇디 알료 四十(ᄉᆞ십) 五十(오십)이오 聞(문)호미 업스면 이ᄂᆞᆫ ᄯᅩᄒᆞᆫ 足(죡)히 저프디 아니ᄒᆞ니라

228(9-23)

子曰:「法語之言, 能無從乎? 改之爲貴. 巽與之言, 能無說乎? 繹之爲貴. 說而不繹, 從而不改, 吾末如之何也已矣.」

① 陶山本

子(ᄌᆞ)ㅣ ᄀᆞᆯᄋᆞ샤ᄃᆡ 法(법)으로 語(어)ᄒᆞᄂᆞᆫ 말ᄋᆞᆫ 能(ᄂᆞᆼ)히 從(죵)홈이 업ᄉᆞ랴 改(ᄀᆡ)홈이 貴(귀)ᄒᆞ니라 巽(손)히 與(여)ᄒᆞᄂᆞᆫ 말ᄋᆞᆫ 能(ᄂᆞᆼ)히 說(열)홈이 업ᄉᆞ랴 繹(역)홈이 貴(귀)ᄒᆞ니라 說(열)호ᄃᆡ 繹(역)디 아니ᄒᆞ며 從(죵)호ᄃᆡ 改(ᄀᆡ)티 아니ᄒᆞ면 내 엇디려뇨 홈이 업ᄉᆞ니라

② 栗谷本

子(ᄌᆞ)ㅣ ᄀᆞᄅᆞ샤ᄃᆡ 法語(법어)의 말을 能(능)히 從(죵)호미 업ᄉᆞ랴 改(기)호미 貴(귀)ᄒᆞ고 巽(손)히 與(여)ᄒᆞᄂᆞᆫ 말을 能(능)히 說(열)호미 업스랴 繹(역)호미 貴(귀)ᄒᆞ니 說(열)코 繹(역)디 아니ᄒᆞ며 從(죵)코 改(기)티 아니ᄒᆞ면 내 엇디려뇨 호미업도다

229(9-24)

子曰:「主忠信, 毋友不如己者, 過則勿憚改.」

① 陶山本 : 없음.

② 栗谷本 : 없음.

230(9-25)

子曰:「三軍可奪帥也, 匹夫不可奪志也.」

① 陶山本

子(ᄌᆞ)ㅣ ᄀᆞᆯᄋᆞ샤ᄃᆡ 三軍(삼군)은 可(가)히 帥(슈)를 奪(탈)ᄒᆞ려니와 匹夫(필부)ᄂᆞᆫ 可(가)히 志(지)를 奪(탈)티 몯ᄒᆞᄂᆞ니라

② 栗谷本

子(ᄌᆞ)ㅣ ᄀᆞᄅᆞ샤ᄃᆡ 三軍(삼군)은 可(가)히 帥(슈)ᄅᆞᆯ 奪(탈)ᄒᆞ려니와 匹夫(필부)ᄂᆞᆫ 可(가)히 志(지)ᄅᆞᆯ 奪(탈)티 몯ᄒᆞᆯ 디니라

231(9-26)

子曰:「衣敝縕袍, 與衣狐貉者立, 而不恥者, 其由也與! 『不忮不求, 何用不臧?』」子路終身誦之. 子曰:「是道也, 何足以臧?」

① 陶山本

子(ᄌᆞ)ㅣ ᄀᆞᆯᄋᆞ샤ᄃᆡ ᄒᆞ여딘 縕袍(온포)를 닙어 狐貉(호락) 닙은 이로 더브러 立(립)호ᄃᆡ 붓그려 아니ᄒᆞᄂᆞ니는 그 由(유)ㄴ뎌

忮(기)티 아니ᄒᆞ며 求(구)티 아니ᄒᆞ면 엇디 ᄡᅧ 臧(장)티 아니ᄒᆞ리오

子路(ᄌᆞ로)ㅣ 몸이 ᄆᆞᆺ도록 외오려 ᄒᆞᆫ대 子(ᄌᆞ)ㅣ ᄀᆞᆯᄋᆞ샤ᄃᆡ 이 道(도)ㅣ 엇디 足(죡)히 ᄡᅧ 臧(장)ᄒᆞ리오

② 栗谷本

子(ᄌᆞ)ㅣ ᄀᆞᄅᆞ샤ᄃᆡ 敝(폐)ᄒᆞᆫ 縕袍(온포)ᄅᆞᆯ 닙고 狐貉(호락) 닙은 者(쟈)와 더브러 셔셔 븟그려 아니ᄒᆞᄂᆞᆫ 者(쟈)ᄂᆞᆫ 그 由(유)ㄴ뎌

忮(기)티 아니며 求(구)티 아니면 엇디 ᄡᅥ 臧(장)티 아니리오 ᄒᆞ니라

子路(ᄌᆞ로)ㅣ 身(신)이 終(죵)토록 誦(숑)ᄒᆞᆫ대 子(ᄌᆞ)ㅣ ᄀᆞᄅᆞ샤ᄃᆡ 이 道(도)ㅣ 엇디 足(죡)히 ᄡᅥ 臧(장)ᄒᆞ리오

232(9-27)

子曰:「歲寒, 然後知松柏之後彫也.」

① 陶山本

子(ᄌᆞ)ㅣ ᄀᆞᆯᄋᆞ샤ᄃᆡ 歲(셰)ㅣ 寒(한)ᄒᆞᆫ 然後(연후)에 松栢(송ᄇᆡᆨ)의 後(후)에 彫(됴)ᄒᆞᄂᆞᆫ 줄을 아ᄂᆞ니라

② 栗谷本

子(ᄌᆞ)ㅣ ᄀᆞᄅᆞ샤ᄃᆡ 歲(셰)ㅣ 寒(한)ᄒᆞᆫ 後(후)에사 松栢(송ᄇᆡᆨ)의 後(후)에 彫(됴)호ᄆᆞᆯ 아ᄂᆞ니라

233(9-28)

子曰:「知者不惑, 仁者不憂, 勇者不懼.」

① 陶山本

子(ᄌᆞ)ㅣ ᄀᆞᆯᄋᆞ샤ᄃᆡ 知(디)ᄒᆞᆫ 者(쟈)ᄂᆞᆫ 惑(혹)디 아니ᄒᆞ고 仁(신)ᄒᆞᆫ 者(쟈)ᄂᆞᆫ 憂(우)티 아니ᄒᆞ고 勇(용)ᄒᆞᆫ 者(쟈)ᄂᆞᆫ 懼(구)티 아니ᄒᆞᄂᆞ니라

② 栗谷本

子(ᄌᆞ)ㅣ ᄀᆞᄅᆞ샤ᄃᆡ 知(디)ᄒᆞᆫ 者(쟈)ᄂᆞᆫ 惑(혹)디 아니ᄒᆞ고 仁(인)ᄒᆞᆫ 者(쟈)ᄂᆞᆫ 憂(우)티 아니ᄒᆞ고 勇(용)ᄒᆞᆫ 者(쟈)ᄂᆞᆫ 懼(구)티 아니ᄒᆞᄂᆞ니라

234(9-29)

子曰:「可與共學, 未可與適道; 可與適道, 未可與立; 可與立, 未可與權.」

① 陶山本

子(ᄌᆞ)ㅣ ᄀᆞᆯᄋᆞ샤ᄃᆡ 可(가)히 더브러 ᄒᆞᆫ 가지로 學(ᄒᆞᆨ)ᄒᆞ고도 可(가)히 더브러 道(도)애 가디 몯ᄒᆞ며 可(가)히 더브러 道(도)애 가고도 可(가)히 더브러 立(립)디 몯ᄒᆞ며 可(가)히 더브러 立(립)ᄒᆞ고도 可(가)히 더브러 權(권)티 몯ᄒᆞᄂᆞ니라

② 栗谷本

子(ᄌᆞ)ㅣ ᄀᆞᄅᆞ샤ᄃᆡ 可(가)히 더브러 ᄒᆞᆫ 가지로 學(ᄒᆞᆨ)ᄒᆞ고도 可(가)히 더브러 道(도)애 適(뎍)디 몯ᄒᆞ며 可(가)히 더브러 道(도)애 適(뎍)고도 可(가)히 더브러 立(립)디 몯ᄒᆞ며 可(가)히 더브러 立(립)고도 可(가)히 더브러 權(권)티 몯ᄒᆞᆯ 디니라

235(9-30)

『唐棣之華，偏其反而．豈不爾思？室是遠而.』子曰：「未之思也，夫何遠之有?」

① 陶山本

唐棣(당톄)ㅅ 고지여 偏(편)히 그 反(번)ᄒᆞᄂᆞᄯᅩ다 엇디 너를 思(ᄉᆞ)티 아니ᄒᆞ리오마는 室(실)이 이 멀옴이니라

子(ᄌᆞ)ㅣ ᄀᆞᆯᄋᆞ샤ᄃᆡ 思(ᄉᆞ)티 아니ᄒᆞ건뎡 엇디 머롬이 이시리오

② 栗谷本

唐棣(당톄)의 華(화)ㅣ여 偏(편)히 그 反(번)ᄒᆞ놋다 엇디 너를 思(ᄉᆞ)티 아니ᄒᆞ리오마는 室(실)이 이 遠(원)ᄒᆞ니라

子(ᄌᆞ)ㅣ ᄀᆞᄅᆞ샤ᄃᆡ 思(ᄉᆞ)티 아닐 ᄲᅮᆫ이언뎡 그 엇디 遠(원)호미 이시리오

第十〈鄕黨〉

236(10-1)

孔子於鄕黨, 恂恂如也, 似不能言者. 其在宗廟朝廷, 便便言, 唯謹爾.

① 陶山本

孔子(공ᄌᆞ) ㅣ 鄕黨(향당)애 恂恂(슌슌)ᄐᆞᆺ ᄒᆞ샤 能(능)히 言(언)티 몯ᄒᆞᄂᆞᆫ 者(쟈) ᄀᆞᆮ더시다
그 宗廟(종묘)와 朝廷(됴뎡)에 겨샤ᄂᆞᆫ 便便(변변)히 言(언)ᄒᆞ샤ᄃᆡ 오직 삼가더시다

② 栗谷本

孔子(공ᄌᆞ) ㅣ 鄕黨(향당)애 恂恂(슌슌)히 ᄒᆞ샤 能(능)히 言(언)을 몯ᄒᆞᄂᆞᆫ ᄃᆞᆺ ᄒᆞ더시다
그 宗廟(종묘)와 朝廷(됴뎡)의 겨샨 便便(변변)히 言(언)ᄒᆞ샤ᄃᆡ 오직 삼가더시다

237(10-2)

朝, 與下大夫言, 侃侃如也; 與上大夫言, 誾誾如也. 君在, 踧踖如也, 與與如也.

① 陶山本

朝(됴)애 下(하)태우로 더브러 言(언)ᄒᆞ심애 侃侃(간간)ᄐᆞᆺ ᄒᆞ시며 上(샹)태우로 더브러 言(언)ᄒᆞ심애 誾誾(은은)ᄐᆞᆺ ᄒᆞ더시다
君(군)이 겨시거시든 踧踖(츅쳑)ᄐᆞᆺ ᄒᆞ시며 與與(여여)ᄐᆞᆺ ᄒᆞ더시다

② 栗谷本

朝(됴)애 下大夫(하대부)로 더브러 言(언)ᄒᆞ샤ᄃᆡ 侃侃(간간)히 ᄒᆞ시고 上大夫(샹대부)로 더브러 言(언)ᄒᆞ샤ᄃᆡ 誾誾(은은)히 ᄒᆞ더시다
君(군)이 在(ᄌᆡ)커시든 踧踖(츅쳑)히 ᄒᆞ시며 與與(여여)히 ᄒᆞ더시다

238(10-3)

君召使擯, 色勃如也, 足躩如也. 揖所與立, 左右手, 衣前後, 襜如也. 趨進, 翼如也. 賓退, 必復命曰:「賓不顧矣.」

① 陶山本

君(군)이 블러 ᄒᆞ여곰 擯(빈)ᄒᆞ라 ᄒᆞ거시든 色(ᄉᆡᆨ)이 勃(블)ᄐᆞᆺ ᄒᆞ시며 足(죡)이 躩(확)ᄐᆞᆺ

ᄒᆞ더시다

더브러 立(립)ᄒᆞ신 바애 揖(읍)ᄒᆞ샤ᄃᆡ 손을 左(자)로 ᄒᆞ며 右(우)로 ᄒᆞ더시니 옷 앏뒤히 襜(쳠)ᄐᆞᆺ ᄒᆞ더시다

趨(추)ᄒᆞ야 進(진)ᄒᆞ심애 翼(익)ᄃᆞᆺ ᄒᆞ더시다

賓(빈)이 退(퇴)커든 반ᄃᆞ시 命(명)을 復(복)ᄒᆞ야 ᄀᆞᆯᄋᆞ샤ᄃᆡ 賓(빈)이 顧(고)ᄒᆞ디 아니타 ᄒᆞ더시다

② 栗谷本

君(군)이 블러 ᄒᆡ여곰 擯(빈)ᄒᆞ라 ᄒᆞ거시든 色(ᄉᆡᆨ)을 勃(블)히 ᄒᆞ시며 足(죡)을 躩(확)히 ᄒᆞ더시다

더브러 셔ᄂᆞᆫ 바의 揖(읍)ᄒᆞ시매 手(슈)를 左右(자우)ᄒᆞ더시니 옷 압뒤 ᄀᆞᄌᆞᆨᄒᆞ더시다

趨(추)ᄒᆞ야 進(진)ᄒᆞ실제 翼(익)ᄃᆞᆺ ᄒᆞ더시다

賓(빈)이 退(퇴)커든 반ᄃᆞ시 命(명)을 復(복)ᄒᆞ야 ᄀᆞᄅᆞ샤ᄃᆡ 賓(빈)이 顧(고)티 아니타 ᄒᆞ더시다

239(10-4)

入公門, 鞠躬如也, 如不容. 立不中門, 行不履閾. 過位, 色勃如也, 足躩如也, 其言似不足者. 攝齊升堂, 鞠躬如也, 屛氣似不息者. 出, 降一等, 逞顔色, 怡怡如也. 沒階, 趨進翼如也. 復其位, 踧踖如也.

① 陶山本

公門(공문)에 드르실 ᄉᆡ 躬(궁)을 鞠(국)ᄃᆞᆺ ᄒᆞ샤 容(용)티 몯홇ᄃᆞᆺ ᄒᆞ더시다

立(립)ᄒᆞ심애 門(문)에 中(듕)티 아니ᄒᆞ시며 行(ᄒᆡᆼ)ᄒᆞ심애 閾(역)을 ᄇᆞᆲ디 아니ᄒᆞ더시다

位(위)예 디나실 ᄉᆡ 色(ᄉᆡᆨ)이 勃(블)ᄐᆞᆺ ᄒᆞ시며 足(죡)이 躩(확)ᄃᆞᆺ ᄒᆞ시며 그 말ᄉᆞᆷ이 足(죡)디 몯ᄒᆞᆫ 者(쟈) ᄀᆞᆮ더시다

齊(ᄌᆡ)를 攝(셥)ᄒᆞ야 堂(당)의 오ᄅᆞ실 ᄉᆡ 躬(궁)을 鞠(국)ᄃᆞᆺ ᄒᆞ시며 氣(긔)를 屛(병)ᄒᆞ샤 息(식)디 몯ᄒᆞᄂᆞᆫ 者(쟈) ᄀᆞᆮ더시다

出(츌)ᄒᆞ샤 一等(일등)에 ᄂᆞ리샤ᄂᆞᆫ ᄂᆞᆺ빗츨 逞(령)ᄒᆞ샤 怡怡(이이)ᄐᆞᆺ ᄒᆞ시며 階(계)를 沒(몰)ᄒᆞ샤ᄂᆞᆫ 趨(추)ᄒᆞ심애 翼(익)ᄃᆞᆺ ᄒᆞ시며 그 位(위)예 復(복)ᄒᆞ샤ᄂᆞᆫ 踧踖(츅쳑)ᄃᆞᆺ ᄒᆞ더시다

② 栗谷本

公門(공문)의 드르실 제 躬(궁)을 鞠(국)ᄒᆞ샤 容(용)티 몯홀ᄃᆞᆺ ᄒᆞ시며

立(립)호매 門(문)의 中(듕)티 아니ᄒᆞ시며 行(ᄒᆡᆼ)호매 閾(역)을 履(리)티 아니터시다

位(위)예 過(과)ᄒᆞ실 제 色(ᄉᆡᆨ)을 勃(블)히 ᄒᆞ시며 足(죡)을 躩(확)히 ᄒᆞ시며 그 言(언)이 足(죡)디 몯ᄒᆞᆫᄃᆞᆺ ᄒᆞ더시다

齊(자)를 攝(섭)ᄒᆞ야 堂(당)의 升(승)ᄒᆞ실 제 躬(궁)을 鞠(국)ᄒᆞ시며 氣(긔)를 屛(병)ᄒᆞ야 息(식)디 아닛ᄂᆞᆫ돗 ᄒᆞ더시다

나 ᄒᆞᆫ 等(등)을 降(강)ᄒᆞ샨 顔色(안ᄉᆡᆨ)을 逞(령)ᄒᆞ샤 怡怡(이이)히 ᄒᆞ시며 階(계)를 沒(몰)ᄒᆞ샨 趨(추)호ᄆᆞᆯ 翼(익)돗 ᄒᆞ시며 그 位(위)예 復(복)ᄒᆞ샨 踧踖(츅쳑)히 ᄒᆞ더시다

240(10-5)

執圭, 鞠躬如也, 如不勝. 上如揖, 下如授. 勃如戰色, 足蹜蹜如有循. 享禮, 有容色. 私覿, 愉愉如也.

① 陶山本

圭(규)를 잡ᄋᆞ샤ᄃᆡ 躬(궁)을 鞠(국)돗 ᄒᆞ샤 이긔디 몯홀돗 ᄒᆞ시며 上(샹)으로 揖(읍)돗 ᄒᆞ시고 下(하)로 授(슈)톳 ᄒᆞ시며 勃(블)히 戰(젼)ᄒᆞᄂᆞᆫ 色(ᄉᆡᆨ) ᄀᆞᄐᆞ시며 足(죡)이 蹜蹜(츅츅)ᄒᆞ야 循(슌)홈이 인ᄂᆞᆫ돗 ᄒᆞ더시다

享(향)ᄒᆞᄂᆞᆫ 禮(례)예 容色(용ᄉᆡᆨ)이 겨시며

私(ᄉᆞ)로 覿(뎍)홈애 愉愉(유유)톳 ᄒᆞ더시다

② 栗谷本

圭(규)를 執(집)ᄒᆞ실ᄉᆡ 躬(궁)을 鞠(국)ᄒᆞ샤 勝(승)티 몯홀돗 ᄒᆞ시며 우흐로 揖(읍)ᄀᆞ티 ᄒᆞ시고 아래로ᄂᆞᆫ 授(슈)ᄀᆞ티 ᄒᆞ시며 勃(블)히 戰色(젼ᄉᆡᆨ)ᄀᆞ티 ᄒᆞ시며 足(죡)이 蹜蹜(츅츅)ᄒᆞ야 循(슌)호미 잇ᄂᆞᆫ돗 ᄒᆞ더시다

享禮(향례)예ᄂᆞᆫ 容色(용ᄉᆡᆨ)을 두시며

私覿(ᄉᆞ뎍)에ᄂᆞᆫ 愉愉(유유)히 ᄒᆞ더시다

241(10-6)

君子不以紺緅飾, 紅紫不以爲褻服. 當暑, 袗絺綌, 必表而出之. 緇衣, 羔裘; 素衣, 麑裘; 黃衣, 狐裘. 褻裘長, 短右袂. 必有寢衣, 長一身有半. 狐貉之厚以居. 去喪, 無所不佩. 非帷裳, 必殺之. 羔裘玄冠不以弔. 吉月, 必朝服而朝.

① 陶山本

君子(군ᄌᆞ)ᄂᆞᆫ 紺(감)과 緅(츄)로ᄡᅥ 飾(식)디 아니ᄒᆞ시며

紅(홍)과 紫(ᄌᆞ)로ᄡᅥ 褻服(셜복)도 ᄒᆞ디 아니ᄒᆞ더시다

暑(셔)를 當(당)ᄒᆞ샤 홋 絺(티)와 綌(격)을 반ᄃᆞ시 表(표)ᄒᆞ야 내더시다
검은 오샌 羔裘(고구)ㅣ오 흰 오샌 麑裘(예구)ㅣ오 누른 오샌 狐裘(호구)ㅣ러시다
褻裘(셜구)ᄂᆞᆫ 길게 호ᄃᆡ 올ᄒᆞᆫ ᄉᆞ매를 댜ᄅᆞ게 ᄒᆞ더시다
반ᄃᆞ시 寢衣(침의)를 두시니 기릐 一身(일신)이오 ᄯᅩ 半(반)이러라
狐貉(호락)의 두터온 거스로뻐 居(거)ᄒᆞ더시다
喪(상)을 去(거)ᄒᆞ샤ᄂᆞᆫ ᄎᆞ디 아니ᄒᆞᆯ 배 업더시다
帷裳(유샹)이 아니어든 반ᄃᆞ시 殺(쇄)ᄒᆞ더시다
羔裘(고구)와 玄冠(현관)으로뻐 弔(됴)티 아니ᄒᆞ더시다
吉月(길월)에 반ᄃᆞ시 朝服(됴복)ᄒᆞ고 朝(됴)ᄒᆞ더시다

② 栗谷本

君子(군ᄌᆞ)ᄂᆞᆫ 紺緅(감츄)로뻐 飾(식)디 아니ᄒᆞ시며
紅紫(홍ᄌᆞ)로뻐 褻服(셜복)도 삼디 아니ᄒᆞ더시다
暑(셔)를 當(당)ᄒᆞ야 袗(딘) 絺綌(티격)을 반ᄃᆞ시 表(표)ᄒᆞ야 出(츌)ᄒᆞ더시다
緇衣(츼의)예ᄂᆞᆫ 羔裘(고구)를 ᄒᆞ시고 素衣(소의)예ᄂᆞᆫ 麑裘(예구)를 ᄒᆞ시고 黃衣(황의)예ᄂᆞᆫ 狐裘(호구)를 ᄒᆞ더시다
褻裘(셜구)ᄂᆞᆫ 長(댱)호ᄃᆡ 右袂(우몌)를 短(단)히 ᄒᆞ더시다
반ᄃᆞ시 寢衣(침의)를 둣더시나 長(댱)이 ᄒᆞᆫ 몸이오 ᄯᅩ 半(반)이러라
狐貉(호락)의 厚(후)ᄒᆞᆫ 거스로뻐 居(거)ᄒᆞ더시다
喪(상)이 去(거)ᄒᆞ시고 佩(패)티 아날 배 업더시다
帷裳(유샹)이 아니어든 반ᄃᆞ시 殺(새)ᄒᆞ더시다
羔裘(고구)와 玄冠(현관)으로뻐 弔(됴)티 아니ᄒᆞ더시다
吉月(길월)에 반ᄃᆞ시 朝服(됴복)ᄒᆞ고 朝(됴)ᄒᆞ더시다

242(10-7)

齊，必有明衣，布．齊必變食，居必遷坐．

① 陶山本

齊(직)ᄒᆞ실 제 반ᄃᆞ시 明衣(명의)를 둣더시니 布(포)ㅣ러라
齊(직)ᄒᆞ실 제 반ᄃᆞ시 食(식)을 變(변)ᄒᆞ시며 居(거)홈을 반ᄃᆞ시 坐(좌)를 遷(천)ᄒᆞ더시다

② 栗谷本

齊(직)ᄒᆞ실 제 반ᄃᆞ시 明衣(명의)를 둣더시니 布(포)ㅣ러라
齊(직)ᄒᆞ실 제 반ᄃᆞ시 食(식)을 變(변)ᄒᆞ시며 居(거)ᄒᆞ시매 반ᄃᆞ시 坐(좌)를 遷(천)ᄒᆞ더시다

243(10-8)

食不厭精, 膾不厭細. 食饐而餲, 魚餒而肉敗, 不食. 色惡, 不食. 臭惡, 不食. 失飪, 不食. 不時, 不食. 割不正, 不食. 不得其醬, 不食. 肉雖多, 不使勝食氣. 唯酒無量, 不及亂. 沽酒市脯不食. 不撤薑食, 不多食. 祭於公, 不宿肉. 祭肉不出三日. 出三日, 不食之矣. 食不語, 寢不言. 雖疏食菜羹, 瓜祭, 必齊如也.

① 陶山本

食(ᄉᆞ)ᄂᆞᆫ 精(졍)홈을 厭(염)티 아니ᄒᆞ시며 膾(회)ᄂᆞᆫ 細(셰)홈을 厭(염)티 아니ᄒᆞ더시다

食(ᄉᆞ)ㅣ 饐(애)ᄒᆞ야 餲(애)ᄒᆞ니와 魚(어)ㅣ 餒(뢰)ᄒᆞ며 肉(슉)이 敗(패)ᄒᆞ니를 食(식)디 아니ᄒᆞ시며 色(ᄉᆡᆨ)이 惡(악)ᄒᆞ니를 食(식)디 아니ᄒᆞ시며 臭(취)ㅣ 惡(악)ᄒᆞ니를 食(식)디 아니ᄒᆞ시며 飪(심)을 失(실)ᄒᆞ엿거든 食(식)디 아니ᄒᆞ시며 時(시)ㅣ 아니어든 食(식)디 아니터시다

割(할)ᄒᆞᆫ 거시 正(졍)티 아니커든 食(식)디 아니ᄒᆞ시며 그 醬(쟝)을 得(득)디 몯ᄒᆞ야든 食(식)디 아니터시다

肉(슉)이 비록 하나 ᄒᆞ여곰 食氣(ᄉᆞ긔)를 勝(승)케 아니ᄒᆞ시며 오직 酒(쥬)ᄂᆞᆫ 量(량)업시 ᄒᆞ샤ᄃᆡ 亂(란)에 밋게 아니터시다

沽(고)ᄒᆞᆫ 酒(쥬)와 市(시)ᄒᆞᆫ 脯(포)를 食(식)디 아니ᄒᆞ시며

薑(강) 食(식)홈을 撤(텰)티 아니ᄒᆞ시며

해 食(식)디 아니터시다

公(공)애 祭(졔)ᄒᆞ심애 肉(슉)을 宿(슉)디 아니ᄒᆞ시며 祭肉(졔슉)은 三日(삼싈)에 出(츌)티 아니ᄒᆞ더시니 三日(삼싈)에 出(츌)ᄒᆞ면 食(식)디 몯ᄒᆞᆯ 꺼시니라

食(식)ᄒᆞ심애 語(어)티 아니ᄒᆞ시며 寢(침)ᄒᆞ심애 言(언)티 아니터시다

비록 疏食(소ᄉᆞ)와 菜羹(ᄎᆡᆼ)이라도 반ᄃᆞ시 祭(졔)ᄒᆞ샤ᄃᆡ 반ᄃᆞ시 齊(졔)ᄐᆞᆺ ᄒᆞ더시다

② 栗谷本

食(ᄉᆞ)ㅣ 精(졍)호믈 厭(염)티 아니ᄒᆞ시며 膾(회)ㅣ 細(셰)호믈 厭(염)티 아니ᄒᆞ더시다

食(ᄉᆞ)ㅣ 饐(에)ᄒᆞ야 餲(애)ᄒᆞᆫ 것과 魚(어)ㅣ 餒(뢰)ᄒᆞ며 肉(육)이 敗(패)ᄒᆞᆫ 거ᄉᆞᆯ 食(식)디 아니ᄒᆞ시며 色(ᄉᆡᆨ)이 惡(악)거든 食(식)디 아니ᄒᆞ시며 臭(취)ㅣ 惡(악)거든 食(식)디 아니ᄒᆞ시며 飪(임)을 失(실)ᄒᆞ야든 食(식)디 아니ᄒᆞ시며 時(시)ㅣ 아니어든 食(식)디 아니ᄒᆞ더시다

割(할)호미 正(졍)티 아니커든 食(식)디 아니ᄒᆞ시며 그 醬(쟝)을 得(득)디 몯ᄒᆞ야든 食(식)디 아니ᄒᆞ더시다

肉(육)이 비록 多(다)ᄒᆞ나 ᄒᆞ여곰 食氣(ᄉᆞ긔)를 勝(승)케 아니ᄒᆞ시며 오직 酒(쥬)ᄂᆞᆫ 量(량)업시 ᄒᆞ샤ᄃᆡ 亂(란)의 及(급)디 아니케ᄒᆞ더시다

沽(고)흔 酒(쥬)와 市(시)흔 脯(포)를 食(식)디 아니흐더시다
薑(강) 食(식)을 撤(텰)티 아니흐더시다
해 食(식)디 아니흐더시다
公(공)애 가 祭(졔)흐시고 肉(육)을 宿(슉)디 아니흐시며 祭肉(졔육)을 三日(삼일) 나디 아니케 흐더시니 三日(삼일) 곳 나면 먹디 몯흐느니라
食(식)흐실 제 語(어)티 아니흐시며 寢(침)흐실 제 言(언)티 아니흐더시다
비록 蔬食(소스)와 菜羹(칙깅)이라도 반드시 祭(졔)흐샤듸 반드시 齊(졔)히 흐더시다

244(10-9)

席不正, 不坐.

① 陶山本

席(셕)이 正(졍)티 아니커든 坐(좌)티 아니터시다

② 栗谷本

돗기 正(졍)티 아니커든 坐(좌)티 아니흐더시다

245(10-10)

鄕人飮酒, 杖者出, 斯出矣. 鄕人儺, 朝服而立於阼階.

① 陶山本

鄕人(향신)이 酒(쥬)를 飮(음)홈애 杖(댱)흔 者(쟈) ㅣ 出(츌)흐거든 이예 出(츌)흐더시다
鄕人(향신)이 儺(나)홈애 朝服(됴복)흐시고 阼階(조계)예 立(립)흐더시다

② 栗谷本

鄕人(향인)이 酒(쥬)를 飮(음)홀 제 杖(댱)흔 者(쟈) ㅣ 나거든 이예 나더시다
鄕人(향인)이 儺(나)흐거든 朝服(됴복)흐고 阼階(조계)예 셔더시다

246(10-11)

問人於他邦, 再拜而送之. 康子饋藥, 拜而受之. 曰:「丘未達, 不敢嘗.」

① 陶山本

사름을 다른 나라희 무르실 시 再拜(직비)흐야 보내더시다

康子(강ᄌᆞ)ㅣ 藥(약)을 饋(궤)ᄒᆞ야늘 拜(빅)ᄒᆞ고 受(슈)ᄒᆞ샤 ᄀᆞᆯᄋᆞ샤ᄃᆡ 丘(구)ㅣ 達(달)티 몯ᄒᆞᆫ 디라 敢(감)히 嘗(샹)티 몯ᄒᆞ노라 ᄒᆞ시다

② 栗谷本

人(인)을 他邦(타방)의 問(문)ᄒᆞ 실 시 두 번 절ᄒᆞ야 보내더시다

康子(강ᄌᆞ)ㅣ 藥(약)을 饋(궤)ᄒᆞ야ᄂᆞᆯ 절ᄒᆞ야 바ᄃᆞ샤 ᄀᆞᄅᆞ샤ᄃᆡ 丘(구)ㅣ 達(달)티 몯ᄒᆞᄂᆞᆫ 디라 敢(감)히 嘗(샹)티 몯ᄒᆞ노라 ᄒᆞ더시다

247(10-12)

廏焚. 子退朝, 曰:「傷人乎?」不問馬.

① 陶山本

廏(구)ㅣ 焚(분)커늘 子(ᄌᆞ)ㅣ 朝(됴)로 退(퇴)ᄒᆞ샤 ᄀᆞᆯᄋᆞ샤ᄃᆡ 人(신)이 傷(샹)ᄒᆞ냐 ᄒᆞ시고 馬(마)를 묻디 아니ᄒᆞ시다

② 栗谷本

廏(구)ㅣ 焚(분)커ᄂᆞᆯ 子(ᄌᆞ)ㅣ 朝(됴)로 退(퇴)ᄒᆞ샤 ᄀᆞᄅᆞ샤ᄃᆡ 사ᄅᆞᆷ 傷(샹)ᄒᆞ냐 ᄒᆞ시고 ᄆᆞᆯ을 뭇디 아니ᄒᆞ더시다

248(10-13)

君賜食, 必正席先嘗之. 君賜腥, 必熟而薦之. 君賜生, 必畜之. 侍食於君, 君祭, 先飯. 疾, 君視之, 東首, 加朝服, 拖紳. 君命召, 不俟駕行矣.

① 陶山本

君(군)이 食(식)을 賜(ᄉᆞ)ᄒᆞ야시든 반ᄃᆞ시 席(셕)을 正(졍)히 ᄒᆞ고 몬져 嘗(샹)ᄒᆞ시고 君(군)이 腥(셩)을 賜(ᄉᆞ)ᄒᆞ야시든 반ᄃᆞ시 熟(슉)ᄒᆞ야 薦(쳔)ᄒᆞ시고 君(군)이 生(ᄉᆡᆼ)을 賜(ᄉᆞ)ᄒᆞ야시든 반ᄃᆞ시 畜(휵)ᄒᆞ더시다

君(군)ᄭᅴ 뫼셔 食(식)ᄒᆞ실 제 君(군)이 祭(졔)ᄒᆞ시거든 몬져 飯(반)ᄒᆞ더시다

疾(질)에 君(군)이 視(시)ᄒᆞ거시든 東(동)으로 首(슈)ᄒᆞ시고 朝服(됴복)을 加(가)ᄒᆞ시고 紳(신)을 拖(타)ᄒᆞ더시다

君(군)이 命(명)ᄒᆞ야 召(쇼)ᄒᆞ거시든 駕(가)를 俟(ᄉᆞ)티 아니ᄒᆞ시고 行(ᄒᆡᆼ)ᄒᆞ더시다

② 栗谷本

君(군)이 食(식)을 賜(ᄉᆞ)ᄒᆞ야시든 반ᄃᆞ시 席(셕)을 正(졍)코 몬져 嘗(샹)ᄒᆞ시고 君(군)이 腥(셩)을 賜(ᄉᆞ)ᄒᆞ야시든 반ᄃᆞ시 니겨 薦(쳔)ᄒᆞ시고 君(군)이 生(ᄉᆡᆼ)을 賜(ᄉᆞ)ᄒᆞ야시든

반드시 畜(휵)ᄒᆞ더시다
　君(군)ᄭᅴ 뫼셔 食(식)ᄒᆞ실 ᄉᆡ 君(군)이 祭(졔)ᄒᆞ시거든 몬져 飯(반)ᄒᆞ더시다
　疾(질)에 君(군)이 視(시)ᄒᆞ거시든 首(슈)를 東(동)으로 ᄒᆞ시고 朝服(됴복)을 加(가)ᄒᆞ고 紳(신)을 拖(타)ᄒᆞ더시다
　君(군)이 命(명)ᄒᆞ야 브르거시든 駕(가)를 俟(ᄉᆞ)티 아녀 行(ᄒᆡᆼ)ᄒᆞ더시다

249(10-14)

入大廟, 每事問.

① 陶山本 : 없음

② 栗谷本 : 없음

250(10-15)

朋友死, 無所歸, 曰:「於我殯.」朋友之饋, 雖車馬, 非祭肉, 不拜.

① 陶山本

朋友(붕우)ㅣ 死(ᄉᆞ)ᄒᆞ야 歸(귀)홀 ᄲᅢ 업거든 ᄀᆞᄅᆞ샤ᄃᆡ 내게 殯(빈)ᄒᆞ라 ᄒᆞ더시다
朋友(붕우)의 饋(궤)ᄂᆞᆫ 비록 車馬(거마)ㅣ라도 祭肉(졔슉)이 아니어든 拜(ᄇᆡ)티 아니ᄒᆞ더시다

② 栗谷本

朋友(붕우)ㅣ 死(ᄉᆞ)호매 歸(귀)홀 배 업거든 ᄀᆞᄅᆞ샤ᄃᆡ 내게 殯(빈)ᄒᆞ라 ᄒᆞ더시다
朋友(붕우)의 饋(궤)ᄂᆞᆫ 비록 車馬(거마)ㅣ라도 祭肉(졔육) 곳 아니면 拜(ᄇᆡ)티 아니ᄒᆞ더시다

251(10-16)

寢不尸, 居不容. 見齊衰者, 雖狎, 必變. 見冕者與瞽者, 雖褻, 必以貌. 凶服者式之. 式負版者. 有盛饌, 必變色而作. 迅雷風烈必變.

① 陶山本

寢(침)홈애 尸(시)티 아니ᄒᆞ시며 居(거)홈애 容(용)티 아니터시다
齊衰(ᄌᆡ최)ᄒᆞᆫ 者(쟈)를 보시고 비록 狎(압)ᄒᆞ나 반ᄃᆞ시 變(변)ᄒᆞ시며 冕(면)ᄒᆞᆫ 者(쟈)와 다뭇 瞽(고)ᄒᆞᆫ 者(쟈)를 보시고 비록 褻(셜)ᄒᆞ나 반ᄃᆞ시 ᄡᅥ 貌(모)ᄒᆞ더시다

凶服(흉복)흔 者(쟈)를 式(식)ᄒᆞ시며 版(판) 負(부)흔 者(쟈)를 式(식)ᄒᆞ더시다
盛(셩)흔 饌(찬)이 잇거든 반ᄃᆞ시 色(ᄉᆡᆨ)을 變(변)ᄒᆞ시고 作(작)ᄒᆞ더시다
迅(신)흔 雷(뢰)와 風(풍)이 烈(렬)홈애 반ᄃᆞ시 變(변)ᄒᆞ더시다

② 栗谷本

寢(침)ᄒᆞ실 제 尸(시)티 아니ᄒᆞ시며 居(거)ᄒᆞ실 제 容(용)티 아니ᄒᆞ더시다
齊衰(ᄌᆞ최)흔 者(쟈)를 보시고 비록 狎(압)ᄒᆞ나 반ᄃᆞ시 變(변)ᄒᆞ시며 冕(면)흔 者(쟈)와 다ᄆᆞᆺ 瞽者(고쟈)를 보시고 비록 褻(셜)ᄒᆞ나 반ᄃᆞ시 ᄡᅧ 貌(모)ᄒᆞ더시다
凶服(흉복)흔 者(쟈)를 式(식)ᄒᆞ시며 版(판)을 負(부)흔 者(쟈)를 式(식)ᄒᆞ더시다
盛饌(셩찬)이 잇거든 반ᄃᆞ시 色(ᄉᆡᆨ)을 變(변)ᄒᆞ고 作(작)ᄒᆞ더시다
迅(신)흔 雷(뢰)와 風(풍)이 烈(렬)흔 제 반ᄃᆞ시 變(변)ᄒᆞ더시다

252(10-17)

升車, 必正立, 執綏. 車中, 不內顧, 不疾言, 不親指.

① 陶山本

車(거)에 升(승)ᄒᆞ샤 반ᄃᆞ시 正(졍)히 立(립)ᄒᆞ샤 綏(유)를 執(집)ᄒᆞ더시다
車中(거듕)애 內顧(ᄂᆡ고)티 아니ᄒᆞ시며 疾(질)히 言(언)티 아니ᄒᆞ시며 親(친)히 指(지)티 아니터시다

② 栗谷本

車(거)의 升(승)ᄒᆞ실 제 반ᄃᆞ시 正(졍)히 立(립)ᄒᆞ야 綏(유)를 執(집)ᄒᆞ더시다
車中(거듕)에 內顧(ᄂᆡ고)티 아니ᄒᆞ시며 疾言(질언)티 아니ᄒᆞ시며 親(친)히 指(지)티 아니ᄒᆞ더시다

253(10-18)

色斯擧矣, 翔而後集. 曰:「山梁雌雉, 時哉時哉!」子路共之, 三嗅而作.

① 陶山本

色(ᄉᆡᆨ)ᄒᆞ고 이에 擧(거)ᄒᆞ야 翔(샹)흔 後(후)에 集(집)ᄒᆞᄂᆞ니라
ᄀᆞᆯᄋᆞ샤ᄃᆡ 山梁(산량)엣 雌雉(ᄌᆞ티)ㅣ 時(시)ㄴ뎌 時(시)ㄴ뎌 子路(ᄌᆞ로)ㅣ 共(공)흔대 세 번 嗅(후)ᄒᆞ시고 作(작)ᄒᆞ시다

② 栗谷本

色(ᄉᆡᆨ)애 擧(거)ᄒᆞ고 翔(샹)흔 後(후)에 集(집)ᄒᆞᄂᆞ니라

ᄀᆞᄅᆞ샤ᄃᆡ 山梁(산량)의 雌雉(ᄌᆞ티) ㅣ 時(시)ㄴ뎌 時(시)ㄴ뎌 ᄒᆞ야시ᄂᆞᆯ 子路(ᄌᆞ로) ㅣ 共(공)ᄒᆞᆫ대 세 번 嗅(후)ᄒᆞ시고 作(작)ᄒᆞ시다

第十一〈先進〉

254(11-1)

子曰:「先進於禮樂, 野人也; 後進於禮樂, 君子也. 如用之, 則吾從先進.」

① 陶山本

子(ᄌᆞ)ㅣ 갈ᄋᆞ샤ᄃᆡ 先進(션진)이 禮(례)와 樂(악)애 野人(야신)이오 後進(후진)이 禮(례)와 □□□□ 君子(군ᄌᆞ)ㅣ라 ᄒᆞᄂᆞ니□
만일 用(용)ᄒᆞ□(이하 落張)

② 栗谷本

子(ᄌᆞ)ㅣ ᄀᆞᄅᆞ샤ᄃᆡ 先進(션진)은 禮樂(례악)애 野人(야인)이오 後進(후진)은 禮樂(례악)애 君子(군ᄌᆞ)ㅣ라 ᄒᆞᄂᆞ니
만일 쓰면 나는 先進(션진)을 조초리라

255(11-2)

子曰:「從我於陳·蔡者, 皆不及門也.」德行: 顏淵, 閔子騫, 冉伯牛, 仲弓. 言語: 宰我, 子貢. 政事: 冉有, 季路. 文學: 子游, 子夏.

① 陶山本

子(ᄌᆞ)ㅣ 갈ᄋᆞ샤ᄃᆡ 나를 陳(딘)□□□□□ ᄒᆞ얏던 者(쟈)ㅣ 다 門(문)에 밋디 아니 ᄒᆞ엿도다
德行(덕ᄒᆡᆼ)애는 顏淵(안연)과 閔子騫(민ᄌᆞ건)과 冉伯牛(셤ᄇᆡᆨ우)와 仲弓(듕궁)이오 言語(언어)애는 宰我(ᄌᆡ아)와 子貢(ᄌᆞ공)이오 政事(졍ᄉᆞ)애는 冉有(셤유)와 季路(계로)ㅣ오 文學(문ᄒᆞᆨ)애는 子游(ᄌᆞ유)와 子夏(ᄌᆞ하)ㅣ니라

② 栗谷本

子(ᄌᆞ)ㅣ ᄀᆞᄅᆞ샤ᄃᆡ 나를 陳蔡(딘채)예 가 조찻던 者(쟈)ㅣ 다 門(문)의 及(급)디 아녓도다
德行(덕ᄒᆡᆼ)은 顏淵(안연)과 閔子騫(민ᄌᆞ건)과 冉伯牛(염ᄇᆡᆨ우)와 仲弓(듕궁)이오 言語(언어)ᄂᆞᆫ 宰我(ᄌᆡ아)와 子貢(ᄌᆞ공)이오 政事(졍ᄉᆞ)ᄂᆞᆫ 冉有(염유)와 季路(계로)ㅣ오 文學(문ᄒᆞᆨ)ᄂᆞᆫ 子游(ᄌᆞ유)와 子夏(ᄌᆞ하)ㅣ니라

256(11-3)

子曰:「回也非助我者也, 於吾言無所不說.」

① 陶山本

子(ᄌᆞ)ㅣ ᄀᆞᆯᄋᆞ샤ᄃᆡ 回(회)ᄂᆞᆫ 나를 돕ᄂᆞᆫ 者(쟈)ㅣ 아니로다 내 말애 說(열)티 아닐 빼 업곤□

② 栗谷本

子(ᄌᆞ)ㅣ ᄀᆞᄅᆞ샤ᄃᆡ 回(회)ᄂᆞᆫ 날을 助(조)ᄒᆞᄂᆞᆫ 者(쟈)ㅣ 아니로다 내 말애 說(열)티 아닐 배 업고녀

257(11-4)

子曰:「孝哉, 閔子騫! 人不間於其父母昆弟之言.」

① 陶山本

子(ᄌᆞ)ㅣ ᄀᆞᆯᄋᆞ샤ᄃᆡ 孝(효)ᄒᆞ다 閔子騫(민ᄌᆞ건)이여 사ᄅᆞᆷ이 그 父母(부모)와 昆弟(곤뎨)의 말애 間(간)티 몯ᄒᆞᄂᆞ다

② 栗谷本

子(ᄌᆞ)ㅣ ᄀᆞᄅᆞ샤ᄃᆡ 孝(효)ᄒᆞ다 閔子騫(민ᄌᆞ건)이여 人(인)이 그 父母(부모) 昆弟(곤뎨)의 말에 間(간)티 몯ᄒᆞᄂᆞ다

258(11-5)

南容三復白圭, 孔子以其兄之子妻之.

① 陶山本

南容(남용)이 白圭(ᄇᆡᆨ규)를 세 번 復(복)ᄒᆞ거늘 孔子(공ᄌᆞ)ㅣ 그 兄(형)의 子(ᄌᆞ)로ᄡᅧ 妻(쳐)ᄒᆞ시다

② 栗谷本

南容(남용)이 세 번 白圭(ᄇᆡᆨ규)를 復(복)ᄒᆞ거ᄂᆞᆯ 孔子(공ᄌᆞ)ㅣ 그 兄(형)의 子(ᄌᆞ)로ᄡᅧ 妻(쳐)ᄒᆞ시다

259(11-6)

季康子問:「弟子孰爲好學?」孔子對曰:「有顔回者好學, 不幸短命死矣, 今也則亡.」

① 陶山本

季康子(계강ᄌᆞ)ㅣ 묻ᄌᆞ오ᄃᆡ 弟子(뎨ᄌᆞ)ㅣ 뉘 學(ᄒᆞᆨ)을 好(호)ᄒᆞᄂᆞ닝잇고 孔子(공ᄌᆞ)ㅣ 對(ᄃᆡ)ᄒᆞ야 ᄀᆞᆯᄋᆞ샤ᄃᆡ 顔回(안회)라 ᄒᆞ리 이셔 學(ᄒᆞᆨ)을 好(호)ᄒᆞ더니 幸(ᄒᆡᆼ)티 몯ᄒᆞ야 命(명)이 短(단)ᄒᆞ야 죽은 디라 이제ᄂᆞᆫ 업스니라

② 栗谷本

季康子(계강ᄌᆞ)ㅣ 問(문)호ᄃᆡ 弟子(뎨ᄌᆞ)ㅣ 뉘 學(ᄒᆞᆨ)을 好(호)ᄒᆞᄂᆞ니잇고 孔子(공ᄌᆞ)ㅣ 對(ᄃᆡ)ᄒᆞ야 ᄀᆞᄅᆞ샤ᄃᆡ 顔回(안회)라 ᄒᆞᄂᆞᆫ 者(쟈)ㅣ 이셔 學(ᄒᆞᆨ)을 好(호)ᄒᆞ더니 幸(ᄒᆡᆼ)티 몯ᄒᆞ야 命(명)이 短(단)ᄒᆞ야 주근 디라 이제ᄂᆞᆫ 업스니라

260(11-7)

顔淵死, 顔路請子之車以爲之椁. 子曰:「才不才, 亦各言其子也. 鯉也死, 有棺而無椁. 吾不徒行以爲之椁. 以吾從大夫之後, 不可徒行也.」

① 陶山本

顔淵(안연)이 죽거늘 顔路(안로)ㅣ 子(ᄌᆞ)의 車(거)를 請(쳥)ᄒᆞ야 ᄡᅧ 椁(곽)을 ᄒᆞ여징이다 ᄒᆞᆫ대

子(ᄌᆞ)ㅣ ᄀᆞᆯᄋᆞ샤ᄃᆡ 才(ᄌᆡ)ᄒᆞ며 才(ᄌᆡ)티 몯홈애 ᄯᅩᄒᆞᆫ 각각 그 子(ᄌᆞ)ㅣ라 니를 꺼시니 鯉(리)ㅣ 죽거늘 棺(관)이 잇고 椁(곽)을 업시호니 내 徒行(도ᄒᆡᆼ)ᄒᆞ야 ᄡᅧ 椁(곽)을 ᄒᆞ디 아니홈은 내 태우의 後(후)에 從(죵)ᄒᆞ논 디라 可(가)히 徒行(도ᄒᆡᆼ)티 몯호모로ᄡᅦ니라

② 栗谷本

顔淵(안연)이 死(ᄉᆞ)커ᄂᆞᆯ 顔路(안로)ㅣ 子(ᄌᆞ)의 車(거)ᄅᆞᆯ 請(쳥)ᄒᆞ야 ᄡᅧ 槨(곽)을 호려 ᄒᆞᆫ대

子(ᄌᆞ)ㅣ ᄀᆞᄅᆞ샤ᄃᆡ 才(ᄌᆡ)와 不才(블ᄌᆡ)예 ᄯᅩᄒᆞᆫ 각각 그 子(ᄌᆞ)ㅣ라 니ᄅᆞᆯ 디니 鯉(리)ㅣ 죽거ᄂᆞᆯ 棺(관)을 두고 槨(곽)을 업시호니 내 徒行(도ᄒᆡᆼ)ᄒᆞ야 ᄡᅧ 槨(곽)을 ᄒᆞ디 아니호ᄆᆞᆫ 내 大夫(대부)의 後(후)ᄅᆞᆯ 從(죵)호ᄆᆞᆯ ᄡᅦ라 可(가)히 徒行(도ᄒᆡᆼ)티 몯ᄒᆞᆯ ᄉᆡ니라

261(11-8)

顔淵死. 子曰:「噫! 天喪予! 天喪予!」

① 陶山本

顔淵(안연)이 죽거늘 子(ᄌᆞ)ㅣ ᄀᆞᆯᄋᆞ샤ᄃᆡ 噫(희)라 하ᄂᆞᆯ히 나ᄅᆞᆯ 喪(상)ᄒᆞ샷다 하ᄂᆞᆯ히 나ᄅᆞᆯ 喪(상)ᄒᆞ샷다

② 栗谷本

顔淵(안연)이 死(ᄉᆞ)커ᄂᆞᆯ 子(ᄌᆞ)ㅣ ᄀᆞᄅᆞ샤ᄃᆡ 噫(희)라 天(텬)이 날을 喪(상)ᄒᆞ샷다 天(텬)이 날을 喪(상)ᄒᆞ샷다

262(11-9)

顔淵死, 子哭之慟. 從者曰:「子慟矣.」曰:「有慟乎? 非夫人之爲慟而誰爲?」

① 陶山本

顔淵(안연)이 죽거늘 子(ᄌᆞ)ㅣ 哭(곡)ᄒᆞ심을 慟(통)ᄒᆞ신대 從(죵)ᄒᆞᆫ 者(쟈)ㅣ ᄀᆞᆯᄋᆞᄃᆡ 子(ᄌᆞ)ㅣ 慟(통)ᄒᆞ샤소이다

ᄀᆞᆯᄋᆞ샤ᄃᆡ 慟(통)홈이 인ᄂᆞ냐

夫(부) 人(신)을 爲(위)ᄒᆞ야 慟(통)티 아니코 누를 爲(위)ᄒᆞ야 ᄒᆞ리오

② 栗谷本

顔淵(안연)이 死(ᄉᆞ)커ᄂᆞᆯ 子(ᄌᆞ)ㅣ 哭(곡)호ᄆᆞᆯ 慟(통)히 ᄒᆞ신대 從者(죵쟈)ㅣ ᄀᆞᆯᄋᆞᄃᆡ 子(ᄌᆞ)ㅣ 慟(통)ᄒᆞ샤소이다

ᄀᆞᄅᆞ샤ᄃᆡ 慟(통)호미 잇ᄂᆞ냐

그 人(인)을 爲(위)ᄒᆞ야 慟(통)티 아니ᄒᆞ고 누ᄅᆞᆯ 爲(위)ᄒᆞ리오

263(11-10)

顔淵死, 門人欲厚葬之. 子曰:「不可.」門人厚葬之. 子曰:「回也視予猶父也, 予不得視猶子也. 非我也, 夫二三子也.」

① 陶山本

顔淵(안연)이 죽거늘 門人(문신)이 厚(후)히 葬(장)코져 ᄒᆞᆫ대 子(ᄌᆞ)ㅣ ᄀᆞᆯᄋᆞ샤ᄃᆡ 可(가)티

아니ᄒᆞ니라

門人(문ᄉᆡᆫ)이 厚(후)히 葬(장)ᄒᆞᆫ대

子(ᄌᆞ)ㅣ ᄀᆞᆯᄋᆞ샤ᄃᆡ 回(회)ᄂᆞᆫ 나를 봄을 父(부)ᄀᆞ티 ᄒᆞ거늘 나ᄂᆞᆫ 시러곰 봄을 子(ᄌᆞ)ᄀᆞ티 몯호니 내 아니라 二三子(ᅀᅵ삼ᄌᆞ)ㅣ니라

② 栗谷本

顔淵(안연)이 死(ᄉᆞ)커ᄂᆞᆯ 門人(문인)이 厚葬(후장)코져 ᄒᆞᆫ대 子(ᄌᆞ)ㅣ ᄀᆞᄅᆞ샤ᄃᆡ 可(가)티 아니타 ᄒᆞ더시다

門人(문인)이 厚(후)히 葬(장)ᄒᆞᆫ대

子(ᄌᆞ)ㅣ ᄀᆞᄅᆞ샤ᄃᆡ 回(회)ᄂᆞᆫ 날 보기를 父(부)ᄀᆞ티 ᄒᆞ더니 나ᄂᆞᆫ 시러곰 보믈 子(ᄌᆞ)ᄀᆞ티 몯호니 내 아니라 二三子(이삼ᄌᆞ)ㅣ니라

264(11-11)

季路問事鬼神. 子曰:「未能事人, 焉能事鬼?」曰:「敢問死.」曰:「未知生, 焉知死?」

① 陶山本

季路(계로)ㅣ 鬼神(귀신) 셤김을 묻ᄌᆞ온대 子(ᄌᆞ)ㅣ ᄀᆞᆯᄋᆞ샤ᄃᆡ 能(능)히 사ᄅᆞᆷ을 셤기디 몯ᄒᆞ면 엇디 能(능)히 鬼(귀)를 셤기리오 敢(감)히 死(ᄉᆞ)를 묻ᄌᆞᆸ노이다 ᄀᆞᆯᄋᆞ샤ᄃᆡ 生(ᄉᆡᆼ)을 아디 몯ᄒᆞ면 엇디 死(ᄉᆞ)를 알리오

② 栗谷本

季路(계로)ㅣ 鬼神(귀신) 事(ᄉᆞ)호믈 問(문)ᄒᆞᆫ대 子(ᄌᆞ)ㅣ ᄀᆞᄅᆞ샤ᄃᆡ 能(능)히 人(인)을 事(ᄉᆞ)티 몯ᄒᆞ면 엇디 能(능)히 鬼(귀)를 事(ᄉᆞ)ᄒᆞ리오 敢(감)히 死(ᄉᆞ)를 問(문)ᄒᆞ노이다 ᄀᆞᄅᆞ샤ᄃᆡ 生(ᄉᆡᆼ)을 아디 몯ᄒᆞ면 엇디 死(ᄉᆞ)를 알리오

265(11-12)

閔子侍側, 誾誾如也; 子路, 行行如也; 冉有·子貢, 侃侃如也. 子樂.「若由也, 不得其死然.」

① 陶山本

閔子(민ᄌᆞ)ᄂᆞᆫ 側(측)에 뫼셔심애 誾誾(은은)ᄐᆞᆺ ᄒᆞ고 子路(ᄌᆞ로)ᄂᆞᆫ 行行(항항)ᄐᆞᆺ ᄒᆞ고 冉有(셤유)와 子貢(ᄌᆞ공)은 侃侃(간간)ᄐᆞᆺ ᄒᆞ거늘 子(ᄌᆞ)ㅣ 樂(락)ᄒᆞ시다

由(유)ᄀᆞᄐᆞ니ᄂᆞᆫ 그 死(ᄉᆞ)를 得(득)디 몯ᄒᆞᆯᄃᆞᆺ ᄒᆞ도다

② 栗谷本

閔子(민ᄌᆞ)ᄂᆞᆫ 側(측)에 侍(시)ᄒᆞᆯ제 誾誾(은은)히 ᄒᆞ고 子路(ᄌᆞ로)ᄂᆞᆫ 行行(항항)히 ᄒᆞ고 冉有(염유) 子貢(ᄌᆞ공)은 侃侃(간간)히 ᄒᆞ거ᄂᆞᆯ 子(ᄌᆞ)ㅣ 樂(락)ᄒᆞ시다

由(유) ᄀᆞᆺᄐᆞ니ᄂᆞᆫ 그 死(ᄉᆞ)ᄅᆞᆯ 得(득)디 몯ᄒᆞᆯᄃᆞᆺ ᄒᆞ다

266(11-13)

魯人爲長府. 閔子騫曰:「仍舊貫, 如之何? 何必改作?」子曰:「夫人不言, 言必有中.」

① 陶山本

魯人(로신)이 長府(댱부)를 爲(위)ᄒᆞ더니

閔子騫(민ᄌᆞ건)이 ᄀᆞᆯ오ᄃᆡ 네 일을 인ᄒᆞᆷ이 엇더ᄒᆞ뇨 엇디 반ᄃᆞ시 고텨 作(작)ᄒᆞ리오

子(ᄌᆞ)ㅣ ᄀᆞᆯᄋᆞ샤ᄃᆡ 夫(부) 人(신)이 言(언)티 아닐 ᄲᅮᆫ이언뎡 言(언)ᄒᆞ면 반ᄃᆞ시 中(듕)ᄒᆞᆷ이 인ᄂᆞ니라

② 栗谷本

魯人(로인)이 長府(댱부)ᄅᆞᆯ ᄒᆞ거ᄂᆞᆯ

閔子騫(민ᄌᆞ건)이 ᄀᆞᆯ오ᄃᆡ 舊貫(구관)을 仍(잉)호ᄃᆡ 엇더ᄒᆞ관ᄃᆡ 엇디 구틔텨 곳텨 作(작)ᄒᆞᄂᆞᆫ고

子(ᄌᆞ)ㅣ ᄀᆞᄅᆞ샤ᄃᆡ 그 人(인)이 言(언)티 아닐 ᄲᅮᆫ이언뎡 言(언)ᄒᆞ면 반ᄃᆞ시 中(듕)호미 잇ᄂᆞ니라

267(11-14)

子曰:「由之瑟奚爲於丘之門?」門人不敬子路. 子曰:「由也升堂矣, 未入於室也.」

① 陶山本

子(ᄌᆞ)ㅣ ᄀᆞᆯᄋᆞ샤ᄃᆡ 由(유)의 瑟(슬)을 엇디 丘(구)의 門(문)에 ᄒᆞᄂᆞ뇨

門人(문신)이 子路(ᄌᆞ로)를 敬(경)티 아니ᄒᆞᆫ대 子(ᄌᆞ)ㅣ ᄀᆞᆯᄋᆞ샤ᄃᆡ 由(유)ᄂᆞᆫ 堂(당)의 올ᄋᆞ고 室(실)에 드디 몯ᄒᆞ연ᄂᆞ니라

② 栗谷本

子(ᄌᆞ)ㅣ ᄀᆞᄅᆞ샤ᄃᆡ 由(유)의 瑟(슬)을 엇디 丘(구)의 門(문)에셔 ᄒᆞᄂᆞᆫ고

門人(문인)이 子路(ᄌᆞ로)ᄅᆞᆯ 敬(경)티 아니ᄒᆞᆫ대 子(ᄌᆞ)ㅣ ᄀᆞᄅᆞ샤ᄃᆡ 由(유)ᄂᆞᆫ 堂(당)의

升(승)ᄒᆞ고 室(실)에 드디 몯홀 ᄲᅮᆫ이니라

268(11-15)

子貢問:「師與商也孰賢?」子曰:「師也過, 商也不及.」曰:「然則師愈與?」子曰:「過猶不及.」

① 陶山本

子貢(ᄌᆞ공)이 묻ᄌᆞ오ᄃᆡ 師(ᄉᆞ)와 다ᄆᆺ 商(샹)이 뉘 賢(현)ᄒᆞᄂᆡᆼ잇고 子(ᄌᆞ)ㅣ ᄀᆞᆯᄋᆞ샤ᄃᆡ 師(ᄉᆞ)ᄂᆞᆫ 넘고 商(샹)ᄋᆞᆫ 밋디 몯ᄒᆞᄂᆞ니라

ᄀᆞᆯ오ᄃᆡ 그러면 師(ᄉᆞ)ㅣ 나으ᄂᆡᆼ잇가

子(ᄌᆞ)ㅣ ᄀᆞᆯᄋᆞ샤ᄃᆡ 너믐이 밋디 몯홈과 ᄀᆞᄐᆞ니라

② 栗谷本

子貢(ᄌᆞ공)이 問(문)호ᄃᆡ 師(ᄉᆞ)와 다ᄆᆺ 商(샹)이 뉘 賢(현)ᄒᆞ니잇고 子(ᄌᆞ)ㅣ ᄀᆞᄅᆞ샤ᄃᆡ 師(ᄉᆞ)ᄂᆞᆫ 過(과)ᄒᆞ고 商(샹)ᄋᆞᆫ 及(급)디 몯ᄒᆞ니라

ᄀᆞᆯ오ᄃᆡ 그러면 師(ᄉᆞ)ㅣ 나ᄋᆞ니잇가

子(ᄌᆞ)ㅣ ᄀᆞᄅᆞ샤ᄃᆡ 過(과)ㅣ 不及(블급) ᄀᆞᆺᄐᆞ니라

269(11-16)

季氏富於周公, 而求也爲之聚斂而附益之. 子曰:「非吾徒也. 小子鳴鼓而攻之, 可也.」

① 陶山本

季氏(계시)ㅣ 周公(쥬공)에셔 가ᄋᆞᆷ열거늘 求(구)ㅣ 爲(위)ᄒᆞ야 聚斂(취렴)ᄒᆞ야 附益(부익)ᄒᆞᆫ대

子(ᄌᆞ)ㅣ ᄀᆞᆯᄋᆞ샤ᄃᆡ 우리 물이 아니로소니 小子(쇼ᄌᆞ)아 鼓(고)를 鳴(명)ᄒᆞ야 攻(공)홈이 可(가)ᄒᆞ니라

② 栗谷本 : 落帳(결)

270(11-17)

柴也愚, 參也魯, 師也辟, 由也喭.

① 陶山本
柴(싀)는 愚(우)ᄒᆞ고
參(솜)은 魯(로)ᄒᆞ고
師(ᄉᆞ)는 辟(벽)ᄒᆞ고
由(유)는 喭(언)ᄒᆞ니라

② 栗谷本 : 落帳(결)

271(11-18)

子曰:「回也其庶乎, 屢空. 賜不受命, 而貨殖焉, 億則屢中.」

① 陶山本
子(ᄌᆞ)ㅣ ᄀᆞᆯᄋᆞ샤ᄃᆡ 回(회)는 그 庶(셔)ᄒᆞ고 ᄌᆞ조 空(공)ᄒᆞ니라
賜(ᄉᆞ)는 命(명)을 受(슈)티 아니ᄒᆞ고 貨(화)를 殖(식)ᄒᆞ나 億(억)ᄒᆞ면 ᄌᆞ조 中(듕)ᄒᆞᄂᆞ니라

② 栗谷本: (앞 부분 落帳)
空(공)ᄒᆞᄂᆞ니라
賜(ᄉᆞ)는 命(명)을 受(슈)티 몯ᄒᆞ야 貨殖(화식)ᄒᆞ나 億(억)ᄒᆞ면 ᄌᆞ로 中(듕)ᄒᆞᄂᆞ니라

272(11-19)

子張問善人之道. 子曰:「不踐迹, 亦不入於室.」

① 陶山本
子張(ᄌᆞ댱)이 善人(션신)의 道(도)를 묻ᄌᆞ온대 子(ᄌᆞ)ㅣ ᄀᆞᆯᄋᆞ샤ᄃᆡ 迹(젹)을 踐(쳔)티 아니ᄒᆞ나 ᄯᅩᄒᆞᆫ 室(실)에 드디 몯ᄒᆞᄂᆞ니라

② 栗谷本
子張(ᄌᆞ댱)이 善人(션인)의 道(도)ᄅᆞᆯ 問(문)ᄒᆞᆫ대 子(ᄌᆞ)ㅣ ᄀᆞᄅᆞ샤ᄃᆡ 迹(젹)을 踐(쳔)티 아니ᄒᆞ나 ᄯᅩᄒᆞᆫ 室(실)의 드디 몯ᄒᆞ얏ᄂᆞ니라

273(11-20)

子曰:「論篤是與, 君子者乎? 色莊者乎?」

① 陶山本

子(ᄌᆞ)ㅣ ᄀᆞᆯᄋᆞ샤ᄃᆡ 論(론)이 篤(독)ᄒᆞ니를 이예 與(여)ᄒᆞ면 君子(군ᄌᆞ)ㄴ 者(쟈)가 色(ᄉᆡᆨ)이 莊(장)ᄒᆞᆫ 者(쟈)가

② 栗谷本

子(ᄌᆞ)ㅣ ᄀᆞᄅᆞ샤ᄃᆡ 論(론)이 篤(독)ᄒᆞ니ᄅᆞᆯ 이예 與(여)ᄒᆞᆯ 딘댄 君子(군ᄌᆞ)ㄴ 者(쟈)가 色(ᄉᆡᆨ)만 莊(장)ᄒᆞᆫ 者(쟈)가

274(11-21)

子路問:「聞斯行諸?」子曰:「有父兄在, 如之何其聞斯行之?」冉有問:「聞斯行諸?」子曰:「聞斯行之.」公西華曰:「由也問『聞斯行諸』, 子曰, 『有父兄在』; 求也問『聞斯行諸』, 子曰, 『聞斯行之』. 赤也惑, 敢問.」子曰:「求也退, 故進之; 由也兼人, 故退之.」

① 陶山本

子路(ᄌᆞ로)ㅣ 묻ᄌᆞ오ᄃᆡ 듣고 이예 行(ᄒᆡᆼ)ᄒᆞ리잇가 子(ᄌᆞ)ㅣ ᄀᆞᆯᄋᆞ샤ᄃᆡ 父兄(부형)이 이시니 엇디 그 듣고 이예 行(ᄒᆡᆼ)ᄒᆞ리오 冉有(셤유)ㅣ 묻ᄌᆞ오ᄃᆡ 듣고 이예 行(ᄒᆡᆼ)ᄒᆞ리잇가 子(ᄌᆞ)ㅣ ᄀᆞᆯᄋᆞ샤ᄃᆡ 듣고 이예 行(ᄒᆡᆼ)ᄒᆞᆯ 띠니라 公西華(공셔화)ㅣ ᄀᆞᆯ오ᄃᆡ 由(유)ㅣ 듣고 이예 行(ᄒᆡᆼ)ᄒᆞ리잇가 묻ᄌᆞ와ᄂᆞᆯ 子(ᄌᆞ)ㅣ ᄀᆞᆯᄋᆞ샤ᄃᆡ 父兄(부형)이 인ᄂᆞ니라 ᄒᆞ시고 求(구)ㅣ 듣고 이예 行(ᄒᆡᆼ)ᄒᆞ리잇가 묻ᄌᆞ와ᄂᆞᆯ 子(ᄌᆞ)ㅣ ᄀᆞᆯᄋᆞ샤ᄃᆡ 듣고 이예 行(ᄒᆡᆼ)ᄒᆞᆯ 꺼시라 ᄒᆞ시니 赤(젹)이 惑(혹)ᄒᆞ야 敢(감)히 몯ᄌᆞᆸ노이다 子(ᄌᆞ)ㅣ ᄀᆞᆯᄋᆞ샤ᄃᆡ 求(구)ᄂᆞᆫ 退(퇴)ᄒᆞᄂᆞᆫ 故(고)로 進(진)ᄒᆞ고 由(유)ᄂᆞᆫ 人(ᄉᆡᆫ)을 兼(겸)ᄒᆞᄂᆞᆫ 故(고)로 退(퇴)호라

② 栗谷本

子路(ᄌᆞ로)ㅣ 問(문)호ᄃᆡ 聞(문)ᄒᆞ야든 이에 行(ᄒᆡᆼ)ᄒᆞ리잇가 子(ᄌᆞ)ㅣ ᄀᆞᄅᆞ샤ᄃᆡ 父兄(부형)이 잇거니 엇디 그 聞(문)ᄒᆞ야든 이에 行(ᄒᆡᆼ)ᄒᆞ리오 冉有(염유)ㅣ 問(문)호ᄃᆡ 聞(문)ᄒᆞ야든 이에 行(ᄒᆡᆼ)ᄒᆞ리잇가 子(ᄌᆞ)ㅣ ᄀᆞᄅᆞ샤ᄃᆡ 聞(문)ᄒᆞ야든 이에 行(ᄒᆡᆼ)ᄒᆞᆯ 디니라 公西華(공셔화)ㅣ ᄀᆞᆯ오ᄃᆡ 由(유)ㅣ 問(문)호ᄃᆡ 聞(문)ᄒᆞ야든 이에 行(ᄒᆡᆼ)ᄒᆞ리잇가 ᄒᆞ야ᄂᆞᆯ 子(ᄌᆞ)ㅣ ᄀᆞᄅᆞ샤ᄃᆡ 父兄(부형)이 잇다 ᄒᆞ시고 求(구)ㅣ 問(문)호ᄃᆡ 聞(문)ᄒᆞ야든 이에 行(ᄒᆡᆼ)ᄒᆞ리잇가 ᄒᆞ야ᄂᆞᆯ 子(ᄌᆞ)ㅣ ᄀᆞᄅᆞ샤ᄃᆡ 聞(문)ᄒᆞ야든 이에 行(ᄒᆡᆼ)ᄒᆞᆯ 거시라 ᄒᆞ시니 赤(젹)이 惑(혹)ᄒᆞ야 敢(감)히 問(문)ᄒᆞ노이다 子(ᄌᆞ)ㅣ ᄀᆞᄅᆞ샤ᄃᆡ 求(구)ᄂᆞᆫ 退(퇴)ᄒᆞᄂᆞᆫ 故(고)로 進(진)ᄒᆞ고 由(유)ᄂᆞᆫ 人(인)을 兼(겸)ᄒᆞᄂᆞᆫ 故(고)로 退(퇴)호라

275(11-22)

子畏於匡, 顔淵後. 子曰:「吾以女爲死矣.」曰:「子在, 回何敢死?」

① 陶山本

子(ᄌᆞ)ㅣ 匡(광)에 畏(외)ᄒᆞ실 ᄉᆡ 顔淵(안연)이 後(후)ᄒᆞ얏더니 子(ᄌᆞ)ㅣ ᄀᆞᆯᄋᆞ샤ᄃᆡ 내 널로ᄡᅥ 死(ᄉᆞ)ᄒᆞ니라 호라 ᄀᆞᆯ오ᄃᆡ 子(ᄌᆞ)ㅣ 겨시거니 回(회)ㅣ 엇디 구틔여 死(ᄉᆞ)ᄒᆞ리잇고

② 栗谷本

子(ᄌᆞ)ㅣ 匡(광)에셔 畏(외)ᄒᆞ실 제 顔淵(안연)이 後(후)ᄒᆞ얏더니 子(ᄌᆞ)ㅣ ᄀᆞᄅᆞ샤ᄃᆡ 내 널로 ᄡᅦ 死(ᄉᆞ)ᄒᆞᆫ가 ᄒᆞ더니라 ᄀᆞᆯ오ᄃᆡ 子(ᄌᆞ)ㅣ 在(ᄌᆡ)커시든 回(회)ㅣ 엇디 敢(감)히 死(ᄉᆞ)ᄒᆞ리잇고

276(11-23)

季子然問:「仲由·冉求可謂大臣與?」子曰:「吾以子爲異之問, 曾由與求之問. 所謂大臣者, 以道事君, 不可則止. 今由與求也, 可謂具臣矣.」曰:「然則從之者與?」子曰:「弑父與君, 亦不從也.」

① 陶山本

季子然(계ᄌᆞ연)이 묻ᄌᆞ오ᄃᆡ 仲由(듕유)와 冉求(셤구)ᄂᆞᆫ 可(가)히 大臣(대신)이라 니ᄅᆞ리잇가

子(ᄌᆞ)ㅣ ᄀᆞᆯᄋᆞ샤ᄃᆡ 내 子(ᄌᆞ)로ᄡᅥ 異(이)를 무ᄅᆞ리라 ᄒᆞ다니 由(유)와 다ᄆᆞᆺ 求(구)를 묻놋다

닐운 밧 大臣(대신)은 道(도)로ᄡᅥ 님금을 셤기다가 可(가)티 아니커든 그치ᄂᆞ니

이제 由(유)와 다ᄆᆞᆺ 求(구)ᄂᆞᆫ 可(가)히 具臣(구신)이라 닐엄즉 ᄒᆞ니라

ᄀᆞᆯ오ᄃᆡ 그러면 從(죵)ᄒᆞᆯ 者(쟈)ㅣ니잇가

子(ᄌᆞ)ㅣ ᄀᆞᆯᄋᆞ샤ᄃᆡ 父(부)와 다ᄆᆞᆺ 君(군)을 弑(시)홈은 ᄯᅩᄒᆞᆫ 좃디 아니ᄒᆞ리라

② 栗谷本

季子然(계ᄌᆞ연)이 問(문)호ᄃᆡ 仲由(듕유)와 冉求(염구)ᄂᆞᆫ 可(가)히 大臣(대신)이라 니르리잇가

子(ᄌᆞ)ㅣ ᄀᆞᄅᆞ샤ᄃᆡ 내 子(ᄌᆞ)로ᄡᅥ 異(이)ᄒᆞᆫ 問(문)을 ᄒᆞᆯ가 ᄒᆞ더니 일즉 由(유)와 다ᄆᆞᆺ 求(구)ᄅᆞᆯ 問(문)코녀

닐온 밧 大臣(대신)이란 者(쟈)ᄂᆞᆫ 道(도)로ᄡᅥ 님금을 셤기다가 可(가)티 아니커든 止(지)ᄒᆞᄂᆞ니라

이제 由(유)와 다ᄆᆺ 求(구)ᄂᆞᆫ 可(가)히 具臣(구신)이라 닐ᄋᆞ리라
ᄀᆞᆯ오ᄃᆡ 그러면 從(죵)ᄒᆞᆯ 者(쟈)ㅣ니잇가
子(ᄌᆞ)ㅣ ᄀᆞᄅᆞ샤ᄃᆡ 父(부)와 다ᄆᆺ 君(군)을 弑(시)ᄒᆞ기ᄂᆞᆫ 또ᄒᆞᆫ 從(죵)티 아니리라

277(11-24)

子路使子羔爲費宰. 子曰:「賊夫人之子.」子路曰:「有民人焉, 有社稷焉, 何必讀書, 然後爲學?」子曰:「是故惡夫佞者.」

① 陶山本

子路(ᄌᆞ로)ㅣ 子羔(ᄌᆞ고)로 ᄒᆡ여곰 費宰(비ᄌᆡ)를 삼은대

子(ᄌᆞ)ㅣ ᄀᆞᆯᄋᆞ샤ᄃᆡ 人(ᅀᅵᆫ)의 子(ᄌᆞ)를 賊(적)홈이로다

子路(ᄌᆞ로)ㅣ ᄀᆞᆯ오ᄃᆡ 民人(민ᅀᅵᆫ)이 이시며 社稷(샤직)이 이시니 엇디 반ᄃᆞ시 書(셔)를 讀(독)ᄒᆞᆫ 然後(션후)에 學(ᄒᆞᆨ)을 ᄒᆞ리잇고

子(ᄌᆞ)ㅣ ᄀᆞᆯᄋᆞ샤ᄃᆡ 이런 故(고)로 佞(녕)ᄒᆞᆫ 者(쟈)를 惡(오)ᄒᆞ노라

② 栗谷本

子路(ᄌᆞ로)ㅣ 子羔(ᄌᆞ고)로 ᄒᆞ여곰 費宰(비ᄌᆡ)ᄅᆞᆯ ᄒᆡ여ᄂᆞᆯ

子(ᄌᆞ)ㅣ ᄀᆞᄅᆞ샤ᄃᆡ 人(인)의 子(ᄌᆞ)ᄅᆞᆯ 賊(적)ᄒᆞᄂᆞᆺ다

子路(ᄌᆞ로)ㅣ ᄀᆞᆯ오ᄃᆡ 民人(민인)이 이시며 社稷(샤직)이 이시니 엇디 구틔여 書(셔)ᄅᆞᆯ 讀(독)ᄒᆞᆫ 後(후)에 學(ᄒᆞᆨ)이라 ᄒᆞ리잇고

子(ᄌᆞ)ㅣ ᄀᆞᄅᆞ샤ᄃᆡ 이런 故(고)로 佞者(녕쟈)ᄅᆞᆯ 아쳐ᄒᆞ노라

278(11-25)

子路·曾晳·冉有·公西華侍坐. 子曰:「以吾一日長乎爾, 毋吾以也. 居則曰:『不吾知也!』如或知爾, 則何以哉?」子路率爾而對曰:「千乘之國, 攝乎大國之間, 加之以師旅, 因之以饑饉; 由也爲之, 比及三年, 可使有勇, 且知方也.」夫子哂之.「求! 爾何如?」對曰:「方六七十, 如五六十, 求也爲之, 比及三年, 可使足民. 如其禮樂, 以俟君子.」「赤! 爾何如?」對曰:「非曰能之, 願學焉. 宗廟之事, 如會同, 端章甫, 願爲小相焉.」「點! 爾何如?」鼓瑟希, 鏗爾, 舍瑟而作, 對曰:「異乎三子者之撰.」子曰:「何傷乎? 亦各言其志也.」曰:「莫春者, 春服旣成, 冠者五六人，童子六七人，浴乎沂，風乎舞雩，詠而歸.」夫子喟然歎曰:「吾與點也!」三子者出，曾皙後. 曾皙曰:「夫三子者之言何如?」子曰:「亦各言其志也已矣.」曰:「夫子何哂由也?」曰:「爲國以禮，其言不讓，是故哂之.」「唯求則非邦也與?」「安見方六七十如五六十而非邦也者?」「唯赤則非邦也與?」「宗廟會同，非諸侯而何? 赤也爲之小，孰能爲之大?」

① 陶山本

子路(ᄌᆞ로)와 曾皙(증셕)과 冉有(셤유)와 公西華(공셔화)ㅣ 뫼셔 안잣더니

子(ᄌᆞ)ㅣ ᄀᆞᆯᄋᆞ샤ᄃᆡ 날로ᄡᅧ ᄒᆞᆫ 날이 네게 長(댱)ᄒᆞ다 ᄒᆞ나 날로ᄡᅧ 말라

居(거)ᄒᆞ야셔ᄂᆞᆫ ᄀᆞᆯ오ᄃᆡ 나를 아디 몯ᄒᆞᆫ다 ᄒᆞᄂᆞ니 만일 或(혹) 너를 알면 곧 엇디 ᄡᅧ ᄒᆞ료

子路(ᄌᆞ로)ㅣ 率爾(솔ᅀᅵ)히 對(ᄃᆡ)ᄒᆞ야 ᄀᆞᆯ오ᄃᆡ 千乘(쳔승)ㅅ 나라히 大國(대국) ᄉᆞ이예 攝(셥)ᄒᆞ야 師旅(ᄉᆞ려)로ᄡᅧ 加(가)ᄒᆞ고 饑饉(긔근)으로ᄡᅧ 因(인)ᄒᆞ얏거든 由(유)ㅣ ᄒᆞ면 三年(삼년)에 미츰애 다ᄃᆞ라 可(가)히 ᄒᆡ여곰 勇(용)이 잇고 ᄯᅩ 方(방)을 알게 호리이다 夫子(부ᄌᆞ)ㅣ 哂(신)ᄒᆞ시다

求(구)아 너ᄂᆞᆫ 엇디료 對(ᄃᆡ)ᄒᆞ야 ᄀᆞᆯᄋᆞᄃᆡ 方(방)이 六七十(륙칠십)과 혹 五六十(오륙십)에 求(구)ㅣ ᄒᆞ면 三年(삼년)을 미츰애 다ᄃᆞ라 可(가)히 ᄒᆡ여곰 民(민)을 足(죡)게 ᄒᆞ려니와 만일 그 禮(례)와 樂(악)애ᄂᆞᆫ ᄡᅧ 君子(군ᄌᆞ)를 俟(ᄉᆞ)호리이다

赤(젹)아 너ᄂᆞᆫ 엇디료 對(ᄃᆡ)ᄒᆞ야 ᄀᆞᆯ오ᄃᆡ 能(능)ᄒᆞ노라 닐ᄋᆞᄂᆞᆫ 줄이 아니라 學(ᄒᆞᆨ)홈을 願(원)ᄒᆞ노이다 宗廟(종묘)앳 일와 혹 會同(회동)애 端(단)과 章甫(쟝보)로 小相(쇼샹)이 되욤을 願(원)ᄒᆞ노이다

點(뎜)아 너ᄂᆞᆫ 엇디료 瑟(슬) 鼓(고)홈이 希(희)ᄒᆞ얏더니 鏗(깅)히 瑟(슬)을 舍(샤)ᄒᆞ고 닐어 對(ᄃᆡ)ᄒᆞ야 ᄀᆞᆯ오ᄃᆡ 三子者(삼ᄌᆞ쟈)의 撰(션)에셔 달오이다 子(ᄌᆞ)ㅣ ᄀᆞᆯᄋᆞ샤ᄃᆡ 므서시 傷(샹)ᄒᆞ리오 ᄯᅩᄒᆞᆫ 각각 그 ᄠᅳᆮ을 닐올 디니라 ᄀᆞᆯ오ᄃᆡ 莫春(모츈)에 봄오시 이믜 일거든 冠(관)ᄒᆞᆫ 者(쟈) 五六人(오륙신)과 童子(동ᄌᆞ) 六七人(륙칠신)으로 沂(긔)예 浴(욕)ᄒᆞ야 舞雩(무우)에 風(풍)ᄒᆞ야 詠(영)ᄒᆞ고 歸(귀)호리이다 夫子(부ᄌᆞ)ㅣ 喟然(위연)히 嘆(탄)ᄒᆞ야 ᄀᆞᆯᄋᆞ샤ᄃᆡ 내 點(뎜)을 與(여)ᄒᆞ노라

三子(삼ᄌᆞ)ㅣ 出(츌)커늘 曾皙(증셕)이 後(후)ᄒᆞ얏더니 曾皙(증셕)이 ᄀᆞᆯ오ᄃᆡ 三子(삼ᄌᆞ)의 말이 엇더ᄒᆞ니잇고 子(ᄌᆞ)ㅣ ᄀᆞᆯᄋᆞ샤ᄃᆡ ᄯᅩ한 각각 그 ᄠᅳᆮ을 니를 ᄯᆞᄅᆞᆷ이니라 ᄀᆞᆯ오ᄃᆡ 夫子(부ᄌᆞ)ㅣ 엇디 由(유)를 哂(신)ᄒᆞ시니잇고

ᄀᆞᆯᄋᆞ샤ᄃᆡ 나라ᄒᆞᆯ 홈이 禮(례)로ᄡᅧ ᄒᆞ거늘 그 말이 ᄉᆞ양티 아닌 디라 이런 故(고)로 哂(신)호라

오직 求(구)ᄂᆞᆫ 나라히 아니니잇가 어ᄃᆡ 方(방)이 六七十(륙칠십)과 혹 五六十(오륙십)이오 나라히 아닌 者(쟈)를 보리오

오직 赤(젹)은 나라히 아니니잇가 宗廟(종묘)와 會同(회동)이 諸侯(져후)ㅣ 아니오 므섯고 赤(젹)이 小(쇼)ㅣ 되면 뉘 能(능)히 大(대)ㅣ 되리오

② 栗谷本

子路(ᄌᆞ로)와 曾晳(증셕)과 冉有(염유)와 公西華(공셔화)ㅣ 뫼셔 안잣더니

子(ᄌᆞ)ㅣ ᄀᆞᄅᆞ샤ᄃᆡ ᄡᅥ 내 ᄒᆞᆯ리나 네게 長(댱)ᄒᆞ나 날로 以(이)티 말라

居(거)ᄒᆞᆯ 제ᄂᆞᆫ ᄀᆞᆯ오ᄃᆡ 나ᄅᆞᆯ 아디 몯ᄒᆞᆫ다 ᄒᆞᄂᆞ니 만일 或(혹) 너ᄅᆞᆯ 알면 엇디 ᄡᅳ료

子路(ᄌᆞ로)ㅣ 率爾(솔이)히 對(ᄃᆡ)ᄒᆞ야 ᄀᆞᆯ오ᄃᆡ 千乘(쳔승) 나라히 大國(대국) ᄌᆞ음에 攝(셥)ᄒᆞ이여 師旅(ᄉᆞ려)로ᄡᅥ 加(가)ᄒᆞ며 饑饉(긔근)으로ᄡᅥ 因(인)ᄒᆞ거든 由(유)ㅣ ᄒᆞ면 三年(삼년)의 다ᄃᆞ라 可(가)히 ᄒᆞ여곰 勇(용)이 이시며 ᄯᅩᄒᆞᆫ 方(방)을 알게 호리이다 夫子(부ᄌᆞ)ㅣ 哂(신)ᄒᆞ시다

求(구)아 너ᄂᆞᆫ 엇디료 對(ᄃᆡ)ᄒᆞ야 ᄀᆞᆯᄋᆞᄃᆡ 方(방)이 六七十(륙칠십)과 혹 五六十(오륙십)애 求(구)ㅣ ᄒᆞ면 三年(삼년)의 다ᄃᆞ라 可(가)히 ᄒᆞ여곰 民(민)을 足(죡)게 ᄒᆞ려니와 만일 그 禮樂(례악)은 ᄡᅥ 君子(군ᄌᆞ)ᄅᆞᆯ 기ᄃᆞ로리이다

赤(젹)아 너ᄂᆞᆫ 엇디료 對(ᄃᆡ)ᄒᆞ야 ᄀᆞᆯ오ᄃᆡ 能(능)호라 ᄒᆞᄂᆞᆫ거시 아니라 學(ᄒᆞᆨ)고져 願(원)ᄒᆞ노니 宗廟(종묘)의 事(ᄉᆞ)와 혹 會同(회동)애 端(단)과 章甫(쟝보)로 小相(쇼샹)이 되고져 願(원)ᄒᆞ노이다

點(뎜)아 너ᄂᆞᆫ 엇디료 瑟(슬) 鼓(고)ᄒᆞ기ᄅᆞᆯ 希(희)ᄒᆞ얏더니 鏗(깅)히 瑟(슬)을 舍(샤)ᄒᆞ고 作(작)ᄒᆞ야 對(ᄃᆡ)ᄒᆞ야 ᄀᆞᆯ오ᄃᆡ 三子者(삼ᄌᆞ쟈)의 撰(션)에셔 다로이다 子(ᄌᆞ)ㅣ ᄀᆞᄅᆞ샤ᄃᆡ 므어시 傷(샹)ᄒᆞ리오 ᄯᅩᄒᆞᆫ 각각 그 ᄠᅳᆮ을 니ᄅᆞᆯ 거시니라 ᄀᆞᆯ오ᄃᆡ 莫春(모츈)에 春服(츈복)이 이믜 일거든 冠(관)ᄒᆞᆫ 者(쟈) 다엿 사ᄅᆞᆷ과 童子(동ᄌᆞ) 여닐곱 사ᄅᆞᆷ으로 沂(긔)예 浴(욕)ᄒᆞ야 舞雩(무우)에 風(풍)ᄒᆞ야 詠(영)ᄒᆞ며 歸(귀)호리이다 夫子(부ᄌᆞ)ㅣ 喟然(위연)히 탄식ᄒᆞ야 ᄀᆞᄅᆞ샤ᄃᆡ 내 點(뎜)을 與(여)호리라

三子者(삼ᄌᆞ쟈)ㅣ 나거ᄂᆞᆯ 曾晳(증셕)이 뒤더더니 曾晳(증셕)이 ᄀᆞᆯ오ᄃᆡ 三子者(삼ᄌᆞ쟈)의 말이 엇더ᄒᆞ니잇고 子(ᄌᆞ)ㅣ ᄀᆞᄅᆞ샤ᄃᆡ ᄯᅩ한 각각 그 ᄠᅳᆮ을 니ᄅᆞᆯ ᄯᆞᄅᆞᆷ이니라 ᄀᆞᆯ오ᄃᆡ 夫子(부ᄌᆞ)ㅣ 엇디 由(유)ᄅᆞᆯ 哂(신)ᄒᆞ시니잇고

ᄀᆞᄅᆞ샤ᄃᆡ 나라ᄒᆞ기ᄅᆞᆯ 禮(례)로 ᄡᅳ거ᄂᆞᆯ 그 말이 讓(양)티 아닌 디라 이런 故(고)로 哂(신)호라

오직 求(구)ᄂᆞᆫ 邦(방)이 아니니잇가 어ᄃᆡ가 方(방) 六七十(륙칠십)과 혹 五六十(오륙십)이 邦(방) 아닌 者(쟈)ᄅᆞᆯ 보리오

오직 赤(젹)은 邦(방)이 아니니잇가 宗廟(종묘)와 會同(회동)이 諸侯(져후)ㅣ 아니오 므섯고 赤(젹)이 小(쇼)ᄅᆞᆯ ᄒᆞ면 뉘 能(능)히 大(대)ᄅᆞᆯ ᄒᆞ리오

第十二〈顏淵〉

279(12-1)

顏淵問仁. 子曰:「克己復禮爲仁. 一日克己復禮, 天下歸仁焉. 爲仁由己, 而由人乎哉?」顏淵曰:「請問其目.」子曰:「非禮勿視, 非禮勿聽, 非禮勿言, 非禮勿動.」顏淵曰:「回雖不敏, 請事斯語矣.」

① 陶山本

顏淵(안연)이 仁(신)을 묻ᄌᆞ온ᄃᆡ 子(ᄌᆞ)ㅣ ᄀᆞᆯᄋᆞ샤ᄃᆡ 己(긔)를 克(극)ᄒᆞ야 禮(례)예 復(복)홈이 仁(신)을 ᄒᆞ욤이니 一日(일실)에 己(긔)를 克(극)ᄒᆞ야 禮(례)예 復(복)ᄒᆞ면 天下(텬하)ㅣ 仁(신)을 歸(귀)ᄒᆞᄂᆞ니 仁(신)을 ᄒᆞ욤이 己(긔)로 말ᄆᆡ암ᄂᆞ니 人(신)을 말ᄆᆡ암ᄂᆞ냐

顏淵(안연)이 ᄀᆞᆯ오ᄃᆡ 請(청)컨댄 그 目(목)을 묻ᄌᆞᆸ노이다 子(ᄌᆞ)ㅣ ᄀᆞᆯᄋᆞ샤ᄃᆡ 禮(례) 아니어든 視(시)티 말며 禮(례) 아니어든 聽(텽)티 말며 禮(례) 아니어든 言(언)티 말며 禮(례) 아니어든 動(동)티 말올 띠니라 顏淵(안연)이 ᄀᆞᆯ오ᄃᆡ 回(회)ㅣ 비록 敏(민)티 몯ᄒᆞ나 請(청)컨댄 이 말ᄉᆞᆷ을 事(ᄉᆞ)호리이다

② 栗谷本

顏淵(안연)이 仁(인)을 問(문)ᄒᆞᆫ대 子(ᄌᆞ)ㅣ ᄀᆞᄅᆞ샤ᄃᆡ 己(긔)ᄅᆞᆯ 克(극)ᄒᆞ야 禮(례)예 復(복)호미 仁(인)을 호미이니 一日(일일)에 己(긔)ᄅᆞᆯ 克(극)ᄒᆞ야 禮(례)예 復(복)ᄒᆞ면 天下(텬하)ㅣ 仁(인)을 歸(귀)ᄒᆞ리니 仁(인)ᄒᆞ기 己(긔)ᄅᆞᆯ 由(유)ᄒᆞᆯ 디니 人(인)을 由(유)ᄒᆞ랴

顏淵(안연)이 ᄀᆞᆯ오ᄃᆡ 請(청)컨댄 그 目(목)을 問(문)ᄒᆞ노이다 子(ᄌᆞ)ㅣ ᄀᆞᄅᆞ샤ᄃᆡ 禮(례) 아니어든 視(시)티 말며 禮(례) 아니어든 聽(텽)티 말며 禮(례) 아니어든 言(언)티 말며 禮(례) 아니어든 動(동)티 ᄆᆞ롤 디니라 顏淵(안연)이 ᄀᆞᆯ오ᄃᆡ 回(회)ㅣ 비록 敏(민)티 몯ᄒᆞ나 請(청)컨댄 이 말ᄉᆞᆷ을 事(ᄉᆞ)호리이다

280(12-2)

仲弓問仁. 子曰:「出門如見大賓, 使民如承大祭. 己所不欲, 勿施於人. 在邦無怨, 在家無怨.」仲弓曰:「雍雖不敏, 請事斯語矣.」

① 陶山本

仲弓(듕궁)이 仁(신)을 묻ᄌᆞ온대 子(ᄌᆞ)ㅣ ᄀᆞᆯᄋᆞ샤ᄃᆡ 門(문)에 出(츌)홈애 大賓(대빈)을 見(견)홈 ᄀᆞᄐᆡ ᄒᆞ며 民(민)을 使(ᄉᆞ)호ᄃᆡ 大祭(대졔)를 承(승)홈 ᄀᆞᄐᆡ ᄒᆞ고 己(긔)의 欲(욕)디 아니ᄒᆞᄂᆞᆫ 바를 人(신)의게 베프디 마롤 띠니 邦(방)의 이셔 怨(원)이 업스며 家(가)의 이셔

怨(원)이 업ᄂᆞ니라 仲弓(듕궁)이 ᄀᆞᆯ오ᄃᆡ 雍(옹)이 비록 敏(민)티 몯ᄒᆞ나 請(쳥)컨댄 이 말ᄉᆞᆷ올 事(ᄉᆞ)호리이다

② 栗谷本

仲弓(듕궁)이 仁(인)을 問(문)ᄒᆞᆫ대 子(ᄌᆞ)ㅣ ᄀᆞᄅᆞ샤ᄃᆡ 門(문)의 나매 大賓(대빈)을 보ᄃᆺ ᄒᆞ며 民(민)을 使(ᄉᆞ)호매 大祭(대졔)ᄅᆞᆯ 承(승)ᄐᆞᆺ ᄒᆞ며 내 欲(욕)디 아닛ᄂᆞᆫ 바ᄅᆞᆯ 人(인)의게 施(시)티 말면 邦(방)의 이셔 怨(원)이 업스며 家(가)의 이셔 怨(원)이 업ᄂᆞ니라 仲弓(듕궁)이 ᄀᆞᆯ오ᄃᆡ 雍(옹)이 비록 敏(민)티 몯ᄒᆞ나 請(쳥)컨댄 이 말ᄉᆞᆷ올 事(ᄉᆞ)호리이다

281(12-3)

司馬牛問仁. 子曰:「仁者, 其言也訒.」曰:「其言也訒, 斯謂之仁已乎?」子曰:「爲之難, 言之得無訒乎?」

① 陶山本

司馬牛(ᄉᆞ마우)ㅣ 仁(신)을 묻ᄌᆞ온대

子(ᄌᆞ)ㅣ ᄀᆞᆯᄋᆞ샤ᄃᆡ 仁(신)ᄒᆞᆫ 者(쟈)ᄂᆞᆫ 그 言(언)이 訒(신)ᄒᆞ니라

ᄀᆞᆯ오ᄃᆡ 그 言(언)이 訒(신)ᄒᆞ면 이 仁(신)이라 닐으리잇가 子(ᄌᆞ)ㅣ ᄀᆞᆯᄋᆞ샤ᄃᆡ 爲(위)홈이 어려우니 言(언)홈이 시러곰 訒(신)티 아니랴

② 栗谷本

司馬牛(ᄉᆞ마우)ㅣ 仁(인)을 問(문)ᄒᆞᆫ대

子(ᄌᆞ)ㅣ ᄀᆞᄅᆞ샤ᄃᆡ 仁者(인쟈)ᄂᆞᆫ 그 言(언)이 訒(인)ᄒᆞ니라

ᄀᆞᆯ오ᄃᆡ 그 言(언)이 訒(인)호ᄆᆞᆯ 이에 仁(인)이라 니르리잇가 子(ᄌᆞ)ㅣ ᄀᆞᄅᆞ샤ᄃᆡ ᄒᆞ기 어렵거니 言(언)ᄒᆞ기 시러곰 訒(인)티 아니랴

282(12-4)

司馬牛問君子. 子曰:「君子不憂不懼.」曰:「不憂不懼, 斯謂之君子已乎?」子曰:「內省不疚, 夫何憂何懼?」

① 陶山本

司馬牛(ᄉᆞ마우)ㅣ 君子(군ᄌᆞ)를 묻ᄌᆞ온대 子(ᄌᆞ)ㅣ ᄀᆞᆯᄋᆞ샤ᄃᆡ 君子(군ᄌᆞ)ᄂᆞᆫ 憂(우)티 아니ᄒᆞ며 懼(구)티 아니ᄒᆞᄂᆞ니라

ᄀᆞᆯ오ᄃᆡ 憂(우)티 아니하며 懼(구)티 아니ᄒᆞ면 이 君子(군ᄌᆞ)ㅣ라 닐으리잇가 子(ᄌᆞ)ㅣ ᄀᆞᆯᄋᆞ샤ᄃᆡ 內(ᄂᆡ)로 省(셩)ᄒᆞ야 疚(구)티 아니ᄒᆞ거니 므슴 憂(우)ᄒᆞ며 므슴 懼(구)ᄒᆞ리오

② 栗谷本

司馬牛(ᄉᆞ마우)ㅣ 君子(군ᄌᆞ)ᄅᆞᆯ 問(문)ᄒᆞᆫ대 子(ᄌᆞ)ㅣ ᄀᆞᄅᆞ샤ᄃᆡ 君子(군ᄌᆞ)ᄂᆞᆫ 시름 아니며 두리디 아닛ᄂᆞ니라

ᄀᆞᆯ오ᄃᆡ 시름 아니며 드리디 아니키ᄅᆞᆯ 이에 君子(군ᄌᆞ)ㅣ라 니ᄅᆞ리잇가 子(ᄌᆞ)ㅣ ᄀᆞᄅᆞ샤ᄃᆡ 안ᄒᆞ로 ᄉᆞᆲ펴 疚(구)티 아니커니 므서슬 시름ᄒᆞ며 므서슬 두리리오

283(12-5)

司馬牛憂曰:「人皆有兄弟, 我獨亡.」子夏曰:「商聞之矣: 死生有命, 富貴在天. 君子敬而無失, 與人恭而有禮. 四海之內, 皆兄弟也. 君子何患乎無兄弟也?」

① 陶山本

司馬牛(ᄉᆞ마우)ㅣ 憂(우)ᄒᆞ야 ᄀᆞᆯ오ᄃᆡ 사ᄅᆞᆷ이 다 兄弟(형뎨)를 둣거늘 내 홀로 업도다

子夏(ᄌᆞ하)ㅣ ᄀᆞᆯ오ᄃᆡ 商(샹)은 드런노니

死(ᄉᆞ)와 生(ᄉᆡᆼ)이 命(명)이 잇고 富(부)와 貴(귀)ㅣ 天(텬)에 잇다 호라

君子(군ᄌᆞ)ㅣ 敬(경)ᄒᆞ고 失(실)홈이 업스며 사ᄅᆞᆷ으로 더브러 恭(공)호ᄃᆡ 禮(례)ㅣ 이시면 四海(ᄉᆞ히)ㅅ 안히 다 兄弟(형뎨)니 君子(군ᄌᆞ)ㅣ 엇디 兄弟(형뎨) 업슴을 患(환)ᄒᆞ리오

② 栗谷本

司馬牛(ᄉᆞ마우)ㅣ 시름ᄒᆞ야 ᄀᆞᆯ오ᄃᆡ 人(인)이 다 兄弟(형뎨)ᄅᆞᆯ 둣거ᄂᆞᆯ 내 혼자 업소라

子夏(ᄌᆞ하)ㅣ ᄀᆞᆯ오ᄃᆡ 商(샹)은 드럿노라

死生(ᄉᆞᄉᆡᆼ)이 命(명)이 잇고 富貴(부귀)ㅣ 天(텬)의 잇다 ᄒᆞ시니

君子(군ᄌᆞ)ㅣ 敬(경)ᄒᆞ야 失(실)호미 업ᄉᆞ며 人(인)으로 더브러 恭(공)코 禮(례)ㅣ 이시면 四海(ᄉᆞ히)ㅅ 안히 다 兄弟(형뎨)니 君子(군ᄌᆞ)ㅣ 엇디 兄弟(형뎨) 업ᄉᆞᆷ을 患(환)ᄒᆞ리오

284(12-6)

子張問明. 子曰:「浸潤之譖, 膚受之愬, 不行焉, 可謂明也已矣. 浸潤之譖, 膚受之愬, 不行焉, 可謂遠也已矣.」

① 陶山本

子張(ᄌᆞ댱)이 明(명)을 묻ᄌᆞ온대 子(ᄌᆞ)ㅣ ᄀᆞᆯᄋᆞ샤ᄃᆡ 浸潤(침슌)ᄒᆞᄂᆞᆫ 譖(ᄎᆞᆷ)과 膚(부)의 受(슈)ᄒᆞᆫ 愬(소)ㅣ 行(ᄒᆡᆼ)티 몯ᄒᆞ면 可(가)히 明(명)이라 닐으리니라 浸潤(침슌)ᄒᆞᄂᆞᆫ 譖(ᄎᆞᆷ)과 膚(부)의 受(슈)ᄒᆞᆫ 愬(소)ㅣ 行(ᄒᆡᆼ)티 몯ᄒᆞ면 可(가)히 遠(원)이라 닐으리니라

② 栗谷本

子張(ᄌᆞ댱)이 明(명)을 問(문)ᄒᆞᆫ대 子(ᄌᆞ)ㅣ ᄀᆞᄅᆞ샤ᄃᆡ 浸(침)ᄒᆞ야 潤(윤)ᄒᆞᄂᆞᆫ 譖(ᄎᆞᆷ)과 膚(부)의 受(슈)ᄒᆞᄂᆞᆫ 愬(소)ㅣ 行(ᄒᆡᆼ)티 몯ᄒᆞ면 可(가)히 明(명)타 니를 디며 浸(침)ᄒᆞ야 潤(윤)ᄒᆞᄂᆞᆫ 譖(ᄎᆞᆷ)과 膚(부)의 受(슈)ᄒᆞᄂᆞᆫ 愬(소)ㅣ 行(ᄒᆡᆼ)티 몯ᄒᆞ면 可(가)히 遠(원)타 닐을 디니라

285(12-7)

子貢問政. 子曰:「足食, 足兵, 民信之矣.」子貢曰:「必不得已而去, 於斯三者何先?」曰:「去兵.」子貢曰:「必不得已而去, 於斯二者何先?」曰:「去食. 自古皆有死, 民無信不立.」

① 陶山本

子貢(ᄌᆞ공)이 政(졍)을 묻ᄌᆞ온대 子(ᄌᆞ)ㅣ ᄀᆞᆯᄋᆞ샤ᄃᆡ 食(식)을 足(죡)게 ᄒᆞ며 兵(병)을 足(죡)게 ᄒᆞ면 民(민)이 信(신)ᄒᆞ리라

子貢(ᄌᆞ공)이 ᄀᆞᆯ오ᄃᆡ 반ᄃᆞ시 시러곰 마디 몯ᄒᆞ야 去(거)홀 띤댄 이 三者(삼쟈)애 어늬를 몬져 ᄒᆞ리잇고 ᄀᆞᆯᄋᆞ샤ᄃᆡ 兵(병)을 去(거)홀 띠니라

子貢(ᄌᆞ공)이 ᄀᆞᆯ오ᄃᆡ 반ᄃᆞ시 시러곰 마디 몯ᄒᆞ야 去(거)홀 띤댄 이 二者(ᅀᅵ쟈)애 어늬를 몬져 ᄒᆞ리잇고 ᄀᆞᆯᄋᆞ샤ᄃᆡ 食(식)을 去(거)홀 띠니 녜로브터 다 死(ᄉᆞ)홈이 잇거니와 民(민)이 信(신)이 업스면 立(립)디 몯ᄒᆞᄂᆞ니라

② 栗谷本

子貢(ᄌᆞ공)이 政(졍)을 問(문)ᄒᆞᆫ대 子(ᄌᆞ)ㅣ ᄀᆞᄅᆞ샤ᄃᆡ 食(식)을 足(죡)히 ᄒᆞ고 兵(병)을 足(죡)히 ᄒᆞ면 民(민)이 信(신)ᄒᆞ리라

子貢(ᄌᆞ공)이 ᄀᆞᆯ오ᄃᆡ 반ᄃᆞ시 말오믈 得(득)디 몯ᄒᆞ야 去(거)ᄒᆞᆯ 딘댄 이 세희 므서슬 몬져 ᄒᆞ리잇고 ᄀᆞᄅᆞ샤ᄃᆡ 兵(병)을 去(거)ᄒᆞᆯ 디니라

子貢(ᄌᆞ공)이 ᄀᆞᆯ오ᄃᆡ 반ᄃᆞ시 말오믈 得(득)디 몯ᄒᆞ야 去(거)ᄒᆞᆯ 딘댄 이 둘희 므서슬 몬져 ᄒᆞ리잇고 ᄀᆞᄅᆞ샤ᄃᆡ 食(식)을 去(거)ᄒᆞᆯ 디니 녜로브터 주그믄 다 잇거니와 民(민)이 信(신) 곳 업ᄉᆞ면 立(립)디 몯ᄒᆞᄂᆞ니라

286(12-8)

棘子成曰:「君子質而已矣, 何以文爲?」子貢曰:「惜乎, 夫子之說君子也! 駟不及舌. 文猶質也, 質猶文也. 虎豹之鞟猶犬羊之鞟.」

① 陶山本

棘子成(극ᄌᆞ셩)이 ᄀᆞᆯ오ᄃᆡ 君子(군ᄌᆞ)는 質(질)일 ᄯᆞᄅᆞᆷ이니 엇디 ᄡᅥ 文(문)을 ᄒᆞ리오

子貢(ᄌᆞ공)이 ᄀᆞᆯ오ᄃᆡ 惜(셕)홉다 夫子(부ᄌᆞ)의 말ᄉᆞᆷ이 君子(군ᄌᆞ)ㅣ나 駟(ᄉᆞ)도 舌(셜)에 밋디 몯ᄒᆞ리로다

文(문)이 質(질) ᄀᆞᄐᆞ며 質(질)이 文(문) ᄀᆞᄐᆞ니 虎豹(호표)의 鞟(곽)이 犬羊(견양)의 鞟(곽) ᄀᆞᄐᆞ니라

② 栗谷本

棘子成(극ᄌᆞ셩)이 ᄀᆞᆯ오ᄃᆡ 君子(군ᄌᆞ)는 質(질)일 ᄯᆞᄅᆞᆷ이니 엇디 文(문)을 ᄡᅳ리오

子貢(ᄌᆞ공)이 ᄀᆞᆯ오ᄃᆡ 惜(셕)홉다 夫子(부ᄌᆞ)의 말이여 君子(군ᄌᆞ)ㅣ나 駟(ᄉᆞ)ㅣ 舌(셜)을 밋디 몯ᄒᆞ리로다

文(문)이 質(질) ᄀᆞᆺᄐᆞ며 質(질)이 文(문) ᄀᆞᆺᄐᆞ니 虎豹(호표)의 鞟(곽)이 犬羊(견양)의 鞟(곽) ᄀᆞᆺᄐᆞ니라

287(12-9)

哀公問於有若曰:「年饑, 用不足, 如之何?」有若對曰:「盍徹乎?」曰:「二, 吾猶不足, 如之何其徹也?」對曰:「百姓足, 君孰與不足? 百姓不足, 君孰與足?」

① 陶山本

哀公(ᄋᆡ공)이 有若(유샥)의게 무러 ᄀᆞᆯ오ᄃᆡ 年(년)이 饑(긔)ᄒᆞ야 用(용)이 足(죡)디 몯ᄒᆞ니 엇디ᄒᆞ료

有若(유샥)이 對(ᄃᆡ)ᄒᆞ야 ᄀᆞᆯ오ᄃᆡ 엇디 徹(텰)티 아니ᄒᆞ시ᄂᆞ니잇고

ᄀᆞᆯ오ᄃᆡ 二(ᅀᅵ)도 내 오히려 足(죡)디 몯ᄒᆞ거니 엇디 그 徹(텰)을 ᄒᆞ리오

對(ᄃᆡ)ᄒᆞ야 ᄀᆞᆯ오ᄃᆡ 百姓(ᄇᆡᆨ셩)이 足(죡)ᄒᆞ면 君(군)이 눌로 더브러 足(죡)디 몯ᄒᆞ시며 百姓(ᄇᆡᆨ셩)이 足(죡)디 몯ᄒᆞ면 君(군)이 눌로 더브러 足(죡)ᄒᆞ시리잇고

② 栗谷本

哀公(ᄋᆡ공)이 有若(유약)ᄃᆞ려 問(문)ᄒᆞ야 ᄀᆞᄅᆞ샤ᄃᆡ 年(년)이 饑(긔)ᄒᆞ야 用(용)이 足(죡)디 몯ᄒᆞ니 엇디ᄒᆞ료

有若(유약)이 對(ᄃᆡ)ᄒᆞ야 ᄀᆞᆯ오ᄃᆡ 徹(텰)을 엇디 아니시ᄂᆞ니잇고

ᄀᆞᄅᆞ샤ᄃᆡ 二(이)도 내 오히려 足(죡)디 몯ᄒᆞ야ᄒᆞ거든 엇디 그 徹(텰)ᄒᆞ리오

對(ᄃᆡ)ᄒᆞ야 ᄀᆞᆯ오ᄃᆡ 百姓(ᄇᆡᆨ셩)이 足(죡)ᄒᆞ면 님금이 눌과 더브러 足(죡)디 몯ᄒᆞ시며 百姓(ᄇᆡᆨ셩)이 足(죡)디 몯ᄒᆞ면 君(군)이 눌과 더브러 足(죡)ᄒᆞ시리잇고

288(12-10)

子張問崇德·辨惑. 子曰:「主忠信, 徙義, 崇德也. 愛之欲其生, 惡之欲其死. 旣欲其生, 又欲其死, 是惑也.『誠不以富, 亦祇以異.』」

① 陶山本

子張(ᄌᆞ댱)이 德(덕)을 崇(슝)ᄒᆞ며 惑(혹)을 辨(변)홈을 묻ᄌᆞ온대 子(ᄌᆞ)ㅣ ᄀᆞᆯᄋᆞ샤ᄃᆡ 忠信(튱신)을 主(쥬)ᄒᆞ며 義(의)예 徙(ᄉᆞ)홈이 德(덕)을 崇(슝)홈이니라

愛(ᄋᆡ)ᄒᆞᄂᆞᆫ 이란 그 살과뎌 ᄒᆞ고 惡(오)ᄒᆞᄂᆞᆫ 이란 그 죽과뎌 ᄒᆞᄂᆞ니 이믜 그 살과뎌 ᄒᆞ고 ᄯᅩ 그 죽과뎌 홈이 이 惑(혹)이니라

진실로 ᄡᅥ 富(부)케 몯ᄒᆞ고 ᄯᅩᄒᆞᆫ 마치 ᄡᅥ 異(이)홈이로다

[十六篇釋(십륙편셕) 진실로 富(부)로ᄡᅥ ᄒᆞᄂᆞᆫ 줄이 아니라 ᄯᅩᄒᆞᆫ 다믄 異(이)야로씨라 ᄒᆞ니]

② 栗谷本

子張(ᄌᆞ댱)이 德(덕)을 崇(슝)ᄒᆞ며 惑(혹)을 辨(변)호믈 問(문)ᄒᆞᆫ대 子(ᄌᆞ)ㅣ ᄀᆞᄅᆞ샤ᄃᆡ 忠信(튱신)을 主(쥬)ᄒᆞ고 義(의)예 徙(ᄉᆞ)호미 德(덕)을 崇(슝)호미니라

愛(ᄋᆡ)ᄒᆞᄂᆞ니란 그 生(ᄉᆡᆼ)콰뎌 ᄒᆞ고 惡(오)ᄒᆞᄂᆞ니란 그 死(ᄉᆞ)콰뎌 ᄒᆞᄂᆞ니 이믜 그 生(ᄉᆡᆼ)콰뎌 ᄒᆞ고 ᄯᅩ 그 死(ᄉᆞ)콰뎌 호미 이 惑(혹)이니라

진실로 ᄡᅥ 富(부)호미 아니라 ᄯᅩᄒᆞᆫ 오직 ᄡᅥ 異(이)호미로다

[十六篇錯簡 진실로ᄡᅥ 富(부)호미 아니라 ᄯᅩᄒᆞᆫ 오직 ᄡᅥ 異(이)호미니라 ᄒᆞ니]

289(12-11)

齊景公問政於孔子. 孔子對曰:「君君, 臣臣, 父父, 子子.」公曰:「善哉! 信如君不君, 臣不臣, 父不父, 子不子, 雖有粟, 吾得而食諸?」

① 陶山本

齊景公(졔경공)이 政(졍)을 孔子(공ᄌᆞ)ㅅᄭᅴ 묻ᄌᆞ온대

孔子(공ᄌᆞ)ㅣ 對(ᄃᆡ)ᄒᆞ야 ᄀᆞᆯᄋᆞ샤ᄃᆡ 君(군)이 君(군)ᄒᆞ며 臣(신)이 臣(신)ᄒᆞ며 父(부)ㅣ 父(부)ᄒᆞ며 子(ᄌᆞ)ㅣ 子(ᄌᆞ)홈이니이다

公(공)이 ᄀᆞᆯ오ᄃᆡ 善(션)ᄒᆞ다 진실로 만일 君(군)이 君(군)티 몯ᄒᆞ며 臣(신)이 臣(신)티 몯ᄒᆞ며 父(부)ㅣ 父(부)티 몯ᄒᆞ며 子(ᄌᆞ)ㅣ 子(ᄌᆞ)티 몯ᄒᆞ면 비록 粟(속)이 이시나 내 시러곰 食(식)ᄒᆞ랴

② 栗谷本

齊景公(졔경공)이 政(졍)을 孔子(공ᄌᆞ)ᄭᅴ 問(문)ᄒᆞ신대

孔子(공ᄌᆞ)ㅣ 對(ᄃᆡ)ᄒᆞ야 ᄀᆞᄅᆞ샤ᄃᆡ 君(군)이 君(군)ᄒᆞ며 臣(신)이 臣(신)ᄒᆞ며 父(부)ㅣ 父(부)ᄒᆞ며 子(ᄌᆞ)ㅣ 子(ᄌᆞ)홀디니이다

公(공)이 ᄀᆞᄅᆞ샤ᄃᆡ 善(션)ᄒᆞ다 진실로 만일 君(군)이 君(군)티 몯ᄒᆞ며 臣(신)이 臣(신)티 몯ᄒᆞ며 父(부)ㅣ 父(부)티 몯ᄒᆞ며 子(ᄌᆞ)ㅣ 子(ᄌᆞ)티 몯ᄒᆞ면 비록 粟(속)이 이신ᄃᆞᆯ 내 시러곰 食(식)ᄒᆞ랴

290(12-12)

子曰:「片言可以折獄者, 其由也與!」子路無宿諾.

① 陶山本

子(ᄌᆞ)ㅣ ᄀᆞᆯᄋᆞ샤ᄃᆡ 片言(편언)애 可(가)히 ᄡᅧ 獄(옥)을 折(졀)ᄒᆞᆯ 者(쟈)는 그 由(유)ㄴ뎌 子路(ᄌᆞ로)ᄂᆞᆫ 諾(락)을 宿(슉)홈이 업더라

② 栗谷本

子(ᄌᆞ)ㅣ ᄀᆞᄅᆞ샤ᄃᆡ 片言(편언)으로 可(가)히 ᄡᅧ 獄(옥)을 折(졀)ᄒᆞᆯ 者(쟈)는 그 由(유)ㄴ뎌 子路(ᄌᆞ로)ᄂᆞᆫ 諾(락)을 宿(슉)호미 업더라

291(12-13)

子曰:「聽訟, 吾猶人也. 必也使無訟乎!」

① 陶山本

子(ᄌᆞ)ㅣ ᄀᆞᆯᄋᆞ샤ᄃᆡ 訟(송)을 聽(텽)홈이 내 사ᄅᆞᆷ과 ᄀᆞᄐᆞ나 반ᄃᆞ시 ᄒᆡ여곰 訟(송)을 업게 호린뎌

② 栗谷本

子(ᄌᆞ)ㅣ ᄀᆞᄅᆞ샤ᄃᆡ 訟(송) 聽(텽)ᄒᆞ기 내 人(인)ᄀᆞᄐᆞ나 반ᄃᆞ시 ᄒᆞ여곰 訟(송)을 업게 ᄒᆞᆯ 딘뎌

292(12-14)

子張問政. 子曰:「居之無倦, 行之以忠.」

① 陶山本

子張(ᄌᆞ댱)이 政(졍)을 묻ᄌᆞ온대 子(ᄌᆞ)ㅣ ᄀᆞᆯᄋᆞ샤ᄃᆡ 居(거)ᄒᆞ욤을 倦(권)홈이 업스며

行(힝)호ᄃᆡ 忠(듕)으로ᄡᅥ 홀 ᄯᅵ니라

② 栗谷本

子張(ᄌᆞ댱)이 政(졍)을 問(문)ᄒᆞᆫ대 子(ᄌᆞ)ㅣ ᄀᆞᄅᆞ샤ᄃᆡ 居(거)호미 倦(권)이 업고 行(힝)호믈 忠(듕)으로ᄡᅥ 홀 디니라

293(12-15)

子曰:「博學於文, 約之以禮, 亦可以弗畔矣夫!」

① 陶山本 : 없음

② 栗谷本 : 없음

294(12-16)

子曰:「君子成人之美, 不成人之惡. 小人反是.」

① 陶山本

子(ᄌᆞ)ㅣ ᄀᆞᆯᄋᆞ샤ᄃᆡ 君子(군ᄌᆞ)ᄂᆞᆫ 사ᄅᆞᆷ의 美(미)를 일우고 사ᄅᆞᆷ의 惡(악)을 일우디 아니ᄒᆞᄂᆞ니 小人(쇼신)은 이예 反(반)ᄒᆞ니라

② 栗谷本

子(ᄌᆞ)ㅣ ᄀᆞᄅᆞ샤ᄃᆡ 君子(군ᄌᆞ)ᄂᆞᆫ 人(인)의 成(셩)ᄒᆞ고 人(인)의 惡(악)을 成(셩)티 아닛ᄂᆞ니 小人(쇼인)은 이예 反(반)ᄒᆞᄂᆞ니라

295(12-17)

季康子問政於孔子. 孔子對曰:「政者, 正也. 子帥以正, 孰敢不正?」

① 陶山本

季康子(계강ᄌᆞ)ㅣ 政(졍)을 孔子(공ᄌᆞ)ㅅᄭᅴ 묻ᄌᆞ온대 孔子(공ᄌᆞ)ㅣ 對(ᄃᆡ)ᄒᆞ야 ᄀᆞᆯᄋᆞ샤ᄃᆡ 政(졍)은 正(졍)홈이니 子(ᄌᆞ)ㅣ 帥(솔)호ᄃᆡ 正(졍)으로ᄡᅥ ᄒᆞ면 뉘 敢(감)히 正(졍)티 아니ᄒᆞ리오

② 栗谷本

季康子(계강ᄌᆞ)ㅣ 孔子(공ᄌᆞ)ᄭᅴ 政(졍)을 問(문)ᄒᆞᆫ대 孔子(공ᄌᆞ)ㅣ 對(ᄃᆡ)ᄒᆞ야 ᄀᆞᄅᆞ샤ᄃᆡ 政(졍)은 正(졍)호미니 子(ᄌᆞ)ㅣ 正(졍)으로ᄡᅥ 帥(솔)ᄒᆞ면 ᄒᆞ면 뉘 敢(감)히 正(졍)티 아니리오

296(12-18)

季康子患盜, 問於孔子. 孔子對曰: 「苟子之不欲, 雖賞之不竊.」

① 陶山本

季康子(계강ᄌᆞ)ㅣ 盜(도)를 患(환)ᄒᆞ야 孔子(공ᄌᆞ)ㅅ긔 묻ᄌᆞ온대 孔子(공ᄌᆞ)ㅣ 對(ᄃᆡ)ᄒᆞ야 ᄀᆞᆯᄋᆞ샤ᄃᆡ 진실로 子(ᄌᆞ)ㅣ 欲(욕)디 아니ᄒᆞ면 비록 賞(샹)ᄒᆞ야도 竊(졀)티 아니ᄒᆞ리라

② 栗谷本

季康子(계강ᄌᆞ)ㅣ 盜(도)ᄅᆞᆯ 患(환)ᄒᆞ야 孔子(공ᄌᆞ)ᄭᅴ 問(문)ᄒᆞᆫ대 孔子(공ᄌᆞ)ㅣ 對(ᄃᆡ)ᄒᆞ야 ᄀᆞᄅᆞ샤ᄃᆡ 진실로 子(ᄌᆞ)ㅣ 欲(욕)디 아니면 비록 賞(샹)ᄒᆞ야도 竊(졀)티 아니리라

297(12-19)

季康子問政於孔子曰: 「如殺無道, 以就有道, 何如?」 孔子對曰: 「子爲政, 焉用殺? 子欲善而民善矣. 君子之德風, 小人之德草. 草上之風, 必偃.」

① 陶山本

季康子(계강ᄌᆞ)ㅣ 政(졍)을 孔子(공ᄌᆞ)ㅅ긔 묻ᄌᆞ와 ᄀᆞᆯ오ᄃᆡ 만일 道(도)업슨 이ᄅᆞᆯ 殺(살)하야 ᄡᅧ 道(도)인ᄂᆞᆫᄃᆡ 就(취)ᄒᆞ게 홀 띤댄 엇더ᄒᆞ니잇고 孔子(공ᄌᆞ)ㅣ 對(ᄃᆡ)ᄒᆞ야 ᄀᆞᆯᄋᆞ샤ᄃᆡ 子(ᄌᆞ)ㅣ 政(졍)을 홈애 엇디 殺(살)을 ᄡᅳ리오 子(ᄌᆞ)ㅣ 어딜고져 ᄒᆞ면 民(민)이 어딜리니 君子(군ᄌᆞ)의 德(덕)은 ᄇᆞ름이오 小人(쇼인)의 德(덕)은 플이라 플에 ᄇᆞ롬이 더으면 반ᄃᆞ시 偃(언)ᄒᆞᄂᆞ니라

② 栗谷本

季康子(계강ᄌᆞ)ㅣ 政(졍)을 孔子(공ᄌᆞ)ᄭᅴ 政(졍)을 問(문)ᄒᆞ야 ᄀᆞᆯ오ᄃᆡ 만일 道(도)업스니ᄅᆞᆯ 주계 ᄡᅧ 道(도)잇ᄂᆞᆫᄃᆡ 就(취)홀 딘댄 엇더ᄒᆞ니잇고 孔子(공ᄌᆞ)ㅣ 對(ᄃᆡ)ᄒᆞ야 ᄀᆞᄅᆞ샤ᄃᆡ 子(ᄌᆞ)ㅣ 政(졍)을 호매 엇디 殺(살)을 ᄡᅳ리오 子(ᄌᆞ)ㅣ 善(션)코져 ᄒᆞ면 民(민)이 善(션)ᄒᆞ리라 君子(군ᄌᆞ)의 德(덕)은 風(풍)이오 小人(쇼인)의 德(덕)은 草(초)ㅣ니 草(초)애 風(풍)을 더으면 반ᄃᆞ시 偃(언)ᄒᆞᄂᆞ니라

298(12-20)

子張問: 「士何如斯可謂之達矣?」 子曰: 「何哉, 爾所謂達者?」 子張對曰: 「在邦必聞, 在家必聞.」 子曰: 「是聞也, 非達也. 夫達也者, 質直而好義, 察言而觀色, 慮以下人. 在邦必達, 在家必達. 夫聞也者, 色取仁而行違, 居之不疑. 在邦必聞, 在家必聞.」

① 陶山本

子張(ᄌᆞ댱)이 묻ᄌᆞ오ᄃᆡ 士(ᄉᆞ)ㅣ 엇더ᄒᆞ야ᅀᅡ 이에 可(가)히 達(달)이라 니ᄅᆞ리잇고

子(ᄌᆞ)ㅣ ᄀᆞᆯᄋᆞ샤ᄃᆡ 엇디오 네 닐온 밧 達(달)이여

子張(ᄌᆞ댱)이 對(ᄃᆡ)ᄒᆞ야 ᄀᆞᆯ오ᄃᆡ 나라해 이셔도 반ᄃᆞ시 聞(문)ᄒᆞ며 집의 이셔도 반ᄃᆞ시 聞(문)홈이니이다

子(ᄌᆞ)ㅣ ᄀᆞᆯᄋᆞ샤ᄃᆡ 이ᄂᆞᆫ 聞(문)이라 達(달)이 아니니라

達(달)이란 거슨 質(질)ᄒᆞ며 直(딕)ᄒᆞ고 義(의)ᄅᆞᆯ 됴히 너기며 말ᄉᆞᆷ을 ᄉᆞᆯ피며 ᄂᆞᆺ빗ᄎᆞᆯ 보와 慮(려)ᄒᆞ야 ᄡᅥ 사ᄅᆞᆷ의게 下(하)ᄒᆞᄂᆞ니 邦(방)애 이셔도 반ᄃᆞ시 達(달)ᄒᆞ며 家(가)애 이셔도 반ᄃᆞ시 達(달)ᄒᆞᄂᆞ니라

聞(문)이란 거슨 色(ᄉᆡᆨ)으로 仁(ᄉᆡᆫ)ᄋᆞᆯ 取(취)호ᄃᆡ 行(ᄒᆡᆼ)이 違(위)ᄒᆞ고 居(거)ᄒᆞ야 疑(의)티 아니ᄒᆞᄂᆞ니 邦(방)애 이셔도 반ᄃᆞ시 聞(문)ᄒᆞ며 家(가)애 이셔도 반ᄃᆞ시 聞(문)ᄒᆞᄂᆞ니라

② 栗谷本

子張(ᄌᆞ댱)이 問(문)호ᄃᆡ 士(ᄉᆞ)ㅣ 엇더ᄒᆞ야사 이에 可(가)히 達(달)이라 니ᄅᆞ리잇고

子(ᄌᆞ)ㅣ ᄀᆞᄅᆞ샤ᄃᆡ 엇더니 네 니ᄅᆞᄂᆞᆫ 바 達(달)ᄒᆞᆫ 者(쟈)오

子張(ᄌᆞ댱)이 對(ᄃᆡ)ᄒᆞ야 ᄀᆞᆯ오ᄃᆡ 邦(방)에 이셔 반ᄃᆞ시 聞(문)ᄒᆞ며 家(가)에 이셔 반ᄃᆞ시 聞(문)호미니이다

子(ᄌᆞ)ㅣ ᄀᆞᄅᆞ샤ᄃᆡ 이ᄂᆞᆫ 聞(문)이라 達(달)이 아니로다

達(달)ᄒᆞᄂᆞᆫ 者(쟈)ᄂᆞᆫ 質(질) 直(딕)ᄒᆞ고 義(의)ᄅᆞᆯ 好(호)ᄒᆞ며 言(언)을 察(찰)ᄒᆞ며 色(ᄉᆡᆨ)을 觀(관)ᄒᆞ며 慮(려)ᄒᆞ야 ᄡᅴ 人(인)의게 下(하)ᄒᆞᄂᆞ니 邦(방)에 이셔 반ᄃᆞ시 達(달)ᄒᆞ며 家(가)에 이셔 반ᄃᆞ시 達(달)ᄒᆞᄂᆞ니라

聞(문)ᄒᆞᄂᆞᆫ 者(쟈)ᄂᆞᆫ 色(ᄉᆡᆨ)으로 仁(인)ᄋᆞᆯ 取(취)코 行(ᄒᆡᆼ)은 違(위)ᄒᆞ고 居(거)호매 疑(의)티 아닛ᄂᆞ니 邦(방)에 이셔 반ᄃᆞ시 聞(문)ᄒᆞ며 家(가)에 이셔 반ᄃᆞ시 聞(문)ᄒᆞᄂᆞ니라

299(12-21)

樊遲從遊於舞雩之下, 曰:「敢問崇德·修慝·辨惑.」子曰:「善哉問! 先事後得, 非崇德與? 攻其惡, 無攻人之惡, 非修慝與? 一朝之忿, 忘其身, 以及其親, 非惑與?」

① 陶山本

樊遲(번디)ㅣ 舞雩(무우)아래 從遊(죵유)ᄒᆞ더니 ᄀᆞᆯ오ᄃᆡ 敢(감)히 德(덕)을 崇(ᄉᆔᆼ)ᄒᆞ며 慝(특)을 脩(슈)ᄒᆞ며 惑(혹)을 辨(변)홈을 묻ᄌᆞᆸ노이다

子(ᄌᆞ)ㅣ ᄀᆞᆯᄋᆞ샤ᄃᆡ 善(션)타 물옴이여

일을 몬져ᄒᆞ고 得(득)을 後(후)에 홈이 德(덕)을 崇(슝)홈이 아니가 그 惡(악)을 攻(공)ᄒᆞ고 人(신)의 惡(악)을 攻(공)티 아니홈이 慝(특)을 脩(슈)홈이 아니가 一朝(일됴)엣 忿(분)으로 그 몸을 니저 ᄡᅧ 그 어버의게 밋게 홈이 惑(혹)이 아니가

② 栗谷本

樊遲(번디)ㅣ 舞雩(무우)아래 가 조차 노더니 ᄀᆞᆯ오ᄃᆡ 敢(감)히 德(덕)을 崇(슝)홈과 慝(특)을 脩(슈)홈과 惑(혹)을 辨(변)호믈 問(문)ᄒᆞ노이다

子(ᄌᆞ)ㅣ ᄀᆞᄅᆞ샤ᄃᆡ 善(션)타 問(문)이여

事(ᄉᆞ)ᄅᆞᆯ 몬져ᄒᆞ고 得(득)을 後(후)호미 德(덕)을 崇(슝)호미 아니가 그 惡(악)을 攻(공)ᄒᆞ고 人(인)의 惡(악)을 攻(공)티 아니미 慝(특)을 脩(슈)호미 아니가 一朝(일됴)의 忿(분)으로 그 몸을 니저 ᄡᅧ 그 親(친)이 미ᄎᆞ미 惑(혹)이 아니가

300(12-22)

樊遲問仁. 子曰:「愛人.」問知. 子曰:「知人.」樊遲未達. 子曰:「擧直錯諸枉, 能使枉者直.」樊遲退, 見子夏曰:「鄕也吾見於夫子而問知, 子曰,『擧直錯諸枉, 能使枉者直』, 何謂也?」子夏曰:「富哉言乎! 舜有天下, 選於衆, 擧皐陶, 不仁者遠矣. 湯有天下, 選於衆, 擧伊尹, 不仁者遠矣.」

① 陶山本

樊遲(번디)ㅣ 仁(신)을 묻ᄌᆞ온대 子(ᄌᆞ)ㅣ ᄀᆞᆯᄋᆞ샤ᄃᆡ 사ᄅᆞᆷ을 ᄉᆞ랑홈이니라 知(디)를 묻ᄌᆞ온대 子(ᄌᆞ)ㅣ ᄀᆞᆯᄋᆞ샤ᄃᆡ 사ᄅᆞᆷ을 알옴이니라

樊遲(번디)ㅣ 達(달)티 몯ᄒᆞ거늘

子(ᄌᆞ)ㅣ ᄀᆞᆯᄋᆞ샤ᄃᆡ 直(딕)ᄒᆞᆫ 이를 擧(거)ᄒᆞ고 모든 枉(왕)ᄒᆞᆫ 이를 錯(조)ᄒᆞ면 能(능)히 枉(왕)ᄒᆞᆫ 이로 ᄒᆞ여곰 直(딕)게 ᄒᆞᄂᆞ니라

樊遲(번디)ㅣ 믈러 子夏(ᄌᆞ하)를 보와 ᄀᆞᆯ오ᄃᆡ 아래 내 夫子(부ᄌᆞ)ㅅ긔 뵈ᄋᆞ와 知(디)를 묻ᄌᆞ오니 子(ᄌᆞ)ㅣ ᄀᆞᆯᄋᆞ샤ᄃᆡ 直(딕)ᄒᆞᆫ 이를 擧(거)ᄒᆞ고 모든 枉(왕)ᄒᆞᆫ 이를 錯(조)ᄒᆞ면 能(능)히 枉(왕)ᄒᆞᆫ 이로 ᄒᆞ여곰 直(딕)게 ᄒᆞᆫ다 ᄒᆞ시니 엇디 니ᄅᆞ심고

子夏(ᄌᆞ하)ㅣ ᄀᆞᆯ오ᄃᆡ 富(부)타 말ᄉᆞᆷ이여

舜(슌)이 天下(텬하)를 두심애 衆(즁)에 選(션)ᄒᆞ샤 皐陶(고요)ᄅᆞᆯ 擧(거)ᄒᆞ시니 仁(신)티 아니ᄒᆞᆫ 者(쟈)ㅣ 遠(원)ᄒᆞ고 湯(탕)이 天下(텬하)를 두심애 衆(즁)에 選(션)ᄒᆞ샤 伊尹(이윤)을 擧(거)ᄒᆞ시니 仁(신)티 아니ᄒᆞᆫ 者(쟈)ㅣ 遠(원)ᄒᆞ니라

② 栗谷本

樊遲(번디)ㅣ 仁(인)을 問(문)ᄒᆞᆫ대 子(ᄌᆞ)ㅣ ᄀᆞᄅᆞ샤ᄃᆡ 人(인)을 ᄉᆞ랑호미니라 知(디)ᄅᆞᆯ 問(문)ᄒᆞᆫ대 子(ᄌᆞ)ㅣ ᄀᆞᄅᆞ샤ᄃᆡ 人(인)을 알옴이니라

樊遲(번디)ㅣ 達(달)티 몯ᄒᆞ거ᄂᆞᆯ

子(ᄌᆞ)ㅣ ᄀᆞᄅᆞ샤ᄃᆡ 直(딕)을 擧(거)ᄒᆞ고 모든 枉(왕)을 錯(조)ᄒᆞ면 能(능)히 枉(왕)ᄒᆞᆫ 者(쟈)로 ᄒᆞ여곰 直(딕)게 ᄒᆞᄂᆞ니라

樊遲(번디)ㅣ 믈러 나 子夏(ᄌᆞ하)ᄅᆞᆯ 보아 ᄀᆞᆯ오ᄃᆡ 몬져 내 夫子(부ᄌᆞ)ᄭᅴ 뵈ᄋᆞ와 知(디)ᄅᆞᆯ 問(문)호니 子(ᄌᆞ)ㅣ ᄀᆞᄅᆞ샤ᄃᆡ 直(딕)을 擧(거)코 모든 枉(왕)을 錯(조)ᄒᆞ면 能(능)히 枉(왕)ᄒᆞᆫ 者(쟈)로 ᄒᆞ여곰 直(딕)게 ᄒᆞ리라 ᄒᆞ시니 엇디 니ᄅᆞ심고

子夏(ᄌᆞ하)ㅣ ᄀᆞᆯ오ᄃᆡ 富(부)ᄒᆞ다 言(언)이여

舜(슌)이 天下(텬하)ᄅᆞᆯ 두시매 衆(즁)의 選(션)ᄒᆞ샤 皐陶(고요)ᄅᆞᆯ 擧(거)ᄒᆞ신대 仁(인)티 아닌 者(쟈)ㅣ 遠(원)ᄒᆞ며 湯(탕)이 天下(텬하)ᄅᆞᆯ 두시매 衆(즁)의 選(션)ᄒᆞ샤 伊尹(이윤)을 擧(거)ᄒᆞ신대 仁(인)티 아닌 者(쟈)ㅣ 遠(원)ᄒᆞ니라

301(12-23)

子貢問友. 子曰:「忠告而善道之, 不可則止, 無自辱焉.」

① 陶山本

子貢(ᄌᆞ공)이 友(우)를 묻ᄌᆞ온대 子(ᄌᆞ)ㅣ ᄀᆞᆯᄋᆞ샤ᄃᆡ 忠(튱)히 告(곡)ᄒᆞ고 善(션)히 道(도)호ᄃᆡ 可(가)티 아니커든 止(지)ᄒᆞ야 스스로 辱(욕)디 마롤 띠니라

② 栗谷本

子貢(ᄌᆞ공)이 友(우)ᄅᆞᆯ 問(문)ᄒᆞᆫ대 子(ᄌᆞ)ㅣ ᄀᆞᄅᆞ샤ᄃᆡ 忠(튱)으로 告(곡)ᄒᆞ며 善(션)히 ᄒᆞ야 道(도)ᄒᆞ다가 可(가)티 아니커든 止(지)ᄒᆞ야 스스로 辱(욕)게 마롤 디니라

302(12-24)

曾子曰:「君子以文會友, 以友輔仁.」

① 陶山本

曾子(증ᄌᆞ)ㅣ ᄀᆞᆯᄋᆞ샤ᄃᆡ 君子(군ᄌᆞ)ᄂᆞᆫ 文(문)으로ᄡᅥ 友(우)를 會(회)ᄒᆞ고 友(우)로ᄡᅥ 仁(싄)을 輔(보)ᄒᆞᄂᆞ니라

② 栗谷本

曾子(증ᄌᆞ)ㅣ ᄀᆞᄅᆞ샤ᄃᆡ 君子(군ᄌᆞ)ᄂᆞᆫ 文(문)으로ᄡᅥ 友(우)ᄅᆞᆯ 會(회)ᄒᆞ고 友(우)로ᄡᅥ 仁(인)을 輔(보)ᄒᆞᆯ 디니라

第十三〈子路〉

303(13-1)

子路問政. 子曰:「先之勞之.」請益. 曰:「無倦.」

① 陶山本

子路(ᄌᆞ로)ㅣ 政(졍)을 묻ᄌᆞ온대 子(ᄌᆞ)ㅣ ᄀᆞᆯᄋᆞ샤ᄃᆡ 先(션)ᄒᆞ며 勞(로)홀 띠니라 더음을 請(쳥)ᄒᆞᆫ대 ᄀᆞᆯᄋᆞ샤ᄃᆡ 倦(권)티 마롤 띠니라

② 栗谷本

子路(ᄌᆞ로)ㅣ 政(졍)을 問(문)ᄒᆞᆫ대 子(ᄌᆞ)ㅣ ᄀᆞᄅᆞ샤ᄃᆡ 先(션)ᄒᆞ며 勞(로)홀 디니라 益(익)을 請(쳥)ᄒᆞᆫ대 ᄀᆞᄅᆞ샤ᄃᆡ 倦(권)티 마롤 디니라

304(13-2)

仲弓爲季氏宰, 問政. 子曰:「先有司, 赦小過, 擧賢才.」曰:「焉知賢才而擧之?」子曰:「擧爾所知; 爾所不知, 人其舍諸?」

① 陶山本

仲弓(듕궁)이 季氏(계시)의 宰(ᄌᆡ)되얏ᄂᆞᆫ 디라 政(졍)을 묻ᄌᆞ온대 子(ᄌᆞ)ㅣ ᄀᆞᆯᄋᆞ샤ᄃᆡ 有司(유ᄉᆞ)의게 몬져ᄒᆞ고 젹은 허믈을 赦(샤)하며 賢(현)과 才(ᄌᆡ)를 擧(거)홀 띠니라 ᄀᆞᆯ오ᄃᆡ 엇디 賢(현)과 才(ᄌᆡ)를 아라 擧(거)ᄒᆞ리잇고 ᄀᆞᆯᄋᆞ샤ᄃᆡ 네 아ᄂᆞᆫ 바를 擧(거)ᄒᆞ면 네 아디 몯ᄒᆞᄂᆞᆫ 바ᄅᆞᆯ 사ᄅᆞᆷ이 그 舍(사)ᄒᆞ랴

② 栗谷本

仲弓(듕궁)이 季氏(계시) 宰(ᄌᆡ)되야 政(졍)을 問(문)ᄒᆞᆫ대 子(ᄌᆞ)ㅣ ᄀᆞᄅᆞ샤ᄃᆡ 有司(유ᄉᆞ)ᄅᆞᆯ 先(션)ᄒᆞ며 小過(쇼과)ᄅᆞᆯ 赦(샤)하며 賢才(현ᄌᆡ)ᄅᆞᆯ 擧(거)홀 디니라 ᄀᆞᆯ오ᄃᆡ 엇디 賢才(현ᄌᆡ)ᄅᆞᆯ 아라 擧(거)ᄒᆞ리잇고 ᄀᆞᄅᆞ샤ᄃᆡ 너의 아ᄂᆞᆫ 바ᄅᆞᆯ 擧(거)홀 디니 너의 아디 몯ᄒᆞᄂᆞᆫ 바ᄅᆞᆯ 人(인)이 그 舍(사)ᄒᆞ랴

305(13-3)

子路曰:「衛君待子而爲政, 子將奚先?」子曰:「必也正名乎!」子路曰:「有是哉, 子之迂也! 奚其正?」子曰:「野哉, 由也! 君子於其所不知,蓋闕如也. 名不正, 則言不順; 言不順, 則事不成; 事不成, 則禮樂不興; 禮樂不興, 則刑罰不中; 刑罰不中, 則民無所措手足. 故君子名之必可言也, 言之必可行也. 君子於其言, 無所苟而已矣.」

① 陶山本

子路(ᄌᆞ로)ㅣ ᄀᆞᆯ오ᄃᆡ 衛君(군)이 子(ᄌᆞ)를 기ᄃᆞ려 政(졍)을 호려 ᄒᆞ시ᄂᆞ니 子(ᄌᆞ)ㅣ 쟝ᄎᆞᆺ 므서슬 몬져 ᄒᆞ시리잇고

子(ᄌᆞ)ㅣ ᄀᆞᆯᄋᆞ샤ᄃᆡ 반ᄃᆞ시 名(명)을 正(졍)홀 띤뎌

子路(ᄌᆞ로)ㅣ ᄀᆞᆯ오ᄃᆡ 이러홈이 잇다 子(ᄌᆞ)의 迂(오)ᄒᆞ심이여 엇디 그 正(졍)ᄒᆞ시리잇고

子(ᄌᆞ)ㅣ ᄀᆞᆯᄋᆞ샤ᄃᆡ 野(야)ᄒᆞ다 由(유)ㅣ여 君子(군ᄌᆞ)ㅣ 그 아디 몯ᄒᆞᄂᆞᆫ 바애 闕(궐)ᄒᆞᄂᆞ니라

名(명)이 正(졍)티 아니ᄒᆞᆫ 則(즉) 言(언)이 順(슌)티 아니ᄒᆞ고 言(언)이 順(슌)티 아니ᄒᆞᆫ 則(즉) 事(ᄉᆞ)ㅣ 成(셩)티 몯ᄒᆞ고

事(ᄉᆞ)ㅣ 成(셩)티 몯ᄒᆞᆫ 則(즉) 禮樂(례악)이 興(흥)티 몯ᄒᆞ고 禮樂(례악)이 興(흥)티 몯ᄒᆞᆫ 則(즉) 刑罰(형벌)이 中(듕)티 몯ᄒᆞ고 刑罰(형벌)이 中(듕)티 몯ᄒᆞᆫ 則(즉) 民(민)이 手足(슈족)을 措(조)홀 빼 업ᄂᆞ니라

故(고)로 君子(군ᄌᆞ)ㅣ 名(명)홀띤댄 반ᄃᆞ시 可(가)히 言(언)홇 거시며 言(언)홀띤댄 반ᄃᆞ시 可(가)히 行(힝)홇 거시니 君子(군ᄌᆞ)ㅣ 그 言(언)에 苟(구)ᄒᆞᆫ 배 업슬 ᄯᆞᄅᆞᆷ이니라

② 栗谷本

子路(ᄌᆞ로)ㅣ ᄀᆞᆯ오ᄃᆡ 衛君(군)이 子(ᄌᆞ)를 待(ᄃᆡ)ᄒᆞ야 政(졍)을 ᄒᆞ실딘댄 子(ᄌᆞ)ㅣ 쟝ᄎᆞᆺ 므서슬 몬져 ᄒᆞ시리잇고

子(ᄌᆞ)ㅣ ᄀᆞᄅᆞ샤ᄃᆡ 반ᄃᆞ시 名(명)을 正(졍)홀 딘뎌

子路(ᄌᆞ로)ㅣ ᄀᆞᆯ오ᄃᆡ 이러미 잇ᄂᆞ냐 子(ᄌᆞ)의 迂(오)ᄒᆞ시미여 엇디 그 正(졍)ᄒᆞ시리오

子(ᄌᆞ)ㅣ ᄀᆞᄅᆞ샤ᄃᆡ 野(야)ᄒᆞ다 由(유)ㅣ여 君子(군ᄌᆞ)ㅣ 그 아디 몯ᄒᆞᄂᆞᆫ 바애 闕(궐)ᄒᆞᄂᆞ니라

名(명)이 正(졍)티 몯ᄒᆞ면 言(언)이 順(슌)티 몯ᄒᆞ고 言(언)이 順(슌)티 몯ᄒᆞ면 事(ᄉᆞ)ㅣ 成(셩)티 몯ᄒᆞ고

事(ᄉᆞ)ㅣ 成(셩)티 몯ᄒᆞ면 禮樂(례악)이 興(흥)티 몯ᄒᆞ고 禮樂(례악)이 興(흥)티 몯ᄒᆞ면 刑罰(형벌)이 中(듕)티 몯ᄒᆞ고 刑罰(형벌)이 中(듕)티 몯ᄒᆞ면 民(민)이 手足(슈족)을 措(조)홀 배 업ᄂᆞ니라

故(고)로 君子(군ᄌᆞ)ᄂᆞᆫ 名(명)홀 딘댄 반ᄃᆞ시 可(가)히 言(언)홀 거시며 言(언)홀 딘댄 반ᄃᆞ시 可(가)히 行(힝)홀 거시니 君子(군ᄌᆞ)ㅣ 그 言(언)에 구챠ᄒᆞᆫ 배 업슬 ᄯᆞᄅᆞᆷ이니라

306(13-4)

樊遲請學稼. 子曰:「吾不如老農.」請學爲圃. 曰:「吾不如老圃.」樊遲出. 子曰:「小人哉, 樊須也! 上好禮, 則民莫敢不敬; 上好義, 則民莫敢不服; 上好信, 則民莫敢不用情. 夫如是, 則四方之民襁負其子而至矣, 焉用稼?」

① 陶山本

樊遲(번디)ㅣ 稼(가)ᄅᆞᆯ 學(ᄒᆞᆨ)ᄒᆞ야지라 請(쳥)ᄒᆞᆫ대 子(ᄌᆞ)ㅣ ᄀᆞᆯᄋᆞ샤ᄃᆡ 내 老農(로농)만 ᄀᆞᆮ디 몯호라 圃(포)ᄒᆞ욤을 學(ᄒᆞᆨ)ᄒᆞ야지라 請(쳥)ᄒᆞᆫ대 ᄀᆞᆯᄋᆞ샤ᄃᆡ 내 老圃(로포)만 ᄀᆞᆮ디 몯호라

樊遲(번디)ㅣ 出(츌)커늘 子(ᄌᆞ)ㅣ ᄀᆞᆯᄋᆞ샤ᄃᆡ 小人(쇼신)이라 樊須(번슈)ㅣ여

上(샹)이 禮(례)ᄅᆞᆯ 됴히 너기면 民(민)이 敢(감)히 敬(경)티 아니ᄒᆞᆯ 이 업고 上(샹)이 義(의)를 됴히 너기면 民(민)이 敢(감)히 服(복)디 아니ᄒᆞᆯ 이 업고 上(샹)이 信(신)을 됴히 너기면 民(민)이 敢(감)히 情(졍)을 ᄡᅳ디 아니ᄒᆞᆯ 이 업ᄉᆞ리니 이러틋 ᄒᆞ면 四方(ᄉᆞ방)엣 民(민)이 그 子(ᄌᆞ)ᄅᆞᆯ 襁(강)으로 負(부)ᄒᆞ야 니르리니 엇디 稼(가)를 ᄡᅳ리오

② 栗谷本

樊遲(번디)ㅣ 稼學(가ᄒᆞᆨ)호믈 請(쳥)ᄒᆞᆫ대 子(ᄌᆞ)ㅣ ᄀᆞᄅᆞ샤ᄃᆡ 내 老農(로농)만 ᄀᆞᆺ디 몯호라 圃學(포ᄒᆞᆨ)호믈 請(쳥)ᄒᆞᆫ대 ᄀᆞᄅᆞ샤ᄃᆡ 내 老圃(로포)만 ᄀᆞᆺ디 몯호라

樊遲(번디)ㅣ 出(츌)커늘 子(ᄌᆞ)ㅣ ᄀᆞᄅᆞ샤ᄃᆡ 小人(쇼인)이로다 樊須(번슈)ㅣ여

上(샹)이 禮(례)ᄅᆞᆯ 好(호)ᄒᆞ면 民(민)이 敢(감)히 敬(경)티 아니리 업스며 上(샹)이 義(의)ᄅᆞᆯ 好(호)ᄒᆞ면 民(민)이 敢(감)히 服(복)디 아니리 업스며 上(샹)이 信(신)을 好(호)ᄒᆞ면 民(민)이 敢(감)히 情(졍)을 ᄡᅳ디 아니리 업ᄂᆞ니 그 이ᄀᆞᆺᄐᆞ면 四方(ᄉᆞ방)의 民(민)이 그 子(ᄌᆞ)ᄅᆞᆯ 襁負(강부)ᄒᆞ고 니르리니 엇디 ᄡᅥ 稼(가)ᄒᆞ리오

307(13-5)

子曰:「誦詩三百, 授之以政, 不達; 使於四方, 不能專對; 雖多, 亦奚以爲?」

① 陶山本

子(ᄌᆞ)ㅣ ᄀᆞᆯᄋᆞ샤ᄃᆡ 詩三百(시삼ᄇᆡᆨ)을 誦(숑)호ᄃᆡ 政(졍)으로ᄡᅥ 授(슈)홈애 達(달)티 몯ᄒᆞ며 四方(ᄉᆞ방)에 使(시)홈애 能(능)히 專對(젼ᄃᆡ)티 몯ᄒᆞ면 비록 多(다)ᄒᆞ나 ᄯᅩ 므서싀 ᄡᅳ리오

② 栗谷本

子(ᄌᆞ)ㅣ ᄀᆞᄅᆞ샤ᄃᆡ 詩三百(시삼ᄇᆡᆨ)을 외오ᄃᆡ 政(졍)으로ᄡᅧ 授(슈)호매 達(달)티 몯ᄒᆞ며 四方(ᄉᆞ방)에 使(시)호매 能(능)히 혼자 對(ᄃᆡ)티 몯ᄒᆞ면 비록 하나 ᄯᅩᄒᆞᆫ 어ᄃᆡ ᄡᅳ리오

308(13-6)

子曰:「其身正, 不令而行; 其身不正, 雖令不從.」

① 陶山本

子(ᄌᆞ)ㅣ ᄀᆞᆯᄋᆞ샤ᄃᆡ 그 몸이 正(졍)ᄒᆞ면 令(령)티 아니ᄒᆞ야도 行(ᄒᆡᆼ)ᄒᆞ고 그 몸이 正(졍)티 아니ᄒᆞ면 비록 令(령)ᄒᆞ나 조ᄎᆞ디 아니ᄒᆞᄂᆞ니라

② 栗谷本

子(ᄌᆞ)ㅣ ᄀᆞᄅᆞ샤ᄃᆡ 그 몸이 正(졍)ᄒᆞ면 令(령)티 아녀도 行(ᄒᆡᆼ)ᄒᆞ고 그 몸이 正(졍)티 아니면 비록 令(령)ᄒᆞ나 좃디 아니리라

309(13-7)

子曰:「魯衛之政, 兄弟也.」

① 陶山本

子(ᄌᆞ)ㅣ ᄀᆞᆯᄋᆞ샤ᄃᆡ 魯(로)와 衛(위)ㅅ 政(졍)이 兄弟(형뎨)로다

② 栗谷本

子(ᄌᆞ)ㅣ ᄀᆞᄅᆞ샤ᄃᆡ 魯(로)와 衛(위)의 政(졍)이 兄弟(형뎨)로다

310(13-8)

子謂衛公子荊,「善居室. 始有, 曰:『苟合矣.』少有, 曰:『苟完矣.』富有, 曰:『苟美矣.』」

① 陶山本

子(ᄌᆞ)ㅣ 衛(위)ㅅ 公子(공ᄌᆞ)ㅣᆫ 荊(형)을 닐ᄋᆞ샤ᄃᆡ 室(실)에 居(거)홈을 善(션)히 ᄒᆞᄂᆞ다 비르소 둠애 ᄀᆞᆯ오ᄃᆡ 잠깐 合(합)ᄒᆞ다 ᄒᆞ고 젹이 둠애 ᄀᆞᆯ오ᄃᆡ 잠깐 完(완)ᄒᆞ다 ᄒᆞ고 富(부)히 둠애 ᄀᆞᆯ오ᄃᆡ 잠깐 美(미)ᄒᆞ다 ᄒᆞ니라

② 栗谷本

子(ᄌᆞ)ㅣ 衛(위) 公子(공ᄌᆞ) 荊(형)을 니ᄅᆞ샤ᄃᆡ 室(실) 居(거)ᄒᆞ기를 善(션)히 ᄒᆞ도다 처음 有(유)호매 ᄀᆞᆯ오ᄃᆡ 苟(구)히 合(합)홀 거시라 ᄒᆞ고 져기 有(유)호매 ᄀᆞᆯ오ᄃᆡ 苟(구)히 完(완)홀 거시라 ᄒᆞ고 富(부)히 有(유)호매 ᄀᆞᆯ오ᄃᆡ 苟(구)히 美(미)홀 거시라 ᄒᆞ니라

311(13-9)

子適衛, 冉有僕. 子曰:「庶矣哉!」冉有曰:「旣庶矣, 又何加焉?」曰:「富之.」曰:「旣富矣, 又何加焉?」曰:「敎之.」

① 陶山本

子(ᄌᆞ)ㅣ 衛(위)예 適(뎍)ᄒᆞ실ᄉᆡ 冉有(셤유)ㅣ 僕(복)ᄒᆞ얏더니

子(ᄌᆞ)ㅣ ᄀᆞᆯᄋᆞ샤ᄃᆡ 庶(셔)ᄒᆞ다

冉有(셤유)ㅣ ᄀᆞᆯ오ᄃᆡ 이믜 庶(셔)커든 ᄯᅩ 므스거ᄉᆞᆯ 加(가)ᄒᆞ리잇고 ᄀᆞᆯᄋᆞ샤ᄃᆡ 富(부)케 홀 ᄯᅵ니라

ᄀᆞᆯ오ᄃᆡ 이믜 富(부)커든 ᄯᅩ 므스거ᄉᆞᆯ 加(가)ᄒᆞ리잇고 ᄀᆞᆯᄋᆞ샤ᄃᆡ 敎(교)홀 ᄯᅵ니라

② 栗谷本

子(ᄌᆞ)ㅣ 衛(위)예 가실제 冉有(염유)ㅣ 僕(복)ᄒᆞ얏더니

子(ᄌᆞ)ㅣ ᄀᆞᄅᆞ샤ᄃᆡ 庶(셔)ᄒᆞᆫ뎌

冉有(염유)ㅣ ᄀᆞ로ᄃᆡ 이믜 庶(셔)커든 ᄯᅩ 므서슬 더으리잇고 ᄀᆞᄅᆞ샤ᄃᆡ 富(부)케 홀 디니라

ᄀᆞ로ᄃᆡ 이믜 富(부)커든 ᄯᅩ 므서슬 더으리잇고 ᄀᆞᄅᆞ샤ᄃᆡ 敎(교)홀 디니라

312(13-10)

子曰:「苟有用我者, 朞月而已可也, 三年有成.」

① 陶山本

子(ᄌᆞ)ㅣ ᄀᆞᄅᆞ샤ᄃᆡ 진실로 나를 ᄡᅳ리 이시면 朞月(긔월) ᄯᆞ롬이라도 可(가)ᄒᆞ리니 三年(삼년)이면 成(셩)홈이 이시리라

② 栗谷本

子(ᄌᆞ)ㅣ ᄀᆞᄅᆞ샤ᄃᆡ 진실로 날 ᄡᅳ리 이실딘댄 朞月(긔월)의 말면 可(가)홀 만ᄒᆞ고 三年(삼년)이면 成(셩)호미 이시리라

313(13-11)

子曰:「『善人爲邦百年, 亦可以勝殘去殺矣.』誠哉是言也!」

① 陶山本

子(ᄌᆞ)ㅣ ᄀᆞᆯᄋᆞ샤ᄃᆡ 善人(션신)이 邦(방)을 홈이 百年(ᄇᆡᆨ년)이면 ᄯᅩᄒᆞᆫ 可(가)히 ᄡᅥ 殘(잔)ᄋᆞᆯ 勝(승)ᄒᆞ며 殺(살)을 去(거)ᄒᆞ리라 ᄒᆞ니 誠(셩)ᄒᆞ다 이 말이여

② 栗谷本

子(ᄌᆞ)ㅣ ᄀᆞᄅᆞ샤ᄃᆡ 善人(션인)이 邦(방)ᄒᆞ기를 百年(ᄇᆡᆨ년)이면 ᄯᅩᄒᆞᆫ 可(가)히 ᄡᅥ 殘(잔)을 勝(승)ᄒᆞ며 殺(살)을 去(거)ᄒᆞ리라 ᄒᆞ니 올타 이 말이여

314(13-12)

子曰:「如有王者, 必世而後仁.」

① 陶山本

子(ᄌᆞ)ㅣ ᄀᆞᆯᄋᆞ샤ᄃᆡ 만일에 王者(왕쟈)ㅣ 이실 ᄯᅵ라도 반ᄃᆞ시 世(셰)ㄴ 後(후)에 仁(신)ᄒᆞᄂᆞ니라

② 栗谷本

子(ᄌᆞ)ㅣ ᄀᆞᄅᆞ샤ᄃᆡ 만일에 王者(왕쟈)ㅣ 이실 딘댄 반ᄃᆞ시 世(셰)ᆫ 후에 仁(인)홀 디니라

315(13-13)

子曰:「苟正其身矣, 於從政乎何有? 不能正其身, 如正人何?」

① 陶山本

子(ᄌᆞ)ㅣ ᄀᆞᆯᄋᆞ샤ᄃᆡ 진실로 그 身(신)을 正(졍)ᄒᆞ면 政(졍)을 從(죵)홈애 므스거시 이시며 能(능)히 그 身(신)을 正(졍)티 몯ᄒᆞ면 人(신)을 正(졍)홈애 엇디료

② 栗谷本

子(ᄌᆞ)ㅣ ᄀᆞᄅᆞ샤ᄃᆡ 진실로 그 모믈 正(졍)ᄒᆞ면 政(졍)을 從(죵)ᄒᆞ기예 므서시 어려우며 能(능)히 그 모믈 正(졍)티 못ᄒᆞ면 사ᄅᆞᆷ 正(졍)ᄒᆞ기예 엇디ᄒᆞ리오

316(13-14)

冉子退朝. 子曰:「何晏也?」對曰:「有政.」子曰:「其事也. 如有政, 雖不吾以, 吾其與聞之.」

① 陶山本

冉子(셤즈)ㅣ 朝(됴)로셔 退(퇴)하야늘 子(즈)ㅣ ᄀᆞᆯᄋᆞ샤ᄃᆡ 엇디 晏(안)ᄒᆞ뇨 對(ᄃᆡ)ᄒᆞ야 ᄀᆞᆯ오ᄃᆡ 政(졍)이 잇데이다 子(즈)ㅣ ᄀᆞᆯᄋᆞ샤ᄃᆡ 그 事(ᄉᆞ)ㅣ로다 만일에 政(졍)이 이실 띤댄 비록 나를 ᄡᅳ디 아니ᄒᆞ나 내 그 與(여)ᄒᆞ야 聞(문)홀이니라

② 栗谷本

冉子(염즈)ㅣ 朝(됴)로셔 退(퇴)하야늘 子(즈)ㅣ ᄀᆞᄅᆞ샤ᄃᆡ 엇디 늣더뇨 對(ᄃᆡ)ᄒᆞ야 ᄀᆞ로ᄃᆡ 政(졍)이 잇더이다 子(즈)ㅣ ᄀᆞᄅᆞ샤ᄃᆡ 그 事(ᄉᆞ)ㅣ로다 만일 政(졍)이 이시면 비록 나를 ᄡᅳ디 아니ᄒᆞ나 내 그 참여ᄒᆞ야 드르리라

317(13-15)

定公問:「一言而可以興邦, 有諸?」孔子對曰:「言不可以若是其幾也. 人之言曰:『爲君難, 爲臣不易.』如知爲君之難也, 不幾乎一言而興邦乎?」曰:「一言而喪邦, 有諸?」孔子對曰:「言不可以若是其幾也. 人之言曰:『予無樂乎爲君, 唯其言而莫予違也.』如其善而莫之違也, 不亦善乎? 如不善而莫之違也, 不幾乎一言而喪邦乎?」

① 陶山本

定公(뎡공)이 묻ᄌᆞ오ᄃᆡ 一言(일언)에 可(가)히 ᄡᅧ 邦(방)을 興(흥)ᄒᆞ리라 ᄒᆞᄂᆞ니 인ᄂᆞ니잇가 孔子(공즈)ㅣ 對(ᄃᆡ)ᄒᆞ야 ᄀᆞᆯᄋᆞ샤ᄃᆡ 言(언)을 可(가)히 ᄡᅧ 이러ᄐᆞ시 그 幾(긔)티 몯홀 꺼시어니와

人(신)의 言(언)에 ᄀᆞᆯ오ᄃᆡ 君(군)되옴이 어려오며 臣(신)되옴이 쉽디 아니타 ᄒᆞᄂᆞ니

만일에 君(군)되옴이 어려온 줄을 알 띤댄 一言(일언)애 邦(방)을 興(흥)홈을 幾(긔)티 아니ᄒᆞ리잇가

ᄀᆞᆯᄋᆞ샤ᄃᆡ 一言(일언)에 邦(방)을 喪(상)ᄒᆞ리라 ᄒᆞᄂᆞ니 인ᄂᆞ니잇가 孔子(공즈)ㅣ 對(ᄃᆡ)ᄒᆞ야 ᄀᆞᆯᄋᆞ샤ᄃᆡ 言(언)을 可(가)히 ᄡᅧ 이러ᄐᆞ시 그 幾(긔)티 몯홀 꺼시어니와 人(신)의 言(언)에 ᄀᆞᆯ오ᄃᆡ 내 君(군)되옴을 樂(락)홈이 업고 오직 그 言(언)홈애 나를 違(위)티 말라 ᄒᆞᄂᆞ니

만일에 그 善(션)커든 違(위)티 아니홀 띤댄 ᄯᅩᄒᆞᆫ 善(션)티 아니ᄒᆞ리잇가 만일에 善(션)티 아니커든 違(위)티 아니 홀띤댄 一言(일언)에 邦(방)을 喪(상)홈을 幾(긔)티 아니ᄒᆞ리잇가

② 栗谷本

定公(뎡공)이 問(문)ᄒᆞ샤ᄃᆡ ᄒᆞᆫ 말의 可(가)히 ᄡᅥ 邦(방)을 興(흥)ᄒᆞ리라 ᄒᆞᄂᆞ니 인ᄂᆞ니잇가 孔子(공ᄌᆞ)ㅣ 對(ᄃᆡ)ᄒᆞ야 ᄀᆞᄅᆞ샤ᄃᆡ 마ᄅᆞᆯ 可(가)히 ᄡᅥ 이ᄀᆞᄐᆡ 그 긔약디 못ᄒᆞ려니와 사ᄅᆞᆷ의 말의 ᄀᆞ로ᄃᆡ 님금되미 어려우며 臣(신)하 되미 쉽디 아니타 ᄒᆞ니

만일 님금되오미 어려우믈 알 딘댄 ᄒᆞᆫ 말의 邦(방)을 興(흥)호믈 긔약디 아니ᄒᆞ리잇가

ᄀᆞᄅᆞ샤ᄃᆡ ᄒᆞᆫ 말의 邦(방)을 喪(상)ᄒᆞ리라 ᄒᆞᄂᆞ니 잇ᄂᆞ니잇가 孔子(공ᄌᆞ)ㅣ 對(ᄃᆡ)ᄒᆞ야 ᄀᆞᄅᆞ샤ᄃᆡ 말을 可(가)히 이ᄀᆞᄐᆡ 긔약디 못ᄒᆞ려니와 사ᄅᆞᆷ의 말의 ᄀᆞ로ᄃᆡ 내 님금되오믈 즐기미 업고 오직 그 말호매 나ᄅᆞᆯ 違(위)티 못호미라 ᄒᆞ니

만일 그 善(션)커늘 違(위)티 못ᄒᆞ면 ᄯᅩᄒᆞᆫ 善(션)티 아니리잇가 만일 善(션)티 아니커늘 違(위)티 못ᄒᆞ면 ᄒᆞᆫ 말의 邦(방)을 喪(상)호믈 긔약디 아니ᄒᆞ리잇가

318(13-16)

葉公問政. 子曰:「近者說, 遠者來.」

① 陶山本

葉公(셥공)이 政(졍)을 묻ᄌᆞ온대
子(ᄌᆞ)ㅣ ᄀᆞᆯᄋᆞ샤ᄃᆡ 갓가온 者(쟈)ㅣ 깃거ᄒᆞ며 먼 者(쟈)ㅣ 옴이니라

② 栗谷本

葉公(셥공)이 政(졍)을 묻ᄌᆞ온대
子(ᄌᆞ)ㅣ ᄀᆞᄅᆞ샤ᄃᆡ 近(근)ᄒᆞᆫ 者(쟈)ㅣ 說(열)ᄒᆞ며 遠(원)ᄒᆞᆫ 者(쟈)ㅣ 來(ᄅᆡ)케 ᄒᆞᆯ 디니라

319(13-17)

子夏爲莒父宰, 問政. 子曰:「無欲速, 無見小利. 欲速, 則不達; 見小利, 則大事不成.」

① 陶山本

子夏(ᄌᆞ하)ㅣ 莒父宰(거보지)ㅣ 되연ᄂᆞᆫ 디라 政(졍)을 묻ᄌᆞ온대 子(ᄌᆞ)ㅣ ᄀᆞᆯᄋᆞ샤ᄃᆡ 速(속)고져티 말며 小利(쇼리)를 보디 마롤 ᄯᅵ니 速(속)고져 ᄒᆞ면 達(달)티 몯ᄒᆞ고 小利(쇼리)를 보면 大事(대ᄉᆞ)ㅣ 이디 몯ᄒᆞᄂᆞ니라

② 栗谷本

子夏(ᄌᆞ하)ㅣ 莒父宰(거보지)ㅣ 되여 政(졍)을 묻ᄌᆞ온대 子(ᄌᆞ)ㅣ ᄀᆞᄅᆞ샤ᄃᆡ 速(속)고져

ᄒᆞ디 말며 小利(쇼리)ᄂᆞᆯ 보디 마롤 디니 速(속)고져 ᄒᆞ면 達(달)티 몯ᄒᆞ고 小利(쇼리)ᄂᆞᆯ 보면 大事(대ᄉᆞ)ㅣ 이디 몯ᄒᆞᄂᆞ니라

320(13-18)

葉公語孔子曰:「吾黨有直躬者, 其父攘羊, 而子證之.」孔子曰:「吾黨之直者異於是: 父爲子隱, 子爲父隱. 直在其中矣.」

① 陶山本

葉公(셥공)이 孔子(공ᄌᆞ)ㅅ긔 語(어)ᄒᆞ야 ᄀᆞᆯ오ᄃᆡ 우리 黨(당)에 躬(궁)을 直(딕)히 ᄒᆞᆫ 者(쟈)ㅣ 인ᄂᆞ니 그 父(부)ㅣ 羊(양)을 攘(샹)ᄒᆞ야ᄂᆞᆯ 子(ᄌᆞ)ㅣ 證(증)ᄒᆞ니이다

孔子(공ᄌᆞ)ㅣ ᄀᆞᆯᄋᆞ샤ᄃᆡ 우리 黨(당)에 直(딕)ᄒᆞᆫ 者(쟈)ᄂᆞᆫ 이에 다ᄅᆞ니 父(부)ㅣ 子(ᄌᆞ)ᄅᆞᆯ 爲(위)ᄒᆞ야 隱(은)ᄒᆞ며 子(ᄌᆞ)ㅣ 父(부)를 爲(위)ᄒᆞ야 隱(은)ᄒᆞᄂᆞ니 直(딕)이 그 中(듕)에 인ᄂᆞ니라

② 栗谷本

葉公(셥공)이 孔子(공ᄌᆞ)ᄭᅴ 語(어)ᄒᆞ야 ᄀᆞ로ᄃᆡ 우리 黨(당)애 모믈 直(딕)히 ᄒᆞᆯ 者(쟈)ㅣ 이시니 그 아비 羊(양)을 攘(양)ᄒᆞ야ᄂᆞᆯ 아ᄃᆞ리 證(증)ᄒᆞ니이다

孔子(공ᄌᆞ)ㅣ ᄀᆞᄅᆞ샤ᄃᆡ 우리 黨(당)애 直(딕)ᄒᆞᆫ 者(쟈)ᄂᆞᆫ 이와 다ᄅᆞ니 아비 아ᄃᆞᆯ을 爲(위)ᄒᆞ야 隱(은)ᄒᆞ며 아ᄃᆞᆯ이 아비ᄅᆞᆯ 爲(위)ᄒᆞ야 隱(은)호매 直(딕)이 그 中(듕)의 잇ᄂᆞ니라

321(13-19)

樊遲問仁. 子曰:「居處恭, 執事敬, 與人忠. 雖之夷狄, 不可棄也.」

① 陶山本

樊遲(번디)ㅣ 仁(신)을 묻ᄌᆞ온대 子(ᄌᆞ)ㅣ ᄀᆞᆯᄋᆞ샤ᄃᆡ 居處(거쳐)에 恭(공)ᄒᆞ며 事(ᄉᆞ)를 執(집)홈이 敬(경)ᄒᆞ며 人(신)을 與(여)홈이 忠(튱)홈을 비록 夷狄(이뎍)에 갈 ᄯᅵ라도 可(가)히 棄(기)티 몯ᄒᆞᆯ 꺼시니라

② 栗谷本

樊遲(번디)ㅣ 仁(인)을 묻ᄌᆞ온대 子(ᄌᆞ)ㅣ ᄀᆞᄅᆞ샤ᄃᆡ 處(쳐)의 居(거)호매 恭(공)ᄒᆞ며 事(ᄉᆞ)를 執(집)호매 敬(경)ᄒᆞ며 人(인)과 다ᄆᆞ러 忠(튱)호믈 비록 夷狄(이뎍)의 갈디라도 可(가)히 ᄇᆞ리디 몯ᄒᆞᆯ 디니라

322(13-20)

子貢問曰:「何如斯可謂之士矣?」子曰:「行己有恥, 使於四方, 不辱君命, 可謂士矣.」曰:「敢問其次.」曰:「宗族稱孝焉, 鄕黨稱弟焉.」曰:「敢問其次.」曰:「言必信, 行必果, 硜硜然小人哉! 抑亦可以爲次矣.」曰:「今之從政者何如?」子曰:「噫! 斗筲之人, 何足算也?」

① 陶山本

子貢(ᄌᆞ공)이 묻ᄌᆞ와 ᄀᆞᆯ오ᄃᆡ 엇더ᄒᆞ야ᅀᅡ 이에 可(가)히 士(ᄉᆞ)ㅣ라 닐ᄋᆞ리잇고 子(ᄌᆞ)ㅣ ᄀᆞᆯᄋᆞ샤ᄃᆡ 己(긔)를 行(ᄒᆡᆼ)홈이 恥(티)이시며 四方(ᄉᆞ방)에 使(사)ᄒᆞ야 君命(군명)을 辱(욕)디 아니ᄒᆞ면 可(가)히 士(ᄉᆞ)ㅣ라 니ᄅᆞᆯ 띠니라

ᄀᆞᆯ오ᄃᆡ 敢(감)히 그 次(ᄎᆞ)를 묻ᄌᆞᆸ노이다 ᄀᆞᆯᄋᆞ샤ᄃᆡ 宗族(종족)이 孝(효)ㅣ라 稱(칭)ᄒᆞ며 鄕黨(향당)이 弟(뎨)ㅣ라 稱(칭)홈이니라

ᄀᆞᆯ오ᄃᆡ 敢(감)히 그 次(ᄎᆞ)를 묻ᄌᆞᆸ노이다 ᄀᆞᆯᄋᆞ샤ᄃᆡ 言(언)을 반ᄃᆞ시 信(신)ᄒᆞ며 行(ᄒᆡᆼ)을 반ᄃᆞ시 果(과)홈이 硜硜(경경)ᄒᆞᆫ 小人(쇼신)이나 ᄯᅩᄒᆞᆫ 可(가)히 ᄡᅧ 次(ᄎᆞ)ㅣ 될 이니라

ᄀᆞᆯ오ᄃᆡ 이제 政(졍)을 從(죵)ᄒᆞᄂᆞᆫ 者(쟈)ᄂᆞᆫ 엇더ᄒᆞ니잇고 子(ᄌᆞ)ㅣ ᄀᆞᆯᄋᆞ샤ᄃᆡ 噫(희)라 斗筲(두쇼)ㅅ 人(신)을 엇디 足(죡)히 筭(산)ᄒᆞ리오

② 栗谷本

子貢(ᄌᆞ공)이 뭇ᄌᆞ와 ᄀᆞᆯ오ᄃᆡ 엇더ᄒᆞ야사 이에 可(가)히 士(ᄉᆞ)ㅣ라 니ᄅᆞ리잇고 子(ᄌᆞ)ㅣ ᄀᆞᄅᆞ샤ᄃᆡ 己(긔)ᄅᆞᆯ 行(ᄒᆡᆼ)호매 恥(티)이시며 四方(ᄉᆞ방)에 使(시)호매 君命(군명)을 辱(욕)디 아니면 可(가)히 士(ᄉᆞ)ㅣ라 니ᄅᆞᆯ 디니라

ᄀᆞ로ᄃᆡ 敢(감)히 그 次(ᄎᆞ)ᄅᆞᆯ 뭇노이다 ᄀᆞᄅᆞ샤ᄃᆡ 宗族(종족)이 孝(효)ᄅᆞᆯ 稱(칭)ᄒᆞ며 鄕黨(향당)이 弟(뎨)ᄅᆞᆯ 稱(칭)호미니라

ᄀᆞ로ᄃᆡ 敢(감)히 그 次(ᄎᆞ)ᄅᆞᆯ 묻노이다 ᄀᆞᄅᆞ샤ᄃᆡ 言(언)을 반ᄃᆞ시 信(신)히 ᄒᆞ며 行(ᄒᆡᆼ)을 반ᄃᆞ시 果(과)히 ᄒᆞ면 硜硜(경경)ᄒᆞᆫ 小人(쇼인)이나 ᄯᅩᄒᆞᆫ 可(가)히 ᄡᅧ 次(ᄎᆞ)ㅣ 될 디니라

ᄀᆞ로ᄃᆡ 이제 政(졍)을 從(죵)ᄒᆞᄂᆞᆫ 者(쟈)ᄂᆞᆫ 엇더ᄒᆞ니잇고 子(ᄌᆞ)ㅣ ᄀᆞᄅᆞ샤ᄃᆡ 噫(희)라 斗筲(두쇼)읫 사ᄅᆞᆷ을 엇디 足(죡)히 혜아리리오

323(13-21)

子曰:「不得中行而與之, 必也狂狷乎! 狂者進取, 狷者有所不爲也.」

① 陶山本

子(ᄌᆞ)ㅣ ᄀᆞᆯᄋᆞ샤ᄃᆡ 中行(듕ᄒᆡᆼ)을 得(득)ᄒᆞ야 與(여)티 몯홀띤댄 반ᄃᆞ시 狂(광)과 狷(견)인뎌 狂(광)ᄒᆞᆫ 이ᄂᆞᆫ 進(진)ᄒᆞ야 取(취)ᄒᆞ고 狷(견)ᄒᆞᆫ 이ᄂᆞᆫ ᄒᆞ디 아닐 빼 인ᄂᆞ니라

② 栗谷本

子(ᄌᆞ)ㅣ ᄀᆞᄅᆞ샤ᄃᆡ 中行(듕힝)을 어더 與(여)티 못홀딘댄 반ᄃᆞ시 狂(광)과 狷(견)인뎌 狂(광)ᄒᆞᆫ 者(쟈)는 進(진)ᄒᆞ야 取(취)ᄒᆞ고 狷(견)ᄒᆞᆫ 者(쟈)는 ᄒᆞ디 아닐 배 잇ᄂᆞ니라

324(13-22)

子曰:「南人有言曰:『人而無恆, 不可以作巫醫.』善夫!」「不恆其德, 或承之羞.」子曰:「不占而已矣.」

① 陶山本

子(ᄌᆞ)ㅣ 골ᄋᆞ샤ᄃᆡ 南人(남신)이 言(언)을 두어 골오ᄃᆡ 人(신)이오 恒(ᄒᆡᆼ)이 업스면 可(가)히 ᄡᅧ 巫(무)와 醫(의)도 되디 몯ᄒᆞ리라 ᄒᆞ니 善(션)ᄒᆞ다

그 德(덕)을 恒(ᄒᆡᆼ)티 아니ᄒᆞ면 或(혹)이 羞(슈)를 承(승)ᄒᆞ리라 ᄒᆞ니

子(ᄌᆞ)ㅣ 골ᄋᆞ샤ᄃᆡ 占(졈)티 아니홀 ᄯᆞᄅᆞᆷ이니라

② 栗谷本

子(ᄌᆞ)ㅣ ᄀᆞᄅᆞ샤ᄃᆡ 南人(남인)이 言(언)을 두어 골오ᄃᆡ 사ᄅᆞᆷ이 恒(ᄒᆡᆼ)이 업ᄉᆞ면 可(가)히 巫(무)와 醫(의) 되디 못ᄒᆞ리라 ᄒᆞ니 善(션)ᄒᆞᆫ뎌

그 德(덕)을 恒(ᄒᆡᆼ)히 아니면 或(혹) 羞(슈)로 承(승)ᄒᆞᆫ다 ᄒᆞ니

子(ᄌᆞ)ㅣ ᄀᆞᄅᆞ샤ᄃᆡ 占(졈)티 아니홀 ᄯᆞᄅᆞ미로다

325(13-23)

子曰:「君子和而不同, 小人同而不和.」

① 陶山本

子(ᄌᆞ)ㅣ 골ᄋᆞ샤ᄃᆡ 君子(군ᄌᆞ)는 和(화)하고 同(동)티 아니ᄒᆞ고 小人(쇼신)은 同(동)ᄒᆞ고 和(화)티 아니ᄒᆞᄂᆞ니라

② 栗谷本

子(ᄌᆞ)ㅣ ᄀᆞᄅᆞ샤ᄃᆡ 君子(군ᄌᆞ)는 和(화)코 同(동)티 아니ᄒᆞ고 小人(쇼인)은 同(동)코 和(화)티 아니ᄂᆞ니라

326(13-24)

子貢問曰:「鄕人皆好之, 何如?」子曰:「未可也.」「鄕人皆惡之, 何如?」子曰:「未可也; 不如鄕人之善者好之, 其不善者惡之.」

① 陶山本

子貢(ᄌᆞ공)이 묻ᄌᆞ와 ᄀᆞᆯ오ᄃᆡ 鄕人(향신)이 다 됴히 너기면 엇더ᄒᆞ니잇고 子(ᄌᆞ)ㅣ ᄀᆞᆯᄋᆞ샤ᄃᆡ 可(가)티 아니ᄒᆞ니라 鄕人(향신)이 다 아쳐ᄒᆞ면 엇더ᄒᆞ니잇고 子(ᄌᆞ)ㅣ ᄀᆞᆯᄋᆞ샤ᄃᆡ 可(가)티 아니ᄒᆞ니라 鄕人(향신)의 善(션)한 者(쟈)ㅣ 됴히 너기고 그 善(션)티 아니ᄒᆞᆫ 者(쟈)ㅣ 아쳐홈만 ᄀᆞᆮ디 몯ᄒᆞ니라

② 栗谷本

子貢(ᄌᆞ공)이 묻ᄌᆞ와 ᄀᆞᆯ오ᄃᆡ 鄕人(향인)이 다 好(호)ᄒᆞᆯ 딘댄 엇써ᄒᆞ니잇고 子(ᄌᆞ)ㅣ ᄀᆞᄅᆞ샤ᄃᆡ 可(가)티 아니니라 鄕人(향인)이 다 惡(오)ᄒᆞᆯ 딘댄 엇더ᄒᆞ니잇고 子(ᄌᆞ)ㅣ ᄀᆞᄅᆞ샤ᄃᆡ 可(가)티 아니ᄒᆞ니 鄕人(향인)의 善(션)한 者(쟈)ᄂᆞᆫ 好(호)ᄒᆞ고 그 善(션)티 아닌 者(쟈)ᄂᆞᆫ 惡(오)홈만 ᄀᆞᆺ디 몯ᄒᆞ니라

327(13-25)

子曰:「君子易事而難說也. 說之不以道, 不說也; 及其使人也, 器之. 小人難事而易說也. 說之雖不以道, 說也; 及其使人也, 求備焉.」

① 陶山本

子(ᄌᆞ)ㅣ ᄀᆞᆯᄋᆞ샤ᄃᆡ 君子(군ᄌᆞ)ᄂᆞᆫ 事(ᄉᆞ)홈이 쉽고 說(열)케 홈이 어려우니 說(열)케 홈을 道(도)로써 아니ᄒᆞ면 說(열)티 아니ᄒᆞ고 그 人(신)을 使(ᄉᆞ)홈애 미처ᄂᆞᆫ 器(긔)로 ᄒᆞᄂᆞ니라 小人(쇼신)은 事(ᄉᆞ)홈이 어렵고 說(열)케 홈이 쉬우니 說(열)케 홈을 비록 道(도)로써 아니ᄒᆞ야도 說(열)ᄒᆞ고 그 人(신)을 使(ᄉᆞ)홈애 미처ᄂᆞᆫ 備(비)홈을 求(구)ᄒᆞᄂᆞ니라

② 栗谷本

子(ᄌᆞ)ㅣ ᄀᆞᄅᆞ샤ᄃᆡ 君子(군ᄌᆞ)ᄂᆞᆫ 셤기기 쉽고 깃기기 어려우니 깃기기를 道(도)로써 아니면 깃디 아니코 그 사롬 브리매 미처ᄂᆞᆫ 器(긔)ᄒᆞᄂᆞ니라 小人(쇼인)은 셤기기 어렵고 깃기기 쉬우니 깃기기를 비록 道(도)로써 아니나 깃거ᄒᆞ고 그 사롬 브리매 미처ᄂᆞᆫ 備(비)호믈 求(구)ᄒᆞᄂᆞ니라

328(13-26)

子曰:「君子泰而不驕, 小人驕而不泰.」

① 陶山本

子(ᄌᆞ) ㅣ ᄀᆞᆯᄋᆞ샤ᄃᆡ 君子(군ᄌᆞ)ᄂᆞᆫ 泰(태)ᄒᆞ고 驕(교)티 아니ᄒᆞ고 小人(쇼신)ᄋᆞᆫ 驕(교)ᄒᆞ고 泰(태)티 아니ᄒᆞᄂᆞ니라

② 栗谷本

子(ᄌᆞ) ㅣ ᄀᆞᄅᆞ샤ᄃᆡ 君子(군ᄌᆞ)ᄂᆞᆫ 泰(태)코 驕(교)티 아니ᄒᆞ고 小人(쇼인)ᄋᆞᆫ 驕(교)코 泰(태)티 아니ᄂᆞ니라

329(13-27)

子曰:「剛·毅·木·訥近仁.」

① 陶山本

子(ᄌᆞ) ㅣ ᄀᆞᆯᄋᆞ샤ᄃᆡ 剛(강)과 毅(의)와 木(목)과 訥(룰)이 仁(신)에 갓가오니라

② 栗谷本

子(ᄌᆞ) ㅣ ᄀᆞᄅᆞ샤ᄃᆡ 剛(강)코 毅(의)코 木訥(목룰)호미 仁(인)의 近(근)ᄒᆞ니라

330(13-28)

子路問曰:「何如斯可謂之士矣?」子曰:「切切偲偲, 怡怡如也, 可謂士矣. 朋友切切偲偲, 兄弟怡怡.」

① 陶山本

子路(ᄌᆞ로) ㅣ 묻ᄌᆞ와 ᄀᆞᆯ오ᄃᆡ 엇더ᄒᆞ야사 이에 可(가)히 士(ᄉᆞ) ㅣ 라 닐ᄋᆞ리잇고 子(ᄌᆞ) ㅣ ᄀᆞᆯᄋᆞ샤ᄃᆡ 切切(절절)ᄒᆞ며 偲偲(싀싀)ᄒᆞ며 怡怡(이이)ᄐᆞᆺ ᄒᆞ면 可(가)히 士(ᄉᆞ) ㅣ 라 닐올 띠니 朋友(붕우)에ᄂᆞᆫ 切切(절절)ᄒᆞ며 偲偲(싀싀)ᄒᆞ고 兄弟(형뎨)에ᄂᆞᆫ 怡怡(이이)홀 띠니라

② 栗谷本

子路(ᄌᆞ로) ㅣ 묻ᄌᆞ와 ᄀᆞᆯ오ᄃᆡ 엇지ᄒᆞ야사 이에 可(가)히 士(ᄉᆞ) ㅣ 라 니ᄅᆞ니잇고 子(ᄌᆞ) ㅣ ᄀᆞᄅᆞ샤ᄃᆡ 切切(절절)히 ᄒᆞ며 偲偲(싀싀)히 ᄒᆞ며 怡怡(이이)히 ᄒᆞ면 可(가)히 士(ᄉᆞ) ㅣ 라 니ᄅᆞᆯ 디니 朋友(붕우)애ᄂᆞᆫ 切切(절절) 偲偲(싀싀)ᄒᆞ고 兄弟(형뎨)애ᄂᆞᆫ 怡怡(이이)히 홀 디니라

331(13-29)

子曰:「善人敎民七年, 亦可以卽戎矣.」

① 陶山本

子(ᄌᆞ)ㅣ ᄀᆞᆯᄋᆞ샤ᄃᆡ 善人(션신)이 民(민) ᄀᆞ르침이 七年(칠년)이면 ᄯᅩᄒᆞᆫ 可(가)히 ᄡᅥ 戎(ᅀᅲᆼ)에 卽(즉)ᄒᆞ리니라

② 栗谷本

子(ᄌᆞ)ㅣ ᄀᆞᄅᆞ샤ᄃᆡ 善人(션인)이 ᄇᆡᆨ셩 ᄀᆞᄅᆞ치기ᄅᆞᆯ 七年(칠년)을 ᄒᆞ면 ᄯᅩᄒᆞᆫ 可(가)히 ᄡᅥ 戎(융)에 卽(즉)ᄒᆞ리라

332(13-30)

子曰:「以不敎民戰, 是謂棄之.」

① 陶山本

子(ᄌᆞ)ㅣ ᄀᆞᆯᄋᆞ샤ᄃᆡ ᄀᆞᄅᆞ치디 아니ᄒᆞᆫ 民(민)으로ᄡᅥ 戰(젼)ᄒᆞ면 이 닐온 ᄇᆞ림이니라

② 栗谷本

子(ᄌᆞ)ㅣ ᄀᆞᄅᆞ샤ᄃᆡ 敎(교)티 아닌 民(민)을 ᄡᅥ 戰(젼)ᄒᆞ면 이 닐온 棄(기)호미니라

第十四〈憲問〉

333(14-1)

憲問恥. 子曰:「邦有道, 穀; 邦無道, 穀, 恥也.」

① 陶山本

憲(헌)이 恥(티)를 묻ᄌᆞ온대 子(ᄌᆞ)ㅣ 골ᄋᆞ샤ᄃᆡ 邦(방)이 道(도)ㅣ 이숌애 穀(곡)만 ᄒᆞ며 邦(방)이 道(도)ㅣ 업숌애 穀(곡)만 홈이 恥(티)ㅣ니라

② 栗谷本

憲(헌)이 恥(티)를 묻ᄌᆞ온대 子(ᄌᆞ)ㅣ ᄀᆞᄅᆞ샤ᄃᆡ 邦(방)이 道(도)ㅣ 이신제 穀(곡)만 ᄒᆞ며 邦(방)이 道(도)ㅣ 업슨 제 穀(곡)만 ᄒᆞ미 恥(티)니라

334(14-2)

「克·伐·怨·欲不行焉, 可以爲仁矣?」子曰:「可以爲難矣, 仁則吾不知也.」

① 陶山本

克(극)과 伐(벌)과 怨(원)과 欲(욕)을 行(ᄒᆡᇰ)티 몯게 ᄒᆞ면 可(가)히 ᄡᅧ 仁(신)이라 ᄒᆞ리잇가 子(ᄌᆞ)ㅣ 골ᄋᆞ샤ᄃᆡ 可(가)히 ᄡᅧ 어렵다 ᄒᆞ려니와 仁(신)ᄋᆞᆫ 내 아디 몯게라

② 栗谷本

克(극)과 伐(벌)과 怨(원)과 欲(욕)을 行(ᄒᆡᇰ)티 아니면 可(가)히 ᄡᅧ 仁(인)이라 ᄒᆞ리잇가 子(ᄌᆞ)ㅣ ᄀᆞᄅᆞ샤ᄃᆡ 可(가)히 ᄡᅧ 어렵다 ᄒᆞ려니와 仁(인)은 내 아디 몯게라

335(14-3)

子曰:「士而懷居, 不足以爲士矣.」

① 陶山本

子(ᄌᆞ)ㅣ 골ᄋᆞ샤ᄃᆡ 士(ᄉᆞ)ㅣ오 居(거)를 懷(회)ᄒᆞ면 足(죡)히 ᄡᅧ 士(ᄉᆞ)ㅣ라 ᄒᆞ디 몯ᄒᆞᆯ 꺼시니라

② 栗谷本

子(ᄌᆞ)ㅣ ᄀᆞᄅᆞ샤ᄃᆡ 士(ᄉᆞ)ㅣ오 居(거)ᄅᆞᆯ 懷(회)ᄒᆞ면 足(죡)히 ᄡᅧ 士(ᄉᆞ)ㅣ 되디 몯ᄒᆞᆯ 디니라

336(14-4)

子曰:「邦有道, 危言危行; 邦無道, 危行言孫.」

① 陶山本

子(ᄌᆞ)ㅣ 골ᄋᆞ샤ᄃᆡ 邦(방)이 道(도)ㅣ 이숌앤 言(언)을 危(위)히 ᄒᆞ며 行(ᄒᆡᆼ)을 危(위)히 ᄒᆞ고 邦(방)이 道(도)ㅣ 업숌앤 行(ᄒᆡᆼ)을 危(위)히 ᄒᆞ고 言(언)은 孫(손)히 홀 띠니라

② 栗谷本

子(ᄌᆞ)ㅣ ᄀᆞᄅᆞ샤ᄃᆡ 邦(방)이 道(도)ㅣ 이신 제 言(언)을 危(위)히 ᄒᆞ며 行(ᄒᆡᆼ)을 危(위)히 ᄒᆞ고 邦(방)이 道(도)ㅣ 업슨 제ᄂᆞᆫ 行(ᄒᆡᆼ)을 危(위)히 ᄒᆞ고 言(언)을 孫(손)히 ᄒᆞᆯ 디니라

337(14-5)

子曰:「有德者必有言, 有言者不必有德. 仁者必有勇, 勇者不必有仁.」

① 陶山本

子(ᄌᆞ)ㅣ 골ᄋᆞ샤ᄃᆡ 德(덕)을 둔ᄂᆞᆫ 者(쟈)ᄂᆞᆫ 반ᄃᆞ시 言(언)을 둣거니와 言(언)을 둔ᄂᆞᆫ 者(쟈)ᄂᆞᆫ 반ᄃᆞ시 德(덕)을 두디 몯ᄒᆞᄂᆞ니라 仁(ᅀᅵᆫ)ᄒᆞᆫ 者(쟈)ᄂᆞᆫ 반ᄃᆞ시 勇(용)을 둣거니와 勇(용)ᄒᆞᆫ 者(쟈)ᄂᆞᆫ 반ᄃᆞ시 仁(ᅀᅵᆫ)을 두디 몯ᄒᆞᄂᆞ니라

② 栗谷本

子(ᄌᆞ)ㅣ ᄀᆞᄅᆞ샤ᄃᆡ 德(덕)을 둣ᄂᆞᆫ 者(쟈)ᄂᆞᆫ 반ᄃᆞ시 言(언)을 둣거니와 言(언) 둣ᄂᆞᆫ 者(쟈)ㅣ 구ᄐᆡ여 德(덕)을 둣디 못ᄒᆞ며 仁(인)ᄒᆞᆫ 者(쟈)ᄂᆞᆫ 반ᄃᆞ시 勇(용)을 둣거니와 勇(용)ᄒᆞᆫ 者(쟈)ㅣ 구ᄐᆡ여 仁(인)을 둣디 못ᄒᆞᄂᆞ니라

338(14-6)

南宮适問於孔子曰:「羿善射, 奡盪舟, 俱不得其死然. 禹稷躬稼而有天下.」夫子不答. 南宮适出, 子曰:「君子哉若人! 尚德哉若人!」

① 陶山本

南宮适(남궁괄)이 孔子(공ᄌᆞ)ᄭᅴ 묻ᄌᆞ와 ᄀᆞᆯ오ᄃᆡ 羿(예)ᄂᆞᆫ 射(샤)를 善(션)ᄒᆞ고 奡(오)ᄂᆞᆫ 舟(쥬)를 盪(탕)호ᄃᆡ 다 그 死(ᄉᆞ)를 得(득)디 몯ᄒᆞ야ᄂᆞᆯ 그러나 禹(우)와 稷(직)은 몸소 稼(가)호ᄃᆡ 天下(텬하)를 두시니이다 夫子(부ᄌᆞ)ㅣ 答(답)디 아니ᄒᆞ더시니 南宮适(남궁괄)이 出(츌)커ᄂᆞᆯ 子(ᄌᆞ)ㅣ ᄀᆞᆯᄋᆞ샤ᄃᆡ 君子(군ᄌᆞ)ㅣ라 이러톳 ᄒᆞᆫ 사ᄅᆞᆷ이여 德(덕)을 尙(샹)ᄒᆞᄂᆞ다 이러톳 ᄒᆞᆫ 사ᄅᆞᆷ이여

② 栗谷本

南宮适(남궁괄)이 孔子(공ᄌᆞ)ᄭᅴ 묻ᄌᆞ와 ᄀᆞᆯ오ᄃᆡ 羿(예)ᄂᆞᆫ 射(샤)를 善(션)히 ᄒᆞ고 奡(오)ᄂᆞᆫ 舟(쥬)를 盪(탕)호ᄃᆡ 다 그 死(ᄉᆞ)를 得(득)디 몯ᄒᆞ고 그러나 禹(우)와 稷(직)은 몸으로 稼(가)ᄒᆞ시다가 天下(텬하)를 두시니이다 夫子(부ᄌᆞ)ㅣ 答(답)디 아니ᄒᆞ시고 南宮适(남궁괄)이 出(츌)ᄒᆞ거ᄂᆞᆯ 子(ᄌᆞ)ㅣ ᄀᆞᄅᆞ샤ᄃᆡ 君子(군ᄌᆞ)라 이런 사ᄅᆞᆷ이여 德(덕)을 尙(샹)ᄒᆞᆫ다 이런 사ᄅᆞᆷ이여

339(14-7)

子曰:「君子而不仁者有矣夫, 未有小人而仁者也.」

① 陶山本

子(ᄌᆞ)ㅣ ᄀᆞᆯᄋᆞ샤ᄃᆡ 君子(군ᄌᆞ)ㅣ오 仁(신)티 몯ᄒᆞᆫ 者(쟈)ᄂᆞᆫ 잇거니와 小人(쇼신)이오 仁(신)ᄒᆞᆫ 者(쟈)ᄂᆞᆫ 잇디 아니ᄒᆞ니라

② 栗谷本

子(ᄌᆞ)ㅣ ᄀᆞᄅᆞ샤ᄃᆡ 君子(군ᄌᆞ)ㅣ오 仁(인)티 못ᄒᆞᆫ 者(쟈)ᄂᆞᆫ 잇거니와 小人(쇼인)이오 仁(인)ᄒᆞᆫ 者(쟈)ᄂᆞᆫ 잇디 아니ᄒᆞ니라

340(14-8)

子曰:「愛之, 能勿勞乎? 忠焉, 能勿誨乎?」

① 陶山本

子(ᄌᆞ)ㅣ ᄀᆞᆯᄋᆞ샤ᄃᆡ 愛(ᄋᆡ)ᄒᆞ야란 能(능)히 勞(로)케 말랴 忠(듕)ᄒᆞ야란 能(능)히 誨(회)티 말랴

② 栗谷本

子(ᄌᆞ)ㅣ ᄀᆞᄅᆞ샤ᄃᆡ 愛(ᄋᆡ)ᄒᆞᆯ 딘댄 能(능)히 勞(로)티 말랴 忠(듕)ᄒᆞᆯ 딘댄 能(능)히 誨(회)티 말랴

341(14-9)

子曰:「爲命, 裨諶草創之, 世叔討論之, 行人子羽脩飾之, 東里子産潤色之.」

① 陶山本

子(ᄌᆞ)ㅣ ᄀᆞᆯᄋᆞ샤ᄃᆡ 命(명)을 ᄒᆞᆷ애 裨諶(비팀)이 草創(초창)ᄒᆞ고 世叔(셰슉)이 討論(토론)ᄒᆞ고 行人(ᄒᆡᆼᅀᅵᆫ)인 子羽(ᄌᆞ우)ㅣ 修飾(슈식)ᄒᆞ고 東里(동리)ㅅ 子産(ᄌᆞ산)이 潤色(ᅀᅲᆫᄉᆡᆨ)ᄒᆞ니라

② 栗谷本

子(ᄌᆞ)ㅣ ᄀᆞᄅᆞ샤ᄃᆡ 命(명)을 ᄒᆞᆯ제 裨諶(비팀)은 草創(초창)ᄒᆞ고 世叔(셰슉)은 討論(토론)ᄒᆞ고 行人(ᄒᆡᆼ인) 子羽(ᄌᆞ우)ᄂᆞᆫ 修飾(슈식)ᄒᆞ고 東里(동리) 子産(ᄌᆞ산)은 潤色(윤ᄉᆡᆨ)ᄒᆞᄂᆞ니라

342(14-10)

或問子産. 子曰:「惠人也.」問子西. 曰:「彼哉! 彼哉!」問管仲. 曰:「人也. 奪伯氏騈邑三百, 飯疏食, 沒齒無怨言.」

① 陶山本

或(혹)이 子産(ᄌᆞ산)을 묻ᄌᆞ온대 子(ᄌᆞ)ㅣ ᄀᆞᆯᄋᆞ샤ᄃᆡ 惠(혜)ᄒᆞᆫ 人(ᅀᅵᆫ)이니라

子西(ᄌᆞ셔)를 묻ᄌᆞ온대 ᄀᆞᆯᄋᆞ샤ᄃᆡ 뎨여 뎨여

管仲(관듕)을 묻ᄌᆞ온대 ᄀᆞᆯᄋᆞ샤ᄃᆡ 人(ᅀᅵᆫ)이 伯氏(ᄇᆡᆨ시)의 騈邑(병읍) 三百(삼ᄇᆡᆨ)을 아사늘 疏食(소ᄉᆞ)를 飯(반)ᄒᆞ야 齒(치)ㅣ 沒(몰)호ᄃᆡ 怨(원)ᄒᆞᄂᆞᆫ 말이 업ᄉᆞ니라

② 栗谷本

或(혹)이 子産(ᄌᆞ산)을 묻ᄌᆞ온대 子(ᄌᆞ)ㅣ ᄀᆞᄅᆞ샤ᄃᆡ 惠(혜)ᄒᆞᆫ 사ᄅᆞᆷ이니라

子西(ᄌᆞ셔)ᄅᆞᆯ 묻ᄌᆞ온대 ᄀᆞᄅᆞ샤ᄃᆡ 뎌여 뎌여

管仲(관듕)을 묻ᄌᆞ온대 ᄀᆞᄅᆞ샤ᄃᆡ 사ᄅᆞᆷ이 伯氏(ᄇᆡᆨ시) 騈邑(병읍) 三百(삼ᄇᆡᆨ)을 아ᄋᆞ니 疏食(소ᄉᆞ)ᄅᆞᆯ 머고ᄃᆡ 齒(치) 沒(몰)토록 怨言(원언)이 업스니라

343(14-11)

子曰:「貧而無怨, 難; 富而無驕, 易.」

① 陶山本

子(ᄌᆞ)ㅣ 갈ᄋᆞ샤ᄃᆡ 貧(빈)ᄒᆞ고 怨(원)홈이 업슴은 어렵고 富(부)ᄒᆞ고 驕(교)홈이 업슴은 쉬오니라

② 栗谷本

子(ᄌᆞ)ㅣ ᄀᆞᄅᆞ샤ᄃᆡ 貧(빈)코 怨(원)업기는 어렵고 富(부)코 驕(교)업기는 쉬오니라

344(14-12)

子曰:「孟公綽爲趙魏老則優, 不可以爲滕薛大夫.」

① 陶山本

子(ᄌᆞ)ㅣ 갈ᄋᆞ샤ᄃᆡ 孟公綽(ᄆᆡᆼ공쟉)이 趙魏(됴위)ㅅ 老(로)ㅣ 되면 優(우)ᄒᆞ려니와 可(가)히 ᄡᅥ 滕薛(ᄐᆞᆼ셜)ㅅ 태우는 되디 몯ᄒᆞ리니라

② 栗谷本

子(ᄌᆞ)ㅣ ᄀᆞᄅᆞ샤ᄃᆡ 孟公綽(ᄆᆡᆼ공쟉)이 趙魏(됴위)의 老(로)ㅣ 되면 優(우)ᄒᆞ려니와 可(가)히 ᄡᅥ 滕薛(ᄐᆞᆼ셜) 大夫(대부)ㅣ 되디 몯홀 디니라

345(14-13)

子路問成人. 子曰:「若臧武仲之知, 公綽之不欲, 卞莊子之勇, 冉求之藝, 文之以禮樂, 亦可以爲成人矣.」曰:「今之成人者何必然? 見利思義, 見危授命, 久要不忘平生之言, 亦可以爲成人矣.」

① 陶山本

子路(ᄌᆞ로)ㅣ 成人(셩신)을 묻ᄌᆞ온대 子(ᄌᆞ)ㅣ 갈ᄋᆞ샤ᄃᆡ 臧武仲(장무듕)의 知(디)와 公綽(공쟉)의 欲(욕)디 아니홈과 卞莊子(변장ᄌᆞ)의 勇(용)과 冉求(셤구)의 藝(예)예 文(문)호ᄃᆡ 禮樂(례악)으로ᄡᅥ ᄒᆞ면 ᄯᅩᄒᆞᆫ 可(가)히 ᄡᅥ 成人(셩신)이 될 이니라

갈ᄋᆞ샤ᄃᆡ 이제 成人(셩신)은 엇디 반ᄃᆞ시 그러리오 利(리)를 보고 義(의)를 思(ᄉᆞ)ᄒᆞ며 危(위)를 보고 命(명)을 授(슈)ᄒᆞ며 久要(구요)애 平生(평ᄉᆡᆼ) 말을 닛디 아니ᄒᆞ면 ᄯᅩᄒᆞᆫ 可(가)히 ᄡᅥ 成人(셩신)이 될 이니라

② 栗谷本

子路(ᄌᆞ로)ㅣ 成人(셩인)을 묻ᄌᆞ온대 子(ᄌᆞ)ㅣ ᄀᆞᄅᆞ샤ᄃᆡ 만일 臧武仲(장무듕)의 知(디)와 公綽(공쟉)의 欲(욕)디 아님과 卞莊子(변장ᄌᆞ)의 勇(용)과 冉求(염구)의 藝(예)예 文(문)

호ᄃᆡ 禮樂(례악)으로써 ᄒᆞ면 ᄯᅩᄒᆞᆫ 可(가)히 ᄡᅥ 成人(셩인)이 되리라

ᄀᆞᄅᆞ샤ᄃᆡ 이제 成人(셩인)은 엇디 구틔여 그러ᄒᆞ리오 利(리)ᄅᆞᆯ 보고 義(의)ᄅᆞᆯ 思(ᄉᆞ)ᄒᆞ며 危(위)ᄅᆞᆯ 보고 命(명)을 授(슈)ᄒᆞ며 오래 要(요)ᄒᆞᆯ대 平生(평ᄉᆡᆼ)의 言(언)을 닛디 아니면 ᄯᅩᄒᆞᆫ 可(가)히 ᄡᅥ 成人(셩인)이 되리라

346(14-14)

子問公叔文子於公明賈曰:「信乎, 夫子不言, 不笑, 不取乎?」公明賈對曰:「以告者過也. 夫子時然後言, 人不厭其言; 樂然後笑, 人不厭其笑; 義然後取, 人不厭其取.」子曰:「其然? 豈其然乎?」

① 陶山本

子(ᄌᆞ)ㅣ 公叔文子(공슉문ᄌᆞ)를 公明賈(공명가)의게 무러 ᄀᆞᆯᄋᆞ샤ᄃᆡ 진실로 夫子(부ᄌᆞ)ㅣ 言(언)티 아니ᄒᆞ며 笑(쇼)티 아니ᄒᆞ며 取(취)티 아니ᄒᆞᄂᆞ냐

公明賈(공명가)ㅣ 對(ᄃᆡ)ᄒᆞ야 ᄀᆞᆯ오ᄃᆡ ᄡᅥ 告(고)ᄒᆞᆫ 者(쟈)ㅣ 過(과)ᄒᆞ도소이다 夫子(부ᄌᆞ)ㅣ 時(시)ㄴ 然後(연후)에 言(언)ᄒᆞᄂᆞᆫ 디라 人(신)이 그 言(언)을 厭(염)티 아니ᄒᆞ며 樂(락)ᄒᆞᆫ 然後(연후)에 笑(쇼)ᄒᆞᄂᆞᆫ 디라 人(신)이 그 笑(쇼)를 厭(염)티 아니ᄒᆞ며 義(의)ㄴ 然後(연후)에 取(취)ᄒᆞᄂᆞᆫ 디라 人(신)이 그 取(취)홈을 厭(염)티 아니ᄒᆞᄂᆞ니이다 子(ᄌᆞ)ㅣ ᄀᆞᆯᄋᆞ샤ᄃᆡ 그 그러한가 엇디 그 그러ᄒᆞ리오

② 栗谷本

子(ᄌᆞ)ㅣ 公叔文子(공슉문ᄌᆞ)ᄅᆞᆯ 公明賈(공명가)ᄃᆞ려 무러 ᄀᆞᄅᆞ샤ᄃᆡ 진실로 夫子(부ᄌᆞ)ㅣ 言(언)티 아니며 笑(쇼)티 아니며 取(취)티 아니터냐

公明賈(공명가)ㅣ 對(ᄃᆡ)ᄒᆞ야 ᄀᆞᆯ오ᄃᆡ ᄡᅥ 告(고)ᄒᆞᆫ 者(쟈)ㅣ 過(과)ᄒᆞ도소이다 夫子(부ᄌᆞ)ㅣ ᄣᆡᆫ 후에 言(언)ᄒᆞᄂᆞᆫ 디라 사ᄅᆞᆷ이 그 言(언)을 厭(염)티 아니ᄒᆞ며 즐거운 후에 笑(쇼)ᄒᆞᄂᆞᆫ 디라 사ᄅᆞᆷ이 그 笑(쇼)ᄅᆞᆯ 厭(염)티 아니ᄒᆞ며 義(의)ㄴ 후에 取(취)ᄒᆞᄂᆞᆫ 디라 사ᄅᆞᆷ이 그 取(취)ᄅᆞᆯ 厭(염)티 아니ᄒᆞ니이다 子(ᄌᆞ)ㅣ ᄀᆞᄅᆞ샤ᄃᆡ 그 그런가 엇디 그 그러ᄒᆞ리오

347(14-15)

子曰:「臧武仲以防求爲後於魯, 雖曰不要君, 吾不信也.」

① 陶山本

子(ᄌᆞ)ㅣ ᄀᆞᆯᄋᆞ샤ᄃᆡ 臧武仲(장무듕)이 防(방)으로ᄡᅥ 後(후) 삼음을 魯(로)애 求(구)ᄒᆞ니 비록 ᄀᆞᆯ오ᄃᆡ 君(군)을 要(요)티 아니타 ᄒᆞ나 내 믿디 아니ᄒᆞ노라

② 栗谷本

子(ᄌᆞ)ㅣ ᄀᆞᄅᆞ샤ᄃᆡ 臧武仲(장무듕)이 防(방)으로ᄡᅧ 魯(로)의 後(후)ᄒᆞ기ᄅᆞᆯ 求(구)ᄒᆞ니 비록 ᄀᆞᆯ오ᄃᆡ 君(군)을 要(요)티 아니타 ᄒᆞ나 내 밋디 아니ᄒᆞ노라

348(14-16)

子曰:「晉文公譎而不正, 齊桓公正而不譎.」

① 陶山本

子(ᄌᆞ)ㅣ ᄀᆞᆯᄋᆞ샤ᄃᆡ 晋文公(진문공)은 譎(휼)ᄒᆞ고 正(졍)티 아니ᄒᆞ고 齊桓公(졔환공)은 正(졍)ᄒᆞ고 譎(휼)티 아니ᄒᆞ니라

② 栗谷本

子(ᄌᆞ)ㅣ ᄀᆞᄅᆞ샤ᄃᆡ 晋文公(진문공)은 譎(휼)코 正(졍)티 아니ᄒᆞ고 齊桓公(졔환공)은 正(졍)코 譎(휼)티 아니ᄒᆞ니라

349(14-17)

子路曰:「桓公殺公子糾, 召忽死之, 管仲不死. 曰: 未仁乎?」子曰:「桓公九合諸侯, 不以兵車, 管仲之力也. 如其仁, 如其仁.」

① 陶山本

子路(ᄌᆞ로)ㅣ ᄀᆞᆯ오ᄃᆡ 桓公(환공)이 公子(공ᄌᆞ) 糾(규)를 殺(살)ᄒᆞ야ᄂᆞᆯ 召忽(쇼홀)은 死(ᄉᆞ)ᄒᆞ고 管仲(관듕)은 死(ᄉᆞ)티 아니ᄒᆞ니 ᄀᆞᆯ오ᄃᆡ 仁(신)티 몯ᄒᆞᆫ뎌

子(ᄌᆞ)ㅣ ᄀᆞᆯᄋᆞ샤ᄃᆡ 桓公(환공)이 諸侯(져후)를 九合(규합)호ᄃᆡ 兵車(병거)로ᄡᅧ 아니홈은 管仲(관듕)의 力(력)이니 뉘 그 仁(신) ᄀᆞᄐᆞ리오 뉘 그 仁(신) ᄀᆞᄐᆞ리오

② 栗谷本

子路(ᄌᆞ로)ㅣ ᄀᆞᆯ오ᄃᆡ 桓公(환공)이 公子(공ᄌᆞ) 糾(규)ᄅᆞᆯ 주겨ᄂᆞᆯ 召忽(쇼홀)은 죽고 管仲(관듕)은 죽디 아니ᄒᆞ니 ᄀᆞᆯ온 仁(인)티 아니ᄒᆞᆫ뎌

子(ᄌᆞ)ㅣ ᄀᆞᄅᆞ샤ᄃᆡ 桓公(환공)이 諸侯(져후)ᄅᆞᆯ 九合(규합)호ᄃᆡ 兵車(병거)로ᄡᅧ 아니호믄 管仲(관듕)의 힘이니 뉘 그 仁(인) ᄀᆞᄐᆞ리오 뉘 그 仁(인) ᄀᆞᄐᆞ리오

350(14-18)

子貢曰:「管仲非仁者與? 桓公殺公子糾, 不能死, 又相之.」子曰:「管仲相桓公, 霸諸侯, 一匡天下, 民到于今受其賜. 微管仲, 吾其被髮左衽矣. 豈若匹夫匹婦之爲諒也, 自經於溝瀆而莫之知也?」

① 陶山本

子貢(ᄌᆞ공)이 ᄀᆞᆯ오ᄃᆡ 管仲(관듕)은 仁(신)ᄒᆞᆫ 者(쟈)ㅣ 아닌뎌 桓公(환공)이 公子(공ᄌᆞ) 糾(규)를 殺(살)ᄒᆞ야ᄂᆞᆯ 能(능)히 死(ᄉᆞ)티 몯ᄒᆞ고 ᄯᅩ 相(샹)ᄒᆞ곤여

子(ᄌᆞ)ㅣ ᄀᆞᆯᄋᆞ샤ᄃᆡ 管仲(관듕)이 桓公(환공)을 相(샹)ᄒᆞ야 諸侯(져후)에 霸(패)ᄒᆞ야 天下(텬하)를 一匡(일광)ᄒᆞ니 民(민)이 이제 니르히 그 賜(ᄉᆞ)를 受(슈)ᄒᆞᄂᆞ니 管仲(관듕)이 업스면 우리 그 髮(발)을 被(피)ᄒᆞ며 衽(심)을 左(자)ᄒᆞ리러니라

엇디 匹夫匹婦(필부필부)의 諒(량)홈이라 스스로 溝瀆(구독)에 經(경)ᄒᆞ야 사ᄅᆞᆷ이 아디 몯홈 ᄀᆞᄐᆞ리오

② 栗谷本

子貢(ᄌᆞ공)이 ᄀᆞᆯ오ᄃᆡ 管仲(관듕)은 仁者(인쟈)ㅣ 아닌뎌 桓公(환공)이 公子(공ᄌᆞ) 糾(규)를 주겨ᄂᆞᆯ 能(능)히 死(ᄉᆞ)티 몯ᄒᆞ고 ᄯᅩ 相(샹)ᄒᆞ고녀

子(ᄌᆞ)ㅣ ᄀᆞᄅᆞ샤ᄃᆡ 管仲(관듕)이 桓公(환공)을 相(샹)ᄒᆞ야 諸侯(져후)의 霸(패)ᄒᆞ야 ᄒᆞᆫ 번 天下(텬하)를 匡(광)ᄒᆞ니 ᄇᆡᆨ셩이 이제 니르히 그 賜(ᄉᆞ)를 받ᄂᆞ니 管仲(관듕)이 업ᄉᆞ면 우리 그 髮(발)을 被(피)ᄒᆞ고 左衽(자임)ᄒᆞ리라

엇디 匹夫匹婦(필부필부)의 諒(량)을 ᄒᆞ야 스스로 溝瀆(구독)의 經(경)ᄒᆞ야 사ᄅᆞᆷ이 알리 업슴 ᄀᆞᄐᆞ리오

351(14-19)

公叔文子之臣大夫僎與文子同升諸公. 子聞之, 曰:「可以爲『文』矣.」

① 陶山本

公叔文子(공숙문ᄌᆞ)의 臣(신) 태우 僎(션)이 文子(문ᄌᆞ)로 더브러 ᄒᆞᆫ 가지로 公(공)에 升(숭)ᄒᆞ얏더니

子(ᄌᆞ)ㅣ 들ᄋᆞ시고 ᄀᆞᆯᄋᆞ샤ᄃᆡ 可(가)히 ᄡᅥ 文(문)이라 ᄒᆞ리로다

② 栗谷本

公叔文子(공숙문ᄌᆞ)의 臣(신) 大夫(대부) 僎(션)이 文子(문ᄌᆞ)로 더브러 ᄒᆞᆫ가지로 公(공)의 升(숭)ᄒᆞ야ᄂᆞᆯ

子(ᄌᆞ)ㅣ 드르시고 ᄀᆞᄅᆞ샤ᄃᆡ 可(가)히 ᄡᅥ 文(문)이라 ᄒᆞ리로다

352(14-20)

子言衛靈公之無道也, 康子曰:「夫如是, 奚而不喪?」孔子曰:「仲叔圉治賓客, 祝鮀治宗廟, 王孫賈治軍旅. 夫如是, 奚其喪?」

① 陶山本

子(ᄌᆞ)ㅣ 衛靈公(위령공)의 道(도)업슴을 닐ᄋᆞ더시니 康子(강ᄌᆞ)ㅣ ᄀᆞᆯ오ᄃᆡ 이러ᄐᆞᆺ 호ᄃᆡ 엇디 喪(상)티 아니ᄒᆞᄂᆞ니잇고

孔子(공ᄌᆞ)ㅣ ᄀᆞᆯᄋᆞ샤ᄃᆡ 仲叔圉(듕슉어)ᄂᆞᆫ 賓客(빈ᄀᆡᆨ)을 다ᄉᆞ리고 祝鮀(츅타)ᄂᆞᆫ 宗廟(종묘)를 다ᄉᆞ리고 王孫賈(왕손가)ᄂᆞᆫ 軍旅(군려)를 다ᄉᆞ리니 이러ᄐᆞᆺ ᄒᆞ니 엇디 그 喪(상)ᄒᆞ리오

② 栗谷本

子(ᄌᆞ)ㅣ 衛靈公(위령공)의 道(도)업ᄉᆞ믈 닐ᄅᆞ신대 康子(강ᄌᆞ)ㅣ ᄀᆞᆯ오ᄃᆡ 그 이러호ᄃᆡ 엇디 喪(상)티 아니니잇고

孔子(공ᄌᆞ)ㅣ ᄀᆞᄅᆞ샤ᄃᆡ 仲叔圉(듕슉어)ᄂᆞᆫ 賓客(빈ᄀᆡᆨ)을 다ᄉᆞ리고 祝鮀(츅타)ᄂᆞᆫ 宗廟(종묘)를 다ᄉᆞ리고 王孫賈(왕손가)ᄂᆞᆫ 軍旅(군려)을 다ᄉᆞ리니 그 이러커니 엇디 그 喪(상)ᄒᆞ리오

353(14-21)

子曰:「其言之不怍, 則爲之也難.」

① 陶山本

子(ᄌᆞ)ㅣ ᄀᆞᆯᄋᆞ샤ᄃᆡ 그 言(언)홈이 怍(작)디 아니ᄒᆞ면 곧 홈이 어려우니라

② 栗谷本

子(ᄌᆞ)ㅣ ᄀᆞᄅᆞ샤ᄃᆡ 그 言(언)ᄒᆞ기 怍(작)디 아니면 爲(위)ᄒᆞ기 어려우니라

354(14-22)

陳成子弑簡公. 孔子沐浴而朝, 告於哀公曰:「陳恆弑其君, 請討之.」公曰:「告夫三子!」孔子曰:「以吾從大夫之後, 不敢不告也. 君曰『告夫三子』者!」之三子告, 不可. 孔子曰:「以吾從大夫之後, 不敢不告也.」

① 陶山本

陳成子(딘셩ᄌᆞ)ㅣ 簡公(간공)을 弑(시)ᄒᆞ야ᄂᆞᆯ

孔子(공ᄌᆞ)ㅣ 沐浴(목욕)ᄒᆞ시고 朝(됴)ᄒᆞ샤 哀公(ᄋᆡ공)ᄭᅴ 告(고)ᄒᆞ야 ᄀᆞᆯᄋᆞ샤ᄃᆡ 陳恒

(딘ᄒᆞᆼ)이 그 君(군)을 弑(시)ᄒᆞ니 請(쳥)컨댄 討(토)ᄒᆞ쇼셔

公(공)이 ᄀᆞᆯᄋᆞ샤ᄃᆡ 三子(삼ᄌᆞ)의게 告(고)ᄒᆞ라

孔子(공ᄌᆞ)ㅣ ᄀᆞᆯᄋᆞ샤ᄃᆡ 내 태우의 後(후)에 從(죵)홈으로 ᄢᅦ라 敢(감)히 告(고)티 아니티 몯호니 君(군)이 ᄀᆞᆯᄋᆞ샤ᄃᆡ 三子(삼ᄌᆞ)의게 告(고)ᄒᆞ라 ᄒᆞ시고녀

三子(삼ᄌᆞ)의게 가 告(고)ᄒᆞ신대 可(가)티 아니타 ᄒᆞ야ᄂᆞᆯ 孔子(공ᄌᆞ)ㅣ ᄀᆞᆯᄋᆞ샤ᄃᆡ 내 태우의 後(후)에 從(죵)홈으로 ᄢᅦ라 敢(감)히 告(고)티 아니티 몯ᄒᆞ예니라

② 栗谷本

陳成子(딘셩ᄌᆞ)ㅣ 簡公(간공)을 弑(시)ᄒᆞ야ᄂᆞᆯ

孔子(공ᄌᆞ)ㅣ 沐浴(목욕)ᄒᆞ시고 朝(됴)ᄒᆞ샤 哀公(ᄋᆡ공)ᄭᅴ 告(고)ᄒᆞ야 ᄀᆞᄅᆞ샤ᄃᆡ 陳恒(딘ᄒᆞᆼ)이 그 님금을 弑(시)ᄒᆞ니 請(쳥)컨댄 討(토)ᄒᆞ쇼셔

公(공)이 ᄀᆞᄅᆞ샤ᄃᆡ 三子(삼ᄌᆞ)ᄃᆞ려 告(고)ᄒᆞ라

孔子(공ᄌᆞ)ㅣ ᄀᆞᄅᆞ샤ᄃᆡ 내 大夫(대부)의 後(후)를 從(죵)호ᄆᆞᆯ ᄡᅧ라 敢(감)히 告(고)티 아니티 못호니 君(군)이 ᄀᆞᄅᆞ샤ᄃᆡ 三子(삼ᄌᆞ)ᄃᆞ려 告(고)ᄒᆞ라 ᄒᆞ시고녀

三子(삼ᄌᆞ)의게 가 告(고)ᄒᆞ신대 可(가)티 아니타 ᄒᆞ야ᄂᆞᆯ 孔子(공ᄌᆞ)ㅣ ᄀᆞᄅᆞ샤ᄃᆡ 내 大夫(대부)의 後(후)를 從(죵)호ᄆᆞᆯ ᄡᅧ라 敢(감)히 告(고)티 아니티 못호라

355(14-23)

子路問事君. 子曰:「勿欺也, 而犯之.」

① 陶山本

子路(ᄌᆞ로)ㅣ 君(군) 事(ᄉᆞ)홈을 묻ᄌᆞ온대 子(ᄌᆞ)ㅣ ᄀᆞᆯᄋᆞ샤ᄃᆡ 欺(긔)티 말오 犯(범)홀 띠니라

② 栗谷本

子路(ᄌᆞ로)ㅣ 님금 셤기기를 묻ᄌᆞ온대 子(ᄌᆞ)ㅣ ᄀᆞᄅᆞ샤ᄃᆡ 欺(긔)티 말고 犯(범)홀 디니라

356(14-24)

子曰:「君子上達, 小人下達.」

① 陶山本

子(ᄌᆞ)ㅣ ᄀᆞᆯᄋᆞ샤ᄃᆡ 君子(군ᄌᆞ)ᄂᆞᆫ 우흐로 達(달)ᄒᆞ고 小人(쇼인)ᄋᆞᆫ 아래로 達(달)ᄒᆞᄂᆞ니라

② 栗谷本

子(ᄌᆞ)ㅣ ᄀᆞᄅᆞ샤ᄃᆡ 君子(군ᄌᆞ)ᄂᆞᆫ 우ᄒᆞ로 達(달)ᄒᆞ고 小人(쇼인)은 아래로 達(달)ᄒᆞᄂᆞ니라

357(14-25)

子曰:「古之學者爲己, 今之學者爲人.」

① 陶山本

子(ᄌᆞ)ㅣ ᄀᆞᆯᄋᆞ샤ᄃᆡ 녯 學(ᄒᆞᆨ)ᄒᆞᄂᆞᆫ 者(쟈)ᄂᆞᆫ 己(긔)를 爲(위)ᄒᆞ더니 이젯 學(ᄒᆞᆨ)ᄒᆞᄂᆞᆫ 者(쟈)ᄂᆞᆫ 人(신)을 爲(위)ᄒᆞᄂᆞᆺ다

② 栗谷本

子(ᄌᆞ)ㅣ ᄀᆞᄅᆞ샤ᄃᆡ 네 學(ᄒᆞᆨ)ᄒᆞᄂᆞᆫ 者(쟈)ᄂᆞᆫ 己(긔)ᄅᆞᆯ 爲(위)ᄒᆞ더니 이제 學(ᄒᆞᆨ)ᄒᆞᄂᆞᆫ 者(쟈)ᄂᆞᆫ 人(인)을 爲(위)ᄒᆞᄂᆞᆺ다

358(14-26)

蘧伯玉使人於孔子. 孔子與之坐而問焉, 曰:「夫子何爲?」對曰:「夫子欲寡其過而未能也.」使者出. 子曰:「使乎! 使乎!」

① 陶山本

蘧伯玉(거ᄇᆡᆨ옥)이 사ᄅᆞᆷ을 孔子(공ᄌᆞ)ᄭᅴ 블여ᄂᆞᆯ

孔子(공ᄌᆞ)ㅣ 더블어 坐(좌)ᄒᆞ야 믈어 ᄀᆞᆯᄋᆞ샤ᄃᆡ 夫子(부ᄌᆞ)ᄂᆞᆫ 므스 일 ᄒᆞᄂᆞ뇨 對(ᄃᆡ)ᄒᆞ야 ᄀᆞᆯ오ᄃᆡ 夫子(부ᄌᆞ)ㅣ 그 過(과)를 寡(과)코져 호ᄃᆡ 能(능)티 몯ᄒᆞᄂᆞ니이다 使者(시쟈)ㅣ 出(츌)커ᄂᆞᆯ 子(ᄌᆞ)ㅣ ᄀᆞᆯᄋᆞ샤ᄃᆡ 使(시)ㅣ여 使(시)ㅣ여

② 栗谷本

蘧伯玉(거ᄇᆡᆨ옥)이 孔子(공ᄌᆞ)ᄭᅴ 사ᄅᆞᆷ을 브려ᄂᆞᆯ

孔子(공ᄌᆞ)ㅣ 더브러 坐(좌)ᄒᆞ시고 무러 ᄀᆞᄅᆞ샤ᄃᆡ 夫子(부ᄌᆞ)ᄂᆞᆫ 므슴ᄒᆞᄂᆞ뇨 對(ᄃᆡ)ᄒᆞ야 ᄀᆞᆯ오ᄃᆡ 夫子(부ᄌᆞ)ㅣ 허믈을 젹게 ᄒᆞ고져 호ᄃᆡ 能(능)티 못ᄒᆞ더이다 使者(시쟈)ㅣ 出(츌)커ᄂᆞᆯ 子(ᄌᆞ)ㅣ ᄀᆞᄅᆞ샤ᄃᆡ 使(시)ㅣ여 使(시)ㅣ여

359(14-27)

子曰:「不在其位, 不謀其政.」

① 陶山本 : 없음.

② 栗谷本 : 없음.

360(14-28)

曾子曰:「君子思不出其位.」

① 陶山本

曾子(증ᄌᆞ)ㅣ ᄀᆞᆯᄋᆞ샤ᄃᆡ 君子(군ᄌᆞ)는 思(ᄉᆞ)ㅣ 그 位(위)예 出(츌)티 아니ᄒᆞᄂᆞ니라

② 栗谷本

曾子(증ᄌᆞ)ㅣ ᄀᆞᄅᆞ샤ᄃᆡ 君子(군ᄌᆞ)는 思(ᄉᆞ)ㅣ 그 位(위)예 나디 아닛ᄂᆞ니라

361(14-29)

子曰:「君子恥其言而過其行.」

① 陶山本

子(ᄌᆞ)ㅣ ᄀᆞᆯᄋᆞ샤ᄃᆡ 君子(군ᄌᆞ)는 그 言(언)을 恥(티)ᄒᆞ고 그 行(ᄒᆡᆼ)을 過(과)ᄒᆞᄂᆞ니라

② 栗谷本

子(ᄌᆞ)ㅣ ᄀᆞᄅᆞ샤ᄃᆡ 君子(군ᄌᆞ)는 그 言(언)을 恥(티)ᄒᆞ고 그 行(ᄒᆡᆼ)을 過(과)히 ᄒᆞᄂᆞ니라

362(14-30)

子曰:「君子道者三, 我無能焉: 仁者不憂, 知者不惑, 勇者不懼.」子貢曰:「夫子自道也.」

① 陶山本

子(ᄌᆞ)ㅣ ᄀᆞᆯᄋᆞ샤ᄃᆡ 君子(군ᄌᆞ)의 道(도)ㅣ 三(삼)애 내 能(능)홈이 업소니 人(싄)ᄒᆞᆫ 者(쟈)는 憂(우)티 아니ᄒᆞ고 知(디)ᄒᆞᆫ 者(쟈)는 惑(혹)디 아니ᄒᆞ고 勇(용)ᄒᆞᆫ 者(쟈)는 懼(구)티 아니ᄒᆞᄂᆞ니라

子貢(ᄌᆞ공)이 ᄀᆞᆯ오ᄃᆡ 夫子(부ᄌᆞ)ㅣ 스스로 닐옴이샷다

② 栗谷本

子(ᄌᆞ)ㅣ ᄀᆞᄅᆞ샤ᄃᆡ 君子(군ᄌᆞ)의 道(도)ㅣ 세헤 내 能(능)호미 업스니 人(인)ᄒᆞᆫ 者(쟈)는 憂(우)티 아니ᄒᆞ고 知(지)ᄒᆞᆫ 者(쟈)는 惑(혹)디 아니ᄒᆞ고 勇(용)ᄒᆞᆫ 者(쟈)는 懼(구)티 아니ᄒᆞᄂᆞ니라

子貢(ᄌᆞ공)이 ᄀᆞᆯ오ᄃᆡ 夫子(부ᄌᆞ)ㅣ 스스로 道(도)ᄒᆞ샷다

363(14-31)

子貢方人. 子曰:「賜也賢乎哉? 夫我則不暇.」

① 陶山本

子貢(ᄌᆞ공)이 人(ᅀᅵᆫ)을 方(방)ᄒᆞ더니 子(ᄌᆞ)ㅣ ᄀᆞᆯᄋᆞ샤ᄃᆡ 賜(ᄉᆞ)ᄂᆞᆫ 賢(현)ᄒᆞ냐 나ᄂᆞᆫ 暇(가)티 몯ᄒᆞ노라

② 栗谷本

子貢(ᄌᆞ공)이 人(인)을 方(방)ᄒᆞ거늘 子(ᄌᆞ)ㅣ ᄀᆞᄅᆞ샤ᄃᆡ 賜(ᄉᆞ)ᄂᆞᆫ 어딘가 나ᄂᆞᆫ 暇(가)티 몯ᄒᆞ노라

364(14-32)

子曰:「不患人之不己知, 患其不能也.」

① 陶山本

子(ᄌᆞ)ㅣ ᄀᆞᆯᄋᆞ샤ᄃᆡ 人(ᅀᅵᆫ)의 己(긔)ᄅᆞᆯ 아디 몯홈을 患(환)티 말고 그 能(능)티 몯홈을 患(환)ᄒᆞᆯ 띠니라

② 栗谷本

子(ᄌᆞ)ㅣ ᄀᆞᄅᆞ샤ᄃᆡ 人(인)의 날 아디 몯호믈 患(환)티 말고 그 能(능)티 몯호믈 患(환)ᄒᆞᆯ 디니라

365(14-33)

子曰:「不逆詐, 不億不信, 抑亦先覺者, 是賢乎!」

① 陶山本

子(ᄌᆞ)ㅣ ᄀᆞᆯᄋᆞ샤ᄃᆡ 詐(사)를 逆(역)디 아니ᄒᆞ며 不信(블신)을 億(억)디 아니ᄒᆞᆯ 꺼시나 ᄯᅩᄒᆞᆫ 몬져 覺(각)ᄒᆞᄂᆞᆫ 者(쟈)ㅣ 이 賢(현)인뎌

② 栗谷本

子(ᄌᆞ)ㅣ ᄀᆞᄅᆞ샤ᄃᆡ 詐(사)ᄅᆞᆯ 逆(역)디 말며 不信(블신)을 億(억)디 말고 ᄯᅩᄒᆞᆫ 몬져 覺(각)ᄒᆞᆫ 者(쟈)ㅣ 이 賢(현)ᄒᆞᆫ뎌

366(14-34)

微生畝謂孔子曰:「丘何爲是栖栖者與? 無乃爲佞乎?」孔子曰:「非敢爲佞也, 疾固也.」

① 陶山本

微生畝(미싱모)ㅣ 孔子(공ᄌᆞ)ㅅ긔 닐어 ᄀᆞᆯ오ᄃᆡ 丘(구)ᄂᆞᆫ 엇디 이 栖栖(셔셔)ᄒᆞ욤을 ᄒᆞᄂᆞ뇨 아니 佞(녕)을 ᄒᆞᄂᆞ냐

孔子(공ᄌᆞ)ㅣ ᄀᆞᆯᄋᆞ샤ᄃᆡ 敢(감)히 佞(녕)을 ᄒᆞᄂᆞᆫ 줄이 아니라 固(고)를 疾(질)홈이니라

② 栗谷本

微生畝(미싱모)ㅣ 孔子(공ᄌᆞ)긔 닐러 ᄀᆞᆯ오ᄃᆡ 丘(구)ᄂᆞᆫ 엇디 이리 栖栖(셔셔)ᄒᆞᄂᆞ뇨 아니 佞(녕)을 ᄒᆞᄂᆞ냐

孔子(공ᄌᆞ)ㅣ ᄀᆞᄅᆞ샤ᄃᆡ 敢(감)히 佞(녕)을 호미 아니라 固(고)ᄅᆞᆯ 疾(질)ᄒᆞ노라

367(14-35)

子曰:「驥不稱其力, 稱其德也.」

① 陶山本

子(ᄌᆞ)ㅣ ᄀᆞᆯᄋᆞ샤ᄃᆡ 驥(긔)ᄂᆞᆫ 그 力(력)을 稱(칭)ᄒᆞᆫ 거시 아니라 그 德(덕)을 稱(칭)홈이니라

② 栗谷本

子(ᄌᆞ)ㅣ ᄀᆞᄅᆞ샤ᄃᆡ 驥(긔)ᄅᆞᆯ 그 力(력)을 稱(칭)호미 아니라 그 德(덕)을 稱(칭)호미니라

368(14-36)

或曰:「以德報怨, 何如?」子曰:「何以報德? 以直報怨, 以德報德.」

① 陶山本

或(혹)이 ᄀᆞᆯ오ᄃᆡ 德(덕)으로ᄡᅥ 怨(원)을 報(보)홈이 엇더ᄒᆞ니잇고

子(ᄌᆞ)ㅣ ᄀᆞᆯᄋᆞ샤ᄃᆡ 므서스로ᄡᅥ 德(덕)을 報(보)ᄒᆞ료

直(딕)으로ᄡᅥ 怨(원)을 報(보)ᄒᆞ고 德(덕)으로ᄡᅥ 德(덕)을 報(보)홀 ᄯᅵ니라

② 栗谷本

或(혹)이 ᄀᆞᆯ오ᄃᆡ 德(덕)으로ᄡᅥ 怨(원)을 報(보)호ᄃᆡ 엇더ᄒᆞ니잇고

子(ᄌᆞ)ㅣ ᄀᆞᄅᆞ샤ᄃᆡ 므서스로ᄡᅥ 德(덕)을 報(보)ᄒᆞ료
直(딕)으로ᄡᅥ 怨(원)을 報(보)ᄒᆞ고 德(덕)으로ᄡᅥ 德(덕)을 報(보)ᄒᆞᆯ 디니라

369(14-37)

子曰:「莫我知也夫!」子貢曰:「何爲其莫知子也?」子曰:「不怨天, 不尤人, 下學而上達. 知我者其天乎!」

① 陶山本

子(ᄌᆞ)ㅣ ᄀᆞᆯᄋᆞ샤ᄃᆡ 날 알리 업슨뎌

子貢(ᄌᆞ공)이 ᄀᆞᆯ오ᄃᆡ 엇디 그 子(ᄌᆞ)를 알리 업ᄉᆞ니잇고 子(ᄌᆞ)ㅣ ᄀᆞᆯᄋᆞ샤ᄃᆡ 天(텬)을 怨(원)티 아니 ᄒᆞ며 人(ᅀᅵᆫ)을 尤(우)티 아니ᄒᆞ고 下(하)로 學(ᄒᆞᆨ)ᄒᆞ야 上(샹)으로 達(달)ᄒᆞ노니 나를 아ᄂᆞᆫ 者(쟈)ᄂᆞᆫ 그 天(텬)인뎌

② 栗谷本

子(ᄌᆞ)ㅣ ᄀᆞᄅᆞ샤ᄃᆡ 나ᄅᆞᆯ 아디 몯ᄒᆞᄂᆞᆫ뎌

子貢(ᄌᆞ공)이 ᄀᆞᆯ오ᄃᆡ 엇디 ᄒᆞᄆᆞ로 子(ᄌᆞ)ᄅᆞᆯ 아디 몯ᄒᆞᄂᆞ니잇고 子(ᄌᆞ)ㅣ ᄀᆞᄅᆞ샤ᄃᆡ 天(텬)을 怨(원)티 아니며 人(인)을 尤(우)티 아니코 下(하)로 學(ᄒᆞᆨ)ᄒᆞ야 上(샹)으로 達(달)ᄒᆞ노니 날 아ᄂᆞᆫ 者(쟈)ᄂᆞᆫ 그 天(텬)이신뎌

370(14-38)

公伯寮愬子路於季孫. 子服景伯以告, 曰:「夫子固有惑志於公伯寮, 吾力猶能肆諸市朝.」子曰:「道之將行也與, 命也; 道之將廢也與, 命也. 公伯寮其如命何!」

① 陶山本

公伯寮(공ᄇᆡᆨ료)ㅣ 子路(ᄌᆞ로)를 季孫(계손)의게 愬(소)ᄒᆞ야ᄂᆞᆯ 子服景伯(ᄌᆞ복경ᄇᆡᆨ)이 ᄡᅥ 告(고)ᄒᆞ야 ᄀᆞᆯ오ᄃᆡ 夫子(부ᄌᆞ)ㅣ 진실로 公伯寮(공ᄇᆡᆨ료)의게 惑志(혹지)ᄅᆞᆯ 두ᄂᆞ니 내 힘이 오히려 能(능)히 市朝(시됴)애 肆(ᄉᆞ)ᄒᆞᆯ 이이다

子(ᄌᆞ)ㅣ ᄀᆞᆯᄋᆞ샤ᄃᆡ 道(도)의 쟝ᄎᆞᆺ 行(ᄒᆡᆼ)홈도 命(명)이며 道(도)의 쟝ᄎᆞᆺ 廢(폐)홈도 命(명)이니 公伯寮(공ᄇᆡᆨ료)ㅣ 그 命(명)에 엇디리오

② 栗谷本

公伯寮(공ᄇᆡᆨ료)ㅣ 子路(ᄌᆞ로)ᄅᆞᆯ 季孫(계손)의게 愬(소)ᄒᆞ거ᄂᆞᆯ 子服景伯(ᄌᆞ복경ᄇᆡᆨ)이

써 告(고)ᄒᆞ야 ᄀᆞᆯ오ᄃᆡ 夫子(부ᄌᆞ)ㅣ 진실로 公伯寮(공ᄇᆡᆨ료)의게 惑(혹)ᄒᆞᆫ ᄠᅳᆮ을 둣ᄂᆞ니 내 힘으로 오히려 能(능)히 市朝(시됴)의 肆(ᄉᆞ)ᄒᆞ리이다

子(ᄌᆞ)ㅣ ᄀᆞᄅᆞ샤ᄃᆡ 道(도)의 쟝ᄎᆞᆺ 行(ᄒᆡᆼ)홈도 命(명)이며 道(도)의 쟝ᄎᆞᆺ 廢(폐)홈도 命(명)이니 公伯寮(공ᄇᆡᆨ료)ㅣ 그 命(명)에 엇디리오

371(14-39)

子曰:「賢者辟世, 其次辟地, 其次辟色, 其次辟言.」

① 陶山本

子(ᄌᆞ)ㅣ ᄀᆞᆯᄋᆞ샤ᄃᆡ 賢(현)ᄒᆞᆫ 者(쟈)ᄂᆞᆫ 世(셰)를 辟(피)ᄒᆞ고
그 次(ᄎᆞ)ᄂᆞᆫ 地(디)를 辟(피)ᄒᆞ고
그 次(ᄎᆞ)ᄂᆞᆫ 色(ᄉᆡᆨ)을 辟(피)ᄒᆞ고
그 次(ᄎᆞ)ᄂᆞᆫ 言(언)을 辟(피)ᄒᆞᄂᆞ니라

② 栗谷本

子(ᄌᆞ)ㅣ ᄀᆞᄅᆞ샤ᄃᆡ 賢者(현쟈)ㅣ 世(셰)ᄅᆞᆯ 辟(피)ᄒᆞᄂᆞ니
그 次(ᄎᆞ)ᄂᆞᆫ 地(디)ᄅᆞᆯ 辟(피)ᄒᆞ고
그 次(ᄎᆞ)ᄂᆞᆫ 色(ᄉᆡᆨ)을 辟(피)ᄒᆞ고
그 次(ᄎᆞ)ᄂᆞᆫ 言(언)을 辟(피)ᄒᆞᄂᆞ니라

372(14-40)

子曰:「作者七人矣.」

① 陶山本

子(ᄌᆞ)ㅣ ᄀᆞᆯᄋᆞ샤ᄃᆡ 作(작)ᄒᆞᆫ 者(쟈)ㅣ 七人(칠신)이로다

② 栗谷本

子(ᄌᆞ)ㅣ ᄀᆞᄅᆞ샤ᄃᆡ 作(작)ᄒᆞᆫ 者(쟈)ㅣ 七人(칠인)이로다

373(14-41)

子路宿於石門. 晨門曰:「奚自?」子路曰:「自孔氏.」曰:「是知其不可而爲之者與?」

① 陶山本

子路(ᄌᆞ로)ㅣ 石門(셕문)에 宿(슉)ᄒᆞ더니 晨門(신문)이 ᄀᆞᆯ오ᄃᆡ 어드러브터 오 子路(ᄌᆞ로)ㅣ ᄀᆞᆯ오ᄃᆡ 孔氏(공시)로브테로라 ᄀᆞᆯ오ᄃᆡ 이 그 可(가)티 아닌 줄을 알오ᄃᆡ ᄒᆞᄂᆞᆫ 者(쟈)가

② 栗谷本

子路(ᄌᆞ로)ㅣ 石門(셕문)의 자더니 晨門(신문)이 ᄀᆞᆯ오ᄃᆡ 어드러셔 自(ᄌᆞ)ᄒᆞᆫ뇨 子路(ᄌᆞ로)ㅣ ᄀᆞᆯ오ᄃᆡ 孔氏(공시)로셔 自(ᄌᆞ)호라 ᄀᆞᆯ오ᄃᆡ 이 그 可(가)티 몯ᄒᆞᆫ 줄 알며 ᄒᆞᄂᆞᆫ 者(쟈)가

374(14-42)

子擊磬於衛, 有荷蕢而過孔氏之門者, 曰:「有心哉, 擊磬乎!」旣而曰:「鄙哉, 硜硜乎! 莫己知也, 斯已而已矣.『深則厲, 淺則揭』.」子曰:「果哉! 末之難矣.」

① 陶山本

子(ᄌᆞ)ㅣ 磬(경)을 衛(위)예셔 擊(격)ᄒᆞ더시니 蕢(궤)를 荷(하)ᄒᆞ고 孔氏(공시)의 門(문)에 過(과)ᄒᆞᆯ 者(쟈)ㅣ 이셔 ᄀᆞᆯ오ᄃᆡ 有心(유심)ᄒᆞ다 磬(경)을 擊(격)홈이여

이윽고 ᄀᆞᆯ오ᄃᆡ 鄙(비)ᄒᆞ다 硜硜(경경)홈이여 己(긔)를 알 리 업거든 이예 말 ᄯᆞᄅᆞᆷ이니 深(심)ᄒᆞᆫ 則(즉) 厲(려)ᄒᆞ고 淺(쳔)ᄒᆞᆫ 則(즉) 揭(게)ᄒᆞᆯ 띠니라

子(ᄌᆞ)ㅣ ᄀᆞᆯᄋᆞ샤ᄃᆡ 果(과)ᄒᆞ다 難(난)홈이 업스니라

② 栗谷本

子(ᄌᆞ)ㅣ 衛(위)에셔 磬(경) 치거시ᄂᆞᆯ 蕢(궤)를 荷(하)ᄒᆞ고 孔氏(공시)ㅅ 門(문)에 디ᄂᆞᆯ 者(쟈)ㅣ 이셔 ᄀᆞᆯ오ᄃᆡ 有心(유심)ᄒᆞ다 磬(경)을 치기여

이윽고 ᄀᆞᆯ오ᄃᆡ 鄙(비)ᄒᆞ다 硜硜(경경)홈이여 날을 아디 몯ᄒᆞ거든 이에 마롤 디니 深(심)거든 厲(려)ᄒᆞ고 淺(쳔)커든 揭(게)ᄒᆞᆯ 디니라

子(ᄌᆞ)ㅣ ᄀᆞᄅᆞ샤ᄃᆡ 果(과)ᄒᆞ다 어려오미 업스리로다

375(14-43)

子張曰:「書云:『高宗諒陰, 三年不言.』何謂也?」子曰:「何必高宗, 古之人皆然. 君薨, 百官總己以聽於冢宰三年.」

① 陶山本

子張(ᄌᆞ댱)이 ᄀᆞᆯ오ᄃᆡ 書(셔)에 닐오ᄃᆡ 高宗(고종)이 諒陰(량암)에 三年(삼년)을 言(언)티 아니타 ᄒᆞ니 엇디 닐옴이니잇고

子(ᄌᆞ)ㅣ ᄀᆞᆯᄋᆞ샤ᄃᆡ 엇디 반ᄃᆞ시 高宗(고종)ᄲᅮᆫ이리오 녯사ᄅᆞᆷ이 다 그러ᄒᆞ니 君(군)이 薨(훙)커든 百官(ᄇᆡᆨ관)이 己(긔)를 總(총)ᄒᆞ야 ᄡᅧ 冢宰(툥ᄌᆡ)의게 聽(텽)홈을 三年(삼년)을 ᄒᆞ니라

② 栗谷本

子張(ᄌᆞ댱)이 ᄀᆞᆯ오ᄃᆡ 書(셔)에 닐오ᄃᆡ 高宗(고종)이 諒陰(량암)의 三年(삼년)을 言(언)티 아니ᄒᆞ시다 ᄒᆞ니 엇디 닐옴이니잇고

子(ᄌᆞ)ㅣ ᄀᆞᄅᆞ샤ᄃᆡ 엇디 구ᄐᆞ여 高宗(고종)이리오 녯 人(인)이 다 그러터니 君(군)이 薨(훙)커시든 百官(ᄇᆡᆨ관)이 己(긔)를 總(총)ᄒᆞ야 ᄡᅧ 冢宰(툥ᄌᆡ)의게 듯기를 三年(삼년)을 ᄒᆞ더니라

376(14-44)

子曰:「上好禮, 則民易使也.」

① 陶山本

子(ᄌᆞ)ㅣ ᄀᆞᆯᄋᆞ샤ᄃᆡ 上(샹)이 禮(례)를 好(호)ᄒᆞ면 民(민)을 使(ᄉᆞ)홈이 易(이)ᄒᆞ니라

② 栗谷本

子(ᄌᆞ)ㅣ ᄀᆞᄅᆞ샤ᄃᆡ 上(샹)이 禮(례)를 好(호)ᄒᆞ면 民(민)이 브리기 쉬오니라

377(14-45)

子路問君子. 子曰:「脩己以敬.」曰:「如斯而已乎?」曰:「脩己以安人.」曰:「如斯而已乎?」曰:「脩己以安百姓. 脩己以安百姓, 堯舜其猶病諸!」

① 陶山本

子路(ᄌᆞ로)ㅣ 君子(군ᄌᆞ)를 묻ᄌᆞ온대 子(ᄌᆞ)ㅣ ᄀᆞᆯᄋᆞ샤ᄃᆡ 己(긔)를 修(슈)호ᄃᆡ 敬(경)으로 ᄡᅧ 홀 ᄯᅵ니라 ᄀᆞᆯ오ᄃᆡ 이러ᄐᆞᆺ 홀 ᄯᆞᄅᆞᆷ이니잇가 ᄀᆞᆯᄋᆞ샤ᄃᆡ 己(긔)를 修(슈)ᄒᆞ야 ᄡᅧ 人(신)을 安(안)홀 ᄯᅵ니라 ᄀᆞᆯ오ᄃᆡ 이러ᄐᆞᆺ 홀 ᄯᆞᄅᆞᆷ이니잇가 ᄀᆞᆯᄋᆞ샤ᄃᆡ 己(긔)를 修(슈)ᄒᆞ야 ᄡᅧ 百姓(ᄇᆡᆨ셩)을 安(안)홀 ᄯᅵ니 己(긔)를 修(슈)ᄒᆞ야 ᄡᅧ 百姓(ᄇᆡᆨ셩)을 安(안)홈은 堯舜(요슌)도 그 오히려 病(병)ᄒᆞ시니라

② 栗谷本

子路(ᄌᆞ로)ㅣ 君子(군ᄌᆞ)를 問(문)ᄒᆞᆫ대 子(ᄌᆞ)ㅣ ᄀᆞᄅᆞ샤ᄃᆡ 己(긔)를 修(슈)호ᄃᆡ 敬(경)으로ᄡᅧ ᄒᆞᄂᆞ니라 ᄀᆞᆯ오ᄃᆡ 이ᄀᆞᄐᆞᆯ만 ᄒᆞ고 말리잇가 ᄀᆞᄅᆞ샤ᄃᆡ 己(긔)를 修(슈)ᄒᆞ야 ᄡᅧ 人(인)을 安(안)ᄒᆞ니라 ᄀᆞᆯ오ᄃᆡ 이ᄀᆞᄐᆞᆯ만 ᄒᆞ고 말리잇가 ᄀᆞᄅᆞ샤ᄃᆡ 己(긔)를 修(슈)ᄒᆞ야 ᄡᅧ 百姓(ᄇᆡᆨ셩)을

安(안)ᄒᆞ기ᄂᆞᆫ 己(긔)를 修(슈)ᄒᆞ야 ᄡᅧ 百姓(ᄇᆡᆨ셩)을 安(안)호ᄆᆞᆫ 堯舜(요슌)도 그 오히려 病(병)ᄒᆞ더시니라

378(14-46)

原壤夷俟. 子曰: 「幼而不孫弟, 長而無述焉, 老而不死, 是爲賊.」 以杖叩其脛.

① 陶山本

原壤(원샹)이 夷(이)ᄒᆞ야 俟(ᄉᆞ)ᄒᆞ더니 子(ᄌᆞ)ㅣ ᄀᆞᆯᄋᆞ샤ᄃᆡ 졈어셔 孫弟(손뎨)티 아니ᄒᆞ며 ᄌᆞ라 述(슐)홈이 업고 늙오ᄃᆡ 死(ᄉᆞ)티 아니홈이 이 賊(젹)이라 ᄒᆞ시고 杖(댱)으로ᄡᅥ 그 脛(경)을 叩(고)ᄒᆞ시다

② 栗谷本

原壤(원양)이 夷(이)ᄒᆞ야 俟(ᄉᆞ)ᄒᆞ거늘 子(ᄌᆞ)ㅣ ᄀᆞᄅᆞ샤ᄃᆡ 幼(유)ᄒᆞ야셔 孫弟(손뎨)티 아니며 長(댱)ᄒᆞ야셔 述(슐)호미 업스며 老(로)ᄒᆞ야셔 죽디 아니호미 이 賊(젹)이 되미라 ᄒᆞ시고 杖(댱)으로ᄡᅥ 그 脛(경)을 叩(고)ᄒᆞ시다

379(14-47)

闕黨童子將命. 或問之曰: 「益者與?」 子曰: 「吾見其居於位也, 見其與先生並行也. 非求益者也, 欲速成者也.」

① 陶山本

闕黨(궐당)앳 童子(동ᄌᆞ)ㅣ 命(명)을 將(쟝)ᄒᆞ거늘 或(혹)이 묻ᄌᆞ와 ᄀᆞᆯ오ᄃᆡ 益(익)ᄒᆞᄂᆞᆫ 者(쟈)ㅣ니잇가

子(ᄌᆞ)ㅣ ᄀᆞᆯᄋᆞ샤ᄃᆡ 내 그 位(위)예 居(거)홈을 見(견)ᄒᆞ며 그 先生(션ᄉᆡᆼ)으로 더블어 ᄀᆞᆯ와 行(ᄒᆡᆼ)홈을 見(견)호니 益(익)을 求(구)ᄒᆞᄂᆞᆫ 者(쟈)ㅣ 아니라 ᄲᆞᆯ리 일고쟈 ᄒᆞᄂᆞᆫ 者(쟈)ㅣ니라

② 栗谷本

闕黨(궐당) 童子(동ᄌᆞ)ㅣ 命(명)을 將(쟝)ᄒᆞ거늘 或(혹)이 묻ᄌᆞ와 ᄀᆞᆯ오ᄃᆡ 益(익)ᄒᆞᆫ 者(쟈)ㅣ잇가

子(ᄌᆞ)ㅣ ᄀᆞᄅᆞ샤ᄃᆡ 내 그 位(위)예 居(거)호ᄆᆞᆯ 보며 그 先生(션ᄉᆡᆼ)과 더브러 ᄀᆞᆲ 行(ᄒᆡᆼ)호ᄆᆞᆯ 보니 益(익)을 求(구)ᄒᆞᄂᆞᆫ 者(쟈)ㅣ 아니라 ᄲᆞᆯ리 成(셩)코져 ᄒᆞᄂᆞᆫ 者(쟈)ㅣ러라

第十五〈衛靈公〉

380(15-1)

衛靈公問陳於孔子. 孔子對曰:「俎豆之事, 則嘗聞之矣; 軍旅之事, 未之學也.」明日遂行. 在陳絶糧, 從者病, 莫能興. 子路慍見曰:「君子亦有窮乎?」子曰:「君子固窮, 小人窮斯濫矣.」

① 陶山本

衛靈公(위령공)이 陳(딘)을 孔子(공ᄌᆞ)ᄭᅴ 묻ᄌᆞ온대 孔子(공ᄌᆞ)(ᄌᆞ)ㅣ 對(ᄃᆡ)ᄒᆞ야 ᄀᆞᆯᄋᆞ샤ᄃᆡ 俎豆(조두)의 事(ᄉᆞ)ᄂᆞᆫ 일즉 드럿거니와 軍旅(군려)의 事(ᄉᆞ)ᄂᆞᆫ 學(ᄒᆞᆨ)디 몯ᄒᆞ얀노이다 ᄒᆞ시고 明日(명실)에 드듸여 行(ᄒᆡᆼ)ᄒᆞ시다

陳(딘)에 겨셔 糧(량)이 絶(졀)ᄒᆞ니 從者(죵쟈)ㅣ 病(병)ᄒᆞ야 能(능)히 興(흥)티 몯ᄒᆞ더니

子路(ᄌᆞ로)ㅣ 慍(온)ᄒᆞ야 見(현)ᄒᆞ야 ᄀᆞᆯ오ᄃᆡ 君子(군ᄌᆞ)ㅣ ᄯᅩᄒᆞᆫ 窮(궁)홈이 인ᄂᆞ니잇가 子(ᄌᆞ)ㅣ ᄀᆞᆯᄋᆞ샤ᄃᆡ 君子(군ᄌᆞ)ㅣ 진실로 窮(궁)ᄒᆞᄂᆞ니 小人(쇼신)은 窮(궁)ᄒᆞ면 이예 濫(람)ᄒᆞᄂᆞ니라

② 栗谷本

衛靈公(위령공)이 孔子(공ᄌᆞ)ᄭᅴ 陳(딘)을 問(문)ᄒᆞ신대 孔子(공ᄌᆞ)(ᄌᆞ)ㅣ 對(ᄃᆡ)ᄒᆞ야 ᄀᆞᄅᆞ샤ᄃᆡ 俎豆(조두)의 일은 일즉 드럿거니와 軍旅(군려)의 일은 學(ᄒᆞᆨ)디 몯ᄒᆞ얏노라 ᄒᆞ시고 明日(명일)에 드듸여 行(ᄒᆡᆼ)ᄒᆞ시다

陳(딘)의 겨샤 糧(량)이 絶(졀)ᄒᆞ니 從者(죵쟈)ㅣ 病(병)ᄒᆞ야 能(능)히 니디 몯ᄒᆞ거늘

子路(ᄌᆞ로)ㅣ 慍(온)ᄒᆞ야 뵈ᄋᆞ와 ᄀᆞᆯ오ᄃᆡ 君子(군ᄌᆞ)도 ᄯᅩᄒᆞᆫ 窮(궁)호미 잇ᄂᆞ니잇가 子(ᄌᆞ)ㅣ ᄀᆞᄅᆞ샤ᄃᆡ 君子(군ᄌᆞ)ㅣ 본ᄃᆡ 窮(궁)ᄒᆞ거니와 小人(쇼인)은 窮(궁)ᄒᆞ면 이에 濫(람)ᄒᆞᄂᆞ니라

381(15-2)

子曰:「賜也, 女以予爲多學而識之者與?」對曰:「然, 非與?」曰:「非也, 予一以貫之.」

① 陶山本

子(ᄌᆞ)ㅣ ᄀᆞᆯᄋᆞ샤ᄃᆡ 賜(ᄉᆞ)아 네 날로ᄡᅥ 해 學(ᄒᆞᆨ)ᄒᆞ야 識(지)ᄒᆞᄂᆞᆫ 者(쟈)ㅣ라 ᄒᆞᄂᆞ냐

對(ᄃᆡ)ᄒᆞ야 ᄀᆞᆯ오ᄃᆡ 그러ᄒᆞ이다 아니니잇가

ᄀᆞᆯᄋᆞ샤ᄃᆡ 아니라 나ᄂᆞᆫ 一(일)이 ᄡᅥ 貫(관)ᄒᆞ얀ᄂᆞ니라

② 栗谷本

子(ᄌᆞ)ㅣ ᄀᆞᄅᆞ샤ᄃᆡ 賜(ᄉᆞ)아 네 날로뻐 해 學(ᄒᆞᆨ)ᄒᆞ야 識(지)ᄒᆞᆫ 者(쟈)ㅣ라 ᄒᆞᄂᆞ냐 對(ᄃᆡ)ᄒᆞ야 ᄀᆞᆯ오ᄃᆡ 그러ᄒᆞ이다 외니잇가
ᄀᆞᄅᆞ샤ᄃᆡ 아니라 나는 一(일)이 뻐 貫(관)ᄒᆞ얏ᄂᆞ니라

382(15-3)

子曰:「由! 知德者鮮矣.」

① 陶山本

子(ᄌᆞ)ㅣ ᄀᆞᆯᄋᆞ샤ᄃᆡ 由(유)아 德(덕)을 아는 者(쟈)ㅣ 져그니라

② 栗谷本

子(ᄌᆞ)ㅣ ᄀᆞᄅᆞ샤ᄃᆡ 由(유)아 德(덕)을 알 者(쟈)ㅣ 져그니라

383(15-4)

子曰:「無爲而治者, 其舜也與! 夫何爲哉? 恭己正南面而已矣.」

① 陶山本

子(ᄌᆞ)ㅣ ᄀᆞᆯᄋᆞ샤ᄃᆡ ᄒᆞ욤이 업시 治(티)ᄒᆞᆫ 者(쟈)ᄂᆞᆫ 그 舜(슌)이신뎌 므스 일을 ᄒᆞ시리오 己(긔)를 恭(공)ᄒᆞ고 正(졍)히 南面(남면)ᄒᆞ실 ᄯᆞᄅᆞᆷ이시니라

② 栗谷本

子(ᄌᆞ)ㅣ ᄀᆞᄅᆞ샤ᄃᆡ ᄒᆞ는 양 업시 治(티)호ᄆᆞᆫ 그 舜(슌)이신뎌 므서슬 ᄒᆞ시리오 己(긔)ᄅᆞᆯ 恭(공)히 ᄒᆞ샤 正(졍)히 南面(남면)ᄒᆞ실 ᄯᆞᄅᆞᆷ이시니라

384(15-5)

子張問行. 子曰:「言忠信, 行篤敬, 雖蠻貊之邦, 行矣. 言不忠信, 行不篤敬, 雖州里, 行乎哉? 立, 則見其參於前也, 在輿, 則見其倚於衡也, 夫然後行.」子張書諸紳.

① 陶山本

子張(ᄌᆞ댱)이 行(ᄒᆡᆼ)홈을 묻ᄌᆞ온대

子(ᄌᆞ)ㅣ ᄀᆞᆯᄋᆞ샤ᄃᆡ 言(언)이 忠信(튱신)ᄒᆞ며 行(ᄒᆡᆼ)이 篤敬(독경)ᄒᆞ면 비록 蠻貊(만ᄆᆡᆨ)ㅅ 邦(방)이라도 行(ᄒᆡᆼ)ᄒᆞ려니와 言(언)이 忠信(튱신)티 몯ᄒᆞ며 行(ᄒᆡᆼ)이 篤敬(독경)티 몯ᄒᆞ면 비록 州里(쥬리)나 行(ᄒᆡᆼ)ᄒᆞ랴

立(립)ᄒᆞᆫ 則(즉) 그 前(젼)에 參(참)홈을 見(견)ᄒᆞ고 輿(여)에 이신 則(즉) 그 衡(형)에 倚(의)홈을 見(견)홀 띠니 그런 後(후)에 行(ᄒᆡᆼ)ᄒᆞᄂᆞ니라

子張(ᄌᆞ댱)이 紳(신)에 書(셔)ᄒᆞ니라

② 栗谷本

子張(ᄌᆞ댱)이 行(ᄒᆡᆼ)호믈 問(문)ᄒᆞᆫ대

子(ᄌᆞ)ㅣ ᄀᆞᄅᆞ샤ᄃᆡ 言(언)이 忠信(튱신)ᄒᆞ며 行(ᄒᆡᆼ)이 篤敬(독경)ᄒᆞ면 비록 蠻貊(만ᄆᆡᆨ)의 邦(방)이라도 行(ᄒᆡᆼ)ᄒᆞ려니와 言(언)이 忠信(튱신)티 몯ᄒᆞ며 行(ᄒᆡᆼ)이 篤敬(독경)티 몯ᄒᆞ면 비록 州里(쥬리)ㄴ들 行(ᄒᆡᆼ)ᄒᆞ랴

立(립)ᄒᆞ면 그 前(젼)의 參(참)호믈 보며 輿(여)에 이시면 그 衡(형)의 倚(의)호믈 볼디니 그런 後(후)에 行(ᄒᆡᆼ)ᄒᆞᄂᆞ니라

子張(ᄌᆞ댱)이 紳(신)에 쓰다

385(15-6)

子曰:「直哉史魚! 邦有道, 如矢; 邦無道, 如矢. 君子哉蘧伯玉! 邦有道, 則仕; 邦無道, 則可卷而懷之.」

① 陶山本

子(ᄌᆞ)ㅣ ᄀᆞᆯᄋᆞ샤ᄃᆡ 直(딕)ᄒᆞ다 史魚(ᄉᆞ어)ㅣ여 邦(방)이 道(도)ㅣ 이슘애 矢(시) ᄀᆞᆮᄐᆞ며 邦(방)이 道(도)ㅣ 업슴애 矢(시) ᄀᆞᆮ도다

君子(군ᄌᆞ)ㅣ라 蘧伯玉(거ᄇᆡᆨ옥)이여 邦(방)이 道(도)ㅣ 이신 則(즉) 仕(ᄉᆞ)ᄒᆞ고 邦(방)이 道(도)ㅣ 업슨 則(즉) 可(가)히 卷(권)ᄒᆞ야 懷(회)ᄒᆞ리로다

② 栗谷本

子(ᄌᆞ)ㅣ ᄀᆞᄅᆞ샤ᄃᆡ 直(딕)ᄒᆞ다 史魚(ᄉᆞ어)여 邦(방)이 道(도) 이신 제 살 ᄀᆞᆮᄐᆞ며 邦(방)이 道(도) 업슨 제 살 ᄀᆞᆮ도다

君子(군ᄌᆞ)ㅣ라 蘧伯玉(거ᄇᆡᆨ옥)이여 邦(방)이 道(도) 이시면 仕(ᄉᆞ)ᄒᆞ고 邦(방)이 道(도) 업ᄉᆞ면 可(가)히 卷(권)ᄒᆞ야 懷(회)ᄒᆞ리로다

386(15-7)

子曰:「可與言而不與之言, 失人; 不可與言而與之言, 失言. 知者不失人, 亦不失言.」

① 陶山本

子(ᄌᆞ) ㅣ ᄀᆞᆯᄋᆞ샤ᄃᆡ 可(가)히 더블어 言(언)ᄒᆞ얌즉 호ᄃᆡ 더블어 言(언)티 아니ᄒᆞ면 人(신)을 失(실)홈이오 可(가)히 더블어 言(언)ᄒᆞ얌즉디 아니호ᄃᆡ 더블어 言(언)ᄒᆞ면 言(언)을 失(실)홈이니 知(디)ᄒᆞᆫ 者(쟈)ᄂᆞᆫ 人(신)을 失(실)티 아니ᄒᆞ며 ᄯᅩᄒᆞᆫ 言(언)을 失(실)티 아니ᄒᆞᄂᆞ니라

② 栗谷本

子(ᄌᆞ) ㅣ ᄀᆞᄅᆞ샤ᄃᆡ 可(가)히 더브러 言(언)ᄒᆞᆯ 거슬 더브러 言(언)티 아니면 人(인)을 失(실)호미오 可(가)히 더브러 言(언)티 몯ᄒᆞᆯ 거슬 더브러 言(언)ᄒᆞ면 言(언)을 失(실)호미니 知(디)ᄒᆞᆫ 者(쟈)ᄂᆞᆫ 人(인)을 失(실)티 아니며 ᄯᅩᄒᆞᆫ 言(언)을 失(실)티 아니ᄒᆞᄂᆞ니라

387(15-8)

子曰:「志士仁人, 無求生以害仁, 有殺身以成仁.」

① 陶山本

子(ᄌᆞ) ㅣ ᄀᆞᆯᄋᆞ샤ᄃᆡ 志士(지ᄉᆞ)와 仁人(신신)은 生(싱)을 求(구)ᄒᆞ야 ᄡᅧ 仁(신)을 害(해)홈이 업고 身(신)을 殺(살)ᄒᆞ야 ᄡᅧ 仁(신)을 成(셩)홈이 인ᄂᆞ니라

② 栗谷本

子(ᄌᆞ) ㅣ ᄀᆞᄅᆞ샤ᄃᆡ 志士(지ᄉᆞ)와 仁人(인인)은 生(싱)을 求(구)ᄒᆞ야 ᄡᅧ 仁(인)을 害(해)호미 업고 身(신)을 殺(살)ᄒᆞ야 ᄡᅧ 仁(인)을 成(셩)호미 잇ᄂᆞ니라

388(15-9)

子貢問爲仁. 子曰:「工欲善其事, 必先利其器. 居是邦也, 事其大夫之賢者, 友其士之仁者.」

① 陶山本

子貢(ᄌᆞ공)이 仁(신)ᄒᆞ욤을 묻ᄌᆞ온대 子(ᄌᆞ) ㅣ ᄀᆞᆯᄋᆞ샤ᄃᆡ 工(공)이 그 事(ᄉᆞ)를 善(션)코쟈 ᄒᆞᆯ ᄯᅵᆫ댄 반ᄃᆞ시 몬져 그 器(긔)를 利(리)케 ᄒᆞᄂᆞ니 이 邦(방)애 居(거)ᄒᆞ야 그 태우의 賢(현)ᄒᆞᆫ 者(쟈)를 事(ᄉᆞ)ᄒᆞ며 그 士(ᄉᆞ)의 仁(신)ᄒᆞᆫ 者(쟈)를 友(우)ᄒᆞᆯ ᄯᅵ니라

② 栗谷本

子貢(ᄌᆞ공)이 仁(인)ᄒᆞ기를 問(문)ᄒᆞᆫ대 子(ᄌᆞ) ㅣ ᄀᆞᄅᆞ샤ᄃᆡ 工(공)이 그 事(ᄉᆞ)를 善(션)히 ᄒᆞ고쟈 ᄒᆞᆯ 딘댄 반ᄃᆞ시 몬져 그 器(긔)를 利(리)히 ᄒᆞᄂᆞ니 이 邦(방)의 居(거)ᄒᆞ야 그 大夫(대부)의 賢(현)ᄒᆞᆫ 者(쟈)를 事(ᄉᆞ)ᄒᆞ며 그 士(ᄉᆞ)의 仁(인)ᄒᆞᆫ 者(쟈)를 友(우)ᄒᆞᆯ 디니라

389(15-10)

顔淵問爲邦. 子曰:「行夏之時, 乘殷之輅, 服周之冕, 樂則韶舞. 放鄭聲, 遠佞人. 鄭聲淫, 佞人殆.」

① 陶山本

顔淵(안연)이 邦(방)ᄒᆞ욤을 묻ᄌᆞ온대
子(ᄌᆞ)ㅣ ᄀᆞᆯᄋᆞ샤ᄃᆡ 夏(하)ㅅ 時(시)ᄅᆞᆯ 行(ᄒᆡᆼ)ᄒᆞ며
殷(은)ㅅ 輅(로)ᄅᆞᆯ 乘(승)ᄒᆞ며
周(쥬)ㅅ 冕(면)을 服(복)ᄒᆞ며
樂(악)인 則(즉) 韶舞(쇼무)ㅣ오
鄭聲(뎡셩)을 放(방)ᄒᆞ며 佞人(녕신)을 遠(원)ᄒᆞᆯ 띠니 鄭聲(뎡셩)은 淫(음)ᄒᆞ고 佞人(녕신)은 殆(ᄐᆡ)ᄒᆞ니라

② 栗谷本

顔淵(안연)이 邦(방)ᄒᆞ기ᄅᆞᆯ 問(문)ᄒᆞᆫ대
子(ᄌᆞ)ㅣ ᄀᆞᄅᆞ샤ᄃᆡ 夏(하)의 時(시)ᄅᆞᆯ 行(ᄒᆡᆼ)ᄒᆞ며
殷(은)의 輅(로)ᄅᆞᆯ 乘(승)ᄒᆞ며
周(쥬)의 冕(면)을 服(복)ᄒᆞ며
樂(악)은 韶舞(쇼무)ㅣ오
鄭聲(뎡셩)을 放(방)ᄒᆞ며 佞人(녕인)을 遠(원)ᄒᆞᆯ 디니 鄭聲(뎡셩)은 淫(음)ᄒᆞ고 佞人(녕인)은 殆(ᄐᆡ)ᄒᆞ니라

390(15-11)

子曰:「人無遠慮, 必有近憂.」

① 陶山本

子(ᄌᆞ)ㅣ ᄀᆞᆯᄋᆞ샤ᄃᆡ 人(신)이 遠慮(원려)ㅣ 업ᄉᆞ면 반ᄃᆞ시 近憂(근우)ㅣ 인ᄂᆞ니라

② 栗谷本

子(ᄌᆞ)ㅣ ᄀᆞᄅᆞ샤ᄃᆡ 人(인)이 遠慮(원려) 곳 업ᄉᆞ면 반ᄃᆞ시 近憂(근우)ㅣ 잇ᄂᆞ니라

391(15-12)

子曰:「已矣乎! 吾未見好德如好色者也.」

① 陶山本

子(ᄌᆞ)ㅣ ᄀᆞᆯᄋᆞ샤ᄃᆡ 말올띠라 내 德(덕) 好(호)홈을 色(ᄉᆡᆨ) 好(호)홈 ᄀᆞ티ᄒᆞᄂᆞᆫ 者(쟈)를 見(견)티 몯게라

② 栗谷本

子(ᄌᆞ)ㅣ ᄀᆞᄅᆞ샤ᄃᆡ 마롤 디라 내 德(덕) 好(호)ᄒᆞ기를 色(ᄉᆡᆨ) 好(호)ᄒᆞ기 ᄀᆞᆺ티 ᄒᆞᄂᆞᆫ 者(쟈)를 보디 몯게라

392(15-13)

子曰:「臧文仲其竊位者與! 知柳下惠之賢而不與立也.」

① 陶山本

子(ᄌᆞ)ㅣ ᄀᆞᆯᄋᆞ샤ᄃᆡ 臧文仲(장문듕)은 그 位(위)를 竊(졀)ᄒᆞᆫ 者(쟈)ㅣᆫ뎌 柳下惠(류하혜)의 賢(현)을 알오ᄃᆡ 더블어 立(립)ᄒᆞ디 아니ᄒᆞ도다

② 栗谷本

子(ᄌᆞ)ㅣ ᄀᆞᄅᆞ샤ᄃᆡ 臧文仲(장문듕)은 그 位(위)를 竊(졀)ᄒᆞᆫ 者(쟈)ㅣᆫ뎌 柳下惠(류하혜)의 賢(현)을 아로ᄃᆡ 더브러 立(립)ᄒᆞ디 아니코녀

393(15-14)

子曰:「躬自厚而薄責於人, 則遠怨矣.」

① 陶山本

子(ᄌᆞ)ㅣ ᄀᆞᆯᄋᆞ샤ᄃᆡ 躬(궁)을 ᄉᆞᄉᆞ로 厚(후)히 ᄒᆞ고 人(ᅀᅵᆫ)에 責(ᄎᆡᆨ)홈을 薄(박)히 ᄒᆞ면 곧 怨(원)을 遠(원)ᄒᆞᄂᆞ니라

② 栗谷本

子(ᄌᆞ)ㅣ ᄀᆞᄅᆞ샤ᄃᆡ 몸의 ᄉᆞᄉᆞ로 厚(후)히 ᄒᆞ고 人(인)의게 責(ᄎᆡᆨ)을 薄(박)히 ᄒᆞ면 怨(원)을 멀리 ᄒᆞ리라

394(15-15)

子曰:「不曰『如之何, 如之何』者, 吾未如之何也已矣.」

① 陶山本

子(ᄌᆞ)ㅣ ᄀᆯᄋᆞ샤ᄃᆡ 엇디려뇨 엇디려뇨 아니ᄒᆞᄂᆞᆫ 者(쟈)ᄂᆞᆫ 내 엇디려뇨 홈이 업슬 ᄯᆞᄅᆞᆷ이니라

② 栗谷本

子(ᄌᆞ)ㅣ ᄀᆞᄅᆞ샤ᄃᆡ 엇디려뇨 엇디려뇨 ᄒᆞ디 아닛ᄂᆞᆫ 者(쟈)ᄂᆞᆫ 내 엇디려뇨 홈도 업슬 디로다

395(15-16)

子曰:「羣居終日, 言不及義, 好行小慧, 難矣哉!」

① 陶山本

子(ᄌᆞ)ㅣ ᄀᆯᄋᆞ샤ᄃᆡ 모다 居(거)ᄒᆞ야 日(실)을 終(즁)홈애 言(언)이 義(의)예 及(급)디 아니ᄒᆞ고 小慧(쇼혜)를 行(ᅙᅵᆼ)홈을 好(호)ᄒᆞ면 어렵다

② 栗谷本

子(ᄌᆞ)ㅣ ᄀᆞᄅᆞ샤ᄃᆡ 모다 居(거)ᄒᆞ야 日(일)을 終(즁)호매 言(언)이 義(의)예 밋디 아니코 小慧(쇼혜) 行(ᅙᅵᆼ)키를 됴히 녀기면 어려운뎌

396(15-17)

子曰:「君子義以爲質, 禮以行之, 孫以出之, 信以成之. 君子哉!」

① 陶山本

子(ᄌᆞ)ㅣ ᄀᆯᄋᆞ샤ᄃᆡ 君子(군ᄌᆞ)ㅣ 義(의)로ᄡᅥ 質(질)을 삼고 禮(례)로ᄡᅥ 行(ᅙᅵᆼ)ᄒᆞ며 孫(손)으로ᄡᅥ 出(츌)ᄒᆞ며 信(신)으로ᄡᅥ 成(셩)ᄒᆞᄂᆞ니 君子(군ᄌᆞ)ㅣ라

② 栗谷本

子(ᄌᆞ)ㅣ ᄀᆞᄅᆞ샤ᄃᆡ 君子(군ᄌᆞ)ㅣ 義(의)로ᄡᅥ 質(질)을 삼고 禮(례)로ᄡᅥ 行(ᅙᅵᆼ)ᄒᆞ며 孫(손)으로ᄡᅥ 出(츌)ᄒᆞ며 信(신)으로ᄡᅥ 成(셩)ᄒᆞ면 君子(군ᄌᆞ)ㅣᆫ뎌

397(15-18)

子曰:「君子病無能焉, 不病人之不己知也.」

① 陶山本

子(ᄌᆞ)ㅣ ᄀᆞᆯᄋᆞ샤ᄃᆡ 君子(군ᄌᆞ)ᄂᆞᆫ 能(능)업슴을 病(병)ᄒᆞ고 人(ᅀᅵᆫ)의 己(긔) 아디 몯홈을 病(병)티 아니ᄒᆞᄂᆞ니라

② 栗谷本

子(ᄌᆞ)ㅣ ᄀᆞᄅᆞ샤ᄃᆡ 君子(군ᄌᆞ)ᄂᆞᆫ 能(능)이 업ᄉᆞᄆᆞᆯ 病(병)ᄒᆞ고 人(인)의 날 아디 몯호ᄆᆞᆯ 病(병)티 아니ᄒᆞᄂᆞ니라

398(15-19)

子曰:「君子疾沒世而名不稱焉.」

① 陶山本

子(ᄌᆞ)ㅣ ᄀᆞᆯᄋᆞ샤ᄃᆡ 君子(군ᄌᆞ)ᄂᆞᆫ 世(셰)ㅣ 沒(몰)토록 名(명)이 稱(칭)티 몯홈을 疾(질)ᄒᆞᄂᆞ니라

② 栗谷本

子(ᄌᆞ)ㅣ ᄀᆞᄅᆞ샤ᄃᆡ 君子(군ᄌᆞ)ᄂᆞᆫ 世(셰) 沒(몰)호ᄃᆡ 名(명)이 稱(칭)티 아니호ᄆᆞᆯ 疾(질)ᄒᆞᄂᆞ니라

399(15-20)

子曰:「君子求諸己, 小人求諸人.」

① 陶山本

子(ᄌᆞ)ㅣ ᄀᆞᆯᄋᆞ샤ᄃᆡ 君子(군ᄌᆞ)ᄂᆞᆫ 己(긔)예 求(구)ᄒᆞ고 小人(쇼ᅀᅵᆫ)은 人(ᅀᅵᆫ)에 求(구)ᄒᆞᄂᆞ니라

② 栗谷本

子(ᄌᆞ)ㅣ ᄀᆞᄅᆞ샤ᄃᆡ 君子(군ᄌᆞ)ᄂᆞᆫ 己(긔)예 求(구)ᄒᆞ고 小人(쇼인)은 人(인)의 求(구)ᄒᆞᄂᆞ니라

400(15-21)

子曰:「君子矜而不爭, 羣而不黨.」

① 陶山本

子(ᄌᆞ)ㅣ ᄀᆞᆯᄋᆞ샤ᄃᆡ 君子(군ᄌᆞ)ᄂᆞᆫ 矜(긍)ᄒᆞ고 爭(ᄌᆡᆼ)티 아니 ᄒᆞ며 群(군)ᄒᆞ고 黨(당)티 아니ᄒᆞᄂᆞ니라

② 栗谷本

子(ᄌᆞ)ㅣ ᄀᆞᄅᆞ샤ᄃᆡ 君子(군ᄌᆞ)ᄂᆞᆫ 矜(긍)코 爭(ᄌᆡᆼ)티 아니ᄒᆞ며 羣(군)코 黨(당)티 아니ᄒᆞᄂᆞ니라

401(15-22)

子曰:「君子不以言擧人, 不以人廢言.」

① 陶山本

子(ᄌᆞ)ㅣ ᄀᆞᆯᄋᆞ샤ᄃᆡ 君子(군ᄌᆞ)ᄂᆞᆫ 言(언)으로ᄡᅥ 人(ᅀᅵᆫ)을 擧(거)티 아니ᄒᆞ며 人(ᅀᅵᆫ)으로ᄡᅥ 言(언)을 廢(폐)티 아니 ᄒᆞᄂᆞ니라

② 栗谷本

子(ᄌᆞ)ㅣ ᄀᆞᄅᆞ샤ᄃᆡ 君子(군ᄌᆞ)ᄂᆞᆫ 言(언)으로ᄡᅥ 人(인)을 擧(거)티 아니ᄒᆞ며 人(인)으로ᄡᅥ 言(언)을 廢(폐)티 아니ᄒᆞᄂᆞ니라

402(15-23)

子貢問曰:「有一言而可以終身行之者乎?」子曰:「其『恕』乎! 己所不欲, 勿施於人.」

① 陶山本

子貢(ᄌᆞ공)ㅣ 묻ᄌᆞ와 ᄀᆞᆯ오ᄃᆡ 一言(일언)이오 可(가)히 ᄡᅥ 身(신)이 終(죵)토록 行(ᄒᆡᇰ)ᄒᆞ얌즉 ᄒᆞᆫ 者(쟈)ㅣ 인ᄂᆞ니잇가 子(ᄌᆞ)ㅣ ᄀᆞᆯᄋᆞ샤ᄃᆡ 그 恕(셔)ㄴ뎌 己(긔)의 欲(욕)디 아니ᄒᆞᄂᆞᆫ 바ᄅᆞᆯ 人(ᅀᅵᆫ)의게 施(시)티 말올 ᄯᅵ니라

② 栗谷本

子貢(ᄌᆞ공)ㅣ 問(문)ᄒᆞ야 ᄀᆞᆯ오ᄃᆡ ᄒᆞᆫ 말이 可(가)히 ᄡᅥ 몸이 ᄆᆞᆺ도록 行(ᄒᆡᇰ)ᄒᆞᆯ 者(쟈)ㅣ 잇ᄂᆞ니잇가 子(ᄌᆞ)ㅣ ᄀᆞᄅᆞ샤ᄃᆡ 그 恕(셔)ㄴ뎌 己(긔)의 欲(욕)디 아닌ᄂᆞᆫ 바ᄅᆞᆯ 人(인)의게 施(시)티 마로미니라

403(15-24)

子曰:「吾之於人也, 誰毁誰譽? 如有所譽者, 其有所試矣. 斯民也, 三代之所以直道而行也.」

① 陶山本

子(ᄌᆞ)ㅣ ᄀᆞᆯᄋᆞ샤ᄃᆡ 내 人(ᄉᆡᆫ)에 누를 毁(훼)ᄒᆞ며 누를 譽(여)ᄒᆞ리오 만일에 譽(여)ᄒᆞᄂᆞᆫ 배 이시면 그 試(시)ᄒᆞᆫ 배 인ᄂᆞ니라

이 民(민)은 三代(삼ᄃᆡ)의 直道(ᄃᆡᆨ도)로써 行(ᄒᆡᆼ)ᄒᆞ던 배니라

② 栗谷本

子(ᄌᆞ)ㅣ ᄀᆞᄅᆞ샤ᄃᆡ 내 人(인)의게 누ᄅᆞᆯ 毁(훼)ᄒᆞ며 누ᄅᆞᆯ 譽(예)ᄒᆞ리오 만일 譽(예)ᄒᆞᆯ 배 이실 딘댄 그 試(시)ᄒᆞᆫ 배 이쇼미니라

이 民(민)은 三代(삼ᄃᆡ)의 直道(ᄃᆡᆨ도)로써 行(ᄒᆡᆼ)ᄒᆞ던 배니라

404(15-25)

子曰:「吾猶及史之闕文也. 有馬者借人乘之, 今亡矣夫!」

① 陶山本

子(ᄌᆞ)ㅣ ᄀᆞᆯᄋᆞ샤ᄃᆡ 내 오히려 史(ᄉᆞ)의 文(문)을 闕(궐)홈과 馬(마) 둔ᄂᆞᆫ 者(쟈)ㅣ 人(ᄉᆡᆫ)을 빌여 乘(승)ᄒᆞ욤을 及(급)호니 이제 업ᄉᆞᆫ뎌

② 栗谷本

子(ᄌᆞ)ㅣ ᄀᆞᄅᆞ샤ᄃᆡ 내 오히려 史(ᄉᆞ)의 文(문)을 闕(궐)홈과 馬(마)둣ᄂᆞᆫ 者(쟈)ㅣ 人(인) 빌려 乘(승)호ᄆᆞᆯ 及(급)하얏더니 이제ᄂᆞᆫ 업ᄉᆞᆫ뎌

405(15-26)

子曰:「巧言亂德. 小不忍, 則亂大謀.」

① 陶山本

子(ᄌᆞ)ㅣ ᄀᆞᆯᄋᆞ샤ᄃᆡ 巧(교)ᄒᆞᆫ 言(언)은 德(덕)을 亂(란)ᄒᆞ고 小(쇼)를 忍(ᄉᆡᆫ)티 몯ᄒᆞ면 大謀(대모)를 亂(란)ᄒᆞᄂᆞ니라

② 栗谷本

子(ᄌᆞ)ㅣ ᄀᆞᄅᆞ샤ᄃᆡ 巧(교)ᄒᆞᆫ 말은 德(덕)을 어즈리고 쟈그ᄆᆞᆯ ᄎᆞᆷ디 몯호믄 큰 謀(모)ᄅᆞᆯ 어즈리ᄂᆞ니라

406(15-27)

子曰:「衆惡之, 必察焉; 衆好之, 必察焉.」

① 陶山本

子(ᄌᆞ)ㅣ ᄀᆞᆯᄋᆞ샤ᄃᆡ 衆(즁)이 惡(오)ᄒᆞ야도 반ᄃᆞ시 察(찰)ᄒᆞ며 衆(즁)이 好(호)ᄒᆞ야도 반ᄃᆞ시 察(찰)홀 띠니라

② 栗谷本

子(ᄌᆞ)ㅣ ᄀᆞᄅᆞ샤ᄃᆡ 衆(즁)이 惡(오)홀 디라도 반ᄃᆞ시 ᄉᆞᆯ피며 衆(즁)이 好(호)홀 디라도 반ᄃᆞ시 ᄉᆞᆯ필 디니라

407(15-28)

子曰:「人能弘道, 非道弘人.」

① 陶山本

子(ᄌᆞ)ㅣ ᄀᆞᆯᄋᆞ샤ᄃᆡ 人(ᅀᅵᆫ)이 能(ᄂᆞᆼ)히 道(도)를 弘(홍)ᄒᆞ고 道(도)ㅣ 人(ᅀᅵᆫ)을 弘(홍)홈이 아니니라

② 栗谷本

子(ᄌᆞ)ㅣ ᄀᆞᄅᆞ샤ᄃᆡ 人(인)이 能(ᄂᆞᆼ)히 道(도)ᄅᆞᆯ 弘(홍)ᄒᆞ고 道(도)ㅣ 人(인)을 弘(홍)호미 아니니라

408(15-29)

子曰:「過而不改, 是謂過矣.」

① 陶山本

子(ᄌᆞ)ㅣ ᄀᆞᆯᄋᆞ샤ᄃᆡ 過(과)ㅣ오 改(ᄀᆡ)티 아니홈이 이 닐온 過(과)ㅣ니라

② 栗谷本

子(ᄌᆞ)ㅣ ᄀᆞᄅᆞ샤ᄃᆡ 過(과)ㅣ오 改(ᄀᆡ)티 아니호미 이 닐온 過(과)ㅣ니라

409(15-30)

子曰:「吾嘗終日不食, 終夜不寢, 以思, 無益, 不如學也.」

① 陶山本

子(ᄌᆞ)ㅣ ᄀᆞᆯᄋᆞ샤ᄃᆡ 내 일즉 日(실)이 終(즁)토록 食(식)디 아니ᄒᆞ며 夜(야)ㅣ 終(즁)토록 寢(침)티 아니ᄒᆞ야 뻐 思(ᄉᆞ)호니 益(익)이 업슨디라 學(ᄒᆞᆨ)홈만 ᄀᆞᆮ디 몯ᄒᆞ도다

② 栗谷本

子(ᄌᆞ)ㅣ ᄀᆞᄅᆞ샤ᄃᆡ 내 일즉 日(일)이 終(즁)토록 食(식)디 아니며 夜(야)ㅣ 終(즁)토록 寢(침)티 아니ᄒᆞ야 뻐 思(ᄉᆞ)호니 益(익)호미 업슨 디라 學(ᄒᆞᆨ)홈만 ᄀᆞᆺ디 못ᄒᆞ도다

410(15-31)

子曰:「君子謀道不謀食. 耕也, 餒在其中矣; 學也, 祿在其中矣. 君子憂道不憂貧.」

① 陶山本

子(ᄌᆞ)ㅣ ᄀᆞᆯᄋᆞ샤ᄃᆡ 君子(군ᄌᆞ)ᄂᆞᆫ 道(도)를 謀(모)ᄒᆞ고 食(식)을 謀(모)티 아니ᄒᆞᄂᆞ니 耕(경)홈애 餒(뇌) 그 中(듕)에 잇고 學(ᄒᆞᆨ)홈애 祿(록)이 그 中(듕)에 잇ᄂᆞ니 君子(군ᄌᆞ)ᄂᆞᆫ 道(도)를 憂(우)ᄒᆞ고 貧(빈)을 憂(우)티 아니ᄒᆞᄂᆞ니라

② 栗谷本

子(ᄌᆞ)ㅣ ᄀᆞᄅᆞ샤ᄃᆡ 君子(군ᄌᆞ)ᄂᆞᆫ 道(도)ᄅᆞᆯ 謀(모)ᄒᆞ고 食(식)을 謀(모)티 아닛ᄂᆞ니 耕(경)호매 餒(뇌)ㅣ 그 가온대 잇고 學(ᄒᆞᆨ)호매 祿(록)이 그 가온대 잇ᄂᆞ니 君子(군ᄌᆞ)ᄂᆞᆫ 道(도)ᄅᆞᆯ 憂(우)ᄒᆞ고 貧(빈)을 憂(우)티 아닛ᄂᆞ니라

411(15-32)

子曰:「知及之, 仁不能守之; 雖得之, 必失之. 知及之, 仁能守之. 不莊以涖之, 則民不敬. 知及之, 仁能守之, 莊以涖之, 動之不以禮, 未善也.」

① 陶山本

子(ᄌᆞ)ㅣ ᄀᆞᆯᄋᆞ샤ᄃᆡ 知及(디급)ᄒᆞ고도 仁(ᅀᅵᆫ)이 能(능)히 守(슈)티 몯ᄒᆞ면 비록 得(득)ᄒᆞ나 반ᄃᆞ시 失(실)ᄒᆞᄂᆞ니라

知及(디급)ᄒᆞ며 仁(신)이 能(능)히 守(슈)ᄒᆞ고도 莊(장)으로뻐 涖(리)티 아니ᄒᆞ면 民(민)이 敬(경)티 아니ᄒᆞᄂᆞ니라

知及(디급)ᄒᆞ며 仁(신)이 能(능)히 守(슈)ᄒᆞ며 莊(장)으로뻐 涖(리)ᄒᆞ고도 動(동)호ᄃᆡ 禮(례)로뻐 아니ᄒᆞ면 善(션)티 몯ᄒᆞ니라

② 栗谷本

子(ᄌᆞ)ㅣ ᄀᆞᄅᆞ샤ᄃᆡ 知(디)ㅣ 及(급)ᄒᆞ고도 仁(인)이 能(능)히 守(슈)티 몯ᄒᆞ면 비록 得(득)ᄒᆞ나 반ᄃᆞ시 失(실)ᄒᆞᄂᆞ니라

知(디) 及(급)ᄒᆞ며 仁(인)이 能(능)히 守(슈)코도 莊(장)ᄒᆞ야 뻐 涖(리)티 몯ᄒᆞ면 民(민)이 敬(경)티 아니ᄒᆞᄂᆞ니라

知(디)ㅣ 及(급)ᄒᆞ며 仁(인)이 能(능)히 守(슈)ᄒᆞ며 莊(장)ᄒᆞ야 뻐 涖(리)코도 動(동)ᄒᆞ기ᄅᆞᆯ 禮(례)로뻐 아니면 善(션)티 아니ᄒᆞ니라

412(15-33)

子曰:「君子不可小知而可大受也, 小人不可大受而可小知也.」

① 陶山本

子(ᄌᆞ)ㅣ ᄀᆞᆯᄋᆞ샤ᄃᆡ 君子(군ᄌᆞ)ᄂᆞᆫ 可(가)히 小(쇼)에 知(디)티 몯ᄒᆞ고 可(가)히 大(대)옌 受(슈)ᄒᆞᆯ 꺼시오 小人(쇼신)ᄋᆞᆫ 可(가)히 大(대)옌 受(슈)티 몯ᄒᆞ고 可(가)히 小(쇼)에 知(디)ᄒᆞᆯ 꺼시니라

② 栗谷本

子(ᄌᆞ)ㅣ ᄀᆞᄅᆞ샤ᄃᆡ 君子(군ᄌᆞ)ᄂᆞᆫ 可(가)히 小(쇼)로 아디 몯ᄒᆞ고 可(가)히 크게 受(슈)ᄒᆞᆯ 디오 小人(쇼인)ᄋᆞᆫ 可(가)히 크게 受(슈)티 몯ᄒᆞ고 可(가)히 小(쇼)로 알 디니라

413(15-34)

子曰:「民之於仁也, 甚於水火. 水火, 吾見蹈而死者矣, 未見蹈仁而死者也.」

① 陶山本

子(ᄌᆞ)ㅣ ᄀᆞᆯᄋᆞ샤ᄃᆡ 民(민)이 仁(신)에 水火(슈화)도곤 甚(심)ᄒᆞ니 水火(슈화)ᄂᆞᆫ 내 蹈(도)ᄒᆞ야 死(ᄉᆞ)ᄒᆞᄂᆞᆫ 者(쟈)ᄅᆞᆯ 보앗거니와 仁(신)을 蹈(도)ᄒᆞ야 死(ᄉᆞ)ᄒᆞᄂᆞᆫ 者(쟈)ᄅᆞᆯ 보디 몯게라

② 栗谷本

子(ᄌᆞ) ㅣ ᄀᆞᄅᆞ샤ᄃᆡ 民(민)의게 仁(인)이 水火(슈화)두곤 甚(심)ᄒᆞ니 水火(슈화)는 내 蹈(도)ᄒᆞ야 주근 者(쟈)를 보앗거니와 仁(인)을 蹈(도)ᄒᆞ야 주근 者(쟈)를 보디 몯게라

414(15-35)

子曰:「當仁, 不讓於師.」

① 陶山本

子(ᄌᆞ) ㅣ ᄀᆞᆯᄋᆞ샤ᄃᆡ 仁(신)을 當(당)ᄒᆞ야 師(ᄉᆞ)에 讓(샹)티 아니홀 띠니라

② 栗谷本

子(ᄌᆞ) ㅣ ᄀᆞᄅᆞ샤ᄃᆡ 仁(인)을 當(당)ᄒᆞ얀 師(ᄉᆞ)의게도 讓(양)티 아닐 디니라

415(15-36)

子曰:「君子貞而不諒.」

① 陶山本

子(ᄌᆞ) ㅣ ᄀᆞᆯᄋᆞ샤ᄃᆡ 君子(군ᄌᆞ)는 貞(뎡)ᄒᆞ고 諒(량)티 아니ᄒᆞ니라

② 栗谷本

子(ᄌᆞ) ㅣ ᄀᆞᄅᆞ샤ᄃᆡ 君子(군ᄌᆞ)는 貞(뎡)코 諒(량)티 아니ᄒᆞ니라

416(15-37)

子曰:「事君, 敬其事而後其食.」

① 陶山本

子(ᄌᆞ) ㅣ ᄀᆞᆯᄋᆞ샤ᄃᆡ 君(군)을 事(ᄉᆞ)호ᄃᆡ 그 事(ᄉᆞ)를 敬(경)ᄒᆞ고 그 食(식)을 後(후)홀 띠니라

② 栗谷本

子(ᄌᆞ) ㅣ ᄀᆞᄅᆞ샤ᄃᆡ 君(군)을 事(ᄉᆞ)호ᄃᆡ 그 事(ᄉᆞ)를 敬(경)ᄒᆞ고 그 食(식)을 後(후)홀 디니라

417(15-38)

子曰:「有教無類.」

① 陶山本
子(ᄌᆞ)ㅣ ᄀᆞᆯᄋᆞ샤ᄃᆡ 教(교)를 두면 類(류)ㅣ 업ᄉᆞ리니라

② 栗谷本
子(ᄌᆞ)ㅣ ᄀᆞᄅᆞ샤ᄃᆡ 教(교)ㅣ 이시면 類(류)ㅣ 업스니라

418(15-39)

子曰:「道不同, 不相爲謀.」

① 陶山本
子(ᄌᆞ)ㅣ ᄀᆞᆯᄋᆞ샤ᄃᆡ 道(도)ㅣ 同(동)티 아니면 설ᄋᆞ 爲(위)ᄒᆞ야 謀(모)티 몯ᄒᆞᄂᆞ니라

② 栗谷本
子(ᄌᆞ)ㅣ ᄀᆞᄅᆞ샤ᄃᆡ 道(도)ㅣ 同(동)티 아니면 서ᄅᆞ 爲(위)ᄒᆞ야 謀(모)티 몯ᄒᆞᄂᆞ니라

419(15-40)

子曰:「辭達而已矣.」

① 陶山本
子(ᄌᆞ)ㅣ ᄀᆞᆯᄋᆞ샤ᄃᆡ 辭(ᄉᆞ)ᄂᆞᆫ 達(달)ᄒᆞᆯ ᄯᆞᄅᆞᆷ이니라

② 栗谷本
子(ᄌᆞ)ㅣ ᄀᆞᄅᆞ샤ᄃᆡ 辭(ᄉᆞ)ᄂᆞᆫ 達(달)ᄒᆞᆯ ᄯᆞᄅᆞᆷ이니라

420(15-41)

師冕見, 及階, 子曰:「階也.」及席, 子曰:「席也.」皆坐, 子告之曰:「某在斯, 某在斯.」師冕出. 子張問曰:「與師言之道與? 子曰:「然. 固相師之道也.」

① 陶山本

師(ᄉᆞ)ㅣ언 冕(면)이 見(현)홀ᄊᆡ 階(계)예 미처ᄂᆞᆯ 子(ᄌᆞ)ㅣ ᄀᆞᆯᄋᆞ샤ᄃᆡ 階(계)라 ᄒᆞ시고 席(셕)에 미처ᄂᆞᆯ 子(ᄌᆞ)ㅣ ᄀᆞᆯᄋᆞ샤ᄃᆡ 席(셕)이라 ᄒᆞ시고 다 坐(좌)ᄒᆞ야ᄂᆞᆯ 子(ᄌᆞ)ㅣ 告(고)ᄒᆞ야 ᄀᆞᆯᄋᆞ샤ᄃᆡ 某(모)ㅣ 이예 잇고 某(모)ㅣ 이예 잇다 ᄒᆞ시다

師(ᄉᆞ)ㅣ언 冕(면)이 出(츌)커ᄂᆞᆯ 子張(ᄌᆞ댱)이 묻ᄌᆞ와 ᄀᆞᆯ오ᄃᆡ 師(ᄉᆞ)로 더블어 言(언)ᄒᆞᄂᆞᆫ 道(도)ㅣ니잇가

子(ᄌᆞ)ㅣ ᄀᆞᆯᄋᆞ샤ᄃᆡ 그러ᄒᆞ다 본ᄃᆡ 師(ᄉᆞ)ᄅᆞᆯ 相(샹)ᄒᆞᄂᆞᆫ 道(도)ㅣ니라

② 栗谷本

師冕(ᄉᆞ면)이 뵈ᄋᆞᆸ거ᄂᆞᆯ 階(계)예 미츠매 子(ᄌᆞ)ㅣ ᄀᆞᄅᆞ샤ᄃᆡ 階(계)라 ᄒᆞ시고 席(셕)에 미츠메 子(ᄌᆞ)ㅣ ᄀᆞᄅᆞ샤ᄃᆡ 席(셕)이라 ᄒᆞ시고 다 坐(좌)호매 子(ᄌᆞ)ㅣ 告(고)ᄒᆞ야 ᄀᆞᄅᆞ샤ᄃᆡ 某(모)ㅣ 이예 이시며 某(모)ㅣ 이예 잇다ᄒᆞ더시다

師冕(ᄉᆞ면)이 出(츌)커ᄂᆞᆯ 子張(ᄌᆞ댱)이 問(문)ᄒᆞ야 ᄀᆞᆯ오ᄃᆡ 師(ᄉᆞ)와 더브러 言(언)ᄒᆞᄂᆞᆫ 道(도)ㅣ잇가

子(ᄌᆞ)ㅣ ᄀᆞᄅᆞ샤ᄃᆡ 그러ᄒᆞ다 본ᄃᆡ 師(ᄉᆞ)ᄅᆞᆯ 相(샹)ᄒᆞᄂᆞᆫ 道(도)ㅣ니라

第十六〈季氏〉

421(16-1)

季氏將伐顓臾. 冉有·季路見於孔子曰:「季氏將有事於顓臾.」孔子曰:「求! 無乃爾是過與? 夫顓臾, 昔者, 先王以爲東蒙主, 且在邦域之中矣, 是社稷之臣也. 何以伐爲?」冉有曰:「夫子欲之, 吾二臣者皆不欲也.」孔子曰:「求! 周任有言曰:『陳力就列, 不能者止.』危而不持, 顚而不扶, 則將焉用彼相矣? 且爾言過矣, 虎兕出於柙, 龜玉毁於櫝中, 是誰之過與?」冉有曰:「今夫顓臾, 固而近於費. 今不取, 後世必爲子孫憂.」孔子曰:「求! 君子疾夫舍曰欲之而必爲之辭. 丘也聞有國有家者, 不患寡而患不均, 不患貧而患不安. 蓋均無貧, 和無寡, 安無傾. 夫如是, 故遠人不服, 則修文德以來之. 旣來之, 則安之. 今由與求也, 相夫子, 遠人不服, 而不能來也; 邦分崩離析, 而不能守也; 而謀動干戈於邦內. 吾恐季孫之憂, 不在顓臾, 而在蕭牆之內也.」

① 陶山本

季氏(계시)ㅣ 쟝ᄎᆞᆺ 顓臾(젼유)를 伐(벌)호려 ᄒᆞ더니

冉有(염유)와 季路(계로)ㅣ 孔子(공ᄌᆞ)ᄭᅴ 見(현)ᄒᆞ야 ᄀᆞᆯ오ᄃᆡ 季氏(계시)ㅣ 쟝ᄎᆞᆺ 顓臾(젼유)에 事(ᄉᆞ)를 두려 ᄒᆞ노쇠이다

孔子(공ᄌᆞ)ㅣ ᄀᆞᆯᄋᆞ샤ᄃᆡ 求(구)아 아니 네의 이 過(과)아

顓臾(젼유)ᄂᆞᆫ 녜 先王(션왕)이 ᄡᅥ 東蒙(동몽)의 主(쥬)를 삼ᄋᆞ시고 ᄯᅩ 邦域(방역) 가온ᄃᆡ 인ᄂᆞᆫ 디라 이 社稷(샤직)ㅅ 臣(신)이니 엇디 ᄡᅥ 伐(벌)ᄒᆞ리오

冉有(염유)ㅣ ᄀᆞᆯ오ᄃᆡ 夫子(부ᄌᆞ)ㅣ 欲(욕)ᄒᆞ건뎡 우리 二臣(ᅀᅵ신)은 다 欲(욕)디 아니ᄒᆞ노이다

孔子(공ᄌᆞ)ㅣ ᄀᆞᆯᄋᆞ샤ᄃᆡ 求(구)아 周任(쥬심)이 言(언)을 두어 ᄀᆞᆯ오ᄃᆡ 力(력)을 陳(딘)ᄒᆞ야 列(렬)에 就(취)ᄒᆞ야 能(능)티 몯ᄒᆞᄂᆞᆫ 者(쟈)ㅣ 止(지)홀ᄯᅵ라 ᄒᆞ니 危(위)호ᄃᆡ 持(디)티 몯ᄒᆞ며 顚(뎐)호ᄃᆡ 扶(부)티 몯ᄒᆞ면 쟝ᄎᆞᆺ 어ᄃᆡ 뎌 相(샹)을 ᄡᅳ리오

ᄯᅩ 네 言(언)이 過(과)ᄒᆞ도다 虎(호)와 兕(시)ㅣ 柙(합)에 出(츌)ᄒᆞ여 龜(귀)와 玉(옥)이 櫝中(독듕)에셔 毁(훼)홈이 이 뉘 過(과)오

冉有(염유)ㅣ ᄀᆞᆯ오ᄃᆡ 이제 顓臾(젼유)ㅣ 固(고)ᄒᆞ고 費(비)에 近(근)ᄒᆞ니 이제 取(취)티 아니ᄒᆞ면 後世(후셰)예 반ᄃᆞ시 子孫(ᄌᆞ손)의 憂(우)ㅣ 되리이다

(缺落: 未諺解 부분임)

이제 由(유)와 다뭇 求(구)는 夫子(부ᄌᆞ)를 相(샹)호ᄃᆡ 遠人(원신)이 服(복)디 아니호ᄃᆡ 能(능)히 來(ᄅᆡ)케 몯ᄒᆞ며 邦(방)이 分崩(분붕)ᄒᆞ며 離析(리셕)호ᄃᆡ 能(능)히 守(슈)티 몯ᄒᆞ고

干戈(간과)를 邦內(방ᄂᆡ)예 動(동)홈을 謀(모)ᄒᆞ니 나는 季孫(계손)의 憂(우)ㅣ 顓臾(젼유)에 잇디 아니ᄒᆞ고 蕭墻(쇼쟝)ㅅ 內(ᄂᆡ)예 이실까 저허ᄒᆞ노라

② 栗谷本

季氏(계시)ㅣ 쟝ᄎᆞᆺ 顓臾(젼유)를 치려커늘

冉有(염유)와 季路(계로)ㅣ 孔子(공ᄌᆞ)ᄭᅴ 뵈ᄋᆞ와 ᄀᆞᆯ오ᄃᆡ 季氏(계시)ㅣ 쟝ᄎᆞᆺ 顓臾(젼유)에 事(ᄉᆞ)를 둘러이다

孔子(공ᄌᆞ)ㅣ ᄀᆞᄅᆞ샤ᄃᆡ 求(구)아 아니 네 이 過(과)ᄒᆞ냐

顓臾(젼유)는 녜 先王(션왕)이 ᄡᅧ 東蒙(동몽) 主(쥬)를 삼ᄋᆞ시고 ᄯᅩᄒᆞᆫ 邦域(방역) 가온대 이신 디라 이는 社稷(샤직)의 臣(신)이니 엇디 ᄡᅧ 伐(벌)ᄒᆞ리오

冉有(염유)ㅣ ᄀᆞᆯ오ᄃᆡ 夫子(부ᄌᆞ)ㅣ 欲(욕)홀 ᄲᅮᆫ이언뎡 우리 두 신하는 다 欲(욕)디 아닛노이다

孔子(공ᄌᆞ)ㅣ ᄀᆞᄅᆞ샤ᄃᆡ 求(구)아 周任(쥬임)이 말을 두어 ᄀᆞᆯ오ᄃᆡ 力(력)을 陳(딘)ᄒᆞ야 列(렬)의 나아가 能(능)티 몯ᄒᆞ는 者(쟈)는 止(지)홀 디니 危(위)호매 持(디)티 몯ᄒᆞ며 顚(뎐)호ᄃᆡ 扶(부)티 몯ᄒᆞ면 相(샹)을 쟝ᄎᆞᆺ 어ᄃᆡ ᄡᅳ료 ᄒᆞ니라

ᄯᅩᄒᆞᆫ 네 말이 過(과)ᄒᆞ도다 虎兕(호시)ㅣ 柙(합)에셔 나며 龜玉(귀옥)이 櫝(독) 가온대셔 毁(훼)ᄒᆞ면 이 뉘 過(과)오

冉有(염유)ㅣ ᄀᆞᆯ오ᄃᆡ 이제 顓臾(젼유)ㅣ 固(고)ᄒᆞ고 費(비)예 갓가오니 이제 取(취)티 아니ᄒᆞ면 後世(후세)예 반ᄃᆞ시 子孫(ᄌᆞ손)의 근심이 되리이다

孔子(공ᄌᆞ)ㅣ ᄀᆞᄅᆞ샤ᄃᆡ 求(구)아 君子(군ᄌᆞ)는 欲(욕)ᄒᆞ노라 니ᄅᆞ디 아니코 구틔여 辭(ᄉᆞ)호믈 아쳐ᄒᆞᄂᆞ니라

丘(구)는 그르니 國(국)을 두며 家(가)를 둣는 者(쟈)는 寡(과)를 患(환)티 말고 均(균)티 아니호믈 患(환)ᄒᆞ며 貧(빈)을 患(환)티 말고 安(안)티 아니호믈 患(환)홀 거시라 ᄒᆞ니 均(균)ᄒᆞ면 貧(빈)호미 업고 和(화)ᄒᆞ면 寡(과)호미 업고 安(안)ᄒᆞ면 傾(경)호미 업ᄉᆞ니라

이ᄀᆞᄐᆞᆫ 디라 故(고)로 遠人(원인)이 服(복)디 아니커든 文德(문덕)을 修(슈)ᄒᆞ야 ᄡᅧ 來(ᄅᆡ)케 ᄒᆞ고 이믜 來(ᄅᆡ)ᄒᆞ얀 安(안)케 ᄒᆞᄂᆞ니라

이제 由(유)와 다뭇 求(구)는 夫子(부ᄌᆞ)를 相(샹)호ᄃᆡ 遠人(원인)이 服(복)디 아녀도 能(능)히 來(ᄅᆡ)케 몯ᄒᆞ며 邦(방)이 分崩(분붕)ᄒᆞ며 離析(리셕)호ᄃᆡ 能(능)히 守(슈)티 몯ᄒᆞ고

干戈(간과)를 邦內(방ᄂᆡ)예 動(동)호믈 謀(모)ᄒᆞᄂᆞ니 나는 季孫(계손)의 시름이 顓臾(젼유)의 잇디 아니코 蕭墻(쇼쟝) 안희 이실가 젓노라

422(16-2)

孔子曰:「天下有道, 則禮樂征伐自天子出; 天下無道, 則禮樂征伐自諸侯出. 自諸侯出, 蓋十世希不失矣; 自大夫出, 五世希不失矣; 陪臣執國命, 三世希不失矣. 天下有道, 則政不在大夫. 天下有道, 則庶人不議.」

① 陶山本

孔子(공ᄌᆞ)ㅣ 갈ᄋᆞ샤ᄃᆡ 天下(텬하)ㅣ 道(도)ㅣ 이시면 禮樂(례악)과 征伐(졍벌)이 天子(텬ᄌᆞ)로브터 出(츌)ᄒᆞ고 天下(텬하)ㅣ 道(도)ㅣ 업스면 禮樂(례악)과 征伐(졍벌)이 諸侯(져후)로브터 出(츌)ᄒᆞᄂᆞ니 諸侯(져후)로브터 出(츌)ᄒᆞ면 十世(십셰)예 失(실)티 아니리 드믈고 태우로브터 出(츌)ᄒᆞ면 五世(오셰)예 失(실)티 아니리 드믈고 陪臣(ᄇᆡ신)이 國命(국명)을 執(집)ᄒᆞ면 三世(삼셰)예 失(실)티 아니리 드므니라

天下(텬하)ㅣ 道(도)ㅣ 이시면 政(졍)이 태우에 잇디 아니ᄒᆞ고

天下(텬하)ㅣ 道(도)ㅣ 이시면 庶人(셔신)이 議(의)티 아니ᄒᆞᄂᆞ니라

② 栗谷本

孔子(공ᄌᆞ)ㅣ ᄀᆞᄅᆞ샤ᄃᆡ 天下(텬하)ㅣ 道(도)ㅣ 이시면 禮樂(례악)과 征伐(졍벌)이 天子(텬ᄌᆞ)로브터 나고 天下(텬하)ㅣ 道(도)ㅣ 업스면 禮樂(례악)과 征伐(졍벌)이 諸侯(져후)로브터 나ᄂᆞ니 諸侯(져후)로브터 나면 十世(십셰)예 일티 아니리 드믈고 大夫(대부)로브터 나면 五世(오셰)예 일티 아니리 드믈고 陪臣(ᄇᆡ신)이 國命(국명)을 자브면 三世(삼셰)예 일티 아니리 드므니라

天下(텬하)ㅣ 道(도)ㅣ 이시면 政(졍)이 大夫(대부)으게 잇디 아니ᄒᆞ며

天下(텬하)ㅣ 道(도)ㅣ 이시면 庶人(셔인)이 의논ᄒᆞ디 아닛ᄂᆞ니라

423(16-3)

孔子曰:「祿之去公室五世矣, 政逮於大夫四世矣, 故夫三桓之子孫, 微矣.」

① 陶山本

孔子(공ᄌᆞ)ㅣ 갈ᄋᆞ샤ᄃᆡ 祿(록)이 公室(공실)에 去(거)ᄒᆞ얀디 五世(오셰)오 政(졍)이 태우에 逮(톄)ᄒᆞ얀디 四世(ᄉᆞ셰)니 故(고)로 三桓(삼환)의 子孫(ᄌᆞ손)이 微(미)ᄒᆞ니라

② 栗谷本

孔子(공ᄌᆞ)ㅣ ᄀᆞᄅᆞ샤ᄃᆡ 祿(록)이 公室(공실)의 去(거)ᄒᆞ얀디 五世(오셰)ㅣ오 政(졍)이 大夫(대부)에 미천디 四世(ᄉᆞ셰)니 그러모로 三桓(삼환)의 子孫(ᄌᆞ손)이 微(미)ᄒᆞ니라

424(16-4)

孔子曰:「益者三友, 損者三友. 友直, 友諒, 友多聞, 益矣. 友便辟, 友善柔, 友便佞, 損矣.」

① 陶山本

孔子(공ᄌᆞ)ㅣ ᄀᆞᆯᄋᆞ샤ᄃᆡ 益(익)ᄒᆞᆫ 者(쟈)ㅣ 三友(삼우)ㅣ오 損(손)ᄒᆞᆫ 者(쟈)ㅣ 三友(삼우)ㅣ니 直(딕)을 友(우)ᄒᆞ며 諒(량)을 友(우)ᄒᆞ며 多聞(다문)을 友(우)ᄒᆞ면 益(익)ᄒᆞ고 便辟(편벽)을 友(우)ᄒᆞ며 善柔(션유)를 友(우)ᄒᆞ며 便佞(편녕)을 友(우)ᄒᆞ면 損(손)ᄒᆞᄂᆞ니라

② 栗谷本

孔子(공ᄌᆞ)ㅣ ᄀᆞᄅᆞ샤ᄃᆡ 益(익)ᄒᆞᆫ 者(쟈)ㅣ 세 버디오 損(손)ᄒᆞᆫ 者(쟈)ㅣ 세 버디니 友(우)ㅣ 直(딕)ᄒᆞ며 友(우)ㅣ 諒(량)ᄒᆞ며 友(우)ㅣ 문(聞)이 하미 益(익)호미오 友(우)ㅣ 便辟(편벽)ᄒᆞ며 友(우)ㅣ 善柔(션유)ᄒᆞ며 友(우)ㅣ 便佞(편녕)호미 損(손)호미니라

425(16-5)

孔子曰:「益者三樂, 損者三樂. 樂節禮樂, 樂道人之善, 樂多賢友, 益矣. 樂驕樂, 樂佚遊, 樂宴樂, 損矣.」

① 陶山本

孔子(공ᄌᆞ)ㅣ ᄀᆞᆯᄋᆞ샤ᄃᆡ 益(익)ᄒᆞᆫ 者(쟈)ㅣ 三樂(삼요)ㅣ오 損(손)ᄒᆞᆫ 者(쟈)ㅣ 三樂(삼요)ㅣ니 禮樂(례악) 節(절)홈을 樂(요)ᄒᆞ며 人(신)의 善道(션도)홈을 樂(요)ᄒᆞ며 賢友(현우)ㅣ 多(다)홈을 樂(요)ᄒᆞ면 益(익)ᄒᆞ고 驕樂(교락)을 樂(요)ᄒᆞ며 佚遊(일유)를 樂(요)ᄒᆞ며 宴樂(연락)을 樂(요)ᄒᆞ면 損(손)ᄒᆞᄂᆞ니라

② 栗谷本

孔子(공ᄌᆞ)ㅣ ᄀᆞᄅᆞ샤ᄃᆡ 益(익)ᄒᆞᆫ 者(쟈)ㅣ 세 樂(요)호미오 損(손)ᄒᆞᆫ 者(쟈)ㅣ 세 樂(요)호미니 禮樂(례악)을 節(절)ᄒᆞ기롤 樂(요)ᄒᆞ며 人(인)의 善(션) 니ᄅᆞ기롤 樂(요)ᄒᆞ며 賢友(현우)ㅣ 하기롤 樂(요)호미 益(익)호미오 驕樂(교락)을 樂(요)ᄒᆞ며 佚遊(일유)롤 樂(요)ᄒᆞ며 宴樂(연락)을 樂(요)호미 損(손)호미니라

426(16-6)

孔子曰:「侍於君子有三愆: 言未及之而言謂之躁, 言及之而不言謂之隱, 未見顔色而言謂之瞽.」

① 陶山本

孔子(공ᄌᆞ)ㅣ ᄀᆞᆯᄋᆞ샤ᄃᆡ 君子(군ᄌᆞ)에 侍(시)홈애 三愆(삼건)이 인ᄂᆞ니 言(언)이 及(급)디 아니ᄒᆞ야셔 言(언)홈을 躁(조)ㅣ라 닐ᄋᆞ고 言(언)이 及(급)호ᄃᆡ 言(언)티 아니홈을 隱(은)이라 닐ᄋᆞ고 顔色(안ᄉᆡᆨ)을 보디 아니ᄒᆞ고 言(언)홈을 瞽(고)ㅣ라 닐ᄋᆞᄂᆞ니라

② 栗谷本

孔子(공ᄌᆞ)ㅣ ᄆᆞᄅᆞ샤ᄃᆡ 君子(군ᄌᆞ)의게 侍(시)호매 세 愆(건)이 잇ᄂᆞ니 言(언)이 及(급)디 몯ᄒᆞ여셔 言(언)호믈 躁(조)ㅣ라 니ᄅᆞ고 言(언)이 及(급)호매 言(언)티 아니호ᄆᆞᆯ 隱(은)이라 니ᄅᆞ고 顔色(안ᄉᆡᆨ)을 보디 아니코 言(언)호ᄆᆞᆯ 瞽(고)ㅣ라 니ᄅᆞᄂᆞ니라

427(16-7)

孔子曰:「君子有三戒: 少之時, 血氣未定, 戒之在色; 及其壯也, 血氣方剛, 戒之在鬪; 及其老也, 血氣旣衰, 戒之在得.」

① 陶山本

孔子(공ᄌᆞ)ㅣ ᄀᆞᆯᄋᆞ샤ᄃᆡ 君子(군ᄌᆞ)ㅣ 三戒(삼계) 인ᄂᆞ니 少(쇼)ᄒᆞᆫ 時(시)예 血氣(혈긔) 定(뎡)티 몯ᄒᆞ얀ᄂᆞᆫ 디라 戒(계)홈이 色(ᄉᆡᆨ)에 잇고 그 壯(장)에 미처 血氣(혈긔) ᄇᆡ야호로 剛(강)ᄒᆞ얀ᄂᆞᆫ 디라 戒(계)홈이 鬪(투)에 잇고 그 老(로)에 미처 血氣(혈긔) 이믜 衰(쇠)ᄒᆞ얀ᄂᆞᆫ 디라 戒(계)홈이 得(득)에 인ᄂᆞ니라

② 栗谷本

孔子(공ᄌᆞ)ㅣ ᄆᆞᄅᆞ샤ᄃᆡ 君子(군ᄌᆞ)ㅣ 세 戒(계)호미 잇ᄂᆞ니 져믄제ᄂᆞᆫ 血氣(혈긔) 定(뎡)티 몯ᄒᆞᆫ 디라 戒(계)호미 色(ᄉᆡᆨ)의 잇고 그 壯(장)호매 미처ᄂᆞᆫ 血氣(혈긔) ᄇᆡ야흐로 剛(강)ᄒᆞᆫ 디라 戒(계)호미 鬪(투)의 잇고 그 늘그매 미처ᄂᆞᆫ 血氣(혈긔) 이믜 衰(쇠)ᄒᆞᆫ 디라 戒(계)호미 得(득)의 잇ᄂᆞ니라

428(16-8)

孔子曰:「君子有三畏: 畏天命, 畏大人, 畏聖人之言. 小人不知天命而不畏也, 狎大人, 侮聖人之言.」

① 陶山本

孔子(공ᄌᆞ)ㅣ ᄀᆞᆯᄋᆞ샤ᄃᆡ 君子(군ᄌᆞ)ㅣ 三畏(삼외) 인ᄂᆞ니 天命(텬명)을 畏(외)ᄒᆞ며 大人(대신)을 畏(외)ᄒᆞ며 聖人(셩신)의 言(언)을 畏(외)ᄒᆞᄂᆞ니라

小人(쇼신)은 天命(텬명)을 아디 몯ᄒᆞ야 畏(외)티 아니ᄒᆞᄂᆞᆫ 디라 大人(대신)을 狎(압)ᄒᆞ며 聖人(셩신)의 言(언)을 侮(모)ᄒᆞᄂᆞ니라

② 栗谷本

孔子(공ᄌᆞ)ㅣ ᄀᆞᄅᆞ샤ᄃᆡ 君子(군ᄌᆞ)ㅣ 세 가지 畏(외)호미 잇ᄂᆞ니 天命(텬명)을 畏(외)ᄒᆞ며 大人(대인)을 畏(외)ᄒᆞ며 聖人(셩인)의 言(언)을 畏(외)ᄒᆞᄂᆞ니라

小人(쇼인)은 天命(텬명)을 아디 몯ᄒᆞ야 畏(외)티 아닛ᄂᆞᆫ 디라 大人(대인)을 狎(압)ᄒᆞ며 聖人(셩인)의 言(언)을 侮(모)ᄒᆞᄂᆞ니라

429(16-9)

孔子曰:「生而知之者上也, 學而知之者次也; 困而學之, 又其次也; 困而不學, 民斯爲下矣.」

① 陶山本

孔子(공ᄌᆞ)ㅣ ᄀᆞᆯᄋᆞ샤ᄃᆡ 生(ᄉᆡᆼ)ᄒᆞ야 知(디)ᄒᆞᄂᆞᆫ 者(쟈)ᄂᆞᆫ 上(샹)이오 學(ᄒᆞᆨ)ᄒᆞ야 知(디)ᄒᆞᄂᆞᆫ 者(쟈)ᄂᆞᆫ 次(ᄎᆞ)ㅣ오 困(곤)ᄒᆞ야 學(ᄒᆞᆨ)홈이 ᄯᅩ 그 次(ᄎᆞ)ㅣ니 困(곤)호ᄃᆡ 學(ᄒᆞᆨ)디 아니ᄒᆞ면 民(민)이라 이에 下(하)ㅣ 되ᄂᆞ니라

② 栗谷本

孔子(공ᄌᆞ)ㅣ ᄀᆞᄅᆞ샤ᄃᆡ 生(ᄉᆡᆼ)ᄒᆞ며 안 者(쟈)ᄂᆞᆫ 上(샹)이오 學(ᄒᆞᆨ)ᄒᆞ야 안 者(쟈)ᄂᆞᆫ 버그미오 困(곤)ᄒᆞ야 學(ᄒᆞᆨ)ᄒᆞᄂᆞᆫ 이ᄂᆞᆫ ᄯᅩ 그 버그미니 困(곤)호ᄃᆡ 學(ᄒᆞᆨ)디 아니면 民(민)의셔 下(하)ㅣ 될 디니라

430(16-10)

孔子曰:「君子有九思: 視思明, 聽思聰, 色思溫, 貌思恭, 言思忠, 事思敬, 疑思問, 忿思難, 見得思義.」

① 陶山本

孔子(공ᄌᆞ)ㅣ ᄀᆞᆯᄋᆞ샤ᄃᆡ 君子(군ᄌᆞ)ㅣ 九思(구ᄉᆞ)ㅣ 인ᄂᆞ니 視(시)에 明(명)을 思(ᄉᆞ)ᄒᆞ며 聽(텽)에 聰(총)을 思(ᄉᆞ)ᄒᆞ며 色(ᄉᆡᆨ)에 溫(온)을 思(ᄉᆞ)ᄒᆞ며 貌(모)에 恭(공)을 思(ᄉᆞ)ᄒᆞ며 言(언)에 忠(튱)을 思(ᄉᆞ)ᄒᆞ며 事(ᄉᆞ)에 敬(경)을 思(ᄉᆞ)ᄒᆞ며 疑(의)예 問(문)을 思(ᄉᆞ)ᄒᆞ며 忿(분)에 難(난)을 思(ᄉᆞ)ᄒᆞ며 得(득)을 見(견)ᄒᆞ고 義(의)를 思(ᄉᆞ)ᄒᆞᄂᆞ니라

② 栗谷本

孔子(공ᄌᆞ)ㅣ ᄀᆞᄅᆞ샤ᄃᆡ 君子(군ᄌᆞ)ㅣ 아홉 가지 思(ᄉᆞ)ᄅᆞᆯ 둣ᄂᆞ니 視(시)애 明(명)을 思(ᄉᆞ)ᄒᆞ며 聽(텽)애 聰(총)을 思(ᄉᆞ)ᄒᆞ며 色(ᄉᆡᆨ)애 溫(온)을 思(ᄉᆞ)ᄒᆞ며 貌(모)애 恭(공)을 思(ᄉᆞ)ᄒᆞ며 言(언)애 忠(튱)을 思(ᄉᆞ)ᄒᆞ며 事(ᄉᆞ)애 敬(경)을 思(ᄉᆞ)ᄒᆞ며 疑(의)예 問(문)을 思(ᄉᆞ)ᄒᆞ며 忿(분)애 難(난)을 思(ᄉᆞ)ᄒᆞ며 得(득)을 보고 義(의)ᄅᆞᆯ 思(ᄉᆞ)호미니라

431(16-11)

孔子曰:「『見善如不及, 見不善如探湯.』吾見其人矣, 吾聞其語矣. 『隱居以求其志, 行義以達其道.』吾聞其語矣, 未見其人也.」

① 陶山本

孔子(공ᄌᆞ)ㅣ ᄀᆞᆯᄋᆞ샤ᄃᆡ 善(션)을 見(견)ᄒᆞ고 及(급)디 몯홀ᄃᆞᆺ ᄒᆞ며 不善(블션)을 見(견)ᄒᆞ고 湯(탕)을 探(탐)ᄐᆞᆺ 홈을 내 그 人(ᅀᅵᆫ)을 보고 내 그 語(어)를 드런노라

隱居(은거)ᄒᆞ야 ᄡᅧ 그 志(지)를 求(구)ᄒᆞ며 義(의)를 行(ᄒᆡᆼ)ᄒᆞ야 ᄡᅧ 그 道(도)를 達(달)홈을 내 그 語(어)를 드럿고 그 人(ᅀᅵᆫ)을 見(견)티 몯ᄒᆞ얀노라

② 栗谷本

孔子(공ᄌᆞ)ㅣ ᄀᆞᄅᆞ샤ᄃᆡ 善(션)을 보고 밋디 몯홀ᄃᆞᆺ ᄒᆞ고 不善(블션)을 보고 湯(탕)을 探(탐)ᄐᆞᆺ ᄒᆞ기ᄅᆞᆯ 내 그 人(인)을 보며 내 그 말을 드럿노라

隱居(은거)ᄒᆞ야 ᄡᅧ 그 ᄠᅳᆺ을 求(구)ᄒᆞ며 義(의)ᄅᆞᆯ 行(ᄒᆡᆼ)ᄒᆞ야 ᄡᅧ 그 道(도)ᄅᆞᆯ 達(달)ᄒᆞ기ᄅᆞᆯ 내 그 말을 듯고 그 人(인)을 보디 몯게라

432(16-12)

齊景公有馬千駟, 死之日, 民無德而稱焉. 伯夷叔齊餓于首陽之下, 民到于今稱之. 其斯之謂與!

① 陶山本

齊景公(졔경공)이 馬(마) 千駟(쳔ᄉᆞ)를 두되 死(ᄉᆞ)ᄒᆞᆫ 날애 民(민)이 德(덕)을 稱(칭)홈이 업고 伯夷(ᄇᆡᆨ이)와 叔齊(슉졔)ᄂᆞᆫ 首陽(슈양)ㅅ 下(하)에 餓(아)호ᄃᆡ 民(민)이 이제 닐으히 稱(칭)ᄒᆞᄂᆞ니라

그 이를 닐옴인뎌

② 栗谷本

齊景公(졔경공)이 ᄆᆞᆯ 千駟(쳔ᄉᆞ)ᄅᆞᆯ 두되 死(ᄉᆞ)ᄒᆞᆫ 날애 民(민)이 德(덕)을 일ᄏᆞᄅᆞᆷ이

업고 伯夷(빅이) 叔齊(슉제)ᄂᆞᆫ 首陽(슈양) 아래셔 주리되 民(민)이 이제 니르히 일ᄏᆞ라니
그 이를 니름인뎌

433(16-13)

陳亢問於伯魚曰:「子亦有異聞乎?」對曰:「未也. 嘗獨立, 鯉趨而過庭. 曰:『學詩乎?』對曰:『未也.』『不學詩, 無以言.』鯉退而學詩. 他日, 又獨立, 鯉趨而過庭. 曰:『學禮乎?』 對曰:『未也.』『不學禮, 無以立.』鯉退而學禮. 聞斯二者.」陳亢退而喜曰:「問一得三, 聞詩, 聞禮, 又聞君子之遠其子也.」

① 陶山本

陳亢(딘강)이 伯魚(빅어)의게 물어 ᄀᆞᆯ오ᄃᆡ 子(ᄌᆞ)ㅣ 쏘ᄒᆞᆫ 異(이)ᄒᆞᆫ 聞(문)이 인ᄂᆞ냐

對(ᄃᆡ)ᄒᆞ야 ᄀᆞᆯ오ᄃᆡ 몯ᄒᆞ얀노라 일쯕 혼자 셧거시늘 鯉(리)ㅣ 趨(추)ᄒᆞ야 庭(뎡)애 過(과)ᄒᆞ다니 ᄀᆞᆯᄋᆞ샤ᄃᆡ 詩(시)를 學(ᄒᆞᆨ)ᄒᆞ얀ᄂᆞᆫ다 對(ᄃᆡ)ᄒᆞ야 ᄀᆞᆯ오ᄃᆡ 몯ᄒᆞ얀노이다 詩(시)를 學(ᄒᆞᆨ)디 아니ᄒᆞ면 ᄡᅥ 言(언)티 몯ᄒᆞ리라 ᄒᆞ야시늘 鯉(리)ㅣ 退(퇴)ᄒᆞ야 詩(시)를 學(ᄒᆞᆨ)호라

달은 날애 쏘 혼자 셧거시늘 鯉(리)ㅣ 趨(추)ᄒᆞ야 庭(뎡)에 過(과)ᄒᆞ다니 ᄀᆞᆯᄋᆞ샤ᄃᆡ 禮(례)를 學(ᄒᆞᆨ)ᄒᆞ얀ᄂᆞᆫ다 對(ᄃᆡ)ᄒᆞ야 ᄀᆞᆯ오ᄃᆡ 몯ᄒᆞ얀노이다 禮(례)를 學(ᄒᆞᆨ)디 아니ᄒᆞ면 ᄡᅥ 立(립)디 몯ᄒᆞ리라 ᄒᆞ야시늘 鯉(리)ㅣ 退(퇴)ᄒᆞ야 禮(례)를 學(ᄒᆞᆨ)호라

이 二者(ᅀᅵ쟈)를 들언노라

陳亢(딘강)이 退(퇴)ᄒᆞ야 喜(희)ᄒᆞ야 ᄀᆞᆯ오ᄃᆡ 一(일)을 問(문)홈애 三(삼)을 得(득)호니 詩(시)를 聞(문)ᄒᆞ며 禮(례)를 聞(문)ᄒᆞ고 쏘 君子(군ᄌᆞ)의 그 子(ᄌᆞ)를 遠(원)홈을 聞(문)호라

② 栗谷本

陳亢(딘강)이 伯魚(빅어)ᄃᆞ려 問(문)ᄒᆞ야 ᄀᆞᆯ오ᄃᆡ 子(ᄌᆞ)ㅣ 쏘ᄒᆞᆫ 다른 드르미 잇ᄂᆞ냐

對(ᄃᆡ)ᄒᆞ야 ᄀᆞᆯ오ᄃᆡ 업다 일즉 혼자 셔 겨시거ᄂᆞᆯ 鯉(리)ㅣ 趨(추)ᄒᆞ야 庭(뎡)의 디나다니 ᄀᆞᄅᆞ샤ᄃᆡ 詩(시)ᄅᆞᆯ 學(ᄒᆞᆨ)ᄒᆞ얀ᄂᆞᆫ다 對(ᄃᆡ)ᄒᆞ야 ᄀᆞᆯ오ᄃᆡ 몯ᄒᆞ얏노이다 詩(시)ᄅᆞᆯ 學(ᄒᆞᆨ)디 아니면 ᄡᅥ 言(언)호미 업스리라 ᄒᆞ야시ᄂᆞᆯ 鯉(리)ㅣ 믈러와 詩(시)ᄅᆞᆯ 學(ᄒᆞᆨ)ᄒᆞ고

다른 날애 쏘 혼자 셔 겨시시ᄂᆞᆯ 鯉(리)ㅣ 趨(추)ᄒᆞ야 庭(뎡)의 디나다니 ᄀᆞᄅᆞ샤ᄃᆡ 禮(례)ᄅᆞᆯ 學(ᄒᆞᆨ)ᄒᆞ얏ᄂᆞᆫ다 對(ᄃᆡ)ᄒᆞ야 ᄀᆞᆯ오ᄃᆡ 몯ᄒᆞ얏노이다 禮(례)ᄅᆞᆯ 學(ᄒᆞᆨ)디 아니면 ᄡᅥ 立(립)호미 업스리라 ᄒᆞ야시ᄂᆞᆯ 鯉(리)ㅣ 믈러와 禮(례)ᄅᆞᆯ 學(ᄒᆞᆨ)호니

이 두 가지ᄅᆞᆯ 드럿노라

陳亢(딘강)이 믈러와 깃거 ᄀᆞᆯ오ᄃᆡ ᄒᆞ나ᄒᆞᆯ 무로매 세흘 어드니 詩(시)ᄅᆞᆯ 드르며 禮(례)ᄅᆞᆯ 듯고 쏘 君子(군ᄌᆞ)의 그 子(ᄌᆞ)ᄅᆞᆯ 멀리 호ᄆᆞᆯ 듯과라

434(16-14)

邦君之妻, 君稱之曰『夫人』, 夫人自稱曰『小童』; 邦人稱之曰『君夫人』, 稱諸異邦曰『寡小君』; 異邦人稱之亦曰『君夫人』.

① 陶山本

邦君(방군)의 妻(쳐)를 君(군)이 稱(칭)ᄒᆞ야 ᄀᆞᆯ오ᄃᆡ 夫人(부ᅀᅵᆫ)이라 ᄒᆞ고 夫人(부ᅀᅵᆫ)이 스스로 稱(칭)ᄒᆞ야 ᄀᆞᆯ오ᄃᆡ 小童(쇼동)이라 ᄒᆞ고 邦人(방ᅀᅵᆫ)이 稱(칭)ᄒᆞ야 ᄀᆞᆯ오ᄃᆡ 君夫人(군부ᅀᅵᆫ)이라 ᄒᆞ고 異邦(이방)에 稱(칭)ᄒᆞ야 ᄀᆞᆯ오ᄃᆡ 寡小君(과쇼군)이라 ᄒᆞ고 異邦(이방) 사ᄅᆞᆷ이 稱(칭)홈애 ᄯᅩᄒᆞᆫ ᄀᆞᆯ오ᄃᆡ 君夫人(군부ᅀᅵᆫ)이라 ᄒᆞᄂᆞ니라

② 栗谷本

邦君(방군)의 妻(쳐)ᄅᆞᆯ 君(군)이 일ᄏᆞ라 ᄀᆞᆯ오ᄃᆡ 夫人(부인)이라 ᄒᆞ고 夫人(부인)이 스스로 일ᄏᆞ라 ᄀᆞᆯ오ᄃᆡ 小童(쇼동)이라 ᄒᆞ고 邦人(방인)이 일ᄏᆞ라 ᄀᆞᆯ오ᄃᆡ 君夫人(군부인)이라 ᄒᆞ고 다ᄅᆞᆫ 邦(방)에 가 일ᄏᆞ라 ᄀᆞᆯ오ᄃᆡ 寡小君(과쇼군)이라 ᄒᆞ고 다ᄅᆞᆫ 邦人(방인)이 일ᄏᆞ라매 ᄯᅩᄒᆞᆫ ᄀᆞᆯ오ᄃᆡ 君夫人(군부인)이라 ᄒᆞᄂᆞ니라

第十七 〈陽貨〉

435(17-1)

陽貨欲見孔子，孔子不見，歸孔子豚．孔子時其亡也，而往拜之．遇諸塗．謂孔子曰:「來! 予與爾言.」曰:「懷其寶而迷其邦，可謂仁乎?」曰:「不可.」「好從事而亟失時，可謂知乎?」曰:「不可.」「日月逝矣，歲不我與.」孔子曰:「諾，吾將仕矣.」

① 陶山本

陽貨(양화)ㅣ 孔子(공ᄌᆞ)를 뵈게코져커ᄂᆞᆯ 孔子(공ᄌᆞ)ㅣ 보디 아니ᄒᆞ신대 孔子(공ᄌᆞ)씌 豚(돈)을 歸(귀)ᄒᆞ야ᄂᆞᆯ 孔子(공ᄌᆞ)ㅣ 그 업슴을 時(시)ᄒᆞ야 가 拜(ᄇᆡ)ᄒᆞ더시니 길헤 遇(우)ᄒᆞ시다

孔子(공ᄌᆞ)씌 닐어 ᄀᆞᆯ오ᄃᆡ 來(ᄅᆡ)ᄒᆞ라 내 널로 더블어 言(언)호리라 ᄀᆞᆯ오ᄃᆡ 그 寶(보)를 懷(회)ᄒᆞ야 그 邦(방)을 迷(미)케 홈이 可(가)히 仁(ᅀᅵᆫ)이라 닐ᄋᆞ랴 ᄀᆞᆯᄋᆞ샤ᄃᆡ 可(가)티 아니ᄒᆞ다 事(ᄉᆞ)를 從(죵)홈을 好(호)호ᄃᆡ ᄌᆞ조 時(시)를 失(실)홈이 可(가)히 知(디)라 닐ᄋᆞ랴 ᄀᆞᆯᄋᆞ샤ᄃᆡ 可(가)티 아니ᄒᆞ다 日月(ᅀᅵᆯ월)이 가ᄂᆞᆫ 디라 歲(셰) 나ᄅᆞᆯ 與(여)티 아니ᄒᆞᄂᆞ니라 孔子(공ᄌᆞ)ㅣ ᄀᆞᆯᄋᆞ샤ᄃᆡ 諾(락)다 내 쟝ᄎᆞᆺ 仕(ᄉᆞ)호리라

② 栗谷本

陽貨(양화)ㅣ 孔子(공ᄌᆞ)ᄅᆞᆯ 見(견)케코져 ᄒᆞ거ᄂᆞᆯ 孔子(공ᄌᆞ)ㅣ 보디 아니ᄒᆞ신대 孔子(공ᄌᆞ)씌 豚(돈)을 歸(귀)ᄒᆞ야ᄂᆞᆯ 孔子(공ᄌᆞ)ㅣ 그 亡(무)ᄒᆞᆫ 제ᄅᆞᆯ 時(시)ᄒᆞ야 가 拜(ᄇᆡ)ᄒᆞ더시니 길헤 만나시다

孔子(공ᄌᆞ)씌 닐러 ᄀᆞᆯ오ᄃᆡ 오라 내 너와 더브러 말호리라 ᄀᆞᆯ오ᄃᆡ 그 寶(보)ᄅᆞᆯ 푸머셔 그 邦(방)을 迷(미)케 호미 可(가)히 仁(인)이라 니ᄅᆞ랴 ᄀᆞᄅᆞ샤ᄃᆡ 可(가)티 아니타 事(ᄉᆞ)의 從(죵)호ᄆᆞᆯ 됴히 너기되 ᄌᆞ조 時(시)ᄅᆞᆯ 失(실)호미 可(가)히 知(디)타 니ᄅᆞ랴 ᄀᆞᄅᆞ샤ᄃᆡ 可(가)티 아니타 日月(일월)이 逝(셔)ᄒᆞᄂᆞᆫ 디라 歲(셰)ㅣ 나ᄅᆞᆯ 與(여)티 아니ᄒᆞᄂᆞ니라 孔子(공ᄌᆞ)ㅣ ᄀᆞᄅᆞ샤ᄃᆡ 諾(락)다 내 쟝ᄎᆞᆺ 仕(ᄉᆞ)호리라

436(17-2)

子曰:「性相近也，習相遠也.」

① 陶山本

子(ᄌᆞ)ㅣ ᄀᆞᆯᄋᆞ샤ᄃᆡ 性(셩)이 서ᄅᆞ 갓가오나 習(습)으로 서ᄅᆞ 머ᄂᆞ니라

② 栗谷本

子(ᄌᆞ)ㅣ ᄀᆞᄅᆞ샤ᄃᆡ 性(셩)이 서ᄅᆞ 近(근)ᄒᆞ나 習(습)이 서ᄅᆞ 遠(원)ᄒᆞᄂᆞ니라

437(17-3)

子曰:「唯上知與下愚不移.」

① 陶山本

子(ᄌᆞ)ㅣ ᄀᆞᆯᄋᆞ샤ᄃᆡ 오직 上知(샹디)와 다ᄆᆞᆺ 下愚(하우)ᄂᆞᆫ 移(이)티 아니ᄒᆞᄂᆞ니라

② 栗谷本

子(ᄌᆞ)ㅣ ᄀᆞᄅᆞ샤ᄃᆡ 오직 上知(샹디)와 다ᄆᆞᆺ 下愚(하우)ᄂᆞᆫ 옮디 아닛ᄂᆞ니라

438(17-4)

子之武城, 聞弦歌之聲. 夫子莞爾而笑, 曰:「割雞焉用牛刀?」子游對曰:「昔者, 偃也聞諸夫子曰:『君子學道則愛人, 小人學道則易使也.』」子曰:「二三子! 偃之言是也. 前言戲之耳.」

① 陶山本

子(ᄌᆞ)ㅣ 武城(무셩)에 가샤 弦歌(현가)ㅅ 소릐를 들으시다

夫子(부ᄌᆞ)ㅣ 莞爾(완ᅀᅵ)히 笑(쇼)ᄒᆞ야 ᄀᆞᆯᄋᆞ샤ᄃᆡ 雞(계)를 割(할)홈애 엇디 牛刀(우도)를 ᄡᅳ리오

子游(ᄌᆞ유)ㅣ 對(ᄃᆡ)ᄒᆞ야 ᄀᆞᆯ오ᄃᆡ 녜 偃(언)이 夫子(부ᄌᆞ)ᄭᅴ 듣ᄌᆞ오니 ᄀᆞᆯᄋᆞ샤ᄃᆡ 君子(군ᄌᆞ)ㅣ 道(도)를 學(혹)ᄒᆞ면 사ᄅᆞᆷ을 ᄉᆞ랑ᄒᆞ고 小人(쇼신)이 道(도)를 學(혹)ᄒᆞ면 브림이 쉽다 호이다

子(ᄌᆞ)ㅣ ᄀᆞᆯᄋᆞ샤ᄃᆡ 二三子(ᅀᅵ삼ᄌᆞ)아 偃(언)의 言(언)이 是(시)ᄒᆞ니 前言(젼언)은 戲(희)홈이니라

② 栗谷本

子(ᄌᆞ)ㅣ 武城(무셩)의 가샤 弦歌(현가)의 소릐를 드ᄅᆞ시고

夫子(부ᄌᆞ)ㅣ 莞爾(완이)히 우어 ᄀᆞᄅᆞ샤ᄃᆡ 雞(계) 割(할)ᄒᆞ기예 엇디 牛刀(우도)를 ᄡᅳ리오

子游(ᄌᆞ유)ㅣ 對(ᄃᆡ)ᄒᆞ야 ᄀᆞᆯ오ᄃᆡ 녜 偃(언)이 夫子(부ᄌᆞ)ᄭᅴ 듣ᄌᆞ오니 ᄀᆞᄅᆞ샤ᄃᆡ 君子(군ᄌᆞ)ㅣ 道(도)를 비호면 人(인)을 ᄉᆞ랑ᄒᆞ고 小人(쇼인)이 道(도)를 ᄇᆡ호면 브리기 쉽다 ᄒᆞ더시다

子(ᄌᆞ)ㅣ ᄀᆞᄅᆞ샤ᄃᆡ 二三子(이삼ᄌᆞ)아 偃(언)의 말이 올ᄒᆞ니 前(젼)의 말은 희롱호미니라

439(17-5)

公山弗擾以費畔, 召, 子欲往. 子路不說, 曰: 「末之也, 已, 何必公山氏之之也?」 子曰: 「夫召我者, 而豈徒哉? 如有用我者, 吾其爲東周乎!」

① 陶山本

公山弗擾(공산블요)ㅣ 費(비)로ᄡᅥ 畔(반)ᄒᆞ야 召(쇼)ᄒᆞ야ᄂᆞᆯ 子(ᄌᆞ)ㅣ 往(왕)코쟈 ᄒᆞ더시니

子路(ᄌᆞ로)ㅣ 說(열)티 아니ᄒᆞ야 ᄀᆞᆯ오ᄃᆡ 갈 ᄃᆡ 업슬 ᄯᆞ롬이니 엇디 반ᄃᆞ시 公山氏(공산시)의게 가시리잇고

子(ᄌᆞ)ㅣ ᄀᆞᆯᄋᆞ샤ᄃᆡ 나ᄅᆞᆯ 召(쇼)ᄒᆞᄂᆞᆫ 者(쟈)ᄂᆞᆫ 엇디 ᄒᆞᆫ갓 ᄒᆞ리오 만일 나ᄅᆞᆯ ᄡᅳᆯ 者(쟈)ㅣ 이실 띤댄 내 그 東周(동쥬)ᄅᆞᆯ ᄒᆞᆯ 띤뎌

② 栗谷本

公山弗擾(공산블요)ㅣ 費(비)로ᄡᅥ 畔(반)ᄒᆞ야 召(쇼)ᄒᆞ거ᄂᆞᆯ 子(ᄌᆞ)ㅣ 가고져 ᄒᆞ더시니

子路(ᄌᆞ로)ㅣ 깃거 아녀 ᄀᆞᆯ오ᄃᆡ 갈 ᄃᆡ 업슨 디니 엇디 구틔여 公山氏(공산시)의게 가리잇고

子(ᄌᆞ)ㅣ ᄀᆞᄅᆞ샤ᄃᆡ 날 召(쇼)ᄒᆞᆫ 者(쟈)ㅣ 엇디 ᄒᆞᆫ갓 ᄒᆞ리오 만일 날을 ᄡᅳ리 이실 딘댄 내 그 東周(동쥬)ㅣ 되게 ᄒᆞᆯ 딘뎌

440(17-6)

子張問仁於孔子. 孔子曰: 「能行五者於天下爲仁矣.」 「請問之.」 曰: 「恭, 寬, 信, 敏, 惠. 恭則不侮, 寬則得衆, 信則人任焉, 敏則有功, 惠則足以使人.」

① 陶山本

子張(ᄌᆞ댱)이 仁(ᅀᅵᆫ)을 孔子(공ᄌᆞ)ᄭᅴ 묻ᄌᆞ온대 孔子(공ᄌᆞ)ㅣ ᄀᆞᆯᄋᆞ샤ᄃᆡ 能(능)히 五者(오쟈)를 天下(텬하)에 行(ᄒᆡᇰ)ᄒᆞ면 仁(ᅀᅵᆫ)을 ᄒᆞ욤이니라 請(쳥)컨댄 묻ᄌᆞᆸᄂᆞ이다 ᄒᆞᆫ대 ᄀᆞᆯᄋᆞ샤ᄃᆡ 恭(공)과 寬(관)과 信(신)과 敏(민)과 惠(혜)니 恭(공)ᄒᆞ면 侮(모)티 아니ᄒᆞ고 寬(관)ᄒᆞ면 衆(즁)을 得(득)ᄒᆞ고 信(신)ᄒᆞ면 人(ᅀᅵᆫ)이 任(ᅀᅵᆷ)ᄒᆞ고 敏(민)ᄒᆞ면 功(공)이 잇고 惠(혜)ᄒᆞ면 足(죡)히 ᄡᅥ 人(ᅀᅵᆫ)을 使(ᄉᆞ)ᄒᆞ리니라

② 栗谷本

子張(ᄌᆞ댱)이 孔子(공ᄌᆞ)ᄭᅴ 仁(인)을 問(문)ᄒᆞᆫ대 孔子(공ᄌᆞ)ㅣ ᄀᆞᄅᆞ샤ᄃᆡ 能(능)히 다ᄉᆞᆺ 者(쟈)ᄅᆞᆯ 天下(텬하)의 行(ᄒᆡᇰ)ᄒᆞ면 仁(인)이 되리라 請(쳥)ᄒᆞ야 問(문)ᄒᆞᆫ대 ᄀᆞᄅᆞ샤ᄃᆡ 恭(공)과 寬(관)과 信(신)과 敏(민)과 惠(혜)니 恭(공)ᄒᆞ면 侮(모)티 아니코 寬(관)ᄒᆞ면 衆(즁)을 得(득)ᄒᆞ고 信(신)ᄒᆞ면 人(인)이 任(임)ᄒᆞ이고 敏(민)ᄒᆞ면 功(공)이 잇고 惠(혜)ᄒᆞ면 足(죡)히 ᄡᅥ 人(인)을 브릴 디니라

441(17-7)

佛肸召, 子欲往. 子路曰:「昔者由也聞諸夫子曰:『親於其身爲不善者, 君子不入也.』佛肸以中牟畔, 子之往也, 如之何?」子曰:「然, 有是言也. 不曰『堅乎! 磨而不磷』; 不曰『白乎! 涅而不緇.』吾豈匏瓜也哉? 焉能繫而不食?」

① 陶山本

佛肸(필힐)이 召(쇼)ᄒᆞ야ᄂᆞᆯ 子(ᄌᆞ)ㅣ 往(왕)코쟈 ᄒᆞ더시니

子路(ᄌᆞ로)ㅣ ᄀᆞᆯ오ᄃᆡ 녜 由(유)ㅣ 夫子(부ᄌᆞ)ᄭᅴ 듣ᄌᆞ오니 ᄀᆞᆯᄋᆞ샤ᄃᆡ 親(친)히 그 몸애 不善(블션)을 ᄒᆞᄂᆞᆫ 者(쟈)ㅣ어든 君子(군ᄌᆞ)ㅣ 드디 아닌ᄂᆞ니라 ᄒᆞ시니 佛肸(필힐)이 中牟(듕모)로ᄡᅥ 畔(반)ᄒᆞ거ᄂᆞᆯ 子(ᄌᆞ)의 往(왕)ᄒᆞ심은 엇더니잇고

子(ᄌᆞ)ㅣ ᄀᆞᆯᄋᆞ샤ᄃᆡ 然(션)ᄒᆞ다 이 말이 인ᄂᆞ니라 堅(견)타 닐ᄋᆞ디 아년ᄂᆞ냐 磨(마)ᄒᆞ야도 磷(린)티 아니ᄒᆞᄂᆞ니라 白(ᄇᆡᆨ)다 닐ᄋᆞ디 아년ᄂᆞ냐 涅(날)ᄒᆞ야도 緇(츼)티 아니ᄒᆞᄂᆞ니라

내 엇디 匏瓜(포과)ㅣ라 엇디 能(능)히 繫(계)ᄒᆞ야 食(식)디 아니ᄒᆞ리오

② 栗谷本

佛肸(필힐)이 召(쇼)ᄒᆞ거ᄂᆞᆯ 子(ᄌᆞ)ㅣ 가고져 ᄒᆞ더시니

子路(ᄌᆞ로)ㅣ ᄀᆞᆯ오ᄃᆡ 녜 由(유)ㅣ 夫子(부ᄌᆞ)ᄭᅴ 듯ᄌᆞ오니 ᄀᆞᄅᆞ샤ᄃᆡ 親(친)히 그 몸의 不善(블션)을 ᄒᆞᄂᆞᆫ 者(쟈)ᄂᆞᆫ 君子(군ᄌᆞ)ㅣ 드디 아닛ᄂᆞᆫ다 ᄒᆞ더시니 佛肸(필힐)이 中牟(듕모)로ᄡᅥ 畔(반)ᄒᆞ거ᄂᆞᆯ 子(ᄌᆞ)의 往(왕)ᄒᆞ샴은 엇디잇고

子(ᄌᆞ)ㅣ ᄀᆞᄅᆞ샤ᄃᆡ 그러ᄒᆞ다 이 말이 잇거니와 堅(견)ᄒᆞ다 니ᄅᆞ디 아니냐 磨(마)ᄒᆞ야도 磷(린)티 아니며 白(ᄇᆡᆨ)ᄒᆞ다 니ᄅᆞ디 아니냐 涅(날)ᄒᆞ야도 緇(츼)티 아닛ᄂᆞ니라

내 엇디 匏(포)와 瓜(과)ㅣ라 엇디 能(능)히 繫(계)ᄒᆞ야 食(식)디 아니리오

442(17-8)

子曰:「由也! 女聞六言六蔽矣乎?」對曰:「未也.」「居! 吾語女. 好仁不好學, 其蔽也愚; 好知不好學, 其蔽也蕩; 好信不好學, 其蔽也賊; 好直不好學, 其蔽也絞; 好勇不好學, 其蔽也亂; 好剛不好學, 其蔽也狂.」

① 陶山本

子(ᄌᆞ)ㅣ ᄀᆞᆯᄋᆞ샤ᄃᆡ 由(유)아 네 六言(륙언)에 六蔽(륙폐)를 드런ᄂᆞᆫ다 對(ᄃᆡ)ᄒᆞ야 ᄀᆞᆯ오ᄃᆡ 몯ᄒᆞ얀노이다

居(거)ᄒᆞ라 내 너ᄃᆞ려 語(어)호리라

仁(ᅀᅵᆫ)을 好(호)ᄒᆞ고 學(ᄒᆞᆨ)을 好(호)티 아니ᄒᆞ면 그 蔽(폐)ㅣ 愚(우)ᄒᆞ고 知(디)를 好(호)ᄒᆞ고 學(ᄒᆞᆨ)을 好(호)티 아니ᄒᆞ면 그 蔽(폐)ㅣ 蕩(탕)ᄒᆞ고 信(신)을 好(호)ᄒᆞ고 學(ᄒᆞᆨ)을 好(호)티 아니ᄒᆞ면 그 蔽(폐)ㅣ 賊(적)ᄒᆞ고 直(딕)을 好(호)ᄒᆞ고 學(ᄒᆞᆨ)을 好(호)티 아니ᄒᆞ면 그 蔽(폐)ㅣ 絞(교)ᄒᆞ고 勇(용)을 好(호)ᄒᆞ고 學(ᄒᆞᆨ)을 好(호)티 아니ᄒᆞ면 그 蔽(폐)ㅣ 亂(란)ᄒᆞ고 剛(강)을 好(호)ᄒᆞ고 學(ᄒᆞᆨ)을 好(호)티 아니ᄒᆞ면 그 蔽(폐)ㅣ 狂(광)ᄒᆞᄂᆞ니라

② 栗谷本

子(ᄌᆞ)ㅣ ᄀᆞᄅᆞ샤ᄃᆡ 由(유)아 네 六言(륙언)과 六蔽(륙폐)ᄅᆞᆯ 드럿ᄂᆞᆫ다 對(ᄃᆡ)ᄒᆞ야 ᄀᆞᆯ오ᄃᆡ 몯ᄒᆞ얏ᄂᆞ이다

居(거)ᄒᆞ라 내 너ᄃᆞ려 니로리라

仁(인)을 好(호)ᄒᆞ고 學(ᄒᆞᆨ)을 好(호)티 아니면 그 蔽(폐)호미 愚(우)ᄒᆞ고 知(디)ᄅᆞᆯ 好(호)ᄒᆞ고 學(ᄒᆞᆨ)을 好(호)티 아니면 그 蔽(폐)호미 蕩(탕)ᄒᆞ고 信(신)을 好(호)ᄒᆞ고 學(ᄒᆞᆨ)을 好(호)티 아니면 그 蔽(폐)호미 賊(적)ᄒᆞ고 直(딕)을 好(호)ᄒᆞ고 學(ᄒᆞᆨ)을 好(호)티 아니면 그 蔽(폐)호미 絞(교)ᄒᆞ고 勇(용)을 好(호)ᄒᆞ고 學(ᄒᆞᆨ)을 好(호)티 아니면 그 蔽(폐)호미 亂(란)ᄒᆞ고 剛(강)을 好(호)ᄒᆞ고 學(ᄒᆞᆨ)을 好(호)티 아니면 그 蔽(폐)호미 狂(광)ᄒᆞᄂᆞ니라

443(17-9)

子曰:「小子! 何莫學夫詩? 詩, 可以興, 可以觀, 可以群, 可以怨. 邇之事父, 遠之事君; 多識於鳥獸草木之名.」

① 陶山本

子(ᄌᆞ)ㅣ ᄀᆞᆯᄋᆞ샤ᄃᆡ 小子(쇼ᄌᆞ)ᄂᆞᆫ 엇디 詩(시)를 學(ᄒᆞᆨ)디 아니ᄒᆞᄂᆞ뇨
詩(시)ᄂᆞᆫ 可(가)히 ᄡᅥ 興(흥)ᄒᆞ며
可(가)히 ᄡᅥ 觀(관)ᄒᆞ며
可(가)히 ᄡᅥ 群(군)ᄒᆞ며
可(가)히 ᄡᅥ 怨(원)ᄒᆞ며
갓가이ᄂᆞᆫ 父(부)를 事(ᄉᆞ)홈이며 멀리ᄂᆞᆫ 君(군)을 事(ᄉᆞ)홈이오
鳥獸(됴슈)와 草木(초목)의 일홈을 해 알 꺼시니라

② 栗谷本

子(ᄌᆞ)ㅣ ᄀᆞᄅᆞ샤ᄃᆡ 小子(쇼ᄌᆞ)ᄂᆞᆫ 엇디 詩(시)ᄅᆞᆯ 비호디 아닛ᄂᆞ뇨
詩(시)ᄂᆞᆫ 可(가)히 ᄡᅥ 興(흥)ᄒᆞ며
可(가)히 ᄡᅥ 觀(관)ᄒᆞ며
可(가)히 ᄡᅥ 羣(군)ᄒᆞ며
可(가)히 ᄡᅥ 怨(원)ᄒᆞ며
갓가이론 아비ᄅᆞᆯ 셤기며 멀리론 님금을 셤기고

鳥獸(됴슈)와 草木(초목)의 일홈을 해 아ᄂᆞ니라

444(17-10)

子謂伯魚曰:「女爲周南·召南矣乎? 人而不爲周南·召南, 其猶正牆面而立也與!」

① 陶山本

子(ᄌᆞ)ㅣ 伯魚(ᄇᆡᆨ어)ᄃᆞ려 닐어 ᄀᆞᆯᄋᆞ샤ᄃᆡ 네 周南(쥬남)과 召南(쇼남)을 ᄒᆞ연ᄂᆞᆫ다 사ᄅᆞᆷ이오 周南(쥬남)과 召南(쇼남)을 ᄒᆞ디 아니ᄒᆞ면 그 正(졍)히 墻(쟝)을 面(면)ᄒᆞ야 立(립)홈 ᄀᆞᄐᆞᆫ뎌

② 栗谷本

子(ᄌᆞ)ㅣ 伯魚(ᄇᆡᆨ어)ᄃᆞ려 닐러 ᄀᆞᄅᆞ샤ᄃᆡ 네 周南(쥬남) 召南(쇼남)을 ᄇᆡ환ᄂᆞᆫ다 人(인)이오 周南(쥬남) 召南(쇼남)을 ᄇᆡ호디 아니면 그 正(졍)히 담의 ᄂᆞᆾ두어 셤 ᄀᆞᆺᄐᆞᆫ뎌

445(17-11)

子曰:「禮云禮云, 玉帛云乎哉? 樂云樂云, 鐘鼓云乎哉?」

① 陶山本

子(ᄌᆞ)ㅣ ᄀᆞᆯᄋᆞ샤ᄃᆡ 禮(례)라 닐ᄋᆞ며 禮(례)라 닐ᄋᆞ나 玉帛(옥ᄇᆡᆨ)을 닐ᄋᆞ랴 樂(악)이라 닐ᄋᆞ며 樂(악)이라 닐ᄋᆞ나 鍾鼓(죵고)를 닐ᄋᆞ랴

② 栗谷本

子(ᄌᆞ)ㅣ ᄀᆞᄅᆞ샤ᄃᆡ 禮(례)라 니ᄅᆞ며 禮(례)라 이ᄅᆞᆫ돌 玉帛(옥ᄇᆡᆨ)을 니ᄅᆞ랴 樂(악)이라 니ᄅᆞ며 樂(악)이라 니ᄅᆞᆫ돌 鍾鼓(죵고)ᄅᆞᆯ 니ᄅᆞ랴

446(17-12)

子曰:「色厲而內荏, 譬諸小人, 其猶穿窬之盜也與?」

① 陶山本

子(ᄌᆞ)ㅣ ᄀᆞᆯᄋᆞ샤ᄃᆡ 色(ᄉᆡᆨ)이 厲(려)ᄒᆞ고 內(ᄂᆡ)ㅣ 荏(ᅀᅵᆷ)홈을 小人(쇼ᅀᅵᆫ)의게 譬(비)컨댄 그 穿窬(쳔유)ᄒᆞᄂᆞᆫ 盜(도) ᄀᆞᄐᆞᆫ뎌

② 栗谷本

子(ᄌᆞ)ㅣ ᄀᆞᄅᆞ샤ᄃᆡ 色(ᄉᆡᆨ)이 厲(려)코 안ᄒᆞ로 荏(임)ᄒᆞ니를 小人(쇼인)의게 譬(비)컨댄 그 穿(쳔)ᄒᆞ며 窬(유)ᄒᆞᄂᆞᆫ 도적 ᄀᆞᆺᄐᆞᆫ뎌

447(17-13)

子曰:「鄕原, 德之賊也.」

① 陶山本

子(ᄌᆞ)ㅣ ᄀᆯᄋᆞ샤ᄃᆡ 鄕(향)의 原(원)ᄒᆞᆫ 이ᄂᆞᆫ 德(덕)의 賊(적)이니라

② 栗谷本

子(ᄌᆞ)ㅣ ᄀᆞᄅᆞ샤ᄃᆡ 鄕原(향원)은 德(덕)의 賊(적)이니라

448(17-14)

子曰:「道聽而塗說, 德之棄也.」

① 陶山本

子(ᄌᆞ)ㅣ ᄀᆯᄋᆞ샤ᄃᆡ 道(도)에셔 聽(텽)ᄒᆞ고 塗(도)에셔 說(셜)ᄒᆞ면 德(덕)을 棄(기)홈이니라

② 栗谷本

子(ᄌᆞ)ㅣ ᄀᆞᄅᆞ샤ᄃᆡ 道(도)애 듣고 塗(도)애 說(셜)ᄒᆞ면 德(덕)을 棄(기)호미니라

449(17-15)

子曰:「鄙夫, 可與事君也與哉? 其未得之也, 患得之; 旣得之, 患失之. 苟患失之, 無所不至矣.」

① 陶山本

子(ᄌᆞ)ㅣ ᄀᆯᄋᆞ샤ᄃᆡ 鄙夫(비부)ᄂᆞᆫ 可(가)히 더블어 님금을 셤기랴
그 得(득)디 몯ᄒᆞ얀 得(득)홈을 患(환)ᄒᆞ고 이믜 得(득)ᄒᆞ얀 失(실)홈을 患(환)ᄒᆞᄂᆞ니
진실로 失(실)홈을 患(환)ᄒᆞ면 至(지)티 아니ᄒᆞᆯ 빼 업ᄂᆞ니라

② 栗谷本

子(ᄌᆞ)ㅣ ᄀᆞᄅᆞ샤ᄃᆡ 鄙夫(비부)ᄂᆞᆫ 可(가)히 더브러 君(군)을 事(ᄉᆞ)ᄒᆞ랴

그 得(득)디 몯ᄒᆞ야신 제는 得(득)호믈 患(환)ᄒᆞ고 이믜 得(득)ᄒᆞ얀 失(실)홀가 患(환)ᄒᆞᄂᆞ니
진실로 失(실)홀가 患(환)ᄒᆞ면 니르디 아닐 배 업스니라

450(17-16)

子曰:「古者, 民有三疾, 今也或是之亡也. 古之狂也肆, 今之狂也蕩; 古之矜也廉, 今之矜也忿戾; 古之愚也直, 今之愚也詐而已矣.」

① 陶山本

子(ᄌᆞ)ㅣ ᄀᆞᆯᄋᆞ샤ᄃᆡ 녜 民(민)이 三疾(삼질)이 잇더니 이제는 或(혹) 이도 업도다
녯 狂(광)은 肆(ᄉᆞ)ᄒᆞ더니 이젯 狂(광)은 蕩(탕)ᄒᆞ고 녯 矜(긍)은 廉(렴)ᄒᆞ더니 이젯 矜(긍)은 忿戾(분려)ᄒᆞ고 녯 愚(우)는 直(딕)ᄒᆞ더니 이젯 愚(우)는 詐(사)홀 ᄯᆞᄅᆞᆷ이로다

② 栗谷本

子(ᄌᆞ)ㅣ ᄀᆞᄅᆞ샤ᄃᆡ 녜 民(민)이 세 병이 잇더니 이제는 或(혹) 이도 업도다
녯 狂(광)은 肆(ᄉᆞ)ᄒᆞ더니 이젯 狂(광)은 蕩(탕)ᄒᆞ고 녯 矜(긍)은 廉(렴)ᄒᆞ더니 이젯 矜(긍)은 忿戾(분려)ᄒᆞ고 녯 愚(우)는 直(딕)ᄒᆞ더니 이젯 愚(우)는 詐(사)홀 ᄃᆞᄅᆞᆷ이로다

451(17-17)

子曰:「巧言令色, 鮮矣仁.」

① 陶山本 : 없음.

② 栗谷本 : 없음.

452(17-18)

子曰:「惡紫之奪朱也, 惡鄭聲之亂雅樂也, 惡利口之覆邦家者.」

① 陶山本

子(ᄌᆞ)ㅣ ᄀᆞᆯᄋᆞ샤ᄃᆡ 紫(ᄌᆞ)의 朱(쥬)를 奪(탈)홈을 惡(오)ᄒᆞ며 鄭聲(뎡셩)의 雅樂(아악)을 亂(란)홈을 惡(오)ᄒᆞ며 利口(리구)의 邦家(방가)를 覆(복)ᄒᆞ는 者(쟈)를 惡(오)ᄒᆞ노라

② 栗谷本

子(ᄌᆞ)ㅣ ᄀᆞᄅᆞ샤ᄃᆡ 紫(ᄌᆞ)의 朱(쥬)를 奪(탈)ᄒᆞᆷ을 惡(오)ᄒᆞ며 鄭聲(뎡셩)의 雅樂(아악)을 亂(란)호믈 惡(오)ᄒᆞ며 利口(리구)의 邦家(방가)를 覆(복)호믈 惡(오)ᄒᆞ노라

453(17-19)

子曰:「予欲無言.」子貢曰:「子如不言, 則小子何述焉?」子曰:「天何言哉? 四時行焉, 百物生焉, 天何言哉?」

① 陶山本

子(ᄌᆞ)ㅣ ᄀᆞᆯᄋᆞ샤ᄃᆡ 내 言(언)이 업고져 ᄒᆞ노라

子貢(ᄌᆞ공)이 ᄀᆞᆯ오ᄃᆡ 子(ᄌᆞ)ㅣ 만일 言(언)티 아니ᄒᆞ시면 곧 小子(쇼ᄌᆞ)ㅣ 므스거슬 述(슐)ᄒᆞ리잇고

子(ᄌᆞ)ㅣ ᄀᆞᆯᄋᆞ샤ᄃᆡ 天(텬)이 므슴 言(언)을 ᄒᆞ시리오 四時(ᄉᆞ시) 行(ᄒᆡᆼ)ᄒᆞ며 百物(ᄇᆡᆨ믈)이 生(ᄉᆡᆼ)ᄒᆞᄂᆞ니 天(텬)이 므슴 言(언)을 ᄒᆞ시리오

② 栗谷本

子(ᄌᆞ)ㅣ ᄀᆞᄅᆞ샤ᄃᆡ 내 言(언)이 업고져 ᄒᆞ노라

子貢(ᄌᆞ공)이 ᄀᆞᆯ오ᄃᆡ 子(ᄌᆞ)ㅣ 만일 言(언)티 아니ᄒᆞ시면 곧 小子(쇼ᄌᆞ)ㅣ 므서슬 述(슐)ᄒᆞ리잇고

子(ᄌᆞ)ㅣ ᄀᆞᄅᆞ샤ᄃᆡ 天(텬)이 므슴 言(언)을 ᄒᆞ시리오 四時(ᄉᆞ시) 行(ᄒᆡᆼ)ᄒᆞ며 百物(ᄇᆡᆨ믈)이 生(ᄉᆡᆼ)ᄒᆞᄂᆞ니 天(텬)이 므슴 言(언)을 ᄒᆞ시리오

454(17-20)

孺悲欲見孔子, 孔子辭以疾. 將命者出戶, 取瑟而歌, 使之聞之.

① 陶山本

孺悲(유비)ㅣ 孔子(공ᄌᆞ)를 보ᅀᆞᆸ고져 ᄒᆞ거ᄂᆞᆯ 孔子(공ᄌᆞ)ㅣ 疾(질)로ᄡᅥ 辭(ᄉᆞ)ᄒᆞ시고 命(명)을 將(쟝)ᄒᆞᆫ 者(쟈)ㅣ 戶(호)애 出(츌)커ᄂᆞᆯ 瑟(슬)을 取(취)ᄒᆞ야 歌(가)ᄒᆞ샤 ᄒᆞ여곰 聞(문)케 ᄒᆞ시다

② 栗谷本

孺悲(유비)ㅣ 孔子(공ᄌᆞ)를 보ᅀᆞᆸ고져 ᄒᆞ거ᄂᆞᆯ 孔子(공ᄌᆞ)ㅣ 疾(질)로ᄡᅥ 辭(ᄉᆞ)ᄒᆞ시고 命(명) 將(쟝)ᄒᆞᆫ 者(쟈)ㅣ 戶(호)의 出(츌)커ᄂᆞᆯ 瑟(슬)을 取(취)ᄒᆞ야 歌(가)ᄒᆞ샤 ᄒᆡ여곰 듯게 ᄒᆞ시다

455(17-21)

宰我問:「三年之喪, 期已久矣. 君子三年不爲禮, 禮必壞; 三年不爲樂, 樂必崩. 舊穀旣沒, 新穀旣升, 鑽燧改火, 期可已矣.」子曰:「食夫稻, 衣夫錦, 於女安乎?」曰:「安.」「女安, 則爲之! 夫君子之居喪, 食旨不甘, 聞樂不樂, 居處不安, 故不爲也. 今女安, 則爲之!」宰我出. 子曰:「予之不仁也! 子生三年, 然後免於父母之懷. 夫三年之喪, 天下之通喪也, 予也有三年之愛於其父母乎?」

① 陶山本

宰我(직아)ㅣ 묻ᄌᆞ오ᄃᆡ 三年(삼년)ㅅ 喪(상)이 期(긔)ㅣ 이믜 오라도소이다

君子(군ᄌᆞ)ㅣ 三年(삼년)을 禮(례)를 ᄒᆞ디 아니ᄒᆞ면 禮(례)ㅣ 반ᄃᆞ시 壞(회)ᄒᆞ고 三年(삼년)을 樂(악)을 ᄒᆞ디 아니ᄒᆞ면 樂(악)이 반ᄃᆞ시 崩(붕)ᄒᆞ리니

舊穀(구곡)이 이믜 沒(몰)ᄒᆞ고 新穀(신곡)이 이믜 升(승)ᄒᆞ며 燧(슈)를 鑽(찬)ᄒᆞ야 火(화)를 改(기)ᄒᆞᄂᆞ니 期(긔)만ᄒᆞ고 可(가)히 已(이)ᄒᆞ얌즉 ᄒᆞ도소이다

子(ᄌᆞ)ㅣ ᄀᆞᆯᄋᆞ샤ᄃᆡ 稻(도)를 食(식)ᄒᆞ며 錦(금)을 衣(의)홈이 네게 安(안)ᄒᆞ냐 ᄀᆞᆯ오ᄃᆡ 安(안)ᄒᆞ이다

네 安(안)커든 ᄒᆞ라 君子(군ᄌᆞ)의 喪(상)애 居(거)홈애 旨(지)를 食(식)ᄒᆞ야도 甘(감)티 아니ᄒᆞ며 樂(악)을 聞(문)ᄒᆞ야도 樂(락)디 아니ᄒᆞ며 居處(거쳐)ᄒᆞ욤애 安(안)티 아니ᄒᆞᄂᆞᆫ 故(고)로 ᄒᆞ디 아니ᄒᆞᄂᆞ니 이제 네 安(안)ᄒᆞ거든 ᄒᆞ라

宰我(직아)ㅣ 出(츌)커ᄂᆞᆯ 子(ᄌᆞ)ㅣ ᄀᆞᆯᄋᆞ샤ᄃᆡ 予(여)의 不仁(블싄)홈이여 子(ᄌᆞ)ㅣ 生(싱)ᄒᆞᆫ 三年(삼년)인 然後(션후)에 父母(부모)의 懷(회)예 免(면)ᄒᆞᄂᆞ니 三年(삼년)ㅅ 喪(상)은 天下(텬하)앳 通(통)ᄒᆞᆫ 喪(상)이니 予(여)ㅣ 三年(삼년)ㅅ 愛(ᄋᆡ)를 그 父母(부모)에 둔ᄂᆞ냐

② 栗谷本

宰我(직아)ㅣ 問(문)호ᄃᆡ 三年(삼년)의 喪(상)이 期(긔)예 이믜 오라도소이다

君子(군ᄌᆞ)ㅣ 三年(삼년)을 禮(례)를 ᄒᆞ디 아니면 禮(례)ㅣ 반ᄃᆞ시 허러디고 三年(삼년)을 樂(악)을 아니면 樂(악)이 반ᄃᆞ시 믄허디리이다

녯 穀(곡)이 이믜 沒(몰)ᄒᆞ며 새 穀(곡)이 이믜 升(승)ᄒᆞ며 燧(슈)를 鑽(찬)ᄒᆞ야 火(화)를 改(기)ᄒᆞᄂᆞ니 期(긔)예 可(가)히 말 ᄡᅥ시로소이다

子(ᄌᆞ)ㅣ ᄀᆞᄅᆞ샤ᄃᆡ 稻(도)를 食(식)ᄒᆞ며 錦(금)을 衣(의)호미 네게 편안ᄒᆞ냐 ᄀᆞᆯ오ᄃᆡ 편안ᄒᆞ이다

네 편안커든 ᄒᆞ라 君子(군ᄌᆞ)의 居喪(거상)호매 旨(지)를 食(식)ᄒᆞ야도 甘(감)티 아니ᄒᆞ며 樂(악)을 드러도 樂(락)디 아니ᄒᆞ며 居處(쳐)애 居(거)ᄒᆞ야 편안티 아닌 디라 故(고)로 ᄒᆞ디 아니ᄒᆞᄂᆞ니 이제 네 편안커든 ᄒᆞ라

宰我(지아)ㅣ 出(츌)커늘 子(ᄌᆞ)ㅣ ᄀᆞᄅᆞ샤ᄃᆡ 予(여)의 仁(인)티 아니호미여 子(ᄌᆞ)ㅣ 난디 三年(삼년) 後(후)제 父母(부모)의 품의 免(면)ᄒᆞᄂᆞ니 三年(삼년)의 喪(상)은 天下(텬하)의 通(통)ᄒᆞᆫ 喪(상)이니 予(여)ㅣ 三年(삼년)의 愛(ᄋᆡ)를 그 父母(부모)의게 둣ᄂᆞᆫ가

456(17-22)

子曰: 「飽食終日, 無所用心, 難矣哉! 不有博弈者乎? 爲之, 猶賢乎已.」

① 陶山本

子(ᄌᆞ)ㅣ ᄀᆞᆯᄋᆞ샤ᄃᆡ 飽(포)히 食(식)ᄒᆞ고 日(실)을 終(죵)ᄒᆞ야 ᄆᆞᄋᆞᆷ을 ᄡᅳᆯ ᄲᅢ 업ᄉᆞ면 難(난)ᄒᆞᆫ 디라 博弈(박혁)ᄒᆞ리 잇디 아니ᄒᆞ냐 ᄒᆞ욤이 오히려 已(이)홈도곤 賢(현)ᄒᆞ니라

② 栗谷本

子(ᄌᆞ)ㅣ ᄀᆞᄅᆞ샤ᄃᆡ 食(식)을 飽(포)히 ᄒᆞ고 日(일)을 終(죵)호매 ᄆᆞᄋᆞᆷ ᄡᅳᄂᆞᆫ 배 업소미 어려운뎌 博奕(박혁)이 잇디 아니ᄒᆞ냐 호미 오히려 마롬도곤 나ᄋᆞ니라

457(17-23)

子路曰: 「君子尙勇乎?」 子曰: 「君子義以爲上, 君子有勇而無義爲亂, 小人有勇而無義爲盜.」

① 陶山本

子路(ᄌᆞ로)ㅣ ᄀᆞᆯ오ᄃᆡ 君子(군ᄌᆞ)ㅣ 勇(용)을 尙(샹)ᄒᆞᄂᆞ니잇가 子(ᄌᆞ)ㅣ ᄀᆞᆯᄋᆞ샤ᄃᆡ 君子(군ᄌᆞ)ㅣ 義(의)로ᄡᅥ 上(샹)을 삼ᄂᆞ니 君子(군ᄌᆞ)ㅣ 勇(용)이 잇고 義(의) 업ᄉᆞ면 亂(란)을 ᄒᆞ고 小人(쇼신)이 勇(용)이 잇고 義(의) 업ᄉᆞ면 盜(도)를 ᄒᆞᄂᆞ니라

② 栗谷本

子路(ᄌᆞ로)ㅣ ᄀᆞᆯ오ᄃᆡ 君子(군ᄌᆞ)ㅣ 勇(용)을 尙(샹)ᄒᆞᄂᆞ니잇가 子(ᄌᆞ)ㅣ ᄀᆞᄅᆞ샤ᄃᆡ 君子(군ᄌᆞ)ᄂᆞᆫ 義(의)로ᄡᅥ 上(샹)을 삼ᄂᆞ니 君子(군ᄌᆞ)ㅣ 勇(용)이 잇고 義(의) 업스면 亂(란)을 ᄒᆞ고 小人(쇼인)이 勇(용)이 잇고 義(의) 업스면 盜(도)를 ᄒᆞᄂᆞ니라

458(17-24)

子貢曰: 「君子亦有惡乎?」 子曰: 「有惡: 惡稱人之惡者, 惡居下流而訕上者, 惡勇而無禮者, 惡果敢而窒者.」 曰: 「賜也亦有惡乎?」 「惡徼以爲知者, 惡不孫以爲勇者, 惡訐以爲直者.」

① 陶山本

子貢(ᄌᆞ공)이 ᄀᆞᆯ오ᄃᆡ 君子(군ᄌᆞ)ㅣ 또ᄒᆞᆫ 惡(오)홈이 인ᄂᆞ니잇가 子(ᄌᆞ)ㅣ ᄀᆞᆯᄋᆞ샤ᄃᆡ 惡(오)홈이 인ᄂᆞ니 人(신)의 惡(악)을 稱(칭)ᄒᆞᄂᆞᆫ 者(쟈)를 惡(오)ᄒᆞ며 下流(하류)에 居(거)ᄒᆞ야 上(샹)을 訕(산)ᄒᆞᄂᆞᆫ 者(쟈)를 惡(오)ᄒᆞ며 勇(용)ᄒᆞ고 禮(례)업슨 者(쟈)를 惡(오)ᄒᆞ며 果敢(과감)ᄒᆞ고 窒(딜)ᄒᆞᆫ 者(쟈)를 惡(오)ᄒᆞᄂᆞ니라

ᄀᆞᆯᄋᆞ샤ᄃᆡ 賜(ᄉᆞ)ㅣ 또ᄒᆞᆫ 惡(오)홈이 인ᄂᆞ냐 徼(요)홈오로ᄡᅥ 知(디)를 삼ᄂᆞᆫ 者(쟈)를 惡(오)ᄒᆞ며 不孫(블손)오로ᄡᅥ 勇(용)을 삼ᄂᆞᆫ 者(쟈)를 惡(오)ᄒᆞ며 訐(알)로ᄡᅥ 直(딕)을 삼ᄂᆞᆫ 者(쟈)를 惡(오)ᄒᆞ노이다

② 栗谷本

子貢(ᄌᆞ공)이 ᄀᆞᆯ오ᄃᆡ 君子(군ᄌᆞ)ㅣ 또ᄒᆞᆫ 惡(오)호미 잇ᄂᆞ니잇가 子(ᄌᆞ)ㅣ ᄀᆞᄅᆞ샤ᄃᆡ 惡(오)호미 잇ᄂᆞ니 人(인)의 惡(악)을 稱(칭)ᄒᆞᄂᆞᆫ 者(쟈)ᄅᆞᆯ 惡(오)ᄒᆞ며 下流(하류)의 居(거)ᄒᆞ야 上(샹)을 訕(산)ᄒᆞᄂᆞᆫ 者(쟈)ᄅᆞᆯ 惡(오)ᄒᆞ며 勇(용)코 禮(례)ㅣ 업슨 者(쟈)ᄅᆞᆯ 惡(오)ᄒᆞ며 果敢(과감)코 窒(딜)ᄒᆞᆫ 者(쟈)ᄅᆞᆯ 惡(오)ᄒᆞᄂᆞ니라

ᄀᆞᄅᆞ샤ᄃᆡ 賜(ᄉᆞ)ㅣ 또ᄒᆞᆫ 惡(오)호미 잇ᄂᆞ냐 徼(요)ᄒᆞ고 ᄡᅥ 知(디)호라 ᄒᆞᄂᆞᆫ 者(쟈)ᄅᆞᆯ 惡(오)ᄒᆞ며 孫(손)티 아니코 ᄡᅥ 勇(용)호라 ᄒᆞᄂᆞᆫ 者(쟈)ᄅᆞᆯ 惡(오)ᄒᆞ며 訐(알)ᄒᆞ고 ᄡᅥ 直(딕)ᄒᆞ라 ᄒᆞᄂᆞᆫ 者(쟈)ᄅᆞᆯ 惡(오)ᄒᆞ노이다

459(17-25)

子曰:「唯女子與小人爲難養也, 近之則不孫, 遠之則怨.」

① 陶山本

子(ᄌᆞ)ㅣ ᄀᆞᆯᄋᆞ샤ᄃᆡ 오직 女子(녀ᄌᆞ)와 다ᄆᆺ 小人(쇼신)이 養(양)홈이 어려오니 갓가이 ᄒᆞ면 孫(손)티 아니ᄒᆞ고 멀리 ᄒᆞ면 怨(원)ᄒᆞᄂᆞ니라

② 栗谷本

子(ᄌᆞ)ㅣ ᄀᆞᄅᆞ샤ᄃᆡ 오직 女子(녀ᄌᆞ)와 다ᄆᆺ 小人(쇼인)은 치기 어려우니 近(근)ᄒᆞ면 孫(손)티 아니코 遠(원)ᄒᆞ면 怨(원)ᄒᆞᄂᆞ니라

460(17-26)

子曰:「年四十而見惡焉, 其終也已.」

① 陶山本

子(ᄌᆞ)ㅣ ᄀᆞᆯᄋᆞ샤ᄃᆡ 年(년)이 四十(ᄉᆞ십)이오 惡(오)홈을 보면 그 ᄆᆞᄎᆞᆯ ᄯᆞᄅᆞᆷ이니라

② 栗谷本

子(ᄌᆞ)ㅣ ᄀᆞᄅᆞ샤ᄃᆡ 나히 四十(ᄉᆞ십)에 惡(오)호믈 보면 그 終(죵)홀 ᄯᆞᄅᆞᆷ이니라

第十八〈微子〉

461(18-1)

微子去之, 箕子爲之奴, 比干諫而死. 孔子曰:「殷有三仁焉.」

① 陶山本

微子(미ᄌᆞ)ᄂᆞᆫ 去(거)ᄒᆞ고 箕子(긔ᄌᆞ)ᄂᆞᆫ 奴(노)ㅣ 되고 比干(비간)은 諫(간)ᄒᆞ야 죽으니라 孔子(공ᄌᆞ)ㅣ ᄀᆞᆯᄋᆞ샤ᄃᆡ 殷(은)에 三仁(삼신)이 인ᄂᆞ니라

② 栗谷本

微子(미ᄌᆞ)ᄂᆞᆫ 去(거)ᄒᆞ고 箕子(긔ᄌᆞ)ᄂᆞᆫ 奴(노)ㅣ 되시고 比干(비간)은 諫(간)ᄒᆞ야 주그니라 孔子(공ᄌᆞ)ㅣ ᄀᆞᄅᆞ샤ᄃᆡ 殷(은)의 三仁(삼인)이 잇ᄂᆞ니라

462(18-2)

柳下惠爲士師, 三黜. 人曰:「子未可以去乎?」曰:「直道而事人, 焉往而不三黜? 枉道而事人, 何必去父母之邦?」

① 陶山本

柳下惠(류하혜)ㅣ 士師(ᄉᆞᄉᆞ)ㅣ 되여셔 세 번 黜(튤)ᄒᆞ여ᄂᆞᆯ 사ᄅᆞᆷ이 ᄀᆞᆯ오ᄃᆡ 子(ᄌᆞ)ㅣ 可(가)히 ᄡᅧ 去(거)티 몯ᄒᆞ랴 ᄀᆞᆯ오ᄃᆡ 道(도)를 곧게 ᄒᆞ야 사ᄅᆞᆷ을 셤기면 어듸 가 세 번 黜(튤)티 아니ᄒᆞ며 道(도)를 굽혀 사ᄅᆞᆷ을 셤기면 엇디 반ᄃᆞ시 父母(부모)의 邦(방)을 去(거)ᄒᆞ리오

② 栗谷本

柳下惠(류하혜)ㅣ 士師(ᄉᆞᄉᆞ)ㅣ 되여 세 번 내텨ᄂᆞᆯ 人(인)이 ᄀᆞᆯ오ᄃᆡ 子(ᄌᆞ)ㅣ 可(가)히 ᄡᅧ 去(거)티 몯ᄒᆞ랴 ᄀᆞᆯ오ᄃᆡ 道(도)ᄅᆞᆯ 直(딕)히 ᄒᆞ야 人(인)을 셤기면 어ᄃᆡ 가 세 번 내티디 아니며 道(도)ᄅᆞᆯ 枉(왕)ᄒᆞ야 人(인)을 셤길 거시면 엇디 구틔여 父母(부모)의 邦(방)을 去(거)ᄒᆞ리오

463(18-3)

齊景公待孔子曰:「若季氏, 則吾不能; 以季孟之閒待之.」曰:「吾老矣, 不能用也.」孔子行.

① 陶山本

齊景公(졔경공)이 孔子(공ᄌᆞ)를 待(ᄃᆡ)ᄒᆞ옴을 ᄀᆞᆯ오ᄃᆡ 만일 季氏(계시)ㄴ 則(즉) 내 能(능)티 몯ᄒᆞ려니와 季孟(계ᄆᆡᆼ)ㅅ ᄉᆞ이로ᄡᅥ 待(ᄃᆡ)호리라 ᄒᆞ고 ᄀᆞᆯ오ᄃᆡ 내 늙은 디라 能(능)히 ᄡᅳ디 몯ᄒᆞ리로다 ᄒᆞᆫ대 孔子(공ᄌᆞ)(ᄌᆞ)ㅣ 行(ᄒᆡᆼ)ᄒᆞ시다

② 栗谷本

齊景公(졔경공)이 孔子(공ᄌᆞ)ᄅᆞᆯ 待(ᄃᆡ)ᄒᆞ야 ᄀᆞᄅᆞ샤ᄃᆡ 만일 季氏(계시)ᄂᆞᆫ 내 能(능)티 몯ᄒᆞ려니와 季孟(계ᄆᆡᆼ)의 間(간)으로ᄡᅥ 待(ᄃᆡ)호리라 ᄒᆞ더시니 ᄀᆞᄅᆞ샤ᄃᆡ 내 老(로)ᄒᆞᆫ 디라 能(능)히 ᄡᅳ디 몯ᄒᆞᆯ로다 ᄒᆞ야시ᄂᆞᆯ 孔子(공ᄌᆞ)(ᄌᆞ)ㅣ 行(ᄒᆡᆼ)ᄒᆞ시다

464(18-4)

齊人歸女樂, 季桓子受之, 三日不朝, 孔子行.

① 陶山本

齊(졔)ㅅ 사ᄅᆞᆷ이 女樂(녀악)을 歸(귀)ᄒᆞ야ᄂᆞᆯ 季桓子(계환ᄌᆞ)ㅣ 받고 三日(삼ᅀᅵᆯ)을 朝(됴)티 아니ᄒᆞᆫ대 孔子(공ᄌᆞ)ㅣ 行(ᄒᆡᆼ)ᄒᆞ시다

② 栗谷本

齊人(졔인)이 女樂(녀악)을 歸(귀)ᄒᆞ야ᄂᆞᆯ 季桓子(계환ᄌᆞ)ㅣ 밧고 사ᄒᆞᆯ을 朝(됴)티 아니ᄒᆞᆫ대 孔子(공ᄌᆞ)ㅣ 行(ᄒᆡᆼ)ᄒᆞ시다

465(18-5)

楚狂接輿歌而過孔子曰:「鳳兮鳳兮! 何德之衰? 往者不可諫, 來者猶可追. 已而, 已而! 今之從政者殆而!」孔子下, 欲與之言. 趨而辟之, 不得與之言.

① 陶山本

楚(초)앳 狂(광)인 接輿(졉여)ㅣ 歌(가)ᄒᆞ고 孔子(공ᄌᆞ)ᄅᆞᆯ 過(과)ᄒᆞ야 ᄀᆞᆯ오ᄃᆡ 鳳(봉)이여 鳳(봉)이여 엇디 德(덕)이 衰(쇠)ᄒᆞ뇨 往(왕)ᄒᆞᆫ 者(쟈)ᄂᆞᆫ 可(가)히 諫(간)티 몯ᄒᆞ려니와 來(ᄅᆡ)ᄒᆞᄂᆞᆫ 者(쟈)ᄂᆞᆫ 오히려 可(가)히 追(튜)ᄒᆞᆯ 띠니 마롤 띠어다 마롤 띠어다 이젯 政(졍)을 從(죵)ᄒᆞᄂᆞᆫ 者(쟈)ㅣ 殆(ᄐᆡ)ᄒᆞ니라

孔子(공ᄌᆞ)ㅣ ᄂᆞ리샤 더블어 말ᄒᆞ고져 ᄒᆞ더시니 趨(추)ᄒᆞ야 辟(피)ᄒᆞ니 시러곰 더블어 말ᄒᆞ디 몯ᄒᆞ시다

② 栗谷本

楚狂(초광) 接輿(졉여)ㅣ 歌(가)ᄒᆞ야 孔子(공ᄌᆞ)ㅅ긔 過(과)ᄒᆞ야 ᄀᆞᆯ오ᄃᆡ 鳳(봉)이여 鳳(봉)이여 엇디 德(덕)이 衰(쇠)ᄒᆞᇿ 往(왕)ᄒᆞᆫ 者(쟈)ᄂᆞᆫ 可(가)히 諫(간)티 몯ᄒᆞ려니와 來(ᄅᆡ)ᄒᆞᄂᆞᆫ 者(쟈)ᄂᆞᆫ 오히려 可(가)히 追(튜)ᄒᆞᆯ 디니 마롤 디어다 마롤 디어다 이제 政(졍)을 從(죵)ᄒᆞᄂᆞᆫ 者(쟈)ㅣ 殆(ᄐᆡ)ᄒᆞ니라

孔子(공ᄌᆞ)ㅣ ᄂᆞ리샤 더브러 말ᄒᆞ고쟈 ᄒᆞ더시니 趨(추)ᄒᆞ야 辟(피)ᄒᆞ니 시러곰 더브러 말 몯ᄒᆞ시다

466(18-6)

長沮·桀溺耦而耕, 孔子過之, 使子路問津焉. 長沮曰:「夫執輿者爲誰?」子路曰:「爲孔丘.」曰:「是魯孔丘與?」曰:「是也.」曰:「是知津矣.」問於桀溺. 桀溺曰:「子爲誰?」曰:「爲仲由.」曰:「是魯孔丘之徒與?」對曰:「然.」曰:「滔滔者天下皆是也, 而誰以易之? 且而與其從辟人之士也, 豈若從辟世之士哉?」耰而不輟. 子路行以告. 夫子憮然曰:「鳥獸不可與同群, 吾非斯人之徒與而誰與? 天下有道, 丘不與易也.」

① 陶山本

長沮(댱져)과 桀溺(걸릭)이 耦(우)ᄒᆞ야 耕(경)ᄒᆞ거ᄂᆞᆯ 孔子(공ᄌᆞ)ㅣ 過(과)ᄒᆞ실 ᄉᆡ 子路(ᄌᆞ로)로 ᄒᆞ여곰 津(진)을 무ᄅᆞ라 ᄒᆞ신대

長沮(댱져)ㅣ ᄀᆞᆯ오ᄃᆡ 輿(여)에 執(집)ᄒᆞᆫ 者(쟈)ㅣ 누고 子路(ᄌᆞ로)ㅣ ᄀᆞᆯ오ᄃᆡ 孔丘(공구)ㅣ시니라 ᄀᆞᆯ오ᄃᆡ 이 魯(로)ㅅ 孔丘(공구)가 ᄀᆞᆯ오ᄃᆡ 이시니라 ᄀᆞᆯ오ᄃᆡ 이 津(진)을 아ᄂᆞ니라

桀溺(걸릭)의게 믈은대 桀溺(걸릭)이 ᄀᆞᆯ오ᄃᆡ 子(ᄌᆞ)ㅣ 누고 ᄀᆞᆯ오ᄃᆡ 仲由(듕유)ㅣ로라 ᄀᆞᆯ오ᄃᆡ 이 魯(로)ㅅ 孔丘(공구)의 徒(도)가 對(ᄃᆡ)ᄒᆞ야 ᄀᆞᆯ오ᄃᆡ 그러ᄒᆞ다 ᄀᆞᆯ오ᄃᆡ 滔滔(도도)ᄒᆞᆫ 者(쟈)ㅣ 天下(텬하)ㅣ 다 이니 눌로 더블어 易(역)ᄒᆞ리오 ᄯᅩ 네 그 사ᄅᆞᆷ 辟(피)ᄒᆞᄂᆞᆫ 士(ᄉᆞ)를 조촘오로 더블어론 엇디 世(세)ㅣ 辟(피)ᄒᆞᄂᆞᆫ 士(ᄉᆞ)를 조촘 ᄀᆞᄐᆞ리오 ᄒᆞ고 耰(우)ᄒᆞ고 그치디 아니ᄒᆞ더라

子路(ᄌᆞ로)ㅣ 行(ᄒᆡᆼ)ᄒᆞ야 ᄡᅧ 告(고)ᄒᆞᆫ대 夫子(부ᄌᆞ)ㅣ 憮然(무션)ᄒᆞ야 ᄀᆞᆯᄋᆞ샤ᄃᆡ 鳥獸(됴슈)ᄂᆞᆫ 可(가)히 더블어 同群(동군)티 몯ᄒᆞᆯ 꺼시니 내 이 사ᄅᆞᆷ의 徒(도)를 與(여)티 아니ᄒᆞ고 누를 與(여)ᄒᆞ리오 天下(텬하)ㅣ 道(도)ㅣ 이시면 丘(구)ㅣ 더블어 易(역)디 아니ᄒᆞᆯ 이니라

② 栗谷本

長沮(댱져)와 桀溺(걸릭)이 耦(우)ᄒᆞ야 耕(경)ᄒᆞ거ᄂᆞᆯ 孔子(공ᄌᆞ)ㅣ 過(과)ᄒᆞ실 ᄉᆡ 子路(ᄌᆞ로)로 ᄒᆡ여곰 津(진)을 問(문)ᄒᆞ신대

長沮(댱져)ㅣ 골오ᄃᆡ 輿(여)에 執(집)ᄒᆞᆫ 者(쟈)ㅣ 뉘고 子路(ᄌᆞ로)ㅣ 골오ᄃᆡ 孔丘(공구)ㅣ시니라 골오ᄃᆡ 이 魯(로) 孔丘(공구)가 골오ᄃᆡ 올타 골오ᄃᆡ 이 津(진)을 알리라

桀溺(걸릭)ᄃᆞ려 問(문)ᄒᆞᆫ대 桀溺(걸릭)이 골오ᄃᆡ 子(ᄌᆞ)ㅣ 뉘고 골오ᄃᆡ 仲由(듕유)ㅣ로라 골오ᄃᆡ 이 魯(로) 孔丘(공구)의 徒(도)가 對(ᄃᆡ)ᄒᆞ야 골오ᄃᆡ 그러타 골오ᄃᆡ 滔滔(도도)ᄒᆞᆫ 者(쟈)ㅣ 天下(텬하)ㅣ 다 이니 눌로 더브러 고티리오 ᄯᅩᄒᆞᆫ 네 다뭇 그 人(인)을 辟(피)ᄒᆞᄂᆞᆫ 士(ᄉᆞ)를 조초ᄆᆞ론 엇디 世(셰)를 辟(피)ᄒᆞᄂᆞᆫ 士(ᄉᆞ)를 조ᄎᆞᆷ ᄀᆞᄐᆞ리오 ᄒᆞ고 耰(우)ᄒᆞ고 輟(텰)티 아니터라

子路(ᄌᆞ로)ㅣ 行(ᄒᆡᆼ)ᄒᆞ야 ᄡᅧ 告(고)ᄒᆞᆫ대 夫子(부ᄌᆞ)ㅣ 憮然(무연)ᄒᆞ야 ᄀᆞᄅᆞ샤ᄃᆡ 鳥獸(됴슈)를 可(가)히 더브러 羣(군)을 同(동)티 몯ᄒᆞᆯ 디니 내 이 人(인)의 徒(도)와 與(여)티 아니코 눌과 與(여)ᄒᆞ리오 天下(텬하)ㅣ 道(도)ㅣ 이시면 丘(구)ㅣ 더브러 고티디 아니리라

467(18-7)

子路從而後, 遇丈人, 以杖荷蓧. 子路問曰:「子見夫子乎?」丈人曰:「四體不勤, 五穀不分. 孰爲夫子?」植其杖而芸. 子路拱而立. 止子路宿, 殺雞爲黍而食之, 見其二子焉. 明日, 子路行以告. 子曰:「隱者也.」使子路反見之. 至, 則行矣. 子路曰:「不仕無義. 長幼之節, 不可廢也; 君臣之義, 如之何其廢之? 欲潔其身, 而亂大倫. 君子之仕也, 行其義也. 道之不行, 已知之矣.」

① 陶山本

子路(ᄌᆞ로)ㅣ 從(죵)ᄒᆞ야 後(후)ᄒᆞ얏더니 丈人(댱신)이 杖(댱)으로ᄡᅧ 蓧(됴)메니를 만나 子路(ᄌᆞ로)ㅣ 물어 골오ᄃᆡ 子(ᄌᆞ)ㅣ 夫子(부ᄌᆞ)를 보냐 丈人(댱신)이 골오ᄃᆡ 四體(ᄉᆞ톄)를 勤(근)티 아니ᄒᆞ며 五穀(오곡)을 分(분)티 몯ᄒᆞᄂᆞ니 뉘 夫子(부ᄌᆞ)오 ᄒᆞ고 그 杖(댱)을 植(티)ᄒᆞ고 芸(운)ᄒᆞ더라

子路(ᄌᆞ로)ㅣ 拱(공)ᄒᆞ고 立(립)ᄒᆞᆫ대

子路(ᄌᆞ로)를 止(지)ᄒᆞ야 재여 雞(계)를 殺(살)ᄒᆞ며 黍(셔)를 爲(위)ᄒᆞ야 머키고 그 두 아ᄃᆞᆯ을 뵈여ᄂᆞᆯ ᄇᆞᆰ는 날애 子路(ᄌᆞ로)ㅣ 行(ᄒᆡᆼ)ᄒᆞ야 ᄡᅧ 告(고)ᄒᆞᆫ대 子(ᄌᆞ)ㅣ 골ᄋᆞ샤ᄃᆡ 隱者(은쟈)ㅣ로다 ᄒᆞ시고 子路(ᄌᆞ로)로 ᄒᆞ여곰 反(반)ᄒᆞ야 보라 ᄒᆞ시니 至(지)ᄒᆞᆫ 則(즉) 行(ᄒᆡᆼ)ᄒᆞ돗더라

子路(ᄌᆞ로)ㅣ 골오ᄃᆡ 仕(ᄉᆞ)티 아니홈이 義(의)ㅣ 업ᄉᆞ니 長幼(댱유)의 節(절)을 可(가)히 廢(폐)티 몯ᄒᆞ거니 君臣(군신)의 義(의)를 엇디 그 廢(폐)ᄒᆞ리오 그 몸을 潔(결)코쟈 ᄒᆞ야 큰 倫(륜)을 亂(란)ᄒᆞᄂᆞᆺ다 君子(군ᄌᆞ)의 仕(ᄉᆞ)홈은 그 義(의)를 行(ᄒᆡᆼ)홈이니 道(도)의 行(ᄒᆡᆼ)티 몯홈은 이믜 아ᄅᆞ시ᄂᆞ니라

② 栗谷本

子路(ᄌᆞ로)ㅣ 조차셔 뻐뎌더니 丈人(댱인)이 杖(댱)으로뻐 蓧(됴)를 메니를 만나 子路(ᄌᆞ로)ㅣ 問(문)ᄒᆞ야 ᄀᆞᆯ오ᄃᆡ 子(ᄌᆞ)ㅣ 夫子(부ᄌᆞ)를 본다 丈人(댱인)이 ᄀᆞᆯ오ᄃᆡ 四體(ᄉᆞ톄)를 勤(근)티 아니ᄒᆞ며 五穀(오곡)을 分(분)티 몯ᄒᆞᄂᆞ니 뉘 夫子(부ᄌᆞ)오 ᄒᆞ고 그 杖(댱)을 셰우고 芸(운)ᄒᆞ더라

子路(ᄌᆞ로)ㅣ 풀뎡딜러 셧대

子路(ᄌᆞ로)를 머므러 재여 雞(계)를 주기며 黍(셔)를 ᄒᆞ야 머기고 그 두 아ᄃᆞᆯ을 뵈여ᄂᆞᆯ 이튼날애 子路(ᄌᆞ로)ㅣ 行(ᄒᆡᆼ)ᄒᆞ야 뻐 告(고)ᄒᆞᆫ대 子(ᄌᆞ)ㅣ ᄀᆞᄅᆞ샤ᄃᆡ 隱者(은쟈)ㅣ로다 ᄒᆞ시고 子路(ᄌᆞ로)로 ᄒᆡ여곰 도라가 보라 ᄒᆞ시니 니르니ᄂᆞᆫ 行(ᄒᆡᆼ)ᄒᆞ놋더라

子路(ᄌᆞ로)ㅣ ᄀᆞᆯ오ᄃᆡ 仕(ᄉᆞ)티 아니호미 義(의)ㅣ 업스니 長幼(댱유)의 節(졀)을 可(가)히 廢(폐)티 몯ᄒᆞ곤 君臣(군신)의 義(의)를 엇디 그 廢(폐)ᄒᆞ리오 그 몸을 조히 ᄒᆞ고져 ᄒᆞ야 大倫(대륜)을 어즈러이놋다 君子(군ᄌᆞ)의 仕(ᄉᆞ)ᄂᆞᆫ 그 義(의)를 行(ᄒᆡᆼ)호미니 道(도)의 行(ᄒᆡᆼ)티 몯호ᄆᆞᆯ 이믜 아ᄅᆞ시니라

468(18-8)

逸民: 伯夷·叔齊·虞仲·夷逸·朱張·柳下惠·少連. 子曰:「不降其志, 不辱其身, 伯夷·叔齊與!」謂「柳下惠·少連, 降志辱身矣, 言中倫, 行中慮, 其斯而已矣.」謂「虞仲·夷逸, 隱居放言, 身中清, 廢中權. 我則異於是, 無可無不可.」

① 陶山本

逸(일)ᄒᆞᆫ 民(민)은 伯夷(ᄇᆡᆨ이)와 叔齊(슉졔)와 虞仲(우듕)과 夷逸(이일)과 朱張(쥬댱)과 柳下惠(류하혜)와 少連(쇼련)이니라

子(ᄌᆞ)ㅣ ᄀᆞᆯᄋᆞ샤ᄃᆡ 그 ᄠᅳ들 降(강)티 아니ᄒᆞ며 그 몸을 辱(욕)디 아니홈은 伯夷(ᄇᆡᆨ이)와 叔齊(슉졔)ㄴ뎌

柳下惠(류하혜)와 少連(쇼련)을 닐ᄋᆞ샤ᄃᆡ ᄠᅳ들 降(강)ᄒᆞ며 몸을 辱(욕)ᄒᆞ나 말이 倫(륜)에 마즈며 行(ᄒᆡᆼ)이 慮(려)에 마즈니 그 이 ᄯᆞᄅᆞᆷ이니라

虞仲(우듕)과 夷逸(이일)을 닐ᄋᆞ샤ᄃᆡ 隱居(은거)ᄒᆞ야 말을 放(방)ᄒᆞ나 몸이 淸(쳥)에 마즈며 廢(폐)ㅣ 權(권)에 마즈니라

나ᄂᆞᆫ 이에 달라 可(가)홈도 업ᄉᆞ며 可(가)티 아니홈도 업소라

② 栗谷本

逸(일)ᄒᆞᆫ 民(민)이 伯夷(ᄇᆡᆨ이)와 叔齊(슉졔)와 虞仲(우듕)과 夷逸(이일)과 朱張(쥬댱)과 柳下惠(류하혜)와 少連(쇼련)이니

子(ᄌᆞ)ㅣ ᄀᆞᄅᆞ샤ᄃᆡ 그 志(지)를 降(강)티 아니ᄒᆞ며 그 身(신)을 辱(욕)디 아니ᄒᆞ니ᄂᆞᆫ 伯夷(ᄇᆡᆨ이)와 叔齊(슉졔)ㄴ뎌

柳下惠(류하혜)와 少連(쇼련)을 니ᄅᆞ샤ᄃᆡ 志(지)를 降(강)ᄒᆞ며 身(신)을 辱(욕)ᄒᆞ나 言(언)이 倫(륜)의 中(듕)ᄒᆞ며 行(ᄒᆡᆼ)이 慮(려)의 中(듕)ᄒᆞ니 그 이럴 ᄯᆞᄅᆞᆷ이니라

虞仲(우듕)과 夷逸(이일)을 니ᄅᆞ샤ᄃᆡ 隱居(은거)ᄒᆞ야 言(언)을 放(방)ᄒᆞ니 身(신)이 淸(쳥)의 中(듕)ᄒᆞ며 廢(폐)호미 權(권)의 中(듕)ᄒᆞ니라

나ᄂᆞᆫ 이에 달라 可(가)ㅣ 업ᄉᆞ며 不可(블가)ㅣ 업소라

469(18-9)

大師摯適齊, 亞飯干適楚, 三飯繚適蔡, 四飯缺適秦, 鼓方叔入於河, 播鼗武入於漢, 少師陽·擊磬襄入於海.

① 陶山本

大師(태ᄉᆞ)ㅣ언 摯(지)ᄂᆞᆫ 齊(졔)에 適(뎍)ᄒᆞ고

亞飯(아반)이언 干(간)은 楚(초)에 適(뎍)ᄒᆞ고 三飯(삼반)이언 繚(료)ᄂᆞᆫ 蔡(채)에 適(뎍)ᄒᆞ고 四飯(ᄉᆞ반)이언 缺(결)은 秦(진)에 適(뎍)ᄒᆞ고

鼓(고)ᄒᆞᄂᆞᆫ 方叔(방슉)은 河(하)에 入(십)ᄒᆞ고

鼗(도)를 播(파)ᄒᆞᄂᆞᆫ 武(무)ᄂᆞᆫ 漢(한)에 入(십)ᄒᆞ고

少師(쇼ᄉᆞ)ㅣ언 陽(양)과 磬(경)을 擊(격)ᄒᆞᄂᆞᆫ 襄(양)은 海(ᄒᆡ)예 入(십)ᄒᆞ니라

② 栗谷本

大師(태ᄉᆞ) 摯(지)ᄂᆞᆫ 齊(졔)예 가고

亞飯(아반) 干(간)은 楚(초)의 가고 三飯(삼반) 繚(료)ᄂᆞᆫ 蔡(채)예 가고 四飯(ᄉᆞ반) 缺(결)은 秦(진)의 가고

鼓(고)ᄒᆞᄂᆞᆫ 方叔(방슉)은 河(하)의 들고

播鼗(파도)ᄒᆞᄂᆞᆫ 武(무)ᄂᆞᆫ 漢(한)의 들고

少師(쇼ᄉᆞ) 陽(양)과 擊磬(격경)ᄒᆞᄂᆞᆫ 襄(양)은 海(ᄒᆡ)의 드니라

470(18-10)

周公謂魯公曰:「君子不施其親, 不使大臣怨乎不以. 故舊無大故, 則不棄也. 無求備於一人!」

① 陶山本

周公(쥬공)이 魯公(로공)ᄃᆞ려 닐어 ᄀᆞᆯᄋᆞ샤ᄃᆡ 君子(군ᄌᆞ)ㅣ 그 親(친)을 施(시)티 아니ᄒᆞ며 大臣(대신)으로 ᄒᆞ여곰 쓰디 아니홈을 怨(원)케 아니ᄒᆞ며 故舊(고구)ㅣ 大故(대고)ㅣ 업거든 棄(기)티 아니ᄒᆞ며 一人(일신)의게 備(비)홈을 求(구)티 마롤 띠니라

② 栗谷本

周公(쥬공)이 魯公(로공)ᄃᆞ려 닐러 ᄀᆞᄅᆞ샤ᄃᆡ 君子(군ᄌᆞ)ᄂᆞᆫ 그 親(친)을 ᄇᆞ리디 아니며 大臣(대신)으로 ᄒᆞ여곰 쓰디 아니호믈 怨(원)티 아니케 ᄒᆞ며 故舊(고구)ㅣ 大故(대고)ㅣ 업ᄉᆞ면 ᄇᆞ리디 아니ᄒᆞ며 ᄒᆞᆫ 사ᄅᆞᆷ의게 ᄀᆞ조믈 求(구)티 마롤 디니라

471(18-11)

周有八士: 伯達·伯适·仲突·仲忽·叔夜·叔夏·季隨·季騧.

① 陶山本

周(쥬)에 八士(팔ᄉᆞ)ㅣ 이시니 伯達(ᄇᆡᆨ달)과 伯适(ᄇᆡᆨ괄)과 仲突(듕돌)과 仲忽(듕홀)과 叔夜(슉야)와 叔夏(슉하)와 季隨(계슈)와 季騧(계와)ㅣ니라

② 栗谷本

周(쥬)애 八士(팔ᄉᆞ)ㅣ 이시니 伯達(ᄇᆡᆨ달)과 伯适(ᄇᆡᆨ괄)과 仲突(듕돌)과 仲忽(듕홀)과 叔夜(슉야)와 叔夏(슉하)와 季隨(계슈)와 季騧(계와)ㅣ니라

第十九〈子張〉

472(19-1)

子張曰:「士見危致命, 見得思義, 祭思敬, 喪思哀, 其可已矣.」

① 陶山本

子張(ᄌᆞ댱)이 ᄀᆞᆯ오ᄃᆡ 士(ᄉᆞ)ㅣ 危(위)를 보고 命(명)을 致(티)ᄒᆞ며 得(득)을 보고 義(의)를 思(ᄉᆞ)ᄒᆞ며 祭(졔)예 敬(경)을 思(ᄉᆞ)ᄒᆞ며 喪(상)에 哀(ᄋᆡ)를 思(ᄉᆞ)ᄒᆞ면 그 可(가)ᄒᆞᆯ ᄯᆞ름이니라

② 栗谷本

子張(ᄌᆞ댱)이 ᄀᆞᆯ오ᄃᆡ 士(ᄉᆞ)ㅣ 危(위)ᄅᆞᆯ 보고 命(명)을 致(티)ᄒᆞ며 得(득)을 보고 義(의)ᄅᆞᆯ 思(ᄉᆞ)ᄒᆞ며 祭(졔)예 敬(경)을 思(ᄉᆞ)ᄒᆞ며 喪(상)애 哀(ᄋᆡ)ᄅᆞᆯ 思(ᄉᆞ)ᄒᆞ면 그 可(가)히 마롤 디니라

473(19-2)

子張曰:「執德不弘, 信道不篤, 焉能爲有? 焉能爲亡?」

① 陶山本

子張(ᄌᆞ댱)이 ᄀᆞᆯ오ᄃᆡ 德(덕)을 執(집)홈이 弘(홍)티 몯ᄒᆞ며 道(도)를 信(신)홈이 篤(독)디 몯ᄒᆞ면 엇디 能(능)히 잇다 ᄒᆞ며 엇디 能(능)히 업다 ᄒᆞ리오

② 栗谷本

子張(ᄌᆞ댱)이 ᄀᆞᆯ오ᄃᆡ 德(덕)을 執(집)호ᄃᆡ 弘(홍)히 아니ᄒᆞ며 道(도)ᄅᆞᆯ 信(신)호ᄃᆡ 篤(독)히 아니ᄒᆞ면 엇디 能(능)히 有(유)ㅣ 되며 엇디 能(능)히 亡(무)ㅣ 되리오

474(19-3)

子夏之門人問交於子張. 子張曰:「子夏云何?」對曰:「子夏曰:『可者與之, 其不可者拒之.』」子張曰:「異乎吾所聞: 君子尊賢而容衆, 嘉善而矜不能. 我之大賢與, 於人何所不容? 我之不賢與, 人將拒我, 如之何其拒人也?」

① 陶山本

子夏(ᄌ하)의 門人(문신)이 交(교)를 子張(ᄌ댱)의게 무른대 子張(ᄌ댱)이 ᄀᆞᆯ오ᄃᆡ 子夏(ᄌ하)ㅣ 엇디 닐ᄋᆞ더뇨 對(ᄃᆡ)ᄒᆞ야 ᄀᆞᆯ오ᄃᆡ 子夏(ᄌ하)ㅣ ᄀᆞᆯ오ᄃᆡ 可(가)ᄒᆞᆫ 者(쟈)를 與(여)ᄒᆞ고 그 可(가)티 아니ᄒᆞᆫ 者(쟈)를 拒(거)홀 ᄯᅵ라 ᄒᆞ더이다 子張(ᄌ댱)이 ᄀᆞᆯ오ᄃᆡ 내 들온 바애 다ᄅᆞ두다 君子(군ᄌ)ᄂᆞᆫ 賢(현)을 尊(존)ᄒᆞ고 衆(즁)을 容(용)ᄒᆞ며 善(션)을 嘉(가)ᄒᆞ고 不能(블능)을 矜(긍)ᄒᆞᄂᆞ니 내 大賢(대현)일 ᄯᅵᆫ댄 人(신)에 어ᄂᆡ를 容(용)티 아닐 빼며 내 賢(현)티 몯홀 ᄯᅵᆫ댄 人(신)이 쟝ᄎᆞᆺ 나를 拒(거)ᄒᆞ리니 엇디 그 人(신)을 拒(거)ᄒᆞ리오

② 栗谷本

子夏(ᄌ하)의 門人(문인)이 子張(ᄌ댱)의게 交(교)를 問(문)ᄒᆞᆫ대 子張(ᄌ댱)이 ᄀᆞᆯ오ᄃᆡ 子夏(ᄌ하)ㅣ 엇디 니ᄅᆞ더뇨 對(ᄃᆡ)ᄒᆞ야 ᄀᆞᆯ오ᄃᆡ 子夏(ᄌ하)ㅣ ᄀᆞᆯ오ᄃᆡ 可(가)ᄒᆞᆫ 者(쟈)란 與(여)ᄒᆞ고 그 可(가)티 아닌 者(쟈)란 拒(거)ᄒᆞ라 ᄒᆞ더이다 子張(ᄌ댱)이 ᄀᆞᆯ오ᄃᆡ 내 드른 바와 다ᄅᆞ도다 君子(군ᄌ)ᄂᆞᆫ 賢(현)을 尊(존)ᄒᆞ고 衆(즁)을 容(용)ᄒᆞ며 善(션)을 嘉(가)ᄒᆞ고 不能(블능)을 矜(긍)ᄒᆞᄂᆞ니 내 크게 어딜딘댄 人(인)에 어ᄂᆡ를 容(용)티 몯홀 배며 내 어디디 몯홀 딘댄 人(인)이 쟝ᄎᆞᆺ 날 拒(거)ᄒᆞ리니 엇디 그 人(인)을 拒(거)ᄒᆞ리오

475(19-4)

子夏曰:「雖小道, 必有可觀者焉; 致遠恐泥, 是以君子不爲也.」

① 陶山本

子夏(ᄌ하)ㅣ ᄀᆞᆯ오ᄃᆡ 비록 쟈근 道(도)ㅣ나 반ᄃᆞ시 可(가)히 보암즉ᄒᆞᆫ 者(쟈)ㅣ 잇거니와 遠(원)에 致(티)ᄒᆞ욤애 泥(녜)홀까 恐(공)ᄒᆞᆫ 디라 일로ᄡᅧ 君子(군ᄌ)ㅣ ᄒᆞ디 아니ᄒᆞᄂᆞ니라

② 栗谷本

子夏(ᄌ하)ㅣ ᄀᆞᆯ오ᄃᆡ 비록 져근 道(도)ㅣ나 반ᄃᆞ시 可(가)히 보암즉호미 잇거니와 遠(원)의 致(티)호매 막힐가 젓ᄂᆞᆫ 디라 일로ᄡᅧ 君子(군ᄌ)ㅣ ᄒᆞ디 아닛ᄂᆞ니라

476(19-5)

子夏曰:「日知其所亡, 月無忘其所能, 可謂好學也已矣.」

① 陶山本

子夏(ᄌ하)ㅣ ᄀᆞᆯ오ᄃᆡ 날로 그 업ᄉᆞᆫ 바를 알며 ᄃᆞᆯ로 그 能(능)ᄒᆞᄂᆞᆫ 바를 닛디 아니ᄒᆞ면 可(가)히 學(혹)을 好(호)ᄒᆞᆫ다 닐엄즉 홀 ᄯᆞᄅᆞᆷ이니라

② 栗谷本

子夏(ᄌᆞ하)ㅣ ᄀᆞᆯ오ᄃᆡ 日(일)마다 업슨 바를 알며 月(월)애 그 能(능)ᄒᆞᄂᆞᆫ 바를 닛디 아니면 可(가)히 學(ᄒᆞᆨ)을 好(호)ᄒᆞᆫ다 니를 디니라

477(19-6)

子夏曰:「博學而篤志, 切問而近思, 仁在其中矣.」

① 陶山本

子夏(ᄌᆞ하)ㅣ ᄀᆞᆯ오ᄃᆡ 學(ᄒᆞᆨ)을 博(박)히 ᄒᆞ고 志(지)를 篤(독)히 ᄒᆞ며 切(졀)히 問(문)ᄒᆞ고 近(근)히 思(ᄉᆞ)ᄒᆞ면 仁(신)이 그 中(듕)에 인ᄂᆞ니라

② 栗谷本

子夏(ᄌᆞ하)ㅣ ᄀᆞᆯ오ᄃᆡ 學(ᄒᆞᆨ)을 博(박)히 ᄒᆞ며 志(지)를 篤(독)히 ᄒᆞ며 問(문)을 切(졀)히 ᄒᆞ고 思(ᄉᆞ)를 近(근)히 ᄒᆞ면 仁(인)이 그 中(듕)의 잇ᄂᆞ니라

478(19-7)

子夏曰:「百工居肆以成其事, 君子學以致其道.」

① 陶山本

子夏(ᄌᆞ하)ㅣ ᄀᆞᆯ오ᄃᆡ 百工(ᄇᆡᆨ공)이 肆(ᄉᆞ)에 居(거)ᄒᆞ야 ᄡᅥ 그 事(ᄉᆞ)를 成(셩)ᄒᆞ고 君子(군ᄌᆞ)ㅣ 學(ᄒᆞᆨ)ᄒᆞ야 ᄡᅥ 그 道(도)를 致(티)ᄒᆞᄂᆞ니라

② 栗谷本

子夏(ᄌᆞ하)ㅣ ᄀᆞᆯ오ᄃᆡ 百工(ᄇᆡᆨ공)은 肆(ᄉᆞ)애 居(거)ᄒᆞ야 ᄡᅥ 그 事(ᄉᆞ)를 成(셩)ᄒᆞ고 君子(군ᄌᆞ)ᄂᆞᆫ 學(ᄒᆞᆨ)ᄒᆞ야 ᄡᅥ 그 道(도)를 致(티)ᄒᆞᄂᆞ니라

479(19-8)

子夏曰:「小人之過也, 必文.」

① 陶山本

子夏(ᄌᆞ하)ㅣ ᄀᆞᆯ오ᄃᆡ 小人(쇼신)의 過(과)ᄂᆞᆫ 반ᄃᆞ시 文(문)ᄒᆞᄂᆞ니라

② 栗谷本

子夏(ᄌᆞ하)ㅣ ᄀᆞᆯ오ᄃᆡ 小人(쇼인)의 過(과)ᄂᆞᆫ 반ᄃᆞ시 文(문)ᄒᆞᄂᆞ니라

480(19-9)

子夏曰:「君子有三變: 望之儼然, 卽之也溫, 聽其言也厲.」

① 陶山本

子夏(ᄌᆞ하)ㅣ ᄀᆞᆯ오ᄃᆡ 君子(군ᄌᆞ)ㅣ 三變(삼변)이 인ᄂᆞ니 望(망)홈애 儼然(엄연)ᄒᆞ고 卽(즉)홈애 溫(온)ᄒᆞ고 그 言(언)을 聽(텽)홈애 厲(려)ᄒᆞ니라

② 栗谷本

子夏(ᄌᆞ하)ㅣ ᄀᆞᆯ오ᄃᆡ 君子(군ᄌᆞ)ㅣ 세 번 變(변)호미 잇ᄂᆞ니 望(망)호매 儼然(엄연)ᄒᆞ고 卽(즉)호매 溫(온)ᄒᆞ고 그 言(언)을 聽(텽)호매 厲(려)ᄒᆞ니라

481(19-10)

子夏曰:「君子信而後勞其民; 未信, 則以爲厲己也. 信而後諫; 未信, 則以爲謗己也.」

① 陶山本

子夏(ᄌᆞ하)ㅣ ᄀᆞᆯ오ᄃᆡ 君子(군ᄌᆞ)ㅣ 信(신)ᄒᆞᆫ 後(후)에 그 民(민)을 勞(로)ᄒᆞᆯ 띠니 信(신)티 몯ᄒᆞ면 뻐 己(긔)를 厲(려)ᄒᆞᆫ다 ᄒᆞ리니라 信(신)ᄒᆞᆫ 後(후)에 諫(간)ᄒᆞᆯ 띠니 信(신)티 몯ᄒᆞ면 뻐 己(긔)를 謗(방)ᄒᆞᆫ다 ᄒᆞ리니라

② 栗谷本

子夏(ᄌᆞ하)ㅣ ᄀᆞᆯ오ᄃᆡ 君子(군ᄌᆞ)ㅣ 信(신)ᄒᆞᆫ 後(후)에 그 民(민)을 勞(로)ᄒᆞᆯ 디니 信(신)티 몯ᄒᆞ면 뻐 己(긔)를 厲(려)ᄒᆞᆫ다 ᄒᆞ고 信(신)ᄒᆞᆫ 後(후)에 諫(간)ᄒᆞᆯ 디니 信(신)티 몯ᄒᆞ면 뻐 己(긔)를 謗(방)ᄒᆞᆫ다 ᄒᆞᄂᆞ니라

482(19-11)

子夏曰:「大德不踰閑, 小德出入可也.」

① 陶山本

子夏(ᄌᆞ하)ㅣ ᄀᆞᆯ오ᄃᆡ 큰 德(덕)이 閑(한)에 踰(유)티 아니ᄒᆞ면 쟈근 德(덕)은 出入(츌입)ᄒᆞ야도 可(가)ᄒᆞ니라

② 栗谷本

子夏(ᄌᆞ하)ㅣ ᄀᆞᆯ오ᄃᆡ 큰 德(덕)이 閑(한)을 踰(유)티 아니면 져근 德(덕)은 出入(츌입)

ᄒᆞ야도 可(가)ᄒᆞ니라

483(19-12)

子游曰:「子夏之門人小子, 當洒埽應對進退, 則可矣. 抑末也. 本之則無, 如之何?」子夏聞之, 曰:「噫! 言游過矣! 君子之道, 孰先傳焉? 孰後倦焉? 譬諸草木, 區以別矣. 君子之道, 焉可誣也? 有始有卒者, 其惟聖人乎!」

① 陶山本

子游(ᄌᆞ유)ㅣ ᄀᆞᆯ오ᄃᆡ 子夏(ᄌᆞ하)의 門人(문싄) 小子(쇼ᄌᆞ)ㅣ 洒掃(새소)와 應對(응ᄃᆡ)와 進退(진퇴)에 當(당)ᄒᆞ얀 可(가)ᄒᆞ나 末(말)이라 本(본)ᄒᆞᆫ 則(즉) 업스니 엇더ᄒᆞ뇨

子夏(ᄌᆞ하)ㅣ 듣고 ᄀᆞᆯ오ᄃᆡ 噫(희)ㅣ라 言游(언유)ㅣ 過(과)ᄒᆞ도다 君子(군ᄌᆞ)의 道(도)ㅣ 어ᄂᆡ를 先(션)이라 ᄒᆞ야 傳(뎐)ᄒᆞ며 어ᄂᆡ를 後(후)ㅣ라 ᄒᆞ야 倦(권)ᄒᆞ리오 草木(초목)에 譬(비)컨댄 區(구)로ᄡᅥ 別(별)홈이니 君子(군ᄌᆞ)의 道(도)ㅣ 엇디 可(가)히 誣(무)ᄒᆞ리오 始(시)를 두며 卒(졸)을 둠은 그 오직 聖人(셩신)인뎌

② 栗谷本

子游(ᄌᆞ유)ㅣ ᄀᆞᆯ오ᄃᆡ 子夏(ᄌᆞ하)의 門人(문인) 小子(쇼ᄌᆞ)ㅣ 灑掃(새소)와 應對(응ᄃᆡ)와 進退(진퇴)호매 當(당)ᄒᆞ얀 可(가)커니와 ᄯᅩᄒᆞᆫ 末(말)이라 本(본)은 업ᄉᆞ니 엇디료

子夏(ᄌᆞ하)ㅣ 듯고 ᄀᆞᆯ오ᄃᆡ 噫(희)라 言游(언유)ㅣ 過(과)ᄒᆞ도다 君子(군ᄌᆞ)의 道(도)ㅣ 뉘 先(션)이라 ᄒᆞ야 傳(뎐)코 뉘 後(후)ㅣ라 ᄒᆞ야 倦(권)ᄒᆞ리오 草木(초목)의 譬(비)컨댄 區(구)로ᄡᅥ 別(별)ᄒᆞᆫ디라 君子(군ᄌᆞ)의 道(도)ㅣ 엇디 可(가)히 誣(무)ᄒᆞ리오 始(시)ㅣ 이시며 卒(졸)이 이쇼믄 그 오직 聖人(셩인)인뎌

484(19-13)

子夏曰:「仕而優則學, 學而優則仕.」

① 陶山本

子夏(ᄌᆞ하)ㅣ ᄀᆞᆯ오ᄃᆡ 仕(ᄉᆞ)홈애 優(우)ᄒᆞᆫ 則(즉) 學(ᄒᆞᆨ)ᄒᆞ고 學(ᄒᆞᆨ)홈애 優(우)ᄒᆞᆫ 則(즉) 仕(ᄉᆞ)홀 띠니라

② 栗谷本

子夏(ᄌᆞ하)ㅣ ᄀᆞᆯ오ᄃᆡ 仕(ᄉᆞ)ᄒᆞ야 優(우)커든 學(ᄒᆞᆨ)ᄒᆞ고 學(ᄒᆞᆨ)ᄒᆞ야 優(우)커든 仕(ᄉᆞ)홀 디니라

485(19-14)

子游曰:「喪致乎哀而止.」

① 陶山本

子游(ᄌᆞ유)ㅣ ᄀᆞᆯ오ᄃᆡ 喪(상)은 哀(ᄋᆡ)를 致(티)ᄒᆞ고 止(지)홀 ᄯᅵ니라

② 栗谷本

子游(ᄌᆞ유)ㅣ ᄀᆞᆯ오ᄃᆡ 喪(상)은 哀(ᄋᆡ)예 致(티)ᄒᆞ고 止(지)홀 디니라

486(19-15)

子游曰:「吾友張也爲難能也, 然而未仁.」

① 陶山本

子游(ᄌᆞ유)ㅣ ᄀᆞᆯ오ᄃᆡ 내 友(우) 張(댱)이 難(난)히 能(능)홀 꺼시나 그러나 仁(신)티 몯ᄒᆞ니라

② 栗谷本

子游(ᄌᆞ유)ㅣ ᄀᆞᆯ오ᄃᆡ 내 벗 張(댱)이 能(능)키 어려우믈 ᄒᆞ나 그러나 仁(인)티 몯ᄒᆞ니라

487(19-16)

曾子曰:「堂堂乎張也! 難與並爲仁矣.」

① 陶山本

曾子(증ᄌᆞ)ㅣ ᄀᆞᆯᄋᆞ샤ᄃᆡ 堂堂(당당)ᄒᆞ다 張(댱)이여 더블어 ᄒᆞᆫ 가지로 仁(신)을 홈이 어렵도다

② 栗谷本

曾子(증ᄌᆞ)ㅣ ᄀᆞᄅᆞ샤ᄃᆡ 堂堂(당당)ᄒᆞᆫ 張(댱)이여 더브러 ᄒᆞᆫ 가지로 仁(인)ᄒᆞ기 어렵도다

488(19-17)

曾子曰:「吾聞諸夫子:『人未有自致者也, 必也親喪乎!』」

① 陶山本

曾子(증ᄌᆞ)ㅣ ᄀᆞᆯᄋᆞ샤ᄃᆡ 내 夫子(부ᄌᆞ)ᄭᅴ 듣ᄌᆞ오니 사ᄅᆞᆷ이 스스로 致(티)홀 者(쟈)ㅣ 잇디 아니ᄒᆞ니 반ᄃᆞ시 親喪(친상)인뎌

② 栗谷本

曾子(증ᄌᆞ)ㅣ ᄀᆞᄅᆞ샤ᄃᆡ 내 夫子(부ᄌᆞ)ᄭᅴ 듣ᄌᆞ오니 人(인)이 스스로 致(티)호미 잇디 아니니 반ᄃᆞ시 親喪(친상)인뎌

489(19-18)

曾子曰:「吾聞諸夫子:『孟莊子之孝也, 其他可能也; 其不改父之臣與父之政, 是難能也.』」

① 陶山本

曾子(증ᄌᆞ)ㅣ ᄀᆞᆯᄋᆞ샤ᄃᆡ 내 夫子(부ᄌᆞ)ᄭᅴ 듣ᄌᆞ오니 孟莊子(ᄆᆡᆼ장ᄌᆞ)의 孝(효)ㅣ 그 他(타)ᄂᆞᆫ 可(가)히 能(능)ᄒᆞ려니와 그 父(부)의 臣(신)과 다ᄆᆞᆺ 父(부)의 政(졍)을 改(ᄀᆡ)티 아니홈이 이 能(능)홈이 어려우니라

② 栗谷本

曾子(증ᄌᆞ)ㅣ ᄀᆞᄅᆞ샤ᄃᆡ 내 夫子(부ᄌᆞ)ᄭᅴ 듣ᄌᆞ오니 孟莊子(ᄆᆡᆼ장ᄌᆞ)의 孝(효)ㅣ 그 他(타)ᄂᆞᆫ 可(가)히 能(능)ᄒᆞ려니와 그 父(부)의 臣(신)과 다ᄆᆞᆺ 父(부)의 政(졍)을 改(ᄀᆡ)티 아니호ᄆᆞᆫ 이 能(능)키 어려우니라

490(19-19)

孟氏使陽膚爲士師, 問於曾子. 曾子曰:「上失其道, 民散久矣. 如得其情, 則哀矜而勿喜!」

① 陶山本

孟氏(ᄆᆡᆼ시)ㅣ 陽膚(양부)로 ᄒᆞ여곰 士師(ᄉᆞᄉᆞ)를 삼은 디라 曾子(증ᄌᆞ)ᄭᅴ 묻ᄌᆞ온대 曾子(증ᄌᆞ)ㅣ ᄀᆞᆯᄋᆞ샤ᄃᆡ 上(샹)이 그 道(도)를 失(실)ᄒᆞ야 民(민)이 散(산)ᄒᆞ얀디 오라니 만일에 그 情(졍)을 得(득)ᄒᆞ야든 哀矜(ᄋᆡ긍)ᄒᆞ고 喜(희)티 마롤 ᄯᅵ니라

② 栗谷本

孟氏(ᄆᆡᆼ시)ㅣ 陽膚(양부)로 ᄒᆞ여곰 士師(ᄉᆞᄉᆞ)를 ᄒᆡ여ᄂᆞᆯ 曾子(증ᄌᆞ)ᄭᅴ 問(문)ᄒᆞᆫ대 曾子(증ᄌᆞ)ㅣ ᄀᆞᄅᆞ샤ᄃᆡ 上(샹)이 그 道(도)를 일허 民(민)이 散(산)ᄒᆞ얀디 오라니 만일 그 情(졍)을 得(득)ᄒᆞ야든 哀矜(ᄋᆡ긍)코 깃거ᄒᆞ디 말롤 디니라

491(19-20)

子貢曰:「紂之不善, 不如是之甚也. 是以君子惡居下流, 天下之惡皆歸焉.」

① 陶山本

子貢(ᄌᆞ공)이 ᄀᆞᆯ오ᄃᆡ 紂(듀)의 善(션)티 아니홈이 이러ᄐᆞ시 甚(심)티 아니ᄒᆞ니 일로ᄡᅥ 君子(군ᄌᆞ)ㅣ 下流(하류)에 居(거)홈을 惡(오)ᄒᆞᄂᆞ니 天下(텬하)읫 惡(악)이 다 歸(귀)ᄒᆞᄂᆞ니라

② 栗谷本

子貢(ᄌᆞ공)이 ᄀᆞᆯ오ᄃᆡ 紂(듀)의 어디디 몯호미 이ᄀᆞᆮ티 甚(심)티 아니터니 일로ᄡᅥ 君子(군ᄌᆞ)ㅣ 下流(하류)의 居(거)호믈 아쳐ᄒᆞᄂᆞ니 天下(텬하)의 惡(악)이 다 도라가ᄂᆞ니라

492(19-21)

子貢曰:「君子之過也, 如日月之食焉: 過也, 人皆見之; 更也, 人皆仰之.」

① 陶山本

子貢(ᄌᆞ공)이 ᄀᆞᆯ오ᄃᆡ 君子(군ᄌᆞ)의 過(과)ᄂᆞᆫ 日月(일월)의 食(식)홈 ᄀᆞᆮᄐᆞᆫ디라 過(과)홈애 사ᄅᆞᆷ이 다 見(견)ᄒᆞ고 更(경)홈애 사ᄅᆞᆷ이 다 仰(앙)ᄒᆞᄂᆞ니라

② 栗谷本

子貢(ᄌᆞ공)이 ᄀᆞᆯ오ᄃᆡ 君子(군ᄌᆞ)의 허믈은 日月(일월)의 食(식)홈 ᄀᆞᆮᄐᆞ야 過(과)호매 人(인)이 다 보다가 更(경)호매 人(인)이 다 仰(앙)ᄒᆞᄂᆞ니라

493(19-22)

衛公孫朝問於子貢曰:「仲尼焉學?」子貢曰:「文武之道, 未墜於地, 在人. 賢者識其大者, 不賢者識其小者. 莫不有文武之道焉. 夫子焉不學? 而亦何常師之有?」

① 陶山本

衛(위)ㅅ 公孫朝(공손됴)ㅣ 子貢(ᄌᆞ공)의게 무러 ᄀᆞᆯ오ᄃᆡ 仲尼(듕니)ᄂᆞᆫ 어듸 學(ᄒᆞᆨ)ᄒᆞ시뇨 子貢(ᄌᆞ공)이 ᄀᆞᆯ오ᄃᆡ 文武(문무)의 道(도)ㅣ 地(디)예 墜(튜)티 아니ᄒᆞ야 人(신)에 인ᄂᆞᆫ

디라 賢(현)ᄒᆞᆫ 者(쟈)ᄂᆞᆫ 그 大(대)ᄒᆞᆫ 者(쟈)를 識(지)ᄒᆞ고 賢(현)티 몯ᄒᆞᆫ 者(쟈)ᄂᆞᆫ 그 小(쇼)ᄒᆞᆫ 者(쟈)를 識(지)ᄒᆞ야 文武(문무)의 道(도)를 두디 아니리 업ᄉᆞ니 夫子(부ᄌᆞ) ㅣ 어듸 學(혹)디 아니ᄒᆞ시며 ᄯᅩᄒᆞᆫ 엇디 덛덛ᄒᆞᆫ 師(ᄉᆞ) ㅣ 이시리오

② 栗谷本

衛(위) 公孫朝(공손됴) ㅣ 子貢(ᄌᆞ공)ᄃᆞ려 問(문)ᄒᆞ야 ᄀᆞᆯ오ᄃᆡ 仲尼(듕니)ᄂᆞᆫ 어ᄃᆡ ᄇᆡ호시뇨

子貢(ᄌᆞ공)이 ᄀᆞᆯ오ᄃᆡ 文武(문무)의 道(도) ㅣ 地(디)예 墜(튜)티 아녀 人(인)의게 잇ᄂᆞᆫ 디라 賢(현)ᄒᆞᆫ 者(쟈)ᄂᆞᆫ 그 大者(대쟈)ᄅᆞᆯ 識(지)ᄒᆞ고 賢(현)티 몯ᄒᆞᆫ 者(쟈)ᄂᆞᆫ 그 小者(쇼쟈)ᄅᆞᆯ 識(지)ᄒᆞ야 文武(문무)의 道(도)ᄅᆞᆯ 두디 아니리 업ᄉᆞ니 夫子(부ᄌᆞ) ㅣ 어ᄃᆡ 學(혹)디 아니시며 ᄯᅩᄒᆞᆫ 어ᄃᆡ 常師(샹ᄉᆞ) ㅣ 이시리오

494(19-23)

叔孫武叔語大夫於朝曰:「子貢賢於仲尼.」子服景伯以告子貢. 子貢曰:「譬之宮牆, 賜之牆也及肩, 窺見室家之好. 夫子之牆數仞, 不得其門而入, 不見宗廟之美, 百官之富. 得其門者或寡矣. 夫子之云, 不亦宜乎!」

① 陶山本

叔孫武叔(슉손무슉)이 朝(됴)애 태우ᄃᆞ려 닐어 ᄀᆞᆯ오ᄃᆡ 子貢(ᄌᆞ공)이 仲尼(듕니)두곤 賢(현)ᄒᆞ니라

子服景伯(ᄌᆞ복경ᄇᆡᆨ)이 ᄡᅧ 子貢(ᄌᆞ공)의게 告(고)ᄒᆞᆫ대 子貢(ᄌᆞ공)이 ᄀᆞᆯ오ᄃᆡ 宮牆(궁쟝)에 譬(비)ᄒᆞ건댄 賜(ᄉᆞ)의 牆(쟝)은 肩(견)에 及(급)ᄒᆞᆫ 디라 室家(실가)의 好(호)홈을 여어 보려니와

夫子(부ᄌᆞ)의 牆(쟝)은 數仞(수신)이라 그 門(문)을 得(득)ᄒᆞ야 드디 몯ᄒᆞ면 宗廟(종묘)의 美(미)홈과 百官(ᄇᆡᆨ관)의 富(부)홈을 보디 몯ᄒᆞ리니

그 門(문)을 得(득)ᄒᆞᆫ 者(쟈) ㅣ 或(혹) 져근 디라 夫子(부ᄌᆞ)의 닐옴이 ᄯᅩᄒᆞᆫ 맛당티 아니ᄒᆞ냐

② 栗谷本

叔孫武叔(슉손무슉)이 朝(됴)의 大夫(대부)ᄃᆞ려 닐러 ᄀᆞᆯ오ᄃᆡ 子貢(ᄌᆞ공)이 仲尼(듕니)두곤 賢(현)ᄒᆞ니라

子服景伯(ᄌᆞ복경ᄇᆡᆨ)이 ᄡᅧ 子貢(ᄌᆞ공)ᄃᆞ려 告(고)ᄒᆞᆫ대 子貢(ᄌᆞ공)이 ᄀᆞᆯ오ᄃᆡ 宮墻(궁쟝)의 譬(비)컨댄 賜(ᄉᆞ)의 墻(쟝)은 엇게예 잇ᄂᆞᆫ디라 室家(실가)의 됴호ᄆᆞᆯ 여어 보려니와

夫子(부ᄌᆞ)의 墻(쟝)은 數仞(수인)이라 그 門(문)을 어더 드디 몯ᄒᆞ면 宗廟(종묘)의 美(미)홈과 百官(ᄇᆡᆨ관)의 富(부)호ᄆᆞᆯ 보디 몯ᄒᆞ리니

그 門(문)을 어든 者(쟈) ㅣ 或(혹) 져그니 夫子(부ᄌᆞ)의 닐오미 ᄯᅩᄒᆞᆫ 맛당티 아니랴

495(19-24)

叔孫武叔毀仲尼. 子貢曰:「無以爲也! 仲尼不可毀也. 他人之賢者, 丘陵也, 猶可踰也; 仲尼, 日月也, 無得而踰焉. 人雖欲自絶, 其何傷於日月乎? 多見其不知量也.」

① 陶山本

叔孫武叔(슉손무슉)이 仲尼(듕니)를 毁(훼)ᄒᆞ야늘 子貢(ᄌᆞ공)이 ᄀᆞᆯ오ᄃᆡ ᄡᅧ ᄒᆞ디 말라 仲尼(듕니)ᄂᆞᆫ 可(가)히 毁(훼)티 몯ᄒᆞᆯ ᄭᅥ시니 他人(타신)의 賢(현)ᄒᆞᆫ 者(쟈)ᄂᆞᆫ 丘(구)와 陵(능)이라 오히려 可(가)히 踰(유)ᄒᆞ려니와 仲尼(듕니)ᄂᆞᆫ 日(실)과 月(월)이라 시러곰 踰(유)티 몯ᄒᆞᆯ 이니 사ᄅᆞᆷ이 비록 스스로 絶(졀)코쟈 ᄒᆞ나 그 엇디 日(실)과 月(월)에 傷(샹)ᄒᆞ리오 마ᄎᆞᆷ 그 量(량)을 아디 몯ᄒᆞᆷ을 보리로다

② 栗谷本

叔孫武叔(슉손무슉)이 仲尼(듕니)를 毁(훼)ᄒᆞᆫ대 子貢(ᄌᆞ공)이 ᄀᆞᆯ오ᄃᆡ ᄡᅧ ᄒᆞ디 마롤 디니 仲尼(듕니)ᄂᆞᆫ 可(가)히 毁(훼)티 몯ᄒᆞᆯ 디라 다ᄅᆞᆫ 人(인)의 어딘 者(쟈)ᄂᆞᆫ 丘陵(구능)이라 오히려 可(가)히 너므려니와 仲尼(듕니)ᄂᆞᆫ 日月(일월)이라 시러곰 넘디 몯ᄒᆞ리니 人(인)이 비록 스스로 絶(졀)코져 ᄒᆞ나 그 日月(일월)의게 엇디 傷(샹)ᄒᆞ리오 오직 그 量(량)을 아디 몯호믈 보리로다

496(19-25)

陳子禽謂子貢曰:「子爲恭也, 仲尼豈賢於子乎?」子貢曰:「君子一言以爲知, 一言以爲不知, 言不可不愼也. 夫子之不可及也, 猶天之不可階而升也. 夫子之得邦家者, 所謂立之斯立, 道之斯行, 綏之斯來, 動之斯和. 其生也榮, 其死也哀, 如之何其可及也?」

① 陶山本

陳子禽(딘ᄌᆞ금)이 子貢(ᄌᆞ공)ᄃᆞ려 닐어 ᄀᆞᆯ오ᄃᆡ 子(ᄌᆞ)ㅣ 恭(공)을 ᄒᆞ건뎡 仲尼(듕니)ㅣ 엇디 子(ᄌᆞ)두곤 賢(현)ᄒᆞ시리오

子貢(ᄌᆞ공)이 ᄀᆞᆯ오ᄃᆡ 君子(군ᄌᆞ)ㅣ ᄒᆞᆫ 말애 ᄡᅧ 知(디)라 ᄒᆞ며 ᄒᆞᆫ 말애 ᄡᅧ 不知(블디)라 ᄒᆞᄂᆞ니 말을 可(가)히 愼(신)티 아니티 몯ᄒᆞᆯ ᄭᅥ시니라

夫子(부ᄌᆞ)의 可(가)히 밋디 몯홈은 하ᄂᆞᆯ의 可(가)히 階(계)ᄒᆞ야 升(승)티 몯홈 ᄀᆞᄐᆞ니라

夫子(부ᄌᆞ)ㅣ 邦家(방가)를 得(득)ᄒᆞ실 딘댄 닐온 밧 立(립)홈애 이예 立(립)ᄒᆞ며 道(도)홈애 이예 行(ᄒᆡᆼ)ᄒᆞ며 綏(유)홈애 이예 來(ᄅᆡ)ᄒᆞ며 動(동)홈애 이예 和(화)ᄒᆞ야 그 生(ᄉᆡᆼ)ᄒᆞ심애

榮(영)ᄒᆞ고 그 死(ᄉᆞ)ᄒᆞ심애 哀(ᄋᆡ)ᄒᆞ리니 엇디 그 可(가)히 미츠리오

② 栗谷本

陳子禽(딘ᄌᆞ금)이 子貢(ᄌᆞ공)ᄃᆞ려 닐러 ᄀᆞᆯ오ᄃᆡ 子(ᄌᆞ)ㅣ 恭(공)ᄒᆞᆯ ᄲᅮᆫ이언뎡 仲尼(듕니)ㅣ 엇디 子(ᄌᆞ)의게 賢(현)ᄒᆞ시리오

子貢(ᄌᆞ공)이 ᄀᆞᆯ오ᄃᆡ 君子(군ᄌᆞ)ㅣ ᄒᆞᆫ 말의 ᄡᅧ 知(디)라 ᄒᆞ고 ᄒᆞᆫ 말의 ᄡᅧ 知(디) 아니라 ᄒᆞᄂᆞ니 言(언)을 可(가)히 삼가디 아니티 몯ᄒᆞᆯ 디니라

夫子(부ᄌᆞ)의 可(가)히 밋디 몯호ᄆᆞᆫ 天(텬)의 可(가)히 ᄃᆞ리노하 오ᄅᆞ디 몯홈 ᄀᆞᆺᄐᆞ니라

夫子(부ᄌᆞ)ㅣ 邦家(방가) 어드시맨 닐온 밧 立(립)호매 이 立(립)ᄒᆞ며 道(도)호매 이 行(ᄒᆡᆼ)ᄒᆞ며 綏(유)호매 이 來(ᄅᆡ)ᄒᆞ며 動(동)호매 이 和(화)ᄒᆞ야 그 生(ᄉᆡᆼ)호매 榮(영)ᄒᆞ고 그 死(ᄉᆞ)ᄒᆞ심애 哀(ᄋᆡ)ᄒᆞ리니 그 엇디 可(가)히 미츠리오

第二十〈堯曰〉

497(20-1)

堯曰:「咨, 爾舜! 天之曆數在爾躬, 允執其中. 四海困窮, 天祿永終.」舜亦以命禹. 曰:「予小子履敢用玄牡, 敢昭告于皇皇后帝: 有罪不敢赦. 帝臣不蔽, 簡在帝心. 朕躬有罪, 無以萬方; 萬方有罪, 罪在朕躬.」周有大賚, 善人是富.「雖有周親, 不如仁人. 百姓有過, 在予一人.」謹權量, 審法度, 修廢官, 四方之政行焉. 興滅國, 繼絶世, 擧逸民, 天下之民歸心焉. 所重: 民·食·喪·祭. 寬則得衆, 信則民任焉, 敏則有功, 公則說.

① 陶山本

堯(요)ㅣ 골ᄋᆞ샤ᄃᆡ 咨(ᄌᆞ)홉다 너 舜(슌)아 天(텬)의 曆數(력수)ㅣ 네 躬(궁)에 인ᄂᆞ니 진실로 그 中(듕)을 執(집)ᄒᆞ라 四海(ᄉᆞ히)ㅣ 困窮(곤궁)ᄒᆞ면 天(텬)의 祿(록)이 永(영)히 終(즁)ᄒᆞ리라

舜(슌)이 쏘 뻐 禹(우)를 命(명)ᄒᆞ시니라

골ᄋᆞ샤ᄃᆡ 나 小子(쇼ᄌᆞ) 履(리)는 敢(감)히 玄牡(현모)를 用(용)ᄒᆞ야 敢(감)히 皇皇(황황)ᄒᆞ신 后帝(후뎨)ᄭᅴ 昭告(쇼고)ᄒᆞ노니 罪(죄)ㅣ 인ᄂᆞ니룰 敢(감)히 赦(샤)티 아니ᄒᆞ며 帝(뎨)의 臣(신)을 蔽(폐)티 아니ᄒᆞ노니 簡(간)홈이 帝心(뎨심)에 인ᄂᆞ니이다 朕躬(딤궁)의 罪(죄)ㅣ 이심은 萬方(만방)으로뻐 아니오 萬方(만방)의 罪(죄)ㅣ 이심은 罪(죄)ㅣ 朕躬(딤궁)에 인ᄂᆞ니라

周(쥬)ㅣ 大賚(대뢰)를 두신대 善人(션인)이 이예 富(부)ᄒᆞ니라

비록 周(쥬)ᄒᆞᆫ 親(친)이 이시나 仁人(신신)만 ᄀᆞᆮ디 몯ᄒᆞ고 百姓(빅셩)의 過(과)ㅣ 이심이나 一人(일신)에 인ᄂᆞ니라

權量(권량)을 謹(근)ᄒᆞ며 法度(법도)를 審(심)ᄒᆞ며 廢官(폐관)을 修(슈)ᄒᆞ신대 四方(ᄉᆞ방)읫 政(졍)이 行(ᄒᆡᆼ)ᄒᆞ니라

滅(멸)ᄒᆞᆫ 國(국)을 興(흥)ᄒᆞ며 絶(졀)ᄒᆞᆫ 世(셰)를 繼(계)ᄒᆞ며 逸(일)ᄒᆞᆫ 民(민)을 擧(거)ᄒᆞ신대 天下(텬하)읫 民(민)이 心(심)을 歸(귀)ᄒᆞ니라

重(듕)히 너기신 바는 民(민)의 食(식)과 喪(상)과 祭(제)러시다

寬(관)ᄒᆞᆫ 則(즉) 衆(즁)을 得(득)ᄒᆞ고 信(신)ᄒᆞᆫ 則(즉) 民(민)이 任(심)ᄒᆞ고 敏(민)ᄒᆞᆫ 則(즉) 功(공)이 잇고 公(공)ᄒᆞᆫ 則(즉) 說(열)ᄒᆞᄂᆞ니라

② 栗谷本

堯(요)ㅣ ᄀᆞᄅᆞ샤ᄃᆡ 咨(ᄌᆞ)ㅣ라 너 舜(슌)아 天(텬)의 曆數(력수)ㅣ 네 몸의 이시니 진실로

그 中(듕)을 執(집)ᄒᆞ라 四海(ᄉᆞ희)ㅣ 困窮(곤궁)ᄒᆞ면 天祿(텬록)이 기리 그처디리라

舜(슌)이 ᄯᅩ ᄡᅧ 禹(우)ㄹ 命(명)ᄒᆞ시다

ᄀᆞᄅᆞ샤ᄃᆡ 나 小子(쇼ᄌᆞ) 履(리)ᄂᆞᆫ 敢(감)히 玄牡(현모)ᄅᆞᆯ ᄡᅧ 敢(감)히 ᄇᆞᆯ기 皇皇(황황) 后帝(후뎨)ᄭᅴ 告(고)ᄒᆞ노니 罪(죄)ㅣ 잇ᄂᆞ니ᄅᆞᆯ 敢(감)히 赦(샤)티 몯ᄒᆞ며 帝(뎨)의 臣(신)을 蔽(폐)티 아니ᄒᆞ야 簡(간)이 帝心(뎨심)의 잇ᄂᆞ니이다 내 몸의 罪(죄)ㅣ 이쇼ᄆᆞᆫ 萬方(만방)으로ᄡᅧ 아니코 萬方(만방)의 罪(죄)ㅣ 이쇼ᄆᆞᆫ 罪(죄)ㅣ 내 몸의 잇ᄂᆞ니이다

周(쥬)ㅣ 큰 賚(뢰)ᄅᆞᆯ 두시니 善人(션인)이 이 富(부)ᄒᆞ니라

비록 周親(쥬친)이 이시나 仁人(인인) ᄀᆞᆺ디 몯ᄒᆞ니라 百姓(ᄇᆡᆨ셩)의 허믈이 이쇼미 나 一人(일인)의게 잇ᄂᆞ니라

權量(권량)을 삼가시며 法度(법도)ᄅᆞᆯ ᄉᆞᆯ피시며 廢(폐)ᄒᆞᆫ 官(관)을 닷그시니 四方(ᄉᆞ방)의 政(졍)이 行(ᄒᆡᆼ)ᄒᆞ니라

滅(멸)ᄒᆞᆫ 國(국)을 興(흥)ᄒᆞ시며 絶(졀)ᄒᆞᆫ 世(셰)ᄅᆞᆯ 繼(계)ᄒᆞ시며 逸(일)ᄒᆞᆫ 民(민)을 擧(거)ᄒᆞ시니 天下(텬하)의 民(민)이 心(심)을 歸(귀)ᄒᆞ니라

重(듕)히 ᄒᆞ시ᄂᆞᆫ 바ᄂᆞᆫ 民(민)의 食(식)과 喪(상)과 祭(졔)러시다

寬(관)ᄒᆞ면 衆(즁)을 得(득)ᄒᆞ고 信(신)ᄒᆞ면 民(민)이 任(임)ᄒᆞ이고 敏(민)ᄒᆞ면 功(공)이 잇고 公(공)ᄒᆞ면 說(열)ᄒᆞᄂᆞ니라

498(20-2)

子張問於孔子曰:「何如斯可以從政矣?」子曰:「尊五美, 屛四惡, 斯可以從政矣.」子張曰:「何謂五美?」子曰:「君子惠而不費, 勞而不怨, 欲而不貪, 泰而不驕, 威而不猛.」子張曰:「何謂惠而不費?」子曰:「因民之所利而利之, 斯不亦惠而不費乎? 擇可勞而勞之, 又誰怨? 欲仁而得仁, 又焉貪? 君子無衆寡, 無小大, 無敢慢, 斯不亦泰而不驕乎? 君子正其衣冠, 尊其瞻視, 儼然人望而畏之, 斯不亦威而不猛乎?」子張曰:「何謂四惡?」子曰:「不敎而殺謂之虐; 不戒視成謂之暴; 慢令致期謂之賊; 猶之與人也, 出納之吝謂之有司.」

① 陶山本

子張(ᄌᆞ댱)이 孔子(공ᄌᆞ)ᄭᅴ 묻ᄌᆞ와 ᄀᆞᆯ오ᄃᆡ 엇디ᄒᆞ야ᅀᅡ 이예 可(가)히 ᄡᅧ 政(졍)을 從(죵)ᄒᆞ리잇고 子(ᄌᆞ)ㅣ ᄀᆞᆯᄋᆞ샤ᄃᆡ 五美(오미)를 尊(존)ᄒᆞ며 四惡(ᄉᆞ악)을 屛(병)ᄒᆞ면 이예 可(가)히 ᄡᅧ 政(졍)을 從(죵)ᄒᆞ리라 子張(ᄌᆞ댱)이 ᄀᆞᆯ오ᄃᆡ 엇디 닐온 五美(오미)니잇고 子(ᄌᆞ)ㅣ ᄀᆞᆯᄋᆞ샤ᄃᆡ 君子(군ᄌᆞ)ㅣ 惠(혜)호ᄃᆡ 費(비)티 아니ᄒᆞ며 勞(로)히요ᄃᆡ 怨(원)티 아니ᄒᆞ며 欲(욕)호ᄃᆡ 貪(탐)티 아니ᄒᆞ며 泰(태)호ᄃᆡ 驕(교)티 아니ᄒᆞ며 威(위)호ᄃᆡ 猛(ᄆᆡᆼ)티 아니홈

이니라 子張(ᄌᆞ댱)이 ᄀᆞᆯ오ᄃᆡ 엇디 닐온 惠(혜)호ᄃᆡ 費(비)티 아니홈이니잇고 子(ᄌᆞ)ㅣ ᄀᆞᆯᄋᆞ샤ᄃᆡ 民(민)의 利(리)ᄒᆞᆫ 바ᄅᆞᆯ 因(인)ᄒᆞ야 利(리)케 ᄒᆞ니 이 ᄯᅩᄒᆞᆫ 惠(혜)호ᄃᆡ 費(비)티 아니홈이 아니가 可(가)히 勞(로)ᄒᆞ얌즉 ᄒᆞ니ᄅᆞᆯ 擇(ᄐᆡᆨ)ᄒᆞ야 勞(로)ᄒᆞ거니 ᄯᅩ 뉘 怨(원)ᄒᆞ리오 仁(ᅀᅵᆫ)코쟈 ᄒᆞ야 仁(ᅀᅵᆫ)을 得(득)ᄒᆞ거니 ᄯᅩ 엇디 貪(탐)ᄒᆞ리오 君子(군ᄌᆞ)ㅣ 衆寡(즁과)ㅣ 업ᄉᆞ며 小大(쇼대)ㅣ 업시 敢(감)히 慢(만)티 아니ᄒᆞᄂᆞ니 이 ᄯᅩᄒᆞᆫ 泰(태)호ᄃᆡ 驕(교)티 아니홈이 아니가 君子(군ᄌᆞ)ㅣ 그 衣冠(의관)을 正(졍)히 ᄒᆞ며 그 瞻視(쳠시)ᄅᆞᆯ 尊(존)히 ᄒᆞ야 儼然(엄연)히 人(ᅀᅵᆫ)이 望(망)ᄒᆞ고 畏(외)ᄒᆞᄂᆞ니 이 ᄯᅩᄒᆞᆫ 威(위)호ᄃᆡ 猛(ᄆᆡᆼ)티 아니홈이 아니가

子張(ᄌᆞ댱)이 ᄀᆞᆯ오ᄃᆡ 엇디 닐온 四惡(ᄉᆞ악)이니잇고 子(ᄌᆞ)ㅣ ᄀᆞᆯᄋᆞ샤ᄃᆡ 敎(교)티 아니코 殺(살)홈을 닐온 虐(학)이오 戒(계)티 아니코 成(셩)을 視(시)홈을 닐온 暴(포)ㅣ오 令(령)을 慢(만)히 ᄒᆞ고 期(긔)를 致(티)홈을 닐온 賊(적)이오 오히려 人(ᅀᅵᆫ)을 與(여)호ᄃᆡ 出(츄)ᄒᆞ며 納(납)홈이 吝(린)홈을 닐온 有司(유ᄉᆞ)ㅣ니라

② 栗谷本

子張(ᄌᆞ댱)이 孔子(공ᄌᆞ)ᄭᅴ 問(문)ᄒᆞ야 ᄀᆞᆯ오ᄃᆡ 엇디ᄒᆞ야사 이에 可(가)히 ᄡᅥ 政(졍)을 從(죵)ᄒᆞ리잇고 子(ᄌᆞ)ㅣ ᄀᆞᄅᆞ샤ᄃᆡ 五美(오미)ᄅᆞᆯ 尊(존)ᄒᆞ고 四惡(ᄉᆞ악)을 屛(병)ᄒᆞ면 이에 可(가)히 ᄡᅥ 政(졍)을 從(죵)ᄒᆞ리라 子張(ᄌᆞ댱)이 ᄀᆞᆯ오ᄃᆡ 엇디 닐온 五美(오미)니잇고 子(ᄌᆞ)ㅣ ᄀᆞᄅᆞ샤ᄃᆡ 君子(군ᄌᆞ)ᄂᆞᆫ 惠(혜)호ᄃᆡ 費(비)티 아니ᄒᆞ며 勞(로)호ᄃᆡ 怨(원)티 아니ᄒᆞ며 欲(욕)호ᄃᆡ 貪(탐)티 아니ᄒᆞ며 泰(태)호ᄃᆡ 驕(교)티 아니ᄒᆞ며 威(위)호ᄃᆡ 猛(ᄆᆡᆼ)티 아닛ᄂᆞ니라 子張(ᄌᆞ댱)이 ᄀᆞᆯ오ᄃᆡ 엇디 닐온 惠(혜)호ᄃᆡ 費(비)티 아니미니잇고 子(ᄌᆞ)ㅣ ᄀᆞᄅᆞ샤ᄃᆡ ᄇᆡᆨ셩의 利(리)ᄒᆞᆫ 바ᄅᆞᆯ 因(인)ᄒᆞ야 利(리)히 ᄒᆞ거니 ᄯᅩᄒᆞᆫ 惠(혜)호ᄃᆡ 費(비)티 아니미 아니가 可(가)히 勞(로)호ᄆᆞᆯ 擇(ᄐᆡᆨ)ᄒᆞ야 勞(로)ᄒᆞ거니 ᄯᅩ 뉘 怨(원)ᄒᆞ리오 仁(인)을 欲(욕)ᄒᆞ야 仁(인)을 得(득)ᄒᆞ야니 ᄯᅩ ᄆᆞ슴 貪(탐)이리오 君子(군ᄌᆞ)ᄂᆞᆫ 衆寡(즁과) 업ᄉᆞ며 小大(쇼대) 업시 敢(감)히 慢(만)티 아니ᄒᆞᄂᆞ니 이 ᄯᅩᄒᆞᆫ 泰(태)호ᄃᆡ 驕(교)티 아니미 아니가 君子(군ᄌᆞ)ᄂᆞᆫ 그 衣冠(의관)을 正(졍)ᄒᆞ며 그 瞻視(텸시)ᄅᆞᆯ 尊(존)ᄒᆞ야 儼然(엄연)히 사ᄅᆞᆷ을 ᄇᆞ라고 젓ᄂᆞ니 이 ᄯᅩᄒᆞᆫ 威(위)호ᄃᆡ 猛(ᄆᆡᆼ)티 아니미 아니가

子張(ᄌᆞ댱)이 ᄀᆞᆯ오ᄃᆡ 엇디 닐온 四惡(ᄉᆞ악)이니잇고 子(ᄌᆞ)ㅣ ᄀᆞᄅᆞ샤ᄃᆡ 敎(교)티 아니코 殺(살)호ᄆᆞᆯ 虐(학)이라 니ᄅᆞ고 戒(계)티 아니코 成(셩)을 視(시)호ᄆᆞᆯ 暴(포)ㅣ라 니ᄅᆞ고 令(령)을 慢(만)히 ᄒᆞ고 期(긔)를 致(티)호ᄆᆞᆯ 賊(적)이라 니ᄅᆞ고 ᄒᆞᆫ 가지로 사ᄅᆞᆷ 주기예 出納(츄납)을 吝(린)히 호ᄆᆞᆯ 有司(유ᄉᆞ)라 니ᄅᆞᄂᆞ니라

499(20-3)

子曰:「不知命, 無以爲君子也; 不知禮, 無以立也; 不知言, 無以知人也.」

① 陶山本

子(ᄌᆞ)ㅣ ᄀᆞᆯᄋᆞ샤ᄃᆡ 命(명)을 아디 몯ᄒᆞ면 ᄡᅧ 君子(군ᄌᆞ)ㅣ 되디 몯ᄒᆞ고
禮(례)를 아디 몯ᄒᆞ면 ᄡᅧ 立(립)디 몯ᄒᆞ고
言(언)을 아디 몯ᄒᆞ면 ᄡᅧ 人(ᅀᅵᆫ)을 아디 몯ᄒᆞ리니라

② 栗谷本

子(ᄌᆞ)ㅣ ᄀᆞᄅᆞ샤ᄃᆡ 命(명)을 아디 못ᄒᆞ면 ᄡᅧ 君子(군ᄌᆞ)ㅣ 되미 업ᄉᆞ리라
禮(례)ᄅᆞᆯ 아디 몯ᄒᆞ면 ᄡᅧ 立(립)호미 업ᄉᆞ리라
言(언)을 아디 못ᄒᆞ면 ᄡᅧ 사ᄅᆞᆷ 아로미 업ᄉᆞ리라

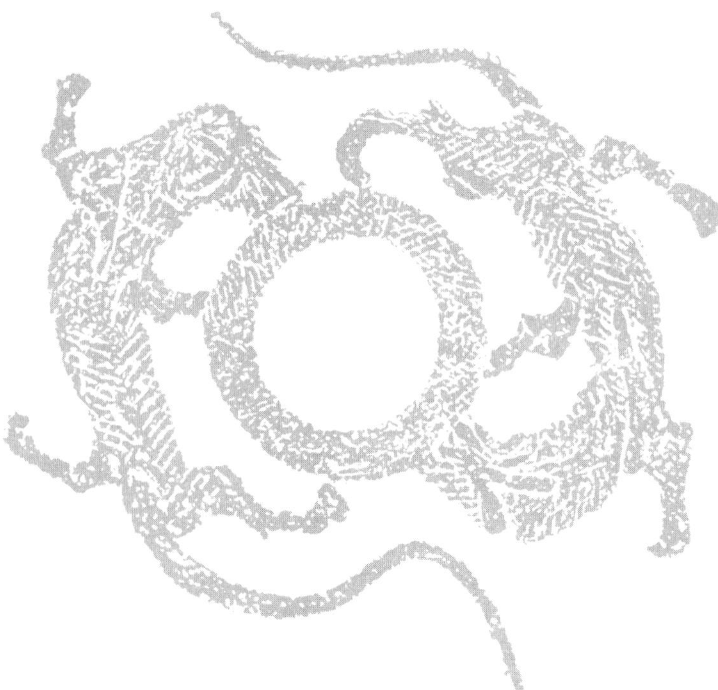

孟 子

〈原文·諺解〉

第一〈梁惠王章句〉(上)

001(1-1) *孟子見梁惠王*

孟子見梁惠王. 王曰:「叟! 不遠千里而來, 亦將有以『利』吾國乎?」

孟子對曰:「王何必曰利? 亦有仁義而已矣. 王曰:『何以利吾國?』大夫曰:『何以利吾家?』士庶人曰:『何以利吾身?』上下交征利, 而國危矣. 萬乘之國弑其君者, 必千乘之家; 千乘之國弑其君者, 必百乘之家. 萬取千焉, 千取百焉, 不爲不多矣. 苟爲後義而先利, 不奪不饜. 未有仁而遺其親者也, 未有義而後其君者也. 王亦曰仁義而已矣, 何必曰利?」

① 陶山本

(앞 부분 落帳)

仁(ᄉᆡᆫ)ᄒᆞ고 그 親(친)을 遺(유)ᄒᆞᆯ 者(쟈)ㅣ 잇디 아니ᄒᆞ며 義(의)ᄒᆞ고 그 君(군)을 後(후)ᄒᆞᆯ 者(쟈)ㅣ 잇디 아니ᄒᆞ니이다

王(왕)은 ᄯᅩᄒᆞᆫ 仁義(ᄉᆡᆫ의)를 닐ᄋᆞ실 ᄯᆞ름이니 엇디 반ᄃᆞ시 利(리)ᄅᆞᆯ 니ᄅᆞ시ᄂᆞ니잇고

② 栗谷本

孟子(ᄆᆡᆼᄌᆞ)ㅣ 梁惠王(량혜왕)을 보신대

王(왕)이 ᄀᆞᄅᆞ샤ᄃᆡ 叟(수)ㅣ 千里(쳔리)ᄅᆞᆯ 멀리 아니 녀겨 오시니 ᄯᅩᄒᆞᆫ 장ᄎᆞᆺ 내 나라ᄒᆞᆯ ᄡᅧ 利(리)케 호미 이시리잇가

孟子(ᄆᆡᆼᄌᆞ)ㅣ 對(ᄃᆡ)ᄒᆞ야 ᄀᆞᄅᆞ샤ᄃᆡ 王(왕)은 엇디 구ᄐᆞ여 利(리)ᄅᆞᆯ ᄀᆞᄅᆞ시ᄂᆞ니잇고 ᄯᅩᄒᆞᆫ 仁義(인의) 이실 ᄯᆞ름이니이다

王(왕)이 ᄀᆞᄅᆞ샤ᄃᆡ 엇디 ᄡᅧ 내 나라ᄒᆞᆯ 利(리)케 ᄒᆞᆯ고 ᄒᆞ시면 大夫(대부)ㅣ ᄀᆞᆯ오ᄃᆡ 엇디 ᄡᅧ 내 집을 利(리)케 ᄒᆞᆯ고 ᄒᆞ며 士(ᄉᆞ)와 庶人(셔인)이 ᄀᆞᆯ오ᄃᆡ 엇디 ᄡᅧ 내 몸을 利(리)케 ᄒᆞᆯ고 ᄒᆞ리니 上下(샹하)ㅣ 서ᄅᆞ 利(리)ᄅᆞᆯ 征(졍)ᄒᆞ면 나라히 위틔ᄒᆞ리이다 萬乘(만승) 나라ᄒᆡ 그 님금을 弑(시)ᄒᆞᄂᆞᆫ 者(쟈)ᄂᆞᆫ 반ᄃᆞ시 千乘(쳔승) 집이오 千乘(쳔승) 나라ᄒᆡ 그 님금을 弑(시)ᄒᆞᄂᆞᆫ 者(쟈)ᄂᆞᆫ 반ᄃᆞ시 百乘(ᄇᆡᆨ승) 집이니 萬(만)에 千(쳔)을 取(츄)ᄒᆞ며 千(쳔)에 百(ᄇᆡᆨ)을 取(츄)호미 하디 아니티 아니컨마ᄂᆞᆫ 진실로 義(의)ᄅᆞᆯ 後(후)ᄒᆞ고 利(리)ᄅᆞᆯ 先(션)ᄒᆞ면 奪(탈)티 아니ᄒᆞ얀 饜(염)티 아닛ᄂᆞ니이다

仁(인)코 그 親(친)을 遺(유)ᄒᆞᆯ 者(쟈)ㅣ 잇디 아니며 義(의)코 그 君(군)을 後(후)ᄒᆞᆯ 者(쟈)ㅣ 잇디 아니니이다

王(왕)은 ᄯᅩᄒᆞᆫ 仁義(인의)ᄅᆞᆯ ᄀᆞᄅᆞ실 ᄯᆞ름이니 엇디 구틔여 利(리)ᄅᆞᆯ ᄀᆞᄅᆞ시ᄂᆞ니잇고

002(1-2) 靈臺與靈沼

孟子見梁惠王. 王立於沼上, 顧鴻鴈麋鹿, 曰:「賢者, 亦樂此乎?」

孟子對曰:「賢者而後, 樂此, 不賢者, 雖有此, 不樂也. 詩云:『經始靈臺, 經之營之. 庶民攻之, 不日成之. 經始勿亟, 庶民子來. 王在靈囿, 麀鹿攸伏. 麀鹿濯濯, 白鳥鶴鶴. 王在靈沼, 於牣魚躍.』文王以民力, 爲臺爲沼, 而民歡樂之, 謂其臺曰『靈臺』, 謂其沼曰『靈沼』, 樂其有麋鹿魚鼈. 古之人, 與民偕樂, 故能樂也. 湯誓曰:『時日害喪, 予及女偕亡.』民欲與之偕亡, 雖有臺池鳥獸, 豈能獨樂哉?」

① 陶山本

孟子(밍ᄌᆞ)ㅣ 梁惠王(량혜왕)을 보신대 王(왕)이 沼上(쇼샹)에 立(립)ᄒᆞ얏더시니 鴻鴈(홍안)과 麋鹿(미록)을 顧(고)ᄒᆞ고 ᄀᆞᆯᄋᆞ샤ᄃᆡ 賢者(현쟈)도 ᄯᅩᄒᆞᆫ 이ᄅᆞᆯ 樂(락)ᄒᆞᄂᆞ니잇가

孟子(밍ᄌᆞ)ㅣ 對(ᄃᆡ)ᄒᆞ야 ᄀᆞᆯᄋᆞ샤ᄃᆡ 賢者(현쟈)ㅣᆫ 後(후)에 이ᄅᆞᆯ 樂(락)ᄒᆞᄂᆞ니 賢(현)티 몯ᄒᆞᆫ 者(쟈)ᄂᆞᆫ 비록 이ᄅᆞᆯ 두나 樂(락)디 몯ᄒᆞᄂᆞ니이다

詩(시)예 닐오ᄃᆡ 靈臺(령ᄃᆡ)ᄅᆞᆯ 經(경)ᄒᆞ야 始(시)ᄒᆞ야 經(경)ᄒᆞ며 營(영)ᄒᆞ시니 庶民(셔민)이 攻(공)ᄒᆞ논 디라 日(실)이 몯ᄒᆞ야셔 成(셩)ᄒᆞᄂᆞᆺ다 經(경)ᄒᆞ야 始(시)홈을 亟(극)디 말라 ᄒᆞ시나 庶民(셔민)이 子(ᄌᆞ)ㅣ 來(ᄅᆡ)ᄐᆞᆺ ᄒᆞᄂᆞᆺ다 王(왕)이 靈囿(령유)에 겨시니 麀鹿(우록)의 伏(복)ᄒᆞ얀ᄂᆞᆫ 배로다 麀鹿(우록)은 濯濯(탁탁)ᄒᆞ거ᄂᆞᆯ 白鳥(ᄇᆡᆨ됴)는 鶴鶴(학학)ᄒᆞ도다 王(왕)이 靈沼(령쇼)에 겨시니 於(오)ㅣ라 牣(신)ᄒᆞ야 魚(어)ㅣ 躍(약)ᄒᆞᆫ다 ᄒᆞ니 文王(왕)이 民力(민력)으로ᄡᅥ 臺(ᄃᆡ)ᄅᆞᆯ ᄒᆞ시며 沼(쇼)ᄅᆞᆯ ᄒᆞ시나 民(민)이 歡樂(환락)ᄒᆞ야 그 臺(ᄃᆡ)ᄅᆞᆯ 닐어 ᄀᆞᆯ오ᄃᆡ 靈臺(령ᄃᆡ)라 ᄒᆞ고 그 沼(쇼)ᄅᆞᆯ 닐어 ᄀᆞᆯ오ᄃᆡ 靈沼(령쇼)ㅣ라 ᄒᆞ야 그 麋鹿(미록)과 魚鼈(어별)이 이숌을 樂(락)ᄒᆞ니 녯 사ᄅᆞᆷ이 民(민)으로 더블어 ᄒᆞᆷᄢᅴ 樂(락)ᄒᆞᆫ 故(고)로 能(능)히 樂(락)ᄒᆞ니이다

湯誓(탕셔)에 ᄀᆞᆯ오ᄃᆡ 이 日(실)은 어늬제 喪(상)홀고 내 널로 밋 ᄒᆞᆷᄢᅴ 亡(망)호리라 ᄒᆞ니 民(민)이 더블어 ᄒᆞᆷᄢᅴ 亡(망)코쟈 ᄒᆞ면 비록 臺池(ᄃᆡ디)와 鳥獸(됴슈)ㅣ 이시나 엇디 能(능)히 호올로 樂(락)ᄒᆞ리잇고

② 栗谷本

孟子(밍ᄌᆞ)ㅣ 梁惠王(량혜왕)을 보신대 王(왕)이 못 우희 셧더시니 鴻鴈(홍안)과 麋鹿(미록)을 顧(고)ᄒᆞ야 ᄀᆞᄅᆞ샤ᄃᆡ 어딘 者(쟈)도 ᄯᅩᄒᆞᆫ 이ᄅᆞᆯ 즐기ᄂᆞ니잇가

孟子(밍ᄌᆞ)ㅣ 對(ᄃᆡ)ᄒᆞ야 ᄀᆞᄅᆞ샤ᄃᆡ 어딘 者(쟈)ㅣᆫ 後(후)에 이ᄅᆞᆯ 즐기고 어디디 몯ᄒᆞᆫ 者(쟈)ᄂᆞᆫ 비록 이ᄅᆞᆯ 두나 즐기디 몯ᄒᆞᄂᆞ니이다

詩(시)예 닐오ᄃᆡ 靈臺(령ᄃᆡ)ᄅᆞᆯ 經(경)ᄒᆞ야 始(시)ᄒᆞ야 經(경)ᄒᆞ며 營(영)ᄒᆞ시니 庶民(셔민)이 攻(공)ᄒᆞᄂᆞᆫ 디라 날이 몯ᄒᆞ야셔 이놋다 經始(경시)ᄅᆞᆯ 亟(극)히 말라 ᄒᆞ시나

庶民(셔민)이 子(ᄌᆞ)ㅣ 오ᄃᆞᆺ ᄒᆞᄂᆞᆫ다 王(왕)이 靈囿(령유)에 겨시니 麀鹿(우록)의 伏(복)ᄒᆞᆫ 배로다 麀鹿(우록)은 濯濯(탁탁)ᄒᆞ거ᄂᆞᆯ 白鳥(ᄇᆡᆨ됴)는 鶴鶴(학학)ᄒᆞ도다 王(왕)이 靈沼(령쇼)에 겨시니 於(오)홉다 牣(인)ᄒᆞᆫ 魚(어)ㅣ 躍(약)ᄒᆞᆫ다 ᄒᆞ니 文王(왕)이 民力(민력)으로ᄡᅥ 臺(ᄃᆡ)를 ᄒᆞ시며 沼(쇼)를 ᄒᆞ샤ᄃᆡ 民(민)이 歡樂(환락)ᄒᆞ야 그 臺(ᄃᆡ)를 닐러 ᄀᆞᆯ오ᄃᆡ 靈臺(령ᄃᆡ)라 ᄒᆞ며 그 沼(쇼)를 닐러 ᄀᆞᆯ오ᄃᆡ 靈沼(령쇼)ㅣ라 ᄒᆞ고 그 麋鹿(미록)과 魚鼈(어별)이 이쇼믈 즐기니 녜 人(인)이 民(민)으로 더브러 ᄒᆞᆫ 가지로 즐기ᄂᆞᆫ 디라 故(고)로 能(능)히 즐기니이다

湯誓(탕셔)의 ᄀᆞᆯ오ᄃᆡ 이 ᄒᆡᄂᆞᆫ 언제 업슬고 나와 밋 네 홈ᄢᅴ 亡(망)쟈 ᄒᆞ니 民(민)이 더브러 홈ᄢᅴ 亡(망)코져 ᄒᆞ면 비록 臺池(ᄃᆡ지)와 鳥獸(됴슈)를 둔ᄃᆞᆯ 엇디 能(능)히 혼자 즐기리잇고

003(1-3) 五十步百步

梁惠王曰:「寡人之於國也, 盡心焉耳矣. 河內凶, 則移其民於河東, 移其粟於河內. 河東凶亦然. 察鄰國之政, 無如寡人之用心者. 鄰國之民不加少, 寡人之民不加多, 何也?」

孟子對曰:「王好戰, 請以戰喩. 塡然鼓之, 兵刃旣接, 棄甲曳兵而走. 或百步而後止, 或五十步而後止. 以五十步笑百步, 則何如?」

曰:「不可. 直不百步耳, 是亦走也.」

曰:「王如知此, 則無望民之多於鄰國也. 不違農時, 穀不可勝食也; 數罟不入洿池, 魚鼈不可勝食也; 斧斤以時入山林, 材木不可勝用也. 穀與魚鼈不可勝食, 材木不可勝用, 是使民養生喪死無憾也. 養生喪死無憾, 王道之始也. 五畝之宅, 樹之以桑, 五十者可以衣帛矣. 雞豚狗彘之畜, 無失其時, 七十者可以食肉矣. 百畝之田, 勿奪其時, 數口之家可以無飢矣. 謹庠序之敎, 申之以孝悌之義, 頒白者不負戴於道路矣. 七十者衣帛食肉, 黎民不飢不寒, 然而不王者, 未之有也. 狗彘食人食而不知檢, 塗有餓莩而不知發; 人死, 則曰:『非我也, 歲也.』是何異於刺人而殺之, 曰:『非我也, 兵也』? 王無罪歲, 斯天下之民至焉.」

① 陶山本

梁惠王(량혜왕)이 ᄀᆞᆯᄋᆞ샤ᄃᆡ 寡人(과인)이 國(국)에 心(심)을 盡(진)ᄒᆞ노니 河內(하ᄂᆡ)ㅣ 凶(흉)ᄒᆞᆫ 則(즉) 그 民(민)을 河東(하동)에 移(이)ᄒᆞ며 그 粟(속)을 河內(하ᄂᆡ)예 移(이)ᄒᆞ고 河東(하동)이 凶(흉)커든 ᄯᅩ 그리ᄒᆞ노니 鄰國(린국)의 政(졍)을 察(찰)혼ᄃᆡ 寡人(과인)의

心(심)을 用(용)홈ᄀᆞᄐᆞᆫ 者(쟈)ㅣ 업소ᄃᆡ 鄰國(린국)의 民(민)이 더 젹디 아니ᄒᆞ며 寡人(과ᅀᅵᆫ)의 民(민)이 더 하디 아니홈은 엇디니잇고

孟子(ᄆᆡᆼᄌᆞ)ㅣ 對(ᄃᆡ)ᄒᆞ야 ᄀᆞᆯᄋᆞ샤ᄃᆡ 王(왕)이 戰(젼)을 好(호)ᄒᆞ실ᄉᆡ 請(쳥)컨댄 戰(젼)으로ᄡᅥ 喩(유)호리이다 塡然(뎐연)히 鼓(고)ᄒᆞ야 兵刃(병ᅀᅵᆫ)이 이믜 接(졉)ᄒᆞ얏거든 甲(갑)을 棄(기)ᄒᆞ며 兵(병)을 曳(예)ᄒᆞ고 走(주)호ᄃᆡ 或(혹) 百步(ᄇᆡᆨ보)ᄂᆞᆫ 後(후)에 止(지)ᄒᆞ며 或(혹) 五十步(오십보)ᄂᆞᆫ 後(후)에 止(지)ᄒᆞ야 五十步(오십보)로ᄡᅥ 百步(ᄇᆡᆨ보)를 笑(쇼)ᄒᆞᆫ 則(즉) 엇더ᄒᆞ니잇고 ᄀᆞᆯᄋᆞ샤ᄃᆡ 可(가)티 아니ᄒᆞ니 다믄 百步(ᄇᆡᆨ보)ㅣ 아닐ᄲᅮ니언뎡 이 ᄯᅩᄒᆞᆫ 走(주)홈이니이다 ᄀᆞᆯᄋᆞ샤ᄃᆡ 王(왕)이 만일 이를 알ᄋᆞ신 則(즉) 民(민)이 鄰國(린국)에 하믈 ᄇᆞ라디 말ᄋᆞ쇼셔

農時(농시)를 違(위)티 아니ᄒᆞ면 穀(곡)을 可(가)히 이긔여 食(식)디 몯ᄒᆞ며 數罟(촉고)를 洿池(오디)예 入(십)디 아니ᄒᆞ면 魚鼈(어별)을 可(가)히 이긔여 食(식)디 몯ᄒᆞ며 斧斤(부근)을 時(시)로ᄡᅥ 山林(산림)에 入(십)ᄒᆞ면 材木(ᄌᆡ목)을 可(가)히 이긔여 用(용)티 몯ᄒᆞ리니 穀(곡)과 다ᄆᆞᆺ 魚鼈(어별)을 可(가)히 이긔여 食(식)디 몯ᄒᆞ며 材木(ᄌᆡ목)을 可(가)히 이긔여 用(용)티 몯ᄒᆞ면 이ᄂᆞᆫ 民(민)으로 ᄒᆡ여곰 生(ᄉᆡᆼ)을 養(양)ᄒᆞ며 死(ᄉᆞ)를 喪(상)홈애 憾(감)이 업게 홈이니 生(ᄉᆡᆼ)을 養(양)ᄒᆞ며 死(ᄉᆞ)를 喪(상)홈애 憾(감)이 업슴이 王道(왕도)의 始(시)니이다

五畝(오모)ㅅ 宅(ᄐᆡᆨ)애 樹(슈)호ᄃᆡ 桑(상)으로ᄡᅥ ᄒᆞ면 五十(오십)인 者(쟈)ㅣ 可(가)히 ᄡᅥ 帛(ᄇᆡᆨ)을 衣(의)ᄒᆞ며 鷄豚狗彘(계돈구톄)의 畜(휵)을 그 時(시)를 失(실)홈이 업ᄉᆞ면 七十(칠십)인 者(쟈)ㅣ 可(가)히 ᄡᅥ 肉(슉)을 食(식)ᄒᆞ며 百畝(ᄇᆡᆨ모)ㅅ 田(뎐)을 그 時(시)를 奪(탈)티 말면 數口(수구)ㅅ 집이 可(가)히 ᄡᅥ 飢(긔)홈이 업스며 庠序(샹셔)ㅅ 敎(교)를 謹(근)ᄒᆞ야 申(신)호ᄃᆡ 孝悌(효뎨)ㅅ 義(의)로ᄡᅥ ᄒᆞ면 頒白(반ᄇᆡᆨ)ᄒᆞᆫ 者(쟈)ㅣ 道路(도로)에 負(부)ᄒᆞ며 戴(ᄃᆡ)티 아니ᄒᆞ리니 七十(칠십)인 者(쟈)ㅣ 帛(ᄇᆡᆨ)을 衣(의)ᄒᆞ며 肉(슉)을 食(식)ᄒᆞ며 黎民(려민)이 飢(긔)티 아니ᄒᆞ며 寒(한)티 아니ᄒᆞ고 그러코 王(왕)티 몯ᄒᆞᆯ 者(쟈)ㅣ 잇디 아니ᄒᆞ니이다

狗彘(구톄)ㅣ 人(ᅀᅵᆫ)의 食(식)을 食(식)ᄒᆞ거든 檢(검)ᄒᆞᆯ 주를 아디 몯ᄒᆞ며 塗(도)애 餓莩(아표)ㅣ 잇거든 發(발)ᄒᆞᆯ 주를 아디 몯ᄒᆞ고 人(ᅀᅵᆫ)이 死(ᄉᆞ)ᄒᆞᆫ 則(즉) ᄀᆞᆯ오ᄃᆡ 내 아니라 歲(셰)라 ᄒᆞᄂᆞ니 이 엇디 人(ᅀᅵᆫ)ᄋᆞᆯ 刺(쳑)ᄒᆞ야 殺(살)ᄒᆞ고 ᄀᆞᆯ오ᄃᆡ 내 아니라 兵(병)이라 홈과 다ᄅᆞ리오 王(왕)이 歲(셰)를 罪(죄)홈이 업ᄉᆞ시면 이예 天下(텬하)ㅅ 民(민)이 至(지)ᄒᆞ리이다

② 栗谷本

梁惠王(량혜왕)이 ᄀᆞᄅᆞ샤ᄃᆡ 寡人(과인)이 나라히 ᄆᆞ음을 盡(진)ᄒᆞ노니 河內(하ᄂᆡ)ㅣ 凶(흉)커든 그 民(민)을 河東(하동)의 옴기고 그 粟(속)을 河內(하ᄂᆡ)예 옴기며 河東(하동)이 凶(흉)커든 ᄯᅩᄒᆞᆫ 그리ᄒᆞ노니 鄰國(린국)의 졍ᄉᆞ를 察(찰)ᄒᆞᆫᄃᆡ 寡人(과인)의 ᄆᆞ음ᄡᅳ기 ᄀᆞᄐᆞᆫ 者(쟈)ㅣ 업소ᄃᆡ 鄰國(린국)의 民(민)이 더 쟉디 아니코 寡人(과인)의 民(민)이 더 하디 아니호ᄆᆞᆫ 엇디잇고

孟子(ᄆᆡᆼᄌᆞ)ㅣ 對(ᄃᆡ)ᄒᆞ야 ᄀᆞᄅᆞ샤ᄃᆡ 王(왕)이 戰(젼)을 好(호)ᄒᆞ실ᄉᆡ 請(쳥)컨댄 戰(젼)

으로써 喩(유)호리이다 塡然(뎐)히 鼓(고)ᄒᆞ야 兵刃(병인)이 이믜 接(졉)커든 甲(갑)을 ᄇᆞ리며 兵(병)을 曳(예)ᄒᆞ고 走(주)ᄒᆞᄃᆡ 或(혹) 百步(ᄇᆡᆨ보) 後(후)에 그치고 或(혹) 五十步(오십보) 後(후)에 그쳐 五十步(오십보)로써 百步(ᄇᆡᆨ보)를 우으면 엇더ᄒᆞ리잇고 ᄀᆞᄅᆞ샤ᄃᆡ 可(가)티 아니ᄒᆞ니 다문 百步(ᄇᆡᆨ보) ㅣ 아닐ᄲᅮᆫ이언뎡 이 ᄯᅩᄒᆞᆫ ᄃᆞ롬이니이다 ᄀᆞᄅᆞ샤ᄃᆡ 王(왕)이 만일 이롤 알거시든 民(민)이 鄰國(린국)의 하몰 ᄇᆞ라디 마ᄅᆞ쇼셔

農時(농시)롤 違(위)티 아니면 穀(곡)을 可(가)히 니ᄅᆞ 먹디 몯ᄒᆞ며 數(촉)ᄒᆞᆫ 罟(고)롤 洿池(오지)예 드리디 아니면 魚鼈(어별)을 可(가)히 니ᄅᆞ 먹디 몯ᄒᆞ며 斧斤(부근)을 ᄣᅢ로써 山林(산림)의 드리ᄒᆞ면 材木(ᄌᆡ목)을 可(가)히 니ᄅᆞ ᄡᅳ디 몯홀디니 穀(곡)과 다믓 魚鼈(어별)을 可(가)히 니ᄅᆞ 먹디 몯ᄒᆞ며 材木(ᄌᆡ목)을 可(가)히 니ᄅᆞ ᄡᅳ디 몯ᄒᆞ면 이ᄂᆞᆫ 民(민)으로 ᄒᆞ여곰 生(ᄉᆡᆼ)을 養(양)ᄒᆞ며 死(ᄉᆞ)롤 喪(상)호매 憾(감)이 업게 호미니 生(ᄉᆡᆼ)을 養(양)ᄒᆞ며 死(ᄉᆞ)롤 喪(상)호매 憾(감)이 업소미 王道(왕도)의 처음이니이다

五畝(오모)ㅅ 집의 桑(상)으로써 樹(슈)ᄒᆞ면 五十(오십) 者(쟈) ㅣ 可(가)히 써 帛(ᄇᆡᆨ)을 衣(의)ᄒᆞ며 鷄(계)와 豚(돈)과 狗(구)와 彘(쳬)의 畜(휵)호믈 그 時(시)롤 失(실)티 아니면 七十(칠십) 者(쟈) ㅣ 可(가)히 써 肉(육)을 食(식)ᄒᆞ며 百畝(ᄇᆡᆨ모)ㅅ 밧흘 그 時(시)롤 奪(탈)티 말면 數口(수구)ㅅ 집이 可(가)히 써 飢(긔)호미 업ᄉᆞ며 庠序(샹셔)의 敎(교)롤 삼가 孝悌(효뎨)의 義(의)로써 申(신)ᄒᆞ면 頒白(반ᄇᆡᆨ)ᄒᆞᆫ 者(쟈) ㅣ 道路(도로)의 負戴(부ᄃᆡ)티 아니ᄒᆞ리니 七十(칠십) 者(쟈) ㅣ 帛(ᄇᆡᆨ)을 衣(의)코 肉(육)을 食(식)ᄒᆞ며 黎民(려민)이 飢(긔)티 아니며 寒(한)티 아니코 그러코 王(왕)티 몯홀 者(쟈) ㅣ 잇디 아니ᄒᆞ니이다

狗彘(구쳬) ㅣ 人(인)의 食(식)을 食(식)호ᄃᆡ 檢(검)호믈 아디 몯ᄒᆞ며 塗(도)애 餓莩(아표) ㅣ 이소ᄃᆡ 發(발)호믈 아디 몯ᄒᆞ고 人(인)이 死(ᄉᆞ)커든 ᄀᆞᆯ오ᄃᆡ 내 아니라 歲(셰)라 ᄒᆞ면 이ᄂᆞᆫ 人(인)을 딜러 주기고 ᄀᆞᆯ오ᄃᆡ 내 아니라 兵(병)이라 홈과 엇디 다ᄅᆞ리잇고 王(왕)이 歲(셰)롤 罪(죄)티 마ᄅᆞ시면 이예 天下(텬하)의 民(민)이 니ᄅᆞ리이다

004(1-4) 殺人以梃

梁惠王曰:「寡人願安承敎.」

孟子對曰:「殺人以梃與刃, 有以異乎?」

曰:「無以異也.」

「以刃與政, 有以異乎?」

曰:「無以異也.」

曰:「庖有肥肉, 廐有肥馬, 民有飢色, 野有餓莩, 此率獸而食人也. 獸相食, 且人惡之; 爲民父母, 行政, 不免於率獸而食人, 惡在其爲民父母也? 仲尼曰:『始作俑者, 其無後乎!』爲其象人而用之也. 如之何其使斯民飢而死也?」

① 陶山本

梁惠王(량혜왕)이 ᄀᆞᆯᄋᆞ샤ᄃᆡ 寡人(과ᅀᅵᆫ)이 願(원)컨댄 安(안)ᄒᆞ야 教(교)를 承(승)호려 ᄒᆞ노이다

孟子(ᄆᆡᆼᄌᆞ)ㅣ 對(ᄃᆡ)ᄒᆞ야 ᄀᆞᆯᄋᆞ샤ᄃᆡ 人(ᅀᅵᆫ)을 殺(살)호ᄃᆡ 梃(뎡)과 다ᄆᆞᆺ 刃(ᅀᅵᆫ)으로ᄡᅧ ᄒᆞᆷ이 ᄡᅧ 달오미 인ᄂᆞ니잇가 ᄀᆞᆯᄋᆞ샤ᄃᆡ ᄡᅧ 달오미 업스니이다

刃(ᅀᅵᆫ)과 다ᄆᆞᆺ 政(졍)으로ᄡᅧ ᄒᆞᆷ이 ᄡᅧ 달오미 인ᄂᆞ니잇가 ᄀᆞᆯᄋᆞ샤ᄃᆡ ᄡᅧ 달오미 업스니이다

ᄀᆞᆯᄋᆞ샤ᄃᆡ 庖(포)에 肥肉(비ᅀᅲᆨ)이 이시며 廐(구)에 肥馬(비마)ㅣ잇고 民(민)이 飢色(긔ᄉᆡᆨ)이 이시며 野(야)에 餓莩(아표)ㅣ 이시면 이ᄂᆞᆫ 獸(슈)를 率(솔)ᄒᆞ야 人(ᅀᅵᆫ)을 食(식)ᄒᆞᆷ이니이다

獸(슈)ㅣ 서ᄅᆞ 食(식)ᄒᆞᆷ을 ᄯᅩ 人(ᅀᅵᆫ)이 惡(오)ᄒᆞᄂᆞ니 民(민)의 父母(부모)ㅣ 되연ᄂᆞᆫ디라 政(졍)을 行(ᄒᆡᆼ)호ᄃᆡ 獸(슈)를 率(솔)ᄒᆞ야 人(ᅀᅵᆫ)을 食(식)ᄒᆞᆷ애 免(면)티 몯ᄒᆞ면 어ᄃᆡ 그 民(민)의 父母(부모)ㅣ 되옴이 이시리잇고

仲尼(듕니)ㅣ ᄀᆞᆯᄋᆞ샤ᄃᆡ 비로소 俑(용)을 作(작)ᄒᆞᆫ 者(쟈)ㅣ 그 後(후)ㅣ 업스린뎌 ᄒᆞ시니 그 人(ᅀᅵᆫ)을 象(샹)ᄒᆞ야 用(용)ᄒᆞ욤을 爲(위)ᄒᆞ애시니 엇디 그 이 民(민)으로 ᄒᆡ여곰 飢(긔)ᄒᆞ야 死(ᄉᆞ)케 ᄒᆞ리잇고

② 栗谷本

梁惠王(량혜왕)이 ᄀᆞᄅᆞ샤ᄃᆡ 寡人(과인)이 願(원)컨댄 安(안)히 ᄒᆞ야 教(교)를 承(승)코져 ᄒᆞ노이다

孟子(ᄆᆡᆼᄌᆞ)ㅣ 對(ᄃᆡ)ᄒᆞ야 ᄀᆞᄅᆞ샤ᄃᆡ 人(인)을 주기되 ᄡᅧ 梃(뎡)으로 ᄒᆞᆷ과 다ᄆᆞᆺ 刃(인)으로 ᄒᆞᆷ이 ᄡᅧ 다ᄅᆞᆷ이 잇ᄂᆞ니잇가 ᄀᆞᄅᆞ샤ᄃᆡ ᄡᅧ 다ᄅᆞᆷ이 업스니이다

ᄡᅧ 刃(인)으로 ᄒᆞᆷ과 다ᄆᆞᆺ 政(졍)으로 ᄒᆞᆷ이 ᄡᅧ 다ᄅᆞᆷ이 잇ᄂᆞ니잇가 ᄀᆞᄅᆞ샤ᄃᆡ ᄡᅧ 다ᄅᆞᆷ이 업스니이다

ᄀᆞᄅᆞ샤ᄃᆡ 庖(포)애 肥(비)ᄒᆞᆫ 肉(육)이 이시며 廐(구)에 肥(비)ᄒᆞᆫ 馬(마)ㅣ잇고 民(민)이 飢(긔)ᄒᆞᆫ 色(ᄉᆡᆨ)이 이시며 野(야)에 餓莩(아표)ㅣ 이시면 이ᄂᆞᆫ 獸(슈)를 率(솔)ᄒᆞ야 人(인)을 食(식)호미니이다

獸(슈)ㅣ 서ᄅᆞ 食(식)ᄒᆞᆷ도 ᄯᅩᄒᆞᆫ 人(인)이 아쳐ᄒᆞᄂᆞ니 民(민)의 父母(부모)ㅣ 되여 政(졍)을 行(ᄒᆡᆼ)호ᄃᆡ 獸(슈)를 率(솔)ᄒᆞ야 人(인)을 食(식)호ᄆᆞᆯ 免(면)티 몯ᄒᆞ면 어ᄃᆡ 그 民(민)의 父母(부모)ㅣ 되오미 이시리잇고

仲尼(듕니)ㅣ ᄀᆞᄅᆞ샤ᄃᆡ 처음으로 俑(용)을 作(작)ᄒᆞᆫ 者(쟈)ㅣ 그 後(후)ㅣ 업스린뎌 ᄒᆞ시니 그 人(인)을 象(샹)ᄒᆞ야 ᄡᅳᄆᆞᆯ 爲(위)ᄒᆞ시미니 엇디 그 이 民(민)으로 ᄒᆞ여곰 飢(긔)ᄒᆞ야 死(ᄉᆞ)케 ᄒᆞ리잇고

005(1-5) 仁者無敵

梁惠王曰:「晉國, 天下莫强焉, 叟之所知也. 及寡人之身, 東敗於齊, 長子死焉; 西喪地於秦七百里; 南辱於楚. 寡人恥之, 願比死者一洒之,如之何則可?」

孟子對曰:「地方百里而可以王. 王如施仁政於民, 省刑罰, 薄稅斂, 深耕易耨; 壯者以暇日, 修其孝悌忠信, 入以事其父兄, 出以事其長上, 可使制梃以撻秦楚之堅甲利兵矣. 彼奪其民時, 使不得耕耨以養其父母, 父母凍餓, 兄弟妻子離散. 彼陷溺其民, 王往而征之, 夫誰與王敵? 故曰: 『仁者無敵』, 王請勿疑!」

006(1-6) 水之就下

孟子見梁襄王. 出, 語人曰:「望之不似人君, 就之而不見所畏焉. 卒然問曰:『天下惡乎定?』吾對曰:『定於一.』『孰能一之?』對曰:『不嗜殺人者, 能一之.』『孰能與之?』對曰:『天下莫不與也. 王知夫苗乎? 七八月之閒旱, 則苗槁矣. 天油然作雲, 沛然下雨, 則苗浡然興之矣. 其如是, 孰能禦之? 今夫天下之人牧, 未有不嗜殺人者也. 如有不嗜殺人者, 則天下之民, 皆引領而望之矣. 誠如是也, 民歸之, 由水之就下, 沛然, 誰能禦之?』」

① 陶山本

孟子(밍ᄌᆞ)ㅣ 梁襄王(량양왕)을 보시고

出(츌)ᄒᆞ야 사ᄅᆞᆷᄃᆞ려 닐어 ᄀᆞᆯᄋᆞ샤ᄃᆡ 望(망)홈애 人君(ᅀᅵᆫ군)ᄀᆞᆮ디 아니ᄒᆞ고 就(취)ᄒᆞ얀 畏(외)ᄒᆞᆫ 바ᄅᆞᆯ 보디 몯ᄒᆞ리러니 卒然(졸ᅀᅧᆫ)히 무러 ᄀᆞᆯ오ᄃᆡ 天下(텬하)ᄂᆞᆫ 어ᄃᆡ 定(뎡)홀꼬 ᄒᆞ야ᄂᆞᆯ 내 對(ᄃᆡ)ᄒᆞ야 ᄀᆞᆯ오ᄃᆡ 一(일)에 定(뎡)ᄒᆞ리라 호라

뉘 能(능)히 一(일)홀꼬 ᄒᆞ야ᄂᆞᆯ

對(ᄃᆡ)ᄒᆞ야 ᄀᆞᆯ오ᄃᆡ 人(ᅀᅵᆫ) 殺(살)ᄒᆞ기ᄅᆞᆯ 嗜(기)티 아니ᄒᆞᄂᆞᆫ 者(쟈)(쟈)ㅣ 能(능)히 一(일)ᄒᆞ리라 호라

뉘 能(능)히 與(여)홀꼬 ᄒᆞ야ᄂᆞᆯ

對(ᄃᆡ)ᄒᆞ야 ᄀᆞᆯ오ᄃᆡ 天下(텬하)ㅣ 與(여)티 아니ᄒᆞ리 업스리니 王(왕)은 그 苗(묘)를 알ᄋᆞ시ᄂᆞ니잇가 七八月(칠팔월)ㅅ 間(간)이 旱(한)ᄒᆞ면 苗(묘)ㅣ 槁(고)ᄒᆞ얏다가 天(텬)이 油然(유ᅀᅧᆫ)히 雲(운)을 作(작)ᄒᆞ야 沛然(패ᅀᅧᆫ)히 雨(우)를 下(하)ᄒᆞ면 苗(묘)ㅣ 浡然(블ᅀᅧᆫ)히 興(흥)ᄒᆞᄂᆞ니 그 이 ᄀᆞᄐᆞ면 뉘 能(능)히 禦(어)ᄒᆞ리오 이제 天下(텬하)에 人牧(ᅀᅵᆫ목)이 人(ᅀᅵᆫ) 殺(살)ᄒᆞ기ᄅᆞᆯ 嗜(기)티 아니ᄒᆞᆯ 者(쟈)ㅣ 잇디 아니ᄒᆞ니 만일 人(ᅀᅵᆫ) 殺(살)ᄒᆞ기ᄅᆞᆯ 嗜(기)티 아니ᄒᆞᆯ 者(쟈)ㅣ 이시면 天下(텬하)엣 民(민)이 다 領(령)을 引(인)ᄒᆞ야 望(망)ᄒᆞ리니

진실로 이 ᄀᆞᄐᆞ면 民(민)이 歸(귀)홈이 水(슈)ㅣ 下(하)에 就(취)홈 ᄀᆞᄐᆞ리니 沛然(패연)홈을 뉘 能(능)히 禦(어)ᄒᆞ리오

② 栗谷本

孟子(ᄆᆡᇰᄌᆞ)ㅣ 梁襄王(량양왕)을 보시고

나 人(인)ᄃᆞ려 닐러 ᄀᆞᄅᆞ샤ᄃᆡ ᄇᆞ라기예 人君(인군)ᄀᆞᆺ디 아니코 나아가매 저픈 바를 보디 몯ᄒᆞ리러니 卒然(졸연)히 물어 ᄀᆞᆯ오ᄃᆡ 天下(텬하)ㅣ 엇디ᄒᆞ야 定(뎡)ᄒᆞᆯ고 ᄒᆞ야ᄂᆞᆯ 내 對(ᄃᆡ)ᄒᆞ야 ᄀᆞᆯ오ᄃᆡ 一(일)홈애 定(뎡)ᄒᆞ리라 호라

뉘 能(능)히 一(일)ᄒᆞᆯ고 ᄒᆞ야ᄂᆞᆯ

對(ᄃᆡ)ᄒᆞ야 ᄀᆞᆯ오ᄃᆡ 人(인) 주기기를 즐기디 아닌ᄂᆞᆫ 者(쟈)ㅣ아 能(능)히 一(일)ᄒᆞ리라 호라

뉘 能(능)히 與(여)ᄒᆞᆯ고 ᄒᆞ야ᄂᆞᆯ

對(ᄃᆡ)ᄒᆞ야 ᄀᆞᆯ오ᄃᆡ 天下(텬하)ㅣ 與(여)티 아니리 업스리이다 王(왕)이 그 苗(묘)를 알ᄋᆞ시ᄂᆞ니잇가 七八月(칠팔월) ᄉᆞ이예 旱(한)ᄒᆞ면 苗(묘)ㅣ 槁(고)ᄒᆞ얏다가 天(텬)이 油然(유연)히 雲(운)을 作(작)ᄒᆞ야 沛然(패연)히 雨(우)를 下(하)ᄒᆞ면 苗(묘)ㅣ 浡然(불연)히 興(흥)ᄒᆞᄂᆞ니 그 이 ᄀᆞᆺᄐᆞ면 뉘 能(능)히 禦(어)ᄒᆞ리잇고 이제 天下(텬하)의 人牧(인목)이 人(인) 주기기를 즐기디 아닐 者(쟈)ㅣ 잇디 아니ᄒᆞ니 만일 人(인) 주기기를 즐기디 아닐 者(쟈)ㅣ 이시면 天下(텬하)엣 民(민)이 다 목을 기리혀 ᄇᆞ라리니 진실로 이 ᄀᆞᆺᄐᆞ면 民(민)이 歸(귀)호미 水(슈)의 아래 나아감 ᄀᆞᆺᄐᆞ리니 沛然(패연)호ᄆᆞᆯ 뉘 能(능)히 禦(어)ᄒᆞ리잇고 호라

007(1-7) 緣木求魚

齊宣王問曰:「齊桓·晉文之事, 可得聞乎?」

孟子對曰:「仲尼之徒, 無道桓文之事者, 是以後世無傳焉, 臣未之聞也. 無以, 則王乎?」

曰:「德何如, 則可以王矣?」

曰:「保民而王, 莫之能禦也.」

曰:「若寡人者, 可以保民乎哉?」

曰:「可.」

曰:「何由知吾可也?」

曰:「臣聞之胡齕曰, 王坐於堂上, 有牽牛而過堂下者, 王見之, 曰:『牛何之?』對曰:『將以釁鐘.』王曰:『舍之! 吾不忍其觳觫, 若無罪而就死地.』對曰:『然則廢釁鐘與?』曰:『何可廢也? 以羊易之!』不識有諸?」

曰:「有之.」

曰:「是心足以王矣. 百姓皆以王爲愛也, 臣固知王之不忍也.」

王曰:「然; 誠有百姓者. 齊國雖褊小, 吾何愛一牛? 卽不忍其觳觫, 若無罪而就死地. 故以羊易之也.」

曰:「王無異於百姓之以王爲愛也. 以小易大, 彼惡知之? 王若隱其無罪而就死地, 則牛羊何擇焉?」

王笑曰:「是誠何心哉? 我非愛其財而易之以羊也. 宜乎百姓之謂我愛也.」

曰:「無傷也, 是乃仁術也, 見牛未見羊也. 君子之於禽獸也, 見其生, 不忍見其死; 聞其聲, 不忍食其肉. 是以君子遠庖廚也.」

王說曰:「詩云:『他人有心, 予忖度之.』夫子之謂也. 夫我乃行之, 反以求之, 不得吾心. 夫子言之, 於我心有戚戚焉. 此心之所以合於王者, 何也?」

曰:「有復於王者曰:『吾力足以擧百鈞, 而不足以擧一羽; 明足以察秋毫之末, 而不見輿薪』, 則王許之乎?」

曰:「否.」

「今恩足以及禽獸, 而功不至於百姓者, 獨何與? 然則一羽之不擧, 爲不用力焉; 輿薪之不見, 爲不用明焉; 百姓之不見保, 爲不用恩焉. 故王之不王, 不爲也, 非不能也.」

曰:「不爲者與不能者之形, 何以異?」

曰:「挾大山, 以超北海, 語人曰:『我不能』, 是誠不能也. 爲長者折枝, 語人曰:『我不能』, 是不爲也, 非不能也. 故王之不王, 非挾大山以超北海之類也; 王之不王, 是折枝之類也. 老吾老, 以及人之老; 幼吾幼, 以及人之幼, 天下可運於掌. 詩云:『刑于寡妻, 至于兄弟, 以御于家邦.』言擧斯心, 加諸彼而已. 故推恩足以保四海, 不推恩無以保妻子. 古之人所以大過人者, 無他焉, 善推其所爲而已矣. 今恩足以及禽獸, 而功不至於百姓者, 獨何與? 權, 然後知輕重; 度, 然後知長短; 物皆然, 心爲甚. 王請度之! 抑王興甲兵, 危士臣, 構怨於諸侯, 然後快於心與?」

王曰:「否. 吾何快於是? 將以求吾所大欲也.」

曰:「王之所大欲, 可得聞與?」

王笑而不言.

曰:「爲肥甘不足於口與? 輕煖不足於體與? 抑爲采色不足視於目與? 聲音不足聽於耳與? 便嬖不足使令於前與? 王之諸臣, 皆足以供之, 而王豈爲是哉!」

曰:「否. 吾不爲是也.」

曰:「然則王之所大欲可知已; 欲辟土地, 朝秦楚, 莅中國, 而撫四夷也. 以若所爲, 求若所欲, 猶緣木而求魚也.」

王曰:「若是其甚與?」

曰:「殆有甚焉. 緣木求魚, 雖不得魚, 無後災; 以若所爲, 求若所欲, 盡心力而爲之, 後必有災.」

曰:「可得聞與?」

曰:「鄒人與楚人戰, 則王以爲孰勝?」

曰:「楚人勝.」

曰:「然則小固不可以敵大, 寡固不可以敵衆, 弱固不可以敵彊. 海內之地, 方千里者九; 齊集有其一. 以一服八, 何以異於鄒敵楚哉? 蓋亦反其本矣. 今王發政施仁, 使天下仕者, 皆欲立於王之朝; 耕者, 皆欲耕於王之野; 商賈, 皆欲藏於王之市; 行旅, 皆欲出於王之塗; 天下之欲疾其君者, 皆欲赴愬於王. 其若是, 孰能禦之?」

王曰:「吾惛, 不能進於是矣. 願夫子輔吾志, 明以敎我. 我雖不敏, 請嘗試之.」

曰:「無恆產而有恆心者, 惟士爲能. 若民, 則無恆產, 因無恆心; 苟無恆心, 放辟邪侈, 無不爲已. 及陷於罪, 然後從而刑之, 是罔民也. 焉有仁人在位, 罔民而可爲也? 是故, 明君制民之產, 必使仰足以事父母, 俯足以畜妻子; 樂歲終身飽, 凶年免於死亡; 然後驅而之善, 故民之從之也輕. 今也制民之產, 仰不足以事父母, 俯不足以畜妻子; 樂歲終身苦, 凶年不免於死亡; 此惟救死而恐不贍, 奚暇治禮義哉? 王欲行之, 則盍反其本矣? 五畝之宅, 樹之以桑, 五十者可以衣帛矣; 雞豚狗彘之畜, 無失其時, 七十者可以食肉矣; 百畝之田, 勿奪其時, 八口之家可以無飢矣; 謹庠序之敎, 申之以孝悌之義, 頒白者不負戴於道路矣. 老者衣帛食肉, 黎民不飢不寒, 然而不王者, 未之有也.」

① 陶山本

齊宣王(졔션왕)이 묻ᄌᆞ와 ᄀᆞᆯᄋᆞ샤ᄃᆡ 齊桓(졔환)과 晉文(진문)의 事(ᄉᆞ)를 可(가)히 시러곰 드르리잇가

孟子(ᄆᆡᆼᄌᆞ)ㅣ 對(ᄃᆡ)ᄒᆞ야 ᄀᆞᆯᄋᆞ샤ᄃᆡ 仲尼(듕니)의 徒(도)ㅣ 桓文(문)의 事(ᄉᆞ)를 니를 者(쟈)(쟈)ㅣ 업슨 디라 일로ᄡᅥ 後世(후셰)예 傳(뎐)ᄒᆞ리 업ᄉᆞ니 臣(신)이 듣디 몯ᄒᆞ얀노니 마디 말와뎌 ᄒᆞ시면 王(왕)을 홀 띤뎌

ᄀᆞᆯᄋᆞ샤ᄃᆡ 德(덕)이 엇더ᄒᆞ면 可(가)히 ᄡᅥ 王(왕)ᄒᆞ리잇고 ᄀᆞᆯᄋᆞ샤ᄃᆡ 民(민)을 保(보)ᄒᆞ샤 王(왕)ᄒᆞ면 能(능)히 禦(어)ᄒᆞ리 업ᄉᆞ리이다

ᄀᆞᆯᄋᆞ샤ᄃᆡ 寡人(과인) ᄀᆞᄐᆞᆫ 者(쟈)도 可(가)히 ᄡᅥ 民(민)을 保(보)ᄒᆞ리잇가 ᄀᆞᆯᄋᆞ샤ᄃᆡ 可(가)ᄒᆞ니이다 ᄀᆞᆯᄋᆞ샤ᄃᆡ 엇디 말믜암아 내의 可(가)ᄒᆞᆫ 주를 알ᄋᆞ시ᄂᆞ니잇고 ᄀᆞᆯᄋᆞ샤ᄃᆡ 臣(신)이 胡齕(호흘)의게 들오니 ᄀᆞᆯ오ᄃᆡ 王(왕)이 堂上(당샹)에 坐(좌)ᄒᆞ얏거시ᄂᆞᆯ 牛(우)를 牽(견)ᄒᆞ고 堂下(당하)로 過(과)ᄒᆞᆯ 者(쟈)ㅣ 잇더니 王(왕)이 보시고 ᄀᆞᆯᄋᆞ샤ᄃᆡ 牛(우)ᄂᆞᆫ 어듸가ᄂᆞ뇨 對(ᄃᆡ)ᄒᆞ야 ᄀᆞᆯ오ᄃᆡ 將(쟝)ᄎᆞᆺ ᄡᅥ 鍾(죵)을 釁(흔)호려 ᄒᆞᄂᆞ니이다 王(왕)이 ᄀᆞᆯᄋᆞ샤ᄃᆡ 舍(샤)ᄒᆞ라 내 그 觳觫(곡속)히 無罪(무죄)ᄒᆞᆫ 거시 死地(ᄉᆞ디)예 就(츄)ᄒᆞᄂᆞᆫ듯 홈을 ᄎᆞᆷ디 몯ᄒᆞ노라 對(ᄃᆡ)ᄒᆞ야 ᄀᆞᆯ오ᄃᆡ 그러면 鍾(죵) 釁(흔)홈을 廢(폐)ᄒᆞ리잇가 ᄀᆞᆯᄋᆞ샤ᄃᆡ 엇디 可(가)히 廢(폐)ᄒᆞ리오 羊(양)으로ᄡᅥ 易(역)ᄒᆞ라 ᄒᆞ샤소니 아디 몯게이다 인ᄂᆞ니잇가

ᄀᆞᆯᄋᆞ샤ᄃᆡ 인ᄂᆞ니이다 ᄀᆞᆯᄋᆞ샤ᄃᆡ 이 ᄆᆞᄋᆞᆷ이 足(죡)히 ᄡᅥ 王(왕)ᄒᆞ리이다 百姓(ᄇᆡᆨ셩)은 다 王(왕)으로ᄡᅥ 愛(ᄋᆡ)ᄒᆞ다 ᄒᆞ거니와 臣(신)은 진실로 王(왕)의 忍(신)티 몯ᄒᆞ시믈 아노이다

王(왕)이 ᄀᆞᆯᄋᆞ샤ᄃᆡ 然(연)ᄒᆞ다 진실로 百姓(ᄇᆡᆨ셩)인 者(쟈)ㅣ 잇도다마ᄂᆞᆫ 齊國(졔국)이 비록 褊(편)ᄒᆞ고 小(쇼)ᄒᆞ나 내 엇디 ᄒᆞᆫ 牛(우)를 愛(ᄋᆡ)ᄒᆞ리오 곧 그 觳觫(곡속)히 無罪(무죄)ᄒᆞᆫ 거시 死地(ᄉᆞ디)예 就(츄)ᄒᆞᄂᆞᆫ듯 홈을 ᄎᆞᆷ디 몯ᄒᆞᆫ 디라 故(고)로 羊(양)으로ᄡᅥ 易(역)호이다

ᄀᆞᆯᄋᆞ샤ᄃᆡ 王(왕)은 百姓(ᄇᆡᆨ셩)이 王(왕)으로ᄡᅥ 愛(ᄋᆡ)ᄒᆞ다 홈을 異(이)히 너기디 말ᄋᆞ쇼셔 小(쇼)로ᄡᅥ 大(대)ᄅᆞᆯ 易(역)ᄒᆞ야니 뎨 엇디 알리잇고 王(왕)이 만일 그 罪(죄)업슨 거시 死地(ᄉᆞ디)예 就(츄)홈을 隱(은)히 너기시면 牛(우)와 羊(양)을 어늬를 擇(ᄐᆡᆨ)ᄒᆞ리잇고 王(왕)이 笑(쇼)ᄒᆞ고 ᄀᆞᆯᄋᆞ샤ᄃᆡ 이 진실로 엇던 ᄆᆞᄋᆞᆷ이런고 내 그 財(ᄌᆡ)를 愛(ᄋᆡ)ᄒᆞ야 羊(양)으로ᄡᅥ 易(역)ᄒᆞᆫ 주리 아니언마ᄂᆞᆫ 百姓(ᄇᆡᆨ셩)이 나ᄅᆞᆯ 愛(ᄋᆡ)타 닐옴이 맛당ᄒᆞ도다

ᄀᆞᆯᄋᆞ샤ᄃᆡ 傷(샹)홈이 업스니라 이 仁(신)ᄒᆞᆯ 術(슐)이니 牛(우)를 보고 羊(양)을 보디 몯ᄒᆞᆫ 시니이다 君子(군ᄌᆞ)ㅣ 禽獸(금슈)에 그 生(ᄉᆡᆼ)을 보고 ᄎᆞᆷ아 그 死(ᄉᆞ)를 보디 몯ᄒᆞ며 그 聲(셩)을 듣고 ᄎᆞᆷ아 그 肉(슉)을 食(식)디 몯ᄒᆞᄂᆞ니 일로ᄡᅥ 君子(군ᄌᆞ)ᄂᆞᆫ 庖廚(포듀)를 멀리 ᄒᆞᄂᆞ니이다

王(왕)이 說(열)ᄒᆞ야 ᄀᆞᆯᄋᆞ샤ᄃᆡ 詩(시)예 닐오ᄃᆡ 他人(타신)의 心(심)둠을 내 忖度(촌탁)ᄒᆞ다 ᄒᆞ니 夫子(부ᄌᆞ)를 닐옴이로소이다 내 行(ᄒᆡᆼ)ᄒᆞ고 反(반)ᄒᆞ야 求(구)호ᄃᆡ 내 心(심)을 得(득)디 몯ᄒᆞ엿더니 夫子(부ᄌᆞ)ㅣ 닐ᄋᆞ시니 내 ᄆᆞᄋᆞᆷ애 戚戚(쳑쳑)홈이 이셔이다 이 ᄆᆞᄋᆞᆷ의 ᄡᅥ 王(왕)에 合(합)ᄒᆞᆫ 바ᄂᆞᆫ 엇디니잇고

ᄀᆞᆯᄋᆞ샤ᄃᆡ 王(왕)ᄭᅴ 復(복)ᄒᆞᆯ 者(쟈)ㅣ 이셔 ᄀᆞᆯ오ᄃᆡ 내 力(력)이 足(죡)히 ᄡᅥ 百鈞(ᄇᆡᆨ균)을 擧(거)호ᄃᆡ 足(죡)히 ᄡᅥ 一羽(일우)를 擧(거)티 몯ᄒᆞ며 明(명)이 足(죡)히 ᄡᅥ 秋毫(츄호)의 末(말)을 察(찰)호ᄃᆡ 輿薪(여신)을 보디 몯ᄒᆞ노라 ᄒᆞ면 王(왕)은 許(허)ᄒᆞ시리잇가 ᄀᆞᆯᄋᆞ샤ᄃᆡ 아니라 今(금)에 恩(은)이 足(죡)히 ᄡᅥ 禽獸(금슈)에 미초ᄃᆡ 功(공)이 百姓(ᄇᆡᆨ셩)의게 니ᄅᆞ디 몯ᄒᆞ욤은 호올로 엇데잇고 그러면 一羽(일우)의 擧(거)티 몯홈은 力(력)을 用(용)티 아니홈을 爲(위)ᄒᆞ얘며 輿薪(여신)의 보디 몯홈은 明(명)을 用(용)티 아니홈을 爲(위)ᄒᆞ얘며 百姓(ᄇᆡᆨ셩)의 保(보)홈을 보디 몯홈은 恩(은)을 用(용)티 아니홈을 爲(위)ᄒᆞ얘니 故(고)로 王(왕)의 王(왕)티 몯ᄒᆞ욤은 ᄒᆞ디 아니ᄒᆞᆯ ᄲᅮᆫ이언뎡 能(능)티 몯홈이 아니니이다

ᄀᆞᆯᄋᆞ샤ᄃᆡ ᄒᆞ디 아니ᄒᆞᄂᆞᆫ 者(쟈)와 다ᄆᆞᆺ 能(능)티 몯ᄒᆞᄂᆞᆫ 者(쟈)의 形(형)이 엇디 ᄡᅥ 異(이)ᄒᆞ니잇고 ᄀᆞᆯᄋᆞ샤ᄃᆡ 太山(태산)을 挾(협)ᄒᆞ야 ᄡᅥ 北海(븍ᄒᆡ)를 超(툐)홈을 사ᄅᆞᆷᄃᆞ려 語(어)ᄒᆞ야 ᄀᆞᆯ오ᄃᆡ 내 能(능)티 몯ᄒᆞ노라 ᄒᆞ면 이ᄂᆞᆫ 진실로 能(능)티 몯홈이어니와 長者(댱쟈)를 爲(위)ᄒᆞ야 枝(지) 折(절)홈을 사ᄅᆞᆷᄃᆞ려 語(어)ᄒᆞ야 ᄀᆞᆯ오ᄃᆡ 내 能(능)티 몯ᄒᆞ노라 ᄒᆞ면 이ᄂᆞᆫ ᄒᆞ디 아닐 ᄲᅮᆫ이언뎡 能(능)티 몯홈이 아니니 故(고)로 王(왕)의 王(왕)티 몯ᄒᆞ욤은 太山(태산)을 挾(협)ᄒᆞ야 ᄡᅥ 北海(븍ᄒᆡ)를 超(툐)ᄒᆞᄂᆞᆫ 類(류)ㅣ 아니라 王(왕)의 王(왕)티 몯ᄒᆞ욤은 이 枝(지)를 折(절)ᄒᆞᄂᆞᆫ 類(류)ㅣ니이다

내 老(로)를 老(로)로ᄒᆞ야 ᄡᅥ 人(신)의 老(로)에 미치며 내 幼(유)를 幼(유)로ᄒᆞ야 ᄡᅥ 人(신)의 幼(유)에 미치면 天下(텬하)ᄂᆞᆫ 可(가)히 掌(쟝)에 運(운)ᄒᆞ리니 詩(시)예 닐오ᄃᆡ 寡妻(과쳐)에 刑(형)ᄒᆞ야 兄弟(형뎨)예 니르러 ᄡᅥ 家邦(가방)을 御(어)타 ᄒᆞ니 이 ᄆᆞᄋᆞᆷ을 擧(거)ᄒᆞ야 彼(피)예 더을 ᄯᆞᄅᆞᆷ인 주를 닐ᄋᆞ니 故(고)로 恩(은)을 推(츄)ᄒᆞ면 足(죡)히 ᄡᅥ 四海(ᄉᆞᄒᆡ)를 保(보)ᄒᆞ고 恩(은)을 推(츄)티 몯ᄒᆞ면 ᄡᅥ 妻子(쳐ᄌᆞ)를 保(보)티 몯ᄒᆞ리니 녯사ᄅᆞᆷ이 ᄡᅥ 키 人(신)에 過(과)ᄒᆞᆫ 바ᄂᆞᆫ 他(타)ㅣ 업슨디라 그 ᄒᆞᄂᆞᆫ 바ᄅᆞᆯ 善(션)히 推(츄)ᄒᆞᆯ ᄯᆞᄅᆞᆷ이니 今(금)에 恩(은)이 足(죡)히 ᄡᅥ 禽獸(금슈)에 미초ᄃᆡ 功(공)이 百姓(ᄇᆡᆨ셩)의게 至(지)티 몯ᄒᆞ욤은 호올로 엇디니잇고

權(권)ᄒᆞᆫ 然後(연후)에 輕重(경듕)을 알며 度(도)ᄒᆞᆫ 然後(연후)에 長短(댱단)을 아ᄂᆞ니 物(믈)이 다 그러ᄒᆞ거니와 心(심)이 甚(심)ᄒᆞ니 王(왕)은 請(쳥)컨댄 度(탁)ᄒᆞ쇼셔

王(왕)은 甲兵(갑병)을 興(흥)ᄒᆞ며 士臣(ᄉᆞ신)을 危(위)케 ᄒᆞ야 怨(원)을 諸侯(져후)에 構(구)ᄒᆞᆫ 然後(연후)에사 心(심)에 快(쾌)ᄒᆞ리잇가

王(왕)이 ᄀᆞᆯᄋᆞ샤ᄃᆡ 아니라 내 엇디 이에 快(쾌)ᄒᆞ리오 將(쟝)ᄎᆞᆺ ᄡᅥ 내의 키 欲(욕)ᄒᆞᄂᆞᆫ 바ᄅᆞᆯ 求(구)ᄒᆞ노이다

ᄀᆞᆯᄋᆞ샤ᄃᆡ 王(왕)의 키 欲(욕)ᄒᆞ시ᄂᆞᆫ 바ᄅᆞᆯ 可(가)히 시러곰 들으리잇가 王(왕)이 笑(쇼)ᄒᆞ고 닐ᄋᆞ디 아니ᄒᆞ신대 ᄀᆞᆯᄋᆞ샤ᄃᆡ 肥(비)와 甘(감)이 口(구)에 足(죡)디 몯ᄒᆞ며 輕(경)과 煖(난)이 體(톄)에 足(죡)디 몯홈을 爲(위)ᄒᆞ얘니잇가 采色(ᄎᆡ식)이 目(목)에 視(시)홈이

足(족)디 몯ᄒᆞ며 聲音(셩음)이 耳(ᅀᅵ)예 聽(텽)홈이 足(족)디 몯ᄒᆞ며 便嬖(편폐)ㅣ 前(젼)에 使令(ᄉᆞ령)홈이 足(족)디 몯홈을 爲(위)ᄒᆞ애니잇가 王(왕)의 諸臣(져신)이 다 足(족)히 ᄡᅥ 供(공)ᄒᆞᄂᆞ니 王(왕)은 엇디 이ᄅᆞᆯ 爲(위)ᄒᆞ시리잇고 ᄀᆞᆯᄋᆞ샤ᄃᆡ 아니라 내 이ᄅᆞᆯ 爲(위)티 아니ᄒᆞ노이다 ᄀᆞᆯᄋᆞ샤ᄃᆡ 그러면 王(왕)의 키 欲(욕)ᄒᆞ시ᄂᆞᆫ 바ᄅᆞᆯ 可(가)히 알 띠니 土地(토디)ᄅᆞᆯ 辟(벽)ᄒᆞ며 秦楚(진초)ᄅᆞᆯ 朝(됴)ᄒᆞ야 中國(듕국)을 莅(리)ᄒᆞ야 四夷(ᄉᆞ이)ᄅᆞᆯ 撫(무)코쟈 ᄒᆞ시노소이다 이러ᄐᆞ시 ᄒᆞᄂᆞᆫ 바로ᄡᅥ 이러ᄐᆞ시 欲(욕)ᄒᆞᄂᆞᆫ 바ᄅᆞᆯ 求(구)ᄒᆞ면 木(목)을 緣(연)ᄒᆞ야 魚(어)ᄅᆞᆯ 求(구)홈 ᄀᆞᄐᆞ니이다

王(왕)이 ᄀᆞᆯᄋᆞ샤ᄃᆡ 이러ᄐᆞ시 그 甚(심)ᄒᆞ니잇가 ᄀᆞᆯᄋᆞ샤ᄃᆡ 甚(심)홈이 인ᄂᆞ니 木(목)을 緣(연)ᄒᆞ야 魚(어)ᄅᆞᆯ 求(구)홈은 비록 魚(어)ᄅᆞᆯ 得(득)디 몯ᄒᆞ나 後(후)ㅅ 災(ᄌᆡ)ㅣ 업스려니와 이러ᄐᆞ시 ᄒᆞᄂᆞᆫ 바로ᄡᅥ 이러ᄐᆞ시 欲(욕)ᄒᆞᄂᆞᆫ 바ᄅᆞᆯ 求(구)ᄒᆞ면 心力(심력)을 盡(진)ᄒᆞ야 ᄒᆞ여도 後(후)에 반ᄃᆞ시 災(ᄌᆡ)ㅣ 이시리이다 ᄀᆞᆯᄋᆞ샤ᄃᆡ 可(가)히 시러곰 들ᄋᆞ리잇가 ᄀᆞᆯᄋᆞ샤ᄃᆡ 鄒人(추ᅀᅵᆫ)이 楚人(초ᅀᅵᆫ)으로 더블어 戰(젼)ᄒᆞ면 王(왕)은 ᄡᅥ 뉘 勝(승)ᄒᆞ리라 ᄒᆞ시리잇고 ᄀᆞᆯᄋᆞ샤ᄃᆡ 楚人(초ᅀᅵᆫ)이 勝(승)ᄒᆞ리이다 ᄀᆞᆯᄋᆞ샤ᄃᆡ 그러면 小(쇼)ㅣ 진실로 可(가)히 ᄡᅥ 大(대)ᄅᆞᆯ 敵(뎍)디 몯ᄒᆞ며 寡(과)ㅣ 진실로 可(가)히 ᄡᅥ 衆(즁)을 敵(뎍)디 몯ᄒᆞ며 弱(약)이 진실로 可(가)히 ᄡᅥ 强(강)을 敵(뎍)디 몯ᄒᆞᄂᆞ니 海內(ᄒᆡᄂᆡ)ㅅ 地(디)ㅣ 方(방)이 千里(쳔리)ㄴ 者(쟈)ㅣ 九(구)에 齊(졔)ㅣ 集(집)ᄒᆞ야 그 一(일)을 두니 一(일)로ᄡᅥ 八(팔)을 服(복)홈이 엇디 ᄡᅥ 鄒(추)ㅣ 楚(초)ᄅᆞᆯ 敵(뎍)홈애 다ᄅᆞ리잇고 ᄯᅩᄒᆞᆫ 그 本(본)에 反(반)ᄒᆞᆯ 띠니이다

今(금)에 王(왕)이 政(졍)을 發(발)ᄒᆞ며 仁(ᅀᅵᆫ)을 施(시)ᄒᆞ샤 天下(텬하)엣 仕(ᄉᆞ)ᄒᆞᄂᆞᆫ 者(쟈)로 ᄒᆞ여곰 다 王(왕)의 朝(됴)에 立(립)고져 ᄒᆞ며 耕(경)ᄒᆞ는 者(쟈)로 다 王(왕)의 野(야)에 耕(경)코져 ᄒᆞ며 商賈(샹고)로 다 王(왕)의 市(시)예 藏(장)코쟈 ᄒᆞ며 行旅(ᄒᆡᇰ려)로 다 王(왕)의 途(도)에 出(츌)코쟈케 ᄒᆞ시면 天下(텬하)엣 그 君(군)을 疾(질)코쟈 ᄒᆞᇙ 者(쟈)ㅣ 다 王(왕)의게 赴(부)ᄒᆞ야 愬(소)코쟈 ᄒᆞ리니 그 이 ᄀᆞᄐᆞ면 뉘 能(능)히 禦(어)ᄒᆞ리잇고

王(왕)이 ᄀᆞᆯᄋᆞ샤ᄃᆡ 내 惛(혼)ᄒᆞ야 能(능)히 이예 進(진)티 몯ᄒᆞ노니 願(원)컨댄 夫子(부ᄌᆞ)ᄂᆞᆫ 내 志(지)ᄅᆞᆯ 輔(보)ᄒᆞ야 明(명)히 ᄡᅥ 나ᄅᆞᆯ 敎(교)ᄒᆞ쇼셔 내 비록 敏(민)티 몯ᄒᆞ나 請(쳥)컨댄 맛부 試(시)호리이다 ᄀᆞᆯᄋᆞ샤ᄃᆡ 恒産(ᄒᆞᆼ산)이 업서도 恒心(ᄒᆞᆼ심)을 둔ᄂᆞᆫ 者(쟈)ᄂᆞᆫ 오직 士(ᄉᆞ)ㅣ 能(능)히 ᄒᆞ거니와 만일 民(민)인 則(즉) 恒産(ᄒᆞᆼ산)이 업ᄉᆞ면 因(인)ᄒᆞ야 恒心(ᄒᆞᆼ심)이 업ᄂᆞ니 진실로 恒心(ᄒᆞᆼ심)이 업ᄉᆞ면 放辟(방벽)ᄒᆞ며 邪侈(샤치)홈을 ᄒᆞ디 아니홈 업시 ᄒᆞ리니 罪(죄)예 陷(함)홈애 미ᄎᆞᆫ 然後(연후)에 조차 刑(형)ᄒᆞ면 이ᄂᆞᆫ 民(민)을 罔(망)홈이니 엇디 仁人(ᅀᅵᆫᅀᅵᆫ)이 位(위)예 이셔 民(민) 罔(망)홈을 可(가)히 홈이 이시리오

이런 故(고)로 明君(명군)이 民(민)의 産(산)을 制(졔)호ᄃᆡ 반ᄃᆞ시 ᄒᆞ여곰 仰(앙)ᄒᆞ얀 足(족)히 ᄡᅥ 父母(부모)ᄅᆞᆯ 事(ᄉᆞ)ᄒᆞ며 俯(부)ᄒᆞ얀 足(족)히 ᄡᅥ 妻子(쳐ᄌᆞ)ᄅᆞᆯ 畜(휵)ᄒᆞ야 樂歲(락셰)예 身(신)이 終(죵)토록 飽(포)ᄒᆞ고 凶年(흉년)에 死亡(ᄉᆞ망)에 免(면)케 ᄒᆞᄂᆞ니 그런 後(후)에 驅(구)ᄒᆞ야 善(션)에 之(지)ᄒᆞᄂᆞᆫ 故(고)로 民(민)의 從(죵)홈이 輕(경)ᄒᆞ니이다

今(금)에 民(민)의 産(산)을 制(졔)호ᄃᆡ 仰(앙)ᄒᆞ얀 足(족)히 ᄡᅥ 父母(부모)ᄅᆞᆯ 事(ᄉᆞ)티 몯ᄒᆞ며 俯(부)ᄒᆞ얀 足(족)히 ᄡᅥ 妻子(쳐ᄌᆞ)ᄅᆞᆯ 畜(휵)디 몯ᄒᆞ야 樂歲(셰락)예 身(신)이 終(죵)토록 苦(고)ᄒᆞ고 凶年(흉년)에 死亡(ᄉᆞ망)에 免(면)티 몯게 ᄒᆞᄂᆞ니 이ᄂᆞᆫ 오직 死(ᄉᆞ)를

救(구)호딕 贍(셤)티 몯홀까 恐(공)ᄒᆞ거니 어ᄂᆡ 겨를에 禮義(례의)를 治(티)ᄒᆞ리오

王(왕)이 行(ᄒᆡᆼ)코쟈 ᄒᆞ시면 엇디 그 本(본)에 反(반)티 아니ᄒᆞ시ᄂᆞ니잇고

五畝(오모)ㅅ 宅(틱)애 樹(슈)호딕 桑(상)으로ᄡᅥ ᄒᆞ면 五十(오십)인 者(쟈)ㅣ 可(가)히 ᄡᅥ 帛(ᄇᆡᆨ)을 衣(의)ᄒᆞ며 鷄豚狗彘(계돈구톄)의 畜(휵)을 그 時(시)를 失(실)홈이 업ᄉᆞ면 七十(칠십)인 者(쟈)ㅣ 可(가)히 ᄡᅥ 肉(슉)을 食(식)ᄒᆞ며 百畝(ᄇᆡᆨ모)ㅅ 田(뎐)을 그 時(시)를 奪(탈)티 말면 八口(팔구)ㅅ 집이 可(가)히 ᄡᅥ 飢(긔)홈이 업ᄉᆞ며 庠序(샹셔)ㅅ 敎(교)를 謹(근)ᄒᆞ야 申(신)호딕 孝悌(효뎨)ㅅ 義(의)로ᄡᅥ ᄒᆞ면 頒白(반ᄇᆡᆨ)ᄒᆞᆫ 者(쟈)ㅣ 道路(도로)에 負戴(부ᄃᆡ)티 아니ᄒᆞ리니 老者(로쟈)ㅣ 帛(ᄇᆡᆨ)을 衣(의)ᄒᆞ며 肉(슉)을 食(식)ᄒᆞ며 黎民(려민)이 飢(긔)티 아니ᄒᆞ며 寒(한)티 아니ᄒᆞ고 그러ᄒᆞ고 王(왕)티 몯ᄒᆞᆯ 者(쟈)ㅣ 잇디 아니ᄒᆞ니이다

② 栗谷本

齊宣王(졔션왕)이 問(문)ᄒᆞ야 ᄀᆞᄅᆞ샤딕 齊桓(졔환) 晉文(진문)의 일을 可(가)히 어더 드르리잇가

孟子(ᄆᆡᆼᄌᆞ)ㅣ 對(ᄃᆡ)ᄒᆞ야 ᄀᆞᄅᆞ샤딕 仲尼(듕니)의 무리 桓文(환문)의 일을 니ᄅᆞᆯ 者(쟈)ㅣ 업슨 디라 일로ᄡᅥ 後世(후셰)예 傳(뎐)호미 업스니 臣(신)이 듣디 몯ᄒᆞ얏노니 마디 아닐 딘댄 王(왕)호민뎌

ᄀᆞᄅᆞ샤딕 德(덕)이 엇더ᄒᆞ면 可(가)히 ᄡᅥ 王(왕)ᄒᆞ리잇고 ᄀᆞᄅᆞ샤딕 民(민)을 保(보)ᄒᆞ야 王(왕)ᄒᆞ면 能(능)히 禦(어)ᄒᆞ리 업스리이다

ᄀᆞᄅᆞ샤딕 寡人(과인) ᄀᆞᄐᆞᆫ 者(쟈)도 可(가)히 ᄡᅥ 民(민)을 保(보)ᄒᆞ리잇가 ᄀᆞᄅᆞ샤딕 可(가)ᄒᆞ니이다 ᄀᆞᄅᆞ샤딕 엇디 말ᄆᆡ아마 내의 可(가)ᄒᆞᆫ 줄을 아ᄅᆞ시ᄂᆞ니잇고 ᄀᆞᄅᆞ샤딕 臣(신)이 胡齕(호흘)의게 듣ᄌᆞ오니 ᄀᆞᆯ오딕 王(왕)이 堂上(당샹)의 안잣ᄭᅥ시ᄂᆞᆯ 쇼를 잇글고 堂下(당하)의 디날 者(쟈)ㅣ 잇더니 王(왕)이 보시고 ᄀᆞᄅᆞ샤딕 쇼ᄂᆞᆫ 어ᄃᆡ가ᄂᆞ뇨 對(ᄃᆡ)ᄒᆞ야 ᄀᆞᆯ오딕 쟝ᄎᆞᆺ ᄡᅥ 釁鍾(흔죵)호렷노이다 王(왕)이 ᄀᆞᄅᆞ샤딕 말라 내 그 觳觫(곡속)히 罪(죄) 업시 死地(ᄉᆞ디)예 나아가는 줄을 ᄎᆞᆷ디 몯ᄒᆞ노라 對(ᄃᆡ)ᄒᆞ야 ᄀᆞᆯ오딕 그러면 釁鍾(흔죵)을 廢(폐)ᄒᆞ리잇가 ᄀᆞᄅᆞ샤딕 엇디 可(가)히 廢(폐)ᄒᆞ리오 羊(양)으로ᄡᅥ 밧고라 ᄒᆞ시다 ᄒᆞ니 아디 몯거이다 잇ᄂᆞ니잇가

ᄀᆞᄅᆞ샤딕 잇ᄂᆞ니이다 ᄀᆞᄅᆞ샤딕 이 ᄆᆞ음이 足(죡)히 ᄡᅥ 王(왕)ᄒᆞ리이다 百姓(ᄇᆡᆨ셩)은 다 王(왕)으로ᄡᅥ 앗기시다 ᄒᆞ건마는 臣(신)은 진실로 王(왕)의 ᄎᆞᆷ디 몯ᄒᆞ신 줄을 아노이다

王(왕)이 ᄀᆞᄅᆞ샤딕 그러타 진실로 百姓(ᄇᆡᆨ셩)의 녀기미 잇거니와 齊(졔)ㅅ 나라히 비록 褊小(편쇼)ᄒᆞ나 내 엇디 ᄒᆞᆫ 쇼를 앗기리오 곳 그 觳觫(곡속)히 罪(죄)업시 死地(ᄉᆞ디)예 나아가는 줄을 ᄎᆞᆷ디 몯ᄒᆞᄂᆞᆫ 디라 故(고)로 羊(양)으로ᄡᅥ 밧고이다

ᄀᆞᄅᆞ샤딕 王(왕)은 百姓(ᄇᆡᆨ셩)의 王(왕)으로ᄡᅥ 앗기시다 호ᄆᆞᆯ 괴이히 녀기디 마ᄅᆞ쇼셔 져그니로ᄡᅥ 크니를 밧고아니 뎌 엇디 알리잇고 王(왕)이 만일 그 罪(죄)업시 死地(ᄉᆞ디)예 나아가ᄆᆞᆯ 隱(은)히 녀기실 딘댄 쇼와 羊(양)을 엇디 ᄀᆞᆯ히시리잇고 王(왕)이 웃고 ᄀᆞᄅᆞ샤딕 이 진실로 엇던 ᄆᆞ음고 내 그 財(ᄌᆡ)를 앗겨 羊(양)으로ᄡᅥ 밧곤 주리 아니언마는 百姓(ᄇᆡᆨ셩)의 나를 앗기다 닐오미 맛당ᄒᆞ도다

ᄀᆞᄅᆞ샤딕 傷(샹)호미 업슨디라 이 仁(인)ᄒᆞᆯ 術(슐)이니 쇼를 보고 羊(양)을 보디 몯홀

ᄉᆡ니이다 君子(군ᄌᆞ)ㅣ 禽獸(금슈)의게 그 生(ᄉᆡᆼ)을 보면 ᄎᆞᆷ아 그 死(ᄉᆞ)를 보디 몯ᄒᆞ며 그 소ᄅᆡ를 드ᄅᆞ면 ᄎᆞᆷ아 그 고기를 먹디 몯ᄒᆞᄂᆞᆫ디라 일로ᄡᅥ 君子(군ᄌᆞ)ㅣ 庖廚(포듀)를 멀리 ᄒᆞᄂᆞ니이다

王(왕)이 깃거 ᄀᆞᄅᆞ샤ᄃᆡ 詩(시)예 닐오ᄃᆡ 다ᄅᆞᆫ 人(인)의 ᄆᆞ음두믈 내 혜아리노라 ᄒᆞ니 夫子(부ᄌᆞ)를 닐옴이로다 내 行(ᄒᆡᆼ)호ᄃᆡ 도라 求(구)호매 내 ᄆᆞ음을 得(득)디 몯ᄒᆞ다니 夫子(부ᄌᆞ)ㅣ 言(언)ᄒᆞ시니 내 ᄆᆞ음의 戚戚(쳑쳑)호미 이셔이다 이 ᄆᆞ음의 ᄡᅥ 王(왕)의 合(합)ᄒᆞᆫ 바ᄂᆞᆫ 엇디잇고

ᄀᆞᄅᆞ샤ᄃᆡ 王(왕)ᄭᅴ ᄉᆞᆯ올 者(쟈)ㅣ 이셔 ᄀᆞᆯ오ᄃᆡ 내 힘이 足(족)히 ᄡᅥ 百鈞(ᄇᆡᆨ균)을 들오ᄃᆡ 足(족)히 ᄡᅥ ᄒᆞᆫ 지출 드디 몯ᄒᆞ며 ᄇᆞᆯ금이 足(족)히 ᄡᅥ 秋毫(츄호)의 긋ᄅᆞᆯ ᄉᆞᆲ피되 술위예 서플 보디 몯ᄒᆞ노라 ᄒᆞ면 王(왕)이 許(허)ᄒᆞ시리잇가 ᄀᆞᄅᆞ샤ᄃᆡ 否(부)ㅣ라 이제 은혜 足(족)히 ᄡᅥ 禽獸(금슈)의게 밋초ᄃᆡ 功(공)이 百姓(ᄇᆡᆨ셩)의게 니르디 아니호ᄆᆞᆫ 혼자 엇디잇고 그러면 ᄒᆞᆫ 지촐 드디 몯호ᄆᆞᆫ 力(력)을 ᄡᅳ디 아닐ᄉᆡ오 술윗 서픠 보디 몯호ᄆᆞᆫ 明(명)을 ᄡᅳ디 아닐ᄉᆡ오 百姓(ᄇᆡᆨ셩)의 保(보)호믈 보디 몯호ᄆᆞᆫ 恩(은)을 ᄡᅳ디 아닐ᄉᆡ니 故(고)로 王(왕)의 王(왕)티 몯ᄒᆞ야샤ᄆᆞᆫ ᄒᆞ디 아니홀 ᄲᅮᆫ이언뎡 能(능)티 몯호미 아니니이다

ᄀᆞᄅᆞ샤ᄃᆡ ᄒᆞ디 아닌ᄂᆞᆫ 者(쟈)와 다ᄆᆞᆺ 能(능)티 몯ᄒᆞᄂᆞᆫ 者(쟈)의 形(형)이 엇디 ᄡᅥ 다ᄅᆞ니잇고 ᄀᆞᄅᆞ샤ᄃᆡ 太山(태산)을 挾(협)ᄒᆞ야 ᄡᅥ 北海(븍ᄒᆡ) 超(쵸)ᄒᆞ기를 人(인)ᄃᆞ려 닐러 ᄀᆞᆯ오ᄃᆡ 내 能(능)티 몯ᄒᆞ노라 ᄒᆞ면 이ᄂᆞᆫ 진실로 能(능)티 몯호미어니와 長者(쟝쟈)를 爲(위)ᄒᆞ야 枝(지) 折(졀)ᄒᆞ기를 人(인)ᄃᆞ려 닐러 ᄀᆞᆯ오ᄃᆡ 내 能(능)티 몯ᄒᆞ노라 ᄒᆞ면 이ᄂᆞᆫ ᄒᆞ디 아닐 ᄲᅮᆫ이언뎡 能(능)티 몯호미 아니니 故(고)로 王(왕)의 王(왕)티 몯ᄒᆞ야샤ᄆᆞᆫ 太山(태산)을 挾(협)ᄒᆞ야 ᄡᅥ 北海(븍ᄒᆡ)를 超(쵸)ᄒᆞᄂᆞᆫ 類(류)ㅣ 아니라 王(왕)의 王(왕)티 몯ᄒᆞ야샤ᄆᆞᆫ 이 枝(지)를 折(졀)ᄒᆞᄂᆞᆫ 類(류)ㅣ니이다

내 老(로)를 老(로)ᄒᆞ야 ᄡᅥ 人(인)의 老(로)의 밋츠며 내 幼(유)를 幼(유)ᄒᆞ야 ᄡᅥ 人(인)의 幼(유)의 밋츠면 天下(텬하)를 可(가)히 掌(쟝)의 運(운)홀 디니 詩(시)예 닐오ᄃᆡ 寡妻(과쳐)의 刑(형)ᄒᆞ야 兄弟(형뎨)의 니르러 ᄡᅥ 家邦(가방)의 御(어)ᄒᆞ다 ᄒᆞ니 이 ᄆᆞ음을 擧(거)ᄒᆞ야 뎌의 加(가)홀 ᄯᆞᄅᆞᆷ을 니ᄅᆞ니 故(고)로 恩(은)을 推(츄)ᄒᆞ면 足(족)히 ᄡᅥ 四海(ᄉᆞᄒᆡ)를 保(보)ᄒᆞ고 恩(은)을 推(츄)티 몯ᄒᆞ면 ᄡᅥ 妻子(쳐ᄌᆞ)를 保(보)호미 업스리니 녯 人(인)이 ᄡᅥ 人(인)의게 크게 너믄 바ᄂᆞᆫ 다름이 아니라 그 ᄒᆞᄂᆞᆫ 바를 잘 推(츄)홀 ᄯᆞᄅᆞᆷ이니 이제 恩(은)이 足(족)히 ᄡᅥ 禽獸(금슈)의게 밋초ᄃᆡ 功(공)이 百姓(ᄇᆡᆨ셩)의게 니르디 아니호ᄆᆞᆫ 혼자 엇디잇고

權(권)ᄒᆞᆫ 後(후)에 輕重(경즁)을 알며 度(도)ᄒᆞᆫ 後(후)에 長短(쟝단)을 아ᄂᆞ니 物(믈)이 다 그러ᄒᆞᆫᄃᆡ ᄆᆞ음이 甚(심)ᄒᆞ니 王(왕)은 請(쳥)컨댄 度(탁)ᄒᆞ쇼셔

ᄯᅩᄒᆞᆫ 王(왕)은 甲兵(갑병)을 興(흥)ᄒᆞ야 士臣(ᄉᆞ신)을 危(위)히 ᄒᆞ야 諸侯(져후)의 怨(원)을 構(구)ᄒᆞ야사 그런 後(후)에사 ᄆᆞ음의 快(쾌)ᄒᆞ시리잇가

王(왕)이 ᄀᆞᄅᆞ샤ᄃᆡ 否(부)ㅣ라 내 엇디 이에 快(쾌)ᄒᆞ리오 쟝ᄎᆞᆺ ᄡᅥ 내의 크게 欲(욕)ᄒᆞᆫᄂᆞᆫ 바를 求(구)호미니이다

ᄀᆞᄅᆞ샤ᄃᆡ 王(왕)의 크게 欲(욕)ᄒᆞ시ᄂᆞᆫ 바를 可(가)히 시러곰 드르리잇가 王(왕)이 웃고

말 아니ᄒᆞ신대 ᄀᆞᄅᆞ샤ᄃᆡ 肥甘(비감)이 口(구)에 足(죡)디 몯ᄒᆞ며 輕煖(경난)이 體(톄)예 足(죡)디 몯호ᄆᆞᆯ 爲(위)ᄒᆞ시ᄂᆞ니잇가 ᄯᅩᄒᆞᆫ 采色(ᄎᆡ식)이 目(목)에 視(시)호미 足(죡)디 몯ᄒᆞ며 聲音(셩음)이 耳(이)예 聽(텽)호미 足(죡)디 몯ᄒᆞ며 便嬖(편폐)ㅣ 前(젼)의 使令(ᄉᆞ령)호미 足(죡)디 몯호ᄆᆞᆯ 爲(위)ᄒᆞ시ᄂᆞ니잇가 王(왕)의 諸臣(져신)이 다 足(죡)히 ᄡᅥ 供(공)ᄒᆞ며 王(왕)이 엇디 이ᄅᆞᆯ 爲(위)ᄒᆞ시리잇고 ᄀᆞᄅᆞ샤ᄃᆡ 否(부)ㅣ라 내 이ᄅᆞᆯ 爲(위)티 아닛노이다 ᄀᆞᄅᆞ샤ᄃᆡ 그러면 王(왕)의 크게 欲(욕)ᄒᆞ시ᄂᆞᆫ 바ᄅᆞᆯ 可(가)히 알 디니 土地(토디)ᄅᆞᆯ 辟(벽)ᄒᆞ며 秦楚(진초)ᄅᆞᆯ 죠회바다 中國(즁국)을 莅(리)ᄒᆞ야 四夷(ᄉᆞ이)ᄅᆞᆯ 撫(무)코져 ᄒᆞ시노소니 이러ᄒᆞᆫ 바로ᄡᅥ 이리 欲(욕)ᄒᆞᄂᆞᆫ 바ᄅᆞᆯ 求(구)ᄒᆞ면 木(목)을 緣(연)ᄒᆞ야 魚(어)ᄅᆞᆯ 求(구)홈 ᄀᆞᆺᄐᆞ니이다

王(왕)이 ᄀᆞᄅᆞ샤ᄃᆡ 이ᄀᆞᆺ티 그 甚(심)ᄒᆞ리잇가 ᄀᆞᄅᆞ샤ᄃᆡ 甚(심)호미 잇ᄂᆞ니 木(목)을 緣(연)ᄒᆞ야 魚(어)ᄅᆞᆯ 求(구)호ᄆᆞᆫ 비록 魚(어)ᄅᆞᆯ 得(득)디 몯ᄒᆞ나 後災(후ᄌᆡ)ㅣ 업거니와 이리 ᄒᆞᄂᆞᆫ 바로ᄡᅥ 이리 欲(욕)ᄒᆞᄂᆞᆫ 바ᄅᆞᆯ 求(구)ᄒᆞ면 心力(심력)을 다ᄒᆞ야 ᄒᆞᆯ 디라도 後(후)애 반ᄃᆞ시 災(ᄌᆡ)ㅣ 이시리이다 ᄀᆞᄅᆞ샤ᄃᆡ 可(가)히 시러곰 드르리잇가 ᄀᆞᄅᆞ샤ᄃᆡ 鄒人(추인)이 楚人(초인)과 더브러 戰(젼)ᄒᆞ면 王(왕)은 ᄡᅥ 뉘 이긔리라 ᄒᆞ시리잇고 ᄀᆞᄅᆞ샤ᄃᆡ 楚人(초인)이 이긔리이다 ᄀᆞᄅᆞ샤ᄃᆡ 그러면 小(쇼)ᄒᆞ니 본ᄃᆡ 可(가)히 ᄡᅥ 大(대)ᄅᆞᆯ 敵(뎍)디 몯ᄒᆞ며 寡(과)ᄒᆞ니 본ᄃᆡ 可(가)히 ᄡᅥ 衆(즁)을 敵(뎍)디 몯ᄒᆞ며 弱(약)ᄒᆞ니 본ᄃᆡ 可(가)히 ᄡᅥ 强(강)을 敵(뎍)디 몯ᄒᆞᆯ 디니 海內(ᄒᆡᄂᆡ)ㅅ ᄯᅡ히 方(방)이 千里(쳔리)ᄒᆞᆫ 者(쟈)ㅣ 아홉애 齊(졔)ㅣ 모도아 그 ᄒᆞᆫ나ᄒᆞᆯ 두니 ᄒᆞᆫ나ᄒᆞ로ᄡᅥ 여ᄃᆞᆲ을 服(복)호미 엇디 ᄡᅥ 鄒(추)ㅣ 楚(초)ᄅᆞᆯ 敵(뎍)홈과 다ᄅᆞ리잇고 ᄯᅩᄒᆞᆫ 그 本(본)을 反(반)ᄒᆞᆯ 디니이다

이제 王(왕)이 政(졍)을 發(발)ᄒᆞ야 仁(인)을 施(시)ᄒᆞ샤 ᄒᆞ여곰 天下(텬하)의 仕(ᄉᆞ)ᄒᆞᄂᆞᆫ 者(쟈)ㅣ 다 王(왕)의 朝(죠)애 立(립)고져 ᄒᆞ며 耕(경)ᄒᆞᄂᆞᆫ 者(쟈)ㅣ 다 王(왕)의 野(야)에 耕(경)코져 ᄒᆞ며 商賈(샹고)ㅣ 다 王(왕)의 市(시)예 藏(장)코져 ᄒᆞ며 行旅(ᄒᆡᆼ려)ㅣ 다 王(왕)의 途(도)애 出(츌)케 코져 ᄒᆞ시면 天下(텬하)의 그 君(군)을 疾(질)코져 ᄒᆞᄂᆞᆫ 者(쟈)ㅣ 다 王(왕)ᄭᅴ 赴(부)ᄒᆞ야 愬(소)코져 ᄒᆞ리니 그 이 ᄀᆞᆺᄐᆞ면 뉘 能(능)히 禦(어)ᄒᆞ리잇고

王(왕)이 ᄀᆞᄅᆞ샤ᄃᆡ 내 惛(혼)ᄒᆞ야 能(능)히 이에 進(진)티 몯ᄒᆞ노니 願(원)컨댄 夫子(부ᄌᆞ)ᄂᆞᆫ 내 ᄠᅳᆺ을 輔(보)ᄒᆞ샤 ᄇᆞᆯ키 ᄡᅥ 나ᄅᆞᆯ ᄀᆞᄅᆞ치쇼셔 내 비록 敏(민)티 몯ᄒᆞ나 請(쳥)컨댄 맛보아 시험호리이다 ᄀᆞᄅᆞ샤ᄃᆡ 恒産(ᄒᆞᆼ산)이 업고 恒心(ᄒᆞᆼ심)을 두기ᄂᆞᆫ 오직 士(ᄉᆞ)ㅣ 能(능)ᄒᆞ고 만일 民(민)은 恒産(ᄒᆞᆼ산)이 업스면 因(인)ᄒᆞ야 恒心(ᄒᆞᆼ심)이 업ᄂᆞ니 진실로 恒心(ᄒᆞᆼ심)이 업스면 放辟(방벽)ᄒᆞ며 邪侈(샤치)호ᄆᆞᆯ ᄒᆞ디 아니미 업스리니 罪(죄)예 陷(함)ᄒᆞᆫ 後(후)에 미조차 刑(형)ᄒᆞ면 이ᄂᆞᆫ 民(민)을 罔(망)호미니 어ᄃᆡ 仁人(인인)이 位(위)예 이셔 民(민)을 罔(망)ᄒᆞ기ᄅᆞᆯ 可(가)히 ᄒᆞ리잇고

이런 故(고)로 明君(명군)은 民(민)의 産(산)을 制(졔)호ᄃᆡ 반ᄃᆞ시 ᄒᆞ여곰 우러러 足(죡)히 ᄡᅥ 父母(부모)ᄅᆞᆯ 셤기며 구버 足(죡)히 ᄡᅥ 妻子(쳐ᄌᆞ)ᄅᆞᆯ 쳐 樂歲(락셰)예 몸이 ᄆᆞᆺ도록 飽(포)ᄒᆞ고 凶年(ᄒᆞᆼ년)의 死亡(ᄉᆞ망)의 免(면)케 ᄒᆞᄂᆞ니 그런 後(후)에 모라 善(션)의 ᄀᆞᄂᆞᆫ디라 故(고)로 民(민)의 좃기 쉬오니이다

이제 民(민)의 産(산)을 制(졔)호ᄃᆡ 우러러 足(죡)히 ᄡᅥ 父母(부모)ᄅᆞᆯ 셤기디 몯ᄒᆞ며 구버 足(죡)히 ᄡᅥ 妻子(쳐ᄌᆞ)ᄅᆞᆯ 치디 몯ᄒᆞ야 樂歲(셰락)예 몸이 ᄆᆞᆺ도록 괴롭고 凶年(ᄒᆞᆼ년)에

死亡(ᄉᆞ망)의 免(면)티 몯게 ᄒᆞᄂᆞ니 이ᄂᆞᆫ 오직 죽기 救(구)홈도 贍(셤)티 몯ᄒᆞᆯ가 저커니 어느 겨르레 禮義(례의)ᄅᆞᆯ 다ᄉᆞ리리잇고

王(왕)이 行(ᄒᆡᆼ)코져 ᄒᆞ거시든 엇디 그 本(본)을 反(반)티 아니시ᄂᆞ니잇고

五畝(오모)ㅅ 집의 桑(상)으로ᄡᅥ 시므면 五十(오십) 者(쟈)ㅣ 可(가)히 ᄡᅥ 帛(ᄇᆡᆨ)을 니브며 雞(계)와 豚(돈)과 狗(구)와 彘(톄)의 치기ᄅᆞᆯ 그 時(시)ᄅᆞᆯ 일티 아니면 七十(칠십) 者(쟈)ㅣ 可(가)히 ᄡᅥ 肉(육)을 먹으며 百畝(ᄇᆡᆨ모)ㅅ 田(뎐)을 그 時(시)ᄅᆞᆯ 앗디 말면 八口(팔구)ㅅ 집이 可(가)히 ᄡᅥ 飢(긔)호미 업스며 庠序(샹셔)ㅅ 敎(교)ᄅᆞᆯ 삼가 孝悌(효뎨)의 義(의)로ᄡᅥ 申(신)ᄒᆞ면 頒白(반ᄇᆡᆨ)ᄒᆞᆫ 者(쟈)ㅣ 道路(도로)의 負戴(부ᄃᆡ)티 아니ᄒᆞ리니 老者(로쟈)ㅣ 帛(ᄇᆡᆨ)을 니브며 肉(육)을 먹으며 黎民(려민)이 飢(긔)티 아니며 寒(한)티 아니코 그러코 王(왕)티 몯ᄒᆞᆯ 者(쟈)ㅣ 잇디 아니니이다

第二〈梁惠王章句〉(下)

008(2-1) 與民同樂

莊暴見孟子, 曰:「暴見於王, 王語暴以好樂, 暴未有以對也.」

曰:「好樂何如?」

孟子曰:「王之好樂甚, 則齊國其庶幾乎!」

他日, 見於王, 曰:「王嘗語莊子以好樂, 有諸?」

王變乎色, 曰:「寡人非能好先王之樂也, 直好世俗之樂耳.」

曰:「王之好樂甚, 則齊其庶幾乎! 今之樂猶古之樂也.」

曰:「可得聞與?」

曰:「獨樂樂, 與人樂樂, 孰樂?」

曰:「不若與人.」

曰:「與少樂樂, 與衆樂樂, 孰樂?」

曰:「不若與衆.」

「臣請爲王言樂: 今王鼓樂於此, 百姓聞王鐘鼓之聲, 管籥之音, 擧疾首蹙頞而相告曰:『吾王之好鼓樂, 夫何使我至於此極也? 父子不相見, 兄弟妻子離散.』今王田獵於此, 百姓聞王車馬之音, 見羽旄之美, 擧疾首蹙頞而相告曰:『吾王之好田獵, 夫何使我至於此極也? 父子不相見, 兄弟妻子離散.』此無他, 不與民同樂也. 今王鼓樂於此, 百姓聞王鐘鼓之聲, 管籥之音, 擧欣欣然有喜色而相告曰:『吾王庶幾無疾病與! 何以能鼓樂也?』今王田獵於此, 百姓聞王車馬之音, 見羽旄之美, 擧欣欣然有喜色而相告曰:『吾王庶幾無疾病與! 何以能田獵也?』此無他, 與民同樂也. 今王與百姓同樂, 則王矣.」

① 陶山本

莊暴(장포)ㅣ 孟子(ᄆᆡᆼᄌᆞ)를 보ᄋᆞ와 ᄀᆞᆯ오ᄃᆡ 暴(포)ㅣ 王(왕)ᄭᅴ 뵈ᄋᆞ오니 王(왕)이 暴(포)ᄃᆞ려 樂(악) 好(호)홈으로ᄡᅥ 語(어)ᄒᆞ야시ᄂᆞᆯ 暴(포)ㅣ ᄡᅥ 對(ᄃᆡ)티 몯호니 ᄀᆞᆯ오ᄃᆡ 樂(악) 好(호)홈이 엇더ᄒᆞ니잇고 孟子(ᄆᆡᆼᄌᆞ)ㅣ ᄀᆞᆯᄋᆞ샤ᄃᆡ 王(왕)의 樂(악) 好(호)ᄒᆞ샴이 甚(심)ᄒᆞ면 齊國(제국)은 그 거의린뎌

다른 날애 王(왕)씌 뵈ᄋᆞ와 ᄀᆞᆯᄋᆞ샤ᄃᆡ 王(왕)이 일즉 莊子(장ᄌᆞ)ᄃᆞ려 樂(악) 好(호)홈으로 ᄡᅥ 語(어)ᄒᆞ샤소니 인ᄂᆞ니잇가 王(왕)이 色(ᄉᆡᆨ)을 變(변)ᄒᆞ야 ᄀᆞᆯᄋᆞ샤ᄃᆡ 寡人(과인)이 能(능)히 先王(션왕)의 樂(악)을 好(호)ᄒᆞᄂᆞᆫ 거시 아니라 다믄 世俗(셰쇽)의 樂(악)을 好(호)ᄒᆞ노이다

ᄀᆞᆯᄋᆞ샤ᄃᆡ 王(왕)의 樂(악) 好(호)ᄒᆞ샴이 甚(심)ᄒᆞ면 齊(졔)ᄂᆞᆫ 그 거의린뎌 이젯 樂(악)이 녯 樂(악)ᄀᆞᄐᆞ니이다

ᄀᆞᆯᄋᆞ샤ᄃᆡ 可(가)히 시러곰 聞(문)ᄒᆞ리잇가 ᄀᆞᆯᄋᆞ샤ᄃᆡ 호올로 ᄒᆞᄂᆞᆫ 樂(악)의 樂(락)홈과 사ᄅᆞᆷᄋᆞ로 더블어 ᄒᆞᄂᆞᆫ 樂(악)의 樂(락)홈이 뉘야 樂(락)ᄒᆞ니잇고 ᄀᆞᆯᄋᆞ샤ᄃᆡ 人(ᄉᆞᆫ)오로 더블어 ᄒᆞᄂᆞᆫ이만 ᄀᆞᆮ디 몯ᄒᆞ니이다 ᄀᆞᆯᄋᆞ샤ᄃᆡ 少(쇼)로 더블어 ᄒᆞᄂᆞᆫ 樂(악)의 樂(락)홈과 衆(즁)으로 더블어 ᄒᆞᄂᆞᆫ 樂(악)의 樂(락)홈이 뉘야 樂(락)ᄒᆞ니잇고 ᄀᆞᆯᄋᆞ샤ᄃᆡ 衆(즁)으로 더블어 ᄒᆞᄂᆞᆫ 이만 ᄀᆞᆮ디 몯ᄒᆞ니이다

臣(신)이 請(쳥)컨댄 王(왕)을 爲(위)ᄒᆞ야 樂(악)을 言(언)호리이다

이제 王(왕)이 樂(악)을 이예 鼓(고)ᄒᆞ거시든 百姓(ᄇᆡᆨ셩)이 王(왕)의 鍾鼓(죵고)의 聲(셩)과 管籥(관약)의 音(음)을 듣고 다 首(슈)ᄅᆞᆯ 疾(질)ᄒᆞ며 頞(알)을 蹙(츅)ᄒᆞ야 서ᄅᆞ 告(고)ᄒᆞ야 ᄀᆞᆯ오ᄃᆡ 우리 王(왕)의 樂(악) 鼓(고)홈을 好(호)홈이여 엇디 우리로 ᄒᆞ여곰 이 極(극)에 至(지)케 ᄒᆞᄂᆞᆫ고 ᄒᆞ야 父子(부ᄌᆞ)ㅣ 서ᄅᆞ 보디 몯ᄒᆞ며 兄弟(형뎨)와 妻子(쳐ᄌᆞ)ㅣ 離散(리산)ᄒᆞ며 이제 王(왕)이 이예 田獵(뎐렵)ᄒᆞ거시든 百姓(ᄇᆡᆨ셩)이 王(왕)의 車馬(거마)의 音(음)을 聞(문)ᄒᆞ며 羽旄(우모)의 美(미)ᄅᆞᆯ 見(견)ᄒᆞ고 다 首(슈)ᄅᆞᆯ 疾(질)ᄒᆞ며 頞(알)을 蹙(츅)ᄒᆞ야 서ᄅᆞ 告(고)ᄒᆞ야 ᄀᆞᆯ오ᄃᆡ 우리 王(왕)의 田獵(뎐렵)을 好(호)홈이여 엇디 우리로 ᄒᆞ여곰 이 極(극)에 至(지)케 ᄒᆞᄂᆞᆫ고 ᄒᆞ야 父子(부ᄌᆞ)ㅣ 서ᄅᆞ 보디 몯ᄒᆞ며 兄弟(형뎨)와 妻子(쳐ᄌᆞ)ㅣ 離散(리산)ᄒᆞ면 이ᄂᆞᆫ 他(타)ㅣ 업ᄉᆞᆫ 디라 民(민)으로 더블어 ᄒᆞᆫ가지로 樂(락)디 아니홈이니이다

이제 王(왕)이 樂(악)을 이예 鼓(고)ᄒᆞ시든 百姓(ᄇᆡᆨ셩)이 王(왕)의 鍾鼓(죵고)의 聲(셩)과 管籥(관약)의 音(음)을 듣고 다 欣欣(흔흔)히 喜色(희ᄉᆡᆨ)을 두어 서ᄅᆞ 告(고)ᄒᆞ야 ᄀᆞᆯ오ᄃᆡ 우리 王(왕)이 거의 疾病(질병)이 업스신가 엇디 ᄡᅥ 能(능)히 樂(악)을 鼓(고)ᄒᆞ시ᄂᆞᆫ고 ᄒᆞ며 이제 王(왕)이 이예 田獵(뎐렵)ᄒᆞ거시든 百姓(ᄇᆡᆨ셩)이 王(왕)의 車馬(거마)의 音(음)을 聞(문)ᄒᆞ며 羽旄(우모)의 美(미)ᄅᆞᆯ 見(견)ᄒᆞ고 다 欣欣(흔흔)히 喜色(희ᄉᆡᆨ)을 두어 서ᄅᆞ 告(고)ᄒᆞ야 ᄀᆞᆯ오ᄃᆡ 우리 王(왕)이 거의 疾病(질병)이 업스신가 엇디 ᄡᅥ 能(능)히 田獵(뎐렵)을 ᄒᆞ시ᄂᆞᆫ고 ᄒᆞ면 이ᄂᆞᆫ 他(타)ㅣ 업ᄉᆞᆫ 디라 民(민)으로 더블어 ᄒᆞᆫ가지로 樂(락)홈이니이다

이제 王(왕)이 百姓(ᄇᆡᆨ셩)으로 더블어 ᄒᆞᆫ가지로 樂(락)ᄒᆞ시면 王(왕)ᄒᆞ시리이다

② 栗谷本

莊暴(장포)ㅣ 孟子(ᄆᆡᆼᄌᆞ)ᄅᆞᆯ 보와 ᄀᆞᆯ오ᄃᆡ 暴(포)ㅣ 王(왕)씌 뵈ᄋᆞ오니 王(왕)이 暴(포)ᄃᆞ려 樂(악) 됴히 녀기모로ᄡᅥ 니ᄅᆞ거시ᄂᆞᆯ 暴(포)ㅣ ᄡᅥ 對(ᄃᆡ)호ᄆᆞᆯ 두디 몯호니 ᄀᆞᆯ온 樂(악) 됴히 녀기미 엇더ᄒᆞ니잇고 孟子(ᄆᆡᆼᄌᆞ)ㅣ ᄀᆞᄅᆞ샤ᄃᆡ 王(왕)의 樂(악) 됴히 녀기시미 甚(심)ᄒᆞ면 齊(졔)ㅅ 나라히 그 거읜뎌

다른 날애 王(왕)씌 뵈ᄋᆞ와 ᄀᆞᄅᆞ샤ᄃᆡ 王(왕)이 일즉 莊子(장ᄌᆞ)ᄃᆞ려 樂(악) 됴히 녀기모로 ᄡᅥ 니ᄅᆞ시다 ᄒᆞ니 잇ᄂᆞ니잇가 王(왕)이 色(ᄉᆡᆨ)을 變(변)ᄒᆞ야 ᄀᆞᄅᆞ샤ᄃᆡ 寡人(과인)이 能(능)히 先王(션왕)의 樂(악)을 됴리 녀기미 아니라 다믄 世俗(셰쇽)의 樂(악)을 됴히 녀기노이다

ᄀᆞᄅᆞ샤ᄃᆡ 王(왕)의 樂(악) 됴히 녀기시미 甚(심)ᄒᆞ면 齊(졔)ㅣ 그 거읜뎌 이제 樂(악)이 녜 樂(악)ᄀᆞᆺᄐᆞ니이다

ᄀᆞᄅᆞ샤ᄃᆡ 可(가)히 시러곰 드르리잇가 ᄀᆞᄅᆞ샤ᄃᆡ ᄒᆞᆫ자 樂(악)호ᄆᆡ 즐거옴과 사ᄅᆞᆷ 더브러 樂(악)호ᄆᆡ 즐거옴미 어ᄂᆡ야 즐거우리잇고 ᄀᆞᄅᆞ샤ᄃᆡ 사ᄅᆞᆷ 더브러 홈만 ᄀᆞᆺ디 몯ᄒᆞ니이다 ᄀᆞᄅᆞ샤ᄃᆡ 져그니 더브러 樂(악)호ᄆᆡ 즐거옴과 하니 더브러 樂(악)호ᄆᆡ 즐거옴이 어ᄂᆡ야 즐거우리잇고 ᄀᆞᄅᆞ샤ᄃᆡ 하니 더브러 홈만 ᄀᆞᆺ디 몯ᄒᆞ니이다

臣(신)은 請(쳥)컨댄 王(왕)을 爲(위)ᄒᆞ야 樂(악)을 니로리이다

이제 王(왕)이 이에셔 樂(악)을 鼓(고)ᄒᆞ거시든 百姓(ᄇᆡᆨ셩)이 王(왕)의 鍾鼓(죵고)ㅅ 소ᄅᆡ와 管籥(관약) 소ᄅᆡᄅᆞᆯ 듣고 다 머리 알ᄒᆞ며 니마 ᄡᅵᆼ긔여 서ᄅᆞ 告(고)ᄒᆞ야 ᄀᆞᆯ오ᄃᆡ 우리 王(왕)의 樂(악)을 鼓(고)ᄒᆞ기 됴히 녀기시미여 엇디 우리로 ᄒᆞ여곰 이 極(극)호매 니르게 ᄒᆞᄂᆞᆫ고 ᄒᆞ야 父子(부ᄌᆞ)ㅣ 서ᄅᆞ 보디 몯ᄒᆞ며 兄弟(형뎨)와 妻子(쳐ᄌᆞ)ㅣ 離散(리산)ᄒᆞ며 이제 王(왕)이 이에셔 田獵(뎐렵)ᄒᆞ거시든 百姓(ᄇᆡᆨ셩)이 王(왕)의 車馬(거마)ㅅ 소ᄅᆡᄅᆞᆯ 드르며 羽旄(우모)의 아ᄅᆞᆷ다오ᄆᆞᆯ 보고 다 머리 알ᄒᆞ며 니마 ᄡᅵᆼ긔여 서ᄅᆞ 告(고)ᄒᆞ야 ᄀᆞᆯ오ᄃᆡ 우리 王(왕)의 田獵(뎐렵) 됴히 녀기시미여 엇디 우리로 ᄒᆞ여곰 이 極(극)호매 니르게 ᄒᆞᄂᆞᆫ고 ᄒᆞ야 父子(부ᄌᆞ)ㅣ 서ᄅᆞ 보디 몯ᄒᆞ며 兄弟(형뎨)와 妻子(쳐ᄌᆞ)ㅣ 離散(리산)ᄒᆞ면 이ᄂᆞᆫ 他(타)ㅣ 아니라 民(민)과 더브러 ᄒᆞᆫ가지로 즐기디 아닐 ᄊᆡ니이다

이제 王(왕)이 이에셔 樂(악)을 鼓(고)ᄒᆞ거시든 百姓(ᄇᆡᆨ셩)이 王(왕)의 鍾鼓(죵고)ㅅ 소ᄅᆡ와 管籥(관약) 소ᄅᆡᄅᆞᆯ 듣고 다 欣欣(흔흔)히 喜色(희ᄉᆡᆨ)을 두어 서ᄅᆞ 告(고)ᄒᆞ야 ᄀᆞᆯ오ᄃᆡ 우리 王(왕)이 거의 疾病(질병)이 업스샤냐 엇디 ᄲᅧ 能(능)히 樂(악)을 鼓(고)ᄒᆞ시ᄂᆞ뇨 ᄒᆞ며 이제 王(왕)이 이에셔 田獵(뎐렵)ᄒᆞ거시든 百姓(ᄇᆡᆨ셩)이 王(왕)의 車馬(거마)ㅅ 소ᄅᆡᄅᆞᆯ 드르며 羽旄(우모)의 아ᄅᆞᆷ다오ᄆᆞᆯ 보고 다 欣欣(흔흔)히 喜色(희ᄉᆡᆨ)을 두어 서ᄅᆞ 告(고)ᄒᆞ야 ᄀᆞᆯ오ᄃᆡ 우리 王(왕)이 거의 疾病(질병)이 업스샤냐 엇디 ᄲᅧ 能(능)히 田獵(뎐렵)ᄒᆞ시ᄂᆞ뇨 ᄒᆞ면 이ᄂᆞᆫ 他(타)ㅣ 아니라 民(민)과 더브러 ᄒᆞᆫ가지로 즐길 ᄉᆡ니이다

이제 王(왕)이 百姓(ᄇᆡᆨ셩)과 더브러 ᄒᆞᆫ가지로 즐기시면 王(왕)ᄒᆞ시리이다

009(2-2) 文王之囿

齊宣王問曰:「文王之囿, 方七十里, 有諸?」

孟子對曰:「於傳有之.」

曰:「若是其大乎?」

曰:「民猶以爲小也.」

曰:「寡人之囿, 方四十里; 民猶以爲大, 何也?」

曰:「文王之囿, 方七十里, 芻蕘者往焉, 雉兎者往焉, 與民同之. 民以爲小, 不亦宜乎? 臣始至於境, 問國之大禁, 然後敢入. 臣聞郊關之內, 有囿方四十里; 殺其麋鹿者, 如殺人之罪. 則是方四十里, 爲阱於國中. 民以爲大, 不亦宜乎?」

① 陶山本

齊宣王(졔션왕)이 묻ᄌᆞ와 ᄀᆞᆯᄋᆞ샤ᄃᆡ 文王(문왕)의 囿(유)ㅣ 方(방)이 七十里(칠십리)라 ᄒᆞ니 인ᄂᆞ니잇가 孟子(ᄆᆡᆼᄌᆞ)ㅣ 對(ᄃᆡ)ᄒᆞ야 ᄀᆞᆯᄋᆞ샤ᄃᆡ 傳(뎐)에 인ᄂᆞ니이다

ᄀᆞᆯᄋᆞ샤ᄃᆡ 이러ᄐᆞ시 그 크니잇가 ᄀᆞᆯᄋᆞ샤ᄃᆡ 民(민)이 오히려 ᄡᅧ 小(쇼)타 하더니이다 ᄀᆞᆯᄋᆞ샤ᄃᆡ 寡人(과인)의 囿(유)ᄂᆞᆫ 方(방)이 四十里(ᄉᆞ십리)로ᄃᆡ 民(민)이 오히려 大(대)타 홈은 엇디니잇고 ᄀᆞᆯᄋᆞ샤ᄃᆡ 文王(문왕)의 囿(유)ㅣ 方(방)이 七十里(칠십리)예 芻蕘(추요)ᄒᆞᄂᆞᆫ 者(쟈)ㅣ 往(왕)ᄒᆞ며 雉兎(티토)ᄒᆞᄂᆞᆫ 者(쟈)ㅣ 往(왕)ᄒᆞ야 民(민)으로 더블어 同(동)ᄒᆞ시니 民(민)이 ᄡᅧ 小(쇼)타 홈이 ᄯᅩᄒᆞᆫ 맛당티 아니ᄒᆞ니잇가

臣(신)이 비로소 境(경)에 至(지)ᄒᆞ야 國(국)의 大禁(대금)을 무른 然後(연후)에 敢(감)히 入(십)호니 臣(신)은 드로니 郊關(교관) 內(ᄂᆡ)예 囿(유)ㅣ 方(방)이 四十里(ᄉᆞ십리)ㅣ 이심애 그 麋鹿(미록) 殺(살)ᄒᆞᆫ 者(쟈)를 人(신) 殺(살)ᄒᆞᆫ 罪(죄) ᄀᆞ티 ᄒᆞᆫ다 ᄒᆞ니 곧 이ᄂᆞᆫ 方(방)이 四十里(ᄉᆞ십리)로 國中(국듕)에 阱(졍)을 삼아심이니 民(민)이 ᄡᅧ 크다 홈이 ᄯᅩᄒᆞᆫ 맛당티 아니ᄒᆞ니잇가

② 栗谷本

齊宣王(졔션왕)이 問(문)ᄒᆞ야 ᄀᆞᄅᆞ샤ᄃᆡ 文王(문왕)의 囿(유)ㅣ 方(방)이 七十里(칠십리)라 ᄒᆞ니 잇ᄂᆞ니잇가 孟子(ᄆᆡᆼᄌᆞ)ㅣ 對(ᄃᆡ)ᄒᆞ야 ᄀᆞᄅᆞ샤ᄃᆡ 傳(뎐)에 잇ᄂᆞ니이다

ᄀᆞᄅᆞ샤ᄃᆡ 이러ᄐᆞ시 그 크더니잇가 ᄀᆞᄅᆞ샤ᄃᆡ 民(민)이 오히려 ᄡᅧ 젹다 하더니이다 ᄀᆞᄅᆞ샤ᄃᆡ 寡人(과인)의 囿(유)ᄂᆞᆫ 方(방)이 四十里(ᄉᆞ십리)로ᄃᆡ 民(민)이 오히려 ᄡᅧ 크다 호ᄆᆞᆫ 엇디니잇고 ᄀᆞᄅᆞ샤ᄃᆡ 文王(문왕)의 囿(유)ㅣ 方(방)이 七十里(칠십리)예 芻蕘(추요)ᄒᆞᄂᆞᆫ 者(쟈)ㅣ 가며 雉兎(치토)ᄒᆞᄂᆞᆫ 者(쟈)ㅣ 가 民(민)과 더브러 ᄒᆞᆫ가지로 ᄒᆞ거니 民(민)이 ᄡᅧ 젹다 호미 ᄯᅩᄒᆞᆫ 맛당티 아니리잇가

臣(신)이 처음으로 境(경)의 니르러 나라히 큰 禁(금)을 뭇고 그런 後(후)에 敢(감)히 入(입)호니 臣(신)이 듯ᄌᆞ오니 郊關(교관) 안히 囿(유)ㅣ 이쇼ᄃᆡ 方(방)이 四十里(ᄉᆞ십리)오 그 麋鹿(미록) 주긴 者(쟈)ㅣ 사ᄅᆞᆷ 주긴 罪(죄)와 ᄀᆞᆮ다 ᄒᆞ니 이ᄂᆞᆫ 方(방) 四十里(ᄉᆞ십리)로 나랏 가온대 함졍이 되엿거니 民(민)이 ᄡᅧ 크다 호미 ᄯᅩᄒᆞᆫ 맛당티 아니리잇가

010(2-3) 交鄰

齊宣王問曰:「交鄰國有道乎?」

孟子對曰:「有. 惟仁者爲能以大事小; 是故湯事葛, 文王事昆夷; 惟智者爲能以小事大, 故大王事獯鬻, 句踐事吳. 以大事小者, 樂天者也;

以小事大者，畏天者也．樂天者保天下；畏天者保其國．詩云：『畏天之威，于時保之.』」

王曰：「大哉，言矣！寡人有疾，寡人好勇.」

對曰：「王請無好小勇．夫撫劒疾視，曰：『彼惡敢當我哉?』此匹夫之勇，敵一人者也．王請大之！詩云：『王赫斯怒，爰整其旅．以遏徂莒，以篤周祜，以對于天下.』此文王之勇也．文王一怒而安天下之民．書曰：『天降下民，作之君，作之師，惟曰其助上帝，寵之四方，有罪無罪惟我在．天下曷敢有越厥志?』一人衡行於天下，武王恥之．此武王之勇也．而武王亦一怒而安天下之民．今王亦一怒而安天下之民，民惟恐王之不好勇也.」

① 陶山本

齊宣王(졔션왕)이 묻ᄌᆞ와 ᄀᆞᆯᄋᆞ샤ᄃᆡ 鄰國(린국) 交(교)홈이 道(도)ㅣ 인ᄂᆞ니잇가 孟子(ᄆᆡᆼᄌᆞ)ㅣ 對(ᄃᆡ)ᄒᆞ야 ᄀᆞᆯᄋᆞ샤ᄃᆡ 인ᄂᆞ니 오직 仁者(신쟈)ㅣ사 能(능)히 大(대)로ᄡᅥ 小(쇼)를 事(ᄉᆞ)ᄒᆞᄂᆞ니 이런 故(고)로 湯(탕)이 葛(갈)을 事(ᄉᆞ)ᄒᆞ시고 文王(문왕)이 昆夷(곤이)를 事(ᄉᆞ)ᄒᆞ시니이다 오직 智者(디쟈)ㅣ사 能(능)히 小(쇼)로ᄡᅥ 大(대)를 事(ᄉᆞ)ᄒᆞᄂᆞ니 故(고)로 大王(태왕)이 獯鬻(훈육)을 事(ᄉᆞ)ᄒᆞ시고 句踐(구쳔)이 吳(오)를 事(ᄉᆞ)ᄒᆞ니이다

大(대)로ᄡᅥ 小(쇼)를 事(ᄉᆞ)ᄒᆞᄂᆞᆫ 者(쟈)ᄂᆞᆫ 天(텬)을 樂(락)ᄒᆞᄂᆞᆫ 者(쟈)ㅣ오 小(쇼)로ᄡᅥ 大(대)를 事(ᄉᆞ)ᄒᆞᄂᆞᆫ 者(쟈)ᄂᆞᆫ 天(텬)을 畏(외)ᄒᆞᄂᆞᆫ 者(쟈)ㅣ니 天(텬)을 樂(락)ᄒᆞᄂᆞᆫ 者(쟈)ᄂᆞᆫ 天下(텬하)를 保(보)ᄒᆞ고 天(텬)을 畏(외)ᄒᆞᄂᆞᆫ 者(쟈)ᄂᆞᆫ 그 國(국)을 保(보)ᄒᆞᄂᆞ니이다

詩(시)예 닐오ᄃᆡ 天(텬)의 威(위)를 畏(외)ᄒᆞ야 이에 保(보)타 ᄒᆞ니이다

王(왕)이 ᄀᆞᆯᄋᆞ샤ᄃᆡ 크다 言(언)이여 寡人(과신)이 疾(질)이 인노니 寡人(과신)은 勇(용)을 好(호)ᄒᆞ노이다

對(ᄃᆡ)ᄒᆞ야 ᄀᆞᆯᄋᆞ샤ᄃᆡ 王(왕)은 請(쳥)컨댄 小勇(쇼용)을 好(호)티 말ᄋᆞ쇼셔 劒(검)을 撫(무)ᄒᆞ고 疾視(질시)ᄒᆞ야 ᄀᆞᆯ오ᄃᆡ 뎨 엇디 敢(감)히 나를 當(당)ᄒᆞ리오 ᄒᆞᄂᆞ니 이ᄂᆞᆫ 匹夫(필부)의 勇(용)이라 一人(일신)을 敵(뎍)ᄒᆞᄂᆞᆫ 者(쟈)ㅣ니 王(왕)은 請(쳥)컨댄 大(대)히 ᄒᆞ쇼셔

詩(시)예 닐오ᄃᆡ 王(왕)이 赫(혁)히 이예 怒(노)ᄒᆞ샤 이예 그 旅(려)를 整(졍)ᄒᆞ야 ᄡᅥ 徂(조)ᄒᆞᄂᆞᆫ 莒(려)를 遏(알)ᄒᆞ야 ᄡᅥ 周(쥬)ㅅ 祜(호)를 篤(독)히 ᄒᆞ야 ᄡᅥ 天下(텬하)를 對(ᄃᆡ)타 ᄒᆞ니 이ᄂᆞᆫ 文王(문왕)의 勇(용)이니 文王(문왕)이 ᄒᆞᆫ번 怒(노)ᄒᆞ샤 天下(텬하)ㅅ 民(민)을 安(안)ᄒᆞ시니이다

書(셔)에 ᄀᆞᆯ오ᄃᆡ 天(텬)이 下民(하민)을 降(강)ᄒᆞ샤 君(군)을 作(작)ᄒᆞ시며 師(ᄉᆞ)를 作(작)ᄒᆞ샨든 오직 ᄀᆞᆯ오ᄃᆡ 그 上帝(샹뎨)를 助(조)ᄒᆞᄂᆞᆫ 디라 四方(ᄉᆞ방)에 寵(통)케 ᄒᆞ시니 罪(죄) 이시며 罪(죄) 업슴애 오직 내 잇거니 天下(텬하)ㅣ 엇디 敢(감)히 그 志(지)를

越(월)홈이 이시리오 ᄒᆞ니 一人(일신)이 天下(텬하)애 衡行(횡힝)ᄒᆞ거ᄂᆞᆯ 武王(무왕)이 恥(티)ᄒᆞ시니 이는 武王(무왕)의 勇(용)이니 武王(무왕)이 ᄯᅩᄒᆞᆫ ᄒᆞᆫ번 怒(노)ᄒᆞ샤 天下(텬하)ㅅ 民(민)을 安(안)ᄒᆞ시니이다

이제 王(왕)이 ᄯᅩᄒᆞᆫ ᄒᆞᆫ번 怒(노)ᄒᆞ샤 天下(텬하)ㅅ 民(민)을 安(안)ᄒᆞ시면 民(민)이 오직 王(왕)이 勇(용)을 好(호)티 아니ᄒᆞ실까 저허ᄒᆞ리이다

② 栗谷本

齊宣王(졔션왕)이 問(문)ᄒᆞ야 ᄀᆞᄅᆞ샤ᄃᆡ 隣國(린국) 사괴기 道(도)ㅣ 잇ᄂᆞ니잇가 孟子(ᄆᆡᆼᄌᆞ)ㅣ 對(ᄃᆡ)ᄒᆞ야 ᄀᆞᄅᆞ샤ᄃᆡ 잇ᄂᆞ니 오직 仁(인)ᄒᆞᆫ 者(쟈)ㅣ야 能(능)히 大(대)로ᄡᅥ 小(쇼)를 셤기ᄂᆞ니 이런 故(고)로 湯(탕)이 葛(갈)을 셤기시며 文王(문왕)이 昆夷(곤이)를 셤기시니이다 오직 智(지)ᄒᆞᆫ 者(쟈)ㅣ야 能(능)히 小(쇼)로ᄡᅥ 大(대)를 셤기ᄂᆞ니 故(고)로 大王(태왕)이 獯鬻(훈육)을 셤기시며 句踐(구쳔)이 吳(오)를 셤기니이다

大(대)로ᄡᅥ 小(쇼)를 셤기는 者(쟈)는 天(텬)을 樂(락)ᄒᆞ는 者(쟈)ㅣ오 小(쇼)로ᄡᅥ 大(대)를 셤기는 者(쟈)는 天(텬)을 畏(외)ᄒᆞ는 者(쟈)ㅣ니 天(텬)을 樂(락)ᄒᆞ는 者(쟈)는 天下(텬하)를 保(보)ᄒᆞ고 天(텬)을 畏(외)ᄒᆞ는 者(쟈)는 그 나라ᄒᆞᆯ 保(보)ᄒᆞᄂᆞ니이다

詩(시)예 닐오ᄃᆡ 天(텬)의 威(위)를 畏(외)ᄒᆞ야 이에 保(보)ᄒᆞᆫ다 ᄒᆞ니이다

王(왕)이 ᄀᆞᄅᆞ샤ᄃᆡ 크다 말이여 寡人(과인)은 疾(질)을 둣노니 寡人(과인)이 勇(용)을 好(호)ᄒᆞ노이다

對(ᄃᆡ)ᄒᆞ야 ᄀᆞᄅᆞ샤ᄃᆡ 王(왕)은 請(쳥)컨댄 져근 勇(용)을 好(호)티 마ᄅᆞ쇼셔 劒(검)을 어르ᄆᆞᆫ지며 疾視(질시)ᄒᆞ야 ᄀᆞᆯ오ᄃᆡ 뎨 엇디 敢(감)히 나를 當(당)ᄒᆞ료 ᄒᆞ면 이는 匹夫(필부)의 勇(용)이라 一人(일인)을 敵(뎍)ᄒᆞ는 者(쟈)ㅣ니 王(왕)은 請(쳥)컨댄 크게 ᄒᆞ쇼셔

詩(시)예 닐오ᄃᆡ 王(왕)이 赫(혁)히 이에 怒(노)ᄒᆞ샤 이예 그 旅(려)를 이에 졍졔히 ᄒᆞ샤 ᄡᅥ 가는 무리를 遏(알)ᄒᆞ샤 ᄡᅥ 周(쥬)의 祜(호)를 篤(독)게 ᄒᆞ샤 ᄡᅥ 天下(텬하)를 對(ᄃᆡ)ᄒᆞ시다 ᄒᆞ니 이는 文王(문왕)의 勇(용)이시니 文王(문왕)이 ᄒᆞᆫ번 怒(노)ᄒᆞ시매 天下(텬하)의 民(민)을 평안케 ᄒᆞ시니이다

書(셔)의 ᄀᆞᆯ오ᄃᆡ 天(텬)이 下民(하민)을 降(강)ᄒᆞ시매 君(군)을 作(작)ᄒᆞ며 師(ᄉᆞ)를 作(작)ᄒᆞ샤ᄆᆞᆫ 오직 ᄀᆞᆯ온 그 上帝(샹뎨)를 돕는 디라 四方(ᄉᆞ방)의 寵(춍)호미시니 罪(죄)이시며 罪(죄) 업ᄉᆞ매 오직 내 잇거니 天下(텬하)ㅣ 엇디 敢(감)히 그 ᄠᅳᆺ을 넘구리 이시료 ᄒᆞ니 ᄒᆞᆫ 사ᄅᆞᆷ이나 天下(텬하)의 衡行(횡힝)호ᄆᆞᆯ 武王(무왕)이 붓그리시니 이는 武王(무왕)의 勇(용)이시니 武王(무왕)이 ᄯᅩᄒᆞᆫ ᄒᆞᆫ번 怒(노)ᄒᆞ시매 天下(텬하)의 民(민)을 편안케 ᄒᆞ시니이다

이제 王(왕)이 ᄯᅩᄒᆞᆫ ᄒᆞᆫ번 怒(노)ᄒᆞ매 天下(텬하)의 民(민)을 편안케 ᄒᆞ시면 民(민)이 오직 王(왕)이 勇(용)을 好(호)티 아니ᄒᆞ실가 저흐리이다

011(2-4) 雪宮

齊宣王見孟子於雪宮, 王曰:「賢者亦有此樂乎?」

孟子對曰:「有. 人不得, 則非其上矣. 不得而非其上者, 非也; 爲民上而不與民同樂者, 亦非也. 樂民之樂者, 民亦樂其樂; 憂民之憂者, 民亦憂其憂. 樂以天下, 憂以天下, 然而不王者, 未之有也. 昔者, 齊景公問於晏子曰:『吾欲觀於轉附·朝儛, 遵海而南, 放于琅邪. 吾何脩而可以比於先王觀也?』晏子對曰:『善哉, 問也! 天子適諸侯曰巡狩, 巡狩者, 巡所守也; 諸侯朝於天子曰述職, 述職者, 述所職也. 無非事者. 春省耕而補不足, 秋省斂而助不給. 夏諺曰: '吾王不遊, 吾何以休? 吾王不豫, 吾何以助?' 一遊一豫, 爲諸侯度. 今也不然: 師行而糧食, 飢者弗食, 勞者弗息, 睊睊胥讒, 民乃作慝. 方命虐民, 飮食若流. 流連荒亡, 爲諸侯憂. 從流下而忘反謂之流; 從流上而忘反謂之連; 從獸無厭謂之荒; 樂酒無厭謂之亡. 先王無流連之樂, 荒亡之行. 惟君所行也.』景公說, 大戒於國, 出舍於郊. 於是始興發補不足. 召大師, 曰:『爲我作君臣相說之樂.』蓋徵招角招是也. 其詩曰:『畜君何尤!』畜君者, 好君也.」

① 陶山本

齊宣王(졔션왕)이 孟子(ᄆᆡᆼᄌᆞ)를 雪宮(셜궁)애 보더시니 王(왕)이 ᄀᆞᆯᄋᆞ샤ᄃᆡ 賢者(현쟈)도 ᄯᅩᄒᆞᆫ 이 樂(락)이 인ᄂᆞ니잇가 孟子(ᄆᆡᆼᄌᆞ) ㅣ 對(ᄃᆡ)ᄒᆞ야 ᄀᆞᆯᄋᆞ샤ᄃᆡ 인ᄂᆞ니 人(신)이 得(득)디 몯ᄒᆞ면 그 上(샹)을 외오 너기ᄂᆞ니이다

得(득)디 몯ᄒᆞ야 그 上(샹)을 非(비)ᄒᆞᄂᆞᆫ 者(쟈)도 외며 民(민)의 上(샹)이 되여셔 民(민)으로 더블어 ᄒᆞᆫ가지로 樂(락)디 아니ᄒᆞᄂᆞᆫ 者(쟈)도 ᄯᅩ 외니이다

民(민)의 樂(락)을 樂(락)ᄒᆞᄂᆞᆫ 者(쟈)ᄂᆞᆫ 民(민)이 ᄯᅩᄒᆞᆫ 그 樂(락)을 樂(락)ᄒᆞ고 民(민)의 憂(우)를 憂(우)ᄒᆞᄂᆞᆫ 者(쟈)ᄂᆞᆫ 民(민)이 ᄯᅩᄒᆞᆫ 그 憂(우)를 憂(우)ᄒᆞᄂᆞ니 樂(락)을 天下(텬하)로ᄡᅥ ᄒᆞ며 憂(우)를 天下(텬하)로ᄡᅥ ᄒᆞ고 그러코 王(왕)티 몯ᄒᆞᇙ 者(쟈) ㅣ 잇디 아니ᄒᆞ니이다

녜 齊景公(졔경공)이 晏子(안ᄌᆞ)의게 무러 ᄀᆞᆯ오ᄃᆡ 내 轉附(뎐부)와 朝儛(됴무)에 觀(관)ᄒᆞ야 海(ᄒᆡ)를 遵(준)ᄒᆞ야 南(남)ᄒᆞ야 琅邪(랑야)애 放(방)코쟈 ᄒᆞ노니 내 엇디 脩(슈)ᄒᆞ야ᅀᅡ 可(가)히 ᄡᅥ 先王(션왕)의 觀(관)애 比(비)ᄒᆞᆯ꼬

晏子(안ᄌᆞ) ㅣ 對(ᄃᆡ)ᄒᆞ야 ᄀᆞᆯ오ᄃᆡ 善(션)타 問(문)이여 天子(텬ᄌᆞ) ㅣ 諸侯(져후)애 適(뎍)ᄒᆞᆷ을 ᄀᆞᆯ온 巡狩(슌슈) ㅣ니 巡狩(슌슈)ᄂᆞᆫ 守(슈)ᄒᆞᆫ 바애 巡(슌)ᄒᆞᆷ이오 諸侯(져후) ㅣ 天子(텬ᄌᆞ)ㅅ긔 朝(됴)ᄒᆞᆷ을 ᄀᆞᆯ온 述職(슐직)이니 述職(슐직)은 職(직)ᄒᆞᆫ 바ᄅᆞᆯ 述(슐)ᄒᆞᆷ이니 事(ᄉᆞ) ㅣ 아니니 업고 春(츈)애 耕(경)을 省(셩)ᄒᆞ야 不足(블족)을 補(보)ᄒᆞ며 秋(츄)애 斂(렴)을 省(셩)ᄒᆞ야 不給(블급)을 助(조)ᄒᆞᄂᆞ니 夏諺(하언)애 ᄀᆞᆯ오ᄃᆡ 우리 王(왕)이 遊(유)

티 아니면 우리 엇디 뻐 休(휴)ᄒᆞ며 우리 王(왕)이 豫(예)티 아니면 우리 엇디 뻐 助(조)ᄒᆞ리오 ᄒᆞᆫ번 遊(유)ᄒᆞ며 ᄒᆞᆫ번 豫(예)홈이 諸侯(져후)의 度(도)ㅣ 된다 ᄒᆞ니이다

이제ᄂᆞᆫ 그러티 아니ᄒᆞ야 師(ᄉᆞ)로 行(ᄒᆡᆼ)ᄒᆞ야 糧(량)을 食(식)ᄒᆞ야 飢(긔)ᄒᆞᆫ 者(쟈)ㅣ 食(식)디 몯ᄒᆞ며 勞(로)ᄒᆞᆫ 者(쟈)ㅣ 息(식)디 몯ᄒᆞ야 睊睊(견견)히 서ᄅᆞ 讒(참)ᄒᆞ야 民(민)이 慝(특)을 作(작)ᄒᆞ거늘 命(명)을 方(방)ᄒᆞ며 民(민)을 虐(학)ᄒᆞ야 飮食(음식)을 流(류)홈 ᄀᆞᄐᆡ ᄒᆞ야 流(류)ᄒᆞ며 連(련)ᄒᆞ며 荒(황)ᄒᆞ며 亡(망)ᄒᆞ야 諸侯(져후)의 憂(우)ㅣ 되ᄂᆞ니이다

流(류)를 從(죵)ᄒᆞ야 下(하)ᄒᆞ야 反(반)을 忘(망)홈을 流(류)ㅣ라 닐ᄋᆞ고 流(류)를 從(죵)ᄒᆞ야 上(샹)ᄒᆞ야 反(반)을 忘(망)홈을 連(련)이라 닐ᄋᆞ고 獸(슈)를 從(죵)ᄒᆞ야 厭(염)홈이 업슴을 荒(황)이라 닐ᄋᆞ고 酒(쥬)를 樂(락)ᄒᆞ야 厭(염)홈이 업슴을 亡(망)이라 닐ᄋᆞ니

先王(션왕)은 流連(류련)ᄒᆞᄂᆞᆫ 樂(락)과 荒亡(황망)ᄒᆞᄂᆞᆫ 行(ᄒᆡᆼ)이 업더시니 오직 君(군)의 行(ᄒᆡᆼ)ᄒᆞ실 ᄲᅮᆫ이니이다

景公(경공)이 說(열)ᄒᆞ야 키 國(국)애 戒(계)ᄒᆞ고 郊(교)애 出舍(츌샤)ᄒᆞ야 이예 비로소 興發(흥발)ᄒᆞ야 不足(블죡)을 補(보)ᄒᆞ고 大師(태ᄉᆞ)를 召(쇼)ᄒᆞ야 ᄀᆞᆯ오ᄃᆡ 나를 爲(위)ᄒᆞ야 君(군)과 臣(신)이 서ᄅᆞ 說(열)ᄒᆞᄂᆞᆫ 樂(악)을 作(작)ᄒᆞ라 ᄒᆞ니 徵招(티쇼)와 角招(각쇼)ㅣ이라 그 詩(시)예 ᄀᆞᆯ오ᄃᆡ 君(군)을 畜(튝)홈이 므슴 尤(우)ㅣ리오 ᄒᆞ니 君(군)을 畜(튝)ᄒᆞᄂᆞᆫ 者(쟈)ᄂᆞᆫ 君(군)을 好(호)홈이니이다

② 栗谷本

齊宣王(졔션왕)이 孟子(ᄆᆡᆼᄌᆞ)를 雪宮(셜궁)의셔 보더시니 王(왕)이 ᄀᆞᄅᆞ샤ᄃᆡ 어딘 者(쟈)도 ᄯᅩᄒᆞᆫ 이 樂(락)을 둣ᄂᆞ니잇가 孟子(ᄆᆡᆼᄌᆞ)ㅣ 對(ᄃᆡ)ᄒᆞ야 ᄀᆞᄅᆞ샤ᄃᆡ 둣ᄂᆞ니 人(인)이 得(득)디 몯ᄒᆞ면 그 上(샹)을 외네 녀기ᄂᆞ니이다

得(득)디 몯ᄒᆞ야 그 上(샹)을 외게 녀기ᄂᆞᆫ 者(쟈)도 외며 民(민) 上(샹)이 되여 民(민)과 더브러 ᄒᆞᆫ가지로 즐기디 아닛ᄂᆞᆫ 者(쟈)도 ᄯᅩᄒᆞᆫ 외니이다

民(민)의 樂(락)을 樂(락)ᄒᆞᄂᆞᆫ 者(쟈)ᄂᆞᆫ 民(민)이 ᄯᅩ 그 樂(락)을 樂(락)ᄒᆞ고 民(민)의 憂(우)를 憂(우)ᄒᆞᄂᆞᆫ 者(쟈)ᄂᆞᆫ 民(민)이 ᄯᅩ 그 憂(우)를 憂(우)ᄒᆞᄂᆞ니 樂(락)을 天下(텬하)로 ᄡᅥ ᄒᆞ며 憂(우)를 天下(텬하)로ᄡᅥ ᄒᆞ고 그러코 王(왕)티 몯ᄒᆞᆯ 者(쟈)ㅣ 잇디 아니ᄒᆞ니이다

녜 齊景公(졔경공)이 晏子(안ᄌᆞ)ᄃᆞ려 問(문)ᄒᆞ야 ᄀᆞᆯ오ᄃᆡ 내 轉附(젼부)와 朝儛(죠무)의 가 놀고 海(ᄒᆡ)를 遵(준)ᄒᆞ야 南(남)ᄒᆞ야 琅邪(랑야)의 니르고져 ᄒᆞ노니 내 엇디 닷가야 可(가)히 ᄡᅥ 先王(션왕)의 노ᄅᆞ시매 比(비)ᄒᆞ료

晏子(안ᄌᆞ)ㅣ 對(ᄃᆡ)ᄒᆞ야 ᄀᆞᆯ오ᄃᆡ 善(션)ᄒᆞ다 므ᄅᆞ시미여 天子(텬ᄌᆞ)ㅣ 諸侯(져후)의게 適(뎍)호ᄆᆞᆯ ᄀᆞᆯ온 巡狩(슌슈)ㅣ니 巡狩(슌슈)ᄂᆞᆫ 守(슈)ᄒᆞᆫ 바의 巡(슌)호미오 諸侯(져후)ㅣ 天子(텬ᄌᆞ)ᄭᅴ 朝(죠)호ᄆᆞᆯ ᄀᆞᆯ온 述職(슐직)이니 述職(슐직)은 職(직)ᄒᆞᆫ 바를 述(슐)호미라 事(ᄉᆞ)ㅣ 아니미 업고 春(츈)에 耕(경)을 省(셩)ᄒᆞ야 不足(블죡)을 補(보)ᄒᆞ며 秋(츄)의 斂(렴)을 省(셩)ᄒᆞ야 不給(블급)을 助(조)ᄒᆞ더시니 夏諺(하언)의 ᄀᆞᆯ오ᄃᆡ 우리 王(왕)이 遊(유)티 아니ᄒᆞ시면 우리 엇디 ᄡᅥ 休(휴)ᄒᆞ며 우리 王(왕)이 豫(예)티 아니ᄒᆞ시면 우리를 엇디 ᄡᅥ 助(조)ᄒᆞ리오 ᄒᆞᆫ번 遊(유)ᄒᆞ시며 ᄒᆞᆫ번 豫(예)ᄒᆞ샤미 諸侯(져후)의 度(도)ㅣ 되다 ᄒᆞ니이다

이제는 그러티 몯ᄒᆞ야 師(ᄉᆞ)ㅣ 行(ᄒᆡᆼ)ᄒᆞ며 糧(량)을 食(식)호미 飢(긔)ᄒᆞᆫ 者(쟈)ㅣ 食(식)디 몯ᄒᆞ며 勞(로)ᄒᆞᆫ 者(쟈)ㅣ 息(식)디 몯ᄒᆞ야 睊睊(견견)ᄒᆞ야 서르 ᄉᆞ지저 民(민)이 이에 慝(특)을 作(작)ᄒᆞ거늘 命(명)을 方(방)ᄒᆞ며 民(민)을 虐(학)ᄒᆞ야 飮食(음식)을 흐르기 ᄀᆞᆮ티 ᄒᆞ며 流(류)ᄒᆞ며 連(련)ᄒᆞ며 荒(황)ᄒᆞ며 亡(망)ᄒᆞ야 諸侯(져후)의 근심이 되ᄂᆞ니이다

流(류)ᄅᆞᆯ 조차 ᄂᆞ려 反(반)을 니조ᄆᆞᆯ 流(류)ㅣ라 니ᄅᆞ고 流(류)ᄅᆞᆯ 조차 올라 反(반)을 니조ᄆᆞᆯ 連(련)이라 니ᄅᆞ고 獸(슈)ᄅᆞᆯ 從(죵)ᄒᆞ야 厭(염)호미 업소ᄆᆞᆯ 荒(황)이라 니ᄅᆞ고 酒(쥬)ᄅᆞᆯ 樂(락)ᄒᆞ야 厭(염)호미 업소ᄆᆞᆯ 亡(망)이라 니ᄅᆞᄂᆞ니

先王(션왕)은 流連(류련)ᄒᆞᄂᆞᆫ 樂(락)과 荒亡(황망)의 行(ᄒᆡᆼ)이 업더시니 오직 君(군)의 行(ᄒᆡᆼ)ᄒᆞ실 ᄲᆞ니이다

景公(경공)이 깃그샤 크게 나라헤 戒(계)ᄒᆞ시고 郊(교)의 出舍(츌샤)ᄒᆞ샤 이에 비로소 興發(흥발)ᄒᆞ야 不足(블족)을 補(보)ᄒᆞ시고 大師(태ᄉᆞ)ᄅᆞᆯ 블러 ᄀᆞᄅᆞ샤ᄃᆡ 나ᄅᆞᆯ 爲(위)ᄒᆞ야 君臣(군신)이 서르 說(열)ᄒᆞᄂᆞᆫ 樂(악)을 지으라 ᄒᆞ시니 徵招(치쇼)와 角招(각쇼)ㅣ 이니 그 詩(시)예 ᄀᆞᆯ오ᄃᆡ 君(군)을 畜(쵹)호미 므슴 허믈이리오 ᄒᆞ니 君(군)을 畜(쵹)호ᄆᆞᆫ 君(군)을 好(호)호미니이다

012(2-5) 明堂

齊宣王問曰:「人皆謂我毁明堂. 毁諸? 已乎?」

孟子對曰:「夫明堂者, 王者之堂也. 王欲行王政, 則勿毁之矣.」

王曰:「王政可得聞與?」

對曰:「昔者, 文王之治岐也, 耕者九一, 仕者世祿, 關市譏而不征, 澤梁無禁, 罪人不孥. 老而無妻曰鰥; 老而無夫曰寡; 老而無子曰獨; 幼而無父曰孤. 此四者, 天下之窮民而無告者. 文王發政施仁, 必先斯四者. 詩云:『哿矣富人, 哀此煢獨.』」

王曰:「善哉, 言乎!」

曰:「王如善之, 則何爲不行?」

王曰:「寡人有疾, 寡人好貨.」

對曰:「昔者, 公劉好貨. 詩云:『乃積乃倉, 乃裹餱糧, 于橐于囊, 思戢用光; 弓矢斯張, 干戈戚揚, 爰方啓行.』故居者有積倉, 行者有裹糧也, 然後可以爰方啓行. 王如好貨, 與百姓同之, 於王何有?」

王曰:「寡人有疾, 寡人好色.」

對曰:「昔者, 大王好色, 愛厥妃. 詩云:『古公亶甫, 來朝走馬, 率西水滸, 至于岐下. 爰及姜女, 聿來胥宇.』當是時也, 內無怨女, 外無曠夫. 王如好色, 與百姓同之, 於王何有?」

① 陶山本

齊宣王(졔션왕)이 묻ᄌᆞ와 ᄀᆞᆯᄋᆞ샤ᄃᆡ 사ᄅᆞᆷ이 다 날ᄃᆞ려 닐오ᄃᆡ 明堂(명당)을 毁(훼)ᄒᆞᆯ 꺼시라 ᄒᆞ니 毁(훼)ᄒᆞ리잇가 말리잇가

孟子(ᄆᆡᆼᄌᆞ)ㅣ 對(ᄃᆡ)ᄒᆞ야 ᄀᆞᆯᄋᆞ샤ᄃᆡ 明堂(명당)은 王者(왕쟈)의 堂(당)이니 王(왕)이 王政(왕졍)을 行(ᄒᆡᆼ)코져 ᄒᆞ신 則(즉) 毁(훼)티 말ᄋᆞ쇼셔

王(왕)이 ᄀᆞᆯᄋᆞ샤ᄃᆡ 王政(왕졍)을 可(가)히 시러곰 들으리잇가 對(ᄃᆡ)ᄒᆞ야 ᄀᆞᆯᄋᆞ샤ᄃᆡ 녜 文王(문왕)이 岐(기)를 治(티)ᄒᆞ심애 耕者(경쟈)를 九(구)애 一(일)을 ᄒᆞ며 仕者(ᄉᆞ쟈)를 世(셰)로 祿(록)ᄒᆞ며 關(관)과 市(시)를 譏(긔)ᄒᆞ고 征(졍)티 아니ᄒᆞ며 澤(ᄐᆡᆨ)과 梁(량)을 禁(금)홈이 업ᄉᆞ며 罪人(죄신)을 孥(노)티 아니ᄒᆞ더시니 老(로)ᄒᆞ고 妻(쳐)업슨 이를 ᄀᆞᆯ온 鰥(환)이오 老(로)ᄒᆞ고 夫(부)업슨 이를 ᄀᆞᆯ온 寡(과)ㅣ오 老(로)ᄒᆞ고 子(ᄌᆞ) 업슨 이를 ᄀᆞᆯ온 獨(독)이오 幼(유)ᄒᆞ고 父(부) 업슨 이를 ᄀᆞᆯ온 孤(고)ㅣ니 이 四者(ᄉᆞ쟈)ᄂᆞᆫ 天下(텬하)의 窮民(궁민)이오 告(고)ᄒᆞᆯ ᄃᆡ 업ᄉᆞᆫ 者(쟈)ㅣ어늘 文王(문왕)이 政(졍)을 發(발)ᄒᆞ며 仁(ᄉᆡᆫ)을 施(시)ᄒᆞ샤ᄃᆡ 반ᄃᆞ시 이 四者(ᄉᆞ쟈)애 몬져 ᄒᆞ시니 詩(시)예 닐오ᄃᆡ 哿(가)ᄒᆞᆫ 이ᄂᆞᆫ 富人(부신)이어니와 이 煢獨(경독)이 哀(ᄋᆡ)홉다 ᄒᆞ니이다

王(왕)이 ᄀᆞᆯᄋᆞ샤ᄃᆡ 善(션)타 言(언)이여 ᄀᆞᆯᄋᆞ샤ᄃᆡ 王(왕)이 만일에 善(션)히 너기시면 엇디 行(ᄒᆡᆼ)티 아니ᄒᆞ시ᄂᆞ니잇고 王(왕)이 ᄀᆞᆯᄋᆞ샤ᄃᆡ 寡人(과신)이 疾(질)이 인노니 寡人(과신)은 貨(화)ᄅᆞᆯ 好(호)ᄒᆞ노이다 對(ᄃᆡ)ᄒᆞ야 ᄀᆞᆯᄋᆞ샤ᄃᆡ 녜 公劉(공류)ㅣ 貨(화)ᄅᆞᆯ 好(호)ᄒᆞ더시니 詩(시)예 닐오ᄃᆡ 積(젹)ᄒᆞ며 倉(창)ᄒᆞ거ᄂᆞᆯ 餱糧(후량)을 裹(과)홈을 橐(탁)애 ᄒᆞ며 囊(랑)애 ᄒᆞ고 戢(집)ᄒᆞ야 ᄡᅧ 光(광)홈을 思(ᄉᆞ)ᄒᆞ야 弓矢(궁시)ᄅᆞᆯ 이예 張(댱)ᄒᆞ며 干(간)과 戈(과)와 戚(쳑)과 揚(양)으로 이예 보야호로 行(ᄒᆡᆼ)을 啓(계)타 ᄒᆞ니 故(고)로 居者(거쟈)ㅣ 積倉(젹창)이 이시며 行者(ᄒᆡᆼ쟈)ㅣ 裹糧(과량)이 이신 然後(연후)에사 可(가)히 ᄡᅧ 이예 보야호로 行(ᄒᆡᆼ)을 啓(계)ᄒᆞᆯ 띠니 王(왕)이 만일에 貨(화)ᄅᆞᆯ 好(호)ᄒᆞ거시든 百姓(ᄇᆡᆨ셩)으로 더블어 同(동)ᄒᆞ시면 王(왕)홈애 므스거시 이시리잇고

王(왕)이 ᄀᆞᆯᄋᆞ샤ᄃᆡ 寡人(과신)이 疾(질)이 인노니 寡人(과신)은 色(ᄉᆡᆨ)을 好(호)ᄒᆞ노이다 對(ᄃᆡ)ᄒᆞ야 ᄀᆞᆯᄋᆞ샤ᄃᆡ 녜 大王(태왕)이 色(ᄉᆡᆨ)을 好(호)ᄒᆞ샤 그 妃(비)를 愛(ᄋᆡ)ᄒᆞ더시니 詩(시)예 닐오ᄃᆡ 古公亶父(고공단보)ㅣ 朝(됴)애 來(ᄅᆡ)ᄒᆞ야 馬(마)를 走(주)ᄒᆞ샤 西水(셔슈)ㅅ 滸(호)를 率(솔)ᄒᆞ야 岐下(기하)애 니르러 이예 姜女(강녀)로 믿 來(ᄅᆡ)ᄒᆞ야 宇(우)ᄒᆞᆯ ᄃᆡᄅᆞᆯ 胥(셔)타 ᄒᆞ니 이 時(시)를 當(당)ᄒᆞ야 內(ᄂᆡ)예 怨女(원녀)ㅣ 업스며 外(외)예 曠夫(광부)ㅣ 업스니 王(왕)이 만일에 色(ᄉᆡᆨ)을 好(호)ᄒᆞ거시든 百姓(ᄇᆡᆨ셩)으로 더블어 同(동)ᄒᆞ시면 王(왕)홈애 므스거시 이시리잇고

② 栗谷本

齊宣王(졔션왕)이 問(문)ᄒᆞ야 ᄀᆞᄅᆞ샤ᄃᆡ 人(인)이 다 날ᄃᆞ려 닐오ᄃᆡ 明堂(명당)을 헐 써시라 ᄒᆞᄂᆞ니 헐리잇가 말리잇가

孟子(ᄆᆡᆼᄌᆞ)ㅣ 對(ᄃᆡ)ᄒᆞ야 ᄀᆞᄅᆞ샤ᄃᆡ 明堂(명당)은 王者(왕쟈)의 堂(당)이니 王(왕)이 王政(왕졍)을 行(ᄒᆡᆼ)코져 ᄒᆞ거시든 허디 마ᄅᆞ쇼셔

王(왕)이 ᄀᆞᄅᆞ샤ᄃᆡ 王政(왕졍)을 可(가)히 어더 드르리잇가 對(ᄃᆡ)ᄒᆞ야 ᄀᆞᄅᆞ샤ᄃᆡ 녜 文王(문왕)이 岐(기)를 다ᄉᆞ리실 제 耕(경)ᄒᆞᄂᆞᆫ 者(쟈)를 九(구)애 一(일)을 ᄒᆞ며 仕(ᄉᆞ)ᄒᆞᄂᆞᆫ 者(쟈)를 世(셰)로 祿(록)ᄒᆞ며 關(관)과 市(시)를 譏(긔)코 征(졍)티 아니ᄒᆞ며 澤(ᄐᆡᆨ)과 梁(량)애 禁(금)이 업스며 罪人(죄인)을 孥(노)티 아니터시니 老(로)코 妻(쳐)업소ᄆᆞᆯ ᄀᆞᆯ온 鰥(환)이오 老(로)코 夫(부)업소ᄆᆞᆯ ᄀᆞᆯ온 寡(과)ㅣ오 老(로)코 子(ᄌᆞ) 업소ᄆᆞᆯ ᄀᆞᆯ온 獨(독)이오 幼(유)코 父(부) 업소ᄆᆞᆯ ᄀᆞᆯ온 孤(고)ㅣ니 이 네ᄒᆞᆫ 天下(텬하)의 窮(궁)ᄒᆞᆫ 民(민)이 告(고)ᄒᆞᆯ ᄃᆡ 업슨 者(쟈)ㅣᆫ디라 文王(문왕)이 政(졍)을 發(발)ᄒᆞ야 仁(인)을 施(시)ᄒᆞ샤ᄃᆡ 반ᄃᆞ시 이 네희게 몬져 ᄒᆞ더시니 詩(시)예 닐오ᄃᆡ 哿(가)ᄒᆞ니ᄂᆞᆫ 富人(부인)이어니와 이 煢獨(경독)이 哀(ᄋᆡ)홉다 ᄒᆞ니이다

王(왕)이 ᄀᆞᄅᆞ샤ᄃᆡ 善(션)타 말이여 ᄀᆞᄅᆞ샤ᄃᆡ 王(왕)이 만일 善(션)히 녀기실딘댄 엇디 行(ᄒᆡᆼ)티 아니시ᄂᆞ니잇고 ᄀᆞᄅᆞ샤ᄃᆡ 寡人(과인)은 疾(질)을 둣노니 寡人(과인)이 貨(화)를 好(호)ᄒᆞ노이다 對(ᄃᆡ)ᄒᆞ야 ᄀᆞᄅᆞ샤ᄃᆡ 녜 公劉(공류)ㅣ 貨(화)를 好(호)ᄒᆞ더시니 詩(시)예 닐오ᄃᆡ 이에 積(젹)ᄒᆞ며 이에 倉(창)ᄒᆞ야ᄂᆞᆯ 이에 餱糧(후량)을 裹(과)호ᄃᆡ 橐(탁)의 ᄒᆞ며 囊(낭)의 ᄒᆞ고 戢(집)ᄒᆞ야 ᄡᅥ 光(광)호ᄆᆞᆯ 思(ᄉᆞ)ᄒᆞ샤 弓矢(궁시)를 이에 張(댱)ᄒᆞ며 干(간)과 戈(과)와 戚(쳑)과 揚(양)으로 이에 처음으로 行(ᄒᆡᆼ)을 啓(계)ᄒᆞ다 ᄒᆞ니 故(고)로 居(거)ᄒᆞᆫ 者(쟈)ㅣ 積倉(젹창)을 두며 行(ᄒᆡᆼ)ᄒᆞᄂᆞᆫ 者(쟈)ㅣ 裹糧(과량)을 두어사 그런 後(후)에 可(가)히 ᄡᅥ 이에 처음으로 行(ᄒᆡᆼ)을 啓(계)ᄒᆞᆯ 디니 王(왕)이 만일 貨(화)를 好(호)ᄒᆞ거시든 百姓(ᄇᆡᆨ셩)과 더브러 ᄒᆞᆫ가지로 ᄒᆞ시면 王(왕)ᄒᆞ기예 므서시 어려우리잇고

王(왕)이 ᄀᆞᄅᆞ샤ᄃᆡ 寡人(과인)은 疾(질)을 둣노니 寡人(과인)이 色(ᄉᆡᆨ)을 好(호)ᄒᆞ노이다 對(ᄃᆡ)ᄒᆞ야 ᄀᆞᄅᆞ샤ᄃᆡ 녜 大王(태왕)이 色(ᄉᆡᆨ)을 好(호)ᄒᆞ샤 그 妃(비)를 愛(ᄋᆡ)ᄒᆞ더시니 詩(시)예 닐오ᄃᆡ 古公亶父(고공단부)ㅣ 오시ᄂᆞᆫ 아ᄎᆞᆷ의 ᄆᆞᆯ을 ᄃᆞᆯ이샤 西水(셔)ㅅ 녁 믈ᄉᆞᆺ을 조ᄎᆞ샤 岐下(기하)의 니르샤 이에 밋 姜女(강녀)로 와 宇(우)를 胥(셔)ᄒᆞ시다 ᄒᆞ니 이 時(시)를 當(당)ᄒᆞ야 안ᄒᆞ로ᄂᆞᆫ 怨女(원녀)ㅣ 업ᄉᆞ며 밧그로ᄂᆞᆫ 曠夫(광부)ㅣ 업더니 王(왕)이 만일 色(ᄉᆡᆨ)을 好(호)ᄒᆞ거시든 百姓(ᄇᆡᆨ셩)과 더브러 ᄒᆞᆫ가지로 ᄒᆞ시면 王(왕)ᄒᆞ기예 므서시 어려우리잇고

013(2-6) 託其妻子

孟子謂齊宣王曰:「王之臣有託其妻子於其友, 而之楚遊者. 比其反也, 則凍餒其妻子, 則如之何?」

王曰:「棄之.」

曰:「士師不能治士, 則如之何?」

王曰:「已之.」

曰:「四境之內不治, 則如之何?」
王顧左右而言他.

① 陶山本

孟子(밍ᄌᆞ)ㅣ 齊宣王(졔션왕)ᄭᅴ 닐어 ᄀᆞᆯᄋᆞ샤ᄃᆡ 王(왕)의 臣(신)이 그 妻子(쳐ᄌᆞ)를 그 友(우)의게 託(탁)ᄒᆞ고 楚(초)애 가 놀 者(쟈)ㅣ 그 反(반)홈애 미처 곧 그 妻子(쳐ᄌᆞ)를 凍餒(동뇌)케 ᄒᆞ엿거든 곧 엇디ᄒᆞ리잇고 王(왕)이 ᄀᆞᆯᄋᆞ샤ᄃᆡ 棄(기)홀 ᄯᅵ니이다

ᄀᆞᆯᄋᆞ샤ᄃᆡ 士師(ᄉᆞᄉᆞ)ㅣ 能(능)히 士(ᄉᆞ)를 治(티)티 몯ᄒᆞ거든 곧 엇디ᄒᆞ리잇고 王(왕)이 ᄀᆞᆯᄋᆞ샤ᄃᆡ 已(이)홀 ᄯᅵ니이다

ᄀᆞᆯᄋᆞ샤ᄃᆡ 四境(ᄉᆞ경) 內(ᄂᆡ)ㅣ 治(티)티 몯ᄒᆞ거든 곧 엇디ᄒᆞ리잇고 王(왕)이 左右(좌우)를 顧(고)ᄒᆞ고 他(타)를 言(언)ᄒᆞ시다

② 栗谷本

孟子(밍ᄌᆞ)ㅣ 齊宣王(졔션왕)ᄭᅴ 닐러 ᄀᆞᄅᆞ샤ᄃᆡ 王(왕)의 臣(신)이 그 妻子(쳐ᄌᆞ)를 그 벗의게 의탁ᄒᆞ야 두고 楚(초)의 가 놀 者(쟈)ㅣ 그 도라오매 밋처 그 妻子(쳐ᄌᆞ)ᄅᆞᆯ 凍餒(동뇌)케 ᄒᆞ면 엇디ᄒᆞ리잇고 王(왕)이 ᄀᆞᄅᆞ샤ᄃᆡ 棄(기)ᄒᆞᆯ ᄯᅵ니이다

ᄀᆞᄅᆞ샤ᄃᆡ 士師(ᄉᆞᄉᆞ)ㅣ 能(능)히 士(ᄉᆞ)ᄅᆞᆯ 治(치)티 몯ᄒᆞ면 엇디ᄒᆞ리잇고 王(왕)이 ᄀᆞᄅᆞ샤ᄃᆡ 已(이)ᄒᆞᆯ ᄯᅵ니이다

ᄀᆞᄅᆞ샤ᄃᆡ 四境(ᄉᆞ경)의 안히 다ᄉᆞ리디 몯ᄒᆞ면 엇디ᄒᆞ리잇고 王(왕)이 左右(자우)ᄅᆞᆯ 도라 보시고 他(타)ᄅᆞᆯ 言(언)ᄒᆞ시다

014(2-7) 故國世臣

孟子見齊宣王曰:「所謂故國者, 非謂有喬木之謂也, 有世臣之謂也. 王無親臣矣, 昔者所進, 今日不知其亡也.」

王曰:「吾何以識其不才而舍之?」

曰:「國君進賢, 如不得已, 將使卑踰尊, 疏踰戚, 可不愼與? 左右皆曰『賢』, 未可也; 諸大夫 皆曰『賢』, 未可也; 國人皆曰『賢』, 然後察之; 見賢焉, 然後用之. 左右皆曰『不可』, 勿聽; 諸大夫皆曰『不可』, 勿聽, 國人皆曰『不可』, 然後察之; 見不可焉, 然後去之. 左右皆曰『可殺』, 勿聽; 諸大夫皆曰『可殺』, 勿聽; 國人皆曰『可殺』, 然後察之; 見可殺焉, 然後殺之. 故曰『國人殺之』也. 如此, 然後可以爲民父母.」

① 陶山本

孟子(ᄆᆡᆼᄌᆞ)ㅣ 齊宣王(졔션왕)을 보ᄋᆞ와 ᄀᆞᆯᄋᆞ샤ᄃᆡ 닐온 밧 故國(고국)은 喬木(교목)이 잇다 닐옴을 닐온 줄이 아니라 世臣(셰신)이 이숌을 닐옴이니 王(왕)이 親臣(친신)도 업ᄉᆞ샤소이다 네 進(진)ᄒᆞᆫ 바ᄅᆞᆯ 今日(금ᅀᅵᆯ)에 그 亡(망)홈을 아디 몯ᄒᆞ고녀

王(왕)이 ᄀᆞᆯᄋᆞ샤ᄃᆡ 내 엇디 ᄡᅥ 그 不才(블ᄌᆡ)를 아라 舍(샤)ᄒᆞ리잇고

ᄀᆞᆯᄋᆞ샤ᄃᆡ 國君(국군)이 賢(현)을 進(진)호ᄃᆡ 시러곰 마디 몯홈 ᄀᆞ티 ᄒᆞᄂᆞ니 쟝ᄎᆞᆺ ᄒᆡ여곰 卑(비)로 尊(존)을 踰(유)ᄒᆞ며 疏(소)로 戚(쳑)을 踰(유)케 ᄒᆞᄂᆞ니 可(가)히 愼(신)티 아니ᄒᆞ리잇가

左右(자우)ㅣ 다 ᄀᆞᆯ오ᄃᆡ 賢(현)타 ᄒᆞ야도 可(가)티 아니ᄒᆞ며 諸(져) 태우ㅣ 다 ᄀᆞᆯ오ᄃᆡ 賢(현)타 ᄒᆞ야도 可(가)티 아니ᄒᆞ고 國人(국ᅀᅵᆫ)이 다 ᄀᆞᆯ오ᄃᆡ 賢(현)타 ᄒᆞᆫ 然後(ᅀᅧᆫ후)에 察(찰)ᄒᆞ야 賢(현)을 본 然後(ᅀᅧᆫ후)에 用(용)ᄒᆞ며 左右(자우)ㅣ 다 ᄀᆞᆯ오ᄃᆡ 可(가)티 아니타 ᄒᆞ야도 聽(텽)티 말며 諸(져) 태우ㅣ 다 ᄀᆞᆯ오ᄃᆡ 可(가)티 아니타 ᄒᆞ야도 聽(텽)티 말고 國人(국ᅀᅵᆫ)이 다 ᄀᆞᆯ오ᄃᆡ 可(가)티 아니타 ᄒᆞᆫ 然後(ᅀᅧᆫ후)에 察(찰)ᄒᆞ야 可(가)티 아니홈을 본 然後(ᅀᅧᆫ후)에 去(거)ᄒᆞ며

左右(자우)ㅣ 다 ᄀᆞᆯ오ᄃᆡ 可(가)히 殺(살)홀 꺼시라 ᄒᆞ야도 聽(텽)티 말며 諸(져) 태우ㅣ 다 ᄀᆞᆯ오ᄃᆡ 可(가)히 殺(살)홀 꺼시라 ᄒᆞ야도 聽(텽)티 말고 國人(국ᅀᅵᆫ)이 다 ᄀᆞᆯ오ᄃᆡ 可(가)히 殺(살)홀 꺼시라 ᄒᆞᆫ 然後(ᅀᅧᆫ후)에 察(찰)ᄒᆞ야 可(가)히 殺(살)ᄒᆞ얌 즉 홈을 본 然後(ᅀᅧᆫ후)에 殺(살)홀 띠니 故(고)로 ᄀᆞᆯ오ᄃᆡ 國人(국ᅀᅵᆫ)이 殺(살)ᄒᆞᆫ다 ᄒᆞᄂᆞ니이다

이ᄀᆞᄐᆞᆫ 然後(ᅀᅧᆫ후)에 可(가)히 ᄡᅥ 民(민)의 父母(부모)ㅣ 되ᄂᆞ니이다

② 栗谷本

孟子(ᄆᆡᆼᄌᆞ)ㅣ 齊宣王(졔션왕)을 보와 ᄀᆞᄅᆞ샤ᄃᆡ 닐온 밧 녯 나라히라 호ᄆᆞᆫ 喬木(교목)이 잇다 닐오미 아니라 世臣(셰신)이 이쇼ᄆᆞᆯ 닐오미니 王(왕)이 親臣(친신)이 업스샷다 네 進(진)ᄒᆞᆫ 바ᄅᆞᆯ 오ᄂᆞᆯ 그 亡(망)호ᄆᆞᆯ 아디 몯ᄒᆞ시고녀

王(왕)이 ᄀᆞᄅᆞ샤ᄃᆡ 내 엇디 ᄡᅥ 그 才(ᄌᆡ)티 몯ᄒᆞᆫ 줄을 아라 舍(샤)ᄒᆞ리잇고

ᄀᆞᄅᆞ샤ᄃᆡ 國君(국군)이 賢(현)을 進(진)호ᄃᆡ 시러곰 마디 몯홀 ᄃᆞ시 ᄒᆞᄂᆞ니 쟝ᄎᆞᆺ ᄒᆞ여곰 卑(비)로 尊(존)을 踰(유)ᄒᆞ며 疏(소)로 戚(쳑)을 踰(유)홀 띠어니 可(가)히 삼가디 아니리잇가

左右(자우)ㅣ 다 ᄀᆞᆯ오ᄃᆡ 賢(현)타 ᄒᆞ야도 可(가)티 아니며 諸(져) 大夫(대부)ㅣ 다 ᄀᆞᆯ오ᄃᆡ 賢(현)타 ᄒᆞ야도 可(가)티 아니코 國人(국인)이 다 ᄀᆞᆯ오ᄃᆡ 賢(현)타 ᄒᆞ야사 그런 後(후)에 察(찰)ᄒᆞ야 賢(현)호ᄆᆞᆯ 본 後(후)에 쓰고 左右(자우)ㅣ 다 ᄀᆞᆯ오ᄃᆡ 可(가)티 아니타 ᄒᆞ야도 듯디 말며 諸(져) 大夫(대부)ㅣ 다 ᄀᆞᆯ오ᄃᆡ 可(가)티 아니타 ᄒᆞ야도 듯디 말고 國人(국인)이 다 ᄀᆞᆯ오ᄃᆡ 可(가)티 아니타 ᄒᆞ야사 그런 後(후)에 察(찰)ᄒᆞ야 不可(블가)호ᄆᆞᆯ 본 後(후)에 去(거)홀 디니이다

左右(자우)ㅣ 다 ᄀᆞᆯ오ᄃᆡ 可(가)히 殺(살)홀 거시라 ᄒᆞ야도 듯디 말며 諸(져) 大夫(대부)ㅣ 다 ᄀᆞᆯ오ᄃᆡ 可(가)히 殺(살)홀 거시라 ᄒᆞ야도 듯디 말고 國人(국인)이 다 ᄀᆞᆯ오ᄃᆡ 可(가)히 殺(살)홀 거시라 ᄒᆞ야사 그런 後(후)에 察(찰)ᄒᆞ야 可(가)히 殺(살)호ᄆᆞᆯ 본 後(후)에 殺(살)홀 띠니 故(고)로 ᄀᆞᆯ오ᄃᆡ 國人(국인)이 殺(살)호미라 ᄒᆞᄂᆞ니이다

이러ᄒᆞᆫ 後(후)에 可(가)히 ᄡᅥ 民(민)의 父母(부모)ㅣ 되리이다

015(2-8) 湯放桀

齊宣王問曰:「湯放桀, 武王伐紂, 有諸?」

孟子對曰:「於傳有之.」

曰:「臣弑其君, 可乎?」

曰:「賊仁者謂之賊, 賊義者謂之殘; 殘賊之人謂之一夫. 聞誅一夫紂矣, 未聞弑君也.」

① 陶山本

齊宣王(졔션왕)이 묻ᄌᆞ와 ᄀᆞᆯᄋᆞ샤ᄃᆡ 湯(탕)이 桀(걸)을 放(방)ᄒᆞ시고 武王(무왕)이 紂(듀)를 伐(벌)ᄒᆞ시다 ᄒᆞ니 인ᄂᆞ니잇가 孟子(ᄆᆡᇰᄌᆞ)ㅣ 對(ᄃᆡ)ᄒᆞ야 ᄀᆞᆯᄋᆞ샤ᄃᆡ 傳(뎐)에 인ᄂᆞ니이다

ᄀᆞᆯᄋᆞ샤ᄃᆡ 臣(신)이 그 君(군)을 弑(시)홈이 可(가)ᄒᆞ니잇가

ᄀᆞᆯᄋᆞ샤ᄃᆡ 仁(ᅀᅵᆫ)을 賊(적)ᄒᆞᄂᆞᆫ 者(쟈)를 賊(적)이라 닐ᄋᆞ고 義(의)를 賊(적)ᄒᆞᄂᆞᆫ 者(쟈)를 殘(잔)이라 닐ᄋᆞ고 殘賊(잔적)ᄒᆞᆫ 人(ᅀᅵᆫ)을 一夫(일부)ㅣ라 닐ᄋᆞᄂᆞ니 一夫(일부) 紂(듀)를 誅(듀)ᄒᆞ다홈을 듣고 君(군)을 弑(시)ᄒᆞ다 홈을 듣디 몯게이다

② 栗谷本

齊宣王(졔션왕)이 問(문)ᄒᆞ야 ᄀᆞᄅᆞ샤ᄃᆡ 湯(탕)이 桀(걸)을 放(방)ᄒᆞ시고 武王(무왕)이 紂(쥬)ᄅᆞᆯ 伐(벌)ᄒᆞ시다 ᄒᆞ니 잇ᄂᆞ니잇가 孟子(ᄆᆡᇰᄌᆞ)ㅣ 對(ᄃᆡ)ᄒᆞ야 ᄀᆞᄅᆞ샤ᄃᆡ 傳(젼)에 잇ᄂᆞ니이다

ᄀᆞᄅᆞ샤ᄃᆡ 신해 그 님금을 주기미 可(가)ᄒᆞ니잇가

ᄀᆞᄅᆞ샤ᄃᆡ 仁(인)을 賊(적)ᄒᆞᄂᆞᆫ 者(쟈)ᄅᆞᆯ 賊(적)이라 니ᄅᆞ고 義(의)ᄅᆞᆯ 賊(적)ᄒᆞᄂᆞᆫ 者(쟈)ᄅᆞᆯ 殘(잔)이라 니ᄅᆞ고 殘賊(잔적)읫 人(인)을 一夫(일부)ㅣ라 니ᄅᆞᄂᆞ니 一夫(일부) 紂(쥬)ᄅᆞᆯ 誅(쥬)ᄒᆞ시다 듯고 君(군)을 弑(시)호ᄆᆞᆫ 듯디 몯게이다

016(2-9) 巨室

孟子見齊宣王曰:「爲巨室, 則必使工師求大木; 工師得大木, 則王喜, 以爲能勝其任也. 匠人斲而小之, 則王怒, 以爲不勝其任矣. 夫人幼而學之, 壯而欲行之. 王曰:『姑舍女所學, 而從我.』則何如? 今有璞玉於此, 雖萬鎰, 必使玉人彫琢之. 至於治國家, 則曰:『姑舍女所學, 而從我.』則何以異於敎玉人彫琢玉哉?」

① 陶山本

孟子(ᄆᆡᆼᄌᆞ)ㅣ 齊宣王(졔션왕)을 보ᄋᆞ와 ᄀᆞᆯᄋᆞ샤ᄃᆡ 巨室(거실)을 ᄒᆞᆫ 則(즉) 반ᄃᆞ시 工師(공ᄉᆞ)로 ᄒᆞ여곰 大木(대목)을 求(구)ᄒᆞ시리니 工師(공ᄉᆞ)ㅣ 大木(대목)을 得(득)ᄒᆞ면 王(왕)이 喜(희)ᄒᆞ야 ᄡᅥ 能(능)히 그 任(ᅀᅵᆷ)을 勝(승)ᄒᆞᆫ다 ᄒᆞ시고 匠人(쟝ᅀᅵᆫ)이 斲(ᄐᆞᆨ)ᄒᆞ야 小(쇼)케 ᄒᆞ면 王(왕)이 怒(노)ᄒᆞ야 ᄡᅥ 그 任(ᅀᅵᆷ)을 勝(승)티 몯ᄒᆞᆫ다 ᄒᆞ시리니 人(ᅀᅵᆫ)이 幼(유)ᄒᆞ야 學(ᄒᆞᆨ)홈ᄋᆞᆫ 壯(장)ᄒᆞ야 行(ᄒᆡᆼ)코쟈 홈이니 王(왕)이 ᄀᆞᆯᄋᆞ샤ᄃᆡ 아직 너의 學(ᄒᆞᆨ)ᄒᆞᆫ 바ᄅᆞᆯ 舍(샤)ᄒᆞ고 我(아)를 從(죵)ᄒᆞ라 ᄒᆞ시면 엇더ᄒᆞ니잇고

이제 璞玉(박옥)이 이예 이시면 비록 萬鎰(만일)이라도 반ᄃᆞ시 玉人(옥ᅀᅵᆫ)으로 ᄒᆞ여곰 彫琢(됴탁)게 ᄒᆞ시리니 國家(국가)를 治(티)홈애 니르러ᄂᆞᆫ 곧 ᄀᆞᆯᄋᆞ샤ᄃᆡ 아직 너의 學(ᄒᆞᆨ)ᄒᆞᆫ 바ᄅᆞᆯ 舍(샤)ᄒᆞ고 나ᄅᆞᆯ 조ᄎᆞ라 ᄒᆞ시면 곧 엇디 ᄡᅥ 玉人(옥ᅀᅵᆫ)을 敎(교)ᄒᆞ야 玉(옥)을 彫琢(됴탁)홈애 달ᄋᆞ니잇고

② 栗谷本

孟子(ᄆᆡᆼᄌᆞ)ㅣ 齊宣王(졔션왕)을 보와 ᄀᆞᄅᆞ샤ᄃᆡ 큰 집을 ᄒᆞ실 딘댄 반ᄃᆞ시 工師(공ᄉᆞ)로 ᄒᆞ여곰 큰 남글 求(구)ᄒᆞ라 ᄒᆞ샤 工師(공ᄉᆞ)ㅣ 큰 남글 어드면 王(왕)이 깃그샤 ᄡᅥ 能(능)히 그 소임을 감당타 ᄒᆞ시고 匠人(쟝인)이 斲(ᄎᆞᆨ)ᄒᆞ야 젹게 ᄒᆞ면 王(왕)이 怒(노)ᄒᆞ샤 ᄡᅥ 그 소임을 감당티 몯ᄒᆞ다 ᄒᆞ시리니 人(인)이 져머셔 學(ᄒᆞᆨ)ᄒᆞ야 壯(장)ᄒᆞ야 行(ᄒᆡᆼ)코져 ᄒᆞ거ᄂᆞᆯ 王(왕)이 ᄀᆞᄅᆞ샤ᄃᆡ 안즉 너의 學(ᄒᆞᆨ)ᄒᆞᆫ 바ᄅᆞᆯ ᄇᆞ리고 나ᄅᆞᆯ 조ᄎᆞ라 ᄒᆞ샤ᄆᆞᆫ 엇디잇고

이제 璞玉(박옥)이 이에 이실 딘댄 비록 萬鎰(만일)ᄯᆞᆫ이라도 반ᄃᆞ시 玉人(옥인)으로 ᄒᆞ여곰 彫琢(됴탁)ᄒᆞ시리니 國家(국가) 다ᄉᆞ리기예 니르러ᄂᆞᆫ ᄀᆞᄅᆞ샤ᄃᆡ 안즉 너의 學(ᄒᆞᆨ)ᄒᆞᆫ 바ᄅᆞᆯ ᄇᆞ리고 나ᄅᆞᆯ 조ᄎᆞ라 ᄒᆞ시면 玉人(옥인)ᄃᆞ려 玉(옥) 彫琢(됴탁)ᄒᆞ기ᄅᆞᆯ ᄀᆞᄅᆞ침과 엇디 ᄡᅥ 다ᄅᆞ리잇고

017(2-10) 齊人伐燕

齊人伐燕, 勝之. 宣王問曰:「或謂寡人勿取, 或謂寡人取之. 以萬乘之國, 伐萬乘之國, 五旬而擧之, 人力不至於此. 不取, 必有天殃. 取之, 何如?」

孟子對曰:「取之而燕民悅, 則取之. 古之人有行之者, 武王是也. 取之而燕民不悅, 則勿取. 古之人有行之者, 文王是也. 以萬乘之國伐萬乘之國, 簞食壺漿, 以迎王師; 豈有他哉? 避水火也. 如水益深, 如火益熱, 亦運而已矣.」

① 陶山本

齊人(졔인)이 燕(연)을 伐(벌)ᄒᆞ야 勝(승)ᄒᆞ여늘

宣王(션왕)이 묻ᄌᆞ와 ᄀᆞᆯᄋᆞ샤ᄃᆡ 或(혹) 寡人(과인)ᄃᆞ려 닐오ᄃᆡ 取(취)티 말라 ᄒᆞ며 或(혹) 寡人(과인)ᄃᆞ려 닐오ᄃᆡ 取(취)ᄒᆞ라 ᄒᆞᄂᆞ니 萬乘(만승)ㅅ 國(국)으로ᄡᅥ 萬乘(만승)ㅅ 國(국)을 伐(벌)호ᄃᆡ 五旬(오슌)에 擧(거)ᄒᆞ니 人力(인력)으로 이예 至(지)티 몯ᄒᆞᆯ 꺼시니 取(취)티 아니ᄒᆞ면 반ᄃᆞ시 天殃(텬앙)이 이시리니 取(취)호ᄃᆡ 엇더ᄒᆞ니잇고

孟子(ᄆᆡᆼᄌᆞ)ㅣ 對(ᄃᆡ)ᄒᆞ야 ᄀᆞᆯᄋᆞ샤ᄃᆡ 取(취)홈애 燕民(연민)이 悅(열)ᄒᆞᆫ 則(즉) 取(취)ᄒᆞ쇼셔 녯사ᄅᆞᆷ이 行(ᄒᆡᆼ)ᄒᆞᆫ 者(쟈)ㅣ 이시니 武王(무왕)이 이니이다 取(취)홈애 燕民(연민)이 悅(열)티 아닌 則(즉) 取(취)티 말ᄋᆞ쇼셔 녯사ᄅᆞᆷ이 行(ᄒᆡᆼ)ᄒᆞᆫ 者(쟈)ㅣ 이시니 文王(문왕)이 이니이다

萬乘(만승)ㅅ 國(국)으로ᄡᅥ 萬乘(만승)ㅅ 國(국)을 伐(벌)ᄒᆞ거늘 簞食(단ᄉᆞ)와 壺漿(호쟝)으로ᄡᅥ 王師(왕ᄉᆞ)를 迎(영)홈은 엇디 他(타)ㅣ 이시리오 水火(슈화)를 避(피)홈이니 水(슈)ㅣ 더욱 深(심)ᄐᆞᆺ ᄒᆞ며 火(화)ㅣ 더욱 熱(열)ᄐᆞᆺ ᄒᆞ면 ᄯᅩᄒᆞᆫ 運(운)ᄒᆞᆯ ᄯᆞᄅᆞᆷ이니이다

② 栗谷本

齊(졔)ㅅ 人(인)이 燕(연)을 텨 이긔여늘

宣王(션왕)이 問(문)ᄒᆞ야 ᄀᆞᄅᆞ샤ᄃᆡ 或(혹) 寡人(과인)ᄃᆞ려 닐오ᄃᆡ 取(취)티 말라 ᄒᆞ며 或(혹) 寡人(과인)ᄃᆞ려 닐오ᄃᆡ 取(취)ᄒᆞ라 ᄒᆞᄂᆞ니 萬乘(만승) 나라ᄒᆞ로ᄡᅥ 萬乘(만승) 나라ᄒᆞᆯ 텨 五旬(오슌)만에 擧(거)ᄒᆞ니 人力(인력)으론 이에 니르디 몯ᄒᆞᆯ 디라 取(취)티 아니ᄒᆞ면 반ᄃᆞ시 天殃(텬앙)이 이시리니 取(취)호미 엇더ᄒᆞ니잇고

孟子(ᄆᆡᆼᄌᆞ)ㅣ 對(ᄃᆡ)ᄒᆞ야 ᄀᆞᄅᆞ샤ᄃᆡ 取(취)호매 燕民(연민)이 깃거 ᄒᆞ거든 取(취)ᄒᆞ쇼셔 녯 人(인)이 行(ᄒᆡᆼ)ᄒᆞᆫ 者(쟈)ㅣ 이시니 武王(무왕)이 이니이다 取(취)호매 燕民(연민)이 깃거 아니커든 取(취)티 마ᄅᆞ쇼셔 녯 人(인)이 行(ᄒᆡᆼ)ᄒᆞᆫ 者(쟈)ㅣ 이시니 文王(문왕)이 이니이다

萬乘(만승) 나라ᄒᆞ로ᄡᅥ 萬乘(만승) 나라ᄒᆞᆯ 티거늘 簞食(단ᄉᆞ)와 壺漿(호쟝)으로ᄡᅥ 王師(왕ᄉᆞ)ᄅᆞᆯ 마ᄌᆞᄆᆞᆫ 엇디 他(타)ㅣ 이시리오 水火(슈화)ᄅᆞᆯ 避(피)호미니 水(슈)ㅣ 더 깁ᄃᆞᆺ ᄒᆞ며 火(화)ㅣ 더 덥ᄃᆞᆺ ᄒᆞ면 ᄯᅩᄒᆞᆫ 運(운)ᄒᆞᆯ ᄯᆞᄅᆞᆷ이니이다

018(2-11) 征自葛始

齊人伐燕, 取之. 諸侯將謀救燕. 宣王曰:「諸侯多謀伐寡人者, 何以待之?」

孟子對曰:「臣聞七十里爲政於天下者, 湯是也. 未聞以千里畏人者也. 書曰:『湯一征, 自葛始.』天下信之,『東面而征, 西夷怨; 南面而征, 北狄怨. 曰: 奚爲後我?』民望之, 若大旱之望雲霓也. 歸市者不止,耕者不變. 誅其君而弔其民, 若時雨降, 民大悅. 書曰: 『徯我后, 后來其蘇.』 今燕虐其民, 王往而征之; 民以爲將拯己於水火之中也, 簞食壺漿, 以迎王師. 若殺其父兄, 係累其子弟, 毁其宗廟, 遷其重器, 如之何其可也? 天下固畏齊之彊也; 今又倍地而不行仁政, 是動天下之兵也. 王速出令, 反其旄倪, 止其重器, 謀於燕衆, 置君而後去之, 則猶可及止也.」

① 陶山本

齊人(졔신)이 燕(연)을 伐(벌)ᄒᆞ야 取(츄)ᄒᆞᆫ대 諸侯(져후)ㅣ 쟝ᄎᆞᆺ 燕(연) 救(구)홈을 謀(모)ᄒᆞ더니 宣王(션왕)이 ᄀᆞᆯᄋᆞ샤ᄃᆡ 諸侯(져후)ㅣ 寡人(과신) 伐(벌)홈을 謀(모)ᄒᆞᆯ 者(쟈)ㅣ 하니 엇디 ᄡᅥ 待(ᄃᆡ)ᄒᆞ리잇고 孟子(ᄆᆡᇰᄌᆞ)ㅣ 對(ᄃᆡ)ᄒᆞ야 ᄀᆞᆯᄋᆞ샤ᄃᆡ 臣(신)은 듣오니 七十里(칠십리)로ᄡᅥ 天下(텬하)에 政(졍)을 ᄒᆞᆫ 者(쟈)ᄂᆞᆫ 湯(탕)이 이니 千里(쳔리)로ᄡᅥ 人(신)을 畏(외)ᄒᆞᆯ 者(쟈)를 듣디 몯게이다

書(셔)애 ᄀᆞᆯ오ᄃᆡ 湯(탕)이 ᄒᆞᆫ번 征(졍)홈을 葛(갈)로브터 始(시)ᄒᆞ신대 天下(텬하)ㅣ 信(신)ᄒᆞ야 東(동)으로 面(면)ᄒᆞ야 征(졍)ᄒᆞ심애 西夷(셔이)ㅣ 怨(원)ᄒᆞ며 南(남)으로 面(면)ᄒᆞ야 征(졍)ᄒᆞ심애 北狄(븍뎍)이 怨(원)ᄒᆞ야 ᄀᆞᆯ오ᄃᆡ 엇디 우리를 後(후)에 ᄒᆞ시ᄂᆞᆫ고 ᄒᆞ야 民(민)이 望(망)호ᄃᆡ 大旱(대한)애 雲霓(운예) 望(망)홈 ᄀᆞ티 ᄒᆞ야 市(시)애 歸(귀)ᄒᆞᄂᆞᆫ 者(쟈)ㅣ 止(지)티 아니ᄒᆞ며 耕(경)ᄒᆞᄂᆞᆫ 者(쟈)ㅣ 變(변)티 아니ᄒᆞ거늘 그 君(군)을 誅(듀)ᄒᆞ고 그 民(민)을 弔(됴)ᄒᆞ신대 時雨(시우)ㅣ 降(강)홈 ᄀᆞᄐᆞᆫ 디라 民(민)이 키 悅(열)ᄒᆞ니 書(셔)애 ᄀᆞᆯ오ᄃᆡ 우리 后(후)를 徯(혜)ᄒᆞ다소니 后(후)ㅣ 來(ᄅᆡ)ᄒᆞ시니 그 蘇(소)콰라 ᄒᆞ니이다

이제 燕(연)이 그 民(민)을 虐(학)ᄒᆞ거늘 王(왕)이 往(왕)ᄒᆞ야 征(졍)ᄒᆞ시니 民(민)이 ᄡᅥ 쟝ᄎᆞᆺ 己(긔)를 水火(슈화)ㅅ 가온대 拯(증)ᄒᆞ리라 ᄒᆞ야 簞食(단ᄉᆞ)와 壺漿(호쟝)으로ᄡᅥ 王師(왕ᄉᆞ)를 迎(영)ᄒᆞ거늘 만일에 그 父兄(부형)을 殺(살)ᄒᆞ며 그 子弟(ᄌᆞ뎨)를 係累(계류)ᄒᆞ며 그 宗廟(종묘)를 毁(훼)ᄒᆞ며 그 重器(듕긔)를 遷(쳔)ᄒᆞ면 엇디 그 可(가)ᄒᆞ리오 天下(텬하)ㅣ 진실로 齊(졔)의 疆(강)을 畏(외)ᄒᆞᄂᆞ니 이제 ᄯᅩ 地(디)를 倍(ᄇᆡ)ᄒᆞ고 仁政(신졍)을 行(ᄒᆡᆼ)티 아니ᄒᆞ면 이ᄂᆞᆫ 天下(텬하)ㅅ 兵(병)을 動(동)홈이니이다

王(왕)이 ᄲᆞᆯ리 令(령)을 出(츌)ᄒᆞ샤 그 旄(모)와 倪(예)를 反(반)ᄒᆞ시며 그 重器(듕긔)를 止(지)ᄒᆞ시고 燕衆(연즁)에 謀(모)ᄒᆞ야 君(군)을 置(티)ᄒᆞᆫ 後(후)에 去(거)ᄒᆞ시면 오히려 可(가)히 미처 止(지)ᄒᆞ리이다

② 栗谷本

齊(졔)ㅅ 人(인)이 燕(연)을 텨 取(츄)ᄒᆞᆫ대 諸侯(져후)ㅣ 쟝ᄎᆞᆺ 燕(연) 救(구)호믈 謀(모)ᄒᆞ거늘 宣王(션왕)이 ᄀᆞᄅᆞ샤ᄃᆡ 諸侯(져후)ㅣ 寡人(과인) 티기를 謀(모)ᄒᆞᆯ 者(쟈)ㅣ 하니 엇디 ᄡᅥ 待(ᄃᆡ)ᄒᆞ리잇고 孟子(ᄆᆡᇰᄌᆞ)ㅣ 對(ᄃᆡ)ᄒᆞ야 ᄀᆞᄅᆞ샤ᄃᆡ 臣(신)은 七十里(칠십리)로 天下(텬하)의 政(졍)을 ᄒᆞ다 드로니 湯(탕)이 이시니 千里(쳔리)로ᄡᅥ 人(인)을 젓ᄂᆞᆫ 者(쟈)ᄂᆞᆫ

듯디 몯게이다

書(셔)의 골오ᄃᆡ 湯(탕)이 ᄒᆞᆫ번 征(졍)호ᄆᆞᆯ 葛(갈)로브터 시작ᄒᆞ신대 天下(텬하)ㅣ 미더 東面(동면)ᄒᆞ야 征(졍)ᄒᆞ시매 西夷(셔이)ㅣ 원망ᄒᆞ며 南面(남면)ᄒᆞ야 征(졍)ᄒᆞ시매 北狄(븍뎍)이 원망ᄒᆞ야 골오ᄃᆡ 엇디 우리게 後(후)에 ᄒᆞ시ᄂᆞ뇨 ᄒᆞ야 民(민)이 ᄇᆞ라기ᄅᆞᆯ 大旱(대한)의 雲霓(운예) ᄇᆞ라기 ᄀᆞᄐᆞ야 市(시)예 가ᄂᆞᆫ 者(쟈)ㅣ 그치디 아니ᄒᆞ며 耕(경)ᄒᆞᄂᆞᆫ 者(쟈)ㅣ 變(변)티 아니커ᄂᆞᆯ 그 님금을 誅(쥬)ᄒᆞ시고 그 民(민)을 吊(됴)ᄒᆞ신대 時雨(시우)의 降(강)홈 ᄀᆞᄐᆞ야 民(민)이 크게 깃거ᄒᆞ니 書(셔)에 골오ᄃᆡ 우리 님금을 기ᄃᆞ리노소니 님금이 오시면 그 살리라 ᄒᆞ니이다

이제 燕(연)이 그 民(민)을 虐(학)ᄒᆞ거ᄂᆞᆯ 王(왕)이 가 치시니 民(민)이 ᄡᅥ 쟝ᄎᆞᆺ 己(긔)ᄅᆞᆯ 水火(슈화)ㅅ 가온대셔 건디리라 ᄒᆞ야 簞食(단ᄉᆞ)와 壺漿(호장)으로ᄡᅥ 王師(왕ᄉᆞ)ᄅᆞᆯ 맛ᄂᆞ니 만일 그 父兄(부형)을 주기며 그 子弟(ᄌᆞ뎨)ᄅᆞᆯ ᄆᆡ며 그 宗廟(종묘)ᄅᆞᆯ 헐며 그 重器(즁긔)ᄅᆞᆯ 옴기면 엇디 그 可(가)ᄒᆞ리잇고 天下(텬하)ㅣ 본ᄃᆡ 齊(졔)의 彊(강)호ᄆᆞᆯ 젓ᄂᆞ니 이제 ᄯᅩ ᄯᅡᄅᆞᆯ 倍(ᄇᆡ)ᄒᆞ고 仁政(인졍)을 行(ᄒᆡᆼ)티 아니ᄒᆞ면 이ᄂᆞᆫ 天下(텬하)의 兵(병)을 動(동)호미니이다

王(왕)이 ᄲᆞᆯ리 令(령)을 내샤 그 旄(모)와 倪(예)ᄅᆞᆯ 反(반)ᄒᆞ시며 그 重器(즁긔)ᄅᆞᆯ 止(지)ᄒᆞ시고 燕衆(연즁)의게 謀(모)ᄒᆞ야 君(군)을 置(치)ᄒᆞᆫ 後(후)에 去(거)ᄒᆞ면 오히려 可(가)히 밋처 그치리이다

019(2-12) 鄒與魯鬨

鄒與魯鬨. 穆公問曰:「吾有司死者三十三人, 而民莫之死也. 誅之, 則不可勝誅; 不誅, 則疾視其長上之死而不救. 如之何則可也?」

孟子對曰:「凶年饑歲, 君之民老弱轉乎溝壑, 壯者散而之四方者, 幾千人矣; 而君之倉廩實, 府庫充, 有司莫以告, 是上慢而殘下也. 曾子曰:『戒之戒之! 出乎爾者, 反乎爾者也.』夫民今而後得反之也. 君無尤焉. 君行仁政, 斯民親其上, 死其長矣.」

① 陶山本

鄒(추)ㅣ 魯(로)로 더블어 鬨(홍)ᄒᆞ더니 穆公(목공)이 묻ᄌᆞ와 골ᄋᆞ샤ᄃᆡ 내 有司(유ᄉᆞ)ㅣ 死(ᄉᆞ)ᄒᆞᆫ 者(쟈)ㅣ 三十三人(삼십삼인)이로ᄃᆡ 民(민)은 死(ᄉᆞ)티 아니ᄒᆞ니 誅(듀)ᄒᆞᆫ 則(즉) 可(가)히 이긔여 誅(듀)티 몯ᄒᆞ고 誅(듀)티 아니ᄒᆞᆫ 則(즉) 그 長上(댱샹)의 死(ᄉᆞ)ᄅᆞᆯ 疾視(질시)ᄒᆞ고 救(구)티 아니ᄒᆞ니 엇디ᄒᆞ면 可(가)ᄒᆞ리잇고

孟子(ᄆᆡᆼᄌᆞ)ㅣ 對(ᄃᆡ)ᄒᆞ야 골ᄋᆞ샤ᄃᆡ 凶年(흉년)과 饑歲(긔셰)에 君(군)의 民(민)이 老弱(로약)은 溝壑(구학)에 轉(뎐)ᄒᆞ고 壯者(장쟈)ᄂᆞᆫ 散(산)ᄒᆞ야 四方(ᄉᆞ방)애 之(지)ᄒᆞᆫ 者(쟈)

ㅣ 몃 千人(쳔신)고 君(군)의 倉廩(창름)이 實(실)ᄒᆞ며 府庫(부고)ㅣ 充(츙)ᄒᆞ얏거늘 有司(유ᄉᆞ)ㅣ 뻐 告(고)티 아니ᄒᆞ니 이ᄂᆞᆫ 上(샹)이 慢(만)ᄒᆞ야 下(하)를 殘(잔)홈이니 曾子(증ᄌᆞ)ㅣ ᄀᆞᆯᄋᆞ샤ᄃᆡ 戒(계)ᄒᆞ며 戒(계)ᄒᆞ라 네게 出(츌)ᄒᆞᆫ 者(쟈)ㅣ 네게 反(반)ᄒᆞᆫ다 ᄒᆞ시니 民(민)이 이젠 後(후)에 시러곰 反(반)ᄒᆞ도소니 君(군)ᄋᆞᆫ 尤(우)티 마ᄅᆞ쇼셔

君(군)이 仁政(신졍)을 行(ᄒᆡᆼ)ᄒᆞ시면 이 民(민)이 그 上(샹)을 親(친)ᄒᆞ야 그 長(댱)애 死(ᄉᆞ)ᄒᆞ리이다

② 栗谷本

鄒(추)와 다ᄆᆞᆺ 魯(로)ㅣ 싸호더니 穆公(목공)이 問(문)ᄒᆞ야 ᄀᆞᄅᆞ샤ᄃᆡ 내 有司(유ᄉᆞ)ㅣ 주근 者(쟈)ᄂᆞᆫ 셜흔 세 사ᄅᆞᆷ이로ᄃᆡ 民(민)은 죽디 아니ᄒᆞ니 誅(쥬)ᄒᆞᆯ 딘댄 可(가)히 니ᄅᆞ 誅(쥬)티 몯ᄒᆞ고 誅(쥬)티 아닐 딘댄 그 長上(쟝샹)의 죽기를 疾視(질시)ᄒᆞ고 救(구)티 아니ᄒᆞ니 엇디ᄒᆞ면 可(가)ᄒᆞ니잇고

孟子(ᄆᆡᆼᄌᆞ)ㅣ 對(ᄃᆡ)ᄒᆞ야 ᄀᆞᄅᆞ샤ᄃᆡ 凶年(흉년)이며 饑歲(긔셰)예 君(군)의 民(민)이 老弱(로약)은 溝壑(구학)의 轉(젼)ᄒᆞ고 壯者(장쟈)ᄂᆞᆫ 흐터 四方(ᄉᆞ방)의 간 者(쟈)ㅣ 몃 千人(쳔인)고 君(군)의 倉廩(창름)이 實(실)ᄒᆞ며 府庫(부고)ㅣ 充(츙)ᄒᆞ거ᄂᆞᆯ 有司(유ᄉᆞ)ㅣ 뻐 告(고)티 아니ᄒᆞ니 이ᄂᆞᆫ 上(샹)이 慢(만)ᄒᆞ야 下(하)를 殘(잔)호미니 曾子(증ᄌᆞ)ㅣ ᄀᆞᄅᆞ샤ᄃᆡ 戒(계)ᄒᆞᆯ 디어다 戒(계)ᄒᆞᆯ 디어다 네게 나ᄂᆞᆫ 者(쟈)ㅣ 네게 反(반)ᄒᆞᆯ 者(쟈)ㅣ라 ᄒᆞ시니 民(민)이 이제 後(후)에 시러곰 反(반)ᄒᆞ노소니 君(군)이 尤(우)티 마ᄅᆞ쇼셔

君(군)이 仁政(인졍)을 行(ᄒᆡᆼ)ᄒᆞ시면 이 民(민)이 그 上(샹)을 親(친)히 녀겨 그 長(쟝)의 死(ᄉᆞ)ᄒᆞ리이다

020(2-13) *滕小國也*

滕文公問曰:「滕, 小國也. 間於齊楚; 事齊乎? 事楚乎?」

孟子對曰:「是謀, 非吾所能及也; 無已, 則有一焉: 鑿斯池也, 築斯城也, 與民守之, 效死而民弗去, 則是可爲也.」

① 陶山本

滕文公(등문공)이 묻ᄌᆞ와 ᄀᆞᆯᄋᆞ샤ᄃᆡ 滕(등)은 小國(쇼국)이라 齊楚(졔초)애 間(간)ᄒᆞ여시니 齊(졔)를 事(ᄉᆞ)ᄒᆞ리잇가 楚(초)를 事(ᄉᆞ)ᄒᆞ리잇가

孟子(ᄆᆡᆼᄌᆞ)ㅣ 對(ᄃᆡ)ᄒᆞ야 ᄀᆞᆯᄋᆞ샤ᄃᆡ 이 謀(모)ᄂᆞᆫ 나의 能(능)히 及(급)홀 빠 아니로소이다 마디 말와뎌 ᄒᆞ시면 一(일)이 이시니 이 池(디)를 鑿(착)ᄒᆞ며 이 城(셩)을 築(튝)ᄒᆞ야 民(민)으로 더블어 守(슈)ᄒᆞ야 死(ᄉᆞ)를 效(효)호ᄃᆡ 民(민)이 去(거)티 아니ᄒᆞᆫ 則(즉) 이 可(가)히 ᄒᆞ얌즉ᄒᆞ니이다

② 栗谷本

滕文公(등문공)이 問(문)ᄒᆞ야 ᄀᆞᄅᆞ샤ᄃᆡ 滕(등)은 져근 나라히라 齊楚(졔초)의 間(간)ᄒᆞ니

齊(졔)ᄅᆞᆯ 事(ᄉᆞ)ᄒᆞ리잇가 楚(초)ᄅᆞᆯ 事(ᄉᆞ)ᄒᆞ리잇가

孟子(ᄆᆡᆼᄌᆞ)ㅣ 對(ᄃᆡ)ᄒᆞ야 ᄀᆞᄅᆞ샤ᄃᆡ 이 謀(모)ᄂᆞᆫ 나의 能(능)히 及(급)ᄒᆞᆯ 배 아니로소니 마디 아니면 ᄒᆞᆫ 말이 이시니 이 모술 ᄑᆞ며 이 城(셩)을 ᄡᅡ 民(민)과 더브러 디킈여 死(ᄉᆞ)ᄅᆞᆯ 닐위매 民(민)이 去(거)티 아니케 ᄒᆞ기ᄂᆞᆫ 이 可(가)히 ᄒᆡ얌즉ᄒᆞ니이다

021(2-14) 築薛

滕文公問曰:「齊人將築薛, 吾甚恐. 如之何則可?」

孟子對曰:「昔者, 大王居邠, 狄人侵之, 去, 之岐山之下居焉. 非擇而取之, 不得已也. 苟爲善, 後世子孫必有王者矣. 君子創業垂統, 爲可繼也; 若夫成功, 則天也. 君如彼何哉? 彊爲善而已矣.」

① 陶山本

滕文公(등문공)이 묻ᄌᆞ와 ᄀᆞᆯᄋᆞ샤ᄃᆡ 齊人(졔신)이 쟝ᄎᆺ 薛(셜)애 築(튝)ᄒᆞ니 내 甚(심)히 恐(공)ᄒᆞ노니 엇디ᄒᆞ면 可(가)ᄒᆞ니잇고

孟子(ᄆᆡᆼᄌᆞ)ㅣ 對(ᄃᆡ)ᄒᆞ야 ᄀᆞᆯᄋᆞ샤ᄃᆡ 녜 大王(태왕)이 邠(빈)애 居(거)ᄒᆞ실 ᄭᅴ 狄人(뎍신)이 侵(침)ᄒᆞ거ᄂᆞᆯ 去(거)ᄒᆞ시고 岐山(기산)ㅅ 下(하)애 之(지)ᄒᆞ샤 居(거)ᄒᆞ시니 擇(ᄐᆡᆨ)ᄒᆞ야 取(취)ᄒᆞ신 줄이 아니라 달옴을 得(득)디 몯ᄒᆞ심이니이다

진실로 善(션)을 ᄒᆞ면 後世(후셰)예 子孫(ᄌᆞ손)이 반ᄃᆞ시 王(왕)ᄒᆞᇙ 者(쟈)ㅣ 이시리니 君子(군ᄌᆞ)ㅣ 業(업)을 創(창)ᄒᆞ며 統(통)을 垂(슈)ᄒᆞ야 可(가)히 繼(계)케 ᄒᆞᆯ ᄲᅮᆫ이라 만일 功(공)을 成(셩)홈인 則(즉) 天(텬)이니 君(군)이 뎌에 엇디리오 善(션)ᄒᆞ욤을 彊(강)ᄒᆞᆯ ᄯᆞᄅᆞᆷ이니이다

② 栗谷本

滕文公(등문공)이 問(문)ᄒᆞ야 ᄀᆞᄅᆞ샤ᄃᆡ 齊(졔)ㅅ 人(인)이 쟝ᄎᆺ 薛(셜)의 築(츅)ᄒᆞ려 ᄒᆞ니 내 심히 두리노니 엇디ᄒᆞ면 可(가)ᄒᆞ리잇고

孟子(ᄆᆡᆼᄌᆞ)ㅣ 對(ᄃᆡ)ᄒᆞ야 ᄀᆞᄅᆞ샤ᄃᆡ 녜 大王(태왕)이 邠(빈)의 居(거)ᄒᆞ실 제 狄人(뎍인)이 침노ᄒᆞ거ᄂᆞᆯ 去(거)ᄒᆞ시고 岐山(기산) 아래 가 사ᄅᆞ시니 擇(ᄐᆡᆨ)ᄒᆞ야 取(취)ᄒᆞ시미 아니라 시러곰 마디 몯ᄒᆞ시미니이다

진실로 善(션)을 ᄒᆞ면 後世(후셰)예 子孫(ᄌᆞ손)이 반ᄃᆞ시 王(왕)ᄒᆞᆯ 者(쟈)ㅣ 이시리니 君子(군ᄌᆞ)ㅣ 業(업)을 創(창)ᄒᆞ야 統(통)을 垂(슈)호ᄆᆞᆫ 可(가)히 繼(계)케 호미니 만일 功(공)을 일우기ᄂᆞᆫ 天(텬)이라 君(군)이 뎌의게 엇디리오 힘ᄲᅥ 善(션)ᄒᆞᆯ ᄯᆞᄅᆞᆷ이니이다

022(2-15) 狄人侵之

滕文公問曰:「滕, 小國也. 竭力以事大國, 則不得免焉. 如之何則可?」

孟子對曰:「昔者, 大王居邠, 狄人侵之. 事之以皮幣, 不得免焉; 事之以犬馬, 不得免焉; 事之以珠玉, 不得免焉. 乃屬其耆老而告之曰:『狄人之所欲者, 吾土地也. 吾聞之也: 君子不以其所以養人者害人. 二三子何患乎無君? 我將去之.』去邠, 踰梁山, 邑于岐山之下居焉. 邠人曰:『仁人也, 不可失也.』從之者如歸市. 或曰:『世守也, 非身之所能爲也. 效死勿去.』君請擇於斯二者.」

① 陶山本

滕文公(ᄃᆞᆼ문공)이 묻ᄌᆞ와 ᄀᆞᆯᄋᆞ샤ᄃᆡ 滕(ᄃᆞᆼ)ᄋᆞᆫ 小國(쇼국)이라 力(력)을 竭(갈)ᄒᆞ야 ᄡᅥ 大國(대국)을 事(ᄉᆞ)ᄒᆞ야도 곧 시러곰 免(면)티 몯ᄒᆞ리로소니 엇디ᄒᆞᆫ 則(즉) 可(가)ᄒᆞ니잇고 孟子(ᄆᆡᆼᄌᆞ)ㅣ 對(ᄃᆡ)ᄒᆞ야 ᄀᆞᆯᄋᆞ샤ᄃᆡ 녜 大王(태왕)이 邠(빈)애 居(거)ᄒᆞ실 ᄢᅴ 狄人(뎍ᅀᅵᆫ)이 侵(침)ᄒᆞ거늘 皮幣(피폐)로ᄡᅥ 事(ᄉᆞ)ᄒᆞ야도 시러곰 免(면)티 몯ᄒᆞ며 犬馬(견마)로ᄡᅥ 事(ᄉᆞ)ᄒᆞ야도 시러곰 免(면)티 몯ᄒᆞ며 珠玉(쥬옥)으로ᄡᅥ 事(ᄉᆞ)ᄒᆞ야도 시러곰 免(면)티 몯ᄒᆞ야 그 耆老(기로)를 屬(쵹)ᄒᆞ야 告(고)ᄒᆞ야 ᄀᆞᆯᄋᆞ샤ᄃᆡ 狄人(뎍ᅀᅵᆫ)의 欲(욕)ᄒᆞᄂᆞᆫ 바ᄂᆞᆫ 우리 土地(토디)니 나ᄂᆞᆫ 들오니 君子(군ᄌᆞ)ᄂᆞᆫ 그 ᄡᅥ 人(ᅀᅵᆫ) 養(양)ᄒᆞᄂᆞᆫ 바로ᄡᅥ 人(ᅀᅵᆫ)을 害(해)티 아니ᄒᆞᆫ다 호니 二三子(ᅀᅵ삼ᄌᆞ)ᄂᆞᆫ 엇디 君(군) 업슴을 患(환)ᄒᆞ리오 내 쟝ᄎᆞᆺ 去(거)호리라 ᄒᆞ시고 邠(빈)을 去(거)ᄒᆞ시고 梁山(량산)을 踰(유)ᄒᆞ샤 岐山(기산)ㅅ 下(하)의 邑(읍)ᄒᆞ샤 居(거)ᄒᆞ신대 邠人(빈ᅀᅵᆫ)이 ᄀᆞᆯ오ᄃᆡ 仁人(ᅀᅵᆫᅀᅵᆫ)이라 可(가)히 失(실)티 몯ᄒᆞᆯ ᄭᅥ시라 ᄒᆞ고 從(죵)ᄒᆞᆯ 者(쟈)ㅣ 市(시)예 歸(귀)ᄐᆞᆺ ᄒᆞ더라

或(혹) ᄀᆞᆯ오ᄃᆡ 世(셰)로 守(슈)ᄒᆞᄂᆞᆫ 거시라 身(신)의 能(능)히 ᄒᆞᆯ ᄲᅢ 아니니 死(ᄉᆞ)를 效(효)ᄒᆞ야 去(거)티 말 ᄭᅥ시라 ᄒᆞᄂᆞ니

君(군)ᄋᆞᆫ 請(쳥)컨댄 이 二者(ᅀᅵ쟈)애 擇(ᄐᆡᆨ)ᄒᆞ쇼셔

② 栗谷本

滕文公(ᄃᆞᆼ문공)이 問(문)ᄒᆞ야 ᄀᆞᄅᆞ샤ᄃᆡ 滕(ᄃᆞᆼ)은 져근 나라히라 힘을 竭(갈)ᄒᆞ야 ᄡᅥ 大國(대국)을 셤겨도 시러곰 免(면)티 몯ᄒᆞ리로소니 엇디ᄒᆞ면 可(가)ᄒᆞ니잇고 孟子(ᄆᆡᆼᄌᆞ)ㅣ 對(ᄃᆡ)ᄒᆞ야 ᄀᆞᄅᆞ샤ᄃᆡ 녜 大王(태왕)이 邠(빈)의 居(거)ᄒᆞ실 제 狄人(뎍인)이 침노ᄒᆞ거늘 皮幣(피폐)로ᄡᅥ 셤겨도 시러곰 免(면)티 몯ᄒᆞ며 犬馬(견마)로ᄡᅥ 셤겨도 시러곰 免(면)티 몯ᄒᆞ며 珠玉(쥬옥)으로ᄡᅥ 셤겨도 시러곰 免(면)티 몯ᄒᆞ야 이에 그 耆老(기로)ᄅᆞᆯ 모도아 告(고)ᄒᆞ야 ᄀᆞᄅᆞ샤ᄃᆡ 狄人(뎍인)의 欲(욕)ᄒᆞᄂᆞᆫ 바ᄂᆞᆫ 내 土地(토디)니 나ᄂᆞᆫ 드로니 君子(군ᄌᆞ)ᄂᆞᆫ 그 ᄡᅥ 人(인) 養(양)ᄒᆞᄂᆞᆫ 바로ᄡᅥ 人(인)을 害(해)티 아닌ᄂᆞᆫ다 ᄒᆞ니 二三子(이삼ᄌᆞ)ᄂᆞᆫ 엇디 님금 업스ᄆᆞᆯ 患(환)ᄒᆞ리오 내 쟝ᄎᆞᆺ 去(거)호리라 ᄒᆞ시고 邠(빈)을 去(거)ᄒᆞ시고 梁山

(량산)을 너므샤 岐山(기산) 아래 邑(읍)ᄒᆞ야 居(거)ᄒᆞ시니 邠人(빈인)이 ᄀᆞᆯ오ᄃᆡ 仁人(인인)이라 可(가)히 일티 몯ᄒᆞᆯ 거시라 ᄒᆞ고 조ᄎᆞᆯ 者(쟈)ㅣ 市(시)예 가ᄃᆞᆺ ᄒᆞ더라

或(혹) ᄀᆞᆯ오ᄃᆡ 世(셰)로 守(슈)ᄒᆞᄂᆞᆫ 거시라 몸의 能(능)히 ᄒᆞᆯ 배 아니니 死(ᄉᆞ)를 닐위여 去(거)티 말 거시라 ᄒᆞᄂᆞ니

君(군)은 請(쳥)컨댄 이 둘히 ᄀᆞᆯᄒᆡ쇼셔

023(2-16) 嬖人臧倉

魯平公將出. 嬖人臧倉者請曰:「他日君出, 則必命有司所之; 今乘輿已駕矣, 有司未知所之. 敢請.」

公曰:「將見孟子.」

曰:「何哉? 君所爲輕身以先於匹夫者, 以爲賢乎? 禮義由賢者出, 而孟子之後喪踰前喪, 君無見焉!」

公曰:「諾.」

樂正子入見, 曰:「君奚爲不見孟軻也?」

曰:「或告寡人曰:『孟子之後喪踰前喪.』是以不往見也.」

曰:「何哉君所謂踰者? 前以士, 後以大夫; 前以三鼎, 而後以五鼎與?」

曰:「否. 謂棺椁衣衾之美也.」

曰:「非所謂踰也, 貧富不同也.」

樂正子見孟子, 曰:「克告於君, 君爲來見也. 嬖人有臧倉者沮君, 君是以不果來也.」

曰:「行, 或使之; 止, 或尼之. 行止, 非人所能也. 吾之不遇魯侯, 天也. 臧氏之子, 焉能使予不遇哉?」

① 陶山本

魯平公(로평공)이 쟝ᄎᆞᆺ 出(츌)ᄒᆞᆯ ᄉᆡ 嬖人(폐신) 臧倉(장창) 者(쟈)ㅣ 請(쳥)ᄒᆞ야 ᄀᆞᆯ오ᄃᆡ 他日(타실)애 君(군)이 出(츌)ᄒᆞ신 則(즉) 반ᄃᆞ시 有司(유ᄉᆞ)의게 之(지)ᄒᆞ시ᄂᆞᆫ 바를 命(명)ᄒᆞ더시니 이제 乘輿(승여)ㅣ 이믜 駕(가)ᄒᆞ야쇼ᄃᆡ 有司(유ᄉᆞ)ㅣ 之(지)ᄒᆞ실 ᄈᆞ를 아디 몯ᄒᆞ니 敢(감)히 請(쳥)ᄒᆞ노이다 公(공)이 ᄀᆞᆯᄋᆞ샤ᄃᆡ 쟝ᄎᆞᆺ 孟子(ᄆᆡᆼᄌᆞ)를 見(견)호리라 ᄀᆞᆯ오ᄃᆡ 엇디니잇고 君(군)이 身(신)을 輕(경)ᄒᆞ야 ᄡᅧ 匹夫(필부)에 先(션)ᄒᆞᆫ 바ᄂᆞᆫ ᄡᅧ 賢(현)타 ᄒᆞ시ᄂᆞ니잇가 禮義(례의)ᄂᆞᆫ 賢者(현쟈)로 말ᄆᆡ암아 나거늘 孟子(ᄆᆡᆼᄌᆞ)의 後喪(후상)이 前喪(젼상)에 踰(유)ᄒᆞ니 君(군)은 見(견)티 마ᄅᆞ쇼셔 公(공)이 ᄀᆞᆯᄋᆞ샤ᄃᆡ 諾(낙)다

樂正子(악졍ᄌᆞ)ㅣ 入(십)ᄒᆞ야 見(현)ᄒᆞ야 ᄀᆞᆯ오ᄃᆡ 君(군)이 엇디 孟軻(ᄆᆡᆼ가)를 보디 아니ᄒᆞ시니잇고 ᄀᆞᆯᄋᆞ샤ᄃᆡ 或(혹)이 寡人(과ᅀᅵᆫ)의게 告(고)ᄒᆞ야 ᄀᆞᆯ오ᄃᆡ 孟子(ᄆᆡᆼᄌᆞ)의 後喪(후상)이 前喪(젼상)

(以下 缺張)

樂正子(악졍ᄌᆞ)ㅣ 孟子(ᄆᆡᆼᄌᆞ)를 보ᄋᆞ와 ᄀᆞᆯ오ᄃᆡ 克(극)이 君(군)ᄭᅴ 告(고)호니 君(군)이 爲(위)ᄒᆞ야 來見(ᄅᆡ견)호려 ᄒᆞ더시니 嬖人(폐ᅀᅵᆫ) 臧倉(장창) 者(쟈)ㅣ 君(군)을 沮(져)ᄒᆞᆫ디라 君(군)이 일로ᄡᅥ 果(과) (以下 缺帳)

② 栗谷本

魯平公(로평공)이 쟝ᄎᆞᆺ 나실 제 嬖人(폐인) 臧倉(장창)이라 ᄒᆞᆫ 者(쟈)ㅣ 請(쳥)ᄒᆞ야 ᄀᆞᆯ오ᄃᆡ 다ᄅᆞᆫ 날에 君(군)이 나시면 반ᄃᆞ시 有司(유ᄉᆞ)ᄃᆞ려 가실 바ᄅᆞᆯ 命(명)ᄒᆞ더시니 이제 乘輿(승여)ㅣ 이믜 駕(가)ᄒᆞ야시되 有司(유ᄉᆞ)ㅣ 가실 바ᄅᆞᆯ 아디 몯ᄒᆞ니 敢(감)히 請(쳥)ᄒᆞ노이다 公(공)이 ᄀᆞᄅᆞ샤ᄃᆡ 쟝ᄎᆞᆺ 孟子(ᄆᆡᆼᄌᆞ)ᄅᆞᆯ 見(견)호리라 ᄀᆞᆯ오ᄃᆡ 엇디니잇고 君(군)이 身(신)을 輕(경)히 ᄒᆞ야 ᄡᅥ 匹夫(필부)의게 몬져ᄒᆞ시ᄂᆞᆫ 바는 ᄡᅥ 賢(현)타 ᄒᆞ시ᄂᆞ니잇가 禮義(례의)ㅣ 賢者(현쟈)로브터 나거ᄂᆞᆯ 孟子(ᄆᆡᆼᄌᆞ)의 後喪(후상)이 前喪(젼상)의 너므미 君(군)이 보디 마ᄅᆞ쇼셔 公(공)이 ᄀᆞᄅᆞ샤ᄃᆡ 諾(낙)다

樂正子(악졍ᄌᆞ)ㅣ 드러 보오와 ᄀᆞᆯ오ᄃᆡ 君(군)이 엇디 孟軻(ᄆᆡᆼ가)ᄅᆞᆯ 보디 아니시니잇고 ᄀᆞᄅᆞ샤ᄃᆡ 或(혹)이 寡人(과인)ᄃᆞ려 告(고)ᄒᆞ야 ᄀᆞᆯ오ᄃᆡ 孟子(ᄆᆡᆼᄌᆞ)의 後喪(후상)이 前喪(젼상)의 넘다ᄒᆞᆯ ᄉᆡ 일로ᄡᅥ 가 보디 아니호라 ᄀᆞᆯ오ᄃᆡ 엇디니잇고 君(군)의 니ᄅᆞ신 밧 넘다ᄒᆞ샤ᄆᆞᆫ 前(젼)의 士(ᄉᆞ)로 ᄡᅥ ᄒᆞ고 後(후)에 대부(大夫)로ᄡᅥ ᄒᆞ며 前(젼)의 三鼎(삼뎡)으로ᄡᅥ ᄒᆞ고 後(후)의 五鼎(오뎡)으로ᄡᅥ ᄒᆞ미잇가 ᄀᆞᄅᆞ샤ᄃᆡ 否(부)ㅣ라 棺槨(관곽)이며 衣衾(의금)의 아ᄅᆞᆷ다오믈 닐오미니라 ᄀᆞᆯ오ᄃᆡ 닐온 밧 너모미 아니라 貧富(빈부)ㅣ 同(동)티 아닐 ᄉᆡ니이다

樂正子(악졍ᄌᆞ)ㅣ 孟子(ᄆᆡᆼᄌᆞ)ᄅᆞᆯ 보오와 ᄀᆞᆯ오ᄃᆡ 克(극)이 君(군)ᄭᅴ 告(고)호니 君(군)이 爲(위)ᄒᆞ야 와 보려터시니 嬖人(폐인)이 臧倉(장창)이라 ᄒᆞᆫ 者(쟈)ㅣ 이셔 君(군)을 沮(져)ᄒᆞᆫ디라 君(군)이 일로ᄡᅥ 來(ᄅᆡ)호ᄆᆞᆯ 果(과)티 몯ᄒᆞ시니이다 ᄀᆞᄅᆞ샤ᄃᆡ 行(ᄒᆡᆼ)호매 或(혹) 使(ᄉᆞ)ᄒᆞ며 止(지)호매 或(혹) 尼(닐)ᄒᆞ니 行(ᄒᆡᆼ)ᄒᆞ며 止(지)ᄒᆞ미 人(인)의 能(능)ᄒᆞᆯ 배 아니니 나의 魯侯(로후)만 아디 몯호ᄆᆞᆫ 天(텬)이라 臧氏(장시)의 子(ᄌᆞ)ㅣ 엇디 能(능)히 날로 ᄒᆡ여곰 만나디 몯게 ᄒᆞ리오

第三〈公孫丑章句〉(上)

024(3-1) 管仲晏子之功

公孫丑問曰:「夫子當路於齊, 管仲晏子之功, 可復許乎?」

孟子曰:「子誠齊人也, 知管仲·晏子而已矣. 或問乎曾西曰:『吾子與子路孰賢?』曾西蹵(蹴)然曰:『吾先子之所畏也.』曰:『然則吾子與管仲孰賢?』曾西艴然不悅曰:『爾何曾比予於管仲? 管仲得君, 如彼其專也; 行乎國政, 如彼其久也; 功烈, 如彼其卑也. 爾何曾比予於是?』」

曰:「管仲, 曾西之所不爲也; 而子爲我願之乎?」

曰:「管仲以其君霸, 晏子以其君顯. 管仲·晏子猶不足爲與?」

曰:「以齊王, 由反手也.」

曰:「若是, 則弟子之惑, 滋甚. 且以文王之德, 百年而後崩, 猶未洽於天下; 武王·周公繼之, 然後大行. 今言王若易然, 則文王不足法與?」

曰:「文王何可當也? 由湯至於武丁, 聖賢之君六七作. 天下歸殷久矣, 久則難變也. 武丁朝諸侯有天下, 猶運之掌也. 紂之去武丁未久也, 其故家遺俗, 流風善政, 猶有存者; 又有微子·微仲·王子比干·箕子·膠鬲, 皆賢人也, 相與輔相之, 故久而後失之也. 尺地莫非其有也, 一民莫非其臣也. 然而文王猶方百里起, 是以難也. 齊人有言曰:『雖有智慧, 不如乘勢; 雖有鎡基, 不如待時.』今時則易然也. 夏后·殷·周之盛, 地未有過千里者也, 而齊有其地矣; 雞鳴狗吠相聞, 而達乎四境, 而齊有其民矣. 地不改辟矣, 民不改聚矣, 行仁政而王, 莫之能禦也. 且王者之不作, 未有疏於此時者也. 民之憔悴於虐政, 未有甚於此時者也; 飢者易爲食, 渴者易爲飮. 孔子曰:『德之流行, 速於置郵而傳命.』當今之時, 萬乘之國行仁政, 民之悅之, 猶解倒懸也. 故事半古之人, 功必倍之, 惟此時爲然.」

① 陶山本

公孫丑(공손듀)ㅣ 묻ᄌᆞ와 ᄀᆞᆯ오ᄃᆡ 夫子(부ᄌᆞ)ㅣ 齊(졔)예 路(로)애 當(당)ᄒᆞ시면 管仲(관듕)과 晏子(안ᄌᆞ)의 功(공)을 可(가)히 다시 許(허)ᄒᆞ시리□□

孟子(밍ᄌᆞ)ㅣ ᄀᆞᆯᄋᆞ샤ᄃᆡ 子(ᄌᆞ)ㅣ 진실로 齊(졔)ㅅ 사ᄅᆞᆷ이로다 管仲(관듕)과 晏子(안ᄌᆞ)를 알 ᄯᆞᄅᆞᆷ이온여

或(혹)이 曾西(증셔)ᄃᆞ려 무러 ᄀᆞᆯ오ᄃᆡ 吾子(오ᄌᆞ)ㅣ 子路(ᄌᆞ로)로 ᄃᆞ려 뉘 賢(현)ᄒᆞᄂᆞ뇨 曾西(증셔)ㅣ 蹵然(츅연)ᄒᆞ야 ᄀᆞᆯ오ᄃᆡ 우리 先子(션ᄌᆞ)의 畏(외)ᄒᆞ시던 배니라 ᄀᆞᆯ오ᄃᆡ 그러ᄒᆞᆫ 則(즉) 吾子(오ᄌᆞ)ㅣ 管仲(관듕)으로 ᄃᆞ려 뉘 賢(현)ᄒᆞᄂᆞ뇨 曾西(증셔)ㅣ 艴然(블연)히 悅(열)티 아니ᄒᆞ야 ᄀᆞᆯ오ᄃᆡ 네 엇디 곧 나를 管仲(관듕)애 比(비)ᄒᆞᄂᆞ뇨 管仲(관듕)이 君(군)을 得(득)홈이 뎌러ᄐᆞ시 그 專(젼)ᄒᆞ며 國政(국졍)을 行(ᄒᆡᆼ)홈이 뎌러ᄐᆞ시 그 久(구)호ᄃᆡ 功烈(공렬)이 뎌러ᄐᆞ시 그 卑(비)ᄒᆞ니 네 엇디 곧 나를 이에 比(비)ᄒᆞᄂᆞ뇨 ᄒᆞ니라

ᄀᆞᆯᄋᆞ샤ᄃᆡ 管仲(관듕)은 曾西(증셔)의 ᄒᆞ디 아니ᄒᆞᄂᆞᆫ 배어늘 子(ᄌᆞ)ㅣ 나를 爲(위)ᄒᆞ야 願(원)ᄒᆞᄂᆞ냐

ᄀᆞᆯ오ᄃᆡ 管仲(관듕)은 그 君(군)으로ᄡᅥ 霸(패)케 ᄒᆞ고 晏子(안ᄌᆞ)ᄂᆞᆫ 그 君(군)으로ᄡᅥ 顯(현)케 ᄒᆞ니 管仲(관듕)과 晏子(안ᄌᆞ)ᄂᆞᆫ 오히려 足(죡)히 ᄒᆞ염즉디 아니ᄒᆞ니잇가

ᄀᆞᆯᄋᆞ샤ᄃᆡ 齊(졔)로ᄡᅥ 王(왕)홈이 手(슈)를 反(반)홈 ᄀᆞᄐᆞ니라

ᄀᆞᆯ오ᄃᆡ 이러ᄐᆞᆺ ᄒᆞᆫ 則(즉) 弟子(뎨ᄌᆞ)의 惑(혹)이 더옥 甚(심)케이다 ᄯᅩ 文王(문왕)의 德(덕)으로ᄡᅥ 百年(ᄇᆡᆨ년)인 後(후)에 崩(붕)ᄒᆞ샤ᄃᆡ 오히려 天下(텬하)에 洽(흡)디 몯ᄒᆞ거시늘 武王(무왕)과 周公(쥬공)이 繼(계)ᄒᆞ신 然後(연후)에 키 行(ᄒᆡᆼ)ᄒᆞ니 이제 王(왕)을 이러ᄐᆞ시 쉽다 닐ᄋᆞ시니 곧 文王(문왕)은 足(죡)히 法(법)디 아니ᄒᆞ리잇가

ᄀᆞᆯᄋᆞ샤ᄃᆡ 文王(문왕)은 엇디 可(가)히 當(당)ᄒᆞ시리오 湯(탕)으로 말ᄆᆡ암아 武丁(무뎡)에 니르히 賢聖(현셩)ㅅ 君(군)이 六七(륙칠)이 作(작)ᄒᆞ야 天下(텬하)ㅣ 殷(은)애 歸(귀)홈이 오라니 오라면 變(변)홈이 難(난)ᄒᆞ니라 武丁(무뎡)이 諸侯(져후)를 朝(됴)ᄒᆞ야 天下(텬하)를 두ᄃᆡ 掌(쟝)애 運(운)홈ᄀᆞ티 ᄒᆞ시니 紂(듀)ㅣ 武丁(무뎡)애 去(거)홈이 오라디 아니ᄒᆞᆫ 디라 그 故家(고가)와 遺俗(유쇽)과 流風(류풍)과 善政(션졍)이 오히려 存(존)ᄒᆞᆫ 者(쟈)ㅣ 이시며 ᄯᅩ 微子(미ᄌᆞ)와 微仲(미듕)과 王子(왕ᄌᆞ)ㅣ언 比干(비간)과 箕子(긔ᄌᆞ)와 膠鬲(교격)이 다 賢人(현ᅀᅵᆫ)이라 서ᄅᆞ ᄃᆞ려 輔相(보샹)ᄒᆞᆫ 故(고)로 오란 後(후)에 失(실)ᄒᆞ니 尺地(쳑디)도 그 둠이 아니니 업스며 一民(일민)도 그 臣(신)이 아니니 업거늘 그러나 文王(문왕)이 方(방) 百里(ᄇᆡᆨ리)로 말ᄆᆡ암아 起(긔)ᄒᆞ시니 일로ᄡᅥ 難(난)ᄒᆞ니라

齊人(졔ᅀᅵᆫ)이 言(언)을 두어 ᄀᆞᆯ오ᄃᆡ 비록 知慧(디혜) 이시나 勢(셰)를 乘(승)홈만 ᄀᆞᆮ디 몯ᄒᆞ며 비록 鎡基(ᄌᆞ긔)ㅣ 이시나 時(시)를 待(ᄃᆡ)홈만 ᄀᆞᆮ디 몯ᄒᆞ다 ᄒᆞ니 이제 時(시)ㄴ 則(즉) 易(이)ᄒᆞ니라

夏后(하후) 殷(은) 周(쥬)ㅅ 盛(셩)애 地(디)ㅣ 千里(쳔리)예 過(과)ᄒᆞᆫ 者(쟈)ㅣ 잇디 아니ᄒᆞ니 齊(졔)ㅣ 그 地(디)를 두며 鷄(계)의 鳴(명)과 狗(구)의 吠(폐)ㅣ 서ᄅᆞ 聞(문)ᄒᆞ야 四境(ᄉᆞ경)애 達(달)ᄒᆞ니 齊(졔)ㅣ 그 民(민)을 두니 地(디)ㅣ 고텨 辟(벽)디 아니ᄒᆞ며 民(민)이 고텨 聚(취)티 아니ᄒᆞ야도 仁政(ᅀᅵᆫ졍)을 行(ᄒᆡᆼ)ᄒᆞ야 王(왕)ᄒᆞ면 能(능)히 禦(어)ᄒᆞ리 업스리라

ᄯᅩ 王者(왕쟈)의 作(작)디 아니홈이 이 時(시)만 疏(소)ᄒᆞᆫ이 잇디 아니ᄒᆞ며 民(민)의 虐政(학졍)에 憔悴(쵸췌)홈이 이 時(시)만 甚(심)ᄒᆞᆫ이 잇디 아니ᄒᆞ니 飢者(긔쟈)애 食(식)되옴이 쉬오며 渴者(갈쟈)애 飮(음)되옴이 쉬오니라

孔子(공ᄌᆞ)ㅣ ᄀᆞᆯᄋᆞ샤ᄃᆡ 德(덕)의 流行(류ᄒᆡᆼ)홈이 置郵(티우)로 命(명) 傳(뎐)홈두군 速(속)다 ᄒᆞ시니

이젯 時(시)를 當(당)ᄒᆞ야 萬乘(만승)ㅅ 國(국)이 仁政(신졍)을 行(ᄒᆡᆼ)ᄒᆞ면 民(민)의 悅(열)홈이 倒懸(도현)을 解(히)홈 ᄀᆞᄐᆞ리니 故(고)로 事(ᄉᆞ)ㅣ 녯사ᄅᆞᆷ애 半(반)만ᄒᆞ고 功(공)이 반ᄃᆞ시 倍(빈)홈은 오직 이 時(시)ㅣ 그러ᄒᆞ니라

② 栗谷本

公孫丑(공손튜)ㅣ 問(문)ᄒᆞ야 ᄀᆞᆯ오ᄃᆡ 父子(부ᄌᆞ)ㅣ 齊(졔)예 路(로)를 當(당)ᄒᆞ시면 管仲(관듕) 晏子(안ᄌᆞ)의 功(공)을 可(가)히 다시 긔약ᄒᆞ리잇가

孟子(ᄆᆡᆼᄌᆞ)ㅣ ᄀᆞᄅᆞ샤ᄃᆡ 子(ᄌᆞ)ㅣ 진실로 齊(졔)ㅅ 人(인)이로다 管仲(관듕) 晏子(안ᄌᆞ)를 알 ᄯᆞᄅᆞᆷ이온여

或(혹)이 曾西(증셔)ᄃᆞ려 問(문)ᄒᆞ야 ᄀᆞᆯ오ᄃᆡ 吾子(오ᄌᆞ)ㅣ 子路(ᄌᆞ로)로 더브러 뉘 賢(현) ᄒᆞ뇨 曾西(증셔)ㅣ 蹴然(츅연)ᄒᆞ야 ᄀᆞᆯ오ᄃᆡ 우리 先子(션ᄌᆞ)의 畏(외)ᄒᆞ시던 배니라 ᄀᆞᆯ오ᄃᆡ 그러면 吾子(오ᄌᆞ)ㅣ 管仲(관듕)으로 더브러 뉘 賢(현)ᄒᆞ뇨 曾西(증셔)ㅣ 艴然(불연)히 깃거 아녀 ᄀᆞᆯ오ᄃᆡ 네 엇디 일즉 나를 管仲(관듕)의게 比(비)ᄒᆞᄂᆞ뇨 管仲(관듕)이 君(군)을 得(득)홈이 뎌ᄀᆞᆺ티 專(젼)ᄒᆞ며 國政(국졍)의 行(ᄒᆡᆼ)홈이 뎌ᄀᆞᆺ티 오라되 功烈(공렬)이 뎌ᄀᆞᆺ티 卑(비)ᄒᆞ니 네 엇디 일즉 나를 이에 比(비)ᄒᆞᄂᆞ뇨

ᄀᆞᄅᆞ샤ᄃᆡ 管仲(관듕)은 曾西(증셔)의 ᄒᆞ디 아닛ᄂᆞᆫ 배어ᄂᆞᆯ 子(ᄌᆞ)ㅣ 나를 爲(위)ᄒᆞ야 願(원)ᄒᆞᄂᆞ냐

ᄀᆞᆯ오ᄃᆡ 管仲(관듕)은 그 君(군)으로ᄡᅥ 霸(패)ᄒᆞ고 晏子(안ᄌᆞ)ᄂᆞᆫ 그 君(군)으로ᄡᅥ 賢(현)ᄒᆞ니 管仲(관듕) 晏子(안ᄌᆞ)ㅣ 오히려 足(죡)히 ᄒᆞ얌즉디 아니니잇가

ᄀᆞᄅᆞ샤ᄃᆡ 齊(졔)로ᄡᅥ 王(왕)홈이 手(슈)를 反(반)홈 ᄀᆞᆺᄐᆞ니라

ᄀᆞᆯ오ᄃᆡ 이ᄀᆞᆺᄐᆞ면 弟子(뎨ᄌᆞ)의 惑(혹)이 더옥 甚(심)ᄒᆞ이다 ᄯᅩ 文王(문왕)의 德(덕)으로ᄡᅥ 百年(ᄇᆡᆨ년) 後(후)에 崩(붕)ᄒᆞ샤ᄃᆡ 오히려 天下(텬하)에 洽(흡)디 몯ᄒᆞ거ᄂᆞᆯ 武王(무왕)과 周公(쥬공)이 繼(계)ᄒᆞ신대 그런 後(후)에 크게 行(ᄒᆡᆼ)ᄒᆞ니 이제 王(왕)을 쉬눙ᄃᆞ시 니르면 文王(문왕)은 足(죡)히 法(법)ᄒᆞ얌즉디 아니니잇가

ᄀᆞᄅᆞ샤ᄃᆡ 文王(문왕)을 엇디 可(가)히 當(당)ᄒᆞ리오 湯(탕)으로브터 武丁(무뎡)에 니르히 賢聖(현셩)의 君(군)이 六七(륙칠)이 作(작)ᄒᆞ샤 天下(텬하)ㅣ 殷(은)에 간 디 오라니 오라면 變(변)키 어렵고 武丁(무뎡)이 諸侯(져후)를 됴회바다 天下(텬하)를 두샤ᄃᆡ 掌(쟝)의 運(운) 홈 ᄀᆞᆺ거시ᄂᆞᆯ 紂(듀)의 武丁(무뎡)ᄭᅴ 去(거)홈이 오라디 아닌 디라 그 녯집과 기친 俗(쇽)과 흘러오는 風(풍)과 어딘 政(졍)이 오히려 잇ᄂᆞᆫ 者(쟈)ㅣ 이시며 ᄯᅩ 微子(미ᄌᆞ)와 微仲(미듕)과 王子(왕ᄌᆞ) 比干(비간)과 箕子(긔ᄌᆞ)와 膠鬲(교격)이 다 어딘 人(인)이니 서르 더브러 돕ᄂᆞᆫ 디라 故(고)로 오란 後(후)에 일흐니 尺地(쳑디)도 그 둔 거시 아닌 이 업스며 一民(일민)도 그 신하 아닌 이 업거ᄂᆞᆯ 그러나 文王(문왕)이 오히려 方(방)이 百里(ᄇᆡᆨ리)로 니러나시니 일로ᄡᅥ 어려우니라

齊人(졔인)이 말을 두어 ᄀᆞᆯ오ᄃᆡ 비록 知慧(디혜)ㅣ 이시나 勢(셰)를 乘(승)홈만 ᄀᆞᆺ디 몯ᄒᆞ며 비록 鎡基(ᄌᆞ긔)ㅣ 이시나 時(시)를 待(ᄃᆡ)홈만 ᄀᆞᆺ디 몯ᄒᆞ다 ᄒᆞ니 이제 시졀은 쉬우니라

夏后(하후)와 殷(은)과 周(쥬)의 盛(셩)ᄒᆞᆫ 제 ᄯᅡ히 千里(쳔리) 너믄이 잇디 아니터니 齊(졔)ㅣ 그 ᄯᅡ을 두며 雞(계)ㅣ 鳴(명)홈과 狗(구)ㅣ 吠(폐)홈이 서르 들려 四境(ᄉᆞ경)의 達(달)ᄒᆞ더니 齊(졔)ㅣ 그 民(민)을 두니 地(디)ᄅᆞᆯ 고텨 辟(벽)디 아니며 民(민)을 고텨 聚(츄)티 아닐 디라도 仁政(인졍)을 行(ᄒᆡᆼ)ᄒᆞ야 王(왕)ᄒᆞ면 能(능)히 禦(어)티 몯ᄒᆞ리라

ᄯᅩ 王者(왕쟈)의 作(작)디 아니홈이 이 시졀만 疏(소)ᄒᆞᆫ 제 잇디 아니며 民(민)이 虐政(학졍)에 憔悴(쵸췌)홈이 이 시졀만 甚(심)ᄒᆞᆫ 제 잇디 아니니 飢(긔)ᄒᆞᆫ 者(쟈)의게 食(식)이 되기 쉬우며 渴(갈)ᄒᆞᆫ 者(쟈)의게 飮(음)이 되기 쉬우니라

孔子(공ᄌᆞ)ㅣ ᄀᆞᄅᆞ샤ᄃᆡ 德(덕)의 流行(류ᄒᆡᆼ)홈이 置郵(티우)로 命(명)을 傳(뎐)홈두곤 ᄲᆞᄅᆞ다 ᄒᆞ시니라

이제 시졀을 當(당)ᄒᆞ야 萬乘(만승) 나라히 仁政(인졍)을 行(ᄒᆡᆼ)ᄒᆞ면 民(민)의 깃거ᄒᆞ기 倒懸(도현)을 글림 ᄀᆞᆺ티 너기리니 故(고)로 일이 녯 人(인)의 半(반)ᄒᆞ고 功(공)이 반ᄃᆞ시 倍(ᄇᆡ)홈이 오직 이 시졀이 그러ᄒᆞ니라

025(3-2) 浩然之氣·揠苗助長

公孫丑問曰:「夫子加齊之卿相, 得行道焉, 雖由此霸王不異矣. 如此, 則動心否乎?」

孟子曰:「否. 我四十不動心.」

曰:「若是, 則夫子過孟賁遠矣.」

曰:「是不難, 告子先我不動心.」

曰:「不動心, 有道乎?」

曰:「有. 北宮黝之養勇也, 不膚撓, 不目逃; 思以一豪挫於人, 若撻之於市朝, 不受於褐寬博, 亦不受於萬乘之君. 視刺萬乘之君, 若刺褐夫. 無嚴諸侯. 惡聲至, 必反之. 孟施舍之所養勇也, 曰:『視不勝猶勝也. 量敵而後進, 慮勝而後會, 是畏三軍者也. 舍豈能爲必勝哉? 能無懼而已矣.』孟施舍似曾子, 北宮黝似子夏. 夫二子之勇, 未知其孰賢, 然而孟施舍守約也. 昔者, 曾子謂子襄曰:『子好勇乎? 吾嘗聞大勇於夫子矣: 自反而不縮, 雖褐寬博, 吾不惴焉; 自反而縮, 雖千萬人, 吾往矣.』孟施舍之守氣, 又不如曾子之守約也.」

曰:「敢問夫子之不動心, 與告子之不動心, 可得聞與?」

「告子曰:『不得於言, 勿求於心; 不得於心, 勿求於氣.』不得於心,勿求於氣, 可; 不得於言, 勿求於心, 不可. 夫志, 氣之帥也. 氣, 體之充也. 夫志至焉; 氣次焉. 故曰: 『持其志, 無暴其氣.』」

「旣曰: 『志至焉; 氣次焉.』 又曰: 『持其志, 無暴其氣』者, 何也?」

曰: 「志壹則動氣, 氣壹則動志也. 今夫蹶者趨者, 是氣也; 而反動其心.」

「敢問夫子, 惡乎長?」

曰: 「我知言, 我善養吾浩然之氣.」

「敢問何謂浩然之氣?」

曰: 「難言也. 其爲氣也, 至大至剛; 以直養而無害, 則塞于天地之閒. 其爲氣也, 配義與道; 無是, 餒也. 是集義所生者, 非義襲而取之也. 行有不慊於心, 則餒矣. 我故曰: 『告子未嘗知義.』 以其外之也. 必有事焉而勿正, 心勿忘, 勿助長也. 無若宋人然: 宋人有閔其苗之不長而揠之者, 芒芒然歸. 謂其人曰: 『今日病矣, 予助苗長矣.』 其子趨而往視之, 苗則槁矣. 天下之不助苗長者寡矣. 以爲無益而舍之者, 不耘苗者也; 助之長者, 揠苗者也. 非徒無益, 而又害之.」

「何謂知言?」

曰: 「詖辭知其所蔽, 淫辭知其所陷, 邪辭知其所離, 遁辭知其所窮. 生於其心, 害於其政; 發於其政, 害於其事. 聖人復起, 必從吾言矣.」

「宰我·子貢, 善爲說辭; 冉牛·閔子·顔淵, 善言德行. 孔子兼之, 曰: 『我於辭命, 則不能也.』 然則夫子旣聖矣乎?」

曰: 「惡! 是何言也? 昔者, 子貢問於孔子曰: 『夫子聖矣乎!』 孔子曰: 『聖則吾不能, 我學不厭而敎不倦也.』 子貢曰: 『學不厭, 智也; 敎不倦, 仁也. 仁且智, 夫子旣聖矣!』 夫聖, 孔子不居, 是何言也?」

「昔者, 竊聞之: 子夏·子游·子張, 皆有聖人之一體; 冉牛·閔子·顔淵, 則具體而微. 敢問所安?」

曰: 「姑舍是.」

曰: 「伯夷·伊尹, 何如?」

曰: 「不同道, 非其君不事, 非其民不使; 治則進, 亂則退, 伯夷也. 何事非君, 何使非民; 治亦進, 亂亦進, 伊尹也. 可以仕則仕, 可以止則止,可以久則久, 可以速則速, 孔子也. 皆古聖人也. 吾未能有行焉; 乃所願, 則學孔子也.」

「伯夷·伊尹於孔子, 若是班乎?」

曰:「否. 自有生民而來, 未有孔子也.」

曰:「然則有同與?」

曰:「有. 得百里之地而君之, 皆能以朝諸侯有天下. 行一不義·殺一不辜而得天下, 皆不爲也; 是則同.」

曰:「敢問其所以異?」

曰:「宰我·子貢·有若, 智足以知聖人. 汙, 不至阿其所好. 宰我曰:『以予觀於夫子, 賢於堯舜遠矣.』子貢曰:『見其禮而知其政, 聞其樂而知其德. 由百世之後, 等百世之王, 莫之能違也. 自生民以來, 未有夫子也.』有若曰:『豈惟民哉? 麒麟之於走獸, 鳳凰之於飛鳥, 太山之於丘垤, 河海之於行潦, 類也; 聖人之於民, 亦類也. 出於其類, 拔乎其萃, 自生民以來, 未有盛於孔子也.』」

① 陶山本

公孫丑(공손튜)ㅣ 묻즈와 골오듸 夫子(부즈)ㅣ 齊(제)ㅅ 卿相(경샹)에 加(가)ᄒᆞ샤 시러곰 道(도)를 行(힝)ᄒᆞ시면 비록 일로 말믜암아 霸(패)ᄒᆞ며 王(왕)ᄒᆞ야도 異(이)티 아니ᄒᆞ리니 이러틋 ᄒᆞᆫ 則(즉) 心(심)을 動(동)ᄒᆞ실가 아니ᄒᆞ시리잇가 孟子(ᄆᆡᆼᄌᆞ)ㅣ ᄀᆞᆯᄋᆞ샤듸 아니라 나ᄂᆞᆫ 四十(ᄉᆞ십)이라 心(심)을 動(동)티 아니호라

ᄀᆞᆯ오듸 이러틋 ᄒᆞ면 夫子(부ᄌᆞ)ㅣ 孟賁(ᄆᆡᆼ분)애 過(과)ᄒᆞ샴이 遠(원)ᄒᆞ샤소이다 ᄀᆞᆯᄋᆞ샤듸 이 難(난)티 아니ᄒᆞ니 告子(고ᄌᆞ)도 날로 몬져 心(심)을 動(동)티 아니ᄒᆞ니라

ᄀᆞᆯ오듸 心(심)을 動(동)티 아니홈이 道(도)ㅣ 인ᄂᆞ니잇가 ᄀᆞᆯᄋᆞ샤듸 인ᄂᆞ니라

北宮黝(븍궁유)의 勇(용)을 養(양)홈은 膚(부)로 撓(요)티 아니ᄒᆞ며 目(목)으로 逃(도)티 아니ᄒᆞ야 思(ᄉᆞ)호듸 ᄡᅧ 一毫(일호)ㅣ나 人(신)에 挫(좌)ᄒᆞ거든 市朝(시됴)애 撻(달)홈ᄀᆞ티 ᄒᆞ야 褐寬博(갈관박)의게 受(슈)티 아니ᄒᆞ며 ᄯᅩᄒᆞᆫ 萬乘(만승)ㅅ 君(군)에 受(슈)티 아니ᄒᆞ야 萬乘(만승)ㅅ 君(군)을 刺(ᄌᆞ)홈을 視(시)호듸 褐夫(갈부) 刺(ᄌᆞ)홈ᄀᆞ티 ᄒᆞ야 嚴(엄)ᄒᆞᆫ 諸侯(져후)ㅣ 업서 惡聲(악셩)이 니르거든 반ᄃᆞ시 反(반)ᄒᆞ니라

孟(ᄆᆡᆼ)ㅅ 舍(샤)의 勇(용)을 養(양)ᄒᆞᄂᆞᆫ 바ᄂᆞᆫ ᄀᆞᆯ오듸 不勝(블승)을 視(시)호듸 勝(승)홈ᄀᆞ티 ᄒᆞ노니 敵(뎍)을 量(량)ᄒᆞᆫ 後(후)에 進(진)ᄒᆞ며 勝(승)을 慮(려)ᄒᆞᆫ 後(후)에 會(회)ᄒᆞ면 이ᄂᆞᆫ 三軍(삼군)을 畏(외)ᄒᆞᄂᆞᆫ 者(쟈)ㅣ니 舍(샤)ㅣ 엇디 能(능)히 반ᄃᆞ시 勝(승)ᄒᆞ리오 能(능)히 懼(구)홈이 업슬 ᄯᆞᄅᆞᆷ이라 ᄒᆞ니라

孟(ᄆᆡᆼ)ㅅ 舍(샤)ᄂᆞᆫ 曾子(증ᄌᆞ)ᄀᆞᆮ고 北宮黝(븍궁유)

※ 以下 落帳

氣(긔)ᄂᆞᆫ 體(톄)의 充(츙)이니 志(지)ㅣ 至(지)ᄒᆞ고 氣(긔)ㅣ 次(ᄎᆞ)ᄒᆞ니 故(고)로 ᄀᆞᆯ오ᄃᆡ 그 志(지)ᄅᆞᆯ 持(디)ᄒᆞ고도 그 氣(긔)ᄅᆞᆯ 暴(포)티 말라 ᄒᆞ니라

임의 ᄀᆞᆯᄋᆞ샤ᄃᆡ 志(지)ㅣ 至(지)ᄒᆞ고 氣(긔)ㅣ 次(ᄎᆞ)ㅣ라 ᄒᆞ시고 ᄯᅩ ᄀᆞᆯᄋᆞ샤ᄃᆡ 그 志(지)ᄅᆞᆯ 持(디)ᄒᆞ고도 그 氣(긔)ᄅᆞᆯ 暴(포)티 말라 ᄒᆞ심은 엇디니잇고 ᄀᆞᆯᄋᆞ샤ᄃᆡ 志(지)ㅣ 壹(일)ᄒᆞ면 氣(긔)ᄅᆞᆯ 動(동)ᄒᆞ고 氣(긔)ㅣ 壹(일)ᄒᆞ면 志(지)ᄅᆞᆯ 動(동)ᄒᆞᄂᆞ니 이제 蹶者(궤쟈)와 趨者(추쟈)ㅣ 이 氣(긔)로ᄃᆡ 도로혀 그 心(심)을 動(동)ᄒᆞᄂᆞ니라

敢(감)히 묻ᄌᆞᆸ뇌이다 夫子(부ᄌᆞ)ᄂᆞᆫ 어ᄂᆡ거시 長(댱)이시니잇고 ᄀᆞᆯᄋᆞ샤ᄃᆡ 나는 言(언)을 知(디)ᄒᆞ며 나는 나의 浩然(호연)ᄒᆞᆫ 氣(긔)ᄅᆞᆯ 善(션)히 養(양)ᄒᆞ노라

敢(감)히 묻ᄌᆞᆸ뇌이다 엇디 닐온 浩然(호연)ᄒᆞᆫ 氣(긔)니잇고 ᄀᆞᆯᄋᆞ샤ᄃᆡ 言(언)홈이 難(난)ᄒᆞ니라

그 氣(긔)로오미 지그기 大(대)ᄒᆞ며 지그기 剛(강)ᄒᆞ니 直(딕)으로ᄡᅥ 養(양)ᄒᆞ고 害(해)홈이 업스면 天地(텬디)ㅅ 間(간)애 塞(식)ᄒᆞᄂᆞ니라

그 氣(긔)로오미 義(의)와 다ᄆᆞᆺ 道(도)ᄅᆞᆯ 配(ᄇᆡ)ᄒᆞ니 이 업스면 餒(뇌)ᄒᆞᄂᆞ니라

이 義(의)를 集(집)ᄒᆞ야 生(ᄉᆡᆼ)ᄒᆞᆫ 배라 義(의)ㅣ 襲(습)ᄒᆞ야 取(취)홈이 아니니 行(ᄒᆡᆼ)홈애 心(심)애 慊(겸)티 몯홈이 이시면 餒(뇌)ᄒᆞᄂᆞ니 내 故(고)로 ᄀᆞᆯ오ᄃᆡ 告子(고ᄌᆞ)ㅣ 일즉 義(의)를 아디 몯ᄒᆞᆫ다 ᄒᆞ노니 그 外(외)라 홈오로 ᄡᅦᆯᄉᆡ니라

반ᄃᆞ시 일사ᄆᆞᆯ 두고 正(졍)티 마라 心(심)에 닛디 말며 長(댱)을 助(조)티 마라 宋人(송ᄉᆡᆫ)ᄀᆞ티 마롤 ᄯᅵ어다 宋人(송ᄉᆡᆫ)이 그 苗(묘)의 長(댱)티 아니홈을 閔(민)ᄒᆞ야 揠(알)ᄒᆞᆫ 者(쟈)ㅣ 잇더니 芒芒(망망)히 歸(귀)ᄒᆞ야 그 人(ᄉᆡᆫ)ᄃᆞ려 닐어 ᄀᆞᆯ오ᄃᆡ 今日(금ᅀᅵᆯ)에 病(병)콰라 내 苗(묘)의 長(댱)을 助(조)ᄒᆞ과라 ᄒᆞ야ᄂᆞᆯ 그 子(ᄌᆞ)ㅣ 趨(추)ᄒᆞ야 가 視(시)ᄒᆞ니 苗(묘)ㅣ 곧 槁(고)ᄒᆞ엿더라 天下(텬하)에 苗(묘)의 長(댱)을 助(조)티 아니ᄒᆞᆯ 者(쟈)ㅣ 寡(과)ᄒᆞ니 ᄡᅧ 益(익)이 업다 ᄒᆞ야 舍(샤)ᄒᆞᄂᆞᆫ 者(쟈)ᄂᆞᆫ 苗(묘)ᄅᆞᆯ 耘(운)티 아니ᄒᆞᄂᆞᆫ 者(쟈)ㅣ오 長(댱)을 助(조)ᄒᆞᄂᆞᆫ 者(쟈)ᄂᆞᆫ 苗(묘)ᄅᆞᆯ 揠(알)ᄒᆞᄂᆞᆫ 者(쟈)ㅣ니 ᄒᆞᆫ갓 益(익)이 업슬 ᄲᅮᆫ이 아니라 ᄯᅩ 害(해)ᄒᆞᄂᆞ니라

엇디 닐온 言(언)을 知(디)홈이니잇고 ᄀᆞᆯᄋᆞ샤ᄃᆡ 詖(피)ᄒᆞᆫ 辭(ᄉᆞ)애 그 蔽(폐)ᄒᆞᆫ 바ᄅᆞᆯ 알며 淫(음)ᄒᆞᆫ 辭(ᄉᆞ)애 그 陷(함)ᄒᆞᆫ 바ᄅᆞᆯ 알며 邪(샤)ᄒᆞᆫ 辭(ᄉᆞ)애 그 離(리)ᄒᆞᆫ 바ᄅᆞᆯ 알며 遁(둔)ᄒᆞᆫ 辭(ᄉᆞ)애 그 窮(궁)ᄒᆞᆫ 바ᄅᆞᆯ 알 디니 그 心(심)에 生(ᄉᆡᆼ)ᄒᆞ야 그 政(졍)에 害(해)ᄒᆞ며 그 政(졍)에 發(발)ᄒᆞ야 그 事(ᄉᆞ)애 害(해)ᄒᆞᄂᆞ니 聖人(셩ᄉᆡᆫ)이 다시 起(긔)ᄒᆞ샤도 반ᄃᆞ시 내 말을 조ᄎᆞ시리라

宰我(ᄌᆡ아)와 子貢(ᄌᆞ공)ᄋᆞᆫ 善(션)히 說辭(셜ᄉᆞ)ᄅᆞᆯ ᄒᆞ고 冉牛(셤우)와 閔子(민ᄌᆞ)와 顔淵(안연)ᄋᆞᆫ 善(션)히 德行(덕ᄒᆡᆼ)을 言(언)ᄒᆞ더니 孔子(공ᄌᆞ)ㅣ 兼(겸)ᄒᆞ샤ᄃᆡ ᄀᆞᆯᄋᆞ샤ᄃᆡ 내 辭命(ᄉᆞ명)애ᄂᆞᆫ 곧 能(능)티 몯ᄒᆞ노라 ᄒᆞ시니 그러면 夫子(부ᄌᆞ)ᄂᆞᆫ 이믜 聖(셩)이신뎌

ᄀᆞᆯᄋᆞ샤ᄃᆡ 惡(오)ㅣ라 이 엇딘 말오 녜 子貢(ᄌᆞ공)이 孔子(공ᄌᆞ)ᄭᅴ 묻ᄌᆞ와 ᄀᆞᆯ오ᄃᆡ 夫子(부ᄌᆞ)ᄂᆞᆫ 聖(셩)이신뎌 孔子(공ᄌᆞ)ㅣ ᄀᆞᆯᄋᆞ샤ᄃᆡ 聖(셩)은 곧 내 能(능)티 몯ᄒᆞ거니와 나는 學(ᄒᆞᆨ)을

厭(염)티 아니ᄒᆞ며 敎(교)를 倦(권)티 아니ᄒᆞ노라 子貢(ᄌᆞ공)이 ᄀᆞᆯ오ᄃᆡ 學(ᄒᆞᆨ)을 厭(염)티 아니홈은 智(디)ㅣ오 敎(교)를 倦(권)티 아니홈은 仁(ᄉᆡᆫ)이니 仁(ᄉᆡᆫ)ᄒᆞ시고 ᄯᅩ 智(디)ᄒᆞ시니 夫子(부ᄌᆞ)ᄂᆞᆫ 임의 聖(셩)이신뎌 ᄒᆞ니 聖(셩)은 孔子(공ᄌᆞ)도 居(거)티 아니ᄒᆞ시니 이 엇딘 말오

녜 그으기 듣ᄌᆞ오니 子夏(ᄌᆞ하)와 子游(ᄌᆞ유)와 子張(ᄌᆞ댱)은 다 聖人(셩ᄉᆡᆫ)의 一體(일톄)를 두고 冉牛(셤우)와 閔子(민ᄌᆞ)와 顔淵(안연)은 곧 體(톄)를 具(구)호ᄃᆡ 微(미)타 ᄒᆞ니 敢(감)히 安(안)ᄒᆞ실 빠를 묻ᄌᆞᆸ노이다

ᄀᆞᆯᄋᆞ샤ᄃᆡ 아직 이를 舍(샤)ᄒᆞ라

ᄀᆞᆯ오ᄃᆡ 伯夷(ᄇᆡᆨ이)와 伊尹(이윤)은 엇더ᄒᆞ니잇고 ᄀᆞᆯᄋᆞ샤ᄃᆡ 道(도)ㅣ 同(동)티 아니ᄒᆞ니 그 君(군)이 아니어든 事(ᄉᆞ)티 아니ᄒᆞ며 그 民(민)이 아니어든 使(ᄉᆞ)티 아니ᄒᆞ야 治(티)ᄒᆞ면 進(진)ᄒᆞ고 亂(란)ᄒᆞ면 退(퇴)ᄒᆞᄂᆞᆫ 이ᄂᆞᆫ 伯夷(ᄇᆡᆨ이)ㅣ오 어ᄂᆡ를 事(ᄉᆞ)ᄒᆞ면 君(군)이 아니며 어ᄂᆡ를 使(ᄉᆞ)ᄒᆞ면 民(민)이 아니리오 ᄒᆞ야 治(티)ᄒᆞ야도 ᄯᅩᄒᆞᆫ 進(진)ᄒᆞ며 亂(란)ᄒᆞ야도 ᄯᅩᄒᆞᆫ 進(진)ᄒᆞᄂᆞᆫ 이ᄂᆞᆫ 伊尹(이윤)이오 可(가)히 ᄡᅧ 仕(ᄉᆞ)ᄒᆞ얌즉 ᄒᆞ면 仕(ᄉᆞ)ᄒᆞ며 可(가)히 ᄡᅧ 止(지)ᄒᆞ얌즉 ᄒᆞ면 止(지)ᄒᆞ며 可(가)히 ᄡᅧ 久(구)ᄒᆞ얌즉 ᄒᆞ면 久(구)ᄒᆞ며 可(가)히 ᄡᅧ 速(속)ᄒᆞ얌즉 ᄒᆞ면 速(속)ᄒᆞᄂᆞᆫ 이ᄂᆞᆫ 孔子(공ᄌᆞ)ㅣ시니 다 녯 聖人(셩ᄉᆡᆫ)이라 내 能(능)히 行(ᄒᆡᆼ)티 몯ᄒᆞ거니와 願(원)ᄒᆞᄂᆞᆫ 밴 則(즉) 孔子(공ᄌᆞ)를 學(ᄒᆞᆨ)ᄒᆞ노라

伯夷(ᄇᆡᆨ이)와 伊尹(이윤)이 孔子(공ᄌᆞ)의 이러ᄐᆞ시 班(반)ᄒᆞ니잇가 ᄀᆞᆯᄋᆞ샤ᄃᆡ 아니라 生民(ᄉᆡᆼ민)이 이심으로브터 ᄡᅧ 오모로 孔子(공ᄌᆞ)만 ᄒᆞ시니 잇디 아니ᄒᆞ니라

ᄀᆞᆯ오ᄃᆡ 그러ᄒᆞ면 同(동)홈이 인ᄂᆞ니잇가 ᄀᆞᆯᄋᆞ샤ᄃᆡ 이시니 百里(ᄇᆡᆨ리)ㅅ 地(디)를 得(득)ᄒᆞ야 君(군)ᄒᆞ면 다 能(능)히 ᄡᅧ 諸侯(져후)를 朝(됴)케 ᄒᆞ야 天下(텬하)를 두려니와 ᄒᆞᆫ 不義(블의)를 行(ᄒᆡᆼ)ᄒᆞ며 ᄒᆞᆫ 不辜(블고)를 殺(살)ᄒᆞ야 天下(텬하)를 得(득)홈은 다 ᄒᆞ디 아니ᄒᆞ리니 인 則(즉) 同(동)ᄒᆞ니라

ᄀᆞᆯ오ᄃᆡ 敢(감)히 그 ᄡᅧ 다ᄅᆞᆫ 바ᄅᆞᆯ 묻ᄌᆞᆸ노이다 ᄀᆞᆯᄋᆞ샤ᄃᆡ 宰我(ᄌᆡ아)와 子貢(ᄌᆞ공)과 有若(유약)은 智(디)ㅣ 足(족)히 ᄡᅧ 聖人(셩ᄉᆡᆫ)을 알리니 汙(와)ᄒᆞ야도 그 好(호)ᄒᆞᄂᆞᆫ 바애 阿(아)홈애ᄂᆞᆫ 至(지)티 아니ᄒᆞ리니라

宰我(ᄌᆡ아)ㅣ ᄀᆞᆯ오ᄃᆡ 내 夫子(부ᄌᆞ)를 觀(관)ᄒᆞ욤오로ᄡᅧ ᄒᆞ건댄 堯舜(요슌)두곤 賢(현)홈이 遠(원)ᄒᆞ샷다

子貢(ᄌᆞ공)이 ᄀᆞᆯ오ᄃᆡ 그 禮(례)를 보고 그 政(졍)을 알며 그 樂(악)을 듣고 그 德(덕)을 알 띠니 百世(ᄇᆡᆨ셰)ㅅ 後(후)로 말미암아 百世(ᄇᆡᆨ셰)ㅅ 王(왕)을 等(ᄃᆞᆼ)컨댄 能(능)히 違(위)ᄒᆞ리 업스니 生民(ᄉᆡᆼ민)으로브터 ᄡᅧ 옴오로 夫子(부ᄌᆞ)만 ᄒᆞ시니 잇디 아니ᄒᆞ시니라

有若(유약)이 ᄀᆞᆯ오ᄃᆡ 엇디 오직 民(민)ᄲᅮᆫ이리오 麒麟(긔린)이 走獸(주슈)에와 鳳凰(봉황)이 飛鳥(비됴)에와 泰山(태산)이 丘垤(구딜)에와 河海(하ᄒᆡ)ㅣ 行潦(ᄒᆡᆼ로)애 類(류)ㅣ며 聖人(셩ᄉᆡᆫ)이 民(민)에 ᄯᅩᄒᆞᆫ 類(류)ㅣ시니 그 類(류)에 出(츌)ᄒᆞ며 그 萃(췌)예 拔(발)ᄒᆞ나 生民(ᄉᆡᆼ민)으로브터 ᄡᅧ 옴오로 孔子(공ᄌᆞ)만 盛(셩)ᄒᆞ신 이 잇디 아니ᄒᆞ시니라

② 栗谷本

公孫丑(공손튜)ㅣ 問(문)ᄒᆞ야 ᄀᆞᆯ오ᄃᆡ 夫子(부ᄌᆞ)ㅣ 齊(졔)ㅅ 卿相(경샹)의 加(가)ᄒᆞ샤

시러곰 道(도)를 行(ᄒᆡᇰ)ᄒᆞ시면 비록 이를 말ᄆᆡ아마 覇(패)ᄒᆞ며 王(왕)ᄒᆞᆯ 디라도 괴이티 아니리니 이ᄀᆞᆺᄐᆞ면 心(심)을 動(동)ᄒᆞ시리잇가 아니리잇가 孟子(ᄆᆡᆼᄌᆞ)ㅣ ᄀᆞᄅᆞ샤ᄃᆡ 否(부)ㅣ라 나ᄂᆞᆫ 四十(ᄉᆞ십)에 心(심)을 動(동)티 아니호라

ᄀᆞᆯ오ᄃᆡ 이ᄀᆞᄐᆞ면 夫子(부ᄌᆞ)ㅣ 孟賁(ᄆᆡᆼ분)의게 너모미 멀으샤소이다 ᄀᆞᄅᆞ샤ᄃᆡ 이 어렵디 아니ᄒᆞ니 告子(고ᄌᆞ)ᄂᆞᆫ 날로 몬져 ᄆᆞ음을 動(동)티 아니ᄒᆞ니라

ᄀᆞᆯ오ᄃᆡ 心(심)을 動(동)티 아니홈이 道(도)ㅣ 잇ᄂᆞ니잇가 ᄀᆞᄅᆞ샤ᄃᆡ 잇ᄂᆞ니라

北宮黝(븍궁유)의 勇(용) 養(양)ᄒᆞ기ᄂᆞᆫ 膚(부)ㅣ 撓(요)티 아니ᄒᆞ며 目(목)이 逃(도)티 아니ᄒᆞ며 一毫(일호)ㅣ나 뻐 人(인)의게 挫(좌)키를 思(ᄉᆞ)호ᄃᆡ 市朝(시됴)에 撻(달)홈ᄀᆞᆺ티 녀겨 褐寬博(갈관박)의게 受(슈)티 아니며 ᄯᅩᄒᆞᆫ 萬乘(만승) 님금의게도 受(슈)티 아니코 萬乘(만승) 님금 刺(ᄌᆞ)호믈 녀교ᄃᆡ 褐夫(갈부) 刺(ᄌᆞ)홈ᄀᆞᆺ티 녀겨 두리ᄂᆞᆫ 諸侯(져후)ㅣ 업스며 惡聲(악셩)이 니ᄅᆞ거든 반ᄃᆞ시 反(반)ᄒᆞ더라

孟施舍(ᄆᆡᆼ시샤)의 勇(용) 養(양)ᄒᆞᄂᆞᆫ 바ᄂᆞᆫ ᄀᆞᆯ오ᄃᆡ 이긔디 몯ᄒᆞᆯ 거슬 보ᄃᆡ 이길 것 ᄀᆞᆺ티 녀기노니 敵(뎍)을 혜아린 後(후)에 進(진)ᄒᆞ며 勝(승)을 혜아린 後(후)에 會(회)ᄒᆞ면 이ᄂᆞᆫ 三軍(삼군)을 두리ᄂᆞᆫ 者(쟈)ㅣ니 舍(샤)ㅣ 엇디 能(능)히 일뎡 이긔기를 ᄒᆞ리오 能(능)히 저품이 업슬 ᄯᆞᄅᆞᆷ이라 ᄒᆞ니라

孟施舍(ᄆᆡᆼ시샤)ᄂᆞᆫ 曾子(증ᄌᆞ)ᄀᆞᆺ고 北宮黝(븍궁유)ᄂᆞᆫ 子夏(ᄌᆞ하)ᄀᆞᆺᄐᆞ니 二子(이ᄌᆞ)의 勇(용)을 그 뉘 賢(현)ᄒᆞᆫ동 아디 몯거니와 그러나 孟施舍(ᄆᆡᆼ시샤)ᄂᆞᆫ 守(슈)ㅣ 約(약)ᄒᆞ니라

녜 曾子(증ᄌᆞ)ㅣ 子襄(ᄌᆞ양)ᄃᆞ려 닐러 ᄀᆞᄅᆞ샤ᄃᆡ 子(ᄌᆞ)ㅣ 勇(용)을 好(호)ᄒᆞᄂᆞ냐 내 일즉 큰 勇(용)을 夫子(부ᄌᆞ)ᄭᅴ 듣ᄌᆞ왓노니 스스로 反(반)ᄒᆞ야 縮(슉)디 몯ᄒᆞ면 비록 褐寬博(갈관박)이라도 내 惴(췌)케 몯ᄒᆞ려니와 스스로 反(반)ᄒᆞ야 縮(슉)ᄒᆞ면 비록 千萬人(쳔만인)이라도 내 往(왕)호리라 ᄒᆞ시니라

孟施舍(ᄆᆡᆼ시샤)의 守(슈)ㅣ 氣(긔)라 ᄯᅩ 曾子(증ᄌᆞ)의 守(슈)ㅣ 約(약)홈만 ᄀᆞᆺ디 몯ᄒᆞ니라

ᄀᆞᆯ오ᄃᆡ 敢(감)히 問(문)ᄒᆞ노니 夫子(부ᄌᆞ)의 ᄆᆞ음 動(동)티 아니심과 다ᄆᆞᆺ 告子(고ᄌᆞ)의 ᄆᆞ음 動(동)티 아니호믈 可(가)히 어더 듣ᄌᆞ오리잇가 告子(고ᄌᆞ)ㅣ ᄀᆞᆯ오ᄃᆡ 言(언)에 得(득)디 몯ᄒᆞ거든 心(심)에 求(구)티 말며 心(심)에 得(득)디 몯ᄒᆞ거든 氣(긔)예 求(구)티 말라 ᄒᆞ니 心(심)에 得(득)디 몯ᄒᆞ거든 氣(긔)예 求(구)티 말기ᄂᆞᆫ 可(가)커니와 言(언)에 得(득)디 몯ᄒᆞ거든 心(심)에 求(구)티 말기ᄂᆞᆫ 可(가)티 아니ᄒᆞ니 志(지)ᄂᆞᆫ 氣(긔)의 帥(슈)ㅣ오 氣(긔)ᄂᆞᆫ 體(톄)의 充(츙)ᄒᆞᆫ 거시니 志(지)ㅣ 至(지)ᄒᆞ고 氣(긔)ㅣ 次(ᄎᆞ)ᄒᆞ니 故(고)로 ᄀᆞᆯ오ᄃᆡ 그 志(지)를 持(디)ᄒᆞ고도 그 氣(긔)를 暴(포)티 말라 ᄒᆞ노라

이믜 ᄀᆞᄅᆞ샤ᄃᆡ 志(지)ㅣ 至(지)ᄒᆞ고 氣(긔)ㅣ 次(ᄎᆞ)ㅣ라 ᄒᆞ시고 ᄯᅩ ᄀᆞᄅᆞ샤ᄃᆡ 그 志(지)를 持(디)ᄒᆞ고도 그 氣(긔)를 暴(포)티 말라 ᄒᆞ샤믄 엇디잇고 ᄀᆞᄅᆞ샤ᄃᆡ 志(지)ㅣ 壹(일)ᄒᆞ면 氣(긔)를 動(동)ᄒᆞ고 氣(긔)ㅣ 壹(일)ᄒᆞ면 志(지)를 動(동)ᄒᆞᄂᆞ니 이제 蹶(궤)홈과 趨(추)홈이 이 氣(긔)로ᄃᆡ 도로혀 그 ᄆᆞ음을 動(동)ᄒᆞᄂᆞ니라

敢(감)히 問(문)ᄒᆞ노니 夫子(부ᄌᆞ)ᄂᆞᆫ 어듸 長(댱)ᄒᆞ시니잇고 ᄀᆞᄅᆞ샤ᄃᆡ 나ᄂᆞᆫ 言(언)을 알며 나ᄂᆞᆫ 나의 浩然(호연)ᄒᆞᆫ 氣(긔)를 잘 養(양)ᄒᆞ노라

敢(감)히 問(문)ᄒᆞ노니 엇디 닐온 浩然(호연)ᄒᆞᆫ 氣(긔)니잇고 ᄀᆞᄅᆞ샤ᄃᆡ 니ᄅᆞ기 어려우니라

그 氣(긔)론디 지극히 크고 지극히 剛(강)ᄒᆞ니 直(딕)으로ᄡᅥ 養(양)ᄒᆞ야 害(해)홈이 업스면 天地(텬디)ㅅ 즈음에 塞(식)ᄒᆞᄂᆞ니라

그 氣(긔)론디 義(의)와 다ᄆᆞᆺ 道(도)를 配(ᄇᆡ)ᄒᆞ니 이 업스면 餒(뇌)ᄒᆞ리라

이는 義(의)를 集(집)ᄒᆞ야 生(ᄉᆡᆼ)ᄒᆞᆫ 배라 義(의)로 襲(습)ᄒᆞ야 取(취)홈이 아니니 行(ᄒᆡᆼ)호매 ᄆᆞ음애 慊(겸)티 몯홈이 이시면 餒(뇌)ᄒᆞ리니 故(고)로 ᄀᆞᆯ오ᄃᆡ 告子(고ᄌᆞ)ㅣ 일즉 義(의)를 아디 몯ᄒᆞᆫ다 ᄒᆞ노니 그 外(외)홀ᄉᆡ니라

반ᄃᆞ시 事(ᄉᆞ)ᄒᆞᄂᆞᆫ 배 이쇼ᄃᆡ 正(졍)티 말며 ᄆᆞ음에 닛디 말며 長(댱)을 助(조)티 마라 宋人(송인)ᄀᆞᆺ티 마롤 디니 宋人(송인)이 그 苗(묘)의 長(댱)티 몯호믈 閔(민)ᄒᆞ야 揠(알)홀 者(쟈)ㅣ 잇더니 芒芒(망망)히 도라와 제 사름ᄃᆞ려 닐러 ᄀᆞᆯ오ᄃᆡ 오ᄂᆞᆯ 病(병)호라 내 苗(묘)의 長(댱)호믈 助(조)호라 ᄒᆞ야ᄂᆞᆯ 그 子(ᄌᆞ)ㅣ ᄃᆞ라가 보니 苗(묘)ㅣ 이우럿더라 天下(텬하)에 苗(묘)의 長(댱)을 助(조)티 아닐 者(쟈)ㅣ 젹으니 ᄡᅥ 益(익)이 업다 ᄒᆞ야 ᄇᆞ리ᄂᆞᆫ 者(쟈)ᄂᆞᆫ 苗(묘)를 耘(운)티 아닌ᄂᆞᆫ 者(쟈)ㅣ오 長(댱)을 助(조)ᄒᆞᄂᆞᆫ 者(쟈)ᄂᆞᆫ 苗(묘)를 揠(알)ᄒᆞᄂᆞᆫ 者(쟈)ㅣ니 ᄒᆞᆫ갓 益(익)이 업슬 ᄲᅮᆫ이 아니라 ᄯᅩ 害(해)홈이니라

엇디 닐온 言(언)을 알옴이니잇고 ᄀᆞᄅᆞ샤ᄃᆡ 詖(피)ᄒᆞᆫ 辭(ᄉᆞ)애 그 蔽(폐)ᄒᆞᆫ 바를 알며 淫(음)ᄒᆞᆫ 辭(ᄉᆞ)애 그 陷(함)ᄒᆞᆫ 바를 알며 邪(샤)ᄒᆞᆫ 辭(ᄉᆞ)애 그 離(리)ᄒᆞᆫ 바를 알며 遁(둔)ᄒᆞᆫ 辭(ᄉᆞ)애 그 窮(궁)ᄒᆞᆫ 바를 알 디니 그 心(심)에 生(ᄉᆡᆼ)ᄒᆞ야 그 政(졍)의 害(해)ᄒᆞ며 그 政(졍)의 發(발)ᄒᆞ야 그 事(ᄉᆞ)에 害(해)ᄒᆞᄂᆞ니 聖人(셩인)이 다시 니러날 디라도 반ᄃᆞ시 내 말을 조ᄎᆞ시리라

宰我(ᄌᆡ아)와 子貢(ᄌᆞ공)은 說辭(셜ᄉᆞ)를 잘 ᄒᆞ고 冉牛(염우)와 閔子(민ᄌᆞ)와 顔淵(안연)은 德行(덕ᄒᆡᆼ)을 잘 니르더니 孔子(공ᄌᆞ)ㅣ 兼(겸)ᄒᆞ샤ᄃᆡ ᄀᆞᄅᆞ샤ᄃᆡ 내 辭命(ᄉᆞ명)에ᄂᆞᆫ 能(능)티 몯호라 ᄒᆞ시니 그런면 夫子(부ᄌᆞ)ᄂᆞᆫ 이믜 聖(셩)이신뎌

ᄀᆞᄅᆞ샤ᄃᆡ 惡(오)ㅣ라 이 엇딘 말고 녜 子貢(ᄌᆞ공)이 孔子(공ᄌᆞ)ᄭᅴ 問(문)ᄒᆞ야 ᄀᆞᆯ오ᄃᆡ 夫子(부ᄌᆞ)ᄂᆞᆫ 聖(셩)ᄒᆞ신뎌 孔子(공ᄌᆞ)ㅣ ᄀᆞᄅᆞ샤ᄃᆡ 聖(셩)은 내 能(능)티 몯ᄒᆞ거니와 나ᄂᆞᆫ 學(ᄒᆞᆨ)을 厭(염)티 아니ᄒᆞ며 敎(교)를 倦(권)티 아닛노라 子貢(ᄌᆞ공)이 ᄀᆞᆯ오ᄃᆡ 學(ᄒᆞᆨ)을 厭(염)티 아니홈은 智(디)ㅣ오 敎(교)를 倦(권)티 아니홈은 仁(인)이니 仁(인)코 ᄯᅩ 智(디)ᄒᆞ시니 夫子(부ᄌᆞ)ㅣ 이믜 聖(셩)ᄒᆞ신뎌 ᄒᆞ니 聖(셩)은 孔子(공ᄌᆞ)도 居(거)티 아니ᄒᆞ시니 이 엇딘 말고

녜 그윽이 듯ᄌᆞ오니 子夏(ᄌᆞ하)와 子游(ᄌᆞ유)와 子張(ᄌᆞ댱)은 다 聖人(셩인)의 一體(일톄)를 두고 冉牛(염우)와 閔子(민ᄌᆞ)와 顔淵(안연)은 體(톄) ᄀᆞᄌᆞ되 微(미)타 ᄒᆞ더시니 敢(감)히 安(안)ᄒᆞ실 자를 問(문)ᄒᆞ노이다

ᄀᆞᄅᆞ샤ᄃᆡ 안즉 일란 두라

ᄀᆞᆯ오ᄃᆡ 伯夷(ᄇᆡᆨ이)와 伊尹(이윤)은 엇더ᄒᆞ니잇고 ᄀᆞᄅᆞ샤ᄃᆡ 道(도)ㅣ 同(동)티 아니ᄒᆞ니 그 님금이 아니어든 셤기디 아니며 그 民(민)이 아니어든 브리디 아니ᄒᆞ야 治(티)ᄒᆞ면 進(진)ᄒᆞ고 亂(란)ᄒᆞ면 退(퇴)ᄒᆞᄂᆞ니ᄂᆞᆫ 伯夷(ᄇᆡᆨ이)ㅣ오 어ᄂᆡ 셤기면 님금이 아니며 어ᄂᆡ ᄇᆞ리면 民(민)이 아니리오 ᄒᆞ야 治(티)ᄒᆞ야도 ᄯᅩᄒᆞᆫ 進(진)ᄒᆞ며 亂(란)ᄒᆞ야도 ᄯᅩᄒᆞᆫ 進(진)ᄒᆞᄂᆞ니ᄂᆞᆫ 伊尹(이윤)이오 可(가)히 ᄡᅥ 仕(ᄉᆞ)홀 제면 仕(ᄉᆞ)ᄒᆞ고 可(가)히 ᄡᅥ 止(지)홀 제면

止(지)ᄒᆞ고 可(가)히 ᄡᅧ 久(구)홀 제면 久(구)ᄒᆞ고 可(가)히 ᄡᅧ 速(속)홀 제면 速(속)ᄒᆞ시ᄂᆞ니ᄂᆞᆫ 孔子(공ᄌᆞ)ㅣ시니 다 녯 聖人(셩인)이라 내 能(능)히 行(ᄒᆡᆼ)홈이 잇디 몯ᄒᆞ거니와 願(원)ᄒᆞᄂᆞᆫ 바ᄂᆞᆫ 孔子(공ᄌᆞ)를 學(ᄒᆞᆨ)호려 ᄒᆞ노라

伯夷(ᄇᆡᆨ이)와 伊尹(이윤)이 孔子(공ᄌᆞ)ᄭᅴ 이ᄀᆞᆺ티 班(반)ᄒᆞ니잇가 ᄀᆞᄅᆞ샤ᄃᆡ 否(부)ㅣ라 生民(ᄉᆡᆼ민)이 이셔 ᄡᅧ 오모로브터 孔子(공ᄌᆞ)ㅣ 잇디 아니시니라

ᄀᆞᆯ오ᄃᆡ 그러ᄒᆞ면 同(동)홈이 잇ᄂᆞ니잇가 ᄀᆞᄅᆞ샤ᄃᆡ 잇ᄂᆞ니 百里(ᄇᆡᆨ리) ᄯᅡ흘 어더 님금되면 다 能(능)히 ᄡᅧ 諸侯(져후)를 朝(됴)ᄒᆞ야 天下(텬하)를 두고 ᄒᆞᆫ 不義(블의)를 行(ᄒᆡᆼ)ᄒᆞ며 ᄒᆞᆫ 不辜(블고)를 殺(살)ᄒᆞ고 天下(텬하)를 得(득)ᄒᆞ기를 다 ᄒᆞ디 아니리니 이ᄂᆞᆫ 同(동)ᄒᆞ니라

ᄀᆞᆯ오ᄃᆡ 敢(감)히 그 ᄡᅧ 다른 바를 問(문)ᄒᆞ노이다 ᄀᆞᄅᆞ샤ᄃᆡ 宰我(ᄌᆡ아)와 子貢(ᄌᆞ공)과 有若(유약)이 디혜 足(죡)히 ᄡᅧ 聖人(셩인)을 알고 汙(와)ᄒᆞ야도 그 好(호)ᄒᆞᄂᆞᆫ 바의 阿(아)ᄒᆞ기예 니르디 아니ᄒᆞ니라

宰我(ᄌᆡ아)ㅣ ᄀᆞᆯ오ᄃᆡ ᄡᅧ 予(여)의 夫子(부ᄌᆞ) 보오모론 堯舜(요슌)두곤 賢(현)ᄒᆞ샤미 마르샷다

子貢(ᄌᆞ공)이 ᄀᆞᆯ오ᄃᆡ 그 禮(례)를 보고 그 政(졍)을 알며 그 樂(악)을 듣고 그 德(덕)을 알 디라 百世(ᄇᆡᆨ셰) 後(후)를 말미아마 百世(ᄇᆡᆨ셰)예 王(왕)을 차등ᄒᆞ건댄 能(능)히 違(위)ᄒᆞ리 업스니 生民(ᄉᆡᆼ민)브터 ᄡᅧ 오모로 夫子(부ᄌᆞ)ㅣ 잇디 아니시니라

有若(유약)이 ᄀᆞᆯ오ᄃᆡ 엇디 오직 民(민)이리오 麒麟(긔린)이 走獸(주슈)의게와 鳳凰(봉황)이 飛鳥(비됴)의게와 泰山(태산)이 丘垤(구딜)의게와 河海(하ᄒᆡ)ㅣ 行潦(ᄒᆡᆼ로)의게 類(류)ㅣ며 聖人(셩인)이 民(민)의게 ᄯᅩᄒᆞᆫ 類(류)ㅣ니 그 類(류)에 出(츌)ᄒᆞ며 그 萃(췌)에 拔(발)ᄒᆞ거니와 生民(ᄉᆡᆼ민)브터 ᄡᅧ 오모로 孔子(공ᄌᆞ) ᄀᆞᆺ티 盛(셩)ᄒᆞ시니 잇디 아니시니라

026(3-3) 以力假仁

孟子曰:「以力假仁者霸; 霸必有大國. 以德行仁者王; 王不待大. 湯以七十里, 文王以百里. 以力服人者, 非心服也, 力不贍也; 以德服人者, 中心悅而誠服也; 如七十子之服孔子也. 詩云:『自西自東, 自南自北, 無思不服.』此之謂也.」

① 陶山本

孟子(ᄆᆡᆼᄌᆞ)ㅣ ᄀᆞᆯᄋᆞ샤ᄃᆡ 力(력)으로ᄡᅧ 仁(ᅀᅵᆫ)을 假(가)ᄒᆞᄂᆞᆫ 者(쟈)ᄂᆞᆫ 霸(패)ᄒᆞᄂᆞ니 霸(패)ᄂᆞᆫ 반ᄃᆞ시 大國(대국)을 두고 德(덕)으로ᄡᅧ 仁(ᅀᅵᆫ)을 行(ᄒᆡᆼ)ᄒᆞᄂᆞᆫ 者(쟈)ᄂᆞᆫ 王(왕)ᄒᆞᄂᆞ니 王(왕)은 大(대)를 待(ᄃᆡ)티 아니ᄒᆞᄂᆞᆫ 디라 湯(탕)이 七十里(칠십리)로ᄡᅧ ᄒᆞ시고 文王(문왕)이 百里(ᄇᆡᆨ리)로ᄡᅧ ᄒᆞ시니라

力(력)으로ᄡᅧ 人(ᅀᅵᆫ)을 服(복)ᄒᆞᄂᆞᆫ 者(쟈)ᄂᆞᆫ 心(심)애 服(복)ᄒᆞᄂᆞᆫ 줄이 아니라 力(력)이 贍(셤)티 몯홈이오 德(덕)으로ᄡᅧ 人(ᅀᅵᆫ)을 服(복)ᄒᆞᄂᆞᆫ 者(쟈)ᄂᆞᆫ 中心(듕심)이 悅(열)ᄒᆞ야

誠(셩)으로 服(복)홈이니 七十子(칠십ᄌ)의 孔子(공ᄌ)를 服(복)홈ᄀᆞ튼 디라 詩(시)예 닐오ᄃᆡ 西(셔)로브터 ᄒᆞ며 東(동)으로브터 ᄒᆞ며 南(남)으로브터 ᄒᆞ며 北(븍)으로브테 思(ᄉᆞ)ᄒᆞ야 服(복)디 아니리 업다 ᄒᆞ니 이를 닐옴이니라

② 栗谷本

孟子(ᄆᆡᆼᄌ)ㅣ ᄀᆞᄅᆞ샤ᄃᆡ 힘으로ᄡᅥ 仁(인)을 假(가)ᄒᆞᄂᆞᆫ 者(쟈)ᄂᆞᆫ 霸(패)니 霸(패)ᄂᆞᆫ 반ᄃᆞ시 큰 나라흘 두고 德(덕)으로ᄡᅥ 仁(인)을 行(ᄒᆡᆼ)ᄒᆞᄂᆞᆫ 者(쟈)ᄂᆞᆫ 王(왕)이니 王(왕)은 크믈 기드리디 아닛ᄂᆞᆫ 디라 湯(탕)이 七十里(칠십리)로ᄡᅥ ᄒᆞ시고 文王(문왕)이 百里(ᄇᆡᆨ리)로ᄡᅥ ᄒᆞ시니라

힘으로ᄡᅥ 人(인) 服(복)ᄒᆞᄂᆞᆫ 者(쟈)ᄂᆞᆫ ᄆᆞ음에 服(복)홈이 아니라 힘이 贍(셤)티 몯홈이오 德(덕)으로ᄡᅥ 人(인) 服(복)ᄒᆞᄂᆞᆫ 者(쟈)ᄂᆞᆫ 中心(듕심)이 깃거 진실로 服(복)ᄒᆞ기를 七十子(칠십ᄌ)의 孔子(공ᄌ) 服(복)홈ᄀᆞᄐᆞ니 詩(시)예 닐오ᄃᆡ 西(셔)로브트며 東(동)으로브트며 南(남)으로브트며 北(븍)으로브터 思(ᄉᆞ)ᄒᆞ야 服(복)디 아니리 업다 ᄒᆞ니 이를 닐옴이니라

027(3-4) 仁則榮

孟子曰:「仁則榮, 不仁則辱. 今惡辱而居不仁, 是猶惡濕而居下也. 如惡之, 莫如貴德而尊士, 賢者在位, 能者在職. 國家閒暇, 及是時, 明其政刑. 雖大國, 必畏之矣! 詩云:『迨天之未陰雨, 徹彼桑土, 綢繆牖戶. 今此下民, 或敢侮予?』孔子曰:『爲此詩者, 其知道乎! 能治其國家, 誰敢侮之?』今國家閒暇, 及是時, 般樂怠敖, 是自求禍也. 禍福無不自己求之者. 詩云:『永言配命, 自求多福.』太甲曰:『天作孽, 猶可違; 自作孽, 不可活.』此之謂也.」

① 陶山本

孟子(ᄆᆡᆼᄌ)ㅣ ᄀᆞᆯᄋᆞ샤ᄃᆡ 仁(신)ᄒᆞ면 榮ᄒᆞ고 仁(신)티 아니ᄒᆞ면 辱(욕)ᄒᆞᄂᆞ니 이제 辱(욕)을 惡(오)호ᄃᆡ 不仁(블신)에 居(거)홈이 이ᄂᆞᆫ 濕(습)을 惡(오)호ᄃᆡ 下(하)애 居(거)홈 ᄀᆞᄐᆞ니라

만일에 惡(오)홀 딘댄 德(덕)을 貴(귀)ᄒᆞ며 士(ᄉᆞ)를 尊(존)홈만 ᄀᆞᄐᆞ니 업ᄉᆞ니 賢者(현쟈)ㅣ 位(위)예 이시며 能者(능쟈)ㅣ 職(직)에 이셔 國家(국가)ㅣ 閒暇(한가)ᄒᆞ거든 이 時(시)를 及(급)ᄒᆞ야 그 政刑(졍형)을 明(명)ᄒᆞ면 비록 大國(대국)이라도 반ᄃᆞ시 畏(외)ᄒᆞ리라

詩(시)예 닐오ᄃᆡ 天(텬)의 陰雨(음우)티 아니ᄒᆞᆫ 저글 미처 뎌 桑土(상두)를 徹(텰)ᄒᆞ야 牖戶(유호)를 綢繆(듀무)ᄒᆞ면 이제 이 下民(하민)이 或(혹) 敢(감)히 나를 侮(모)ᄒᆞ랴 ᄒᆞ야늘 孔子(공ᄌ)ㅣ ᄀᆞᆯᄋᆞ샤ᄃᆡ 이 詩(시)를 ᄒᆞᆫ 者(쟈)ㅣ 그 道(도)를 안뎌 能(능)히 그 國家(국가)를 治(티)ᄒᆞ면 뉘 敢(감)히 侮(모)ᄒᆞ리오 ᄒᆞ시니라

이제 國家(국가)ㅣ 閒暇(한가)ᄒᆞ거든 이 時(시)를 미처 般樂(반락)ᄒᆞ며 怠敖(틔오)ᄒᆞᄂᆞ니 이는 스스로 禍(화)를 求(구)홈이니라

禍(화)와 福(복)이 己(긔)로브터 求(구)티 아니홀 者(쟈)ㅣ 업ᄉᆞ니라

詩(시)예 닐오ᄃᆡ 기리 言(언)ᄒᆞ야 命(명)을 配(비)ᄒᆞ욤이 스스로 多福(다복)을 求(구)홈이라 ᄒᆞ며 太甲(태갑)애 ᄀᆞᆯ오ᄃᆡ 天(텬)의 作(작)ᄒᆞᆫ 孽(얼)은 오히려 可(가)히 違(위)ᄒᆞ려니와 스스로 作(작)ᄒᆞᆫ 孽(얼)은 可(가)히 活(활)티 몯ᄒᆞ리라 ᄒᆞ니 이를 닐옴이니라

② 栗谷本

孟子(ᄆᆡᆼᄌᆞ)ㅣ ᄀᆞᄅᆞ샤ᄃᆡ 仁(인)ᄒᆞ면 榮ᄒᆞ고 仁(인)티 몯ᄒᆞ면 辱(욕)ᄒᆞᄂᆞ니 이제 辱(욕)을 惡(오)ᄒᆞ며 不仁(블인)에 居(거)홈이 이는 濕(습)을 惡(오)ᄒᆞ며 下(하)애 居(거)홈 ᄀᆞᄐᆞ니라

만일 惡(오)홀 딘댄 德(덕)을 貴(귀)ᄒᆞ며 士(ᄉᆞ)를 尊(존)홈만 ᄀᆞᆮ디 몯ᄒᆞ니 賢者(현쟈)ㅣ 位(위)예 이시며 能者(능쟈)ㅣ 職(직)에 잇고 國家(국가)ㅣ 閒暇(한가)ᄒᆞ거든 이 時(시)를 밋처 그 政刑(졍형)을 ᄇᆞᆰ키면 비록 큰 나라히라도 반ᄃᆞ시 두리리라

詩(시)예 닐오ᄃᆡ 天(텬)의 陰雨(음우) 아닌 제 밋처 뎌 桑土(상두)를 徹(텰)ᄒᆞ야 牖戶(유호)애 綢繆(듀무)ᄒᆞ면 이제 이 下民(하민)이 或(혹) 敢(감)히 나를 侮(모)ᄒᆞ랴 ᄒᆞ야늘 孔子(공ᄌᆞ)ㅣ ᄀᆞᄅᆞ샤ᄃᆡ 이 詩(시)를 ᄒᆞᆫ 者(쟈)ㅣ 그 道(도)를 안뎌 能(능)히 그 國家(국가)를 다ᄉᆞ리면 뉘 敢(감)히 侮(모)ᄒᆞ료 ᄒᆞ시니라

이제 國家(국가)ㅣ 閒暇(한가)ᄒᆞ거든 이 時(시)를 밋처 般樂(반락)ᄒᆞ며 怠敖(틔오)ᄒᆞᄂᆞ니 이는 스스로 禍(화)를 求(구)홈이니라

禍福(화복)이 己(긔)로브터 求(구)티 아닐 者(쟈)ㅣ 업스니라

詩(시)예 닐오ᄃᆡ 기리 言(언)ᄒᆞ야 命(명)을 配(비)ᄒᆞ욤이 스스로 多福(다복)을 求(구)홈이라 ᄒᆞ고 太甲(태갑)에 ᄀᆞᆯ오ᄃᆡ 天(텬)의 孽(얼)을 作(작)홈은 오히려 可(가)히 違(위)ᄒᆞ려니와 스스로 孽(얼)을 作(작)홈은 可(가)히 活(활)티 몯ᄒᆞ리라 ᄒᆞ니 이를 닐옴이니라

028(3-5) 尊賢使能

孟子曰:「尊賢使能, 俊傑在位, 則天下之士, 皆悅而願立於其朝矣. 市廛而不征, 法而不廛, 則天下之商, 皆悅而願藏於其市矣. 關譏而不征, 則天下之旅, 皆悅而願出於其路矣. 耕者助而不稅, 則天下之農, 皆悅而願耕於其野矣. 廛, 無夫里之布, 則天下之民, 皆悅而願爲之氓矣. 信能行此五者, 則鄰國之民, 仰之若父母矣. 率其子弟, 攻其父母; 自生民以來, 未有能濟者也. 如此, 則無敵於天下; 無敵於天下者, 天吏也. 然而不王者, 未之有也.」

① 陶山本

孟子(ᄆᆡᇰᄌᆞ)ㅣ ᄀᆞᆯᄋᆞ샤ᄃᆡ 賢(현)을 尊(존)ᄒᆞ며 能(능)을 使(ᄉᆞ)ᄒᆞ야 俊傑(쥰걸)이 位(위)예 이신 則(즉) 天下(텬하)읫 士(ᄉᆞ)ㅣ 다 悅(열)ᄒᆞ야 그 朝(됴)애 立(립)홈을 願(원)ᄒᆞ리라

市(시)예 廛(뎐)ᄒᆞ고 征(졍)티 아니ᄒᆞ며 法(법)으로 ᄒᆞ고 廛(뎐)티 아닌 則(즉) 天下(텬하)읫 商(샹)이 다 悅(열)ᄒᆞ야 그 市(시)예 藏(장)홈을 願(원)ᄒᆞ리라

關(관)애 譏(긔)ᄒᆞ고 征(졍)티 아니ᄒᆞᆫ 則(즉) 天下(텬하)읫 旅(려)ㅣ 다 悅(열)ᄒᆞ야 그 路(로)애 出(츌)홈을 願(원)ᄒᆞ리라

耕者(경쟈)를 助(조)ᄒᆞ고 稅(셰)티 아니ᄒᆞᆫ 則(즉) 天下(텬하)읫 農(농)이 다 悅(열)ᄒᆞ야 그 野(야)에 耕(경)홈을 願(원)ᄒᆞ리라

廛(뎐)애 夫(부)와 里(리)의 布(포)ㅣ 업슨 則(즉) 天下(텬하)읫 民(민)이 다 悅(열)ᄒᆞ야 氓(ᄆᆡᇰ)되옴을 願(원)ᄒᆞ리라

진실로 能(능)히 이 五者(오쟈)를 行(ᄒᆡᇰ)ᄒᆞᆫ 則(즉) 鄰國(린국)읫 民(민)이 仰(앙)홈을 父母(부모)ᄀᆞ티 ᄒᆞ리니 그 子弟(ᄌᆞ뎨)를 率(솔)ᄒᆞ야 그 父母(부모)를 攻(공)홈은 生民(ᄉᆡᇰ민)으로브터 ᄡᅥ 오모로 能(능)히 濟(졔)ᄒᆞᆯ 者(쟈)ㅣ 잇디 아니ᄒᆞ니 이러ᄐᆞᆺᄒᆞᆫ 則(즉) 天下(텬하)애 敵(뎍)이 업스리니 天下(텬하)애 敵(뎍)이 업슨 者(쟈)ᄂᆞᆫ 天吏(텬리)니 그러코 王(왕)티 몯ᄒᆞᆯ 者(쟈)ㅣ 잇디 아니ᄒᆞ니라

② 栗谷本

孟子(ᄆᆡᇰᄌᆞ)ㅣ ᄀᆞᄅᆞ샤ᄃᆡ 賢(현)을 尊(존)ᄒᆞ며 能(능)을 使(ᄉᆞ)ᄒᆞ야 俊傑(쥰걸)이 位(위)예 이시면 天下(텬하)읫 士(ᄉᆞ)ㅣ 다 깃거 그 朝(됴)애 立(립)홈을 願(원)ᄒᆞ고

市(시)예 廛(뎐)코 征(졍)티 말거나 法(법)으로 ᄒᆞ고 廛(뎐)티 말면 天下(텬하)의 商(샹)이 다 깃거 그 市(시)예 藏(장)홈을 願(원)ᄒᆞ고

關(관)애 譏(긔)코 征(졍)티 아니ᄒᆞ면 天下(텬하)의 旅(려)ㅣ 다 깃거 그 路(로)에 出(츌)홈을 願(원)ᄒᆞ고

耕(경)ᄒᆞᄂᆞᆫ 者(쟈)를 助(조)코 稅(셰)케 말면 天下(텬하)의 農(농)이 다 깃거 그 野(야)에 耕(경)홈을 願(원)ᄒᆞ고

廛(뎐)에 夫里(부리)의 布(포)ㅣ 업스면 天下(텬하)의 民(민)이 다 깃거 氓(ᄆᆡᇰ)이 되옴을 願(원)ᄒᆞ리니

진실로 能(능)히 이 五者(오쟈)를 行(ᄒᆡᇰ)ᄒᆞ면 鄰國(린국)의 民(민)이 우럴기를 父母(부모)ᄀᆞᆺ티 ᄒᆞ리니 그 子弟(ᄌᆞ뎨)를 거ᄂᆞ려 그 父母(부모) 치기ᄂᆞᆫ 生民(ᄉᆡᇰ민)브터 ᄡᅥ 오모로 能(능)히 일울 者(쟈)ㅣ 잇디 아니ᄒᆞ니 이ᄀᆞᆺᄐᆞ면 天下(텬하)의 敵(뎍)이 업스리니 天下(텬하)의 敵(뎍)이 업슨 者(쟈)ᄂᆞᆫ 天吏(텬리)니 그러코 王(왕)티 몯ᄒᆞᆯ 者(쟈)ㅣ 잇디 아니ᄒᆞ니라

029(3-6) 四端說

孟子曰:「人皆有不忍人之心. 先王有不忍人之心, 斯有不忍人之政矣.

以不忍人之心, 行不忍人之政, 治天下可運之掌上. 所以謂人皆有不忍人之心者: 今人乍見孺子將入於井, 皆有怵惕惻隱之心; 非所以內交於孺子之父母也, 非所以要譽於鄕黨朋友也, 非惡其聲而然也. 由是觀之: 無惻隱之心, 非人也; 無羞惡之心, 非人也; 無辭讓之心, 非人也; 無是非之心, 非人也. 惻隱之心, 仁之端也; 羞惡之心, 義之端也; 辭讓之心, 禮之端也; 是非之心, 智之端也. 人之有是四端也, 猶其有四體也. 有是四端而自謂不能者, 自賊者也; 謂其君不能者, 賊其君者也. 凡有四端於我者, 知皆擴而充之矣; 若火之始然, 泉之始達. 苟能充之, 足以保四海; 苟不充之, 不足以事父母.」

① 陶山本

孟子(ᄆᆡᆼᄌᆞ)ㅣ ᄀᆞᆯᄋᆞ샤ᄃᆡ 人(ᅀᅵᆫ)이 다 人(ᅀᅵᆫ)을 忍(ᅀᅵᆫ)티 몯ᄒᆞᄂᆞᆫ 心(심)을 둔ᄂᆞ니라

先王(션왕)이 人(ᅀᅵᆫ)을 忍(ᅀᅵᆫ)티 몯ᄒᆞᄂᆞᆫ 心(심)을 두샤 이에 人(ᅀᅵᆫ)을 忍(ᅀᅵᆫ)티 몯ᄒᆞᄂᆞᆫ 政(졍)을 두시니 人(ᅀᅵᆫ)을 忍(ᅀᅵᆫ)티 몯ᄒᆞᄂᆞᆫ 心(심)으로ᄡᅥ 人(ᅀᅵᆫ)을 忍(ᅀᅵᆫ)티 몯ᄒᆞᄂᆞᆫ 政(졍)을 行(ᄒᆡᆼ)ᄒᆞ면 天下(텬하) 治(티)홈은 可(가)히 掌上(쟝샹)애 運(운)ᄒᆞ리니라

ᄡᅥ 닐오ᄃᆡ 人(ᅀᅵᆫ)이 다 인(ᅀᅵᆫ)을 忍(ᅀᅵᆫ)티 몯ᄒᆞᄂᆞᆫ 心(심)을 둣다 홈은 이제 사ᄅᆞᆷ이 믄득 孺子(유ᄌᆞ)ㅣ 쟝ᄎᆞᆺ 井(졍)애 入(ᅀᅵᆸ)홈을 보고 다 怵惕(튤텩)ᄒᆞ며 惻隱(측은)ᄒᆞᄂᆞᆫ 心(심)을 둔ᄂᆞ니 ᄡᅥ 交(교)를 孺子(유ᄌᆞ)의 父母(부모)의게 納(랍)ᄒᆞᄂᆞᆫ 배 아니며 ᄡᅥ 譽(여)를 鄕黨(향당)과 朋友(븡우)에 要(요)ᄒᆞᄂᆞᆫ 배 아니며 그 聲(셩)을 惡(오)ᄒᆞ야 그러홈이 아니니라

일로 말ᄆᆡ암아 보건댄 惻隱(측은)ᄒᆞᄂᆞᆫ 心(심)이 업스면 人(ᅀᅵᆫ)이 아니며 羞惡(슈오)ᄒᆞᄂᆞᆫ 心(심)이 업스면 人(ᅀᅵᆫ)이 아니며 辭讓(ᄉᆞ샹)ᄒᆞᄂᆞᆫ 心(심)이 업스면 人(ᅀᅵᆫ)이 아니며 是非(시비)ᄒᆞᄂᆞᆫ 心(심)이 업스면 人(ᅀᅵᆫ)이 아니니라

惻隱(측은)ᄒᆞᄂᆞᆫ 心(심)은 人(ᅀᅵᆫ)의 端(단)이오 羞惡(슈오)ᄒᆞᄂᆞᆫ 心(심)은 義(의)의 端(단)이오 辭讓(ᄉᆞ샹)ᄒᆞᄂᆞᆫ 心(심)은 禮(례)의 端(단)이오 是非(시비)ᄒᆞᄂᆞᆫ 心(심)은 知(디)의 端(단)이니라

※ 원본 편집 오류 부분: 〈도산본〉에 중복하여 실림

【일로 말ᄆᆡ암아 보건댄 惻隱(측은)ᄒᆞᄂᆞᆫ 心(심)이 업스면 人(ᅀᅵᆫ)이 아니며 羞惡(슈오)ᄒᆞᄂᆞᆫ 心(심)이 업스면 人(ᅀᅵᆫ)이 아니며 辭讓(ᄉᆞ샹)ᄒᆞᄂᆞᆫ 心(심)이 업스면 人(ᅀᅵᆫ)이 아니며 是非(시비)ᄒᆞᄂᆞᆫ 心(심)이 업스면 人(ᅀᅵᆫ)이 아니니라

惻隱(측은)ᄒᆞᄂᆞᆫ 心(심)은 人(ᅀᅵᆫ)의 端(단)이오 羞惡(슈오)ᄒᆞᄂᆞᆫ 心(심)은 義(의)의 端(단)이오 辭讓(ᄉᆞ샹)ᄒᆞᄂᆞᆫ 心(심)은 禮(례)의 端(단)이오 是非(시비)ᄒᆞᄂᆞᆫ 心(심)은 知(디)의 端(단)이니라】

人(ᅀᅵᆫ)의 이 四端(ᄉᆞ단)을 둠이 그 四體(ᄉᆞ톄)를 둠 ᄀᆞᄐᆞ니 이 四端(ᄉᆞ단)을 두ᄃᆡ 스스로 能(ᄂᆞᆼ)히 몯홀로다 닐ᄋᆞᄂᆞᆫ 者(쟈)ᄂᆞᆫ 스스로 賊(적)ᄒᆞᄂᆞᆫ 者(쟈)ㅣ오 그 君(군)을 能(ᄂᆞᆼ)티

몯ᄒᆞ리라 닐ᄋᆞ는 者(쟈)는 그 君(군)을 賊(적)ᄒᆞ는 者(쟈)ㅣ니라

믈읫 四端(ᄉᆞ단)이 내게 인는 者(쟈)를 知(디)ᄒᆞ야 다 擴(확)ᄒᆞ야 充(츙)ᄒᆞ면 火(화)ㅣ 비로소 然(션)ᄒᆞ며 泉(쳔)이 비로소 達(달)홈 ᄀᆞᄐᆞ리니 진실로 能(능)히 充(츙)ᄒᆞ면 足(죡)히 ᄡᅥ 四海(ᄉᆞᄒᆡ)를 保(보)ᄒᆞ고 진실로 充(츙)티 몯ᄒᆞ면 足(죡)히 ᄡᅥ 父母(부모)도 事(ᄉᆞ)티 몯ᄒᆞᄂᆞ니라

② 栗谷本

孟子(ᄆᆡᆼᄌᆞ)ㅣ ᄀᆞᄅᆞ샤ᄃᆡ 人(인)이 다 人(인)의게 ᄎᆞᆷ디 몯ᄒᆞ는 ᄆᆞᄋᆞᆷ을 둣ᄂᆞ니라

先王(션왕)이 人(인)의 ᄎᆞᆷ디 몯ᄒᆞ는 ᄆᆞᄋᆞᆷ을 두시매 이에 人(인)의 ᄎᆞᆷ디 몯ᄒᆞ는 졍ᄉᆞ롤 두시니 人(인)의 ᄎᆞᆷ디 몯ᄒᆞ는 ᄆᆞᄋᆞᆷ으로ᄡᅥ 人(인)의 ᄎᆞᆷ디 몯ᄒᆞ는 졍ᄉᆞ롤 行(ᄒᆡᆼ)ᄒᆞ면 天下(텬하) 다ᄉᆞ리기롤 可(가)히 掌上(쟝샹)에 運(운)홀 디니라

ᄡᅥ 닐온 바 人(인)이 다 人(인)의 ᄎᆞᆷ디 몯ᄒᆞ는 ᄆᆞᄋᆞᆷ을 둣다 홈은 이제 人(인)이 믄득 孺子(유ᄌᆞ)ㅣ 쟝ᄎᆞᆺ 우믈에 드로믈 보고 다 怵惕(튤텩)ᄒᆞ며 惻隱(측은)ᄒᆞ는 ᄆᆞᄋᆞᆷ을 둣ᄂᆞ니 ᄡᅥ 孺子(유ᄌᆞ)의 父母(부모)의게 交(교)롤 納(랍)ᄒᆞ는 배 아니며 ᄡᅥ 鄕黨(향당)이며 朋友(븡우)의게 譽(예)롤 要(요)ᄒᆞ는 배 아니며 그 聲(셩)을 아쳐ᄒᆞ야 그러미 아니니라

이롤 말미아마 보건댄 惻隱(측은)ᄒᆞ는 ᄆᆞᄋᆞᆷ이 업스면 人(인)이 아니며 羞惡(슈오)ᄒᆞ는 ᄆᆞᄋᆞᆷ이 업스면 人(인)이 아니며 辭讓(ᄉᆞ양)ᄒᆞ는 ᄆᆞᄋᆞᆷ이 업스면 人(인)이 아니며 是非(시비)ᄒᆞ는 ᄆᆞᄋᆞᆷ이 업스면 人(인)이 아니니라

惻隱(측은)ᄒᆞ는 ᄆᆞᄋᆞᆷ은 人(인)의 端(단)이오 羞惡(슈오)ᄒᆞ는 ᄆᆞᄋᆞᆷ은 義(의)의 端(단)이오 辭讓(ᄉᆞ양)ᄒᆞ는 ᄆᆞᄋᆞᆷ은 禮(례)의 端(단)이오 是非(시비)ᄒᆞ는 ᄆᆞᄋᆞᆷ은 知(디)의 端(단)이니라

人(인)이 이 四端(ᄉᆞ단)을 두미 그 四體(ᄉᆞ톄)ㅣ 둠 ᄀᆞᄐᆞ니 이 四端(ᄉᆞ단)을 두고 스ᄉᆞ로 能(능)티 몯홀다 니ᄅᆞ는 者(쟈)는 스ᄉᆞ로 賊(적)ᄒᆞ는 者(쟈)ㅣ오 그 님금을 能(능)티 몯ᄒᆞ리라 니ᄅᆞ는 者(쟈)는 그 님금을 賊(적)ᄒᆞ는 者(쟈)ㅣ니라

믈읫 四端(ᄉᆞ단)이 내게 잇는 者(쟈)롤 다 擴(확)ᄒᆞ야 充(츙)홀 주롤 알면 火(화)ㅣ 처음 브트며 泉(쳔)이 처음 達(달)홈 ᄀᆞᄐᆞ니 진실로 能(능)히 充(츙)ᄒᆞ면 足(죡)히 ᄡᅥ 四海(ᄉᆞᄒᆡ)롤 保(보)ᄒᆞ고 진실로 充(츙)티 몯ᄒᆞ면 足(죡)히 ᄡᅥ 父母(부모)롤 셤기디 몯홀 디니라

030(3-7) 矢人與函人

孟子曰:「矢人豈不仁於函人哉? 矢人唯恐不傷人, 函人唯恐傷人. 巫匠亦然, 故術不可不愼也. 孔子曰:『里仁爲美. 擇不處仁, 焉得智?』夫仁, 天之尊爵也; 人之安宅也. 莫之禦而不仁, 是不智也. 不仁不智, 無禮無義, 人役也. 人役而恥爲役, 由弓人而恥爲弓, 矢人而恥爲矢也. 如恥之, 莫如爲仁. 仁者如射; 射者正己而後發; 發而不中, 不怨勝己者, 反求諸己而已矣.」

① 陶山本

孟子(ᄆᆡᆼᄌᆞ)ㅣ ᄀᆞᆯᄋᆞ샤ᄃᆡ 矢人(시ᅀᅵᆫ)이 엇디 函人(함ᅀᅵᆫ)에셔 仁(ᅀᅵᆫ)티 아니리오마ᄂᆞᆫ 矢人(시ᅀᅵᆫ)ᄋᆞᆫ 오직 人(ᅀᅵᆫ)을 傷(샹)케 몯ᄒᆞᆯ까 恐(공)ᄒᆞ고 函人(함ᅀᅵᆫ)ᄋᆞᆫ 오직 人(ᅀᅵᆫ)을 傷(샹)ᄒᆞᆯ까 恐(공)ᄒᆞᄂᆞ니 巫(무)와 匠(쟝)도 ᄯᅩᄒᆞᆫ 그러ᄒᆞ니 故(고)로 術(슐)은 可(가)히 愼(신)티 아니티 몯ᄒᆞᆯ 꺼시니라

孔子(공ᄌᆞ)ㅣ ᄀᆞᆯᄋᆞ샤ᄃᆡ 里(리)ㅣ 仁(ᅀᅵᆫ)홈이 美(미)ᄒᆞ니 擇(ᄐᆡᆨ)호ᄃᆡ 仁(ᅀᅵᆫ)애 處(쳐)티 아니ᄒᆞ면 엇디 시러곰 智(디)라 ᄒᆞ리오 ᄒᆞ시니 仁(ᅀᅵᆫ)ᄋᆞᆫ 天(텬)의 尊爵(존쟉)이며 仁(ᅀᅵᆫ)의 安宅(안ᄐᆡᆨ)이어ᄂᆞᆯ 禦(어)ᄒᆞ리 업시 仁(ᅀᅵᆫ)티 아니ᄒᆞ니 이ᄂᆞᆫ 智(디)티 아니홈이니라

仁(ᅀᅵᆫ)티 아니ᄒᆞ야 智(디)티 아니ᄒᆞᆫ 디라 禮(례) 업스며 義(의)ㅣ 업스면 人(ᅀᅵᆫ)의 役(역)이니 人(ᅀᅵᆫ)의 役(역)이오 役(역)홈을 恥(티)ᄒᆞ논디 弓人(궁ᅀᅵᆫ)이오 弓(궁)홈을 恥(티)ᄒᆞ며 矢人(시ᅀᅵᆫ)이오 矢(시)홈을 恥(티)홈 ᄀᆞᄐᆞ니라

만일에 恥(티)ᄒᆞᆯ ᄯᅵᆫ댄 仁(ᅀᅵᆫ)을 홈만 ᄀᆞᄐᆞᆫ이 업스니라

仁者(ᅀᅵᆫ쟈)ᄂᆞᆫ 射(샤)홈이 ᄀᆞᄐᆞ니 射者(샤쟈)ᄂᆞᆫ 己(긔)를 正(졍)ᄒᆞᆫ 後(후)에 發(발)ᄒᆞ야 發(발)ᄒᆞ야 中(듕)티 몯ᄒᆞ야도 己(긔) 勝(승)ᄒᆞᆫ 者(쟈)를 怨(원)티 아니ᄒᆞ고 反(반)ᄒᆞ야 己(긔)예 求(구)ᄒᆞᆯ ᄯᆞ름이니라

② 栗谷本

孟子(ᄆᆡᆼᄌᆞ)ㅣ ᄀᆞᄅᆞ샤ᄃᆡ 矢人(시인)이 엇디 函人(함인)두곤 仁(인)티 아니리오마ᄂᆞᆫ 矢人(시인)은 오직 人(인)을 傷(샹)티 몯ᄒᆞᆯ가 젓고 函人(함인)은 오직 人(인)을 傷(샹)ᄒᆞᆯ가 젓ᄂᆞ니 巫(무)와 匠(쟝)도 ᄯᅩᄒᆞᆫ 그러ᄒᆞ니 故(고)로 術(슐)을 可(가)히 삼가디 아니티 몯ᄒᆞᆯ 디니라

孔子(공ᄌᆞ)ㅣ ᄀᆞᄅᆞ샤ᄃᆡ 里(리)ㅣ 仁(인)홈이 美(미)ᄒᆞ니 擇(ᄐᆡᆨ)호ᄃᆡ 仁(인)의 處(쳐)티 아니면 엇디 시러곰 智(디)ᄒᆞ리오 ᄒᆞ시니 仁(인)은 天(텬)의 尊爵(존쟉)이며 仁(인)의 安宅(안ᄐᆡᆨ)이니 禦(어)ᄒᆞ리 업시 仁(인)티 아니홈은 이 智(디)티 몯홈이니라

仁(인)티 아니며 智(디)티 아니ᄒᆞ야 禮(례) 업스며 義(의) 업스면 人(인)의 役(역)이니 人(인)의 役(역)이오 役(역)ᄒᆞ기ᄅᆞᆯ 恥(티)홈이 弓人(궁인)이 弓(궁)ᄒᆞ기ᄅᆞᆯ 恥(티)ᄒᆞ며 矢人(시인)이 矢(시)ᄒᆞ기ᄅᆞᆯ 恥(티)홈 ᄀᆞᆮᄐᆞ니라

만일 恥(티)ᄒᆞᆯ 딘댄 仁(인)을 홈만 ᄀᆞᆮ디 몯ᄒᆞ니라

仁(인)ᄒᆞᄂᆞᆫ 者(쟈)ㅣ 射(샤)ᄒᆞ기 ᄀᆞᆮᄐᆞ니 射(샤)ᄒᆞᄂᆞᆫ 者(쟈)ㅣ 己(긔)ᄅᆞᆯ 正(졍)히 ᄒᆞᆫ 後(후)에 發(발)ᄒᆞ고 發(발)ᄒᆞ야 中(듕)티 몯ᄒᆞ야든 己(긔)ᄅᆞᆯ 勝(승)ᄒᆞᆫ 者(쟈)ᄅᆞᆯ 怨(원)티 아니코 도로혀 己(긔)예 求(구)ᄒᆞᆯ ᄯᆞ름이니라

031(3-8) 舍己從人

孟子曰:「子路, 人告之以有過則喜. 禹聞善言則拜. 大舜有大焉: 善與人同. 舍己從人, 樂取於人以爲善. 自耕稼陶漁, 以至爲帝, 無非取於人者. 取諸人以爲善, 是與人爲善者也. 故君子莫大乎與人爲善.」

① 陶山本

孟子(밍ᄌᆞ)ㅣ ᄀᆞᆯᄋᆞ샤ᄃᆡ 子路(ᄌᆞ로)ᄂᆞᆫ 人(신)이 過(과) 이심으로ᄡᅥ 告(고)ᄒᆞ면 喜(희)ᄒᆞ더라

禹(우)ᄂᆞᆫ 善言(션언)을 聞(문)ᄒᆞᆫ 則(즉) 拜(빈)ᄒᆞ더시다

大舜(대슌)은 大(대)홈이 이시니 善(션)을 人(신)으로 ᄃᆞ려 同(동)ᄒᆞ샤 己(긔)를 舍(샤)ᄒᆞ시고 人(신)을 從(죵)ᄒᆞ시며 人(신)에 取(취)ᄒᆞ야 ᄡᅥ 善(션)홈을 樂(락)ᄒᆞ더시다

耕稼(경가)와 陶(도)와 漁(어)홈으로브터 ᄡᅥ 帝(뎨) 되심애 니ᄅᆞ히 人(신)에 取(취)홈이 아니니 업더시다

人(신)애 取(취)ᄒᆞ야 ᄡᅥ 善(션)을 홈이 이 人(신)의 善(션)ᄒᆞ욤을 與(여)홈이니 故(고)로 君子(군ᄌᆞ)ᄂᆞᆫ 人(신)의 善(션)ᄒᆞ욤을 與(여)홈만 크니 업ᄉᆞ니라

② 栗谷本

孟子(밍ᄌᆞ)ㅣ ᄀᆞᄅᆞ샤ᄃᆡ 子路(ᄌᆞ로)ᄂᆞᆫ 人(인)이 허믈 이시모로ᄡᅥ 告(고)ᄒᆞ면 깃거ᄒᆞ더라

禹(우)ᄂᆞᆫ 善言(션언)을 드르면 拜(빈)ᄒᆞ더시다

大舜(대슌)은 大(대)홈을 두시니 善(션)을 人(인)과 더브러 ᄒᆞᆫ 가지로 ᄒᆞ샤 己(긔)롤 舍(샤)코 人(인)을 從(죵)ᄒᆞ시며 人(인)의게 取(취)ᄒᆞ야 ᄡᅥ 善(션)ᄒᆞ기롤 즐기더시다

耕稼(경가)ᄒᆞ며 陶(도)ᄒᆞ며 漁(어)ᄒᆞ시모로브터 ᄡᅥ 帝(뎨) 되시기예 니르히 人(인)의게 取(취)티 아님이 업더시다

人(인)의게 取(취)ᄒᆞ야 ᄡᅥ 善(션)ᄒᆞ기ᄂᆞᆫ 이ᄂᆞᆫ 人(인)의 善(션)ᄒᆞ기롤 與(여)홈이니 故(고)로 君子(군ᄌᆞ)ㅣ 人(인)의 善(션)ᄒᆞ기 與(여)홈만 큰이 업ᄉᆞ니라

032(3-9) 伯夷與柳下惠

孟子曰:「伯夷, 非其君不事, 非其友不友. 不立於惡人之朝, 不與惡人言. 立於惡人之朝, 與惡人言, 如以朝衣朝冠, 坐於塗炭. 推惡惡之心, 思與鄕人立, 其冠不正, 望望然去之, 若將浼焉. 是故諸侯雖有善其辭命而至者, 不受也. 不受也者, 是亦不屑就已. 柳下惠不羞汙君, 不卑小官. 進不隱賢, 必以其道. 遺佚而不怨, 阨窮而不憫. 故曰:『爾爲爾, 我爲我. 雖袒裼裸裎於我側, 爾焉能浼我哉?』故由由然與之偕而不自失焉; 援而止之而止. 援而止之而止者, 是亦不屑去已.」孟子曰:「伯夷隘, 柳下惠不恭. 隘與不恭, 君子不由也.」

① 陶山本

孟子(밍즈)ㅣ 골으샤듸 伯夷(빅이)는 그 君(군)이 아니어든 事(亽)티 아니ᄒᆞ며 그 友(우)ㅣ 아니어든 友(우)티 아니ᄒᆞ며 惡人(악싄)의 朝(됴)애 立(립)디 아니ᄒᆞ야 惡人(악싄)으로 ᄃᆞ려 言(언)티 아니ᄒᆞ더니 惡人(악싄)의 朝(됴)애 立(립)ᄒᆞ야 惡人(악싄)으로 ᄃᆞ려 言(언)호듸 朝衣(됴의)와 朝冠(됴관)으로ᄡᅧ 途炭(도탄)애 坐(좌)ᄐᆞᆺ ᄒᆞ며 惡(악)을 惡(오)ᄒᆞ는 心(심)을 推(츄)ᄒᆞ야 思(ᄉᆞ)호듸 鄕人(향싄)으로 ᄃᆞ려 立(립)홈애 그 冠(관)이 正(졍)티 아니ᄒᆞ거든 望望(망망)히 去(거)ᄒᆞ야 쟝ᄎᆞᆺ 浼(매)흘 ᄃᆞᆺᄒᆞ니 이런 故(고)로 諸侯(졔후)ㅣ 비록 그 辭命(ᄉᆞ명)을 善(션)히 ᄒᆞ야 至(지)흘 者(쟈)ㅣ 이셔도 受(슈)티 아니ᄒᆞ니 受(슈)티 아니홈은 이 ᄯᅩᄒᆞᆫ 就(취)홈을 屑(셜)히 아니 너김이니라

柳下惠(류하혜)는 汙君(오군)을 羞(슈)티 아니ᄒᆞ며 小官(쇼관)을 卑(비)티 아니ᄒᆞ야 進(진)홈애 賢(현)을 隱(은)티 아니ᄒᆞ야 반ᄃᆞ시 그 道(도)로ᄡᅥ ᄒᆞ며 遺佚(유일)ᄒᆞ야도 怨(원)티 아니ᄒᆞ며 阨窮(익궁)ᄒᆞ야도 憫(민)티 아니ᄒᆞ더니 故(고)로 골오듸 네 네오 내 내니 비록 내 側(측)애셔 袒裼(단셕)ᄒᆞ며 裸裎(나뎡)ᄒᆞᆫ둘 네 엇디 能(능)히 나ᄅᆞᆯ 浼(매)ᄒᆞ리오 ᄒᆞ니 故(고)로 由由(유유)히 더브러 偕(히)호듸 스스로 失(실)티 아니ᄒᆞ야 援(원)ᄒᆞ야 止(지)ᄒᆞ거든 止(지)ᄒᆞ니 援(원)ᄒᆞ야 止(지)ᄒᆞ거든 止(지)홈은 이 ᄯᅩᄒᆞᆫ 去(거)홈을 屑(셜)히 아니 너김이니라

孟子(밍즈)ㅣ 골으샤듸 伯夷(빅이)는 隘(익)ᄒᆞ고 柳下惠(류하혜)는 恭(공)티 아니ᄒᆞ니 隘(익)와 다ᄆᆞᆺ 恭(공)티 아니홈은 君子(군ᄌᆞ)ㅣ 由(유)티 아니 ᄒᆞᄂᆞ니라

② 栗谷本

孟子(밍즈)ㅣ ᄀᆞᄅᆞ샤듸 伯夷(빅이)는 그 님금이 아니어든 셤기디 아니ᄒᆞ며 그 벗이 아니어든 벗삼디 아니ᄒᆞ며 惡人(악인)의 朝(됴)에 立(립)ᄒᆞ디 아니ᄒᆞ며 惡人(악인)과 더브러 말ᄒᆞ디 아니ᄒᆞ고 惡人(악인)의 朝(됴)에 立(립)홈과 惡人(악인) 더브러 말ᄒᆞ기ᄅᆞᆯ 朝衣(됴의)와 朝冠(됴관)으로ᄡᅥ 途炭(도탄)에 안즘ᄀᆞᆺ티 녀기며 惡(악)을 아쳐ᄒᆞ는 ᄆᆞ음을 미러 鄕人(향인)과 더브러 셔매 그 冠(관)이 正(졍)티 아니커든 望望(망망)히 去(거)ᄒᆞ야 쟝ᄎᆞᆺ 더러일 ᄃᆞᆺᄒᆞᆫ디라 이런 故(고)로 諸侯(졔후)ㅣ 비록 그 辭命(ᄉᆞ명)을 善(션)히 ᄒᆞ야 至(지)ᄒᆞᆯ 者(쟈)ㅣ 이실 디라도 밧디 아니ᄒᆞ니 밧디 아니홈은 이 ᄯᅩᄒᆞᆫ 就(취)홈을 屑(셜)히 아니 녀김이니라

柳下惠(류하혜)는 汙君(오군)을 븟그리디 아니ᄒᆞ며 小官(쇼관)을 ᄂᆞᆺ가이 녀기디 아니ᄒᆞ며 進(진)ᄒᆞ면 賢(현)을 隱(은)티 아니ᄒᆞ야 반ᄃᆞ시 그 道(도)로ᄡᅥ ᄒᆞ며 遺佚(유일)ᄒᆞ야도 怨(원)티 아니ᄒᆞ며 阨窮(익궁)ᄒᆞ야도 憫(민)티 아니ᄒᆞ더니 故(고)로 골오듸 네 네 되고 내 내 되여시니 비록 내 겻태셔 袒裼(단셕)ᄒᆞ며 裸裎(나뎡)ᄒᆞᆫ둘 네 엇디 能(능)히 나ᄅᆞᆯ 더러이리오 ᄒᆞ니 故(고)로 由由(유유)히 더브러 ᄒᆞᆫ 가지로 호듸 스스로 失(실)티 아니ᄒᆞ며 援(원)ᄒᆞ야 止(지)커든 止(지)ᄒᆞ니 援(원)ᄒᆞ야 止(지)ᄒᆞ거든 止(지)홈은 이 ᄯᅩᄒᆞᆫ 去(거)홈을 屑(셜)히 아니 녀김이니라

孟子(밍즈)ㅣ ᄀᆞᄅᆞ샤듸 伯夷(빅이)는 隘(익)ᄒᆞ고 柳下惠(류하혜)는 恭(공)티 아니ᄒᆞ니 隘(익)홈과 다ᄆᆞᆺ 恭(공)티 아니홈은 君子(군ᄌᆞ)ㅣ 由(유)티 마롤 디니라

第四〈公孫丑章句〉(下)

033(4-1) 天時·地利·人和

孟子曰:「天時不如地利, 地利不如人和. 三里之城, 七里之郭, 環而攻之而不勝; 夫環而攻之, 必有得天時者矣; 然而不勝者, 是天時不如地利也. 城非不高也, 池非不深也, 兵革非不堅利也, 米粟非不多也; 委而去之: 是地利不如人和也. 故曰: 域民不以封疆之界, 固國不以山谿之險, 威天下不以兵革之利. 得道者多助, 失道者寡助. 寡助之至, 親戚畔之; 多助之至, 天下順之. 以天下之所順, 攻親戚之所畔; 故君子有不戰, 戰必勝矣.」

① 陶山本

孟子(ᄆᆡᆼᄌᆞ)ㅣ ᄀᆞᆯᄋᆞ샤ᄃᆡ 天時(텬시)ㅣ 地利(디리) ᄀᆞᆮ디 몯ᄒᆞ고 地利(디리)ㅣ 人和(ᅀᅵᆫ화) ᄀᆞᆮ디 몯ᄒᆞ니라

三里(삼리)ㅅ 城(셩)과 七里(칠리)ㅅ 郭(곽)을 環(환)ᄒᆞ야 攻(공)호ᄃᆡ 勝(승)티 몯ᄒᆞᄂᆞ니 環(환)ᄒᆞ야 攻(공)홈애 반ᄃᆞ시 天時(텬시)를 得(득)홈이 잇건마ᄂᆞᆫ 그러나 勝(승)티 몯홈ᄋᆞᆫ 이 天時(텬시)ㅣ 地利(디리) ᄀᆞᆮ디 몯홈이니라

城(셩)이 高(고)티 아니티 아니ᄒᆞ며 池(디)ㅣ 深(심)티 아니티 아니ᄒᆞ며 兵革(병혁)이 堅利(견리)티 아니티 아니ᄒᆞ며 米粟(미속)이 多(다)티 아니티 아니호ᄃᆡ 委(위)ᄒᆞ고 去(거)ᄒᆞᄂᆞ니 이 地利(디리)ㅣ 人和(ᅀᅵᆫ화) ᄀᆞᆮ디 몯홈이니라

故(고)로 ᄀᆞᆯ오ᄃᆡ 民(민)을 域(역)호ᄃᆡ 封疆(봉강)ㅅ 界(계)로ᄡᅥ 아니ᄒᆞ며 國(국)을 固(고)호ᄃᆡ 山谿(산계)ㅅ 險(험)으로ᄡᅥ 아니ᄒᆞ며 天下(텬하)를 威(위)호ᄃᆡ 兵革(병혁)ㅅ 利(리)로ᄡᅥ 아니ᄒᆞᄂᆞ니 道(도)ᄅᆞᆯ 得(득)ᄒᆞᆫ 者(쟈)ᄂᆞᆫ 助(조)ㅣ 하고 道(도)ᄅᆞᆯ 失(실)ᄒᆞᆫ 者(쟈)ᄂᆞᆫ 助(조)ㅣ 젹은 디라 助(조)ㅣ 져그미 至(지)ᄒᆞ얀 親戚(친쳑)이 畔(반)ᄒᆞ고 助(조)ㅣ 함이 至(지)ᄒᆞ얀 天下(텬하)ㅣ 順(슌)ᄒᆞᄂᆞ니라

天下(텬하)의 順(슌)ᄒᆞᆫ 바로ᄡᅥ 親戚(친쳑)의 畔(반)ᄒᆞᆫ 바ᄅᆞᆯ 攻(공)ᄒᆞᄂᆞᆫ 디라 故(고)로 君子(군ᄌᆞ)ㅣ 戰(젼)티 아님이 이실 ᄲᅮᆫ이언뎡 戰(젼)ᄒᆞ면 반ᄃᆞ시 勝(승)ᄒᆞᄂᆞ니라

② 栗谷本

孟子(ᄆᆡᆼᄌᆞ)ㅣ ᄀᆞᄅᆞ샤ᄃᆡ 天時(텬시)ㅣ 地利(디리)만 ᄀᆞᆺ디 몯ᄒᆞ고 地利(디리)ㅣ 人和(인화)만 ᄀᆞᆺ디 몯ᄒᆞ니라

三里(삼리)ㅅ 城(셩)과 七里(칠리)ㅅ 郭(곽)을 環(환)ᄒᆞ야 攻(공)호ᄃᆡ 이긔디 몯ᄒᆞᄂᆞ니 環(환)ᄒᆞ야 攻(공)ᄒᆞ기예 반ᄃᆞ시 天時(텬시)ᄅᆞᆯ 得(득)홈이 잇건마ᄂᆞᆫ 그러나 이긔디 몯홈은 이 天時(텬시)ㅣ 地利(디리)만 ᄀᆞᆺ디 몯호미니라

城(셩)이 놉디 아닌 줄이 아니며 池(디) ㅣ 깁디 아닌 줄이 아니며 兵革(병혁)이 堅(견)코 利(리)티 아닌 줄이 아니며 米粟(미속)이 하디 아닌 줄이 아니로딕 ᄇᆞ리고 가ᄂᆞ니 이 地利(디리) ㅣ 人和(인화)만 ᄀᆞᆺ디 몯호미니라

故(고)로 ᄀᆞᆯ오ᄃᆡ 民(민)을 域(역)호ᄃᆡ 封疆(봉강)의 界(계)로ᄡᅥ 아니며 國(국)을 固(고)호ᄃᆡ 山谿(산계)의 險(험)으로ᄡᅥ 아니며 天下(텬하)를 威(위)호ᄃᆡ 兵革(병혁)의 利(리)로ᄡᅥ 아닛ᄂᆞᆫ 디라 道(도)를 得(득)ᄒᆞᆫ 者(쟈)ᄂᆞᆫ 도으리 하고 道(도)를 失(실)ᄒᆞᆫ 者(쟈)ᄂᆞᆫ 도으리 젹으니 도으리 젹기 지극호매ᄂᆞᆫ 親戚(친쳑)이 畔(반)ᄒᆞ고 도으리 하기 지극ᄒᆞ매ᄂᆞᆫ 天下(텬하) ㅣ 順(슌)ᄒᆞᄂᆞ니라

天下(텬하)의 順(슌)ᄒᆞᆫ 바로ᄡᅥ 親戚(친쳑)의 畔(반)ᄒᆞᄂᆞᆫ 바를 攻(공)ᄒᆞᄂᆞᆫ 디라 故(고)로 君子(군ᄌᆞ) ㅣ 戰(젼)티 아닐 ᄲᅮᆫ이언뎡 戰(젼)ᄒᆞ면 반ᄃᆞ시 이긔ᄂᆞ니라

034(4-2) 采薪之憂

孟子將朝王. 王使人來曰:「寡人如就見者也, 有寒疾, 不可以風. 朝, 將視朝; 不識可使寡人得見乎?」

對曰:「不幸而有疾, 不能造朝.」

明日, 出弔於東郭氏.

公孫丑曰:「昔者, 辭以病; 今日弔, 或者不可乎?」

曰:「昔者疾; 今日愈, 如之何不弔?」

王使人問疾, 醫來.

孟仲子對曰:「昔者, 有王命, 有采薪之憂, 不能造朝. 今病少愈, 趨造於朝. 我不識能至否乎?」

使數人要於路, 曰:「請必無歸, 而造於朝!」

不得已而之景丑氏宿焉.

景子曰:「內則父子, 外則君臣, 人之大倫也. 父子主恩, 君臣主敬. 丑見王之敬子也, 未見所以敬王也.」

曰:「惡! 是何言也? 齊人無以仁義與王言者, 豈以仁義爲不美也? 其心曰:『是何足與言仁義也?』云爾, 則不敬莫大乎是. 我非堯舜之道, 不敢以陳於王前; 故齊人莫如我敬王也.」

景子曰:「否. 非此之謂也. 禮曰:『父召無諾; 君命召, 不俟駕.』固將朝也, 聞王命而遂不果, 宜與夫禮若不相似然.」

曰:「豈謂是與? 曾子曰:『晉楚之富, 不可及也. 彼以其富, 我以吾仁; 彼以其爵, 我以吾義. 吾何慊乎哉?』夫豈不義而曾子言之? 是或一道也. 天下有達尊三: 爵一, 齒一, 德一. 朝廷莫如爵, 鄕黨莫如齒, 輔世長民莫如德. 惡得有其一, 以慢其二哉? 故將大有爲之君, 必有所不召之臣. 欲有謀焉, 則就之. 其尊德樂道, 不如是不足與有爲也. 故湯之於伊尹, 學焉而後臣之, 故不勞而王; 桓公之於管仲, 學焉而後臣之, 故不勞而霸. 今天下地醜德齊, 莫能相尙. 無他, 好臣其所敎, 而不好臣其所受敎. 湯之於伊尹, 桓公之於管仲, 則不敢召. 管仲且猶不可召, 而況不爲管仲者乎?」

① 陶山本

孟子(ᄆᆡᆼᄌᆞ)ㅣ 쟝ᄎᆞᆺ 王(왕)ᄭᅴ 朝(됴)호려 ᄒᆞ더시니 王(왕)이 人(ᅀᅵᆫ)을 브려와 ᄀᆞᆯᄋᆞ샤ᄃᆡ 寡人(과ᅀᅵᆫ)이 就(취)ᄒᆞ야 見(견)ᄒᆞ염즉 ᄒᆞ다니 寒疾(한질)이 인ᄂᆞᆫ 디라 可(가)히 ᄡᅧ 風(풍)티 몯홀 꺼실 ᄉᆡ 朝(됴)애 쟝ᄎᆞᆺ 朝(됴)ᄅᆞᆯ 視(시)호리니 아디 몯거이다 可(가)히 寡人(과ᅀᅵᆫ)으로 ᄒᆡ여곰 시러곰 見(견)케 ᄒᆞ리잇가 對(ᄃᆡ)ᄒᆞ야 ᄀᆞᆯᄋᆞ샤ᄃᆡ 幸(ᄒᆡᆼ)티 몯ᄒᆞ야 疾(질)이 인ᄂᆞᆫ 디라 能(ᄂᆞᆼ)히 朝(됴)애 造(조)티 몯ᄒᆞ리로소이다

明日(명ᅀᅵᆯ)애 東郭氏(동곽시)의게 出(츌)ᄒᆞ야 弔(됴)ᄒᆞ더시니 公孫丑(공손튜)ㅣ ᄀᆞᆯ오ᄃᆡ 昔者(셕쟈)애 病(병)으로ᄡᅥ 辭(ᄉᆞ)ᄒᆞ시고 今日(금ᅀᅵᆯ)에 弔(됴)ᄒᆞ샴이 或者(혹쟈)컨댄 可(가)티 아니ᄒᆞᆫ뎌 ᄀᆞᆯᄋᆞ샤ᄃᆡ 昔者(셕쟈)ㅅ 疾(질)이 今日(금ᅀᅵᆯ)에 愈(유)ᄒᆞ거니 엇디 弔(됴)티 아니ᄒᆞ리오

王(왕)이 人(ᅀᅵᆫ)을 브려 疾(질)을 問(문)ᄒᆞ시고 醫(의)ㅣ 來(ᄅᆡ)커ᄂᆞᆯ 孟仲子(ᄆᆡᆼ듕ᄌᆞ)ㅣ 對(ᄃᆡ)ᄒᆞ야 ᄀᆞᆯ오ᄃᆡ 昔者(셕쟈)애 王命(왕명)이 잇거시ᄂᆞᆯ 薪(신)을 采(ᄎᆡ)ᄒᆞᄂᆞᆫ 憂(우)ㅣ 인ᄂᆞᆫ 디라 能(ᄂᆞᆼ)히 朝(됴)애 造(조)티 몯ᄒᆞ얏더시니 이제 病(병)이 져기 愈(유)ᄒᆞ거시ᄂᆞᆯ 朝(됴)애 趨(추)ᄒᆞ야 造(조)ᄒᆞ더시니 나ᄂᆞᆫ 아디 몯게라 能(ᄂᆞᆼ)히 至(지)ᄒᆞ신가 否(부)ᄒᆞ신가 ᄒᆞ고 數人(수ᅀᅵᆫ)으로 ᄒᆡ여곰 路(로)애 要(요)ᄒᆞ야 ᄀᆞᆯ오ᄃᆡ 請(쳥)컨댄 반ᄃᆞ시 歸(귀)티 말고 朝(됴)애 造(조)ᄒᆞ쇼셔

시러곰 마디 몯ᄒᆞ샤 景丑氏(경튜시)의게 가 宿(슉)ᄒᆞ더시니 景子(경ᄌᆞ)ㅣ ᄀᆞᆯ오ᄃᆡ 內(ᄂᆡ)ㄴ 則(즉) 父子(부ᄌᆞ)ㅣ오 外(외)ㄴ 則(즉) 君臣(군신)이 人(ᅀᅵᆫ)의 큰 倫(륜)이니 父子(부ᄌᆞ)ᄂᆞᆫ 恩(은)을 主(쥬)ᄒᆞ고 君臣(군신)은 敬(경)을 主(쥬)ᄒᆞ니 丑(튜)ㅣ 王(왕)의 子(ᄌᆞ) 敬(경)홈을 見(견)ᄒᆞ고 ᄡᅥ 王(왕)을 敬(경)ᄒᆞᄂᆞᆫ 바ᄅᆞᆯ 見(견)티 몯거이다 ᄀᆞᆯᄋᆞ샤ᄃᆡ 惡(오)ㅣ라 이 엇딘 말오 齊人(졔ᅀᅵᆫ)이 仁義(ᅀᅵᆫ의)로ᄡᅥ 王(왕)ᄭᅴ 더브러 니ᄅᆞᆯ 者(쟈)ㅣ 업슴은 엇디 仁義(ᅀᅵᆫ의)로 ᄡᅥ 美(미)티 아니타 ᄒᆞ리오 그 心(심)에 ᄀᆞᆯ오ᄃᆡ 이 엇디 足(죡)히 더브러 仁義(ᅀᅵᆫ의)ᄅᆞᆯ 言(언)ᄒᆞ리오 ᄒᆞᆫ 則(즉) 敬(경)티 아니홈이 이만 크니 업스니 나ᄂᆞᆫ 堯舜(요슌)의 道(도)ㅣ 아니어든 敢(감)히 ᄡᅥ 王(왕) 前(젼)에 陳(딘)티 아니ᄒᆞ노니 故(고)로 齊人(졔ᅀᅵᆫ)이 나의

王(왕) 敬(경)홈만 ᄀᆞᄐᆞᆫ이 업ᄉᆞ니라

景子(경ᄌᆞ)ㅣ ᄀᆞᆯ오ᄃᆡ 아니라 이ᄅᆞᆯ 닐옴이 아니라 禮(례)예 ᄀᆞᆯ오ᄃᆡ 父(부)ㅣ 召(쇼)ᄒᆞ거시든 諾(낙)이 업ᄉᆞ며 君(군)이 命(명)ᄒᆞ야 召(쇼)ᄒᆞ거시든 駕(가)를 俟(ᄉᆞ)티 말라 ᄒᆞ니 진실로 쟝ᄎᆞᆺ 朝(됴)호려 ᄒᆞ다가 王命(왕명)을 聞(문)ᄒᆞ고 드듸여 果(과)티 아니ᄒᆞ시니 맛당이 禮(례)로 더브러 서르 ᄀᆞᆮ디 아니ᄒᆞᆫ ᄃᆞᆺᄒᆞ이다

ᄀᆞᆯᄋᆞ샤ᄃᆡ 엇디 이를 닐ᄋᆞ리오 曾子(증ᄌᆞ)ㅣ ᄀᆞᆯᄋᆞ샤ᄃᆡ 晉(진)과 楚(초)의 富(부)ᄂᆞᆫ 可(가)히 及(급)디 몯ᄒᆞ나 뎌 그 富(부)로ᄡᅥ ᄒᆞ거든 내 내 仁(신)으로ᄡᅥ ᄒᆞ고 뎌 그 爵(쟉)으로ᄡᅥ ᄒᆞ거든 내 내 義(의)로ᄡᅥ 홀 ᄯᅵ니 내 엇디 慊(겸)ᄒᆞ리오 ᄒᆞ시니 엇디 不義(블의)를 曾子(증ᄌᆞ)ㅣ 닐ᄋᆞ시리오 이 或(혹) ᄒᆞᆫ 道(도)ㅣ니라 天下(텬하)에 達(달)ᄒᆞᆫ 尊(존)이 三(삼)이 인ᄂᆞ니 爵(쟉)이 一(일)이오 齒(치)ㅣ 一(일)이오 德(덕)이 一(일)이니 朝廷(됴뎡)앤 爵(쟉)만 ᄀᆞᄐᆞᆫ이 업고 鄕黨(향당)앤 齒(치)만 ᄀᆞᄐᆞᆫ이 업고 世(셰)를 輔(보)ᄒᆞ며 民(민)에 長(댱)홈앤 德(덕)만 ᄀᆞᄐᆞᆫ이 업ᄉᆞ니 엇디 시러곰 그 一(일)을 두어 ᄡᅧ 그 二(ᅀᅵ)를 慢(만)ᄒᆞ리오

故(고)로 쟝ᄎᆞᆺ 키 ᄒᆞ욤이 이실 君(군)은 반ᄃᆞ시 召(쇼)티 몯홀 ᄲᅡ 臣(신)을 둔ᄂᆞᆫ 디라 謀(모)코져 ᄒᆞ면 就(취)ᄒᆞᄂᆞ니 그 德(덕)을 尊(존)ᄒᆞ며 道(도)를 樂(락)홈이 이ᄀᆞᆮ디 아니면 足(족)히 더브러 ᄒᆞ욤이 잇디 몯홀 ᄭᅥ시니라

故(고)로 湯(탕)이 伊尹(이윤)의게 學(ᄒᆞᆨ)ᄒᆞᆫ 後(후)에 臣(신)ᄒᆞ신 故(고)로 勞(로)티 아니ᄒᆞ야 王(왕)ᄒᆞ시고 桓公(환공)이 管仲(관듕)의게 學(ᄒᆞᆨ)ᄒᆞᆫ 後(후)에 臣(신)ᄒᆞᆫ 故(고)로 勞(로)티 아니ᄒᆞ야 霸(패)ᄒᆞ니라

이제 天下(텬하)ㅣ 地(디)ㅣ 醜(취)ᄒᆞ고 德(덕)이 齊(졔)ᄒᆞ야 能(능)히 서ᄅᆞ 尙(샹)ᄒᆞ리 업슴은 他(타)ㅣ 업ᄉᆞᆫ 디라 그 敎(교)홀 ᄲᅡ 臣(신)홈을 好(호)ᄒᆞ고 그 敎(교)를 受(슈)홀 ᄲᅡ 臣(신)홈을 好(호)티 아니홈이니라

湯(탕)이 伊尹(이윤)의게와 桓公(환공)이 管仲(관듕)의게 곧 敢(감)히 召(쇼)티 몯ᄒᆞ니 管仲(관듕)도 ᄯᅩ 오히려 可(가)히 召(쇼)티 몯ᄒᆞ곤 ᄒᆞ믈며 管仲(관듕)을 ᄒᆞ디 아니ᄒᆞᄂᆞᆫ 者(쟈)아

② 栗谷本

孟子(ᄆᆡᆼᄌᆞ)ㅣ 쟝ᄎᆞᆺ 王(왕)ᄭᅴ 朝(됴)호려터시니 王(왕)이 사ᄅᆞᆷ 브려와 ᄀᆞᄅᆞ샤ᄃᆡ 寡人(과인)이 나아 보ᅀᆞ올 ᄃᆞᆺᄒᆞ더니 寒疾(한질)이 잇ᄂᆞᆫ 디라 可(가)히 ᄡᅥ 風(풍)티 몯ᄒᆞ리로소니 朝(됴)애 쟝ᄎᆞᆺ 朝(됴)를 視(시)호리니 아디 몯게이다 可(가)히 寡人(과인)으로 ᄒᆡ여곰 시러곰 보ᄋᆞᆸ게 ᄒᆞ시리잇가 對(ᄃᆡ)ᄒᆞ야 ᄀᆞᄅᆞ샤ᄃᆡ 幸(ᄒᆡᆼ)티 몯ᄒᆞ야 疾(질)이 잇ᄂᆞᆫ 디라 能(능)히 朝(됴)에 造(조)티 몯ᄒᆞ리로소이다

明日(명일)에 나 東郭氏(동곽시)의게 弔(됴)ᄒᆞ거시ᄂᆞᆯ 公孫丑(공손튜)ㅣ ᄀᆞᆯ오ᄃᆡ 어제 病(병)으로ᄡᅥ 辭(ᄉᆞ)ᄒᆞ시고 오ᄂᆞᆯ 弔(됴)ᄒᆞ시미 或(혹) 可(가)티 아닌뎌 ᄀᆞᄅᆞ샤ᄃᆡ 어젯 疾(질)이 오ᄂᆞᆯ 됴커니 엇디 弔(됴)티 아니리오

王(왕)이 사ᄅᆞᆷ 브려 疾(질)을 무르시고 의원이 왓거ᄂᆞᆯ 孟仲子(ᄆᆡᆼ즁ᄌᆞ)ㅣ 對(ᄃᆡ)ᄒᆞ야 ᄀᆞᆯ오ᄃᆡ 어제 王命(왕명)이 잇거시ᄂᆞᆯ 采薪(치신)의 시름이 이셔 能(능)히 朝(죠)의 造(조)티 못ᄒᆞ얏다가 이제 病(병)이 져기 됴커ᄂᆞᆯ 趨(추)ᄒᆞ야 朝(죠)의 造(조)ᄒᆞ더시니 내 아디 못ᄒᆞ니

能(능)히 至(지)ᄒᆞ신가 못ᄒᆞ신가 ᄒᆞ고 두어 사ᄅᆞᆷ으로 ᄒᆞ여곰 路(로)의 要(요)ᄒᆞ야 ᄀᆞᆯ오ᄃᆡ 請(청)컨댄 반ᄃᆞ시 歸(귀)히 말고 朝(됴)의 造(조)ᄒᆞ쇼셔

시러곰 마디 몯ᄒᆞ야 景丑氏(경튜시)의게 가 자더시니 景子(경ᄌᆞ)ㅣ ᄀᆞᆯ오ᄃᆡ 안ᄒᆞ론 父子(부ᄌᆞ)ㅣ오 밧그론 君臣(군신)은 人(인)의 큰 倫(륜)이니 父子(부ᄌᆞ)ᄂᆞᆫ 恩(은)의 主(쥬)ᄒᆞ고 君臣(군신)은 敬(경)의 主(쥬)ᄒᆞ니 丑(튜)ㅣ 王(왕)의 子(ᄌᆞ)ᄅᆞᆯ 敬(경)ᄒᆞ샤믈 보고 뻐 王(왕)을 敬(경)ᄒᆞ시ᄂᆞᆫ 바ᄅᆞᆯ 보디 몯게이다 ᄀᆞᄅᆞ샤ᄃᆡ 惡(오)ㅣ라 이 엇던 말고 齊人(졔인)이 仁義(인의)로뻐 王(왕)과 더브러 言(언)ᄒᆞᆯ 者(쟈)ㅣ 업스니 엇디 仁義(인의)로뻐 美(미)티 아니타 ᄒᆞ리오 그 ᄆᆞ음에 ᄀᆞᆯ오ᄃᆡ 이 엇디 足(족)히 더브러 仁義(인의)ᄅᆞᆯ 言(언)ᄒᆞ리오 홈이니 敬(경)티 아니홈이 이에셔 큰 이 업스니 나ᄂᆞᆫ 堯舜(요슌)의 道(도)ㅣ 아니면 敢(감)히 뻐 王(왕)압히 陳(진)티 아니ᄒᆞ노니 故(고)로 齊人(졔인)이 나의 王(왕) 敬(경)홈만 ᄀᆞᆺ튼 이 업ᄉᆞ니라

景子(경ᄌᆞ)ㅣ ᄀᆞᆯ오ᄃᆡ 否(부)ㅣ라 이ᄅᆞᆯ 닐옴이 아니라 禮(례)예 ᄀᆞᆯ오ᄃᆡ 父(부)ㅣ 召(쇼)ᄒᆞ거시든 諾(낙)을 말며 님금이 命(명)ᄒᆞ야 召(쇼)ᄒᆞ거시든 駕(가)ᄅᆞᆯ 기드리디 말라 ᄒᆞ니 본ᄃᆡ 쟝ᄎᆞᆺ 朝(됴)호려 ᄒᆞ시다가 王命(왕명)을 드르시고 드듸여 果(과)티 아니시니 맛당이 다ᄆᆞᆺ 禮(례)로 서르 ᄀᆞᆺ디 아닌 ᄃᆞᆺᄒᆞ이다

ᄀᆞᄅᆞ샤ᄃᆡ 엇디 이ᄅᆞᆯ 니ᄅᆞ리오 曾子(증ᄌᆞ)ㅣ ᄀᆞᄅᆞ샤ᄃᆡ 晉楚(진초)의 富(부)ᄅᆞᆯ 可(가)히 밋디 몯ᄒᆞ나 뎌ᄂᆞᆫ 그 富(부)로뻐 ᄒᆞ거든 나ᄂᆞᆫ 내 仁(인)으로 쓰며 뎌ᄂᆞᆫ 그 爵(쟉)으로뻐 ᄒᆞ거든 나ᄂᆞᆫ 내 義(의)로 ᄡᆞᆯ 디니 내 므서시 慊(겸)ᄒᆞ리오 ᄒᆞ시니 엇디 義(의) 아니오 曾子(증ᄌᆞ)ㅣ 言(언)ᄒᆞ시리오 이 或(혹) ᄒᆞᆫ 道(도)ㅣ니라 天下(텬하)애 達(달)ᄒᆞᆫ 尊(존)이 세히 이쇼매 爵(쟉)이 一(일)이오 齒(치)ㅣ 一(일)이오 德(덕)이 一(일)이니 朝廷(됴뎡)애ᄂᆞᆫ 爵(쟉)만 ᄀᆞᆺ튼이 업고 鄕黨(향당)애ᄂᆞᆫ 齒(치)만 ᄀᆞᆺ튼이 업고 世(셰)ᄅᆞᆯ 輔(보)ᄒᆞ며 民(민)애 長(댱)호매ᄂᆞᆫ 德(덕)만 ᄀᆞᆺ튼이 업스니 엇디 시러곰 그 ᄒᆞᆫ나ᄒᆞᆯ 두어셔 뻐 그 둘을 慢(만)ᄒᆞ리오

故(고)로 쟝ᄎᆞᆺ 크게 爲(위)홈이 잇ᄂᆞᆫ 님금은 반ᄃᆞ시 브르디 몯ᄒᆞᄂᆞᆫ 밧 신하ᄅᆞᆯ 두어 謀(모)홈을 두고져 ᄒᆞ면 나아가ᄂᆞ니 그 德(덕)을 尊(존)ᄒᆞ며 道(도)ᄅᆞᆯ 樂(락)홈이 이ᄀᆞᆺ디 아니면 足(족)히 더브러 爲(위)홈이 잇디 몯ᄒᆞᆯ 거시니라

故(고)로 湯(탕)이 伊尹(이윤)의게 ᄇᆡ혼 後(후)에 신하 삼으신 디라 故(고)로 ᄀᆞᆺ비 아녀 王(왕)ᄒᆞ시고 桓公(환공)이 管仲(관듕)의게 ᄇᆡ혼 後(후)에 신하 삼으신 디라 故(고)로 ᄀᆞᆺ비 아녀 霸(패)ᄒᆞ시니라

이제 天下(텬하)ㅣ 地(디)ㅣ ᄀᆞᆺᄐᆞ며 德(덕)이 ᄀᆞᄌᆞᆨᄒᆞ야 能(능)히 서르 넘디 몯홈은 他(타)ㅣ 아니라 그 敎(교)ᄒᆞᄂᆞᆫ 바ᄅᆞᆯ 臣(신)삼기 됴히 녀기고 그 敎(교)바ᄃᆞᆯ 바ᄅᆞᆯ 臣(신)삼기 됴히 아니 녀길 ᄉᆡ니라

湯(탕)이 伊尹(이윤)의게와 桓公(환공)이 管仲(관듕)의게 敢(감)히 브르디 몯ᄒᆞ더시니 管仲(관듕)도 ᄯᅩ 오히려 可(가)히 브ᄅᆞ디 몯ᄒᆞᆯ디어든 ᄒᆞ믈며 管仲(관듕)을 아니ᄒᆞᄂᆞᆫ 者(쟈)ㅣ ᄯᆞ녀

035(4-3) 陳臻

陳臻問曰:「前日於齊, 王餽兼金一百而不受; 於宋, 餽七十鎰而受; 於薛, 餽五十鎰而受. 前日之不受是, 則今日之受非也; 今日之受是, 則前日之不受非也. 夫子必居一於此矣.」

孟子曰:「皆是也. 當在宋也, 予將有遠行. 行者必以贐. 辭曰:『餽贐.』予何爲不受? 當在薛也, 予有戒心. 辭曰:『聞戒, 故爲兵餽之.』予何爲不受? 若於齊, 則未有處也. 無處而餽之, 是貨之也. 焉有君子而可以貨取乎?」

① 陶山本

陳臻(딘진)이 묻ᄌᆞ와 ᄀᆞᆯ오ᄃᆡ 前日(젼실)에 齊(졔)예 王(왕)이 兼金(겸금) 一百(일빅)을 餽(궤)ᄒᆞ야ᄂᆞᆯ 受(슈)티 아니ᄒᆞ시고 宋(송)에 七十鎰(칠십일)올 餽(궤)ᄒᆞ야ᄂᆞᆯ 受(슈)ᄒᆞ시고 薛(셜)에 五十鎰(오십일)올 餽(궤)ᄒᆞ야ᄂᆞᆯ 受(슈)ᄒᆞ시니 前日(젼실)의 受(슈)티 아니ᄒᆞ심이 是(시)ᄒᆞ면 今日(금실)의 受(슈)ᄒᆞ심이 非(비)ᄒᆞ고 今日(금실)의 受(슈)ᄒᆞ심이 是(시)ᄒᆞ면 前日(젼실)의 受(슈)티 아니ᄒᆞ심이 非(비)ᄒᆞ니 夫子(부ᄌᆞ) ㅣ 반ᄃᆞ시 이예 一(일)에 居(거)ᄒᆞ시리이다

孟子(믱ᄌᆞ) ㅣ ᄀᆞᆯᄋᆞ샤ᄃᆡ 다 是(시)ᄒᆞ니라

宋(송)애 이숌애 當(당)ᄒᆞ야 내 쟝ᄎᆞᆺ 遠行(원힝)이 잇다니 行者(힝쟈)ᄂᆞᆫ 반ᄃᆞ시 ᄡᅧ 贐(신)ᄒᆞᄂᆞᆫ 디라 辭(ᄉᆞ)ᄒᆞ야 ᄀᆞᆯ오ᄃᆡ 贐(신)으로 餽(궤)ᄒᆞ노라 ᄒᆞ거니 내 엇디 受(슈)티 아니ᄒᆞ리오

薛(셜)에 이숌애 當(당)ᄒᆞ야 내 戒心(계심)이 잇다니 辭(ᄉᆞ)ᄒᆞ야 ᄀᆞᆯ오ᄃᆡ 戒(계)ᄅᆞᆯ 聞(문)ᄒᆞᆫ 故(고)로 兵(병)을 爲(위)ᄒᆞ야 餽(궤)ᄒᆞ노라 ᄒᆞ거니 내 엇디 受(슈)티 아니ᄒᆞ리오

만일 齊(졔)예ᄂᆞᆫ 處(쳐)홈이 잇디 아니호니 處(쳐)홈이 업시셔 餽(궤)홈은 이 貨(화)홈이니 엇디 君子(군ᄌᆞ) ㅣ오 可(가)히 貨(화)로ᄡᅧ 取(취)홈이 이시리오

② 栗谷本

陳臻(딘진)이 問(문)ᄒᆞ야 ᄀᆞᆯ오ᄃᆡ 前日(젼일)에 齊(졔)예셔 王(왕)이 兼金(겸금) 一百(일빅)을 餽(궤)ᄒᆞ야시ᄂᆞᆯ 受(슈)티 아니ᄒᆞ시고 宋(송)에셔 七十鎰(칠십일)을 餽(궤)ᄒᆞ야ᄂᆞᆯ 受(슈)ᄒᆞ시며 薛(셜)에셔 五十鎰(오십일)을 餽(궤)ᄒᆞ야ᄂᆞᆯ 受(슈)ᄒᆞ시니 前日(젼일)에 受(슈)티 아니심이 올흐면 今日(금일)에 受(슈)ᄒᆞ샴이 외고 今日(금일)에 受(슈)ᄒᆞ샴이 올흐면 前日(젼일)에 受(슈)티 아니심이 외니 夫子(부ᄌᆞ) ㅣ 반ᄃᆞ시 이에 一(일)의 居(거)ᄒᆞ실소이다

孟子(믱ᄌᆞ) ㅣ ᄀᆞᄅᆞ샤ᄃᆡ 다 올흐니라

宋(송)에 이실 제 當(당)ᄒᆞ얀 내 쟝ᄎᆞᆺ 遠行(원힝)이 잇다니 行者(힝쟈)ᄅᆞᆯ 반ᄃᆞ시 ᄡᅧ 贐(신)ᄒᆞᄂᆞᆫ 디라 辭(ᄉᆞ)에 ᄀᆞᆯ오ᄃᆡ 贐(신)을 餽(궤)ᄒᆞ노라 ᄒᆞ거니 내 엇디 밧디 아니리오

薛(셜)에 이실 제 當(당)ᄒᆞ얀 내 戒心(계심)을 듯다니 辭(ᄉᆞ)에 ᄀᆞᆯ오ᄃᆡ 戒(계)홈을 드론

디라 故(고)로 兵(병)을 爲(위)ᄒᆞ야 餽(궤)ᄒᆞ노라 ᄒᆞ니 내 엇디 밧디 아니리오
만일 齊(졔)예는 處(쳐)홈이 잇디 아니호니 處(쳐)홈이 업시 餽(궤)ᄒᆞ면 이는 貨(화)홈이니 어듸가 君子(군ᄌᆞ)ᄅᆞᆯ 可(가)히 뻐 貨(화)로 取(취)ᄒᆞ리오

036(4-4) 孟子之平陸

孟子之平陸. 謂其大夫曰:「子之持戟之士, 一日而三失伍, 則去之否乎?」

曰:「不待三.」

「然則子之失伍也, 亦多矣. 凶年饑歲, 子之民, 老羸轉於溝壑, 壯者散而之四方者, 幾千人矣.」

曰:「此非距心之所得爲也.」

曰:「今有受人之牛羊而爲之牧之者, 則必爲之求牧與芻矣. 求牧與芻而不得, 則反諸其人乎? 抑亦立而視其死與?」

曰:「此則距心之罪也.」

他日, 見於王曰:「王之爲都者, 臣知五人焉. 知其罪者, 惟孔距心. 爲王誦之.」

王曰:「此則寡人之罪也.」

① 陶山本

孟子(밍ᄌᆞ)ㅣ 平陸(평륙)에 之(지)ᄒᆞ샤 그 태우ᄃᆞ려 닐어 ᄀᆞᆯᄋᆞ샤ᄃᆡ 子(ᄌᆞ)의 戟(극)을 持(디)ᄒᆞ얀는 士(ᄉᆞ)ㅣ 一日(일실)에 세 번 伍(오)ᄅᆞᆯ 失(실)ᄒᆞ면 去(거)홀까 아닐까 ᄀᆞᆯ오ᄃᆡ 三(삼)을 待(ᄃᆡ)티 아니리이다

그러ᄒᆞᆫ 則(즉) 子(ᄌᆞ)의 伍(오)ᄅᆞᆯ 失(실)홈이 ᄯᅩ 하도다 凶年(흉년)과 饑歲(긔셰)예 子(ᄌᆞ)의 民(민)이 老(로)와 羸(리)ᄂᆞᆫ 溝壑(구학)에 轉(뎐)ᄒᆞ고 壯者(장쟈)ᄂᆞᆫ 散(산)ᄒᆞ야 四方(ᄉᆞ방)애 간 者(쟈)ㅣ 몃 千人(쳔싄)고 ᄀᆞᆯ오ᄃᆡ 이ᄂᆞᆫ 距心(거심)의 시러곰 홀 빼 아니니이다

ᄀᆞᆯᄋᆞ샤ᄃᆡ 今(금)에 人(신)의 牛羊(우양)을 受(슈)ᄒᆞ야 爲(위)ᄒᆞ야 牧(목)홇 者(쟈)ㅣ 이시면 반ᄃᆞ시 爲(위)ᄒᆞ야 牧(목)과 다ᄆᆞᆺ 芻(추)ᄅᆞᆯ 求(구)ᄒᆞ리니 牧(목)과 다ᄆᆞᆺ 芻(추)ᄅᆞᆯ 求(구)ᄒᆞ야 得(득)디 몯ᄒᆞ면 그 人(신)의게 反(반)ᄒᆞ랴 ᄯᅩᄒᆞᆫ 立(립)ᄒᆞ야셔 그 死(ᄉᆞ)홈을 보랴 ᄀᆞᆯ오ᄃᆡ 인 則(즉) 距心(거심)의 罪(죄)로소이다

他日(타실)에 王(왕)ᄭᅴ 見(현)ᄒᆞ야 ᄀᆞᆯᄋᆞ샤ᄃᆡ 王(왕)의 都(도)ᄅᆞᆯ ᄒᆞᄂᆞᆫ 者(쟈)ᄅᆞᆯ 臣(신)이 五人(오신)을 아노니 그 罪(죄)를 아는 者(쟈)는 오직 孔距心(공거심)이러이다 ᄒᆞ고 王(왕)을 爲(위)ᄒᆞ야 誦(숑)ᄒᆞ신대 王(왕)이 ᄀᆞᆯᄋᆞ샤ᄃᆡ 인 則(즉) 寡人(과신)의 罪(죄)로소이다

② 栗谷本

孟子(ᄆᆡᆼᄌᆞ)ㅣ 平陸(평륙)에 가샤 그 大夫(대부)ᄃᆞ려 닐러 ᄀᆞᄅᆞ샤ᄃᆡ 子(ᄌᆞ)의 戟(극)을 자븐 士(ᄉᆞ)ㅣ 一日(일일)에 세 번 伍(오)를 일흐면 去(거)ᄒᆞ랴 否(부)ᄒᆞ랴 ᄀᆞᆯ오ᄃᆡ 三(삼)을 기드리디 아니리이다

그러면 子(ᄌᆞ)의 伍(오)를 失(실)홈이 ᄯᅩᄒᆞᆫ 하니 凶年(흉년)이며 饑歲(긔셰)예 子(ᄌᆞ)의 民(민)이 老羸(로리)ᄂᆞᆫ 溝壑(구학)의 轉(뎐)ᄒᆞ고 壯者(장쟈)ᄂᆞᆫ 흐터 四方(ᄉᆞ방)애 가ᄂᆞᆫ 者(쟈)ㅣ 몃 千人(쳔인)고 ᄀᆞᆯ오ᄃᆡ 이ᄂᆞᆫ 距心(거심)의 시러곰 ᄒᆞᆯ 배 아니니이다

ᄀᆞᄅᆞ샤ᄃᆡ 이제 人(인)의 牛羊(우양)을 맛다 爲(위)ᄒᆞ야 칠 者(쟈)ㅣ 이실 딘댄 반ᄃᆞ시 爲(위)ᄒᆞ야 牧(목)과 다ᄆᆞᆺ 芻(추)를 求(구)ᄒᆞ리니 牧(목)과 다ᄆᆞᆺ 芻(추)를 求(구)ᄒᆞ야 得(득)디 몯ᄒᆞ면 그 人(인)의게 反(반)ᄒᆞ랴 ᄯᅩᄒᆞᆫ 셔셔 그 죽음을 보랴 ᄀᆞᆯ오ᄃᆡ 이ᄂᆞᆫ 距心(거심)의 罪(죄)로소이다

다른 날애 王(왕)ᄭᅴ 뵈ᄋᆞ와 ᄀᆞᄅᆞ샤ᄃᆡ 王(왕)의 都(도)ᄒᆞᄂᆞᆫ 者(쟈)를 臣(신)이 五人(오인)을 아노니 그 罪(죄)를 알 者(쟈)ᄂᆞᆫ 오직 孔距心(공거심)이라 ᄒᆞ시고 王(왕)을 爲(위)ᄒᆞ야 誦(숑)ᄒᆞ신대 王(왕)이 ᄀᆞᄅᆞ샤ᄃᆡ 이ᄂᆞᆫ 寡人(과인)의 罪(죄)ㅣ로소이다

037(4-5) 蚳鼃

孟子謂蚳鼃曰:「子之辭靈丘而請士師, 似也; 爲其可以言也. 今旣數月矣, 未可以言與?」

蚳鼃諫於王而不用, 致爲臣而去.

齊人曰:「所以爲蚳鼃, 則善矣; 所以自爲, 則吾不知也.」

公都子以告. 曰:「吾聞之也: 有官守者, 不得其職則去; 有言責者, 不得其言則去. 我無官守, 我無言責也, 則吾進退, 豈不綽綽然有餘裕哉?」

① 陶山本

孟子(ᄆᆡᆼᄌᆞ)ㅣ 蚳鼃(디와)ᄃᆞ려 닐어 ᄀᆞᆯᄋᆞ샤ᄃᆡ 子(ᄌᆞ)ㅣ 靈丘(령구)를 辭(ᄉᆞ)ᄒᆞ고 士師(ᄉᆞᄉᆞ)를 請(쳥)홈이 似(ᄉᆞ)홈은 그 可(가)히 ᄡᅧ 言(언)홈을 爲(위)ᄒᆞ예니 今(금)에 이믜 數月(수월)이로ᄃᆡ 可(가)히 ᄡᅧ 言(언)티 몯ᄒᆞ리로소냐

蚳鼃(디와)ㅣ 王(왕)ᄭᅴ 諫(간)ᄒᆞ야 用(용)티 아니ᄒᆞ야ᄂᆞᆯ 臣(신) 되옴을 致(티)ᄒᆞ고 去(거)ᄒᆞᆫ대

齊人(제ᄉᆡᆫ)이 ᄀᆞᆯ오ᄃᆡ ᄡᅧ 蚳鼃(디와)를 爲(위)ᄒᆞᄂᆞᆫ 밴 則(즉) 善(션)ᄒᆞ거니와 ᄡᅧ 스스로 爲(위)ᄒᆞᄂᆞᆫ 밴 則(즉) 내 아디 몯게라

公都子(공도ᄌᆞ)ㅣ ᄡᅧ 告(고)ᄒᆞᆫ대

ᄀᆞᆯᄋᆞ샤ᄃᆡ 내 聞(문)호니 官守(관슈)를 둔ᄂᆞᆫ 者(쟈)ㅣ 그 職(직)을 得(득)디 몯ᄒᆞ면 去(거)

ᄒᆞ고 言責(언칙)을 둔ᄂᆞᆫ 者(쟈) ㅣ 그 言(언)을 得(득)디 몯ᄒᆞ면 去(거)ᄒᆞᆫ다 ᄒᆞ니 내 官守(관슈) ㅣ 업스며 내 言責(언칙)이 업슨 則(즉) 내 進(진)ᄒᆞ며 退(퇴)홈이 엇디 綽綽(쟉쟉)히 餘裕(여유) ㅣ 잇디 아니ᄒᆞ리오

② 栗谷本

孟子(ᄆᆡᆼᄌᆞ) ㅣ 蚳鼃(디와)ᄃᆞ려 닐러 ᄀᆞᄅᆞ샤ᄃᆡ 子(ᄌᆞ)의 靈丘(령구)를 辭(ᄉᆞ)ᄒᆞ고 士師(ᄉᆞᄉᆞ)를 請(청)홈이 似(ᄉᆞ)홈은 그 可(가)히 ᄡᅧ 言(언)홈을 爲(위)홈이니 이제 이믜 數月(수월)이로ᄃᆡ 可(가)히 ᄡᅧ 言(언)티 몯ᄒᆞᆯ소냐

蚳鼃(디와) ㅣ 王(왕)ᄭᅴ 諫(간)ᄒᆞ야 ᄡᅳ디 아니커시ᄂᆞᆯ 臣(신) 되옴을 致(티)ᄒᆞ고 去(거)ᄒᆞ다

齊人(졔인)이 ᄀᆞᆯ오ᄃᆡ ᄡᅧ 蚳鼃(디와) 爲(위)ᄒᆞ시ᄂᆞᆫ 바ᄂᆞᆫ 善(션)커니와 ᄡᅧ 스스로 爲(위)ᄒᆞ시ᄂᆞᆫ 바ᄂᆞᆫ 내 아디 몯게라

公都子(공도ᄌᆞ) ㅣ ᄡᅧ 告(고)ᄒᆞᆫ대

ᄀᆞᄅᆞ샤ᄃᆡ 내 드로니 官守(관슈)를 둣ᄂᆞᆫ 者(쟈) ㅣ 그 職(직)을 得(득)디 몯ᄒᆞ면 去(거)ᄒᆞ고 言責(언칙)을 둣ᄂᆞᆫ 者(쟈) ㅣ 그 言(언)을 得(득)디 몯ᄒᆞ면 去(거)ᄒᆞᆯ 거시라 ᄒᆞ니 내 官守(관슈) ㅣ 업스며 내 言責(언칙)이 업스니 나의 進退(진퇴) ㅣ 엇디 綽綽(쟉쟉)히 餘裕(여유) ㅣ 잇디 아니리오

038(4-6) *孟子爲卿*

孟子爲卿於齊, 出弔於滕, 王使蓋大夫王驩爲輔行. 王驩朝暮見, 反齊滕之路, 未嘗與之言行事也.

公孫丑曰:「齊卿之位, 不爲小矣; 齊滕之路, 不爲近矣. 反之而未嘗與言行事, 何也?」

曰:「夫旣或治之, 予何言哉?」

① 陶山本

孟子(ᄆᆡᆼᄌᆞ) ㅣ 齊(졔)애 卿(경)이 되샤 滕(듕)애 出(츌)ᄒᆞ야 弔(됴)ᄒᆞ실 씨 王(왕)이 蓋(합)ㅅ 태우 王驩(왕환)으로 ᄒᆞ여곰 輔行(보ᄒᆡᆼ)을 사맛더시니 王驩(왕환)이 朝暮(됴모)에 뵈거ᄂᆞᆯ 齊滕(졔듕)ㅅ 路(로)를 反(반)토록 일쯕 더브러 行事(ᄒᆡᆼᄉᆞ)를 言(언)티 아니ᄒᆞ시다

公孫丑(공손튜) ㅣ ᄀᆞᆯ오ᄃᆡ 齊卿(졔경)의 位(위) ㅣ 小(쇼)티 아니ᄒᆞ며 齊滕(졔듕)ㅅ 路(로) ㅣ 近(근)티 아니호ᄃᆡ 反(반)호ᄃᆡ 일즉 더브러 行事(ᄒᆡᆼᄉᆞ)를 言(언)티 아니ᄒᆞ샴은 엇디니잇고

ᄀᆞᆯᄋᆞ샤ᄃᆡ 이믜 或(혹) 治(티)ᄒᆞ얏거니 내 므슴 마를 ᄒᆞ리오

② 栗谷本

孟子(ᄆᆡᆼᄌᆞ) ㅣ 齊(졔)예 卿(경)이 되샤 나 滕(듕)에 弔(됴)ᄒᆞ거시ᄂᆞᆯ 王(왕)이 蓋(합) 大夫(대부) 王驩(왕환)을 ᄇᆞ려 輔行(보ᄒᆡᆼ)을 ᄒᆡ엿더시니 王驩(왕환)이 朝暮(됴모)애 見(현)

호딕 齊滕(졔등)의 路(로)를 反(반)ᄒᆞ도록 일즉 더브러 行事(ᄒᆡᆼᄉᆞ)를 言(언)티 아니터시다

公孫丑(공손튜)ㅣ ᄀᆞᆯ오ᄃᆡ 齊卿(졔경)의 位(위)ㅣ 小(쇼)티 아니ᄒᆞ며 齊滕(졔등)의 길히 近(근)티 아니커ᄂᆞᆯ 反(반)ᄒᆞ시도록 일즉 더브러 行事(ᄒᆡᆼᄉᆞ)를 言(언)티 아니ᄒᆞ샤믄 엇디잇고 ᄀᆞᄅᆞ샤ᄃᆡ 이믜 或(혹) 다ᄉᆞ렷거니 내 므슴 말을 ᄒᆞ리오

039(4-7) 孟子葬於魯

孟子自齊葬於魯，反於齊，止於嬴.

充虞請曰:「前日，不知虞之不肖，使虞敦匠事. 嚴，虞不敢請. 今願竊有請也. 木若以美然.」

曰:「古者，棺椁(槨)無度；中古，棺七寸，椁(槨)稱之. 自天子達於庶人，非直爲觀美也，然後盡而人心. 不得，不可以爲悅；無財，不可以爲悅. 得之爲有財，古之人皆用之，吾何爲獨不然？且比化者，無使土親膚，於人心獨無恔乎？吾聞之也君子：不以天下儉其親.」

① 陶山本

孟子(ᄆᆡᆼᄌᆞ)ㅣ 齊(졔)로브터 魯(로)에 葬(장)ᄒᆞ시고 齊(졔)에 反(반)ᄒᆞ실ᄉᆡ 嬴(영)에 止(지)ᄒᆞ엿더시니 充虞(츙우)ㅣ 請(쳥)ᄒᆞ야 ᄀᆞᆯ오ᄃᆡ 前日(젼실)에 虞(우)의 不肖(블쵸)홈을 아디 몯ᄒᆞ샤 虞(우)로 ᄒᆞ여곰 匠事(쟝ᄉᆞ)를 敦(돈)ᄒᆞ야시ᄂᆞᆯ 嚴(엄)ᄒᆞ야 虞(우)ㅣ 敢(감)히 請(쳥)티 몯호니 今(금)에 願(원)컨댄 그으기 請(쳥)홈이 인노니 木(목)이 너모 美(미)ᄒᆞᆫ ᄃᆞᆺᄒᆞ더이다

ᄀᆞᆯᄋᆞ샤ᄃᆡ 네 棺(관)과 槨(곽)이 度(도)ㅣ 업더니 中古(듕고)에 棺(관)이 七寸(칠촌)이오 槨(곽)을 稱(칭)케 ᄒᆞ야 天子(텬ᄌᆞ)로브터 庶人(셔신)에 達(달)ᄒᆞ니 ᄒᆞᆫ갓 觀(관)에 美(미)홈을 ᄒᆞᄂᆞᆫ 줄이 아니라 그런 後(후)에 人心(신심)에 盡(진)ᄒᆞᆯ 씨니라

得(득)디 몯ᄒᆞ야란 可(가)히 ᄡᅧ 悅(열)티 몯ᄒᆞᆯ 꺼시며 財(ᄌᆡ)ㅣ 업서란 可(가)히 ᄡᅧ 悅(열)티 몯ᄒᆞᆯ 꺼시니 得(득)ᄒᆞ고 財(ᄌᆡ)ㅣ 이셔ᄂᆞᆫ 녯사ᄅᆞᆷ이 다 用(용)ᄒᆞ니 내 엇디 호올로 그리 아니ᄒᆞ리오

ᄯᅩ 化者(화쟈)를 比(비)ᄒᆞ야 土(토)로 ᄒᆞ여곰 膚(부)에 親(친)티 아니케 ᄒᆞ면 人心(신심)에 호올로 恔(효)홈이 업ᄉᆞ냐

나ᄂᆞᆫ 聞(문)호니 君子(군ᄌᆞ)ᄂᆞᆫ 天下(텬하)로ᄡᅥ 그 親(친)에 儉(검)히 아닌ᄂᆞ니라

② 栗谷本

孟子(ᄆᆡᆼᄌᆞ)ㅣ 齊(졔)로브터 魯(로)에 葬(장)ᄒᆞ시고 齊(졔)에 反(반)ᄒᆞ샤 嬴(영)에 止(지)ᄒᆞ얏더시니 充虞(츙우)ㅣ 請(쳥)ᄒᆞ야 ᄀᆞᆯ오ᄃᆡ 前日(젼일)에 虞(우)의 不肖(블쵸)홈을 아디 몯ᄒᆞ샤 虞(우)로 ᄒᆡ여곰 匠事(쟝ᄉᆞ)를 敦(돈)ᄒᆞ라 ᄒᆞ야시ᄂᆞᆯ 嚴(엄)ᄒᆞ야 虞(우)ㅣ 敢(감)히

請(청)티 몯ᄒᆞ얏더니 이제 그윽이 請(청)홈을 願(원)ᄒᆞ노니 木(목)이 너모 美(미)ᄒᆞᆫ 듯ᄒᆞ더이다

ᄀᆞᄅᆞ샤ᄃᆡ 네 棺槨(관곽)이 度(도)ㅣ 업더니 中古(듕고)애 棺(관)이 七寸(칠촌)이오 槨(곽)을 맛게 ᄒᆞ야 天子(텬ᄌᆞ)로브터 庶人(셔인)의 達(달)ᄒᆞ니 ᄒᆞᆫ갓 觀(관) 美(미)를 홈이 아니라 그런 後(후)에 人心(인심)의 盡(진)홀 디니라

得(득)디 몯홀 거시면 可(가)히 ᄡᅥ 悅(열)을 ᄒᆞ디 몯ᄒᆞ며 財(ᄌᆡ)ㅣ 업스면 可(가)히 ᄡᅥ 悅(열)을 ᄒᆞ디 몯홀 디니 得(득)ᄒᆞ고 財(ᄌᆡ)ㅣ 이셔ᄂᆞᆫ 녯 人(인)이 다 ᄡᅳ니 내 엇디 홀로 그리 아니ᄒᆞ리오

ᄯᅩ 化者(화쟈)를 위ᄒᆞ야 土(토)로 ᄒᆞ여곰 膚(부)에 親(친)케 아니면 人心(인심)에 홀로 쾌티 아니ᄒᆞ랴

나ᄂᆞᆫ 드로니 君子(군ᄌᆞ)ᄂᆞᆫ 天下(텬하)로ᄡᅥ 그 親(친)의게 儉(검)히 아니ᄒᆞᆫ다 ᄒᆞ니라

040(4-8) 沈同

沈同以其私問曰:「燕可伐與?」

孟子曰:「可. 子噲不得與人燕, 子之不得受燕於子噲. 有仕於此, 而子悅之, 不告於王, 而私與之吾子之祿爵; 夫士也, 亦無王命而私受之於子, 則可乎? 何以異於是?」

齊人伐燕. 或問曰:「勸齊伐燕, 有諸?」

曰:「未也. 沈同問:『燕可伐與?』吾應之曰:『可.』彼然而伐之也. 彼如曰:『孰可以伐之?』則將應之曰:『爲天吏, 則可以伐之.』今有殺人者, 或問之曰:『人可殺與?』則將應之曰:『可.』彼如曰:『孰可以殺之?』則將應之曰:『爲士師, 則可以殺之.』今以燕伐燕, 何爲勸之哉?」

① 陶山本

沈同(심동)이 그 私(ᄉᆞ)로ᄡᅥ 묻ᄌᆞ와 ᄀᆞᆯ오ᄃᆡ 燕(연)을 可(가)히 伐(벌)ᄒᆞ얌즉 ᄒᆞ니잇가 孟子(ᄆᆡᇰᄌᆞ)ㅣ ᄀᆞᆯᄋᆞ샤ᄃᆡ 可(가)ᄒᆞ니라 子噲(ᄌᆞ쾌)도 시러곰 人(ᅀᅵᆫ)을 燕(연)을 與(여)티 몯홀 꺼시며 子之(ᄌᆞ지)ㅣ 시러곰 燕(연)을 子噲(ᄌᆞ쾌)의게 受(슈)티 몯홀 꺼시니 이예 仕(ᄉᆞ)ᄒᆞ리 잇거든 子(ᄌᆞ)ㅣ 悅(열)ᄒᆞ야 王(왕)ᄭᅴ 告(고)티 아니ᄒᆞ고 ᄉᆞᄉᆞ로 吾子(오ᄌᆞ)의 祿爵(록쟉)을 與(여)ᄒᆞ거든 士(ᄉᆞ)ㅣ ᄯᅩᄒᆞᆫ 王命(왕명)이 업시 ᄉᆞᄉᆞ로 子(ᄌᆞ)의게 受(슈)ᄒᆞᆫ則(즉) 可(가)ᄒᆞ냐 엇디 ᄡᅥ 이예 다ᄅᆞ리오

齊人(졔ᅀᅵᆫ)이 燕(연)을 伐(벌)ᄒᆞ야ᄂᆞᆯ 或(혹)이 묻ᄌᆞ와 ᄀᆞᆯ오ᄃᆡ 齊(졔)를 勸(권)ᄒᆞ야 燕(연)을 伐(벌)타 ᄒᆞ니 인ᄂᆞ니잇가 ᄀᆞᆯᄋᆞ샤ᄃᆡ 아니라 沈同(심동)이 燕(연)을 可(가)히 伐(벌)ᄒᆞ얌즉 ᄒᆞ냐 묻거늘 내 應(ᅌᅳᆼ)ᄒᆞ야 ᄀᆞᆯ오ᄃᆡ 可(가)타 호니 뎌 그리 너겨 伐(벌)ᄒᆞ도다 뎌 만일에 ᄀᆞᆯ오ᄃᆡ 뉘 可(가)히 ᄡᅥ 伐(벌)홇고 ᄒᆞ면 곧 쟝ᄎᆞᆺ 應(ᅌᅳᆼ)ᄒᆞ야 ᄀᆞᆯ오ᄃᆡ 天吏(텬리)된 則(즉)

可(가)히 써 伐(벌)ᄒᆞ리라 호리라 今(금)에 사ᄅᆞᆷ 殺(살)ᄒᆞᆫ 者(쟈)ㅣ 잇거든 或(혹)이 무러 ᄀᆞᆯ오ᄃᆡ 사ᄅᆞᆷ을 可(가)히 殺(살)ᄒᆞᆯ 것가 ᄒᆞ면 곧 쟝ᄎᆞᆺ 應(응)ᄒᆞ야 ᄀᆞᆯ오ᄃᆡ 可(가)타 호리니 뎌 만일에 ᄀᆞᆯ오ᄃᆡ 뉘 可(가)히 써 殺(살)ᄒᆞᆯ고 ᄒᆞ면 곧 쟝ᄎᆞᆺ 應(응)ᄒᆞ야 ᄀᆞᆯ오ᄃᆡ 士師(ᄉᆞᄉᆞ)ㅣ 된 則(즉) 可(가)히 써 殺(살)ᄒᆞ리라 호리라 今(금)에 燕(연)으로써 燕(연)을 伐(벌)ᄒᆞ거니 엇디 勸(권)ᄒᆞ리오

② 栗谷本

沈同(심동)이 그 私(ᄉᆞ)로써 問(문)ᄒᆞ야 ᄀᆞᆯ오ᄃᆡ 燕(연)을 可(가)히 伐(벌)ᄒᆞ리잇가 孟子(ᄆᆡᆼᄌᆞ)ㅣ ᄀᆞᄅᆞ샤ᄃᆡ 可(가)ᄒᆞ니 子噲(ᄌᆞ쾌)도 시러곰 人(인)의게 燕(연)을 주디 몯ᄒᆞᆯ 거시며 子之(ᄌᆞ지)ㅣ 시러곰 燕(연)을 子噲(ᄌᆞ쾌)의게 밧디 몯ᄒᆞᆯ 거시니 仕(ᄉᆞ)ᄒᆞ리 이에 잇거든 子(ᄌᆞ)ㅣ 悅(열)ᄒᆞ야 王(왕)ᄭᅴ 告(고)티 아니코 ᄉᆞᄉᆞ로 吾子(오ᄌᆞ)의 祿爵(록쟉)을 주어든 士(ᄉᆞ)도 ᄯᅩᄒᆞᆫ 王命(왕명)업시 ᄉᆞᄉᆞ로 子(ᄌᆞ)의게 바드면 可(가)ᄒᆞ냐 엇디 써 이와 다ᄅᆞ리오

齊人(졔인)이 燕(연)을 쳐ᄂᆞᆯ 或(혹)이 問(문)ᄒᆞ야 ᄀᆞᆯ오ᄃᆡ 齊(졔)ᄅᆞᆯ 勸(권)ᄒᆞ야 燕(연)을 伐(벌)ᄒᆞ시다 ᄒᆞ니 잇ᄂᆞ니잇가 ᄀᆞᄅᆞ샤ᄃᆡ 업다 沈同(심동)이 무로ᄃᆡ 燕(연)을 可(가)히 칠 것가 ᄒᆞ야ᄂᆞᆯ 내 應(응)ᄒᆞ야 ᄀᆞᆯ오ᄃᆡ 可(가)타 호니 뎌 올히 녀겨 치도다 뎌 만일 ᄀᆞᆯ오ᄃᆡ 뉘 可(가)히 써 치료 ᄒᆞ면 쟝ᄎᆞᆺ 應(응)ᄒᆞ야 ᄀᆞᆯ오ᄃᆡ 天吏(텬리)되면 可(가)히 써 치리라 호리니 이제 人(인) 주긴 者(쟈)ㅣ 잇거든 或(혹)이 問(문)ᄒᆞ야 ᄀᆞᆯ오ᄃᆡ 人(인)을 可(가)히 殺(살)ᄒᆞ랴 ᄒᆞ면 쟝ᄎᆞᆺ 應(응)ᄒᆞ야 ᄀᆞᆯ오ᄃᆡ 可(가)타 ᄒᆞ고 뎌 만일 ᄀᆞᆯ오ᄃᆡ 뉘 可(가)히 써 殺(살)ᄒᆞ료 ᄒᆞ면 쟝ᄎᆞᆺ 應(응)ᄒᆞ야 ᄀᆞᆯ오ᄃᆡ 士師(ᄉᆞᄉᆞ)ㅣ 되면 可(가)히 써 殺(살)ᄒᆞ리라 호리니 이제 燕(연)으로써 燕(연)을 치거니 엇디 勸(권)ᄒᆞ리오

041(4-9) 燕人畔

燕人畔. 王曰:「吾甚慙於孟子.」

陳賈曰:「王無患焉. 王自以爲與周公, 孰仁且智?」

王曰:「惡! 是何言也?」

曰:「周公使管叔監殷. 管叔以殷畔. 知而使之, 是不仁也; 不知而使之, 是不智也. 仁智, 周公未之盡也, 而況於王乎? 賈請見而解之.」

見孟子問曰:「周公何人也?」

曰:「古聖人也.」

曰:「使管叔監殷. 管叔以殷畔也, 有諸?」

曰:「然.」

曰:「周公知其將畔而使之與?」

曰:「不知也.」

「然則聖人, 且有過與?」

曰:「周公, 弟也; 管叔, 兄也. 周公之過, 不亦宜乎? 且古之君子, 過則改之; 今之君子, 過則順之. 古之君子, 其過也, 如日月之食, 民皆見之; 及其更也, 民皆仰之. 今之君子, 豈徒順之? 又從而爲之辭.」

① 陶山本

燕人(연ᅀᅵᆫ)이 畔(반)ᄒᆞ야ᄂᆞᆯ 王(왕)이 ᄀᆞᆯᄋᆞ샤ᄃᆡ 내 甚(심)히 孟子(밍ᄌᆞ)ᄭᅴ 慙(참)ᄒᆞ노라

陳賈(딘가)ㅣ ᄀᆞᆯ오ᄃᆡ 王(왕)은 患(환)티 말ᄋᆞ쇼셔 王(왕)이 스스로 ᄡᅥ 周公(쥬공)으로 더브러 뉘 仁(ᅀᅵᆫ)코 ᄯᅩ 智(디)호라 ᄒᆞ시ᄂᆞ니잇고 王(왕)이 ᄀᆞᆯᄋᆞ샤ᄃᆡ 惡(오)ㅣ라 이 엇딘 말오 ᄀᆞᆯ오ᄃᆡ 周公(쥬공)이 管叔(관슉)으로 ᄒᆞ여곰 殷(은)을 監(감)ᄒᆞ야시늘 管叔(관슉)이 殷(은)으로ᄡᅥ 畔(반)ᄒᆞ니 알고 使(ᄉᆞ)ᄒᆞ면 이 仁(ᅀᅵᆫ)티 몯홈이오 아디 몯ᄒᆞ고 使(ᄉᆞ)ᄒᆞ면 이 智(디)티 몯홈이니 仁(ᅀᅵᆫ)과 智(디)ᄂᆞᆫ 周公(쥬공)도 盡(진)티 몯ᄒᆞ시니 ᄒᆞ믈며 王(왕)애시니잇가 賈ㅣ 請(쳥)컨댄 見(견)ᄒᆞ야 解(ᄒᆡ)호리이다

孟子(밍ᄌᆞ)ᄅᆞᆯ 보ᄋᆞ와 묻ᄌᆞ와 ᄀᆞᆯ오ᄃᆡ 周公(쥬공)은 엇던 사ᄅᆞᆷ이니잇고 ᄀᆞᆯᄋᆞ샤ᄃᆡ 녯 聖人(셩ᅀᅵᆫ)이시니라 ᄀᆞᆯ오ᄃᆡ 管叔(관슉)으로 ᄒᆞ여곰 殷(은)을 監(감)ᄒᆞ야시늘 管叔(관슉)이 殷(은)으로ᄡᅥ 畔(반)타 ᄒᆞ니 인ᄂᆞ니잇가 ᄀᆞᆯᄋᆞ샤ᄃᆡ 然(연)ᄒᆞ다 ᄀᆞᆯ오ᄃᆡ 周公(쥬공)이 그 쟝ᄎᆞᆺ 畔(반)ᄒᆞᆯ 주를 알오 使(ᄉᆞ)ᄒᆞ시니잇가 ᄀᆞᆯᄋᆞ샤ᄃᆡ 아디 몯ᄒᆞ시니라 그런 則(즉) 聖人(셩ᅀᅵᆫ)도 ᄯᅩ 過(과)ㅣ 인ᄂᆞ니잇가 ᄀᆞᆯᄋᆞ샤ᄃᆡ 周公(쥬공)은 弟(뎨)오 管叔(관슉)은 兄(형)이니 周公(쥬공)의 過(과)ㅣ ᄯᅩᄒᆞᆫ 宜(의)티 아니ᄒᆞ냐

ᄯᅩ 녯 君子(군ᄌᆞ)ᄂᆞᆫ 過(과)ㅣ어든 곧 改(ᄀᆡ)ᄒᆞ더니 이젯 君子(군ᄌᆞ)ᄂᆞᆫ 過(과)ㅣ어든 곧 順(슌)ᄒᆞᄂᆞᆺ다 녯 君子(군ᄌᆞ)ᄂᆞᆫ 그 過(과)ㅣ 日月(ᅀᅵᆯ월)의 食(식)홈 ᄀᆞᄐᆞᆫ 디라 民(민)이 다 見(견)ᄒᆞ고 그 更(경)홈애 미처ᄂᆞᆫ 民(민)이 다 仰(앙)ᄒᆞ더니 이젯 君子(군ᄌᆞ)ᄂᆞᆫ 엇디 ᄒᆞᆫ갓 順(슌)ᄒᆞᆯ ᄲᅮᆫ이리오 ᄯᅩ 조차 辭(ᄉᆞ)ᄅᆞᆯ ᄒᆞᄂᆞᆺ도다

② 栗谷本

燕人(연인)이 畔(반)커ᄂᆞᆯ 王(왕)이 ᄀᆞᄅᆞ샤ᄃᆡ 내 甚(심)히 孟子(밍ᄌᆞ)ᄭᅴ 붓그려 ᄒᆞ노라

陳賈(딘가)ㅣ ᄀᆞᆯ오ᄃᆡ 王(왕)은 患(환)티 마ᄅᆞ쇼셔 王(왕)이 스스로 ᄡᅥ 다ᄆᆞᆺ 周公(쥬공)으로 뉘 仁(인)코 ᄯᅩ 智(디)타 ᄒᆞ시ᄂᆞ니잇고 王(왕)이 ᄀᆞᄅᆞ샤ᄃᆡ 惡(오)ㅣ라 이 엇딘 말고 ᄀᆞᆯ오ᄃᆡ 周公(쥬공)이 管叔(관슉)으로 히여곰 殷(은)을 監(감)ᄒᆞ라 ᄒᆞ샤ᄂᆞᆯ 管叔(관슉)이 殷(은)으로ᄡᅥ 畔(반)ᄒᆞ니 알고 부라사면 이ᄂᆞᆫ 仁(인)티 아니홈이오 아디 몯ᄒᆞ고 ᄇᆞ리시면 이ᄂᆞᆫ 智(디)티 아니홈이니 仁(인)과 智(디)ᄅᆞᆯ 周公(쥬공)도 盡(진)티 몯ᄒᆞ시곤 ᄒᆞᄆᆞᆯ며 王(왕)잇가 賈ㅣ 請(쳥)컨댄 보와 解(ᄒᆡ)호리이다

孟子(밍ᄌᆞ)ᄅᆞᆯ 보오와 問(문)ᄒᆞ야 ᄀᆞᆯ오ᄃᆡ 周公(쥬공)은 엇던 人(인)이시니잇고 ᄀᆞᄅᆞ샤ᄃᆡ 녯 聖人(셩인)이시니라 ᄀᆞᆯ오ᄃᆡ 管叔(관슉)으로 히여곰 殷(은)을 監(감)ᄒᆞ라 ᄒᆞ셔ᄂᆞᆯ 管叔(관슉)이 殷(은)으로ᄡᅥ 畔(반)타 ᄒᆞ니 잇ᄂᆞ니잇가 ᄀᆞᄅᆞ샤ᄃᆡ 그러ᄒᆞ니라 ᄀᆞᆯ오ᄃᆡ 周公(쥬공)이 그 쟝ᄎᆞᆺ 畔(반)ᄒᆞᆯ 줄을 알고 ᄇᆞ리시니잇가 ᄀᆞᄅᆞ샤ᄃᆡ 아디 몯ᄒᆞ시니라 그러면 聖人(셩인)도

또 허믈이 잇ᄂᆞ니잇가 ᄀᆞᄅᆞ샤ᄃᆡ 周公(쥬공)은 아이오 管叔(관슉)은 兄(형)이니 周公(쥬공)의 허믈이 ᄯᅩᄒᆞᆫ 맛당티 아니ᄒᆞ냐

또 녜 君子(군ᄌᆞ)ᄂᆞᆫ 過(과)ㅣ어든 곧 改(기)ᄒᆞ더니 이젯 君子(군ᄌᆞ)ᄂᆞᆫ 過(과)ㅣ어든 곧 順(슌)ᄒᆞᄂᆞ다 녯 君子(군ᄌᆞ)ᄂᆞᆫ 그 過(과)ㅣ 日月(일월)의 食(식)홈 ᄀᆞᄐᆞ야 民(민)이 다 보다가 밋 그 고치매ᄂᆞᆫ 民(민)이 다 울어더니 이젯 君子(군ᄌᆞ)ᄂᆞᆫ 엇디 ᄒᆞᆫ갓 順(슌)홀 ᄲᅮᆫ이리오 또 조차 辭(ᄉᆞ)ᄅᆞᆯ ᄒᆞᄂᆞ다

042(4-10) 龍斷

孟子致爲臣而歸. 王就見孟子, 曰:「前日, 願見而不可得, 得侍, 同朝甚喜. 今又棄寡人而歸. 不識可以繼此而得見乎?」

對曰:「不敢請耳, 固所願也.」

他日, 王謂時子曰:「我欲中國而授孟子室, 養弟子以萬鍾; 使諸大夫國人, 皆有所矜式. 子盍爲我言之?」

時子因陳子而以告孟子, 陳子以時子之言告孟子.

孟子曰:「然. 夫時子惡知其不可也? 如使予欲富, 辭十萬而受萬, 是爲欲富乎? 季孫曰:『異哉, 子叔疑! 使己爲政, 不用, 則亦已矣. 又使其子弟爲卿. 人亦孰不欲富貴? 而獨於富貴之中, 有私龍斷焉.』古之爲市也, 以其所有, 易其所無者. 有司者治之耳. 有賤丈夫焉. 必求龍斷而登之, 以左右望, 而罔市利, 人皆以爲賤, 故從而征之. 征商, 自此賤丈夫始矣.」

① 陶山本

孟子(ᄆᆡᆼᄌᆞ)ㅣ 臣(신)되옴을 致(티)ᄒᆞ고 歸(귀)ᄒᆞ실시

王(왕)이 孟子(ᄆᆡᆼᄌᆞ)씌 就(취)ᄒᆞ야 見(견)ᄒᆞ야 ᄀᆞᆯᄋᆞ샤ᄃᆡ 前日(젼실)에 見(견)홈을 願(원)호ᄃᆡ 可(가)히 得(득)디 몯ᄒᆞ얏다가 侍(시)홈을 得(득)ᄒᆞ야ᄂᆞᆫ 同朝(동됴)ㅣ 甚(심)히 喜(희)ᄒᆞ더니 이제 또 寡人(과인)을 棄(기)ᄒᆞ고 歸(귀)ᄒᆞ시니 아디 몯게이다 可(가)히 ᄡᅧ 此(ᄎᆞ)로 繼(계)ᄒᆞ야 시러곰 見(견)ᄒᆞ리잇가 對(ᄃᆡ)ᄒᆞ야 ᄀᆞᆯᄋᆞ샤ᄃᆡ 敢(감)히 請(쳥)티 몯홀 ᄲᅮᆫ이언뎡 진실로 願(원)ᄒᆞᄂᆞᆫ 배니이다

他日(타실)에 王(왕)이 時子(시ᄌᆞ)ᄃᆞ려 닐어 ᄀᆞᆯᄋᆞ샤ᄃᆡ 내 國(국)에 中(듕)ᄒᆞ야 孟子(ᄆᆡᆼᄌᆞ)ᄅᆞᆯ 室(실)을 授(슈)ᄒᆞ고 弟子(뎨ᄌᆞ)ᄅᆞᆯ 養(양)호ᄃᆡ 萬鍾(만죵)으로ᄡᅧ ᄒᆞ야 모든 태우와 國人(국신)으로 ᄒᆞ여곰 다 矜(궁)ᄒᆞ야 式(식)홀 ᄲᅢ 잇게 ᄒᆞ고쟈 ᄒᆞ노니 子(ᄌᆞ)ㅣ 엇디 나ᄅᆞᆯ 爲(위)ᄒᆞ야 言(언)티 아니ᄒᆞ리오

時子(시ᄌᆞ)ㅣ 陳子(딘ᄌᆞ)를 因(인)ᄒᆞ야 ᄡᅥ 孟子(ᄆᆡᆼᄌᆞ)ᄭᅴ 告(고)ᄒᆞ라 ᄒᆞ야ᄂᆞᆯ 陳子(딘ᄌᆞ)ㅣ 時子(시ᄌᆞ)의 言(언)으로ᄡᅥ 孟子(ᄆᆡᆼᄌᆞ)ᄭᅴ 告(고)ᄒᆞᆫ대

孟子(ᄆᆡᆼᄌᆞ)ㅣ ᄀᆞᆯᄋᆞ샤ᄃᆡ 然(연)ᄒᆞ다 時子(시ᄌᆞ)ㅣ 엇디 그 可(가)티 아니ᄒᆞᆫ 줄을 알리오 만일에 날로 ᄒᆞ여곰 富(부)코져 ᄒᆞᆯ 띤댄 十萬(십만)을 辭(ᄉᆞ)ᄒᆞ고 萬(만)을 受(슈)홈이 이 富(부)코져 홈가

季孫(계손)이 ᄀᆞᆯ오ᄃᆡ 異(이)ᄒᆞ다 子叔疑(ᄌᆞ슉의)여 己(긔)로 ᄒᆞ여곰 政(졍)을 호ᄃᆡ 用(용)티 아닌 則(즉) ᄯᅩᄒᆞᆫ 말 ᄭᅥ시어ᄂᆞᆯ ᄯᅩ 그 子弟(ᄌᆞ뎨)로 ᄒᆞ여곰 卿(경)을 ᄒᆞ니 人(신)이 ᄯᅩᄒᆞᆫ 뉘 富貴(부귀)코져 아니ᄒᆞ리오마ᄂᆞᆫ 호올로 富貴(부귀)ㅅ 中(듕)에 ᄉᆞᄉᆞᆺ 龍斷(롱단)을 둣다 ᄒᆞ니라

녯 市(시)ᄒᆞᄂᆞᆫ 者(쟈)ㅣ 그 둔ᄂᆞᆫ 바로ᄡᅥ 그 업슨 바롤 易(역)ᄒᆞ거든 有司(유ᄉᆞ) 者(쟈)ㅣ 治(티)ᄒᆞᆯ ᄲᅮᆫ이러니 賤(쳔)ᄒᆞᆫ 丈夫(댱부)ㅣ 이시니 반ᄃᆞ시 龍斷(롱단)을 求(구)ᄒᆞ야 登(ᄃᆞᆼ)ᄒᆞ야 ᄡᅥ 左右(좌우)로 望(망)ᄒᆞ야 市利(시리)를 罔(망)ᄒᆞ거ᄂᆞᆯ 人(신)이 다 ᄡᅥ 賤(쳔)히 너긴 故(고)로 조차 征(졍)ᄒᆞ니 商(샹)을 征(졍)홈이 이 賤(쳔)ᄒᆞᆫ 丈夫(댱부)로브터 始(시)ᄒᆞ니라

② 栗谷本

孟子(ᄆᆡᆼᄌᆞ)ㅣ 臣(신)되오믈 致(티)ᄒᆞ시고 歸(귀)ᄒᆞ거시ᄂᆞᆯ

王(왕)이 나아가 孟子(ᄆᆡᆼᄌᆞ)를 보와 ᄀᆞᄅᆞ샤ᄃᆡ 前日(젼일)에 보고져 願(원)호ᄃᆡ 可(가)히 得(득)지 몯ᄒᆞ얏다가 시러곰 뫼시매ᄂᆞᆫ 同朝(동됴)ㅣ 甚(심)히 깃거ᄒᆞ다소니 이제 ᄯᅩ 寡人(과인)을 ᄇᆞ리고 가시니 아디 몯게이다 可(가)히 ᄡᅥ 이를 니어 시러곰 보리잇가 對(ᄃᆡ)ᄒᆞ야 ᄀᆞᄅᆞ샤ᄃᆡ 敢(감)히 請(쳥)티 몯ᄒᆞᆯ ᄲᅮᆫ이언뎡 진실로 願(원)ᄒᆞᄂᆞᆫ 배니이다

다른 날에 王(왕)이 時子(시ᄌᆞ)ᄃᆞ려 닐러 ᄀᆞᄅᆞ샤ᄃᆡ 내 나라히 中(듕)ᄒᆞ야 孟子(ᄆᆡᆼᄌᆞ)를 室(실)을 授(슈)ᄒᆞ고 弟子(뎨ᄌᆞ)를 萬鍾(만죵)으로ᄡᅥ 養(양)ᄒᆞ야 모든 大夫(대부)와 國人(국인)으로 히여곰 다 矜式(긍식)ᄒᆞᆯ 배 잇게 ᄒᆞ고져 ᄒᆞ노니 子(ᄌᆞ)ㅣ 나를 爲(위)ᄒᆞ야 言(언)ᄒᆞ기를 엇디 아니ᄒᆞᄂᆞ뇨

時子(시ᄌᆞ)ㅣ 陳子(딘ᄌᆞ)를 因(인)ᄒᆞ야 ᄡᅥ 孟子(ᄆᆡᆼᄌᆞ)ᄭᅴ 告(고)케 ᄒᆞ야ᄂᆞᆯ 陳子(딘ᄌᆞ)ㅣ 時子(시ᄌᆞ)의 말으로ᄡᅥ 孟子(ᄆᆡᆼᄌᆞ)ᄭᅴ 告(고)ᄒᆞᆫ대

孟子(ᄆᆡᆼᄌᆞ)ㅣ ᄀᆞᄅᆞ샤ᄃᆡ 그러커니와 時子(시ᄌᆞ)ㅣ 엇디 그 可(가)티 아닌 줄을 알리오 만일 날로 히여곰 富(부)코져 ᄒᆞᆯ 딘댄 十萬(십만)을 辭(ᄉᆞ)ᄒᆞ고 萬(만)을 受(슈)홈이 이 富(부)코져 홈가

季孫(계손)이 ᄀᆞᆯ오ᄃᆡ 괴이ᄒᆞ다 子叔疑(ᄌᆞ슉의)여 己(긔)로 히여곰 政(졍)을 ᄒᆞ다가 ᄡᅳ디 아닐 딘댄 ᄯᅩᄒᆞᆫ 말 거시어ᄂᆞᆯ ᄯᅩ 그 子弟(ᄌᆞ뎨)로 히여곰 卿(경)을 히이니 人(인)이 ᄯᅩᄒᆞᆫ 뉘 富貴(부귀)를 欲(욕)디 아니리오마ᄂᆞᆫ 혼자 富貴(부귀)의 中(듕)에 ᄉᆞᄉᆞ 龍斷(롱단)이 잇다 ᄒᆞ니라

녜 市(시)ᄒᆞᄂᆞᆫ 者(쟈)ᄂᆞᆫ 그 잇ᄂᆞᆫ 바로ᄡᅥ 그 업슨 바롤 易(역)ᄒᆞ거든 有司(유ᄉᆞ) 者(쟈)ㅣ 다ᄉᆞ리더니 賤(쳔)ᄒᆞᆫ 丈夫(댱부)ㅣ 이시니 반ᄃᆞ시 龍斷(롱단)을 求(구)ᄒᆞ야 올라 ᄡᅥ 左右(자우)로 ᄇᆞ라 市利(시리)를 罔(망)ᄒᆞᆫ대 人(인)이 다 ᄡᅥ 賤(쳔)타 ᄒᆞ논 디라 故(고)로 조차 征(졍)ᄒᆞ니 商(샹)을 征(졍)홈이 이 賤丈夫(쳔댱부)로브터 시작ᄒᆞ니라

043(4-11) 孟子去齊

孟子去齊, 宿於晝. 有欲爲王留行者, 坐而言. 不應, 隱几而臥. 客不悅曰:「弟子齊宿而後敢言, 夫子臥而不聽. 請勿復敢見矣.」

曰:「坐! 我明語子. 昔者, 魯繆公無人乎子思之側, 則不能安子思; 泄柳·申詳, 無人乎繆公之側, 則不能安其身. 子爲長者慮, 而不及子思, 子絶長者乎? 長者絶子乎?」

① 陶山本

孟子(밍ᄌᆞ)ㅣ 齊(졔)를 去(거)ᄒᆞ실ᄉᆡ 晝(듀)에 宿(슉)ᄒᆞ더시니

王(왕)을 爲(위)ᄒᆞ야 行(ᄒᆡᆼ)을 留(류)코쟈 ᄒᆞᆯ 者(쟈)ㅣ 이셔 坐(좌)ᄒᆞ야 言(언)ᄒᆞ거늘 應(웅)티 아니ᄒᆞ시고 几(궤)를 隱(은)ᄒᆞ고 臥(와)ᄒᆞ신대

客(ᄀᆡᆨ)이 悅(열)티 아니ᄒᆞ야 ᄀᆞᆯ오ᄃᆡ 弟子(뎨ᄌᆞ)ㅣ 齊宿(ᄌᆡ슉)ᄒᆞᆫ 後(후)에 敢(감)히 言(언)ᄒᆞ거늘 夫子(부ᄌᆞ)ㅣ 臥(와)ᄒᆞ고 聽(텽)티 아니ᄒᆞ시니 請(쳥)컨댄 다시 敢(감)히 見(견)티 마로리이다 ᄀᆞᆯᄋᆞ샤ᄃᆡ 坐(좌)ᄒᆞ라 내 明(명)히 子(ᄌᆞ)ᄃᆞ려 語(어)호리라 昔(셕)에 魯繆公(로목공)이 子思(ᄌᆞᄉᆞ)의 側(측)에 人(신)을 업시ᄒᆞᆫ 則(즉) 能(능)히 子思(ᄌᆞᄉᆞ)를 安(안)케 몯ᄒᆞ고 泄柳(셜류)와 申詳(신샹)이 繆公(목공)의 側(측)에 人(신)이 업슨 則(즉) 能(능)히 그 身(신)을 安(안)티 몯ᄒᆞ더니라

子(ᄌᆞ)ㅣ 長者(댱쟈)를 爲(위)ᄒᆞ야 慮(려)호ᄃᆡ 子思(ᄌᆞᄉᆞ)의게 밋디 몯ᄒᆞ니 子(ᄌᆞ)ㅣ 長者(댱쟈)를 絶(졀)ᄒᆞᄂᆞ냐 長者(댱쟈)ㅣ 子(ᄌᆞ)를 絶(졀)ᄒᆞᄂᆞ냐

② 栗谷本

孟子(밍ᄌᆞ)ㅣ 齊(졔)를 去(거)ᄒᆞ시고 晝(듀)에 자더시니

王(왕)을 爲(위)ᄒᆞ야 行(ᄒᆡᆼ)을 留(류)코져 ᄒᆞᆯ 者(쟈)ㅣ 이셔 안자 말ᄒᆞ거늘 應(웅)티 아니ᄒᆞ시고 几(궤)를 隱(은)ᄒᆞ야 누으신대

客(ᄀᆡᆨ)이 깃거 아녀 ᄀᆞᆯ오ᄃᆡ 弟子(뎨ᄌᆞ)ㅣ 齊(ᄌᆡ)ᄒᆞ야 宿(슉)ᄒᆞᆫ 後(후)에 敢(감)히 言(언)ᄒᆞ다니 夫子(부ᄌᆞ)ㅣ 눕고 듯디 아니ᄒᆞ시니 請(쳥)컨댄 다시 敢(감)히 뵈ᄋᆞᆸ디 몯ᄒᆞ리로소이다 ᄀᆞᄅᆞ샤ᄃᆡ 坐(좌)ᄒᆞ라 내 ᄇᆞᆯ기 子(ᄌᆞ)ᄃᆞ려 語(어)호리라 녜 魯繆公(로목공)이 子思(ᄌᆞᄉᆞ)의 側(측)에 人(인)이 업스면 能(능)히 子思(ᄌᆞᄉᆞ)를 安(안)티 몯ᄒᆞ시고 泄柳(셜류) 申詳(신샹)이 繆公(목공)의 側(측)에 人(인)이 업스면 能(능)히 그 몸을 安(안)티 몯ᄒᆞ더니라

子(ᄌᆞ)ㅣ 長者(댱쟈)를 爲(위)ᄒᆞ야 慮(려)호ᄃᆡ 子思(ᄌᆞᄉᆞ)의 及(급)디 몯ᄒᆞ니 子(ᄌᆞ)ㅣ 長者(댱쟈)를 絶(졀)ᄒᆞᄂᆞ냐 長者(댱쟈)ㅣ 子(ᄌᆞ)를 絶(졀)ᄒᆞᄂᆞ냐

044(4-12) 尹士

孟子去齊. 尹士語人曰:「不識王之不可以爲湯武, 則是不明也; 識其不可, 然且至, 則是干澤也. 千里而見王, 不遇故去. 三宿而後出晝, 是何濡滯也? 士則玆不悅.」

高子以告. 曰:「夫尹士惡知予哉? 千里而見王, 是予所欲也; 不遇故去, 豈予所欲哉? 予不得已也. 予三宿而出晝, 於予心猶以爲速. 王庶幾改之. 王如改諸, 則必反予. 夫出晝而王不予追也, 予然後浩然有歸志. 予雖然, 豈舍王哉? 王由足用爲善. 王如用予, 則豈徒齊民安? 天下之民擧安. 王庶幾改之, 予日望之. 予豈若是小丈夫然哉? 諫於其君而不受, 則怒, 悻悻然見於其面, 去則窮日之力而後宿哉?」

尹士聞之曰:「士誠小人也.」

① 陶山本

孟子(밍ᄌᆞ)ㅣ 齊(졔)를 去(거)ᄒᆞ실 ᄊᆡ 尹士(윤ᄉᆞ)ㅣ 人(신)ᄃᆞ려 語(어)ᄒᆞ야 ᄀᆞᆯ오ᄃᆡ 王(왕)이 可(가)히 ᄡᅧ 湯武(탕무)ㅣ 되디 몯ᄒᆞᆯ 줄을 아디 몯ᄒᆞᆫ 則(즉) 이 明(명)티 몯ᄒᆞᆷ이오 그 可(가)티 몯ᄒᆞᆫ 줄 알고 그러호ᄃᆡ ᄯᅩ 至(지)ᄒᆞᆫ 則(즉) 이 澤(ᄐᆡᆨ)을 干(간)ᄒᆞᆷ이니 千里(쳔리)예 王(왕)을 見(견)ᄒᆞ야 遇(우)티 몯ᄒᆞᆫ 故(고)로 去(거)호ᄃᆡ 세 번 宿(슉)ᄒᆞᆫ 後(후)에 晝(듀)에 出(츌)ᄒᆞ니 이 엇디 濡滯(슈톄)ᄒᆞᄂᆞ뇨 士(ᄉᆞ)ᄂᆞᆫ 이예 悅(열)티 아니ᄒᆞ노라

高子(고ᄌᆞ)ㅣ ᄡᅧ 告(고)ᄒᆞᆫ대

ᄀᆞᆯ오ᄃᆡ 尹士(윤ᄉᆞ)ㅣ 엇디 나를 알리오 千里(쳔리)에 王(왕)을 見(견)ᄒᆞᆷ은 이 내의 欲(욕)ᄒᆞᄂᆞᆫ 배니 遇(우)티 몯ᄒᆞᆫ 故(고)로 去(거)ᄒᆞᆷ이 엇디 내의 欲(욕)ᄒᆞᄂᆞᆫ 배리오 내 시러곰 마디 몯ᄒᆞ노라

내 세 번 宿(슉)ᄒᆞ고 晝(듀)에 出(츌)호ᄃᆡ 내 心(심)애 오히려 ᄡᅧ 速(속)히 녀기노니 王(왕)이 거의 改(ᄀᆡ)ᄒᆞ시리니 王(왕)이 만일에 改(ᄀᆡ)ᄒᆞ시면 곧 반ᄃᆞ시 나를 反(반)ᄒᆞ시리라

晝(듀)에 出(츌)호ᄃᆡ 王(왕)이 나를 追(튜)티 아니ᄒᆞ실 ᄊᆡ 내 그런 後(후)에 浩然(호연)히 歸志(귀지)를 두니 내 비록 그러나 엇디 王(왕)을 舍(샤)ᄒᆞ리오 王(왕)이 오히려 足(죡)히 ᄡᅧ 善(션)을 ᄒᆞ시리니 王(왕)이 만일에 나를 用(용)ᄒᆞ시면 곧 엇디 ᄒᆞᆫ갓 齊民(졔민)이 安(안)ᄒᆞᆯ ᄲᅮᆫ이리오 天下(텬하)앳 民(민)이 다 安(안)ᄒᆞ리니 王(왕)이 거의 改(ᄀᆡ)ᄒᆞ샴을 내 日(실)로 望(망)ᄒᆞ노라

내 엇디 이 小丈夫(쇼댱부) ᄀᆞᄐᆞᆫ 디라 그 君(군)의게 諫(간)ᄒᆞ야 受(슈)티 아니ᄒᆞᆫ 則(즉) 怒(노)ᄒᆞ야 悻悻(힝힝)히 그 面(면)에 見(현)ᄒᆞ야 去(거)ᄒᆞᆫ 則(즉) 日(실)의 力(력)을 窮(궁)ᄒᆞᆫ 後(후)에 宿(슉)ᄒᆞ리오

尹士(윤ᄉᆞ)ㅣ 聞(문)ᄒᆞ고 ᄀᆞᆯ오ᄃᆡ 士(ᄉᆞ)ᄂᆞᆫ 진실로 小人(쇼신)이로다

② 栗谷本

孟子(ᄆᆡᆼᄌᆞ)ㅣ 齊(졔)를 去(거)ᄒᆞ야시ᄂᆞᆯ 尹士(윤ᄉᆞ)ㅣ 人(인)ᄃᆞ려 닐러 ᄀᆞᆯ오ᄃᆡ 王(왕)의 可(가)히 ᄡᅥ 湯武(탕무)ㅣ 되디 몯ᄒᆞ실 줄을 아디 몯ᄒᆞ면 이ᄂᆞᆫ 明(명)티 몯홈이오 그 可(가)티 몯ᄒᆞᆫ 줄을 알고 그러나 ᄯᅩ 至(지)ᄒᆞ면 이ᄂᆞᆫ 澤(ᄐᆡᆨ)을 干(간)홈이며 千里(쳔리)예 王(왕)을 보ᅀᆞᆸ다가 遇(우)티 몯ᄒᆞᆫ 故(고)로 去(거)호ᄃᆡ 세 번 宿(슉)ᄒᆞᆫ 後(후)에 晝(듀)에 出(츌)ᄒᆞ니 이 엇디 濡滯(유톄)ᄒᆞᄂᆞ뇨 士(ᄉᆞ)ᄂᆞᆫ 이롤 悅(열)티 아니ᄒᆞ노라

高子(고ᄌᆞ)ㅣ ᄡᅥ 告(고)ᄒᆞᆫ대

ᄀᆞᄅᆞ샤ᄃᆡ 尹士(윤ᄉᆞ)ㅣ 엇디 나롤 알리오 千里(쳔리)예 王(왕)을 보ᅌᆞ오믄 이 내의 欲(욕)ᄒᆞᄂᆞᆫ 배어니와 遇(우)티 몯ᄒᆞᆫ 故(고)로 去(거)홈이 엇디 내의 欲(욕)ᄒᆞᄂᆞᆫ 배리오 내 시러곰 마디 몯홈이니라

내 세 번 宿(슉)ᄒᆞ야 晝(듀)에 出(츌)호ᄃᆡ 내 ᄆᆞ음애 오히려 ᄡᅥ ᄲᆞᄅᆞ다 ᄒᆞ노니 王(왕)이 거의 改(기)ᄒᆞ시리니 王(왕)이 만일 改(기)ᄒᆞ시면 반ᄃᆞ시 나롤 反(반)ᄒᆞ시리라

晝(듀)에 出(츌)홈애 王(왕)이 나롤 追(튜)티 아니ᄒᆞ실 ᄉᆡ 내 그런 後(후)에 浩然(호연)히 歸志(귀지)롤 두니 내 비록 그러나 언디 王(왕)을 舍(샤)ᄒᆞ리오 王(왕)이 오히려 足(죡)히 ᄡᅥ 善(션)을 ᄒᆞ시리니 王(왕)이 만일 나롤 ᄡᅳ시면 언디 ᄒᆞᆫ갓 齊民(졔민)이 편안ᄒᆞ리오 天下(텬하)의 民(민)이 다 편안ᄒᆞ리니 王(왕)이 거의 改(기)ᄒᆞ샤믈 내 日(일)마다 ᄇᆞ라노라

내 엇디 이 小丈夫(쇼댱부) ᄀᆞᆺᄐᆞᆫ 디라 그 님금ᄭᅴ 諫(간)ᄒᆞ야 밧디 아니커든 怒(노)ᄒᆞ야 悻悻(힝힝)히 그 面(면)에 나타나고 去(거)ᄒᆞ면 日(일)의 力(력)을 窮(궁)ᄒᆞᆫ 後(후)에 宿(슉)ᄒᆞ리오

尹士(윤ᄉᆞ)ㅣ 듣고 ᄀᆞᆯ오ᄃᆡ 士(ᄉᆞ)ㅣ 진실로 小人(쇼인)이로다

045(4-13) 充虞

孟子去齊, 充虞路問曰:「夫子若有不豫色然. 前日, 虞聞諸夫子曰:『君子不怨天, 不尤人.』」

曰:「彼一時, 此一時也. 五百年必有王者興. 其間必有名世者. 由周而來, 七百有餘歲矣. 以其數則過矣; 以其時考之則可矣. 夫天, 未欲平治天下也; 如欲平治天下, 當今之世, 舍我其誰也? 吾何爲不豫哉?」

① 陶山本

孟子(ᄆᆡᆼᄌᆞ)ㅣ 齊(졔)를 去(거)ᄒᆞ실 ᄊᆡ 充虞(츙우)ㅣ 路(로)애 묻ᄌᆞ와 ᄀᆞᆯ오ᄃᆡ 夫子(부ᄌᆞ)ㅣ 豫(예)티 아니ᄒᆞᆫ 色(ᄉᆡᆨ)이 겨신ᄃᆞᆺ ᄒᆞ이다 前日(젼실)에 虞(우)ㅣ 夫子(부ᄌᆞ)ᄭᅴ 듣ᄌᆞ오니 ᄀᆞᆯᄋᆞ샤ᄃᆡ 君子(군ᄌᆞ)ᄂᆞᆫ 天(텬)을 怨(원)티 아니ᄒᆞ며 人(신)을 尤(우)티 아니ᄒᆞᆫ다 호이다

ᄀᆞᆯᄋᆞ샤ᄃᆡ 뎌 一時(일시)며 이 一時(일시)니라

五百年(오빅년)애 반ᄃᆞ시 王者(왕쟈)ㅣ 興(훙)ᄒᆞ리 인ᄂᆞ니 그 間(간)에 반ᄃᆞ시 世(셰)예 名(명)ᄒᆞᄂᆞᆫ 者(쟈)ㅣ 인ᄂᆞ니라

周(쥬)로브터 옴오로 七百(칠빅)이오 또 餘歲(여셰)니 그 數(수)로뻰 則(즉) 過(과)ᄒᆞ고 그 時(시)로뻐 考(고)ᄒᆞᆫ 則(즉) 可(가)ᄒᆞ니라

天(텬)이 天下(텬하)를 平治(평티)코쟈티 아니ᄒᆞ시니 만일에 天下(텬하)를 平治(평티)코쟈 홀 띤댄 이젯 世(셰)를 當(당)ᄒᆞ야 나를 舍(샤)ᄒᆞ고 그 뉘리오 내 엇디 豫(예)티 아니ᄒᆞ리오

② 栗谷本

孟子(ᄆᆡᆼᄌᆞ)ㅣ 齊(졔)를 去(거)ᄒᆞ실 제 充虞(츙우)ㅣ 길희셔 問(문)ᄒᆞ야 ᄀᆞᆯ오ᄃᆡ 夫子(부ᄌᆞ)ㅣ 깃거 아니시ᄂᆞᆫ 色(ᄉᆡᆨ)을 두신ᄃᆞᆺ ᄒᆞ시이다 前日(젼일)에 虞(우)ㅣ 夫子(부ᄌᆞ)씌 듯ᄌᆞ오니 ᄀᆞᄅᆞ샤ᄃᆡ 君子(군ᄌᆞ)ᄂᆞᆫ 天(텬)을 怨(원)티 아니ᄒᆞ며 人(인)을 尤(우)티 아니ᄒᆞᆫ다 ᄒᆞ더시이다

ᄀᆞᄅᆞ샤ᄃᆡ 뎨 ᄒᆞᆫ 時(시)ㅣ며 이 ᄒᆞᆫ 時(시)ㅣ니라

五百年(오빅년)에 반ᄃᆞ시 王者(왕쟈)ㅣ 興(훙)ᄒᆞ리 잇거시든 그 ᄉᆞ음에 반ᄃᆞ시 世(셰)예 名(명)홀 者(쟈)ㅣ 잇ᄂᆞ니라

周(쥬)로 말ᄆᆡ아마 오모로 七百(칠빅)이오 또 나몬 ᄒᆡ니 그 數(수)로뻐ᄂᆞᆫ 너머시며 그 時(시)로뻐 考(고)컨댄 可(가)ᄒᆞ니라

天(텬)이 天下(텬하)를 平治(평티)코져 아니ᄒᆞ샷다 만일 天下(텬하)를 平治(평티)코져 ᄒᆞ실 딘댄 이제 世(셰)예 當(당)ᄒᆞ야 나를 舍(샤)ᄒᆞ고 그 뉘리오 내 엇디 깃거 아니리오

046(4-14) 居休

孟子去齊居休, 公孫丑問曰:「仕而不受祿, 古之道乎?」

曰:「非也. 於崇, 吾得見王. 退而有去志, 不欲變, 故不受也. 繼而有師命, 不可以請. 久於齊, 非我志也.」

① 陶山本

孟子(ᄆᆡᆼᄌᆞ)ㅣ 齊(졔)를 去(거)ᄒᆞ시고 休(휴)에 居(거)ᄒᆞ얏더시니 公孫丑(공손튜)ㅣ 묻ᄌᆞ와 ᄀᆞᆯ오ᄃᆡ 仕(ᄉᆞ)ᄒᆞ고 祿(록)을 受(슈)티 아니홈이 녯 道(도)ㅣ잇가

ᄀᆞᆯᄋᆞ샤ᄃᆡ 아니라 崇(슝)에 내 시러곰 王(왕)을 見(견)ᄒᆞ고 退(퇴)ᄒᆞ야 去(거)홀 志(지)를 두니 變(변)코쟈티 아니ᄒᆞᆫ 故(고)로 受(슈)티 아니호라

繼(계)ᄒᆞ야 師命(ᄉᆞ명)이 인ᄂᆞᆫ 디라 可(가)히 뻐 請(쳥)티 몯홀 ᄲᅮᆫ이언뎡 齊(졔)예 久(구)홈은 내 志(지)ㅣ 안이니라

② 栗谷本

孟子(ᄆᆡᆼᄌᆞ)ㅣ 齊(졔)를 去(거)ᄒᆞ시고 休(휴)에 居(거)ᄒᆞ더시니 公孫丑(공손튜)ㅣ 問(문)ᄒᆞ야 ᄀᆞᆯ오ᄃᆡ 仕(ᄉᆞ)코 祿(록)을 밧디 아니홈이 녯 道(도)ㅣ잇가

ᄀᆞᄅᆞ샤ᄃᆡ 아니라 崇(슝)에셔 내 시러곰 王(왕)을 보ᄋᆞᆸ고 믈러셔 去(거)ᄒᆞᆯ 쁫을 두니 變(변)코져 아닌 디라 故(고)로 밧디 아니호라

니어 師命(ᄉᆞ명)이 이신 디라 可(가)히 ᄡᅥ 請(쳥)티 몯ᄒᆞᆯ ᄲᅮᆫ이언뎡 齊(졔)예 久(구)홈이 내 쁫이 아니니라

第五 〈滕文公章句〉(上)

047(5-1) 滕文公爲世子

滕文公爲世子, 將之楚, 過宋而見孟子. 孟子道性善, 言必稱堯舜. 世子自楚反, 復見孟子. 孟子曰:「世子疑吾言乎? 夫道一而已矣. 成覵謂齊景公曰:『彼丈夫也, 我丈夫也, 吾何畏彼哉?』顔淵曰:『舜何人也? 予何人也? 有爲者亦若是.』公明儀曰:『文王我師也, 周公豈欺我哉?』今滕, 絶長補短, 將五十里也, 猶可以爲善國. 書曰:『若藥不瞑眩, 厥疾不瘳.』」

① 陶山本

滕文公(등문공)이 世子(셰ᄌᆞ)ㅣ 되어실 쩨 장ᄎᆞᆺ 楚(초)애 갈 ᄊᆡ 宋(송)애 過(과)ᄒᆞ다가 孟子(ᄆᆡᆼᄌᆞ)ᄅᆞᆯ 보신대

孟子(ᄆᆡᆼᄌᆞ)ㅣ 性(셩)의 善(션)홈을 道(도)ᄒᆞ샤ᄃᆡ 말마다 반ᄃᆞ시 堯舜(요슌)을 稱(칭)ᄒᆞ더시다

世子(셰ᄌᆞ)ㅣ 楚(초)로브터 反(반)ᄒᆞ야 다시 孟子(ᄆᆡᆼᄌᆞ)ᄅᆞᆯ 보신대 孟子(ᄆᆡᆼᄌᆞ)ㅣ ᄀᆞᆯᄋᆞ샤ᄃᆡ 世子(셰ᄌᆞ)ᄂᆞᆫ 내 말을 의심ᄒᆞ시ᄂᆞ니잇가 道(도)ᄂᆞᆫ ᄒᆞᆫ나힐 ᄯᆞᄅᆞᆷ이니이다

成覵(셩간)이 齊景公(졔경공)ᄭᅴ 닐어 ᄀᆞᆯ오ᄃᆡ 뎌도 丈夫(댱부)ㅣ며 나도 丈夫(댱부)ㅣ니 내 엇디 뎌를 畏(외)ᄒᆞ리오 ᄒᆞ며 顔淵(안연)이 ᄀᆞᆯ오ᄃᆡ 舜(슌)은 엇던 人(ᅀᅵᆫ)이며 나ᄂᆞᆫ 엇던 人(ᅀᅵᆫ)고 ᄒᆞ욤을 둔ᄂᆞᆫ 者(쟈)ㅣ ᄯᅩ 이ᄀᆞᆮ다 ᄒᆞ며 公明儀(공명의)ㅣ ᄀᆞᆯ오ᄃᆡ 文王(문왕)은 내 師(ᄉᆞ)ㅣ라 ᄒᆞ시니 周公(쥬공)이 엇디 나를 欺(긔)ᄒᆞ시리오 ᄒᆞ니이다

今(금)에 滕(등)을 長(댱)을 絶(졀)ᄒᆞ야 短(단)을 補(보)ᄒᆞ면 장ᄎᆞᆺ 五十里(오십리)나 오히려 可(가)히 ᄡᅧ 善(션)ᄒᆞᆫ 國(국)이 되리니 書(셔)에 ᄀᆞᆯ오ᄃᆡ 藥(약)이 瞑眩(명현)티 아니ᄒᆞ면 그 疾(질)이 瘳(류)티 몯홈이 ᄀᆞᆮ다 ᄒᆞ니이다

② 栗谷本

滕文公(등문공)이 世子(셰ᄌᆞ)되여 겨신제 장ᄎᆞᆺ 楚(초)ᄅᆞᆯ 가실 ᄉᆡ 宋(송)에 디나 孟子(ᄆᆡᆼᄌᆞ)ᄅᆞᆯ 보신대

孟子(ᄆᆡᆼᄌᆞ)ㅣ 性(셩)의 善(션)홈을 니ᄅᆞ샤ᄃᆡ 言(언)에 반ᄃᆞ시 堯舜(요슌)을 일ᄏᆞᆮ더시다

世子(셰ᄌᆞ)ㅣ 楚(초)로브터 도라오샤 다시 孟子(ᄆᆡᆼᄌᆞ)ᄅᆞᆯ 보신대 孟子(ᄆᆡᆼᄌᆞ)ㅣ ᄀᆞᄅᆞ샤ᄃᆡ 世子(셰ᄌᆞ)ㅣ 내 말을 의심ᄒᆞ시ᄂᆞ니잇가 道(도)ᄂᆞᆫ ᄒᆞᆫ나 ᄯᆞᄅᆞᆷ이니이다

成覵(셩간)이 齊景公(졔경공)ᄭᅴ 닐러 ᄀᆞᆯ오ᄃᆡ 뎌도 丈夫(댱부)ㅣ며 나도 丈夫(댱부)ㅣ니 내 엇디 뎌ᄅᆞᆯ 저흐리오 ᄒᆞ며 顔淵(안연)이 ᄀᆞᆯ오ᄃᆡ 舜(슌)은 엇던 人(인)이며 나ᄂᆞᆫ 엇던 人(인)고 홈이 잇ᄂᆞᆫ 者(쟈)ㅣ ᄯᅩᄒᆞᆫ 이ᄀᆞᆺ틀 거시라 ᄒᆞ며 公明儀(공명의)ㅣ ᄀᆞᆯ오ᄃᆡ 文王(문왕)이

내 스승이라 ᄒᆞ시니 周公(쥬공)이 엇디 나ᄅᆞᆯ 소기시리오 ᄒᆞ니이다

이제 滕(등)이 長(댱)을 絶(졀)ᄒᆞ야 短(단)을 補(보)ᄒᆞ면 거의 五十里(오십리)라 오히려 可(가)히 ᄡᅧ 나라ᄒᆞᆯ 善(션)케 ᄒᆞᆯ 디니 書(셔)에 ᄀᆞᆯ오ᄃᆡ 藥(약)이 瞑眩(명현)티 아니면 그 疾(질)이 됴치 아님 ᄀᆞᆺ다 ᄒᆞ니이다

048(5-2) 滕定公薨

滕定公薨. 世子謂然友曰:「昔者, 孟子嘗與我言於宋, 於心終不忘. 今也不幸至於大故, 吾欲使子問於孟子, 然後行事.」

然友之鄒, 問於孟子. 孟子曰:「不亦善乎! 親喪, 固所自盡也. 曾子曰:『生, 事之以禮; 死, 葬之以禮, 祭之以禮, 可謂孝矣.』諸侯之禮, 吾未之學也; 雖然, 吾嘗聞之矣: 三年之喪, 齊疏之服, 飦粥之食, 自天子達於庶人, 三代共之.」

然友反命, 定爲三年之喪. 父兄百官皆不欲, 曰:「吾宗國魯先君莫之行, 吾先君亦莫之行也; 至於子之身而反之, 不可. 且志曰:『喪祭從先祖.』」

曰:「吾有所受之也.」

謂然友曰:「吾他日, 未嘗學問, 好馳馬試劒. 今也, 父兄百官, 不我足也, 恐其不能盡於大事, 子爲我問孟子.」

然友復之鄒問孟子. 孟子曰:「然. 不可以他求者也. 孔子曰:『君薨, 聽於冢宰, 歠粥, 面深墨, 卽位而哭. 百官有司, 莫敢不哀, 先之也. 上有好者, 下必有甚焉者矣. 君子之德, 風也; 小人之德, 草也. 草尙之風, 必偃.』是在世子.」

然友反命. 世子曰:「然. 是誠在我.」

五月居廬, 未有命戒. 百官族人, 可謂曰知. 及至葬, 四方來觀之. 顏色之戚, 哭泣之哀, 弔者大悅.

① 陶山本

滕定公(등뎡공)이 薨(훙)커늘 世子(셰ᄌᆞ)ㅣ 然友(연우)ᄃᆞ려 닐어 ᄀᆞᆯᄋᆞ샤ᄃᆡ 昔(셕)에 孟子(ᄆᆡᆼᄌᆞ)ㅣ 일즉 날로 더브러 宋(송)에 言(언)ᄒᆞ야시ᄂᆞᆯ ᄆᆞᄋᆞᆷ에 ᄆᆞᄎᆞᆷ내 닛디 몯ᄒᆞ얏다니 이제 幸(ᄒᆡᆼ)티 몯ᄒᆞ야 大故(대고)에 닐으니 내 子(ᄌᆞ)로 ᄒᆞ여곰 孟子(ᄆᆡᆼᄌᆞ)ᄭᅴ 묻ᄌᆞ온 後(후)에

事(ᄉᆞ)를 行(ᄒᆡᆼ)코쟈 ᄒᆞ노라

然友(션우)ㅣ 鄒(추)에 가 孟子(ᄆᆡᆼᄌᆞ)ᄭᅴ 묻ᄌᆞ온대 孟子(ᄆᆡᆼᄌᆞ)ㅣ ᄀᆞᆯᄋᆞ샤ᄃᆡ ᄯᅩᄒᆞᆫ 善(션)티 아니ᄒᆞ냐 親(친)의 喪(상)은 진실로 스스로 盡(진)홀 빼니 曾子(증ᄌᆞ)ㅣ ᄀᆞᆯᄋᆞ샤ᄃᆡ 生(ᄉᆡᆼ)올 事(ᄉᆞ)호ᄃᆡ 禮(례)로ᄡᅥ ᄒᆞ며 死(ᄉᆞ)를 葬(장)호ᄃᆡ 禮(례)로ᄡᅥ ᄒᆞ며 祭(졔)호ᄃᆡ 禮(례)로ᄡᅥ ᄒᆞ면 可(가)히 孝(효)ㅣ라 니를 꺼시라 ᄒᆞ시니 諸侯(져후)의 禮(례)ᄂᆞᆫ 내 學(ᄒᆞᆨ)디 몯ᄒᆞ얏거니와 비록 그러나 내 일즉 드런노니 三年(삼년)ㅅ 喪(상)애 齊疏(ᄌᆡ소)ㅅ 服(복)과 飦粥(젼쥭)ㅅ 食(식)은 天子(텬ᄌᆞ)로브터 庶人(셔신)에 達(달)ᄒᆞ야 三代(삼ᄃᆡ)ㅣ 共(공)ᄒᆞ니라

然友(션우)ㅣ 命(명)을 反(반)ᄒᆞ야 三年(삼년)ㅅ 喪(상)을 定(뎡)ᄒᆞ야 ᄒᆞᆫ대 父兄(부형)과 百官(ᄇᆡᆨ관)이 다 欲(욕)디 아니ᄒᆞ야 ᄀᆞᆯ오ᄃᆡ 우리 宗國(종국)ㅅ 魯(로) 先君(션군)도 行(ᄒᆡᆼ)티 아니ᄒᆞ시고 우리 先君(션군)도 ᄯᅩᄒᆞᆫ 行(ᄒᆡᆼ)티 아니ᄒᆞ시니 子(ᄌᆞ)의 身(신)애 니르러 反(반)ᄒᆞ욤이 可(가)티 아니ᄒᆞ이다 ᄯᅩ 志(지)에 ᄀᆞᆯ오ᄃᆡ 喪祭(상제)ᄂᆞᆫ 先祖(션조)를 從(죵)ᄒᆞᆫ다 ᄒᆞ니 ᄀᆞᆯ오ᄃᆡ 우리 受(슈)ᄒᆞᆫ 배 이심이니이다

然友(션우)ᄃᆞ려 닐어 ᄀᆞᆯᄋᆞ샤ᄃᆡ 내 他日(타실)애 일쯕 學問(ᄒᆞᆨ문)을 아니ᄒᆞ고 馬(마)를 馳(티)ᄒᆞ며 劒(검)을 試(시)ᄒᆞ욤을 好(호)ᄒᆞ다니 이제 父兄(부형)과 百官(ᄇᆡᆨ관)이 나를 足(죡)히 너기디 아니ᄒᆞ니 그 能(ᄂᆞᆼ)히 大事(대ᄉᆞ)애 盡(진)티 몯홀까 恐(공)ᄒᆞ노니 子(ᄌᆞ)ㅣ 나를 爲(위)ᄒᆞ야 孟子(ᄆᆡᆼᄌᆞ)ᄭᅴ 묻ᄌᆞ오라 然友(션우)ㅣ 다시 鄒(추)에 가 孟子(ᄆᆡᆼᄌᆞ)ᄭᅴ 묻ᄌᆞ온대 孟子(ᄆᆡᆼᄌᆞ)ㅣ ᄀᆞᆯᄋᆞ샤ᄃᆡ 然(션)ᄒᆞ다 可(가)히 ᄡᅥ 다른 ᄃᆡ 求(구)티 몯홀 꺼시라 孔子(공ᄌᆞ)ㅣ ᄀᆞᆯᄋᆞ샤ᄃᆡ 君(군)이 薨(훙)커시든 冢宰(통ᄌᆡ)의게 聽(텽)ᄒᆞᄂᆞ니 粥(쥭)을 歠(텰)ᄒᆞ고 面(면)이 기픠 墨(믁)ᄒᆞ야 位(위)예 卽(즉)ᄒᆞ야 哭(곡)ᄒᆞ거든 百官(ᄇᆡᆨ관)이며 有司(유ᄉᆞ)ㅣ 敢(감)히 哀(ᄋᆡ)티 아니리 업숨은 先(션)홀 ᄲᅵ라 上(샹)애 好(호)ᄒᆞᆯ 者(쟈)ㅣ 이시면 下(하)애 반ᄃᆞ시 甚(심)ᄒᆞᆫ 者(쟈)ㅣ 인ᄂᆞ니 君子(군ᄌᆞ)의 德(덕)ᄋᆞᆫ 風(풍)이오 小人(쇼신)의 德(덕)ᄋᆞᆫ 草(초)ㅣ니 草(초)애 風(풍)이 더으면 반ᄃᆞ시 偃(언)ᄒᆞᆫ다 ᄒᆞ시니 이 世子(셰ᄌᆞ)ᄭᅴ 인ᄂᆞ니라

然友(션우)ㅣ 命(명)을 反(반)ᄒᆞᆫ대 世子(셰ᄌᆞ)ㅣ ᄀᆞᆯᄋᆞ샤ᄃᆡ 然(션)ᄒᆞ다 이 진실로 내게 인ᄂᆞ니라 ᄒᆞ시고 五月(오월)를 廬(려)에 居(거)ᄒᆞ야 命戒(명계)를 두디 아니 ᄒᆞ거시ᄂᆞᆯ 百官(ᄇᆡᆨ관)과 族人(족신)이 다 닐어 ᄀᆞᆯ오ᄃᆡ 안다 ᄒᆞ며 밋 葬(장)홈애 니르러 四方(ᄉᆞ방)이 來(ᄅᆡ)ᄒᆞ야 觀(관)ᄒᆞ더니 顔色(안ᄉᆡᆨ)의 戚(쳑)홈과 哭泣(곡읍)의 哀(ᄋᆡ)홈애 弔(됴)ᄒᆞᄂᆞᆫ 者(쟈)ㅣ 키 悅(열)ᄒᆞ더라

② 栗谷本

滕定公(등뎡공)이 薨(훙)커시늘 世子(셰ᄌᆞ)ㅣ 然友(연우)ᄃᆞ려 닐러 ᄀᆞᄅᆞ샤ᄃᆡ 네 孟子(ᄆᆡᆼᄌᆞ)ㅣ 일즉 날로 더부러 宋(송)에셔 말ᄒᆞ셔늘 ᄆᆞ음에 ᄆᆞᄎᆞᆷ내 닛디 몯ᄒᆞ얏더니 이제 幸(ᄒᆡᆼ)티 몯ᄒᆞ야 大故(대고)에 니르니 내 子(ᄌᆞ)를 브려 孟子(ᄆᆡᆼᄌᆞ)ᄭᅴ 믇ᄌᆞ와 그런 後(후)에 事(ᄉᆞ)를 行(ᄒᆡᆼ)코져 ᄒᆞ노라

然友(연우)ㅣ 鄒(추)에 가 孟子(ᄆᆡᆼᄌᆞ)ᄭᅴ 問(문)ᄒᆞᆫ대 孟子(ᄆᆡᆼᄌᆞ)ㅣ ᄀᆞᄅᆞ샤ᄃᆡ ᄯᅩᄒᆞᆫ 善(션)티 아니ᄒᆞ냐 親喪(친상)은 진실로 스스로 盡(진)홀 배니 曾子(증ᄌᆞ)ㅣ ᄀᆞᄅᆞ샤ᄃᆡ 生(ᄉᆡᆼ)애 事(ᄉᆞ)호믈 禮(례)로ᄡᅥ ᄒᆞ고 死(ᄉᆞ)애 葬(장)호믈 禮(례)로ᄡᅥ ᄒᆞ고 祭(졔)호믈 禮(례)로ᄡᅥ ᄒᆞ면 可(가)히 孝(효)ㅣ라 니르리라 ᄒᆞ시니 諸侯(져후)의 禮(례)ᄂᆞᆫ 내 學(ᄒᆞᆨ)디 몯ᄒᆞ얏거니와

비록 그러나 내 일즉 드럿노니 三年(삼년)ᄒᆞᄂᆞᆫ 喪(상)과 齊疏(ᄌᆡ소)ᄒᆞᄂᆞᆫ 服(복)과 飦粥(젼쥭)ᄒᆞᄂᆞᆫ 食(식)은 天子(텬ᄌᆞ)로브터 庶人(셔인)에 達(달)ᄒᆞ야 三代(삼ᄃᆡ)ㅣ ᄒᆞᆫ 가지로 ᄒᆞ니라

然友(연우)ㅣ 命(명)을 反(반)ᄒᆞ야ᄂᆞᆯ 三年(삼년)ᄒᆞᄂᆞᆫ 喪(상)ᄒᆞ기ᄅᆞᆯ 定(뎡)ᄒᆞ신대 父兄(부형)이며 百官(ᄇᆡᆨ관)이 다 欲(욕)디 아녀 ᄀᆞᆯ오ᄃᆡ 우리 宗國(종국) 魯(로) 先君(션군)도 行(ᄒᆡᆼ)티 아니ᄒᆞ시며 우리 先君(션군)도 ᄯᅩᄒᆞᆫ 行(ᄒᆡᆼ)티 아녓거시ᄂᆞᆯ 子(ᄌᆞ)의 몸애 니르러 反(반)홈이 可(가)티 아니ᄒᆞ이다 ᄯᅩ 志(지)예 ᄀᆞᆯ오ᄃᆡ 喪(상)과 祭(졔)ᄂᆞᆫ 先祖(션조)ᄅᆞᆯ 조ᄎᆞᆯ 거시라 ᄒᆞ니 ᄀᆞᆯ온 우리 바든 배 잇ᄂᆞ니이다

然友(연우)ᄃᆞ려 닐러 ᄀᆞᄅᆞ샤ᄃᆡ 내 다ᄅᆞᆫ 날애 일즉 學問(ᄒᆞᆨ문)을 아니ᄒᆞ고 ᄆᆞᆯ을 ᄃᆞᆯ리며 칼을 試(시)ᄒᆞ기ᄅᆞᆯ 됴히 너기다니 이제 父兄(부형)이며 百官(ᄇᆡᆨ관)이 나ᄅᆞᆯ 足(족)히 아니 너기니 그 能(능)히 大事(대ᄉᆞ)에 盡(진)티 몯ᄒᆞᆯ가 젓노니 子(ᄌᆞ)ㅣ 나ᄅᆞᆯ 爲(위)ᄒᆞ야 孟子(ᄆᆡᆼᄌᆞ)ᄭᅴ 믇ᄌᆞ오라 然友(연우)ㅣ ᄯᅩ 鄒(추)에 가 孟子(ᄆᆡᆼᄌᆞ)ᄭᅴ 問(문)ᄒᆞᆫ대 孟子(ᄆᆡᆼᄌᆞ)ㅣ ᄀᆞᄅᆞ샤ᄃᆡ 그러ᄒᆞ다 可(가)히 ᄡᅧ 다ᄅᆞᆫ ᄃᆡ 求(구)티 몯ᄒᆞᆯ 디니 孔子(공ᄌᆞ)ㅣ ᄀᆞᄅᆞ샤ᄃᆡ 님금이 薨(훙)커시든 冢宰(통ᄌᆡ)의게 聽(텽)ᄒᆞ고 粥(쥭)을 마시며 ᄂᆞᆺ촐 깁히 검게ᄒᆞ야 位(위)예 나아가 哭(곡)ᄒᆞ거든 百官(ᄇᆡᆨ관)이며 有司(유ᄉᆞ)ㅣ 敢(감)히 哀(ᄋᆡ)티 아니리 업소믄 몬져 ᄒᆞᆯ ᄉᆡ니 上(샹)애 好(호)ᄒᆞᆯ 者(쟈)ㅣ 이시면 下(하)에 반ᄃᆞ시 甚(심)ᄒᆞᆯ 者(쟈)ㅣ 잇ᄂᆞ니 君子(군ᄌᆞ)의 德(덕)은 風(풍)이오 小人(쇼인)의 德(덕)은 草(초)ㅣ니 草(초)애 風(풍)을 더으면 반ᄃᆞ시 偃(언)ᄒᆞᆫ다 ᄒᆞ시니 이 世子(셰ᄌᆞ)ᄭᅴ 잇ᄂᆞ니라

然友(연우)ㅣ 命(명)을 反(반)ᄒᆞᆫ대 世子(셰ᄌᆞ)ㅣ ᄀᆞᄅᆞ샤ᄃᆡ 그러ᄒᆞ다 이 진실로 내게 잇ᄂᆞ니라 ᄒᆞ시고 五月(오월)을 廬(려)의 居(거)ᄒᆞ야 命戒(명계)ᄅᆞᆯ 두디 아니커시ᄂᆞᆯ 百官(ᄇᆡᆨ관)이며 族人(족인)이 닐러 ᄀᆞᆯ오ᄃᆡ 아ᄅᆞ신다 ᄒᆞ며 밋 葬(장)호매 니르러 四方(ᄉᆞ방)이 와 보더니 顔色(안ᄉᆡᆨ)의 戚(쳑)홈과 哭泣(곡읍)의 哀(ᄋᆡ)호매 吊(됴)ᄒᆞᄂᆞᆫ 者(쟈)ㅣ 크게 깃거ᄒᆞ더라

049(5-3) 滕文公問爲國

滕文公問爲國. 孟子曰:「民事不可緩也. 詩云:『晝爾于茅, 宵爾索綯, 亟其乘屋, 其始播百穀.』民之爲道也: 有恆産者有恆心, 無恆産者無恆心. 苟無恆心, 放辟邪侈, 無不爲已. 及陷乎罪, 然後從而刑之; 是罔民也. 焉有仁人在位, 罔民而可爲也? 是故賢君必恭儉禮下, 取於民有制. 陽虎曰:「爲富不仁矣, 爲仁不富矣.』夏后氏五十而貢; 殷人七十而助; 周人百畝而徹: 其實皆什一也. 徹者, 徹也; 助者, 藉也. 龍子曰:『治地, 莫善於助, 莫不善於貢. 貢者, 校數歲之中以爲常; 樂歲, 粒米狼戾, 多取之而不爲虐, 則寡取之. 凶年, 糞其田而不足, 則必取盈焉. 爲民父母, 使民盻盻然, 將終歲勤動, 不得以養其父母, 又稱貸而益之. 使老稚轉乎溝壑, 惡在其爲民父母也?』夫世祿, 滕固行之矣. 詩云:『雨我公田, 遂及我私.』惟助爲有公田. 由此觀之, 雖周亦助也. 設爲庠序學校以敎之: 庠者, 養也; 校者, 敎也; 序者, 射也. 夏曰校; 殷曰序; 周曰庠; 學則三代共之, 皆所以明人倫也. 人倫明於上, 小民親於下. 有王者起, 必來取法: 是爲王者師也. 詩云:『周雖舊邦, 其命惟新.』文王之謂也. 子力行之, 亦以新子之國.」

使畢戰問井地. 孟子曰:「子之君將行仁政, 選擇而使子, 子必勉之! 夫仁政, 必自經界始. 經界不正, 井地不均, 穀祿不平. 是故暴君汙吏必慢其經界. 經界旣正, 分田制祿, 可坐而定也. 夫滕, 壤地褊小, 將爲君子焉, 將爲野人焉. 無君子莫治野人; 無野人莫養君子. 請野九一而助, 國中什一使自賦. 卿以下, 必有圭田, 圭田五十畝. 餘夫二十五畝. 死徙無出鄕. 鄕田同井. 出入相友, 守望相助, 疾病相扶持, 則百姓親睦. 方里而井, 井九百畝, 其中爲公田; 八家皆私百畝, 同養公田. 公事畢, 然後敢治私事, 所以別野人也. 此其大略也. 若夫潤澤之, 則在君與子矣.」

① 陶山本

滕文公(등문공)이 國(국)ᄒᆞ욤을 問(문)ᄒᆞ신대

孟子(ᄆᆡᆼᄌᆞ) ㅣ ᄀᆞᆯᄋᆞ샤ᄃᆡ 民(민)의 事(ᄉᆞ)ᄂᆞᆫ 可(가)히 緩(완)티 몯ᄒᆞᆯ 꺼시니 詩(시)예 ᄀᆞᆯ오ᄃᆡ 晝(듀)에 네 茅(모)를 于(우)ᄒᆞ고 宵(쇼)에 네 索(삭)을 綯(도)ᄒᆞ야 ᄲᆞᆯ리 그 屋(옥)애 乘(승)ᄒᆞ고사 그 비르소 百穀(ᄇᆡᆨ곡)을 播(파)ᄒᆞ리라 ᄒᆞ니이다

民(민)의 道(도) ㅣ 恒産(ᄒᆞᆼ산) 둔ᄂᆞᆫ 者(쟈)ᄂᆞᆫ 恒心(ᄒᆞᆼ심)이 잇고 恒産(ᄒᆞᆼ산)이 업ᄉᆞᆫ 者(쟈)ᄂᆞᆫ 恒心(ᄒᆞᆼ심)이 업ᄂᆞ니 진실로 恒心(ᄒᆞᆼ심)이 업스면 放辟(방벽)ᄒᆞ며 邪侈(샤치)ᄅᆞᆯ ᄒᆞ디 아님이 업ᄂᆞ니 罪(죄)예 陷(함)홈애 미ᄎᆞᆫ 然後(션후)에 從(죵)ᄒᆞ야 刑(형)ᄒᆞ면 이ᄂᆞᆫ 民(민)을 罔(망)홈이니 엇디 仁(신)ᄒᆞᆫ 사ᄅᆞᆷ이 位(위)예 이셔 民(민) 罔(망)홈을 可(가)히 홈이 이시리오 이런 故(고)로 賢君(현군)이 반ᄃᆞ시 恭(공)ᄒᆞ며 儉(검)ᄒᆞ야 下(하)ᄅᆞᆯ 禮(례)ᄒᆞ며 民(민)에 取(취)홈이 制(졔) ㅣ 인ᄂᆞ니이다

陽虎(양호) ㅣ ᄀᆞᆯ오ᄃᆡ 富(부)ᄅᆞᆯ ᄒᆞ면 仁(신)티 몯ᄒᆞ고 仁(신)을 ᄒᆞ면 富(부)티 몯ᄒᆞᆫ다 ᄒᆞ니이다

夏后氏(하후시)ᄂᆞᆫ 五十(오십)에 貢(공)ᄒᆞ고 殷人(은신)ᄋᆞᆫ 七十(칠십)에 助(조)ᄒᆞ고 周人(쥬신)ᄋᆞᆫ 百畝(ᄇᆡᆨ모)에 徹(텰)ᄒᆞ니 그 實(실)은 다 什(습)에 一(일)을 홈이니 徹(텰)ᄋᆞᆫ 徹(텰)홈이오 助(조)ᄂᆞᆫ 藉(쟈)홈이니이다

龍子(룡ᄌᆞ) ㅣ ᄀᆞᆯ오ᄃᆡ 地(디)ᄅᆞᆯ 治(티)ᄒᆞ욤ᄋᆞᆫ 助(조)만 善(션)ᄒᆞᆫ 이 업고 貢(공)만 善(션)

티 아니ᄒᆞᆫ 이 업ᄉᆞ니 貢(공)은 數歲(수셰)ㅅ 中(듕)을 校(교)ᄒᆞ야 ᄡᅧ 常(샹)을 삼ᄂᆞ니 樂世(락셰)예 粒米(립미)ㅣ 狼戾(랑려)ᄒᆞ야 多取(다취)ᄒᆞ야도 虐(학)ᄒᆞ욤이 아니라도 곧 寡取(과취)ᄒᆞ고 凶年(흉년)에 그 田(뎐)을 糞(분)ᄒᆞ야도 足(죡)디 몯ᄒᆞ거늘 곧 반ᄃᆞ시 盈(영)을 取(취)ᄒᆞᄂᆞ니 民(민)의 父母(부모)ㅣ 되얀ᄂᆞᆫ 디라 民(민)으로 ᄒᆞ여곰 盻盻(예예)히 쟝ᄎᆞᆺ 歲(셰)ㅣ 終(죵)토록 勤動(근동)ᄒᆞ야 시러곰 ᄡᅧ 그 父母(부모)ᄅᆞᆯ 養(양)티 몯ᄒᆞ게 ᄒᆞ고 ᄯᅩ 貸(ᄃᆡ)를 稱(칭)ᄒᆞ야 益(익)ᄒᆞ야 老稚(로티)로 ᄒᆞ여곰 丘壑(구학)애 轉(뎐)케 ᄒᆞ면 어ᄃᆡ 그 民(민)의 父母(부모)ㅣ 되얀ᄂᆞᆫ 주리 이시리오 ᄒᆞ니이다

世祿(셰록)은 滕(등)이 본ᄃᆡ 行(ᄒᆡᆼ)ᄒᆞᄂᆞ니이다

詩(시)예 닐오ᄃᆡ 우리 公田(공뎐)애 雨(우)ᄒᆞ야 도ᄃᆡ여 우리 私(ᄉᆞ)애 及(급)ᄒᆞ라 ᄒᆞ니 오직 助(조)애 公田(공뎐)이 이시니 일로 말ᄆᆡ아마 觀(관)컨댄 비록 周(쥬)ㅣ나 ᄯᅩᄒᆞᆫ 助(조)를 ᄒᆞ도소이다

設(셜)ᄒᆞ야 庠(샹)이며 序(셔)ㅣ며 學(ᄒᆞᆨ)이며 校(교)를 ᄒᆞ야 ᄡᅧ 敎(교)ᄒᆞ니 庠(샹)은 養(양)홈이오 校(교)ᄂᆞᆫ 敎(교)홈이오 序(셔)ᄂᆞᆫ 射(샤)홈이라 夏(하)ᄂᆞᆫ ᄀᆞᆯ오ᄃᆡ 校(교)ㅣ라 ᄒᆞ고 殷(은)은 ᄀᆞᆯ오ᄃᆡ 序(셔)ㅣ라 ᄒᆞ고 周(쥬)ᄂᆞᆫ ᄀᆞᆯ오ᄃᆡ 庠(샹)이라 ᄒᆞ고 學(ᄒᆞᆨ)인 則(즉) 三代(삼ᄃᆡ)ㅣ 共(공)ᄒᆞ니 다 ᄡᅧ 人倫(ᅀᅵᆫ륜)을 明(명)ᄒᆞᄂᆞᆫ 배라 人倫(ᅀᅵᆫ륜)이 上(샹)애 明(명)ᄒᆞ면 小民(쇼민)이 下(하)애 親(친)ᄒᆞᄂᆞ니이다

王者(왕쟈)ㅣ 起(긔)ᄒᆞ리 이시면 반ᄃᆞ시 와 取(취)ᄒᆞ야 法(법)ᄒᆞ리니 이 王者(왕쟈)의 師(ᄉᆞ)ㅣ 되옴이니이다

詩(시)예 닐오ᄃᆡ 周(쥬)ㅣ 비록 녯나라히나 그 命(명)이 새롭다 ᄒᆞ니 文王(문왕)을 닐옴이니 子(ᄌᆞ)ㅣ 힘ᄡᅧ 行(ᄒᆡᆼ)ᄒᆞ시면 ᄯᅩᄒᆞᆫ ᄡᅧ 子(ᄌᆞ)의 國(국)을 新(신)ᄒᆞ시리이다

畢戰(필젼)으로 ᄒᆞ여곰 井地(졍디)를 무르신대 孟子(ᄆᆡᆼᄌᆞ)ㅣ ᄀᆞᆯᄋᆞ샤ᄃᆡ 子(ᄌᆞ)의 君(군)이 쟝ᄎᆞᆺ 仁政(ᅀᅵᆫ졍)을 行(ᄒᆡᆼ)호려 ᄒᆞ야 選擇(션ᄐᆡᆨ)ᄒᆞ야 子(ᄌᆞ)를 使(ᄉᆞ)ᄒᆞ시니 子(ᄌᆞ)ㅣ 반ᄃᆞ시 勉(면)홀 ᄯᅵ어다 仁政(ᅀᅵᆫ졍)은 반ᄃᆞ시 界(계)를 經(경)홈으로브터 始(시)ᄒᆞᄂᆞ니 界(계)를 經(경)ᄒᆞ욤이 正(졍)티 아니ᄒᆞ면 井地(졍디)ㅣ 均(균)티 아니ᄒᆞ며 穀祿(곡록)이 平(평)티 아니ᄒᆞ리니 이런 故(고)로 暴君(포군)과 汙吏(오리)ᄂᆞᆫ 반ᄃᆞ시 그 界(계)를 經(경)ᄒᆞ욤을 慢(만)ᄒᆞᄂᆞ니 界(계)를 經(경)ᄒᆞ욤이 이믜 正(졍)ᄒᆞ면 田(뎐)을 分(분)ᄒᆞ며 祿(록)을 制(졔)ᄒᆞ욤은 可(가)히 坐(좌)ᄒᆞ야셔 定(뎡)홀 ᄯᅵ니라

滕(등)이 壤地(샹디)ㅣ 褊小(편쇼)ᄒᆞ나 쟝ᄎᆞᆺ 君子(군ᄌᆞ)ㅣ 되며 쟝ᄎᆞᆺ 野人(야ᅀᅵᆫ)이 되리니 君子(군ᄌᆞ)ㅣ 업ᄉᆞ면 野人(야ᅀᅵᆫ)을 治(티)티 몯ᄒᆞ고 野人(야ᅀᅵᆫ)이 업ᄉᆞ면 君子(군ᄌᆞ)를 養(양)티 몯ᄒᆞᄂᆞ니라

請(쳥)컨댄 野(야)애 九(구)에 一(일)을 ᄒᆞ야 助(조)ᄒᆞ고 國中(국듕)에 什(습)애 一(일)을 ᄒᆞ야 ᄒᆞ여곰 스스로 賦(부)케 ᄒᆞ라

卿(경)으로ᄡᅥ 下(하)ᄂᆞᆫ 반ᄃᆞ시 圭田(규뎐)이 인ᄂᆞ니 圭田(규뎐)은 五十畝(오십모)ㅣ니라

餘夫(여부)ᄂᆞᆫ 二十五畝(ᅀᅵ십오모)ㅣ니라

死(ᄉᆞ)ᄒᆞ며 徙(ᄉᆞ)ᄒᆞ욤애 鄕(향)애 出(츌)티 말올 ᄯᅵ니 鄕田(향뎐)애 井(졍)을 同(동)ᄒᆞᆫ 이 出入(츌ᅀᅵᆸ)에 서ᄅᆞ 友(우)ᄒᆞ며 守望(슈망)애 서ᄅᆞ 助(조)ᄒᆞ며 疾病(질병)애 서ᄅᆞ

扶持(부디)ᄒᆞ면 곧 百姓(ᄇᆡᆨ셩)이 親睦(친목)ᄒᆞ리라

方(방)으로 里(리)ㅣ 井(졍)이니 井(졍)이 九百畝(구ᄇᆡᆨ모)ㅣ니 그 中(듕)이 公田(공뎐)이라 八家(팔가)ㅣ 다 百畝(ᄇᆡᆨ모)를 私(ᄉᆞ)ᄒᆞ야 ᄒᆞᆫ 가지로 公田(공뎐)을 養(양)ᄒᆞ야 公事(공ᄉᆞ)를 畢(필)ᄒᆞᆫ 然後(션후)에 敢(감)히 私事(ᄉᆞᄉᆞ)를 治(티)홀 ᄯᅵ니 ᄡᅧ 野人(야신)을 別(별)ᄒᆞᄂᆞᆫ 배니라

이 그 大略(대략)이니 만일에 潤澤(슌ᄐᆡᆨ)홈인 則(즉) 君(군)과 다ᄆᆺ 子(ᄌᆞ)의게 인ᄂᆞ니라

② 栗谷本

滕文公(등문공)이 나라ᄒᆞ기를 問(문)ᄒᆞ신대

孟子(ᄆᆡᆼᄌᆞ)ㅣ ᄀᆞᄅᆞ샤ᄃᆡ 民事(민ᄉᆞ)를 可(가)히 緩(완)히 몯홀 디니 詩(시)예 닐오ᄃᆡ 나지 茅(모)를 于(우)ᄒᆞ고 밤애 索(삭)을 綯(도)ᄒᆞ야 ᄲᆞᆯ리 그 屋(옥)의 乘(승)ᄒᆞ고사 그 비로소 百穀(ᄇᆡᆨ곡)을 播(파)ᄒᆞ리라 ᄒᆞ니이다

民(민)의 道(도)ㅣ론디 恒産(ᄒᆞᆼ산)이 잇ᄂᆞᆫ 者(쟈)ᄂᆞᆫ 恒心(ᄒᆞᆼ심)이 잇고 恒産(ᄒᆞᆼ산)이 업슨 者(쟈)ᄂᆞᆫ 恒心(ᄒᆞᆼ심)이 업ᄂᆞ니 진실로 恒心(ᄒᆞᆼ심)이 업스면 放辟(방벽)ᄒᆞ며 邪侈(샤치)호믈 ᄒᆞ디 아니미 업스리니 밋 罪(죄)예 陷(함)ᄒᆞ야 그런 後(후)에 미조차 형벌ᄒᆞ면 이ᄂᆞᆫ 民(민)을 罔(망)호미니 어ᄃᆡ가 仁人(인인)이 位(위)예 이셔 民(민)을 罔(망)ᄒᆞ기를 可(가)히 ᄒᆞ리오 이런 故(고)로 어딘 님금은 반ᄃᆞ시 恭(공)코 儉(검)ᄒᆞ야 下(하)를 禮(례)ᄒᆞ며 民(민)의 取(취)호미 制(졔)ㅣ 잇게 ᄒᆞᄂᆞ니이다

陽虎(양호)ㅣ 골오ᄃᆡ 富(부)를 ᄒᆞ면 仁(인)티 몯ᄒᆞ고 仁(인)을 ᄒᆞ면 富(부)티 몯ᄒᆞᆫ다 ᄒᆞ니이다

夏后氏(하후시)ᄂᆞᆫ 五十(오십)에 貢(공)ᄒᆞ고 殷人(은인)은 七十(칠십)에 助(조)ᄒᆞ고 周人(쥬인)은 百畝(ᄇᆡᆨ모)에 徹(텰)ᄒᆞ니 그 實(실)은 다 什(습)에 一(일)을 홈이니 徹(텰)은 徹(텰)홈이오 助(조)ᄂᆞᆫ 藉(쟈)홈이니이다

龍子(룡ᄌᆞ)ㅣ 골오ᄃᆡ ᄯᅡ 다ᄉᆞ리기ᄂᆞᆫ 助(조)의셔 善(션)ᄒᆞ니 업고 貢(공)의셔 善(션)티 아니니 업스니 貢(공)은 歲(셰)의 中(듕)으로 數(수)를 혜아려 ᄡᅧ 常(샹)을 삼다 ᄒᆞ니 樂世(락셰)예 粒米(립미) 狼戾(랑려)ᄒᆞ니 해 取(취)호미 虐(학)이 아니라도 겨시 取(취)ᄒᆞ고 凶年(흉년)에 그 田(뎐)을 糞(분)호ᄃᆡ 足(족)디 몯홀 디라도 반ᄃᆞ시 盈(영)호믈 取(취)ᄒᆞᄂᆞ니 民(민)의 父母(부모)ㅣ 되여 民(민)으로 ᄒᆡ여곰 盻盻(예예)히 거의 歲(셰) ᄆᆞᆺ도록 勤動(근동)ᄒᆞ다가 시러곰 ᄡᅧ 그 父母(부모)를 치디 몯ᄒᆞ고 ᄯᅩ 貸(ᄃᆡ)를 稱(칭)ᄒᆞ야 益(익)ᄒᆞ야 老稚(로티)로 ᄒᆡ여곰 溝壑(구학)의 轉(뎐)케 ᄒᆞ면 어ᄃᆡ 그 民(민)의 父母(부모) 되옴이 이시리오

世祿(셰록)은 滕(등)이 본ᄃᆡ 行(ᄒᆡᆼ)ᄒᆞᄂᆞ니이다

詩(시)예 닐오ᄃᆡ 우리 公田(공뎐)애 雨(우)ᄒᆞ야 드듸여 우리 私(ᄉᆞ)의 밋다 ᄒᆞ니 오직 助(조)ㅣ 公田(공뎐)이 이시니 일로 말믜아마 보건댄 비록 周(쥬)ㅣ라도 ᄯᅩᄒᆞᆫ 助(조)ㅣ니이다

庠(샹)과 序(셔)와 學(ᄒᆞᆨ)과 校(교)를 設(셜)ᄒᆞ야 ᄡᅧ ᄀᆞᄅᆞ치니 庠(샹)은 養(양)홈이오 校(교)ᄂᆞᆫ 敎(교)홈이오 序(셔)ᄂᆞᆫ 射(샤)홈이니 夏(하)ᄂᆞᆫ 골온 校(교)ㅣ오 殷(은)은 골온 序(셔)ㅣ오 周(쥬)ᄂᆞᆫ 골온 庠(샹)이오 學(ᄒᆞᆨ)은 三代(삼ᄃᆡ) ᄒᆞᆫ 가지로 ᄒᆞ니 다 ᄡᅧ 人倫(인륜)을 明(명)ᄒᆞᄂᆞᆫ 배라 人倫(인륜)이 上(샹)의셔 明(명)ᄒᆞ면 小民(쇼민)이 下(하)의셔 親(친)ᄒᆞ리이다

王者(왕쟈)ㅣ 起(긔)ᄒᆞ리 이시면 반ᄃᆞ시 와 取(취)ᄒᆞ야 法(법)ᄒᆞ리니 이는 王者(왕쟈)의 스승이 되오미니이다

詩(시)예 닐오ᄃᆡ 周(쥬)ㅣ 비록 녯 나라히나 그 命(명)이 새롭다 ᄒᆞ니 文王(문왕)을 닐오미니 子(ᄌᆞ)ㅣ 힘뻐 行(ᄒᆡᆼ)ᄒᆞ시면 ᄯᅩᄒᆞᆫ ᄡᅧ 子(ᄌᆞ)의 國(국)을 新(신)케 ᄒᆞ리이다

畢戰(필젼)으로 ᄒᆡ여곰 井地(졍디)를 問(문)ᄒᆞ신대 孟子(ᄆᆡᆼᄌᆞ)ㅣ ᄀᆞᄅᆞ샤ᄃᆡ 子(ᄌᆞ)의 님금이 쟝ᄎᆞᆺ 仁政(인졍)을 行(ᄒᆡᆼ)ᄒᆞ려 ᄒᆞ샤 ᄲᅡ글ᄒᆡ야 子(ᄌᆞ)를 ᄇᆞ리시노소시니 子(ᄌᆞ)ㅣ 반ᄃᆞ시 勉(면)ᄒᆞᆯ 디어다 仁政(인졍)은 반ᄃᆞ시 經界(경계)로브터 시작ᄒᆞᆯ 디니 經界(경계)ㅣ 正(졍)티 아니ᄒᆞ면 井地(졍디)ㅣ 均(균)티 아니ᄒᆞ며 穀祿(곡록)이 平(평)티 아니ᄒᆞ리니 이런 故(고)로 暴君(포군)과 汙吏(오리)는 반ᄃᆞ시 그 經界(경계)를 慢(만)히 ᄒᆞᄂᆞ니 經界(경계)ㅣ 이믜 正(졍)ᄒᆞ면 田(뎐)을 分(분)ᄒᆞ며 祿(록)을 制(졔)ᄒᆞ기를 可(가)히 안자셔 定(뎡)ᄒᆞᆯ 디니라

滕(등)이 壤地(양지)ㅣ 褊小(편쇼)ᄒᆞ나 쟝ᄎᆞᆺ 君子(군ᄌᆞ)ㅣ 되며 쟝ᄎᆞᆺ 野人(야인)이 되리니 君子(군ᄌᆞ)ㅣ 업스면 野人(야인)을 다ᄉᆞ리디 몯ᄒᆞ고 野人(야인)이 업스면 君子(군ᄌᆞ)를 치디 몯ᄒᆞᆯ 디니라

請(쳥)컨댄 野(야)에 九一(구일)ᄒᆞ야 助(조)ᄒᆞ고 國中(국듕)에는 什一(습일)ᄒᆞ야 ᄒᆡ여곰 스스로 賦(부)케 ᄒᆞ라

卿(경)으로ᄡᅧ 아래는 반ᄃᆞ시 圭田(규뎐)을 두ᄂᆞ니 圭田(규뎐)은 五十畝(오십모)ㅣ니라

나믄 夫(부)는 二十五畝(이십오모)ㅣ니라

死(ᄉᆞ)ᄒᆞ며 徙(ᄉᆞ)호매 鄕(향)에 나디 아니ᄒᆞ며 鄕田(향뎐)에 同井(동졍)ᄒᆞᆫ 이 出入(츌입)에 서르 友(우)ᄒᆞ며 守望(슈망)에 서르 助(조)ᄒᆞ며 疾病(질병)의 서르 扶持(부디)ᄒᆞ면 百姓(ᄇᆡᆨ셩)이 親睦(친목)ᄒᆞᄂᆞ니라

方(방)이 里(리)ㅣ 井(졍)이니 井(졍)이 九百畝(구ᄇᆡᆨ모)애 그 中(듕)이 公田(공뎐)이 되ᄂᆞ니 八家(팔가)ㅣ 다 百畝(ᄇᆡᆨ모)를 私(ᄉᆞ)ᄒᆞ야 ᄒᆞᆫ 가지로 公田(공뎐)을 養(양)ᄒᆞ야 公事(공ᄉᆞ)를 畢(필)ᄒᆞᆫ 後(후)에 敢(감)히 私事(ᄉᆞᄉᆞ)를 다ᄉᆞ리ᄂᆞ니 ᄡᅧ 野人(야인)을 別(별)ᄒᆞ는 배니라

이 그 大略(대략)이니 만일 潤澤(윤ᄐᆡᆨ)ᄒᆞ기는 님금 다ᄆᆞᆺ 子(ᄌᆞ)의게 잇ᄂᆞ니라

050(5-4) 許行

有爲神農之言者許行, 自楚之滕, 踵門而告文公曰:「遠方之人, 聞君行仁政, 願受一廛而爲氓.」

文公與之處. 其徒數十人, 皆衣褐, 捆屨·織席以爲食. 陳良之徒陳相, 與其弟辛, 負耒耜而自宋之滕, 曰:「聞君行聖人之政, 是亦聖人也. 願爲聖人氓.」陳相見許行而大悅, 盡棄其學而學焉. 陳相見孟子, 道許行之言曰:「滕君, 則誠賢君也; 雖然, 未聞道也. 賢者與民並耕而食, 饔飧而治. 今也, 滕有倉廩府庫, 則是厲民而以自養也. 惡得賢?」

孟子曰:「許子必種粟而後食乎?」

曰:「然.」

「許子必織布而後衣乎?」

曰:「否. 許子衣褐.」

「許子冠乎?」

曰:「冠.」

曰:「奚冠?」

曰:「冠素.」

曰:「自織之與?」

曰:「否. 以粟易之.」

曰:「許子奚爲不自織?」

曰:「害於耕.」

曰:「許子以釜甑爨, 以鐵耕乎?」

曰:「然.」

「自爲之與?」

曰:「否. 以粟易之.」

「以粟易械器者, 不爲厲陶冶; 陶冶, 亦以其械器易粟者, 豈爲厲農夫哉? 且許子何不爲陶冶, 舍皆取諸其宮中而用之? 何爲紛紛然與百工交易? 何許子之不憚煩?」

曰:「百工之事, 固不可耕且爲也.」

「然則治天下獨可耕且爲與? 有大人之事, 有小人之事. 且一人之身, 而百工之所爲備, 如必自爲而後用之, 是率天下而路也. 故曰:『或勞心, 或勞力.』勞心者治人; 勞力者治於人. 治於人者食人; 治人者食於人, 天下之通義也. 當堯之時, 天下猶未平, 洪水橫流, 氾濫於天下; 草木暢茂, 禽獸繁殖; 五穀不登, 禽獸偪人; 獸蹄鳥跡之道, 交於中國. 堯獨憂之, 擧舜而敷治焉. 舜使益掌火, 益烈山澤而焚之, 禽獸逃匿. 禹疏九河，瀹濟漯，而注諸海；決汝漢，排淮泗，而注之江．然後中國可得而食也．當是時也，禹八年於外，三過其門而不入，雖欲耕，得乎？后稷教民稼穡，樹藝五穀，五穀熟而民人育．人之有道也，飽食煖衣，逸居而無教，則近於禽獸．聖人有憂之；使契爲司徒，教以人倫：父子有親，君臣有義，夫婦有別，長幼有序，朋友有信．放勳曰：『勞之來之，匡之直之，輔之翼之，使自得之，又從而振德之．』聖人之憂民如此，而暇耕乎？堯以不得舜爲己憂，舜以不得禹·皐陶爲己憂；夫以百畝之不易爲己憂者，農夫也．分人以財謂之惠；教人以善謂之忠；爲天下得人者謂之仁．是故以天下與人易；爲天下得人難．孔子曰：『大哉，堯之爲君！惟天爲大，惟堯則之．蕩蕩乎，民無能名焉！君哉，舜也！巍巍乎，有天下而不與焉！』堯舜之治天下，豈無所用心哉？亦不用於耕耳．吾聞用夏變夷者，未聞變於夷者也．陳良，楚產也．悅周公·仲尼之道，北學於中國；北方之學者，未能或之先也．彼所謂豪傑之士也．子之兄弟，事之數十年；師死而遂倍之．昔者，孔子沒，三年之外，門人治任將歸，入揖於子貢，相嚮而哭，皆失聲，然後歸．子貢反，築室於場，獨居三年，然後歸．他日，子夏·子張·子游，以有若似聖人，欲以所事孔子事之；彊曾子．曾子曰：『不可．江漢以濯之，秋陽以暴之，皜皜乎不可尚已．』今也，南蠻鴃舌之人，非先王之道，子倍子之師而學之，亦異於曾子矣．吾聞出於幽谷，遷于喬木者，未聞下喬木而入於幽谷者．魯頌曰：『戎狄是膺，荊舒是懲．』周公方且膺之；子是之學，亦爲不善變矣．」

「從許子之道，則市賈不貳，國中無僞．雖使五尺之童適市，莫之或欺．布帛長短同，則賈相若；麻縷絲絮輕重同，則賈相若；五穀多寡同，則賈相若；屨大小同，則賈相若．」

曰：「夫物之不齊，物之情也；或相倍蓰，或相什伯，或相千萬．子比而同之，是亂天下也．巨屨小屨同賈，人豈爲之哉？從許子之道，相率而爲僞者也，惡能治國家？」

① 陶山本

神農(신농)의 言(언)ᄒᆞᄂᆞᆫ 者(자) 許行(허힝)이 楚(초)로브터 滕(등)에 가 門(문)애 踵(죵)

ᄒᆞ야 文公(문공)ᄭᅴ 告(고)ᄒᆞ야 ᄀᆞᆯ오ᄃᆡ 遠方(원방)앳 人(ᅀᅵᆫ)이 君(군)의 仁政(ᅀᅵᆫ졍) 行(ᄒᆡᆼ)ᄒᆞ욤을 聞(문)ᄒᆞ고 願(원)컨댄 一廛(일뎐)을 受(슈)ᄒᆞ야 氓(ᄆᆡᆼ)이 되려 ᄒᆞ노이다 文公(문공)이 處(쳐)를 與(여)ᄒᆞ시니 그 徒(도) 數十人(수십ᅀᅵᆫ)이 다 褐(갈)을 衣(의)ᄒᆞ고 屨(구)를 捆(곤)ᄒᆞ며 席(셕)을 織(직)ᄒᆞ야 ᄡᅥ 食(식)을 ᄒᆞ더라

陳良(딘량)의 徒(도) 陳相(딘샹)이 그 弟(뎨)ㅣ 辛(신)으로 더브러 耒耜(뢰ᄉᆞ)를 負(부)ᄒᆞ고 宋(송)으로브터 滕(등)에 가 ᄀᆞᆯ오ᄃᆡ 君(군)의 聖人(셩ᅀᅵᆫ)의 政(졍) 行(ᄒᆡᆼ)ᄒᆞ욤을 聞(문)호니 이 ᄯᅩᄒᆞᆫ 聖人(셩신)이시니 願(원)컨댄 聖人(셩신)의 氓(ᄆᆡᆼ)이 되려ᄒᆞ노이다

陳相(딘샹)이 許行(허ᄒᆡᆼ)을 見(견)ᄒᆞ고 키 悅(열)ᄒᆞ야 그 學(ᄒᆞᆨ)을 다 棄(기)ᄒᆞ고 學(ᄒᆞᆨ)ᄒᆞ더니 陳相(딘샹)이 孟子(ᄆᆡᆼᄌᆞ)를 보ᄋᆞ와 許行(허ᄒᆡᆼ)의 言(언)을 닐어 ᄀᆞᆯ오ᄃᆡ 滕君(등군)인 則(즉) 진실로 賢君(현군)이어니와 비록 그러나 道(도)를 聞(문)티 몯ᄒᆞ야ᄯᅩ다 賢者(현쟈)ᄂᆞᆫ 民(민)으로 더브러 ᄀᆞᆯ와 耕(경)ᄒᆞ야 食(식)ᄒᆞ며 饔飧(옹손)ᄒᆞ고 治(티)ᄒᆞᄂᆞ니 이제 滕(등)이 倉廩(창름)과 府庫(부고)를 두니 곧 이 民(민)을 厲(려)ᄒᆞ야 ᄡᅥ 스스로 養(양)홈이니 엇디 시러곰 賢(현)ᄒᆞ리오

孟子(ᄆᆡᆼᄌᆞ)ㅣ ᄀᆞᆯᄋᆞ샤ᄃᆡ 許子(허ᄌᆞ)ᄂᆞᆫ 반ᄃᆞ시 粟(속)을 種(죵)ᄒᆞᆫ 後(후)에 食(식)ᄒᆞᄂᆞ냐 ᄀᆞᆯ오ᄃᆡ 然(연)ᄒᆞ다 許子(허ᄌᆞ)ᄂᆞᆫ 반ᄃᆞ시 布(포)를 織(직)ᄒᆞᆫ 後(후)에 衣(의)ᄒᆞᄂᆞ냐 ᄀᆞᆯ오ᄃᆡ 아니라 許子(허ᄌᆞ)ᄂᆞᆫ 褐(갈)를 衣(의)ᄒᆞᄂᆞ니라 許子(허ᄌᆞ)ᄂᆞᆫ 冠(관)ᄒᆞᄂᆞ냐 ᄀᆞᆯ오ᄃᆡ 冠(관)ᄒᆞᄂᆞ니라 ᄀᆞᆯᄋᆞ샤ᄃᆡ 므슴 冠(관)고 ᄀᆞᆯ오ᄃᆡ 素(소)로 冠(관)ᄒᆞᄂᆞ니라 ᄀᆞᆯᄋᆞ샤ᄃᆡ 스스로 織(직)ᄒᆞᄂᆞ냐 ᄀᆞᆯ오ᄃᆡ 아니라 粟(속)으로ᄡᅥ 易(역)ᄒᆞᄂᆞ니라 ᄀᆞᆯᄋᆞ샤ᄃᆡ 許子(허ᄌᆞ)ᄂᆞᆫ 엇디 스스로 織(직)디 아니ᄒᆞᄂᆞ뇨 ᄀᆞᆯ오ᄃᆡ 耕(경)애 害(해)홈이니라 ᄀᆞᆯᄋᆞ샤ᄃᆡ 許子(허ᄌᆞ)ᄂᆞᆫ 釜(부)ㅣ며 甑(증)으로ᄡᅥ 爨(찬)ᄒᆞ며 鐵(텰)로ᄡᅥ 耕(경)ᄒᆞᄂᆞ냐 ᄀᆞᆯ오ᄃᆡ 然(연)ᄒᆞ다 스스로 ᄒᆞᄂᆞ냐 ᄀᆞᆯ오ᄃᆡ 否(부)ㅣ라 粟(속)으로ᄡᅥ 易(역)ᄒᆞᄂᆞ니라

粟(속)으로ᄡᅥ 械器(계긔)를 易(역)ᄒᆞᄂᆞᆫ 者(쟈)ㅣ 陶冶(도야)를 厲(려)홈이 아니니 陶冶(도야)ㅣ ᄯᅩᄒᆞᆫ 그 械器(계긔)로ᄡᅥ 粟(속)을 易(역)ᄒᆞᄂᆞᆫ 者(쟈)ㅣ 엇디 農夫(농부)를 厲(려)홈이리오 ᄯᅩ 許子(허ᄌᆞ)ᄂᆞᆫ 엇디 陶冶(도야)를 ᄒᆞ야 다믄 다 그 宮中(궁듕)에 取(취)ᄒᆞ야 用(용)티 아니ᄒᆞ고 엇디 紛紛(분분)히 百工(ᄇᆡᆨ공)으로 더브러 交易(교역)ᄒᆞᄂᆞᆫ고 엇디 許子(허ᄌᆞ)ᄂᆞᆫ 煩(번)을 憚(탄)티 아니ᄒᆞᄂᆞᆫ고 ᄀᆞᆯ오ᄃᆡ 百工(ᄇᆡᆨ공)의 일은 진실로 可(가)히 耕(경)ᄒᆞ고 ᄯᅩ ᄒᆞ디 몯ᄒᆞᆯ 꺼시니라

그런 則(즉) 天下(텬하) 治(티)ᄒᆞ욤은 호올로 可(가)히 耕(경)ᄒᆞ고 ᄯᅩ ᄒᆞ랴 大人(대ᅀᅵᆫ)의 事(ᄉᆞ)ㅣ 이시며 小人(쇼ᅀᅵᆫ)의 事(ᄉᆞ)ㅣ 이시니 ᄯᅩ 一人(일ᅀᅵᆫ)의 身(신)에 百工(ᄇᆡᆨ공)의 ᄒᆞᄂᆞᆫ 배 備(비)ᄒᆞ야시니 만일에 반ᄃᆞ시 스스로 ᄒᆞᆫ 후에 用(용)ᄒᆞ면 이ᄂᆞᆫ 天下(텬하)를 率(솔)ᄒᆞ야 路(로)홈이니라 故(고)로 ᄀᆞᆯ오ᄃᆡ 或(혹) 心(심)을 勞(로)ᄒᆞ며 或(혹) 力(력)을 勞(로)ᄒᆞᄂᆞ니 心(심)을 勞(로)ᄒᆞᄂᆞᆫ 者(쟈)ᄂᆞᆫ 人(ᅀᅵᆫ)을 治(티)ᄒᆞ고 力(력)을 勞(로)ᄒᆞᄂᆞᆫ 者(쟈)ᄂᆞᆫ 人(ᅀᅵᆫ)의게 治(티)히인다 ᄒᆞ니 人(ᅀᅵᆫ)의게 治(티)ᄒᆞ이ᄂᆞᆫ 者(쟈)ᄂᆞᆫ 人(ᅀᅵᆫ)을 食(ᄉᆞ)ᄒᆞ고 人(ᅀᅵᆫ)을 治(티)ᄒᆞᄂᆞᆫ 者(쟈)ᄂᆞᆫ 人(ᅀᅵᆫ)의게 食(ᄉᆞ)ᄒᆞ임이 天下(텬하)앳 通(통)ᄒᆞᆫ 義(의)니라

堯(요)ㅅ 時(시)를 當(당)ᄒᆞ야 天下(텬하)ㅣ 오히려 平(평)티 몯ᄒᆞ야 洪水(홍슈)ㅣ 橫(횡)히 流(류)ᄒᆞ야 天下(텬하)애 氾濫(범람)ᄒᆞ야 草木(초목)이 暢茂(턍무)ᄒᆞ며 禽獸(금슈)ㅣ

繁殖(번식)ᄒᆞᆫ 디라 五穀(오곡)이 登(등)티 몯ᄒᆞ며 禽獸(금슈)ㅣ 人(신)에 偪(핍)ᄒᆞ야 獸(슈)의 蹄(뎨)며 鳥(됴)의 跡(젹)의 道(도)ㅣ 中國(듕국)에 交(교)ᄒᆞ얏거ᄅᆞᆯ 堯(요)ㅣ 호올로 憂(우)ᄒᆞ샤 舜(슌)을 擧(거)ᄒᆞ야 治(티)ᄅᆞᆯ 敷(부)케 ᄒᆞ여시ᄂᆞᆯ 舜(슌)이 益(익)으로 ᄒᆞ여곰 火(화)를 掌(쟝)ᄒᆞ신대 益(익)이 山(산)과 澤(틱)을 烈(렬)ᄒᆞ야 焚(분)ᄒᆞ니 禽獸(금슈)ㅣ 逃匿(도닉)ᄒᆞ거ᄂᆞᆯ 禹(우)ㅣ 九河(구하)ᄅᆞᆯ 疏(소)ᄒᆞ며 濟(졔)와 漯(탑)을 瀹(약)ᄒᆞ야 海(히)예 注(주)ᄒᆞ시며 汝(셔)와 漢(한)을 決(결)ᄒᆞ며 淮(회)와 泗(ᄉᆞ)를 排(빅)ᄒᆞ야 江(강)애 注(주)ᄒᆞ시니 그런 後(후)에 中國(듕국)이 可(가)히 시러곰 食(식)ᄒᆞ니 이 時(시)ᄅᆞᆯ 當(당)ᄒᆞ야 禹(우)ㅣ 外(외)예 八年(팔년)이매 세 적 그 門(문)을 過(과)호ᄃᆡ 入(십)디 아니ᄒᆞ시니 비록 耕(경)코쟈 ᄒᆞ나 得(득)ᄒᆞ랴

后稷(후직)이 民(민)을 稼穡(가싁)을 敎(교)ᄒᆞ야 五穀(오곡)을 樹(슈)ᄒᆞ며 藝(예)ᄒᆞᆫ대 五穀(오곡)이 熟(슉)ᄒᆞ야 民人(민신)이 育(육)ᄒᆞ니 人(신)이 道(도)ㅣ 이숌애 食(식)을 飽(포)히 ᄒᆞ며 衣(의)를 煖(난)히 ᄒᆞ야 편히 居(거)ᄒᆞ고 敎(교)홈이 업ᄉᆞ면 곧 禽獸(금슈)에 近(근)ᄒᆞ릴 ᄉᆡ 聖人(셩신)이 憂(우)홈을 두샤 契(셜)로 ᄒᆞ여곰 司徒(ᄉᆞ도)ᄅᆞᆯ 삼아 敎(교)호ᄃᆡ 人倫(신륜)으로ᄡᅥ ᄒᆞ시니 父子(부ᄌᆞ)ㅣ 親(친)이 이시미며 君臣(군신)이 義(의)ㅣ 이시미며 夫婦(부부)ㅣ 別(별)이 이시미며 長幼(댱유)ㅣ 序(셔)ㅣ 이시미며 朋友(붕우)ㅣ 信(신)이 이시미니라 放勳(방훈)이 ᄀᆞᆯᄋᆞ샤ᄃᆡ 勞(로)ᄒᆞ며 來(릭)ᄒᆞ며 匡(광)ᄒᆞ며 直(딕)ᄒᆞ며 輔(보)ᄒᆞ며 翼(익)ᄒᆞ야 ᄒᆞ여곰 스스로 得(득)게 ᄒᆞ고 ᄯᅩ 조초 振(진)ᄒᆞ야 德(덕)ᄒᆞ라 ᄒᆞ시니 聖人(셩신)의 民(민)을 憂(우)ᄒᆞ샴이 이러틋 ᄒᆞ시니 暇(가)ᄒᆞ야 耕(경)ᄒᆞ랴

堯(요)ㅣ 舜(슌)을 得(득)디 몯ᄒᆞ욤으로ᄡᅥ 己(긔)의 憂(우)를 삼으시고 舜(슌)이 禹(우)와 皐陶(고요)ᄅᆞᆯ 得(득)디 몯ᄒᆞ욤으로ᄡᅥ 己(긔)의 憂(우)ᄅᆞᆯ 삼으시니 百畝(빅모)의 易(이)티 몯ᄒᆞ욤으로ᄡᅥ 己(긔)의 憂(우)ᄅᆞᆯ 삼ᄂᆞᆫ 者(쟈)ᄂᆞᆫ 農夫(농부)ㅣ니라

人(신)을 財(지)로ᄡᅥ 分(분)ᄒᆞ욤을 惠(혜)라 닐ᄋᆞ고 人(신)을 善(션)으로ᄡᅥ 敎(교)ᄒᆞ욤을 忠(튱)이라 닐ᄋᆞ고 天下(텬하)ᄅᆞᆯ 爲(위)ᄒᆞ야 人(신)을 得(득)ᄒᆞᄂᆞᆫ 者(쟈)ᄅᆞᆯ 仁(신)이라 닐ᄋᆞᄂᆞ니 이런 故(고)로 天下(텬하)로ᄡᅥ 人(신)을 與(여)홈은 易(이)ᄒᆞ고 天下(텬하)ᄅᆞᆯ 爲(위)ᄒᆞ야 人(신)을 得(득)ᄒᆞ욤은 難(난)ᄒᆞ니라

孔子(공ᄌᆞ)ㅣ ᄀᆞᆯᄋᆞ샤ᄃᆡ 大(대)타 堯(요)의 君(군)되옴이여 오직 天(텬)이 大(대)ᄒᆞ거늘 오직 堯(요)ㅣ 則(측)ᄒᆞ시니 蕩蕩(탕탕)홉다 民(민)이 能(능)히 名(명)티 몯ᄒᆞ놋도다 君(군)답다 舜(슌)이여 巍巍(외외)홉다 天下(텬하)ᄅᆞᆯ 두샤ᄃᆡ 與(여)티 아니타 ᄒᆞ시니 堯舜(요슌)의 天下(텬하)ᄅᆞᆯ 治(티)ᄒᆞ심이 엇디 그 心(심)을 ᄡᅳ실 ᄲᅢ 업ᄉᆞ리오마ᄂᆞᆫ ᄯᅩᄒᆞᆫ 耕(경)에 用(용)티 아니ᄒᆞ시니라

내 夏(하)ᄅᆞᆯ 用(용)ᄒᆞ야 夷(이)ᄅᆞᆯ 變(변)ᄒᆞᆫ 者(쟈)를 듣고 夷(이)의게 變(변)ᄒᆞ인 者(쟈)를 듣디 몯게라 陳良(딘량)은 楚(초)ㅅ 産(산)이니 周公(쥬공)과 仲尼(듕니)의 道(도)ᄅᆞᆯ 悅(열)ᄒᆞ야 北(븍)으로 中國(듕국)에 學(혹)ᄒᆞ거ᄂᆞᆯ 北方(븍방)읫 學(혹)ᄒᆞᄂᆞᆫ 者(쟈)ㅣ 能(능)히 或(혹) 先(션)티 몯ᄒᆞ니 뎌 닐온 밧 豪傑(호걸)읫 士(ᄉᆞ)ㅣ라 子(ᄌᆞ)의 兄弟(형데)ㅣ 數十年(수십년)을 事(ᄉᆞ)ᄒᆞ다가 師(ᄉᆞ)ㅣ 死(ᄉᆞ)커ᄂᆞᆯ 드듸여 倍(빅)ᄒᆞ곤여

녜 孔子(공ᄌᆞ)ㅣ 沒(몰)커시ᄂᆞᆯ 三年(삼년)ㅅ 外(외)예 門人(문신)이 任(싐)을 治(티)ᄒᆞ야

장찻 歸(귀)홀 씨 入(십)ᄒᆞ야 子貢(ᄌᆞ공)의게 揖(읍)ᄒᆞ고 서르 嚮(향)ᄒᆞ야 哭(곡)ᄒᆞ야 다 聲(셩)을 失(실)ᄒᆞᆫ 後(후)에 歸(귀)ᄒᆞ거늘 子貢(ᄌᆞ공)은 反(반)ᄒᆞ야 場(댱)애 室(실)을 築(튝)ᄒᆞ야 호올로 三年(삼년)을 居(거)ᄒᆞᆫ 後(후)에 歸(귀)ᄒᆞ니라 他日(타실)에 子夏(ᄌᆞ하)와 子張(ᄌᆞ댱)과 子游(ᄌᆞ유) ㅣ 有若(유약)으로ᄡᅥ 聖人(셩신)곧다 ᄒᆞ야 孔子(공ᄌᆞ) 事(ᄉᆞ)ᄒᆞ던 바로ᄡᅥ 事(ᄉᆞ)코져 ᄒᆞ야 曾子(증ᄌᆞ)ᄭᅴ 彊(강)ᄒᆞᆫ대 曾子(증ᄌᆞ) ㅣ ᄀᆞᄅᆞ샤ᄃᆡ 可(가)티 아니ᄒᆞ니 江漢(강한)으로ᄡᅥ 濯(탁)ᄒᆞ며 秋陽(츄양)으로ᄡᅥ 暴(폭)ᄒᆞᆫ 디라 皜皜(호호)홉다 可(가)히 尙(샹)티 몯ᄒᆞ리라 ᄒᆞ시니라

이제 南蠻(남만)ㅅ 鴃舌(격셜)읫 사ᄅᆞᆷ이 先王(션왕)의 道(도) ㅣ 아니어늘 子(ᄌᆞ) ㅣ 子(ᄌᆞ)의 師(ᄉᆞ)ᄅᆞᆯ 倍(ᄇᆡ)ᄒᆞ고 學(ᄒᆞᆨ)ᄒᆞ니 ᄯᅩᄒᆞᆫ 曾子(증ᄌᆞ)애셔 다ᄅᆞ도다

내 幽谷(유곡)애 出(츌)ᄒᆞ야 喬木(교목)애 遷(쳔)ᄒᆞᄂᆞᆫ 者(쟈)를 듣고 喬木(교목)애 下(하)ᄒᆞ야 幽谷(유곡)애 入(십)ᄒᆞᄂᆞᆫ 者(쟈)ᄅᆞᆯ 듣디 몯게라

魯頌(로숑)애 ᄀᆞᆯ오ᄃᆡ 戎狄(슝뎍)을 이 膺(응)ᄒᆞ니 荊(형)과 舒(셔) ㅣ 이에 懲(딩)타 ᄒᆞ니 周公(쥬공)이 보야흐로 ᄯᅩ 膺(응)ᄒᆞ거시늘 子(ᄌᆞ) ㅣ 이ᄅᆞᆯ 學(ᄒᆞᆨ)ᄒᆞ니 ᄯᅩᄒᆞᆫ 善(션)히 變(변)티 몯홈이로다

許子(허ᄌᆞ)의 道(도)ᄅᆞᆯ 從(죵)ᄒᆞ면 市賈(시가) ㅣ 貳(ᅀᅵ)티 아니ᄒᆞ야 國中(국듕)이 僞(위) ㅣ 업서 비록 五尺童(오쳑동)으로 ᄒᆞ여곰 市(시)예 適(뎍)ᄒᆞ야도 或(혹)도 欺(긔)ᄒᆞ리 업ᄉᆞ리니 布(포)와 帛(ᄇᆡᆨ)이 長(댱)이며 短(단)이 同(동)ᄒᆞ면 賈(가) ㅣ 서르 ᄀᆞᄐᆞ며 麻(마)와 縷(루)와 絲(ᄉᆞ)와 絮(서) ㅣ 輕(경)이며 重(듕)이 同(동)ᄒᆞ면 賈(가) ㅣ 서르 ᄀᆞᄐᆞ며 五穀(오곡)이 多(다) ㅣ 며 寡(과) ㅣ 同(동)ᄒᆞ면 賈(가) ㅣ 서르 ᄀᆞᄐᆞ며 屨(구) ㅣ 大(대)며 小(쇼) ㅣ 同(동)ᄒᆞ면 賈(가) ㅣ 서르 ᄀᆞᄐᆞ니라

ᄀᆞᄅᆞ샤ᄃᆡ 物(믈)의 齊(졔)티 아니홈은 物(믈)의 情(졍)이니 或(혹) 서르 倍(ᄇᆡ)ᄒᆞ며 蓰(ᄉᆞ)ᄒᆞ며 或(혹) 서르 什(습)ᄒᆞ며 伯(ᄇᆡᆨ)ᄒᆞ며 或(혹) 서르 千(쳔)ᄒᆞ며 萬(만)ᄒᆞ거늘 子(ᄌᆞ) ㅣ 比(비)ᄒᆞ야 同(동)케 ᄒᆞ니 이ᄂᆞᆫ 天下(텬하)를 亂(란)홈이로다 巨(거)ᄒᆞᆫ 屨(구)와 小(쇼)ᄒᆞᆫ 屨(구) ㅣ 賈(가) ㅣ 同(동)ᄒᆞ면 人(싄)이 엇디 ᄒᆞ리오 許子(허ᄌᆞ)의 道(도)를 從(죵)ᄒᆞ면 서르 率(솔)ᄒᆞ야 僞(위)ᄅᆞᆯ 홈이니 엇디 能(능)히 國家(국가)를 治(티)ᄒᆞ리오

② 栗谷本

神農(신농)의 言(언)을 ᄒᆞᆯ 者(쟈) 許行(허ᄒᆡᆼ)이 楚(초)로브터 滕(등)에 가 門(문)에 踵(죵)ᄒᆞ야 文公(문공)ᄭᅴ 告(고)ᄒᆞ야 ᄀᆞᆯ오ᄃᆡ 遠方(원방)의 人(인)이 님금의 仁政(인졍)을 行(ᄒᆡᆼ)ᄒᆞ신다 듯고 願(원)컨댄 一廛(일뎐)을 바다 氓(ᄆᆡᆼ)이 되고져 ᄒᆞ노이다 文公(문공)이 處(쳐)을 주시니 그 徒(도) 數十人(수십인)이 다 褐(갈)을 衣(의)ᄒᆞ고 屨(구)ᄅᆞᆯ 捆(곤)ᄒᆞ며 席(셕)을 織(직)ᄒᆞ야 ᄡᅥ 食(식)을 ᄒᆞ더라

陳良(딘량)의 徒(도) 陳相(딘샹)이 그 아ᄋᆞ 辛(신)으로 더브러 耒耜(뢰ᄉᆞ)를 負(부)ᄒᆞ고 宋(송)으로브터 滕(등)에 가 ᄀᆞᆯ오ᄃᆡ 님금의 聖人(셩인)의 政(졍)을 行(ᄒᆡᆼ)ᄒᆞ샤믈 드로니 이 ᄯᅩᄒᆞᆫ 聖人(셩인)이니 願(원)컨댄 聖人(셩인)의 氓(ᄆᆡᆼ)이 되고져 ᄒᆞ노이다

陳相(딘샹)이 許行(허ᄒᆡᆼ)을 보고 크게 깃거 그 學(ᄒᆞᆨ)을 다 ᄇᆞ리고 學(ᄒᆞᆨ)ᄒᆞ더니 陳相(딘샹)이 孟子(ᄆᆡᆼᄌᆞ)ᄅᆞᆯ 보아 許行(허ᄒᆡᆼ)의 말을 닐러 ᄀᆞᆯ오ᄃᆡ 滕君(등군)은 진실로 어딘

님금이어니와 비록 그러나 道(도)를 듣디 몯ᄒᆞ얏더라 賢者(현쟈)는 民(민)으로 더브러 並耕(경)ᄒᆞ야 食(식)ᄒᆞ며 饔飧(옹손)ᄒᆞ며 다ᄉᆞ리거늘 이제 滕(등)에 倉廩(창름)과 府庫(부고)ㅣ 이시니 이는 民(민)을 厲(려)ᄒᆞ야 ᄡᅧ 스스로 치미니 엇디 시러곰 어딜리오

孟子(ᄆᆡᇰᄌᆞ)ㅣ ᄀᆞᄅᆞ샤ᄃᆡ 許子(허ᄌᆞ)ㅣ 반ᄃᆞ시 粟(속)을 種(죵)ᄒᆞᆫ 後(후)에 食(식)ᄒᆞᄂᆞ냐 ᄀᆞᆯ오ᄃᆡ 그러니이다 許子(허ᄌᆞ)ㅣ 반ᄃᆞ시 布(포)를 織(직)ᄒᆞᆫ 後(후)에 衣(의)ᄒᆞᄂᆞ냐 ᄀᆞᆯ오ᄃᆡ 否(부)ㅣ라 許子(허ᄌᆞ)는 褐(갈)를 衣(의)ᄒᆞᄂᆞ니이다 許子(허ᄌᆞ)ㅣ 冠(관)ᄒᆞ얏ᄂᆞ냐 ᄀᆞᆯ오ᄃᆡ 冠(관)ᄒᆞ얏니이다 ᄀᆞᄅᆞ샤ᄃᆡ 므슴 冠(관)고 ᄀᆞᆯ오ᄃᆡ 素(소)를 冠(관)ᄒᆞᄂᆞ니이다 ᄀᆞᄅᆞ샤ᄃᆡ 스스로 織(직)ᄒᆞᄂᆞ냐 ᄀᆞᆯ오ᄃᆡ 否(부)ㅣ라 粟(속)으로ᄡᅧ 밧고ᄂᆞ니이다 ᄀᆞᄅᆞ샤ᄃᆡ 許子(허ᄌᆞ)ㅣ 엇디 스스로 織(직)ᄒᆞ디 아닛ᄂᆞ뇨 ᄀᆞᆯ오ᄃᆡ 耕(경)의 害(해)홀 ᄉᆡ니이다 ᄀᆞᄅᆞ샤ᄃᆡ 許子(허ᄌᆞ)ㅣ 釜甑(부증)으로ᄡᅧ 爨(찬)ᄒᆞ며 鐵(텰)로ᄡᅧ 耕(경)ᄒᆞᄂᆞ냐 ᄀᆞᆯ오ᄃᆡ 그렁ᄂᆞ니이다 스스로 ᄒᆞᄂᆞ냐 ᄀᆞᆯ오ᄃᆡ 否(부)ㅣ라 粟(속)으로ᄡᅧ 밧고ᄂᆞ니이다

粟(속)으로ᄡᅧ 械器(계긔) 밧고는 者(쟈)ㅣ 陶冶(도야)를 厲(려)홈이 아니니 陶冶(도야)ㅣ ᄯᅩᄒᆞᆫ 그 械器(계긔)로ᄡᅧ 粟(속)을 밧고는 者(쟈)ㅣ 엇디 農夫(농부)를 厲(려)홈이 되리오 ᄯᅩ 許子(허ᄌᆞ)는 엇디 陶冶(도야)를 ᄒᆞ야 오직 다 그 宮中(궁듕)에셔 取(취)ᄒᆞ야 ᄡᅳ디 아니코 엇디 紛紛(분분)히 百工(ᄇᆡᆨ공)으로 더브러 交易(교역)ᄒᆞᄂᆞ뇨 엇디 許子(허ᄌᆞ)ㅣ 煩(번)을 憚(탄)티 아닛ᄂᆞ뇨 ᄀᆞᆯ오ᄃᆡ 百工(ᄇᆡᆨ공)의 일을 진실로 可(가)히 耕(경)ᄒᆞ며 ᄯᅩ ᄒᆞ디 몯홀 디니라

그러면 天下(텬하) 다ᄉᆞ리기는 홀로 可(가)히 耕(경)ᄒᆞ며 ᄯᅩ 홀것가 大人(대인)의 일이 잇고 小人(쇼인)의 일이 이시며 ᄯᅩ 一人(일인)의 몸에 百工(ᄇᆡᆨ공)의 ᄒᆞ는 배 ᄀᆞ자시니 만일 반ᄃᆞ시 스스로 ᄒᆞᆫ 後(후)에 ᄡᅳ면 이는 天下(텬하)를 率(솔)ᄒᆞ야 路(로)홈이니 故(고)로 ᄀᆞᆯ오ᄃᆡ 或(혹) 心(심)을 勞(로)ᄒᆞ며 或(혹) 力(력)을 勞(로)ᄒᆞ야 心(심)을 勞(로)ᄒᆞ는 者(쟈)는 人(인)을 다ᄉᆞ리고 力(력)을 勞(로)ᄒᆞ는 者(쟈)는 人(인)의게 다ᄉᆞ리이ᄂᆞ니 人(인)의게 다ᄉᆞ리이는 者(쟈)는 人(인)을 食(ᄉᆞ)ᄒᆞ고 人(인)을 다ᄉᆞ리는 者(쟈)는 人(인)의게 食(ᄉᆞ)ᄒᆞ인다 ᄒᆞ니 天下(텬하)에 通(통)ᄒᆞᆫ 義(의)니라

堯(요)의 時(시)를 當(당)ᄒᆞ야 天下(텬하)ㅣ 오히려 平(평)티 몯ᄒᆞ야 洪水(홍슈)ㅣ 橫流(횡류)ᄒᆞ야 天下(텬하)의 氾濫(범람)ᄒᆞ며 草木(초목)이 暢茂(챵무)ᄒᆞ며 禽獸(금슈)ㅣ 繁殖(번식)ᄒᆞ고 五穀(오곡)이 登(등)티 아니ᄒᆞ며 禽獸(금슈)ㅣ 人(인)을 偪(핍)ᄒᆞ야 獸(슈)의 蹄(뎨)와 鳥(됴)의 跡(젹)의 길히 中國(듕국)에 섯거뎟거늘 堯(요)ㅣ 혼쟈 시름ᄒᆞ샤 舜(슌)을 擧(거)ᄒᆞ샤 治(티)를 敷(부)케 ᄒᆞ시니 舜(슌)이 益(익)으로 ᄒᆡ여곰 火(화)를 掌(쟝)ᄒᆞ신대 益(익)이 山澤(산퇵)에 烈(렬)커 焚(분)ᄒᆞ니 禽獸(금슈)ㅣ ᄃᆞ라나 숨더라 禹(우)ㅣ 九河(구하)를 疏(소)ᄒᆞ시며 濟(졔)와 漯(탑)을 瀹(약)ᄒᆞ야 海(ᄒᆡ)예 注(주)ᄒᆞ시며 汝(여)와 漢(한)을 決(결)ᄒᆞ며 淮(회)와 泗(ᄉᆞ)를 排(ᄇᆡ)ᄒᆞ야 江(강)에 注(주)ᄒᆞ시니 그런 後(후)에 中國(듕국)이 可(가)히 시러곰 食(식)ᄒᆞ니 이 時(시)를 當(당)ᄒᆞ야 禹(우)ㅣ 外(외)예 八年(팔년) 계샤 세 번 그 門(문)에 디나되 드디 아니ᄒᆞ시니 비록 耕(경)코져 ᄒᆞ신ᄃᆞᆯ 得(득)ᄒᆞ시랴

后稷(후직)이 民(민)을 稼穡(가식)을 ᄀᆞᄅᆞ치샤 五穀(오곡)을 樹(슈)ᄒᆞ며 藝(예)ᄒᆞ신대 五穀(오곡)이 熟(슉)호매 民人(민인)이 育(육)ᄒᆞ니 人(인)의 道(도)를 두미 食(식)을 飽(포)

ᄒᆞ며 衣(의)를 煖(난)히 ᄒᆞ고 편안히 이셔 敎(교)ㅣ 업스면 禽獸(금슈)에 갓가오릴 ᄉᆡ 聖人(셩인)이 시름호믈 두샤 契(셜)로 ᄒᆡ여곰 司徒(ᄉᆞ도)를 ᄒᆡ여 人倫(인륜)으로ᄡᅥ ᄀᆞᄅᆞ치시니 父子(부ᄌᆞ)ㅣ 親(친)홈이 이시며 君臣(군신)이 義(의) 이시며 夫婦(부부)ㅣ 別(별)이 이시며 長幼(댱유)ㅣ 序(셔)ㅣ 이시며 朋友(붕우)ㅣ 信(신)이 이시니 放勳(방훈)이 ᄀᆞᄅᆞ샤ᄃᆡ 勞(로)ᄒᆞ며 來(ᄅᆡ)ᄒᆞ며 匡(광)ᄒᆞ며 直(ᄃᆡᆨ)ᄒᆞ며 輔(보)ᄒᆞ며 翼(ᄋᆡᆨ)ᄒᆞ야 ᄒᆡ여곰 스스로 得(득)게 ᄒᆞ고 ᄯᅩ 조초 振(딘)ᄒᆞ야 德(덕)ᄒᆞᆯ 거시라 ᄒᆞ시니 聖人(셩인)의 民(민)을 憂(우)ᄒᆞ샤미 이러커시든 겨를ᄒᆞ야 耕(경)ᄒᆞ시랴

堯(요)ㅣ 舜(슌) 엇디 몯호모로ᄡᅥ 己(긔)의 시름을 삼으시고 舜(슌)이 禹(우)와 皐陶(고요) 엇디 몯호모로ᄡᅥ 己(긔)의 시름을 삼으시니 百畝(ᄇᆡᆨ모)의 다ᄉᆞ리디 아니모로ᄡᅥ 己(긔)의 시름을 삼ᄂᆞᆫ 者(쟈)ᄂᆞᆫ 農夫(농부)ㅣ니라

人(인)의게 財(ᄌᆡ)로ᄡᅥ 分(분)호믈 惠(혜)라 니르고 人(인)을 善(션)으로ᄡᅥ 敎(교)호믈 忠(튱)이라 니르고 天下(텬하)를 爲(위)ᄒᆞ야 人(인)을 得(득)호믈 仁(인)이라 니ᄅᆞᄂᆞ니 이런 故(고)로 天下(텬하)로ᄡᅥ 人(인) 주기ᄂᆞᆫ 쉽고 天下(텬하)를 爲(위)ᄒᆞ야 人(인) 엇기ᄂᆞᆫ 어려우니라

孔子(공ᄌᆞ)ㅣ ᄀᆞᄅᆞ샤ᄃᆡ 크시다 堯(요)의 님금되시미여 오직 天(텬)이 크거시ᄂᆞᆯ 오직 堯(요)ㅣ 則(측)ᄒᆞ시니 蕩蕩(탕탕)ᄒᆞ야 民(민)이 能(능)히 名(명)홈이 업도다 君(군)ᄒᆞ시다 舜(슌)이여 巍巍(외외)히 天下(텬하)를 두샤ᄃᆡ 與(여)티 아니시다 ᄒᆞ시니 堯舜(요슌)의 天下(텬하) 다ᄉᆞ리시기 엇디 그 ᄆᆞ음ᄡᅳ실 배 업스리오 ᄯᅩᄒᆞᆫ 耕(경)의 ᄡᅳ디 아니시니라

나ᄂᆞᆫ 夏(하)를 ᄡᅥ 夷(이)를 變(변)ᄒᆞᆫ다 듯고 夷(이)의게 變(변)ᄒᆞ이믈 듯디 몯게라 陳良(딘량)은 楚(초)의 産(산)이니 周公(쥬공)이며 仲尼(듕니)의 道(도)를 悅(열)ᄒᆞ야 北(ᄇᆡᆨ)으로 中國(듕국)에 學(ᄒᆞᆨ)ᄒᆞᆫ대 北方(ᄇᆡᆨ방)의 學(ᄒᆞᆨ)ᄒᆞᄂᆞᆫ 者(쟈)ㅣ 能(능)히 或(혹) 先(션)티 몯ᄒᆞ니 뎨 닐온 밧 豪傑(호걸)의 士(ᄉᆞ)ㅣ어ᄂᆞᆯ 子(ᄌᆞ)의 兄弟(형뎨)ㅣ 셤기기를 數十年(수십년)이나 ᄒᆞ다가 스승이 죽거ᄂᆞᆯ 드듸여 ᄇᆡ반ᄒᆞ곤여

녜 孔子(공ᄌᆞ)ㅣ 沒(몰)커시ᄂᆞᆯ 三年(삼년) 밧긔 門人(문인)이 任(임)을 다ᄉᆞ려 쟝ᄎᆞᆺ 도라갈 ᄉᆡ 드러 子貢(ᄌᆞ공)의게 揖(읍)ᄒᆞ고 서르 嚮(향)ᄒᆞ야 哭(곡)ᄒᆞ야 다 失聲(실셩)ᄒᆞᆫ 後(후)에 도라가거ᄂᆞᆯ 子貢(ᄌᆞ공)은 도라 場(댱)에 室(실)을 築(츅)ᄒᆞ야 혼자 三年(삼년)을 居(거)ᄒᆞᆫ 後(후)에 도라가니라 다ᄅᆞᆫ 날애 子夏(ᄌᆞ하)와 子張(ᄌᆞ댱)과 子游(ᄌᆞ유)ㅣ 有若(유약)이 聖人(셩인)ᄀᆞᆺ다 ᄒᆞ야 ᄡᅥ 孔子(공ᄌᆞ) 셤기던 바로ᄡᅥ 셤기고져 ᄒᆞ야 曾子(증ᄌᆞ)를 彊(강)ᄒᆞᆫ대 曾子(증ᄌᆞ)ㅣ ᄀᆞᄅᆞ샤ᄃᆡ 可(가)티 아니ᄒᆞ니 江漢(강한)으로ᄡᅥ 濯(탁)ᄒᆞ며 秋陽(츄양)으로ᄡᅥ 暴(폭)ᄒᆞᆫ 디라 皜皜(호호)ᄒᆞ야 可(가)히 尙(샹)티 몯ᄒᆞᆯ 디라 ᄒᆞ시니라

이제 南蠻(남만)의 鴃舌(격셜)읫 人(인)이 先王(션왕)의 道(도)를 외다 ᄒᆞ거ᄂᆞᆯ 子(ᄌᆞ)ㅣ 子(ᄌᆞ)의 스승을 ᄇᆡ반ᄒᆞ고 ᄇᆡ호니 ᄯᅩᄒᆞᆫ 曾子(증ᄌᆞ)와 다ᄅᆞ도다

나ᄂᆞᆫ 幽谷(유곡)에셔 나 喬木(교목)에 遷(쳔)호믈 듯고 喬木(교목)에셔 ᄂᆞ려 幽谷(유곡)에 들오믈 듯디 몯게라

魯頌(로숑)에 ᄀᆞᆯ오ᄃᆡ 戎(융)과 狄(뎍)을 이에 膺(응)ᄒᆞ니 荊(형)과 舒(셔)ㅣ 이에 懲(딩)타 ᄒᆞ니 周公(쥬공)은 ᄇᆡ야흐로 ᄯᅩ 膺(응)커시ᄂᆞᆯ 子(ᄌᆞ)ㅣ 이를 ᄇᆡ호니 ᄯᅩᄒᆞᆫ 잘 變(변)티

몬홈이로다

許子(허즈)의 道(도)롤 조추면 市賈(시가)ㅣ 貳(이)티 아니ᄒᆞ며 나라 가온대 僞(위)홀 이 업서 비록 五尺(오쳑)의 童(동)으로 브려 市(시)에 갈 디라도 或(혹)도 소기디 아니ᄒᆞ리니 布(포)와 帛(빅)이 長短(댱단)이 ᄒᆞᆫ 가지면 갑시 서르 ᄀᆞᄐᆞ며 麻(마)와 縷(루)와 絲(ᄉᆞ)와 絮(셔)ㅣ 輕重(경듕)이 ᄒᆞᆫ 가지면 갑시 서르 ᄀᆞᄐᆞ며 五穀(오곡)이 多寡(다과)ㅣ ᄒᆞᆫ 가지면 갑시 서로 ᄀᆞᄐᆞ며 屨(구)ㅣ 大小(대쇼)ㅣ ᄒᆞᆫ 가지면 갑시 서르 ᄀᆞᄐᆞ리이다

ᄀᆞᆯᄋᆞ샤ᄃᆡ 物(믈)의 齊(졔)티 아니홈은 物(믈)의 情(졍)이라 或(혹) 서르 倍蓰(빅ᄉᆞ)ᄒᆞ며 或(혹) 서르 什伯(습빅)ᄒᆞ며 或(혹) 서르 千萬(쳔만)ᄒᆞ거늘 子(ᄌᆞ)ㅣ 比(비)ᄒᆞ야 同(동)케 ᄒᆞ니 이ᄂᆞᆫ 天下(텬하)롤 亂(란)홈이로다 巨屨(거구)와 小屨(쇼구)ㅣ 갑시 ᄒᆞᆫ 가지면 人(인)이 엇디 ᄒᆞ리오 許子(허ᄌᆞ)의 道(도)롤 조ᄎᆞ면 서르 거느려 僞(위)롤 홈이니 엇디 能(능)히 國家(국가)롤 治(티)ᄒᆞ리오

051(5-5) 墨者夷之

墨者夷之, 因徐辟而求見孟子. 孟子曰:「吾固願見, 今吾尚病, 病愈, 我且往見, 夷子不來!」他日, 又求見孟子. 孟子曰:「吾今則可以見矣. 不直則道不見; 我且直之. 吾聞夷子墨者. 墨之治喪也, 以薄爲其道也. 夷子思以易天下; 豈以爲非是而不貴也? 然而夷子葬其親厚, 則是以所賤事親也.」

徐子以告夷子. 夷子曰:「儒者之道, 古之人『若保赤子』, 此言何謂也? 之則以爲愛無差等, 施由親始.」

徐子以告孟子. 孟子曰:「夫夷子, 信以爲人之親其兄之子爲若親其鄰之赤子乎? 彼有取爾也. 赤子匍匐將入井, 非赤子之罪也. 且天之生物也, 使之一本, 而夷子二本故也. 蓋上世嘗有不葬其親者; 其親死, 則擧而委之於壑. 他日過之, 狐狸食之, 蠅蚋姑嘬之; 其顙有泚, 睨而不視. 夫泚也, 非爲人泚, 中心達於面目. 蓋歸反虆梩而掩之. 掩之誠是也, 則孝子仁人之掩其親, 亦必有道矣.」

徐子以告夷子. 夷子憮然; 爲閒曰:「命之矣.」

① 陶山本

墨(믁)ᄒᆞᄂᆞᆫ 者(쟈) 夷之(이지)ㅣ 徐辟(셔벽)을 因(인)ᄒᆞ야 孟子(ᄆᆡᆼᄌᆞ) 보ᄋᆞ옴을 求(구)ᄒᆞᆫ대 孟子(ᄆᆡᆼᄌᆞ)ㅣ ᄀᆞᆯᄋᆞ샤ᄃᆡ 내 본ᄃᆡ 見(견)코쟈 願(원)ᄒᆞ다니 이제 내 오히려 病(병)ᄒᆞᆫ 디라

病(병)이 愈(유)커든 내 ᄯᅩ 往(왕)ᄒᆞ야 見(견)호리니 夷子(이ᄌᆞ)ᄂᆞᆫ 來(ᄅᆡ)티 아니ᄒᆞᆯ 띠니라

他日(타ᅀᅵᆯ)애 ᄯᅩ 孟子(ᄆᆡᆼᄌᆞ) 보ᄋᆞ옴을 求(구)ᄒᆞᆫ대 孟子(ᄆᆡᆼᄌᆞ)ㅣ ᄀᆞᆯᄋᆞ샤ᄃᆡ 내 이제면 可(가)히 ᄡᅧ 見(견)ᄒᆞ려니와 直(딕)디 아니면 道(도)ㅣ 見(현)티 아니ᄒᆞᄂᆞ니 내 ᄯᅩ 直(딕)호리라 나ᄂᆞᆫ 들오니 夷子(이ᄌᆞ)ᄂᆞᆫ 墨者(믁쟈)ㅣ라 호니 墨(믁)의 喪(상)을 治(티)ᄒᆞ욤은 薄(박)으로ᄡᅧ 그 道(도)를 삼ᄂᆞᆫ 디라 夷子(이ᄌᆞ)ㅣ 思(ᄉᆞ)호ᄃᆡ ᄡᅧ 天下(텬하)ᄅᆞᆯ 易(역)호려 ᄒᆞᄂᆞ니 엇디 ᄡᅧ 是(시)티 아니타 ᄒᆞ야 貴(귀)히 아니 너기리오 그러나 夷子(이ᄌᆞ)ㅣ 그 親(친)을 葬(장)ᄒᆞ욤이 厚(후)ᄒᆞ니 곧 이 賤(쳔)ᄒᆞᆫ 바로ᄡᅧ 親(친)을 事(ᄉᆞ)홈이로다

徐子(셔ᄌᆞ)ㅣ ᄡᅧ 夷子(이ᄌᆞ)ᄃᆞ려 告(고)ᄒᆞᆫ대 夷子(이ᄌᆞ)ㅣ ᄀᆞᆯ오ᄃᆡ 儒者(유쟈)의 道(도)애 녯사ᄅᆞᆷ이 赤子(젹ᄌᆞ) 保(보)홈ᄀᆞ티 ᄒᆞ다 ᄒᆞ니 이 言(언)은 엇디 닐옴고 之(지)는 ᄡᅧ ᄒᆞ요ᄃᆡ 愛(ᄋᆡ)홈은 差等(차ᄃᆞᆼ)이 업고 施(시)홈은 親(친)으로브터 始(시)ᄒᆞᆯ 꺼시라 ᄒᆞ노라 徐子(셔ᄌᆞ)ㅣ ᄡᅧ 孟子(ᄆᆡᆼᄌᆞ)ᄭᅴ 告(고)ᄒᆞᆫ대 孟子(ᄆᆡᆼᄌᆞ)ㅣ ᄀᆞᆯᄋᆞ샤ᄃᆡ 夷子(이ᄌᆞ)ᄂᆞᆫ 진실로 ᄡᅧ ᄒᆞ요ᄃᆡ 人(ᅀᅵᆫ)의 그 兄(형)의 子(ᄌᆞ)를 親(친)히 홈이 그 鄰(린)읫 赤子(젹ᄌᆞ)ᄅᆞᆯ 親(친)히홈 ᄀᆞᆮ다 ᄒᆞᄂᆞ냐 뎌ᄂᆞᆫ 取(츄)홈이 인ᄂᆞ니 赤子(젹ᄌᆞ)의 匍匐(포복)ᄒᆞ야 쟝ᄎᆞᆺ 井(졍)에 入(ᅀᅵᆸ)홈이 赤子(젹ᄌᆞ)의 罪(죄) 아니라 ᄯᅩ 天(텬)의 物(믈) 生(ᄉᆡᆼ)ᄒᆞ욤이 ᄒᆞ여곰 一本(일본)이어늘 夷子(이ᄌᆞ)ᄂᆞᆫ 二本(ᅀᅵ본)인 故(고)ㅣ로다

上世(샹셰)예 일즉 그 親(친)을 葬(장)티 아니ᄒᆞᇙ 者(쟈)ㅣ 잇더니 그 親(친)이 死(ᄉᆞ)커늘 곧 擧(거)ᄒᆞ야 壑(학)애 委(위)ᄒᆞ고 他日(타ᅀᅵᆯ)에 過(과)ᄒᆞᆯ 시 狐(호)와 狸(리)ㅣ 食(식)ᄒᆞ며 蠅(승)과 蚋(예)ㅣ 嘬(최)ᄒᆞ거늘 그 顙(상)애 泚(ᄌᆞ)ㅣ 이셔 睨(예)ᄒᆞ고 視(시)티 몯ᄒᆞ니 泚(ᄌᆞ)ᄒᆞ욤은 人(ᅀᅵᆫ)을 爲(위)ᄒᆞ야 泚(ᄌᆞ)홈인 줄이 아니라 中心(듕심)이 面目(면목)애 達(달)홈이니 歸(귀)ᄒᆞ야 虆(류)와 梩(리)ᄅᆞᆯ 反(반)ᄒᆞ야 掩(엄)ᄒᆞ니 掩(엄)ᄒᆞ욤이 진실로 是(시)ᄒᆞ면 곧 孝子(효ᄌᆞ)와 仁人(ᅀᅵᆫᅀᅵᆫ)의 그 親(친)을 掩(엄)홈이 ᄯᅩ 반ᄃᆞ시 道(도)ㅣ 인ᄂᆞ니라

徐子(셔ᄌᆞ)ㅣ ᄡᅧ 夷子(이ᄌᆞ)ᄃᆞ려 告(고)ᄒᆞᆫ대 夷子(이ᄌᆞ)ㅣ 憮然(무션)히 爲閒(위간)ᄒᆞ야 ᄀᆞᆯ오ᄃᆡ 之(지)ᄅᆞᆯ 命(명)ᄒᆞ샷다

② 栗谷本

墨(믁)ᄒᆞᄂᆞᆫ 者(쟈) 夷之(이지)ㅣ 徐辟(셔벽)을 因(인)ᄒᆞ야 孟子(ᄆᆡᆼᄌᆞ) 보ᄋᆞ오믈 求(구)ᄒᆞ거늘 孟子(ᄆᆡᆼᄌᆞ)ㅣ ᄀᆞᄅᆞ샤ᄃᆡ 내 본ᄃᆡ 보고져 願(원)ᄒᆞ다니 이제 내 오히려 病(병)ᄒᆞ얏ᄂᆞᆫ 디라 病(병)이 됴커든 내 쟝ᄎᆞᆺ 가 보리니 夷子(이ᄌᆞ)ㅣ 오디 말라

다른 날애 ᄯᅩ 孟子(ᄆᆡᆼᄌᆞ) 보ᄋᆞ오믈 求(구)ᄒᆞ거늘 孟子(ᄆᆡᆼᄌᆞ)ㅣ ᄀᆞᄅᆞ샤ᄃᆡ 내 이제ᄂᆞᆫ 可(가)히 ᄡᅧ 보려니와 直(딕)디 아니면 道(도)ㅣ 見(현)티 아니ᄒᆞᄂᆞ니 내 안즉 直(딕)호리라 내 드로니 夷子(이ᄌᆞ)ᄂᆞᆫ 墨(믁)ᄒᆞᄂᆞᆫ 者(쟈)ㅣ라 ᄒᆞ니 墨(믁)의 喪(상)을 治(티)ᄒᆞ기ᄂᆞᆫ 薄(박)으로ᄡᅧ 그 道(도)ᄅᆞᆯ 삼거늘 夷子(이ᄌᆞ)ㅣ ᄡᅧ 天下(텬하)ᄅᆞᆯ 고티려 思(ᄉᆞ)ᄒᆞᄂᆞ니 엇디 ᄡᅧ 올티 아니며 貴(귀)티 아니타 ᄒᆞ리오마ᄂᆞᆫ 그러나 夷子(이ᄌᆞ)ㅣ 그 親(친) 葬(장)홈을 厚(후)히 ᄒᆞ니 이ᄂᆞᆫ 賤(쳔)히 너기ᄂᆞᆫ 바로ᄡᅧ 親(친)을 事(ᄉᆞ)홈이로다

徐子(셔ᄌᆞ)ㅣ ᄡᅧ 夷子(이ᄌᆞ)ᄃᆞ려 告(고)ᄒᆞᆫ대 夷子(이ᄌᆞ)ㅣ ᄀᆞᆯ오ᄃᆡ 儒者(유쟈)의 道(도)애 녯 人(인)이 赤子(젹ᄌᆞ)ᄅᆞᆯ 保(보)틋 ᄒᆞ다 ᄒᆞ니 이 말은 엇디 닐옴고 之(지)ᄂᆞᆫ ᄡᅧ 愛(ᄋᆡ)ᄂᆞᆫ

差等(차등) 업고 施(시)ᄂᆞᆫ 親(친)을 말ᄆᆡ아마 始(시)ᄒᆞᆯ 거시라 ᄒᆞ노라 徐子(셔ᄌᆞ)ㅣ ᄡᅧ 孟子(ᄆᆡᆼᄌᆞ)ᄭᅴ 告(고)ᄒᆞᆫ대 孟子(ᄆᆡᆼᄌᆞ)ㅣ ᄀᆞᄅᆞ샤ᄃᆡ 夷子(이ᄌᆞ)ᄂᆞᆫ 진실로 ᄡᅧ 人(인)이 그 兄(형)의 아ᄃᆞᆯ 親(친)히 녀교미 그 ᄆᆞ올ᄒᆡ 赤子(젹ᄌᆞ)ᄅᆞᆯ 親(친)히 녀김과 ᄀᆞᆮ다 ᄒᆞᄂᆞ냐 뎌ᄂᆞᆫ 取(취)홈이 잇ᄂᆞ니 赤子(젹ᄌᆞ)ㅣ 匍匐(포복)ᄒᆞ야 쟝ᄎᆞᆺ 우믈에 드롬이 赤子(젹ᄌᆞ)의 罪(죄) 아닐ᄉᆡ니라 ᄯᅩ 天(텬)이 物(믈) 生(ᄉᆡᆼ)ᄒᆞ기ᄂᆞᆫ ᄒᆡ여곰 本(본)을 一(일)케 ᄒᆞ거시ᄂᆞᆯ 夷子(이ᄌᆞ)ᄂᆞᆫ 本(본)을 二(이)케 ᄒᆞᄂᆞᆫ 故(고)ㅣ로다

上世(샹셰)예 일즉 그 親(친)을 葬(장)티 아닌 者(쟈)ㅣ 잇더니 그 親(친)이 죽거든 擧(거)ᄒᆞ야 壑(학)에 ᄇᆞ리고 다른 날애 過(과)ᄒᆞᆯ ᄉᆡ 狐狸(호리)ㅣ 食(식)ᄒᆞ며 蠅蚋(승예)ㅣ 嘬(최)ᄒᆞ거ᄂᆞᆯ 그 니마ᄒᆡ 泚(ᄌᆞ)홈이 이셔 睨(예)ᄒᆞ고 視(시)티 몯ᄒᆞ니 泚(ᄌᆞ)홈이 人(인)을 爲(위)ᄒᆞ야 泚(ᄌᆞ)홈이 아니라 中心(듕심)이 面目(면목)에 達(달)홈이니 歸(귀)ᄒᆞ야 虆(류)와 梩(리)ᄅᆞᆯ 反(반)ᄒᆞ야 掩(엄)ᄒᆞ니 掩(엄)홈이 진실로 올ᄒᆞᆯ 딘댄 孝子(효ᄌᆞ)ㅣ며 仁人(인인)의 그 親(친)을 掩(엄)홈이 ᄯᅩᄒᆞᆫ 반ᄃᆞ시 道(도)ㅣ 잇ᄂᆞ니라

徐子(셔ᄌᆞ)ㅣ ᄡᅧ 夷子(이ᄌᆞ)ᄃᆞ려 告(고)ᄒᆞᆫ대 夷子(이ᄌᆞ)ㅣ 憮然(무연)코 이슥ᄒᆞ야 ᄀᆞᆯ오ᄃᆡ 之(지)ᄅᆞᆯ 命(명)ᄒᆞ샤다

第六 〈滕文公章句〉(下)

052(6-1) 陳代

陳代曰: 「不見諸侯, 宜若小然; 今一見之, 大則以王, 小則以霸. 且志曰: 『枉尺而直尋』, 宜若可爲也.」

孟子曰: 「昔齊景公田, 招虞人以旌, 不至, 將殺之. 『志士不忘在溝壑, 勇士不忘喪其元.』 孔子奚取焉? 取非其招不往也, 如不待其招而往, 何哉? 且夫枉尺而直尋者, 以利言也. 如以利, 則枉尋直尺而利, 亦可爲與? 昔者, 趙簡子使王良與嬖奚乘, 終日而不獲一禽. 嬖奚反命曰: 『天下之賤工也.』 或以告王良. 良曰: 『請復之.』 彊而後可, 一朝而獲十禽. 嬖奚反命曰: 『天下之良工也.』 簡子曰: 『我使掌與女乘.』 謂王良, 良不可, 曰: 『吾爲之範我馳驅, 終日不獲一; 爲之詭遇, 一朝而獲十. 詩云: ‘不失其馳, 舍矢如破.’ 我不貫與小人乘; 請辭.』 御者且羞與射者比. 比而得禽獸, 雖若丘陵, 弗爲也. 如枉道而從彼, 何也? 且子過矣! 枉己者, 未有能直人者也.」

① 陶山本

陳代(딘ᄃᆡ)ㅣ ᄀᆞᆯ오ᄃᆡ 諸侯(져후)를 見(견)티 아니ᄒᆞ심이 맛당히 小(쇼)ㄴ ᄃᆞᆺᄒᆞ이다 이제 ᄒᆞᆫ 번 見(견)ᄒᆞ시면 大(대)ᄒᆞ면 ᄡᅧ 王(왕)ᄒᆞ고 小(쇼)ᄒᆞ면 ᄡᅧ 霸(패)ᄒᆞ리니 ᄯᅩ 志(지)예 ᄀᆞᆯ오ᄃᆡ 尺(쳑)을 枉(왕)ᄒᆞ야 尋(심)을 直(딕)ᄒᆞ다 ᄒᆞ니 맛당히 可(가)히 ᄒᆞ염즉 ᄒᆞ도소이다

孟子(ᄆᆡᆼᄌᆞ)ㅣ ᄀᆞᆯᄋᆞ샤ᄃᆡ 녜 齊景公(졔경공)이 田(뎐)ᄒᆞᆯ ᄊᆡ 虞人(우인)을 招(툐)호ᄃᆡ 旌(졍)으로ᄡᅧ ᄒᆞᆫ대 至(지)티 아니ᄒᆞ거늘 쟝ᄎᆞᆺ 殺(살)호려 ᄒᆞ더니 志士(지ᄉᆞ)는 溝壑(구학)애 이숌을 忘(망)티 아니ᄒᆞ고 勇士(용ᄉᆞ)ᄂᆞᆫ 그 元(원) 喪(상)ᄒᆞ욤을 忘(망)티 아니ᄒᆞᆫ다 ᄒᆞ시니 孔子(공ᄌᆞ)ᄂᆞᆫ ᄆᆞ스거슬 取(취)ᄒᆞ신고 그 招(툐)ㅣ 아니어든 往(왕)티 아니홈을 取(취)ᄒᆞ시니 그 招(툐)를 待(ᄃᆡ)티 아니ᄒᆞ고 往(왕)ᄒᆞ욤앤 엇디오

ᄯᅩ 尺(쳑)을 枉(왕)ᄒᆞ야 尋(심)을 直(딕)ᄒᆞ다 ᄒᆞ욤은 利(리)로ᄡᅧ 닐옴이니 만일에 利(리)로ᄡᅧ ᄒᆞ면 尋(심)을 枉(왕)ᄒᆞ고 尺(쳑)을 直(딕)ᄒᆞ야 利(리)ᄒᆞ야도 ᄯᅩᄒᆞᆫ 可(가)히 ᄒᆞ랴

녜 趙簡子(됴간ᄌᆞ)ㅣ 王良(왕량)으로 ᄒᆞ여곰 嬖奚(폐ᄒᆡ)로 더브러 乘(승)ᄒᆞᆫ대 日(일)이 終(죵)토록 ᄒᆞᆫ 禽(금)을 獲(획)디 몯ᄒᆞ고 嬖奚(폐ᄒᆡ)ㅣ 命(명)을 反(반)ᄒᆞ야 ᄀᆞᆯ오ᄃᆡ 天下(텬하)읫 賤工(쳔공)이러이다 或(혹)이 ᄡᅧ 王良(왕량)ᄃᆞ려 告(고)ᄒᆞᆫ대 良(량)이 ᄀᆞᆯ오ᄃᆡ 請(쳥)컨댄 다시 호리라 彊(강)ᄒᆞᆫ 後(후)에 可(가)ㅣ라 ᄒᆞ야ᄂᆞᆯ ᄒᆞᆫ 아ᄎᆞᆷ의 열 禽(금)을 獲(획)ᄒᆞ고 嬖奚(폐ᄒᆡ)ㅣ 命(명)을 反(반)ᄒᆞ야 ᄀᆞᆯ오ᄃᆡ 天下(텬하)읫 良工(량공)이러이다 簡子(간ᄌᆞ)ㅣ

ᄀᆞᆯ오ᄃᆡ 내 ᄒᆞ여곰 너를 더브러 乘(승)홈을 掌(쟝)케 호리라 ᄒᆞ고 王良(왕량)ᄃᆞ려 닐ᄋᆞᆫ대 良(량)이 可(가)티 아니타 ᄒᆞ야 ᄀᆞᆯ오ᄃᆡ 내 爲(위)ᄒᆞ야 내 馳驅(티구)를 範(범)으로 호니 日(싈)이 終(죵)토록 ᄒᆞᆫ나흘 獲(획)디 몯ᄒᆞ고 爲(위)ᄒᆞ야 詭(궤)로 遇(우)호니 ᄒᆞᆫ 아ᄎᆞᆷ의 열흘 獲(획)ᄒᆞ니 詩(시)예 닐오ᄃᆡ 그 馳(티)를 失(실)티 아니ᄒᆞ거ᄂᆞᆯ 矢(시) 舍(샤)홈을 破(파)ᄐᆞᆺ ᄒᆞ다 ᄒᆞ니 나는 小人(쇼싄)으로 더브러 乘(승)홈을 貫(관)티 몯호니 請(쳥)컨댄 辭(ᄉᆞ)ᄒᆞ여지라 ᄒᆞ니라

御者(어쟈)ㅣ ᄯᅩ 射者(샤쟈)로 더브러 比(비)홈을 羞(슈)ᄒᆞ야 比(비)ᄒᆞ야 禽獸(금슈)를 得(득)홈이 비록 丘陵(구릉)ᄀᆞᄐᆞᆯ ᄯᅵ라도 ᄒᆞ디 아니ᄒᆞ니 道(도)를 枉(왕)ᄒᆞ야 彼(피)를 從(죵)홈앤 엇뎨오 ᄯᅩ 子(ᄌᆞ)ㅣ 過(과)ᄒᆞ도다 己(긔)를 枉(왕)ᄒᆞᆫ 者(쟈)ㅣ 能(능)히 人(싄)을 直(딕)ᄒᆞ리 잇디 아니ᄒᆞ니라

② 栗谷本

陳代(딘ᄃᆡ)ㅣ ᄀᆞᆯ오ᄃᆡ 諸侯(져후)를 보디 아님이 맛당이 져근ᄃᆞᆺ ᄒᆞ이다 이제 ᄒᆞᆫ 번 보면 크면 ᄡᅧ 王(왕)ᄒᆞ고 져그면 ᄡᅧ 霸(패)ᄒᆞ리니 ᄯᅩ 志(지)예 ᄀᆞᆯ오ᄃᆡ 尺(쳑)을 枉(왕)ᄒᆞ고 尋(심)을 直(딕)ᄒᆞᆯ 거시라 ᄒᆞ니 맛당이 可(가)히 ᄒᆞ얌즉 ᄒᆞᆫ ᄃᆞᆺᄒᆞ이다

孟子(밍ᄌᆞ)ㅣ ᄀᆞᄅᆞ샤ᄃᆡ 녜 齊景公(졔경공)이 田(뎐)ᄒᆞᆯ 제 虞人(우인)을 旌(졍)으로ᄡᅧ 브른대 니르디 아니커ᄂᆞᆯ 쟝ᄎᆞᆺ 주기려 ᄒᆞ더시니 志士(지ᄉᆞ)ᄂᆞᆫ 溝壑(구학)에 잇기를 닛디 아니코 勇士(용ᄉᆞ)ᄂᆞᆫ 그 元(원)을 喪(상)호믈 닛디 아니타 ᄒᆞ시니 孔子(공ᄌᆞ)ᄂᆞᆫ 므서슬 取(취)ᄒᆞ시ᄂᆞ뇨 그 招(툐)ㅣ 아녀ᄂᆞᆯ 가디 아니호믈 取(취)ᄒᆞ시니 만일 그 招(툐)를 기ᄃᆞ리디 아녀 가믄 엇디오

ᄯᅩ 尺(쳑)을 枉(왕)ᄒᆞ고 尋(심)을 直(딕)호믄 利(리)로ᄡᅧ 니름이니 만일 利(리)로ᄡᅳᆯ딘댄 尋(심)을 枉(왕)ᄒᆞ고 尺(쳑)을 直(딕)ᄒᆞ야 利(리)ᄒᆞᆯ 디라도 ᄯᅩᄒᆞᆫ 可(가)히 ᄒᆞ랴

녜 趙簡子(됴간ᄌᆞ)ㅣ 王良(왕량)으로 ᄒᆡ여곰 嬖奚(폐히)로 더브러 乘(승)ᄒᆞᆫ대 날이 ᄆᆞᆺ도록 ᄒᆞᆫ 禽(금)을 獲(획)디 몯ᄒᆞ고 嬖奚(폐히)ㅣ 命(명)을 反(반)ᄒᆞ야 ᄀᆞᆯ오ᄃᆡ 天下(텬하)에 賤(쳔)ᄒᆞᆫ 工(공)이라 ᄒᆞ야ᄂᆞᆯ 或(혹)이 ᄡᅧ 王良(왕량)ᄃᆞ려 告(고)ᄒᆞᆫ대 良(량)이 ᄀᆞᆯ오ᄃᆡ 請(쳥)컨댄 다시 ᄒᆞ야지라 ᄒᆞ야 彊(강)ᄒᆞᆫ 後(후)에 可(가)타 ᄒᆞ야ᄂᆞᆯ ᄒᆞᄅᆞ 아ᄎᆞᆷ에 十禽(십금)을 獲(획)ᄒᆞ니 嬖奚(폐히)ㅣ 命(명)을 反(반)ᄒᆞ야 ᄀᆞᆯ오ᄃᆡ 天下(텬하)에 良(량)ᄒᆞᆫ 工(공)이러이다 簡子(간ᄌᆞ)ㅣ ᄀᆞᆯ오ᄃᆡ 내 ᄒᆡ여곰 너와 더브러 乘(승)홈을 掌(쟝)케 호리라 ᄒᆞ고 王良(왕량)ᄃᆞ려 닐ᄋᆞᆫ대 良(량)이 可(가)티 아니타 ᄒᆞ야 ᄀᆞᆯ오ᄃᆡ 내 爲(위)ᄒᆞ야 나의 馳驅(티구)를 範(범)으로 호니 날이 ᄆᆞᆺ도록 一(일)을 獲(획)디 몯ᄒᆞ고 爲(위)ᄒᆞ야 詭(궤)히 遇(우)케 호니 ᄒᆞᄅᆞ 아ᄎᆞᆷ에 十(십)을 獲(획)ᄒᆞ니 詩(시)예 닐오ᄃᆡ 그 馳(티)홈을 失(실)티 아니커ᄂᆞᆯ 矢(시)를 舍(샤)호ᄃᆡ 破(파)ᄐᆞᆺ ᄒᆞ다 ᄒᆞ니 내 小人(쇼인)과 더브러 乘(승)홈을 니기디 아녓노니 請(쳥)컨댄 辭(ᄉᆞ)ᄒᆞ노이다

御者(어쟈)도 ᄯᅩ 射者(샤쟈)로 더브러 比(비)키를 븟그려 比(비)ᄒᆞ야 禽獸(금슈) 어듬이 비록 丘陵(구릉)ᄀᆞᄐᆞᆯ 디라도 ᄒᆞ디 아니ᄒᆞ니 만일 道(도)를 枉(왕)ᄒᆞ야 뎌를 조ᄎᆞ믄 엇디오 ᄯᅩ 子(ᄌᆞ)ㅣ 過(과)ᄒᆞ도다 己(긔)를 枉(왕)ᄒᆞᆫ 者(쟈)ㅣ 能(능)히 人(인)을 直(딕)ᄒᆞᆯ 者(쟈)ㅣ 잇디 아니ᄒᆞ니라

053(6-2) 大丈夫

景春曰:「公孫衍·張儀, 豈不誠大丈夫哉? 一怒而諸侯懼, 安居而天下熄.」

孟子曰:「是焉得爲大丈夫乎? 子未學禮乎? 丈夫之冠也, 父命之; 女子之嫁也, 母命之; 往送之門, 戒之曰:『往之女家, 必敬必戒, 無違夫子!』以順爲正者, 妾婦之道也. 居天下之廣居; 立天下之正位; 行天下之大道. 得志, 與民由之; 不得志, 獨行其道, 富貴不能淫; 貧賤不能移, 威武不能屈. 此之謂大丈夫.」

① 陶山本

景春(경츈)이 ᄀᆞᆯ오ᄃᆡ 公孫衍(공손연)과 張儀(댱의)ᄂᆞᆫ 엇디 진실로 大丈夫(대댱부)ㅣ 아니리오 ᄒᆞᆫ번 怒(노)ᄒᆞ욤애 諸侯(졔후)ㅣ 懼(구)ᄒᆞ고 安居(안거)ᄒᆞ욤애 天下(텬하)ㅣ 熄(식)ᄒᆞ니라

孟子(ᄆᆡᆼᄌᆞ)ㅣ ᄀᆞᆯᄋᆞ샤ᄃᆡ 이 엇디 시러곰 大丈夫(대댱부)ㅣ 되리오 子(ᄌᆞ)ㅣ 禮(례)를 學(ᄒᆞᆨ)디 아니ᄒᆞ얀ᄂᆞ냐 丈夫(댱부)의 冠(관)ᄒᆞ욤애 父(부)ㅣ 命(명)ᄒᆞ고 女子(녀ᄌᆞ)의 嫁(가)ᄒᆞ욤애 母(모)ㅣ 命(명)ᄒᆞᄂᆞ니 往(왕)ᄒᆞᆯ 제 門(문)에 送(송)ᄒᆞᆯ 시 戒(계)ᄒᆞ야 ᄀᆞᆯ오ᄃᆡ 네 家(가)의 往(왕)ᄒᆞ야 반ᄃᆞ시 敬(경)ᄒᆞ며 반ᄃᆞ시 戒(계)ᄒᆞ야 夫子(부ᄌᆞ)를 違(위)티 말라 ᄒᆞᄂᆞ니 順(슌)으로ᄡᅥ 正(졍)을 삼ᄂᆞᆫ 者(쟈)ᄂᆞᆫ 妾婦(쳡부)의 道(도)ㅣ니라

天下(텬하)앳 廣(광)ᄒᆞᆫ 居(거)애 居(거)ᄒᆞ며 天下(텬하)앳 正(졍)ᄒᆞᆫ 位(위)예 立(립)ᄒᆞ며 天下(텬하)앳 大(대)ᄒᆞᆫ 道(도)애 行(ᄒᆡᆼ)ᄒᆞ야 志(지)를 得(득)ᄒᆞ얀 民(민)으로 더브러 由(유)ᄒᆞ고 志(지)를 得(득)디 몯ᄒᆞ얀 호올로 그 道(도)를 行(ᄒᆡᆼ)ᄒᆞ야 富貴(부귀)ㅣ 能(ᄂᆞᆼ)히 淫(음)티 몯ᄒᆞ며 貧賤(빈쳔)이 能(ᄂᆞᆼ)히 移(이)티 몯ᄒᆞ며 威武(위무)ㅣ 能(ᄂᆞᆼ)히 屈(굴)티 몯홈이 이 닐온 大丈夫(대댱부)ㅣ니라

② 栗谷本

景春(경츈)이 ᄀᆞᆯ오ᄃᆡ 公孫衍(공손연)과 張儀(댱의)ᄂᆞᆫ 엇디 딘실로 大丈夫(대댱부)ㅣ 아니리오 ᄒᆞᆫ번 怒(노)ᄒᆞ매 諸侯(져후)ㅣ 두리고 편안히 이쇼매 天下(텬하)ㅣ 熄(식)ᄒᆞᄂᆞ니이다

孟子(ᄆᆡᆼᄌᆞ)ㅣ ᄀᆞᄅᆞ샤ᄃᆡ 이 엇디 시러곰 大丈夫(대댱부)ㅣ 되리오 子(ᄌᆞ)ㅣ 禮(례)를 學(ᄒᆞᆨ)디 못ᄒᆞ얏ᄂᆞᆫ다 丈夫(댱부)ㅣ 冠(관)ᄒᆞᆯ 제ᄂᆞᆫ 父(부)ㅣ 命(명)ᄒᆞ고 女子(녀ᄌᆞ)의 嫁(가)ᄒᆞᆯ 제ᄂᆞᆫ 母(모)ㅣ 命(명)ᄒᆞᄂᆞ니 가 門(문)에셔 보내여 戒(계)ᄒᆞ야 ᄀᆞᆯ오ᄃᆡ 네 집의 가 반ᄃᆞ시 敬(경)ᄒᆞ며 반ᄃᆞ시 戒(계)ᄒᆞ야 夫子(부ᄌᆞ)를 違(위)티 말라 ᄒᆞ니 順(슌)으로ᄡᅥ 正(졍)을 삼ᄂᆞᆫ 者(쟈)ᄂᆞᆫ 妾婦(쳡부)의 道(도)ㅣ니라

天下(텬하)의 廣居(광거)에 居(거)ᄒᆞ며 天下(텬하)의 正位(졍위)예 立(립)ᄒᆞ며 天下(텬하)의 大道(대도)를 行(ᄒᆡᆼ)ᄒᆞ야 志(지)를 得(득)호매ᄂᆞᆫ 民(민)으로 더브러 由(유)ᄒᆞ고

志(지)를 得(득)디 몯호매는 혼자 그 道(도)를 行(힝)ᄒᆞ야 富貴(부귀)ㅣ 能(능)히 淫(음)티 몯ᄒᆞ며 貧賤(빈쳔)이 能(능)히 移(이)티 몯ᄒᆞ며 威武(위무)ㅣ 能(능)히 屈(굴)티 몯홈이 이 닐온 大丈夫(대댱부)ㅣ니라

054(6-3) 周霄

周霄問曰:「古之君子仕乎?」

孟子曰:「仕. 傳曰:『孔子三月無君, 則皇皇如也, 出疆必載質.』公明儀曰:『古之人, 三月無君則弔.』」

「『三月無君則弔』, 不以急乎?」

曰:「士之失位也, 猶諸侯之失國家也. 禮曰:『諸侯耕助, 以供粢盛; 夫人蠶繅, 以爲衣服. 犧牲不成, 粢盛不潔, 衣服不備, 不敢以祭. 惟士無田, 則亦不祭.』牲殺器皿衣服不備, 不敢以祭, 則不敢以宴, 亦不足弔乎?」

「『出疆必載質』, 何也?」

曰:「士之仕也, 猶農夫之耕也; 農夫豈爲出疆, 舍其耒耜哉?」

曰:「晉國, 亦仕國也; 未嘗聞仕如此其急. 仕如此其急也, 君子之難仕, 何也?」

曰:「丈夫生而願爲之有室; 女子生而願爲之有家. 父母之心, 人皆有之. 不待父母之命, 媒妁之言, 鑽穴隙相窺, 踰牆相從, 則父母國人皆賤之. 古之人未嘗不欲仕也, 又惡不由其道. 不由其道而往者, 與鑽穴隙之類也.」

① 陶山本

周霄(쥬쇼)ㅣ 묻ᄌᆞ와 ᄀᆞᆯ오ᄃᆡ 녯 君子(군ᄌᆞ)ㅣ 仕(ᄉᆞ)ᄒᆞ더니잇가 孟子(ᄆᆡᆼᄌᆞ)ㅣ ᄀᆞᆯᄋᆞ샤ᄃᆡ 仕(ᄉᆞ)ᄒᆞ니라 傳(뎐)에 ᄀᆞᆯ오ᄃᆡ 孔子(공ᄌᆞ)ㅣ 三月(삼월)을 君(군)이 업스면 皇皇(황황)ᄐᆺᄒᆞ샤 疆(강)애 出(츌)ᄒᆞ심애 반ᄃᆞ시 質(지)를 載(ᄌᆡ)ᄒᆞ시다 ᄒᆞ고 公明儀(공명의) ᄀᆞᆯ오ᄃᆡ 녯 사ᄅᆞᆷ이 三月(삼월)을 君(군)이 업스면 弔(됴)ᄒᆞ다 ᄒᆞ니라

三月(삼월)을 君(군)이 업스면 弔(됴)ᄒᆞ욤이 너무 急(급)디 아니ᄒᆞ니잇가

ᄀᆞᆯᄋᆞ샤ᄃᆡ 士(ᄉᆞ)의 位(위)를 失(실)ᄒᆞ욤이 諸侯(져후)의 國家(국가)를 失(실)ᄒᆞ욤 ᄀᆞᄐᆞ니 禮(례)예 ᄀᆞᆯ오ᄃᆡ 諸侯(져후)ㅣ 耕助(경조)ᄒᆞ야 ᄡᅥ 粢盛(ᄌᆞ셩)을 供(공)ᄒᆞ고 夫人(부신)이

蠶繅(줌소)ᄒᆞ야 ᄡᅧ 衣服(의복)을 ᄒᆞ다 ᄒᆞ니 犧牲(희싱)이 成(셩)티 몯ᄒᆞ며 粢盛(ᄌᆞ셩)이 潔(결)티 몯ᄒᆞ며 衣服(의복)이 備(비)티 몯ᄒᆞ면 敢(감)히 ᄡᅧ 祭(졔)티 몯ᄒᆞ고 士(ᄉᆞ)ㅣ 田(뎐)이 업스면 ᄯᅩᄒᆞᆫ 祭(졔)티 몯ᄒᆞᄂᆞ니 牲殺(싱살)와 器皿(긔명)과 衣服(의복)이 備(비)티 몯ᄒᆞ야 敢(감)히 ᄡᅧ 祭(졔)티 몯ᄒᆞ면 敢(감)히 ᄡᅧ 宴(연)티 몯ᄒᆞ리니 ᄯᅩᄒᆞᆫ 足(족)히 弔(됴)티 아니ᄒᆞ랴

疆(강)애 出(츌)홈애 반ᄃᆞ시 質(지)를 載(ᄌᆡ)홈은 엇디잇고

ᄀᆞᆯᄋᆞ샤ᄃᆡ 士(ᄉᆞ)의 仕(ᄉᆞ)ᄒᆞ욤이 農夫(농부)의 耕(경)홈 ᄀᆞᄐᆞ니 農夫(농부)ㅣ 엇디 疆(강)애 出(츌)홈을 爲(위)ᄒᆞ야 그 耒耜(뢰ᄉᆞ)를 舍(샤)ᄒᆞ리오 ᄀᆞᆯ오ᄃᆡ 晉國(진국)이 ᄯᅩᄒᆞᆫ 仕(ᄉᆞ)ᄒᆞᄂᆞᆫ 國(국)이로ᄃᆡ 일즉 仕(ᄉᆞ)홈이 이러ᄐᆞ시 그 急(급)홈을 듣디 몯호니 仕(ᄉᆞ)ㅣ 이러ᄐᆞ시 急(급)ᄒᆞᆯ ᄯᅵᆫ댄 君子(군ᄌᆞ)의 仕(ᄉᆞ)ᄒᆞ욤을 難(난)히 녀굠은 엇디니잇고 ᄀᆞᆯᄋᆞ샤ᄃᆡ 丈夫(댱부)ㅣ 生(싱)홈애 爲(위)ᄒᆞ야 室(실)둠을 願(원)ᄒᆞ며 女子(녀ᄌᆞ)ㅣ 生(싱)홈애 爲(위)ᄒᆞ야 家(가)둠을 願(원)홈ᄋᆞᆫ 父母(부모)의 心(심)이라 人(신)이 다 둣건마ᄂᆞᆫ 父母(부모)의 命(명)과 媒妁(ᄆᆡ작)의 言(언)을 待(ᄃᆡ)티 아니ᄒᆞ고 穴隙(혈극)을 鑽(찬)ᄒᆞ야 서르 窺(규)ᄒᆞ며 墻(쟝)을 踰(유)ᄒᆞ야 서르 從(죵)ᄒᆞ면 곧 父母(부모)와 國人(국신)이 다 賤(쳔)히 너기ᄂᆞ니 녯 사ᄅᆞᆷ이 일즉 仕(ᄉᆞ)코져 아니티 아니컨마ᄂᆞᆫ ᄯᅩ 그 道(도)를 말ᄆᆡ암디 아니홈을 惡(오)ᄒᆞ니 그 道(도)를 말미암디 아니ᄒᆞ야 往(왕)ᄒᆞᄂᆞᆫ 者(쟈)ᄂᆞᆫ 穴隙(혈극)을 鑽(찬)ᄒᆞᄂᆞ니로 더브러 類(류)ㅣ니라

② 栗谷本

周霄(쥬쇼)ㅣ 問(문)ᄒᆞ야 ᄀᆞᆯ오ᄃᆡ 녯 君子(군ᄌᆞ)ㅣ 仕(ᄉᆞ)ᄒᆞ더니잇가 孟子(ᄆᆡᆼᄌᆞ)ㅣ ᄀᆞᄅᆞ샤ᄃᆡ 仕(ᄉᆞ)ᄒᆞ더니 傳(뎐)에 ᄀᆞᆯ오ᄃᆡ 孔子(공ᄌᆞ)ㅣ 三月(삼월)을 君(군)이 업스면 皇皇(황황)ᄐᆞᆺᄒᆞ시며 疆(강)에 날 제 반ᄃᆞ시 質(지)를 載(ᄌᆡ)ᄒᆞ시다 ᄒᆞ며 公明儀(공명의)ㅣ ᄀᆞᆯ오ᄃᆡ 녯 人(인)이 三月(삼월)을 君(군)이 업스면 弔(됴)ᄒᆞ더라 ᄒᆞ니라

三月(삼월)을 君(군) 업거든 弔(됴)홈이 너무 急(급)디 아니ᄒᆞ니잇가

ᄀᆞᄅᆞ샤ᄃᆡ 士(ᄉᆞ)의 位(위)를 失(실)홈이 諸侯(져후)의 國家(국가) 일홈 ᄀᆞᄐᆞ니 禮(례)예 ᄀᆞᆯ오ᄃᆡ 諸侯(져후)ㅣ 耕助(경조)ᄒᆞ야 ᄡᅧ 粢盛(ᄌᆞ셩)을 供(공)ᄒᆞ며 夫人(부인)이 蠶繅(줌소)ᄒᆞ야 ᄡᅧ 衣服(의복)을 ᄒᆞᄂᆞ니 犧牲(희싱)이 成(셩)티 몯ᄒᆞ며 粢盛(ᄌᆞ셩)이 潔(결)티 몯ᄒᆞ며 衣服(의복)이 備(비)티 몯ᄒᆞ면 敢(감)히 ᄡᅧ 祭(졔)ᄒᆞ디 몯ᄒᆞ며 士(ᄉᆞ)ㅣ 田(뎐) 업스면 ᄯᅩᄒᆞᆫ 祭(졔)ᄒᆞ디 몯ᄒᆞᆫ다 ᄒᆞ니 牲殺(싱살)과 器皿(긔명)과 衣服(의복)이 備(비)티 몯ᄒᆞ야 敢(감)히 ᄡᅧ 祭(졔)ᄒᆞ디 몯ᄒᆞ면 敢(감)히 ᄡᅧ 宴(연)ᄒᆞ디 몯ᄒᆞᆯ 디니 ᄯᅩᄒᆞᆫ 足(족)히 弔(됴)ᄒᆞ얌즉 아니ᄒᆞ랴

疆(강)에 날 제 반ᄃᆞ시 質(지)를 載(ᄌᆡ)홈은 엇디니잇고

ᄀᆞᄅᆞ샤ᄃᆡ 士(ᄉᆞ)의 仕(ᄉᆞ)홈이 農夫(농부)의 耕(경)홈 ᄀᆞᄐᆞ니 農夫(농부)ㅣ 엇디 疆(강)의 나기를 爲(위)ᄒᆞ야 그 耒耜(뢰ᄉᆞ)를 舍(샤)ᄒᆞ리오 ᄀᆞᆯ오ᄃᆡ 晉(진)나라히 ᄯᅩᄒᆞᆫ 仕(ᄉᆞ)ᄒᆞᆯ 나라히로ᄃᆡ 仕(ᄉᆞ)ᄒᆞ리 이ᄀᆞᆺ티 그 急(급)히 홈을 일즉 듯디 몯게이다 仕(ᄉᆞ)ㅣ 이ᄀᆞᆺ티 그 急(급)호ᄃᆡ 君子(군ᄌᆞ)의 仕(ᄉᆞ)를 어려이 녀기믄 엇디잇고 ᄀᆞᄅᆞ샤ᄃᆡ 丈夫(댱부)ㅣ 나매 爲(위)ᄒᆞ야 室(실)두믈 願(원)ᄒᆞ며 女子(녀ᄌᆞ)ㅣ 나매 爲(위)ᄒᆞ야 家(가)두믈 願(원)호믄 父母(부모)의

ᄆᆞ암애 人(인)이 다 두엇거니와 父母(부모)의 命(명)과 媒妁(ᄆᆡ쟉)의 말을 기ᄃᆞ리디 아니ᄒᆞ야 穴隙(혈극)을 鑽(찬)ᄒᆞ야 서르 여으며 墻(쟝)을 너머 서르 조ᄎᆞ면 父母(부모)ㅣ며 國人(국인)이 다 賤(쳔)히 녀기ᄂᆞ니 녯 人(인)이 일즉 仕(ᄉᆞ)를 欲(욕)디 아니티 아니컨마ᄂᆞᆫ ᄯᅩ 그 道(도)를 由(유)티 아니호ᄆᆞᆯ 아쳐ᄒᆞ니 그 道(도)를 由(유)티 아니ᄒᆞ야 往(왕)ᄒᆞᄂᆞᆫ 者(쟈)ᄂᆞᆫ 다ᄆᆞᆺ 穴隙(혈극)을 鑽(찬)ᄒᆞᄂᆞᆫ 類(류)ㅣ니라

055(6-4) 彭更

彭更問曰:「後車數十乘, 從者數百人, 以傳食於諸侯, 不以泰乎?」

孟子曰:「非其道, 則一簞食不可受於人; 如其道, 則舜受堯之天下, 不以爲泰, 子以爲泰乎?」

曰:「否. 士無事而食, 不可也.」

曰:「子不通功易事, 以羨補不足, 則農有餘粟, 女有餘布; 子如通之, 則梓匠輪輿, 皆得食於子. 於此有人焉, 入則孝, 出則悌, 守先王之道, 以待後之學者, 而不得食於子. 子何尊梓匠輪輿, 而輕爲仁義者哉?」

曰:「梓匠輪輿, 其志將以求食也; 君子之爲道也, 其志亦將以求食與?」

曰:「子何以其志爲哉? 其有功於子, 可食而食之矣. 且子食志乎? 食功乎?」

曰:「食志.」

曰:「有人於此, 毁瓦畫墁, 其志將以求食也, 則子食之乎?」

曰:「否.」

曰:「然則子 非食志也, 食功也.」

① 陶山本

彭更(ᄈᆡᆼ깅)이 묻ᄌᆞ와 ᄀᆞᆯ오ᄃᆡ 後車(후거) 數十乘(수십승)과 從者(쯩쟈) 數百人(수ᄇᆡᆨ신)으로ᄡᅥ 諸侯(져후)에 傳食(뎐식)ᄒᆞ옴이 너무 泰(태)티 아니ᄒᆞ니잇가 孟子(ᄆᆡᆼᄌᆞ)ㅣ ᄀᆞᆯᄋᆞ샤ᄃᆡ 그 道(도)ㅣ 아니면 ᄒᆞᆫ 簞(단)ㅅ 食(ᄉᆞ)ㅣ라도 可(가)히 人(신)의게 受(슈)티 몯ᄒᆞ려니와 만일에 그 道(도)ㅣ면 舜(슌)이 堯(요)의 天下(텬하)를 受(슈)ᄒᆞ샤ᄃᆡ ᄡᅥ 泰(태)히 아니 너기시니 子(ᄌᆞ)ㅣ ᄡᅥ 泰(태)히 너기ᄂᆞ냐

ᄀᆞᆯ오ᄃᆡ 아니라 士(ᄉᆞ)ㅣ 事(ᄉᆞ)ㅣ 업시셔 食(식)홈이 可(가)티 아니ᄒᆞ니이다

ᄀᆞᆯᄋᆞ샤ᄃᆡ 子(ᄌᆞ)ㅣ 功(공)을 通(통)ᄒᆞ며 事(ᄉᆞ)를 易(역)ᄒᆞ야 羨(연)으로ᄡᅥ 不足(블죡)을

補(보)티 아니ᄒᆞ면 農(농)이 나믄 粟(속)이 이시며 女(녀)ㅣ 나믄 布(포)ㅣ 이시려니와 子(ᄌᆞ)ㅣ 만일에 通(통)ᄒᆞ면 梓(ᄌᆡ)와 匠(쟝)과 輪(륜)과 輿(여)ㅣ 다 시러곰 子(ᄌᆞ)의게 食(식)ᄒᆞ리니 이예 사ᄅᆞᆷ이 이시니 入(십)ᄒᆞ면 孝(효)ᄒᆞ고 出(츌)ᄒᆞ면 悌(뎨)ᄒᆞ야 先王(션왕)의 道(도)ᄅᆞᆯ 守(슈)ᄒᆞ야 ᄡᅥ 後(후)ㅅ 學者(ᄒᆞᆨ쟈)ᄅᆞᆯ 待(ᄃᆡ)호ᄃᆡ 시러곰 子(ᄌᆞ)의게 食(식)디 몯ᄒᆞᄂᆞ니 子(ᄌᆞ)ㅣ 엇디 梓(ᄌᆡ)와 匠(쟝)과 輪(륜)과 輿(여)ᄅᆞᆯ 尊(존)ᄒᆞ고 仁義(신의)ᄒᆞᄂᆞᆫ 者(쟈)ᄅᆞᆯ 輕(경)히 너기ᄂᆞ뇨

ᄀᆞᆯ오ᄃᆡ 梓(ᄌᆡ)와 匠(쟝)과 輪(륜)과 輿(여)ᄂᆞᆫ 그 志(지)ㅣ 쟝ᄎᆞᆺ ᄡᅥ 食(식)을 求(구)커니와 君子(군ᄌᆞ)의 道(도)ᄒᆞ욤도 그 志(지)ㅣ ᄯᅩᄒᆞᆫ 쟝ᄎᆞᆺ ᄡᅥ 食(식)을 求(구)ᄒᆞᄂᆞ니잇가 ᄀᆞᆯᄋᆞ샤ᄃᆡ 子(ᄌᆞ)ㅣ 엇디 그 志(지)로ᄡᅥ ᄒᆞ료 그 子(ᄌᆞ)의게 功(공)이 이숌애 可(가)히 食(ᄉᆞ)ᄒᆞ얌즉거든 食(ᄉᆞ)ᄒᆞᄂᆞ니 ᄯᅩ 子(ᄌᆞ)ᄂᆞᆫ 志(지)ᄅᆞᆯ 食(ᄉᆞ)ᄒᆞᄂᆞ냐 功(공)을 食(ᄉᆞ)ᄒᆞᄂᆞ냐 ᄀᆞᆯ오ᄃᆡ 志(지)ᄅᆞᆯ 食(ᄉᆞ)홀 띠니이다

ᄀᆞᆯᄋᆞ샤ᄃᆡ 사ᄅᆞᆷ이 이예 이시니 瓦(와)ᄅᆞᆯ 毁(훼)ᄒᆞ며 墁(만)을 畫(획)ᄒᆞ고 그 志(지)ㅣ 쟝ᄎᆞᆺ ᄡᅥ 食(식)을 求(구)ᄒᆞ면 子(ᄌᆞ)ㅣ 食(ᄉᆞ)ᄒᆞ랴 ᄀᆞᆯ오ᄃᆡ 아니라 ᄀᆞᆯᄋᆞ샤ᄃᆡ 그러면 子(ᄌᆞ)ㅣ 志(지)ᄅᆞᆯ 食(ᄉᆞ)홈이 아니라 功(공)을 食(ᄉᆞ)홈이로다

② 栗谷本

彭更(ᄑᆡᆼ깅)이 問(문)ᄒᆞ야 ᄀᆞᆯ오ᄃᆡ 뒷수ᄅᆡ 數十乘(수십승)과 從(죵)ᄒᆞᆫ 者(쟈) 數百人(수ᄇᆡᆨ인)으로ᄡᅥ 諸侯(져후)에 傳食(뎐식)홈이 너무 泰(태)티 아니ᄒᆞ니잇가 孟子(ᄆᆡᆼᄌᆞ)ㅣ ᄀᆞᄅᆞ샤ᄃᆡ 그 道(도)ㅣ 아닌댄 ᄒᆞᆫ 單(단) 밥이라도 可(가)히 人(인)의게 밧디 몯ᄒᆞ려니와 만일 그 道(도)ㅣ댄 舜(슌)이 堯(요)의 天下(텬하)ᄅᆞᆯ 바드샤ᄃᆡ ᄡᅥ 泰(태)히 아니 너기시니 子(ᄌᆞ)ᄂᆞᆫ ᄡᅥ 泰(태)타 ᄒᆞᄂᆞ냐

ᄀᆞᆯ오ᄃᆡ 否(부)ㅣ라 士(ᄉᆞ)ㅣ 事(ᄉᆞ)업시 食(식)홈이 可(가)티 아니ᄒᆞ니이다

ᄀᆞᄅᆞ샤ᄃᆡ 子(ᄌᆞ)ㅣ 功(공)을 通(통)ᄒᆞ며 事(ᄉᆞ)ᄅᆞᆯ 易(역)ᄒᆞ야 羨(연)으로ᄡᅥ 不足(블죡)을 補(보)티 아니ᄒᆞ면 農(농)이 餘粟(여속)을 두며 女(녀)ㅣ 餘布(여포)ᄅᆞᆯ 두려니와 子(ᄌᆞ)ㅣ 만일 通(통)ᄒᆞ면 梓匠(ᄌᆡ쟝) 輪輿(륜여)ㅣ 다 시러곰 子(ᄌᆞ)의게 食(식)ᄒᆞ리니 이에 人(인)이 이시니 들면 孝(효)ᄒᆞ고 나면 悌(뎨)ᄒᆞ며 先王(션왕)의 道(도)ᄅᆞᆯ 지킈여 ᄡᅥ 後(후)의 學者(ᄒᆞᆨ쟈)ᄅᆞᆯ 待(ᄃᆡ)호며 子(ᄌᆞ)의게 시러곰 食(식)디 몯ᄒᆞ리로소니 子(ᄌᆞ)ㅣ 엇디 梓匠(ᄌᆡ쟝) 輪輿(륜여)ㅣ란 尊(존)ᄒᆞ고 仁義(인의)ᄒᆞᄂᆞᆫ 者(쟈)ᄅᆞᆯ 가ᄇᆡ야이 너기ᄂᆞ뇨

ᄀᆞᆯ오ᄃᆡ 梓匠(ᄌᆡ쟝) 輪輿(륜여)ᄂᆞᆫ 그 ᄠᅳᆮ이 쟝ᄎᆞᆺ ᄡᅥ 食(식)을 求(구)ᄒᆞ려커니와 君子(군ᄌᆞ)의 道(도)ᄒᆞ기도 ᄯᅩᄒᆞᆫ 쟝ᄎᆞᆺ ᄡᅥ 食(식)을 求(구)ᄒᆞ렷ᄂᆞ니잇가 ᄀᆞᄅᆞ샤ᄃᆡ 子(ᄌᆞ)ㅣ 엇디 ᄡᅥ 그 ᄠᅳᆮ으로 ᄒᆞ리오 그 子(ᄌᆞ)의게 功(공)이 이셔 可(가)히 食(ᄉᆞ)ᄒᆞ얌즉거든 食(ᄉᆞ)홀 디니라 ᄯᅩ 子(ᄌᆞ)ᄂᆞᆫ 志(지)ᄅᆞᆯ 食(ᄉᆞ)ᄒᆞ랴 功(공)을 食(ᄉᆞ)ᄒᆞ랴 ᄀᆞᆯ오ᄃᆡ 志(지)ᄅᆞᆯ 食(ᄉᆞ)홀 디니이다

ᄀᆞᄅᆞ샤ᄃᆡ 이에 人(인)이 이시니 瓦(와)ᄅᆞᆯ 毁(훼)ᄒᆞ며 墁(만)을 畫(획)ᄒᆞ고 그 ᄠᅳᆮ이 쟝ᄎᆞᆺ ᄡᅥ 食(식)을 求(구)ᄒᆞ려 홀 딘댄 子(ᄌᆞ)ㅣ 食(ᄉᆞ)ᄒᆞ랴 ᄀᆞᆯ오ᄃᆡ 否(부)ㅣ라 ᄀᆞᄅᆞ샤ᄃᆡ 그러면 子(ᄌᆞ)ㅣ 志(지)ᄅᆞᆯ 食(ᄉᆞ)홈이 아니라 功(공)을 食(ᄉᆞ)홈이로다

056(6-5) 宋小國也

萬章問曰:「宋, 小國也. 今將行王政, 齊楚惡而伐之, 則如之何?」

孟子曰:「湯居亳, 與葛爲鄰; 葛伯放而不祀. 湯使人問之曰:『何爲不祀?』曰:『無以供犧牲也.』湯使遺之牛羊. 葛伯食之, 又不以祀. 湯又使人問之曰:『何爲不祀?』曰:『無以供粢盛也.』湯使亳衆往爲之耕, 老弱饋食. 葛伯率其民, 要其有酒食黍稻者奪之, 不授者殺之. 有童子以黍肉餉, 殺而奪之. 書曰:『葛伯仇餉.』此之謂也. 爲其殺是童子而征之, 四海之內皆曰:『非富天下也, 爲匹夫匹婦復讎也.』『湯始征, 自葛載.』十一征而無敵於天下. 東面而征, 西夷怨; 南面而征, 北狄怨, 曰:『奚爲後我?』民之望之, 若大旱之望雨也. 歸市者弗止, 芸者不變, 誅其君, 弔其民, 如時雨降. 民大悅. 書曰:『徯我后, 后來其無罰.』『有攸不惟臣, 東征, 綏厥士女, 匪厥玄黃, 紹我周王見休, 惟臣附于大邑周.』其君子實玄黃于匪, 以迎其君子, 其小人簞食壺漿, 以迎其小人, 救民於水火之中, 取其殘而已矣. 太誓曰:『我武惟揚, 侵于之疆, 則取于殘, 殺伐用張, 于湯有光.』不行王政云爾, 苟行王政, 四海之內, 皆擧首而望之, 欲以爲君. 齊楚雖大, 何畏焉?」

① 陶山本

萬章(만쟝)이 묻ᄌᆞ와 ᄀᆞᆯ오ᄃᆡ 宋(송)은 젹은 나라히라 이제 장ᄎᆞᆺ 王政(왕졍)을 行(ᄒᆡᆼ)호려 ᄒᆞᄂᆞ니 齊楚(졔초)ㅣ 惡(오)ᄒᆞ야 伐(벌)ᄒᆞ면 엇디 ᄒᆞ리잇고

孟子(ᄆᆡᆼᄌᆞ)이 ᄀᆞᆯᄋᆞ샤ᄃᆡ 湯(탕)이 亳(박)에 居(거)ᄒᆞ실 ᄊᆡ 葛(갈)로 더브러 鄰(린)이 되얏더시니 葛伯(갈ᄇᆡᆨ)이 放(방)ᄒᆞ야 祀(ᄉᆞ)티 아니ᄒᆞ거늘 湯(탕)이 人(ᅀᅵᆫ)으로 ᄒᆞ여곰 問(문)ᄒᆞ야 ᄀᆞᆯᄋᆞ샤ᄃᆡ 엇디 祀(ᄉᆞ)티 아니ᄒᆞᄂᆞ뇨 ᄀᆞᆯ오ᄃᆡ ᄡᅥ 犧牲(희ᄉᆡᆼ)을 供(공)ᄒᆞᆯ ᄭᅥ시 업소이다 湯(탕)이 ᄒᆞ여곰 牛羊(우양)을 遺(유)ᄒᆞ신대 葛伯(갈ᄇᆡᆨ)이 食(식)ᄒᆞ고 ᄯᅩ ᄡᅥ 祀(ᄉᆞ)티 아니ᄒᆞ거늘 湯(탕)이 ᄯᅩ 人(ᅀᅵᆫ)으로 ᄒᆞ여곰 問(문)ᄒᆞ야 ᄀᆞᆯᄋᆞ샤ᄃᆡ 엇디 祀(ᄉᆞ)티 아니ᄒᆞᄂᆞ뇨 ᄀᆞᆯ오ᄃᆡ ᄡᅥ 粢盛(ᄌᆞ셩)을 供(공)ᄒᆞᆯ ᄭᅥ시 업소이다 湯(탕)이 亳(박)앳 衆(즁)으로 ᄒᆞ여곰 往(왕)ᄒᆞ야 爲(위)ᄒᆞ야 耕(경)ᄒᆞ라 ᄒᆞ거시늘 老弱(로ᅀᅣᆨ)이 食(ᄉᆞ)를 饋(궤)ᄒᆞ더니 葛伯(갈ᄇᆡᆨ)이 그 民(민)을 帥(솔)ᄒᆞ야 그 酒食(쥬ᄉᆞ)와 黍稻(셔도) 둔ᄂᆞᆫ 者(쟈)를 要(요)ᄒᆞ야 奪(탈)호ᄃᆡ 授(슈)티 아니ᄒᆞᄂᆞᆫ 者(쟈)를 殺(살)ᄒᆞ더니 童子(동ᄌᆞ)ㅣ 黍(셔)ㅣ며 肉(ᅀᅲᆨ)으로ᄡᅥ 餉(향)ᄒᆞ리 잇거늘 殺(살)ᄒᆞ고 奪(탈)ᄒᆞ니 書(셔)에 ᄀᆞᆯ오ᄃᆡ 葛伯(갈ᄇᆡᆨ)이 餉(향)ᄒᆞᄂᆞ니ᄂᆞᆯ 仇(구)타 ᄒᆞ니 이ᄅᆞᆯ 닐ᄋᆞ니라

그 이 童子(동ᄌᆞ) 殺(살)ᄒᆞ욤을 爲(위)ᄒᆞ야 征(졍)ᄒᆞ신대 四海(ᄉᆞ희)ㅅ 內(ᄂᆡ)ㅣ 다 ᄀᆞᆯ오ᄃᆡ 天下(텬하)를 富(부)히 너기신 주리 아니라 匹夫(필부)와 匹婦(필부)를 爲(위)ᄒᆞ야 讎(슈)를 復(복)ᄒᆞ시다 ᄒᆞ니라

湯(탕)이 비르소 征(졍)ᄒᆞ샤ᄆᆞᆯ 葛(갈)로브터 載(ᄌᆡ)ᄒᆞ샤 十一征(십일졍)ᄒᆞ심애 天下(텬하)애 敵(뎍)이 업ᄉᆞ니 東(동)으로 面(면)ᄒᆞ야 征(졍)ᄒᆞ심애 西夷(셔이)ㅣ 怨(원)ᄒᆞ며 南(남)으로 面(면)ᄒᆞ야 征(졍)ᄒᆞ심애 北狄(븍뎍)이 怨(원)ᄒᆞ야 ᄀᆞᆯ오ᄃᆡ 엇디 우리를 後(후)에 ᄒᆞ시ᄂᆞᆫ고 ᄒᆞ야 民(민)의 望(망)홈이 大旱(대한)애 雨(우)를 望(망)홈 ᄀᆞ티 ᄒᆞ야 市(시)예 歸(귀)ᄒᆞᄂᆞᆫ 者(쟈)ㅣ 止(지)티 아니ᄒᆞ며 芸(운)ᄒᆞᄂᆞᆫ 者(쟈)ㅣ 變(변)티 아니ᄒᆞ거늘 그 君(군)을 誅(듀)ᄒᆞ고 그 民(민)을 弔(됴)ᄒᆞ신대 時雨(시우)ㅣ 降(강)홈 ᄀᆞᄐᆞᆫ 디라 民(민)이 키 悅(열)ᄒᆞ니 書(셔)에 ᄀᆞᆯ오ᄃᆡ 우리 后(후)를 徯(혜)ᄒᆞ노소니 后(후)ㅣ 來(ᄅᆡ)ᄒᆞ시면 그 罰(벌)이 업ᄉᆞ랴 ᄒᆞ니라

臣(신)이 되디 아니ᄒᆞᄂᆞᆫ 배 잇거늘 東(동)으로 征(졍)ᄒᆞ샤 그 士女(ᄉᆞ녀)를 綏(슈)ᄒᆞ신대 그 玄黃(현황)을 匪(비)ᄒᆞ야 우리 周王(쥬왕)을 紹(쇼)ᄒᆞ야 休(휴)를 보와 大邑(대읍) 周(쥬)에 臣附(신부)ᄒᆞ니 그 君子(군ᄌᆞ)ᄂᆞᆫ 玄黃(현황)을 匪(비)예 實(실)ᄒᆞ야 ᄡᅧ 그 君子(군ᄌᆞ)를 迎(영)ᄒᆞ고 그 小人(쇼인)은 簞食(단ᄉᆞ)와 壺漿(호쟝)으로ᄡᅧ 그 小人(쇼인)을 迎(영)ᄒᆞ니 民(민)을 水火(슈화)ㅅ 中(듕)에 救(구)ᄒᆞ야 그 殘(잔)을 取(취)ᄒᆞᆯ ᄯᆞᄅᆞᆷ이니라

太誓(태셔)에 ᄀᆞᆯ오ᄃᆡ 우리 武(무)를 揚(양)ᄒᆞ야 疆(강)을 侵(침)ᄒᆞ야 곧 殘(잔)을 取(취)ᄒᆞ야 殺伐(살벌)이 ᄡᅧ 張(댱)ᄒᆞ니 湯(탕)애 光(광)이 잇다 ᄒᆞ니라

王政(왕졍)을 行(ᄒᆡᆼ)티 아닐ᄯᅵ언뎡 진실로 王政(왕졍)을 行(ᄒᆡᆼ)ᄒᆞ면 四海(ᄉᆞ희)ㅅ 內(ᄂᆡ)ㅣ 다 首(슈)를 擧(거)ᄒᆞ야 望(망)ᄒᆞ야 ᄡᅧ 君(군)을 삼고쟈 ᄒᆞ미니 齊(졔)와 楚(초)ㅣ 비록 크나 엇디 畏(외)ᄒᆞ리오

② 栗谷本

萬章(만쟝)이 問(문)ᄒᆞ야 ᄀᆞᆯ오ᄃᆡ 宋(송)은 져근 나라이니 이제 쟝ᄎᆞᆺ 王政(왕졍)을 行(ᄒᆡᆼ)호려커늘 齊(졔)와 楚(초)ㅣ 아쳐ᄒᆞ야 치ᄂᆞ니 엇디리잇고

孟子(ᄆᆡᆼᄌᆞ)이 ᄀᆞᄅᆞ샤ᄃᆡ 湯(탕)이 亳(박)에 居(거)ᄒᆞ심애 葛(갈)로 더브러 鄰(린)이 되엿더시니 葛伯(갈ᄇᆡᆨ)이 放(방)ᄒᆞ야 祀(ᄉᆞ)티 아니커늘 湯(탕)이 사ᄅᆞᆷ 브려 므러 ᄀᆞᄅᆞ샤ᄃᆡ 엇디 祀(ᄉᆞ)티 아닛ᄂᆞ뇨 ᄀᆞᆯ오ᄃᆡ ᄡᅧ 犧牲(희ᄉᆡᆼ)을 供(공)홈이 업소이다 湯(탕)이 ᄒᆡ여곰 牛羊(우양)을 주신대 葛伯(갈ᄇᆡᆨ)이 食(식)ᄒᆞ고 ᄯᅩ ᄡᅧ 祀(ᄉᆞ)티 아니커늘 湯(탕)이 ᄯᅩ 사ᄅᆞᆷ 브려 므러 ᄀᆞᄅᆞ샤ᄃᆡ 엇디 祀(ᄉᆞ)티 아닛ᄂᆞ뇨 ᄀᆞᆯ오ᄃᆡ ᄡᅧ 粢盛(ᄌᆞ셩)을 供(공)홈이 업소이다 湯(탕)이 亳(박) 衆(즁)을 브려 가 爲(위)ᄒᆞ야 耕(경)ᄒᆞ라 ᄒᆞ시니 老弱(로약)이 食(ᄉᆞ)를 饋(궤)ᄒᆞ거늘 葛伯(갈ᄇᆡᆨ)이 그 民(민)을 帥(솔)ᄒᆞ야 그 酒食(쥬ᄉᆞ)ㅣ며 黍稻(셔도) 둣ᄂᆞᆫ 者(쟈)를 要(요)ᄒᆞ야 奪(탈)호ᄃᆡ 주지 아닛ᄂᆞᆫ 者(쟈)를 주기더니 童子(동ᄌᆞ)ㅣ 黍(셔)와 肉(육)으로ᄡᅧ 餉(향)ᄒᆞ리 잇거늘 주기고 奪(탈)ᄒᆞ니 書(셔)에 ᄀᆞᆯ오ᄃᆡ 葛伯(갈ᄇᆡᆨ)이 餉(향)을 仇(구)ᄒᆞ다 ᄒᆞ니 이를 닐옴이니라

그 이 童子(동ᄌᆞ) 주기믈 爲(위)ᄒᆞ야 征(졍)ᄒᆞ신대 四海(ᄉᆞ희) 안히 다 ᄀᆞᆯ오ᄃᆡ 天下(텬하)를 富(부)히 녀기미 아니라 匹夫(필부)ㅣ며 匹婦(필부)를 爲(위)ᄒᆞ야 讎(슈)를 復(복)홈이라

ᄒᆞ니라

湯(탕)이 처음으로 征(졍)홈을 葛(갈)브터 시작ᄒᆞ샤 열ᄒᆞᆫ 번 征(졍)ᄒᆞ시매 天下(텬하)에 敵(뎍)이 업스니 東面(동면)ᄒᆞ야 征(졍)ᄒᆞ시매 西夷(셔이)ㅣ 원망ᄒᆞ며 南面(남면)ᄒᆞ야 征(졍)ᄒᆞ시매 北狄(븍뎍)이 원망ᄒᆞ야 ᄀᆞᆯ오ᄃᆡ 엇디 우리게 後(후)ᄒᆞ시뇨 ᄒᆞ야 民(민)의 ᄇᆞ라기 큰 ᄀᆞ믈에 비 ᄇᆞ라기 ᄀᆞᆮᄐᆞ야 市(시)예 가ᄂᆞᆫ 者(쟈)ㅣ 止(지)티 아니ᄒᆞ며 芸(운)ᄒᆞᄂᆞᆫ 者(쟈)ㅣ 變(변)티 아니커ᄂᆞᆯ 그 君(군)을 誅(듀)ᄒᆞ시고 그 民(민)을 吊(됴)ᄒᆞ신대 時雨(시우)ㅣ 降(강)홈 ᄀᆞᆮᄐᆞ야 民(민)이 크게 깃거ᄒᆞ니 書(셔)에 ᄀᆞᆯ오ᄃᆡ 우리 님금을 기ᄃᆞ리노소니 님금이 오시면 그 罰(벌)이 업스랴 ᄒᆞ니라

臣(신)이 되디 아닛ᄂᆞᆫ 배 잇거ᄂᆞᆯ 東(동)으로 征(졍)ᄒᆞ샤 그 士女(ᄉᆞ녀)ᄅᆞᆯ 綏(유)ᄒᆞ신대 그 玄黃(현황)을 匪(비)ᄒᆞ야 우리 周王(쥬왕)을 紹(쇼)ᄒᆞ야 休(휴)홈을 보아 大邑(대읍) 周(쥬)에 臣(신)ᄒᆞ야 附(부)ᄒᆞ다 ᄒᆞ니 그 君子(군ᄌᆞ)ᄂᆞᆫ 玄黃(현황)을 匪(비)예 實(실)ᄒᆞ야 ᄡᅧ 그 君子(군ᄌᆞ)ᄅᆞᆯ 맛고 그 小人(쇼인)은 簞食(단ᄉᆞ)와 壺漿(호쟝)으로ᄡᅧ 그 小人(쇼인)을 마ᄌᆞ믄 民(민)을 水火(슈화)ㅅ 가온대 救(구)ᄒᆞ야 그 殘(잔)을 取(취)ᄒᆞ실 ᄯᆞᄅᆞᆷ일 ᄉᆞ니라

太誓(태셔)에 ᄀᆞᆯ오ᄃᆡ 우리 武(무)ᄅᆞᆯ 揚(양)ᄒᆞ야 뎌 疆(강)을 侵(침)ᄒᆞ야 곧 殘(잔)을 取(취)ᄒᆞ야 殺伐(살벌)이 ᄡᅧ 張(댱)ᄒᆞ면 湯(탕)ᄭᅴ 光(광)이 이시리라 ᄒᆞ니라

王政(왕졍)을 行(ᄒᆡᆼ)티 몯ᄒᆞᆯ ᄉᆞ니 진실로 王政(왕졍)을 行(ᄒᆡᆼ)ᄒᆞ면 四海(ᄉᆞᄒᆡ) 안히 다 머리ᄅᆞᆯ 드러 ᄇᆞ라 ᄡᅧ 님금을 삼고져 ᄒᆞ리니 齊楚(졔초)ㅣ 비록 큰ᄃᆞᆯ ᄆᆞ서시 저프리오

057(6-6) 日撻求齊

孟子謂戴不勝曰:「子欲子之王之善與? 我明告子. 有楚大夫於此, 欲其子之齊語也, 則使齊人傅諸? 使楚人傅諸?」

曰:「使齊人傅之.」

曰:「一齊人傅之, 衆楚人咻之, 雖日撻而求其齊也, 不可得矣; 引而置之莊嶽之閒數年, 雖日撻而求其楚, 亦不可得矣. 子謂薛居州, 善士也, 使之居於王所. 在於王所者, 長幼卑尊, 皆薛居州也, 王誰與爲不善? 在王所者, 長幼卑尊, 皆非薛居州也, 王誰與爲善? 一薛居州, 獨如宋王何?」

① 陶山本

孟子(ᄆᆡᆼᄌᆞ)ㅣ 戴不勝(ᄃᆡ블승)다려 닐어 ᄀᆞᆯᄋᆞ샤ᄃᆡ 子(ᄌᆞ)ㅣ 子(ᄌᆞ)의 王(왕)을 善(션)콰댜 ᄒᆞᄂᆞ냐 내 明(명)히 子(ᄌᆞ)의게 告(고)호리라 楚(초)ㅅ 태우ㅣ 이예 이시니 그 子(ᄌᆞ)ᄅᆞᆯ 齊(졔)ㅅ 語(어)를 ᄒᆞ과댜 ᄒᆞ면 齊人(졔신)으로 ᄒᆞ여곰 傅(부)ᄒᆞ랴 楚人(초신)으로 ᄒᆞ여곰 傅(부)ᄒᆞ랴 ᄀᆞᆯ오ᄃᆡ 齊人(졔신)으로 ᄒᆞ여곰 傅(부)ᄒᆞᆯ 띠니라 ᄀᆞᆯᄋᆞ샤ᄃᆡ ᄒᆞᆫ 齊人(졔신)이 傅(부)

ᄒᆞ거든 모ᄃᆞᆫ 楚人(초ᅀᅵᆫ)이 咻(휴)ᄒᆞ면 비록 日(실)로 撻(달)ᄒᆞ야 그 齊(졔)를 求(구)ᄒᆞ야도 可(가)히 得(득)디 몯ᄒᆞ려니와 引(인)ᄒᆞ야 莊嶽(장악)ㅅ 間(간)에 置(티)홈을 數年(수년)이면 비록 日(실)로 撻(달)ᄒᆞ야 그 楚(초)를 求(구)ᄒᆞ야도 ᄯᅩᄒᆞᆫ 可(가)히 得(득)디 몯ᄒᆞ리라

子(ᄌᆞ)ㅣ 薛居州(셜거쥬)를 닐오ᄃᆡ 善(션)ᄒᆞᆫ 士(ᄉᆞ)ㅣ라 ᄒᆞ야 ᄒᆞ여곰 王所(왕소)애 居(거)케 ᄒᆞᄂᆞ니 王所(왕소)애 인ᄂᆞᆫ 者(쟈)ㅣ 長(댱)과 幼(유)와 卑(비)와 尊(존)이 다 薛居州(셜거쥬)ㅣ면 王(왕)이 눌로 더브러 不善(블션)을 ᄒᆞ며 王所(왕소)애 인ᄂᆞᆫ 者(쟈)ㅣ 長(댱)과 幼(유)와 卑(비)와 尊(존)이 다 薛居州(셜거쥬)ㅣ 아니면 王(왕)이 눌로 더브러 善(션)을 ᄒᆞ리오 ᄒᆞᆫ 薛居州(셜거쥬)ㅣ 호올로 宋王(송왕)애 엇디 ᄒᆞ리오

② 栗谷本

孟子(ᄆᆡᆼᄌᆞ)ㅣ 戴不勝(ᄃᆡ블승)다려 닐러 ᄀᆞᄅᆞ샤ᄃᆡ 子(ᄌᆞ)ㅣ 子(ᄌᆞ)의 王(왕)의 善(션)ᄒᆞ샴을 欲(욕)ᄒᆞᄂᆞᆫ다 내 ᄇᆞᆯ기 子(ᄌᆞ)ᄃᆞ려 告(고)호리라 楚(초) 大夫(대부)ㅣ 이에 이시니 그 아ᄃᆞᆯ의 齊(졔)ㅅ 말홈을 欲(욕)ᄒᆞᆯ 딘댄 齊(졔)ㅅ 人(인)으로 ᄒᆡ여곰 ᄀᆞᄅᆞ치랴 楚(초)ㅅ 人(인)으로 ᄒᆡ여곰 ᄀᆞᄅᆞ치랴 ᄀᆞᆯ오ᄃᆡ 齊(졔)ㅅ 人(인)으로 ᄒᆡ여곰 ᄀᆞᄅᆞ치리이다 ᄀᆞᄅᆞ샤ᄃᆡ ᄒᆞᆫ 齊(졔)ㅅ 人(인)이 ᄀᆞᄅᆞ치거든 모든 楚(초)ㅅ 人(인)이 들리면 비록 날마다 치며 그 齊(졔)ㅅ 말ᄒᆞ기를 求(구)ᄒᆞᆯ 디라도 可(가)히 得(득)디 몯ᄒᆞ려니와 引(인)ᄒᆞ야 莊嶽(장악) ᄌᆞ음에 두기를 數年(수년)을 ᄒᆞ면 비록 날마다 치며 楚(초)ㅅ 말ᄒᆞ기를 求(구)ᄒᆞᆯ 디라도 ᄯᅩᄒᆞᆫ 可(가)히 得(득)디 몯ᄒᆞ리라

子(ᄌᆞ)ㅣ 薛居州(셜거쥬)를 닐오ᄃᆡ 善士(션ᄉᆞ)ㅣ라 ᄒᆞ야 ᄒᆡ여곰 王所(왕소)에 居(거)케 ᄒᆞᄂᆞ니 王所(왕소)에 잇ᄂᆞᆫ 者(쟈)ㅣ 長(댱)이며 幼(유)ㅣ며 卑(비)며 尊(존)이 다 薛居州(셜거쥬)ㄴ댄 王(왕)이 눌로 더브러 不善(블션)을 ᄒᆞ시리오 王所(왕소)에 잇ᄂᆞᆫ 者(쟈)ㅣ 長(댱)이며 幼(유)ㅣ며 卑(비)며 尊(존)이 다 薛居州(셜거쥬)ㅣ 아닌댄 王(왕)이 눌로 더브러 善(션)을 ᄒᆞ시리오 ᄒᆞᆫ 薛居州(셜거쥬)ㅣ 혼자 宋王(송왕)ᄭᅴ 엇디 ᄒᆞ리오

058(6-7) 不見諸侯

公孫丑問曰:「不見諸侯何義?」

孟子曰:「古者, 不爲臣不見. 段干木踰垣而辟之; 泄柳閉門而不內, 是皆已甚. 迫, 斯可以見矣. 陽貨欲見孔子而惡無禮, 大夫有賜於士, 不得受於其家, 則往拜其門. 陽貨矙孔子之亡也, 而饋孔子蒸豚; 孔子亦矙其亡也, 而往拜之. 當是時, 陽貨先, 豈得不見? 曾子曰:『脅肩諂笑, 病于夏畦.』子路曰:『未同而言, 觀其色赧赧然, 非由之所知也.』由是觀之, 則君子之所養, 可知已矣.」

① 陶山本

公孫丑(공손튜)ㅣ 묻ᄌᆞ와 ᄀᆞᆯ오ᄃᆡ 諸侯(져후)를 보디 아니ᄒᆞ심이 엇띤 義(의)잇고 孟子(ᄆᆡᆼᄌᆞ)ㅣ ᄀᆞᆯᄋᆞ샤ᄃᆡ 녜 臣(신)이 되디 아니ᄒᆞ야ᄂᆞᆫ 見(견)티 아니ᄒᆞ더니라

段干木(단간목)은 垣(원)을 踰(유)ᄒᆞ야 辟(피)ᄒᆞ고 泄柳(셜류)ᄂᆞᆫ 門(문)을 閉(폐)ᄒᆞ고 內(납)디 아니ᄒᆞ니이다 너무 甚(심)ᄒᆞ니 迫(박)ᄒᆞ거든 이예 可(가)히 ᄡᅧ 볼 꺼시니라

陽貨(양화)ㅣ 孔子(공ᄌᆞ)를 뵈과뎌 호ᄃᆡ 禮(례)ㅣ 업다 홈을 惡(오)ᄒᆞ야 태우ㅣ 士(ᄉᆞ)의게 賜(ᄉᆞ)홈이 잇거든 시러곰 그 家(가)의셔 受(슈)티 몯ᄒᆞ면 往(왕)ᄒᆞ야 그 門(문)에 拜(ᄇᆡ)ᄒᆞᆯ 꺼실 ᄉᆡ 陽貨(양화)ㅣ 孔子(공ᄌᆞ)의 亡(무)홈을 矙(감)ᄒᆞ야 孔子(공ᄌᆞ)ᄭᅴ 蒸(증)ᄒᆞᆫ 豚(돈)을 饋(궤)ᄒᆞᆫ대 孔子(공ᄌᆞ)ㅣ 또 그 亡(무)홈을 矙(감)ᄒᆞ야 往(왕)ᄒᆞ야 拜(ᄇᆡ)ᄒᆞ시니 이 時(시)예 當(당)ᄒᆞ야 陽貨(양화)ㅣ 先(션)ᄒᆞ면 엇디 시러곰 見(견)티 아니ᄒᆞ시리오

曾子(증ᄌᆞ)ㅣ ᄀᆞᆯᄋᆞ샤ᄃᆡ 肩(견)을 脅(협)ᄒᆞ며 諂(텸)히 笑(쇼)홈이 夏畦(하규)두곤 病(병)되다 ᄒᆞ며 子路(ᄌᆞ로)ㅣ ᄀᆞᆯ오ᄃᆡ 同(동)티 몯ᄒᆞ고 言(언)홈을 그 色(ᄉᆡᆨ)을 보건댄 赧赧(난난)ᄒᆞᆫ 디라 由(유)의 알 배 아니라 ᄒᆞ니 일로 말ᄆᆡ아마 보면 君子(군ᄌᆞ)의 養(양)ᄒᆞᄂᆞᆫ 바를 可(가)히 알 띠니라

② 栗谷本

公孫丑(공손튜)ㅣ 問(문)ᄒᆞ야 ᄀᆞᆯ오ᄃᆡ 諸侯(져후)를 보디 아니홈이 무슴 義(의)잇고 孟子(ᄆᆡᆼᄌᆞ)ㅣ ᄀᆞᄅᆞ샤ᄃᆡ 녜 신하이 되디 아니ᄒᆞ면 보디 아니터니라

段干木(단간목)은 담을 너머 辟(피)ᄒᆞ고 泄柳(셜류)ᄂᆞᆫ 門(문)을 닷고 드리디 아니ᄒᆞ니이다 已甚(이심)ᄒᆞ니 迫(박)ᄒᆞ거든 이에 可(가)히 ᄡᅧ 볼 디니라

陽貨(양화)ㅣ 孔子(공ᄌᆞ)ㅣ 뵈시과뎌 호ᄃᆡ 禮(례)ㅣ 업기를 두리워 大夫(대부)ㅣ 士(ᄉᆞ)의게 賜(ᄉᆞ)홈이 이시매 시러곰 그 집의 밧디 몯ᄒᆞ면 그 門(문)예 가 拜(ᄇᆡ)ᄒᆞᄂᆞᆫ 디라 陽貨(양화)ㅣ 孔子(공ᄌᆞ)의 엇스신 제를 矙(감)ᄒᆞ야 孔子(공ᄌᆞ)ᄭᅴ 蒸豚(증돈)을 饋(궤)ᄒᆞ야ᄂᆞᆯ 孔子(공ᄌᆞ)ㅣ 또ᄒᆞᆫ 그 업슨 제를 矙(감)ᄒᆞ야 가 拜(ᄇᆡ)ᄒᆞ시니 이 時(시)를 當(당)ᄒᆞ야 陽貨(양화)ㅣ 몬져 ᄒᆞ야니 엇디 시러곰 아니 보시리오

曾子(증ᄌᆞ)ㅣ ᄀᆞᄅᆞ샤ᄃᆡ 肩(견)을 脅(협)ᄒᆞ며 笑(쇼)를 諂(텸)히 홈이 夏畦(하규)두곤 ᄀᆞᆺ브다 ᄒᆞ시며 子路(ᄌᆞ로)ㅣ ᄀᆞᆯ오ᄃᆡ 同(동)티 아녀 言(언)ᄒᆞᄂᆞ니를 그 色(ᄉᆡᆨ) 보건댄 赧赧(난난)ᄒᆞᄂᆞ니 由(유)의 알 배 아니라 ᄒᆞ니 이를 말ᄆᆡ아마 보건댄 君子(군ᄌᆞ)의 養(양)ᄒᆞᆫ 바를 可(가)히 알 디니라

059(6-8) 日攘鄰之雞者

戴盈之曰:「什一, 去關市之征, 今玆未能. 請輕之, 以待來年, 然後已, 何如?」

孟子曰:「今有人日攘其鄰之雞者, 或告之曰:『是非君子之道.』曰:

『請損之, 月攘一雞, 以待來年, 然後已.』如知其非義, 斯速已矣, 何待來年?」

① 陶山本

戴盈之(딕영지)ㅣ 골오딕 什(습)에 一(일)을 홈과 關市(관시)옛 征(졍)을 去(거)홈을 이제 이를 能(능)히 몯ᄒᆞ란딕 請(쳥)컨댄 輕(경)히 ᄒᆞ야 ᄡᅧ 來年(릭년)을 기돌인 然後(연후)에 마로딕 엇더ᄒᆞ니잇고

孟子(밍ᄌᆞ)ㅣ 골ᄋᆞ샤딕 이제 人(신)이 날로 그 鄰(린)ㅅ 雞(계)를 攘(샹)ᄒᆞ리 잇거든 或(혹)이 告(고)ᄒᆞ야 골오딕 이 君子(군ᄌᆞ)의 道(도)ㅣ 아니라 ᄒᆞᆫ대 골오딕 請(쳥)컨댄 損(손)ᄒᆞ야 돌로 一雞(일계)를 攘(샹)ᄒᆞ야 ᄡᅧ 來年(릭년)을 기돌인 然後(연후)에 已(이)홈이로다

만일에 그 義(의) 아닌 줄을 알 띤댄 이에 ᄲᆞᆯ리 마롤 띠니 엇디 來年(릭년)을 기돌이리오

② 栗谷本

戴盈之(딕영지)ㅣ 골오딕 什一(습일)ᄒᆞ기와 關市(관시)의 征(졍)업시 ᄒᆞ기를 이제 能(능)히 몯ᄒᆞ거니와 請(쳥)컨댄 輕(경)히 ᄒᆞ야 ᄡᅧ 來年(릭년)을 기ᄃᆞ린 後(후)에 말고져 ᄒᆞ노니 엇더ᄒᆞ니잇고

孟子(밍ᄌᆞ)ㅣ ᄀᆞᄅᆞ샤딕 이제 人(인)이 날마다 그 ᄆᆞ을 ᄃᆞᆰ을 攘(양)ᄒᆞ리 잇거늘 或(혹)이 告(고)ᄒᆞ야 골오딕 이 君子(군ᄌᆞ)의 道(도)ㅣ 아니라 ᄒᆞᆫ대 골오딕 請(쳥)컨댄 損(손)ᄒᆞ야 돌마다 ᄒᆞᆫ ᄃᆞᆰ을 攘(양)ᄒᆞ야 ᄡᅧ 來年(릭년)을 기ᄃᆞ린 後(후)에 말오려 홈이로다

만일 그 義(의) 아님을 알 딘댄 이에 ᄲᆞᆯ리 마롤 디니 엇디 來年(릭년)을 기ᄃᆞ리리오

060(6-9) 一治一亂

公都子曰:「外人皆稱夫子好辯, 敢問何也?」

孟子曰:「予豈好辯哉? 予不得已也. 天下之生久矣, 一治一亂. 當堯之時, 水逆行, 氾濫於中國. 蛇龍居之, 民無所定. 下者爲巢, 上者爲營窟. 書曰:『洚水警余.』洚水者, 洪水也. 使禹治之, 禹掘地而注之海, 驅蛇龍而放之菹. 水由地中行, 江·淮·河·漢是也. 險阻旣遠, 鳥獸之害人者消, 然後人得平土而居之. 堯舜旣沒, 聖人之道衰. 暴君代作, 壞宮室以爲汙池, 民無所安息; 棄田以爲園囿, 使民不得衣食. 邪說暴行又作, 園囿·汙池·沛澤多而禽獸至. 及紂之身, 天下又大亂. 周公相武王, 誅紂伐奄, 三年討其君, 驅飛廉於海隅而戮之. 滅國者五十, 驅虎·

豹·犀·象而遠之. 天下大悅. 書曰:『丕顯哉, 文王謨! 丕承哉, 武王烈! 佑啓我後人, 咸以正無缺.』世衰道微, 邪說暴行有作, 臣弑其君者有之, 子弑其父者有之. 孔子懼, 作春秋. 春秋, 天子之事也. 是故孔子曰: 『知我者其惟春秋乎! 罪我者其惟春秋乎!』聖王不作, 諸侯放恣, 處士橫議, 楊朱·墨翟之言盈天下. 天下之言, 不歸楊, 則歸墨. 楊氏爲我, 是無君也; 墨氏兼愛, 是無父也. 無父無君, 是禽獸也. 公明儀曰:『庖有肥肉, 廐有肥馬, 民有飢色, 野有餓莩, 此率獸而食人也.』楊墨之道不息, 孔子之道不著, 是邪說誣民, 充塞仁義也. 仁義充塞, 則率獸食人, 人將相食. 吾爲此懼, 閑先聖之道, 距楊墨, 放淫辭, 邪說者不得作. 作於其心, 害於其事; 作於其事, 害於其政. 聖人復起, 不易吾言矣. 昔者, 禹抑洪水而天下平, 周公兼夷狄驅猛獸而百姓寧, 孔子成春秋而亂臣賊子懼. 詩云:『戎狄是膺, 荊舒是懲, 則莫我敢承.』無父無君, 是周公所膺也. 我亦欲正人心, 息邪說, 距詖行, 放淫辭, 以承三聖者; 豈好辯哉? 予不得已也. 能言距楊墨者, 聖人之徒也.」

① 陶山本

公都子(공도ᄌᆞ)ㅣ ᄀᆞᆯ오ᄃᆡ 外(외)ㅅ 人(ᅀᅵᆫ)이 다 夫子(부ᄌᆞ)를 辯(변)을 好(호)ᄒᆞ신다 稱(칭)ᄒᆞᄂᆞ니 敢(감)히 묻ᄌᆞᆸ노이다 엇뎨니잇고 孟子(ᄆᆡᆼᄌᆞ)ㅣ ᄀᆞᆯᄋᆞ샤ᄃᆡ 내 엇디 辯(변)을 好(호)ᄒᆞ리오 내 시러곰 마디 몯ᄒᆞ예로라 天下(텬하)앳 生(ᄉᆡᆼ)이 오란 디라 ᄒᆞᆫ 번 治(티)ᄒᆞ고 ᄒᆞᆫ 번 亂(란)ᄒᆞ니라

堯(요)ㅅ 時(시)를 當(당)ᄒᆞ야 水(슈)ㅣ 거스리 行(ᄒᆡᆼ)ᄒᆞ야 中國(듀ᇰ국)에 氾濫(범람)ᄒᆞ야 蛇(샤)와 龍(룡)이 居(거)ᄒᆞ니 民(민)이 定(뎡)ᄒᆞᆯ ᄈᆡ 업서 下(하)ᄒᆞᆫ 者(쟈)ᄂᆞᆫ 巢(소)ᄅᆞᆯ ᄒᆞ고 上(샹)ᄒᆞᆫ 者(쟈)ᄂᆞᆫ 營窟(영굴)을 ᄒᆞ니 書(셔)예 ᄀᆞᆯ오ᄃᆡ 洚水(강슈)ㅣ 나ᄅᆞᆯ 警(경)ᄒᆞ다 ᄒᆞ니 洚水(강슈)ᄂᆞᆫ 洪水(홍슈)ㅣ니라

禹(우)로 ᄒᆞ여곰 治(티)ᄒᆞ라 ᄒᆞ여시ᄂᆞᆯ 禹(우)ㅣ 地(디)ᄅᆞᆯ 掘(굴)ᄒᆞ야 海(ᄒᆡ)예 注(주)ᄒᆞ시고 蛇(샤)와 龍(룡)을 驅(구)ᄒᆞ야 菹(져)에 放(방)ᄒᆞ신대 水(슈)ㅣ 地中(디듀ᇰ)을 말ᄆᆡ아마 行(ᄒᆡᆼ)ᄒᆞ니 江(강)과 淮(회)와 河(하)와 漢(한)이 이라 險阻(험조)ㅣ 임의 遠(원)ᄒᆞ며 鳥獸(됴슈)의 人(ᅀᅵᆫ)을 害(해)홈이 消(쇼)ᄒᆞᆫ 然後(ᅀᅧᆫ후)에 사ᄅᆞᆷ이 平土(평토)를 得(득)ᄒᆞ야 居(거)ᄒᆞ니라

堯舜(요슌)이 임의 沒(몰)ᄒᆞ시니 聖人(셩ᅀᅵᆫ)의 道(도)ㅣ 衰(쇠)ᄒᆞ야 暴君(포군)이 代(ᄃᆡ)로 作(작)ᄒᆞ야 宮室(궁실)을 壞(괴)ᄒᆞ야 ᄡᅥ 汙池(오디)ᄅᆞᆯ 삼아 民(민)이 安息(안식)ᄒᆞᆯ ᄈᆡ 업스며 田(뎐)을 棄(기)ᄒᆞ야 ᄡᅥ 園囿(원유)ᄅᆞᆯ 삼아 民(민)으로 ᄒᆞ여곰 衣食(의식)홈을 得(득)디

몯게 ᄒᆞ고 邪說(샤셜)와 暴行(포힝)이 ᄯᅩ 作(작)ᄒᆞ야 園囿(원유)와 汙池(오디)와 沛澤(패틱)이 하 禽獸(금슈)ㅣ 至(지)ᄒᆞ니 紂(듀)의 身(신)에 미처 天下(텬하)ㅣ ᄯᅩ 키 亂(란)ᄒᆞ니라

周公(쥬공)이 武王(무왕)을 相(샹)ᄒᆞ샤 紂(듀)를 誅(듀)ᄒᆞ시고 奄(엄)을 伐(벌)ᄒᆞ신 三年(삼년)애 그 君(군)을 討(토)ᄒᆞ시고 飛廉(비렴)을 海隅(ᄒᆡ우)에 驅(구)ᄒᆞ야 戮(륙)ᄒᆞ시니 國(국)을 滅(멸)ᄒᆞᆫ 者(쟈)ㅣ 五十(오십)이오 虎(호)와 豹(표)와 犀(셔)와 象(샹)을 모라 遠(원)히 ᄒᆞ신대 天下(텬하)ㅣ 키 悅(열)ᄒᆞ니 書(셔)에 ᄀᆞᆯ오ᄃᆡ 키 顯(현)ᄒᆞ다 文王(문왕)의 謨(모)ㅣ여 키 承(승)ᄒᆞ다 武王(무왕)의 烈(렬)이여 우리 後人(후신)을 佑(우)ᄒᆞ야 啓(계)ᄒᆞ샤ᄃᆡ 다 正(정)으로ᄡᅥ ᄒᆞ샤 缺(결)홈이 업다 ᄒᆞ니라

世(셰)ㅣ 衰(쇠)ᄒᆞ며 道(도)ㅣ 微(미)ᄒᆞ야 邪說(샤셜)와 暴行(포힝)이 ᄯᅩ 作(작)ᄒᆞ야 臣(신)이 그 君(군)을 弑(시)ᄒᆞᆯ 者(쟈)ㅣ 이시며 子(ᄌᆞ)ㅣ 그 父(부)를 弑(시)ᄒᆞᆯ 者(쟈)ㅣ 이시니라

孔子(공ᄌᆞ)ㅣ 懼(구)ᄒᆞ샤 春秋(츈츄)를 作(작)ᄒᆞ시니 春秋(츈츄)ᄂᆞᆫ 天子(텬ᄌᆞ)의 事(ᄉᆞ)ㅣ라 이런 故(고)로 孔子(공ᄌᆞ)ㅣ ᄀᆞᆯᄋᆞ샤ᄃᆡ 我(아)를 知(디)ᄒᆞᆯ 者(쟈)도 그 春秋(츈츄)ㅣ며 我(아)를 罪(죄)ᄒᆞᆯ 者(쟈)도 그 春秋(츈츄)ᆫ뎌 ᄒᆞ시니라

聖王(셩왕)이 作(작)디 아니ᄒᆞ야 諸侯(져후)ㅣ 放恣(방ᄌᆞ)ᄒᆞ며 處士(쳐ᄉᆞ)ㅣ 議(의)를 橫(횡)히ᄒᆞ야 楊朱(양쥬)와 墨翟(믁뎍)의 言(언)이 天下(텬하)애 盈(영)ᄒᆞ야 天下(텬하)읫 言(언)이 楊(양)애 歸(귀)티 아니ᄒᆞ면 墨(믁)애 歸(귀)ᄒᆞ니 楊氏(양시)ᄂᆞᆫ 我(아)를 爲(위)ᄒᆞ니 이ᄂᆞᆫ 君(군)이 업슴이오 墨氏(믁시)ᄂᆞᆫ 愛(ᄋᆡ)를 兼(겸)ᄒᆞ니 이ᄂᆞᆫ 父(부)ㅣ 업슴이니 父(부)ㅣ 업스며 君(군)이 업슴은 이 禽獸(금슈)ㅣ니라 公明儀(공명의)ㅣ ᄀᆞᆯ오ᄃᆡ 庖(포)애 肥肉(비슉)이 이시며 廐(구)애 肥馬(비마)ㅣ 잇거든 民(민)이 饑色(긔ᄉᆡᆨ)이 이시며 野(야)애 餓莩(아표)ㅣ 이시면 이ᄂᆞᆫ 獸(슈)를 率(솔)ᄒᆞ야 人(신)을 食(식)홈이라 ᄒᆞ니 楊墨(양믁)의 道(도)ㅣ 息(식)디 아니ᄒᆞ면 孔子(공ᄌᆞ)의 道(도)ㅣ 著(뎌)티 몯ᄒᆞ리니 이ᄂᆞᆫ 邪說(샤셜)이 民(민)을 誣(무)ᄒᆞ야 仁義(신의)를 充塞(츙ᄉᆡᆨ)홈이니 仁義(신의)ㅣ 充塞(츙ᄉᆡᆨ)ᄒᆞ면 獸(슈)를 率(솔)ᄒᆞ야 人(신)을 食(식)ᄒᆞ다가 人(신)이 쟝ᄎᆞᆺ 서르 食(식)ᄒᆞ리라

내 이ᄅᆞᆯ 爲(위)ᄒᆞ야 懼(구)ᄒᆞ야 先聖(션셩)의 道(도)를 閑(한)ᄒᆞ야 楊墨(양믁)을 距(거)ᄒᆞ며 淫辭(음ᄉᆞ)를 放(방)ᄒᆞ야 邪說(샤셜)ᄒᆞᆯ 者(쟈)ㅣ 시러곰 作(작)디 몯게 ᄒᆞ노니 그 心(심)애 作(작)ᄒᆞ야 그 事(ᄉᆞ)애 害(해)ᄒᆞ며 그 事(ᄉᆞ)애 作(작)ᄒᆞ야 그 政(졍)애 害(해)ᄒᆞᄂᆞ니 聖人(셩신)이 다시 起(긔)ᄒᆞ샤도 내 言(언)을 易(역)디 아니ᄒᆞ시리라

녜 禹(우)ㅣ 洪水(홍슈)ᄅᆞᆯ 抑(억)ᄒᆞ심애 天下(텬하)ㅣ 平(평)ᄒᆞ고 周公(쥬공)이 夷狄(이뎍)을 兼(겸)ᄒᆞ며 猛獸(ᄆᆡᆼ슈)ᄅᆞᆯ 驅(구)ᄒᆞ심애 百姓(ᄇᆡᆨ셩)이 寧(녕)ᄒᆞ고 孔子(공ᄌᆞ)ㅣ 春秋(츈츄)를 成(셩)ᄒᆞ심애 亂臣(란신)과 賊子(적ᄌᆞ)ㅣ 懼(구)ᄒᆞ니라

詩(시)예 ᄀᆞᆯ오ᄃᆡ 戎狄(슝뎍)을 이 膺(응)ᄒᆞ니 荊(형)과 舒(셔)ㅣ 이 懲(딩)ᄒᆞ야 곧 나ᄅᆞᆯ 敢(감)히 承(승)티 몯ᄒᆞᆫ다 ᄒᆞ니 父(부)ㅣ 업ᄉᆞ며 君(군)이 업ᄉᆞᆫ 이ᄂᆞᆫ 이 周公(쥬공)의 膺(응)ᄒᆞ신 배니라

내 ᄯᅩᄒᆞᆫ 人心(신심)을 正(졍)ᄒᆞ야 邪說(샤셜)을 息(식)게 ᄒᆞ며 詖行(피힝)을 距(거)ᄒᆞ며 淫辭(음ᄉᆞ)를 放(방)ᄒᆞ야 ᄡᅥ 三聖(삼셩)을 承(승)코쟈 ᄒᆞ노니 엇디 辯(변)을 好(호)ᄒᆞ리오

내 시러곰 마디 몯ᄒᆞ예니라

能(능)히 楊墨(양믁) 距(거)ᄒᆞ욤을 言(언)ᄒᆞᄂᆞᆫ 者(쟈)ᄂᆞᆫ 聖人(셩신)의 徒(도)ㅣ니라

② 栗谷本

公都子(공도ᄌᆞ)ㅣ ᄀᆞᆯ오ᄃᆡ 外(외)ㅅ 人(인)이 다 夫子(부ᄌᆞ)ㅣ 辯(변)을 好(호)ᄒᆞ신다 일ㅋ라니 敢(감)히 問(문)ᄒᆞ노니 엇디잇고 孟子(ᄆᆡᇰᄌᆞ)ㅣ ᄀᆞᄅᆞ샤ᄃᆡ 내 엇디 辯(변)을 好(호)ᄒᆞ리오 내 시러곰 마디 몯홈이니라 天下(텬하)의 生(ᄉᆡᆼ)이 오란 디라 ᄒᆞᆫ 번 治(티)ᄒᆞ고 ᄒᆞᆫ 번 亂(란)ᄒᆞ니라

堯(요)읫 時(시)ㄹ 當(당)ᄒᆞ야 믈이 거스리 行(ᄒᆡᆼ)ᄒᆞ야 中國(듕국)에 氾濫(범람)ᄒᆞ야 蛇(샤)와 龍(룡)이 居(거)ᄒᆞ니 民(민)이 定(뎡)홀 배 업서 ᄂᆞ즌ᄃᆡ 巢(소)ㄹ ᄒᆞ고 노픈ᄃᆡ 營窟(영굴)을 ᄒᆞ얏더니 書(셔)에 ᄀᆞᆯ오ᄃᆡ 洚水(강슈)ㅣ 나ᄅᆞᆯ 警(경)ᄒᆞ다 ᄒᆞ니 洚水(강슈)ᄂᆞᆫ 洪水(홍슈)ㅣ니라

禹(우)로 ᄒᆡ여곰 治(티)케 ᄒᆞ야시ᄂᆞᆯ 禹(우)ㅣ 地(디)ᄅᆞᆯ 掘(굴)ᄒᆞ야 海(ᄒᆡ)예 注(주)ᄒᆞ시고 蛇龍(샤룡)을 모라 菹(져)에 放(방)ᄒᆞ신대 믈이 ᄯᅡ 가온대ᄅᆞᆯ 말ᄆᆡ아마 行(ᄒᆡᆼ)ᄒᆞ니 江(강)과 淮(회)와 河(하)와 漢(한)이 이라 險阻(험조)ㅣ 이믜 遠(원)ᄒᆞ며 鳥獸(됴슈)의 人(인) 害(해)ᄒᆞᄂᆞᆫ 者(쟈)ㅣ 消(쇼)ᄒᆞ니 그런 後(후)에 人(인)이 시러곰 土(토)ᄅᆞᆯ 平(평)코 居(거)ᄒᆞ니라

堯舜(요슌)이 이믜 沒(몰)ᄒᆞ시매 聖人(셩인)의 道(도)ㅣ 衰(쇠)ᄒᆞ니 暴君(포군)이 代(ᄃᆡ)로 作(작)ᄒᆞ야 宮室(궁실)을 허러 ᄡᅥ 汙池(오지)ᄅᆞᆯ ᄆᆡᆼ그니 民(민)이 安息(안식)홀 배 업스며 田(뎐)을 ᄇᆞ려 ᄡᅥ 園囿(원유)ᄅᆞᆯ ᄆᆡᆼ그라 民(민)으로 ᄒᆡ여곰 시러곰 衣食(의식)을 몯ᄒᆞ게 ᄒᆞ고 邪(샤)ᄒᆞᆫ 說(셜)와 暴(포)ᄒᆞᆫ 行(ᄒᆡᆼ)이 ᄯᅩ 作(작)ᄒᆞ야 園囿(원유)와 汙池(오디)예 沛澤(패ᄐᆡᆨ)이 하매 禽獸(금슈)ㅣ 니르니 紂(듀)의 몸에 미처 天下(텬하)ㅣ ᄯᅩ 크게 어드러우니라

周公(쥬공)이 武王(무왕)을 相(샹)ᄒᆞ샤 紂(듀)ᄅᆞᆯ 誅(듀)ᄒᆞ시고 奄(엄)을 텨 三年(삼년)만에 그 님금을 討(토)ᄒᆞ시고 飛廉(비렴)을 海隅(ᄒᆡ우)에 모라 戮(륙)ᄒᆞ시며 나라 滅(멸)ᄒᆞᆫ 者(쟈)ㅣ 五十(오십)이오 虎(호)와 豹(표)와 犀(셔)와 象(샹)을 모라 멀게 ᄒᆞ신대 天下(텬하)ㅣ 크게 깃거ᄒᆞ니 書(셔)에 ᄀᆞᆯ오대 크게 顯(현)ᄒᆞ시다 文王(문왕)의 謨(모)ㅣ여 크게 承(승)ᄒᆞ시다 武王(무왕)의 烈(렬)이여 우리 後人(후인)을 도아 열으샤ᄃᆡ 다 正(졍)으로ᄡᅥ 缺(결)홈이 업다 ᄒᆞ니라

世(셰)ㅣ 衰(쇠)ᄒᆞ야 道(도)ㅣ 微(미)ᄒᆞ이 邪(샤)ᄒᆞᆫ 說(셜)과 暴(포)ᄒᆞᆫ 行(ᄒᆡᆼ)이 作(작)홈이 이셔 臣(신)이 그 君(군)을 弑(시)홀 者(쟈)ㅣ 이시며 子(ᄌᆞ)ㅣ 그 父(부)ᄅᆞᆯ 弑(시)홀 者(쟈)ㅣ 이시니라

孔子(공ᄌᆞ)ㅣ 두리샤 春秋(츈츄)ᄅᆞᆯ 지으시니 春秋(츈츄)ᄂᆞᆫ 天子(텬ᄌᆞ)의 일이라 이런 故(고)로 孔子(공ᄌᆞ)ㅣ ᄀᆞᄅᆞ샤ᄃᆡ 날 아ᄂᆞᆫ 者(쟈)도 그 오직 春秋(츈츄)ㅣ며 날 罪(죄)ᄒᆞᄂᆞᆫ 者(쟈)도 그 오직 春秋(츈츄)ㄴ뎌 ᄒᆞ시니라

聖王(셩왕)이 作(작)디 아니ᄒᆞ심애 諸侯(져후)ㅣ 放恣(방ᄌᆞ)ᄒᆞ며 處士(쳐ᄉᆞ)ㅣ 橫議(횡의)ᄒᆞ야 楊朱(양쥬)와 墨翟(믁뎍)의 말이 天下(텬하)의 盈(영)ᄒᆞ니 天下(텬하)의 말이 楊(양)의 歸(귀)티 아니ᄒᆞ면 墨(믁)의 歸(귀)ᄒᆞᄂᆞ니 楊氏(양시)ᄂᆞᆫ 나ᄅᆞᆯ 爲(위)ᄒᆞ니 이ᄂᆞᆫ 君(군)이 업슴이오 墨氏(믁시)ᄂᆞᆫ 兼(겸)ᄒᆞ야 愛(ᄋᆡ)ᄒᆞ니 이ᄂᆞᆫ 父(부)ㅣ 업슴이니 父(부)ㅣ 업스며

君(군)이 업솜이 이 禽獸(금슈)ㅣ니라 公明儀(공명의)ㅣ ᄀᆞᆯ오ᄃᆡ 庖(포)에 肥(비)ᄒᆞᆫ 肉(육)이 이시며 廐(구)에 肥(비)ᄒᆞᆫ 馬(마)ㅣ 잇고 民(민)이 饑色(긔ᄉᆡᆨ)을 두며 野(야)에 餓莩(아표)ㅣ 이시면 이ᄂᆞᆫ 獸(슈)ᄅᆞᆯ 率(솔)ᄒᆞ야 人(인)을 食(식)홈이라 ᄒᆞ니 楊墨(양믁)의 道(도)ㅣ 息(식)디 아니ᄒᆞ면 孔子(공ᄌᆞ)의 道(도)ㅣ 著(뎌)티 아니ᄒᆞ리니 이ᄂᆞᆫ 邪說(샤셜)이 民(민)을 誣(무)ᄒᆞ야 仁義(인의)ᄅᆞᆯ 充塞(츙ᄉᆡᆨ)홈이니 仁義(인의)ㅣ 充塞(츙ᄉᆡᆨ)ᄒᆞ면 獸(슈)ᄅᆞᆯ 率(솔)ᄒᆞ야 人(인)을 食(식)ᄒᆞ며 人(인)이 쟝ᄎᆞᆺ 서르 食(식)ᄒᆞ리라

내 이ᄅᆞᆯ 爲(위)ᄒᆞ야 두려 先聖(션셩)의 道(도)ᄅᆞᆯ 閑(한)ᄒᆞ야 楊墨(양믁)을 距(거)ᄒᆞ야 淫辭(음ᄉᆞ)ᄅᆞᆯ 放(방)ᄒᆞ야 邪說(샤셜)ᄒᆞᄂᆞᆫ 者(쟈)ㅣ 시러곰 作(작)디 몯ᄒᆞ게 ᄒᆞ노니 그 心(심)의 作(작)ᄒᆞ야 그 事(ᄉᆞ)애 害(해)ᄒᆞ며 그 事(ᄉᆞ)애 作(작)ᄒᆞ야 그 政(졍)의 害(해)ᄒᆞᄂᆞ니 聖人(셩인)이 다시 起(긔)ᄒᆞᆯ 디라도 내 말을 고티디 아니시리라

녜 禹(우)ㅣ 洪水(홍슈)ᄅᆞᆯ 抑(억)ᄒᆞ시매 天下(텬하)ㅣ 平(평)ᄒᆞ고 周公(쥬공)이 夷狄(이뎍)을 兼(겸)ᄒᆞ시며 猛獸(ᄆᆡᆼ슈)ᄅᆞᆯ 驅(구)ᄒᆞ시매 百姓(ᄇᆡᆨ셩)이 寧(녕)ᄒᆞ고 孔子(공ᄌᆞ)ㅣ 春秋(츈츄)ᄅᆞᆯ 成(셩)ᄒᆞ시매 亂臣(란신)과 賊子(적ᄌᆞ)ㅣ 懼(구)ᄒᆞ니라

詩(시)예 닐오ᄃᆡ 戎(융)과 狄(뎍)을 이에 膺(응)ᄒᆞ니 荊(형)과 舒(셔)ㅣ 이 懲(딩)ᄒᆞ야 날 敢(감)히 承(승)티 몯ᄒᆞᆫ다 ᄒᆞ니 父(부) 업스며 君(군) 업슨 이ᄂᆞᆫ 이 周公(쥬공)의 膺(응)ᄒᆞ시던 배니라

내 ᄯᅩᄒᆞᆫ 人心(인심)을 正(졍)ᄒᆞ야 邪說(샤셜)을 息(식)ᄒᆞ며 詖行(피ᄒᆡᆼ)을 距(거)ᄒᆞ며 淫辭(음ᄉᆞ)ᄅᆞᆯ 放(방)ᄒᆞ야 ᄡᅧ 三聖(삼셩)을 承(승)코져 ᄒᆞᄂᆞᆫ 者(쟈)ㅣ로니 엇디 辯(변)을 好(호)ᄒᆞ리오 내 시러곰 마디 몯홈이니라

能(능)히 楊墨(양믁) 距(거)홈을 니ᄅᆞᄂᆞᆫ 者(쟈)ᄂᆞᆫ 聖人(셩인)의 徒(도)ㅣ니라

061(6-10) *於陵仲子*

匡章曰:「陳仲子豈不誠廉士哉? 居於陵, 三日不食, 耳無聞, 目無見也. 井上有李, 螬食實者過半矣, 匍匐往將食之, 三咽, 然後耳有聞, 目有見.」

孟子曰:「於齊國之士, 吾必以仲子爲巨擘焉. 雖然, 仲子惡能廉? 充仲子之操, 則蚓而後可者也. 夫蚓, 上食槁壤, 下飮黃泉. 仲子所居之室, 伯夷之所築與? 抑亦盜跖之所築與? 所食之粟, 伯夷之所樹與? 抑亦盜跖之所樹與? 是未可知也.」

曰:「是何傷哉? 彼身織屨, 妻辟纑, 以易之也.」

曰:「仲子, 齊之世家也. 兄戴, 蓋祿萬鍾. 以兄之祿爲不義之祿而不食也, 以兄之室爲不義之室而不居也, 辟兄離母, 處於於陵. 他日歸,則有饋其兄生鵝者，己頻顣曰:『惡用是鶂鶂者爲哉?』他日，其母殺是鵝也，與之食之. 其兄自外至，曰:『是鶂鶂之肉也.』出而哇之. 以母則不食，以妻則食之; 以兄之室則弗居，以於陵則居之. 是尙爲能充其類也乎? 若仲子者，蚓而後充其操者也.」

① 陶山本

匡章(광쟝)이 골오ᄃᆡ 陳仲子(딘듕ᄌᆞ)는 엇디 진실로 廉士(렴ᄉᆞ)ㅣ 아니리오 於陵(오릉)에 居(거)홀 ᄊᆡ 三日(삼ᅀᅵᆯ)을 食(식)디 몯ᄒᆞ야 耳(ᅀᅵ)ㅣ 聞(문)홈이 업ᄉᆞ며 目(목)이 見(견)홈이 업더니 井上(졍샹)애 李(리)ㅣ 螬(조)ㅣ 實(실)을 食(식)ᄒᆞᆫ 者(쟈)ㅣ 半(반)이 過(과)ᄒᆞᆫ이 잇거늘 匍匐(포복)ᄒᆞ야 가 將(쟝)ᄒᆞ야 食(식)ᄒᆞ야 세 번 咽(연)ᄒᆞᆫ 後(후)에사 耳(ᅀᅵ)ㅣ 聞(문)홈이 이시며 目(목)이 見(견)홈이 이시니라

孟子(ᄆᆡᆼᄌᆞ)ㅣ 골ᄋᆞ샤ᄃᆡ 齊國(졔국)ㅅ 士(ᄉᆞ)애 내 반ᄃᆞ시 仲子(듕ᄌᆞ)로ᄡᅥ 巨擘(거벽)을 삼으려니와 비록 그러나 仲子(듕ᄌᆞ)는 엇디 能(능)히 廉(렴)ᄒᆞ리오 仲子(듕ᄌᆞ)의 操(조)ᄅᆞᆯ 充(츙)ᄒᆞ면 곧 蚓(인)인 後(후)에 可(가)ᄒᆞ니라

蚓(인)은 上(샹)으로 槁壤(고샹)을 食(식)ᄒᆞ고 下(하)로 黃泉(황쳔)을 飮(음)ᄒᆞᄂᆞ니 仲子(듕ᄌᆞ)의 居(거)ᄒᆞᆫ 밧 室(실)은 伯夷(ᄇᆡᆨ이)의 築(튝)ᄒᆞᆫ 바가 ᄯᅩᄒᆞᆫ 盜跖(도쳑)의 築(튝)ᄒᆞᆫ 바가 食(식)ᄒᆞᄂᆞᆫ 밧 粟(속)은 伯夷(ᄇᆡᆨ이)의 樹(슈)ᄒᆞᆫ 바가 ᄯᅩ한 盜跖(도쳑)의 樹(슈)ᄒᆞᆫ 바가 이 可(가)히 아디 몯ᄒᆞ리로다

골오ᄃᆡ 이 엇디 傷(샹)ᄒᆞ리오 뎌 몸소 屨(구)ᄅᆞᆯ 織(직)ᄒᆞ고 妻(쳐)ㅣ 纑(로)ᄅᆞᆯ 辟(벽)ᄒᆞ야 ᄡᅥ 易(역)ᄒᆞᄂᆞ니라

골ᄋᆞ샤ᄃᆡ 仲子(듕ᄌᆞ)는 齊(졔)ㅅ 世家(셰가)ㅣ라 兄(형) 戴(ᄃᆡ)ㅣ 蓋(합)ㅅ 祿(록)이 萬鍾(만죵)이러니 兄(형)의 祿(록)으로ᄡᅥ 不義(블의)옛 祿(록)이라 ᄒᆞ야 食(식)디 아니ᄒᆞ며 兄(형)의 室(실)로ᄡᅥ 不義(블의)옛 室(실)이라 ᄒᆞ야 居(거)티 아니ᄒᆞ고 兄(형)을 辟(피)ᄒᆞ며 母(모)ᄅᆞᆯ 離(리)ᄒᆞ야 於陵(오릉)에 處(쳐)ᄒᆞ얏더니 他日(타ᅀᅵᆯ)에 歸(귀)ᄒᆞᆫ 則(즉) 그 兄(형)을 生鵝(ᄉᆡᆼ아)를 饋(궤)ᄒᆞᆯ 者(쟈)ㅣ 잇거ᄂᆞᆯ 己(긔) 頻顣(빈츅)ᄒᆞ야 골오ᄃᆡ 엇디 이 鶂鶂(얼얼)ᄒᆞᄂᆞᆫ 거ᄉᆞᆯ 用(용)ᄒᆞ리오 他日(타ᅀᅵᆯ)에 그 母(모)ㅣ이 鵝(아)ᄅᆞᆯ

(以下 缺帳)

② 栗谷本

匡章(광쟝)이 골오ᄃᆡ 陳仲子(딘듕ᄌᆞ)는 엇디 진실로 廉士(렴ᄉᆞ)ㅣ 아니리오 於陵(오릉)에 居(거)홀 제 三日(삼일)을 食(식)디 몯ᄒᆞ니 耳(이)ㅣ 드롬이 업스며 目(목)이 봄이 업더니 井上(졍샹)의 李(리)ㅣ 이쇼ᄃᆡ 螬(조)ㅣ 實(실)을 食(식)홈이 半(반)이 남거ᄂᆞᆯ 匍匐(포복)ᄒᆞ야 가 가져 食(식)ᄒᆞ야 세 번 ᄉᆞᆷ킨 後(후)에 耳(이)예 드롬이 이시며 目(목)에 봄이 이시니이다

孟子(ᄆᆡᆼᄌᆞ)ㅣ ᄀᆞᄅᆞ샤ᄃᆡ 齊(졔)ㅅ 나라 士(ᄉᆞ)애 내 반ᄃᆞ시 仲子(듕ᄌᆞ)로ᄡᅥ 巨擘(거벽)을 삼으려니와 비록 그러나 仲子(듕ᄌᆞ)ㅣ 엇디 能(능)히 廉(렴)ᄒᆞ리오 仲子(듕ᄌᆞ)의 操(조)ᄅᆞᆯ 充(츙)홀 딘댄 곧 蚓(인)인 後(후)에 可(가)ᄒᆞᆫ 者(쟈)ㅣ니라

蚓(인)은 우ᄒᆞ로 槁壤(고양)을 먹고 아래로 黃泉(황쳔)을 마시ᄂᆞ니 仲子(듕ᄌᆞ)의 사ᄂᆞᆫ 밧 집이 伯夷(ᄇᆡᆨ이)의 築(튝)ᄒᆞᆫ 바아 또ᄒᆞᆫ 盜跖(도쳑)의 築(튝)ᄒᆞᆫ 바아 먹ᄂᆞᆫ 밧 粟(속)이 伯夷(ᄇᆡᆨ이)의 樹(슈)ᄒᆞᆫ 바아 또한 盜跖(도쳑)의 樹(슈)ᄒᆞᆫ 바아 이ᄅᆞᆯ 可(가)히 아디 몯ᄒᆞ리로다

ᄀᆞᆯ오ᄃᆡ 이 므서시 傷(샹)ᄒᆞ리잇고 뎌 몸소 屨(구)ᄅᆞᆯ 織(직)ᄒᆞ며 妻(쳐)ㅣ 纑(로)ᄅᆞᆯ 辟(벽)ᄒᆞ야 ᄡᅧ 밧고ᄂᆞ니이다

ᄀᆞᄅᆞ샤ᄃᆡ 仲子(듕ᄌᆞ)ᄂᆞᆫ 齊(졔)의 世家(셰가)ㅣ니 兄(형) 戴(ᄃᆡ)ㅣ 蓋(합)의 祿(록)이 萬鍾(만죵)이어ᄂᆞᆯ 兄(형)의 祿(록)으로ᄡᅥ 不義(블의)옛 祿(록)이라 ᄒᆞ야 먹디 아니며 兄(형)의 집으로ᄡᅥ 不義(블의)옛 집이라 ᄒᆞ야 사디 아니코 兄(형)을 辟(피)ᄒᆞ며 母(모)ᄅᆞᆯ 離(리)ᄒᆞ야 於陵(오릉)에 處(쳐)ᄒᆞ얏더니 다ᄅᆞᆫ 날애 도라오니 그 兄(형)의게 生鵝(ᄉᆡᆼ아)ᄅᆞᆯ 饋(궤)ᄒᆞᆯ 者(쟈)ㅣ 잇거ᄂᆞᆯ 己(긔) 頻顣(빈츅)ᄒᆞ야 ᄀᆞᆯ오ᄃᆡ 이 鶃鶃(얼얼)ᄒᆞᄂᆞᆫ 거ᄉᆞᆯ 엇디 ᄡᅳ리오 ᄒᆞ더니 다ᄅᆞᆫ 날애 그 母(모)ㅣ 이 鵝(아)ᄅᆞᆯ 주겨 與(여)ᄒᆞ야 먹거ᄂᆞᆯ 그 兄(형)이 밧그로브터 니르러 ᄀᆞᆯ오ᄃᆡ 이 鶃鶃(얼얼)ᄒᆞᄂᆞᆫ 肉(육)이라 ᄒᆞᆫ대 나와 토ᄒᆞ니라

母(모)로ᄡᅥᄂᆞᆫ 食(식)디 아니코 妻(쳐)로ᄡᅥ 食(식)ᄒᆞ며 兄(형)의 室(실)로ᄡᅥᄂᆞᆫ 居(거)티 아니코 於陵(오릉)으로ᄡᅥ 居(거)ᄒᆞ니 이 오히려 能(능)히 그 類(류)ᄅᆞᆯ 充(츙)ᄒᆞᄂᆞᆫ 쟉가 仲子(듕ᄌᆞ) ᄀᆞᄐᆞᆫ 者(쟈)ᄂᆞᆫ 蚓(인)인 後(후)에 그 操(조)ᄅᆞᆯ 充(츙)ᄒᆞᆯ 者(쟈)ㅣ니라

第七 〈離婁章句〉(上)

062(7-1) 離婁之明

孟子曰:「離婁之明, 公輸子之巧, 不以規矩, 不能成方員; 師曠之聰, 不以六律, 不能正五音; 堯舜之道, 不以仁政, 不能平治天下. 今有仁心仁聞而民不被其澤, 不可法於後世者, 不行先王之道也. 故曰:『徒善不足以爲政, 徒法不能以自行.』詩云:『不愆不忘, 率由舊章.』遵先王之法而過者, 未之有也. 聖人旣竭目力焉, 繼之以規矩準繩, 以爲方員平直, 不可勝用也; 旣竭耳力焉, 繼之以六律, 正五音, 不可勝用也; 旣竭心思焉, 繼之以不忍人之政, 而仁覆天下矣. 故曰:『爲高必因丘陵, 爲下必因川澤.』爲政不因先王之道, 可謂智乎? 是以惟仁者宜在高位. 不仁而在高位, 是播其惡於衆也. 上無道揆也, 下無法守也, 朝不信道, 工不信度, 君子犯義, 小人犯刑, 國之所存者幸也. 故曰:『城郭不完, 兵甲不多, 非國之災也; 田野不辟, 貨財不聚, 非國之害也. 上無禮, 下無學, 賊民興, 喪無日矣.』詩曰:『天之方蹶, 無然泄泄.』泄泄, 猶沓沓也. 事君無義, 進退無禮, 言則非先王之道者, 猶沓沓也. 故曰:『責難於君謂之恭, 陳善閉邪謂之敬, 吾君不能謂之賊.』」

① 陶山本

孟子(ᄆᆡᆼᄌᆞ)ㅣ ᄀᆞᆯᄋᆞ샤ᄃᆡ 離婁(리루)의 明(명)과 公輸子(공슈ᄌᆞ)의 巧(교)로도 規(규)와 矩(구)로ᄡᅥ 아니ᄒᆞ면 能(능)히 方(방)과 員(원)을 成(셩)티 몯ᄒᆞ고 師曠(ᄉᆞ광)의 聰(ᄎᆞᆼ)으로도 六律(륙률)로ᄡᅥ 아니ᄒᆞ면 能(능)히 五音(오음)을 正(졍)티 몯ᄒᆞ고 堯舜(요슌)의 道(도)로도 仁政(ᅀᅵᆫ졍)으로ᄡᅥ 아니ᄒᆞ면 能(능)히 天下(텬하)ᄅᆞᆯ 平治(평티)티 몯ᄒᆞᄂᆞ니라

이제 仁心(ᅀᅵᆫ심)과 仁聞(ᅀᅵᆫ문)이 이쇼ᄃᆡ 民(민)이 그 澤(ᄐᆡᆨ)을 被(피)티 몯ᄒᆞ야 可(가)히 後世(후셰)예 法(법)ᄒᆞ얌즉디 몯홈은 先王(션왕)의 道(도)ᄅᆞᆯ 行(ᄒᆡᆼ)티 아닐 ᄊᆡ니라

故(고)로 ᄀᆞᆯ오ᄃᆡ ᄒᆞᆫ갓 善(션)이 足(족)히 ᄡᅥ 政(졍)을 ᄒᆞ디 몯ᄒᆞ고 ᄒᆞᆫ갓 法(법)이 能(능)히 ᄡᅥ 스스로 行(ᄒᆡᆼ)티 몯ᄒᆞᆫ다 ᄒᆞ니라

詩(시)예 닐오ᄃᆡ 愆(건)티 아니ᄒᆞ며 忘(망)티 아니홈은 舊章(구쟝)을 率(솔)ᄒᆞ야 由(유)홈이라 ᄒᆞ니 先王(션왕)의 法(법)을 遵(준)ᄒᆞ고 過(과)ᄒᆞᆯ 者(쟈)ㅣ 잇디 아니ᄒᆞ니라

聖人(셩ᅀᅵᆫ)이 임의 目力(목력)을 竭(갈)ᄒᆞ시고 繼(계)호ᄃᆡ 規(규)와 矩(구)와 準(쥰)과 繩(승)으로ᄡᅥ ᄒᆞ시니 ᄡᅥ 方(방)과 員(원)과 平(평)과 直(딕)을 ᄒᆞ욤애 可(가)히 이긔여

用(용)티 몯ᄒᆞ며 임의 耳力(ᅀᅵ력)을 竭(갈)ᄒᆞ시고 繼(계)호ᄃᆡ 六律(륙률)로ᄡᅥ ᄒᆞ시니 五音(오음)을 正(졍)ᄒᆞ욤애 可(가)히 이긔여 用(용)티 몯ᄒᆞ며 임의 心思(심ᄉᆞ)를 竭(갈)ᄒᆞ시고 繼(계)호ᄃᆡ 人(신)을 忍(신)티 몯ᄒᆞᄂᆞᆫ 政(졍)으로ᄡᅥ ᄒᆞ시니 仁(신)이 天下(텬하)애 覆(부)ᄒᆞ시니라

故(고)로 ᄀᆞᆯ오ᄃᆡ 高(고)를 호ᄃᆡ 반ᄃᆞ시 丘陵(구릉)을 因(인)ᄒᆞ며 下(하)를 호ᄃᆡ 반ᄃᆞ시 川澤(쳔ᄐᆡᆨ)을 因(인)ᄒᆞᆫ다 ᄒᆞ니 政(졍)을 호ᄃᆡ 先王(션왕)의 道(도)를 因(인)티 아니ᄒᆞ면 可(가)히 智(디)라 닐ᄋᆞ랴

이러모로ᄡᅥ 오직 仁者(신쟈)ㅣ사 高位(고위)예 이숌이 맛당ᄒᆞ니 仁(신)티 아니ᄒᆞ고 高位(고위)예 이시면 이ᄂᆞᆫ 그 惡(악)을 衆(즁)애 播(파)홈이니라

上(샹)이 道(도)로 揆(규)홈이 업스며 下(하)ㅣ 法(법)으로 守(슈)홈이 업서 朝(됴)ㅣ 道(도)를 信(신)티 아니ᄒᆞ며 工(공)이 度(도)를 信(신)티 아니ᄒᆞ야 君子(군ᄌᆞ)ㅣ 義(의)를 犯(범)ᄒᆞ고 小人(쇼신)이 刑(형)을 犯(범)ᄒᆞ면 國(국)이 存(존)ᄒᆞᆫ 배 幸(ᄒᆡᆼ)이니라

故(고)로 ᄀᆞᆯ오ᄃᆡ 城郭(셩곽)이 完(완)티 아니ᄒᆞ며 兵甲(병갑)이 多(다)티 아니홈이 國(국)의 災(ᄌᆡ)ㅣ 아니며 田野(뎐야)ㅣ 辟(벽)디 아니ᄒᆞ며 貨財(화ᄌᆡ)ㅣ 聚(츼)티 아니홈이 國(국)의 害(해)ㅣ 아니라 上(샹)이 禮(례) 업스며 下(하)ㅣ 學(ᄒᆞᆨ)이 업스면 賊民(적민)이 興(흥)ᄒᆞ야 喪(상)홈이 日(싈)이 업스리라 ᄒᆞ니라

詩(시)예 ᄀᆞᆯ오ᄃᆡ 天(텬)이 보야흐로 蹶(궤)ᄒᆞ시ᄂᆞ니 泄泄(예예)티 말올 ᄯᅵ라 ᄒᆞ니 泄泄(예예)ᄂᆞᆫ 沓沓(답답)이라홈 ᄀᆞᄐᆞ니라

君(군)을 事(ᄉᆞ)홈애 義(의)업스며 進(진)ᄒᆞ며 退(퇴)ᄒᆞ욤애 禮(례)업고 言(언)ᄒᆞᆫ 則(즉) 先王(션왕)의 道(도)를 非(비)ᄒᆞᄂᆞᆫ 者(쟈)ㅣ 沓沓(답답)홈 ᄀᆞᄐᆞ니라

故(고)로 ᄀᆞᆯ오ᄃᆡ 難(난)으로 君(군)ᄭᅴ 責(ᄎᆡᆨ)홈을 恭(공)이라 닐ᄋᆞ고 善(션)을 陳(딘)ᄒᆞ야 邪(샤)를 閉(폐)홈을 敬(경)이라 닐ᄋᆞ고 내 君(군)이 能(능)티 몯ᄒᆞ리라 홈을 賊(적)이라 닐ᄋᆞ다 ᄒᆞ니라

② 栗谷本

孟子(ᄆᆡᆼᄌᆞ)ㅣ ᄀᆞᄅᆞ샤ᄃᆡ 離婁(리루)의 明(명)과 公輸子(공슈ᄌᆞ)의 巧(교)로도 規矩(규구)로ᄡᅥ 아니면 能(능)히 方員(방원)을 일우디 몯ᄒᆞᆯ 디오 師曠(ᄉᆞ광)의 聰(총)으로도 六律(륙률)로ᄡᅥ 아니면 能(능)히 五音(오음)을 正(졍)티 몯ᄒᆞᆯ 디오 堯舜(요슌)의 道(도)로도 仁政(인졍)으로ᄡᅥ 아니면 能(능)히 天下(텬하)를 平治(평티)티 몯ᄒᆞᆯ 디니라

이제 仁心(인심)과 仁聞(인문)이 이쇼ᄃᆡ 民(민)이 그 澤(ᄐᆡᆨ)을 被(피)티 몯ᄒᆞ며 可(가)히 後世(후셰)예 法(법)되디 몯홈은 先王(션왕)의 道(도)를 行(ᄒᆡᆼ)티 아닐 ᄉᆡ니라

故(고)로 ᄀᆞᆯ오ᄃᆡ 뷘 善(션)이 足(족)히 ᄡᅥ 政(졍)을 ᄒᆞ디 몯ᄒᆞ며 뷘 法(법)이 能(능)히 ᄡᅥ 스스로 行(ᄒᆡᆼ)티 몯ᄒᆞᆫ다 ᄒᆞ니라

詩(시)예 닐오ᄃᆡ 愆(건)티 아니며 忘(망)티 아니홈은 舊章(구쟝)을 率(솔)ᄒᆞ야 由(유)ᄒᆞᆯ ᄉᆡ라 ᄒᆞ니 先王(션왕)의 法(법)을 遵(쥰)ᄒᆞ야 過(과)ᄒᆞᆯ 者(쟈)ㅣ 잇디 아니니라

聖人(셩인)이 이믜 目力(목력)을 竭(갈)ᄒᆞ시고 規(규)와 矩(구)와 準(쥰)과 繩(승)으로ᄡᅥ 繼(계)ᄒᆞ시니 ᄡᅥ 方(방)이며 員(원)이며 平(평)이며 直(딕)을 호매 可(가)히 니르 ᄡᅳ디

몯ᄒᆞ며 이믜 耳力(이력)을 竭(갈)ᄒᆞ시고 六律(뉵률)로ᄡᅥ 繼(계)ᄒᆞ시니 五音(오음)을 正(졍)ᄒᆞ기예 可(가)히 니르 ᄡᅳ디 몯ᄒᆞ며 이믜 心思(심ᄉᆞ)를 竭(갈)ᄒᆞ시고 人(인)의게 춤디 몯ᄒᆞᄂᆞᆫ 政(졍)으로ᄡᅥ 繼(계)ᄒᆞ시니 仁(인)이 天下(텬하)애 더프시니라

故(고)로 ᄀᆞᆯ오ᄃᆡ 高(고)를 호매 반ᄃᆞ시 丘陵(구릉)을 因(인)ᄒᆞ며 下(하)를 호매 반ᄃᆞ시 川澤(쳔ᄐᆡᆨ)을 因(인)ᄒᆞᆫ다 ᄒᆞ니 政(졍)을 호ᄃᆡ 先王(션왕)의 道(도)를 因(인)티 아니면 可(가)히 智(디)라 니르랴

일로ᄡᅥ 오직 仁(인)ᄒᆞᆫ 者(쟈)ㅣ아 高位(고위)예 이쇼미 맛당ᄒᆞ니 仁(인)티 몯ᄒᆞ고 高位(고위)예 이시면 이ᄂᆞᆫ 그 惡(악)을 衆(즁)의게 播(파)홈이니라

上(샹)애 道(도)로 揆(규)ᄒᆞ리 업스며 下(하)애 法(법)으로 守(슈)ᄒᆞ리 업서 朝(됴)ㅣ 道(도)를 밋디 아니ᄒᆞ며 工(공)이 度(도)를 밋디 아니ᄒᆞ야 君子(군ᄌᆞ)ㅣ 義(의)를 犯(범)ᄒᆞ고 小人(쇼인)이 刑(형)을 犯(범)ᄒᆞ면 國(국)의 存(존)ᄒᆞᆫ 배 幸(ᄒᆡᆼ)이니라

故(고)로 ᄀᆞᆯ오ᄃᆡ 城郭(셩곽)이 完(완)티 몯ᄒᆞ며 兵甲(병갑)이 하디 몯홈이 나라히 災(ᄌᆡ)ㅣ 아니며 田野(뎐야)ㅣ 辟(벽)디 몯ᄒᆞ며 貨財(화ᄌᆡ)ㅣ 聚(취)티 몯홈이 나라히 害(해)ㅣ 아니라 上(샹)이 禮(례) 업스며 下(하)ㅣ 學(ᄒᆞᆨ)이 업스면 賊民(적민)이 興(흥)ᄒᆞ야 喪(상)홈이 날도 업스리라 ᄒᆞ니라

詩(시)예 ᄀᆞᆯ오ᄃᆡ 天(텬)이 ᄇᆡ야호로 蹶(궤)ᄒᆞ시ᄂᆞ니 그리 泄泄(예예)티 말라 ᄒᆞ니 泄泄(예예)ᄂᆞᆫ 沓沓(답답)홈 ᄀᆞᆮᄐᆞ니

님금을 셤기매 義(의)업스며 進(진)ᄒᆞ며 退(퇴)호매 禮(례)업고 言(언)ᄒᆞ면 先王(션왕)의 道(도)를 외다 ᄒᆞᄂᆞᆫ 者(쟈)ㅣ 沓沓(답답)홈 ᄀᆞᆮᄐᆞ니라

故(고)로 ᄀᆞᆯ오ᄃᆡ 님금ᄭᅴ 難(난)으로 責(ᄎᆡᆨ)홈을 恭(공)이라 니르고 善(션)을 陳(딘)코 邪(샤)를 閉(폐)홈을 敬(경)이라 니르고 내 님금이 能(능)티 몯ᄒᆞ리라 홈을 賊(적)이라 니른다 ᄒᆞ니라

063(7-2) 仁與不仁

孟子曰:「規矩, 方員之至也; 聖人, 人倫之至也. 欲爲君盡君道, 欲爲臣盡臣道, 二者皆法堯舜而已矣. 不以舜之所以事堯事君, 不敬其君者也; 不以堯之所以治民治民, 賊其民者也. 孔子曰:『道二: 仁與不仁而已矣.』暴其民甚, 則身弑國亡; 不甚, 則身危國削. 名之曰『幽厲』, 雖孝子慈孫, 百世不能改也. 詩云:『殷鑒不遠, 在夏后之世』, 此之謂也.」

① 陶山本

孟子(ᄆᆡᆼᄌᆞ)ㅣ ᄀᆞᆯᄋᆞ샤ᄃᆡ 規矩(규구)ᄂᆞᆫ 方員(방원)의 至(지)오 聖人(셩인)은 人倫(인륜)의 至(지)니라

君(군)이 되고쟈 홀 띤댄 君(군)의 道(도)를 盡(진)ᄒᆞ고 臣(신)이 되고쟈 홀 띤댄 臣(신)의 道(도)를 盡(진)홀 ᄯᅵ니 二者(ᅀᅵ쟈)를 다 堯舜(요슌)을 法(법)홀 ᄯᆞᄅᆞᆷ이니 舜(슌)의 ᄡᅧ 堯(요) 事(ᄉᆞ)ᄒᆞ던 바로ᄡᅧ 君(군)을 事(ᄉᆞ)티 아니ᄒᆞ면 그 君(군)을 敬(경)티 아니ᄒᆞᄂᆞᆫ 者(쟈)ㅣ오 堯(요)의 ᄡᅧ 民(민) 治(티)ᄒᆞ던 바로ᄡᅧ 民(민)을 治(티)티 아니ᄒᆞ면 그 民(민)을 賊(적)ᄒᆞᄂᆞᆫ 者(쟈)ㅣ니라

孔子(공ᄌᆞ)ㅣ ᄀᆞᆯᄋᆞ샤ᄃᆡ 道(도)ㅣ 二(ᅀᅵ)니 仁(ᅀᅵᆫ)과 다ᄆᆞᆺ 仁(ᅀᅵᆫ)티 아닐 ᄯᆞᄅᆞᆷ이라 ᄒᆞ시니라

그 民(민)을 暴(포)홈이 甚(심)ᄒᆞᆫ 則(즉) 身(신)이 弑(시)ᄒᆞ며 國(국)이 亡(망)ᄒᆞ고 甚(심)티 아니ᄒᆞᆫ 則(즉) 身(신)이 危(위)ᄒᆞ며 國(국)이 削(샥)ᄒᆞᄂᆞ니 名(명)ᄒᆞ야 ᄀᆞᆯ오ᄃᆡ 幽厲(유려)ㅣ라 ᄒᆞ면 비록 孝子(효ᄌᆞ)ㅣ며 慈孫(ᄌᆞ손)이라도 百世(ᄇᆡᆨ셰)예 能(능)히 改(ᄀᆡ)티 몯ᄒᆞᄂᆞ니라

詩(시)예 닐오ᄃᆡ 殷(은)의 鑒(감)이 遠(원)티 아니ᄒᆞᆫ 디라 夏后(하후)ㅅ 世(셰)예 잇다 ᄒᆞ니 이를 닐옴이니라

② 栗谷本

孟子(ᄆᆡᆼᄌᆞ)ㅣ ᄀᆞᄅᆞ샤ᄃᆡ 規矩(규구)ᄂᆞᆫ 方員(방원)의 지극한 거시오 聖人(셩인)은 人倫(인륜)의 지극ᄒᆞᆫ 이시니라

君(군)이 되고져 홀 딘댄 君道(군도)롤 盡(진)ᄒᆞ고 臣(신)이 되고져 홀 딘댄 臣道(신도)롤 盡(진)홀 디니 二者(이쟈)롤 다 堯舜(요슌)을 法(법)바돌 ᄯᆞᄅᆞᆷ이라 舜(슌)의 ᄡᅧ 堯(요) 셤기시던 바로ᄡᅧ 君(군)을 셤기디 아니면 그 君(군)을 敬(경)티 아닛ᄂᆞᆫ 者(쟈)ㅣ오 堯(요)의 ᄡᅧ 民(민) 다ᄉᆞ리시던 바로ᄡᅧ 民(민)을 다ᄉᆞ리디 아니면 그 民(민)을 賊(적)ᄒᆞᄂᆞᆫ 者(쟈)ㅣ니라

孔子(공ᄌᆞ)ㅣ ᄀᆞᄅᆞ샤ᄃᆡ 道(도)ㅣ 둘히니 仁(인)과 다ᄆᆞᆺ 不仁(블인) ᄯᆞᄅᆞᆷ이라 ᄒᆞ시니라

그 民(민)을 暴(포)ᄒᆞ기롤 甚(심)히 ᄒᆞ면 身(신)이 弑(시)ᄒᆞ이며 國(국)이 亡(망)ᄒᆞ고 甚(심)티 아니면 身(신)이 危(위)ᄒᆞ며 國(국)이 削(샥)ᄒᆞᄂᆞ니 名(명)ᄒᆞ야 ᄀᆞᆯ오ᄃᆡ 幽厲(유려)ㅣ라 ᄒᆞ면 비록 孝(효)ᄒᆞᆫ 子(ᄌᆞ)ㅣ며 慈(ᄌᆞ)ᄒᆞᆫ 孫(손)이라도 百世(ᄇᆡᆨ셰)예 能(능)히 改(ᄀᆡ)티 몯홀 디니라

詩(시)예 닐오ᄃᆡ 殷(은)의 鑒(감)이 머디 아니ᄒᆞ야 夏后(하후)ㅅ 世(셰)예 잇다 ᄒᆞ니 이를 닐옴이니라

064(7-3) 三代之得天下

孟子曰:「三代之得天下也以仁, 其失天下也以不仁. 國之所以廢興存亡者亦然. 天子不仁, 不保四海; 諸侯不仁, 不保社稷; 卿大夫不仁, 不保宗廟; 士庶人不仁, 不保四體. 今惡死亡而樂不仁, 是猶惡醉而强酒.」

① 陶山本

孟子(ᄆᆡᆼᄌᆞ)ㅣ ᄀᆞᆯᄋᆞ샤ᄃᆡ 三代(삼ᄃᆡ)의 天下(텬하)를 得(득)홈은 仁(ᅀᅵᆫ)으로ᄡᅦ오 그 天下

(텬하)를 失(실)홈은 仁(신)티 아니 홈으로 쎄니라

國(국)의 쎠 廢(폐)ᄒᆞ며 興(흥)ᄒᆞ며 存(존)ᄒᆞ며 亡(망)ᄒᆞᄂᆞᆫ 배 또 그러ᄒᆞ니라

天子(텬ᄌᆞ)ㅣ 仁(신)티 아니ᄒᆞ면 四海(ᄉᆞ히)를 保(보)티 몯ᄒᆞ고 諸侯(져후)ㅣ 仁(신)티 아니ᄒᆞ면 社稷(샤직)을 保(보)티 몯ᄒᆞ고 卿(경) 태위 仁(신)티 아니ᄒᆞ면 宗廟(종묘)를 保(보)티 몯ᄒᆞ고 士(ᄉᆞ) 庶人(셔신)이 仁(신)티 아니ᄒᆞ면 四體(ᄉᆞ톄)를 保(보)티 몯ᄒᆞᄂᆞ니라

이제 死亡(ᄉᆞ망)을 惡(오)호ᄃᆡ 不仁(블신)을 樂(락)ᄒᆞᄂᆞ니 이ᄂᆞᆫ 醉(취)를 惡(오)호ᄃᆡ 酒(쥬)를 强(강)홈 ᄀᆞᄐᆞ니라

② 栗谷本

孟子(밍ᄌᆞ)ㅣ ᄀᆞᄅᆞ샤ᄃᆡ 三代(삼ᄃᆡ)의 天下(텬하) 엇기ᄂᆞᆫ 仁(인)으로쎄오 그 天下(텬하)를 일키ᄂᆞᆫ 仁(인)티 아니모로 쎄니라

나라히 쎠 廢(폐)ᄒᆞ며 興(흥)ᄒᆞ며 存(존)ᄒᆞ며 亡(망)ᄒᆞᄂᆞᆫ 배 쏘ᄒᆞᆫ 그러ᄒᆞ니라

天子(텬ᄌᆞ)ㅣ 仁(인)티 아니면 四海(ᄉᆞ히)를 保(보)티 몯ᄒᆞ고 諸侯(져후)ㅣ 仁(인)티 아니면 社稷(샤직)을 保(보)티 몯ᄒᆞ고 卿(경) 大夫(대부)ㅣ 仁(인)티 아니면 宗廟(종묘)를 保(보)티 몯ᄒᆞ고 士(ᄉᆞ) 庶人(셔인)이 仁(인)티 아니면 四體(ᄉᆞ톄)를 保(보)티 몯ᄒᆞᆯ 디니라

이제 死亡(ᄉᆞ망)을 惡(오)호ᄃᆡ 不仁(블인)을 樂(락)홈이 이ᄂᆞᆫ 醉(취)홈을 惡(오)호ᄃᆡ 酒(쥬)를 强(강)홈 ᄀᆞᆺᄐᆞ니라

065(7-4) 愛人

孟子曰:「愛人不親反其仁; 治人不治反其智; 禮人不答反其敬. 行有不得者, 皆反求諸己, 其身正而天下歸之. 詩云:『永言配命, 自求多福.』」

① 陶山本

孟子(밍ᄌᆞ)ㅣ ᄀᆞᆯᄋᆞ샤ᄃᆡ 人(신)을 愛(ᄋᆡ)호ᄃᆡ 親(친)티 아니ᄒᆞ거든 그 仁(신)을 反(반)ᄒᆞ고 人(신)을 治(티)호ᄃᆡ 治(티)티 아니ᄒᆞ거든 그 智(디)를 反(반)ᄒᆞ고 人(신)을 禮(례)호ᄃᆡ 答(답)디 아니ᄒᆞ거든 그 敬(경)을 反(반)홀 띠니라

行(ᄒᆡᆼ)홈애 得(득)디 몯ᄒᆞᆫ 者(쟈)ㅣ 잇거든 다 己(긔)예 反求(반구)홀 띠니 그 身(신)이 正(졍)홈애 天下(텬하)ㅣ 歸(귀)ᄒᆞᄂᆞ니라

詩(시)예 닐오ᄃᆡ 기리 言(언)ᄒᆞ야 命(명)을 配(비)홈이 ᄉᆞᄉᆞ로 多福(다복)을 求(구)홈이라 ᄒᆞ니라

② 栗谷本

孟子(밍ᄌᆞ)ㅣ ᄀᆞᄅᆞ샤ᄃᆡ 人(인)을 愛(ᄋᆡ)호ᄃᆡ 親(친)티 아니커든 그 仁(인)을 反(반)ᄒᆞ고 人(인)을 治(티)호ᄃᆡ 治(티)티 아니커든 그 智(디)를 反(반)ᄒᆞ고 人(인)을 禮(례)호ᄃᆡ 答(답)디 아니커든 그 敬(경)을 反(반)홀 디니라

行(ᄒᆡᆼ)호매 得(득)디 몯홈이 잇거든 다 反(반)ᄒᆞ야 己(긔)예 求(구)홀 디니 그 몸이

正(졍)호매 天下(텬하) ㅣ 歸(귀)ᄒᆞᄂᆞ니라

詩(시)예 닐오ᄃᆡ 기리 命(명) 配(빅)홈을 념호미 스스로 多福(다복)을 求(구)홈이라 ᄒᆞ니라

066(7-5) 恆言

孟子曰:「人有恆言, 皆曰『天下國家』. 天下之本在國, 國之本在家, 家之本在身.」

① 陶山本

孟子(ᄆᆡᆼᄌᆞ) ㅣ ᄀᆞᆯᄋᆞ샤ᄃᆡ 人(ᅀᅵᆫ)이 덛덛ᄒᆞᆫ 言(언)을 두ᄃᆡ 다 ᄀᆞᆯ오ᄃᆡ 天下(텬하)와 國家(국가) ㅣ라 ᄒᆞᄂᆞ니 天下(텬하)의 本(본)은 國(국)에 잇고 國(국)의 本(본)은 家(가)에 잇고 家(가)의 本(본)은 身(신)에 인ᄂᆞ니라

② 栗谷本

孟子(ᄆᆡᆼᄌᆞ) ㅣ ᄀᆞᄅᆞ샤ᄃᆡ 人(인)이 恒言(ᄒᆞᆼ언)을 두되 다 ᄀᆞᆯ오ᄃᆡ 天下(텬하) 國家(국가) ㅣ라 ᄒᆞᄂᆞ니 天下(텬하)의 本(본)은 國(국)에 잇고 國(국)의 本(본)은 家(가)에 잇고 家(가)의 本(본)은 身(신)에 잇ᄂᆞ니라

067(7-6) 爲政不難

孟子曰:「爲政不難, 不得罪於巨室. 巨室之所慕, 一國慕之; 一國所慕, 天下慕之; 故沛然德敎溢乎四海.」

① 陶山本

孟子(ᄆᆡᆼᄌᆞ) ㅣ ᄀᆞᆯᄋᆞ샤ᄃᆡ 政(졍)을 ᄒᆞ욤이 難(난)티 아니ᄒᆞ니 巨室(거실)에 罪(죄)ᄅᆞᆯ 得(득)디 아니홀 ᄯᅵ니 巨室(거실)의 慕(모)ᄒᆞᄂᆞᆫ 바ᄅᆞᆯ 一國(일국)이 慕(모)ᄒᆞ고 一國(일국)의 慕(모)ᄒᆞᄂᆞᆫ 바ᄅᆞᆯ 天下(텬하) ㅣ 慕(모)ᄒᆞᄂᆞ니 故(고)로 沛然(패연)ᄒᆞᆫ 德敎(덕교) ㅣ 四海(ᄉᆞᄒᆡ)예 溢(일)ᄒᆞᄂᆞ니라

② 栗谷本

孟子(ᄆᆡᆼᄌᆞ) ㅣ ᄀᆞᄅᆞ샤ᄃᆡ 졍ᄉᆞᄒᆞ기 어렵디 아니ᄒᆞ니 巨室(거실)의게 罪(죄)를 得(득)디 마롤 디니 巨室(거실)의 慕(모)ᄒᆞᄂᆞᆫ 바ᄅᆞᆯ 一國(일국)이 慕(모)ᄒᆞ고 一國(일국)의 慕(모)ᄒᆞᄂᆞᆫ 바ᄅᆞᆯ 天下(텬하) ㅣ 慕(모)ᄒᆞᄂᆞ니 故(고)로 沛然(패연)ᄒᆞᆫ 德敎(덕교) ㅣ 四海(ᄉᆞᄒᆡ)예 넘ᄠᅵᄂᆞ니라

068(7-7) 天下有道

孟子曰:「天下有道, 小德役大德, 小賢役大賢; 天下無道, 小役大, 弱役强. 斯二者, 天也. 順天者存, 逆天者亡. 齊景公曰:『旣不能令, 又不受命, 是絶物也.』涕出而女於吳. 今也小國師大國而恥受命焉, 是猶弟子而恥受命於先師也. 如恥之, 莫若師文王. 師文王, 大國五年, 小國七年, 必爲政於天下矣. 詩云:『商之孫子, 其麗不億. 上帝旣命, 侯于周服. 侯服于周, 天命靡常. 殷士膚敏, 祼將于京.』孔子曰:『仁不可爲衆也. 夫國君好仁, 天下無敵.』今也欲無敵於天下而不以仁, 是猶執熱而不以濯也. 詩云:『誰能執熱, 逝不以濯?』」

① 陶山本

孟子(밍ᄌᆞ)ㅣ ᄀᆞᆯᄋᆞ샤ᄃᆡ 天下(텬하)ㅣ 道(도)ㅣ 이솜앤 小德(쇼덕)이 大德(대덕)에 役(역)ᄒᆞ이며 小賢(쇼현)이 大賢(대현)에 役(역)ᄒᆞ이고 天下(텬하)ㅣ 道(도)ㅣ 업솜앤 小(쇼)ㅣ 大(대)예 役(역)ᄒᆞ이며 弱(약)이 强(강)애 役(역)ᄒᆞ이ᄂᆞ니 이 二者(ᅀᅵ쟈)ᄂᆞᆫ 天(텬)이니 天(텬)을 順(슌)ᄒᆞᄂᆞᆫ 者(쟈)ᄂᆞᆫ 存(존)ᄒᆞ고 天(텬)을 逆(역)ᄒᆞᄂᆞᆫ 者(쟈)ᄂᆞᆫ 亡(망)ᄒᆞᄂᆞ니라

齊景公(졔경공)이 ᄀᆞᆯᄋᆞ샤ᄃᆡ 임의 能(능)히 令(령)티 몯ᄒᆞ고 ᄯᅩ 命(명)을 受(슈)티 아니ᄒᆞ면 이ᄂᆞᆫ 物(믈)을 絶(졀)홈이라 ᄒᆞ고 涕(톄)를 出(츌)ᄒᆞ고 吳(오)애 女(녀)ᄒᆞ니라

이제 小國(쇼국)이 大國(대국)을 師(ᄉᆞ)호ᄃᆡ 命(명) 受(슈)홈을 恥(티)ᄒᆞᄂᆞ니 이 弟子(뎨ᄌᆞ)ㅣ오 先師(션ᄉᆞ)의게 命(명) 受(슈)홈을 恥(티)홈 ᄀᆞᄐᆞ니라

만일에 恥(티)홀 ᄯᅥᆫ댄 文王(문왕)을 師(ᄉᆞ)홈만 ᄀᆞᆮᄒᆞ니 업스니 文王(문왕)을 師(ᄉᆞ)ᄒᆞ면 大國(대국)은 五年(오년)이오 小國(쇼국)은 七年(칠년)에 반ᄃᆞ시 政(졍)을 天下(텬하)애 ᄒᆞ리라

詩(시)예 닐오ᄃᆡ 商(샹)의 孫子(손ᄌᆞ)ㅣ 그 麗(려)ㅣ 億(억)ᄲᅳᆫ이 아니언마ᄂᆞᆫ 上帝(샹뎨) 임의 命(명)ᄒᆞᆫ 디라 周(쥬)에 服(복)ᄒᆞ놋다 周(쥬)에 服(복)ᄒᆞ니 天命(텬명)이 常(샹)티 아닌 디라 殷士(은ᄉᆞ)의 膚(부)ᄒᆞ며 敏(민)ᄒᆞᆫ 이 京(경)에 祼(관)ᄒᆞ야 將(쟝)ᄒᆞ다 ᄒᆞ야ᄂᆞᆯ 孔子(공ᄌᆞ)ㅣ ᄀᆞᆯᄋᆞ샤ᄃᆡ 仁(ᅀᅵᆫ)에 可(가)히 衆(즁)이 도외디 몯ᄒᆞᄂᆞ니 國君(국군)이 仁(ᅀᅵᆫ)을 好(호)ᄒᆞ면 天下(텬하)애 敵(뎍)이 업스리라 ᄒᆞ시니라

이제 天下(텬하)애 敵(뎍)이 업과뎌 호ᄃᆡ 仁(ᅀᅵᆫ)으로ᄡᅥ 아니ᄒᆞᄂᆞ니 이 熱(셜)을 執(집)ᄒᆞ야 ᄡᅥ 濯(탁)디 아니홈 ᄀᆞᄐᆞ니 詩(시)예 닐오ᄃᆡ 뉘 能(능)히 熱(셜)을 執(집)ᄒᆞ야 ᄡᅥ 濯(탁)디 아니리오 ᄒᆞ니라

② 栗谷本

孟子(밍ᄌᆞ)ㅣ ᄀᆞᄅᆞ샤ᄃᆡ 天下(텬하)ㅣ 道(도)ㅣ 이신 제ᄂᆞᆫ 져근 德(덕)이 큰 德(덕)의게 役(역)ᄒᆞ이며 져근 賢(현)이 큰 賢(현)의게 役(역)ᄒᆞ이고 天下(텬하)ㅣ 道(도)ㅣ 업ᄉᆞᆫ 제ᄂᆞᆫ

져근 이 큰 듸 役(역)ᄒᆞ이며 弱(약)ᄒᆞᆫ 이 强(강)ᄒᆞᆫ 듸 役(역)ᄒᆞ이ᄂᆞ니 이 둘히 天(텬)이라 天(텬)을 順(슌)ᄒᆞᄂᆞᆫ 者(쟈)ᄂᆞᆫ 存(존)ᄒᆞ고 天(텬)을 逆(역)ᄒᆞᄂᆞᆫ 者(쟈)ᄂᆞᆫ 亡(망)ᄒᆞᄂᆞ니라

齊景公(졔경공)이 ᄀᆞᄅᆞ샤ᄃᆡ 이믜 能(능)히 令(령)티 몯ᄒᆞ고 ᄯᅩ 命(명)을 밧디 아니면 이ᄂᆞᆫ 物(믈)을 絶(졀)홈이라 ᄒᆞ시고 눈믈을 내고 吳(오)에 女(녀)ᄒᆞ시다

이제 져근 나라히 큰 나라ᄒᆞᆯ 스승삼으며 命(명) 밧기를 붓그려 ᄒᆞ면 이ᄂᆞᆫ 弟子(뎨ᄌᆞ)ㅣ 先師(션ᄉᆞ)의게 命(명) 밧기를 붓그려홈 ᄀᆞᄐᆞ니라

만일 붓그려ᄒᆞᆯ 딘댄 文王(문왕)을 師(ᄉᆞ)홈만 ᄀᆞᄐᆞ니 업스니 文王(문왕)을 師(ᄉᆞ)ᄒᆞ면 大國(대국)은 五年(오년)이오 小國(쇼국)은 七年(칠년)에 반ᄃᆞ시 天下(텬하)의 政(졍)을 ᄒᆞ리라

詩(시)예 닐오ᄃᆡ 商(샹)의 孫子(손ᄌᆞ)ㅣ 그 수ㅣ 億(억)ᄲᅮᆫ 아니언마ᄂᆞᆫ 上帝(샹뎨)ㅣ 이믜 命(명)ᄒᆞ신 디라 周(쥬)에 가 服(복)ᄒᆞ도다 周(쥬)에 가 服(복)ᄒᆞ니 天命(텬명)이 常(샹)티 아닌 디라 殷士(은ᄉᆞ)의 膚(부)코 敏(민)ᄒᆞᆫ 이 京(경)에 가 祼(관)ᄒᆞ야 돕다 ᄒᆞ야ᄂᆞᆯ 孔子(공ᄌᆞ)ㅣ ᄀᆞᄅᆞ샤ᄃᆡ 仁(인)에ᄂᆞᆫ 可(가)히 衆(즁)으로 ᄒᆞ디 몯ᄒᆞᆯ 디니 國君(국군)이 仁(인)을 됴히 너기면 天下(텬하)에 敵(뎍)이 업스리라 ᄒᆞ시니라

이제 天下(텬하)에 敵(뎍)이 업게 ᄒᆞ고져 호ᄃᆡ 仁(인)으로ᄡᅥ 아니면 이ᄂᆞᆫ 더운 거슬 잡고 ᄡᅥ 濯(탁)디 아님 ᄀᆞᄐᆞ니 詩(시)예 닐오ᄃᆡ 뉘 能(능)히 더운 거슬 잡고 ᄡᅥ 濯(탁)디 아니리오 ᄒᆞ니라

069(7-8) 滄浪之水淸兮

孟子曰:「不仁者可與言哉? 安其危而利其菑, 樂其所以亡者. 不仁而可與言, 則何亡國敗家之有? 有孺子歌曰:『滄浪之水淸兮, 可以濯我纓; 滄浪之水濁兮, 可以濯我足.』孔子曰:『小子聽之! 淸斯濯纓, 濁斯濯足矣, 自取之也.』夫人必自侮, 然後人侮之; 家必自毁, 而後人毁之; 國必自伐, 而後人伐之. 太甲曰:『天作孽, 猶可違; 自作孽, 不可活.』此之謂也.」

① 陶山本

孟子(ᄆᆡᆼᄌᆞ)ㅣ ᄀᆞᆯᄋᆞ샤ᄃᆡ 仁(ᅀᅵᆫ)티 아니ᄒᆞᆫ 者(쟈)ᄂᆞᆫ 可(가)히 더블어 言(언)ᄒᆞ랴 그 危(위)ᄅᆞᆯ 安(안)히 너기며 그 菑(지)ᄅᆞᆯ 利(리)히 너겨 그 ᄡᅥ 亡(망)ᄒᆞᆯ ᄲᅡᄅᆞᆯ 樂(락)ᄒᆞᄂᆞ니 仁(ᅀᅵᆫ)티 아닌 이오 可(가)히 더블어 言(언)ᄒᆞᆯ ᄭᅥ시면 곧 엇디 國(국)을 亡(망)ᄒᆞ며 家(가)ᄅᆞᆯ 敗(패)홈이 이시리오

孺子(슈ᄌᆞ)ㅣ 이셔 歌(가)ᄒᆞ야 ᄀᆞᆯ오ᄃᆡ 滄浪(창랑)ㅅ 水(슈)ㅣ 淸(쳥)ᄒᆞ거든 可(가)히 ᄡᅥ 내 纓(영)을 濯(탁)ᄒᆞ고 滄浪(창랑)ㅅ 水(슈)ㅣ 濁(탁)ᄒᆞ거든 可(가)히 ᄡᅥ 내 足(죡)을 濯(탁)ᄒᆞᆯ 띠라 ᄒᆞ야ᄂᆞᆯ

孔子(공ᄌᆞ)ㅣ ᄀᆞᆯᄋᆞ샤ᄃᆡ 小子(쇼ᄌᆞ)아 聽(텽)ᄒᆞ라 淸(쳥)홈애 이예 纓(영)을 濯(탁)ᄒᆞ고 濁(탁)홈애 이예 足(족)을 濯(탁)ᄒᆞ노소니 스스로 取(취)홈이라 ᄒᆞ시니라

人(신)이 반ᄃᆞ시 스스로 侮(모)ᄒᆞᆫ 然後(연후)에 人(신)이 侮(모)ᄒᆞ며 家(가)ㅣ 반ᄃᆞ시 스스로 毁(훼)ᄒᆞᆫ 後(후)에 人(신)이 毁(훼)ᄒᆞ며 國(국)이 반ᄃᆞ시 스스로 伐(벌)ᄒᆞᆫ 後(후)에 人(신)이 伐(벌)ᄒᆞᄂᆞ니라

太甲(태갑)애 ᄀᆞᆯ오ᄃᆡ 天(텬)이 作(작)ᄒᆞᆫ 孽(얼)은 오히려 可(가)히 違(위)ᄒᆞ려니와 스스로 作(작)ᄒᆞᆫ 孽(얼)은 可(가)히 活(활)티 몯ᄒᆞ리라 ᄒᆞ니 이를 닐옴이니라

② 栗谷本

孟子(ᄆᆡᆼᄌᆞ)ㅣ ᄀᆞᄅᆞ샤ᄃᆡ 仁(인)티 아닌 者(쟈)ᄂᆞᆫ 可(가)히 더브러 말을 ᄒᆞ랴 그 危(위)를 安(안)히 녀기며 그 菑(지)를 利(리)히 녀기며 그 ᄡᅧ 亡(망)ᄒᆞᆯ 바를 즐기ᄂᆞ니 仁(인)티 아닌 이를 可(가)히 더브러 말을 ᄒᆞᆯ 거시면 곧 엇디 國(국)을 亡(망)ᄒᆞ며 家(가)를 敗(패)홈이 이시리오

孺子(유ᄌᆞ)ㅣ 이셔 歌(가)ᄒᆞ야 ᄀᆞᆯ오ᄃᆡ 滄浪(창랑) 믈이 淸(쳥)ᄒᆞᆫ이여 可(가)히 ᄡᅧ 내 纓(영)을 濯(탁)ᄒᆞᆯ 디오 滄浪(창랑) 믈이 濁(탁)ᄒᆞᆫ이여 可(가)히 ᄡᅧ 내 足(족)을 濯(탁)ᄒᆞᆯ 디라 ᄒᆞ야ᄂᆞᆯ

孔子(공ᄌᆞ)ㅣ ᄀᆞᄅᆞ샤ᄃᆡ 小子(쇼ᄌᆞ)아 드르라 淸(쳥)ᄒᆞ면 이에 纓(영)을 濯(탁)ᄒᆞ고 濁(탁)ᄒᆞ면 이에 足(족)을 濯(탁)ᄒᆞ노소니 스스로 取(취)홈이라 ᄒᆞ시니라

人(인)이 반ᄃᆞ시 스스로 侮(모)ᄒᆞᆫ 後(후)에 人(인)이 侮(모)ᄒᆞ며 家(가)ㅣ 반ᄃᆞ시 스스로 毁(훼)ᄒᆞᆫ 後(후)에 人(인)이 毁(훼)ᄒᆞ며 國(국)이 반ᄃᆞ시 스스로 伐(벌)ᄒᆞᆫ 後(후)에 人(인)이 伐(벌)ᄒᆞᄂᆞ니라

太甲(태갑)에 ᄀᆞᆯ오ᄃᆡ 天(텬)의 孽(얼)을 作(작)호믄 오히려 可(가)히 違(위)ᄒᆞ려니와 스스로 孽(얼)을 作(작)호믄 可(가)히 活(활)티 몯ᄒᆞ리라 ᄒᆞ니 이를 닐옴이니라

070(7-9) 桀紂之失天下

孟子曰:「桀紂之失天下也, 失其民也; 失其民者, 失其心也. 得天下有道: 得其民, 斯得天下矣; 得其民有道: 得其心, 斯得民矣; 得其心有道: 所欲與之聚之, 所惡勿施爾也. 民之歸仁也, 猶水之就下·獸之走壙也. 故爲淵歐魚者, 獺也; 爲叢歐爵者, 鸇也; 爲湯武歐民者, 桀與紂也. 今天下之君有好仁者, 則諸侯皆爲之歐矣. 雖欲無王, 不可得已. 今之欲王者, 猶七年之病, 求三年之艾也. 苟爲不畜, 終身不得. 苟不志於仁, 終身憂辱, 以陷於死亡. 詩云:『其何能淑, 載胥及溺.』此之謂也.」

① 陶山本

孟子(ᄆᆡᆼᄌᆞ)ㅣ ᄀᆞᆯᄋᆞ샤ᄃᆡ 桀紂(걸듀)의 天下(텬하)ᄅᆞᆯ 失(실)ᄒᆞ옴은 그 民(민)을 失(실)홈이니 그 民(민)을 失(실)ᄒᆞ옴은 그 心(심)을 失(실)ᄒᆞᆯ ᄊᆡ라 天下(텬하)ᄅᆞᆯ 得(득)홈이 道(도)ㅣ 인ᄂᆞ니 그 民(민)을 得(득)ᄒᆞ면 이예 天下(텬하)ᄅᆞᆯ 得(득)ᄒᆞ리라 그 民(민)을 得(득)홈이 道(도)ㅣ 인ᄂᆞ니 그 心(심)을 得(득)ᄒᆞ면 이예 民(민)을 得(득)ᄒᆞ리라 그 心(심)을 得(득)홈이 道(도)ㅣ 인ᄂᆞ니 欲(욕)ᄒᆞᄂᆞᆫ 바ᄅᆞᆯ 與(여)ᄒᆞ야 聚(츄)ᄒᆞ고 惡(오)ᄒᆞᄂᆞᆫ 바ᄅᆞᆯ 施(시)티 말올 띠니라

民(민)의 仁(ᅀᅵᆫ)에 歸(귀)홈이 水(슈)ㅣ 下(하)애 就(츄)ᄒᆞ며 獸(슈)ㅣ 壙(광)애 走(주)홈 ᄀᆞᄐᆞ니라

故(고)로 淵(연)을 爲(위)ᄒᆞ야 魚(어)ᄅᆞᆯ 敺(구)ᄒᆞᄂᆞᆫ 者(쟈)ᄂᆞᆫ 獺(달)이오 叢(총)을 爲(위)ᄒᆞ야 爵(쟉)을 敺(구)ᄒᆞᄂᆞᆫ 者(쟈)ᄂᆞᆫ 鸇(젼)이오 湯武(탕무)ᄅᆞᆯ 爲(위)ᄒᆞ야 民(민)을 敺(구)ᄒᆞᄂᆞᆫ 者(쟈)ᄂᆞᆫ 桀(걸)과 다ᄆᆞᆺ 紂(듀)ㅣ니라

이제 天下(텬하)엣 君(군)이 仁(ᅀᅵᆫ)을 好(호)ᄒᆞᆯ 者(쟈)ㅣ 이시면 諸侯(져후)ㅣ 다 爲(위)ᄒᆞ야 敺(구)ᄒᆞ리니 비록 王(왕)티 말오져 ᄒᆞ나 可(가)히 得(득)디 몯ᄒᆞᆯ 이니라

이제 王(왕)코져 ᄒᆞᄂᆞᆫ 者(쟈)ᄂᆞᆫ 七年(칠년)ㅅ 病(병)에 三年(삼년)ㅅ 艾(애)ᄅᆞᆯ 求(구)홈 ᄀᆞᄐᆞ니 진실로 畜(튝)디 아니ᄒᆞ면 身(신)이 終(죵)토록 得(득)디 몯ᄒᆞ리니 진실로 仁(ᅀᅵᆫ)에 志(지)티 아니ᄒᆞ면 身(신)이 終(죵)토록 憂(우)ᄒᆞ며 辱(욕)ᄒᆞ야 ᄡᅧ 死亡(ᄉᆞ망)에 陷(함)ᄒᆞ리라

詩(시)예 닐오ᄃᆡ 그 엇디 能(능)히 淑(슉)ᄒᆞ리오 곧 서ᄅᆞ 溺(닉)에 及(급)ᄒᆞᆫ다 ᄒᆞ니 이ᄅᆞᆯ 닐옴이니라

② 栗谷本

孟子(ᄆᆡᆼᄌᆞ)ㅣ ᄀᆞᄅᆞ샤ᄃᆡ 桀紂(걸쥬)의 天下(텬하)ᄅᆞᆯ 일키ᄂᆞᆫ 그 民(민)을 일ᄒᆞᆯ ᄉᆞ니 그 民(민)을 일호믄 그 ᄆᆞ음을 일흘 ᄉᆞ니라 天下(텬하) 엇기 道(도)ㅣ 이시니 그 民(민)을 어드면 이에 天下(텬하)ᄅᆞᆯ 어들 디오 그 民(민)을 엇기 道(도)ㅣ 이시니 그 ᄆᆞ음을 어드면 이에 民(민)을 어들 디오 그 ᄆᆞ음을 엇기 道(도)ㅣ 이시니 欲(욕)ᄒᆞᄂᆞᆫ 바ᄅᆞᆯ 위ᄒᆞ야 聚(츄)ᄒᆞ고 惡(오)ᄒᆞᄂᆞᆫ 바ᄅᆞᆯ 施(시)티 마롤 디니라

民(민)의 仁(인)에 歸(귀)홈이 水(슈)ㅣ 아래 나아가며 獸(슈)ㅣ 壙(광)에 走(주)홈 ᄀᆞᆺᄐᆞ니라

故(고)로 淵(연)을 爲(위)ᄒᆞ야 魚(어)ᄅᆞᆯ 모ᄂᆞᆫ 者(쟈)ᄂᆞᆫ 獺(달)이오 叢(총)을 爲(위)ᄒᆞ야 爵(쟉)을 모ᄂᆞᆫ 者(쟈)ᄂᆞᆫ 鸇(젼)이오 湯武(탕무)ᄅᆞᆯ 爲(위)ᄒᆞ야 民(민)을 모ᄂᆞᆫ 者(쟈)ᄂᆞᆫ 桀(걸)과 다ᄆᆞᆺ 紂(듀)ㅣ니라

이제 天下(텬하)의 님금이 仁(인)을 好(호)ᄒᆞᆯ 者(쟈)ㅣ 이시면 諸侯(져후)ㅣ 다 爲(위)ᄒᆞ야 몰리니 비록 王(왕)티 말오져 ᄒᆞᆯ 디라도 可(가)히 得(득)디 몯ᄒᆞᆯ 디니라

이제 王(왕)코져 ᄒᆞᄂᆞᆫ 者(쟈)ᄂᆞᆫ 七年(칠년) 病(병)의 三年(삼년) 무근 ᄡᅮᆨ 求(구)홈 ᄀᆞᆺᄐᆞᆫ 디라 진실로 畜(튝)디 아니면 몸이 ᄆᆞᆺ도록 엇디 몯ᄒᆞ리니 진실로 仁(인)의 志(지)티 아니면 몸이 ᄆᆞᆺ도록 憂(우)ᄒᆞ며 辱(욕)ᄒᆞ야 ᄡᅧ 死亡(ᄉᆞ망)의 陷(함)ᄒᆞ리라

詩(시)예 닐오ᄃᆡ 그 엇디 能(능)히 淑(슉)ᄒᆞ뇨 곧 서르 溺(닉)에 及(급)ᄒᆞ다 ᄒᆞ니 이를 닐옴이니라

071(7-10) 自暴自棄

孟子曰:「自暴者, 不可與有言也; 自棄者, 不可與有爲也. 言非禮義, 謂之自暴也; 吾身不能居仁由義, 謂之自棄也. 仁, 人之安宅也; 義, 人之正路也. 曠安宅而弗居, 舍正路而不由, 哀哉!」

① 陶山本

孟子(ᄆᆡᇰᄌᆞ)ㅣ ᄀᆞᆯᄋᆞ샤ᄃᆡ 스스로 暴(포)ᄒᆞᄂᆞᆫ 者(쟈)ᄂᆞᆫ 可(가)히 더블어 言(언)홈을 두디 몯ᄒᆞᆯ 꺼시오 스스로 棄(기)ᄒᆞᄂᆞᆫ 者(쟈)ᄂᆞᆫ 可(가)히 더블어 ᄒᆞ욤을 두디 몯ᄒᆞᆯ 꺼시니 言(언)홈애 禮義(례의)를 非(비)ᄒᆞᄂᆞᆫ 이를 自暴(ᄌᆞ포)ㅣ라 닐ᄋᆞ고 내 몸이 能(능)히 仁(싄)에 居(거)ᄒᆞ며 義(의)를 由(유)티 몯ᄒᆞ리로다 ᄒᆞᄂᆞᆫ 이를 自棄(ᄌᆞ기)라 닐ᄋᆞᄂᆞ니라

仁(싄)은 人(싄)의 安(안)ᄒᆞᆫ 宅(ᄐᆡᆨ)이오 義(의)ᄂᆞᆫ 人(싄)의 正(졍)ᄒᆞᆫ 路(로)ㅣ라

安宅(안ᄐᆡᆨ)을 曠(광)ᄒᆞ고 居(거)티 아니ᄒᆞ며 正路(졍로)를 舍(샤)ᄒᆞ고 由(유)티 아니ᄒᆞᄂᆞ니 哀(ᄋᆡ)홉다

② 栗谷本

孟子(ᄆᆡᇰᄌᆞ)ㅣ ᄀᆞᄅᆞ샤ᄃᆡ 스스로 暴(포)ᄒᆞᄂᆞᆫ 者(쟈)ᄂᆞᆫ 可(가)히 더브러 言(언)을 두디 몯ᄒᆞᆯ 디오 스스로 棄(기)ᄒᆞᄂᆞᆫ 者(쟈)ᄂᆞᆫ 可(가)히 더브러 爲(위)호ᄆᆞᆯ 두디 몯ᄒᆞᆯ 디니 言(언)의 禮義(례의)를 외다 호ᄆᆞᆯ 自暴(ᄌᆞ포)ㅣ라 니르고 내 몸이 能(능)히 仁(인)의 居(거)ᄒᆞ며 義(의)를 由(유)티 몯ᄒᆞᆯ로다 호ᄆᆞᆯ 自棄(ᄌᆞ기)라 니르ᄂᆞ니라

仁(인)은 人(인)의 편안ᄒᆞᆫ 집이오 義(의)ᄂᆞᆫ 人(인)의 正(졍)ᄒᆞᆫ 길히니

安宅(안ᄐᆡᆨ)을 뷔여 居(거)티 아니ᄒᆞ며 正路(졍로)를 ᄇᆞ려 由(유)티 아니ᄒᆞᄂᆞ니 哀(ᄋᆡ)홉도다

072(7-11) 道在爾

孟子曰:「道在爾而求諸遠, 事在易而求諸難. 人人親其親·長其長而天下平.」

① 陶山本

孟子(ᄆᆡᇰᄌᆞ)ㅣ ᄀᆞᆯᄋᆞ샤ᄃᆡ 道(도)ㅣ 爾(ᅀᅵ)에 잇거ᄂᆞᆯ 遠(원)에 求(구)ᄒᆞ며 事(ᄉᆞ)ㅣ 易(이)예 잇거ᄂᆞᆯ 難(난)애 求(구)ᄒᆞᄂᆞ니 人人(싄싄)이 그 親(친)을 親(친)ᄒᆞ며 그 長(댱)을 長(댱)ᄒᆞ면 天下(텬하)ㅣ 平(평)ᄒᆞ리라

② 栗谷本

孟子(밍ᄌᆞ)ㅣ ᄀᆞᄅᆞ샤ᄃᆡ 道(도)ㅣ 갓가온ᄃᆡ 잇거ᄂᆞᆯ 먼ᄃᆡ 求(구)ᄒᆞ며 事(ᄉᆞ)ㅣ 쉬운ᄃᆡ 잇거ᄂᆞᆯ 어려운ᄃᆡ 求(구)ᄒᆞᄂᆞ니 人人(인인)이 그 親(친)을 親(친)ᄒᆞ며 그 長(댱)을 長(댱)ᄒᆞ면 天下(텬하)ㅣ 平(평)ᄒᆞ리라

073(7-12) 居下位

孟子曰:「居下位而不獲於上, 民不可得而治也. 獲於上有道: 不信於友, 弗獲於上矣; 信於友有道: 事親弗悅, 弗信於友矣; 悅親有道: 反身不誠, 不悅於親矣; 誠身有道: 不明乎善, 不誠其身矣. 是故, 誠者, 天之道也; 思誠者, 人之道也. 至誠而不動者, 未之有也; 不誠, 未有能動者也.」

① 陶山本

孟子(밍ᄌᆞ)ㅣ ᄀᆞᆯᄋᆞ샤ᄃᆡ 下位(하위)예 居(거)ᄒᆞ야 上(샹)애 獲(획)디 몯ᄒᆞ면 民(민)을 可(가)히 시러곰 治(티)티 몯ᄒᆞ리라 上(샹)애 獲(획)홈이 道(도)ㅣ 인ᄂᆞ니 友(우)에 信(신)티 몯ᄒᆞ면 上(샹)애 獲(획)디 몯ᄒᆞ리라 友(우)에 信(신)홈이 道(도)ㅣ 인ᄂᆞ니 親(친)을 事(ᄉᆞ)홈애 悅(열)케 몯ᄒᆞ면 友(우)에 信(신)티 몯ᄒᆞ리라

親(친)을 悅(열)케 홈이 道(도)ㅣ 인ᄂᆞ니 身(신)에 反(반)ᄒᆞ야 誠티 몯ᄒᆞ면 親(친)에 悅(열)티 몯ᄒᆞ리라 身(신)을 誠(셩)ᄒᆞ욤이 道(도)ㅣ 인ᄂᆞ니 善(션)을 明(명)티 몯ᄒᆞ면 그 身(신)을 誠(셩)티 몯ᄒᆞ리라

이런 故(고)로 誠(셩)은 天(텬)의 道(도)ㅣ오 誠(셩)을 思(ᄉᆞ)ᄒᆞ욤은 人(신)의 道(도)ㅣ니라

지극히 誠(셩)ᄒᆞ고 動(동)티 몯ᄒᆞᆯ 者(쟈)ㅣ 잇디 아니ᄒᆞ니 誠(셩)티 몯ᄒᆞ면 能(능)히 動(동)ᄒᆞᆯ 者(쟈)ㅣ 잇디 아니ᄒᆞ니라

② 栗谷本

孟子(밍ᄌᆞ)ㅣ ᄀᆞᄅᆞ샤ᄃᆡ 下位(하위)예 居(거)ᄒᆞ야 上(샹)의게 獲(획)디 몯ᄒᆞ면 民(민)을 可(가)히 시러곰 다ᄉᆞ리디 몯ᄒᆞ리니 上(샹)의게 獲(획)홈이 道(도)ㅣ 이시니 友(우)의게 信(신)티 몯ᄒᆞ면 上(샹)의게 獲(획)디 몯ᄒᆞᆯ 디오 友(우)의게 信(신)홈이 道(도)ㅣ 이시니 親(친)을 事(ᄉᆞ)호ᄃᆡ 悅(열)케 몯ᄒᆞ면 友(우)의게 信(신)티 몯ᄒᆞᆯ 디오

親(친)을 悅(열)케 홈이 道(도)ㅣ 이시니 身(신)의 反(반)ᄒᆞ야 誠티 몯ᄒᆞ면 親(친)의게 悅(열)티 몯ᄒᆞᆯ 디오 身(신)을 誠(셩)홈이 道(도)ㅣ 이시니 善(션)의 明(명)티 몯ᄒᆞ면 그 身(신)을 誠(셩)티 몯ᄒᆞ리라

이런 故(고)로 誠(셩)ᄒᆞᆫ 者(쟈)ᄂᆞᆫ 天(텬)의 道(도)ㅣ오 誠(셩)을 思(ᄉᆞ)ᄒᆞᄂᆞᆫ 者(쟈)ᄂᆞᆫ 人(인)의 道(도)ㅣ니라

지극호 誠(셩)이오 動(동)티 몯홀 者(쟈)ㅣ 잇디 아니며 誠(셩)티 몯호고 能(능)히 動(동)홀 者(쟈)ㅣ 잇디 아니호니라

074(7-13) 伯夷辟紂

孟子曰:「伯夷辟紂, 居北海之濱, 聞文王作, 興曰:『盍歸乎來! 吾聞西伯善養老者.』太公辟紂, 居東海之濱, 聞文王作, 興曰:『盍歸乎來! 吾聞西伯善養老者.』二老者, 天下之大老也, 而歸之, 是天下之父歸之也. 天下之父歸之, 其子焉往? 諸侯有行文王之政者, 七年之內, 必爲政於天下矣.」

① 陶山本

孟子(밍즈)ㅣ 골ᄋ샤ᄃ 伯夷(빅이)ㅣ 紂(듀)를 辟(피)ᄒ야 北海(븍히)ㅅ 濱(빈)에 居(거)ᄒ얏더니 文王(문왕)의 作興(작흥)홈을 듣고 골오ᄃ 엇디 도라오디 아니ᄒ리오 나ᄂ 西伯(셔빅)은 老者(로쟈)를 善養(션양)혼다 드로라 ᄒ고 太公(태공)이 紂(듀)를 辟(피)ᄒ야 東海(동히)ㅅ 濱(빈)에 居(거)ᄒ얏더니 文王(문왕)의 作興(작흥)홈을 듣고 골오ᄃ 엇디 도라오디 아니ᄒ리오 나ᄂ 西伯(셔빅)은 老者(로쟈)를 善養(션양)혼다 드로라 ᄒ니라

二老(싀로)는 天下(텬하)읫 大老(대로)ㅣ로ᄃ 歸(귀)ᄒ니 이는 天下(텬하)읫 父(부)ㅣ 歸(귀)홈이라 天下(텬하)읫 父(부)ㅣ 歸(귀)ᄒ거니 그 子(ᄌ)ㅣ 어ᄃ 가리오

諸侯(져후)ㅣ 文王(문왕)의 政(졍)을 行(힝)ᄒᆞᆯ 者(쟈)ㅣ 이시면 七年(칠년)ㅅ 內(ᄂ)예 반ᄃ시 天下(텬하)애 政(졍)을 ᄒ리라

② 栗谷本

孟子(밍즈)ㅣ ᄀᄅ샤ᄃ 伯夷(빅이)ㅣ 紂(듀)를 辟(피)ᄒ야 北海(븍히)ㅅ ᄉ애 사더니 文王(문왕)의 作(작)ᄒ샤믈 듯고 興(흥)ᄒ야 골오ᄃ 도라오기를 엇디 아니리오 나ᄂ 드로니 西伯(셔빅)이 老(로)를 잘 치는 者(쟈)ㅣ라 ᄒ며 太公(태공)이 紂(듀)를 辟(피)ᄒ야 東海(동히)ㅅ ᄉ애 사더니 文王(문왕)의 作(작)ᄒ샤믈 듯고 興(흥)ᄒ야 골오ᄃ 도라오기를 엇디 아니리오 나ᄂ 드로니 西伯(셔빅)이 老(로)를 잘 치는 者(쟈)ㅣ라 ᄒ니라

두 늘그니ᄂ 天下(텬하)의 大老(대로)로셔 歸(귀)ᄒ니 이ᄂ 天下(텬하)의 父(부)ㅣ 歸(귀)홈이니 天下(텬하)의 父(부)ㅣ 歸(귀)ᄒ거니 그 子(ᄌ)ㅣ 어ᄃ 가리오

諸侯(져후)ㅣ 文王(문왕)의 졍ᄉ를 行(힝)ᄒ리 이시면 七年(칠년) 內(ᄂ)예 반ᄃ시 天下(텬하)의 졍ᄉ를 ᄒ리라

075(7-14) *求也爲季氏宰*

孟子曰:「求也爲季氏宰, 無能改於其德, 而賦粟倍他日. 孔子曰:『求非我徒也, 小子鳴鼓而攻之, 可也.』由此觀之, 君不行仁政而富之, 皆棄於孔子者也. 況於爲之强戰, 爭地以戰, 殺人盈野; 爭城以戰, 殺人盈城? 此所謂率土地而食人肉, 罪不容於死. 故善戰者服上刑, 連諸侯者次之, 辟草萊, 任土地者次之.」

① 陶山本

孟子(ᄆᆡᆼᄌᆞ)ㅣ ᄀᆞᆯᄋᆞ샤ᄃᆡ 求(구)ㅣ 季氏(계시)의 宰(ᄌᆡ) 되여셔 能(능)히 그 德(덕)에 改(ᄀᆡ)케 홈이 업고 粟(속)을 賦(부)홈이 他日(타ᅀᅵᆯ)에셔 倍(ᄇᆡ)ᄒᆞᆫ대 孔子(공ᄌᆞ)ㅣ ᄀᆞᆯᄋᆞ샤ᄃᆡ 求(구)ᄂᆞᆫ 우리 徒(도)ㅣ 아니로소니 小子(쇼ᄌᆞ)아 鼓(고)를 鳴(명)ᄒᆞ야 攻(공)ᄒᆞ욤이 可(가)타 ᄒᆞ시니라

일로 말ᄆᆡ암아 보건댄 君(군)이 仁政(ᅀᅵᆫ정)을 行(ᄒᆡᆼ)티 아니ᄒᆞ거든 富(부)케 ᄒᆞ면 다 孔子(공ᄌᆞ)ᄭᅴ 棄(기)히읺 者(쟈)ㅣ니 ᄒᆞ믈며 爲(위)ᄒᆞ야 强(강)히 戰(젼)ᄒᆞ야 地(디)를 爭(ᄌᆡᆼ)ᄒᆞ야 ᄡᅥ 戰(젼)홈애 人(ᅀᅵᆫ)을 殺(살)ᄒᆞ야 野(야)에 盈(영)ᄒᆞ며 城(셩)을 爭(ᄌᆡᆼ)ᄒᆞ야 ᄡᅥ 戰(젼)홈애 人(ᅀᅵᆫ)을 殺(살)ᄒᆞ야 城(셩)에 盈(영)홈이ᄯᆞᆫ여 이 닐온 밧 土地(토디)를 率(솔)ᄒᆞ야 人肉(ᅀᅵᆫᅀᅲᆨ)을 食(식)홈이라 罪(죄)ㅣ 死(ᄉᆞ)홈애 容(용)티 몯ᄒᆞ리라

故(고)로 善(션)히 戰(젼)ᄒᆞᄂᆞᆫ 者(쟈)ᄂᆞᆫ 上刑(샹형)을 服(복)ᄒᆞ고 諸侯(져후)를 連(련)ᄒᆞᄂᆞᆫ 者(쟈)ㅣ 次(ᄎᆞ)ᄒᆞ고 草萊(초ᄅᆡ)를 辟(벽)ᄒᆞ야 土地(토디)를 任(ᅀᅵᆷ)ᄒᆞᄂᆞᆫ 者(쟈)ㅣ 次(ᄎᆞ)ᄒᆞ니라

② 栗谷本

孟子(ᄆᆡᆼᄌᆞ)ㅣ ᄀᆞᄅᆞ샤ᄃᆡ 求(구)ㅣ 季氏(계시)의 宰(ᄌᆡ)ㅣ 되여 能(능)히 그 德(덕)을 改(ᄀᆡ)홈이 업고 粟(속)을 賦(부)홈이 他日(타일)에셔 倍(ᄇᆡ)커ᄂᆞᆯ 孔子(공ᄌᆞ)ㅣ ᄀᆞᄅᆞ샤ᄃᆡ 求(구)ᄂᆞᆫ 내 무리 아니로다 小子(쇼ᄌᆞ)아 鼓(고)ᄅᆞᆯ 鳴(명)ᄒᆞ야 攻(공)홈이 可(가)ᄒᆞ다 ᄒᆞ시니

일로 말ᄆᆡ아마 보건댄 님금이 仁政(인정)을 行(ᄒᆡᆼ)티 아니코 富(부)케 ᄒᆞ면 다 孔子(공ᄌᆞ)ᄭᅴ 棄(기)히일 者(쟈)ㅣ니 ᄒᆞ믈며 爲(위)ᄒᆞ야 强(강)히 戰(젼)ᄒᆞ야 地(지)ᄅᆞᆯ ᄃᆞ토아 ᄡᅥ 戰(젼)호매 人(인) 주기미 들희 ᄌᆞ옥ᄒᆞ며 城(셩)을 ᄃᆞ토아 ᄡᅥ 戰(젼)호매 人(인) 주기미 城(셩)에 ᄌᆞ옥ᄒᆞ미ᄯᆞ녀 이 닐온 밧 土地(토디)ᄅᆞᆯ 거ᄂᆞ려 人肉(인육)을 먹음이라 罪(죄)ㅣ 죽으매 容(용)티 몯ᄒᆞᆯ 디니라

故(고)로 戰(젼)을 善(션)히 ᄒᆞᄂᆞᆫ 者(쟈)ᄂᆞᆫ 上刑(샹형)을 服(복)ᄒᆞ고 諸侯(져후)ᄅᆞᆯ 連(련)ᄒᆞᄂᆞᆫ 者(쟈)ㅣ 次(ᄎᆞ)ᄒᆞ고 草萊(초ᄅᆡ)ᄅᆞᆯ 辟(벽)ᄒᆞ야 土地(토디)ᄅᆞᆯ 任(임)ᄒᆞᄂᆞᆫ 者(쟈)ㅣ 次(ᄎᆞ)ᄒᆞᆯ 디니라

076(7-15) 存乎人者

孟子曰:「存乎人者, 莫良於眸子. 眸子不能掩其惡. 胸中正, 則眸子瞭焉; 胸中不正, 則眸子眊焉. 聽其言也, 觀其眸子, 人焉廋哉?」

① 陶山本

孟子(밍ᄌᆞ)ㅣ ᄀᆞᆯᄋᆞ샤ᄃᆡ 人(신)의게 存(존)ᄒᆞᆫ 거시 眸子(모ᄌᆞ)만 良(량)ᄒᆞ니 업스니 眸子(모ᄌᆞ)ㅣ 能(능)히 그 惡(악)을 掩(엄)티 몯ᄒᆞᄂᆞ니 胸中(흉듕)이 正(졍)ᄒᆞ면 眸子(모ᄌᆞ)ㅣ 瞭(료)ᄒᆞ고 胸中(흉듕)이 正(졍)티 아니ᄒᆞ면 眸子(모ᄌᆞ)ㅣ 眊(모)ᄒᆞ니라

그 言(언)을 聽(텽)ᄒᆞ고 그 眸子(모ᄌᆞ)를 觀(관)ᄒᆞ면 人(신)이 엇디 廋(수)ᄒᆞ리오

② 栗谷本

孟子(밍ᄌᆞ)ㅣ ᄀᆞᄅᆞ샤ᄃᆡ 人(인)의게 存(존)ᄒᆞᆫ 거시 眸子(모ᄌᆞ)만 良(량)ᄒᆞ니 업슨 디라 眸子(모ᄌᆞ)ㅣ 能(능)히 그 惡(악)을 掩(엄)티 몯ᄒᆞᄂᆞ니 胸中(흉듕)이 正(졍)ᄒᆞ면 眸子(모ᄌᆞ)ㅣ 瞭(료)ᄒᆞ고 胸中(흉듕)이 正(졍)티 몯ᄒᆞ면 眸子(모ᄌᆞ)ㅣ 眊(모)ᄒᆞᄂᆞ니라

그 말을 듣고 그 眸子(모ᄌᆞ)ᄅᆞᆯ 보면 人(인)이 엇디 숨기리오

077(7-16) 恭者不侮人

孟子曰:「恭者不侮人, 儉者不奪人. 侮奪人之君, 惟恐不順焉, 惡得爲恭儉? 恭儉豈可以聲音笑貌爲哉?」

① 陶山本

孟子(밍ᄌᆞ)ㅣ ᄀᆞᆯᄋᆞ샤ᄃᆡ 恭(공)ᄒᆞᆫ 者(쟈)ᄂᆞᆫ 人(신)을 侮(모)티 아니ᄒᆞ고 儉(검)ᄒᆞᆫ 者(쟈)ᄂᆞᆫ 人(신)을 奪(탈)티 아니ᄒᆞᄂᆞ니 人(신)을 侮(모)ᄒᆞ야 奪(탈)ᄒᆞᄂᆞᆫ 君(군)ᄋᆞᆫ 오직 順(슌)티 아니홀까 恐(공)ᄒᆞ거니 엇디 시러곰 恭(공)ᄒᆞ며 儉(검)ᄒᆞ리오 恭(공)과 儉(검)ᄋᆞᆫ 엇디 可(가)히 聲音(셩음)과 笑貌(쇼모)로ᄡᅥ ᄒᆞ리오

② 栗谷本

孟子(밍ᄌᆞ)ㅣ ᄀᆞᄅᆞ샤ᄃᆡ 恭(공)ᄒᆞᆫ 者(쟈)ᄂᆞᆫ 人(인)을 侮(모)티 아니ᄒᆞ고 儉(검)ᄒᆞᆫ 者(쟈)ᄂᆞᆫ 人(인)을 奪(탈)티 아니ᄒᆞᄂᆞ니 人(인)을 侮(모)ᄒᆞ며 奪(탈)ᄒᆞᄂᆞᆫ 님금은 오직 順(슌)티 아닐가 저커니 엇디 시러곰 恭儉(공검)을 ᄒᆞ리오 恭儉(공검)을 엇디 可(가)히 聲音(셩음)이며 笑貌(쇼모)로ᄡᅥ ᄒᆞ리오

078(7-17) 男女授受不親

淳于髡曰:「男女授受不親, 禮與?」

孟子曰:「禮也.」

曰:「嫂溺則援之以手乎?」

曰:「嫂溺不援, 是豺狼也. 男女授受不親, 禮也; 嫂溺援之以手者, 權也.」

曰:「今天下溺矣, 夫子之不援, 何也?」

曰:「天下溺, 援之以道; 嫂溺, 援之以手. 子欲手援天下乎?」

① 陶山本

淳于髡(슌우곤)이 ᄀᆞᆯ오ᄃᆡ 男(남)과 女(녀)ㅣ 授(슈)ᄒᆞ며 受(슈)ᄒᆞ욤을 親(친)히 아니홈이 禮(례)잇가 孟子(ᄆᆡᆼᄌᆞ)ㅣ ᄀᆞᆯᄋᆞ샤ᄃᆡ 禮(례)니라 ᄀᆞᆯ오ᄃᆡ 嫂(수)ㅣ 溺(닉)ᄒᆞ거든 援(원)호ᄃᆡ 手(슈)로ᄡᅥ ᄒᆞ리잇가 ᄀᆞᆯᄋᆞ샤ᄃᆡ 嫂(수)ㅣ 溺(닉)ᄒᆞ거ᄃᆞᆫ 援(원)티 아니면 이ᄂᆞᆫ 豺狼(싀랑)이니 男(남)과 女(녀)ㅣ 授(슈)ᄒᆞ며 受(슈)ᄒᆞ욤을 親(친)히 아니홈은 禮(례)오 嫂(수)ㅣ 溺(닉)ᄒᆞ거ᄃᆞᆫ 援(원)호ᄃᆡ 手(슈)로ᄡᅥ 홈은 權(권)이니라

ᄀᆞᆯ오ᄃᆡ 이제 天下(텬하)ㅣ 溺(닉)ᄒᆞ얏거ᄂᆞᆯ 夫子(부ᄌᆞ)의 援(원)티 아니ᄒᆞ심은 엇디잇고

ᄀᆞᆯᄋᆞ샤ᄃᆡ 天下(텬하)ㅣ 溺(닉)ᄒᆞ거든 援(원)호ᄃᆡ 道(도)로ᄡᅥ ᄒᆞ고 嫂(수)ㅣ 溺(닉)ᄒᆞ거든 援(원)호ᄃᆡ 手(슈)로ᄡᅥ ᄒᆞᄂᆞ니 子(ᄌᆞ)ㅣ 手(슈)로 天下(텬하)ᄅᆞᆯ 援(원)콰뎌 ᄒᆞᄂᆞ냐

② 栗谷本

淳于髡(슌우곤)이 ᄀᆞᆯ오ᄃᆡ 男女(남녀)ㅣ 授(슈)ᄒᆞ며 受(슈)호믈 親(친)히 아니홈이 禮(례)잇가 孟子(ᄆᆡᆼᄌᆞ)ㅣ ᄀᆞᄅᆞ샤ᄃᆡ 禮(례)니라 ᄀᆞᆯ오ᄃᆡ 嫂(수)ㅣ 溺(닉)ᄒᆞ거든 手(슈)로ᄡᅥ 援(원)ᄒᆞ리잇가 ᄀᆞᄅᆞ샤ᄃᆡ 嫂(수)ㅣ 溺(닉)ᄒᆞ거ᄃᆞᆫ 援(원)티 아니면 이ᄂᆞᆫ 豺狼(싀랑)이니 男女(남녀)ㅣ 授受(슈슈)ᄅᆞᆯ 親(친)히 아니호ᄆᆞᆫ 禮(례)오 嫂(수)ㅣ 溺(닉)ᄒᆞ거든 手(슈)로ᄡᅥ 援(원)호ᄆᆞᆫ 權(권)이니라

ᄀᆞᆯ오ᄃᆡ 이제 天下(텬하)ㅣ 溺(닉)ᄒᆞ얏거ᄂᆞᆯ 夫子(부ᄌᆞ)의 援(원)티 아니시ᄆᆞᆫ 엇디잇고

ᄀᆞᄅᆞ샤ᄃᆡ 天下(텬하)ㅣ 溺(닉)ᄒᆞ거든 道(도)로ᄡᅥ 援(원)ᄒᆞ고 嫂(수)ㅣ 溺(닉)ᄒᆞ거든 手(슈)로ᄡᅥ 援(원)ᄒᆞᆯ 디니 子(ᄌᆞ)ᄂᆞᆫ 天下(텬하)ᄅᆞᆯ 手(슈)로 援(원)콰뎌 ᄒᆞᄂᆞᆫ다

079(7-18) 易子而敎

公孫丑曰:「君子之不敎子, 何也?」

孟子曰:「勢不行也. 敎者必以正; 以正不行, 繼之以怒; 繼之以怒,則反夷矣.『夫子敎我以正, 夫子未出於正也.』則是父子相夷也. 父子相夷, 則惡矣. 古者, 易子而敎之. 父子之閒不責善. 責善則離, 離則不祥莫大焉.」

① 陶山本

公孫丑(공손튜)ㅣ ᄀᆞᆯ오ᄃᆡ 君子(군ᄌᆞ)의 子(ᄌᆞ)ᄅᆞᆯ 敎(교)티 아니ᄒᆞ욤ᄋᆞᆫ 엇디잇고

孟子(ᄆᆡᆼᄌᆞ)ㅣ ᄀᆞᆯᄋᆞ샤ᄃᆡ 勢(셰)ㅣ 行(ᄒᆡᆼ)티 몯홈이니라 敎(교)ᄒᆞ욤ᄋᆞᆫ 반ᄃᆞ시 正(졍)으로ᄡᅥ ᄒᆞᄂᆞ니 正(졍)으로ᄡᅥ 호ᄃᆡ 行(ᄒᆡᆼ)티 아니ᄒᆞ거든 繼(계)호ᄃᆡ 怒(노)로ᄡᅥ ᄒᆞ고 繼(계)호ᄃᆡ 怒(노)로ᄡᅥ ᄒᆞ면 도ᄅᆞ혀 夷(이)ᄒᆞᄂᆞ니 夫子(부ᄌᆞ)ㅣ 나ᄅᆞᆯ 敎(교)ᄒᆞ심을 正(졍)으로ᄡᅥ ᄒᆞ샤ᄃᆡ 夫子(부ᄌᆞ)도 正(졍)에 出(츌)티 몯ᄒᆞ다 ᄒᆞ면 이 父子(부ᄌᆞ)ㅣ 서르 夷(이)홈이니 父子(부ᄌᆞ)ㅣ 서르 夷(이)ᄒᆞ면 惡(악)ᄒᆞ니라

녜 子(ᄌᆞ)ᄅᆞᆯ 易(역)ᄒᆞ야 敎(교)ᄒᆞ니라

父子(부ᄌᆞ)ㅅ ᄉᆞ이ᄂᆞᆫ 善(션)으로 責(ᄎᆡᆨ)디 아니ᄒᆞᄂᆞ니 善(션)으로 責(ᄎᆡᆨ)ᄒᆞ면 離(리)ᄒᆞᄂᆞ니 離(리)ᄒᆞ면 祥(샹)티 아니홈이 이만 큰 이 업ᄉᆞ니라

② 栗谷本

公孫丑(공손튜)ㅣ ᄀᆞᆯ오ᄃᆡ 君子(군ᄌᆞ)의 子(ᄌᆞ)ᄅᆞᆯ 敎(교)티 아니호ᄆᆞᆫ 엇디잇고

孟子(ᄆᆡᆼᄌᆞ)ㅣ ᄀᆞᄅᆞ샤ᄃᆡ 勢(셰)ㅣ 行(ᄒᆡᆼ)티 몯홀 디니 敎(교)ᄒᆞᄂᆞᆫ 者(쟈)ᄂᆞᆫ 반ᄃᆞ시 正(졍)으로ᄡᅥ ᄒᆞ야 正(졍)으로ᄡᅥ셔 行(ᄒᆡᆼ)티 아니커든 怒(노)로ᄡᅥ 繼(계)ᄒᆞ노니 怒(노)로ᄡᅥ 繼(계)ᄒᆞ면 도로혀 夷(이)홈이오 夫子(부ᄌᆞ)ㅣ 나ᄅᆞᆯ 正(졍)으로ᄡᅥ ᄀᆞᄅᆞ치샤ᄃᆡ 夫子(부ᄌᆞ)도 正(졍)의 出(츌)티 아니타 ᄒᆞ면 이ᄂᆞᆫ 父子(부ᄌᆞ)ㅣ 서ᄅᆞ 夷(이)홈이니 父子(부ᄌᆞ)ㅣ 서ᄅᆞ 夷(이)ᄒᆞ면 惡(악)이니라

녜 子(ᄌᆞ)ᄅᆞᆯ 易(역)ᄒᆞ야 敎(교)ᄒᆞ더니라

父子(부ᄌᆞ)ㅅ 즈음은 善(션)을 責(ᄎᆡᆨ)디 아닐 디니 善(션)을 責(ᄎᆡᆨ)ᄒᆞ면 離(리)홀 디니 離(리)ᄒᆞ면 祥(샹)티 아니홈이 이만 크니 업스니라

080(7-19) 曾子養曾晳

孟子曰:「事孰爲大? 事親爲大; 守孰爲大? 守身爲大. 不失其身而能事其親者, 吾聞之矣; 失其身而能事其親者, 吾未之聞也. 孰不爲事? 事親, 事之本也; 孰不爲守? 守身, 守之本也. 曾子養曾晳, 必有酒肉. 將徹, 必請所與. 問有餘, 必曰:『有』. 曾晳死, 曾元養曾子, 必有酒肉. 將徹, 不請所與. 問有餘, 曰:『亡矣』. 將以復進也, 此所謂養口體者也. 若曾子, 則可謂養志也. 事親若曾子者, 可也.」

① 陶山本

孟子(ᄆᆡᆼᄌᆞ)ㅣ ᄀᆞᆯᄋᆞ샤ᄃᆡ 事(ᄉᆞ)ᄒᆞᆷ이 므서시 大(대)ᄒᆞ뇨 親(친) 事(ᄉᆞ)ᄒᆞᆷ이 大(대)ᄒᆞ니라 守(슈)ᄒᆞᆷ이 므서시 大(대)ᄒᆞ뇨 身(신) 守(슈)ᄒᆞᆷ이 大(대)ᄒᆞ니라 그 身(신)을 失(실)티 아니ᄒᆞ고 能(ᄂᆞᆼ)히 그 親(친) 事(ᄉᆞ)ᄒᆞᄂᆞᆫ 者(쟈)ᄅᆞᆯ 내 듣고 그 身(신)을 失(실)ᄒᆞ고 能(ᄂᆞᆼ)히 그 親(친) 事(ᄉᆞ)ᄒᆞᄂᆞᆫ 者(쟈)ᄅᆞᆯ 내 듣디 몯ᄒᆞ얀로라

므서시 事(ᄉᆞ)ㅣ 아니리오마ᄂᆞᆫ 親(친) 事(ᄉᆞ)ᄒᆞᆷ이 事(ᄉᆞ)의 本(본)이오 므서시 守(슈)ㅣ 아니리오마ᄂᆞᆫ 身(신) 守(슈)ᄒᆞᆷ이 守(슈)의 本(본)이니라

曾子(증ᄌᆞ)ㅣ 曾皙(증셕)을 養(양)호ᄃᆡ 반ᄃᆞ시 酒肉(쥬슉)을 듯더시니 쟝ᄎᆞᆺ 徹(텰)ᄒᆞᆯ ᄉᆡ 반ᄃᆞ시 與(여)ᄒᆞᆯ 빠ᄅᆞᆯ 請(쳥)ᄒᆞ시며 나ᄆᆞᆫ 이 이숌을 묻거든 반ᄃᆞ시 ᄀᆞᆯᄋᆞ샤ᄃᆡ 잇다 ᄒᆞ더시다 曾皙(증셕)이 死(ᄉᆞ)커ᄂᆞᆯ 曾元(증원)이 曾子(증ᄌᆞ)ᄅᆞᆯ 養(양)호ᄃᆡ 반ᄃᆞ시 酒肉(쥬슉)을 듯더니 쟝ᄎᆞᆺ 徹(텰)ᄒᆞᆯ ᄉᆡ 與(여)ᄒᆞ실 빠ᄅᆞᆯ 請(쳥)티 아니ᄒᆞ며 나ᄆᆞᆫ 이 이숌을 묻거시든 ᄀᆞᆯ오ᄃᆡ 업다 ᄒᆞ니 쟝ᄎᆞᆺ ᄡᅧ 다시 進(진)호려 ᄒᆞᆷ이라 이 닐온 밧 口體(구톄)ᄅᆞᆯ 養(양)ᄒᆞᄂᆞᆫ 者(쟈)ㅣ니 曾子(증ᄌᆞ) ᄀᆞᄐᆞᆫ 이ᄂᆞᆫ 可(가)히 志(지)ᄅᆞᆯ 養(양)ᄒᆞ다 닐을 이니라

親(친)을 事(ᄉᆞ)ᄒᆞᆷ을 曾子(증ᄌᆞ) ᄀᆞᄐᆞᆫ 者(쟈)ㅣ 可(가)ᄒᆞ니라

② 栗谷本

孟子(ᄆᆡᆼᄌᆞ)ㅣ ᄀᆞᄅᆞ샤ᄃᆡ 事(ᄉᆞ)ᄒᆞᆷ이 므서시 크뇨 親(친)을 事(ᄉᆞ)ᄒᆞᆷ이 크고 守(슈)ᄒᆞᆷ이 므서시 크뇨 身(신)을 守(슈)ᄒᆞᆷ이 크니 그 身(신)을 失(실)티 아니코 能(ᄂᆞᆼ)히 그 親(친)을 事(ᄉᆞ)ᄒᆞᄂᆞᆫ 者(쟈)ᄅᆞᆯ 내 듯고 그 身(신)을 失(실)ᄒᆞ고 能(ᄂᆞᆼ)히 그 親(친)을 事(ᄉᆞ)ᄒᆞᄂᆞᆫ 者(쟈)ᄅᆞᆯ 내 듯디 몯게라

므서시 事(ᄉᆞ)ᄒᆞᆷ이 아니리오마ᄂᆞᆫ 親(친)을 事(ᄉᆞ)ᄒᆞᆷ은 事(ᄉᆞ)의 本(본)이오 므서시 守(슈)ᄒᆞᆷ이 아니리오마ᄂᆞᆫ 身(신)을 守(슈)ᄒᆞᆷ은 守(슈)의 本(본)이니라

曾子(증ᄌᆞ)ㅣ 曾皙(증셕)을 養(양)ᄒᆞ샤ᄃᆡ 반ᄃᆞ시 酒肉(쥬육)을 두더시니 쟝ᄎᆞᆺ 徹(텰)ᄒᆞᆯ 제 반ᄃᆞ시 줄 바ᄅᆞᆯ 請(쳥)ᄒᆞ며 남으니 잇ᄂᆞᆫ가 뭇거든 반ᄃᆞ시 ᄀᆞᄅᆞ샤ᄃᆡ 잇다 ᄒᆞ더시니 曾皙(증셕)이 死(ᄉᆞ)커ᄂᆞᆯ 曾元(증원)이 曾子(증ᄌᆞ)ᄅᆞᆯ 養(양)호ᄃᆡ 반ᄃᆞ시 酒肉(쥬육)을 두더니 쟝ᄎᆞᆺ 徹(텰)ᄒᆞᆯ 제 줄 바ᄅᆞᆯ 請(쳥)티 아니ᄒᆞ며 남으니 잇ᄂᆞᆫ가 뭇거시든 ᄀᆞᆯ오ᄃᆡ 업다 ᄒᆞ니 쟝ᄎᆞᆺ ᄡᅧ ᄯᅩ 進(진)호려 ᄒᆞᆷ이라 이ᄂᆞᆫ 닐온 밧 口體(구톄)ᄅᆞᆯ 養(양)ᄒᆞᄂᆞᆫ 者(쟈)ㅣ니 曾子(증ᄌᆞ) ᄀᆞᆺᄐᆞᆫ 이ᄂᆞᆫ 可(가)히 志(지)ᄅᆞᆯ 養(양)ᄒᆞᆫ다 니ᄅᆞᆯ 디니라

親(친)을 事(ᄉᆞ)ᄒᆞ기ᄅᆞᆯ 曾子(증ᄌᆞ) ᄀᆞᆺᄐᆞᆫ 者(쟈)ㅣ아 可(가)ᄒᆞ니라

081(7-20) 人不足與適也

孟子曰:「人不足與適也, 政不足間也. 惟大人爲能格君心之非. 君仁莫不仁, 君義莫不義, 君正莫不正. 一正君而國定矣.」

① 陶山本

孟子(밍ᄌᆞ)ㅣ ᄀᆞᆯᄋᆞ샤ᄃᆡ 人(ᅀᅵᆫ)을 足(죡)히 더브러 適(뎍)디 아닐 꺼시며 政(졍)을 足(죡)히 더브러 間(간)티 아닐 꺼시라 오직 大人(대ᅀᅵᆫ)이ᅀᅡ 能(능)히 君心(군심)의 非(비)를 格(격)ᄒᆞᄂᆞ니 君(군)이 仁(ᅀᅵᆫ)ᄒᆞ면 仁(ᅀᅵᆫ)티 아니리 업고 君(군)이 義(의)ᄒᆞ면 義(의)티 아니리 업고 君(군)이 正(졍)ᄒᆞ면 正(졍)티 아니리 업ᄂᆞ니 ᄒᆞᆫ 번 君(군)을 正(졍)홈애 國(국)이 定(뎡)ᄒᆞᄂᆞ니라

② 栗谷本

孟子(밍ᄌᆞ)ㅣ ᄀᆞᄅᆞ샤ᄃᆡ 人(인)을 足(죡)히 더브러 適(뎍)디 몯ᄒᆞ며 政(졍)을 足(죡)히 더브러 閒(간)티 몯홀 디오 오직 大人(대인)이아 能(능)히 君心(군심)의 非(비)를 格(격)홀 디니 君(군)이 仁(인)ᄒᆞ면 仁(인)티 아니리 업스며 君(군)이 義(의)ᄒᆞ면 義(의)티 아니리 업스며 君(군)이 正(졍)ᄒᆞ면 正(졍)티 아니리 업슬 디라 ᄒᆞᆫ 번 君(군)을 正(졍)호매 나라히 定(뎡)ᄒᆞ리라

082(7-21) 不虞之譽

孟子曰:「有不虞之譽, 有求全之毁.」

① 陶山本

孟子(밍ᄌᆞ)ㅣ ᄀᆞᆯᄋᆞ샤ᄃᆡ 虞(우)티 아니턴 譽(여)ㅣ 이시며 全(젼)을 求(구)ᄒᆞ던 毁(훼)ㅣ 인ᄂᆞ니라

② 栗谷本

孟子(밍ᄌᆞ)ㅣ ᄀᆞᄅᆞ샤ᄃᆡ 虞(우)티 아닌 譽(여)ㅣ 이시며 全(젼)을 求(구)ᄒᆞᄂᆞᆫ 毁(훼) 잇ᄂᆞ니라

083(7-22) 易言

孟子曰:「人之易其言也, 無責耳矣.」

① 陶山本

孟子(밍ᄌᆞ)ㅣ ᄀᆞᆯᄋᆞ샤ᄃᆡ 人(ᅀᅵᆫ)의 그 言(언)을 易(이)히 홈은 責(칙)이 업슴이니라

② 栗谷本

孟子(밍ᄌᆞ)ㅣ ᄀᆞᄅᆞ샤ᄃᆡ 人(인)의 그 言(언)을 易(이)히 호문 責(칙)이 업슬 ᄯᆞᄅᆞᆷ이니라

084(7-23) 人之患

孟子曰:「人之患, 在好爲人師.」

① 陶山本

孟子(밍ᄌᆞ)ㅣ ᄀᆞᆯᄋᆞ샤ᄃᆡ 人(신)의 患(환)이 人(신)의 師(ᄉᆞ)되욤을 好(호)홈애 인ᄂᆞ니라

② 栗谷本

孟子(밍ᄌᆞ)ㅣ ᄀᆞᄅᆞ샤ᄃᆡ 人(인)의 患(환)은 人(인)의 스승되기 됴히 너기매 잇ᄂᆞ니라

085(7-24) 樂正子

樂正子從於子敖, 之齊. 樂正子見孟子. 孟子曰:「子亦來見我乎?」

曰:「先生何爲出此言也?」

曰:「子來幾日矣?」

曰:「昔者.」

曰:「昔者, 則我出此言也, 不亦宜乎?」

曰:「舍館未定.」

曰:「子聞之也? 舍館定, 然後求見長者乎?」

曰:「克有罪.」

① 陶山本

樂正子(악졍ᄌᆞ)ㅣ 子敖(ᄌᆞ오)의게 從(종)ᄒᆞ야 齊(졔)예 갓더니

樂正子(악졍ᄌᆞ)ㅣ 孟子(밍ᄌᆞ)를 뵈ᄋᆞ온대 孟子(밍ᄌᆞ)ㅣ ᄀᆞᆯᄋᆞ샤ᄃᆡ 子(ᄌᆞ)ㅣ ᄯᅩ 나를 와 見(견)ᄒᆞᄂᆞ냐 ᄀᆞᆯ오ᄃᆡ 先生(션ᄉᆡᆼ)은 엇디 이 言(언)을 出(츌)ᄒᆞ시ᄂᆞ니잇고 ᄀᆞᆯᄋᆞ샤ᄃᆡ 子(ᄌᆞ)ㅣ 來(ᄅᆡ)ᄒᆞ얀디 몃 날오 ᄀᆞᆯ오ᄃᆡ 昔者(셕쟈)ㅣ니이다 ᄀᆞᆯᄋᆞ샤ᄃᆡ 昔者(셕쟈)ㅣ면 내 이 言(언)을 出(츌)홈이 ᄯᅩ 맛당티 아니냐 ᄀᆞᆯ오ᄃᆡ 舍(샤)ᄒᆞᆯ 館(관)을 定(뎡)티 몯ᄒᆞ얏다이다 ᄀᆞᆯᄋᆞ샤ᄃᆡ 子(ᄌᆞ)ㅣ 드런ᄂᆞ냐 舍(샤)ᄒᆞᆯ 館(관)을 定(뎡)ᄒᆞᆫ 후에 長者(댱쟈) 見(견)홈을 求(구)ᄒᆞᄂᆞ냐 ᄀᆞᆯ오ᄃᆡ 克(극)이 罪(죄) 이쇼이다

② 栗谷本

樂正子(악졍ᄌᆞ)ㅣ 子敖(ᄌᆞ오)의게 從(죵)ᄒᆞ야 齊(졔)예 갓더니

樂正子(악졍ᄌᆞ)ㅣ 孟子(밍ᄌᆞ)를 보ᄋᆞ온대 孟子(밍ᄌᆞ)ㅣ ᄀᆞᄅᆞ샤ᄃᆡ 子(ᄌᆞ)ㅣ ᄯᅩᄒᆞᆫ 나를 와 보ᄂᆞ냐 ᄀᆞᆯ오ᄃᆡ 先生(션ᄉᆡᆼ)은 엇디 이 말을 내시ᄂᆞ니잇고 ᄀᆞᄅᆞ샤ᄃᆡ 子(ᄌᆞ)ㅣ 오난디 몃츨고 ᄀᆞᆯ오ᄃᆡ 昔者(셕쟈)ㅣ니이다 ᄀᆞᄅᆞ샤ᄃᆡ 昔者(셕쟈)ㅣ면 내 이 말을 내미 ᄯᅩᄒᆞᆫ 맛당티 아니ᄒᆞ냐

ᄀᆞᆯ오ᄃᆡ 舍(샤)ᄒᆞᆯ 館(관)을 定(뎡)티 몯ᄒᆞ얏다이다 ᄀᆞᄅᆞ샤ᄃᆡ 子(ᄌᆞ)ㅣ 드럿ᄂᆞ냐 舍(샤)ᄒᆞᆯ 館(관)을 定(뎡)ᄒᆞ고 그런 後(후)에 長者(댱쟈) 보믈 求(구)ᄒᆞᆯ 것가

ᄀᆞᆯ오ᄃᆡ 克(극)이 罪(죄)ㅣ 이쇼이다

086(7-25) 孟子謂樂正子

孟子謂樂正子曰:「子之從於子敖來, 徒餔啜也. 我不意子學古之道, 而以餔啜也.」

① 陶山本

孟子(밍ᄌᆞ)ㅣ 樂正子(악졍ᄌᆞ)ᄃᆞ려 닐어 ᄀᆞᆯᄋᆞ샤ᄃᆡ 子(ᄌᆞ)의 子敖(ᄌᆞ오)의게 從(죵)ᄒᆞ야 來(ᄅᆡ)홈은 ᄒᆞᆫ갓 餔啜(포텰)홈이로다 내 子(ᄌᆞ)ㅣ 녯 道(도)를 學(ᄒᆞᆨ)ᄒᆞ고 餔啜(포텰)로ᄡᅥ ᄒᆞᆯ 주를 너기디 아니호라

② 栗谷本

孟子(밍ᄌᆞ)ㅣ 樂正子(악졍ᄌᆞ)ᄃᆞ려 닐러 ᄀᆞᄅᆞ샤ᄃᆡ 子(ᄌᆞ)ㅣ 子敖(ᄌᆞ오)의게 從(죵)ᄒᆞ야 來(ᄅᆡ)호ᄆᆞᆫ ᄒᆞᆫ갓 餔啜(포텰)홈이로다 내 子(ᄌᆞ)ㅣ 녯 道(도)ᄅᆞᆯ ᄇᆡ호며 ᄡᅥ 餔啜(포텰)ᄒᆞᆯ 줄을 혜디 아니호라

087(7-26) 不孝有三

孟子曰:「不孝有三: 無後爲大. 舜不告而娶, 爲無後也, 君子以爲猶告也.」

① 陶山本

孟子(밍ᄌᆞ)ㅣ ᄀᆞᆯᄋᆞ샤ᄃᆡ 不孝(블효)ㅣ 三(삼)이 이시니 後(후)업숨이 큰이라

舜(슌)이 告(고)티 아니ᄒᆞ고 娶(취)ᄒᆞ심은 後(후)ㅣ 업숨을 爲(위)홈이시니 君子(군ᄌᆞ)ㅣ ᄡᅥ 告(고)홈과 ᄀᆞᆮ다 ᄒᆞ니라

② 栗谷本

孟子(밍ᄌᆞ)ㅣ ᄀᆞᄅᆞ샤ᄃᆡ 不孝(블효)ㅣ 세히 이쇼매 後(후)업소미 크니

舜(슌)이 告(고)티 아니코 娶(취)ᄒᆞ샤ᄆᆞᆫ 無後(무후)ᄅᆞᆯ 爲(위)홈이시니 君子(군ᄌᆞ)ㅣ ᄡᅥ 告(고)홈 ᄀᆞᆮ다 ᄒᆞ니라

088(7-27) 仁之實

孟子曰:「仁之實, 事親是也; 義之實, 從兄是也. 智之實, 知斯二者弗去是也; 禮之實, 節文斯二者是也; 樂之實, 樂斯二者, 樂則生矣; 生則惡可已也? 惡可已, 則不知足之蹈之·手之舞之.」

① 陶山本

孟子(밍ᄌᆞ)ㅣ 골ᄋᆞ샤ᄃᆡ 仁(신)의 實(실)은 親(친)을 事(ᄉᆞ)홈이 이오 義(의)의 實(실)은 兄(형)을 從(죵)홈이 이니라

智(디)의 實(실)은 이 二者(ᅀᅵ쟈)를 아라 去(거)티 아니홈이 이오 禮(례)의 實(실)은 이 二者(ᅀᅵ쟈)를 節文(졀문)홈이 이오 樂(악)의 實(실)은 이 二者(ᅀᅵ쟈)를 樂(락)홈이니 樂(락)ᄒᆞ면 生(ᄉᆡᆼ)ᄒᆞᄂᆞ니 生(ᄉᆡᆼ)ᄒᆞ면 엇디 可(가)히 已(이)ᄒᆞ리오 엇디 可(가)히 已(이)ᄒᆞ리오 ᄒᆞ면 足(죡)의 蹈(도)ᄒᆞ며 手(슈)의 舞(무)홈을 아디 몯ᄒᆞ니라

② 栗谷本

孟子(밍ᄌᆞ)ㅣ ᄀᆞᄅᆞ샤ᄃᆡ 仁(인)의 實(실)은 親(친)을 事(ᄉᆞ)홈이 이오 義(의)의 實(실)은 兄(형)을 從(죵)홈이 이니라

智(디)의 實(실)은 이 둘흘 아라 去(거)티 아니홈이오 禮(례)의 實(실)은 이 둘흘 節文(졀문)홈이오 樂(악)의 實(실)은 이 둘흘 樂(락)홈이니 樂(락)ᄒᆞ면 生(ᄉᆡᆼ)ᄒᆞ고 生(ᄉᆡᆼ)ᄒᆞ면 엇디 可(가)히 말리오 엇디 可(가)히 말리오 ᄒᆞ면 足(죡)의 蹈(도)ᄒᆞ며 手(슈)의 舞(무)호믈 아디 몯ᄒᆞ니라

089(7-28) 大孝

孟子曰:「天下大悅而將歸己. 視天下悅而歸己, 猶草芥也, 惟舜爲然. 不得乎親, 不可以爲人; 不順乎親, 不可以爲子. 舜盡事親之道而瞽瞍厎豫, 瞽瞍厎豫而天下化, 瞽瞍厎豫而天下之爲父子者定, 此之謂大孝.」

① 陶山本

孟子(밍ᄌᆞ)ㅣ 골ᄋᆞ샤ᄃᆡ 天下(텬하)ㅣ 키 悅(열)ᄒᆞ야 쟝ᄎᆞᆺ 己(긔)예 歸(귀)ᄒᆞ거든 天下(텬하)ㅣ 悅(열)ᄒᆞ야 己(긔)예 歸(귀)ᄒᆞ욤을 視(시)호ᄃᆡ 草芥(초개)ᄀᆞ티 홈은 오직 舜(슌)이 그러ᄒᆞ시니 親(친)에 得(득)디 몯ᄒᆞ야란 可(가)히 뻐 人(신)이 되디 몯ᄒᆞ리라 ᄒᆞ시고 親(친)에 順(슌)티 몯ᄒᆞ야란 可(가)히 뻐 子(ᄌᆞ)ㅣ 되디 몯ᄒᆞ리라 ᄒᆞ더시다

舜(슌)이 親(친) 事(ᄉᆞ)ᄒᆞᄂᆞᆫ 道(도)를 盡(진)ᄒᆞ심애 瞽瞍(고수)ㅣ 豫(예)예 厎(지)ᄒᆞ니 瞽瞍(고수)ㅣ 豫(예)예 厎(지)ᄒᆞ욤애 天下(텬하)ㅣ 化(화)ᄒᆞ며 瞽瞍(고수)ㅣ 豫(예)예 厎(지)

ᄒᆞ욤애 天下(텬하)읫 父子(부ᄌᆞ)도왼 者(쟈)ㅣ 定(뎡)ᄒᆞ니 이를 닐온 大孝(대효)ㅣ니라

② 栗谷本

孟子(ᄆᆡᆼᄌᆞ)ㅣ ᄀᆞᄅᆞ샤ᄃᆡ 天下(텬하)ㅣ 크게 悅(열)ᄒᆞ야 쟝ᄎᆞᆺ 己(긔)의게 歸(귀)ᄒᆞ려커늘 天下(텬하)ㅣ 悅(열)ᄒᆞ야 己(긔)예 歸(귀)홈 보기를 草芥(초개)ᄀᆞᆺ티 녀기기는 오직 舜(슌)이 그러ᄒᆞ시니 親(친)의게 得(득)디 몯ᄒᆞ면 可(가)히 ᄡᅧ 人(인)이 되디 몯ᄒᆞ며 親(친)의게 順(슌)티 몯ᄒᆞ면 可(가)히 ᄡᅧ 子(ᄌᆞ)ㅣ 되디 몯ᄒᆞ리라 ᄒᆞ더시다

舜(슌)이 親(친)을 事(ᄉᆞ)ᄒᆞ는 道(도)를 盡(진)ᄒᆞ시매 瞽瞍(고수)ㅣ 豫(예)예 厎(지)ᄒᆞ니 瞽瞍(고수)ㅣ 豫(예)예 厎(지)호매 天下(텬하)ㅣ 化(화)ᄒᆞᆫ 디라 瞽瞍(고수)ㅣ 豫(예)예 厎(지)호매 天下(텬하)의 父子(부ᄌᆞ)되엿는 者(쟈)ㅣ 定(뎡)ᄒᆞ니 이를 닐온 大孝(대효)ㅣ니라

第八 〈離婁章句〉(下)

090(8-1) *舜生於諸馮*

孟子曰:「舜生於諸馮, 遷於負夏, 卒於鳴條, 東夷之人也. 文王生於岐周, 卒於畢郢, 西夷之人也. 地之相去也, 千有餘里; 世之相後也, 千有餘歲. 得志行乎中國, 若合符節. 先聖後聖, 其揆一也.」

① 陶山本

孟子(ᄆᆡᆼᄌᆞ)ㅣ ᄀᆞᆯᄋᆞ샤ᄃᆡ 舜(슌)은 諸馮(져풍)에 生(ᄉᆡᆼ)ᄒᆞ샤 負夏(부하)애 遷(쳔)ᄒᆞ샤 鳴條(명됴)애 卒(졸)ᄒᆞ시니 東夷(동이)ㅅ 人(ᅀᅵᆫ)이시니라

文王(문왕)은 岐周(기쥬)에 生(ᄉᆡᆼ)ᄒᆞ샤 畢郢(필녕)에 卒(졸)ᄒᆞ시니 西夷(셔이)ㅅ 人(ᅀᅵᆫ)이시니라

地(디)의 서ᄅᆞ 去(거)ᄒᆞ욤이 千(쳔)이오 ᄯᅩ 나ᄆᆞᆫ 里(리)며 世(셰)의 서ᄅᆞ 後(후)ᄒᆞ욤이 千(쳔)이오 ᄯᅩ 나ᄆᆞᆫ 歲(셰)로ᄃᆡ 志(지)ᄅᆞᆯ 得(득)ᄒᆞ야 中國(듕국)에 行(ᄒᆡᆼ)ᄒᆞ샨 符節(부졀)ᄋᆞᆯ 合(합)ᄒᆞ욤 ᄀᆞᄐᆞ니라

先聖(션셩)과 後聖(후셩)이 그 揆(규)ᄒᆞ욤애 ᄒᆞᆫ 가지니라

② 栗谷本

孟子(ᄆᆡᆼᄌᆞ)ㅣ ᄀᆞᄅᆞ샤ᄃᆡ 舜(슌)이 諸馮(져풍)의셔 나샤 負夏(부하)의 遷(쳔)ᄒᆞ샤 鳴條(명됴)의셔 卒(졸)ᄒᆞ시니 東夷(동이)ㅅ 人(인)이시고

文王(문왕)이 岐周(기쥬)에셔 나샤 畢郢(필녕)에셔 卒(졸)ᄒᆞ시니 西夷(셔이)ㅅ 人(인)이시니

地(디)의 서르 去(거)호미 千(쳔)이오 ᄯᅩ 나ᄆᆞᆫ 里(리)며 世(셰)의 서르 後(후)호미 千(쳔)이오 ᄯᅩ 나ᄆᆞᆫ ᄒᆡ로ᄃᆡ 志(지)ᄅᆞᆯ 得(득)ᄒᆞ야 中國(듕국)의 行(ᄒᆡᆼ)ᄒᆞ샤ᄆᆞᆫ 符節(부졀) 合(합)홈 ᄀᆞᆺᄐᆞ니

몬졋 聖(셩)과 後(후)엣 聖(셩)이 그 揆(규)ㅣ ᄒᆞᆫ나히니라

091(8-2) *子産聽鄭國之政*

子産聽鄭國之政, 以其乘輿濟人於溱洧.

孟子曰:「惠而不知爲政. 歲十一月徒杠成, 十二月輿梁成, 民未病涉也. 君子平其政, 行辟人可也, 焉得人人而濟之? 故爲政者, 每人而悅之, 日亦不足矣.」

① 陶山本

子産(ᄌᆞ산)이 鄭國(뎡국)ㅅ 政(졍)을 聽(텽)홀 ᄊᆡ 그 乘輿(승여)로ᄡᅥ 人(ᅀᅵᆫ)ᄋᆞᆯ 溱洧(진유)에 濟(졔)ᄒᆞᆫ대

孟子(ᄆᆡᆼᄌᆞ)ㅣ ᄀᆞᆯᄋᆞ샤ᄃᆡ 惠(혜)ᄒᆞ고 政(졍)홈을 아디 몯ᄒᆞ도다

歲(셰) 十一月(십일월)에 徒杠(도강)이 成(셩)ᄒᆞ며 十二月(십ᅀᅵ월)에 輿梁(여량)이 成(셩)ᄒᆞ면 民(민)이 涉(셥)ᄒᆞ욤을 病(병)티 아니ᄒᆞᄂᆞ니라

君子(군ᄌᆞ)ㅣ 그 政(졍)을 平(평)히 ᄒᆞ면 行(ᄒᆡᇰ)홈애 人(ᅀᅵᆫ)을 辟(벽)홈이 可(가)ᄒᆞ니 엇디 시러곰 人人(ᅀᅵᆫᅀᅵᆫ)마다 濟(졔)ᄒᆞ리오

故(고)로 政(졍)을 ᄒᆞᄂᆞᆫ 者(쟈)ㅣ 每人(ᄆᆡᅀᅵᆫ)마다 悅(열)케 호려 ᄒᆞ면 日(ᅀᅵᆯ)도 ᄯᅩᄒᆞᆫ 足(죡)디 몯ᄒᆞ리라

② 栗谷本

子産(ᄌᆞ산)이 鄭國(뎡국)의 政(졍)을 聽(텽)홀 제 그 乘輿(승여)로ᄡᅥ 人(인)을 溱洧(진유)의 濟(졔)ᄒᆞ더니

孟子(ᄆᆡᆼᄌᆞ)ㅣ ᄀᆞᄅᆞ샤ᄃᆡ 惠(혜)ᄒᆞ고 政(졍)ᄒᆞ기ᄅᆞᆯ 아디 몯ᄒᆞ도다

歲(셰) 十一月(십일월)에 徒杠(도강)이 일고 十二月(십이월)에 輿梁(여량)이 일면 民(민)이 涉(셥)호ᄆᆞᆯ 病(병)티 아닐 디니라

君子(군ᄌᆞ)ㅣ 그 政(졍)을 平(평)홀 딘댄 行(ᄒᆡᇰ)홀 제 人(인)을 辟(벽)호미 可(가)ᄒᆞ니 엇디 시러곰 人人(인인)마다 濟(졔)ᄒᆞ리오

故(고)로 졍ᄉᆞᄒᆞᄂᆞᆫ 者(쟈)ㅣ ᄆᆡ양 人(인)마다 깃기면 날도 ᄯᅩᄒᆞᆫ 足(죡)디 몯ᄒᆞ리라

092(8-3) 寇讎

孟子告齊宣王曰:「君之視臣如手足, 則臣視君如腹心; 君之視臣如犬馬, 則臣視君如國人; 君之視臣如土芥, 則臣視君如寇讎.」

王曰:「禮, 爲舊君有服, 何如斯可爲服矣?」

曰:「諫行言聽, 膏澤下於民; 有故而去, 則君使人導之出疆, 又先於其所往; 去三年不反, 然後收其田里. 此之謂三有禮焉. 如此, 則爲之服矣. 今也爲臣, 諫則不行, 言則不聽; 膏澤不下於民; 有故而去, 則君搏執之, 又極之於其所往; 去之日, 遂收其田里. 此之謂寇讎. 寇讎何服之有?」

① 陶山本

孟子(ᄆᆡᆼᄌᆞ)ㅣ 齊宣王(졔션왕)ᄭᅴ 告(고)ᄒᆞ야 ᄀᆞᆯᄋᆞ샤ᄃᆡ 君(군)의 臣(신) 봄이 手足(슈죡)ᄀᆞᄐᆡ

ᄒᆞ면 臣(신)이 君(군) 봄을 腹心(복심)ᄀᆞ티 ᄒᆞ고 君(군)의 臣(신) 봄이 犬馬(견마)ᄀᆞ티 ᄒᆞ면 臣(신)이 君(군) 봄을 國人(국신)ᄀᆞ티 ᄒᆞ고 君(군)의 臣(신) 봄이 土芥(토개)ᄀᆞ티 ᄒᆞ면 臣(신)이 君(군) 봄을 寇讎(구슈)ᄀᆞ티 ᄒᆞᄂᆞ니이다

王(왕)이 ᄀᆞᆯᄋᆞ샤ᄃᆡ 禮(례)예 舊君(구군)을 爲(위)ᄒᆞ야 服(복) 이시니 엇디ᄒᆞ여ᅀᅡ 이에 可(가)히 爲(위)ᄒᆞ야 服(복)ᄒᆞ리잇고

ᄀᆞᆯᄋᆞ샤ᄃᆡ 諫(간)홈애 行(힝)ᄒᆞ며 言(언)홈애 聽(텽)ᄒᆞ야 膏澤(고틱)이 民(민)의게 下(하)ᄒᆞ고 故(고)ㅣ 이셔 去(거)ᄒᆞ면 君(군)이 人(신)으로 ᄒᆞ여곰 導(도)ᄒᆞ야 疆(강)애 出(츌)ᄒᆞ고 ᄯᅩ 그 往(왕)ᄒᆞᄂᆞᆫ 바애 先(션)ᄒᆞ며 去(거)ᄒᆞᆫ 三年(삼년)애 反(반)티 아닌 然後(션후)에 그 田(뎐)과 里(리)ᄅᆞᆯ 收(슈)ᄒᆞᄂᆞ니 이ᄅᆞᆯ 닐온 세 가짓 禮(례) 이심이니 이러ᄐᆞᆺ ᄒᆞ면 爲(위)ᄒᆞ야 服(복)ᄒᆞᄂᆞ니이다

今(금)앤 臣(신)이 되연ᄂᆞᆫ 디라 諫(간)ᄒᆞ면 行(힝)티 아니ᄒᆞ며 言(언)ᄒᆞ면 聽(텽)티 아니ᄒᆞ야 膏澤(고틱)이 民(민)의게 下(하)티 아니ᄒᆞ고 故(고)ㅣ 이셔 去(거)ᄒᆞ면 君(군)이 搏執(박집)ᄒᆞ고 ᄯᅩ 그 往(왕)ᄒᆞᄂᆞᆫ 바애 極(극)ᄒᆞ며 去(거)ᄒᆞᆫ 日(실)에 드듸여 그 田(뎐)과 里(리)ᄅᆞᆯ 收(슈)ᄒᆞᄂᆞ니 이ᄅᆞᆯ 닐온 寇讎(구슈)ㅣ니 寇讎(구슈)에 므슴 服(복)이 이시리오

② 栗谷本

孟子(ᄆᆡᆼᄌᆞ)ㅣ 齊宣王(졔션왕)ᄭᅴ 告(고)ᄒᆞ야 ᄀᆞᄅᆞ샤ᄃᆡ 님금의 신하보기 手足(슈죡)ᄀᆞᆺ티 ᄒᆞ면 신하ㅣ 님금 보기ᄅᆞᆯ 腹心(복심)ᄀᆞᆺ티 ᄒᆞ고 님금의 신하보기 犬馬(견마)ᄀᆞᆺ티 ᄒᆞ면 신하ㅣ 님금 보기ᄅᆞᆯ 國人(국인)ᄀᆞᆺ티 ᄒᆞ고 님금의 신하 보기 土芥(토개)ᄀᆞᆺ티 ᄒᆞ면 신하ㅣ 님금 보기ᄅᆞᆯ 寇讎(구슈)ᄀᆞᆺ티 ᄒᆞᄂᆞ니이다

王(왕)이 ᄀᆞᄅᆞ샤ᄃᆡ 禮(례)예 녯 님금을 爲(위)ᄒᆞ야 服(복)이 이시니 엇디ᄒᆞ면 이예 可(가)히 爲(위)ᄒᆞ야 服(복)ᄒᆞ리잇고

ᄀᆞᄅᆞ샤ᄃᆡ 諫(간)을 行(힝)ᄒᆞ며 言(언)을 聽(텽)ᄒᆞ야 膏澤(고틱)이 民(민)의게 下(하)ᄒᆞ고 연고ㅣ 이셔 去(거)ᄒᆞ거든 님금이 人(인) ᄇᆞ려 인도ᄒᆞ야 疆(강)의 내며 ᄯᅩ 그 가ᄂᆞᆫ 바의 先(션)ᄒᆞ고 去(거)ᄒᆞᆫ 三年(삼년)에 反(반)티 아니ᄒᆞ야사 그런 後(후)에 그 田里(뎐리)ᄅᆞᆯ 收(슈)ᄒᆞ면 이 닐온 세 禮(례) 이쇼미니 이러ᄒᆞ면 爲(위)ᄒᆞ야 服(복)ᄒᆞ리이다

이제 臣(신)이 되여 諫(간)ᄒᆞ야도 行(힝)티 아니ᄒᆞ며 言(언)ᄒᆞ야도 聽(텽)티 아니ᄒᆞ야 膏澤(고틱)이 民(민)의게 下(하)티 몯ᄒᆞ고 연고ㅣ 이셔 去(거)ᄒᆞ거든 君(군)이 搏執(박집)ᄒᆞ며 ᄯᅩ 그 往(왕)ᄒᆞᄂᆞᆫ 바의 極(극)ᄒᆞ고 去(거)ᄒᆞᆫ 날애 드듸여 그 田里(뎐리)ᄅᆞᆯ 收(슈)ᄒᆞ면 이ᄅᆞᆯ 닐온 寇讎(구슈)ㅣ니 寇讎(구슈)에 므슴 服(복)이 이시리잇고

093(8-4) 無罪而殺士

孟子曰:「無罪而殺士, 則大夫可以去; 無罪而戮民, 則士可以徙.」

① 陶山本

孟子(밍즈)ㅣ 골ᄋᆞ샤ᄃᆡ 罪(죄) 업시셔 士(ᄉᆞ)를 殺(살)ᄒᆞ면 태우ㅣ 可(가)히 ᄡᅧ 去(거)홀 꺼시오 罪(죄) 업시셔 民(민)을 戮(륙)ᄒᆞ면 士(ᄉᆞ)ㅣ 可(가)히 ᄡᅧ 徙(ᄉᆞ)홀 꺼시니라

② 栗谷本

孟子(밍즈)ㅣ ᄀᆞᄅᆞ샤ᄃᆡ 罪(죄) 업시 士(ᄉᆞ)를 殺(살)ᄒᆞ면 大夫(대부)ㅣ 可(가)히 ᄡᅧ 去(거)홀 디오 罪(죄) 업시 民(민)을 戮(륙)ᄒᆞ면 士(ᄉᆞ)ㅣ 可(가)히 ᄡᅧ 徙(ᄉᆞ)홀 디니라

094(8-5) 君仁莫不仁

孟子曰:「君仁莫不仁, 君義莫不義.」

① 陶山本

孟子(밍즈)ㅣ 골ᄋᆞ샤ᄃᆡ 君(군)이 仁(신)ᄒᆞ면 仁(신)티 아니리 업고 君(군)이 義(의)ᄒᆞ면 義(의)티 아니리 업스니라

② 栗谷本

孟子(밍즈)ㅣ ᄀᆞᄅᆞ샤ᄃᆡ 님금이 仁(인)ᄒᆞ면 仁(인)티 아니리 업스며 님금이 義(의)ᄒᆞ면 義(의)티 아니리 업슬 디니라

095(8-6) 非禮之禮

孟子曰:「非禮之禮, 非義之義, 大人弗爲.」

① 陶山本

孟子(밍즈)ㅣ 골ᄋᆞ샤ᄃᆡ 禮(례) 아닌 禮(례)와 義(의) 아닌 義(의)를 大人(대신)이 ᄒᆞ디 아니ᄒᆞᄂᆞ니라

② 栗谷本

孟子(밍즈)ㅣ ᄀᆞᄅᆞ샤ᄃᆡ 禮(례) 아닌 禮(례)와 義(의) 아닌 義(의)를 大人(대인)은 ᄒᆞ디 아니ᄒᆞᄂᆞ니라

096(8-7) 中也養不中

孟子曰:「中也養不中, 才也養不才, 故人樂有賢父兄也. 如中也棄不中, 才也棄不才, 則賢不肖之相去, 其間不能以寸.」

① 陶山本

孟子(ᄆᆡᆼᄌᆞ)ㅣ ᄀᆞᆯᄋᆞ샤ᄃᆡ 中(듕)이 不中(블듕)을 養(양)ᄒᆞ며 才(ᄌᆡ)ㅣ 不才(블ᄌᆡ)를 養(양)ᄒᆞᄂᆞᆫ 디라 故(고)로 人(ᅀᅵᆫ)이 賢(현)ᄒᆞᆫ 父兄(부형) 이숌을 樂(락)ᄒᆞᄂᆞ니 만일 中(듕)이 不中(블듕)을 棄(기)ᄒᆞ며 才(ᄌᆡ)ㅣ 不才(블ᄌᆡ)를 棄(기)ᄒᆞ면 곧 賢(현)과 不肖(블쵸)의 서르 去(거)홈이 그 間(간)이 能(능)히 ᄡᅧ 寸(촌)도 몯ᄒᆞᄂᆞ니라

② 栗谷本

孟子(ᄆᆡᆼᄌᆞ)ㅣ ᄀᆞᄅᆞ샤ᄃᆡ 中(듕)이 中(듕)티 몯ᄒᆞᆫ 이ᄅᆞᆯ 養(양)ᄒᆞ며 才(ᄌᆡ)ㅣ 才(ᄌᆡ)티 몯ᄒᆞᆫ 이ᄅᆞᆯ 養(양)ᄒᆞᄂᆞᆫ 디라 故(고)로 人(인)이 어딘 父兄(부형) 두기ᄅᆞᆯ 즐기ᄂᆞ니 만일 中(듕)이 中(듕)티 몯ᄒᆞᆫ 이ᄅᆞᆯ ᄇᆞ리며 才(ᄌᆡ)ㅣ 才(ᄌᆡ)티 몯ᄒᆞᆫ 이ᄅᆞᆯ ᄇᆞ리면 賢(현)과 不肖(블쵸)의 서르 去(거)호미 그 즈음이 能(능)히 ᄡᅧ 寸(촌)도 몯ᄒᆞ리라

097(8-8) 人有不爲也

孟子曰:「人有不爲也, 而後可以有爲.」

① 陶山本

孟子(ᄆᆡᆼᄌᆞ)ㅣ ᄀᆞᆯᄋᆞ샤ᄃᆡ 人(ᅀᅵᆫ)이 ᄒᆞ디 아니홈이 이신 後(후)에 可(가)히 ᄡᅧ ᄒᆞ욤이 인ᄂᆞ니라

② 栗谷本

孟子(ᄆᆡᆼᄌᆞ)ㅣ ᄀᆞᄅᆞ샤ᄃᆡ 人(인)이 ᄒᆞ디 아님이 이신 後(후)에 可(가)히 ᄡᅧ ᄒᆞ미 이실 디니라

098(8-9) 言人之不善

孟子曰:「言人之不善, 當如後患何?」

① 陶山本

孟子(ᄆᆡᆼᄌᆞ)ㅣ ᄀᆞᆯᄋᆞ샤ᄃᆡ 人(ᅀᅵᆫ)의 不善(블션)을 言(언)ᄒᆞ다가 맛당이 後患(후환)에 엇디ᄒᆞ료

② 栗谷本

孟子(ᄆᆡᆼᄌᆞ)ㅣ ᄀᆞᄅᆞ샤ᄃᆡ 人(인)의 善(션)티 아니호ᄆᆞᆯ 니르다가 맛당이 後患(후환)의 엇디ᄒᆞ료

099(8-10) 仲尼

孟子曰:「仲尼, 不爲已甚者.」

① 陶山本

孟子(ᄆᆡᇰᄌᆞ)ㅣ ᄀᆞᆯᄋᆞ샤ᄃᆡ 仲尼(듕니)ᄂᆞᆫ 已甚(이심)홈을 ᄒᆞ디 아니ᄒᆞ더시다

② 栗谷本

孟子(ᄆᆡᇰᄌᆞ)ㅣ ᄀᆞᄅᆞ샤ᄃᆡ 仲尼(듕니)ᄂᆞᆫ 已甚(이심)ᄒᆞᆫ 者(쟈)ᄅᆞᆯ ᄒᆞ디 아니터시다

100(8-11) *大人者*

孟子曰:「大人者, 言不必信, 行不必果, 惟義所在.」

① 陶山本

孟子(ᄆᆡᇰᄌᆞ)ㅣ ᄀᆞᆯᄋᆞ샤ᄃᆡ 大人(대ᅀᅵᆫ)은 言(언)을 信(신)홈을 必(필)티 아니ᄒᆞ며 行(ᄒᆡᇰ)을 果(과)홈을 必(필)티 아니ᄒᆞ고 오직 義(의)의 인ᄂᆞᆫ 바로 ᄒᆞᄂᆞ니라

② 栗谷本

孟子(ᄆᆡᇰᄌᆞ)ㅣ ᄀᆞᄅᆞ샤ᄃᆡ 大人(대인)은 言(언)이 信(신)을 必(필)티 아니ᄒᆞ며 行(ᄒᆡᇰ)이 果(과)ᄅᆞᆯ 必(필)티 아니코 오직 義(의)ㅣ 在(ᄌᆡ)ᄒᆞᆫ 바로 ᄒᆞᄂᆞ니라

101(8-12) *赤子之心*

孟子曰:「大人者, 不失其赤子之心者也.」

① 陶山本

孟子(ᄆᆡᇰᄌᆞ)ㅣ ᄀᆞᆯᄋᆞ샤ᄃᆡ 大人(대ᅀᅵᆫ)은 그 赤子(젹ᄌᆞ)의 心(심)을 失(실)티 아니ᄒᆞᆫ 者(쟈)ㅣ니라

② 栗谷本

孟子(ᄆᆡᇰᄌᆞ)ㅣ ᄀᆞᄅᆞ샤ᄃᆡ 大人(대인)은 그 赤子(젹ᄌᆞ)의 ᄆᆞ음을 일티 아닌 者(쟈)ㅣ니라

102(8-13) *養生者*

孟子曰:「養生者, 不足以當大事, 惟送死可以當大事.」

① 陶山本

孟子(ᄆᆡᇰᄌᆞ)ㅣ ᄀᆞᆯᄋᆞ샤ᄃᆡ 生(ᄉᆡᇰ)을 養(양)홈이 足(죡)히 ᄡᅧ 大事(대ᄉᆞ)애 當(당)티 몯ᄒᆞ고 오직 死(ᄉᆞ)ᄅᆞᆯ 送(송)홈이ᅀᅡ 可(가)히 ᄡᅧ 大事(대ᄉᆞ)애 當(당)ᄒᆞᆯ 이니라

② 栗谷本

孟子(ᄆᆡᆼᄌᆞ)ㅣ ᄀᆞᄅᆞ샤ᄃᆡ 生(ᄉᆡᆼ)을 養(양)ᄒᆞᄂᆞᆫ 者(쟈)ᄂᆞᆫ 足(죡)히 ᄡᅥ 大事(대ᄉᆞ)의 當(당)티 몯ᄒᆞ고 오직 死(ᄉᆞ)를 送(송)ᄒᆞ기야 可(가)히 ᄡᅥ 大事(대ᄉᆞ)의 當(당)ᄒᆞᆯ 디니라

103(8-14) 君子深造

孟子曰:「君子深造之以道, 欲其自得之也. 自得之, 則居之安; 居之安, 則資之深; 資之深, 則取之左右逢其原, 故君子欲其自得之也.」

① 陶山本

孟子(ᄆᆡᆼᄌᆞ)ㅣ ᄀᆞᆯᄋᆞ샤ᄃᆡ 君子(군ᄌᆞ)ㅣ 기피 造(조)홈을 道(도)로ᄡᅥ ᄒᆞ욤은 그 自得(ᄌᆞ득)고쟈 홈이니 自得(ᄌᆞ득)ᄒᆞ면 居(거)홈이 安(안)ᄒᆞ고 居(거)홈이 安(안)ᄒᆞ면 資(ᄌᆞ)홈이 深(심)ᄒᆞ고 資(ᄌᆞ)홈이 深(심)ᄒᆞ면 左右(자우)에 取(취)ᄒᆞ욤애 그 原(원)을 逢(봉)ᄒᆞᄂᆞ니 故(고)로 君子(군ᄌᆞ)ᄂᆞᆫ 그 自得(ᄌᆞ득)고쟈 ᄒᆞᄂᆞ니라

② 栗谷本

孟子(ᄆᆡᆼᄌᆞ)ㅣ ᄀᆞᄅᆞ샤ᄃᆡ 君子(군ᄌᆞ)ㅣ 道(도)로ᄡᅥ 깁피 나아가ᄆᆞᆫ 그 ᄌᆞ연히 得(득)호ᄆᆞᆯ 欲(욕)호미니 ᄌᆞ연히 得(득)ᄒᆞ면 居(거)호미 安(안)ᄒᆞ고 居(거)ᄒᆞ기 安(안)ᄒᆞ면 資(ᄌᆞ)ᄒᆞ기 深(심)ᄒᆞ고 資(ᄌᆞ)ᄒᆞ기 深(심)ᄒᆞ면 左右(자우)의 取(취)호매 그 原(원)을 逢(봉)ᄒᆞᄂᆞ니 故(고)로 君子(군ᄌᆞ)ᄂᆞᆫ 그 ᄌᆞ연히 得(득)호ᄆᆞᆯ 欲(욕)ᄒᆞᄂᆞ니라

104(8-15) 博學

孟子曰:「博學而詳說之, 將以反說約也.」

① 陶山本

孟子(ᄆᆡᆼᄌᆞ)ㅣ ᄀᆞᆯᄋᆞ샤ᄃᆡ 너비 學(ᄒᆞᆨ)ᄒᆞ고 ᄌᆞ세 說(셜)ᄒᆞ욤은 쟝ᄎᆞᆺ ᄡᅥ 反(반)ᄒᆞ야 約(약)애 說(셜)호례니라

② 栗谷本

孟子(ᄆᆡᆼᄌᆞ)ㅣ ᄀᆞᄅᆞ샤ᄃᆡ 너비 學(ᄒᆞᆨ)ᄒᆞ야 ᄌᆞ셔히 說(셜)호ᄆᆞᆫ 쟝ᄎᆞᆺ ᄡᅥ 反(반)ᄒᆞ야 約(약)애 說(셜)호려 호미니라

105(8-16) 善服

孟子曰:「以善服人者, 未有能服人者也; 以善養人, 然後能服天下. 天下不心服而王者, 未之有也.」

① 陶山本

孟子(밍ᄌᆞ)ㅣ ᄀᆞᆯᄋᆞ샤ᄃᆡ 善(션)으로ᄡᅥ 人(신)을 服(복)ᄒᆞᄂᆞᆫ 者(쟈)ᄂᆞᆫ 能(능)히 人(신)을 服(복)ᄒᆞᆯ 者(쟈)ㅣ 잇디 아니ᄒᆞ니 善(션)으로ᄡᅥ 人(신)을 養(양)ᄒᆞᆫ 然後(션후)에 能(능)히 天下(텬하)ᄅᆞᆯ 服(복)ᄒᆞᄂᆞ니 天下(텬하)ㅣ 心服(심복)디 아니ᄒᆞ고 王(왕)ᄒᆞᆯ 者(쟈)ㅣ 잇디 아니ᄒᆞ니라

② 栗谷本

孟子(밍ᄌᆞ)ㅣ ᄀᆞᄅᆞ샤ᄃᆡ 善(션)으로ᄡᅥ 人(인)을 服(복)ᄒᆞᄂᆞᆫ 者(쟈)ᄂᆞᆫ 能(능)히 人(인)을 服(복)ᄒᆞᆯ 者(쟈)ㅣ 잇디 아니코 善(션)으로ᄡᅥ 人(인)을 養(양)ᄒᆞ야 그런 後(후)에 能(능)히 天下(텬하)ᄅᆞᆯ 服(복)ᄒᆞᄂᆞ니 天下(텬하)ㅣ 心(심)의 服(복)디 아니코 王(왕)ᄒᆞᆯ 者(쟈)ㅣ 잇디 아니니라

106(8-17) 無實

孟子曰:「言無實不祥. 不祥之實, 蔽賢者當之.」

① 陶山本

孟子(밍ᄌᆞ)ㅣ ᄀᆞᆯᄋᆞ샤ᄃᆡ 言(언)이 實(실) 不祥(블샹)이 업ᄉᆞ니 不祥(블샹)의 實(실)은 賢(현)을 蔽(폐)ᄒᆞᄂᆞᆫ 者(쟈)ㅣ 當(당)ᄒᆞᄂᆞ니라

② 栗谷本

孟子(밍ᄌᆞ)ㅣ ᄀᆞᄅᆞ샤ᄃᆡ 言(언)이 實(실)로 不祥(블샹)ᄒᆞᆫ 이 업스니 不祥(블샹)의 實(실)은 賢(현)을 蔽(폐)ᄒᆞᄂᆞᆫ 者(쟈)ㅣ 當(당)ᄒᆞᆯ 디니라

107(8-18) 水哉

徐子曰:「仲尼亟稱於水, 曰:『水哉, 水哉!』何取於水也?」

孟子曰:「原泉混混, 不舍晝夜. 盈科而後進, 放乎四海, 有本者如是, 是之取爾. 苟爲無本, 七八月之閒雨集, 溝澮皆盈; 其涸也, 可立而待也. 故聲聞過情, 君子恥之.」

① 陶山本

徐子(셔ᄌᆞ)ㅣ ᄀᆞᆯ오ᄃᆡ 仲尼(듕니)ㅣ ᄌᆞ조 水(슈)에 稱(칭)ᄒᆞ야 ᄀᆞᆯᄋᆞ샤ᄃᆡ 水(슈)여 水(슈)여 ᄒᆞ시니 므서슬 水(슈)에 取(취)ᄒᆞ시니잇고

孟子(밍ᄌᆞ)ㅣ ᄀᆞᆯᄋᆞ샤ᄃᆡ 原泉(원쳔)이 混混(혼혼)ᄒᆞ야 晝夜(듀야)를 舍(샤)티 아니ᄒᆞ야 科(과)에 盈(영)ᄒᆞᆫ 後(후)에 進(진)ᄒᆞ야 四海(ᄉᆞ히)예 放(방)ᄒᆞᄂᆞ니 本(본)이 인ᄂᆞᆫ 者(쟈)ㅣ 이ᄀᆞᄐᆞᆫ 디라 이를 取(취)ᄒᆞ시니라

진실로 本(본)이 업스면 七八月(칠팔월)ㅅ 間(간)에 雨(우)ㅣ 集(집)ᄒᆞ야 溝(구)와 澮(회)ㅣ 다 盈(영)ᄒᆞ나 그 涸(확)ᄒᆞ옴은 可(가)히 셔셔 기들올 ᄭᅥ시니 故(고)로 聲聞(셩문)이 情(졍)에 過(과)ᄒᆞ옴을 君子(군ᄌᆞ)ㅣ 恥(티)ᄒᆞᄂᆞ니라

② 栗谷本

徐子(셔ᄌᆞ)ㅣ ᄀᆞᆯ오ᄃᆡ 仲尼(듕니)ㅣ ᄌᆞ로 水(슈)ᄅᆞᆯ 稱(칭)ᄒᆞ야 ᄀᆞᄅᆞ샤ᄃᆡ 水(슈)ㅣ여 水(슈)ㅣ여 ᄒᆞ시니 엇디 水(슈)의 取(취)ᄒᆞ시니잇고

孟子(밍ᄌᆞ)ㅣ ᄀᆞᄅᆞ샤ᄃᆡ 原(원)ᄒᆞᆫ 泉(쳔)이 混混(혼혼)ᄒᆞ야 晝夜(듀야)ᄅᆞᆯ 舍(샤)티 아니ᄒᆞ야 科(과)의 盈(영)ᄒᆞᆫ 後(후)에 進(진)ᄒᆞ야 四海(ᄉᆞ히)예 放(방)ᄒᆞᄂᆞ니 本(본)이 잇ᄂᆞᆫ 者(쟈)ㅣ 이ᄀᆞᆺᄐᆞᆫ 디라 이ᄅᆞᆯ 取(취)ᄒᆞ시니라

진실로 本(본)이 업스면 七八月(칠팔월) 즈음의 雨(우)ㅣ 集(집)ᄒᆞ야 溝(구)ㅣ며 澮(회)ㅣ 다 盈(영)ᄒᆞ나 그 涸(확)호ᄆᆞᆯ 可(가)히 셔셔 기ᄃᆞ릴 디니 故(고)로 聲聞(셩문)이 실의 너므ᄆᆞᆯ 君子(군ᄌᆞ)ㅣ 붓그려 ᄒᆞᄂᆞ니라

108(8-19) 異於禽獸

孟子曰:「人之所以異於禽獸者幾希, 庶民去之, 君子存之. 舜明於庶物, 察於人倫, 由仁義行, 非行仁義也.」

① 陶山本

孟子(밍ᄌᆞ)ㅣ ᄀᆞᆯᄋᆞ샤ᄃᆡ 人(ᅀᅵᆫ)의 써 禽獸(금슈)에 異(이)ᄒᆞᆫ 밧 者(쟈)ㅣ 幾希(긔희)ᄒᆞ니 庶民(셔민)은 去(거)ᄒᆞ고 君子(군ᄌᆞ)ᄂᆞᆫ 存(존)ᄒᆞᄂᆞ니라

舜(슌)은 庶物(셔믈)에 明(명)ᄒᆞ시며 人倫(ᅀᅵᆫ륜)에 察(찰)ᄒᆞ시니 仁義(ᅀᅵᆫ의)로 由(유)ᄒᆞ야 行(ᄒᆡᆼ)ᄒᆞ신 디라 仁義(ᅀᅵᆫ의)ᄅᆞᆯ 行(ᄒᆡᆼ)ᄒᆞ시ᄂᆞᆫ 줄이 아니시니라

② 栗谷本

孟子(밍ᄌᆞ)ㅣ ᄀᆞᄅᆞ샤ᄃᆡ 人(인)의 써 禽獸(금슈)의 다ᄅᆞᆫ 배 져그니 庶民(셔민)은 去(거)ᄒᆞ고 君子(군ᄌᆞ)ᄂᆞᆫ 存(존)ᄒᆞᄂᆞ니라

舜(슌)은 庶物(셔믈)의 明(명)ᄒᆞ시며 人倫(인륜)의 察(찰)ᄒᆞ시니 仁義(인의)ᄅᆞᆯ 由(유)ᄒᆞ야 行(ᄒᆡᆼ)호미라 仁義(인의)ᄅᆞᆯ 行(ᄒᆡᆼ)호미 아니시니라

109(8-20) 旨酒

孟子曰:「禹惡旨酒而好善言. 湯執中, 立賢無方. 文王視民如傷, 望道而未之見. 武王不泄邇, 不忘遠. 周公思兼三王, 以施四事; 其有不合者, 仰而思之, 夜以繼日; 幸而得之, 坐以待旦.」

① 陶山本

孟子(밍ᄌᆞ)ㅣ 골ᄋᆞ샤ᄃᆡ 禹(우)는 旨酒(지쥬)를 惡(오)ᄒᆞ시고 善言(션언)을 好(호)ᄒᆞ더시다

湯(탕)은 中(듕)을 執(집)ᄒᆞ시며 賢(현)을 立(립)ᄒᆞ샤ᄃᆡ 方(방)업시 ᄒᆞ더시다

文王(문왕)은 民(민)을 視(시)ᄒᆞ샤ᄃᆡ 傷(샹)ᄒᆞᆫ 걷 ᄀᆞᆮ티 ᄒᆞ시며 道(도)를 望(망)ᄒᆞ샤ᄃᆡ 見(견)티 몯ᄒᆞᆫᄃᆞ시 ᄒᆞ더시다

武王(무왕)은 邇(ᅀᅵ)를 泄(셜)티 아니ᄒᆞ시며 遠(원)을 忘(망)티 아니ᄒᆞ더시다

周公(쥬공)은 三王(삼왕) 兼(겸)홈을 思(ᄉᆞ)ᄒᆞ샤 ᄡᅥ 四事(ᄉᆞᄉᆞ)를 施(시)ᄒᆞ샤ᄃᆡ 그 合(합)디 아님이 잇거든 仰(앙)ᄒᆞ야 思(ᄉᆞ)ᄒᆞ야 夜(야)로ᄡᅥ 日(실)올 繼(계)ᄒᆞ샤 幸(ᄒᆡᆼ)혀 得(득)ᄒᆞ야시든 坐(좌)ᄒᆞ야 ᄡᅥ 아ᄎᆞᆷ을 기ᄃᆞ오더시다

② 栗谷本

孟子(밍ᄌᆞ)ㅣ ᄀᆞᄅᆞ샤ᄃᆡ 禹(우)는 旨酒(지쥬)를 惡(오)코 善言(션언)을 好(호)ᄒᆞ시고

湯(탕)은 中(듕)을 執(집)ᄒᆞ시며 賢(현)을 立(립)ᄒᆞ샤ᄃᆡ 方(방)업시 ᄒᆞ시고

文王(문왕)은 民(민)을 視(시)호ᄃᆡ 傷(샹)홀 ᄃᆞᆺ ᄒᆞ시며 道(도)를 ᄇᆞ라되 보디 몯ᄒᆞᆫᄃᆞᆺ ᄒᆞ시고

武王(무왕)은 邇(이)를 泄(셜)티 아니ᄒᆞ시며 遠(원)을 忘(망)티 아니ᄒᆞ시고

周公(쥬공)은 三王(삼왕)을 兼(겸)ᄒᆞ야 ᄡᅥ 四事(ᄉᆞᄉᆞ)를 施(시)호ᄆᆞᆯ 思(ᄉᆞ)ᄒᆞ샤 그 合(합)디 몯호미 잇거든 仰(앙)ᄒᆞ야 思(ᄉᆞ)ᄒᆞ샤ᄃᆡ 밤으로ᄡᅥ 낫즐 니으샤 ᄒᆡᆼ혀 得(득)ᄒᆞ야시든 坐(좌)ᄒᆞ야 ᄡᅥ 旦(됴)를 기ᄃᆞ리더시다

110(8-21) 春秋·檮杌

孟子曰:「王者之迹熄而詩亡, 詩亡然後春秋作. 晉之乘, 楚之檮杌, 魯之春秋, 一也. 其事則齊桓·晉文, 其文則史. 孔子曰:『其義則丘竊取之矣.』」

① 陶山本

孟子(밍ᄌᆞ)ㅣ 골ᄋᆞ샤ᄃᆡ 王者(왕쟈)의 迹(젹)이 熄(식)홈애 詩(시)ㅣ 亡(망)ᄒᆞ니 詩(시)ㅣ 亡(망)ᄒᆞᆫ 然後(연후)에 春秋(츈츄)ㅣ 作(작)ᄒᆞ니라

晉(진)의 乘(승)과 楚(초)의 檮杌(도올)와 魯(로)의 春秋(츈츄)ㅣ 흔 가지니라

그 事(ᄉᆞ)는 齊桓(졔환)과 晉文(진문)이오 그 文(문)은 史(ᄉᆞ)ㅣ니 孔子(공ᄌᆞ)ㅣ 골ᄋᆞ샤ᄃᆡ 그 義(의)는 丘(구)ㅣ 그윽이 取(취)호라 ᄒᆞ시니라

② 栗谷本

孟子(ᄆᆡᆼᄌᆞ)ㅣ ᄀᆞᄅᆞ샤ᄃᆡ 王者(왕쟈)의 迹(젹)이 熄(식)호매 詩(시)ㅣ 亡(망)ᄒᆞ니 詩(시)ㅣ 亡(망)ᄒᆞᆫ 然後(연후)에 春秋(츈츄)ㅣ 作(작)ᄒᆞ니라

晉(진)의 乘(승)과 楚(초)의 檮杌(도올)과 魯(로)의 春秋(츈츄)ㅣ 흔 가지니라

그 事(ᄉᆞ)는 齊桓(졔환)과 晉文(진문)이오 그 文(문)은 史(ᄉᆞ)ㅣ니 孔子(공ᄌᆞ)ㅣ ᄀᆞᄅᆞ샤ᄃᆡ 그 義(의)는 丘(구)ㅣ 그윽이 取(취)호라 ᄒᆞ시니라

111(8-22) 私淑

孟子曰:「君子之澤五世而斬. 小人之澤五世而斬. 予未得爲孔子徒也, 予私淑諸人也.」

① 陶山本

孟子(ᄆᆡᆼᄌᆞ)ㅣ 골ᄋᆞ샤ᄃᆡ 君子(군ᄌᆞ)의 澤(ᄐᆡᆨ)도 五世(오셰)예 斬(참)ᄒᆞ고 小人(쇼신)의 澤(ᄐᆡᆨ)도 五世(오셰)예 斬(참)ᄒᆞᄂᆞ니라

내 시러곰 孔子(공ᄌᆞ)의 徒(도)ㅣ 되디 몯ᄒᆞ나 나는 人(신)의게 그윽이 淑(슉)호라

② 栗谷本

孟子(ᄆᆡᆼᄌᆞ)ㅣ ᄀᆞᄅᆞ샤ᄃᆡ 君子(군ᄌᆞ)의 澤(ᄐᆡᆨ)이 다ᄉᆞᆺ 世(셰)예 斬(참)ᄒᆞ며 小人(쇼인)의 澤(ᄐᆡᆨ)이 다ᄉᆞᆺ 世(셰)예 斬(참)ᄒᆞᄂᆞ니라

내 시러곰 孔子(공ᄌᆞ)의 무리 되디 몯ᄒᆞ나 내 그윽이 人(인)의게 淑(슉)호라

112(8-23) 可以取

孟子曰:「可以取, 可以無取, 取傷廉; 可以與, 可以無與, 與傷惠; 可以死, 可以無死, 死傷勇.」

① 陶山本

孟子(ᄆᆡᆼᄌᆞ)ㅣ 골ᄋᆞ샤ᄃᆡ 可(가)히 ᄡᅧ 取(취)ᄒᆞ얌 즉ᄒᆞ며 可(가)히 ᄡᅧ 取(취)티 마람 즉ᄒᆞᆫᄃᆡ 取(취)ᄒᆞ면 廉(렴)을 傷(샹)ᄒᆞ고 可(가)히 ᄡᅧ 與(여)ᄒᆞ얌 즉ᄒᆞ며 可(가)히 ᄡᅧ 與(여)티 마람 즉ᄒᆞᆫᄃᆡ 與(여)ᄒᆞ면 惠(혜)ᄅᆞᆯ 傷(샹)ᄒᆞ고 可(가)히 ᄡᅧ 死(ᄉᆞ)ᄒᆞ얌 즉ᄒᆞ며 可(가)히 ᄡᅧ 死(ᄉᆞ)티 마람 즉ᄒᆞᆫᄃᆡ 死(ᄉᆞ)ᄒᆞ면 勇(용)을 傷(샹)ᄒᆞ리니라

② 栗谷本

孟子(밍ᄌᆞ)ㅣ ᄀᆞᄅᆞ샤ᄃᆡ 可(가)히 ᄡᅧ 取(춰)ᄒᆞ며 可(가)히 ᄡᅧ 取(춰)티 말ᄃᆡ 取(춰)ᄒᆞ면 廉(렴)을 傷(샹)ᄒᆞ고 可(가)히 ᄡᅧ 與(여)ᄒᆞ며 可(가)히 ᄡᅧ 與(여)티 말ᄃᆡ 與(여)ᄒᆞ면 惠(혜)를 傷(샹)ᄒᆞ고 可(가)히 ᄡᅧ 死(ᄉᆞ)ᄒᆞ며 可(가)히 ᄡᅧ 死(ᄉᆞ)티 말ᄃᆡ 死(ᄉᆞ)ᄒᆞ면 勇(용)을 傷(샹)흘 디니라

113(8-24) 逄蒙學射

逢蒙學射於羿，盡羿之道，思天下惟羿爲愈己，於是殺羿.

孟子曰:「是亦羿有罪焉.」

公明儀曰:「宜若無罪焉.」

曰:「薄乎云爾，惡得無罪? 鄭人使子濯孺子侵衛，衛使庾公之斯追之. 子濯孺子曰:『今日，我疾作，不可以執弓，吾死矣夫!』問其僕曰:『追我者，誰也?』其僕曰:『庾公之斯也.』曰:『吾生矣.』其僕曰:『庾公之斯，衛之善射者也，夫子曰: '吾生，何謂也?』曰:『庾公之斯學射於尹公之他，尹公之他學射於我. 夫尹公之他，端人也，其取友必端矣.』庾公之斯至，曰:『夫子何爲不執弓?』曰:『今日，我疾作，不可以執弓.』曰:『小人學射於尹公之他，尹公之他學射於夫子. 我不忍以夫子之道反害夫子. 雖然，今日之事，君事也. 我不敢廢.』抽矢扣輪，去其金，發乘矢而後反.」

① 陶山本

逄蒙(방몽)이 射(샤)를 羿(예)의게 學(혹)ᄒᆞ야 羿(예)의 道(도)를 盡(진)ᄒᆞ고 思(ᄉᆞ)호ᄃᆡ 天下(텬하)애 오직 羿(예)ㅣ 己(긔)두곤 더은 이라 ᄒᆞ야 이예 羿(예)를 殺(살)ᄒᆞᆫ대 孟子(밍ᄌᆞ)ㅣ ᄀᆞᆯᄋᆞ샤ᄃᆡ 이 ᄯᅩ 羿(예)ㅣ 罪(죄) 인ᄂᆞ니라 公明儀(공명의)ㅣ ᄀᆞᆯ오ᄃᆡ 맛당이 罪(죄) 업ᄉᆞᆫ ᄃᆞᆺ 히이다 ᄀᆞᆯᄋᆞ샤ᄃᆡ 薄(박)다흘 ᄲᅮᆫ이언뎡 엇디 시러곰 罪(죄) 업ᄉᆞ리오

鄭人(뎡신)이 子濯孺子(ᄌᆞ탁슈ᄌᆞ)로 ᄒᆞ여곰 衛(위)를 侵(침)ᄒᆞ거늘 衛(위)ㅣ 庾公斯(유공ᄉᆞ)로 ᄒᆞ여곰 追(튜)ᄒᆞ더니 子濯孺子(ᄌᆞ탁슈ᄌᆞ)ㅣ ᄀᆞᆯ오ᄃᆡ 今日(금일)에 내 疾(질)이 作(작)ᄒᆞᆫ 디라 可(가)히 ᄡᅧ 弓(궁)을 執(집)디 몯ᄒᆞ리로소니 내 死(ᄉᆞ)ᄒᆞ린뎌 ᄒᆞ고 그 僕(복)ᄃᆞ려 問(문)ᄒᆞ야 ᄀᆞᆯ오ᄃᆡ 나를 追(튜)ᄒᆞᄂᆞᆫ 者(쟈)ᄂᆞᆫ 누고 그 僕(복)이 ᄀᆞᆯ오ᄃᆡ 庾公斯(유공ᄉᆞ)ㅣ로소이다 ᄀᆞᆯ오ᄃᆡ 내 生(ᄉᆡᆼ)ᄒᆞ리로다 그 僕(복)이 ᄀᆞᆯ오ᄃᆡ 庾公斯(유공ᄉᆞ)ᄂᆞᆫ 衛(위)예 善射(션샤)ᄒᆞᄂᆞᆫ 者(쟈)ㅣ어늘 夫子(부ᄌᆞ)ㅣ ᄀᆞᆯᄋᆞ샤ᄃᆡ 내 生(ᄉᆡᆼ)ᄒᆞ리라 홈은 엇디 닐옴잇고 ᄀᆞᆯ오ᄃᆡ

庾公斯(유공스)는 射(샤)를 尹公他(윤공타)의게 學(혹)호고 尹公他(윤공타)는 射(샤)를 내게 學(혹)호니 尹公他(윤공타)는 端(단)호 人(신)이라 그 友(우)를 取(취)홈이 반드시 端(단)호리라 庾公斯(유공스)ㅣ 至(지)호야 굴오뒤 夫子(부즈)는 엇디 弓(궁)을 執(집)디 아니호느뇨 굴오뒤 今日(금실)에 내 疾(질)이 作(작)혼 디라 可(가)히 뻐 弓(궁)을 執(집)디 몯호리로다 굴오뒤 小人(쇼신)은 射(샤)를 尹公他(윤공타)의게 學(혹)호고 尹公他(윤공타)는 射(샤)를 夫子(부즈)의게 學(혹)호니 내 추마 夫子(부즈)의 道(도)로뻐 도로혀 夫子(부즈)를 害(해)티 몯호노라 비록 그러나 今日(금실)ㅅ 事(스)는 君(군)의 事(스)ㅣ라 내 敢(감)히 廢(폐)티 몯호리라 호고 矢(시)를 抽(튜)호야 輪(륜)에 扣(고)호야 그 金(금)을 去(거)호고 乘矢(승시)를 發(발)혼 後(후)에 反(반)호니라

② 栗谷本

逢蒙(방몽)이 羿(예)의게 射(샤)를 빅화 羿(예)의 道(도)를 盡(진)호고 思(스)호뒤 天下(텬하)애 오직 羿(예)ㅣ 날도곤 낫다 호야 이에 羿(예)를 주기다 孟子(밍즈)ㅣ 구로샤뒤 이 쏘호 羿(예)도 罪(죄) 잇느니라 公明儀(공명의) 굴오뒤 맛당히 罪(죄)ㅣ 업슬 듯 호다 호나 굴온 薄(박)홀디언뎡 엇디 시러곰 罪(죄)ㅣ 업스리오

鄭人(뎡인)이 子濯孺子(즈탁유즈)를 브려 衛(위)를 侵(침)호거늘 衛(위)ㅣ 庾公之斯(유공지스)를 브려 쪼로더니 子濯孺子(즈탁유즈)ㅣ 굴오뒤 오늘 내 疾(질)이 作(작)혼 디라 可(가)히 뻐 활을 잡디 몯호리로소니 내 주글딘뎌 그 僕(복)드려 무러 굴오뒤 날 쪼로는 이 뉘고 그 僕(복)이 굴오뒤 庾公之斯(유공지스)ㅣ로소이다 굴오뒤 내 살리로다 그 僕(복)이 굴오뒤 庾公之斯(유공지스)는 衛(위)예 射(샤)를 잘 호는 者(쟈)ㅣ어늘 夫子(부즈)ㅣ 굴오뒤 내 살리라 호샤믄 엇디 닐옴이니잇고 굴오뒤 庾公之斯(유공지스)는 尹公之他(윤공지타)의게 射(샤)를 學(혹)호고 尹公之他(윤공지타)는 내게 射(샤)를 學(혹)호니 尹公之他(윤공지타)는 端(단)혼 人(인)이라 그 友(우)를 取(취)호미 반드시 端(단)호리라 庾公之斯(유공지스)ㅣ 니르러 굴오뒤 夫子(부즈)ㅣ 엇디 활을 잡디 아닛느뇨 굴오뒤 오늘 내 疾(질)이 作(작)혼 디라 可(가)히 뻐 활을 잡디 몯호리로다 굴오뒤 小人(쇼인)은 尹公之他(윤공지타)의게 射(샤)를 學(혹)호고 尹公之他(윤공지타)는 夫子(부즈)씌 射(샤)를 學(혹)호니 내 츰아 夫子(부즈)의 道(도)로뻐 도로혀 夫子(부즈) 害(해)키를 몯호리로다 비록 그러나 오늘 일은 君(군)의 일이라 내 敢(감)히 廢(폐)티 몯홀 거시라 호고 살을 빼야 輪(륜)의 두드려 그 金(금)을 去(거)호고 네 살을 發(발)혼 後(후)에 反(반)호니라

114(8-25) 西子

孟子曰:「西子蒙不潔, 則人皆掩鼻而過之. 雖有惡人, 齊戒沐浴, 則可以祀上帝.」

① 陶山本

孟子(ᄆᆡᆼᄌᆞ)ㅣ 갈ᄋᆞ샤ᄃᆡ 西子(셔ᄌᆞ)ㅣ 潔(결)티 아닌 거슬 蒙(몽)ᄒᆞ면 사ᄅᆞᆷ이 다 鼻(비)를 掩(엄)ᄒᆞ고 過(과)ᄒᆞ리니라

비록 惡人(악신)이나 齊戒(지계)ᄒᆞ야 沐浴(목욕)ᄒᆞ면 可(가)히 ᄡᅧ 上帝(샹뎨)를 祀(ᄉᆞ)ᄒᆞ리니라

② 栗谷本

孟子(ᄆᆡᆼᄌᆞ)ㅣ ᄀᆞᄅᆞ샤ᄃᆡ 西子(셔ᄌᆞ)ㅣ 不潔(블결)을 무르ᄡᅳ면 人(인)이 다 鼻(비)를 掩(엄)ᄒᆞ야 디니고

비록 보디 슬흔 사ᄅᆞᆷ이라도 齋戒(지계)ᄒᆞ고 沐浴(목욕)ᄒᆞ면 可(가)히 ᄡᅧ 上帝(샹뎨)를 祀(ᄉᆞ)홀 디니라

115(8-26) 天下之言性

孟子曰:「天下之言性也, 則故而已矣, 故者以利爲本. 所惡於智者, 爲其鑿也. 如智者若禹之行水也, 則無惡於智矣. 禹之行水也, 行其所無事也. 如智者亦行其所無事, 則智亦大矣. 天之高也, 星辰之遠也, 苟求其故, 千歲之日至, 可坐而致也.」

① 陶山本

孟子(ᄆᆡᆼᄌᆞ)ㅣ 갈ᄋᆞ샤ᄃᆡ 天下(텬하)의 性(셩)을 言(언)홈은 곧 故(고)로 홀 ᄯᆞᄅᆞᆷ이니 故(고)는 利(리)로ᄡᅧ 本(본)을 삼ᄂᆞ니라

智者(디쟈)에 惡(오)ᄒᆞᄂᆞᆫ 바ᄂᆞᆫ 그 鑿(착)홈을 爲(위)ᄒᆞ얘니 만일에 智者(디쟈)ㅣ 禹(우)의 水(슈) 行(힝)홈 ᄀᆞ티 ᄒᆞ면 智(디)예 惡(오)홈이 업ᄉᆞ리라 禹(우)의 水(슈) 行(힝)ᄒᆞ심은 그 일 삼아 홈이 업슨 바를 行(힝)ᄒᆞ시니 만일에 智者(디쟈)ㅣ ᄯᅩᄒᆞᆫ 그 일 삼아 홈이 업슨 바를 行(힝)ᄒᆞ면 智(디) ᄯᅩᄒᆞᆫ 大(대)ᄒᆞ리니라

天(텬)의 高(고)홈과 星辰(셩신)의 遠(원)홈이나 진실로 그 故(고)를 求(구)ᄒᆞ면 千歲(쳔세)의 日至(실지)를 可(가)히 坐(좌)ᄒᆞ야 致(티)홀 ᄭᅥ시니라

② 栗谷本

孟子(ᄆᆡᆼᄌᆞ)ㅣ ᄀᆞᄅᆞ샤ᄃᆡ 天下(텬하)의 性(셩)을 니ᄅᆞ기ᄂᆞᆫ 故(고)ᄯᆞᄅᆞᆷ이니 故(고)ᄂᆞᆫ 利(리)로ᄡᅧ 本(본)을 삼ᄂᆞ니라

智(디)예 惡(오)ᄒᆞᄂᆞᆫ 바ᄂᆞᆫ 그 鑿(착)을 爲(위)호마나 만일 智(디)ᄒᆞᆫ 者(쟈)ㅣ 禹(우)의 믈 行(힝)ᄒᆞ시기 ᄀᆞᆺ티 ᄒᆞ면 智(디)예 惡(오)호미 업스리라 禹(우)의 믈 行(힝)ᄒᆞ시기ᄂᆞᆫ 그 일 업슨 바로 行(힝)호미시니 智(디)ᄒᆞᆫ 者(쟈)ㅣ ᄯᅩᄒᆞᆫ 그 일 업슨 바로 行(힝)ᄒᆞ면 智(디)ㅣ ᄯᅩᄒᆞᆫ 크니라

天(텬)의 노픔과 星辰(셩신)의 머롬이라도 진실로 그 故(고)를 求(구)ᄒᆞ면 千歲(쳔세)예 日至(일지)를 可(가)히 안자셔 致(티)ᄒᆞᆯ 디니라

116(8-27) 公行子

公行子有子之喪, 右師往弔, 入門, 有進而與右師言者, 有就右師之位而與右師言者. 孟子不與右師言, 右師不悅曰:「諸君子皆與驩言, 孟子獨不與驩言, 是簡驩也.」

孟子聞之, 曰:「禮, 朝廷不歷位而相與言, 不踰階而相揖也. 我欲行禮, 子敖以我爲簡, 不亦異乎?」

① 陶山本

公行子(공항ᄌᆞ)ㅣ 子(ᄌᆞ)의 喪(상)이 잇거늘 右師(우ᄉᆞ)ㅣ 가 弔(됴)ᄒᆞᆯ 씨 門(문)에 入(십)ᄒᆞ거늘 進(진)ᄒᆞ야 右師(우ᄉᆞ)로 더블어 言(언)ᄒᆞᄂᆞᆫ 者(쟈)ㅣ 이시며 右師(우ᄉᆞ)의 位(위)예 就(취)ᄒᆞ야 右師(우ᄉᆞ)로 더블어 言(언)ᄒᆞᄂᆞᆫ 者(쟈)ㅣ 잇더니

孟子(ᄆᆡᆼᄌᆞ)ㅣ 右師(우ᄉᆞ)로 더블어 言(언)티 아니ᄒᆞ신대 右師(우ᄉᆞ)ㅣ 悅(열)티 아니ᄒᆞ야 ᄀᆞᆯ오ᄃᆡ 諸君子(져군ᄌᆞ)ㅣ 다 驩(환)으로 더블어 言(언)ᄒᆞ거늘 孟子(ᄆᆡᆼᄌᆞ)ㅣ 호올로 驩(환)으로 더블어 言(언)티 아니ᄒᆞ시니 이는 驩(환)을 簡(간)홈이로다

孟子(ᄆᆡᆼᄌᆞ)ㅣ 聞(문)ᄒᆞ시고 ᄀᆞᆯᄋᆞ샤ᄃᆡ 禮(례)예 朝廷(됴뎡)애 位(위)를 歷(력)ᄒᆞ야 설ᄋᆞ 더블어 言(언)티 아니ᄒᆞ며 階(계)를 踰(유)ᄒᆞ야 설ᄋᆞ 揖(읍)디 아니ᄒᆞᄂᆞ니 나는 禮(례)를 行(ᄒᆡᆼ)코자 ᄒᆞ거늘 子敖(ᄌᆞ오)ㅣ 날로ᄡᅥ 簡(간)타 ᄒᆞ니 ᄯᅩᄒᆞᆫ 異(이)티 아니ᄒᆞ냐

② 栗谷本

公行子(공항ᄌᆞ)ㅣ 子(ᄌᆞ)의 喪(상)이 잇거늘 右師(우ᄉᆞ)ㅣ 가 弔(됴)ᄒᆞ더니 門(문)의 드로매 나아가 右師(우ᄉᆞ) 더브러 말ᄒᆞ리 이시며 右師(우ᄉᆞ)의 位(위)예 나아가 右師(우ᄉᆞ) 더브러 말ᄒᆞ리 잇더라

孟子(ᄆᆡᆼᄌᆞ)ㅣ 右師(우ᄉᆞ) 더브러 言(언)ᄒᆞ디 아니ᄒᆞ신대 右師(우ᄉᆞ)ㅣ 깃거 아녀 ᄀᆞᆯ오ᄃᆡ 모든 君子(군ᄌᆞ)ㅣ 다 驩(환)과 더브러 말ᄒᆞ거늘 孟子(ᄆᆡᆼᄌᆞ)ㅣ 혼자 驩(환)과 더브러 말 아니ᄒᆞ시니 이는 驩(환)의게 簡(간)히 호미로다

孟子(ᄆᆡᆼᄌᆞ)ㅣ 듯고 ᄀᆞᄅᆞ샤ᄃᆡ 禮(례)예 朝廷(됴뎡)의 位(위)를 디나 서ᄅᆞ 더브러 말ᄒᆞ디 아니ᄒᆞ며 階(계)를 너머 서ᄅᆞ 揖(읍)ᄒᆞ디 아니ᄒᆞᄂᆞ니 내 禮(례)를 行(ᄒᆡᆼ)코뎌 ᄒᆞ거늘 子敖(ᄌᆞ오)ㅣ 날로ᄡᅥ 簡(간)ᄒᆞ다 ᄒᆞ니 ᄯᅩᄒᆞᆫ 고이티 아니ᄒᆞ냐

117(8-28) 君子不患

孟子曰:「君子所以異於人者, 以其存心也. 君子以仁存心, 以禮存心. 仁者愛人, 有禮者敬人. 愛人者人恆愛之; 敬人者人恆敬之. 有人於此, 其待我以橫逆, 則君子必自反也:『我必不仁也, 必無禮也, 此物奚宜至哉?』其自反而仁矣, 自反而有禮矣, 其橫逆由是也, 君子必自反也:『我必不忠.』自反而忠矣, 其橫逆由是也, 君子曰:『此亦妄人也已矣. 如此則與禽獸奚擇哉? 於禽獸又何難焉?』是故君子有終身之憂, 無一朝之患也. 乃若所憂則有之:『舜人也, 我亦人也. 舜爲法於天下, 可傳於後世, 我由未免爲鄕人也, 是則可憂也.』憂之如何? 如舜而已矣. 若夫君子所患則亡矣. 非仁無爲也, 非禮無行也. 如有一朝之患, 則君子不患矣.」

① 陶山本

孟子(ᄆᆡᆼᄌᆞ)ㅣ ᄀᆞᆯᄋᆞ샤ᄃᆡ 君子(군ᄌᆞ)의 ᄡᅧ 人(ᄉᆡᆫ)에 異(이)ᄒᆞᆫ 받 者(쟈)ᄂᆞᆫ 그 心(심)을 存(존)홈으로ᄡᅦ니 君子(군ᄌᆞ)ᄂᆞᆫ 仁(ᄉᆡᆫ)으로ᄡᅧ 心(심)을 存(존)ᄒᆞ며 禮(례)로ᄡᅧ 心(심)을 存(존)ᄒᆞᄂᆞ니라

仁(ᄉᆡᆫ)ᄒᆞᆫ 者(쟈)ᄂᆞᆫ 人(ᄉᆡᆫ)을 愛(ᄋᆡ)ᄒᆞ고 禮(례) 인ᄂᆞᆫ 者(쟈)ᄂᆞᆫ 人(ᄉᆡᆫ)을 敬(경)ᄒᆞᄂᆞ니

人(ᄉᆡᆫ)을 愛(ᄋᆡ)ᄒᆞᄂᆞᆫ 者(쟈)ᄂᆞᆫ 人(ᄉᆡᆫ)이 덛덛이 愛(ᄋᆡ)ᄒᆞ고 人(ᄉᆡᆫ)을 敬(경)ᄒᆞᄂᆞᆫ 者(쟈)ᄂᆞᆫ 人(ᄉᆡᆫ)이 덛덛이 敬(경)ᄒᆞᄂᆞ니라

人(ᄉᆡᆫ)이 이예 이시니 그 나ᄅᆞᆯ 待(ᄃᆡ)호ᄃᆡ 橫逆(횡역)으로ᄡᅧ ᄒᆞ면 君子(군ᄌᆞ)ㅣ 반ᄃᆞ시 스스로 反(반)ᄒᆞ야 내 반ᄃᆞ시 仁(ᄉᆡᆫ)티 몯ᄒᆞ며 반ᄃᆞ시 禮(례) 업두다 이 物(믈)이 엇디 맛당이 至(지)ᄒᆞᄂᆞ뇨 ᄒᆞᄂᆞ니라

그 스스로 反(반)홈애 仁(ᄉᆡᆫ)ᄒᆞ며 스스로 反(반)홈애 禮(례) 이쇼ᄃᆡ 그 橫逆(횡역)ᄒᆞ욤이 이 ᄀᆞᆮ거든 君子(군ᄌᆞ)ㅣ 반ᄃᆞ시 스스로 反(반)ᄒᆞ야 내 반ᄃᆞ시 忠(튱)티 몯ᄒᆞ두다 ᄒᆞᄂᆞ니라

스스로 反(반)홈애 忠(튱)호ᄃᆡ 그 橫逆(횡역)ᄒᆞ욤이 이 ᄀᆞᆮ거든 君子(군ᄌᆞ)ㅣ ᄀᆞᆯ오ᄃᆡ 이 ᄯᅩᄒᆞᆫ 妄人(망ᄉᆡᆫ)일 ᄯᆞᄅᆞᆷ이로다 ᄒᆞᄂᆞ니 이 ᄀᆞᄐᆞ면 禽獸(금슈)로 더블어 엇디 擇(ᄐᆡᆨ)ᄒᆞ리오 禽獸(금슈)에 ᄯᅩ 엇디 難(난)ᄒᆞ리오

이런 故(고)로 君子(군ᄌᆞ)ㅣ 終身(죵신)ㅅ 憂(우)ㅣ 잇고 一朝(일됴)ㅅ 患(환)이 업ᄂᆞ니 憂(우)ᄒᆞᄂᆞᆫ 바ᄂᆞᆫ 이시니 舜(슌)도 人(ᄉᆡᆫ)이며 나도 ᄯᅩᄒᆞᆫ 人(ᄉᆡᆫ)이로ᄃᆡ 舜(슌)은 天下(텬하)애 法(법)이 도외샤 可(가)히 後世(후셰)예 傳(뎐)ᄒᆞ거시ᄂᆞᆯ 나ᄂᆞᆫ 오히려 鄕人(향ᄉᆡᆫ)도윔을 免(면)티 몯ᄒᆞ야시니 이ᄂᆞᆫ 可(가)히 憂(우)ᄒᆞ얌 즉ᄒᆞ니라 憂(우)호ᄃᆡ 엇디ᄒᆞ료 舜(슌)ᄀᆞᄐᆞ려 ᄒᆞᆯ ᄯᆞᄅᆞᆷ이니라 만일에 君子(군ᄌᆞ)의 患(환)ᄒᆞᄂᆞᆫ 바 업ᄉᆞ니 仁(ᄉᆡᆫ)이 아니어든 ᄒᆞ디 아니ᄒᆞ며

禮(례) 아니어든 行(힝)티 아니ᄒᆞᄂᆞᆫ 디라 만일에 一朝(일됴)ㅅ 患(환)이 이실 ᄯᅵ라도 곧 君子(군ᄌᆞ)ㅣ 患(환)티 아니ᄒᆞᄂᆞ니라

② 栗谷本

孟子(ᄆᆡᆼᄌᆞ)ㅣ ᄀᆞᄅᆞ샤ᄃᆡ 君子(군ᄌᆞ)ㅣ ᄡᅥ 人(인)의게 다른 마ᄂᆞᆫ 그 心(심)의 存(존)호ᄆᆞᆯ ᄲᅦ니 君子(군ᄌᆞ)ᄂᆞᆫ 仁(인)으로ᄡᅥ 心(심)의 存(존)ᄒᆞ며 禮(례)로ᄡᅥ 心(심)의 存(존)ᄒᆞᄂᆞ니라

仁(인)ᄒᆞᆫ 者(쟈)ᄂᆞᆫ 人(인)을 愛(ᄋᆡ)ᄒᆞ고 禮(례)를 둣ᄂᆞᆫ 者(쟈)ᄂᆞᆫ 人(인)을 敬(경)ᄒᆞᄂᆞ니

人(인)을 愛(ᄋᆡ)ᄒᆞᄂᆞᆫ 者(쟈)ᄂᆞᆫ 人(인)이 홍샹 愛(ᄋᆡ)ᄒᆞ고 人(인)을 敬(경)ᄒᆞᄂᆞᆫ 者(쟈)ᄂᆞᆫ 人(인)이 홍샹 敬(경)ᄒᆞᄂᆞ니라

人(인)이 이에 이쇼ᄃᆡ 그 날 ᄃᆡ졉호미 橫逆(횡역)으로ᄡᅥ ᄒᆞ거든 君子(군ᄌᆞ)ㅣ 반ᄃᆞ시 스스로 反(반)호ᄃᆡ 내 반ᄃᆞ시 仁(인)티 몯ᄒᆞ며 반ᄃᆞ시 禮(례) 업도다 이 인이 엇디 맛당히 至(지)ᄒᆞᆯ 것고 ᄒᆞᄂᆞ니라

그 스스로 反(반)ᄒᆞ야 仁(인)ᄒᆞ며 스스로 反(반)ᄒᆞ야 禮(례) 이쇼ᄃᆡ 그 橫逆(횡역)호미 이 ᄀᆞᆺ거든 君子(군ᄌᆞ)ㅣ 반ᄃᆞ시 스스로 反(반)호ᄃᆡ 내 반ᄃᆞ시 忠(듕)티 몯ᄒᆞ도다 ᄒᆞᄂᆞ니라

스스로 反(반)ᄒᆞ야 忠(듕)호ᄃᆡ 그 橫逆(횡역)호미 이 ᄀᆞᆺ거든 君子(군ᄌᆞ)ㅣ ᄀᆞᆯ오ᄃᆡ 이ᄂᆞᆫ ᄯᅩᄒᆞᆫ 妄人(망인)이로다 이러ᄒᆞ면 禽獸(금슈)로 더브러 엇디 ᄀᆞᆯᄒᆡ리오 禽獸(금슈)의게 ᄯᅩ 므서슬 힐난ᄒᆞ리오 ᄒᆞᄂᆞ니라

이런 故(고)로 君子(군ᄌᆞ)ᄂᆞᆫ 몸이 ᄆᆞᆺ도록 ᄒᆞᆯ 시름이 잇고 一朝(일됴)의 患(환)이 업ᄂᆞ니 만일 시름ᄒᆞᄂᆞᆫ 바ᄂᆞᆫ 이시니 舜(슌)도 人(인)이시며 나도 ᄯᅩᄒᆞᆫ 人(인)이로ᄃᆡ 舜(슌)은 天下(텬하)의 法(법)이 되샤 後世(후셰)예 可(가)히 傳(뎐)커시ᄂᆞᆯ 나ᄂᆞᆫ 오히려 鄕人(향인)이 되오ᄆᆞᆯ 免(면)티 몯ᄒᆞᆫ 디라 이ᄂᆞᆫ 可(가)히 시름ᄒᆞ얌즉ᄒᆞ니 시름ᄒᆞ기ᄅᆞᆯ 엇디ᄒᆞ료 舜(슌)ᄀᆞᆺᄐᆞᆯ ᄯᆞᄅᆞᆷ이니라 만일 君子(군ᄌᆞ)의 患(환)ᄒᆞᄂᆞᆫ 바ᄂᆞᆫ 업스니 仁(인) 아니면 ᄒᆞ디 아니며 禮(례) 아니면 行(ᄒᆡᆼ)티 아닛ᄂᆞᆫ 디라 만일 一朝(일됴)의 患(환)이 이실 디라도 곧 君子(군ᄌᆞ)ㅣ 患(환)티 아니ᄒᆞᄂᆞ니라

118(8-29) 過門不入

禹·稷當平世, 三過其門而不入, 孔子賢之. 顔子當難世, 居於陋巷. 一簞食一瓢飮, 人不堪其憂, 顔子不改其樂, 孔子賢之.

孟子曰:「禹·稷·顔回同道. 禹思天下有溺者, 由己溺之也; 稷思天下有飢者, 由己飢之也, 是以如是其急也. 禹·稷·顔子易地則皆然. 今有同室之人鬬者, 救之, 雖被髮纓冠而救之, 可也. 鄕鄰有鬬者, 被髮纓冠而往救之, 則惑也, 雖閉戶可也.」

① 陶山本

禹(우)와 稷(직)이 平(평)흔 世(셰)를 當(당)ᄒ야 세 번 그 門(문)을 過(과)ᄒ샤ᄃ 入(십)디 아니ᄒ신대 孔子(공ᄌ)ㅣ 賢(현)히 너기시니라

顔子(안ᄌ)ㅣ 亂(란)흔 世(셰)를 當(당)ᄒ야 陋巷(루항)애 居(거)ᄒ샤 흔 簞(단)ㅅ 食(ᄉ)와 흔 瓢(표)ㅅ 飮(음)을 人(신)이 그 憂(우)를 堪(감)티 몯ᄒ거늘 顔子(안ᄌ)ㅣ 그 樂(락)을 改(ᄀ)티 아니ᄒ신대 孔子(공ᄌ)ㅣ 賢(현)히 너기시니라

孟子(밍ᄌ)ㅣ 굴ᄋ샤ᄃ 禹(우) 稷(직)과 顔回(안회)ㅣ 道(도)ㅣ 同(동)ᄒ니라

禹(우)는 思(ᄉ)ᄒ샤ᄃ 天下(텬하)애 溺(닉)흔 者(쟈)ㅣ 잇거든 己(긔)ㅣ 溺(닉)홈ᄀ티 ᄒ시며 稷(직)은 思(ᄉ)호ᄃ 天下(텬하)애 飢(긔)흔 者(쟈)ㅣ 잇거든 己(긔)ㅣ 飢(긔)홈ᄀ티 ᄒ니 일로ᄡ 이러ᄐ시 그 急(급)히 ᄒ시니라

禹(우) 稷(직)과 顔子(안ᄌ)ㅣ 地(디)를 易(역)ᄒ면 다 그러ᄒ리라

今(금)에 同室(동실)엣 人(신)이 鬪(투)흛 者(쟈)ㅣ 잇거든 救(구)호ᄃ 비록 髮(발)을 被(피)ᄒ며 冠(관)을 纓(영)ᄒ고 救(구)ᄒ야도 可(가)ᄒ니라

鄕鄰(향린)에 鬪(투)흛 者(쟈)ㅣ 잇거든 髮(발)을 被(피)ᄒ며 冠(관)을 纓(영)ᄒ고 가 救(구)ᄒ면 惑(혹)이니 비록 戶(호)를 閉(폐)ᄒ야셔도 可(가)ᄒ니라

② 栗谷本

禹(우)와 稷(직)이 平世(평셰)를 當(당)ᄒ야 세 번 그 門(문)의 디나되 드디 아니ᄒ신대 孔子(공ᄌ)ㅣ 賢(현)히 녀기시며

顔子(안ᄌ)ㅣ 亂世(란셰)를 當(당)ᄒ야 陋巷(루항)의 居(거)ᄒ샤 흔 簞(단) 밥과 흔 瓢(표) 飮(음)을 人(인)이 그 시름을 견ᄃ디 몯ᄒ거늘 顔子(안ᄌ)ㅣ 그 樂(락)을 改(ᄀ)티 아니흔대 孔子(공ᄌ)ㅣ 賢(현)히 녀기시니라

孟子(밍ᄌ)ㅣ ᄀᄅ샤ᄃ 禹(우) 稷(직)과 顔回(안회)ㅣ 道(도)ㅣ 흔 가지니

禹(우)는 天下(텬하)의 溺(닉)흔 者(쟈) 잇기를 思(ᄉ)ᄒ샤ᄃ 내 溺(닉)게 홈ᄀ티 녀기시며 稷(직)은 思(ᄉ)호ᄃ 天下(텬하)의 飢(긔)흔 者(쟈) 잇기를 思(ᄉ)ᄒ샤ᄃ 내 飢(긔)케 홈ᄀ티 녀기시니 일로ᄡ 이ᄀ티 그 急(급)히 ᄒ시니라

禹(우) 稷(직)과 顔子(안ᄌ)ㅣ 地(디)를 易(역)ᄒ면 다 그러ᄒ리라

이제 同室(동실)의 人(인)이 鬪(투)ᄒ리 잇거든 救(구)호ᄃ 비록 髮(발)을 被(피)ᄒ고 冠(관)을 纓(영)ᄒ야 救(구)흘 디라도 可(가)커니와

鄕鄰(향린)에 鬪(투)ᄒ리 잇거든 髮(발)을 被(피)ᄒ고 冠(관)을 纓(영)ᄒ야 가 救(구)ᄒ면 惑(혹)이니 비록 戶(호)를 閉(폐)ᄒ야도 可(가)ᄒ니라

119(8-30) 匡章

公都子曰:「匡章, 通國皆稱不孝焉. 夫子與之遊, 又從而禮貌之, 敢問何也?」

孟子曰:「世俗所謂不孝者五: 惰其四支, 不顧父母之養, 一不孝也; 博弈好飮酒, 不顧父母之養, 二不孝也; 好貨財, 私妻子, 不顧父母之養, 三不孝也; 從耳目之欲, 以爲父母戮, 四不孝也; 好勇鬪很, 以危父母, 五不孝也. 章子有一於是乎? 夫章子, 子父責善而不相遇也. 責善, 朋友之道也; 父子責善, 賊恩之大者. 夫章子, 豈不欲有夫妻子母之屬哉? 爲得罪於父, 不得近. 出妻屛子, 終身不養焉. 其設心以爲不若是, 是則罪之大者, 是則章子已矣.」

① 陶山本

公都子(공도ᄌᆞ)ㅣ ᄀᆞᆯ오ᄃᆡ 匡章(광쟝)을 通國(통국)이 다 不孝(블효)ㅣ라 稱(칭)ᄒᆞ거ᄂᆞᆯ 夫子(부ᄌᆞ)ㅣ 더블어 遊(유)ᄒᆞ시고 또 조초 禮貌(례모)ᄒᆞ시니 敢(감)히 묻ᄌᆞᆸ노이다 엇디니잇고

孟子(ᄆᆡᆼᄌᆞ)ㅣ ᄀᆞᆯᄋᆞ샤ᄃᆡ 世俗(셰쇽)애 닐온 밧 不孝(블효)ㅣ 五(오)ㅣ니 그 四肢(ᄉᆞ지)ᄅᆞᆯ 惰(타)ᄒᆞ야 父母(부모) 養(양)홈을 顧(고)티 아니홈이 ᄒᆞᆫ 不孝(블효)ㅣ오 博(박)ᄒᆞ며 奕(혁)ᄒᆞ며 酒(쥬) 飮(음)홈을 好(호)ᄒᆞ야 父母(부모) 養(양)홈을 顧(고)티 아니홈이 두 不孝(블효)ㅣ오 貨財(화ᄌᆡ)ᄅᆞᆯ 好(호)ᄒᆞ며 妻子(쳐ᄌᆞ)ᄅᆞᆯ 私(ᄉᆞ)ᄒᆞ야 父母(부모) 養(양)홈을 顧(고)티 아니홈이 세 不孝(블효)ㅣ오 耳目(ᅀᅵ목)의 欲(욕)을 從(죵)ᄒᆞ야 ᄡᅥ 父母(부모)의 戮(륙)이 되게 홈이 네 不孝(블효)ㅣ오 勇(용)을 好(호)ᄒᆞ야 鬪(투)ᄒᆞ며 狠(ᄒᆞᆫ)ᄒᆞ야 ᄡᅥ 父母(부모)ᄅᆞᆯ 危(위)케 홈이 다ᄉᆞᆺ 不孝(블효)ㅣ니 章子(쟝ᄌᆞ)ㅣ 이예 一(일)이나 둔ᄂᆞ냐

章子(쟝ᄌᆞ)ᄂᆞᆫ 子(ᄌᆞ)와 父(부)ㅣ 善(션)으로 責(ᄎᆡᆨ)ᄒᆞ다가 서ᄅᆞ 遇(우)티 몯ᄒᆞ니라

善(션)으로 責(ᄎᆡᆨ)ᄒᆞ욤은 朋友(븡우)의 道(도)ㅣ니 父(부)와 子(ᄌᆞ)ㅣ 善(션)으로 責(ᄎᆡᆨ)홈이 恩(은)을 賊(적)홈의 큰 者(쟈)ㅣ니라

章子(쟝ᄌᆞ)ᄂᆞᆫ 엇디 夫妻(부쳐)ㅣ며 子母(ᄌᆞ모)의 屬(쇽)을 두고쟈 아니ᄒᆞ리오마ᄂᆞᆫ 父(부)에 罪(죄)ᄅᆞᆯ 得(득)ᄒᆞ야 시러곰 近(근)티 몯홈을 爲(위)ᄒᆞᆫ 디라 妻(쳐)ᄅᆞᆯ 出(츌)ᄒᆞ며 子(ᄌᆞ)ᄅᆞᆯ 屛(병)ᄒᆞ야 身(신)이 終(죵)토록 養(양)ᄒᆞ이디 몯ᄒᆞ니 그 心(심) 設(셜)ᄒᆞ욤애 ᄡᅥ 이ᄀᆞ티 아니ᄒᆞ면 이ᄂᆞᆫ 罪(죄)의 큰 者(쟈)ㅣ니라 ᄒᆞ니 이ᄂᆞᆫ 章子(쟝ᄌᆞ)ㅣᆫ ᄯᆞᄅᆞᆷ이니라

② 栗谷本

公都子(공도ᄌᆞ)ㅣ ᄀᆞᆯ오ᄃᆡ 匡章(광쟝)은 通國(통국)이 다 不孝(블효)ㅣ라 일ᄏᆞᆺ거ᄂᆞᆯ 夫子(부ᄌᆞ)ㅣ 더브러 노ᄅᆞ시며 또 조차 禮貌(례모)ᄒᆞ시니 敢(감)히 問(문)ᄒᆞ노니 엇디잇고

孟子(ᄆᆡᆼᄌᆞ)ㅣ ᄀᆞᄅᆞ샤ᄃᆡ 世俗(셰쇽)의 不孝(블효)ㅣ라 니ᄅᆞᄂᆞᆫ 배 다ᄉᆞᆺ시니 그 四肢(ᄉᆞ지)ᄅᆞᆯ 惰(타)ᄒᆞ야 父母(부모) 養(양)호ᄆᆞᆯ 도라보디 아니호미 ᄒᆞᆫ 不孝(블효)ㅣ오 博奕(박혁)ᄒᆞ며 飮酒(음쥬)ᄅᆞᆯ 됴히 너겨 父母(부모) 養(양)호ᄆᆞᆯ 도라보디 아니호미 두 不孝(블효)ㅣ오 貨財(화ᄌᆡ)ᄅᆞᆯ 好(호)ᄒᆞ며 妻子(쳐ᄌᆞ)ᄅᆞᆯ 私(ᄉᆞ)ᄒᆞ야 父母(부모) 養(양)호ᄆᆞᆯ 도라보디 아니호미 세 不孝(블효)ㅣ오 耳目(이목)의 欲(욕)을 방죵히 ᄒᆞ야 ᄡᅥ 父母(부모)의 戮(륙)이 되게 호미 네 不孝(블효)ㅣ오 勇(용)을 됴히 너겨 鬪(투)ᄒᆞ며 狠(ᄒᆞᆫ)ᄒᆞ야 ᄡᅥ 父母(부모)ᄅᆞᆯ 위ᄐᆡ케

호미 다솟 不孝(블효)ㅣ니 章子(쟝ᄌᆞ)ㅣ 이에셔 ᄒᆞᆫ나히나 둣ᄂᆞ냐

章子(쟝ᄌᆞ)ᄂᆞᆫ 子(ᄌᆞ)와 父(부)ㅣ 善(션)을 責(칙)ᄒᆞ다가 서르 遇(우)티 몯ᄒᆞ얏ᄂᆞ니라

善(션)을 責(칙)호ᄆᆞᆫ 朋友(붕우)의 道(도)ㅣ니 父子(부ᄌᆞ)ㅣ 善(션)을 責(칙)호미 恩(은)을 賊(적)홈의 큰 者(쟈)ㅣ니라

章子(쟝ᄌᆞ)ㅣ 엇디 夫妻(부쳐)며 子母(ᄌᆞ모)의 屬(쇽)을 두고져 아니리오마ᄂᆞᆫ 父(부)의게 罪(죄)를 得(득)ᄒᆞ야 시러곰 近(근)티 몯호ᄆᆞᆯ 爲(위)ᄒᆞ야 妻(쳐)를 出(츌)ᄒᆞ며 子(ᄌᆞ)를 屛(병)ᄒᆞ야 몸이 ᄆᆞᆺ도록 養(양)케 아니ᄒᆞ니 그 設心(셜심)에 뻐 이러ᄐᆞ시 아니ᄒᆞ면 이ᄂᆞᆫ 罪(죄)의 큰 者(쟈)ㅣ라 ᄒᆞ니 이ᄂᆞᆫ 章子(쟝ᄌᆞ)ㅅ ᄯᆞᄅᆞᆷ이니라

120(8-31) 曾子居武城

曾子居武城，有越寇.

或曰:「寇至，盍去諸?」

曰:「無寓人於我室，毁傷其薪木.」

寇退，則曰:「修我牆屋，我將反.」

寇退，曾子反.

左右曰:「待先生，如此其忠且敬也. 寇至則先去以爲民望，寇退則反，殆於不可.」

沈猶行曰:「是非汝所知也. 昔沈猶有負芻之禍，從先生者七十人，未有與焉.」

子思居於衛，有齊寇.

或曰:「寇至，盍去諸?」

子思曰:「如伋去，君誰與守?」

孟子曰:「曾子·子思同道. 曾子，師也，父兄也；子思，臣也，微也. 曾子·子思易地則皆然.」

① 陶山本

曾子(증ᄌᆞ)ㅣ 武城(무셩)애 居(거)ᄒᆞ실 ᄡᅵ 越(월)ㅅ 寇(구)ㅣ 잇더니 或(혹)이 ᄀᆞᆯ오ᄃᆡ 寇(구)ㅣ 至(지)ᄒᆞᄂᆞ니 엇디 去(거)티 아니ᄒᆞ리오 ᄀᆞᆯᄋᆞ샤ᄃᆡ 人(신)을 내 室(실)애 寓(우)ᄒᆞ야 그 薪木(신목)을 毁傷(훼샹)티 말라 寇(구)ㅣ 退(퇴)ᄒᆞ거늘 곧 ᄀᆞᆯᄋᆞ샤ᄃᆡ 내 牆屋(장옥)을 脩(슈)ᄒᆞ라 내 장ᄎᆞᆺ 反(반)호리라 寇(구)ㅣ 退(퇴)커늘 曾子(증ᄌᆞ)ㅣ 反(반)ᄒᆞ신대 左右(자우)ㅣ ᄀᆞᆯ오ᄃᆡ 先生(션ᄉᆡᆼ)을 待(ᄃᆡ)홈이 이러ᄐᆞ시 그 忠(튱)ᄒᆞ고 ᄯᅩ 敬(경)ᄒᆞ거늘 寇(구)ㅣ

至(지)ᄒᆞ면 몬져 去(거)ᄒᆞ샤 ᄡᅥ 民(민)의 望(망)이 되시고 寇(구)ㅣ 退(퇴)ㅣ ᄒᆞ면 反(반)ᄒᆞ시니 不可(블가)에 거의로소이다 沈猶行(심유힝)이 ᄀᆞᆯ오ᄃᆡ 이ᄂᆞᆫ 네 알 빼 아니라 녜 沈猶(심유)ㅣ 負芻(부추)ㅅ 禍(화)ㅣ 잇거ᄂᆞᆯ 先生(션싱)을 從(죵)ᄒᆞᆫ 者(쟈) 七十人(칠십신)이 與(여)ᄒᆞ니 잇디 아니타 ᄒᆞ니라

子思(ᄌᆞᄉᆞ)ㅣ 衛(위)예 居(거)ᄒᆞ실 씨 齊(졔)ㅅ 寇(구)ㅣ 잇더니 或(혹)이 ᄀᆞᆯ오ᄃᆡ 寇(구)ㅣ 至(지)ᄒᆞᄂᆞ니 엇디 去(거)티 아니ᄒᆞ리오 子思(ᄌᆞᄉᆞ)ㅣ ᄀᆞᆯᄋᆞ샤ᄃᆡ 만일에 伋(급)이 去(거)ᄒᆞ면 君(군)이 눌로 더블어 守(슈)ᄒᆞ리오 ᄒᆞ시니라

孟子(ᄆᆡᆼᄌᆞ)ㅣ ᄀᆞᆯᄋᆞ샤ᄃᆡ 曾子(증ᄌᆞ)와 子思(ᄌᆞᄉᆞ)ㅣ 道(도)ㅣ ᄒᆞᆫ 가지니 曾子(증ᄌᆞ)ᄂᆞᆫ 師(ᄉᆞ)ㅣ며 父兄(부형)이오 子思(ᄌᆞᄉᆞ)ᄂᆞᆫ 臣(신)이며 微(미)ᄒᆞᆫ 이니 曾子(증ᄌᆞ)와 子思(ᄌᆞᄉᆞ)ㅣ 地(디)ᄅᆞᆯ 易(역)ᄒᆞ면 다 그러ᄒᆞ리라

② 栗谷本

曾子(증ᄌᆞ)ㅣ 武城(무셩)의 居(거)ᄒᆞ실 제 越寇(월구)ㅣ 잇거ᄂᆞᆯ 或(혹)이 ᄀᆞᆯ오ᄃᆡ 寇(구)ㅣ 至(지)ᄒᆞ니 去(거)ᄒᆞ기ᄅᆞᆯ 엇디 아니리오 ᄒᆞ야ᄂᆞᆯ ᄀᆞᄅᆞ샤ᄃᆡ 내 室(실)의 人(인)을 브려 그 薪木(신목)을 毁傷(훼샹)티 말라 寇(구)ㅣ 退(퇴)커ᄂᆞᆯ ᄀᆞᄅᆞ샤ᄃᆡ 내 墻屋(쟝옥)을 修(슈)ᄒᆞ라 내 장ᄎᆞᆺ 도라가리라 寇(구)ㅣ 退(퇴)호매 曾子(증ᄌᆞ)ㅣ 反(반)ᄒᆞ신대 左右(자우)ㅣ ᄀᆞᆯ오ᄃᆡ 先生(션싱) ᄃᆡ졉기ᄅᆞᆯ 이러ᄐᆞ시 그 忠(튱)코 ᄯᅩ 敬(경)ᄒᆞ거ᄂᆞᆯ 寇(구)ㅣ 니르거든 몬져 去(거)ᄒᆞ샤 ᄡᅥ 民望(민망)이 되시고 寇(구)ㅣ 退(퇴)커든 反(반)ᄒᆞ시니 거의 可(가)티 아니ᄒᆞ이다 沈猶行(심유힝)이 ᄀᆞᆯ오ᄃᆡ 이ᄂᆞᆫ 너의 알 배 아니니 녜 沈猶(심유)에 負芻(부추)의 禍(화)ㅣ 잇거ᄂᆞᆯ 先生(션싱)을 조ᄎᆞᆫ 者(쟈) 七十人(칠십인)이 與(여)ᄒᆞ니 잇디 아니ᄒᆞ니라

子思(ᄌᆞᄉᆞ)ㅣ 衛(위)예 居(거)ᄒᆞ실 제 齊寇(졔구)ㅣ 잇거ᄂᆞᆯ 或(혹)이 ᄀᆞᆯ오ᄃᆡ 寇(구)ㅣ 至(지)ᄒᆞ니 去(거)ᄒᆞ기ᄅᆞᆯ 아니리오 ᄒᆞ야ᄂᆞᆯ 子思(ᄌᆞᄉᆞ)ㅣ ᄀᆞᄅᆞ샤ᄃᆡ 만일 伋(급)이 去(거)ᄒᆞ면 君(군)이 눌로 더브러 守(슈)ᄒᆞ시리오

孟子(ᄆᆡᆼᄌᆞ)ㅣ ᄀᆞᄅᆞ샤ᄃᆡ 曾子(증ᄌᆞ)와 子思(ᄌᆞᄉᆞ)ㅣ 道(도)ㅣ ᄒᆞᆫ 가지니 曾子(증ᄌᆞ)ᄂᆞᆫ 師(ᄉᆞ)ㅣ며 父兄(부형)이오 子思(ᄌᆞᄉᆞ)ᄂᆞᆫ 臣(신)이며 微(미)ᄒᆞ니 曾子(증ᄌᆞ)와 子思(ᄌᆞᄉᆞ)ㅣ 地(디)ᄅᆞᆯ 밥고면 다 그러ᄒᆞ리라

121(8-32) 儲子

儲子曰:「王使人瞯夫子，果有以異於人乎?」
孟子曰:「何以異於人哉? 堯舜與人同耳.」

① 陶山本

儲子(뎌ᄌᆞ)ㅣ ᄀᆞᆯ오ᄃᆡ 王(왕)이 人(신)으로 ᄒᆞ여곰 夫子(부ᄌᆞ)ᄅᆞᆯ 瞯(간)ᄒᆞ시ᄂᆞ니 과연 人(신)에 異(이)ᄒᆞ옴이 인ᄂᆞ니잇가 孟子(ᄆᆡᆼᄌᆞ)ㅣ ᄀᆞᆯᄋᆞ샤ᄃᆡ 엇디 ᄡᅥ 人(신)에 異(이)ᄒᆞ리오 堯舜(요슌)도 人(신)으로 더블어 同(동)ᄒᆞ시니라

② 栗谷本

儲子(뎌ᄌᆞ)ㅣ ᄀᆞᆯ오ᄃᆡ 王(왕)이 사ᄅᆞᆷ ᄇᆞ려 夫子(부ᄌᆞ)ᄅᆞᆯ 엿보시ᄂᆞ니 과연히 人(인)의게 다로미 겨시니잇가 孟子(ᄆᆡᆼᄌᆞ)ㅣ ᄀᆞᄅᆞ샤ᄃᆡ 엇디 ᄡᅧ 人(인)의게 다ᄅᆞ리오 堯舜(요슌)도 人(인)과 더브러 ᄒᆞᆫ 가지시니라

122(8-33) 齊人有一妻一妾

齊人有一妻一妾而處室者, 其良人出, 則必饜酒肉而後反. 其妻問所與飮食者, 則盡富貴也. 其妻告其妾曰:「良人出, 則必饜酒肉而後反; 問其與飮食者, 盡富貴也, 而未嘗有顯者來, 吾將瞯良人之所之也.」蚤起, 施從良人之所之, 徧國中無與立談者. 卒之東郭墦閒, 之祭者, 乞其餘; 不足, 又顧而之他, 此其爲饜足之道也. 其妻歸, 告其妾曰:「良人者, 所仰望而終身也. 今若此.」與其妾訕其良人, 而相泣於中庭. 而良人未之知也, 施施從外來, 驕其妻妾. 由君子觀之, 則人之所以求富貴利達者, 其妻妾不羞也, 而不相泣者, 幾希矣.

① 陶山本

齊(졔)ㅅ 人(ᅀᅵᆫ)이 一妻(일쳐)와 一妾(일쳡)으로 室(실)에 處(쳐)ᄒᆞᆯ 者(쟈)ㅣ 잇더니 그 良人(량ᅀᅵᆫ)이 出(츌)ᄒᆞ면 반ᄃᆞ시 酒(쥬)와 肉(ᅀᅲᆨ)을 饜(염)ᄒᆞᆫ 後(후)에 反(반)ᄒᆞ거ᄂᆞᆯ 그 妻(쳐)ㅣ 더블어 飮食(음식)ᄒᆞᄂᆞᆫ 밧 者(쟈)ᄅᆞᆯ 무르면 다 富貴(부귀)러라 그 妻(쳐)ㅣ 그 妾(쳡)ᄃᆞ려 告(고)ᄒᆞ야 ᄀᆞᆯ오ᄃᆡ 良人(량ᅀᅵᆫ)이 出(츌)ᄒᆞ면 반ᄃᆞ시 酒(쥬)와 肉(ᅀᅲᆨ)을 饜(염)ᄒᆞᆫ 後(후)에 反(반)ᄒᆞᆯ ᄲᅥ 그 더불어 飮食(음식)ᄒᆞᄂᆞᆫ 者(쟈)ᄅᆞᆯ 무르니 다 富貴(부귀)로ᄃᆡ 일쯕 顯(현)ᄒᆞᆫ 者(쟈)ㅣ 來(ᄅᆡ)ᄒᆞ리 잇디 아니ᄒᆞ니 내 쟝ᄎᆞᆺ 良人(량ᅀᅵᆫ)의 之(지)ᄒᆞᄂᆞᆫ 바ᄅᆞᆯ 瞯(간)호리라 ᄒᆞ고 일 니러 良人(량ᅀᅵᆫ)의 가ᄂᆞᆫ 바ᄅᆞᆯ 施(이)ᄒᆞ야 從(죵)ᄒᆞ니 國中(국듕)에 徧(편)호ᄃᆡ 더블어 셔셔 말ᄒᆞ리 업더니 ᄆᆞᄎᆞᆷ애 東郭(동곽)ㅅ 墦間(번간)의 祭(졔)ᄒᆞᄂᆞᆫ ᄃᆡ가 그 餘(여)ᄅᆞᆯ 乞(걸)ᄒᆞ고 足(죡)디 아니커든 ᄯᅩ 顧(고)ᄒᆞ야 他(타)의 之(지)ᄒᆞ니 이 그 饜足(염죡)ᄒᆞᄂᆞᆫ 道(도)ㅣ러라 그 妻(쳐)ㅣ 歸(귀)ᄒᆞ야 그 妾(쳡)ᄃᆞ려 告(고)ᄒᆞ야 ᄀᆞᆯ오ᄃᆡ 良人(량ᅀᅵᆫ)은 仰望(앙망)ᄒᆞ야 身(신)을 終(죵)ᄒᆞᄂᆞᆫ 배어ᄂᆞᆯ 이제 이러ᄐᆞ시 ᄒᆞ다 ᄒᆞ고 그 妾(쳡)으로 더블어 그 良人(량ᅀᅵᆫ)을 訕(산)ᄒᆞ고 서ᄅᆞ 中庭(듕뎡)에셔 泣(읍)ᄒᆞ거ᄂᆞᆯ 良人(량ᅀᅵᆫ)이 아디 몯ᄒᆞ야 施施(시시)히 外(외)를 조차 來(ᄅᆡ)ᄒᆞ야 그 妻妾(쳐쳡)을 驕(교)ᄒᆞ더라

君子(군ᄌᆞ)로 말ᄆᆡ암아 觀(관)컨댄 곧 人(ᅀᅵᆫ)의 ᄡᅧ 富貴(부귀) 利達(리달)을 求(구)ᄒᆞᄂᆞᆫ 밧 者(쟈)ㅣ 그 妻(쳐)와 妾(쳡)이 羞(슈)티 아니ᄒᆞ야 서르 泣(읍)디 아니ᄒᆞᆯ 者(쟈)ㅣ 져그니라

② 栗谷本

齊(졔)ㅅ 人(인)이 ᄒᆞᆫ 妻(쳐)와 ᄒᆞᆫ 妾(쳡)을 두어 室(실)의 處(쳐)ᄒᆞᆯ 者(쟈)ㅣ 잇더니 그 良人(량인)이 나면 반ᄃᆞ시 酒肉(쥬육)을 饜(염)ᄒᆞᆫ 後(후)에 反(반)ᄒᆞ거ᄂᆞᆯ 그 妻(쳐)ㅣ 더브러 飮食(음식)ᄒᆞᄂᆞᆫ 바ᄅᆞᆯ 무르니 다 富貴(부귀)ᄒᆞ니러라 그 妻(쳐)ㅣ 그 妾(쳡)ᄃᆞ려 告(고)ᄒᆞ야 ᄀᆞᆯ오ᄃᆡ 良人(량인)이 나면 반ᄃᆞ시 酒肉(쥬육)을 饜(염)ᄒᆞᆫ 後(후)에 反(반)ᄒᆞᆯ식 그 더불어 飮食(음식)ᄒᆞᄂᆞᆫ 者(쟈)ᄅᆞᆯ 무르니 다 富貴(부귀)ᄒᆞᆫ 이로ᄃᆡ 일즉 顯(현)ᄒᆞᆫ 者(쟈)ㅣ 오리 잇디 아니ᄒᆞ니 내 장ᄎᆞᆺ 良人(량인)의 가ᄂᆞᆫ 바ᄅᆞᆯ 엿보리라 ᄒᆞ고 일 니러 施(이)히 良人(량인)의 가ᄂᆞᆫ 바ᄅᆞᆯ 조ᄎᆞ니 國中(국듕)의 徧(변)호ᄃᆡ 더브러 셔셔 말ᄒᆞᆯ 者(쟈)ㅣ 업고 ᄆᆞᄎᆞᆷ애 東郭(동곽) 므덤 ᄉᆞ이예 祭(제)ᄒᆞᄂᆞᆫ ᄃᆡ 가셔 그 나ᄆᆞᆫ 거슬 비러 足(족)디 아니커든 ᄯᅩ 도라보아 다ᄅᆞᆫ ᄃᆡ 가니 이 그 饜足(염족)ᄒᆞᄂᆞᆫ 道(도)ㅣ러라 그 妻(쳐)ㅣ 도라와 그 妾(쳡)ᄃᆞ려 告(고)ᄒᆞ야 ᄀᆞᆯ오ᄃᆡ 良人(량인)은 우러러 ᄇᆞ라 몸을 ᄆᆞᄎᆞᆯ 배어ᄂᆞᆯ 이제 이러타 ᄒᆞ고 그 妾(쳡)으로 더브러 그 良人(량인)을 ᄊᆞ지즈며 서ᄅᆞ 中庭(듕뎡)의셔 울어ᄂᆞᆯ 良人(량인)은 아디 몯ᄒᆞ야 施施(시시)히 밧그로브터 와 그 妻妾(쳐쳡)의게 驕(교)ᄒᆞ더라

君子(군ᄌᆞ)ᄅᆞᆯ 말ᄆᆡ아마 보건댄 人(인)의 ᄡᅧ 富貴(부귀)며 利達(리달)을 求(구)ᄒᆞᄂᆞᆫ 바ᄅᆞᆯ 그 妻妾(쳐쳡)이 븟그리디 아니며 서ᄅᆞ 우디 아닐 者(쟈)ㅣ 져그리라

第九〈萬章章句〉(上)

123(9-1) 天下大孝

萬章問曰:「舜往于田, 號泣于旻天, 何爲其號泣也?」

孟子曰:「怨慕也.」

萬章曰:「父母愛之, 喜而不忘; 父母惡之, 勞而不怨. 然則舜怨乎?」

曰:「長息問於公明高曰:『舜往于田, 則吾旣得聞命矣; 號泣于旻天, 于父母, 則吾不知也.』公明高曰:『是非爾所知也.』夫公明高以孝子之心, 爲不若是恝, 我竭力耕田, 共爲子職而已矣, 父母之不我愛, 於我何哉? 帝使其子九男二女, 百官牛羊倉廩備, 以事舜於畎畝之中. 天下之士多就之者, 帝將胥天下而遷之焉. 爲不順於父母, 如窮人無所歸. 天下之士悅之, 人之所欲也, 而不足以解憂; 好色, 人之所欲, 妻帝之二女, 而不足以解憂; 富, 人之所欲, 富有天下, 而不足以解憂; 貴, 人之所欲, 貴爲天子, 而不足以解憂. 人悅之·好色·富貴, 無足以解憂者, 惟順於父母, 可以解憂. 人少, 則慕父母; 知好色, 則慕少艾; 有妻子, 則慕妻子; 仕則慕君, 不得於君則熱中. 大孝終身慕父母. 五十而慕者, 予於大舜見之矣.」

① 陶山本

萬章(만쟝)이 묻ᄌᆞ와 ᄀᆞᆯ오ᄃᆡ 舜(슌)이 田(뎐)에 往(왕)ᄒᆞ샤 旻天(민텬)에 號(호)ᄒᆞ야 泣(읍)ᄒᆞ시니 엇디 그 號(호)ᄒᆞ야 泣(읍)ᄒᆞ시니잇고 孟子(ᄆᆡᆼᄌᆞ)ㅣ ᄀᆞᆯᄋᆞ샤ᄃᆡ 怨(원)ᄒᆞ야 慕(모)ᄒᆞ시니라

萬章(만쟝)이 ᄀᆞᆯ오ᄃᆡ 父母(부모)ㅣ 愛(ᄋᆡ)ᄒᆞ거시든 喜(희)ᄒᆞ야 忘(망)티 아니ᄒᆞ고 父母(부모)ㅣ 惡(오)ᄒᆞ거시든 勞(로)ᄒᆞ고 怨(원)티 아니ᄒᆯ ᄭᅥ시니 그러면 舜(슌)은 怨(원)ᄒᆞ시니잇가 ᄀᆞᆯᄋᆞ샤ᄃᆡ 長息(댱식)이 公明高(공명고)의게 무러 ᄀᆞᆯ오ᄃᆡ 舜(슌)이 田(뎐)에 往(왕)ᄒᆞ심은 내 이믜 시러곰 命(명)을 듣ᄌᆞ왓거니와 旻天(민텬)과 父母(부모)ᄭᅴ 號(호)ᄒᆞ야 泣(읍)ᄒᆞ심은 내 아디 몯ᄒᆞ노이다 公明高(공명고)ㅣ ᄀᆞᆯ오ᄃᆡ 이ᄂᆞᆫ 네의 알 빼 아니라 ᄒᆞ니 公明高(공명고)ᄂᆞᆫ ᄡᅧ 孝子(효ᄌᆞ)의 心(심)이 이러ᄐᆞ시 恝(괄)티 몯ᄒᆯ ᄭᅥ시라 나ᄂᆞᆫ 力(력)을 竭(갈)ᄒᆞ야 田(뎐)을 耕(경)ᄒᆞ야 子職(ᄌᆞ직)을 共(공)ᄒᆯ ᄯᆞᄅᆞᆷ이니 父母(부모)ㅣ 날 愛(ᄋᆡ)티 아니ᄒᆞ심은 내게 므스거신고 ᄒᆞ니라

帝(뎨)ㅣ 그 子(ᄌᆞ) 九男(구남)과 二女(ᅀᅵ녀)로 ᄒᆞ여곰 百官(ᄇᆡᆨ관)과 牛羊(우양)과 倉廩

(창름)을 備(비)ᄒᆞ야 ᄡᅧ 舜(슌)을 畎畝(견모)ㅅ 가온대 事(ᄉᆞ)ᄒᆞ시니 天下(텬하)읫 士(ᄉᆞ)ㅣ 就(취)홀 者(쟈)ㅣ 하거늘 帝(뎨)ㅣ 쟝ᄎᆞᆺ 天下(텬하)를 胥(셔)ᄒᆞ야 遷(쳔)호려 ᄒᆞ더시니 父母(부모)ᄭᅴ 順(슌)티 몯ᄒᆞ욤을 爲(위)ᄒᆞ신 디라 窮人(궁신)이 歸(귀)홀 ᄲᅢ 업ᄉᆞᆫ 이 ᄀᆞᆮ더시다

天下(텬하)읫 士(ᄉᆞ)ㅣ 悅(열)ᄒᆞ욤은 사ᄅᆞᆷ의 欲(욕)ᄒᆞᄂᆞᆫ 배어ᄂᆞᆯ 足(죡)히 ᄡᅧ 憂(우)를 解(히)티 몯ᄒᆞ시며 됴ᄒᆞᆫ 色(ᄉᆡᆨ)은 사ᄅᆞᆷ의 欲(욕)ᄒᆞᄂᆞᆫ 배어ᄂᆞᆯ 帝(뎨)의 二女(ᄉᆡ녀)를 妻(쳐)ᄒᆞ샤ᄃᆡ 足(죡)히 ᄡᅧ 憂(우)를 解(히)티 몯ᄒᆞ시며 富(부)ᄂᆞᆫ 사ᄅᆞᆷ의 欲(욕)ᄒᆞᄂᆞᆫ 배어ᄂᆞᆯ 富(부)론 天下(텬하)를 두샤ᄃᆡ 足(죡)히 ᄡᅧ 憂(우)를 解(히)티 몯ᄒᆞ시며 貴(귀)ᄂᆞᆫ 사ᄅᆞᆷ의 欲(욕)ᄒᆞᄂᆞᆫ 배어ᄂᆞᆯ 貴(귀)론 天子(텬ᄌᆞ)ㅣ 되샤ᄃᆡ 足(죡)히 ᄡᅧ 憂(우)를 解(히)티 몯ᄒᆞ시니 사ᄅᆞᆷ이 悅(열)홈과 됴ᄒᆞᆫ 色(ᄉᆡᆨ)과 富(부)와 貴(귀)예 足(죡)히 ᄡᅧ 憂(우)를 解(히)홀 꺼시 업고 오직 父母(부모)ᄭᅴ 順(슌)ᄒᆞ야ᅀᅡ 可(가)히 ᄡᅧ 憂(우)를 解(히)ᄒᆞ리러시다

사ᄅᆞᆷ이 少(쇼)ᄒᆞ야셔ᄂᆞᆫ 父母(부모)를 慕(모)ᄒᆞ다가 色(ᄉᆡᆨ) 好(호)홈을 알면 少艾(쇼애)를 慕(모)ᄒᆞ고 妻子(쳐ᄌᆞ)를 두면 妻子(쳐ᄌᆞ)를 慕(모)ᄒᆞ고 仕(ᄉᆞ)ᄒᆞ면 君(군)을 慕(모)ᄒᆞ고 君(군)에 得(득)디 몯ᄒᆞ면 中(듕)을 熱(셜)ᄒᆞᄂᆞ니 大孝(대효)ᄂᆞᆫ 身(신)이 終(죵)토록 父母(부모)를 慕(모)ᄒᆞᄂᆞ니 五十(오십)이오 慕(모)ᄒᆞᄂᆞᆫ 者(쟈)를 내 大舜(대슌)에 보ᄋᆞ완노라

② 栗谷本

萬章(만쟝)이 問(문)ᄒᆞ야 ᄀᆞᆯ오ᄃᆡ 舜(슌)이 田(뎐)의 가샤 旻天(민텬)ᄭᅴ 號泣(호읍)ᄒᆞ시니 엇디 그 號泣(호읍)ᄒᆞ시니잇고 孟子(ᄆᆡᆼᄌᆞ)ㅣ ᄀᆞᄅᆞ샤ᄃᆡ 怨(원)코 慕(모)호미시니라

萬章(만쟝)이 ᄀᆞᆯ오ᄃᆡ 父母(부모)ㅣ 愛(ᄋᆡ)커시든 喜(희)ᄒᆞ야 닛디 아니ᄒᆞ고 父母(부모)ㅣ 惡(오)ᄒᆞ거시든 勞(로)ᄒᆞ야도 怨(원)티 아닐 디시니 그러면 舜(슌)은 怨(원)ᄒᆞ시니잇가 ᄀᆞᄅᆞ샤ᄃᆡ 長息(댱식)이 公明高(공명고)ᄃᆞ려 무러 ᄀᆞᆯ오ᄃᆡ 舜(슌)이 田(뎐)의 가시믄 내 이믜 시러곰 命(명)을 드럿거니와 旻天(민텬)ᄭᅴ와 父母(부모)ᄭᅴ 號泣(호읍)ᄒᆞ샤믄 내 아디 몯게이다 公明高(공명고)ㅣ ᄀᆞᆯ오ᄃᆡ 이ᄂᆞᆫ 너의 알 배 아니라 ᄒᆞ니 公明高(공명고)ㅣ ᄡᅧ 孝子(효ᄌᆞ)의 ᄆᆞᄋᆞᆷ 이ᄀᆞᆺ티 恝(괄)티 몯홀 거시라 ᄒᆞ니 내 힘을 다ᄒᆞ야 밧틀 가라 共(공)히 子(ᄌᆞ)의 職(직)을 ᄒᆞ노니 父母(부모)의 날을 愛(ᄋᆡ)티 아니ᄒᆞ샤믄 내게 므서신고 ᄒᆞ시니라

帝(뎨)ㅣ 그 子(ᄌᆞ) 九男(구남)과 二女(이녀)를 ᄇᆞ리샤 百官(ᄇᆡᆨ관)이며 牛羊(우양)이며 倉廩(창름)을 ᄀᆞ초와 ᄡᅧ 舜(슌)을 畎畝(견모)ㅅ 가온대 가 셤기거시ᄂᆞᆯ 天下(텬하)의 士(ᄉᆞ)ㅣ 나아갈 者(쟈)ㅣ 하더니 帝(뎨)ㅣ 쟝ᄎᆞᆺ 天下(텬하)를 보아 옴기려 ᄒᆞ샤ᄃᆡ 父母(부모)ᄭᅴ 順(슌)티 몯호믈 爲(위)ᄒᆞ신 디라 窮人(궁인)이 갈 배 업솜 ᄀᆞᆺ티 녀기더시다

天下(텬하)의 士(ᄉᆞ)ㅣ 悅(열)호믄 人(인)의 欲(욕)ᄒᆞᄂᆞᆫ 배로ᄃᆡ 足(죡)히 ᄡᅧ 憂(우)를 解(히)티 몯ᄒᆞ며 됴ᄒᆞᆫ 色(ᄉᆡᆨ)은 人(인)의 欲(욕)ᄒᆞᄂᆞᆫ 배어ᄂᆞᆯ 帝(뎨)의 二女(이녀)를 妻(쳐)ᄒᆞ샤ᄃᆡ 足(죡)히 ᄡᅧ 憂(우)를 解(히)티 몯시며 富(부)ᄂᆞᆫ 人(인)의 欲(욕)ᄒᆞᄂᆞᆫ 배어ᄂᆞᆯ 富(부)홈이 天下(텬하)를 두샤ᄃᆡ 足(죡)히 ᄡᅧ 憂(우)를 解(히)티 몯ᄒᆞ며 貴(귀)ᄂᆞᆫ 人(인)의 欲(욕)ᄒᆞᄂᆞᆫ 배어ᄂᆞᆯ 貴(귀)홈이 天子(텬ᄌᆞ)ㅣ 되샤ᄃᆡ 足(죡)히 ᄡᅧ 憂(우)를 解(히)티 몯ᄒᆞ니 人(인)이 悅(열)홈과 好色(호ᄉᆡᆨ)과 富(부)와 貴(귀)ㅣ 足(죡)히 ᄡᅧ 憂(우)를 解(히)홀 거시 업고 오직 父母(부모)ᄭᅴ 順(슌)ᄒᆞ야사 可(가)히 ᄡᅧ 憂(우)를 解(히)ᄒᆞ리러다

人(인)이 져믄 제ᄂᆞᆫ 父母(부모)를 慕(모)ᄒᆞ고 色(ᄉᆡᆨ)을 好(호)홈을 알면 少艾(쇼애)를

慕(모)ᄒᆞ고 妻子(쳐ᄌᆞ)ᄅᆞᆯ 두면 妻子(쳐ᄌᆞ)ᄅᆞᆯ 慕(모)ᄒᆞ고 仕(ᄉᆞ)ᄒᆞ면 君(군)을 慕(모)ᄒᆞ고 君(군)ᄭᅴ 得(득)디 몯ᄒᆞ면 中(듕)을 熱(열)ᄒᆞ야 ᄒᆞ거ᄂᆞᆯ 큰 孝(효)ᄂᆞᆫ 몸이 ᄆᆞᆺ도록 父母(부모)ᄅᆞᆯ 慕(모)ᄒᆞᄂᆞ니 五十(오십)에 慕(모)ᄒᆞᆫ 者(쟈)ᄅᆞᆯ 내 大舜(대슌)ᄭᅴ 보왓노라

124(9-2) 大倫

萬章問曰:「詩云:『娶妻如之何? 必告父母.』信斯言也, 宜莫如舜. 舜之不告而娶, 何也?」

孟子曰:「告則不得娶. 男女居室, 人之大倫也. 如告, 則廢人之大倫, 以懟父母, 是以不告也.」

萬章曰:「舜之不告而娶, 則吾旣得聞命矣; 帝之妻舜而不告, 何也?」

曰:「帝亦知告焉, 則不得妻也.」

萬章曰:「父母使舜完廩, 捐階, 瞽瞍焚廩. 使浚井, 出, 從而揜之. 象曰:『謨蓋都君咸我績. 牛羊父母, 倉廩父母, 干戈朕, 琴朕, 弤朕, 二嫂使治朕棲.』象往入舜宮, 舜在牀琴. 象曰:『鬱陶思君爾.』忸怩. 舜曰:『惟茲臣庶, 汝其于予治.』不識舜不知象之將殺己與?」

曰:「奚而不知也? 象憂亦憂, 象喜亦喜.」

曰:「然則舜僞喜者與?」

曰:「否. 昔者, 有饋生魚於鄭子產, 子產使校人畜之池. 校人烹之, 反命曰:『始舍之 圉圉焉, 少則洋洋焉, 攸然而逝.』子產曰:『得其所哉! 得其所哉!』校人出, 曰:『孰謂子產智? 予旣烹而食之, 曰:‘得其所哉! 得其所哉!’』故君子可欺以其方, 難罔以非其道. 彼以愛兄之道來, 故誠信而喜之, 奚僞焉?」

① 陶山本

萬章(만쟝)이 묻ᄌᆞ와 ᄀᆞᆯ오ᄃᆡ 詩(시)예 닐오ᄃᆡ 妻(쳐)ᄅᆞᆯ 娶(취)ᄒᆞ욤을 엇디ᄒᆞ료 반ᄃᆞ시 父母(부모)ᄭᅴ 告(고)ᄒᆞᆯ 꺼시라 ᄒᆞ니 진실로 이 말일 딘댄 맛당히 舜(슌)ᄀᆞᄐᆞᆫ 이 업거시니 舜(슌)의 告(고)티 아니ᄒᆞ고 娶(취)ᄒᆞ심은 엇디니잇고 孟子(ᄆᆡᆼᄌᆞ) ㅣ ᄀᆞᆯᄋᆞ샤ᄃᆡ 告(고)ᄒᆞ면 娶(취)홈을 得(득)디 몯ᄒᆞ시리니 男女(남녀) ㅣ 室(실)에 居(거)ᄒᆞ욤은 人(ᅀᅵᆫ)의 큰 倫(륜)이니 만일 告(고)ᄒᆞ면 사ᄅᆞᆷ의 큰 倫(륜)을 廢(폐)ᄒᆞ야 ᄡᅧ 父母(부모)ᄭᅴ 懟(ᄃᆡ)ᄒᆞᆯ 띠라 일로ᄡᅧ 告(고)티 아니ᄒᆞ시니라

萬章(만쟝)이 ᄀᆞᆯ오ᄃᆡ 舜(슌)의 告(고)티 아니ᄒᆞ고 娶(취)ᄒᆞ심은 내 이믜 시러곰 命(명)을 듣ᄌᆞ왓거니와 帝(뎨)의 舜(슌)을 妻(쳐)ᄒᆞ샤ᄃᆡ 告(고)티 아니ᄒᆞ심은 엇디니잇고 ᄀᆞᆯᄋᆞ샤ᄃᆡ 帝(뎨)ㅣ ᄯᅩᄒᆞᆫ 告(고)ᄒᆞ면 妻(쳐)홈을 得(득)디 몯ᄒᆞᆯ ᄯᅮᄅᆞᆯ 아ᄅᆞ시니라

萬章(만쟝)이 ᄀᆞᆯ오ᄃᆡ 父母(부모)ㅣ 舜(슌)으로 ᄒᆞ여곰 廩(름)을 完(완)ᄒᆞ라 ᄒᆞ고 階(계)를 捐(연)ᄒᆞ고 瞽瞍(고수)ㅣ 廩(름)을 焚(분)ᄒᆞ며 ᄒᆞ여곰 井(졍)을 浚(쥰)ᄒᆞ라 ᄒᆞ야 出(츌)커시ᄂᆞᆯ 조차 揜(엄)ᄒᆞ고 象(샹)이 ᄀᆞᆯ오ᄃᆡ 都君(도군)을 謨(모)ᄒᆞ야 盖(개)ᄒᆞ욤은 다 내 績(젹)이니 牛羊(우양)으란 父母(부모)ᄒᆞ고 倉廩(창름)으란 父母(부모)ᄒᆞ고 干戈(간과)란 朕(딤)ᄒᆞ고 琴(금)으란 朕(딤)ᄒᆞ고 弤(뎌)란 朕(딤)ᄒᆞ고 二嫂(ᅀᅵ수)란 ᄒᆞ여곰 朕(딤)의 棲(셔)를 治(티)케 호리라 ᄒᆞ고 象(샹)이 往(왕)ᄒᆞ야 舜(슌)ㅅ 宮(궁)에 入(ᅀᅵᆸ)ᄒᆞᆫ대 舜(슌)이 牀(상)에 겨샤 琴(금)ᄒᆞ거시ᄂᆞᆯ 象(샹)이 ᄀᆞᆯ오ᄃᆡ 鬱陶(울도)히 君(군)을 思(ᄉᆞ)호라 ᄒᆞ고 忸怩(뉵니)ᄒᆞᆫ대 舜(슌)이 ᄀᆞᆯᄋᆞ샤ᄃᆡ 이 臣庶(신셔)를 네 그 내게 治(티)ᄒᆞ라 ᄒᆞ시니 아디 몯게이다 舜(슌)이 象(샹)의 쟝ᄎᆞᆺ 己(긔)를 殺(살)호려 홈을 아디 몯ᄒᆞ시니잇가 ᄀᆞᆯᄋᆞ샤ᄃᆡ 엇디 아디 몯ᄒᆞ시리오 象(샹)이 憂(우)ᄒᆞ거든 ᄯᅩᄒᆞᆫ 憂(우)ᄒᆞ시고 象(샹)이 喜(희)ᄒᆞ야든 ᄯᅩᄒᆞᆫ 喜(희)ᄒᆞ시니라

ᄀᆞᆯ오ᄃᆡ 그러면 舜(슌)은 거즛 喜(희)ᄒᆞ신 者(쟈)ㅣ시니잇가 ᄀᆞᆯᄋᆞ샤ᄃᆡ 아니라 昔(셕)에 生魚(ᄉᆡᆼ어)를 鄭子産(뎡ᄌᆞ산)의게 饋(궤)ᄒᆞ리 잇거ᄂᆞᆯ 子産(ᄌᆞ산)이 校人(교ᅀᅵᆫ)으로 ᄒᆞ여곰 池(디)예 畜(휵)ᄒᆞ라 ᄒᆞᆫ대 校人(교ᅀᅵᆫ)이 烹(ᄑᆡᆼ)ᄒᆞ고 命(명)을 反(반)ᄒᆞ야 ᄀᆞᆯ오ᄃᆡ 비로소 舍(샤)ᄒᆞ니 圉圉(어어)ᄒᆞ더니 이슥ᄒᆞ야ᄂᆞᆫ 洋洋(양양)ᄒᆞ야 攸然(유연)히 逝(셔)ᄒᆞ더이다 子産(ᄌᆞ산)이 ᄀᆞᆯ오ᄃᆡ 그 所(소)를 得(득)ᄒᆞᆫ뎌 그 所(소)를 得(득)ᄒᆞᆫ뎌 ᄒᆞ야ᄂᆞᆯ 校人(교ᅀᅵᆫ)이 出(츌)ᄒᆞ야 ᄀᆞᆯ오ᄃᆡ 뉘 子産(ᄌᆞ산)을 닐오ᄃᆡ 智(디)타 ᄒᆞ더뇨 내 임의 烹(ᄑᆡᆼ)ᄒᆞ야 食(식)호니 ᄀᆞᆯ오ᄃᆡ 그 所(소)를 得(득)ᄒᆞᆫ뎌 그 所(소)를 得(득)ᄒᆞᆫ뎌 ᄒᆞ고녀 ᄒᆞ니 故(고)로 君子(군ᄌᆞ)ᄂᆞᆫ 可(가)히 그 方(방)으로ᄡᅥ 欺(긔)ᄒᆞ려니와 그 道(도) 아닌 거ᄉᆞ로ᄡᅥ 罔(망)ᄒᆞ욤은 難(난)ᄒᆞ니 뎌 兄(형) 愛(ᄋᆡ)ᄒᆞᄂᆞᆫ 道(도)로ᄡᅥ 來(ᄅᆡ)ᄒᆞᆫ 故(고)로 誠信(셩신)으로 喜(희)ᄒᆞ시니 엇디 거즛ᄒᆞ시리오

② 栗谷本

萬章(만쟝)이 問(문)ᄒᆞ야 ᄀᆞᆯ오ᄃᆡ 詩(시)예 닐오ᄃᆡ 妻(쳐)를 娶(취)호ᄃᆡ 엇디ᄒᆞ료 반ᄃᆞ시 父母(부모)ᄭᅴ 告(고)ᄒᆞᆫ다 ᄒᆞ니 진실로 이 말 ᄀᆞᆺ틀진댄 맛당히 舜(슌)ᄀᆞᆺᄐᆞ시니 업거시니 舜(슌)의 告(고)티 아니코 娶(취)ᄒᆞ샤믄 엇디니잇고 孟子(ᄆᆡᆼᄌᆞ)ㅣ ᄀᆞᄅᆞ샤ᄃᆡ 告(고)ᄒᆞ면 시러곰 娶(취)티 몯ᄒᆞ시리니 男女(남녀)ㅣ 室(실)에 居(거)호미 人(인)의 큰 倫(륜)이니 만일 告(고)ᄒᆞ시면 人(인)의 큰 倫(륜)을 廢(폐)ᄒᆞ야 ᄡᅥ 父母(부모)ᄭᅴ 懟(ᄃᆡ)홈이라 일로ᄡᅥ 告(고)티 아니시니라

萬章(만쟝)이 ᄀᆞᆯ오ᄃᆡ 舜(슌)의 告(고)티 아니코 娶(취)ᄒᆞ샤믄 내 이믜 시러곰 命(명)을 듣ᄌᆞ왓거니와 帝(뎨)의 舜(슌)을 妻(쳐)ᄒᆞ샤ᄃᆡ 告(고)티 아니ᄒᆞ샤믄 엇디잇고 ᄀᆞᄅᆞ샤ᄃᆡ 帝(뎨)ㅣ ᄯᅩᄒᆞᆫ 告(고)ᄒᆞ면 시러곰 妻(쳐)티 몯ᄒᆞᆯ 줄을 아ᄅᆞ시니라

萬章(만쟝)이 ᄀᆞᆯ오ᄃᆡ 父母(부모)ㅣ 舜(슌)으로 ᄒᆡ여곰 廩(름)을 完(완)ᄒᆞ라 ᄒᆞ며 階(계)를 捐(연)ᄒᆞ고 瞽瞍(고수)ㅣ 廩(름)을 焚(분)ᄒᆞ며 ᄒᆡ여곰 井(졍)을 浚(쥰)ᄒᆞ라 ᄒᆞᆫ대 나거시ᄂᆞᆯ 미조차 메오고 象(샹)이 ᄀᆞᆯ오ᄃᆡ 都君(도군)을 蓋(개)ᄒᆞ기 謨(모)호믄 다 내 績(젹)이니

牛羊(우양)은 父母(부모)ㅣ ᄒᆞ며 倉廩(창름)도 父母(부모)ㅣ ᄒᆞ고 干戈(간과)ᄂᆞᆫ 朕(딤)이 ᄒᆞ며 琴(금)도 朕(딤)이 ᄒᆞ며 弤(뎌)도 朕(딤)이 ᄒᆞ고 二嫂(이수)란 ᄒᆡ여곰 朕(딤)의 棲(셔)ᄅᆞᆯ 治(티)케 ᄒᆞᆯ 거시라 ᄒᆞ고 象(샹)이 다 舜(슌) 宮(궁)에 入(입)ᄒᆞᆫ대 舜(슌)이 牀(상)의 겨샤 거문고 놀거시ᄂᆞᆯ 象(샹)이 ᄀᆞᆯ오ᄃᆡ 鬱陶(울도)히 君(군)을 思(ᄉᆞ)호라 ᄒᆞ고 붓그려 ᄒᆞ거ᄂᆞᆯ 舜(슌)이 ᄀᆞᄅᆞ샤ᄃᆡ 이 臣庶(신셔)ᄅᆞᆯ 네 그 내게 와 다ᄉᆞ리라 ᄒᆞ시니 아디 몯게이다 舜(슌)이 象(샹)의 쟝ᄎᆞᆺ 己(긔)ᄅᆞᆯ 殺(살)ᄒᆞᆯ 줄을 아디 몯ᄒᆞ시니잇가 ᄀᆞᄅᆞ샤ᄃᆡ 엇디 아디 몯ᄒᆞ시리오마ᄂᆞᆫ 象(샹)이 憂(우)ᄒᆞ면 ᄯᅩᄒᆞᆫ 憂(우)ᄒᆞ시고 象(샹)이 喜(희)ᄒᆞ면 ᄯᅩᄒᆞᆫ 喜(희)ᄒᆞ시니라

ᄀᆞᆯ오ᄃᆡ 그러면 舜(슌)은 거즛 깃거ᄒᆞ시더니잇가 ᄀᆞᄅᆞ샤ᄃᆡ 否(부)ㅣ라 녜 鄭子產(뎡ᄌᆞ산)의게 生魚(ᄉᆡᆼ어)ᄅᆞᆯ 饋(궤)ᄒᆞᆯ 이 잇거ᄂᆞᆯ 子產(ᄌᆞ산)이 校人(교인)으로 ᄒᆡ여곰 못ᄉᆡ 기르라 ᄒᆞᆫ대 校人(교인)이 ᄉᆞᆱ고 命(명)을 反(반)ᄒᆞ야 ᄀᆞᆯ오ᄃᆡ 처음 노ᄒᆞ니 圉圉(어어)ᄒᆞ더니 져근덧 ᄒᆞ야 洋洋(양양)ᄒᆞ야 攸然(유연)이 가제이다 子產(ᄌᆞ산)이 ᄀᆞᆯ오ᄃᆡ 그 所(소)ᄅᆞᆯ 得(득)ᄒᆞᆫ뎌 그 所(소)ᄅᆞᆯ 得(득)ᄒᆞᆫ뎌 校人(교인)이 나와 ᄀᆞᆯ오ᄃᆡ 뉘 子產(ᄌᆞ산)을 닐오ᄃᆡ 智(디)타 ᄒᆞᄂᆞ뇨 내 이믜 ᄉᆞᆱ마 먹엇거ᄂᆞᆯ ᄀᆞᆯ오ᄃᆡ 그 所(소)ᄅᆞᆯ 得(득)ᄒᆞᆫ뎌 그 所(소)ᄅᆞᆯ 得(득)ᄒᆞᆫ뎌 ᄒᆞ고녀 ᄒᆞ니 故(고)로 君子(군ᄌᆞ)ᄂᆞᆫ 可(가)히 그 方(방)으로ᄡᅥ 소길디언뎡 그 道(도) 아닌 거스로ᄡᅥ 罔(망)ᄒᆞ기 어려우니 뎌 兄(형) ᄉᆞ랑ᄒᆞᄂᆞᆫ 道(도)로ᄡᅥ 온 디라 故(고)로 진실로 미더 깃거ᄒᆞ시니 엇디 거즛 깃그시리오

125(9-3) 象日以殺舜爲事

萬章問曰:「象日以殺舜爲事, 立爲天子, 則放之, 何也?」

孟子曰:「封之也, 或曰放焉.」

萬章曰:「舜流共工于幽州, 放驩兜于崇山, 殺三苗于三危, 殛鯀于羽山, 四罪而天下咸服, 誅不仁也. 象至不仁, 封之有庳. 有庳之人奚罪焉? 仁人固如是乎? 在他人則誅之, 在弟則封之.」

曰:「仁人之於弟也, 不藏怒焉, 不宿怨焉, 親愛之而已矣. 親之欲其貴也, 愛之欲其富也. 封之有庳, 富貴之也. 身爲天子, 弟爲匹夫, 可謂親愛之乎?」

「敢問或曰放者, 何謂也?」

曰:「象不得有爲於其國, 天子使吏治其國, 而納其貢稅焉, 故謂之放. 豈得暴彼民哉? 雖然, 欲常常而見之, 故源源而來. 『不及貢, 以政接于有庳』, 此之謂也.」

① 陶山本

萬章(만쟝)이 묻ᄌᆞ와 ᄀᆞᆯ오ᄃᆡ 象(샹)이 날로 舜(슌) 殺(살)ᄒᆞ욤으로ᄡᅧ 事(ᄉᆞ)를 삼거늘 立(립)ᄒᆞ야 天子(텬ᄌᆞ)ㅣ 되샤ᄂᆞᆫ 放(방)ᄒᆞ심은 엇디잇고 孟子(ᄆᆡᆼᄌᆞ)ㅣ ᄀᆞᆯᄋᆞ샤ᄃᆡ 封(봉)ᄒᆞ야 시늘 或(혹)이 ᄀᆞᆯ오ᄃᆡ 放(방)ᄒᆞ다 ᄒᆞ니라

萬章(만쟝)이 ᄀᆞᆯ오ᄃᆡ 舜(슌)이 共工(공공)을 幽州(유쥬)ㅣ예 流(류)ᄒᆞ시고 驩兜(환도)를 崇山(슝산)에 放(방)ᄒᆞ시고 三苗(삼묘)를 三危(삼위)예 殺(살)ᄒᆞ시고 鯀(곤)을 羽山(우산)에 殛(극)ᄒᆞ샤 四(ᄉᆞ)를 罪(죄)ᄒᆞ신대 天下(텬하)ㅣ 다 服(복)ᄒᆞ욤은 不仁(블ᅀᅵᆫ)을 誅(듀)ᄒᆞ심이니 象(샹)이 지극이 仁(ᅀᅵᆫ)티 아니ᄒᆞ거늘 有庳(유비)예 封(봉)ᄒᆞ시니 有庳(유비)ㅅ 人(ᅀᅵᆫ)은 므슴 罪(죄)오 仁人(ᅀᅵᆫᅀᅵᆫ)도 진실로 이ᄀᆞᄐᆞᆫ이잇가 他人(타ᅀᅵᆫ)에 이시면 誅(듀)ᄒᆞ고 弟(뎨)예 이시면 封(봉)ᄒᆞ곤여 ᄀᆞᆯᄋᆞ샤ᄃᆡ 仁人(ᅀᅵᆫᅀᅵᆫ)이 弟(뎨)의게 怒(노)를 藏(장)티 아니ᄒᆞ며 怨(원)을 宿(슉)디 아니ᄒᆞ고 親(친)ᄒᆞ며 愛(ᄋᆡ)ᄒᆞᆯ ᄯᆞᄅᆞᆷ이니 親(친)ᄒᆞ야란 그 貴(귀)콰뎌 ᄒᆞ고 愛(ᄋᆡ)ᄒᆞ야란 그 富(부)콰뎌 ᄒᆞᄂᆞ니 有庳(유비)예 封(봉)ᄒᆞ욤은 富貴(부귀)케 ᄒᆞ심이니 身(신)이 天子(텬ᄌᆞ)ㅣ 되고 弟(뎨)ㅣ 匹夫(필부)ㅣ 되면 可(가)히 親愛(친ᄋᆡ)ᄒᆞᆫ다 니ᄅᆞ랴

敢(감)히 묻ᄌᆞᆸ노이다 或(혹)이 ᄀᆞᆯ오ᄃᆡ 放(방)타 ᄒᆞ욤은 엇디 닐옴이니잇고 ᄀᆞᆯᄋᆞ샤ᄃᆡ 象(샹)이 시러곰 그 國(국)에 ᄒᆞ욤이 잇디 몯ᄒᆞ고 天子(텬ᄌᆞ)ㅣ 吏(리)로 ᄒᆞ여곰 그 國(국)을 治(티)ᄒᆞ고 그 貢稅(공셰)를 納(납)게 ᄒᆞ니 故(고)로 放(방)이라 니ᄅᆞ니 엇디 시러곰 뎌 民(민)을 暴(포)ᄒᆞ리오 비록 그러나 常常(샹샹)히 보고쟈 ᄒᆞ신 故(고)로 源源(원원)히 來(ᄅᆡ)ᄒᆞ니 貢(공)에 及(급)디 아니ᄒᆞ야셔 政(졍)으로ᄡᅧ 有庳(유비)를 接(접)다 ᄒᆞ니 이를 닐옴이니라

② 栗谷本

萬章(만쟝)이 問(문)ᄒᆞ야 ᄀᆞᆯ오ᄃᆡ 象(샹)이 날마다 舜(슌) 죽이모로ᄡᅧ 일을 삼거늘 셔 天子(텬ᄌᆞ)ㅣ 되샨 放(방)ᄒᆞ샤믄 엇디잇고 孟子(ᄆᆡᆼᄌᆞ)ㅣ ᄀᆞᄅᆞ샤ᄃᆡ 封(봉)ᄒᆞ얏거시늘 或(혹) ᄀᆞᆯ오ᄃᆡ 放(방)ᄒᆞ시다 ᄒᆞ니라

萬章(만쟝)이 ᄀᆞᆯ오ᄃᆡ 舜(슌)이 共工(공공)을 幽州(유쥬)예 流(류)ᄒᆞ시며 驩兜(환도)를 崇山(슝산)에 放(방)ᄒᆞ시며 三苗(삼묘)를 三危(삼위)예 殺(살)ᄒᆞ시며 鯀(곤)을 羽山(우산)에 殛(극)ᄒᆞ샤 네흘 罪(죄) 주시매 天下(텬하)ㅣ 다 항복홈은 不仁(블인)을 誅(듀)ᄒᆞ시미니 象(샹)이 지극히 不仁(블인)ᄒᆞ거늘 有庳(유비)예 封(봉)ᄒᆞ시니 有庳(유비)ㅅ 人(인)은 므슴 罪(죄)오 仁人(인인)도 진실로 이러ᄒᆞᆫ가 다른 人(인)의게 이셔ᄂᆞᆫ 誅(듀)ᄒᆞ고 弟(뎨)의게 이셔ᄂᆞᆫ 封(봉)ᄒᆞ시고녀 ᄀᆞᄅᆞ샤ᄃᆡ 仁人(인인)이 弟(뎨)의게 怒(노)를 藏(장)티 아니ᄒᆞ며 怨(원)을 宿(슉)디 아니ᄒᆞ고 親愛(친ᄋᆡ)ᄒᆞᆯ ᄯᆞᄅᆞᆷ이니 親(친)ᄒᆞᆯ 딘댄 그 貴(귀)쾌져 ᄒᆞᆯ 디오 愛(ᄋᆡ)ᄒᆞᆯ 딘댄 그 富(부)콰져 ᄒᆞᆯ 디니 有庳(유비)예 封(봉)ᄒᆞ샤믄 富貴(부귀)케 홈이시니 몸이 天子(텬ᄌᆞ)ㅣ 되고 아이 匹夫(필부)ㅣ 되면 可(가)히 親愛(친ᄋᆡ)ᄒᆞᆫ다 니ᄅᆞ랴

敢(감)히 問(문)ᄒᆞ노니 或(혹) ᄀᆞᆯ오ᄃᆡ 放(방)ᄒᆞ시다 홈은 엇디 닐옴이니잇고 ᄀᆞᄅᆞ샤ᄃᆡ 象(샹)이 시러곰 나라히 爲(위)홈이 잇디 몯ᄒᆞ고 天子(텬ᄌᆞ)ㅣ 吏(리)를 ᄇᆞ려 그 나라ᄒᆞᆯ 다ᄉᆞ리고 그 貢稅(공셰)를 納(납)게 ᄒᆞ신 디라 故(고)로 放(방)이라 니르니 엇디 시러곰 뎌 民(민)을 보채리오 비록 그러ᄒᆞ나 常常(샹샹)에 見(견)코져 ᄒᆞ샤 故(고)로 源源(원원)히 오게 ᄒᆞ시니 貢(공)에 及(급)디 아니ᄒᆞ야 政(졍)으로ᄡᅧ 有庳(유비)를 接(접)ᄒᆞ시다 ᄒᆞ니 이를 닐옴이니라

126(9-4) 咸丘蒙

咸丘蒙問曰:「語云:『盛德之士, 君不得而臣, 父不得而子.』舜南面而立, 堯帥諸侯北面而朝之, 瞽瞍亦北面而朝之. 舜見瞽瞍, 其容有蹙. 孔子曰:『於斯時也, 天下殆哉, 岌岌乎!』不識此語誠然乎哉?」

孟子曰:「否. 此非君子之言, 齊東野人之語也. 堯老而舜攝也. 堯典曰:『二十有八載, 放勳乃徂落, 百姓如喪考妣, 三年, 四海遏密八音.』孔子曰:「天無二日, 民無二王.』舜旣爲天子矣, 又帥天下諸侯以爲堯三年喪, 是二天子矣.」

咸丘蒙曰:「舜之不臣堯, 則吾旣得聞命矣. 詩云:『普天之下, 莫非王土; 率土之濱, 莫非王臣.』而舜旣爲天子矣, 敢問瞽瞍之非臣, 如何?」

曰:「是詩也, 非是之謂也; 勞於王事, 而不得養父母也. 曰:『此莫非王事, 我獨賢勞也.』故說詩者, 不以文害辭, 不以辭害志. 以意逆志, 是爲得之. 如以辭而已矣, 雲漢之詩曰:『周餘黎民, 靡有孑遺.』信斯言也, 是周無遺民也. 孝子之至, 莫大乎尊親; 尊親之至, 莫大乎以天下養. 爲天子父, 尊之至也; 以天下養, 養之至也. 詩曰:『永言孝思, 孝思維則.』此之謂也. 書曰:『祗載見瞽瞍, 夔夔齊栗, 瞽瞍亦允若.』是爲父不得而子也.」

① 陶山本

咸丘蒙(함구몽)이 묻ᄌᆞ와 ᄀᆞᆯ오ᄃᆡ 語(어)에 닐오ᄃᆡ 盛德(셩덕)엣 士(ᄉᆞ)ᄂᆞᆫ 君(군)이 시러곰 臣(신)티 몯ᄒᆞ며 父(부)ㅣ 시러곰 子(ᄌᆞ)티 몯ᄒᆞᄂᆞᆫ 디라 舜(슌)이 南面(남면)ᄒᆞ야 立(립)ᄒᆞ얏거시늘 堯(요)ㅣ 諸侯(져후)ᄅᆞᆯ 帥(솔)ᄒᆞ야 北面(븍면)ᄒᆞ야 朝(됴)ᄒᆞ시고 瞽瞍(고수)ㅣ 또 北面(븍면)ᄒᆞ야 朝(됴)ᄒᆞ거늘 舜(슌)이 瞽瞍(고수)ᄅᆞᆯ 보시고 그 容(용)이 蹙(츅)홈이 잇다 ᄒᆞ야늘 孔子(공ᄌᆞ)ㅣ ᄀᆞᆯᄋᆞ샤ᄃᆡ 이 時(시)예 天下(텬하)ㅣ 殆(ᄐᆡ)ᄒᆞ다 岌岌(급급)ᄒᆞᆫ뎌 ᄒᆞ시니 아디 몯게이다 이 말ᄉᆞᆷ이 진실로 그러ᄒᆞ니잇가 孟子(ᄆᆡᆼᄌᆞ)ㅣ ᄀᆞᆯᄋᆞ샤ᄃᆡ 아니라 이 君子(군ᄌᆞ)의 言(언)이 아니라 齊(졔)ㅅ 동녁 野人(야ᅀᅵᆫ)의 語(어)ㅣ라 堯(요)ㅣ 老(로)ᄒᆞ심애 舜(슌)이 攝(셥)ᄒᆞ더시니 堯典(요뎐)에 ᄀᆞᆯ오ᄃᆡ 二十(ᅀᅵ십)이오 또 八載(팔ᄌᆡ)예 放勳(방훈)이 徂落(조락)거시늘 百姓(ᄇᆡᆨ셩)은 考妣(고비)ᄅᆞᆯ 喪(상)홈ᄀᆞ티 ᄒᆞ욤을 三年(삼년)ᄒᆞ고 四海(ᄉᆞᄒᆡ)ᄂᆞᆫ 八音(팔음)ᄋᆞᆯ 遏密(알밀)타 ᄒᆞ며 孔子(공ᄌᆞ)ㅣ ᄀᆞᆯᄋᆞ샤ᄃᆡ 天(텬)에 二日(ᅀᅵ실)이 업고 民(민)이 二王(ᅀᅵ왕)이 업다 ᄒᆞ시니 舜(슌)이 이믜 天子(텬ᄌᆞ)되시고 또 天下(텬하)ㅅ 諸侯(져후)ᄅᆞᆯ 帥(솔)ᄒᆞ야 ᄡᅧ 堯(요)ㅅ 三年喪(삼년상)ᄋᆞᆯ ᄒᆞ면 이ᄂᆞᆫ 두 天子(텬ᄌᆞ)ㅣ니라

咸丘蒙(함구몽)이 ᄀᆞᆯ오ᄃᆡ 舜(슌)의 堯(요)를 臣(신)티 아니홈은 내 이믜 시러곰 命(명)을 듣ᄌᆞ왓거니와 詩(시)예 닐오ᄃᆡ 普天(보텬)ㅅ 下(하) ㅣ 王土(왕토) ㅣ 안이니 업ᄉᆞ며 率土(솔토)ㅅ 濱(빈)이 王臣(왕신)이 안이니 업다 ᄒᆞ니 舜(슌)이 이믜 天子(텬ᄌᆞ) ㅣ 되야 겨시니 敢(감)히 묻ᄌᆞᆸ노이다 瞽瞍(고수)의 臣(신) 아님은 엇디니잇고 ᄀᆞᆯᄋᆞ샤ᄃᆡ 이 詩(시)ᄂᆞᆫ 이를 닐옴이 아니라 王事(왕ᄉᆞ)에 勞(로)ᄒᆞ야 시러곰 父母(부모)를 養(양)티 몯ᄒᆞ야 ᄀᆞᆯ오ᄃᆡ 이 王事(왕ᄉᆞ) ㅣ 안이니 업거ᄂᆞᆯ 내 홀로 賢(현)으로 勞(로)ᄒᆞ노라 ᄒᆞ니 故(고)로 詩(시)를 說(셜)ᄒᆞᄂᆞᆫ 者(쟈) ㅣ 文(문)으로ᄡᅥ 辭(ᄉᆞ)를 害(해)티 말며 辭(ᄉᆞ)로ᄡᅥ 志(지)를 害(해)티 말고 意(의)로ᄡᅥ 志(지)를 逆(역)ᄒᆞ야ᅀᅡ 이 得(득)홈이니 만일에 辭(ᄉᆞ)로ᄡᅥ ᄒᆞᆯ ᄯᆞᄅᆞᆷ인댄 雲漢(운한)ㅅ 詩(시)예 ᄀᆞᆯ오ᄃᆡ 周(쥬)ㅅ 나믄 黎民(려민)이 孑遺(혈유)도 잇디 아니타 ᄒᆞ니 진실로 이 言(언)일 뗀댄 이ᄂᆞᆫ 周(쥬)에 遺民(유민)이 업슴이니라

孝子(효ᄌᆞ)의 지극ᄒᆞᆷ은 親(친)을 尊(존)ᄒᆞᆷ만 크니 업고 親(친) 尊(존)ᄒᆞᆷ이 지극ᄒᆞᆷ은 天下(텬하)로ᄡᅥ 養(양)ᄒᆞᆷ만 크니 업ᄉᆞ니 天子(텬ᄌᆞ)의 父(부) ㅣ 되여시니 尊(존)의 지극홈이오 天下(텬하)로ᄡᅥ 養(양)ᄒᆞ시니 養(양)의 지극홈이라 詩(시)예 ᄀᆞᆯ오ᄃᆡ 기리 孝(효)ᄒᆞ며 思(ᄉᆞ)ᄒᆞᄂᆞᆫ 디라 孝思(효ᄉᆞ) ㅣ 則(즉)ᄒᆞ얌즉다 ᄒᆞ니 이를 닐옴이니라

書(셔)애 ᄀᆞᆯ오ᄃᆡ 載(ᄌᆡ)를 祗(지)ᄒᆞ야 瞽瞍(고수)ᄭᅴ 見(현)ᄒᆞ샤ᄃᆡ 夔夔(기기)ᄒᆞ며 齊栗(ᄌᆡ률)ᄒᆞ신대 瞽瞍(고수) ㅣ ᄯᅩ 允(윤)ᄒᆞ야 若(샥)다 ᄒᆞ니 이 父(부) ㅣ 시러곰 子(ᄌᆞ)티 몯홈이니라

② 栗谷本

咸丘蒙(함구몽)이 問(문)ᄒᆞ야 ᄀᆞᆯ오ᄃᆡ 語(어)에 닐오ᄃᆡ 盛德(셩덕)의 士(ᄉᆞ)ᄂᆞᆫ 君(군)이 시러곰 臣(신)티 몯ᄒᆞ며 父(부) ㅣ 시러곰 子(ᄌᆞ)티 몯ᄒᆞᄂᆞᆫ 디라 舜(슌)이 南面(남면)ᄒᆞ야 셧거시ᄂᆞᆯ 堯(요) ㅣ 諸侯(져후)를 帥(솔)ᄒᆞ야 北面(븍면)ᄒᆞ야 朝(됴)ᄒᆞ시며 瞽瞍(고수) ㅣ ᄯᅩᄒᆞᆫ 北面(븍면)ᄒᆞ야 朝(됴)ᄒᆞ거ᄂᆞᆯ 舜(슌)이 瞽瞍(고수)를 보시고 그 容(용)이 蹙(츅)홈이 겨시다 ᄒᆞ야ᄂᆞᆯ 孔子(공ᄌᆞ) ㅣ ᄀᆞᄅᆞ샤ᄃᆡ 이 時(시)예 天下(텬하) ㅣ 위틔ᄒᆞ야 岌岌(급급)ᄒᆞ다 ᄒᆞ시다 ᄒᆞ니 아디 몯게이다 이 말이 진실로 올ᄒᆞ니잇가 孟子(ᄆᆡᆼᄌᆞ) ㅣ ᄀᆞᄅᆞ샤ᄃᆡ 否(부) ㅣ 라 이ᄂᆞᆫ 君子(군ᄌᆞ)의 말이 아니라 齊(졔)ㅅ 東(동)녁 野人(야인)의 말이니 堯(요) ㅣ 늙거시ᄂᆞᆯ 舜(슌)이 攝(셥)ᄒᆞ엿더시니 堯典(요뎐)에 ᄀᆞᆯ오ᄃᆡ 二十(이십)이오 ᄯᅩ 八載(팔ᄌᆡ)예 放勳(방훈이 徂落(조락)거시ᄂᆞᆯ 百姓(ᄇᆡᆨ셩)은 考妣(고비) 喪(상)ᄐᆞᆺ 홈을 三年(삼년)을 ᄒᆞ고 四海(ᄉᆞᄒᆡ)ᄂᆞᆫ 八音(팔음)이 그쳐 괴요타 ᄒᆞ고 孔子(공ᄌᆞ) ㅣ ᄀᆞᄅᆞ샤ᄃᆡ 天(텬)에 두 ᄒᆡ 업고 民(민)에 두 王(왕)이 업다 ᄒᆞ시니 舜(슌)이 이믜 天子(텬ᄌᆞ) ㅣ 되시고 ᄯᅩ 天下(텬하)의 諸侯(져후)를 거ᄂᆞ려 ᄡᅥ 堯(요)의 三年喪(삼년상)을 ᄒᆞ시면 이ᄂᆞᆫ 두 天子(텬ᄌᆞ) ㅣ 니라

咸丘蒙(함구몽)이 ᄀᆞᆯ오ᄃᆡ 舜(슌)의 堯(요)를 臣(신)티 아니ᄒᆞ샤믄 내 이믜 시러곰 命(명)을 듯ᄌᆞ왓거니와 詩(시)예 닐오ᄃᆡ 普天(보텬) 아래 王土(왕토) 아니니 업ᄉᆞ며 土(토)의 濱(빈)을 率(솔)ᄒᆞᆫ 이 王臣(왕신) 아니니 업다 ᄒᆞ니 舜(슌)이 이믜 天子(텬ᄌᆞ) ㅣ 되여 겨시니 敢(감)히 問(문)ᄒᆞ노니 瞽瞍(고수)의 臣(신) 아님은 엇디잇고 ᄀᆞᄅᆞ샤ᄃᆡ 이 詩(시)ᄂᆞᆫ 이를 닐옴이 아니라 王事(왕ᄉᆞ)에 勞(로)ᄒᆞ야 시러곰 父母(부모)를 養(양)티 몯ᄒᆞ야 ᄀᆞᆯ오ᄃᆡ 이 王事(왕ᄉᆞ) 아니니 업거ᄂᆞᆯ 내 혼자 賢(현)으로 勞(로)호라 ᄒᆞ니 故(고)로 詩(시)를 說(셜)ᄒᆞᄂᆞᆫ

者(쟈)ㅣ 文(문)으로써 辭(亽)를 害(해)티 말며 辭(亽)로써 志(지)를 害(해)티 말고 意(의)로써 志(지)를 逆(역)ᄒᆞ야사 이 得(득)ᄒᆞᆯ 디니 만일 辭(亽)만 ᄡᅳᆯ ᄯᆞᄅᆞᆷ인댄 雲漢(운한)ㅅ 詩(시)예 ᄀᆞᆯ오ᄃᆡ 周(쥬)의 나믄 黎民(려민)이 孑(혈)도 遺(유)ᄒᆞᆫ 이 잇디 아니타 ᄒᆞ니 진실로 이 말인댄 이ᄂᆞᆫ 周(쥬)에 기친 民(민)이 업도다

孝子(효ᄌᆞ)의 지극홈은 親(친)을 尊(존)홈만 큰 이 업고 親(친)을 尊(존)홈애 지극홈은 天下(텬하)로써 養(양)홈만 큰 이 업스니 天子(텬ᄌᆞ)의 父(부)ㅣ 되니 尊(존)홈애 지극홈이오 天下(텬하)로써 養(양)ᄒᆞ시니 養(양)홈애 지극홈이니 詩(시)예 ᄀᆞᆯ오ᄃᆡ 기리 孝思(효ᄉᆞ)를 념ᄒᆞᆫ 디라 孝思(효ᄉᆞ)ㅣ 則(측)이라 ᄒᆞ니 이를 닐옴이니라

書(셔)에 ᄀᆞᆯ오ᄃᆡ 일을 공경ᄒᆞ야 瞽瞍(고수)ᄭᅴ 뵈샤ᄃᆡ 夔夔(기기)히 齊栗(직률)ᄒᆞ신대 瞽瞍(고수)ㅣ ᄯᅩᄒᆞᆫ 미더 슌ᄒᆞ다 ᄒᆞ니 이 父(부)ㅣ 시러곰 子(ᄌᆞ)티 몯홈이니라

127(9-5) 大運

萬章曰:「堯以天下與舜, 有諸?」

孟子曰:「否. 天子不能以天下與人.」

「然則舜有天下也, 孰與之乎?」

曰:「天與之.」

「天與之者, 諄諄然命之乎?」

曰:「否. 天不言, 以行與事示之而已矣.」

曰:「以行與事示之者, 如之何?」

曰:「天子能薦人於天, 不能使天與之天下; 諸侯能薦人於天子, 不能使天子與之諸侯; 大夫能薦人於諸侯, 不能使諸侯與之大夫. 昔者, 堯薦舜於天而天受之, 暴之於民而民受之, 故曰天不言, 以行與事示之而已矣.」

曰:「敢問薦之於天而天受之, 暴之於民而民受之, 如何?」

曰:「使之主祭而百神享之, 是天受之; 使之主事而事治, 百姓安之, 是民受之也. 天與之, 人與之, 故曰天子不能以天下與人. 舜相堯二十有八載, 非人之所能爲也, 天也. 堯崩, 三年之喪畢, 舜避堯之子於南河之南. 天下諸侯朝覲者, 不之堯之子而之舜; 訟獄者, 不之堯之子而之舜; 謳歌者, 不謳歌堯之子而謳歌舜, 故曰天也. 夫然後之中國, 踐天子位焉. 而居堯之宮, 逼堯之子, 是篡也, 非天與也. 太誓曰:『天視自我民視，天聽自我民聽.』此之謂也.」

① 陶山本

萬章(만쟝)이 ᄀᆞᆯ오ᄃᆡ 堯(요)ㅣ 天下(텬하)로ᄡᅥ 舜(슌)을 與(여)ᄒᆞ시다 ᄒᆞ니 인ᄂᆞ니잇가 孟子(밍ᄌᆞ)ㅣ ᄀᆞᆯᄋᆞ샤ᄃᆡ 아니라 天子(텬ᄌᆞ)ㅣ 能(능)히 天下(텬하)로ᄡᅥ 人(신)을 與(여)티 몯ᄒᆞᄂᆞ니라

그러면 舜(슌)이 天下(텬하)를 두심은 뉘 與(여)ᄒᆞ니잇고 ᄀᆞᆯᄋᆞ샤ᄃᆡ 天(텬)이 與(여)ᄒᆞ시니라

天(텬)이 與(여)ᄒᆞ욤은 諄諄(슌슌)히 命(명)ᄒᆞ시니잇가

ᄀᆞᆯᄋᆞ샤ᄃᆡ 아니라 天(텬)이 言(언)티 아닌ᄂᆞᆫ 디라 行(힝)과 다뭇 事(ᄉᆞ)로ᄡᅥ 뵐 ᄯᆞᄅᆞᆷ이시니라

ᄀᆞᆯ오ᄃᆡ 行(힝)과 다믄 事(ᄉᆞ)로ᄡᅥ 뵈시다 홈은 엇디잇고 ᄀᆞᆯᄋᆞ샤ᄃᆡ 天子(텬ᄌᆞ)ㅣ 能(능)히 人(신)을 天(텬)ᄭᅴ 薦(쳔)ᄒᆞᆯ ᄲᅮᆫ이언뎡 能(능)히 天(텬)으로 ᄒᆞ여곰 天下(텬하)ᄅᆞᆯ 與(여)케 몯ᄒᆞ며 諸侯(져후)ㅣ 能(능)히 人(신)을 天子(텬ᄌᆞ)ᄭᅴ 薦(쳔)ᄒᆞᆯ ᄲᅮᆫ이언뎡 能(능)히 天子(텬ᄌᆞ)로 ᄒᆞ여곰 諸侯(져후)ᄅᆞᆯ 與(여)케 몯ᄒᆞ며 태위ㅣ 能(능)히 人(신)을 諸侯(져후)ᄭᅴ 薦(쳔)ᄒᆞᆯ ᄲᅮᆫ이언뎡 能(능)히 諸侯(져후)로 ᄒᆞ여곰 태우ᄅᆞᆯ 與(여)케 몯ᄒᆞᄂᆞ니 녜 堯(요)ㅣ 舜(슌)을 天(텬)ᄭᅴ 薦(쳔)ᄒᆞ야시ᄂᆞᆯ 天(텬)이 受(슈)ᄒᆞ시고 民(민)에 暴(폭)ᄒᆞ야시ᄂᆞᆯ 民(민)이 受(슈)ᄒᆞ니 故(고)로 ᄀᆞᆯ오ᄃᆡ 天(텬)이 言(언)티 아닌ᄂᆞᆫ 디라 行(힝)과 다뭇 事(ᄉᆞ)로ᄡᅥ 示(시)ᄒᆞ실 ᄯᆞᄅᆞᆷ이라 ᄒᆞ노라

ᄀᆞᆯ오ᄃᆡ 敢(감)히 묻ᄌᆞᆸ노이다 天(텬)ᄭᅴ 薦(쳔)ᄒᆞ여시ᄂᆞᆯ 天(텬)이 受(슈)ᄒᆞ시고 民(민)에 暴(폭)ᄒᆞ여시ᄂᆞᆯ 民(민)이 受(슈)타 ᄒᆞ욤은 엇디잇고 ᄀᆞᆯᄋᆞ샤ᄃᆡ ᄒᆞ여곰 祭(졔)를 主(쥬)ᄒᆞ욤애 百神(빅신)이 享(향)ᄒᆞ니 이ᄂᆞᆫ 天(텬)이 受(슈)ᄒᆞ심이오 ᄒᆞ여곰 事(ᄉᆞ)을 主(쥬)ᄒᆞ욤애 事(ᄉᆞ)ㅣ 治(티)ᄒᆞ야 百姓(빅셩)이 安(안)ᄒᆞ니 이ᄂᆞᆫ 民(민)이 受(슈)홈이라 天(텬)이 與(여)ᄒᆞ며 人(신)이 與(여)ᄒᆞᆫ 故(고)로 ᄀᆞᆯ오ᄃᆡ 天子(텬ᄌᆞ)ㅣ 能(능)히 天下(텬하)로ᄡᅥ 人(신)을 與(여)티 몯ᄒᆞᆫ다 ᄒᆞ노라 舜(슌)이 堯(요)를 도ᄋᆞ심을 二十(ᄉᆞ십)이오 ᄯᅩ 八載(팔ᄌᆡ)를 ᄒᆞ시니 人(신)의 能(능)히 ᄒᆞᆯ 빼 아니라 天(텬)이라 堯(요)ㅣ 崩(붕)커시ᄂᆞᆯ 三年(삼년)ㅅ 喪(상)을 ᄆᆞᄎᆞ시고 舜(슌)이 堯(요)의 子(ᄌᆞ)를 南河(남하)ㅅ 南(남)애 避(피)ᄒᆞ얏거시ᄂᆞᆯ 天下(텬하)ㅅ 諸侯(져후)ㅣ 朝覲(됴근)ᄒᆞᄂᆞᆫ 者(쟈)ㅣ 堯(요)의 子(ᄌᆞ)의게 가디 아니ᄒᆞ고 舜(슌)의게 가며 獄(옥)을 訟(숑)ᄒᆞᄂᆞᆫ 者(쟈)ㅣ 堯(요)의 子(ᄌᆞ)의게 가디 아니ᄒᆞ고 舜(슌)의게 가며 謳歌(구가)ᄒᆞᄂᆞᆫ 者(쟈)ㅣ 堯(요)의 子(ᄌᆞ)를 謳歌(구가)티 아니ᄒᆞ고 舜(슌)을 謳歌(구가)ᄒᆞ니 故(고)로 ᄀᆞᆯ오ᄃᆡ 天(텬)이라 그런 後(후)에 中國(듕국)애 之(지)ᄒᆞ샤 天子(텬ᄌᆞ)ㅅ 位(위)ᄅᆞᆯ 踐(쳔)ᄒᆞ시니 堯(요)의 宮(궁)에 居(거)ᄒᆞ야 堯(요)의 子(ᄌᆞ)를 逼(핍)ᄒᆞ면 이ᄂᆞᆫ 簒(찬)홈이라 天(텬)이 與(여)홈이 아니니라

太誓(태셔)애 ᄀᆞᆯ오ᄃᆡ 天(텬)의 視(시)ᄒᆞ욤이 우리 民(민)의 視(시)ᄒᆞ욤으로 브테며 天(텬)의 聽(텽)ᄒᆞ욤이 우리 民(민)의 聽(텽)ᄒᆞ욤으로 브테라 ᄒᆞ니 이ᄅᆞᆯ 닐옴이니라

② 栗谷本

萬章(만쟝)이 ᄀᆞᆯ오ᄃᆡ 堯(요)ㅣ 天下(텬하)로ᄡᅥ 舜(슌)을 주시다 ᄒᆞ니 잇ᄂᆞ니잇가 孟子

(밍ᄌᆞ)ㅣ ᄀᆞᄅᆞ샤ᄃᆡ 否(부)ㅣ라 天子(텬ᄌᆞ)ㅣ 能(능)히 天下(텬하)로ᄡᅥ 人(인)을 주디 몯ᄒᆞᄂᆞ니라

그러면 舜(슌)이 天下(텬하) 두샤믄 뉘 與(여)ᄒᆞ니잇고 ᄀᆞᄅᆞ샤ᄃᆡ 天(텬)이 與(여)ᄒᆞ시니라

天(텬)이 與(여)ᄒᆞ샤믄 諄諄(슌슌)히 命(명)ᄒᆞ시니잇가

ᄀᆞᄅᆞ샤ᄃᆡ 否(부)ㅣ라 天(텬)이 言(언)티 아니시고 行(힝)과 다ᄆᆞᆺ 事(ᄉᆞ)로ᄡᅥ 示(시)ᄒᆞ실 ᄯᆞᄅᆞᆷ이시니라

ᄀᆞᆯ오ᄃᆡ 行(힝)과 다ᄆᆞᆺ 事(ᄉᆞ)로ᄡᅥ 示(시)ᄒᆞ샤ᄆᆞᆯ 홈은 엇디시니잇고 ᄀᆞᄅᆞ샤ᄃᆡ 天子(텬ᄌᆞ)ㅣ 能(능)히 人(인)을 天(텬)ᄭᅴ 薦(쳔)ᄒᆞᆯ ᄲᅮᆫ이언뎡 能(능)히 天(텬)으로 ᄒᆡ여곰 天下(텬하)ᄅᆞᆯ 주시게 몯ᄒᆞ며 諸侯(져후)ㅣ 能(능)히 人(인)을 天子(텬ᄌᆞ)ᄭᅴ 薦(쳔)ᄒᆞᆯ ᄲᅮᆫ이언뎡 能(능)히 天子(텬ᄌᆞ)로 ᄒᆡ여곰 諸侯(져후)ᄅᆞᆯ 주시게 몯ᄒᆞ며 大夫(대부)ㅣ 能(능)히 人(인)을 諸侯(져후)ᄭᅴ 薦(쳔)ᄒᆞᆯ ᄲᅮᆫ이언뎡 能(능)히 諸侯(져후)로 ᄒᆡ여곰 大夫(대부)ᄅᆞᆯ 주디 몯ᄒᆞᆯ 디니 녜 堯(요)ㅣ 舜(슌)을 天(텬)ᄭᅴ 薦(쳔)ᄒᆞ시매 天(텬)이 受(슈)ᄒᆞ시며 民(민)의게 暴(폭)ᄒᆞ시매 民(민)이 受(슈)ᄒᆞ니 故(고)로 ᄀᆞᆯ오ᄃᆡ 天(텬)이 言(언)티 아니시고 行(힝)과 다ᄆᆞᆺ 事(ᄉᆞ)로ᄡᅥ 示(시)ᄒᆞ실 ᄯᆞᄅᆞᆷ이라 ᄒᆞ노라

ᄀᆞᆯ오ᄃᆡ 敢(감)히 問(문)ᄒᆞ노니 天(텬)ᄭᅴ 薦(쳔)ᄒᆞ시매 天(텬)이 受(슈)ᄒᆞ시며 民(민)의게 暴(폭)ᄒᆞ시매 民(민)이 受(슈)호ᄆᆞᆯ 엇디ᄒᆞ니잇고 ᄀᆞᄅᆞ샤ᄃᆡ ᄒᆡ여곰 祭(졔)ᄅᆞᆯ 主(쥬)ᄒᆞ시매 百神(빅신)이 享(향)ᄒᆞ니 이ᄂᆞᆫ 天(텬)이 受(슈)ᄒᆞ샴이오 ᄒᆡ여곰 事(ᄉᆞ)ᄅᆞᆯ 主(쥬)ᄒᆞ시매 事(ᄉᆞ)ㅣ 治(티)ᄒᆞ야 百姓(빅셩)이 편히 너기니 이ᄂᆞᆫ 民(민)이 受(슈)홈이니 天(텬)이 與(여)ᄒᆞ시며 人(인)이 與(여)ᄒᆞᆫ 디라 故(고)로 ᄀᆞᆯ오ᄃᆡ 天子(텬ᄌᆞ)ㅣ 能(능)히 天下(텬하)로ᄡᅥ 人(인)을 주디 몯ᄒᆞ신다 ᄒᆞ노라 舜(슌)이 堯(요)ᄅᆞᆯ 相(샹)ᄒᆞ시기ᄅᆞᆯ 二十(이십)이오 ᄯᅩ 八載(팔ᄌᆡ)ᄅᆞᆯ ᄒᆞ시니 人(인)의 能(능)히 ᄒᆞᆯ 배 아니라 天(텬)이니 堯(요)ㅣ 崩(붕)커시ᄂᆞᆯ 三年(삼년) 喪(상)을 畢(필)ᄒᆞ시고 舜(슌)이 南河(남하)ㅅ 南(남)에 堯(요)의 子(ᄌᆞ)ᄅᆞᆯ 避(피)ᄒᆞ얏더시니 天下(텬하) 諸侯(져후) 朝覲(됴근)ᄒᆞᄂᆞᆫ 者(쟈)ㅣ 堯(요)의 子(ᄌᆞ)의게 가디 아니코 舜(슌)ᄭᅴ 가며 訟獄(숑옥)ᄒᆞᄂᆞᆫ 者(쟈)ㅣ 堯(요)의 子(ᄌᆞ)의게 가디 아니코 舜(슌)ᄭᅴ 가며 謳歌(구가)ᄒᆞᄂᆞᆫ 者(쟈)ㅣ 堯(요)의 子(ᄌᆞ)ᄅᆞᆯ 謳歌(구가) 아니ᄒᆞ고 舜(슌)을 謳歌(구가)ᄒᆞ니 故(고)로 ᄀᆞᆯ오ᄃᆡ 天(텬)이라 그런 後(후)에 中國(듕국)에 가샤 天子(텬ᄌᆞ) 位(위)ᄅᆞᆯ 踐(쳔)ᄒᆞ시니 堯(요)의 宮(궁)에 居(거)ᄒᆞ야 堯(요)의 子(ᄌᆞ)ᄅᆞᆯ 逼(핍)ᄒᆞ면 이ᄂᆞᆫ 簒(찬)홈이라 天(텬)의 與(여)ᄒᆞ샴이 아니니라

太誓(태셔)의 ᄀᆞᆯ오ᄃᆡ 天(텬)의 視(시)ᄒᆞ샴이 우리 民(민)의 視(시)ᄅᆞᆯ 브터 ᄒᆞ며 天(텬)의 聽(텽)ᄒᆞ샴이 우리 民(민)의 聽(텽)을 브터 ᄒᆞᆫ다 ᄒᆞ니 이ᄅᆞᆯ 닐옴이니라

128(9-6) *傳於子*

萬章問曰:「人有言:『至於禹而德衰, 不傳於賢而傳於子.』有諸?」孟子曰:「否, 不然也. 天與賢, 則與賢; 天與子, 則與子. 昔者, 舜薦禹於天，十有七年，舜崩．三年之喪畢，禹避舜之子於陽城．天下之民從之，若堯崩之後，不從堯之子而從舜也．禹薦益於天，七年，禹崩．三年之喪畢，益避禹之子於箕之陰，朝覲訟獄者不之益而之啓，曰：『吾君之子也.』謳歌者不謳歌益而謳歌啓，曰：『吾君之子也.』丹朱之不肖，舜之子亦不肖．舜之相堯，禹之相舜也，歷年多，施澤於民久．啓賢，能敬承繼禹之道．益之相禹也，歷年少，施澤於民未久．舜·禹·益相去久遠，其子之賢不肖，皆天也，非人之所能爲也．莫之爲而爲者，天也；莫之致而至者，命也．匹夫而有天下者，德必若舜禹，而又有天子薦之者，故仲尼不有天下．繼世而有天下，天之所廢，必若桀紂者也，故益·伊尹·周公不有天下．伊尹相湯以王於天下．湯崩，太丁未立，外丙二年，仲壬四年．太甲顚覆湯之典刑，伊尹放之於桐．三年，太甲悔過，自怨自艾，於桐處仁遷義；三年，以聽伊尹之訓己也，復歸于亳．周公之不有天下，猶益之於夏，伊尹之於殷也．孔子曰：『唐虞禪，夏后·殷·周繼，其義一也.』」

① 陶山本

萬章(만쟝)이 묻ᄌᆞ와 ᄀᆞᆯ오ᄃᆡ 人(신)이 言(언)을 두ᄃᆡ 禹(우)에 니ᄅᆞ러 德(덕)이 衰(쇠)ᄒᆞ야 賢(현)에 傳(뎐)티 아니ᄒᆞ고 子(ᄌᆞ)에 傳(뎐)타 ᄒᆞ니 인ᄂᆞ니잇가 孟子(ᄆᆡᆼᄌᆞ)ㅣ ᄀᆞᆯᄋᆞ샤ᄃᆡ 아니라 그러티 아니ᄒᆞ니라 天(텬)이 賢(현)을 與(여)ᄒᆞ면 賢(현)을 與(여)ᄒᆞ고 天(텬)이 子(ᄌᆞ)를 與(여)ᄒᆞ면 子(ᄌᆞ)를 與(여)ᄒᆞ니라 녜 舜(슌)이 禹(우)를 天(텬)ᄭᅴ 薦(쳔)ᄒᆞ신 十(십)이오 ᄯᅩ 七年(칠년)에 舜(슌)이 崩(붕)커시늘 三年(삼년)ㅅ 喪(상)을 ᄆᆞᄎᆞ시고 禹(우)ㅣ 舜(슌)의 子(ᄌᆞ)를 陽城(양셩)애 避(피)ᄒᆞ앗더시니 天下(텬하)앳 民(민)이 從(죵)홈을 堯(요)ㅣ 崩(붕)ᄒᆞ신 後(후)에 堯(요)의 子(ᄌᆞ)를 從(죵)티 아니코 舜(슌)을 從(죵)홈ᄀᆞ티 ᄒᆞ니라 禹(우)ㅣ 益(익)을 天(텬)ᄭᅴ 薦(쳔)ᄒᆞ신 七年(칠년)애 禹(우)ㅣ 崩(붕)커시늘 三年(삼년)ㅅ 喪(상)을 ᄆᆞᆾ고 益(익)이 禹(우)의 子(ᄌᆞ)를 箕山(긔산)ㅅ 陰(음)에 避(피)ᄒᆞ앗더니 朝覲(됴근)ᄒᆞ며 獄(옥)을 訟(숑)ᄒᆞᇙ 者(쟈)ㅣ 益(익)의게 가디 아니ᄒᆞ고 啓(계)의게 가 ᄀᆞᆯ오ᄃᆡ 우리 君(군)의 子(ᄌᆞ)ㅣ라 ᄒᆞ며 謳歌(구가)ᄒᆞᇙ 者(쟈)ㅣ 益(익)을 謳歌(구가)티 아니ᄒᆞ고 啓(계)를 謳歌(구가)ᄒᆞ야 ᄀᆞᆯ오ᄃᆡ 우리 君(군)의 子(ᄌᆞ)ㅣ라 ᄒᆞ니라

丹朱(단쥬)의 肖(쵸)티 아니ᄒᆞ욤애 舜(슌)의 子(ᄌᆞ)ㅣ ᄯᅩ 肖(쵸)티 아니ᄒᆞ며 舜(슌)의 堯(요)를 相(샹)ᄒᆞ심과 禹(우)의 舜(슌)ᄋᆞᆯ 相(샹)ᄒᆞ심은 歷年(력년)이 만ᄒᆞ야 民(민)에 澤(ᄐᆡᆨ)ᄋᆞᆯ 施(시)홈이 久(구)ᄒᆞ고 啓(계)ᄂᆞᆫ 賢(현)ᄒᆞ야 能(능)히 敬承(경승)ᄒᆞ야 禹(우)의 道(도)를 繼(계)ᄒᆞ며 益(익)의 禹(우)를 相(샹)ᄒᆞ욤은 歷年(력년)이 少(쇼)ᄒᆞ야 民(민)에

澤(ᄐᆡᆨ)ᄋᆞᆯ 施(시)ᄒᆞᆷ이 久(구)티 아니ᄒᆞ니 舜(슌)과 禹(우)과 益(익)의 서ᄅᆞ 去(거)ᄒᆞ욤이 久遠(구원)ᄒᆞᆷ과 그 子(ᄌᆞ)의 賢(현)ᄒᆞ며 肖(쵸)티 아니ᄒᆞᆷ이 다 天(텬)이라 人(ᅀᅵᆫ)의 能(능)히 ᄒᆞ욜 ᄲᅢ 안이니 ᄒᆞ욤이 업시 ᄒᆞᄂᆞᆫ 者(쟈)ᄂᆞᆫ 天(텬)이오 릴 외옴이 업시 니르ᄂᆞᆫ 者(쟈)ᄂᆞᆫ 命(명)이니라

匹夫(필부)로 天下(텬하)ᄅᆞᆯ 둔 者(쟈)ᄂᆞᆫ 德(덕)이 반ᄃᆞ시 舜(슌)禹(우)ᄀᆞᆮ고 ᄯᅩ 天子(텬ᄌᆞ)ㅣ 薦(쳔)ᄒᆞ리 인ᄂᆞ니 故(고)로 仲尼(듕니) 天下(텬하)ᄅᆞᆯ 두디 몯ᄒᆞ시니라

世(셰)ᄅᆞᆯ 繼(계)ᄒᆞ야 ᄡᅥ 天下(텬하)ᄅᆞᆯ 둠애 天(텬)의 廢(폐)ᄒᆞᄂᆞᆫ 바ᄂᆞᆫ 반ᄃᆞ시 桀(걸)과 紂(듀)ᄀᆞᄐᆞᆫ 者(쟈)ㅣ니 故(고)로 益(익)과 伊尹(이윤)과 周公(쥬공)이 天下(텬하)ᄅᆞᆯ 두디 몯ᄒᆞ시니라

伊尹(이윤)이 湯(탕)을 相(샹)ᄒᆞ야 ᄡᅥ 天下(텬하)에 王(왕)ᄒᆞ얏더니 湯(탕)이 崩(붕)커시ᄂᆞᆯ 太丁(태뎡)은 立(립)디 몯ᄒᆞ고 外丙(외병)은 二年(ᅀᅵ년)이오 仲壬(듕ᅀᅵᆷ)은 四年(ᄉᆞ년)이러니 太甲(태갑)이 湯(탕)의 典刑(뎐형)ᄋᆞᆯ 顚覆(뎐복)ᄒᆞ거ᄂᆞᆯ 伊尹(이윤)이 桐(동)에 放(방)ᄒᆞᆷ을 三年(삼년)ᄋᆞᆯ ᄒᆞᆫ대 太甲(태갑)이 過(과)ᄅᆞᆯ 悔(회)ᄒᆞ야 스스로 怨(원)ᄒᆞ며 스스로 艾(예)ᄒᆞ야 桐(동)에셔 仁(ᅀᅵᆫ)에 處(쳐)ᄒᆞ며 義(의)예 遷(쳔)ᄒᆞᆷ을 三年(삼년)을 ᄒᆞ야 ᄡᅥ 伊尹(이윤)의 己(긔) 訓(훈)ᄒᆞᆷ을 聽(텽)ᄒᆞ야 亳(박)에 다시 歸(귀)ᄒᆞ시니라

周公(쥬공)의 天下(텬하)ᄅᆞᆯ 두디 몯ᄒᆞ심은 益(익)의 夏(하)에와 伊尹(이윤)의 殷(은)에 ᄀᆞᄐᆞ니라

孔子(공ᄌᆞ)ㅣ ᄀᆞᆯᄋᆞ샤ᄃᆡ 唐(당)과 虞(우)ᄂᆞᆫ 禪(션)ᄒᆞ고 夏后(하후)와 殷(은)과 周(쥬)ᄂᆞᆫ 繼(계)ᄒᆞ니 그 義(의)ㅣ 一(일)이라 ᄒᆞ시니라

② 栗谷本

萬章(만쟝)이 問(문)ᄒᆞ야 ᄀᆞᆯ오ᄃᆡ 人(인)이 言(언)을 두ᄃᆡ 禹(우)에 니르러 德(덕)이 衰(쇠)ᄒᆞ야 賢(현)의게 傳(뎐)티 아니코 子(ᄌᆞ)의게 傳(뎐)타 ᄒᆞ니 잇ᄂᆞ니잇가 孟子(ᄆᆡᆼᄌᆞ)ㅣ ᄀᆞᄅᆞ샤ᄃᆡ 否(부)ㅣ라 그러티 아니니라 天(텬)이 賢(현)을 주시면 賢(현)을 주고 天(텬)이 子(ᄌᆞ)ᄅᆞᆯ 주시면 子(ᄌᆞ)ᄅᆞᆯ 줄 디니 녜 舜(슌)이 禹(우)ᄅᆞᆯ 天(텬)ᄭᅴ 薦(쳔)ᄒᆞ신 十(십)이오 ᄯᅩ 七年(칠년)에 舜(슌)이 崩(붕)커시ᄂᆞᆯ 三年(삼년) 喪(상)을 畢(필)ᄒᆞ고 禹(우)ㅣ 陽城(양셩)의 舜(슌)의 子(ᄌᆞ)ᄅᆞᆯ 避(피)ᄒᆞ얏더시니 天下(텬하)의 民(민)이 좃기ᄅᆞᆯ 堯(요)ㅣ 崩(붕)ᄒᆞ신 後(후)에 堯(요)의 子(ᄌᆞ)ᄅᆞᆯ 좃디 아니코 舜(슌) 조츰 ᄀᆞᆺ티 ᄒᆞ더라 禹(우)ㅣ 益(익)을 天(텬)ᄭᅴ 薦(쳔)ᄒᆞ신 七年(칠년)에 禹(우)ㅣ 崩(붕)커시ᄂᆞᆯ 三年(삼년) 喪(상)을 畢(필)ᄒᆞ고 益(익)이 箕山(긔산)ㅅ 陰(음)의 禹(우)의 子(ᄌᆞ)ᄅᆞᆯ 避(피)ᄒᆞ얏더니 朝覲(됴근)ᄒᆞ며 訟獄(숑옥)ᄒᆞᄂᆞᆫ 者(쟈)ㅣ 益(익)의게 가디 아니코 啓(계)의게 가며 ᄀᆞᆯ오ᄃᆡ 우리 님금 아ᄃᆞᆯ이라 ᄒᆞ며 謳歌(구가)ᄒᆞᄂᆞᆫ 者(쟈)ㅣ 益(익)을 謳歌(구가) 아니코 啓(계)ᄅᆞᆯ 謳歌(구가)ᄒᆞ며 ᄀᆞᆯ오ᄃᆡ 우리 님금 아ᄃᆞᆯ이라 ᄒᆞ니라

丹朱(단쥬)의 不肖(블쵸)ᄒᆞᆷ애 舜(슌)의 子(ᄌᆞ)ㅣ ᄯᅩᄒᆞᆫ 不肖(블쵸)ᄒᆞ며 舜(슌)의 堯(요)ᄅᆞᆯ 相(샹)ᄒᆞ심과 禹(우)의 舜(슌)을 相(샹)ᄒᆞ시기ᄂᆞᆫ 年(년)을 歷(력)ᄒᆞᆷ이 하 民(민)의게 澤(ᄐᆡᆨ)을 施(시)ᄒᆞᆷ이 오라고 啓(계)ㅣ 어디러 能(능)히 敬(경)ᄒᆞ야 禹(우)의 道(도)ᄅᆞᆯ 니으시며 益(익)의 禹(우)ᄅᆞᆯ 相(샹)ᄒᆞ기ᄂᆞᆫ 年(년)을 歷(력)ᄒᆞᆷ이 젹어 民(민)의게 澤(ᄐᆡᆨ)을 施(시)ᄒᆞᆷ이

오라디 몯ᄒᆞ니 舜(슌)과 禹(우)와 益(익)의 相去(샹거)ㅣ 久(구)ᄒᆞ며 速(속)홈과 그 子(ᄌᆞ)의 賢(현)ᄒᆞ며 不肖(블쵸)홈이 다 天(텬)이라 人(인)의 能(능)히 ᄒᆞᆯ 배 아니니 爲(위)홈이 업시 爲(위)ᄒᆞᄂᆞᆫ 者(쟈)ᄂᆞᆫ 天(텬)이며 致(티)홈이 업시 至(지)ᄒᆞᄂᆞᆫ 者(쟈)ᄂᆞᆫ 命(명)이니라

匹夫(필부)로 天下(텬하) 두ᄂᆞᆫ 者(쟈)ᄂᆞᆫ 德(덕)이 반ᄃᆞ시 舜(슌)禹(우)ᄀᆞᆺ고 ᄯᅩ 天子(텬ᄌᆞ)ㅣ 薦(쳔)ᄒᆞᆯ 者(쟈)ㅣ 잇ᄂᆞᆫ 디라 故(고)로 仲尼(듕니)ㅣ 天下(텬하)ᄅᆞᆯ 두디 몯ᄒᆞ시니라

世(셰)ᄅᆞᆯ 니어 ᄡᅧ 天下(텬하) 둣ᄂᆞᆫ 이ᄂᆞᆫ 天(텬)의 廢(폐)ᄒᆞ시ᄂᆞᆫ 배 반ᄃᆞ시 桀紂(걸듀)ᄀᆞᄐᆞᆫ 者(쟈)ㅣ니 故(고)로 益(익)과 伊尹(이윤)과 周公(쥬공)이 天下(텬하)ᄅᆞᆯ 두디 몯ᄒᆞ시니라

伊尹(이윤)이 湯(탕)을 相(샹)ᄒᆞ야 ᄡᅧ 天下(텬하)에 王(왕)케 ᄒᆞ니 湯(탕)이 崩(붕)커시ᄂᆞᆯ 太丁(태뎡)은 셔디 몯ᄒᆞ고 外丙(외병)은 두 ᄒᆡ오 仲壬(듕임)은 네 ᄒᆡ러니 太甲(태갑)이 湯(탕)의 典刑(뎐형)을 顚覆(뎐복)ᄒᆞ거ᄂᆞᆯ 伊尹(이윤)이 桐(동)에 放(방)호믈 三年(삼년)을 ᄒᆞᆫ대 太甲(태갑)이 허믈을 뉘오ᄎᆞ샤 ᄉᆞᄉᆞ로 怨(원)ᄒᆞ며 ᄉᆞᄉᆞ로 다ᄉᆞ리샤 桐(동)에셔 仁(인)에 處(쳐)ᄒᆞ며 義(의)예 遷(쳔)ᄒᆞ신 三年(삼년)만에 ᄡᅧ 伊尹(이윤)이 己(긔)ᄅᆞᆯ 訓(훈)홈을 들어 도로 亳(박)에 가시다

周公(쥬공)의 天下(텬하) 두디 몯ᄒᆞ샴이 益(익)이 夏(하)에 홈과 伊尹(이윤)이 殷(은)에 홈 ᄀᆞᄐᆞ니라

孔子(공ᄌᆞ)ㅣ ᄀᆞᄅᆞ샤ᄃᆡ 唐(당)과 虞(우)ᄂᆞᆫ 禪(션)ᄒᆞ시고 夏后(하후)와 殷(은)과 周(쥬)ᄂᆞᆫ 繼(계)ᄒᆞ시니 그 義(의) ᄒᆞᆫ나히라 ᄒᆞ시니라

129(9-7) 割烹要湯

萬章問曰:「人有言:『伊尹以割烹要湯.』有諸?」

孟子曰:「否, 不然. 伊尹耕於有莘之野, 而樂堯舜之道焉. 非其義也, 非其道也, 祿之以天下, 弗顧也; 繫馬千駟, 弗視也. 非其義也, 非其道也, 一介不以與人, 一介不以取諸人. 湯使人以幣聘之, 囂囂然曰:『我何以湯之聘幣爲哉? 我豈若處畎畝之中, 由是以樂堯舜之道哉?』湯三使往聘之, 旣而幡然改曰:『與我處畎畝之中, 由是以樂堯舜之道, 吾豈若使是君爲堯舜之君哉? 吾豈若使是民爲堯舜之民哉? 吾豈若於吾身親見之哉? 天之生此民也, 使先知覺後知, 使先覺覺後覺也. 予, 天民之先覺者也; 予將以斯道覺斯民也. 非予覺之, 而誰也?』思天下之民匹夫匹婦有不被堯舜之澤者, 若己推而內之溝中. 其自任以天下之重如此, 故就湯而說之以伐夏救民. 吾未聞枉己而正人者也, 況辱己以正天下者乎? 聖人之行不同也, 或遠或近, 或去或不去, 歸潔其身而已矣. 吾聞其以堯舜之道要湯, 未聞以割烹也. 伊訓曰:『天誅造攻自牧宮, 朕載自亳.』」

① 陶山本

萬章(만쟝)이 묻자와 골오듸 人(신)이 言(언)을 두듸 伊尹(이윤)이 割(할)ᄒᆞ며 烹(핑)홈오로ᄡᅥ 湯(탕)을 要(요)타 ᄒᆞ니 인ᄂᆞ니잇가

孟子(밍ᄌᆞ)ㅣ 골ᄋᆞ샤듸 아니라 그러티 아니ᄒᆞ니라 伊尹(이윤)이 有莘(유신)ㅅ 野(야)에 耕(경)ᄒᆞ야 堯舜(요슌)의 道(도)를 樂(락)ᄒᆞ야 그 義(의) 아니며 그 道(도)ㅣ 아니어든 祿(록)호듸 天下(텬하)로ᄡᅥ ᄒᆞ야도 顧(고)티 아니ᄒᆞ며 馬(마) 千駟(쳔ᄉᆞ)를 繫(계)ᄒᆞ야도 視(시)티 아니ᄒᆞ고 그 義(의) 아니며 그 道(도)ㅣ 아니어든 一介(일개)를 ᄡᅥ 人(신)올 與(여)티 아니ᄒᆞ며 一介(일개)를 ᄡᅥ 人(신)의게 取(취)티 아니ᄒᆞ니라

湯(탕)이 人(신)을 使(ᄉᆞ)ᄒᆞ야 幣(폐)로ᄡᅥ 聘(빙)ᄒᆞ신대 囂囂然(효효연)ᄒᆞ야 골오듸 내 엇디 湯(탕)의 聘幣(빙폐)로ᄡᅥ ᄒᆞ리오 내 엇디 畎畝(견모)ㅅ 가온대 處(처)ᄒᆞ야 일로 말ᄆᆡ암아 ᄡᅥ 堯舜(요슌)의 道(도)를 樂(락)ᄒᆞ욤 ᄀᆞᄐᆞ리오

湯(탕)이 세 번 使(ᄉᆞ)ᄒᆞ야 가 聘(빙)ᄒᆞ신대 이윽고 幡然(번연)히 改(ᄀᆡ)ᄒᆞ야 골오듸 내 畎畝(견모)ㅅ 가온대 處(처)ᄒᆞ야 일로 말ᄆᆡ암아 ᄡᅥ 堯舜(요슌)의 道(도)를 樂(락)ᄒᆞ욤오론 내 엇디 이 君(군)으로 ᄒᆞ여곰 堯舜(요슌)ㅅ 君(군)이 되게홈 ᄀᆞᄐᆞ며 내 엇디 이 民(민)으로 ᄒᆞ여곰 堯舜(요슌)ㅅ 民(민)이 되게 홈 ᄀᆞᄐᆞ며 내 엇디 내 身(신)에 親(친)히 見(견)홈 ᄀᆞᄐᆞ리오

天(텬)이 이 民(민)을 生(ᄉᆡᆼ)ᄒᆞ심은 몬져 知(디)ᄒᆞᆫ 이로 ᄒᆞ여곰 後(후)에 知(디)ᄒᆞ리를 覺(각)게 ᄒᆞ며 몬져 覺(각)ᄒᆞᆫ 이로 ᄒᆞ여곰 後(후)에 覺(각)ᄒᆞ리를 覺(각)게 ᄒᆞ시니 나는 天民(텬민)의 몬져 覺(각)ᄒᆞᆫ 者(쟈)ㅣ로니 내 쟝ᄎᆞᆺ 이 道(도)로ᄡᅥ 이 民(민)을 覺(각)게 호리니 내 覺(각)게 아니코 뉘리오

思(ᄉᆞ)호듸 天下(텬하)엣 民(민)이 匹夫(필부)ㅣ며 匹婦(필부)ㅣ 堯舜(요슌)의 澤(ᄐᆡᆨ)을 被(피)티 몯ᄒᆞᆫ 者(쟈)ㅣ 잇거든 己(긔)ㅣ 推(퇴)ᄒᆞ야 溝中(구듕)에 內(납)홈 ᄀᆞ티 ᄒᆞ니 그 스스로 天下(텬하)ㅅ 重(듕)으로ᄡᅥ 任(심)홈이 이러ᄐᆞᆺ ᄒᆞᆫ 디라 故(고)로 湯(탕)ᄭᅴ 就(취)ᄒᆞ야 說(셰)ᄒᆞ야 ᄡᅥ 夏(하)를 伐(벌)ᄒᆞ야 民(민)을 救(구)ᄒᆞ니라

내 己(긔)를 枉(왕)ᄒᆞ야 人(신)올 正(졍)ᄒᆞᄂᆞᆫ 者(쟈)를 듣디 몯ᄒᆞ얀노니 ᄒᆞ믈며 己(긔)를 辱(욕)ᄒᆞ야 ᄡᅥ 天下(텬하)를 正(졍)ᄒᆞᄂᆞᆫ 者(쟈)아 聖人(셩신)의 行(ᄒᆡᆼ)이 同(동)티 아니ᄒᆞᆫ 디라 或(혹) 遠(원)ᄒᆞ며 或(혹) 近(근)ᄒᆞ며 或(혹) 去(거)ᄒᆞ며 或(혹) 去(거)티 아니ᄒᆞ나 歸(귀)ᄂᆞᆫ 그 身(신)올 潔(결)홀 ᄯᆞᄅᆞᆷ이니라

나는 그 堯舜(요슌)의 道(도)로ᄡᅥ 湯(탕)을 要(요)타 홈을 듣고 割烹(할핑)오로ᄡᅥ 홈을 듣디 몯게라

伊訓(이훈)에 골오듸 天誅(텬듀)ㅣ 비로소 攻(공)홈을 牧宮(목궁)오로브터 홈은 朕(딤)이 亳(박)오로브터 載(ᄌᆡ)ᄒᆞ다 ᄒᆞ니라

② 栗谷本

萬章(만쟝)이 問(문)ᄒᆞ야 ᄀᆞᆯ오ᄃᆡ 人(인)이 言(언)을 두되 伊尹(이윤)이 割烹(할ᄑᆡᆼ)으로ᄡᅥ 湯(탕)을 要(요)ᄒᆞ다 ᄒᆞ니 잇ᄂᆞ니잇가

孟子(ᄆᆡᆼᄌᆞ)ㅣ ᄀᆞᄅᆞ샤ᄃᆡ 否(부)ㅣ라 올티 아니타 伊尹(이윤)이 有莘(유신) 들에셔 耕(경)ᄒᆞ야 堯舜(요슌)의 道(도)ᄅᆞᆯ 즐기고 그 義(의)ㅣ 아니며 그 道(도)ㅣ 아니면 天下(텬하)로ᄡᅥ 祿(록)ᄒᆞᆯ 디라도 도라보디 아니ᄒᆞ며 ᄆᆞᆯ을 千駟(쳔ᄉᆞ)ᄅᆞᆯ ᄆᆡᆯ 디라도 보디 아니ᄒᆞ며 그 義(의)ㅣ 아니며 그 道(도)ㅣ 아니면 ᄒᆞᆫ 介(개)ᄅᆞᆯ ᄡᅥ 人(인)을 주디 아니ᄒᆞ며 ᄒᆞᆫ 介(개)ᄅᆞᆯ ᄡᅥ 人(인)의게 取(취)티 아니터니라

湯(탕)이 사ᄅᆞᆷ 브려 幣(폐)로ᄡᅥ 聘(빙)ᄒᆞ신대 囂囂(효효)ᄒᆞ야 ᄀᆞᆯ오ᄃᆡ 내 엇디 ᄡᅥ 湯(탕)의 聘幣(빙폐)로 ᄒᆞ리오 내 畎畝(견모)ㅅ 가온대 이셔 이ᄅᆞᆯ 말ᄆᆡ아마 ᄡᅥ 堯舜(요슌)의 道(도)ᄅᆞᆯ 즐김과 엇디 ᄀᆞᆮᄐᆞ리오 ᄒᆞ더니

湯(탕)이 세 번 브려 가 聘(빙)ᄒᆞ신대 이윽고 幡然(번연)히 改(ᄀᆡ)ᄒᆞ야 ᄀᆞᆯ오ᄃᆡ 다ᄆᆞᆺ 내 畎畝(견모)ㅅ 가온대 處(쳐)ᄒᆞ야 이ᄅᆞᆯ 말ᄆᆡ아마 ᄡᅥ 堯舜(요슌)의 道(도)ᄅᆞᆯ 즐기모론 내 이 님금으로 ᄒᆡ여곰 堯舜(요슌) ᄀᆞᆮᄐᆞᆫ 님금 되게 홈과 엇디 ᄀᆞᆮᄐᆞ며 내 이 民(민)으로 ᄒᆡ여곰 堯舜(요슌)의 民(민)이 되게 홈과 엇디 ᄀᆞᆮᄐᆞ며 내 내 몸에 親(친)히 보게 홈과 엇디 ᄀᆞᆮᄐᆞ리오

天(텬)이 이 民(민)을 내샤미 몬져 아니로 ᄒᆡ여곰 後(후)에 알리ᄅᆞᆯ ᄭᆡ오며 몬져 ᄭᆡ니로 ᄒᆡ여곰 後(후)에 ᄭᆡ리ᄅᆞᆯ ᄭᆡ오게 홈이시니 나는 天民(텬민)의 몬져 ᄭᆡᆫ 者(쟈)ㅣ라 내 쟝ᄎᆞᆺ 이 道(도)로ᄡᅥ 이 民(민)을 ᄭᆡ올 디니 내 ᄭᆡ오디 아니코 뉘ᄒᆞ리오

天下(텬하)의 民(민)이 匹夫(필부)ㅣ며 匹婦(필부)ㅣ 堯舜(요슌)의 澤(ᄐᆡᆨ)을 닙디 몯ᄒᆞᆫ 이 이쇼ᄆᆞᆯ 思(ᄉᆞ)호ᄃᆡ 내 미러 溝中(구듕)에 드림 ᄀᆞᆮ티 너기니 그 天下(텬하)의 重(듕)으로ᄡᅥ 스스로 任(임)홈이 이러ᄒᆞᆫ 디라 故(고)로 湯(탕)ᄭᅴ 나아가 說(셰)ᄒᆞ야 ᄡᅥ 夏(하)ᄅᆞᆯ 쳐 民(민)을 救(구)ᄒᆞ니라

내 己(긔)ᄅᆞᆯ 枉(왕)ᄒᆞ야 人(인)을 正(졍)ᄒᆞᄂᆞᆫ 者(쟈)ᄅᆞᆯ 듣디 몯ᄒᆞ얏노니 ᄒᆞᄆᆞᆯ며 己(긔)ᄅᆞᆯ 辱(욕)ᄒᆞ야 ᄡᅥ 天下(텬하)ᄅᆞᆯ 正(졍)홈이ᄯᆞ녀 聖人(셩인)의 行(ᄒᆡᆼ)이 同(동)티 아니ᄒᆞ야 或(혹) 遠(원)ᄒᆞ며 或(혹) 近(근)ᄒᆞ며 或(혹) 去(거)ᄒᆞ며 或(혹) 去(거)티 아니ᄒᆞ나 歸(귀)ᄂᆞᆫ 그 身(신)을 潔(결)케 ᄒᆞᆯ ᄯᆞᄅᆞᆷ이니라

내 그 堯舜(요슌)의 道(도)로ᄡᅥ 湯(탕)을 要(요)호ᄆᆞᆯ 듣고 割烹(할ᄑᆡᆼ)으로ᄡᅥ 호ᄆᆞᆯ 듣디 몯게라

伊訓(이훈)에 ᄀᆞᆯ오ᄃᆡ 天誅(텬듀) 처음 攻(공)ᄒᆞ기ᄅᆞᆯ 牧宮(목궁)브터 홈은 朕(딤)이 亳(박)으로브터 시작ᄒᆞᆯ 시라 ᄒᆞ니라

130(9-8) 有命

萬章問曰:「或謂:『孔子於衛主癰疽, 於齊主侍人瘠環』, 有諸乎?」

孟子曰:「否, 不然也. 好事者爲之也. 於衛主顔讎由. 彌子之妻與子路之妻, 兄弟也. 彌子謂子路曰:『孔子主我, 衛卿可得也.』子路以告, 孔子曰:『有命.』孔子進以禮, 退以義, 得之不得曰『有命』. 而主癰疽與侍人瘠環, 是無義無命也. 孔子不悅於魯衛, 遭宋桓司馬將要而殺之, 微服而過宋. 是時孔子當阨, 主司城貞子, 爲陳侯周臣. 吾聞觀近臣, 以其所爲主; 觀遠臣, 以其所主. 若孔子主癰疽與侍人瘠環, 何以爲孔子?」

① 陶山本

萬章(만쟝)이 묻자와 골오ᄃᆡ 或(혹)이 닐오ᄃᆡ 孔子(공ᄌᆞ)ㅣ 衛(위)예 癰疽(옹져)를 主(쥬)ᄒᆞ시고 齊(졔)예 侍人(시신)이언 瘠環(쳑환)을 主(쥬)ᄒᆞ시다 ᄒᆞ니 인ᄂᆞ니잇가 孟子(ᄆᆡᆼᄌᆞ)ㅣ 골ᄋᆞ샤ᄃᆡ 아니라 그러티 아니ᄒᆞ니라 事(ᄉᆞ)를 好(호)ᄒᆞᄂᆞᆫ 者(쟈)ㅣ ᄒᆞ니라

衛(위)예 顔讎由(안슈유)를 主(쥬)ᄒᆞ엿더시니 彌子(미ᄌᆞ)의 妻(쳐)ㅣ 子路(ᄌᆞ로)의 妻(쳐)로 더블어 兄弟(형뎨)ㅣ라 彌子(미ᄌᆞ)ㅣ 子路(ᄌᆞ로)ᄃᆞ려 닐어 골오ᄃᆡ 孔子(공ᄌᆞ)ㅣ 나를 主(쥬)ᄒᆞ시면 衛卿(위경)을 可(가)히 得(득)ᄒᆞ리라 ᄒᆞ야ᄂᆞᆯ 子路(ᄌᆞ로)ㅣ ᄡᅥ 告(고)ᄒᆞᆫ대 孔子(공ᄌᆞ)ㅣ 골ᄋᆞ샤ᄃᆡ 命(명)이 인ᄂᆞ니라 ᄒᆞ시니 孔子(공ᄌᆞ)ㅣ 進(진)ᄒᆞ샤ᄃᆡ 禮(례)로ᄡᅥ ᄒᆞ시며 退(퇴)ᄒᆞ샤ᄃᆡ 義(의)로ᄡᅥ ᄒᆞ샤 得(득)ᄒᆞ며 得(득)디 몯홈애 골ᄋᆞ샤ᄃᆡ 命(명)이 인ᄂᆞ니라 ᄒᆞ시니 癰疽(옹져)와 다믓 侍人(시신) 瘠環(쳑환)을 主(쥬)ᄒᆞ시면 이ᄂᆞᆫ 義(의)ㅣ 업ᄉᆞ며 命(명)이 업슴이니라

孔子(공ᄌᆞ)ㅣ 魯(로)와 衛(위)예 悅(열)티 아니ᄒᆞ샤 宋(송) 桓司馬(환ᄉᆞ마)ㅣ 쟝ᄎᆺ 要(요)ᄒᆞ야 殺(살)호려 홈을 遭(조)ᄒᆞ야 微服(미복)ᄒᆞ고 宋(송)애 過(과)ᄒᆞ시니 이 時(시)예 孔子(공ᄌᆞ)ㅣ 阨(익)애 當(당)ᄒᆞ샤ᄃᆡ 司城(ᄉᆞ셩)이언 貞子(뎡ᄌᆞ)ㅣ 陳侯周(딘후쥬)의 臣(신)되얀ᄂᆞᆫ ᄃᆡ 主(쥬)ᄒᆞ시니라

나ᄂᆞᆫ 드로니 近臣(근신)을 觀(관)호ᄃᆡ 그 主(쥬)ㅣ 되ᄂᆞᆫ 바로ᄡᅥ ᄒᆞ고 遠臣(원신)을 觀(관)호ᄃᆡ 그 主(쥬)ᄒᆞᄂᆞᆫ 바로ᄡᅥ ᄒᆞᆫ다 호니 만일 孔子(공ᄌᆞ)ㅣ 癰疽(옹져)와 다믓 侍人(시신) 瘠環(쳑환)을 主(쥬)ᄒᆞ시면 엇디 ᄡᅥ 孔子(공ᄌᆞ)ㅣ라 ᄒᆞ리오

② 栗谷本

萬章(만쟝)이 問(문)ᄒᆞ야 골오ᄃᆡ 或(혹) 닐오ᄃᆡ 孔子(공ᄌᆞ)ㅣ 衛(위)예셔 癰疽(옹져)를 主(쥬)ᄒᆞ시고 齊(졔)예셔 侍人(시인) 瘠環(쳑환)을 主(쥬)ᄒᆞ시다 ᄒᆞ니 잇ᄂᆞ니잇가 孟子(ᄆᆡᆼᄌᆞ)ㅣ ᄀᆞᄅᆞ샤ᄃᆡ 否(부)ㅣ라 그러티 아니니라 好事(호ᄉᆞ)ᄒᆞᄂᆞᆫ 者(쟈)ㅣ 지으니라

衛(위)예 顔讎由(안슈유)를 主(쥬)ᄒᆞ엿더시니 彌子(미ᄌᆞ)의 妻(쳐)ㅣ 子路(ᄌᆞ로)의 妻(쳐)과 더브러 兄弟(형뎨)라 彌子(미ᄌᆞ)ㅣ 子路(ᄌᆞ로)ᄃᆞ려 닐러 골오ᄃᆡ 孔子(공ᄌᆞ)ㅣ 나를 主(쥬)ᄒᆞ시면 衛卿(위경)을 可(가)히 어들이라 ᄒᆞ야ᄂᆞᆯ 子路(ᄌᆞ로)ㅣ ᄡᅥ 告(고)ᄒᆞᆫ대 孔子(공ᄌᆞ)ㅣ ᄀᆞᄅᆞ샤ᄃᆡ 命(명)이 잇ᄂᆞ니라 ᄒᆞ시니 孔子(공ᄌᆞ)ㅣ 進(진)홈을 禮(례)로ᄡᅥ ᄒᆞ시며

退(퇴)홈을 義(의)로써 ᄒᆞ시고 得(득)ᄒᆞ며 得(득)디 몯홈매 ᄀᆞᄅᆞ샤ᄃᆡ 命(명)이 잇ᄂᆞ니라 ᄒᆞ시니 癰疽(옹져)와 다ᄆᆞᆺ 侍人(시인) 瘠環(쳑환)을 主(쥬)ᄒᆞ면 이ᄂᆞᆫ 義(의)ㅣ 업ᄉᆞ며 命(명)이 업솜이니라

孔子(공ᄌᆞ)ㅣ 魯(로) 衛(위)예 悅(열)티 아니실 제 宋(송) 桓司馬(환ᄉᆞ마)ㅣ 쟝ᄎᆞᆺ 要(요)ᄒᆞ야 殺(살)호려 홈을 만나 微服(미복)ᄒᆞ야 宋(송)을 디나더시니 이 時(시)에 孔子(공ᄌᆞ)ㅣ 阨(익)을 當(당)ᄒᆞ샤ᄃᆡ 司城(ᄉᆞ셩) 貞子(뎡ᄌᆞ)ᄅᆞᆯ 主(쥬)ᄒᆞ시며 陳侯周(딘후쥬)의 臣(신)이 되시니라

나ᄂᆞᆫ 드르니 近臣(근신)을 보ᄃᆡ 그 主(쥬)ㅣ 되ᄂᆞᆫ 바로써 ᄒᆞᆯ 디오 遠臣(원신)을 보ᄃᆡ 그 主(쥬)ᄒᆞᄂᆞᆫ 바로써 ᄒᆞᆯ 거시라 ᄒᆞ니 만일 孔子(공ᄌᆞ)ㅣ 癰疽(옹져)와 다ᄆᆞᆺ 侍人(시인) 瘠環(쳑환)을 主(쥬)ᄒᆞ면 엇디 ᄡᅥ 孔子(공ᄌᆞ)ㅣ 되시리오

131(9-9) 百里奚

萬章問曰:「或曰:『百里奚自鬻於秦養牲者, 五羊之皮, 食牛, 以要秦穆公.』信乎?」

孟子曰:「否, 不然. 好事者爲之也. 百里奚, 虞人也. 晉人以垂棘之璧與屈產之乘, 假道於虞以伐虢. 宮之奇諫, 百里奚不諫. 知虞公之不可諫而去, 之秦, 年已七十矣, 曾不知以食牛干秦穆公之爲汙也, 可謂智乎? 不可諫而不諫, 可謂不智乎? 知虞公之將亡而先去之, 不可謂不智也. 時擧於秦, 知穆公之可與有行也而相之, 可謂不智乎? 相秦而顯其君於天下, 可傳於後世, 不賢而能之乎? 自鬻以成其君, 鄕黨自好者不爲, 而謂賢者爲之乎?」

① 陶山本

萬章(만쟝)이 묻ᄌᆞ와 ᄀᆞᆯ오ᄃᆡ 或(혹)이 ᄀᆞᆯ오ᄃᆡ 百里奚(ᄇᆡᆨ리히)ㅣ 秦(진)ㅅ 養牲(양ᄉᆡᆼ)ᄒᆞᄂᆞᆫ 者(쟈)의게 스스로 鬻(륙)ᄒᆞ야 五羊(오양)의 皮(피)로 牛(우)를 食(ᄉᆞ)ᄒᆞ야 ᄡᅥ 秦穆公(진목공)을 要(요)타 ᄒᆞ니 信(신)ᄒᆞ니잇가 孟子(ᄆᆡᆼᄌᆞ)ㅣ ᄀᆞᆯᄋᆞ샤ᄃᆡ 아니라 그러티 아니ᄒᆞ니라 事(ᄉᆞ)ᄅᆞᆯ 好(호)ᄒᆞᄂᆞᆫ 者(쟈)ㅣ ᄒᆞ니라

百里奚(ᄇᆡᆨ리히)ᄂᆞᆫ 虞(우)ㅅ 사ᄅᆞᆷ이니 晉人(진신)이 垂棘(슈극)앳 璧(벽)과 다ᄆᆞᆺ 屈(굴)애 產(산)ᄒᆞᆫ 乘(승)으로ᄡᅥ 虞(우)애 道(도)ᄅᆞᆯ 假(가)ᄒᆞ야 ᄡᅥ 虢(괵)을 伐(벌)호려 ᄒᆞ거ᄂᆞᆯ 宮之奇(궁지긔)ᄂᆞᆫ 諫(간)ᄒᆞ고 百里奚(ᄇᆡᆨ리히)ᄂᆞᆫ 諫(간)티 아니ᄒᆞ니라

虞公(우공)의 可(가)히 諫(간)티 몯ᄒᆞᆯ 주ᄅᆞᆯ 아라 去(거)ᄒᆞ고 秦(진)에 가니 年(년)이 이믜 七十(칠십)이라 일쯕 牛(우) 食(ᄉᆞ)홈으로ᄡᅥ 秦繆公(진목공)을 干(간)홈이 汙(오)ᄒᆞᆫ

주ᄅᆞᆯ 아디 몯ᄒᆞ면 可(가)히 智(디)라 니ᄅᆞ랴 可(가)히 諫(간)티 몯ᄒᆞᆯ 꺼시라 諫(간)티 아니ᄒᆞ니 可(가)히 智(디)티 아니타 니ᄅᆞ랴 虞公(우공)의 쟝ᄎᆞᆺ 亡(망)ᄒᆞᆯ 쭈ᄅᆞᆯ 아라 몬져 去(거)ᄒᆞ니 可(가)히 智(디)티 아니타 니ᄅᆞ디 몯ᄒᆞᆯ 이니라 時(시)예 秦(진)에 擧(거)ᄒᆞ야 繆公(목공)의 可(가)히 더블어 行(ᄒᆡᆼ)홈이 이실 쭈ᄅᆞᆯ 아라 相(샹)ᄒᆞ니 可(가)히 智(디)티 아니타 니ᄅᆞ랴 秦(진)을 相(샹)ᄒᆞ야 그 君(군)을 天下(텬하)애 顯(현)ᄒᆞ야 可(가)히 後世(후셰)예 傳(뎐)케 ᄒᆞ니 賢(현)티 아니ᄒᆞ고 能(능)히 ᄒᆞ랴 스스로 鬻(륙)ᄒᆞ야 ᄡᅥ 그 君(군)을 成(셩)ᄒᆞ욤을 鄕黨(향당)애 스스로 好(호)ᄒᆞᄂᆞᆫ 者(쟈)도 ᄒᆞ디 아니ᄒᆞ곤 賢者(현쟈)ㅣ ᄒᆞ다 니ᄅᆞ랴

② 栗谷本

萬章(만쟝)이 問(문)ᄒᆞ야 ᄀᆞᆯ오ᄃᆡ 或(혹) ᄀᆞᆯ오ᄃᆡ 百里奚(ᄇᆡᆨ리히)ㅣ 秦(진) 牲(ᄉᆡᆼ)치ᄂᆞᆫ 者(쟈)의게 스스로 ᄑᆞᆯ리이되 五羊(오양)의 皮(피)로 쇼ᄅᆞᆯ 머겨 ᄡᅥ 秦穆公(진목공)을 要(요)ᄒᆞ다 ᄒᆞ니 信(신)ᄒᆞ니잇가 孟子(ᄆᆡᆼᄌᆞ)ㅣ ᄀᆞᄅᆞ샤ᄃᆡ 否(부)ㅣ라 올티 아니타 好事(호ᄉᆞ)ᄒᆞᄂᆞᆫ 者(쟈)ㅣ 지으니라

百里奚(ᄇᆡᆨ리히)ᄂᆞᆫ 虞(우)ㅅ 人(인)이니 晉人(진인)이 垂棘(슈극)의 璧(벽)과 다ᄆᆞᆺ 屈(굴)의 産(산)ᄒᆞᆫ 乘(승)으로ᄡᅥ 虞(우)의 길ᄒᆞᆯ 비러 ᄡᅥ 虢(괵)을 치려커ᄂᆞᆯ 宮之奇(궁지긔)ᄂᆞᆫ 諫(간)ᄒᆞ고 百里奚(ᄇᆡᆨ리히)ᄂᆞᆫ 諫(간)티 아니ᄒᆞ니라

虞公(우공)의 可(가)히 諫(간)티 몯ᄒᆞᆯ 줄을 아라 去(거)ᄒᆞ고 秦(진)의 가니 나히 이믜 七十(칠십)이러라 일즉 쇼 모가모로ᄡᅥ 秦穆公(진목공)ᄭᅴ 干(간)홈이 더러온 줄을 아디 몯ᄒᆞ면 可(가)히 智(디)타 니르랴 可(가)히 諫(간)티 몯ᄒᆞᆯ ᄃᆡ 諫(간)티 아니ᄒᆞ니 可(가)히 智(디)티 아니타 니르랴 虞公(우공)의 쟝ᄎᆞᆺ 亡(망)ᄒᆞᆯ 줄을 알고 몬져 去(거)ᄒᆞ니 可(가)히 智(디)티 아니타 니르디 몯ᄒᆞᆯ 디니라 ᄢᅢ로 秦(진)에 擧(거)ᄒᆞ야 穆公(목공)의 可(가)히 더브러 行(ᄒᆡᆼ)홈이 이실 줄을 아라 相(샹)ᄒᆞ니 可(가)히 智(디)티 아니타 니르랴 秦(진)을 相(샹)ᄒᆞ야 그 님금을 天下(텬하)에 顯(현)ᄒᆞ야 可(가)히 後世(후셰)예 傳(뎐)케 ᄒᆞ니 賢(현)티 아니코 能(능)ᄒᆞ랴 스스로 ᄑᆞ라 ᄡᅥ 그 님금 일우기ᄂᆞᆫ 鄕黨(향당)에 스스로 好(호)ᄒᆞᄂᆞᆫ 者(쟈)도 ᄒᆞ디 아닐 디어든 賢者(현쟈)ㅣ ᄒᆞ리라 니르ᄂᆞ냐

第十 〈萬章章句〉(下)

132(10-1) 集大成

孟子曰:「伯夷, 目不視惡色, 耳不聽惡聲. 非其君不事, 非其民不使. 治則進, 亂則退. 橫政之所出, 橫民之所止, 不忍居也. 思與鄕人處, 如以朝衣朝冠坐於塗炭也. 當紂之時, 居北海之濱, 以待天下之淸也. 故聞伯夷之風者, 頑夫廉, 懦夫有立志. 伊尹曰:『何事非君? 何使非民?』治亦進, 亂亦進. 曰:『天之生斯民也, 使先知覺後知, 使先覺覺後覺. 予天民之先覺者也; 予將以此道覺此民也.』思天下之民匹夫匹婦有不與被堯舜之澤者, 若己推而內之溝中, 其自任以天下之重也. 柳下惠, 不羞汙君, 不辭小官. 進不隱賢, 必以其道. 遺佚而不怨, 阨窮而不憫. 與鄕人處, 由由然不忍去也.『爾爲爾, 我爲我, 雖袒裼裸裎於我側, 爾焉能浼我哉?』故聞柳下惠之風者, 鄙夫寬, 薄夫敦. 孔子之去齊, 接淅而行; 去魯曰:『遲遲吾行也.』去父母國之道也. 可以速而速, 可以久而久, 可以處而處, 可以仕而仕, 孔子也.」

孟子曰:「伯夷, 聖之淸者也; 伊尹, 聖之任者也; 柳下惠, 聖之和者也; 孔子, 聖之時者也. 孔子之謂集大成. 集大成也者, 金聲而玉振之也. 金聲也者, 始條理也; 玉振之也者, 終條理也. 始條理者, 智之事也; 終條理者, 聖之事也. 智, 譬則巧也; 聖, 譬則力也. 由射於百步之外也, 其至, 爾力也; 其中, 非爾力也.」

① 陶山本

孟子(ᄆᆡᆼᄌᆞ)ㅣ ᄀᆞᆯᄋᆞ샤ᄃᆡ 伯夷(ᄇᆡᆨ이)ᄂᆞᆫ 目(목)애 惡色(악ᄉᆡᆨ)을 視(시)티 아니ᄒᆞ며 耳(ᅀᅵ)예 惡聲(악셩)을 聽(텽)티 아니ᄒᆞ고 그 君(군)이 아니어든 事(ᄉᆞ)티 아니ᄒᆞ며 그 民(민)이 아니어든 使(ᄉᆞ)티 아니ᄒᆞ야 治(티)ᄒᆞ면 進(진)ᄒᆞ고 亂(란)ᄒᆞ면 退(퇴)ᄒᆞ야 橫政(횡졍)의 出(츌)ᄒᆞᄂᆞᆫ 바와 橫民(횡민)의 止(지)ᄒᆞᄂᆞᆫ 바애 ᄎᆞᆷ아 居(거)티 아니ᄒᆞ며 鄕人(향ᅀᅵᆫ)으로 더블어 處(쳐)홈을 思(ᄉᆞ)호ᄃᆡ 朝衣(됴의)와 朝冠(됴관)으로ᄡᅥ 塗炭(도탄)애 坐(좌)홈 ᄀᆞ티 너기더니 紂(듀)의 時(시)를 當(당)ᄒᆞ야 北海(븍ᄒᆡ)ㅅ 濱(빈)애 居(거)ᄒᆞ야 ᄡᅥ 天下(텬하)의 淸(쳥)홈을 待(ᄃᆡ)ᄒᆞ니 故(고)로 伯夷(ᄇᆡᆨ이)의 風(풍)을 드른 者(쟈)ᄂᆞᆫ 頑(완)ᄒᆞᆫ 夫(부)ㅣ 廉(렴)ᄒᆞ며 懦(라)ᄒᆞᆫ 夫(부)ㅣ 立(립)홀 志(지)를 두니라

伊尹(이윤)이 골오듸 어늬를 事(ᄉᆞ)ᄒᆞ면 君(군)이 아니며 어늬를 使(ᄉᆞ)ᄒᆞ면 民(민)이 아니리오 ᄒᆞ야 治(티)ᄒᆞ야도 ᄯᅩ 進(진)ᄒᆞ며 亂(란)ᄒᆞ야도 ᄯᅩ 進(진)ᄒᆞ야 골오듸 天(텬)이 이 民(민)을 生(ᄉᆡᆼ)홈은 몬져 知(디)ᄒᆞᆫ 이로 ᄒᆞ여곰 후에 知(디)ᄒᆞ리를 覺(각)게 ᄒᆞ며 몬져 覺(각)ᄒᆞᆫ 이로 ᄒᆞ여곰 후에 覺(각)ᄒᆞ리를 覺(각)게 ᄒᆞ시니 나는 天民(텬민)의 몬져 覺(각)ᄒᆞᆫ 者(쟈)ㅣ로니 내 쟝ᄎᆺ 이 道(도)로ᄡᅥ 이 民(민)을 覺(각)게 호리라 ᄒᆞ며 思(ᄉᆞ)호듸 天下(텬하)앳 民(민)이 匹夫(필부)ㅣ며 匹婦(필부)ㅣ 堯舜(요슌)의 澤(ᄐᆡᆨ)을 與(여)ᄒᆞ야 被(피)티 몯ᄒᆞᆫ 者(쟈)ㅣ 잇거든 己(긔)ㅣ 推(퇴)ᄒᆞ야 溝中(구듕)에 內(납)홈 ᄀᆞᆮ티 ᄒᆞ니 그 天下(텬하)의 重(듕)으로ᄡᅥ 스스로 任(심)홈이니라

柳下惠(류하혜)ᄂᆞᆫ 汙君(오군)을 羞(슈)티 아니ᄒᆞ며 小官(쇼관)을 辭(ᄉᆞ)티 아니ᄒᆞ며 進(진)홈애 賢(현)을 隱(은)티 아니ᄒᆞ야 반ᄃᆞ시 그 道(도)로ᄡᅥ ᄒᆞ며 遺佚(유일)ᄒᆞ야도 怨(원)티 아니ᄒᆞ며 阨窮(익궁)ᄒᆞ야도 憫(민)티 아니ᄒᆞ며 鄕人(향신)으로 더블어 處(쳐)호듸 由由(유유)히 ᄎᆞᆷ아 去(거)티 아니ᄒᆞ야 네 네오 내 내니 비록 내 側(측)애셔 袒裼(단셕)ᄒᆞ며 裸裎(라뎡)ᄒᆞᆫ들 네 엇디 能(능)히 나를 浼(매)ᄒᆞ리오 ᄒᆞ니 故(고)로 柳下惠(류하혜)의 風(풍)을 聞(문)ᄒᆞᆫ 者(쟈)ᄂᆞᆫ 鄙(비)ᄒᆞᆫ 夫(부)ㅣ 寬(관)ᄒᆞ며 薄(박)ᄒᆞᆫ 夫(부)ㅣ 敦(돈)ᄒᆞ니라

孔子(공ᄌᆞ)ㅣ 齊(졔)를 去(거)ᄒᆞ심애 淅(셕)을 接(졉)ᄒᆞ야 行(ᄒᆡᆼ)ᄒᆞ시고 魯(로)를 去(거)ᄒᆞ심애 골ᄋᆞ샤듸 遲遲(디디)타 내 行(ᄒᆡᆼ)이여 ᄒᆞ시니 父母(부모)의 國(국)을 去(거)ᄒᆞᄂᆞᆫ 道(도)ㅣ라 可(가)히 ᄡᅥ 速(속)ᄒᆞ얌즉거든 速(속)ᄒᆞ며 可(가)히 ᄡᅥ 久(구)ᄒᆞ얌즉거든 久(구)ᄒᆞ며 可(가)히 ᄡᅥ 處(쳐)ᄒᆞ얌즉거든 處(쳐)ᄒᆞ며 可(가)히 ᄡᅥ 仕(ᄉᆞ)ᄒᆞ얌즉거든 仕(ᄉᆞ)홈은 孔子(공ᄌᆞ)ㅣ시니라

孟子(ᄆᆡᆼᄌᆞ)ㅣ 골ᄋᆞ샤듸 伯夷(ᄇᆡᆨ이)ᄂᆞᆫ 聖(셩)의 淸(쳥)ᄒᆞᆫ 者(쟈)ㅣ오 伊尹(이윤)은 聖(셩)의 任(심)ᄒᆞᆫ 者(쟈)ㅣ오 柳下惠(류하혜)ᄂᆞᆫ 聖(셩)의 和(화)ᄒᆞᆫ 者(쟈)ㅣ오 孔子(공ᄌᆞ)ᄂᆞᆫ 聖(셩)의 時(시)ᄒᆞᆫ 者(쟈)ㅣ시니라

孔子(공ᄌᆞ)를 닐온 集(집)ᄒᆞ야 大成(대셩)홈이시니 集(집)ᄒᆞ야 大成(대셩)ᄒᆞ욤은 金(금)으로 聲(셩)ᄒᆞ고 玉(옥)으로 振(진)홈이라 金(금)으로 聲(셩)ᄒᆞ욤은 條理(됴리)를 始(시)홈이오 玉(옥)으로 振(진)ᄒᆞ욤은 條理(됴리)를 終(죵)홈이니 條理(됴리)를 始(시)ᄒᆞᄂᆞᆫ 者(쟈)ᄂᆞᆫ 智(디)의 事(ᄉᆞ)ㅣ오 條理(됴리)를 終(죵)ᄒᆞᄂᆞᆫ 者(쟈)ᄂᆞᆫ 聖(셩)의 事(ᄉᆞ)ㅣ니라

智(디)를 譬(비)ᄒᆞ면 巧(교)ㅣ오 聖(셩)을 譬(비)ᄒᆞ면 力(력)이니 百步(ᄇᆡᆨ보) 밧긔셔 射(샤)홈 ᄀᆞᆮᄐᆞ니 그 至(지)ᄒᆞ욤은 네 力(력)이어니와 그 中(듕)ᄒᆞ욤은 네 力(력)이 아니니라

② 栗谷本

孟子(ᄆᆡᆼᄌᆞ)ㅣ ᄀᆞᄅᆞ샤듸 伯夷(ᄇᆡᆨ이)ᄂᆞᆫ 눈에 惡色(악ᄉᆡᆨ)을 보디 아니ᄒᆞ며 귀에 惡聲(악셩)을 듯디 아니ᄒᆞ며 그 君(군)이 아니어든 셤기디 아니ᄒᆞ며 그 民(민)이 아니어든 브리디 아니ᄒᆞ야 治(티)ᄒᆞ면 進(진)ᄒᆞ고 亂(란)ᄒᆞ면 退(퇴)ᄒᆞ야 橫(횡)ᄒᆞᆫ 政(졍)의 나는 바와 橫(횡)ᄒᆞᆫ 民(민)의 머므ᄂᆞᆫ 바에 ᄎᆞᆷ아 居(거)티 몯ᄒᆞ야 鄕人(향인)과 더부러 處(쳐)홈을 思(ᄉᆞ)호듸 朝衣(됴의)와 朝冠(됴관)으로ᄡᅥ 塗炭(도탄)애 안즘 ᄀᆞᆮ티 녀기더니 紂(듀)의 時(시)를 當(당)ᄒᆞ야 北海(북ᄒᆡ)ㅅ ᄀᆞ애 샤라 ᄡᅥ 天下(텬하)의 淸(쳥)홈을 기드리니 故(고)로 伯夷(ᄇᆡᆨ이)의 風(풍)을 드른 者(쟈)ᄂᆞᆫ 頑(완)ᄒᆞᆫ 夫(부)ㅣ 廉(렴)ᄒᆞ며 懦(라)ᄒᆞᆫ 夫(부)ㅣ 立(립)ᄒᆞᆫ 志(지)를 두니라

伊尹(이윤)은 ᄀᆞᆯ오ᄃᆡ 어ᄂᆡ 事(ᄉᆞ)ᄒᆞ면 君(군)이 아니며 어ᄂᆡ 使(ᄉᆞ)ᄒᆞ면 民(민)이 아니리오 ᄒᆞ야 治(티)ᄒᆞ야도 ᄯᅩᄒᆞᆫ 進(진)ᄒᆞ며 亂(란)ᄒᆞ야도 ᄯᅩᄒᆞᆫ 進(진)ᄒᆞ야 ᄀᆞᆯ오ᄃᆡ 天(텬)의 이 民(민)을 生(ᄉᆡᆼ)ᄒᆞ샴이 몬져 아니로 ᄒᆡ여곰 後(후)에 알리ᄅᆞᆯ ᄭᆡ오며 몬져 ᄭᆡ니로 ᄒᆡ여곰 後(후)에 ᄭᆡ리ᄅᆞᆯ ᄭᆡ오게 홈이시니 나ᄂᆞᆫ 天民(텬민)의 몬져 ᄭᆡᆫ 者(쟈)라 내 장ᄎᆞᆺ 이 道(도)로ᄡᅥ 이 民(민)을 ᄭᆡ올 거시라 ᄒᆞ고 天下(텬하)의 民(민)이 匹夫(필부)ㅣ며 匹婦(필부)ㅣ 堯舜(요슌)의 澤(ᄐᆡᆨ)을 참예ᄒᆞ야 닙디 몯ᄒᆞᆫ 이 이쇼믈 思(ᄉᆞ)호ᄃᆡ 내 미러 溝中(구듕)에 녀홈 ᄀᆞᆺ티 녀기니 그 天下(텬하)의 重(듕)으로ᄡᅥ 스스로 任(임)홈이니라

柳下惠(류하혜)ᄂᆞᆫ 汙君(오군)을 羞(슈)티 아니ᄒᆞ며 小官(쇼관)을 辭(ᄉᆞ)티 아니ᄒᆞ며 進(진)ᄒᆞ면 賢(현)을 隱(은)티 아니ᄒᆞ야 반ᄃᆞ시 그 道(도)로ᄡᅥ ᄒᆞ며 遺佚(유일)ᄒᆞ야도 怨(원)티 아니ᄒᆞ며 阨窮(ᄋᆡᆨ궁)ᄒᆞ야도 憫(민)티 아니ᄒᆞ며 鄉人(향인)과 더브러 處(쳐)홈애 由由(유유)히 ᄎᆞᆷ아 去(거)티 몯ᄒᆞ야 네 네오 내 내니 비록 내 겻ᄐᆡ셔 袒裼(단셕)ᄒᆞ며 裸裎(라뎡)ᄒᆞᆫᄃᆞᆯ 네 엇디 能(능)히 나ᄅᆞᆯ 더러이리오 ᄒᆞ니 故(고)로 柳下惠(류하혜)의 風(풍)을 드른 者(쟈)ᄂᆞᆫ 鄙(비)ᄒᆞᆫ 夫(부)ㅣ 寬(관)ᄒᆞ며 薄(박)ᄒᆞᆫ 夫(부)ㅣ 敦(돈)ᄒᆞ니라

孔子(공ᄌᆞ)ㅣ 齊(졔)ᄅᆞᆯ 去(거)ᄒᆞ실 제 淅(셕)을 接(졉)ᄒᆞ야 行(ᄒᆡᆼ)ᄒᆞ시고 魯(로)ᄅᆞᆯ 去(거)ᄒᆞ실 제 ᄀᆞᄅᆞ샤ᄃᆡ 遲遲(디디)ᄒᆞ다 내의 行(ᄒᆡᆼ)이여 ᄒᆞ시니 父母(부모)의 國(국)을 去(거)ᄒᆞᄂᆞᆫ 道(도)ㅣ라 可(가)히 ᄡᅥ 速(속)히 ᄒᆞᆯ ᄃᆡ 速(속)히 ᄒᆞ시고 可(가)히 ᄡᅥ 久(구)히 ᄒᆞᆯ ᄃᆡ 久(구)히 ᄒᆞ시고 可(가)히 ᄡᅥ 處(쳐)ᄒᆞᆯ 제 處(쳐)ᄒᆞ시고 可(가)히 ᄡᅥ 仕(ᄉᆞ)ᄒᆞᆯ 제 仕(ᄉᆞ)ᄒᆞ신 이ᄂᆞᆫ 孔子(공ᄌᆞ)ㅣ시니라

孟子(ᄆᆡᆼᄌᆞ)ㅣ ᄀᆞᄅᆞ샤ᄃᆡ 伯夷(ᄇᆡᆨ이)ᄂᆞᆫ 聖(셩)의 清(쳥)ᄒᆞᆫ 者(쟈)ㅣ오 伊尹(이윤)은 聖(셩)의 任(임)ᄒᆞᆫ 者(쟈)ㅣ오 柳下惠(류하혜)ᄂᆞᆫ 聖(셩)의 和(화)ᄒᆞᆫ 者(쟈)ㅣ오 孔子(공ᄌᆞ)ᄂᆞᆫ 聖(셩)의 時(시)ᄒᆞᆫ 者(쟈)ㅣ시니라

孔子(공ᄌᆞ)ᄅᆞᆯ 닐온 集(집)ᄒᆞ야 큰 成(셩)이니 集(집)ᄒᆞ야 큰 成(셩)은 金(금)으로 聲(셩)코 玉(옥)으로 振(진)홈이니 金(금)으로 聲(셩)홈은 처음 條理(됴리)오 玉(옥)으로 振(진)홈은 내죵 條理(됴리)니 처음 條理(됴리)ᄂᆞᆫ 智(디)의 일이오 내죵 條理(됴리)ᄂᆞᆫ 聖(셩)의 일이니라

智(디)ᄅᆞᆯ 譬(비)컨댄 巧(교)ㅣ오 聖(셩)을 譬(비)컨댄 力(력)이니 百步(ᄇᆡᆨ보) 밧긔 ᄲᅩᆷ ᄀᆞᆺᄐᆞ니 그 至(지)홈은 力(력)이어니와 그 中(듕)홈은 力(력)이 아니니라

133(10-2) 周室班爵祿

北宮錡問曰:「周室班爵祿也, 如之何?」

孟子曰:「其詳不可得而聞也. 諸侯惡其害己也, 而皆去其籍. 然而軻也, 嘗聞其略也. 天子一位, 公一位, 侯一位, 伯一位, 子·男同一位, 凡五等也. 君一位, 卿一位, 大夫一位, 上士一位, 中士一位, 下士一位, 凡六等. 天子之制, 地方千里, 公侯皆方百里, 伯七十里, 子·男五十里,凡四等. 不能五十里, 不達於天子, 附於諸侯, 曰附庸. 天子之卿受地視侯, 大夫受地視伯, 元士受地視子·男. 大國地方百里, 君十卿祿, 卿祿四大夫, 大夫倍上士, 上士倍中士, 中士倍下士, 下士與庶人在官者同祿, 祿足以代其耕也. 次國地方七十里, 君十卿祿, 卿祿三大夫, 大夫倍上士, 上士倍中士, 中士倍下士, 下士與庶人在官者同祿, 祿足以代其耕也. 小國地方五十里, 君十卿祿, 卿祿二大夫, 大夫倍上士, 上士倍中士, 中士倍下士, 下士與庶人在官者同祿, 祿足以代其耕也. 耕者之所獲, 一夫百畝. 百畝之糞, 上農夫食九人, 上次食八人, 中食七人, 中次食六人, 下食五人. 庶人在官者, 其祿以是爲差.」

① 陶山本

北宮錡(븍궁의) 묻ᄌᆞ와 ᄀᆞᆯ오ᄃᆡ 周室(쥬실)의 爵(쟉)과 祿(록)을 班(반)ᄒᆞ욤은 엇디 ᄒᆞ더니잇고

孟子(ᄆᆡᆼᄌᆞ)ㅣ ᄀᆞᆯᄋᆞ샤ᄃᆡ 그 詳(샹)은 可(가)히 시러곰 듣디 몯ᄒᆞ리로다 諸侯(져후)ㅣ 그 己(긔)를 害(해)홈을 惡(오)ᄒᆞ야 다 그 籍(젹)을 去(거)ᄒᆞ얏거니와 그러나 軻(가)ㅣ 일쯕 그 略(략)을 드런노라

天子(텬ᄌᆞ)ㅣ ᄒᆞᆫ 位(위)오 公(공)이 ᄒᆞᆫ 位(위)오 侯(후)ㅣ ᄒᆞᆫ 位(위)오 伯(ᄇᆡᆨ)이 ᄒᆞᆫ 位(위)오 子와 男(남)이 ᄒᆞᆫ 가지로 ᄒᆞᆫ 位(위)니 믈읫 다ᄉᆞᆺ 等(ᄃᆞᆼ)이라 君(군)이 ᄒᆞᆫ 位(위)오 卿(경)이 ᄒᆞᆫ 位(위)오 태위 ᄒᆞᆫ 位(위)오 上士(샹ᄉᆞ)ㅣ ᄒᆞᆫ 位(위)오 中士(듕ᄉᆞ)ㅣ ᄒᆞᆫ 位(위)오 下士(하ᄉᆞ)ㅣ ᄒᆞᆫ 位(위)니 믈읫 여ᄉᆞᆺ 等(ᄃᆞᆼ)이라

天子(텬ᄌᆞ)의 制(졔)ᄂᆞᆫ ᄯᅡ히 方(방)이 千里(쳔리)오 公(공)과 侯(후)ᄂᆞᆫ 다 方(방)이 百里(ᄇᆡᆨ리)오 伯(ᄇᆡᆨ)은 七十里(칠십리)오 子(ᄌᆞ)와 男(남)은 五十里(오십리)니 믈읫 네 等(ᄃᆞᆼ)이라 五十里(오십리)예 能(ᄂᆞᆼ)티 몯ᄒᆞ니ᄂᆞᆫ 天子(텬ᄌᆞ)ᄭᅴ 達(달)티 몯ᄒᆞ야 諸侯(져후)에 附(부)ᄒᆞᄂᆞ니 ᄀᆞᆯ온 附庸(부용)이니라

天子(텬ᄌᆞ)의 卿(경)은 地(디) 受(슈)홈을 侯(후)에 視(시)ᄒᆞ고 태우ᄂᆞᆫ 地(디) 受(슈)홈을 伯(ᄇᆡᆨ)에 視(시)ᄒᆞ고 元士(원ᄉᆞ)는 地(디) 受(슈)홈을 子男(ᄌᆞ남)에 視(시)ᄒᆞᄂᆞ니라

큰 나라흔 ᄯᅡ히 方(방)이 百里(ᄇᆡᆨ리)니 君(군)은 卿(경)의 祿(록)에셔 열히오 卿(경)의 祿(록)은 태우에셔 네히오 태우ᄂᆞᆫ 上士(샹ᄉᆞ)에셔 倍(ᄇᆡ)ᄒᆞ고 上士(샹ᄉᆞ)ᄂᆞᆫ 中士(듕ᄉᆞ)에셔 倍(ᄇᆡ)ᄒᆞ고 中士(듕ᄉᆞ)는 下士(하ᄉᆞ)에셔 倍(ᄇᆡ)ᄒᆞ고 下士(하ᄉᆞ)와 다ᄆᆺ 庶人(셔ᄉᆡᆫ) 官(관)에 인ᄂᆞᆫ 者(쟈)ᄂᆞᆫ 祿(록)이 ᄒᆞᆫ 가지니 祿(록)이 足(죡)히 ᄡᅧ 그 耕(경)을 代(ᄃᆡ)ᄒᆞᄂᆞ니라

버근 나라ᄒᆞᆫ ᄯᅡ히 方(방)이 七十里(칠십리)니 君(군)은 卿(경)의 祿(록)에셔 열히오 卿(경)의 祿(록)은 태우에셔 세히오 태우ᄂᆞᆫ 上士(샹ᄉᆞ)에셔 倍(ᄇᆡ)ᄒᆞ고 上士(샹ᄉᆞ)ᄂᆞᆫ 中士(듕ᄉᆞ)에셔 倍(ᄇᆡ)ᄒᆞ고 中士(듕ᄉᆞ)ᄂᆞᆫ 下士(하ᄉᆞ)에셔 倍(ᄇᆡ)ᄒᆞ고 下士(하ᄉᆞ)와 다ᄆᆺ 庶人(셔ᄉᆡᆫ) 官(관)에 인ᄂᆞᆫ 者(쟈)ᄂᆞᆫ 祿(록)이 ᄒᆞᆫ 가지니 祿(록)이 足(죡)히 ᄡᅧ 그 耕(경)을

代(딕)ᄒᆞᄂᆞ니라

져근 나라ᄒᆞᆫ 싸히 方(방)이 五十里(오십리)니 君(군)은 卿(경)의 祿(록)에셔 열히오 卿(경)의 祿(록)은 태우에셔 둘히오 태우ᄂᆞᆫ 上士(샹ᄉᆞ)에셔 倍(빅)ᄒᆞ고 上士(샹ᄉᆞ)ᄂᆞᆫ 中士(듕ᄉᆞ)에셔 倍(빅)ᄒᆞ고 中士(듕ᄉᆞ)ᄂᆞᆫ 下士(하ᄉᆞ)에셔 倍(빅)ᄒᆞ고 下士(하ᄉᆞ)와 다ᄆᆞᆺ 庶人(셔싄) 官(관)에 인ᄂᆞᆫ 者(쟈)ᄂᆞᆫ 祿(록)이 ᄒᆞᆫ 가지니 祿(록)이 足(족)히 ᄡᅥ 그 耕(경)을 代(딕)ᄒᆞᄂᆞ니라

耕(경)ᄒᆞᄂᆞᆫ 者(쟈)의 獲(획)ᄒᆞᄂᆞᆫ 바ᄂᆞᆫ 一夫(일부)ㅣ 百畝(빅모)ㅣ니 百畝(빅모)엣 糞(분)에 上農夫(샹농부)ᄂᆞᆫ 九人(구싄)을 먹키고 上(샹)에 次(ᄎᆞ)ᄂᆞᆫ 八人(팔싄)을 먹키고 中(듕)은 七人(칠싄)을 먹키고 中(듕)에 次(ᄎᆞ)ᄂᆞᆫ 六人(륙싄)을 먹키고 下(하)ᄂᆞᆫ 五人(오싄)을 먹키ᄂᆞ니 庶人(셔싄) 官(관)에 인ᄂᆞᆫ 者(쟈)ㅣ 그 祿(록)이 일로ᄡᅥ 차등을 ᄒᆞᄂᆞ니라

② 栗谷本

北宮錡(븍궁의)ㅣ 問(문)ᄒᆞ야 ᄀᆞᆯ오ᄃᆡ 周室(쥬실)의 爵祿(쟉록) 班(반)ᄒᆞ기ᄂᆞᆫ 엇디 ᄒᆞ니잇고

孟子(ᄆᆡᆼᄌᆞ)ㅣ ᄀᆞᄅᆞ샤ᄃᆡ 그 詳(샹)은 可(가)히 시러곰 듯디 몯ᄒᆞᆯ 디니 諸侯(져후)ㅣ 그 己(긔)예 害(해)홈을 아쳐ᄒᆞ야 다 그 籍(젹)을 去(거)ᄒᆞ얏거니와 그러나 軻(가)ㅣ 일즉 그 略(략)을 드럿노라

天子(텬ᄌᆞ)ㅣ ᄒᆞᆫ 位(위)오 公(공)이 ᄒᆞᆫ 位(위)오 侯(후)ㅣ ᄒᆞᆫ 位(위)오 伯(빅)이 ᄒᆞᆫ 位(위)오 子와 男(남)이 이ᄀᆞᆺ티 ᄒᆞᆫ 位(위)니 믈릇 五等(오등)이라 君(군)이 ᄒᆞᆫ 位(위)오 卿(경)이 ᄒᆞᆫ 位(위)오 大夫(대부)ㅣ ᄒᆞᆫ 位(위)오 上士(샹ᄉᆞ)ㅣ ᄒᆞᆫ 位(위)오 中士(듕ᄉᆞ)ㅣ ᄒᆞᆫ 位(위)오 下士(하ᄉᆞ)ㅣ ᄒᆞᆫ 位(위)니 므릇 六等(륙등)이라

天子(텬ᄌᆞ)의 制(제)ᄂᆞᆫ 地方(디방)이 千里(쳔리)오 公(공)과 侯(후)ᄂᆞᆫ 다 方(방) 百里(빅리)오 伯(빅)은 七十里(칠십리)오 子(ᄌᆞ)와 男(남)은 五十里(오십리)니 므릇 四等(ᄉᆞ등)이라 能(능)히 五十里(오십리) 몯ᄒᆞᆫ 이ᄂᆞᆫ 天子(텬ᄌᆞ)ᄭᅴ 達(달)티 몯ᄒᆞ야 諸侯(져후)에 附(부)ᄒᆞ니 ᄀᆞᆯ온 附庸(부용)이니라

天子(텬ᄌᆞ)의 卿(경)은 地(디)ᄅᆞᆯ 受(슈)호ᄃᆡ 侯(후)ᄅᆞᆯ 視(시)ᄒᆞ고 大夫(대부)ᄂᆞᆫ 地(디)ᄅᆞᆯ 受(슈)호ᄃᆡ 伯(빅)을 視(시)ᄒᆞ고 元士(원ᄉᆞ)는 地(디)ᄅᆞᆯ 受(슈)호ᄃᆡ 子男(ᄌᆞ남)을 視(시)ᄒᆞ니라

큰 나라흔 地方(디방)이 百里(빅리)예 君(군)은 열 卿(경) 祿(록)이오 卿(경)의 祿(록)은 네 大夫(대부)ㅣ오 大夫(대부)ᄂᆞᆫ 上士(샹ᄉᆞ)의게 倍(빅)ᄒᆞ고 上士(샹ᄉᆞ)ᄂᆞᆫ 中士(듕ᄉᆞ)의게 倍(빅)ᄒᆞ고 中士(듕ᄉᆞ)ᄂᆞᆫ 下士(하ᄉᆞ)의게 倍(빅)ᄒᆞ고 下士(하ᄉᆞ)ᄂᆞᆫ 庶人(셔인)이 官(관)에 잇ᄂᆞᆫ 者(쟈)로 더브러 祿(록)이 ᄒᆞᆫ 가지니 祿(록)이 足(족)히 ᄡᅥ 그 耕(경)을 代(딕)케 ᄒᆞ니라

버금 나라흔 地方(디방)이 七十里(칠십리)예 君(군)은 열 卿(경) 祿(록)이오 卿(경)의 祿(록)은 세 大夫(대부)ㅣ오 大夫(대부)ᄂᆞᆫ 上士(샹ᄉᆞ)의게 倍(빅)ᄒᆞ고 上士(샹ᄉᆞ)ᄂᆞᆫ 中士(듕ᄉᆞ)의게 倍(빅)ᄒᆞ고 中士(듕ᄉᆞ)ᄂᆞᆫ 下士(하ᄉᆞ)의게 倍(빅)ᄒᆞ고 下士(하ᄉᆞ)ᄂᆞᆫ 庶人(셔인)이 官(관)에 잇ᄂᆞᆫ 者(쟈)로 더브러 祿(록)이 ᄒᆞᆫ 가지니 祿(록)이 足(족)히 ᄡᅥ 그 耕(경)을 代(딕)케 ᄒᆞ니라

져근 나라흔 地方(디방)이 五十里(오십리)예 君(군)은 열 卿(경) 祿(록)이오 卿(경)의 祿(록)은 두 大夫(대부)ㅣ오 大夫(대부)는 上士(샹ᄉᆞ)의게 倍(빅)ᄒᆞ고 上士(샹ᄉᆞ)는 中士(듕ᄉᆞ)의게 倍(빅)ᄒᆞ고 中士(듕ᄉᆞ)는 下士(하ᄉᆞ)의게 倍(빅)ᄒᆞ고 下士(하ᄉᆞ)는 庶人(셔인)이 官(관)에 잇는 者(쟈)로 더브러 祿(록)이 ᄒᆞᆫ 가지니 祿(록)이 足(죡)히 뻐 그 耕(경)을 代(ᄃᆡ)케 ᄒᆞ니라

耕者(경쟈)의 獲(획)ᄒᆞᄂᆞᆫ 바는 ᄒᆞᆫ 夫(부)ㅣ 百畝(빅모)ㅣ니 百畝(빅모)의 糞(분)홈애 上農夫(샹농부)는 九人(구인)을 食(ᄉᆞ)ᄒᆞ고 上(샹)의 次(ᄎᆞ)는 八人(팔인)을 食(ᄉᆞ)ᄒᆞ고 中(듕)은 七人(칠인)을 食(ᄉᆞ)ᄒᆞ고 中(듕)의 次(ᄎᆞ)는 六人(륙인)을 食(ᄉᆞ)ᄒᆞ고 下(하)는 五人(오인)을 食(ᄉᆞ)ᄒᆞ니 庶人(셔인)이 官(관)에 잇는 者(쟈)ㅣ 그 祿(록)이 일로뻐 차등을 ᄒᆞ니라

134(10-3) 貴貴尊賢

萬章問曰:「敢問友.」

孟子曰:「不挾長, 不挾貴, 不挾兄弟而友. 友也者, 友其德也, 不可以有挾也. 孟獻子, 百乘之家也, 有友五人焉: 樂正裘·牧仲, 其三人, 則予忘之矣. 獻子之與此五人者友也, 無獻子之家者也. 此五人者, 亦有獻子之家, 則不與之友矣. 非惟百乘之家爲然也. 雖小國之君亦有之. 費惠公曰:『吾於子思, 則師之矣; 吾於顔般, 則友之矣; 王順·長息, 則事我者也.』非惟小國之君爲然也, 雖大國之君亦有之. 晉平公之於亥唐也, 入云則入, 坐云則坐, 食云則食. 雖疏食菜羹, 未嘗不飽, 蓋不敢不飽也. 然終於此而已矣. 弗與共天位也, 弗與治天職也, 弗與食天祿也, 士之尊賢者也, 非王公之尊賢也. 舜尙見帝, 帝館甥于貳室, 亦饗舜, 迭爲賓主, 是天子而友匹夫也. 用下敬上, 謂之貴貴; 用上敬下, 謂之尊賢. 貴貴尊賢, 其義 一也.」

① 陶山本

萬章(만쟝)이 묻ᄌᆞ와 ᄀᆞᆯ오ᄃᆡ 敢(감)히 友(우)홈을 묻ᄌᆞᆸ노이다 孟子(ᄆᆡᆼᄌᆞ)ㅣ ᄀᆞᆯᄋᆞ샤ᄃᆡ 長(댱)을 挾(협)디 아니ᄒᆞ며 貴(귀)를 挾(협)디 아니ᄒᆞ며 兄弟(형뎨)를 挾(협)디 아니ᄒᆞ야 友(우)홀 ᄯᅵ니 友(우)ᄒᆞ욤은 그 德(덕)을 友(우)홈이니 可(가)히 뻐 挾(협)홈을 두디 몯홀 꺼시니라

孟獻子(ᄆᆡᆼ헌ᄌᆞ)는 百乘(승)ㅅ 家(가)ㅣ라 벋 五人(오신)을 둣더니 樂正裘(악졍구)와 牧仲(목듕)이오 그 三人(삼신)인 則(즉) 내 忘(망)호라 獻子(헌ᄌᆞ)의 이 五人者(오신쟈)로

더블어 友(우)ᄒᆞ욤애 獻子(헌ᄌᆞ)의 家(가)ㅣ 업슨 者(쟈)ㅣ니 이 五人者(오신쟈)ㅣ ᄯᅩᄒᆞᆫ 獻子(헌ᄌᆞ)의 家(가)를 有(유)ᄒᆞ면 곧 더블어 友(우)티 아니ᄒᆞ리라

오직 百乘(ᄇᆡᆨ승)ㅅ 家(가)ㅣ 그러ᄒᆞᆯ ᄲᅮᆫ이 아니라 비록 小國(쇼국)엣 君(군)이라도 ᄯᅩᄒᆞᆫ 이시니 費惠公(비혜공)이 ᄀᆞᆯ오ᄃᆡ 내 子思(ᄌᆞᄉᆞ)애ᄂᆞᆫ 師(ᄉᆞ)ᄒᆞ고 내 顔般(안반)애ᄂᆞᆫ 友(우)ᄒᆞ고 王順(왕슌)과 長息(댱식)이ᄂᆞᆫ 나를 事(ᄉᆞ)ᄒᆞᄂᆞᆫ 者(쟈)ㅣ라 ᄒᆞ니라

오직 小國(쇼국)엣 君(군)이 그러ᄒᆞᆯ ᄲᅮᆫ니 아니라 비록 大國(대국)엣 君(군)이라도 ᄯᅩᄒᆞᆫ 이시니 晉平公(진평공)이 亥唐(히당)의게 入(십)ᄒᆞ라 니ᄅᆞ면 入(십)ᄒᆞ며 坐(좌)ᄒᆞ라 니ᄅᆞ면 坐(좌)ᄒᆞ며 食(식)ᄒᆞ라 니ᄅᆞ면 食(식)ᄒᆞ야 비록 蔬食(소ᄉᆞ)와 菜羹(ᄎᆡᆼ)이라도 일쯕 飽(포)티 아니티 아니ᄒᆞ니 敢(감)히 飽(포)티 아니티 몯ᄒᆞ얘니라 그러나 이예 終(죵)ᄒᆞᆯ ᄯᆞᄅᆞᆷ이오 더블어 天位(텬위)를 共(공)티 아니ᄒᆞ며 더블어 天職(텬직)을 治(티)티 아니ᄒᆞ며 더블어 天祿(텬록)을 食(식)디 아니ᄒᆞ니 士(ᄉᆞ)의 賢(현)을 尊(존)홈이라 王公(왕공)의 賢(현)을 尊(존)홈이 아니니라

舜(슌)이 尙(샹)ᄒᆞ야 帝(뎨)를 보ᄋᆞ와시ᄂᆞᆯ 帝(뎨)ㅣ 甥(싱)을 貳室(ᄉᆡ실)에 館(관)ᄒᆞ시고 ᄯᅩᄒᆞᆫ 舜(슌)의게 饗(향)ᄒᆞ샤 서ᄅᆞ 賓(빈)이며 主(쥬)ㅣ 되시니 이ᄂᆞᆫ 天子(텬ᄌᆞ)ㅣ오 匹夫(필부)를 友(우)홈이니라

下(하)로ᄡᅥ 上(샹)을 敬(경)ᄒᆞ욤을 貴(귀)를 貴(귀)홈이라 니ᄅᆞ고 上(샹)으로ᄡᅥ 下(하)를 敬(경)ᄒᆞ욤을 賢(현)을 尊(존)홈이라 니ᄅᆞᄂᆞ니 貴(귀)를 貴(귀)ᄒᆞ며 賢(현)을 尊(존)홈이 그 義(의)ㅣ ᄒᆞᆫ 가지니라

② 栗谷本

萬章(만쟝)이 問(문)ᄒᆞ야 ᄀᆞᆯ오ᄃᆡ 敢(감)히 友(우)를 問(문)ᄒᆞ노이다 孟子(ᄆᆡᆼᄌᆞ)ㅣ ᄀᆞᄅᆞ샤ᄃᆡ 長(댱)을 挾(협)디 말며 貴(귀)를 挾(협)디 말며 兄弟(형뎨)를 挾(협)디 말고 友(우)ᄒᆞᆯ 디니 友(우)ᄂᆞᆫ 그 德(덕)을 友(우)홈이라 可(가)히 ᄡᅧ 挾(협)을 두디 몯ᄒᆞᆯ 디니라

孟獻子(ᄆᆡᆼ헌ᄌᆞ)ᄂᆞᆫ 百乘(승)의 집이라 벗 다ᄉᆞᆺ 사ᄅᆞᆷ을 듯더니 樂正裘(악졍구)와 牧仲(목듕)이오 그 세 사ᄅᆞᆷ은 내 니조라 獻子(헌ᄌᆞ)의 이 다ᄉᆞᆺ 사ᄅᆞᆷ으로 더브러 友(우)홈은 獻子(헌ᄌᆞ)의 집을 업신녀기ᄂᆞᆫ 者(쟈)ㅣ니 이 다ᄉᆞᆺ 사ᄅᆞᆷ이 ᄯᅩᄒᆞᆫ 獻子(헌ᄌᆞ)의 집을 잇게 녀기면 더브러 友(우)티 아니ᄒᆞ리라

오직 百乘(ᄇᆡᆨ승) 집만 그러ᄒᆞᆯ ᄲᅮᆫ 아니라 비록 져근 나라 님금이라도 ᄯᅩᄒᆞᆫ 두니 費惠公(비혜공)이 ᄀᆞᄅᆞ샤ᄃᆡ 내 子思(ᄌᆞᄉᆞ)에ᄂᆞᆫ 스승삼고 내 顔般(안반)에ᄂᆞᆫ 벗삼고 王順(왕슌)과 長息(댱식)은 나를 셤길 者(쟈)ㅣ라 ᄒᆞ니라

오직 져근 나라 님금만 그러ᄒᆞᆯ ᄲᅮᆫ 아니라 비록 큰 나라 님금이라도 ᄯᅩᄒᆞᆫ 두니 晉平公(진평공)이 亥唐(히당)의게 들라 니르면 들고 안ᄌᆞ라 니르면 안ᄶᅩ 食(식)ᄒᆞ라 니르면 食(식)ᄒᆞ야 비록 蔬食(소ᄉᆞ)와 菜羹(ᄎᆡᆼ)이라도 일즉 飽(포)티 아니티 아니ᄒᆞ시니 飽(포)티 아니홈을 敢(감)티 몯홈이라 그러나 이예 ᄆᆞᄎᆞᆯ 만ᄒᆞ고 더브러 天位(텬위)를 共(공)티 아니ᄒᆞ며 더브러 天職(텬직)을 治(티)티 아니ᄒᆞ며 더브러 天祿(텬록)을 食(식)디 아니ᄒᆞ니 士(ᄉᆞ)의 賢(현)을 尊(존)홈이오 王公(왕공)의 賢(현)을 尊(존)홈이 아니니라

舜(슌)이 올라 帝(졔)ᄭᅴ 뵈ᄋᆞ와시ᄂᆞᆯ 帝(뎨)ㅣ 甥(싱)을 貳室(이실)에 館(관)ᄒᆞ시고 ᄯᅩᄒᆞᆫ

舜(슌)의 饗(향)ᄒᆞ이샤 서ᄅᆞ 賓主(빈쥬)ㅣ 되시니 이ᄂᆞᆫ 天子(텬ᄌᆞ)로 匹夫(필부)를 友(우)ᄒᆞ시미니라

下(하)로ᄡᅥ 上(샹)을 敬(경)홈을 貴(귀)를 貴(귀)홈이라 니르고 上(샹)으로ᄡᅥ 下(하)를 敬(경)홈을 賢(현)을 尊(존)홈이라 니른 지라 貴(귀)를 貴(귀)홈과 賢(현)을 尊(존)홈이 그 義(의)ㅣ ᄒᆞᆫ나히니라

135(10-4) 交際

萬章問曰:「敢問交際, 何心也?」

孟子曰:「恭也.」

曰:「『卻之卻之爲不恭』, 何哉?」

曰:「尊者賜之, 曰『其所取之者, 義乎, 不義乎?』而後受之, 以是爲不恭, 故弗卻也.」

曰:「請無以辭卻之, 以心卻之, 曰『其取諸民之不義也』, 而以他辭無受, 不可乎?」

曰:「其交也以道, 其接也以禮, 斯孔子受之矣.」

萬章曰:「今有禦人於國門之外者, 其交也以道, 其餽也以禮, 斯可受禦與?」

曰:「不可. 康誥曰:『殺越人于貨, 閔不畏死, 凡民罔不譈.』是不待教而誅者也. 殷受夏, 周受殷, 所不辭也. 於今爲烈, 如之何其受之?」

曰:「今之諸侯取之於民也, 猶禦也. 苟善其禮際矣, 斯君子受之, 敢問何說也?」

曰:「子以爲有王者作, 將比今之諸侯而誅之乎? 其教之不改而後誅之乎? 夫謂非其有而取之者盜也, 充類至義之盡也. 孔子之仕於魯也, 魯人獵較, 孔子亦獵較. 獵較猶可, 而況受其賜乎?」

曰:「然則孔子之仕也, 非事道與?」

曰:「事道也.」

「事道奚獵較也?」

曰:「孔子先簿正祭器, 不以四方之食供簿正.」

曰:「奚不去也?」

曰:「爲之兆也. 兆足以行矣, 而不行, 而後去, 是以未嘗有所終三年淹也. 孔子有見行可之仕, 有際可之仕, 有公養之仕. 於季桓子, 見行可之仕也; 於衛靈公, 際可之仕也; 於衛孝公, 公養之仕也.」

① 陶山本

萬章(만쟝)이 묻ᄌᆞ와 ᄀᆞᆯ오ᄃᆡ 敢(감)히 묻ᄌᆞᆸ노이다 交際(교졔)ᄒᆞ욤은 엇딘 ᄆᆞ음이니잇고 孟子(ᄆᆡᆼᄌᆞ)ㅣ ᄀᆞᆯᄋᆞ샤ᄃᆡ 恭(공)홈이니라

ᄀᆞᆯ오ᄃᆡ 卻(각)ᄒᆞ욤이 恭(공)티 아니타 홈은 엇디잇고 ᄀᆞᆯᄋᆞ샤ᄃᆡ 尊者(존쟈)ㅣ 賜(ᄉᆞ)ᄒᆞ거든 ᄀᆞᆯ오ᄃᆡ 그 取(취)ᄒᆞᆫ 밧 者(쟈)ㅣ 義(의)ㄴ가 義(의) 아닌가 ᄒᆞᆫ 後(후)에 受(슈)ᄒᆞᄂᆞᆫ 디라 일로ᄡᅥ 恭(공)티 아니타 ᄒᆞ니 故(고)로 卻(각)디 아니ᄒᆞᄂᆞ니라

ᄀᆞᆯ오ᄃᆡ 請(쳥)컨댄 辭(ᄉᆞ)로ᄡᅥ 卻(각)디 말오 心(심)으로ᄡᅥ 卻(각)ᄒᆞ야 ᄀᆞᆯ오ᄃᆡ 그 民(민)의게 取(취)홈이 義(의) 아니라 ᄒᆞ야 他辭(타ᄉᆞ)로ᄡᅥ 受(슈)티 마롬이 可(가)티 아니ᄒᆞ니잇가 ᄀᆞᆯᄋᆞ샤ᄃᆡ 그 交(교)홈이 道(도)로ᄡᅥ ᄒᆞ고 그 接(졉)홈이 禮(례)로ᄡᅥ ᄒᆞ면 이ᄂᆞᆫ 孔子(공ᄌᆞ)도 受(슈)ᄒᆞ시니라

萬章(만쟝)이 ᄀᆞᆯ오ᄃᆡ 이제 人(신)을 國門(국문) 外(외)예 禦(어)ᄒᆞᄂᆞᆫ 者(쟈)ㅣ 그 交(교)홈이 道(도)로ᄡᅥ ᄒᆞ고 그 餽(궤)홈이 禮(례)로ᄡᅥ ᄒᆞ면 이에 可(가)히 禦(어)ᄒᆞᆫ 거ᄉᆞᆯ 受(슈)ᄒᆞ리잇가 ᄀᆞᆯᄋᆞ샤ᄃᆡ 可(가)티 아니ᄒᆞ니 康誥(강고)애 ᄀᆞᆯ오ᄃᆡ 人(신)을 貨(화)애 殺(살)ᄒᆞ야 越(월)ᄒᆞ야 閔(민)히 死(ᄉᆞ)ᄅᆞᆯ 畏(외)티 아니ᄒᆞᄂᆞᆫ 이ᄅᆞᆯ 믈읫 民(민)이 譈(ᄃᆡ)티 아니리 업다 ᄒᆞ니 이ᄂᆞᆫ 敎(교)ᄅᆞᆯ 待(ᄃᆡ)티 아니ᄒᆞ야 誅(듀)ᄒᆞᆯ 者(쟈)ㅣ니 엇디 그 受(슈)ᄒᆞ리오

ᄀᆞᆯ오ᄃᆡ 이제 諸侯(져후)ㅣ 民(민)의게 取(취)ᄒᆞ욤이 禦(어)홈 ᄀᆞᆮ거ᄂᆞᆯ 진실로 그 禮(례)와 際(졔)ᄅᆞᆯ 善(션)히 ᄒᆞ면 이ᄂᆞᆫ 君子(군ᄌᆞ)도 受(슈)ᄒᆞᆫ다 ᄒᆞ시니 敢(감)히 묻ᄌᆞᆸ노이다 엇딘 말ᄉᆞᆷ이니잇고 ᄀᆞᆯᄋᆞ샤ᄃᆡ 子(ᄌᆞ)ㅣ ᄡᅥ 호ᄃᆡ 王者(왕쟈)ㅣ 作(작)ᄒᆞ리 이실 뗸댄 쟝ᄎᆞᆺ 이젯 諸侯(져후)ᄅᆞᆯ 比(비)ᄒᆞ야 誅(듀)ᄒᆞ랴 그 敎(교)ᄒᆞ야 改(ᄀᆡ)티 아니ᄒᆞᆫ 後(후)에 誅(듀)ᄒᆞ랴 그 두디 아닐 꺼ᄉᆞᆯ 取(취)ᄒᆞ욤을 盜(도)ㅣ라 닐옴은 類(류)ᄅᆞᆯ 充(츙)ᄒᆞ야 義(의) 盡(진)ᄒᆞ욤애 至(지)ᄒᆞ욤이라 孔子(공ᄌᆞ)ㅣ 魯(로)애 仕(ᄉᆞ)ᄒᆞ심애 魯人(로신)이 獵(렵)에 較(각)ᄒᆞ거ᄂᆞᆯ 孔子(공ᄌᆞ)ㅣ 쏘ᄒᆞᆫ 獵(렵)에 較(각)ᄒᆞ시니 獵(렵)에 較(각)ᄒᆞ욤도 오히려 可(가)ᄒᆞ곤 ᄒᆞ믈며 그 賜(ᄉᆞ)ᄅᆞᆯ 受(슈)홈이ᄯᆞᆫ녀

ᄀᆞᆯ오ᄃᆡ 그러면 孔子(공ᄌᆞ)의 仕(ᄉᆞ)ᄒᆞ심은 道(도)ᄅᆞᆯ 事(ᄉᆞ)티 아니 ᄒᆞ시니잇가 ᄀᆞᆯᄋᆞ샤ᄃᆡ 道(도)ᄅᆞᆯ 事(ᄉᆞ)ᄒᆞ시니라 道(도)ᄅᆞᆯ 事(ᄉᆞ)ᄒᆞ거시니 엇디 獵(렵)에 較(각)ᄒᆞ시니잇고 ᄀᆞᆯᄋᆞ샤ᄃᆡ 孔子(공ᄌᆞ)ㅣ 몬져 簿(부)로 祭器(졔긔)ᄅᆞᆯ 正(졍)ᄒᆞ샤 四方(ᄉᆞ방)읫 食(식)으로ᄡᅥ 簿正(부졍)ᄒᆞ욤을 供(공)티 아니ᄒᆞ시니라 ᄀᆞᆯ오ᄃᆡ 엇디 去(거)티 아니ᄒᆞ시니잇고 ᄀᆞᆯᄋᆞ샤ᄃᆡ 兆(됴)ᄅᆞᆯ 홈이시니 兆(됴)ㅣ 足(죡)히 ᄡᅥ 行(ᄒᆡᆼ)ᄒᆞ리로ᄃᆡ 行(ᄒᆡᆼ)티 몯ᄒᆞᆫ 후에 去(거)ᄒᆞ시니 일로ᄡᅥ 일쯕 三年(삼년)이 終(죵)토록 淹(엄)ᄒᆞ신 배 잇디 아니ᄒᆞ시니라

孔子(공ᄌᆞ)ㅣ 行(ᄒᆡᆼ)ᄒᆞ욤이 可(가)홈을 見(견)ᄒᆞ신 仕(ᄉᆞ)도 겨시며 際(졔)홈이 可(가)ᄒᆞᆫ 仕(ᄉᆞ)도 겨시며 公(공)의 養(양)으로 ᄒᆞ신 仕(ᄉᆞ)도 겨시니 季桓子(계환ᄌᆞ)앤 行(ᄒᆡᆼ)ᄒᆞ욤이

可(가)홈을 見(견)ᄒᆞ신 仕(ᄉᆞ)ㅣ오 衛靈公(위령공)앤 際(졔)홈이 可(가)ᄒᆞᆫ 仕(ᄉᆞ)ㅣ오 衛孝公(위효공)앤 公(공)의 養(양)으로 ᄒᆞ신 仕(ᄉᆞ)ㅣ니라

② 栗谷本

萬章(만쟝)이 問(문)ᄒᆞ야 ᄀᆞᆯ오ᄃᆡ 敢(감)히 問(문)ᄒᆞ노니 交際(교졔)는 므슴 ᄆᆞ음이니잇고 孟子(ᄆᆡᆼᄌᆞ)ㅣ ᄀᆞᄅᆞ샤ᄃᆡ 恭(공)이니라

ᄀᆞᆯ오ᄃᆡ 卻(각)홈을 不恭(블공)이라 홈은 엇디잇고 ᄀᆞᄅᆞ샤ᄃᆡ 尊者(존쟈)ㅣ 주어든 ᄀᆞᆯ오ᄃᆡ 그 取(취)ᄒᆞᆫ 배 義(의)ㄴ가 義(의)ㅣ 아닌가 ᄒᆞᆫ 後(후)에 바드면 일로ᄡᅥ 恭(공)이 아니라 ᄒᆞᄂᆞᆫ 디라 故(고)로 卻(각)디 아니ᄒᆞᆯ 디니라

ᄀᆞᆯ오ᄃᆡ 請(청)컨댄 辭(ᄉᆞ)로ᄡᅥ 卻(각)디 말고 心(심)으로ᄡᅥ 卻(각)ᄒᆞ야 ᄀᆞᆯ오ᄃᆡ 그 民(민)의게 取(취)홈이 義(의) 아니라 ᄒᆞ야 다른 말로ᄡᅥ 밧디 마로미 可(가)티 아니ᄒᆞ니잇가 ᄀᆞᄅᆞ샤ᄃᆡ 그 交(교)홈이 道(도)로ᄡᅥ ᄒᆞ며 그 接(졉)홈이 禮(례)로ᄡᅥ ᄒᆞ면 이ᄂᆞᆫ 孔子(공ᄌᆞ)ㅣ 바드시니라

萬章(만쟝)이 ᄀᆞᆯ오ᄃᆡ 이제 國門(국문) 밧긔 人(인)을 禦(어)ᄒᆞᆯ 者(쟈)ㅣ 이쇼ᄃᆡ 그 交(교)홈이 道(도)로ᄡᅥ ᄒᆞ며 그 餽(궤)홈이 禮(례)로ᄡᅥ ᄒᆞ면 이예 可(가)히 禦(어)ᄒᆞᆫ 거슬 바드리잇가 ᄀᆞᄅᆞ샤ᄃᆡ 可(가)티 아니ᄒᆞ니 康誥(강고)에 ᄀᆞᆯ오ᄃᆡ 人(인)을 殺越(살월)ᄒᆞ고 貨(화)를 가져 閔(민)히 死(ᄉᆞ)를 畏(외)티 아닛ᄂᆞᆫ 이를 凡民(범민)이 譈(ᄃᆡ)티 아니리 업다 ᄒᆞ니 이ᄂᆞᆫ 敎(교)를 기ᄃᆞ리디 아녀 誅(듀)ᄒᆞᆯ 者(쟈)ㅣ니 엇디 그 바드리오

ᄀᆞᆯ오ᄃᆡ 이제 諸侯(져후)ㅣ 民(민)의게 取(취)홈이 禦(어)홈 ᄀᆞᆺ거ᄂᆞᆯ 진실로 그 禮際(례졔)를 善(션)히 ᄒᆞ면 이ᄂᆞᆫ 君子(군ᄌᆞ)도 바드리라 ᄒᆞ시니 敢(감)히 問(문)ᄒᆞ노이다 엇딘 말이니잇고 ᄀᆞᄅᆞ샤ᄃᆡ 子(ᄌᆞ)ㅣ ᄡᅧ 王者(왕쟈)ㅣ 作(작)ᄒᆞ리 이실 딘댄 쟝ᄎᆞᆺ 이제 諸侯(져후)를 比(비)ᄒᆞ야 誅(듀)ᄒᆞ리라 ᄒᆞᄂᆞᆫ다 그 ᄀᆞᄅᆞ쳐 고티디 아닌 後(후)에 誅(듀)ᄒᆞ랴 그 둔 거시 아닌 거슬 取(취)ᄒᆞᄂᆞᆫ 者(쟈)를 盜(도)ㅣ라 니름은 類(류)를 充(츙)ᄒᆞ야 義(의)에 盡(진)홈애 至(지)홈이니 孔子(공ᄌᆞ)ㅣ 魯(로)에 仕(ᄉᆞ)ᄒᆞ실 제 魯(로)의 人(인)이 獵(렵)ᄒᆞ야 較(각)ᄒᆞ거ᄂᆞᆯ 孔子(공ᄌᆞ)ㅣ ᄯᅩᄒᆞᆫ 獵(렵)ᄒᆞ야 較(각)ᄒᆞ시니 獵較(렵각)도 오히려 可(가)커든 ᄒᆞ믈며 그 賜(ᄉᆞ)를 바드미ᄯᆞ녀

ᄀᆞᆯ오ᄃᆡ 그러면 孔子(공ᄌᆞ)의 仕(ᄉᆞ)ᄒᆞ샴이 道(도)를 事(ᄉᆞ)티 아니시니잇가 ᄀᆞᄅᆞ샤ᄃᆡ 道(도)를 事(ᄉᆞ)ᄒᆞ시니라 道(도)를 事(ᄉᆞ)호ᄃᆡ 엇디 獵較(렵각)ᄒᆞ시니잇고 ᄀᆞᄅᆞ샤ᄃᆡ 孔子(공ᄌᆞ)ㅣ 몬져 簿(부)로 祭器(졔긔)를 正(졍)ᄒᆞ샤 四方(ᄉᆞ방)의 食(식)으로ᄡᅥ 簿正(부졍)ᄒᆞ욤을 供(공)티 아니ᄒᆞ시니라 ᄀᆞᆯ오ᄃᆡ 엇디 去(거)티 아니ᄒᆞ시니잇고 ᄀᆞᄅᆞ샤ᄃᆡ 兆(됴)를 홈이시니 兆(됴)ㅣ 足(죡)히 ᄡᅧ 行(ᄒᆡᆼ)ᄒᆞᆯ 거시로ᄃᆡ 行(ᄒᆡᆼ)티 아닌 後(후)에 去(거)ᄒᆞ시니 일로ᄡᅥ 일즉 三年(삼년) ᄆᆞᆺ도록 淹(엄)ᄒᆞ실 배 잇디 아니터시다

孔子(공ᄌᆞ)ㅣ 行(ᄒᆡᆼ)이 可(가)홈을 보신 仕(ᄉᆞ)를 두시며 際(졔)ㅣ 可(가)ᄒᆞᆫ 仕(ᄉᆞ)를 두시며 公(공)의 養(양)ᄒᆞᄂᆞᆫ 仕(ᄉᆞ)를 두시니 季桓子(계환ᄌᆞ)의게ᄂᆞᆫ 行(ᄒᆡᆼ)이 可(가)홈을 보신 仕(ᄉᆞ)ㅣ오 衛靈公(위령공)의게ᄂᆞᆫ 際(졔)ㅣ 可(가)ᄒᆞᆫ 仕(ᄉᆞ)ㅣ오 衛孝公(위효공)의게ᄂᆞᆫ 公(공)의 養(양)ᄒᆞᄂᆞᆫ 仕(ᄉᆞ)ㅣ니라

136(10-5) 辭尊居卑

孟子曰:「仕非爲貧也, 而有時乎爲貧; 娶妻非爲養也, 而有時乎爲養. 爲貧者, 辭尊居卑, 辭富居貧. 辭尊居卑, 辭富居貧, 惡乎宜乎? 抱關擊柝. 孔子嘗爲委吏矣, 曰:『會計當而已矣.』嘗爲乘田矣, 曰:『牛羊茁壯, 長而已矣.』位卑而言高, 罪也; 立乎人之本朝, 而道不行, 恥也.」

① 陶山本

孟子(ᄆᆡᆼᄌᆞ)ㅣ ᄀᆞᆯᄋᆞ샤ᄃᆡ 仕(ᄉᆞ)ㅣ 貧(빈)을 爲(위)홈이 아니로ᄃᆡ 時(시)로 貧(빈)을 爲(위)홈도 이시며 妻(쳐)ᄅᆞᆯ 娶(취)홈이 養(양)을 爲(위)홈이 아니로ᄃᆡ 時(시)로 養(양)을 爲(위)홈도 인ᄂᆞ니라

貧(빈)을 爲(위)ᄒᆞᄂᆞᆫ 者(쟈)ᄂᆞᆫ 尊(존)을 辭(ᄉᆞ)ᄒᆞ고 卑(비)예 居(거)ᄒᆞ며 富(부)ᄅᆞᆯ 辭(ᄉᆞ)ᄒᆞ고 貧(빈)에 居(거)ᄒᆞᆯ 띠니라

尊(존)을 辭(ᄉᆞ)ᄒᆞ고 卑(비)예 居(거)ᄒᆞ며 富(부)ᄅᆞᆯ 辭(ᄉᆞ)ᄒᆞ고 貧(빈)에 居(거)홈은 어ᄃᆡ 맛당ᄒᆞ뇨 關(관)을 抱(포)ᄒᆞ며 柝(탁)을 擊(격)홈이니라

孔子(공ᄌᆞ)ㅣ 일쯕 委吏(위리)되샤 ᄀᆞᆯᄋᆞ샤ᄃᆡ 會計(회계)ᄅᆞᆯ 當(당)히 ᄒᆞᆯ ᄯᆞᄅᆞᆷ이라 ᄒᆞ시고 일쯕 乘田(승뎐)이 되샤 ᄀᆞᆯᄋᆞ샤ᄃᆡ 牛羊(우양)을 茁(줄)히 壯長(장댱)케 ᄒᆞᆯ ᄯᆞᄅᆞᆷ이라 ᄒᆞ시니라

位(위)ㅣ 卑(비)ᄒᆞ고 言(언)이 高(고)홈이 罪(죄)오 人(ᅀᅵᆫ)의 本朝(본됴)애 立(립)ᄒᆞ야 道(도)ㅣ 行(ᄒᆡᆼ)티 몯홈이 恥(티)니라

② 栗谷本

孟子(ᄆᆡᆼᄌᆞ)ㅣ ᄀᆞᄅᆞ샤ᄃᆡ 仕(ᄉᆞ)ㅣ 貧(빈)을 爲(위)홈이 아니로ᄃᆡ 貧(빈)을 爲(위)ᄒᆞᆯ 時(시)ㅣ 이시며 妻(쳐)ᄅᆞᆯ 娶(취)키 養(양)을 爲(위)홈이 아니로ᄃᆡ 養(양)을 爲(위)ᄒᆞᆯ 時(시)ㅣ 잇ᄂᆞ니라

貧(빈)을 爲(위)ᄒᆞᄂᆞᆫ 者(쟈)ᄂᆞᆫ 尊(존)을 辭(ᄉᆞ)코 卑(비)예 居(거)ᄒᆞ며 富(부)ᄅᆞᆯ 辭(ᄉᆞ)코 貧(빈)에 居(거)ᄒᆞᆯ 디니

尊(존)을 辭(ᄉᆞ)코 卑(비)예 居(거)ᄒᆞ며 富(부)ᄅᆞᆯ 辭(ᄉᆞ)코 貧(빈)에 居(거)홈이 므서시 맛당ᄒᆞ뇨 關(관)을 抱(포)홈과 柝(탁)을 擊(격)홈이니라

孔子(공ᄌᆞ)ㅣ 일즉 委吏(위리)되샤 ᄀᆞᄅᆞ샤ᄃᆡ 會計(회계)ᄅᆞᆯ 當(당)케 ᄒᆞᆯ ᄯᆞᄅᆞᆷ이라 ᄒᆞ시며 일즉 乘田(승뎐)이 되샤 ᄀᆞᄅᆞ샤ᄃᆡ 牛羊(우양)을 茁(줄)히 壯長(장댱)케 ᄒᆞᆯ ᄯᆞᄅᆞᆷ이라 ᄒᆞ시니라

位(위)ㅣ ᄂᆞᆺ갑고 말이 노품이 罪(죄)ㅣ오 人(인)의 本朝(본됴)에 立(립)ᄒᆞ야 道(도)ㅣ 行(ᄒᆡᆼ)티 몯홈이 恥(티)ㅣ니라

137(10-6) 士之不託諸侯

萬章曰:「士之不託諸侯, 何也?」

孟子曰:「不敢也. 諸侯失國, 而後託於諸侯, 禮也; 士之託於諸侯, 非禮也.」

萬章曰:「君餽之粟, 則受之乎?」

曰:「受之.」

「受之何義也?」

曰:「君之於氓也, 固周之.」

曰:「周之則受, 賜之則不受, 何也?」

曰:「不敢也.」

曰:「敢問其不敢, 何也?」

曰:「抱關擊柝者, 皆有常職以食於上. 無常職而賜於上者, 以爲不恭也.」

曰:「君餽之, 則受之, 不識可常繼乎?」

曰:「繆公之於子思也, 亟問, 亟餽鼎肉. 子思不悅. 於卒也, 摽使者出諸大門之外, 北面稽首再拜而不受. 曰:『今而後知君之犬馬畜伋.』蓋自是臺無餽也. 悅賢不能擧, 又不能養也, 可謂悅賢乎?」

曰:「敢問國君欲養君子, 如何斯可謂養矣?」

曰:「以君命將之, 再拜稽首而受. 其後廩人繼粟, 庖人繼肉, 不以君命將之. 子思以爲鼎肉, 使己僕僕爾亟拜也, 非養君子之道也. 堯之於舜也, 使其子九男事之, 二女女焉, 百官牛羊倉廩備, 以養舜於畎畝之中, 後擧而加諸上位. 故曰王公之尊賢者也.」

① 陶山本

萬章(만쟝)이 ᄀᆞᆯ오ᄃᆡ 士(ᄉᆞ)의 諸侯(져후)에 託(탁)디 아니ᄒᆞ욤은 엇디잇고 孟子(ᄆᆡᆼᄌᆞ)ㅣ ᄀᆞᆯᄋᆞ샤ᄃᆡ 敢(감)티 몯홈이니라 諸侯(져후)ㅣ 國(국)을 失(실)ᄒᆞᆫ 後(후)에 諸侯(져후)에 託(탁)ᄒᆞ욤은 禮(례)오 士(ᄉᆞ)의 諸侯(져후)에 託(탁)ᄒᆞ욤은 禮(례) 아니니라

萬章(만쟝)이 ᄀᆞᆯ오ᄃᆡ 君(군)이 粟(속)을 餽(궤)ᄒᆞ면 受(슈)ᄒᆞ리잇가 ᄀᆞᆯᄋᆞ샤ᄃᆡ 受(슈)ᄒᆞᆯ 띠니라 受(슈)ᄒᆞ욤은 므슴 義(의)니잇고 ᄀᆞᆯᄋᆞ샤ᄃᆡ 君(군)이 氓(ᄆᆡᆼ)의게 진실로 周(쥬)ᄒᆞᄂᆞᆫ 거시니라

ᄀᆞᆯ오ᄃᆡ 周(쥬)ᄒᆞ면 受(슈)ᄒᆞ고 賜(ᄉᆞ)ᄒᆞ면 受(슈)티 아니ᄒᆞ욤은 엇디니잇고 ᄀᆞᆯᄋᆞ샤ᄃᆡ 敢(감)티 몯홈이니라 ᄀᆞᆯ오ᄃᆡ 敢(감)히 묻ᄌᆞᆸ노이다 그 敢(감)티 몯홈은 엇디니잇고 ᄀᆞᆯᄋᆞ샤ᄃᆡ 關(관)을 抱(포)ᄒᆞ며 柝(탁)을 擊(격)ᄒᆞᄂᆞᆫ 者(쟈)ㅣ 다 常職(샹직)이 이셔 ᄡᅥ 上(샹)애 食(식)ᄒᆞᄂᆞ니 常職(샹직)이 업시셔 上(샹)애 賜(ᄉᆞ)ᄒᆞ이ᄂᆞᆫ 者(쟈)ᄅᆞᆯ ᄡᅥ 恭(공)티 아니타 ᄒᆞᄂᆞ니라

ᄀᆞᆯ오ᄃᆡ 君(군)이 餽(궤)ᄒᆞ면 受(슈)ᄒᆞᆯ ᄭᅥ시라 ᄒᆞ시니 아디 몯게이다 可(가)히 덛덛이 繼(계)ᄒᆞ리잇가 ᄀᆞᆯ오ᄃᆡ 繆公(목공)이 子思(ᄌᆞᄉᆞ)ㅅᄭᅴ ᄌᆞ조 問(문)ᄒᆞ시고 ᄌᆞ조 鼎肉(뎡ᅀᅲᆨ)ᄋᆞᆯ 餽(궤)ᄒᆞ거시ᄂᆞᆯ 子思(ᄌᆞᄉᆞ)ㅣ 悅(열)티 아니ᄒᆞ샤 ᄆᆞᄎᆞᆷ애 使者(ᄉᆞ쟈)ᄅᆞᆯ 摽(표)ᄒᆞ야 大門(대문)外(외)예 出(츌)ᄒᆞ시고 北(븍)으로 面(면)ᄒᆞ야 首(슈)ᄅᆞᆯ 稽(계)ᄒᆞ고 再拜(ᄌᆡᄇᆡ)ᄒᆞ고 受(슈)티 아니ᄒᆞ야 ᄀᆞᆯᄋᆞ샤ᄃᆡ 이젠 後(후)에 君(군)의 犬馬(견마)로 伋(급)ᄋᆞᆯ 畜(휵)ᄒᆞ시ᄂᆞᆫ 주ᄅᆞᆯ 알과라 ᄒᆞ시니 일로브터 臺(ᄃᆡ)ㅣ 餽(궤)홈이 업ᄉᆞ니 賢(현)ᄋᆞᆯ 悅(열)호ᄃᆡ 能(능)히 擧(거)티 몯ᄒᆞ고 ᄯᅩ 能(능)히 養(양)티 몯ᄒᆞ면 可(가)히 賢(현)ᄋᆞᆯ 悅(열)ᄒᆞᆫ다 니ᄅᆞ랴

ᄀᆞᆯ오ᄃᆡ 敢(감)히 묻ᄌᆞᆸ노이다 國君(국군)이 君子(군ᄌᆞ)ᄅᆞᆯ 養(양)코쟈 ᄒᆞᆯ 띤댄 엇디 ᄒᆞ야ᅀᅡ 이에 可(가)히 養(양)ᄒᆞᆫ다 니ᄅᆞ리잇고 ᄀᆞᆯᄋᆞ샤ᄃᆡ 君命(군명)으로ᄡᅥ 將(장)ᄒᆞ야든 再拜(ᄌᆡᄇᆡ)ᄒᆞ고 首(슈)ᄅᆞᆯ 稽(계)ᄒᆞ야 受(슈)ᄒᆞᄂᆞ니 그 後(후)에 廩人(름ᄉᆡᆫ)이 粟(속)ᄋᆞᆯ 繼(계)ᄒᆞ며 庖人(포ᄉᆡᆫ)이 肉(ᅀᅲᆨ)을 繼(계)ᄒᆞ야 君命(군명)으로ᄡᅥ 將(쟝)티 아니ᄒᆞᆯ ᄯᅵ니 子思(ᄌᆞᄉᆞ)ㅣ ᄡᅥ ᄒᆞ샤ᄃᆡ 鼎肉(뎡ᅀᅲᆨ)이 己(긔)로 ᄒᆞ여곰 僕僕(복복)히 ᄌᆞ조 拜(ᄇᆡ)케 ᄒᆞᄂᆞᆫ 디라 君子(군ᄌᆞ)ᄅᆞᆯ 養(양)ᄒᆞᄂᆞᆫ 道(도)ㅣ 아니라 ᄒᆞ시니라

堯(요)ㅣ 舜(슌)의게 ᄒᆞ여곰 그 子(ᄌᆞ) 九男(구남)으로 事(ᄉᆞ)ᄒᆞ며 二女(ᅀᅵ녀)로 女(녀)ᄒᆞ시고 百官(ᄇᆡᆨ관)과 牛羊(우양)과 倉廩(창름)ᄋᆞᆯ 備(비)ᄒᆞ야 ᄡᅥ 舜(슌)ᄋᆞᆯ 畎畝(견모)ㅅ 가온대 養(양)ᄒᆞ더시니 後(후)에 擧(거)ᄒᆞ야 上位(샹위)예 加(가)ᄒᆞ시니 故(고)로 ᄀᆞᆯ오ᄃᆡ 王公(왕공)의 賢(현)ᄋᆞᆯ 尊(존)홈이니라

② 栗谷本

萬章(만쟝)이 ᄀᆞᆯ오ᄃᆡ 士(ᄉᆞ)의 諸侯(져후)ᄭᅴ 託(탁)디 아니홈은 엇디잇고 孟子(ᄆᆡᆼᄌᆞ)ㅣ ᄀᆞᄅᆞ샤ᄃᆡ 敢(감)티 몯홈이니라 諸侯(져후)ㅣ 國(국)을 失(실)ᄒᆞᆫ 後(후)에 諸侯(져후)의게 託(탁)홈은 禮(례)오 士(ᄉᆞ)ㅣ 諸侯(져후)의 託(탁)홈은 禮(례) 아니니라

萬章(만쟝)이 ᄀᆞᆯ오ᄃᆡ 君(군)이 粟(속)을 餽(궤)ᄒᆞ면 受(슈)ᄒᆞ리잇가 ᄀᆞᄅᆞ샤ᄃᆡ 受(슈)ᄒᆞᆯ 디니라 受(슈)홈은 므슴 義(의)잇고 ᄀᆞᄅᆞ샤ᄃᆡ 君(군)이 ᄇᆡᆨ셩의게 본ᄃᆡ 周(쥬)ᄒᆞᆯ 디니라

ᄀᆞᆯ오ᄃᆡ 周(쥬)ᄒᆞ면 受(슈)ᄒᆞ고 賜(ᄉᆞ)ᄒᆞ면 受(슈)티 아니홈은 엇디잇고 ᄀᆞᄅᆞ샤ᄃᆡ 敢(감)티 몯홈이니라 ᄀᆞᆯ오ᄃᆡ 敢(감)히 問(문)ᄒᆞ노니 그 敢(감)티 몯홈은 엇디잇고 ᄀᆞᄅᆞ샤ᄃᆡ 關(관)을 抱(포)ᄒᆞ며 柝(탁)을 擊(격)ᄒᆞᄂᆞᆫ 者(쟈)ㅣ 다 常職(샹직)이 이셔 ᄡᅥ 上(샹)의 食(식)ᄒᆞᄂᆞ니 常職(샹직)이 업시 上(샹)ᄭᅴ 賜(ᄉᆞ)ᄒᆞ이믈 ᄡᅥ 恭(공) 아니라 ᄒᆞᄂᆞ니라

ᄀᆞᆯ오ᄃᆡ 君(군)이 餽(궤)ᄒᆞ야든 바들 딘댄 아디 몯거이다 可(가)히 샹녜 繼(계)ᄒᆞ리잇가 ᄀᆞᄅᆞ샤ᄃᆡ 繆公(목공)이 子思(ᄌᆞᄉᆞ)의게 ᄌᆞ조 무르시며 ᄌᆞ조 鼎肉(뎡육)을 餽(궤)ᄒᆞ거시ᄂᆞᆯ 子思(ᄌᆞᄉᆞ)ㅣ 깃거 아니ᄒᆞ샤 ᄆᆞᄎᆞᆷ애 使者(ᄉᆞ쟈)ᄅᆞᆯ 摽(표)ᄒᆞ야 大門(대문) 밧긔 내시고 北面(븍면)ᄒᆞ야 稽首(계슈)ᄒᆞ야 두 번 절ᄒᆞ고 밧디 아니샤 ᄀᆞᄅᆞ샤ᄃᆡ 이제 後(후)에 님금이

犬馬(견마)로 伋(급)을 치시는 줄을 알와이다 ᄒᆞ시니 일로븟터 臺(ᄃᆡ)ㅣ 餽(궤)홈이 업스니 賢(현)을 悅(열)호ᄃᆡ 能(능)히 擧(거)티 몯ᄒᆞ고 또 能(능)히 치디 몯ᄒᆞ면 可(가)히 賢(현)을 悅(열)ᄒᆞᆫ다 니르랴

ᄀᆞᆯ오ᄃᆡ 敢(감)히 問(문)ᄒᆞ노니 國君(국군)이 君子(군ᄌᆞ)를 치고져 ᄒᆞᆯ 딘댄 엇디 ᄒᆞ야사 이 可(가)히 養(양)ᄒᆞᆫ다 니르리잇고 ᄀᆞᄅᆞ샤ᄃᆡ 君命(군명)으로ᄡᅧ 將(장)ᄒᆞ야 두 번 절ᄒᆞ야 稽首(계슈)ᄒᆞ야 바다든 그 後(후)에 廩人(름인)이 粟(속)을 繼(계)ᄒᆞ며 庖人(포인)이 肉(육)을 繼(계)호ᄃᆡ 君命(군명)으로ᄡᅧ 將(장)티 아닐 디니 子思(ᄌᆞᄉᆞ)ㅣ ᄡᅧ 鼎肉(뎡육)이 날로 ᄒᆞ여곰 僕僕(복복)히 ᄌᆞ조 절ᄒᆞ게 홈이 君子(군ᄌᆞ) 養(양)ᄒᆞᄂᆞᆫ 道(도)ㅣ 아니라 ᄒᆞ시니라

堯(요)ㅣ 舜(슌)의게 그 子(ᄌᆞ) 九男(구남)으로 ᄒᆞ여곰 셤기시며 二女(이녀)로 女(녀)ᄒᆞ시며 百官(ᄇᆡᆨ관)이며 牛羊(우양)이며 倉廩(창름)을 ᄀᆞ초와 ᄡᅧ 舜(슌)을 畎畝(견모)ㅅ 가온대 養(양)ᄒᆞ시다가 後(후)에 擧(거)ᄒᆞ야 上位(샹위)예 加(가)ᄒᆞ시니 故(고)로 ᄀᆞᆯ오ᄃᆡ 王公(왕공)의 賢(현)을 尊(존)홈이라 ᄒᆞ노라

138(10-7) 招虞人

萬章曰:「敢問不見諸侯, 何義也?」

孟子曰:「在國曰市井之臣, 在野曰草莽之臣, 皆謂庶人. 庶人不傳質爲臣, 不敢見於諸侯, 禮也.」

萬章曰:「庶人, 召之役, 則往役; 君欲見之, 召之, 則不往見之, 何也?」

曰:「往役, 義也; 往見, 不義也. 且君之欲見之也, 何爲也哉?」

曰:「爲其多聞也, 爲其賢也.」

曰:「爲其多聞也, 則天子不召師, 而況諸侯乎? 爲其賢也, 則吾未聞欲見賢而召之也. 繆公亟見於子思, 曰:『古千乘之國以友士, 何如?』子思不悅, 曰:『古之人有言曰事之云乎, 豈曰友之云乎?』子思之不悅也, 豈不曰:『以位, 則子, 君也; 我, 臣也. 何敢與君友也? 以德, 則子事我者也, 奚可以與我友?』千乘之君求與之友, 而不可得也, 而況可召與? 齊景公田, 招虞人以旌, 不至, 將殺之.『志士不忘在溝壑, 勇士不忘喪其元.』孔子奚取焉? 取非其招不往也.」

曰:「敢問招虞人何以?」

曰:「以皮冠. 庶人以旃, 士以旂, 大夫以旌. 以大夫之招招虞人, 虞人死不敢往. 以士之招招庶人, 庶人豈敢往哉? 況乎以不賢人之招招賢人乎? 欲見賢人而不以其道, 猶欲其入而閉之門也. 夫義, 路也; 禮, 門也. 惟君子能由是路, 出入是門也. 詩云:『周道如底, 其直如矢; 君子所履, 小人所視.』」

萬章曰:「孔子, 君命召, 不俟駕而行. 然則孔子非與?」

曰:「孔子當仕有官職, 而以其官召之也.」

① 陶山本

萬章(만쟝)이 ᄀᆞᆯ오ᄃᆡ 敢(감)히 묻ᄌᆞᆸ노이다 諸侯(져후)ᄅᆞᆯ 보디 아니홈은 므슴 義(의)잇고 孟子(ᄆᆡᆼᄌᆞ)ㅣ ᄀᆞᆯᄋᆞ샤ᄃᆡ 國(국)에 인ᄂᆞᆫ 이ᄅᆞᆯ ᄀᆞᆯ온 市井(시졍)엣 臣(신)이오 野(야)에 인ᄂᆞᆫ 이ᄅᆞᆯ ᄀᆞᆯ온 草莽(초망)엣 臣(신)이라 다 닐온 庶人(셔ᅀᅵᆫ)이니 庶人(셔ᅀᅵᆫ)이 質(지)ᄅᆞᆯ 傳(뎐)ᄒᆞ야 臣(신)이 되디 아니ᄒᆞ야셔ᄂᆞᆫ 敢(감)히 諸侯(져후)ᄅᆞᆯ 보디 몯홈이 禮(례)니라

萬章(만쟝)이 ᄀᆞᆯ오ᄃᆡ 庶人(셔ᅀᅵᆫ)이 召(쇼)ᄒᆞ야 役(역)ᄒᆞ면 가 役(역)ᄒᆞ고 君(군)이 보고쟈 ᄒᆞ야 召(쇼)ᄒᆞ면 가 見(견)티 아니홈은 엇디니잇고 ᄀᆞᆯᄋᆞ샤ᄃᆡ 가 役(역)홈은 義(의)오 가 見(견)홈은 義(의) 아니니라

ᄯᅩ 君(군)의 見(견)코쟈 ᄒᆞ욤은 므서슬 爲(위)ᄒᆞᄂᆞ뇨 ᄀᆞᆯ오ᄃᆡ 그 聞(문)이 하믈 爲(위)ᄒᆞ며 그 賢(현)홈을 爲(위)ᄒᆞ예니이다 ᄀᆞᆯᄋᆞ샤ᄃᆡ 그 聞(문)이 함을 爲(위)ᄒᆞ면 天子(텬ᄌᆞ)도 師(ᄉᆞ)를 召(쇼)티 몯ᄒᆞ곤 ᄒᆞ믈며 諸侯(져후)ㅣ ᄯᆞ녀 그 賢(현)홈을 爲(위)ᄒᆞ면 내 賢(현)을 見(견)코쟈 호ᄃᆡ 召(쇼)홈을 듣디 몯게라 繆公(목공)이 ᄌᆞ조 子思(ᄉᆞ)ᄭᅴ 見(견)ᄒᆞ야 ᄀᆞᆯ오ᄃᆡ 古(고)애 千乘(쳔승)ㅅ 國(국)이 ᄡᅧ 士(ᄉᆞ)ᄅᆞᆯ 友(우)ᄒᆞ니 엇더ᄒᆞ니잇고 子思(ᄌᆞᄉᆞ)ㅣ 悅(열)티 아니ᄒᆞ야 ᄀᆞᆯᄋᆞ샤ᄃᆡ 녯사ᄅᆞᆷ이 言(언)을 두어 ᄀᆞᆯ오ᄃᆡ 事(ᄉᆞ)타 니ᄅᆞᆯ ᄲᅮᆫ이언뎡 엇디 ᄀᆞᆯ오ᄃᆡ 友(우)타 니ᄅᆞ리오 ᄒᆞ시니 子思(ᄌᆞᄉᆞ)의 悅(열)티 아니ᄒᆞ심은 엇디 ᄀᆞᆯ오ᄃᆡ 位(위)로ᄡᅥ ᄒᆞ면 子(ᄌᆞ)ᄂᆞᆫ 君(군)이오 나ᄂᆞᆫ 臣(신)이니 엇디 敢(감)히 君(군)으로 더블어 友(우)ᄒᆞ며 德(덕)으로ᄡᅥ ᄒᆞ면 子(ᄌᆞ)ᄂᆞᆫ 나ᄅᆞᆯ 事(ᄉᆞ)ᄒᆞᆯ 者(쟈)ㅣ니 엇디 可(가)히 ᄡᅧ 날로 더블어 友(우)ᄒᆞ리오 홈이 아니리오 千乘(쳔승)ㅅ 君(군)이 더블어 友(우)홈을 求(구)호ᄃᆡ 可(가)히 得(득)디 몯ᄒᆞ곤 ᄒᆞ믈며 可(가)히 召(쇼)ᄒᆞ랴

齊景公(졔경공)이 田(뎐)ᄒᆞᆯ 제 虞人(우ᅀᅵᆫ)을 招(됴)호ᄃᆡ 旌(졍)으로ᄡᅥ ᄒᆞᆫ대 至(지)티 아니ᄒᆞ거ᄂᆞᆯ 쟝ᄎᆞᆺ 殺(살)호려 ᄒᆞ더니 志士(지ᄉᆞ)ᄂᆞᆫ 溝壑(구학)애 이숌을 忘(망)티 아니ᄒᆞ고 勇士(용ᄉᆞ)ᄂᆞᆫ 그 元(원) 喪(상)ᄒᆞ욤을 忘(망)티 아니ᄒᆞᆫ다 ᄒᆞ시니 孔子(공ᄌᆞ)ᄂᆞᆫ 므서슬 取(취)ᄒᆞ신고 그 招(됴)ㅣ 아니어든 往(왕)티 아니홈을 取(취)ᄒᆞ시니라

ᄀᆞᆯ오ᄃᆡ 敢(감)히 묻ᄌᆞᆸ노이다 虞人(우ᅀᅵᆫ)을 招(됴)호ᄃᆡ 므서스로ᄡᅥ ᄒᆞᄂᆞ니잇고 ᄀᆞᆯᄋᆞ샤ᄃᆡ 皮冠(피관)으로ᄡᅥ ᄒᆞᄂᆞ니 庶人(셔ᅀᅵᆫ)은 旃(젼)으로ᄡᅥ ᄒᆞ고 士(ᄉᆞ)ᄂᆞᆫ 旂(긔)로ᄡᅥ ᄒᆞ고 태우ᄂᆞᆫ 旌(졍)으로ᄡᅥ ᄒᆞᄂᆞ니라

태우의 招(됴)로ᄡᅥ 虞人(우ᅀᅵᆫ)을 招(됴)ᄒᆞ거ᄂᆞᆯ 虞人(우ᅀᅵᆫ)이 死(ᄉᆞ)ᄒᆞ야도 敢(감)히 往(왕)티 아니ᄒᆞ니 士(ᄉᆞ)의 招(됴)로ᄡᅥ 庶人(셔ᅀᅵᆫ)을 招(됴)ᄒᆞ면 庶人(셔ᅀᅵᆫ)이 엇디 敢(감)히 往(왕)ᄒᆞ리오 ᄒᆞ믈며 賢(현)티 아니ᄒᆞᆫ 人(ᅀᅵᆫ)의 招(됴)로ᄡᅥ 賢人(현ᅀᅵᆫ)을 招(됴)홈이ᄯᆞ녀

賢人(현ᅀᅵᆫ)을 보고쟈 호ᄃᆡ 그 道(도)로ᄡᅥ 아니ᄒᆞ면 그 入(ᅀᅵᆸ)과댜 호ᄃᆡ 門(문)을 閉(폐)홈 ᄀᆞᄐᆞ니라 義(의)ᄂᆞᆫ 路(로)ㅣ오 禮(례)ᄂᆞᆫ 門(문)이니 오직 君子(군ᄌᆞ)ㅣ 能(ᄂᆞᆼ)히 이 路(로)를 由(유)ᄒᆞ며 이 門(문)에 出入(츌ᅀᅵᆸ)ᄒᆞᄂᆞ니 詩(시)예 닐오ᄃᆡ 周道(쥬도)ㅣ 底(지) ᄀᆞᄐᆞ니 그 直(딕)홈이 矢(시) ᄀᆞᆮ도다 君子(군ᄌᆞ)의 履(리)ᄒᆞᄂᆞᆫ 배오 小人(쇼ᅀᅵᆫ)의 視(시)ᄒᆞᄂᆞᆫ 배라 ᄒᆞ니라

萬章(만쟝)이 ᄀᆞᆯ오ᄃᆡ 孔子(공ᄌᆞ)ᄂᆞᆫ 君(군)이 命(명)ᄒᆞ야 召(쇼)ᄒᆞ시거든 駕(가)ᄅᆞᆯ 俟(ᄉᆞ)티 아니ᄒᆞ고 行(ᄒᆡᆼ)ᄒᆞ시니 그러면 孔子(공ᄌᆞ)ㅣ 외시니잇가 ᄀᆞᆯᄋᆞ샤ᄃᆡ 孔子(공ᄌᆞ)ᄂᆞᆫ 仕(ᄉᆞ)의 當(당)ᄒᆞ샤 官職(관직)을 듯거시ᄂᆞᆯ 그 官(관)으로ᄡᅥ 召(쇼)홈이니라

② 栗谷本

萬章(만쟝)이 ᄀᆞᆯ오ᄃᆡ 敢(감)히 問(문)ᄒᆞ노니 諸侯(져후)ᄅᆞᆯ 보디 아니홈이 므슴 義(의)잇고 孟子(ᄆᆡᆼᄌᆞ)ㅣ ᄀᆞᄅᆞ샤ᄃᆡ 國(국)에 잇ᄂᆞᆫ 이ᄂᆞᆫ ᄀᆞᆯ온 市井(시졍)의 臣(신)이오 野(야)에 잇ᄂᆞᆫ 이ᄂᆞᆫ ᄀᆞᆯ온 草莽(초망)의 臣(신)이라 다 庶人(셔인)이라 니르ᄂᆞ니 庶人(셔인)이 質(지)ᄅᆞᆯ 傳(뎐)ᄒᆞ야 臣(신)이 되디 아니ᄒᆞ얀 敢(감)히 諸侯(져후)의 뵈디 몯홈이 禮(례)ㅣ니라

萬章(만쟝)이 ᄀᆞᆯ오ᄃᆡ 庶人(셔인)이 블러 役(역)ᄒᆞ면 가 役(역)ᄒᆞ고 님금이 보고져 ᄒᆞ야 브르면 가 보디 아니홈은 엇디잇고 ᄀᆞᄅᆞ샤ᄃᆡ 가 役(역)홈은 義(의)ㅣ오 가 봄은 義(의)ㅣ 아니니라

ᄯᅩ 君(군)의 보고져 홈은 므서슬 爲(위)홈고 ᄀᆞᆯ오ᄃᆡ 그 聞(문)이 하믈 爲(위)ᄒᆞ며 그 賢(현)홈을 爲(위)홈이니이다 ᄀᆞᄅᆞ샤ᄃᆡ 그 聞(문)이 하믈 爲(위)ᄒᆞᆯ 딘댄 天子(텬ᄌᆞ)도 스승을 몯 브르거든 ᄒᆞ믈며 諸侯(져후)ㅣᄯᆞ녀 그 賢(현)홈을 爲(위)ᄒᆞᆯ 딘댄 賢(현)을 보고져 ᄒᆞ야 브르ᄂᆞᆫ 이ᄅᆞᆯ 내 듯디 몯게라 繆公(목공)이 ᄌᆞ조 子思(ᄉᆞ)ᄅᆞᆯ 보와 ᄀᆞᄅᆞ샤ᄃᆡ 녜 千乘(쳔승) 나라히 ᄡᅥ 士(ᄉᆞ)ᄅᆞᆯ 友(우)ᄒᆞ다 ᄒᆞ니 엇더ᄒᆞ니잇고 子思(ᄌᆞᄉᆞ)ㅣ 깃거 아녀 ᄀᆞᄅᆞ샤ᄃᆡ 녜 人(인)이 말을 두어 ᄀᆞᆯ오ᄃᆡ 事(ᄉᆞ)ᄒᆞᆫ다 니르니 엇디 友(우)ᄒᆞᆫ다 니르리잇고 ᄒᆞ시니 子思(ᄌᆞᄉᆞ)의 깃거 아니ᄒᆞ샴은 엇디 ᄀᆞᄅᆞ샤ᄃᆡ 位(위)로ᄡᅥᄂᆞᆫ 子(ᄌᆞ)ᄂᆞᆫ 君(군)이오 나ᄂᆞᆫ 臣(신)이니 엇디 敢(감)히 君(군)과 더브러 友(우)ᄒᆞ며 德(덕)으로ᄡᅥᄂᆞᆫ 子(ᄌᆞ)ᄂᆞᆫ 나ᄅᆞᆯ 事(ᄉᆞ)ᄒᆞᆯ 者(쟈)ㅣ니 엇디 可(가)히 ᄡᅥ 날로 더브러 友(우)ᄒᆞ리오 홈이 아니시리오 千乘(쳔승)의 君(군)이 더브러 友(우)홈을 求(구)ᄒᆞ야도 可(가)히 得(득)디 몯ᄒᆞ거든 ᄒᆞ믈며 可(가)히 블을 것가

齊景公(졔경공)이 田(뎐)ᄒᆞᆯ 제 虞人(우인)을 旌(졍)으로ᄡᅥ 브른대 니르디 아니커ᄂᆞᆯ 쟝ᄎᆞᆺ 주기려 ᄒᆞ더시니 志士(지ᄉᆞ)ᄂᆞᆫ 溝壑(구학)에 잇기ᄅᆞᆯ 닛디 아니ᄒᆞ고 勇士(용ᄉᆞ)ᄂᆞᆫ 그 元(원)을 喪(상)홈을 닛디 아니타 ᄒᆞ시니 孔子(공ᄌᆞ)ᄂᆞᆫ 므서슬 取(취)ᄒᆞ시뇨 그 招(툐)ㅣ 아니어ᄂᆞᆯ 가디 아니홈을 取(취)ᄒᆞ시니라

ᄀᆞᆯ오ᄃᆡ 敢(감)히 問(문)ᄒᆞ노니 虞人(우인)을 招(툐)호ᄃᆡ 므서슬 ᄡᅳ리잇고 ᄀᆞᄅᆞ샤ᄃᆡ 皮冠(피관)으로ᄡᅥ ᄒᆞᄂᆞ니 庶人(셔인)은 旃(젼)으로ᄡᅥ ᄒᆞ고 士(ᄉᆞ)ᄂᆞᆫ 旂(긔)로ᄡᅥ ᄒᆞ고 大夫(대부)ᄂᆞᆫ 旌(졍)으로ᄡᅥ ᄒᆞᄂᆞ니라

大夫(대부) 招(툐)홈으로ᄡᅥ 虞人(우인)을 招(툐)ᄒᆞᆫ대 虞人(우인)이 주겨도 敢(감)히 往(왕)티 몯ᄒᆞ거든 士(ᄉᆞ) 招(툐)홈으로ᄡᅥ 庶人(셔인)을 招(툐)ᄒᆞ면 庶人(셔인)이 엇디 敢(감)히 往(왕)ᄒᆞ리오 ᄒᆞ믈며 賢(현)티 몯ᄒᆞᆫ 사ᄅᆞᆷ 招(툐)홈으로ᄡᅥ 賢(현)ᄒᆞᆫ 사ᄅᆞᆷ을 招(툐)

ᄒᆞ미ᄯᆞ녀

賢人(현인)을 보고져 호ᄃᆡ 그 道(도)로ᄡᅥ 아니면 그 들과뎌 호며 門(문)을 다듬 ᄀᆞᆺᄐᆞ니 義(의)ᄂᆞᆫ 길히오 禮(례)ᄂᆞᆫ 門(문)이니 오직 君子(군ᄌᆞ) ㅣ야 能(능)히 이 길을 由(유)ᄒᆞ며 이 門(문)으로 出入(츌입)ᄒᆞᄂᆞ니 詩(시)예 닐오ᄃᆡ 큰 길이 숫돌 ᄀᆞᄐᆞ니 그 고ᄃᆞᆷ이 살 ᄀᆞᆺ도다 君子(군ᄌᆞ)의 ᄇᆞᆲᄂᆞᆫ 배오 小人(쇼인)의 보ᄂᆞᆫ 배라 ᄒᆞ니라

萬章(만쟝)이 ᄀᆞᆯ오ᄃᆡ 孔子(공ᄌᆞ)ᄂᆞᆫ 君(군)이 命(명)ᄒᆞ야 召(쇼)ᄒᆞ시거든 駕(가)ᄅᆞᆯ 기ᄃᆞ리디 몯ᄒᆞ야 行(ᄒᆡᆼ)ᄒᆞ시니 그러면 孔子(공ᄌᆞ) ㅣ 외시니잇가 ᄀᆞᄅᆞ샤ᄃᆡ 孔子(공ᄌᆞ)ᄂᆞᆫ 仕(ᄉᆞ)ᄅᆞᆯ 當(당)ᄒᆞ야 官職(관직)이 잇거시ᄂᆞᆯ 그 官(관)으로ᄡᅥ 召(쇼)ᄒᆞᆯ ᄉᆡ니라

139(10-8) 一鄕之善士

孟子謂萬章曰:「一鄕之善士, 斯友一鄕之善士; 一國之善士, 斯友一國之善士; 天下之善士, 斯友天下之善士. 以友天下之善士爲未足, 又尙論古之人. 頌其詩, 讀其書, 不知其人, 可乎? 是以論其世也, 是尙友也.」

① 陶山本

孟子(ᄆᆡᆼᄌᆞ) ㅣ 萬章(만쟝)ᄃᆞ려 닐어 ᄀᆞᆯᄋᆞ샤ᄃᆡ 一鄕(일향)엣 善士(션ᄉᆞ) ㅣᅀᅡ 이예 一鄕(일향)엣 善士(션ᄉᆞ)ᄅᆞᆯ 友(우)ᄒᆞ고 一國(일국)엣 善士(션ᄉᆞ) ㅣᅀᅡ 이예 一國(일국)엣 善士(션ᄉᆞ)ᄅᆞᆯ 友(우)ᄒᆞ고 天下(텬하)엣 善士(션ᄉᆞ) ㅣᅀᅡ 이예 天下(텬하)엣 善士(션ᄉᆞ)를 友(우)ᄒᆞᄂᆞ니라

天下(텬하)엣 善士(션ᄉᆞ)ᄅᆞᆯ 友(우)홈으로ᄡᅥ 足(죡)디 몯ᄒᆞ다 ᄒᆞ야 ᄯᅩ 녯사ᄅᆞᆷ을 尙(샹)ᄒᆞ야 論(론)ᄒᆞᄂᆞ니 그 詩(시)ᄅᆞᆯ 頌(숑)ᄒᆞ며 그 書(셔)ᄅᆞᆯ 讀(독)호ᄃᆡ 그 人(신)을 아디 몯홈이 可(가)ᄒᆞ랴 일로ᄡᅥ 그 世(셰)ᄅᆞᆯ 論(론)ᄒᆞᄂᆞ니 이 尙(샹)ᄒᆞ야 友(우)홈이니라

② 栗谷本

孟子(ᄆᆡᆼᄌᆞ) ㅣ 萬章(만쟝)ᄃᆞ려 닐러 ᄀᆞᄅᆞ샤ᄃᆡ 一鄕(일향)의 어딘 士(ᄉᆞ) ㅣ라야 이예 一鄕(일향)의 어딘 士(ᄉᆞ)ᄅᆞᆯ 友(우)ᄒᆞ고 一國(일국)의 어딘 士(ᄉᆞ) ㅣ라야 이예 一國(일국)의 어딘 士(ᄉᆞ)ᄅᆞᆯ 友(우)ᄒᆞ고 天下(텬하)의 어딘 士(ᄉᆞ) ㅣ라야 이예 天下(텬하)의 어딘 士(ᄉᆞ)ᄅᆞᆯ 友(우)ᄒᆞᆯ 디니라

天下(텬하)의 어딘 士(ᄉᆞ)ᄅᆞᆯ 友(우)홈으로ᄡᅥ 足(죡)디 몯ᄒᆞ다 ᄒᆞ야 ᄯᅩ 녯 人(인)을 尙(샹)ᄒᆞ야 의론ᄒᆞᄂᆞ니 그 詩(시)ᄅᆞᆯ 頌(숑)ᄒᆞ며 그 書(셔)ᄅᆞᆯ 讀(독)호ᄃᆡ 그 人(인)을 아디 몯홈이 可(가)ᄒᆞ랴 일로ᄡᅥ 그 世(셰)ᄅᆞᆯ 의론ᄒᆞᄂᆞ니 이ᄂᆞᆫ 尙(샹)ᄒᆞ야 友(우)홈이니라

140(10-9) 齊宣王問卿

齊宣王問卿，孟子曰:「王何卿之問也?」
王曰:「卿不同乎?」
曰:「不同. 有貴戚之卿，有異姓之卿.」
王曰:「請問貴戚之卿.」
曰:「君有大過則諫，反覆之而不聽，則易位.」
王勃然變乎色.
曰:「王勿異也. 王問臣，臣不敢不以正對.」
王色定，然後請問異姓之卿.
曰:「君有過則諫，反覆之而不聽，則去.」

① 陶山本

齊宣王(졔션왕)이 卿(경)을 묻ᄌᆞ온대 孟子(ᄆᆡᆼᄌᆞ)ㅣ ᄀᆞᆯᄋᆞ샤ᄃᆡ 王(왕)은 므슴 卿(경)을 무ᄅᆞ시ᄂᆞ니잇고 王(왕)이 ᄀᆞᆯᄋᆞ샤ᄃᆡ 卿(경)이 同(동)티 아니ᄒᆞ니잇가 ᄀᆞᆯᄋᆞ샤ᄃᆡ 同(동)티 아니ᄒᆞ니 貴戚(귀쳑)읫 卿(경)도 이시며 異姓(이셩)읫 卿(경)도 인ᄂᆞ니이다 王(왕)이 ᄀᆞᆯᄋᆞ샤ᄃᆡ 請(쳥)컨댄 貴戚(귀쳑)읫 卿(경)을 묻ᄌᆞᆸ노이다 ᄀᆞᆯᄋᆞ샤ᄃᆡ 君(군)이 大過(대과) 이시면 諫(간)ᄒᆞ고 反覆(반복)ᄒᆞ야도 聽(텽)티 아니ᄒᆞ면 位(위)를 易(역)ᄒᆞᄂᆞ니이다

王(왕)이 勃然(블연)히 色(ᄉᆡᆨ)을 變(변)ᄒᆞ신대

ᄀᆞᆯᄋᆞ샤ᄃᆡ 王(왕)은 異(이)히 너기디 마ᄅᆞ쇼셔 王(왕)이 臣(신)ᄃᆞ려 무ᄅᆞ실 ᄊᆡ 臣(신)이 敢(감)히 正(졍)으로ᄡᅥ 對(ᄃᆡ)티 아니티 몯호이다

王(왕)이 色(ᄉᆡᆨ)이 定(뎡)ᄒᆞ신 後(후)에 請(쳥)ᄒᆞ야 異姓(이셩)읫 卿(경)을 무르신대 ᄀᆞᆯᄋᆞ샤ᄃᆡ 君(군)이 過(과)ㅣ 이시면 諫(간)ᄒᆞ고 反覆(반복)ᄒᆞ야도 聽(텽)티 아니ᄒᆞ면 去(거)ᄒᆞᄂᆞ니이다

② 栗谷本

齊宣王(졔션왕)이 卿(경)을 問(문)ᄒᆞ신대 孟子(ᄆᆡᆼᄌᆞ)ㅣ ᄀᆞᄅᆞ샤ᄃᆡ 王(왕)은 어ᄂᆡ 卿(경)을 무ᄅᆞ시ᄂᆞ니잇고 王(왕)이 ᄀᆞᄅᆞ샤ᄃᆡ 卿(경)이 同(동)티 아니ᄒᆞ니잇가 ᄀᆞᄅᆞ샤ᄃᆡ 同(동)티 아니ᄒᆞ니 貴戚(귀쳑)의 卿(경)이 이시며 異姓(이셩)의 卿(경)이 잇ᄂᆞ니이다 王(왕)이 ᄀᆞᄅᆞ샤ᄃᆡ 請(쳥)컨댄 貴戚(귀쳑)의 卿(경)을 問(문)ᄒᆞ노이다 ᄀᆞᄅᆞ샤ᄃᆡ 님금이 큰 허믈이 잇거든 諫(간)ᄒᆞ야 反覆(반복)ᄒᆞ야도 듣디 아니ᄒᆞ면 位(위)를 고티ᄂᆞ이다

王(왕)이 勃然(블연)히 色(ᄉᆡᆨ)을 變(변)ᄒᆞ신대

ᄀᆞᄅᆞ샤ᄃᆡ 王(왕)은 괴이히 녀기디 마ᄅᆞ쇼셔 王(왕)이 臣(신)ᄃᆞ려 무르실 ᄉᆡ 臣(신)이 敢(감)히 正(졍)으로ᄡᅥ 對(ᄃᆡ)티 아니티 몯호이다

王(왕)이 色(ᄉᆡᆨ)을 定(뎡)ᄒᆞᆫ 後(후)에 請(청)ᄒᆞ야 異姓(이셩)읫 卿(경)을 問(문)ᄒᆞ신대 ᄀᆞᄅᆞ샤ᄃᆡ 님금이 허믈이 잇거든 諫(간)ᄒᆞ야 反覆(반복)ᄒᆞ야도 듣디 아니ᄒᆞ면 去(거)ᄒᆞᄂᆞ니이다

第十一〈告子章句〉(上)

141(11-1) 杞柳·桮棬

告子曰:「性, 猶杞柳也; 義, 猶桮棬也. 以人性爲仁義, 猶以杞柳爲桮棬.」

孟子曰:「子能順杞柳之性, 而以爲桮棬乎? 將戕賊杞柳而後以爲桮棬也? 如將戕賊杞柳而以爲桮棬, 則亦將戕賊人以爲仁義與? 率天下之人而禍仁義者, 必子之言夫!」

① 陶山本

告子(고ᄌᆞ)ㅣ ᄀᆞᆯ오ᄃᆡ 性(셩)은 杞柳(긔류)ᄀᆞᆮ고 義(의)ᄂᆞᆫ 桮棬(ᄇᆡ권)ᄀᆞᄐᆞ니 사ᄅᆞᆷ의 性(셩)으로ᄡᅧ 仁義(ᅀᅵᆫ의)를 ᄒᆞᆷ이 杞柳(긔류)로ᄡᅧ 桮棬(ᄇᆡ권)을 ᄒᆞᆷ ᄀᆞᄐᆞ니라

孟子(ᄆᆡᆼᄌᆞ)ㅣ ᄀᆞᆯᄋᆞ샤ᄃᆡ 子(ᄌᆞ)ㅣ 能(ᄂᆞᆼ)히 杞柳(긔류)의 性(셩)을 順(ᄉᆔᆫ)ᄒᆞ야 ᄡᅧ 桮棬(ᄇᆡ권)을 ᄒᆞᆯᄯᅡ 쟝ᄎᆞᆺ 杞柳(긔류)를 戕賊(장적)ᄒᆞᆫ 後(후)에 ᄡᅧ 桮棬(ᄇᆡ권)을 ᄒᆞ리니 만일 쟝ᄎᆞᆺ 杞柳(긔류)를 戕賊(장적)ᄒᆞ야 ᄡᅧ 桮棬(ᄇᆡ권)을 ᄒᆞ면 ᄯᅩᄒᆞᆫ 쟝ᄎᆞᆺ 사ᄅᆞᆷ을 戕賊(장적)ᄒᆞ야 ᄡᅧ 仁義(ᅀᅵᆫ의)를 ᄒᆞ랴 天下(텬하)읫 사ᄅᆞᆷ을 率(솔)ᄒᆞ야 仁義(ᅀᅵᆫ의)를 禍(화)ᄒᆞᆯ 者(쟈)ᄂᆞᆫ 반ᄃᆞ시 子(ᄌᆞ)의 言(언)인뎌

② 栗谷本

告子(고ᄌᆞ)ㅣ ᄀᆞᆯ오ᄃᆡ 性(셩)은 杞柳(긔류)ᄀᆞᆮ고 義(의)ᄂᆞᆫ 桮棬(ᄇᆡ권)ᄀᆞᄐᆞ니 人性(인셩)으로ᄡᅧ 仁義(인의)ᄒᆞ욤이 杞柳(긔류)로ᄡᅧ 桮棬(ᄇᆡ권)ᄒᆞ욤 ᄀᆞᄐᆞ니라

孟子(ᄆᆡᆼᄌᆞ)ㅣ ᄀᆞᄅᆞ샤ᄃᆡ 子(ᄌᆞ)ㅣ 能(ᄂᆞᆼ)히 杞柳(긔류)의 性(셩)을 順(ᄉᆔᆫ)ᄒᆞ야 ᄡᅧ 桮棬(ᄇᆡ권)을 ᄒᆞ랴 쟝ᄎᆞᆺ 杞柳(긔류)를 戕賊(장적)ᄒᆞᆫ 後(후)에 ᄡᅧ 桮棬(ᄇᆡ권)을 ᄒᆞᆯ 디니 만일 쟝ᄎᆞᆺ 杞柳(긔류)를 戕賊(장적)ᄒᆞ야 ᄡᅧ 桮棬(ᄇᆡ권)을 ᄒᆞᆯ 딘댄 ᄯᅩᄒᆞᆫ 쟝ᄎᆞᆺ 人(인)을 戕賊(장적)ᄒᆞ야 ᄡᅧ 仁義(인의)를 ᄒᆞ랴 天下(텬하)읫 人(인)을 거ᄂᆞ려 仁義(인의)를 禍(화)ᄒᆞᄂᆞᆫ 者(쟈)ᄂᆞᆫ 반ᄃᆞ시 子(ᄌᆞ)의 말인뎌

142(11-2) 性猶湍水也

告子曰:「性, 猶湍水也, 決諸東方則東流, 決諸西方則西流. 人性之無分於善不善也, 猶水之無分於東西也.」

孟子曰:「水信無分於東西. 無分於上下乎? 人性之善也, 猶水之就下也. 人無有不善, 水無有不下. 今夫水, 搏而躍之, 可使過顙, 激而行之, 可使在山. 是豈水之性哉? 其勢則然也. 人之可使爲不善, 其性亦猶是也.」

① 陶山本

告子(고ᄌᆞ)ㅣ ᄀᆞᆯ오ᄃᆡ 性(셩)은 湍水(단슈)ᄀᆞᄐᆞᆫ 디라 東方(동방)으로 決(결)ᄒᆞ면 東(동)으로 流(류)ᄒᆞ고 西方(셔방)으로 決(결)ᄒᆞ면 西(셔)로 流(류)ᄒᆞᄂᆞ니 人性(ᅀᅵᆫ셩)의 善(션)과 不善(블션)에 分(분)홈 업슴이 水(슈)ㅣ 東(동)과 西(셔)에 分(분)홈 업슴 ᄀᆞᄐᆞ니라

孟子(ᄆᆡᆼᄌᆞ)ㅣ ᄀᆞᆯᄋᆞ샤ᄃᆡ 水(슈)ㅣ 진실로 東西(동셔)에 分(분)홈이 업거니와 上下(샹하)에 分(분)홈이 업ᄉᆞ냐 人性(ᅀᅵᆫ셩)의 善(션)ᄒᆞ욤이 水(슈)ㅣ 下(하)에 就(츄)홈 ᄀᆞᄐᆞ니 人(ᅀᅵᆫ)이 善(션)티 아니ᄒᆞ니 잇디 아니ᄒᆞ며 水(슈)ㅣ 下(하)티 아니ᄒᆞ리 잇디 아니ᄒᆞ니라

이제 水(슈)를 搏(박)ᄒᆞ야 躍(약)게 ᄒᆞ면 可(가)히 ᄒᆞ여곰 顙(상)에 過(과)ᄒᆞ며 激(격)ᄒᆞ야 行(ᄒᆡᆼ)케 ᄒᆞ면 可(가)히 ᄒᆞ여곰 山(산)에 이시려니와 이 엇디 水(슈)의 性(셩)이리오 그 勢(셰) 곧 그러ᄒᆞ니 人(ᅀᅵᆫ)의 可(가)히 ᄒᆞ여곰 不善(블션)을 ᄒᆞ욤이 그 性(셩)이 ᄯᅩᄒᆞᆫ 이ᄀᆞᄐᆞ니라

② 栗谷本

告子(고ᄌᆞ)ㅣ ᄀᆞᆯ오ᄃᆡ 性(셩)은 湍水(단슈)ᄀᆞᄐᆞᆫ 디라 東方(동방)에 決(결)ᄒᆞ면 東(동)으로 흐르고 西方(셔방)에 決(결)ᄒᆞ면 西(셔)로 흐르ᄂᆞ니 人(인)의 性(셩)이 善(션)과 不善(블션)이 分(분)홈이 업솜이 水(슈)ㅣ 東(동)과 西(셔)의 分(분)홈이 업솜 ᄀᆞᆺᄐᆞ니라

孟子(ᄆᆡᆼᄌᆞ)ㅣ ᄀᆞᄅᆞ샤ᄃᆡ 水(슈)ㅣ 진실로 東西(동셔)에ᄂᆞᆫ 分(분)홈이 업거니와 上下(샹하)에 分(분)홈이 업스냐 人性(인셩)의 善(션)홈이 水(슈)ㅣ 下(하)에 就(츄)홈 ᄀᆞᆺᄐᆞ니 人(인)이 善(션)티 아닌 이 업고 水(슈)ㅣ 下(하)티 아니리 업스니라

이제 水(슈)를 搏(박)ᄒᆞ야 躍(약)게 ᄒᆞ면 可(가)히 ᄒᆡ여곰 顙(상)에 넘게ᄒᆞ며 激(격)ᄒᆞ야 行(ᄒᆡᆼ)케 ᄒᆞ면 可(가)히 ᄒᆡ여곰 山(산)에 잇게 ᄒᆞ려니와 이 엇디 水(슈)의 性(셩)이리오 그 勢(셰)ㅣ 그러ᄒᆞ니 人(인)의 可(가)히 ᄒᆡ여곰 不善(블션)을 ᄒᆞ게 홈이 그 性(셩)이 ᄯᅩᄒᆞᆫ 이ᄀᆞᆺᄐᆞ니라

143(11-3) 生之謂性

告子曰:「生之謂性.」

孟子曰:「生之謂性也, 猶白之謂白與?」

曰:「然.」

「白羽之白也, 猶白雪之白; 白雪之白, 猶白玉之白與?」

曰:「然.」

「然則犬之性, 猶牛之性; 牛之性, 猶人之性與?」

① 陶山本

告子(고ᄌᆞ)ㅣ ᄀᆞᆯ오ᄃᆡ 生(ᄉᆡᆼ)ᄒᆞᆫ 거ᄉᆞᆯ 닐온 性(셩)이니라

孟子(ᄆᆡᆼᄌᆞ)ㅣ ᄀᆞᆯᄋᆞ샤ᄃᆡ 生(ᄉᆡᆼ)ᄒᆞᆫ 거ᄉᆞᆯ 닐온 性(셩)이라 ᄒᆞᆷᄋᆞᆫ 白(ᄇᆡᆨ)ᄒᆞᆫ 거ᄉᆞᆯ 닐온 白(ᄇᆡᆨ)이라 ᄒᆞᆷ ᄀᆞᄐᆞ냐 ᄀᆞᆯ오ᄃᆡ 그러ᄒᆞ다 白羽(ᄇᆡᆨ우)의 白(ᄇᆡᆨ)ᄒᆞᆫ 거시 白雪(ᄇᆡᆨ셜)의 白(ᄇᆡᆨ)ᄒᆞᆫ 것 ᄀᆞᄐᆞ며 白雪(ᄇᆡᆨ셜)의 白(ᄇᆡᆨ)ᄒᆞᆫ 거시 白玉(ᄇᆡᆨ옥)의 白(ᄇᆡᆨ)ᄒᆞᆫ 것 ᄀᆞᄐᆞ냐 ᄀᆞᆯ오ᄃᆡ 그러ᄒᆞ다

그러면 犬(견)의 性(셩)이 牛(우)의 性(셩) ᄀᆞᄐᆞ며 牛(우)의 性(셩)이 人(신)의 性(셩) ᄀᆞᄐᆞ냐

② 栗谷本

告子(고ᄌᆞ)ㅣ ᄀᆞᆯ오ᄃᆡ 生(ᄉᆡᆼ)ᄒᆞᆫ 거시 닐온 性(셩)이니라

孟子(ᄆᆡᆼᄌᆞ)ㅣ ᄀᆞᄅᆞ샤ᄃᆡ 生(ᄉᆡᆼ)ᄒᆞᆫ 거ᄉᆞᆯ 性(셩)이라 닐옴이 白(ᄇᆡᆨ)ᄒᆞᆫ 거ᄉᆞᆯ 白(ᄇᆡᆨ)이라 닐옴 ᄀᆞᆮᄐᆞ냐 ᄀᆞᆯ오ᄃᆡ 그러타 白羽(ᄇᆡᆨ우)의 白(ᄇᆡᆨ)홈이 白雪(ᄇᆡᆨ셜)의 白(ᄇᆡᆨ)홈 ᄀᆞᆮᄐᆞ며 白雪(ᄇᆡᆨ셜)의 白(ᄇᆡᆨ)홈이 白玉(ᄇᆡᆨ옥)의 白(ᄇᆡᆨ)홈 ᄀᆞᆮᄐᆞ냐 ᄀᆞᆯ오ᄃᆡ 그러타

그러면 犬(견)의 性(셩)이 牛(우)의 性(셩) ᄀᆞᆮᄐᆞ며 牛(우)의 性(셩)이 人(인)의 性(셩) ᄀᆞᆮᄐᆞ냐

144(11-4) 食色性也

告子曰:「食色, 性也. 仁, 內也, 非外也; 義, 外也, 非內也.」

孟子曰:「何以謂仁內義外也?」

曰:「彼長而我長之, 非有長於我也; 猶彼白而我白之, 從其白於外也, 故謂之外也.」

曰:「異於白馬之白也, 無以異於白人之白也; 不識長馬之長也, 無以異於長人之長與? 且謂長者義乎? 長之者義乎?」

曰:「吾弟則愛之, 秦人之弟則不愛也, 是以我爲悅者也, 故謂之內. 長楚人之長, 亦長吾之長, 是以長爲悅者也, 故謂之外也.」

曰:「耆秦人之炙, 無以異於耆吾炙. 夫物則亦有然者也, 然則耆炙亦有外與?」

① 陶山本

告子(고ᄌᆞ)ㅣ ᄀᆞᆯ오ᄃᆡ 食(식)이며 色(ᄉᆡᆨ)이 性(셩)이니 仁(ᅀᅵᆫ)은 內(ᄂᆡ)라 外(외) 아니오 義(의)ᄂᆞᆫ 外(외)라 內(ᄂᆡ) 아니니라

孟子(ᄆᆡᆼᄌᆞ)ㅣ ᄀᆞᆯᄋᆞ샤ᄃᆡ 엇디 ᄡᅧ 닐오ᄃᆡ 仁(ᅀᅵᆫ)이 內(ᄂᆡ)오 義(의)ㅣ 外(외)라 ᄒᆞᄂᆞ뇨 ᄀᆞᆯ오ᄃᆡ 뎌 長(댱)이어든 내 長(댱)이라 ᄒᆞ논 디라 내게 長(댱)이라 홈이 잇디 아니ᄒᆞ니 뎌 白(ᄇᆡᆨ)ᄒᆞ거든 내 白(ᄇᆡᆨ)다 홈이라 그 白(ᄇᆡᆨ)을 外(외)예 從(쭁)홈 ᄀᆞᄐᆞᆫ 디라 故(고)로 外(외)라 니ᄅᆞ노라

ᄀᆞᆯᄋᆞ샤ᄃᆡ 馬(마)의 白(ᄇᆡᆨ)ᄒᆞᆫ 이ᄅᆞᆯ 白(ᄇᆡᆨ)다 홈은 ᄡᅧ 人(ᅀᅵᆫ)의 白(ᄇᆡᆨ)ᄒᆞᆫ 이ᄅᆞᆯ 白(ᄇᆡᆨ)다 홈애 다ᄅᆞᆷ이 업거니와 아디 몯게라 馬(마)의 長(댱)ᄒᆞᆫ 이ᄅᆞᆯ 長(댱)이라 홈은 ᄡᅧ 人(ᅀᅵᆫ)의 長(댱)ᄒᆞᆫ 이ᄅᆞᆯ 長(댱)이라 홈애 다ᄅᆞᆷ이 업ᄉᆞ냐 ᄯᅩ 닐오ᄃᆡ 長者(댱쟈)ㅣ 義(의)가 長(댱)이라 ᄒᆞᄂᆞᆫ 者(쟈)ㅣ 義(의)가

ᄀᆞᆯ오ᄃᆡ 내 弟(뎨)면 愛(ᄋᆡ)ᄒᆞ고 秦人(진ᅀᅵᆫ)의 弟(뎨)면 愛(ᄋᆡ)티 아니ᄒᆞᄂᆞ니 이ᄂᆞᆫ 날로ᄡᅧ 悅(열)ᄒᆞᄂᆞᆫ 者(쟈)ㅣ라 故(고)로 內(ᄂᆡ)라 니ᄅᆞ고 楚人(초ᅀᅵᆫ)의 長(댱)을 長(댱)이라 ᄒᆞ며 ᄯᅩᄒᆞᆫ 내 長(댱)을 長(댱)이라 ᄒᆞᄂᆞ니 이ᄂᆞᆫ 長(댱)으로ᄡᅧ 悅(열)ᄒᆞᄂᆞᆫ 者(쟈)ㅣ라 故(고)로 外(외)라 니ᄅᆞ노라

ᄀᆞᆯᄋᆞ샤ᄃᆡ 秦人(진ᅀᅵᆫ)의 炙(쟈)를 耆(기)ᄒᆞ욤이 ᄡᅧ 내 炙(쟈)를 耆(기)홈과 달옴이 업ᄉᆞ니 物(믈)이 곧 ᄯᅩᄒᆞᆫ 그러홈이 인ᄂᆞ니 그러면 炙(쟈)를 耆(기)홈도 ᄯᅩᄒᆞᆫ 外(외) 인ᄂᆞ냐

② 栗谷本

告子(고ᄌᆞ)ㅣ ᄀᆞᆯ오ᄃᆡ 食(식)과 色(ᄉᆡᆨ)이 性(셩)이니 仁(인)은 內(ᄂᆡ)라 外(외) 아니오 義(의)ᄂᆞᆫ 外(외)라 內(ᄂᆡ) 아니니라

孟子(ᄆᆡᆼᄌᆞ)ㅣ ᄀᆞᄅᆞ샤ᄃᆡ 엇디 ᄡᅧ 仁(인)은 內(ᄂᆡ)오 義(의)ᄂᆞᆫ 外(외)라 니르ᄂᆞ뇨 ᄀᆞᆯ오ᄃᆡ 뎌 長(댱)커ᄂᆞᆯ 내 長(댱)이라 ᄒᆞᄂᆞᆫ 디라 내게 長(댱)이 잇디 아니홈이 뎌 白(ᄇᆡᆨ)ᄒᆞ거ᄂᆞᆯ 내 白(ᄇᆡᆨ)이라 홈이 그 白(ᄇᆡᆨ)을 外(외)예 조촘 ᄀᆞᄐᆞᆫ 디라 故(고)로 外(외)라 니르노라

ᄀᆞᄅᆞ샤ᄃᆡ 馬(마)의 白(ᄇᆡᆨ)을 白(ᄇᆡᆨ)이라 홈은 人(인)의 白(ᄇᆡᆨ)을 白(ᄇᆡᆨ)이라 홈과 ᄀᆞᆺ거니와 아디 몯게라 馬(마)의 長(댱)을 長(댱)이라 홈이 人(인)의 長(댱)을 長(댱)이라 홈과 ᄡᅧ 다ᄅᆞᆷ이 업스냐 ᄯᅩᄒᆞᆫ 닐오ᄃᆡ 長(댱)ᄒᆞᆫ 者(쟈)ㅣ 義(의)라 ᄒᆞ랴 長(댱)이라 ᄒᆞᄂᆞᆫ 者(쟈)ㅣ 義(의)라 ᄒᆞ랴

ᄀᆞᆯ오ᄃᆡ 내 아ᄋᆞᄂᆞᆫ 愛(ᄋᆡ)ᄒᆞ고 秦人(진인)의 아ᄋᆞᄂᆞᆫ 愛(ᄋᆡ)티 아니ᄒᆞᄂᆞ니 이ᄂᆞᆫ 날로ᄡᅧ 悅(열)을 ᄒᆞᄂᆞᆫ 者(쟈)ㅣ라 故(고)로 內(ᄂᆡ)라 니르고 楚人(초인)의 長(댱)을 長(댱)ᄒᆞ며 ᄯᅩᄒᆞᆫ 내의 長(댱)을 長(댱)ᄒᆞᄂᆞ니 이ᄂᆞᆫ 長(댱)으로ᄡᅧ 悅(열)을 ᄒᆞᄂᆞᆫ 者(쟈)ㅣ라 故(고)로 外(외)라 니르노라

ᄀᆞᄅᆞ샤ᄃᆡ 秦人(진인)의 炙(쟈)를 耆(기)홈이 내 炙(쟈)를 耆(기)홈과 ᄡᅧ 다ᄅᆞᆷ이 업스니 物(믈)이 ᄯᅩᄒᆞᆫ 그러홈이 이시니 그러면 炙(쟈)를 耆(기)홈도 ᄯᅩᄒᆞᆫ 外(외) 잇ᄂᆞ냐

145(11-5) 義內

孟季子問公都子曰:「何以謂義內也?」

曰:「行吾敬, 故謂之內也.」

「鄕人長於伯兄一歲, 則誰敬?」

曰:「敬兄.」

「酌則誰先?」

曰:「先酌鄕人.」

「所敬在此, 所長在彼, 果在外, 非由內也.」

公都子不能答, 以告孟子. 孟子曰:「敬叔父乎? 敬弟乎? 彼將曰:『敬叔父.』曰:『弟爲尸, 則誰敬?』彼將曰:『敬弟.』子曰:『惡在其敬叔父也?』彼將曰:『在位故也.』子亦曰:『在位故也. 庸敬在兄, 斯須之敬在鄕人.』」

季子聞之曰:「敬叔父則敬, 敬弟則敬, 果在外, 非由內也.」

公都子曰:「冬日則飮湯, 夏日則飮水, 然則飮食亦在外也?」

① 陶山本

孟季子(ᄆᆡᆼ계ᄌᆞ)ㅣ 公都子(공도ᄌᆞ)ᄃᆞ려 무러 ᄀᆞᆯ오ᄃᆡ 엇디 ᄡᅧ 義(의)ᄅᆞᆯ 內(ᄂᆡ)라 니ᄅᆞᄂᆞ뇨

ᄀᆞᆯ오ᄃᆡ 내 敬(경)을 行(ᄒᆡᆼ)ᄒᆞᄂᆞᆫ 故(고)로 內(ᄂᆡ)라 닐ᄋᆞ니라

鄕人(향ᅀᅵᆫ)이 伯兄(ᄇᆡᆨ형)의게셔 長(댱)ᄒᆞᆷ이 一歲(일셰)면 누ᄅᆞᆯ 敬(경)ᄒᆞᆯ꼬 ᄀᆞᆯ오ᄃᆡ 兄(형)을 敬(경)ᄒᆞᆯ 띠니라 酌(쟉)ᄒᆞ면 누ᄅᆞᆯ 몬져 ᄒᆞᆯ꼬 ᄀᆞᆯ오ᄃᆡ 몬져 鄕人(향ᅀᅵᆫ)의게 酌(쟉)ᄒᆞᆯ 띠니라 敬(경)ᄒᆞᄂᆞᆫ 바ᄂᆞᆫ 이에 잇고 長(댱)ᄒᆞᄂᆞᆫ 바ᄂᆞᆫ 뎌에 이시니 과연 外(외)예 인ᄂᆞᆫ 디라 內(ᄂᆡ)로 由(유)ᄒᆞᆷ이 아니로다

公都子(공도ᄌᆞ)ㅣ 能(능)히 答(답)디 몯ᄒᆞ야 ᄡᅧ 孟子(ᄆᆡᆼᄌᆞ)ㅅ긔 告(고)ᄒᆞᆫ대 孟子(ᄆᆡᆼᄌᆞ)ㅣ ᄀᆞᆯᄋᆞ샤ᄃᆡ 叔父(슉부)ᄅᆞᆯ 敬(경)ᄒᆞ랴 弟(뎨)ᄅᆞᆯ 敬(경)ᄒᆞ랴 ᄒᆞ면 뎌 쟝ᄎᆞᆺ ᄀᆞᆯ오ᄃᆡ 叔父(슉부)ᄅᆞᆯ 敬(경)ᄒᆞᆯ 띠라 ᄒᆞ리라 ᄀᆞᆯ오ᄃᆡ 弟(뎨)ㅣ 尸(시)되면 누를 敬(경)ᄒᆞ료 ᄒᆞ면 뎌 쟝ᄎᆞᆺ ᄀᆞᆯ오ᄃᆡ 弟(뎨)ᄅᆞᆯ 敬(경)ᄒᆞᆯ 띠라 ᄒᆞ리라 子(ᄌᆞ)ㅣ ᄀᆞᆯ오ᄃᆡ 어ᄃᆡ 그 叔父(슉부)를 敬(경)ᄒᆞ욤이 인ᄂᆞ뇨 ᄒᆞ면 뎌 쟝ᄎᆞᆺ ᄀᆞᆯ오ᄃᆡ 位(위)예 인ᄂᆞᆫ 故(고)ㅣ라 ᄒᆞ리니 子(ᄌᆞ)ㅣ ᄯᅩᄒᆞᆫ ᄀᆞᆯ오ᄃᆡ 位(위)예 인ᄂᆞᆫ 故(고)ㅣ라 ᄒᆞ라 덛덛ᄒᆞᆫ 敬(경)은 兄(형)의게 잇고 斯須(ᄉᆞ슈)ㅅ 敬(경)은 鄕人(향ᅀᅵᆫ)의게 인ᄂᆞ니라

季子(계ᄌᆞ)ㅣ 聞(문)ᄒᆞ고 ᄀᆞᆯ오ᄃᆡ 叔父(슉부)ᄅᆞᆯ 敬(경)ᄒᆞ면 敬(경)ᄒᆞ고 弟(뎨)ᄅᆞᆯ 敬(경)ᄒᆞ면 敬(경)ᄒᆞ니 과연 外(외)예 인논 디라 內(ᄂᆡ)로 由(유)ᄒᆞᆷ이 아니로다 公都子(공도ᄌᆞ)ㅣ ᄀᆞᆯ오ᄃᆡ 冬日(동일)이면 湯(탕)을 飮(음)ᄒᆞ고 夏日(하일)이면 水(슈)ᄅᆞᆯ 飮(음)ᄒᆞᄂᆞ니 그러면

飮食(음식)ᄒᆞ욤도 ᄯᅩᄒᆞᆫ 外(외)예 잇도다

② 栗谷本

孟季子(밍계ᄌᆞ)ㅣ 公都子(공도ᄌᆞ)ᄃᆞ려 問(문)ᄒᆞ야 ᄀᆞᆯ오ᄃᆡ 엇디 ᄡᅧ 義(의)ㅣ 內(ᄂᆡ)라 니르ᄂᆞ뇨

ᄀᆞᆯ오ᄃᆡ 내 敬(경)을 行(ᄒᆡᆼ)ᄒᆞᄂᆞᆫ 디라 故(고)로 內(ᄂᆡ)라 니르니라

鄕人(향인)이 伯兄(ᄇᆡᆨ형)의게 長(댱)홈이 一歲(일셰)만 ᄒᆞ면 누를 敬(경)ᄒᆞ료 ᄀᆞᆯ오ᄃᆡ 兄(형)을 敬(경)홀 디니라 酌(쟉)ᄒᆞ면 뉘게 몬져 ᄒᆞ료 ᄀᆞᆯ오ᄃᆡ 몬져 鄕人(향인)의게 酌(쟉)홀 디니라 敬(경)ᄒᆞᄂᆞᆫ 바ᄂᆞᆫ 이에 잇고 長(댱)ᄒᆞᄂᆞᆫ 바ᄂᆞᆫ 뎌에 이시니 과연히 外(외)예 잇ᄂᆞᆫ 디라 內(ᄂᆡ)로 由(유)홈이 아니로다

公都子(공도ᄌᆞ)ㅣ 能(능)히 ᄃᆡ답디 몯ᄒᆞ야 ᄡᅧ 孟子(밍ᄌᆞ)ᄭᅴ 告(고)ᄒᆞᆫ대 孟子(밍ᄌᆞ)ㅣ ᄀᆞᄅᆞ샤ᄃᆡ 叔父(슉부)를 敬(경)ᄒᆞ랴 弟(뎨)를 敬(경)ᄒᆞ랴 ᄒᆞ면 뎨 쟝ᄎᆞᆺ ᄀᆞᆯ오ᄃᆡ 叔父(슉부)를 敬(경)홀 디라 ᄒᆞ고 ᄀᆞᆯ오ᄃᆡ 弟(뎨)ㅣ 尸(시)되면 누를 敬(경)홀고 ᄒᆞ면 뎨 쟝ᄎᆞᆺ ᄀᆞᆯ오ᄃᆡ 弟(뎨)를 敬(경)홀 디라 ᄒᆞ고 子(ᄌᆞ)ㅣ ᄀᆞᆯ오ᄃᆡ 그 叔父(슉부)를 敬(경)홈이 어ᄃᆡ 잇ᄂᆞ뇨 ᄒᆞ면 뎨 쟝ᄎᆞᆺ ᄀᆞᆯ오ᄃᆡ 位(위)예 잇ᄂᆞᆫ 故(고)ㅣ라 ᄒᆞ리니 子(ᄌᆞ)ㅣ ᄯᅩᄒᆞᆫ ᄀᆞᆯ오ᄃᆡ 位(위)예 잇ᄂᆞᆫ 故(고)ㅣ니 샹녜 敬(경)은 兄(형)의게 잇고 져근덧 敬(경)은 鄕人(향인)의게 잇ᄂᆞ니라 ᄒᆞ라

季子(계ᄌᆞ)ㅣ 듯고 ᄀᆞᆯ오ᄃᆡ 叔父(슉부)를 敬(경)홀 제면 敬(경)ᄒᆞ며 弟(뎨)를 敬(경)홀 제면 敬(경)ᄒᆞ니 과연히 外(외)예 잇ᄂᆞᆫ 디라 內(ᄂᆡ)로 由(유)홈이 아니로다 公都子(공도ᄌᆞ)ㅣ ᄀᆞᆯ오ᄃᆡ 겨을 날에ᄂᆞᆫ 湯(탕)을 飮(음)ᄒᆞ고 녀름 날에ᄂᆞᆫ 水(슈)를 飮(음)ᄒᆞᄂᆞ니 그러면 飮食(음식)도 ᄯᅩᄒᆞᆫ 外(외)예 잇도다

146(11-6) 性無善無不善

公都子曰:「告子曰:『性, 無善無不善也.』或曰:『性, 可以爲善, 可以爲不善; 是故文武興, 則民好善; 幽厲興, 則民好暴.』或曰:『有性善, 有性不善; 是故以堯爲君而有象; 以瞽瞍爲父而有舜; 以紂爲兄之子且以爲君, 而有微子啓·王子比干.』今曰『性善』, 然則彼皆非與?」

孟子曰:「乃若其情, 則可以爲善矣, 乃所謂善也. 若夫爲不善, 非才之罪也. 惻隱之心, 人皆有之; 羞惡之心, 人皆有之; 恭敬之心, 人皆有之; 是非之心, 人皆有之. 惻隱之心, 仁也; 羞惡之心, 義也; 恭敬之心, 禮也; 是非之心, 智也. 仁義禮智, 非由外鑠我也, 我固有之也, 弗思耳矣. 故曰:『求則得之, 舍則失之.』或相倍蓰而無算者, 不能盡其才者也. 詩曰:『天生蒸民, 有物有則. 民之秉夷, 好是懿德.』孔子曰:『爲此詩者,其知道乎! 故有物必有則, 民之秉夷也, 故好是懿德.』」

① 陶山本

公都子(공도ᄌᆞ)ㅣ ᄀᆞᆯ오ᄃᆡ 告子(고ᄌᆞ)ㅣ ᄀᆞᆯ오ᄃᆡ 性(셩)은 善(션)도 업ᄉᆞ며 善(션)티 아님도 업다ᄒᆞ고

或(혹) ᄀᆞᆯ오ᄃᆡ 性(셩)은 可(가)히 ᄡᅥ 善(션)을 ᄒᆞ며 可(가)히 ᄡᅥ 不善(블션)을 ᄒᆞᄂᆞ니 이런 故(고)로 文武(문무)ㅣ 興(흥)ᄒᆞ면 民(민)이 善(션)을 好(호)ᄒᆞ고 幽厲(유려)ㅣ 興(흥)ᄒᆞ면 民(민)이 暴(포)ᄅᆞᆯ 好(호)ᄒᆞᆫ다 ᄒᆞ고

或(혹) ᄀᆞᆯ오ᄃᆡ 性(셩)이 善(션)ᄒᆞ니도 이시며 性(셩)이 善(션)티 아닌 이도 인ᄂᆞ니 이런 故(고)로 堯(요)로ᄡᅥ 君(군)을 삼오ᄃᆡ 象(샹)이 이시며 瞽瞍(고수)로ᄡᅥ 父(부)ᄅᆞᆯ 삼오ᄃᆡ 舜(슌)이 이시며 紂(듀)로ᄡᅥ 兄(형)의 子(ᄌᆞ)를 삼고 ᄯᅩ ᄡᅥ 君(군)을 삼오ᄃᆡ 微子啓(미ᄌᆞ계)와 王子(왕ᄌᆞ) 比干(비간)이 잇다 ᄒᆞᄂᆞ니

이제 ᄀᆞᆯᄋᆞ샤ᄃᆡ 性(셩)이 善(션)타 ᄒᆞ시니 그러면 뎨 다 외니잇가 孟子(ᄆᆡᇰᄌᆞ)ㅣ ᄀᆞᆯᄋᆞ샤ᄃᆡ 그 情(졍)인 則(즉) 可(가)히 ᄡᅥ 善(션)을 ᄒᆞᆯ ᄭᅥ시니 닐온 밧 善(션)ᄒᆞᆷ이니라

만일 不善(블션)을 ᄒᆞᆷ은 才(ᄌᆡ)의 罪(죄) 아니니라

惻隱(측은)ᄒᆞᄂᆞᆫ 心(심)을 人(ᅀᅵᆫ)이 다 두어시며 羞惡(슈오)ᄒᆞᄂᆞᆫ 心(심)을 人(ᅀᅵᆫ)이 다 두어시며 恭敬(공경)ᄒᆞᄂᆞᆫ 心(심)을 人(ᅀᅵᆫ)이 다 두어시며 是非(시비)ᄒᆞᄂᆞᆫ 心(심)을 人(ᅀᅵᆫ)이 다 두언ᄂᆞ니 惻隱(측은)ᄒᆞᄂᆞᆫ 心(심)은 仁(ᅀᅵᆫ)이오 羞惡(슈오)ᄒᆞᄂᆞᆫ 心(심)은 義(의)ㅣ오 恭敬(공경)ᄒᆞᄂᆞᆫ 心(심)은 禮(례)ㅣ오 是非(시비)ᄒᆞᄂᆞᆫ 心(심)은 智(디)니 仁(ᅀᅵᆫ)과 義(의)와 禮(례)와 智(디)ㅣ 外(외)로 말ᄆᆡ아마 나ᄅᆞᆯ 鑠(샥)ᄒᆞᆷ이 아니라 내 본ᄃᆡ 둣건마ᄂᆞᆫ 思(ᄉᆞ)티 아닐 ᄯᆞ름이니 故(고)로 ᄀᆞᆯ오ᄃᆡ 求(구)ᄒᆞ면 得(득)ᄒᆞ고 舍(샤)ᄒᆞ면 失(실)ᄒᆞᆫ다 ᄒᆞ니 或(혹) 서르 倍(ᄇᆡ)ᄒᆞ며 蓰(ᄉᆞ)ᄒᆞ야 筭(산)이 업ᄉᆞᆫ 者(쟈)ᄂᆞᆫ 能(능)히 그 才(ᄌᆡ)ᄅᆞᆯ 盡(진)티 몯ᄒᆞᆷ이니라

詩(시)예 ᄀᆞᆯ오ᄃᆡ 天(텬)이 蒸民(즁민)을 生(ᄉᆡᆼ)ᄒᆞ시니 物(믈)이 이시면 則(측)이 잇도다 民(민)의 秉(병)ᄒᆞ얀ᄂᆞᆫ 夷(이)라 이 懿德(의덕)을 好(호)ᄒᆞᆫ다 ᄒᆞ야ᄂᆞᆯ 孔子(공ᄌᆞ)ㅣ ᄀᆞᆯᄋᆞ샤ᄃᆡ 이 詩(시)를 ᄒᆞᆫ 者(쟈)ㅣ여 그 道(도)ᄅᆞᆯ 안뎌 故(고)로 物(믈)이 이시면 반ᄃᆞ시 則(측)이 인ᄂᆞ니 民(민)이 秉(병)ᄒᆞ얀ᄂᆞᆫ 夷(이)론 故(고)로 이 懿德(의덕)을 好(호)ᄒᆞᄂᆞ다 ᄒᆞ시니라

② 栗谷本

公都子(공도ᄌᆞ)ㅣ ᄀᆞᆯ오ᄃᆡ 告子(고ᄌᆞ)ㅣ ᄀᆞᆯ오ᄃᆡ 性(셩)이 善(션) 업스며 不善(블션)이 업다ᄒᆞ고

或(혹) ᄀᆞᆯ오ᄃᆡ 性(셩)은 可(가)히 ᄡᅥ 善(션)을 ᄒᆞ며 可(가)히 ᄡᅥ 不善(블션)을 ᄒᆞᆯ 디니 이런 故(고)로 文武(문무)ㅣ 興(흥)ᄒᆞ시면 民(민)이 善(션)을 好(호)ᄒᆞ고 幽厲(유려)ㅣ 興(흥)ᄒᆞ면 民(민)이 暴(포)를 好(호)ᄒᆞᆫ다 ᄒᆞ고

或(혹) ᄀᆞᆯ오ᄃᆡ 性(셩)이 善(션)ᄒᆞᆫ 이 이시며 性(셩)이 不善(블션)ᄒᆞᆫ이 이시니 이런 故(고)로 堯(요)로ᄡᅥ 君(군)을 삼고 象(샹)이 이시며 瞽瞍(고수)로ᄡᅥ 父(부)ᄅᆞᆯ 삼고 舜(슌)이 이시며 紂(듀)로ᄡᅥ 兄(형)의 子(ᄌᆞ)ᄅᆞᆯ 삼오며 ᄯᅩ ᄡᅥ 君(군)을 삼고 微子啓(미ᄌᆞ계)와 王子(왕ᄌᆞ) 比干(비간)이 잇다 ᄒᆞᄂᆞ니

이제 ᄀᆞᄅᆞ샤ᄃᆡ 性(셩)이 善(션)ᄒᆞ니라 ᄒᆞ시니 그러면 데 다 외니잇가 孟子(밍ᄌᆞ)ㅣ ᄀᆞᄅᆞ샤ᄃᆡ 만일 그 情(졍)을 可(가)히 ᄡᅧ 善(션)을 ᄒᆞᆯ 디니 닐온 밧 善(션)이니라

만일 그 不善(블션)ᄒᆞ기ᄂᆞᆫ 才(ᄌᆡ)의 罪(죄)ㅣ 아니니라

惻隱(측은)읫 ᄆᆞ음을 人(인)이 다 두며 羞惡(슈오)읫 ᄆᆞ음을 人(인)이 다 두며 恭敬(공경)읫 ᄆᆞ음을 人(인)이 다 두며 是非(시비)읫 ᄆᆞ음을 人(인)이 다 둣ᄂᆞ니 惻隱(측은)읫 ᄆᆞ음은 仁(인)이오 羞惡(슈오)읫 ᄆᆞ음은 義(의)오 恭敬(공경)읫 ᄆᆞ음은 禮(례)오 是非(시비)읫 ᄆᆞ음은 智(디)니 仁(인)과 義(의)와 禮(례)와 智(디)ㅣ 外(외)를 말ᄆᆡ아마 날을 鑠(샥)홈이 아니라 내 본ᄃᆡ 둣건마ᄂᆞᆫ 思(ᄉᆞ)티 아님이니 故(고)로 ᄀᆞᆯ오ᄃᆡ 求(구)ᄒᆞ면 得(득)ᄒᆞ고 舍(샤)ᄒᆞ면 失(실)ᄒᆞᆫ다 ᄒᆞ니 或(혹) 서르 倍(ᄇᆡ)ᄒᆞ며 蓰(ᄉᆞ)ᄒᆞ야 筭(산)이 업솜은 能(능)히 그 才(ᄌᆡ)를 盡(진)티 몯ᄒᆞᆫ 者(쟈)ㅣ니라

詩(시)예 ᄀᆞᆯ오ᄃᆡ 天(텬)이 蒸民(증민)을 生(ᄉᆡᆼ)ᄒᆞ시매 物(믈)이 이쇼매 則(측)이 이시니 民(민)의 秉(병)ᄒᆞᆫ 夷(이)라 이 懿(의)ᄒᆞᆫ 德(덕)을 好(호)ᄒᆞᆫ다 ᄒᆞ야ᄂᆞᆯ 孔子(공ᄌᆞ)ㅣ ᄀᆞᄅᆞ샤ᄃᆡ 이 詩(시)ᄅᆞᆯ ᄒᆞᆫ 者(쟈)ㅣ 그 道(도)ᄅᆞᆯ 안뎌 故(고)로 物(믈)이 이시매 반ᄃᆞ시 則(측)이 이실 디니 民(민)의 秉(병)ᄒᆞᆫ 夷(이)라 故(고)로 이 懿(의)ᄒᆞᆫ 德(덕)을 好(호)ᄒᆞᆫ다 ᄒᆞ시니라

147(11-7) 富歲

孟子曰:「富歲, 子弟多賴; 凶歲, 子弟多暴, 非天之降才爾殊也, 其所以陷溺其心者然也. 今夫麰麥, 播種而耰之, 其地同; 樹之時又同, 浡然而生, 至於日至之時, 皆熟矣. 雖有不同, 則地有肥磽, 雨露之養, 人事之不齊也. 故凡同類者, 擧相似也, 何獨至於人而疑之? 聖人與我同類者. 故龍子曰:『不知足而爲屨, 我知其不爲蕢也.』屨之相似, 天下之足同也. 口之於味, 有同耆也. 易牙先得我口之所耆者也. 如使口之於味也, 其性與人殊, 若犬馬之與我不同類也, 則天下何耆皆從易牙之於味也? 至於味, 天下期於易牙, 是天下之口相似也. 惟耳亦然. 至於聲, 天下期於師曠, 是天下之耳相似也. 惟目亦然. 至於子都, 天下莫不知其姣也. 不知子都之姣者, 無目者也. 故曰: 口之於味也, 有同耆焉; 耳之於聲也, 有同聽焉; 目之於色也, 有同美焉. 至於心, 獨無所同然乎? 心之所同然者, 何也? 謂理也, 義也. 聖人先得我心之所同然耳. 故理義之悅我心, 猶芻豢之悅我口.」

① 陶山本

孟子(ᄆᆡᇰᄌᆞ)ㅣ ᄀᆞᆯᄋᆞ샤ᄃᆡ 富(부)ᄒᆞᆫ 歲(셰)옌 子弟(ᄌᆞ뎨)ㅣ 賴(뢰)홈이 하고 凶(흉)ᄒᆞᆫ 歲(셰)옌 子弟(ᄌᆞ뎨)ㅣ 暴(포)홈이 하ᄂᆞ니 天(텬)의 才(ᄌᆡ)ᄅᆞᆯ 降(강)홈이 그러히 달옴이 아니라 그 뻐 그 心(심)을 陷溺(함닉)ᄒᆞᆫ 배 그러ᄒᆞ니라

이제 麰(모)와 麥(ᄆᆡᆨ)을 種(죵)을 播(파)ᄒᆞ고 耰(우)호ᄃᆡ 그 地(디)ㅣ 同(동)ᄒᆞ며 樹(슈)ᄒᆞᄂᆞᆫ 時(시)ㅣ ᄯᅩ 同(동)ᄒᆞ면 浡然(볼연)히 生(ᄉᆡᆼ)ᄒᆞ야 日(일)이 至(지)ᄒᆞᆫ 時(시)예 니ᄅᆞ러 다 熟(슉)ᄒᆞᄂᆞ니 비록 同(동)티 아니홈이 이시나 곧 地(디)ㅣ 肥(비)와 磽(요)ㅣ 이시며 雨露(우로)의 養(양)홈과 人事(신ᄉᆞ)의 齊(졔)티 몯홈이니라

故(고)로 믈읫 類(류)ㅣ 同(동)ᄒᆞᆫ 者(쟈)ㅣ 다 서르 ᄀᆞᄐᆞ니 엇디 호올로 人(신)에 니ᄅᆞ러 疑(의)ᄒᆞ리오 聖人(셩신)도 날로 더블어 類(류)ㅣ 同(동)ᄒᆞᆫ 者(쟈)ㅣ시니라

故(고)로 龍子(룡ᄌᆞ)ㅣ ᄀᆞᆯ오ᄃᆡ 足(죡)을 아디 몯ᄒᆞ고 屨(구)ᄅᆞᆯ ᄒᆞ야도 내 그 蕢(궤)ㅣ 되디 아닐 주ᄅᆞᆯ 아노라 ᄒᆞ니 屨(구)ㅣ 서르 ᄀᆞᄐᆞᆫ 天下(텬하)엣 足(죡)이 同(동)ᄒᆞᆯ 씨니라

口(구)ㅣ 味(미)예 ᄒᆞᆫ 가지로 耆(기)홈이 이시니 易牙(역아)ᄂᆞᆫ 내 口(구)의 耆(기)ᄒᆞᄂᆞᆫ 바ᄅᆞᆯ 몬져 得(득)ᄒᆞᆫ 者(쟈)ㅣ라 만일 ᄒᆞ여곰 口(구)ㅣ 味(미)예 그 性(셩)이 人(신)으로 더블어 달옴이 犬馬(견마)ㅣ 날로 더블어 類(류)ㅣ 同(동)티 아님이 ᄀᆞᄐᆞ면 곧 天下(텬하)ㅣ 므슴 耆(기)홈을 다 易牙(역아)의 味(미)예 從(죵)ᄒᆞ리오 味(미)예 至(지)ᄒᆞ야ᄂᆞᆫ 天下(텬하)ㅣ 易牙(역아)의게 期(긔)ᄒᆞᄂᆞ니 이ᄂᆞᆫ 天下(텬하)읫 口(구)ㅣ 서르 ᄀᆞᄐᆞᆯ 씨니라

오직 耳(ᅀᅵ)도 ᄯᅩᄒᆞᆫ 그러ᄒᆞ니 聲(셩)에 至(지)ᄒᆞ야ᄂᆞᆫ 天下(텬하)ㅣ 師曠(ᄉᆞ광)의게 期(긔)ᄒᆞᄂᆞ니 이ᄂᆞᆫ 天下(텬하)읫 耳(ᅀᅵ) 서르 ᄀᆞᄐᆞᆯ 씨니라

오직 目(목)도 ᄯᅩ 그러ᄒᆞ니 子都(ᄌᆞ도)의게 至(지)ᄒᆞ야ᄂᆞᆫ 天下(텬하)ㅣ 그 姣(교)홈을 아디 몯ᄒᆞ리 업ᄂᆞ니 子都(ᄌᆞ도)의 姣(교)홈을 아디 몯ᄒᆞᄂᆞᆫ 者(쟈)ᄂᆞᆫ 目(목)이 업ᄉᆞᆫ 者(쟈)ㅣ니라

故(고)로 ᄀᆞᆯ오ᄃᆡ 口(구)ㅣ 味(미)예 ᄒᆞᆫ 가지로 耆(기)홈이 이시며 耳(ᅀᅵ)ㅣ 聲(셩)에 ᄒᆞᆫ 가지로 聽(텽)홈이 이시며 目(목)이 色(ᄉᆡᆨ)에 ᄒᆞᆫ 가지로 美(미)홈이 이시니 心(심)에 至(지)ᄒᆞ야ᄂᆞᆫ 호올로 ᄒᆞᆫ 가지로 그러ᄒᆞᆫ 배 업ᄉᆞ랴 心(심)의 ᄒᆞᆫ 가지로 그러ᄒᆞᆫ 바ᄂᆞᆫ 엇디오 닐온 理(리)와 義(의)니 聖人(셩신)은 내 心(심)에 ᄒᆞᆫ 가지로 그러ᄒᆞᆫ 바ᄅᆞᆯ 몬져 得(득)ᄒᆞ시니 故(고)로 理(리)와 義(의)의 내 心(심)을 悅(열)케 홈이 芻(추)와 豢(환)이 내 口(구)ᄅᆞᆯ 悅(열)케 홈 ᄀᆞᄐᆞ니라

② 栗谷本

孟子(ᄆᆡᇰᄌᆞ)ㅣ ᄀᆞᄅᆞ샤ᄃᆡ 富歲(부셰)예 子弟(ᄌᆞ뎨)ㅣ 賴(뢰)홈이 하고 凶歲(흉셰)예 子弟(ᄌᆞ뎨)ㅣ 暴(포)ᄒᆞ리 하ᄂᆞ니 天(텬)의 才(ᄌᆡ)를 降(강)ᄒᆞ샴이 그리 다롬이 아니라 그 뻐 그 ᄆᆞ음을 陷溺(함닉)ᄒᆞᄂᆞᆫ 배 그러니라

이제 麰(모)와 麥(ᄆᆡᆨ)을 種(죵)을 播(파)ᄒᆞ야 耰(우)호되 그 ᄯᅡ히 ᄒᆞᆫ 가지며 시믄 ᄣᅢ ᄯᅩᄒᆞᆫ ᄒᆞᆫ 가지면 浡然(볼연)히 나 日至(일지)ᄒᆞᆫ 時(시)예 니르러 다 熟(슉)ᄒᆞᄂᆞ니 비록 同(동)티 아니홈이 이시나 곧 ᄯᅡ히 肥(비)홈과 磽(요)홈이 이시며 雨露(우로)의 養(양)과 人事(인ᄉᆞ)의 齊(졔)티 아니홈이니라

故(고)로 물읫 類(류)ㅣ 흔 가진 者(쟈)ㅣ 다 서르 곳트니 엇디 혼자 人(인)의게 니르러 의심흐리오 聖人(셩인)도 날과 더브러 類(류)ㅣ 흔 가진 者(쟈)ㅣ시니라

故(고)로 龍子(룡즈)ㅣ 굴오듸 발을 아디 몯흐고 屨(구)를 흘 디라도 내 그 蕢(궤)ㅣ 되디 아닐 줄을 아노라 흐니 屨(구)의 서르 곳트믄 天下(텬하)의 발이 흔 가딜 싀니라

입이 味(미)예 흔 가지로 耆(기)홈이 이시니 易牙(역아)는 몬져 내 입의 耆(기)흐는 바를 得(득)흔 者(쟈)ㅣ니 만일 히여곰 입이 味(미)의게 그 性(셩)이 人(인)과 더브러 다룸이 犬馬(견마)ㅣ 날과 더브러 흔 가짓 類(류)ㅣ 아님 곳트면 天下(텬하)ㅣ 엇디 耆(기)홈을 다 味(미)예 易牙(역아)를 조추리오 味(미)예 니르러는 天下(텬하)ㅣ 易牙(역아)의게 긔약흐느니 이는 天下(텬하)읫 입이 서르 곳틀 싀니라

귀도 쏘흔 그러흐니 聲(셩)에 니르러는 天下(텬하)ㅣ 師曠(스광)의게 긔약흐느니 이는 天下(텬하)의 귀ㅣ 서르 곳틀 싀니라

눈도 쏘흔 그러흐니 子都(즈도)에 니르러는 天下(텬하)ㅣ 그 姣(교)홈을 아디 몯흐리 업느니 子都(즈도)의 姣(교)홈을 아디 몯흐는 者(쟈)는 눈이 업슨 者(쟈)ㅣ니라

故(고)로 굴오듸 입이 味(미)예 흔 가지로 耆(기)홈이 이시며 귀ㅣ 聲(셩)에 흔 가지로 聽(텽)홈이 이시며 눈이 色(식)에 흔 가지로 美(미)홈이 이시니 心(심)에 니르러 혼자 흔 가지로 올히 너기는 배 업스랴 心(심)에 흔 가지로 올히 녀기는 밧 者(쟈)는 므섯고 닐온 理(리)며 義(의)니 聖人(셩인)은 몬져 내 므음의 흔 가지로 올히 녀기는 바를 어드시니 故(고)로 理義(리의)의 내 므음 悅(열)케 홈이 芻豢(추환)의 내 입 悅(열)케 홈 곳트니라

148(11-8) 牛山之木

孟子曰:「牛山之木嘗美矣, 以其郊於大國也, 斧斤伐之, 可以爲美乎? 是其日夜之所息, 雨露之所潤, 非無萌蘖之生焉, 牛羊又從而牧之, 是以若彼濯濯也. 人見其濯濯也, 以爲未嘗有材焉, 此豈山之性也哉? 雖存乎人者, 豈無仁義之心哉? 其所以放其良心者, 亦猶斧斤之於木也, 旦旦而伐之, 可以爲美乎? 其日夜之所息, 平旦之氣, 其好惡與人相近也者幾希, 則其旦晝之所爲, 有梏亡之矣. 梏之反覆, 則其夜氣不足以存; 夜氣不足以存, 則其違禽獸不遠矣. 人見其禽獸也, 而以爲未嘗有才焉者, 是豈人之情也哉? 故苟得其養, 無物不長; 苟失其養, 無物不消. 孔子曰:『操則存, 舍則亡; 出入無時, 莫知其鄕.』惟心之謂與!」

① 陶山本

孟子(밍즈)ㅣ 굴우샤듸 牛山(우산)읫 木(목)이 일쯕 美(미)흐더니 뻐 그 大國(대국)에

郊(교)ᄒᆞ얀ᄂᆞᆫ 디라 斧斤(부근)이 伐(벌)ᄒᆞ거니 可(가)히 ᄡᅧ 美(미)ᄒᆞ랴 이 그 日夜(ᅀᅵᆯ야)에 息(식)ᄒᆞᄂᆞᆫ 바와 雨露(우로)의 潤(슌)ᄒᆞᄂᆞᆫ 바에 萌蘖(ᄆᆡᆼ얼)의 生(ᄉᆡᆼ)홈이 업디 아니ᄒᆞ건마ᄂᆞᆫ 牛羊(우양)이 ᄯᅩ 조차 牧(목)ᄒᆞ논 디라 일로ᄡᅥ 뎌러ᄐᆞ시 濯濯(탁탁)ᄒᆞ니 人(ᅀᅵᆫ)이 그 濯濯(탁탁)홈을 보고 ᄡᅧ 일쯕 材(ᄌᆡ) 잇디 아니타 ᄒᆞᄂᆞ니 이 엇디 山(산)의 性(셩)이리오

비록 人(ᅀᅵᆫ)의게 인ᄂᆞᆫ 거신ᄃᆞᆯ 엇디 仁義(ᅀᅵᆫ의)ㅅ 心(심)이 업ᄉᆞ리오마ᄂᆞᆫ 그 ᄡᅧ 그 良心(량심)을 放(방)ᄒᆞᄂᆞᆫ 배 ᄯᅩᄒᆞᆫ 斧斤(부근)이 木(목)에 朝朝(됴됴)로 伐(벌)홈이 ᄀᆞᆮ거니 可(가)히 ᄡᅧ 美(미)ᄒᆞ랴 그 日夜(ᅀᅵᆯ야)에 息(식)ᄒᆞᄂᆞᆫ 바와 平朝(평됴)ㅅ 氣(긔)예 그 好(호)와 惡(오)홈이 人(ᅀᅵᆫ)으로 더블어 서르 近(근)홈이 幾希(긔희)ᄒᆞ거ᄂᆞᆯ 곧 그 朝晝(됴듀)의 ᄒᆞᄂᆞᆫ 배 梏(곡)ᄒᆞ야 亡(망)홈이 인ᄂᆞ니 梏(곡)홈을 反覆(반복)ᄒᆞ면 그 夜氣(야긔)ㅣ 足(죡)히 ᄡᅧ 存(존)히오디 몯ᄒᆞ고 夜氣(야긔)ㅣ 足(죡)히 ᄡᅧ 存(존)히오디 몯ᄒᆞ면 그 禽獸(금슈)에 違(위)홈이 遠(원)티 아니ᄒᆞ니 人(ᅀᅵᆫ)이 그 禽獸(금슈)ᅟᅵᆫ 주ᄅᆞᆯ 보고 ᄡᅧ 일쯕 才(ᄌᆡ) 잇디 아니타 ᄒᆞᄂᆞ니 이 엇디 人(ᅀᅵᆫ)의 情(졍)이리오

故(고)로 진실로 그 養(양)홈을 得(득)ᄒᆞ면 物(믈)이 長(댱)티 아닐 거시 업고 진실로 그 養(양)홈을 失(실)ᄒᆞ면 物(믈)이 消(쇼)티 아닐 거시 업ᄂᆞ니라

孔子(공ᄌᆞ)ㅣ ᄀᆞᆯᄋᆞ샤ᄃᆡ 操(조)ᄒᆞ면 存(존)ᄒᆞ고 舍(샤)ᄒᆞ면 亡(망)ᄒᆞ야 出(츌)ᄒᆞ며 入(ᅀᅵᆸ)홈이 時(시)업서 그 鄕(향)을 아디 몯ᄒᆞ욤ᄋᆞᆫ 오직 心(심)을 닐옴인뎌 ᄒᆞ시니라

② 栗谷本

孟子(ᄆᆡᆼᄌᆞ)ㅣ ᄀᆞᄅᆞ샤ᄃᆡ 牛山(우산)의 木(목)이 일즉 美(미)ᄒᆞ엿ᄡᅥᆫ마ᄂᆞᆫ 그 大國(대국)의 郊(교)ㅣ 되옴을 뻬라 斧斤(부근)이 伐(벌)ᄒᆞ거니 可(가)히 ᄡᅧ 美(미)ᄒᆞ랴 이 그 日夜(일야)의 息(식)ᄒᆞᆫ 바와 雨露(우로)의 潤(윤)ᄒᆞᆫ 바의 萌蘖(ᄆᆡᆼ얼)의 生(ᄉᆡᆼ)홈이 업디 아니컨마ᄂᆞᆫ 牛羊(우양)을 ᄯᅩ 조차 牧(목)ᄒᆞᄂᆞᆫ 디라 일로ᄡᅥ 뎌 ᄀᆞᆮ티 濯濯(탁탁)ᄒᆞ니 人(인)이 그 濯濯(탁탁)홈을 보고 ᄡᅧ 일즉 材(ᄌᆡ) 잇디 아니타 ᄒᆞᄂᆞ니 이 엇디 山(산)의 性(셩)이리오

비록 人(인)의게 存(존)ᄒᆞ거신ᄃᆞᆯ 엇디 仁義(인의)옛 ᄆᆞ음이 업스리오마ᄂᆞᆫ 그 ᄡᅧ 그 良心(량심)을 放(방)ᄒᆞᄂᆞᆫ 배 ᄯᅩᄒᆞᆫ 斧斤(부근)이 木(목)애 旦旦(됴됴)애 伐(벌)홈 ᄀᆞᆮ거니 可(가)히 ᄡᅧ 美(미)ᄒᆞ랴 그 日夜(일야)의 息(식)ᄒᆞᆫ 바에 平旦(평됴)ㅅ 긔운이 그 好惡(호오)ㅣ 人(인)과 더브러 서르 近(근)ᄒᆞᆫ 者(쟈)ㅣ 젹거ᄂᆞᆯ 그 旦晝(됴듀)의 ᄒᆞᄂᆞᆫ 배 梏(곡)ᄒᆞ야 亡(망)케 홈이 잇ᄂᆞ니 梏(곡)ᄒᆞ기ᄅᆞᆯ 反覆(반복)히 ᄒᆞ면 그 夜氣(야긔)ㅣ 足(죡)히 ᄡᅧ 存(존)케 몯ᄒᆞ고 夜氣(야긔)ㅣ 足(죡)히 ᄡᅧ 存(존)케 몯ᄒᆞ면 그 禽獸(금슈)에 違(위)홈이 머디 아닐 디니 人(인)이 그 禽獸(금슈)ᄅᆞᆯ 보고 ᄡᅧ 일즉 才(ᄌᆡ)ㅣ 잇디 아닌 者(쟈)ㅣ라 ᄒᆞᄂᆞ니 이 엇디 人(인)의 情(졍)이리오

故(고)로 진실로 그 養(양)홈을 得(득)ᄒᆞ면 物(믈)이 長(댱)티 아니리 업고 진실로 그 養(양)홈을 失(실)ᄒᆞ면 物(믈)이 消(쇼)티 아니리 업ᄉᆞᆯ 디니라

孔子(공ᄌᆞ)ㅣ ᄀᆞᄅᆞ샤ᄃᆡ 操(조)ᄒᆞ면 存(존)ᄒᆞ고 舍(샤)ᄒᆞ면 亡(망)ᄒᆞ며 出(츌)ᄒᆞ며 入(입)홈이 時(시)ㅣ 업스며 그 鄕(향)을 아디 몯홈은 그 心(심)을 닐옴인뎌 ᄒᆞ시니라

149(11-9) 弈秋

孟子曰:「無或乎王之不智也. 雖有天下易生之物也, 一日暴之, 十日寒之, 未有能生者也. 吾見亦罕矣, 吾退而寒之者至矣, 吾如有萌焉何哉? 今夫弈之爲數, 小數也; 不專心致志, 則不得也. 弈秋, 通國之善弈者也. 使弈秋誨二人弈, 其一人專心致志, 惟弈秋之爲聽. 一人雖聽之, 一心以爲有鴻鵠將至, 思援弓繳而射之, 雖與之俱學, 弗若之矣. 爲是其智弗若與? 曰: 非然也.」

① 陶山本

孟子(밍ᄌᆞ)ㅣ ᄀᆞᆯᄋᆞ샤ᄃᆡ 王(왕)의 智(디)티 몯홈이 或(혹)홈이 업도다

비록 天下(텬하)에 수이 生(ᄉᆡᆼ)ᄒᆞᆯ 物(믈)이 이시나 一日(일실)을 暴(폭)ᄒᆞ고 十日(십실)을 寒(한)ᄒᆞ면 能(능)히 生(ᄉᆡᆼ)ᄒᆞᇙ 者(쟈)ㅣ 잇디 아니ᄒᆞ니 내 見(현)홈이 ᄯᅩᄒᆞᆫ 드믈고 내 退(퇴)커든 寒(한)ᄒᆞᇙ 者(쟈)ㅣ 至(지)ᄒᆞᄂᆞ니 내 萌(밍)이 이심애 엇디리오

이제 奕(혁)의 數(수)ㅣ로옴이 젹은 數(수)ㅣ나 心(심)을 專(젼)ᄒᆞ며 志(지)ᄅᆞᆯ 致(티)티 아니ᄒᆞ면 得(득)디 몯ᄒᆞᄂᆞ니 奕秋(혁츄)ᄂᆞᆫ 通國(통국)에 奕(혁)을 善(션)ᄒᆞᄂᆞᆫ 者(쟈)ㅣ라 奕秋(혁츄)로 ᄒᆞ여곰 二人(ᅀᅵ신)을 奕(혁)을 誨(회)ᄒᆞ거든 그 一人(일신)ᄋᆞᆫ 心(심)을 專(젼)ᄒᆞ며 志(지)ᄅᆞᆯ 致(티)ᄒᆞ야 오직 奕秋(혁츄)ᄅᆞᆯ 聽(텽)ᄒᆞ고 一人(일신)ᄋᆞᆫ 비록 聽(텽)ᄒᆞ나 ᄒᆞᆫ ᄆᆞᄋᆞᆷ애 ᄡᅥ 호ᄃᆡ 鴻鵠(홍곡)이 쟝ᄎᆞᆺ 至(지)ᄒᆞ거든 弓(궁)을 援(원)ᄒᆞ야 繳(쟉)ᄒᆞ야 射(셕)홈을 思(ᄉᆞ)ᄒᆞ면 비록 더블어 ᄒᆞᆷᄭᅴ 學(ᄒᆞᆨ)ᄒᆞ야도 ᄀᆞᆮ디 몯ᄒᆞᄂᆞ니 이 그 智(디) ᄀᆞᆮ디 몯홈을 爲(위)ᄒᆞ야아 ᄀᆞᆯ오ᄃᆡ 그러티 아니ᄒᆞ니라

② 栗谷本

孟子(밍ᄌᆞ)ㅣ ᄀᆞᄅᆞ샤ᄃᆡ 王(왕)의 智(디)티 몯ᄒᆞ시매 或(혹)홈이 업도다

비록 天下(텬하)의 쉬이 날 物(믈)이 이실 디라도 ᄒᆞᄅᆞᆯ 暴(폭)ᄒᆞ고 열흐ᄅᆞᆯ 寒(한)ᄒᆞ면 能(능)히 날 者(쟈)ㅣ 잇디 아닛ᄂᆞ니 내 뵈ᄋᆞ옴이 ᄯᅩᄒᆞᆫ 드물고 내 退(퇴)홈애 寒(한)ᄒᆞᆯ 者(쟈)ㅣ 至(지)ᄒᆞ니 내 萌(밍)이 이숌애 엇디ᄒᆞ리오

이제 奕(혁)의 ᄌᆡ죄론디 져근 ᄌᆡ죄로ᄃᆡ 心(심)을 專(젼)ᄒᆞ며 志(지)ᄅᆞᆯ 致(티)ᄒᆞ디 아니면 得(득)디 몯ᄒᆞ리니 奕秋(혁츄)ᄂᆞᆫ 國(국)에 通(통)히 奕(혁)을 잘 ᄒᆞᄂᆞᆫ 者(쟈)ㅣ니 奕秋(혁츄)로 ᄒᆡ여곰 두 사ᄅᆞᆷ을 奕(혁)을 ᄀᆞᄅᆞ치거든 그 ᄒᆞᆫ 사ᄅᆞᆷ은 心(심)을 專(젼)ᄒᆞ며 志(지)ᄅᆞᆯ 致(티)ᄒᆞ야 오직 奕秋(혁츄)ᄅᆞᆯ 聽(텽)ᄒᆞ고 ᄒᆞᆫ 사ᄅᆞᆷ은 비록 드르나 ᄒᆞᆫ ᄆᆞᄋᆞᆷ애 ᄡᅥ 호ᄃᆡ 鴻鵠(홍곡)이 이셔 쟝ᄎᆞᆺ 至(지)ᄒᆞ거든 弓繳(궁쟉)을 援(원)ᄒᆞ야 射(셕)홈을 思(ᄉᆞ)ᄒᆞ면 비록 더브러 ᄒᆞᆷᄭᅴ ᄇᆡ홀 디라도 ᄀᆞᆺ디 아니리니 이 그 智(디)ㅣ ᄀᆞᆺ디 아님을 爲(위)ᄒᆞ냐 ᄀᆞᆯ오ᄃᆡ 그러티 아니니라

150(11-10) 舍生取義

孟子曰:「魚, 我所欲也; 熊掌, 亦我所欲也, 二者不可得兼, 舍魚而取熊掌者也. 生, 亦我所欲也; 義, 亦我所欲也, 二者不可得兼, 舍生而取義者也. 生亦我所欲, 所欲有甚於生者, 故不爲苟得也; 死亦我所惡, 所惡有甚於死者, 故患有所不辟也. 如使人之所欲莫甚於生, 則凡可以得生者, 何不用也? 使人之所惡莫甚於死者, 則凡可以辟患者, 何不爲也? 由是則生而有不用也, 由是則可以辟患而有不爲也. 是故所欲有甚於生者, 所惡有甚於死者, 非獨賢者有是心也, 人皆有之, 賢者能勿喪耳. 一簞食, 一豆羹, 得之則生, 弗得則死. 嘑爾而與之, 行道之人弗受; 蹴爾而與之, 乞人不屑也. 萬鍾則不辨禮義而受之. 萬鍾於我何加焉? 爲宮室之美·妻妾之奉·所識窮乏者得我與? 鄕爲身死而不受, 今爲宮室之美爲之; 鄕爲身死而不受, 今爲妻妾之奉爲之; 鄕爲身死而不受, 今爲所識窮乏者得我而爲之, 是亦不可以已乎? 此之謂失其本心.」

① 陶山本

孟子(ᄆᆡᆼᄌᆞ)ㅣ ᄀᆞᆯᄋᆞ샤ᄃᆡ 魚(어)도 내 欲(욕)ᄒᆞᄂᆞᆫ 배며 熊掌(웅쟝)도 ᄯᅩᄒᆞᆫ 내 欲(욕)ᄒᆞᄂᆞᆫ 배언마ᄂᆞᆫ 二者(ᅀᅵ쟈)ᄅᆞᆯ 可(가)히 시러곰 兼(겸)티 몯ᄒᆞᆯ 띤댄 魚(어)ᄅᆞᆯ 舍(샤)ᄒᆞ고 熊掌(웅쟝)을 取(취)호리라 生(ᄉᆡᆼ)도 ᄯᅩᄒᆞᆫ 내 欲(욕)ᄒᆞᄂᆞᆫ 배며 義(의)도 ᄯᅩᄒᆞᆫ 내 欲(욕)ᄒᆞᄂᆞᆫ 배언마ᄂᆞᆫ 二者(ᅀᅵ쟈)ᄅᆞᆯ 可(가)히 시러곰 兼(겸)티 몯ᄒᆞᆯ 띤댄 生(ᄉᆡᆼ)을 舍(샤)ᄒᆞ고 義(의)ᄅᆞᆯ 取(취)호리라

生(ᄉᆡᆼ)도 ᄯᅩᄒᆞᆫ 내 欲(욕)ᄒᆞᄂᆞᆫ 배언마ᄂᆞᆫ 欲(욕)ᄒᆞᄂᆞᆫ 배 生(ᄉᆡᆼ)애셔 甚(심)홈이 인ᄂᆞᆫ 디라 故(고)로 구챠히 得(득)디 아니ᄒᆞ며 死(ᄉᆞ)도 ᄯᅩᄒᆞᆫ 내 惡(오)ᄒᆞᄂᆞᆫ 배언마ᄂᆞᆫ 惡(오)ᄒᆞᄂᆞᆫ 배 死(ᄉᆞ)애셔 甚(심)홈이 인ᄂᆞᆫ 디라 故(고)로 患(환)을 辟(피)티 아닐 빼 인ᄂᆞ니라

만일 ᄒᆞ여곰 人(ᅀᅵᆫ)의 欲(욕)ᄒᆞᄂᆞᆫ 배 生(ᄉᆡᆼ)애셔 甚(심)홈이 업ᄉᆞ면 곧 믈읫 可(가)히 ᄡᅥ 生(ᄉᆡᆼ)을 得(득)ᄒᆞᇙ 者(쟈)를 므서슬 ᄡᅳ디 아니ᄒᆞ며 ᄒᆞ여곰 人(ᅀᅵᆫ)의 惡(오)ᄒᆞᄂᆞᆫ 배 死(ᄉᆞ)애셔 甚(심)홈이 업ᄉᆞ면 곧 믈읫 可(가)히 ᄡᅥ 患(환)을 辟(피)ᄒᆞᇙ 者(쟈)를 므서슬 ᄒᆞ디 아니ᄒᆞ리오

이ᄅᆞᆯ 由(유)ᄒᆞ야 ᄒᆞ논 디라 곧 生(ᄉᆡᆼ)ᄒᆞᆯ 꺼시라도 ᄡᅳ디 아님이 이시며 이ᄅᆞᆯ 由(유)ᄒᆞ야 ᄒᆞ논 디라 곧 可(가)히 ᄡᅥ 患(환)을 辟(피)ᄒᆞᆯ 꺼시라도 ᄒᆞ디 아님이 인ᄂᆞ니라

이런 故(고)로 欲(욕)ᄒᆞᄂᆞᆫ 배 生(ᄉᆡᆼ)애셔 甚(심)ᄒᆞᆫ 者(쟈)ㅣ 이시며 惡(오)ᄒᆞᄂᆞᆫ 배 死(ᄉᆞ)애셔 甚(심)ᄒᆞᆫ 者(쟈)ㅣ 이시니 호올로 賢者(현쟈)ㅣ 이 心(심)을 둔ᄂᆞᆫ 주리 아니라 人(ᅀᅵᆫ)이 다 둣건마ᄂᆞᆫ 賢者(현쟈)ᄂᆞᆫ 能(능)히 喪(상)티 아닐 ᄲᅵ니라

ᄒᆞᆫ 簞(단)ㅅ 食(ᄉᆞ)와 ᄒᆞᆫ 豆(두)ㅅ 羹(ᄀᆡᆼ)을 得(득)ᄒᆞ면 生(ᄉᆡᆼ)ᄒᆞ고 得(득)디 몯ᄒᆞ면 死(ᄉᆞ)ᄒᆞᆯ 띠라도 嘑(호)ᄒᆞ야 與(여)ᄒᆞ면 道(도)에 行(ᄒᆡᆼ)ᄒᆞᄂᆞᆫ 人(ᅀᅵᆫ)도 受(슈)티 아니ᄒᆞ며

蹴(츅)ᄒᆞ야 與(여)ᄒᆞ면 乞(걸)ᄒᆞᄂᆞᆫ 人(신)도 屑(셜)히 아니 너기ᄂᆞ니라

萬鍾(만죵)이면 禮義(례의)를 辨(변)티 아니ᄒᆞ고 受(슈)ᄒᆞᄂᆞ니 萬鍾(만죵)이 내게 므스거시 더으리오 宮室(궁실)의 美(미)와 妻妾(쳐쳡)의 奉(봉)과 識(식)ᄒᆞᄂᆞᆫ 밧 窮乏(궁핍)ᄒᆞᆫ 者(쟈) ㅣ 나를 得(득)홈을 爲(위)ᄒᆞ얀뎌

鄕(향)애 身(신)을 爲(위)홈앤 死(ᄉᆞ)ᄒᆞ야도 受(슈)티 아니ᄒᆞ다가 今(금)앤 宮室(궁실)의 美(미)홈을 爲(위)ᄒᆞ야 ᄒᆞ며 鄕(향)애 身(신)을 爲(위)홈앤 死(ᄉᆞ)ᄒᆞ야도 受(슈)티 아니ᄒᆞ다가 今(금)앤 妻妾(쳐쳡)의 奉(봉)을 爲(위)ᄒᆞ야 ᄒᆞ며 鄕(향)애 身(신)을 爲(위)홈앤 死(ᄉᆞ)ᄒᆞ야도 受(슈)티 아니ᄒᆞ다가 今(금)앤 識(식)ᄒᆞᄂᆞᆫ 밧 窮乏(궁핍)ᄒᆞᆫ 者(쟈) ㅣ 나를 得(득)홈을 爲(위)ᄒᆞ야 ᄒᆞᄂᆞ니 이 ᄯᅩᄒᆞᆫ 可(가)히 ᄡᅥ 마디 몯ᄒᆞᆯ 것가 이를 닐온 그 本心(본심)을 失(실)홈이니라

② 栗谷本

孟子(ᄆᆡᆼᄌᆞ) ㅣ ᄀᆞᄅᆞ샤ᄃᆡ 魚(어)도 나의 欲(욕)ᄒᆞᄂᆞᆫ 배며 熊掌(웅쟝)도 ᄯᅩᄒᆞᆫ 나의 欲(욕)ᄒᆞᄂᆞᆫ 배니 둘흘 可(가)히 시러곰 兼(겸)티 몯ᄒᆞᆯ 디어든 魚(어)를 舍(샤)ᄒᆞ고 熊掌(웅쟝)을 取(취)ᄒᆞᆯ 디니라 生(ᄉᆡᆼ)도 ᄯᅩᄒᆞᆫ 나의 欲(욕)ᄒᆞᄂᆞᆫ 배며 義(의)도 ᄯᅩᄒᆞᆫ 나의 欲(욕)ᄒᆞᄂᆞᆫ 배니 둘흘 可(가)히 시러곰 兼(겸)티 몯ᄒᆞᆯ 디어든 生(ᄉᆡᆼ)을 舍(샤)ᄒᆞ고 義(의)를 取(취)ᄒᆞᆯ 디니라

生(ᄉᆡᆼ)이 ᄯᅩᄒᆞᆫ 나의 欲(욕)ᄒᆞᄂᆞᆫ 배언마ᄂᆞᆫ 欲(욕)ᄒᆞᄂᆞᆫ 배 生(ᄉᆡᆼ)두곤 甚(심)ᄒᆞᆫ 者(쟈) ㅣ 잇ᄂᆞᆫ 디라 故(고)로 구챠히 得(득)ᄒᆞ디 아니ᄒᆞ며 死(ᄉᆞ) ㅣ ᄯᅩᄒᆞᆫ 나의 惡(오)ᄒᆞᄂᆞᆫ 배언마ᄂᆞᆫ 惡(오)ᄒᆞᄂᆞᆫ 배 死(ᄉᆞ)두곤 甚(심)ᄒᆞᆫ 者(쟈) ㅣ 잇ᄂᆞᆫ 디라 故(고)로 患(환)을 辟(피)티 아닐 배 잇ᄂᆞ니라

만일 ᄒᆡ여곰 人(인)의 欲(욕)ᄒᆞᄂᆞᆫ 배 生(ᄉᆡᆼ)두곤 甚(심)ᄒᆞᆫ 이 업스면 믈읫 可(가)히 ᄡᅥ 生(ᄉᆡᆼ)을 得(득)ᄒᆞᆯ 者(쟈)를 므서슬 ᄡᅳ디 아니ᄒᆞ며 ᄒᆡ여곰 人(인)의 惡(오)ᄒᆞᄂᆞᆫ 배 死(ᄉᆞ)두곤 甚(심)ᄒᆞᆫ 이 업스면 믈읫 可(가)히 ᄡᅥ 患(환)을 辟(피)ᄒᆞᆯ 者(쟈)를 므서슬 ᄒᆞ디 아니리오

이를 말ᄆᆡ암ᄂᆞᆫ 디라 生(ᄉᆡᆼ)홈을 ᄡᅳ디 아님이 이시며 이를 말ᄆᆡ암ᄂᆞᆫ 디라 可(가)히 ᄡᅥ 患(환)을 辟(피)홈을 ᄒᆞ디 아님이 잇ᄂᆞ니라

이런 故(고)로 欲(욕)ᄒᆞᄂᆞᆫ 배 生(ᄉᆡᆼ)두곤 甚(심)ᄒᆞᆫ 者(쟈) ㅣ 이시며 惡(오)ᄒᆞᄂᆞᆫ 배 死(ᄉᆞ)두곤 甚(심)ᄒᆞᆫ 者(쟈) ㅣ 이시니 혼자 賢者(현쟈)만 이 ᄆᆞ음을 둣ᄂᆞᆫ 줄이 아니라 人(인)이 다 둣거니와 賢者(현쟈)는 能(능)히 喪(상)티 아닛ᄂᆞ니라

ᄒᆞᆫ 簞(단) 밥과 ᄒᆞᆫ 豆(두)ㅅ 羹(ᄀᆡᆼ)을 得(득)ᄒᆞ면 生(ᄉᆡᆼ)ᄒᆞ고 得(득)디 몯ᄒᆞ면 死(ᄉᆞ)ᄒᆞᆯ 디라도 嘑(호)ᄒᆞ야 주면 길흘 行(ᄒᆡᆼ)ᄒᆞᄂᆞᆫ 人(인)도 밧디 아니ᄒᆞ며 蹴(츅)ᄒᆞ야 주면 乞人(걸인)도 屑(셜)히 아니 녀기ᄂᆞ니라

萬鍾(만죵)은 禮義(례의)를 辨(변)티 아니ᄒᆞ야 밧ᄂᆞ니 萬鍾(만죵)이 내게 므서시 더으리오 宮室(궁실)의 美(미)홈과 妻妾(쳐쳡)의 奉(봉)홈과 아ᄂᆞᆫ 밧 窮乏(궁핍)ᄒᆞᆫ 者(쟈) ㅣ 나를 得(득)홈을 爲(위)홈인뎌

鄕(향)애ᄂᆞᆫ 身(신)이 死(ᄉᆞ)홈을 爲(위)ᄒᆞ야도 밧디 아니타가 이제ᄂᆞᆫ 宮室(궁실)의 美(미)홈을 爲(위)ᄒᆞ야 ᄒᆞ며 鄕(향)애ᄂᆞᆫ 身(신)이 死(ᄉᆞ)홈을 爲(위)ᄒᆞ야도 밧디 아니타가 이제ᄂᆞᆫ 妻妾(쳐쳡)의 奉(봉)을 爲(위)ᄒᆞ야 ᄒᆞ며 鄕(향)애ᄂᆞᆫ 身(신)이 死(ᄉᆞ)홈을 爲(위)ᄒᆞ야도 밧디 아니타가 이제ᄂᆞᆫ 아ᄂᆞᆫ 밧 窮乏(궁핍)ᄒᆞᆫ 者(쟈) ㅣ 나를 得(득)홈을 爲(위)ᄒᆞ야 ᄒᆞ니 이 ᄯᅩᄒᆞᆫ 可(가)히 ᄡᅥ 마디 몯ᄒᆞᆯ 것가 이 닐온 그 本心(본심)을 일흠이니라

151(11-11) 求其放心

孟子曰:「仁, 人心也; 義, 人路也. 舍其路而不由, 放其心而不知求, 哀哉! 人有雞犬放, 則知求之; 有放心, 而不知求. 學問之道無他, 求其放心而已矣.」

① 陶山本

孟子(밍ᄌᆞ)ㅣ ᄀᆞᆯᄋᆞ샤ᄃᆡ 仁(신)은 人(신)의 心(심)이오 義(의)ᄂᆞᆫ 人(신)의 路(로)ㅣ니라 그 路(로)를 舍(샤)ᄒᆞ고 由(유)티 아니ᄒᆞ며 그 心(심)을 放(방)ᄒᆞ고 求(구)ᄒᆞᆯ ᄯᆞᄅᆞᆯ 아디 몯ᄒᆞᄂᆞ니 哀(ᄋᆡ)홉다

人(신)이 雞犬(계견)이 放(방)홈이 이시면 求(구)홈을 알오ᄃᆡ 心(심)을 放(방)홈이 이쇼ᄃᆡ 求(구)ᄒᆞᆯ ᄯᆞᄅᆞᆯ 아디 몯ᄒᆞᄂᆞ니

學問(ᄒᆞᆨ문)ᄒᆞᆯ 道(도)ᄂᆞᆫ 他(타)ㅣ 업손 디라 그 放(방)ᄒᆞᆫ 心(심)을 求(구)ᄒᆞᆯ ᄯᆞᄅᆞᆷ이니라

② 栗谷本

孟子(밍ᄌᆞ)ㅣ ᄀᆞᄅᆞ샤ᄃᆡ 仁(인)은 人(인)의 ᄆᆞᄋᆞᆷ이오 義(의)ᄂᆞᆫ 人(인)의 길히니라 그 길흘 舍(샤)ᄒᆞ야 由(유)티 아니ᄒᆞ며 그 ᄆᆞᄋᆞᆷ을 放(방)ᄒᆞ야 求(구)ᄒᆞᆯ 줄을 아디 몯ᄒᆞᄂᆞ니 슬프도다

人(인)이 雞犬(계견)이 이셔 放(방)ᄒᆞ면 求(구)ᄒᆞᆯ 줄을 알오ᄃᆡ 放(방)ᄒᆞᆫ ᄆᆞᄋᆞᆷ이 이쇼매ᄂᆞᆫ 求(구)ᄒᆞᆯ 줄을 아디 몯ᄒᆞᄂᆞ니

學問(ᄒᆞᆨ문)의 道(도)ᄂᆞᆫ 他(타)ㅣ 아니라 그 放(방)ᄒᆞᆫ ᄆᆞᄋᆞᆷ을 求(구)ᄒᆞᆯ ᄯᆞᄅᆞᆷ이니라

152(11-12) 不知類

孟子曰:「今有無名之指, 屈而不信, 非疾痛害事也, 如有能信之者, 則不遠秦楚之路, 爲指之不若人也. 指不若人, 則知惡之; 心不若人, 則不知惡, 此之謂不知類也.」

① 陶山本

孟子(밍ᄌᆞ)ㅣ ᄀᆞᆯᄋᆞ샤ᄃᆡ 今(금)에 無名指(무명지)ㅣ 屈(굴)ᄒᆞ야 信(신)티 몯홈이 疾痛(질통)ᄒᆞ며 事(ᄉᆞ)애 害(해)ᄒᆞᆫ 주리 아니언마ᄂᆞᆫ 만일에 能(능)히 信(신)ᄒᆞᆯ 者(쟈)ㅣ 이시면 곧 秦楚(진초)ㅅ 路(로)를 멀리 아니 너기ᄂᆞ니 指(지)의 人(신)ᄀᆞᆮ디 몯홈을 爲(위)ᄒᆞ얘니라

指(지)ㅣ 人(신)ᄀᆞᆮ디 몯ᄒᆞ면 惡(오)ᄒᆞᆯ 주를 알오ᄃᆡ 心(심)이 人(신)ᄀᆞᆮ디 몯ᄒᆞ면 惡(오)ᄒᆞᆯ 주를 아디 몯ᄒᆞᄂᆞ니 이를 닐온 類(류)를 아디 몯홈이니라

② 栗谷本

孟子(밍ᄌᆞ)ㅣ ᄀᆞᄅᆞ샤ᄃᆡ 이제 無名指(무명지)ㅣ 屈(굴)코 信(신)티 몯ᄒᆞ면 疾痛(질통)ᄒᆞ며 事(ᄉᆞ)애 害(해)홈이 아니로ᄃᆡ 만일 能(능)히 信(신)홀 者(쟈)ㅣ 이시면 곧 秦楚(진초)ㅅ 길흘 멀리 아니 녀기리니 指(지)ㅣ 人(인)ᄀᆞᆺ디 몯홈을 爲(위)홈이니라

指(지)ㅣ 人(인)ᄀᆞᆺ디 몯홈으란 惡(오)홀 줄을 아로ᄃᆡ 心(심)이 人(인)ᄀᆞᆺ디 몯홈으란 惡(오)홀 줄을 아디 몯ᄒᆞᄂᆞ니 이 닐온 類(류)ᄅᆞᆯ 아디 몯홈이니라

153(11-13) 拱把之桐梓

孟子曰:「拱把之桐梓, 人苟欲生之, 皆知所以養之者. 至於身, 而不知所以養之者, 豈愛身不若桐梓哉? 弗思甚也.」

① 陶山本

孟子(밍ᄌᆞ)ㅣ ᄀᆞᆯᄋᆞ샤ᄃᆡ 拱(공)이며 把(파)앳 桐(동)과 梓(ᄌᆞ)ᄅᆞᆯ 人(신)이 진실로 살오고져 홀 딘댄 다 ᄡᅧ 養(양)홀 바ᄅᆞᆯ 알오ᄃᆡ 身(신)애 至(지)ᄒᆞ야ᄂᆞᆫ ᄡᅧ 養(양)홀 바ᄅᆞᆯ 아디 몯ᄒᆞᄂᆞ니 엇디 身(신)을 愛(ᄋᆡ)홈이 桐梓(동ᄌᆞ)만 ᄀᆞᆮ디 몯ᄒᆞ리오 思(ᄉᆞ)티 아니홈이 甚(심)홀 씨니라

② 栗谷本

孟子(밍ᄌᆞ)ㅣ ᄀᆞᄅᆞ샤ᄃᆡ 拱把(공파)읫 桐(동)과 梓(ᄌᆞ)ᄅᆞᆯ 人(인)이 진실로 사ᄅᆞ고져 홀 딘댄 다 ᄡᅧ 養(양)홀 바ᄅᆞᆯ 알오ᄃᆡ 身(신)에 니르러ᄂᆞᆫ ᄡᅧ 養(양)홀 바ᄅᆞᆯ 아디 몯ᄒᆞᄂᆞ니 엇디 身(신)을 愛(ᄋᆡ)ᄒᆞ기 桐梓(동ᄌᆞ)ᄀᆞᆺ디 몯ᄒᆞ리오 思(ᄉᆞ)티 아니홈이 甚(심)홀 시니라

154(11-14) 養其大者

孟子曰:「人之於身也, 兼所愛. 兼所愛, 則兼所養也. 無尺寸之膚不愛焉, 則無尺寸之膚不養也. 所以考其善不善者, 豈有他哉? 於己取之而已矣. 體有貴賤, 有大小. 無以小害大, 無以賤害貴. 養其小者爲小人, 養其大者爲大人. 今有場師, 舍其梧檟, 養其樲棘, 則爲賤場師焉. 養其一指而失其肩背而不知也, 則爲狼疾人也. 飮食之人, 則人賤之矣, 爲其養小以失大也. 飮食之人無有失也, 則口腹豈適爲尺寸之膚哉?」

① 陶山本

孟子(밍ᄌᆞ)ㅣ ᄀᆞᆯᄋᆞ샤ᄃᆡ 人(신)이 身(신)에 愛(ᄋᆡ)ᄒᆞᄂᆞᆫ 바ᄅᆞᆯ 兼(겸)ᄒᆞ얀ᄂᆞ니 愛(ᄋᆡ)ᄒᆞᄂᆞᆫ 바ᄅᆞᆯ 兼(겸)ᄒᆞ면 養(양)ᄒᆞᄂᆞᆫ 바ᄅᆞᆯ 兼(겸)ᄒᆞ얀ᄂᆞᆫ 디라 尺寸(쳑촌)만ᄒᆞᆫ ᄉᆞᆯ홀 愛(ᄋᆡ)티 아니홈이

업ᄉ면 尺寸(쳑촌)만ᄒᆞᆫ 슬ᄒᆞᆯ 養(양)티 아니홈이 업ᄂᆞ니 ᄡᅥ 그 善(션)과 不善(블션)을 考(고)ᄒᆞᆯ 빠ᄂᆞᆫ 엇디 他(타)ㅣ 이시리오 己(긔)예 取(취)ᄒᆞᆯ ᄯᆞᄅᆞᆷ이니라

體(톄)ㅣ 貴(귀)와 賤(쳔)이 이시며 小(쇼)와 大(대)ㅣ 이시니 小(쇼)로ᄡᅥ 大(대)를 害(해)티 말며 賤(쳔)으로ᄡᅥ 貴(귀)를 害(해)티 마를 띠니 그 小(쇼)를 養(양)ᄒᆞᄂᆞᆫ 者(쟈)ㅣ 小人(쇼신)이 되고 그 大(대)를 養(양)ᄒᆞᄂᆞᆫ 者(쟈)ㅣ 大人(대신)이 되ᄂᆞ니라

이제 場師(댱ᄉᆞ)ㅣ 그 梧(오)와 檟(가)를 舍(샤)ᄒᆞ고 그 樲棘(이극)을 養(양)ᄒᆞ면 곧 賤(쳔)ᄒᆞᆫ 場師(댱ᄉᆞ)ㅣ 되ᄂᆞ니라

그 一指(일지)를 養(양)ᄒᆞ고 그 肩背(견비)를 失(실)호ᄃᆡ 아디 몯ᄒᆞ면 곧 狼疾(랑질)ᄒᆞᆫ 人(신)이 되ᄂᆞ니라

飮食(음식)ᄒᆞᄂᆞᆫ 人(신)을 곧 人(신)이 賤(쳔)히 너기ᄂᆞ니 그 小(쇼)를 養(양)ᄒᆞ야 ᄡᅥ 大(대)를 失(실)홈을 爲(위)ᄒᆞ얘니라

飮食(음식)ᄒᆞᄂᆞᆫ 人(신)이 失(실)홈이 잇디 아니면 곧 口腹(구복)이 엇디 다ᄆᆞᆫ 尺寸(쳑촌)ㅅ 膚(부)ㅣ 될 ᄲᅮᆫ이리오

② 栗谷本

孟子(ᄆᆡᇰᄌᆞ)ㅣ ᄀᆞᄅᆞ샤ᄃᆡ 人(인)이 몸애 愛(ᄋᆡ)ᄒᆞᄂᆞᆫ 바를 兼(겸)ᄒᆞ니 愛(ᄋᆡ)ᄒᆞᄂᆞᆫ 바를 兼(겸)ᄒᆞ면 養(양)ᄒᆞᄂᆞᆫ 바를 兼(겸)ᄒᆞᆫ 디라 尺寸(쳑촌)만 膚(부)도 愛(ᄋᆡ)티 아닐ᄃᆡ 업ᄉᆞᆫ 디라 尺寸(쳑촌)만 膚(부)도 養(양)티 아닐ᄃᆡ 업ᄉᆞ니 ᄡᅥ 그 善(션)과 不善(블션)을 考(고)ᄒᆞᄂᆞᆫ 바ᄂᆞᆫ 엇디 他(타)ㅣ 이시리오 己(긔)예 取(취)ᄒᆞᆯ ᄯᆞᄅᆞᆷ이니라

體(톄)ㅣ 貴賤(귀쳔)이 이시며 小大(쇼대)ㅣ 잇ᄂᆞᆫ 디라 小(쇼)로ᄡᅥ 大(대)를 害(해)티 말며 賤(쳔)으로ᄡᅥ 貴(귀)를 害(해)티 말 디니 그 小(쇼)를 養(양)ᄒᆞᄂᆞᆫ 者(쟈)ᄂᆞᆫ 小人(쇼인)이 되고 그 大(대)를 養(양)ᄒᆞᄂᆞᆫ 者(쟈)ᄂᆞᆫ 大人(대인)이 되ᄂᆞ니라

이제 場師(댱ᄉᆞ)ㅣ 그 梧(오)와 檟(가)를 ᄇᆞ리고 그 樲棘(이극)을 養(양)ᄒᆞ면 賤(쳔)ᄒᆞᆫ 場師(댱ᄉᆞ)ㅣ 될 디니라

그 一指(일지)를 養(양)ᄒᆞ고 그 肩背(견비)를 失(실)호ᄃᆡ 아디 몯ᄒᆞ면 狼疾(랑질)ᄒᆞᆫ 人(인)이 될 디니라

飮食(음식)ᄒᆞᄂᆞᆫ 人(인)을 人(인)이 賤(쳔)히 녀기ᄂᆞ니 그 小(쇼)를 養(양)ᄒᆞ야 ᄡᅥ 그 大(대)를 失(실)홈을 爲(위)ᄒᆞ니라

飮食(음식)ᄒᆞᄂᆞᆫ 人(인)이 失(실)홈이 잇디 아니면 口腹(구복)이 엇디 다ᄆᆞᆫ 尺寸(쳑촌)만ᄒᆞᆫ 膚(부)ㅣ 되리오

155(11-15) 大人與小人

公都子問曰:「鈞是人也, 或爲大人, 或爲小人, 何也?」
孟子曰:「從其大體爲大人, 從其小體爲小人.」
曰:「鈞是人也, 或從其大體, 或從其小體, 何也?」

曰:「耳目之官不思, 而蔽於物, 物交物, 則引之而已矣. 心之官則思, 思則得之, 不思則不得也. 此天之所與我者, 先立乎其大者, 則其小者不能奪也. 此爲大人而已矣.」

① 陶山本

公都子(공도ᄌᆞ)ㅣ 묻ᄌᆞ와 ᄀᆞᆯ오ᄃᆡ ᄒᆞᆫ 가짓 이 사ᄅᆞᆷ이로ᄃᆡ 或(혹) 大人(대신)이 되며 或(혹) 小人(쇼신)이 되옴은 엇디잇고 孟子(ᄆᆡᆼᄌᆞ)ㅣ ᄀᆞᆯᄋᆞ샤ᄃᆡ 그 大體(대톄)를 從(죵)ᄒᆞᄂᆞᆫ 이 大人(대신)이 되고 그 小體(쇼톄)를 從(죵)ᄒᆞᄂᆞᆫ 이 小人(쇼신)이 되ᄂᆞ니라

ᄀᆞᆯ오ᄃᆡ ᄒᆞᆫ 가짓 이 사ᄅᆞᆷ이로ᄃᆡ 或(혹) 그 大體(대톄)를 從(죵)ᄒᆞ며 或(혹) 그 小體(쇼톄)를 從(죵)홈은 엇디잇고 ᄀᆞᆯᄋᆞ샤ᄃᆡ 耳目(ᅀᅵ목)의 官(관)은 思(ᄉᆞ)티 몯ᄒᆞ야 物(믈)에 蔽(폐)ᄒᆞᄂᆞ니 物(믈)이 物(믈)을 交(교)ᄒᆞ면 引(인)홀 ᄯᆞᄅᆞᆷ이오 心(심)의 官(관)인 則(즉) 思(ᄉᆞ)ᄒᆞᄂᆞᆫ 디라 思(ᄉᆞ)ᄒᆞ면 得(득)ᄒᆞ고 思(ᄉᆞ)티 아니ᄒᆞ면 得(득)디 몯ᄒᆞᄂᆞ니 이 天(텬)이 내게 與(여)ᄒᆞ신 배라 몬져 그 大者(대쟈)를 셰면 곧 그 小者(쇼쟈)ㅣ 能(능)히 奪(탈)티 몯ᄒᆞᄂᆞ니 이 大人(대신)이 될 ᄯᆞᄅᆞᆷ이니라

② 栗谷本

公都子(공도ᄌᆞ)ㅣ 問(문)ᄒᆞ야 ᄀᆞᆯ오ᄃᆡ ᄒᆞᆫ 가지로 이 人(인)이로ᄃᆡ 或(혹) 大人(대인)이 되며 或(혹) 小人(쇼인)이 되오믄 엇디잇고 孟子(ᄆᆡᆼᄌᆞ)ㅣ ᄀᆞᄅᆞ샤ᄃᆡ 그 大體(대톄)를 從(죵)ᄒᆞᆫ 이 大人(대인)이 되고 그 小體(쇼톄)를 從(죵)ᄒᆞᆫ 이 小人(쇼인)이 되ᄂᆞ니라

ᄀᆞᆯ오ᄃᆡ ᄒᆞᆫ 가지로 이 人(인)이로ᄃᆡ 或(혹) 그 大體(대톄)를 從(죵)ᄒᆞ며 或(혹) 그 小體(쇼톄)를 從(죵)홈은 엇디잇고 ᄀᆞᄅᆞ샤ᄃᆡ 耳目(이목)의 官(관)은 思(ᄉᆞ)티 아니코 物(믈)의 蔽(폐)ᄒᆞᆫ 디라 物(믈)이 物(믈)을 交(교)ᄒᆞ면 引(인)홀 ᄯᆞᄅᆞᆷ이어니와 心(심)의 官(관)은 思(ᄉᆞ)ᄒᆞᄂᆞᆫ 디라 思(ᄉᆞ)ᄒᆞ면 得(득)ᄒᆞ고 思(ᄉᆞ)티 아니면 得(득)디 몯ᄒᆞᄂᆞ니 이 天(텬)의 나를 與(여)ᄒᆞ신 배라 몬져 그 큰 者(쟈)를 立(립)ᄒᆞ면 그 져근 者(쟈)ㅣ 能(능)히 奪(탈)티 몯ᄒᆞ리니 이 大人(대인)이 될 ᄯᆞᄅᆞᆷ이니라

156(11-16) 天爵與人爵

孟子曰:「有天爵者, 有人爵者. 仁義忠信, 樂善不倦, 此天爵也; 公卿大夫, 此人爵也. 古之人修其天爵, 而人爵從之. 今之人修其天爵, 以要人爵; 旣得人爵, 而棄其天爵, 則惑之甚者也, 終亦必亡而已矣.」

① 陶山本

孟子(ᄆᆡᆼᄌᆞ)ㅣ ᄀᆞᆯᄋᆞ샤ᄃᆡ 天爵(텬쟉)도 이시며 人爵(신쟉)도 인ᄂᆞ니 仁(신)과 義(의)왜며 忠(튱)이며 信(신)ᄒᆞ야 善(션)을 樂(락)홈을 倦(권)티 아니홈은 이 天爵(텬쟉)이오 公卿

(공경)과 태우ᄂᆞᆫ 이 人爵(ᅀᅵᆫ쟉)이니라
녯사ᄅᆞᆷ은 그 天爵(텬쟉)을 脩(슈)ᄒᆞ욤애 人爵(ᅀᅵᆫ쟉)이 從(죵)ᄒᆞ더니라
이젯 사ᄅᆞᆷ은 그 天爵(텬쟉)을 脩(슈)ᄒᆞ야 뻐 人爵(ᅀᅵᆫ쟉)을 要(요)ᄒᆞ고 이믜 人爵(ᅀᅵᆫ쟉)을 得(득)ᄒᆞ야ᄂᆞᆫ 그 天爵(텬쟉)을 棄(기)ᄒᆞᄂᆞ니 곧 惑(혹)홈이 甚(심)ᄒᆞᆫ 者(쟈)ㅣ라 ᄆᆞᄎᆞᆷ애 ᄯᅩᄒᆞᆫ 반ᄃᆞ시 亡(망)ᄒᆞᆯ ᄯᆞᄅᆞᆷ이니라

② 栗谷本

孟子(ᄆᆡᆼᄌᆞ)ㅣ ᄀᆞᄅᆞ샤ᄃᆡ 天爵(텬쟉)도 이시며 人爵(인쟉)이 이시니 仁(인)과 義(의)와 忠(튱)과 信(신)과 善(션)을 樂(락)ᄒᆞ야 倦(권)티 아니홈은 이 天爵(텬쟉)이오 公(공)과 卿(경)과 大夫(대부)ᄂᆞᆫ 이 人爵(인쟉)이니라
녜 人(인)은 그 天爵(텬쟉)을 닷그매 人爵(인쟉)이 從(죵)터니라
이제 人(인)은 그 天爵(텬쟉)을 닷가 뻐 人爵(인쟉)을 要(요)ᄒᆞ다가 이믜 人爵(인쟉)을 得(득)ᄒᆞ고 그 天爵(텬쟉)을 ᄇᆞ리ᄂᆞ니 惑(혹)의 甚(심)ᄒᆞᆫ 者(쟈)ㅣ라 ᄆᆞᆺᄎᆞᆷ내 ᄯᅩᄒᆞᆫ 반ᄃᆞ시 亡(망)ᄒᆞᆯ ᄯᆞᄅᆞᆷ이니라

157(11-17) 欲貴者

孟子曰:「欲貴者, 人之同心也. 人人有貴於己者, 弗思耳. 人之所貴者, 非良貴也. 趙孟之所貴, 趙孟能賤之. 詩云:『旣醉以酒, 旣飽以德.』言飽乎仁義也, 所以不願人之膏粱之味也; 令聞廣譽施於身, 所以不願人之文繡也.」

① 陶山本

孟子(ᄆᆡᆼᄌᆞ)ㅣ 갈ᄋᆞ샤ᄃᆡ 貴(귀)코쟈 홈은 人(ᅀᅵᆫ)의 同(동)ᄒᆞᆫ ᄆᆞᅀᆞᆷ이니 人人(ᅀᅵᆫᅀᅵᆫ)마다 己(긔)예 貴(귀)ᄒᆞᆫ 거ᄉᆞᆯ 둣건마ᄂᆞᆫ 思(ᄉᆞ)티 아닐 ᄲᅮᆫ이니라
人(ᅀᅵᆫ)의 貴(귀)케 ᄒᆞᄂᆞᆫ 바ᄂᆞᆫ 良貴(량귀) 아니니 趙孟(됴ᄆᆡᆼ)의 貴(귀)케ᄒᆞᆫ 바ᄅᆞᆯ 趙孟(됴ᄆᆡᆼ)이 能(능)히 賤(쳔)케 ᄒᆞᄂᆞ니라
詩(시)예 닐오ᄃᆡ 임의 醉(취)홈을 酒(쥬)로ᄡᅥ ᄒᆞ고 임의 飽(포)홈을 德(덕)으로ᄡᅥ ᄒᆞ다 ᄒᆞ니 仁義(ᅀᅵᆫ의)예 飽(포)ᄒᆞᆫ 디라 ᄡᅥ 人(ᅀᅵᆫ)의 膏粱(고량)ㅅ 味(미)ᄅᆞᆯ 願(원)티 아니ᄒᆞᄂᆞᆫ 배며 令(령)ᄒᆞᆫ 聞(문)과 廣(광)ᄒᆞᆫ 譽(예)ㅣ 身(신)에 施(시)혼 디라 ᄡᅥ 人(ᅀᅵᆫ)의 文繡(문슈)ᄅᆞᆯ 願(원)티 아니ᄒᆞᄂᆞᆫ 바ᄅᆞᆯ 니ᄅᆞ니라

② 栗谷本

孟子(ᄆᆡᆼᄌᆞ)ㅣ ᄀᆞᄅᆞ샤ᄃᆡ 貴(귀)코져 ᄒᆞᄂᆞᆫ 者(쟈)ᄂᆞᆫ 人(인)의 ᄒᆞᆫ 가짓 ᄆᆞᅀᆞᆷ이니 人人(인인)마다 내게 貴(귀)ᄒᆞᆫ 거시 잇건마ᄂᆞᆫ 思(ᄉᆞ)티 아닛ᄂᆞ니라
人(인)의 貴(귀)케 ᄒᆞᄂᆞᆫ 바ᄂᆞᆫ 본ᄃᆡᆺ 貴(귀)홈이 아니라 趙孟(됴ᄆᆡᆼ)의 貴(귀)케ᄒᆞᆫ 바ᄅᆞᆯ 趙孟(됴ᄆᆡᆼ)이 能(능)히 賤(쳔)케 ᄒᆞᄂᆞ니라

詩(시)예 닐오듸 이믜 酒(쥬)로뻐 醉(취)코 이믜 德(덕)으로뻐 飽(포)ᄒᆞ다 ᄒᆞ니 仁義(인의)예 飽(포)홈을 닐온 디라 뻐 人(인)의 膏粱(고량) 마ᄉᆞᆯ 願(원)티 아닛ᄂᆞᆫ 배며 令(령)ᄒᆞᆫ 聞(문)과 廣(광)ᄒᆞᆫ 譽(예)ㅣ 身(신)에 施(시)ᄒᆞᆫ 디라 뻐 人(인)의 文繡(문슈)를 願(원)티 아닛ᄂᆞᆫ 배니라

158(11-18) 水勝火

孟子曰:「仁之勝不仁也, 猶水勝火. 今之爲仁者, 猶以一杯水, 救一車薪之火也; 不熄, 則謂之水不勝火, 此又與於不仁之甚者也. 亦終必亡而已矣.」

① 陶山本

孟子(ᄆᆡᆼᄌᆞ)ㅣ ᄀᆞᆯᄋᆞ샤ᄃᆡ 仁(ᅀᅵᆫ)의 不仁(블ᅀᅵᆫ)ᄋᆞᆯ 勝(승)홈이 水(슈)ㅣ 火(화)ᄅᆞᆯ 勝(승)홈이 ᄀᆞᄐᆞ니 이제 仁(ᅀᅵᆫ)ᄒᆞᄂᆞᆫ 者(쟈)ᄂᆞᆫ 一杯(일비) 水(슈)로뻐 一車(일거) 薪(신)ㅅ 火(화)ᄅᆞᆯ 救(구)홈 ᄀᆞᄐᆞᆫ 디라 熄(식)디 아니ᄒᆞ면 닐오ᄃᆡ 水(슈)ㅣ 火(화)ᄅᆞᆯ 勝(승)티 몯ᄒᆞᆫ다 ᄒᆞᄂᆞ니 이 ᄯᅩ 不仁(블ᅀᅵᆫ)에 與(여)홈이 甚(심)ᄒᆞᆫ 者(쟈)ㅣ라

ᄯᅩᄒᆞᆫ ᄆᆞᄎᆞᆷ애 반ᄃᆞ시 亡(망)ᄒᆞᆯ ᄯᆞᄅᆞᆷ이니라

② 栗谷本

孟子(ᄆᆡᆼᄌᆞ)ㅣ ᄀᆞᄅᆞ샤ᄃᆡ 仁(인)의 不仁(블인)을 勝(승)홈이 水(슈)ㅣ 火(화)ᄅᆞᆯ 勝(승)홈이 ᄀᆞᄐᆞ니 이제 仁(인)ᄒᆞᄂᆞᆫ 者(쟈)ᄂᆞᆫ ᄒᆞᆫ 잔 믈로뻐 ᄒᆞᆫ 수ᄅᆡ 서픠 블 救(구)홈 ᄀᆞᆺ거ᄂᆞᆯ ᄢᅳ디 몯ᄒᆞ면 水(슈)ㅣ 火(화)ᄅᆞᆯ 勝(승)티 몯ᄒᆞᆫ다 니ᄅᆞᄂᆞ니 이 ᄯᅩ 不仁(블인)을 與(여)홈이 甚(심)ᄒᆞᆫ 者(쟈)ㅣ니라

ᄯᅩᄒᆞᆫ ᄆᆞᆺᄎᆞᆷ내 반ᄃᆞ시 亡(망)ᄒᆞᆯ ᄯᆞᄅᆞᆷ이니라

159(11-19) 五穀

孟子曰:「五穀者, 種之美者也; 苟爲不熟, 不如荑稗. 夫仁亦在乎熟之而已矣.」

① 陶山本

孟子(ᄆᆡᆼᄌᆞ)ㅣ ᄀᆞᆯᄋᆞ샤ᄃᆡ 五穀(오곡)은 種(죵)의 美(미)ᄒᆞᆫ 거시나 진실로 熟(슉)디 몯ᄒᆞ면 荑稗(뎨패)만 ᄀᆞᆮ디 몯ᄒᆞ니 仁(ᅀᅵᆫ)도 ᄯᅩᄒᆞᆫ 熟(슉)홈애 이실 ᄯᆞᄅᆞᆷ이니라

② 栗谷本

孟子(ᄆᆡᆼᄌᆞ)ㅣ ᄀᆞᄅᆞ샤ᄃᆡ 五穀(오곡)은 種(죵)의 美(미)ᄒᆞᆫ 者(쟈)ㅣ로ᄃᆡ 진실로 熟(슉)디 몯ᄒᆞ면 荑稗(뎨패)만도 ᄀᆞᆺ디 몯ᄒᆞ니 仁(인)도 ᄯᅩᄒᆞᆫ 熟(슉)홈애 이실 ᄯᆞᄅᆞᆷ이니라

160(11-20) *羿之敎人射*

孟子曰:「羿之敎人射, 必志於彀; 學者亦必志於彀. 大匠誨人, 必以規矩; 學者亦必以規矩.」

① 陶山本

孟子(ᄆᆡᆼᄌᆞ)ㅣ ᄀᆞᆯᄋᆞ샤ᄃᆡ 羿(예)ㅣ 人(ᅀᅵᆫ)ᄋᆞᆯ 射(샤)ᄅᆞᆯ 敎(교)홈애 반ᄃᆞ시 彀(구)에 志(지)ᄒᆞᄂᆞ니 學(ᄒᆞᆨ)ᄒᆞᄂᆞᆫ 者(쟈)도 ᄯᅩᄒᆞᆫ 반ᄃᆞ시 彀(구)에 志(지)ᄒᆞᄂᆞ니라

大匠(대쟝)이 人(ᅀᅵᆫ)ᄋᆞᆯ 誨(회)홈애 반ᄃᆞ시 規矩(규구)로ᄡᅥ ᄒᆞᄂᆞ니 學(ᄒᆞᆨ)ᄒᆞᄂᆞᆫ 者(쟈)도 ᄯᅩᄒᆞᆫ 반ᄃᆞ시 規矩(규구)로ᄡᅥ ᄒᆞᄂᆞ니라

② 栗谷本

孟子(ᄆᆡᆼᄌᆞ)ㅣ ᄀᆞᄅᆞ샤ᄃᆡ 羿(예)ㅣ 人(인)을 射(샤) ᄀᆞᄅᆞ칠 제 반ᄃᆞ시 彀(구)에 志(지)ᄒᆞᄂᆞ니 學(ᄒᆞᆨ)ᄒᆞᄂᆞᆫ 者(쟈)도 ᄯᅩᄒᆞᆫ 반ᄃᆞ시 彀(구)에 志(지)ᄒᆞᆯ 디니라

大匠(대쟝)이 人(인)을 誨(회)ᄒᆞᆯ 제 반ᄃᆞ시 規矩(규구)로ᄡᅥ ᄒᆞᄂᆞ니 學(ᄒᆞᆨ)ᄒᆞᄂᆞᆫ 者(쟈)도 ᄯᅩᄒᆞᆫ 반ᄃᆞ시 規矩(규구)로ᄡᅥ ᄒᆞᆯ 디니라

第十二〈告子章句〉(下)

161(12-1) 禮重

任人有問屋廬子曰:「禮與食孰重?」

曰:「禮重.」

「色與禮孰重?」

曰:「禮重.」

曰:「以禮食, 則飢而死; 不以禮食, 則得食, 必以禮乎? 親迎, 則不得妻; 不親迎, 則得妻, 必親迎乎?」

屋廬子不能對. 明日, 之鄒, 以告孟子. 孟子曰:「於答是也何有? 不揣其本而齊其末, 方寸之木可使高於岑樓. 金重於羽者, 豈謂一鉤金與一輿羽之謂哉? 取食之重者, 與禮之輕者而比之, 奚翅食重? 取色之重者, 與禮之輕者而比之, 奚翅色重? 往應之曰:『紾兄之臂而奪之食, 則得食; 不紾, 則不得食, 則將紾之乎? 踰東家牆而摟其處子, 則得妻; 不摟, 則不得妻, 則將摟之乎?』」

① 陶山本

任(심)ㅅ 人(신)이 屋廬子(옥려ᄌᆞ)의게 무러 ᄀᆞᆯ오ᄃᆡ 禮(례)와 다ᄆᆺ 食(식)이 므서시 重(듕)ᄒᆞ뇨 ᄀᆞᆯ오ᄃᆡ 禮(례)ㅣ 重(듕)ᄒᆞ니라

色(ᄉᆡᆨ)과 다ᄆᆺ 禮(례)ㅣ 므서시 重(듕)ᄒᆞ뇨

ᄀᆞᆯ오ᄃᆡ 禮(례)ㅣ 重(듕)ᄒᆞ니라 ᄀᆞᆯ오ᄃᆡ 禮(례)로ᄡᅥ 食(식)ᄒᆞ면 飢(긔)ᄒᆞ야 死(ᄉᆞ)ᄒᆞ고 禮(례)로ᄡᅥ 아니ᄒᆞ야 食(식)ᄒᆞ면 食(식)ᄒᆞᆷ을 得(득)ᄒᆞᆯ ᄯᅵ라도 반ᄃᆞ시 禮(례)로ᄡᅥ ᄒᆞ랴 親迎(친영)ᄒᆞ면 妻(쳐)ᄅᆞᆯ 得(득)디 몯ᄒᆞ고 親迎(친영)티 아니ᄒᆞ면 妻(쳐)ᄅᆞᆯ 得(득)ᄒᆞᆯ ᄯᅵ라도 반ᄃᆞ시 親迎(친영)ᄒᆞ랴 屋廬子(옥려ᄌᆞ)ㅣ 能(능)히 對(ᄃᆡ)티 몯ᄒᆞ야 明日(명ᅀᅵᆯ)에 鄒(추)에 가 ᄡᅥ 孟子(ᄆᆡᇰᄌᆞ)ㅅᄭᅴ 告(고)ᄒᆞᆫ대 孟子(ᄆᆡᇰᄌᆞ)ㅣ ᄀᆞᆯᄋᆞ샤ᄃᆡ 이ᄅᆞᆯ 答(답)ᄒᆞ욤애 므서시 이시리오

그 本(본)을 揣(췌)티 아니ᄒᆞ고 그 末(말)을 齊(졔)ᄒᆞ면 方寸(방촌)인 木(목)을 可(가)히 ᄒᆞ여곰 岑樓(ᄌᆞᆷ루)에셔 高(고)케 ᄒᆞᆯ ᄭᅥ시니라

金(금)이 羽(우)에셔 重(듕)타 ᄒᆞᆷ은 엇디 一鉤(일구)ㅅ 金(금)과 다ᄆᆺ 一輿(일여)ㅅ 羽(우)ᄅᆞᆯ 닐옴을 닐옴이리오

食(식)의 重(듕)ᄒᆞᆫ 者(쟈)와 다ᄆᆺ 禮(례)의 輕(경)ᄒᆞᆫ 者(쟈)ᄅᆞᆯ 取(ᄎᆔ)ᄒᆞ야 比(비)ᄒᆞ면 엇디 食(식)이 重(듕)ᄒᆞᆯ ᄲᅮᆫ이며 色(ᄉᆡᆨ)의 重(듕)ᄒᆞᆫ 者(쟈)와 다ᄆᆺ 禮(례)의 輕(경)ᄒᆞᆫ 者(쟈)ᄅᆞᆯ 取(ᄎᆔ)ᄒᆞ야 比(비)ᄒᆞ면 엇디 色(ᄉᆡᆨ)이 重(듕)ᄒᆞᆯ ᄲᅮᆫ이리오

가 應(응)ᄒᆞ야 ᄀᆞᆯ오ᄃᆡ 兄(형)의 臂(비)ᄅᆞᆯ 紾(딘)ᄒᆞ야 食(식)을 奪(탈)ᄒᆞ면 食(식)을 得(득)ᄒᆞ고 紾(딘)티 아니ᄒᆞ면 食(식)을 得(득)디 몯홀 ᄯᅡ라도 곧 쟝ᄎᆞᆺ 紾(딘)ᄒᆞ랴 東家(동가)ㅅ 牆(쟝)ᄋᆞᆯ 踰(유)ᄒᆞ야 그 處子(쳐ᄌᆞ)ᄅᆞᆯ 摟(루)ᄒᆞ면 妻(쳐)ᄅᆞᆯ 得(득)ᄒᆞ고 摟(루)티 아니ᄒᆞ면 妻(쳐)ᄅᆞᆯ 得(득)ᄯᅵ 몯홀 디라도 곧 쟝ᄎᆞᆺ 摟(루)ᄒᆞ랴 ᄒᆞ라

② 栗谷本

任人(임인)이 屋廬子(옥려ᄌᆞ)ᄃᆞ려 問(문)홀 이 이셔 ᄀᆞᆯ오ᄃᆡ 禮(례)와 다ᄆᆞᆺ 食(식)이 어ᄂᆡ 重(듕)ᄒᆞᆫ뇨 ᄀᆞᆯ오ᄃᆡ 禮(례)ㅣ 重(듕)ᄒᆞ니라

色(ᄉᆡᆨ)과 다ᄆᆞᆺ 禮(례)ㅣ 어ᄂᆡ 重(듕)ᄒᆞᆫ뇨

ᄀᆞᆯ오ᄃᆡ 禮(례)ㅣ 重(듕)ᄒᆞ니라 ᄀᆞᆯ오ᄃᆡ 禮(례)로ᄡᅥ 食(식)ᄒᆞ면 飢(긔)ᄒᆞ야 죽고 禮(례)로ᄡᅥ 食(식)디 아니면 食(식)을 得(득)홀 디라도 반ᄃᆞ시 禮(례)로ᄡᅥ ᄒᆞ랴 親迎(친영)ᄒᆞ면 妻(쳐)ᄅᆞᆯ 得(득)디 몯ᄒᆞ고 親迎(친영)티 아니면 妻(쳐)ᄅᆞᆯ 得(득)홀 디라도 반ᄃᆞ시 親迎(친영)ᄒᆞ랴 屋廬子(옥려ᄌᆞ)ㅣ 能(능)히 ᄃᆡ답디 몯ᄒᆞ야 이튼 날애 鄒(추)에 가 ᄡᅥ 孟子(ᄆᆡᆼᄌᆞ)ᄭᅴ 告(고)ᄒᆞᆫ대 孟子(ᄆᆡᆼᄌᆞ)ㅣ ᄀᆞᄅᆞ샤ᄃᆡ 이 ᄃᆡ답기예 므서시 어려우리오

그 本(본)을 혜아리디 아니코 그 末(말)을 齊(졔)ᄒᆞ면 方寸(방촌)의 남글 可(가)히 ᄒᆡ여곰 岑樓(ᄌᆞᆷ루)두곤 놉게 홀 디니라

金(금)이 羽(우)의게 重(듕)홈이 엇디 ᄒᆞᆫ 돈 金(금)과 다ᄆᆞᆺ ᄒᆞᆫ 수릐 羽(우)ᄅᆞᆯ 닐옴을 닐옴이리오

食(식)의 重(듕)ᄒᆞᆫ 者(쟈)와 다ᄆᆞᆺ 禮(례)의 輕(경)ᄒᆞᆫ 者(쟈)ᄅᆞᆯ 取(취)ᄒᆞ야 比(비)ᄒᆞ면 엇디 食(식)이 重(듕)홀 ᄲᅮᆫ이며 色(ᄉᆡᆨ)의 重(듕)ᄒᆞᆫ 者(쟈)와 다ᄆᆞᆺ 禮(례)의 輕(경)ᄒᆞᆫ 者(쟈)ᄅᆞᆯ 取(취)ᄒᆞ야 比(비)ᄒᆞ면 엇디 色(ᄉᆡᆨ)이 重(듕)홀 ᄲᅮᆫ이리오

가 應(응)ᄒᆞ야 ᄀᆞᆯ오ᄃᆡ 兄(형)의 臂(비)ᄅᆞᆯ 紾(딘)ᄒᆞ야 食(식)을 奪(탈)ᄒᆞ면 食(식)을 得(득)ᄒᆞ고 紾(딘)티 아니ᄒᆞ면 食(식)을 得(득)디 몯홀 딘댄 쟝ᄎᆞᆺ 紾(딘)ᄒᆞ랴 東(동)녁 집 담을 너머 그 處子(쳐ᄌᆞ)ᄅᆞᆯ 摟(루)ᄒᆞ면 妻(쳐)ᄅᆞᆯ 得(득)ᄒᆞ고 摟(루)티 아니ᄒᆞ면 妻(쳐)ᄅᆞᆯ 得(득)디 몯홀 딘댄 쟝ᄎᆞᆺ 摟(루)ᄒᆞ랴 ᄒᆞ라

162(12-2) 人病不求耳

曹交問曰:「人皆可以爲堯舜, 有諸?」

孟子曰:「然.」

「交聞文王十尺, 湯九尺, 今交九尺四寸以長, 食粟而已, 如何則可?」

曰:「奚有於是? 亦爲之而已矣. 有人於此, 力不能勝一匹雛, 則爲無力人矣; 今曰擧百鈞, 則爲有力人矣. 然則擧烏獲之任, 是亦爲烏獲而已矣. 夫人豈以不勝爲患哉? 弗爲耳. 徐行後長者謂之弟, 疾行先長者謂之不弟. 夫徐行者, 豈人所不能哉? 所不爲也. 堯舜之道, 孝弟而已矣. 子服堯之服, 誦堯之言, 行堯之行, 是堯而已矣; 子服桀之服, 誦桀之言, 行桀之行, 是桀而已矣.」

曰:「交得見於鄒君, 可以假館, 願留而受業於門.」

曰:「夫道, 若大路然, 豈難知哉? 人病不求耳. 子歸而求之, 有餘師.」

① 陶山本

曹交(조교)ㅣ 묻ᄌᆞ와 ᄀᆞᆯ오ᄃᆡ 사ᄅᆞᆷ이 다 可(가)히 ᄡᅥ 堯舜(요슌)이 되리라 ᄒᆞᄂᆞ니 인ᄂᆞ니 잇가 孟子(ᄆᆡᆼᄌᆞ)ㅣ ᄀᆞᆯᄋᆞ샤ᄃᆡ 然(션)ᄒᆞ다

交(교)ᄂᆞᆫ 드로니 文王(문왕)은 十尺(십쳑)이오 湯(탕)은 九尺(구쳑)이라 호니 이제 交(교)ᄂᆞᆫ 九尺(구쳑) 四寸(ᄉᆞ촌)이 ᄡᅥ 長(댱)호ᄃᆡ 粟(속)만 食(식)ᄒᆞᆯ ᄯᆞᄅᆞᆷ이로니 엇디ᄒᆞ면 可(가)ᄒᆞ니잇고

ᄀᆞᆯᄋᆞ샤ᄃᆡ 엇디 이에 이시리오 ᄯᅩᄒᆞᆫ ᄒᆞᆯ ᄯᆞᄅᆞᆷ이니라 人(신)이 이에 이시니 力(력)이 能(능)히 ᄒᆞᆫ 匹雛(필추)ᄅᆞᆯ 勝(승)티 몯ᄒᆞ면 곧 力(력)이 업슨 사ᄅᆞᆷ이 되고 이제 ᄀᆞᆯ오ᄃᆡ 百鈞(ᄇᆡᆨ균)을 擧(거)ᄒᆞ노라 ᄒᆞ면 곧 力(력)이 인ᄂᆞᆫ 사ᄅᆞᆷ이 되ᄂᆞ니 그러면 烏獲(오획)의 任(싐)을 擧(거)ᄒᆞ면 이 ᄯᅩᄒᆞᆫ 烏獲(오획)이 될 ᄯᆞᄅᆞᆷ이니 人(신)은 엇디 勝(승)티 몯홈으로ᄡᅥ 患(환)을 삼으리오 ᄒᆞ디 아닐 ᄲᅮᆫ이니라

徐(셔)히 行(ᄒᆡᆼ)ᄒᆞ야 長者(댱쟈)의게 後(후)홈을 弟(뎨)라 닐ᄋᆞ고 疾(질)히 行(ᄒᆡᆼ)ᄒᆞ야 長者(댱쟈)의게 先(션)홈을 不弟(블뎨)라 닐ᄋᆞᄂᆞ니 徐(셔)히 行(ᄒᆡᆼ)홈은 엇디 人(신)의 能(능)티 몯ᄒᆞᆯ ᄲᅡ리오 ᄒᆞ디 아닌ᄂᆞᆫ 배니 堯舜(요슌)의 道(도)ᄂᆞᆫ 孝弟(효뎨) ᄯᆞᄅᆞᆷ이니라

子(ᄌᆞ)ㅣ 堯(요)의 服(복)을 服(복)ᄒᆞ며 堯(요)의 言(언)을 誦(숑)ᄒᆞ며 堯(요)의 行(ᄒᆡᆼ)을 行(ᄒᆡᆼ)ᄒᆞ면 이 堯(요)ㅣᆯ ᄯᆞᄅᆞᆷ이오 子(ᄌᆞ)ㅣ 桀(걸)의 服(복)을 服(복)ᄒᆞ며 桀(걸)의 言(언)을 誦(숑)ᄒᆞ며 桀(걸)의 行(ᄒᆡᆼ)을 行(ᄒᆡᆼ)ᄒᆞ면 이 桀(걸)일 ᄯᆞᄅᆞᆷ이니라

ᄀᆞᆯ오ᄃᆡ 交(교)ㅣ 시러곰 鄒君(추군)ᄭᅴ 見(현)ᄒᆞ면 可(가)히 ᄡᅥ 館(관)을 假(가)ᄒᆞ리니 願(원)컨댄 留(류)ᄒᆞ야 門(문)에 業(업)을 受(슈)호려 ᄒᆞ노이다

ᄀᆞᆯᄋᆞ샤ᄃᆡ 道(도)ᄂᆞᆫ 大路(대로)ᄀᆞᄐᆞ니 엇디 알옴이 어려우리오 人(신)이 求(구)티 아니홈을 病(병)ᄒᆞᄂᆞ니 子(ᄌᆞ)ㅣ 歸(귀)ᄒᆞ야 求(구)ᄒᆞ면 餘師(여ᄉᆞ)ㅣ 이시리라

② 栗谷本

曹交(조교)ㅣ 問(문)ᄒᆞ야 ᄀᆞᆯ오ᄃᆡ 人(인)이 다 可(가)히 ᄡᅥ 堯舜(요슌)이 되리라 ᄒᆞᄂᆞ니 잇ᄂᆞ니잇가 孟子(ᄆᆡᆼᄌᆞ)ㅣ ᄀᆞᄅᆞ샤ᄃᆡ 올ᄒᆞ니라

交(교)ᄂᆞᆫ 드로니 文王(문왕)은 十尺(십쳑)이오 湯(탕)은 九尺(구쳑)이라 ᄒᆞ니 이제 交(교)ᄂᆞᆫ 九尺(구쳑) 四寸(ᄉᆞ촌)으로ᄡᅥ 長(댱)호ᄃᆡ 粟(속)만 食(식)ᄒᆞᆯ ᄯᆞᄅᆞᆷ이로니 엇디ᄒᆞ면 可(가)ᄒᆞ니잇고

ᄀᆞᄅᆞ샤ᄃᆡ 엇디 이에 이시리오 ᄯᅩᄒᆞᆫ ᄒᆞᆯ ᄯᆞᄅᆞᆷ이니라 이에 人(인)이 이시니 힘이 能(능)히 ᄒᆞᆫ 올히 삿기ᄅᆞᆯ 이긔디 몯ᄒᆞ면 힘이 업슨 人(인)이 되고 이제 ᄀᆞᆯ오ᄃᆡ 百鈞(ᄇᆡᆨ균)을 드노라 ᄒᆞ면 힘이 잇ᄂᆞᆫ 人(인)이 되리니 그러면 烏獲(오획)의 任(임)을 들면 이 ᄯᅩᄒᆞᆫ 烏獲(오획)이

될 디니 人(인)은 엇디 감히 당티 몯ᄒᆞ모로ᄡᅥ 患(환)을 삼으리오 ᄒᆞ디 아님이니라

날회여 行(ᄒᆡᆼ)ᄒᆞ야 長(댱)의게 後(후)ᄒᆞᄂᆞᆫ 者(쟈)를 弟(뎨)ㅣ라 니ᄅᆞ고 ᄲᅡᆯ리 行(ᄒᆡᆼ)ᄒᆞ야 長(댱)의게 先(션)ᄒᆞᄂᆞᆫ 者(쟈)를 弟(뎨)ㅣ 아니라 니ᄅᆞᄂᆞ니 날회여 行(ᄒᆡᆼ)홈이 엇디 人(인)의 能(능)티 몯홀 배리오 ᄒᆞ디 아닛ᄂᆞᆫ 배니 堯舜(요슌)의 道(도)ᄂᆞᆫ 孝弟(효뎨) ᄯᆞᄅᆞᆷ이니라

子(ᄌᆞ)ㅣ 堯(요)의 服(복)을 服(복)ᄒᆞ며 堯(요)의 言(언)을 誦(숑)ᄒᆞ며 堯(요)의 行(ᄒᆡᆼ)을 行(ᄒᆡᆼ)ᄒᆞ면 이ᄂᆞᆫ 堯(요)ㅣ ᄯᆞᄅᆞᆷ이오 子(ᄌᆞ)ㅣ 桀(걸)의 服(복)을 服(복)ᄒᆞ며 桀(걸)의 言(언)을 誦(숑)ᄒᆞ며 桀(걸)의 行(ᄒᆡᆼ)을 行(ᄒᆡᆼ)ᄒᆞ면 이ᄂᆞᆫ 桀(걸)일 ᄯᆞᄅᆞᆷ이니라

ᄀᆞᆯ오ᄃᆡ 交(교)ㅣ 시러곰 鄒君(추군)ᄭᅴ 見뵈ᄋᆞ오면 可(가)히 ᄡᅥ 館(관)을 假(가)홀 디니 願(원)컨댄 머무러 門(문)에셔 業(업)을 受(슈)코져 ᄒᆞ노이다

ᄀᆞᄅᆞ샤ᄃᆡ 道(도)ᄂᆞᆫ 큰 길 ᄀᆞᆮᄐᆞ니 엇디 알기 어려우리오 人(인)이 求(구)티 아니홈이 病(병)이니 子(ᄌᆞ)ㅣ 歸(귀)ᄒᆞ야 求(구)ᄒᆞ면 스승이 남음이 이시리라

163(12-3) 小弁

公孫丑問曰:「高子曰:『小弁, 小人之詩也.』」

孟子曰:「何以言之?」

曰:「怨.」

曰:「固哉, 高叟之爲詩也! 有人於此, 越人關弓而射之, 則己談笑而道之; 無他, 疏之也. 其兄關弓而射之, 則己垂涕泣而道之; 無他, 戚之也. 小弁之怨, 親親也. 親親, 仁也. 固矣夫, 高叟之爲詩也!」

曰:「凱風何以不怨?」

曰:「凱風, 親之過小者也; 小弁, 親之過大者也. 親之過大而不怨, 是愈疏也; 親之過小而怨, 是不可磯也. 愈疏, 不孝也; 不可磯, 亦不孝也. 孔子曰:『舜其至孝矣, 五十而慕.』」

① 陶山本

公孫丑(공손튜)ㅣ 묻ᄌᆞ와 ᄀᆞᆯ오ᄃᆡ 高子(고ᄌᆞ)ㅣ ᄀᆞᆯ오ᄃᆡ 小弁(쇼반)은 小人(쇼인)의 詩(시)라 ᄒᆞ더이다 孟子(ᄆᆡᆼᄌᆞ)ㅣ ᄀᆞᆯᄋᆞ샤ᄃᆡ 엇디 ᄡᅥ 닐ᄋᆞᄂᆞ뇨 ᄀᆞᆯ오ᄃᆡ 怨(원)홈이니이다

ᄀᆞᆯᄋᆞ샤ᄃᆡ 固(고)ᄒᆞ다 高叟(고수)의 詩(시)를 홈이여 人(신)이 이에 이시니 越人(월신)이 弓(궁)올 關(만)ᄒᆞ야 射(셕)ᄒᆞ거든 곧 己(긔)ㅣ 談笑(담쇼)ᄒᆞ고 道(도)홈은 他(타)ㅣ 업ᄉᆞᆫ 디라 疏(소)홈이오 그 兄(형)이 弓(궁)올 關(만)ᄒᆞ야 射(셕)ᄒᆞ거든 곧 己(긔)ㅣ 涕泣(톄읍)올 垂(슈)ᄒᆞ고 道(도)홈은 他(타)ㅣ 업ᄉᆞᆫ 디라 戚(쳑)홈이니 小弁(쇼반)의 怨(원)홈은 親(친)올 親(친)홈이라 親(친)을 親(친)홈은 仁(싄)이니 固(고)ᄒᆞ다 高叟(고수)의 詩(시)를 홈이여

골오되 凱風(개풍)은 엇디 써 怨(원)티 아니ᄒᆞ니잇고

골ᄋᆞ샤되 凱風(개풍)은 親(친)의 過(과)ㅣ 小(쇼)ᄒᆞᆫ 이오 小弁(쇼반)은 親(친)의 過(과)ㅣ 大(대)ᄒᆞᆫ 이니 親(친)의 過(과)ㅣ 大(대)호되 怨(원)티 아니ᄒᆞ면 이ᄂᆞᆫ 더욱 踈(소)홈이오 親(친)의 過(과)ㅣ 小(쇼)호되 怨(원)ᄒᆞ면 이ᄂᆞᆫ 可(가)히 磯(긔)티 몯홈이니 더욱 踈(소)홈도 孝(효)ㅣ 아니오 可(가)히 磯(긔)티 몯홈도 ᄯᅩᄒᆞᆫ 孝(효)ㅣ 아니니라

孔子(공ᄌᆞ)ㅣ 골ᄋᆞ샤되 舜(슌)은 그 지극ᄒᆞᆫ 孝(효)ㅣ신뎌 五十(오십)이도록 慕(모)타 ᄒᆞ시니라

② 栗谷本

公孫丑(공손튜)ㅣ 問(문)ᄒᆞ야 골오되 高子(고ᄌᆞ)ㅣ 골오되 小弁(쇼반)은 小人(쇼인)의 詩(시)라 ᄒᆞ더이다 孟子(ᄆᆡᆼᄌᆞ)ㅣ ᄀᆞᄅᆞ샤되 엇디 써 닐옴고 골오되 怨(원)홀 ᄉᆡ니이다

ᄀᆞᄅᆞ샤되 固(고)ᄒᆞ다 高叟(고수)의 詩(시)를 홈이여 人(인)이 이에 이시니 越人(월인)이 弓(궁)을 關(만)ᄒᆞ야 射(셕)ᄒᆞ면 내 談笑(담쇼)ᄒᆞ며 道(도)홀 디니 他(타)ㅣ 아니라 踈(소)홈이오 그 兄(형)이 弓(궁)을 關(만)ᄒᆞ야 射(셕)ᄒᆞ면 내 涕泣(톄읍)을 垂(슈)ᄒᆞ며 道(도)홀 디니 他(타)ㅣ 아니라 戚(쳑)홈이니 小弁(쇼반)의 怨(원)홈은 親(친)을 親(친)홈이라 親(친)을 親(친)홈이 仁(인)이니 固(고)ᄒᆞ다 高叟(고수)의 詩(시)를 홈이여

골오되 凱風(개풍)은 엇디 써 怨(원)티 아니ᄒᆞ니잇고

골ᄋᆞ샤되 凱風(개풍)은 親(친)의 過(과)ㅣ 져근 者(쟈)ㅣ오 小弁(쇼반)은 親(친)의 過(과)ㅣ 큰 者(쟈)ㅣ니 親(친)의 過(과)ㅣ 크거ᄂᆞᆯ 怨(원)티 아니ᄒᆞ면 이ᄂᆞᆫ 더욱 踈(소)홈이오 親(친)의 過(과)ㅣ 젹거ᄂᆞᆯ 怨(원)ᄒᆞ면 이ᄂᆞᆫ 可(가)히 磯(긔)티 몯홈이니 더욱 踈(소)홈도 不孝(블효)ㅣ오 可(가)히 磯(긔)티 몯홈도 ᄯᅩᄒᆞᆫ 不孝(블효)ㅣ니라

孔子(공ᄌᆞ)ㅣ ᄀᆞᄅᆞ샤되 舜(슌)은 그 지극ᄒᆞᆫ 孝(효)ㅣ신뎌 五十(오십)에 慕(모)ᄒᆞ시다 ᄒᆞ시니라

164(12-4) 秦楚構兵

宋牼將之楚, 孟子遇於石丘. 曰:「先生將何之?」

曰:「吾聞秦楚構兵, 我將見楚王說而罷之. 楚王不悅, 我將見秦王說而罷之. 二王我將有所遇焉.」

曰:「軻也請無問其詳, 願聞其指. 說之將如何?」

曰:「我將言其不利也.」

曰:「先生之志則大矣, 先生之號則不可. 先生以利說秦楚之王, 秦楚之王悅於利, 以罷三軍之師, 是三軍之士樂罷而悅於利也. 爲人臣者懷利以事其君, 爲人子者懷利以事其父, 爲人弟者懷利以事其兄, 是君臣·

父子·兄弟終去仁義, 懷利以相接, 然而不亡者, 未之有也. 先生以仁義說秦楚之王, 秦楚之王悅於仁義, 而罷三軍之師, 是三軍之士樂罷而悅於仁義也. 爲人臣者懷仁義以事其君, 爲人子者懷仁義以事其父, 爲人弟者懷仁義以事其兄, 是君臣·父子·兄弟去利, 懷仁義以相接也. 然而不王者, 未之有也. 何必曰利?」

① 陶山本

宋牼(송경)이 장츳 楚(초)에 가더니 孟子(ᄆᆡᆼᄌᆞ)ㅣ 石丘(셕구)에 遇(우)ᄒᆞ시다

ᄀᆞᆯᄋᆞ샤ᄃᆡ 先生(션ᄉᆡᆼ)은 쟝츳 어ᄃᆡ 가ᄂᆞ뇨

ᄀᆞᆯ오ᄃᆡ 내 秦楚(진초)ㅣ 兵(병)을 搆(구)홈을 들오니 내 장츳 楚王(초왕)을 보와 說(셰)ᄒᆞ야 罷(파)호ᄃᆡ 楚王(초왕)이 悅(열)티 아니ᄒᆞ거든 내 장츳 秦王(진왕)을 보와 說(셰)ᄒᆞ야 罷(파)호리니 二王(ᅀᅵ왕)애 내 장츳 遇(우)홀 빠 이시리라

ᄀᆞᆯᄋᆞ샤ᄃᆡ 軻(가)ᄂᆞᆫ 請(쳥)컨댄 그 詳(샹)을 묻디 말오 願(원)컨댄 그 指(지)를 듣고쟈 ᄒᆞ노니 說(셰)홈을 쟝츳 엇디ᄒᆞ료 ᄀᆞᆯ오ᄃᆡ 내 장츳 그 利(리)티 아니홈을 닐오리라 ᄀᆞᆯᄋᆞ샤ᄃᆡ 先生(션ᄉᆡᆼ)의 志(지)ᄂᆞᆫ 크거니와 先生(션ᄉᆡᆼ)의 號(호)ᄂᆞᆫ 可(가)티 아니ᄒᆞ다

先生(션ᄉᆡᆼ)이 利(리)로뻐 秦楚(진초)ㅅ 王(왕)을 說(셰)ᄒᆞ면 秦楚(진초)ㅅ 王(왕)이 利(리)예 悅(열)ᄒᆞ야 뻐 三軍(삼군)ㅅ 師(ᄉᆞ)를 罷(파)ᄒᆞ리니 이ᄂᆞᆫ 三軍(삼군)ㅅ 師(ᄉᆞ)ㅣ 罷(파)홈을 樂(락)ᄒᆞ야 利(리)예 悅(열)홈이라 人臣(ᅀᅵᆫ신)이 되연ᄂᆞᆫ 者(쟈)ㅣ 利(리)를 懷(회)ᄒᆞ야 뻐 그 君(군)을 事(ᄉᆞ)ᄒᆞ며 人子(ᅀᅵᆫᄌᆞ)ㅣ 되연ᄂᆞᆫ 者(쟈)ㅣ 利(리)를 懷(회)ᄒᆞ야 뻐 그 父(부)를 事(ᄉᆞ)ᄒᆞ며 人弟(ᅀᅵᆫ뎨)ㅣ 되연ᄂᆞᆫ 者(쟈)ㅣ 利(리)를 懷(회)ᄒᆞ야 뻐 그 兄(형)을 事(ᄉᆞ)ᄒᆞ면 이ᄂᆞᆫ 君臣(군신)과 父子(부ᄌᆞ)와 兄弟(형뎨)ㅣ ᄆᆞᄎᆞᆷ내 仁義(ᅀᅵᆫ의)를 去(거)ᄒᆞ고 利(리)를 懷(회)ᄒᆞ야 뻐 서ᄅᆞ 接(졉)홈이니 그러코 亡(망)티 아닐 者(쟈)ㅣ 잇디 아니ᄒᆞ니라 先生(션ᄉᆡᆼ)이 仁義(ᅀᅵᆫ의)로뻐 秦楚(진초)ㅅ 王(왕)을 說(셰)ᄒᆞ면 秦楚(진초)ㅅ 王(왕)이 仁義(ᅀᅵᆫ의)예 悅(열)ᄒᆞ야 三軍(삼군)ㅅ 師(ᄉᆞ)를 罷(파)ᄒᆞ리니 이ᄂᆞᆫ 三軍(삼군)ㅅ 師(ᄉᆞ)ㅣ 罷(파)홈을 樂(락)ᄒᆞ야 仁義(ᅀᅵᆫ의)예 悅(열)홈이라 人臣(ᅀᅵᆫ신)이 되연ᄂᆞᆫ 者(쟈)ㅣ 仁義(ᅀᅵᆫ의)를 懷(회)ᄒᆞ야 뻐 그 君(군)을 事(ᄉᆞ)ᄒᆞ며 人子(ᅀᅵᆫᄌᆞ)ㅣ 되연ᄂᆞᆫ 者(쟈)ㅣ 仁義(ᅀᅵᆫ의)를 懷(회)ᄒᆞ야 뻐 그 父(부)를 事(ᄉᆞ)ᄒᆞ며 人弟(ᅀᅵᆫ뎨) 되연ᄂᆞᆫ 者(쟈)ㅣ 仁義(ᅀᅵᆫ의)를 懷(회)ᄒᆞ야 뻐 그 兄(형)을 事(ᄉᆞ)ᄒᆞ면 이ᄂᆞᆫ 君臣(군신)과 父子(부ᄌᆞ)와 兄弟(형뎨)ㅣ 利(리)를 去(거)ᄒᆞ고 仁義(ᅀᅵᆫ의)를 懷(회)ᄒᆞ야 뻐 서ᄅᆞ 接(졉)홈이니 그러코 王(왕)티 아닐 者(쟈)ㅣ 잇디 아니ᄒᆞ니 엇디 반ᄃᆞ시 利(리)를 니ᄅᆞ리오

② 栗谷本

宋牼(송경)이 쟝츳 楚(초)에 가거늘 孟子(ᄆᆡᆼᄌᆞ)ㅣ 石丘(셕구)에 만나시다

ᄀᆞᆯᄋᆞ샤ᄃᆡ 先生(션ᄉᆡᆼ)은 쟝츳 어ᄃᆡ 가ᄂᆞ뇨

ᄀᆞᆯ오ᄃᆡ 내 秦(진)과 楚(초)ㅣ 兵(병)을 搆(구)ᄒᆞᆫ다 드로니 내 쟝츳 楚王(초왕)을 보아 說(셰)ᄒᆞ야 罷(파)케 호ᄃᆡ 楚王(초왕)이 悅(열)티 아니커든 내 쟝츳 秦王(진왕)을 보아

說(셰)ᄒᆞ야 罷(파)케 호리니 두 王(왕)ᄭᅴ 내 쟝ᄎᆞᆺ 만날 배 이실 디니라

ᄀᆞᆯᄋᆞ샤ᄃᆡ 軻(가)ᄂᆞᆫ 請(쳥)컨댄 그 詳(샹)을 뭇디 말고 그 指(지)ᄅᆞᆯ 듯고져 願(원)ᄒᆞ노니 說(셰)홈을 쟝ᄎᆞᆺ 엇디ᄒᆞ료 ᄀᆞᆯ오ᄃᆡ 내 쟝ᄎᆞᆺ 그 利(리)티 아니홈을 닐으리라 ᄀᆞᄅᆞ샤ᄃᆡ 先生(션ᄉᆡᆼ)의 ᄠᅳᆺ은 크거니와 先生(션ᄉᆡᆼ)의 일홈은 可(가)티 아니ᄒᆞ다

先生(션ᄉᆡᆼ)이 利(리)로ᄡᅧ 秦楚(진초)의 王(왕)을 說(셰)ᄒᆞ야든 秦楚(진초)의 王(왕)이 利(리)예 悅(열)ᄒᆞ야 ᄡᅧ 三軍(삼군)의 師(ᄉᆞ)ᄅᆞᆯ 罷(파)ᄒᆞ면 이ᄂᆞᆫ 三軍(삼군)읫 師(ᄉᆞ)ㅣ 罷(파)홈을 樂(락)ᄒᆞ야 利(리)예 悅(열)ᄒᆞᆯ 디니 人臣(인신)이 되엿ᄂᆞᆫ 者(쟈)ㅣ 利(리)ᄅᆞᆯ 懷(회)ᄒᆞ야 ᄡᅧ 그 님금을 셤기며 人子(인ᄌᆞ)ㅣ 되엿ᄂᆞᆫ 者(쟈)ㅣ 利(리)ᄅᆞᆯ 懷(회)ᄒᆞ야 ᄡᅧ 그 아비ᄅᆞᆯ 셤기며 人弟(인뎨)ㅣ 되엿ᄂᆞᆫ 者(쟈)ㅣ 利(리)ᄅᆞᆯ 懷(회)ᄒᆞ야 ᄡᅧ 그 兄(형)을 셤기면 이ᄂᆞᆫ 君臣(군신)과 父子(부ᄌᆞ)와 兄弟(형뎨)ㅣ ᄆᆞᄎᆞᆷ내 仁義(인의)ᄅᆞᆯ 去(거)ᄒᆞ고 利(리)ᄅᆞᆯ 懷(회)ᄒᆞ야 ᄡᅧ 서르 接(졉)홈이니 그러코 亡(망)티 아닐 者(쟈)ㅣ 잇디 아니니라 先生(션ᄉᆡᆼ)이 仁義(인의)로ᄡᅧ 秦楚(진초)의 王(왕)을 說(셰)ᄒᆞ야든 秦楚(진초)의 王(왕)이 仁義(인의)예 悅(열)ᄒᆞ야 三軍(삼군)의 師(ᄉᆞ)ᄅᆞᆯ 罷(파)ᄒᆞ면 이ᄂᆞᆫ 三軍(삼군)읫 師(ᄉᆞ)ㅣ 罷(파)홈을 樂(락)ᄒᆞ야 仁義(인의)예 悅(열)ᄒᆞᆯ 디니 人臣(인신)이 되엿ᄂᆞᆫ 者(쟈)ㅣ 仁義(인의)ᄅᆞᆯ 懷(회)ᄒᆞ야 ᄡᅧ 그 님금을 셤기며 人子(인ᄌᆞ)ㅣ 되엿ᄂᆞᆫ 者(쟈)ㅣ 仁義(인의)ᄅᆞᆯ 懷(회)ᄒᆞ야 ᄡᅧ 그 아비ᄅᆞᆯ 셤기며 人弟(인뎨)ㅣ 되엿ᄂᆞᆫ 者(쟈)ㅣ 仁義(인의)ᄅᆞᆯ 懷(회)ᄒᆞ야 ᄡᅧ 그 兄(형)을 셤기면 이ᄂᆞᆫ 君臣(군신)과 父子(부ᄌᆞ)와 兄弟(형뎨)ㅣ 利(리)ᄅᆞᆯ 去(거)ᄒᆞ고 仁義(인의)ᄅᆞᆯ 懷(회)ᄒᆞ야 ᄡᅧ 서르 接(졉)홈이니 그러코 王(왕)티 몯ᄒᆞᆯ 者(쟈)ㅣ 잇디 아니ᄒᆞ니 엇디 구ᄐᆡ여 利(리)ᄅᆞᆯ ᄀᆞᄅᆞ리오

165(12-5) *孟子居鄒*

孟子居鄒, 季任爲任處守, 以幣交, 受之而不報. 處於平陸, 儲子爲相, 以幣交, 受之而不報. 他日, 由鄒之任, 見季子; 由平陸之齊, 不見儲子. 屋廬子喜曰:「連得閒矣.」問曰:「夫子之任見季子, 之齊不見儲子, 爲其爲相與?」

曰:「非也. 書曰:『享多儀, 儀不及物曰不享, 惟不役志于享.』爲其不成享也.」

屋廬子悅. 或問之. 屋廬子曰:「季子不得之鄒, 儲子得之平陸.」

① 陶山本

孟子(ᄆᆡᆼᄌᆞ)ㅣ 鄒(추)에 居(거)ᄒᆞ실 ᄧᅵ 季任(계심)이 任(심)을 爲(위)ᄒᆞ야 處守(쳐슈)ᄒᆞ얏더니 幣(폐)로ᄡᅧ 交(교)ᄒᆞᆫ대 受(슈)ᄒᆞ고 報(보)티 아니ᄒᆞ시고 平陸(평륙)에 處(쳐)ᄒᆞ실 ᄧᅵ 儲子(뎌ᄌᆞ)ㅣ 相(샹)이 되얏더니 幣(폐)로ᄡᅧ 交(교)ᄒᆞᆫ대 受(슈)ᄒᆞ고 報(보)티 아니ᄒᆞ시다

他日(타싈)에 鄒(추)로 말믹삼아 任(싐)애 가샤 季子(계즈)를 보시고 平陸(평륙)으로 말믹삼아 齊(졔)예 가샤 儲子(뎌즈)를 보디 아니ᄒᆞ신대 屋廬子(옥려즈)ㅣ 喜(희)ᄒᆞ야 ᄀᆞᆯ오ᄃᆡ 連(련)이 間(간)을 得(득)ᄒᆞ과라

묻ᄌᆞ와 ᄀᆞᆯ오ᄃᆡ 夫子(부즈)ㅣ 任(싐)에 가샤 季子(계즈)를 보시고 齊(졔)예 가샤 儲子(뎌즈)를 보디 아니ᄒᆞ시니 그 相(샹)이 되야심을 爲(위)ᄒᆞ애시니잇가

ᄀᆞᆯᄋᆞ샤ᄃᆡ 아니라 書(셔)애 ᄀᆞᆯ오ᄃᆡ 享(향)은 儀(의)ㅣ 하니 儀(의)ㅣ 物(믈)에 及(급)디 몯ᄒᆞ면 ᄀᆞᆯ온 享(향)이 아니니 志(지)를 享(향)애 役(역)디 아니홀 ᄊᆡ라 ᄒᆞ니

그 享(향)을 成(셩)티 몯홈을 爲(위)ᄒᆞ애니라

屋廬子(옥려즈)ㅣ 悅(열)ᄒᆞ거ᄂᆞᆯ 或(혹)이 무른대 屋廬子(옥려즈)ㅣ ᄀᆞᆯ오ᄃᆡ 季子(계즈)ᄂᆞᆫ 시러곰 鄒(추)에 가디 몯홀 꺼시오 儲子(뎌즈)ᄂᆞᆫ 시러곰 平陸(평륙)에 갈 꺼실 ᄊᆡ니라

② 栗谷本

孟子(ᄆᆡᇰ즈)ㅣ 鄒(추)에 居(거)ᄒᆞ실 제 季任(계임)이 任(임)을 爲(위)ᄒᆞ야 處(쳐)ᄒᆞ야 守(슈)ᄒᆞ얏더니 幣(폐)로ᄡᅥ 交(교)ᄒᆞ거ᄂᆞᆯ 밧고 報(보)티 아니ᄒᆞ시며 平陸(평륙)에 處(쳐)ᄒᆞ실 제 儲子(뎌즈)ㅣ 相(샹)이 되엿더니 幣(폐)로ᄡᅥ 交(교)ᄒᆞ거ᄂᆞᆯ 밧고 報(보)티 아니ᄒᆞ시다

다른 날애 鄒(추)로브터 任(임)애 가샤 季子(계즈)를 보시고 平陸(평륙)으로브터 齊(졔)예 가샤 儲子(뎌즈)를 보디 아니ᄒᆞ신대 屋廬子(옥려즈)ㅣ 깃거 ᄀᆞᆯ오ᄃᆡ 連(련)이 間(간)을 엇괘라

問(문)ᄒᆞ야 ᄀᆞᆯ오ᄃᆡ 夫子(부즈)ㅣ 任(임)에 가셔 季子(계즈)를 보시고 齊(졔)예 가셔 儲子(뎌즈)를 보디 아니ᄒᆞ시니 그 相(샹)이 되옴을 爲(위)ᄒᆞ시니잇가

ᄀᆞᄅᆞ샤ᄃᆡ 아니라 書(셔)에 ᄀᆞᆯ오ᄃᆡ 享(향)ᄒᆞ기ᄂᆞᆫ 儀(의)ㅣ 하니 儀(의)ㅣ 物(믈)에 及(급)디 몯ᄒᆞ면 ᄀᆞᆯ온 享(향)티 아님이니 享(향)에 志(지)를 役(역)디 아님이라 ᄒᆞ니

그 享(향)이 되디 몯홈을 爲(위)홈이니라

屋廬子(옥려즈)ㅣ 悅(열)ᄒᆞ거ᄂᆞᆯ 或(혹)이 問(문)ᄒᆞᆫ대 屋廬子(옥려즈)ㅣ ᄀᆞᆯ오ᄃᆡ 季子(계즈)ᄂᆞᆫ 시러곰 鄒(추)에 가디 몯ᄒᆞ려니와 儲子(뎌즈)ᄂᆞᆫ 시러곰 平陸(평륙)에 갈 디니라

166(12-6) 名實

淳于髡曰:「先名實者, 爲人也; 後名實者, 自爲也. 夫子在三卿之中, 名實未加於上下而去之, 仁者固如此乎?」

孟子曰:「居下位, 不以賢事不肖者, 伯夷也; 五就湯, 五就桀者, 伊尹也; 不惡汙君, 不辭小官者, 柳下惠也. 三子者不同道, 其趨一也. 一者何也? 曰仁也. 君子亦仁而已矣, 何必同?」

曰:「魯繆公之時, 公儀子爲政, 子柳·子思爲臣, 魯之削也滋甚. 若是乎賢者之無益於國也!」

曰:「虞不用百里奚而亡, 秦穆公用之而霸. 不用賢則亡, 削何可得與?」

曰:「昔者, 王豹處於淇, 而河西善謳; 綿駒處於高唐, 而齊右善歌; 華周·杞梁之妻善哭其夫, 而變國俗. 有諸內必形諸外. 爲其事而無其功者, 髡未嘗覩之也. 是故無賢者也, 有則髡必識之.」

曰:「孔子爲魯司寇, 不用, 從而祭, 燔肉不至, 不稅冕而行. 不知者以爲爲肉也, 其知者以爲爲無禮也. 乃孔子則欲以微罪行, 不欲爲苟去. 君子之所爲, 衆人固不識也.」

① 陶山本

淳于髡(슌우곤)이 ᄀᆞᆯ오ᄃᆡ 名實(명실)을 先(션)ᄒᆞᄂᆞᆫ 者(쟈)ᄂᆞᆫ 人(신)을 爲(위)홈이오 名實(명실)을 後(후)ᄒᆞᄂᆞᆫ 者(쟈)ᄂᆞᆫ ᄉᆞᄉᆞ로 爲(위)홈이니 夫子(부ᄌᆞ)ㅣ 三卿(삼경)ㅅ 中(듕)에 겨샤 名實(명실)이 上下(샹하)의 加(가)티 몯ᄒᆞ야셔 去(거)ᄒᆞ시니 仁者(신쟈)도 진실로 이러ᄐᆞᆺ ᄒᆞ니잇가

孟子(ᄆᆡᆼᄌᆞ)ㅣ ᄀᆞᆯᄋᆞ샤ᄃᆡ 下位(하위)예 居(거)ᄒᆞ야 賢(현)으로ᄡᅥ 不肖(블쵸)를 事(ᄉᆞ)티 아니ᄒᆞᆫ 者(쟈)ᄂᆞᆫ 伯夷(ᄇᆡᆨ이)오 다ᄉᆞᆺ 적 湯(탕)의게 就(취)ᄒᆞ며 다ᄉᆞᆺ 적 桀(걸)의게 就(취)ᄒᆞᆫ 者(쟈)ᄂᆞᆫ 伊尹(이윤)이오 汙君(오군)을 惡(오)티 아니ᄒᆞ며 小官(쇼관)을 辭(ᄉᆞ)티 아니ᄒᆞᆫ 者(쟈)ᄂᆞᆫ 柳下惠(류하혜)니 三子(삼ᄌᆞ)ㅣ 道(도)ㅣ 同(동)티 아니ᄒᆞ나 그 趨(추)ᄂᆞᆫ ᄒᆞᆫ 가지니 ᄒᆞᆫ 가지믄 엇디오 ᄀᆞᆯ온 仁(신)이라 君子(군ᄌᆞ)ᄂᆞᆫ ᄯᅩᄒᆞᆫ 仁(신)일 ᄯᆞᄅᆞᆷ이니 엇디 반ᄃᆞ시 同(동)ᄒᆞ리오

ᄀᆞᆯ오ᄃᆡ 魯繆公(로목공)ㅅ 時(시)예 公儀子(공의ᄌᆞ)ㅣ 政(정)을 ᄒᆞ고 子柳(ᄌᆞ류)와 子思(ᄌᆞᄉᆞ)ㅣ 臣(신)이 되야쇼ᄃᆡ 魯(로)의 削(샥)ᄒᆞ욤이 더옥 甚(심)ᄒᆞ니 이러ᄐᆞ시 賢者(현쟈)의 國(국)에 益(익)홈이 업슴이여

ᄀᆞᆯᄋᆞ샤ᄃᆡ 虞(우)ㅣ 百里奚(ᄇᆡᆨ리히)를 用(용)티 아니ᄒᆞ야 亡(망)ᄒᆞ고 秦繆公(진목공)이 用(용)ᄒᆞ야 覇(파)ᄒᆞ니 賢(현)을 用(용)티 아니ᄒᆞ면 亡(망)ᄒᆞᄂᆞ니 削(샥)을 엇디 可(가)히 得(득)ᄒᆞ리오

ᄀᆞᆯ오ᄃᆡ 녜 王豹(왕표)ㅣ 淇(긔)예 處(쳐)ᄒᆞ욤애 河西(하셔)ㅣ 謳(구)를 善(션)히 ᄒᆞ고 緜駒(면구)ㅣ 高唐(고당)애 處(쳐)ᄒᆞ욤애 齊右(졔우)ㅣ 歌(가)ᄅᆞᆯ 善(션)히 ᄒᆞ고 華周(화쥬)와 杞梁(긔량)의 妻(쳐)ㅣ 그 夫(부)ᄅᆞᆯ 善(션)히 哭(곡)ᄒᆞ욤애 國俗(국쇽)을 變(변)ᄒᆞ니 內(ᄂᆡ)예 이시면 반ᄃᆞ시 外(외)예 形(형)ᄒᆞᄂᆞ니 그 事(ᄉᆞ)ᄅᆞᆯ ᄒᆞ고 그 功(공)이 업ᄉᆞᆫ 者(쟈)ᄅᆞᆯ 髡(곤)이 일쯕 보디 몯ᄒᆞ연노니 이런 故(고)로 賢(현)ᄒᆞᆫ 者(쟈)ㅣ 업ᄉᆞ니 이시면 髡(곤)이 반ᄃᆞ시 알리이다

ᄀᆞᆯᄋᆞ샤ᄃᆡ 孔子(공ᄌᆞ)ㅣ 魯(로)ㅅ 司寇(ᄉᆞ구)ㅣ 되여 겨시더니 用(용)티 아니ᄒᆞ고 조초 祭(졔)홈이 燔肉(번슉)이 至(지)티 아니ᄒᆞ거늘 冕(면)을 稅(탈)티 아니ᄒᆞ고 行(ᄒᆡᆼ)ᄒᆞ시니 아디 몯ᄒᆞᄂᆞᆫ 者(쟈)ᄂᆞᆫ ᄡᅥ 肉(슉)을 爲(위)ᄒᆞ시다 ᄒᆞ고 그 아노라 ᄒᆞᄂᆞᆫ 者(쟈)ᄂᆞᆫ ᄡᅥ 禮(례)ㅣ 업슴을 爲(위)ᄒᆞ시다 ᄒᆞ니 孔子(공ᄌᆞ)ᄂᆞᆫ 則(즉) 微(미)ᄒᆞᆫ 罪(죄)로ᄡᅥ 行(ᄒᆡᆼ)코쟈 ᄒᆞ샤 苟去(구거)ᄒᆞ고쟈 아니ᄒᆞ시니 君子(군ᄌᆞ)의 ᄒᆞᄂᆞᆫ 바를 衆人(즁신)이 진실로 아디 몯ᄒᆞᄂᆞ니라

② 栗谷本

淳于髡(슌우곤)이 ᄀᆞᆯ오ᄃᆡ 名實(명실)을 先(션)삼ᄂᆞᆫ 者(쟈)ᄂᆞᆫ 人(인)을 爲(위)홈이오 名實(명실)을 後(후)삼ᄂᆞᆫ 者(쟈)ᄂᆞᆫ 스스로 爲(위)홈이니 夫子(부ᄌᆞ)ㅣ 三卿(삼경)의 中(듕)에 이셔 名實(명실)이 上下(샹하)에 加(가)홈이 업시 去(거)ᄒᆞ시니 仁(인)ᄒᆞᆫ 者(쟈)도 진실로 이러ᄒᆞ니잇가

孟子(ᄆᆡᆼᄌᆞ)ㅣ ᄀᆞᄅᆞ샤ᄃᆡ 下位(하위)예 居(거)ᄒᆞ여 賢(현)으로ᄡᅥ 不肖(블쵸)ᄅᆞᆯ 事(ᄉᆞ)티 아닌 者(쟈)ᄂᆞᆫ 伯夷(ᄇᆡᆨ이)ㅣ오 다ᄉᆞᆺ 번 湯(탕)ᄭᅴ 就(취)ᄒᆞ며 다ᄉᆞᆺ 번 桀(걸)의게 就(취)ᄒᆞᆫ 者(쟈)ᄂᆞᆫ 伊尹(이윤)이오 汙君(오군)을 惡(오)티 아니ᄒᆞ며 小官(쇼관)을 辭(ᄉᆞ)티 아닌 者(쟈)ᄂᆞᆫ 柳下惠(류하혜)ㅣ니 三子(삼ᄌᆞ) 者(쟈)ㅣ 道(도)ㅣ 同(동)티 아니ᄒᆞ나 그 趨(추)ᄂᆞᆫ ᄒᆞ나히니 ᄒᆞ나ᄒᆞᆫ 므섯고 ᄀᆞᆯ온 仁(인)이니 君子(군ᄌᆞ)ㅣ ᄯᅩᄒᆞᆫ 仁(인)ᄒᆞᆯ ᄯᆞᄅᆞᆷ이니 엇디 구ᄐᆡ여 同(동)ᄒᆞ리오

ᄀᆞᆯ오ᄃᆡ 魯繆公(로목공) 시절의 公儀子(공의ᄌᆞ)ㅣ 政(정)을 ᄒᆞ고 子柳(ᄌᆞ류)와 子思(ᄌᆞᄉᆞ)ㅣ 臣(신)이 되오ᄃᆡ 魯(로)의 削(샥)홈이 더옥 甚(심)ᄒᆞ니 이러ᄐᆞ시 賢者(현쟈)ㅣ 나라ᄒᆡ 유익ᄒᆞ니 업도다

ᄀᆞᄅᆞ샤ᄃᆡ 虞(우)ㅣ 百里奚(ᄇᆡᆨ리ᄒᆡ)ᄅᆞᆯ ᄡᅳ디 아니코 亡(망)ᄒᆞ고 秦繆公(진목공)이 ᄡᅥ 霸(패)ᄒᆞ니 賢(현)을 ᄡᅳ디 아니면 亡(망)ᄒᆞᆯ 디니 削(샥)을 엇디 可(가)히 得(득)ᄒᆞ리오

ᄀᆞᆯ오ᄃᆡ 녜 王豹(왕표)ㅣ 淇(긔)예 處(쳐)홈애 河西(하셔)ㅣ 謳(구)ᄅᆞᆯ 잘 ᄒᆞ며 緜駒(면구)ㅣ 高唐(고당)에 處(쳐)홈애 齊右(졔우)ㅣ 歌(가)ᄅᆞᆯ 잘 ᄒᆞ며 華周(화쥬)와 杞梁(긔량)의 妻(쳐)ㅣ 그 夫(부) 哭(곡)ᄒᆞ기ᄅᆞᆯ 잘 홈애 國俗(국쇽)을 變(변)ᄒᆞ니 內(ᄂᆡ)예 이시면 반ᄃᆞ시 外(외)예 形(형)ᄒᆞᄂᆞᆫ 디라 그 일을 ᄒᆞ고 그 功(공)이 업ᄉᆞᆫ 者(쟈)ᄅᆞᆯ 髡(곤)이 일즉 보디 아녓노니 이런 故(고)로 賢者(현쟈)ㅣ 업슬 ᄲᅮᆫ이언뎡 이시면 髡(곤)이 반ᄃᆞ시 알디니이다

ᄀᆞᄅᆞ샤ᄃᆡ 孔子(공ᄌᆞ)ㅣ 魯(로) 司寇(ᄉᆞ구)ㅣ 되여 겨신 제 ᄡᅳ디 아니ᄒᆞ고 從(죵)ᄒᆞ야 祭(졔)ᄒᆞ시매 燔肉(번육)이 至(지)티 아니커ᄂᆞᆯ 冕(면)을 稅(탈)티 아니코 行(ᄒᆡᆼ)ᄒᆞ시니 아디 몯ᄒᆞᄂᆞᆫ 者(쟈)ᄂᆞᆫ ᄡᅥ 肉(육)을 爲(위)ᄒᆞ시다 ᄒᆞ고 그 아ᄂᆞᆫ 者(쟈)ᄂᆞᆫ ᄡᅥ 禮(례) 업ᄉᆞᆷ을 爲(위)ᄒᆞ시다 ᄒᆞᄂᆞ니 孔子(공ᄌᆞ)ᄂᆞᆫ 微(미)ᄒᆞᆫ 罪(죄)로ᄡᅥ 行(ᄒᆡᆼ)코져 ᄒᆞ샤 구차히 去(거)홈을 欲(욕)디 아님이시니 君子(군ᄌᆞ)의 ᄒᆞᄂᆞᆫ 바ᄅᆞᆯ 衆人(즁인)이 진실로 아디 몯ᄒᆞᆯ 디니라

167(12-7) 巡狩與述職

孟子曰:「五霸者, 三王之罪人也; 今之諸侯, 五霸之罪人也; 今之大夫, 今之諸侯之罪人也. 天子適諸侯曰巡狩, 諸侯朝於天子曰述職. 春省耕而補不足, 秋省斂而助不給. 入其疆, 土地辟, 田野治, 養老尊賢, 俊傑在位, 則有慶, 慶以地. 入其疆, 土地荒蕪, 遺老失賢, 掊克在位, 則有讓. 一不朝, 則貶其爵; 再不朝, 則削其地; 三不朝, 則六師移之.

是故天子討而不伐, 諸侯伐而不討. 五霸者, 摟諸侯以伐諸侯者也. 故曰: 『五霸者, 三王之罪人』也. 五霸, 桓公爲盛. 葵丘之會諸侯, 束牲·載書而不歃血. 初命曰: 『誅不孝, 無易樹子, 無以妾爲妻.』 再命曰: 『尊賢育才, 以彰有德.』 三命曰: 『敬老慈幼, 無忘賓旅.』 四命曰: 『士無世官, 官事無攝, 取士必得, 無專殺大夫.』 五命曰: 『無曲防, 無遏糴, 無有封而不告.』 曰: 『凡我同盟之人, 旣盟之後, 言歸于好.』 今之諸侯, 皆犯此五禁, 故曰: 『今之諸侯, 五霸之罪人』也. 長君之惡其罪小, 逢君之惡其罪大. 今之大夫, 皆逢君之惡, 故曰: 『今之大夫, 今之諸侯之罪人』也.」

① 陶山本

孟子(ᄆᆡᆼᄌᆞ)ㅣ ᄀᆞᆯᄋᆞ샤ᄃᆡ 五霸(오파)ᄂᆞᆫ 三王(삼왕)의 罪人(죄ᅀᅵᆫ)이오 이젯 諸侯(져후)ᄂᆞᆫ 五霸(오파)의 罪人(죄ᅀᅵᆫ)이오 이젯 태우ᄂᆞᆫ 이젯 諸侯(져후)의 罪人(죄ᅀᅵᆫ)이니라

天子(텬ᄌᆞ)ㅣ 諸侯(져후)의게 適(뎍)ᄒᆞ욤을 ᄀᆞᆯ온 巡狩(슌슈)ㅣ오 諸侯(져후)ㅣ 天子(텬ᄌᆞ)ㅅ긔 朝(됴)홈을 ᄀᆞᆯ온 述職(슐직)이니 春(츈)에 耕(경)을 省(셩)ᄒᆞ야 不足(블죡)을 補(보)ᄒᆞ며 秋(츄)에 斂(렴)을 省(셩)ᄒᆞ야 不給(블급)을 助(조)ᄒᆞᄂᆞ니 그 疆(강)애 入(ᅀᅵᆸ)ᄒᆞ니 土地(토디)ㅣ 辟(벽)ᄒᆞ며 田野(뎐야)ㅣ 治(티)ᄒᆞ며 老(로)ᄅᆞᆯ 養(양)ᄒᆞ며 賢(현)을 尊(존)ᄒᆞ며 俊傑(쥰걸)이 位(위)예 이시면 慶(경)이 인ᄂᆞ니 慶(경)호ᄃᆡ 地(디)로ᄡᅥ ᄒᆞ고 그 疆(강)에 入(ᅀᅵᆸ)ᄒᆞ니 土地(토디)ㅣ 荒蕪(황무)ᄒᆞ며 老(로)ᄅᆞᆯ 遺(유)ᄒᆞ며 賢(현)을 失(실)ᄒᆞ며 掊克(부극)이 位(위)예 이시면 讓(샹)이 인ᄂᆞ니 ᄒᆞᆫ 적 朝(됴)티 아니면 그 爵(쟉)을 貶(폄)ᄒᆞ고 두 적 朝(됴)티 아니면 그 地(디)ᄅᆞᆯ 削(샥)ᄒᆞ고 세 적 朝(됴)티 아니면 六師(륙ᄉᆞ)로 移(이)ᄒᆞᄂᆞ니 이런 故(고)로 天子(텬ᄌᆞ)ᄂᆞᆫ 討(토)ᄒᆞ고 伐(벌)티 아니ᄒᆞ고 諸侯(져후)ᄂᆞᆫ 伐(벌)ᄒᆞ고 討(토)티 몯ᄒᆞᄂᆞ니 五霸(오파)ᄂᆞᆫ 諸侯(져후)ᄅᆞᆯ 摟(루)ᄒᆞ야 ᄡᅥ 諸侯(져후)ᄅᆞᆯ 伐(벌)ᄒᆞᄂᆞᆫ 者(쟈)ㅣ라 故(고)로 ᄀᆞᆯ오ᄃᆡ 五霸(오파)ᄂᆞᆫ 三王(삼왕)의 罪人(죄ᅀᅵᆫ)이니라

五霸(오파)예 桓公(환공)이 盛(셩)ᄒᆞ더니 葵丘(규구)ㅅ 會(회)예 諸侯(져후)ㅣ 牲(ᄉᆡᆼ)을 束(속)ᄒᆞ고 書(셔)ᄅᆞᆯ 載(ᄌᆡ)ᄒᆞ고 血(혈)을 歃(삽)디 아니ᄒᆞ고 처엄의 命(명)ᄒᆞ야 ᄀᆞᆯ오ᄃᆡ 不孝(블효)ᄅᆞᆯ 誅(듀)ᄒᆞ며 樹(슈)ᄒᆞᆫ 子(ᄌᆞ)ᄅᆞᆯ 易(역)디 말며 妾(쳡)으로ᄡᅥ 妻(쳐)ᄅᆞᆯ 삼디 말라 ᄒᆞ고 둘재 命(명)ᄒᆞ야 ᄀᆞᆯ오ᄃᆡ 賢(현)을 尊(존)ᄒᆞ며 才(ᄌᆡ)ᄅᆞᆯ 育(육)ᄒᆞ야 ᄡᅥ 有德(유덕)을 彰(챵)ᄒᆞ라 ᄒᆞ고 셋재 命(명)ᄒᆞ야 ᄀᆞᆯ오ᄃᆡ 老(로)ᄅᆞᆯ 敬(경)ᄒᆞ며 幼(유)ᄅᆞᆯ 慈(ᄌᆞ)ᄒᆞ며 賓旅(빈려)ᄅᆞᆯ 忘(망)티 말라 ᄒᆞ고 넷재 命(명)ᄒᆞ야 ᄀᆞᆯ오ᄃᆡ 士(ᄉᆞ)ᄅᆞᆯ 世(셰)로 官(관)티 말며 官事(관ᄉᆞ)ᄅᆞᆯ 攝(셥)디 말며 士(ᄉᆞ)ᄅᆞᆯ 取(취)홈애 반ᄃᆞ시 得(득)ᄒᆞ며 태우ᄅᆞᆯ 專殺(젼살)티 말라 ᄒᆞ고 다ᄉᆞᆺ재 命(명)ᄒᆞ야 ᄀᆞᆯ오ᄃᆡ 防(방)을 曲(곡)히 말며 糴(뎍)을 遏(알)티 말며 封(봉)홈이 잇고 告(고)티 아니티 말라 ᄒᆞ고 ᄀᆞᆯ오ᄃᆡ ᄆᆞᆯ읫 우리 同盟(동ᄆᆡᆼ)ᄒᆞᄂᆞᆫ 人(ᅀᅵᆫ)은 이믜 盟(ᄆᆡᆼ)ᄒᆞᆫ 後(후)애 好(호)애 歸(귀)ᄒᆞᆯ 띠라 ᄒᆞ니 이젯 諸侯(져후)ㅣ 다 이 五禁(오금)을 犯(범)ᄒᆞᄂᆞ니 故(고)로 ᄀᆞᆯ오ᄃᆡ 이젯 諸侯(져후)ᄂᆞᆫ 五霸(오파)의 罪人(죄ᅀᅵᆫ)이니라

君(군)의 惡(악)을 長(댱)ᄒᆞ욤은 그 罪(죄)ㅣ 小(쇼)ᄒᆞ고 君(군)의 惡(악)을 逢(봉)ᄒᆞ욤은 그 罪(죄)ㅣ 大(대)ᄒᆞ니 이젯 태우ㅣ 다 君(군)의 惡(악)을 逢(봉)ᄒᆞᄂᆞ니 故(고)로 ᄀᆞᆯ오ᄃᆡ 이젯 태우ᄂᆞᆫ 이젯 諸侯(져후)의 罪人(죄신)이니라

② 栗谷本

孟子(ᄆᆡᆼᄌᆞ)ㅣ ᄀᆞᄅᆞ샤ᄃᆡ 五霸(오패)ᄂᆞᆫ 三王(삼왕)의 罪人(죄인)이오 이제 諸侯(져후)ᄂᆞᆫ 五霸(오패)의 罪人(죄인)이오 이제 大夫(대부)ᄂᆞᆫ 이제 諸侯(져후)의 罪人(죄인)이니라

天子(텬ᄌᆞ)ㅣ 諸侯(져후)의게 適(뎍)홈을 ᄀᆞᆯ온 巡狩(슌슈)ㅣ오 諸侯(져후)ㅣ 天子(텬ᄌᆞ)ᄭᅴ 朝(됴)홈을 ᄀᆞᆯ온 述職(슐직)이니 春(츈)애 耕(경)을 省(셩)ᄒᆞ야 不足(블죡)을 補(보)ᄒᆞ며 秋(츄)에 斂(렴)을 省(셩)ᄒᆞ야 不給(블급)을 助(조)ᄒᆞᄂᆞ니 그 疆(강)에 入(입)홈애 土地(토디)ㅣ 辟(벽)ᄒᆞ며 田野(뎐야)ㅣ 治(티)ᄒᆞ며 老(로)ᄅᆞᆯ 養(양)ᄒᆞ며 賢(현)을 尊(존)ᄒᆞ며 俊傑(쥰걸)이 位(위)예 이시면 慶(경)이 잇ᄂᆞ니 地(디)로ᄡᅥ 慶(경)ᄒᆞ고 그 疆(강)에 入(입)홈애 土地(토디)ㅣ 荒蕪(황무)ᄒᆞ며 老(로)ᄅᆞᆯ 遺(유)ᄒᆞ며 賢(현)을 失(실)ᄒᆞ며 掊克(부극)이 位(위)예 이시면 讓(양)홈이 잇ᄂᆞ니라 ᄒᆞᆫ 번 朝(됴)티 아니ᄒᆞ면 그 爵(쟉)을 貶(폄)ᄒᆞ고 두 번 朝(됴)티 아니ᄒᆞ면 그 地(디)ᄅᆞᆯ 削(샥)ᄒᆞ고 세 번 朝(됴)티 아니ᄒᆞ면 六師(륙ᄉᆞ)로 移(이)ᄒᆞᄂᆞ니 이런 故(고)로 天子(텬ᄌᆞ)ᄂᆞᆫ 討(토)코 伐(벌)티 아니ᄒᆞ고 諸侯(져후)ᄂᆞᆫ 伐(벌)코 討(토)티 아닐 디니 五霸(오패)ᄂᆞᆫ 諸侯(져후)ᄅᆞᆯ 摟(루)ᄒᆞ야 ᄡᅥ 諸侯(져후)ᄅᆞᆯ 伐(벌)ᄒᆞᄂᆞᆫ 者(쟈)ㅣ라 故(고)로 ᄀᆞᆯ오ᄃᆡ 五霸(오패)ᄂᆞᆫ 三王(삼왕)의 罪人(죄인)이라 ᄒᆞ노라

五霸(오패)예 桓公(환공)이 盛(셩)ᄒᆞ니 葵丘(규구)의 會(회)예 諸侯(져후)ㅣ 牲(ᄉᆡᆼ)을 束(속)ᄒᆞ고 書(셔)ᄅᆞᆯ 載(ᄌᆡ)ᄒᆞ야 血(혈)을 歃(삽)디 아니ᄒᆞ고 初命(초명)에 ᄀᆞᆯ오ᄃᆡ 不孝(블효)ᄅᆞᆯ 誅(듀)ᄒᆞ며 樹(슈)ᄒᆞᆫ 子(ᄌᆞ)ᄅᆞᆯ 易(역)디 말며 妾(쳡)으로ᄡᅥ 妻(쳐)ᄅᆞᆯ 삼디 말라 ᄒᆞ고 再命(ᄌᆡ명)에 ᄀᆞᆯ오ᄃᆡ 賢(현)을 尊(존)ᄒᆞ며 才(ᄌᆡ)ᄅᆞᆯ 育(육)ᄒᆞ야 ᄡᅥ 德(덕) 둣ᄂᆞᆫ 이ᄅᆞᆯ 彰(챵)ᄒᆞ라 ᄒᆞ고 三命(삼명)에 ᄀᆞᆯ오ᄃᆡ 老(로)ᄅᆞᆯ 敬(경)ᄒᆞ며 幼(유)ᄅᆞᆯ 慈(ᄌᆞ)ᄒᆞ며 賓旅(빈려)ᄅᆞᆯ 닛디 말라 ᄒᆞ고 四命(ᄉᆞ명)에 ᄀᆞᆯ오ᄃᆡ 士(ᄉᆞ)ᄅᆞᆯ 世官(셰관) 업시 ᄒᆞ며 官事(관ᄉᆞ)ᄅᆞᆯ 攝(셥)디 말며 士(ᄉᆞ)ᄅᆞᆯ 取(취)호ᄃᆡ 반ᄃᆞ시 得(득)ᄒᆞ며 大夫(대부)ᄅᆞᆯ 專殺(젼살)티 말라 ᄒᆞ고 五命(오명)에 ᄀᆞᆯ오ᄃᆡ 曲(곡)히 防(방)티 말며 糴(뎍)을 遏(알)티 말며 封(봉)홈을 두되 告(고)티 아니티 말라 ᄒᆞ고 ᄀᆞᆯ오ᄃᆡ 믈읫 우리 同盟(동ᄆᆡᆼ)의 人(인)이 이믜 盟(ᄆᆡᆼ)ᄒᆞᆫ 後(후)에 好(호)에 歸(귀) ᄒᆞᆯ 거시라 ᄒᆞ니 이제 諸侯(져후)ᄂᆞᆫ 다 이 五禁(오금)을 犯(범)ᄒᆞᄂᆞᆫ 디라 故(고)로 ᄀᆞᆯ오ᄃᆡ 이제 諸侯(져후)ᄂᆞᆫ 五霸(오패)의 罪人(죄인)이라 ᄒᆞ노라

君(군)의 惡(악)을 長(댱)ᄒᆞ기ᄂᆞᆫ 그 罪(죄)ㅣ 젹고 君(군)의 惡(악)을 逢(봉)ᄒᆞ기ᄂᆞᆫ 그 罪(죄)ㅣ 크니 이제 大夫(대부)ᄂᆞᆫ 다 君(군)의 惡(악)을 逢(봉)ᄒᆞᄂᆞᆫ 디라 故(고)로 ᄀᆞᆯ오ᄃᆡ 이제 大夫(대부)ᄂᆞᆫ 이제 諸侯(져후)의 罪人(죄인)이라 ᄒᆞ노라

168(12-8) *志於仁*

魯欲使愼子爲將軍. 孟子曰:「不敎民而用之, 謂之殃民. 殃民者, 不容於堯舜之世. 一戰勝齊, 遂有南陽, 然且不可.」

愼子勃然不悅曰:「此則滑釐所不識也.」

曰:「吾明告子. 天子之地方千里; 不千里, 不足以待諸侯. 諸侯之地方百里; 不百里, 不足以守宗廟之典籍. 周公之於封魯, 爲方百里也; 地非不足, 而儉於百里. 太公之封於齊也, 亦爲方百里也; 地非不足也, 而儉於百里. 今魯方百里者五, 子以爲有王者作, 則魯在所損乎? 在所益乎? 徒取諸彼以與此, 然且仁者不爲, 況於殺人以求之乎? 君子事君也, 務引其君以當道, 志於仁而已.」

① 陶山本

魯(로)ㅣ 愼子(신ᄌᆞ)로 ᄒᆞ여곰 將軍(쟝군)을 삼고져 ᄒᆞ더니

孟子(ᄆᆡᆼᄌᆞ)ㅣ ᄀᆞᆯᄋᆞ샤ᄃᆡ 民(민)을 敎(교)티 아니ᄒᆞ고 用(용)ᄒᆞ욤을 民(민)을 殃(앙)홈이라 닐ᄋᆞᄂᆞ니 民(민)을 殃(앙)ᄒᆞᄂᆞᆫ 者(쟈)ᄂᆞᆫ 堯舜(요슌)ㅅ 世(셰)예 容(용)티 몯ᄒᆞ니라

ᄒᆞᆫ 번 戰(젼)ᄒᆞ야 齊(졔)ᄅᆞᆯ 勝(승)ᄒᆞ야 드듸여 南陽(남양)을 둘 ᄯᅵ라도 그러나 ᄯᅩ 可(가)티 아니ᄒᆞ니라

愼子(신ᄌᆞ)ㅣ 勃然(블ᅀᅧᆫ)히 悅(열)티 아니ᄒᆞ야 ᄀᆞᆯ오ᄃᆡ 이ᄂᆞᆫ 滑釐(골리)의 아디 몯ᄒᆞᆯ ᄲᅢ로소이다

ᄀᆞᆯᄋᆞ샤ᄃᆡ 내 明(명)히 子(ᄌᆞ)ᄃᆞ려 告(고)호리라 天子(텬ᄌᆞ)의 地(디)ㅣ 方(방)이 千里(쳔리)니 千里(쳔리)옷 몯ᄒᆞ면 足(죡)히 ᄡᅥ 諸侯(져후)ᄅᆞᆯ 待(ᄃᆡ)티 몯ᄒᆞ고 諸侯(져후)의 地(디)ㅣ 方(방)이 百里(ᄇᆡᆨ리)니 百里(ᄇᆡᆨ리)옷 몯ᄒᆞ면 足(죡)히 ᄡᅥ 宗廟(종묘)의 典籍(뎐젹)을 守(슈)티 몯ᄒᆞᄂᆞ니라

周公(쥬공)이 魯(로)에 封(봉)ᄒᆞ욤애 方(방) 百里(ᄇᆡᆨ리)ᄅᆞᆯ ᄒᆞ니 地(디)ㅣ 不足(블죡)ᄒᆞᆫ 줄이 아니로ᄃᆡ 百里(ᄇᆡᆨ리)예 儉(검)ᄒᆞ며 太公(태공)이 齊(졔)예 封(봉)ᄒᆞ욤애 ᄯᅩᄒᆞᆫ 方(방) 百里(ᄇᆡᆨ리)ᄅᆞᆯ ᄒᆞ니 地(디)ㅣ 不足(블죡)ᄒᆞᆫ 줄이 아니로ᄃᆡ 百里(ᄇᆡᆨ리)예 儉(검)ᄒᆞ니라

이제 魯(로)ㅣ 方(방)이 百里(ᄇᆡᆨ리)ㄴ 者(쟈)ㅣ 五(오)ㅣ니 子(ᄌᆞ)ㅣ ᄡᅥ ᄒᆞ요ᄃᆡ 王者(왕쟈)ㅣ 作(작)ᄒᆞ리 이시면 魯(로)ㅣ 損(손)ᄒᆞᆯ ᄲᅡ애 이시랴 益(익)ᄒᆞᆯ ᄲᅡ애 이시랴

ᄒᆞᆫ갓 뎌에 取(취)ᄒᆞ야 ᄡᅥ 이ᄅᆞᆯ 與(여)ᄒᆞᆯ ᄯᅵ라도 그러나 ᄯᅩ 仁(ᅀᅵᆫ)ᄒᆞᆫ 者(쟈)ㅣ ᄒᆞ디 아니ᄒᆞ곤 ᄒᆞᄆᆞᆯ며 人(ᅀᅵᆫ)을 殺(살)ᄒᆞ야 ᄡᅥ 求(구)ᄒᆞ리아

君子(군ᄌᆞ)의 君(군)을 事(ᄉᆞ)ᄒᆞ욤은 힘ᄡᅥ 그 君(군)을 引(인)ᄒᆞ야 ᄡᅥ 道(도)애 當(당)ᄒᆞ야 仁(ᅀᅵᆫ)에 志(지)ᄒᆞᆯ ᄯᆞᄅᆞᆷ이니라

② 栗谷本

魯(로)ㅣ 愼子(신ᄌᆞ)로 히여곰 將軍(쟝군)을 삼고져 ᄒᆞ거ᄂᆞᆯ

孟子(ᄆᆡᆼᄌᆞ)ㅣ ᄀᆞᄅᆞ샤ᄃᆡ 民(민)을 敎(교)티 아니코 用(용)홈을 民(민)을 殃(앙)홈이라 니르ᄂᆞ니 民(민)을 殃(앙)ᄒᆞᄂᆞᆫ 者(쟈)ᄂᆞᆫ 堯舜(요슌)의 世(셰)예 용납디 몯ᄒᆞᆯ 디니라

ᄒᆞᆫ 번 싸화 齊(졔)ᄅᆞᆯ 이긔여 드듸여 南陽(남양)을 둘 디라도 그려도 ᄯᅩ 可(가)티 아니ᄒᆞ니라

愼子(신ᄌᆞ)ㅣ 勃然(블연)히 깃거 아녀 ᄀᆞᆯ오ᄃᆡ 이ᄂᆞᆫ 滑釐(골리)의 아디 몯홀 배로이다

ᄀᆞᄅᆞ샤ᄃᆡ 내 子(ᄌᆞ)ᄃᆞ려 ᄇᆞᆯ기 告(고)호리라 天子(텬ᄌᆞ)의 地(디)ᄂᆞᆫ 方(방)이 千里(쳔리)ㅣ니 千里(쳔리) 몯ᄒᆞ면 足(죡)히 ᄡᅥ 諸侯(져후)를 待(ᄃᆡ)티 몯홀 디오 諸侯(져후)의 地(디)ᄂᆞᆫ 方(방)이 百里(ᄇᆡᆨ리)ㅣ니 百里(ᄇᆡᆨ리) 몯ᄒᆞ면 足(죡)히 ᄡᅥ 宗廟(종묘)의 典籍(뎐젹)을 디킈디 몯홀 디니라

周公(쥬공)의 魯(로)에 封(봉)ᄒᆞ실 제 方(방) 百里(ᄇᆡᆨ리)ㅣ니 ᄯᅡ히 不足(블죡)홈이 아니로ᄃᆡ 百里(ᄇᆡᆨ리)예 儉(검)히 ᄒᆞ시며 太公(태공)의 齊(졔)예 封(봉)ᄒᆞ실 제 ᄯᅩᄒᆞᆫ 方(방) 百里(ᄇᆡᆨ리)ㅣ니 ᄯᅡ히 不足(블죡)홈이 아니로ᄃᆡ 百里(ᄇᆡᆨ리)예 儉(검)히 ᄒᆞ시니라

이제 魯(로)ㅣ 方(방)이 百里(ᄇᆡᆨ리)ᄒᆞᆫ 者(쟈)ㅣ 다ᄉᆞᆺ시니 子(ᄌᆞ)ㅣ ᄡᅥ 호ᄃᆡ 王者(왕쟈)ㅣ 이셔 作(작)홀 딘댄 魯(로)ㅣ 損(손)홀 바에 잇ᄂᆞ냐 益(익)홀 바에 잇ᄂᆞ냐

뎌에 그저 取(취)ᄒᆞ야 ᄡᅥ 이를 줄 디라도 그려도 仁者(인쟈)ㅣ ᄒᆞ디 아니려든 ᄒᆞ믈며 人(인)을 주겨 ᄡᅥ 求(구)홈이ᄯᆞ녀

君子(군ᄌᆞ)의 님금 셤기기ᄂᆞᆫ 힘ᄡᅥ 그 님금을 引(인)ᄒᆞ야 ᄡᅥ 道(도)를 當(당)ᄒᆞ야 仁(인)에 志(지)케 홀 ᄯᆞᄅᆞᆷ이니라

169(12-9) *良臣*

孟子曰:「今之事君者曰:『我能爲君辟土地, 充府庫.』今之所謂良臣, 古之所謂民賊也. 君不鄕道, 不志於仁, 而求富之, 是富桀也.『我能爲君約與國, 戰必克.』今之所謂良臣, 古之所謂民賊也. 君不鄕道, 不志於仁, 而求爲之强戰, 是輔桀也. 由今之道, 無變今之俗, 雖與之天下, 不能一朝居也.」

① 陶山本

孟子(ᄆᆡᆼᄌᆞ)ㅣ ᄀᆞᆯᄋᆞ샤ᄃᆡ 이제 君(군)을 事(ᄉᆞ)ᄒᆞᄂᆞᆫ 者(쟈)ㅣ ᄀᆞᆯ오ᄃᆡ 내 能(ᄂᆞᆼ)히 君(군)을 爲(위)ᄒᆞ야 土地(토디)를 辟(벽)ᄒᆞ며 府庫(부고)를 充(츙)ᄒᆞ노라 ᄒᆞᄂᆞ니 이제 닐온 밧 良臣(량신)이오 녜 닐온 밧 民(민)의 賊(적)이라 君(군)이 道(도)애 鄕(향)티 아니ᄒᆞ야 仁(신)에 志(지)티 아니ᄒᆞ거든 富(부)ᄒᆞ욤을 求(구)ᄒᆞ니 이ᄂᆞᆫ 桀(걸)올 富(부)케 홈이니라

내 能(ᄂᆞᆼ)히 君(군)을 爲(위)ᄒᆞ야 與國(여국)을 約(약)ᄒᆞ야 戰(젼)홈애 반ᄃᆞ시 克(극)ᄒᆞ노라 ᄒᆞᄂᆞ니 이제 닐온 밧 良臣(량신)이오 녜 닐온 밧 民(민)의 賊(적)이라 君(군)이 道(도)애 鄕(향)티 아니ᄒᆞ야 仁(신)에 志(지)티 아니ᄒᆞ거든 爲(위)ᄒᆞ야 强(강)히 戰(젼)홈을 求(구)ᄒᆞ니 이ᄂᆞᆫ 桀(걸)을 輔(보)홈이니라

이젯 道(도)를 말ᄆᆡ암아 이젯 俗(쇽)을 變(변)티 아니ᄒᆞ면 비록 天下(텬하)를 與(여)ᄒᆞ야도 能(ᄂᆞᆼ)히 一朝(일됴)도 居(거)티 몯ᄒᆞ리니라

② 栗谷本

孟子(밍ᄌᆞ)ㅣ ᄀᆞᄅᆞ샤ᄃᆡ 이제 님금 셤기ᄂᆞᆫ 者(쟈)ㅣ ᄀᆞᆯ오ᄃᆡ 내 能(능)히 님금을 爲(위)ᄒᆞ야 土地(토디)ᄅᆞᆯ 辟(벽)ᄒᆞ며 府庫(부고)ᄅᆞᆯ 充(ᄎᆢᆼ)호리라 ᄒᆞ면 이제 닐온 밧 良臣(량신)이오 녜 닐온 밧 民賊(민적)이니 님금이 道(도)ᄅᆞᆯ 鄕(향)티 아니ᄒᆞ야 仁(인)에 志(지)티 아녓거든 富(부)케 홈을 求(구)ᄒᆞ면 이ᄂᆞᆫ 桀(걸)을 富(부)케 홈이니라

내 能(능)히 님금을 爲(위)ᄒᆞ야 與國(여국)을 約(약)ᄒᆞ야 戰(젼)ᄒᆞ야 반ᄃᆞ시 克(극)호리라 ᄒᆞ면 이제 닐온 밧 良臣(량신)이오 녜 닐온 밧 民賊(민적)이니 님금이 道(도)ᄅᆞᆯ 鄕(향)티 아니ᄒᆞ야 仁(인)에 志(지)티 아녓거든 爲(위)ᄒᆞ야 强(강)케 싸홈을 求(구)ᄒᆞ면 이ᄂᆞᆫ 桀(걸)을 도음이니라

이제 道(도)ᄅᆞᆯ 말ᄆᆡ아마 이제 俗(쇽)을 變(변)홈이 업스면 비록 天下(텬하)ᄅᆞᆯ 주어도 能(능)히 ᄒᆞᄅᆞ 아젹도 居(거)티 몯ᄒᆞ리라

170(12-10) 貉道

白圭曰:「吾欲二十而取一, 何如?」

孟子曰:「子之道, 貉道也. 萬室之國, 一人陶, 則可乎?」

曰:「不可, 器不足用也.」

曰:「夫貉, 五穀不生, 惟黍生之. 無城郭宮室宗廟祭祀之禮, 無諸侯幣帛饔飧, 無百官有司, 故二十取一而足也. 今居中國, 去人倫, 無君子, 如之何其可也? 陶以寡, 且不可以爲國, 況無君子乎? 欲輕之於堯舜之道者, 大貉小貉也; 欲重之於堯舜之道者, 大桀小桀也.」

① 陶山本

白圭(ᄇᆡᆨ규)ㅣ ᄀᆞᆯ오ᄃᆡ 내 二十(ᅀᅵ십)에셔 一(일)올 取(취)코져 ᄒᆞ노니 엇더ᄒᆞ니잇고

孟子(밍ᄌᆞ)ㅣ ᄀᆞᆯᄋᆞ샤ᄃᆡ 子(ᄌᆞ)의 道(도)ᄂᆞᆫ 貉(ᄆᆡᆨ)의 道(도)ㅣ로다

萬室(만실)ㅅ 國(국)에 一人(일ᅀᅵᆫ)이 陶(도)ᄒᆞ면 可(가)ᄒᆞ냐 ᄀᆞᆯ오ᄃᆡ 可(가)티 아니ᄒᆞ니 器(긔)ㅣ 用(용)홈애 足(죡)디 몯ᄒᆞ리니이다

ᄀᆞᆯᄋᆞ샤ᄃᆡ 貉(ᄆᆡᆨ)은 五穀(오곡)이 生(ᄉᆡᆼ)티 몯ᄒᆞ고 오직 黍(셔)ㅣ 生(ᄉᆡᆼ)ᄒᆞᄂᆞ니 城郭(셩곽)과 宮室(궁실)와 宗廟(종묘)와 祭祀(졔ᄉᆞ)ᄒᆞᄂᆞᆫ 禮(례) 업ᄉᆞ며 諸侯(져후)의 幣帛(폐ᄇᆡᆨ)과 饔飧(옹손)이 업ᄉᆞ며 百官(ᄇᆡᆨ관) 有司(유ᄉᆞ)ㅣ 업ᄉᆞᆫ 디라 故(고)로 二十(ᅀᅵ십)에 一(일)을 取(취)ᄒᆞ야도 足(죡)ᄒᆞ니라

이제 中國(듕국)에 居(거)ᄒᆞ야 人倫(ᅀᅵᆫ륜)을 去(거)ᄒᆞ며 君子(군ᄌᆞ)ㅣ 업ᄉᆞ면 엇디 그 可(가)ᄒᆞ리오

陶(도)ㅣ 뻐 寡(과)ᄒᆞ야도 可(가)히 뻐 國(국)을 ᄒᆞ디 몯홀 꺼시온 ᄒᆞ믈며 君子(군ᄌᆞ)ㅣ 업슴가

堯舜(요슌)의 道(도)애셔 輕(경)케코져 ᄒᆞᄂᆞᆫ 者(쟈)ᄂᆞᆫ 大貉(대ᄆᆡᆨ)애 小貉(쇼ᄆᆡᆨ)이오 堯舜(요슌)의 道(도)애셔 重(듕)케코져 ᄒᆞᄂᆞᆫ 者(쟈)ᄂᆞᆫ 大桀(대걸)에 小桀(쇼걸)이니라

② 栗谷本

白圭(ᄇᆡᆨ규)ㅣ ᄀᆞᆯ오ᄃᆡ 내 二十(이십)애 一(일)을 取(츄)코져 ᄒᆞ노니 엇더ᄒᆞ니잇고

孟子(ᄆᆡᆼᄌᆞ)ㅣ ᄀᆞᄅᆞ샤ᄃᆡ 子(ᄌᆞ)의 道(도)ᄂᆞᆫ 貉(ᄆᆡᆨ)의 道(도)ㅣ로다

萬室(만실) 나라히 ᄒᆞᆫ 사ᄅᆞᆷ이 陶(도)ᄒᆞ면 可(가)ᄒᆞ랴 ᄀᆞᆯ오ᄃᆡ 可(가)티 아니ᄒᆞ니 그르시 ᄡᅳ기예 足(죡)디 아니리이다

ᄀᆞᄅᆞ샤ᄃᆡ 貉(ᄆᆡᆨ)은 五穀(오곡)이 나디 몯ᄒᆞ고 오직 黍(셔)ㅣ 나ᄂᆞ니 城郭(셩곽)이며 宮室(궁실)이며 宗廟(종묘)의 祭祀(졔ᄉᆞ)ᄒᆞᄂᆞᆫ 禮(례)ㅣ 업스며 諸侯(져후)의 幣帛(폐ᄇᆡᆨ)이며 饔飧(옹손)이 업스며 百官(ᄇᆡᆨ관)이며 有司(유ᄉᆞ)ㅣ 업슨 디라 故(고)로 二十(이십)에 一(일)을 取(츄)홈애 足(죡)ᄒᆞ니라

이제 中國(듕국)에 居(거)ᄒᆞ야 人倫(인륜)을 去(거)ᄒᆞ며 君子(군ᄌᆞ)를 업시ᄒᆞ 엇디 그 可(가)ᄒᆞ리오

陶(도)ㅣ 뻐 젹을 디라도 可(가)히 뻐 나라흘 ᄒᆞ디 몯ᄒᆞ려든 ᄒᆞ믈며 君子(군ᄌᆞ)ㅣ 업슴이ᄯᆞ녀

堯舜(요슌)의 道(도)에 輕(경)케 ᄒᆞ고져 ᄒᆞᄂᆞᆫ 者(쟈)ᄂᆞᆫ 大貉(대ᄆᆡᆨ)에 小貉(쇼ᄆᆡᆨ)이오 堯舜(요슌)의 道(도)에 重(듕)케 ᄒᆞ고져 ᄒᆞᄂᆞᆫ 者(쟈)ᄂᆞᆫ 大桀(대걸)에 小桀(쇼걸)이니라

171(12-11) 丹之治水

白圭曰:「丹之治水也愈於禹.」

孟子曰:「子過矣. 禹之治水, 水之道也. 是故禹以四海爲壑, 今吾子以鄰國爲壑. 水逆行, 謂之洚水. 洚水者, 洪水也, 仁人之所惡也. 吾子過矣.」

① 陶山本

白圭(ᄇᆡᆨ규)ㅣ ᄀᆞᆯ오ᄃᆡ 丹(단)의 水(슈)를 治(티)홈이 禹(우)의셔 愈(유)회이다

孟子(ᄆᆡᆼᄌᆞ)ㅣ ᄀᆞᆯᄋᆞ샤ᄃᆡ 子(ᄌᆞ)ㅣ 過(과)ᄒᆞ도다 禹(우)의 水(슈)를 治(티)ᄒᆞ샤믄 水(슈)의 道(도)ㅣ니라

이런 故(고)로 禹(우)ᄂᆞᆫ 四海(ᄉᆞ히)로뻐 壑(학)을 삼거시늘 이제 五子(오ᄌᆞ)ᄂᆞᆫ 鄰國(린국)으로뻐 壑(학)을 삼놋다

水(슈)ㅣ 逆行(역힝)홈을 洚水(강슈)ㅣ라 니ᄅᆞᄂᆞ니 洚水(강슈)ᄂᆞᆫ 洪水(홍슈)ㅣ라 仁人(신신)의 惡(오)ᄒᆞᄂᆞᆫ 배니 吾子(오ᄌᆞ)ㅣ 過(과)ᄒᆞ도다

② 栗谷本

白圭(ᄇᆡᆨ규)ㅣ ᄀᆞᆯ오ᄃᆡ 丹(단)의 믈 다ᄉᆞ리기 禹(우)도곤 나오이다

孟子(ᄆᆡᆼᄌᆞ)ㅣ ᄀᆞᄅᆞ샤ᄃᆡ 子(ᄌᆞ)ㅣ 過(과)ᄒᆞ도다 禹(우)의 水(슈)ᄅᆞᆯ 治(티)ᄒᆞ시기ᄂᆞᆫ 水(슈)의 道(도)ㅣ니라

이런 故(고)로 禹(우)ᄂᆞᆫ 四海(ᄉᆞᄒᆡ)로ᄡᅥ 壑(학)을 삼거시ᄂᆞᆯ 이제 五子(오ᄌᆞ)ᄂᆞᆫ 鄰國(린국)으로ᄡᅥ 壑(학)을 삼놋다

水(슈)ㅣ 거스리 行(ᄒᆡᆼ)ᄒᆞᆷ을 洚水(강슈)ㅣ라 니르ᄂᆞ니 洚水(강슈)ᄂᆞᆫ 洪水(홍슈)ㅣ라 仁人(인인)의 惡(오)ᄒᆞᄂᆞᆫ 배니 吾子(오ᄌᆞ)ㅣ 過(과)ᄒᆞ도다

172(12-12) 君子不亮

孟子曰:「君子不亮, 惡乎執?」

① 陶山本

孟子(ᄆᆡᆼᄌᆞ)ㅣ ᄀᆞᆯᄋᆞ샤ᄃᆡ 君子(군ᄌᆞ)ㅣ 亮(량)티 아니ᄒᆞ면 어ᄃᆡ 執(집)ᄒᆞ리오

② 栗谷本

孟子(ᄆᆡᆼᄌᆞ)ㅣ ᄀᆞᄅᆞ샤ᄃᆡ 君子(군ᄌᆞ)ㅣ 亮(량)티 몯ᄒᆞ면 엇디 執(집)ᄒᆞ리오

173(12-13) 喜而不寐

魯欲使樂正子爲政. 孟子曰:「吾聞之, 喜而不寐.」

公孫丑曰:「樂正子强乎?」

曰:「否.」

「有知慮乎?」

曰:「否.」

「多聞識乎?」

曰:「否.」

「然則奚爲喜而不寐?」

曰:「其爲人也好善.」

「好善足乎?」

曰:「好善優於天下, 而況魯國乎? 夫苟好善, 則四海之內, 皆將輕千里而來告之以善. 夫苟不好善, 則人將曰:『訑訑, 予旣己知之矣.』訑訑之聲音顔色, 距人於千里之外. 士止於千里之外, 則讒諂面諛之人至矣. 與讒諂面諛之人居, 國欲治, 可得乎?」

① 陶山本

魯(로)ㅣ 樂正子(악정ᄌᆞ)로 ᄒᆞ여곰 政(졍)을 ᄒᆞ게코져 ᄒᆞ더니 孟子(ᄆᆡᆼᄌᆞ)ㅣ ᄀᆞᆯᄋᆞ샤ᄃᆡ 내 듣고 喜(희)ᄒᆞ야 寐(ᄆᆡ)티 몯호라

公孫丑(공손튜)ㅣ ᄀᆞᆯ오ᄃᆡ 樂正子(악졍ᄌᆞ)ᄂᆞᆫ 强(강)ᄒᆞ니잇가 ᄀᆞᆯᄋᆞ샤ᄃᆡ 아니라 知慮(디려)ㅣ 인ᄂᆞ니잇가 ᄀᆞᆯᄋᆞ샤ᄃᆡ 아니라 聞識(문식)이 多(다)ᄒᆞ니잇가 ᄀᆞᆯᄋᆞ샤ᄃᆡ 아니라

그러면 엇디 喜(희)ᄒᆞ야 寐(ᄆᆡ)티 아니ᄒᆞ시니잇고

ᄀᆞᆯᄋᆞ샤ᄃᆡ 그 사ᄅᆞᆷ이로옴이 善(션)을 好(호)ᄒᆞᄂᆞ니라 善(션)을 好(호)ᄒᆞ욤이 足(죡)ᄒᆞ니잇가

ᄀᆞᆯᄋᆞ샤ᄃᆡ 善(션)을 好(호)ᄒᆞ욤이 天下(텬하)애도 優(우)ᄒᆞ곤 ᄒᆞ믈며 魯國(로국)이ᄯᆞ녀

진실로 善(션)을 好(호)ᄒᆞ면 四海(ᄉᆞᄒᆡ)ㅅ 內(ᄂᆡ)ㅣ 다 쟝ᄎᆞᆺ 千里(쳔리)ᄅᆞᆯ 輕(경)히 너겨 來(ᄅᆡ)ᄒᆞ야 告(고)호ᄃᆡ 善(션)으로ᄡᅥ ᄒᆞ고

진실로 善(션)을 好(호)티 아니ᄒᆞ면 人(ᅀᅵᆫ)이 쟝ᄎᆞᆺ ᄀᆞᆯ오ᄃᆡ 訑訑(이이)히 홈을 내 이믜 아로라 ᄒᆞ리니 訑訑(이이)ᄒᆞᄂᆞᆫ 聲音(셩음)과 顔色(안ᄉᆡᆨ)이 人(ᅀᅵᆫ)을 千里(쳔리)ㅅ 外(외)예 距(거)ᄒᆞᄂᆞ니 士(ᄉᆞ)ㅣ 千里(쳔리)ㅅ 外(외)예 止(지)ᄒᆞ면 讒諂(참텸)ᄒᆞ며 面諛(면유)ᄒᆞᄂᆞᆫ 人(ᅀᅵᆫ)이 至(지)ᄒᆞ리니 讒諂(참텸)ᄒᆞ며 面諛(면유)ᄒᆞᄂᆞᆫ 人(ᅀᅵᆫ)으로 더블어 居(거)ᄒᆞ면 國(국)이 治(티)코져 ᄒᆞᆫᄃᆞᆯ 可(가)히 得(득)ᄒᆞ랴

② 栗谷本

魯(로)ㅣ 樂正子(악졍ᄌᆞ)로 히여곰 政(졍)을 ᄒᆞ게 ᄒᆞ고져 ᄒᆞ거늘 孟子(ᄆᆡᆼᄌᆞ)ㅣ ᄀᆞᄅᆞ샤ᄃᆡ 내 듯고 깃거 즘자디 몯호라

公孫丑(공손튜)ㅣ ᄀᆞᆯ오ᄃᆡ 樂正子(악졍ᄌᆞ)ᄂᆞᆫ 强(강)ᄒᆞ니잇가 ᄀᆞᄅᆞ샤ᄃᆡ 否(부)ㅣ라 知慮(디려)ㅣ 잇ᄂᆞ니잇가 ᄀᆞᄅᆞ샤ᄃᆡ 否(부)ㅣ라 聞識(문식)이 하니잇가 ᄀᆞᄅᆞ샤ᄃᆡ 否(부)ㅣ라

그러면 엇디 깃거 즘자디 몯ᄒᆞ시니잇고

ᄀᆞᄅᆞ샤ᄃᆡ 그 人(인)이론디 善(션)을 好(호)ᄒᆞᄂᆞ니라 善(션)을 好(호)홈이 足(죡)ᄒᆞ니잇가

ᄀᆞᄅᆞ샤ᄃᆡ 善(션)을 好(호)홈이 天下(텬하)에 優(우)ᄒᆞ거든 ᄒᆞ믈며 魯(로)ㅅ 나라ᄯᆞ녀

진실로 善(션)을 好(호)ᄒᆞ면 四海(ᄉᆞᄒᆡ)의 안히 다 쟝ᄎᆞᆺ 千里(쳔리)ᄅᆞᆯ 輕(경)히 너겨와 善(션)으로ᄡᅥ 告(고)ᄒᆞ리라

진실로 善(션)을 好(호)티 아니ᄒᆞ면 人(인)이 쟝ᄎᆞᆺ ᄀᆞᆯ오ᄃᆡ 訑訑(이이)홈을 내 이믜 아노라 ᄒᆞ리니 訑訑(이이)ᄒᆞᄂᆞᆫ 聲音(셩음)이며 顔色(안ᄉᆡᆨ)이 人(인)을 千里(쳔리) 밧긔 막ᄌᆞᄅᆞᄂᆞ니 士(ᄉᆞ)ㅣ 千里(쳔리) 밧긔 止(지)ᄒᆞ면 讒諂(참텸)ᄒᆞ며 面諛(면유)ᄒᆞᄂᆞᆫ 人(인)이 니르리니 讒諂(참텸)ᄒᆞ며 面諛(면유)ᄒᆞᄂᆞᆫ 人(인)으로 더브러 居(거)ᄒᆞ면 나라히 治(티)콰뎌 ᄒᆞᆫᄃᆞᆯ 可(가)히 得(득)ᄒᆞ랴

174(12-14) 所就三

陳子曰:「古之君子何如則仕?」

孟子曰:「所就三, 所去三. 迎之致敬以有禮, 言將行其言也, 則就之; 禮貌未衰, 言弗行也, 則去之. 其次, 雖未行其言也, 迎之致敬以有禮, 則就之; 禮貌衰, 則去之. 其下, 朝不食, 夕不食, 飢餓不能出門戶. 君聞之曰:『吾大者不能行其道, 又不能從其言也, 使飢餓於我土地, 吾恥之.』周之, 亦可受也, 免死而已矣.」

① 陶山本

陳子(딘ᄌᆞ)ㅣ ᄀᆞᆯ오ᄃᆡ 녯 君子(군ᄌᆞ)ㅣ 엇디ᄒᆞ면 仕(ᄉᆞ)ᄒᆞ니잇고 孟子(ᄆᆡᇰᄌᆞ)ㅣ ᄀᆞᆯᄋᆞ샤ᄃᆡ 就(취)ᄒᆞᄂᆞᆫ 배 三(삼)이오 去(거)ᄒᆞᄂᆞᆫ 배 三(삼)이니라

迎(영)ᄒᆞ욤애 敬(경)을 致(티)ᄒᆞ야 ᄡᅥ 禮(례)를 두며 言(언)호ᄃᆡ 쟝ᄎᆞᆺ 그 言(언)을 行(ᄒᆡᇰ)호려 ᄒᆞ면 就(취)ᄒᆞ고 禮貌(례모)ㅣ 衰(쇠)티 아니ᄒᆞ나 言(언)이 行(ᄒᆡᇰ)티 몯ᄒᆞ면 去(거)ᄒᆞᄂᆞ니라

그 次(ᄎᆞ)ᄂᆞᆫ 비록 그 言(언)을 行(ᄒᆡᇰ)티 아니ᄒᆞ나 迎(영)ᄒᆞ욤애 敬(경)을 致(티)ᄒᆞ야 ᄡᅥ 禮(례)를 두면 就(취)ᄒᆞ고 禮貌(례모)ㅣ 衰(쇠)ᄒᆞ면 去(거)ᄒᆞᄂᆞ니라

그 下(하)ᄂᆞᆫ 朝(됴)애 食(식)디 몯ᄒᆞ며 夕(셕)애 食(식)디 몯ᄒᆞ야 飢餓(긔아)ᄒᆞ야 能(능)히 門戶(문호)애 出(츌)티 몯ᄒᆞ거든 君(군)이 듣고 ᄀᆞᆯ오ᄃᆡ 내 大(대)ᄒᆞ니론 能(능)히 그 道(도)를 行(ᄒᆡᇰ)티 몯ᄒᆞ고 ᄯᅩ 能(능)히 그 言(언)을 從(죵)티 몯ᄒᆞ야 ᄒᆞ여곰 내 土地(토디)예셔 飢餓(긔아)케 홈을 내 恥(티)ᄒᆞ노라 ᄒᆞ고 周(쥬)ᄒᆞᆯ ᄯᅵᆫ댄 ᄯᅩᄒᆞᆫ 可(가)히 受(슈)ᄒᆞᆯ ᄭᅥ시어니와 死(ᄉᆞ)를 免(면)ᄒᆞᆯ만ᄒᆞᆯ ᄯᆞᄅᆞᆷ이니라

② 栗谷本

陳子(딘ᄌᆞ)ㅣ ᄀᆞᆯ오ᄃᆡ 녯 君子(군ᄌᆞ)ㅣ 엇더ᄒᆞ면 仕(ᄉᆞ)ᄒᆞ니잇고 孟子(ᄆᆡᇰᄌᆞ)ㅣ ᄀᆞᄅᆞ샤ᄃᆡ 就(취)ᄒᆞᄂᆞᆫ 배 三(삼)이오 去(거)ᄒᆞᄂᆞᆫ 배 三(삼)이니라

맛기예 敬(경)을 致(티)ᄒᆞ야 ᄡᅥ 禮(례) 잇게 ᄒᆞ며 쟝ᄎᆞᆺ 그 言(언)을 行(ᄒᆡᇰ)호리라 니르거든 就(취)ᄒᆞ야 禮貌(례모)ㅣ 衰(쇠)티 아니ᄒᆞ나 言(언)을 行(ᄒᆡᇰ)티 아니커든 去(거)ᄒᆞᆯ 디니라

그 버그니ᄂᆞᆫ 비록 그 言(언)을 行(ᄒᆡᇰ)티 몯ᄒᆞ나 맛기예 敬(경)을 致(티)ᄒᆞ야 ᄡᅥ 禮(례)ㅣ 잇거든 就(취)ᄒᆞ야 禮貌(례모)ㅣ 衰(쇠)커든 去(거)ᄒᆞᆯ 디니라

그 下(하)ᄂᆞᆫ 朝(됴)애 食(식)디 몯ᄒᆞ며 夕(셕)애 食(식)디 몯ᄒᆞ야 飢餓(긔아)ᄒᆞ야 能(능)히 門戶(문호)에 나디 몯ᄒᆞ거든 님금이 듯고 ᄀᆞᆯ오ᄃᆡ 내 크모론 能(능)히 그 道(도)를 行(ᄒᆡᇰ)티 몯ᄒᆞ며 ᄯᅩ 能(능)히 그 말을 從(죵)티 몯ᄒᆞ고 ᄒᆡ여곰 내 ᄯᅡ히셔 飢餓(긔아)케 홈을 내 븟그리노라 ᄒᆞ고 周(쥬)ᄒᆞ거든 ᄯᅩᄒᆞᆫ 可(가)히 바ᄃᆞᆯ 디니 死(ᄉᆞ)를 免(면)ᄒᆞᆯ ᄯᆞᄅᆞᆷ이니라

175(12-15) 天將降大任於是人也

孟子曰:「舜發於畎畝之中, 傅說舉於版築之間, 膠鬲舉於魚鹽之中, 管夷吾舉於士, 孫叔敖舉於海, 百里奚舉於市. 故天將降大任於是人也, 必先苦其心志, 勞其筋骨, 餓其體膚, 空乏其身, 行拂亂其所爲, 所以動心忍性, 曾益其所不能. 人恆過, 然後能改; 困於心, 衡於慮, 而後作; 徵於色, 發於聲, 而後喩. 入則無法家拂士, 出則無敵國外患者, 國恆亡. 然後知生於憂患而死於安樂也.」

① 陶山本

孟子(밍ᄌᆞ)ㅣ ᄀᆞᆯᄋᆞ샤ᄃᆡ 舜(슌)은 畎畝(견모)ㅅ 中(듕)애셔 發(발)ᄒᆞ시고 傅說(부열)은 版築(판튝)ㅅ 間(간)애 擧(거)ᄒᆞ고 膠鬲(교격)은 魚鹽(어염)ㅅ 中(듕)애 擧(거)ᄒᆞ고 管夷吾(관이오)ᄂᆞᆫ 士(ᄉᆞ)애 擧(거)ᄒᆞ고 孫叔敖(손슉오)ᄂᆞᆫ 海(ᄒᆡ)예 擧(거)ᄒᆞ고 百里奚(ᄇᆡᆨ리ᄒᆡ)ᄂᆞᆫ 市(시)예 擧(거)ᄒᆞ니라

故(고)로 天(텬)이 쟝ᄎᆞᆺ 大任(대심)을 是人(시신)의게 降(강)호려 ᄒᆞ신댄 반ᄃᆞ시 몬져 그 心志(심지)를 苦(고)케 ᄒᆞ며 그 筋骨(근골)을 勞(로)케 ᄒᆞ며 그 體膚(톄부)를 餓(아)케 ᄒᆞ며 그 身(신)을 空乏(공핍)게 ᄒᆞ야 行(ᄒᆡᆼ)ᄒᆞ욤애 그 ᄒᆞᄂᆞᆫ 바ᄅᆞᆯ 拂亂(블란)케 ᄒᆞᄂᆞ니 ᄡᅧ 心(심)을 動(동)ᄒᆞ며 性(셩)을 忍(ᅀᅵᆫ)ᄒᆞ야 그 能(ᄂᆞᆼ)티 몯ᄒᆞᄂᆞᆫ 바ᄅᆞᆯ 增益(즁익)ᄒᆞ논 배니라

人(ᅀᅵᆫ)ᄋᆞᆫ 덛더디 過(과)ㅣᆫ 然後(연후)에 能(ᄂᆞᆼ)히 改(ᄀᆡ)ᄒᆞᄂᆞ니 心(심)에 困(곤)ᄒᆞ며 慮(려)에 衡(ᄒᆡᆼ)ᄒᆞᆫ 後(후)에 作(작)ᄒᆞ며 色(ᄉᆡᆨ)에 徵(딩)ᄒᆞ며 聲(셩)에 發(발)ᄒᆞᆫ 後(후)에 喩(유)ᄒᆞᄂᆞ니라

入(ᅀᅵᆸ)ᄒᆞ면 法家(법가)와 拂士(필ᄉᆞ)ㅣ 업고 出(츌)ᄒᆞ면 敵國(뎍국)과 外患(외환)이 업ᄉᆞᆫ 者(쟈)ᄂᆞᆫ 國(국)이 덛덛이 亡(망)ᄒᆞᄂᆞ니라

그런 後(후)에 憂患(우환)애 生(ᄉᆡᆼ)ᄒᆞ고 安樂(안락)애 死(ᄉᆞ)홈을 알 띠니라

② 栗谷本

孟子(밍ᄌᆞ)ㅣ ᄀᆞᄅᆞ샤ᄃᆡ 舜(슌)은 畎畝(견모)ㅅ 가온대셔 發(발)ᄒᆞ시고 傅說(부열)은 版築(판튝) ᄌᆞ음에셔 擧(거)ᄒᆞ고 膠鬲(교격)은 魚鹽(어염) 가온대셔 擧(거)ᄒᆞ고 管夷吾(관이오)ᄂᆞᆫ 士(ᄉᆞ)에셔 擧(거)ᄒᆞ고 孫叔敖(손슉오)ᄂᆞᆫ 海(ᄒᆡ)예셔 擧(거)ᄒᆞ고 百里奚(ᄇᆡᆨ리ᄒᆡ)ᄂᆞᆫ 市(시)에셔 擧(거)ᄒᆞ니라

故(고)로 天(텬)이 쟝ᄎᆞᆺ 큰 소임을 이 人(인)의게 降(강)ᄒᆞ실 딘댄 반ᄃᆞ시 몬져 그 心志(심지)ᄅᆞᆯ 苦(고)케 ᄒᆞ며 그 筋骨(근골)을 勞(로)케 ᄒᆞ며 그 體膚(톄부)ᄅᆞᆯ 餓(아)케 ᄒᆞ며 그 身(신)을 空乏(공핍)케 ᄒᆞ며 行(ᄒᆡᆼ)홈애 그 ᄒᆞᄂᆞᆫ 바ᄅᆞᆯ 拂亂(블란)ᄒᆞᄂᆞ니 ᄡᅧ 心(심)을 動(동)ᄒᆞ며 性(셩)을 忍(인)ᄒᆞ야 그 能(ᄂᆞᆼ)티 몯ᄒᆞᄂᆞᆫ 바ᄅᆞᆯ 曾益(즁익)ᄒᆞᄂᆞᆫ 배니라

人(인)은 ᄒᆞᆼ샹 過(과)ᄒᆞᆫ 後(후)에 能(ᄂᆞᆼ)히 改(ᄀᆡ)ᄒᆞᄂᆞ니 心(심)에 困(곤)ᄒᆞ며 慮(려)에

衡(횡)혼 後(후)에 作(작)ᄒᆞ며 色(ᄉᆡᆨ)에 徵(딩)ᄒᆞ며 聲(셩)에 發(발)혼 後(후)에 喩(유)ᄒᆞᄂᆞ니라

들어는 法家(법가)ㅣ며 拂士(필ᄉᆞ)ㅣ 업고 나는 敵國(뎍국)이며 外患(외환)이 업슨 者(쟈)는 國(국)이 ᄒᆞᆼ샹 亡(망)ᄒᆞᄂᆞ니라

그런 後(후)에 憂患(우환)에 生(ᄉᆡᆼ)ᄒᆞ고 安樂(안락)에 死(ᄉᆞ)홈을 알리로다

176(12-16) 敎誨

孟子曰:「敎亦多術矣. 予不屑之敎誨也者, 是亦敎誨之而已矣.」

① 陶山本

孟子(ᄆᆡᆼᄌᆞ)ㅣ ᄀᆞᆯᄋᆞ샤ᄃᆡ 敎(교)홈이 ᄯᅩ 術(슐)이 하니 내 屑(셜)히 너겨 敎誨(교회)티 아니홈은 이 ᄯᅩ혼 敎誨(교회)홀 ᄯᆞᄅᆞᆷ이니라

② 栗谷本

孟子(ᄆᆡᆼᄌᆞ)ㅣ ᄀᆞᄅᆞ샤ᄃᆡ 敎(교)ㅣ ᄯᅩ혼 術(슐)이 하니 내 屑(셜)히 아니 너기는 敎誨(교회)ㅣ 이 ᄯᅩ혼 敎誨(교회)ㄹ ᄯᆞᄅᆞ미니라

第十三 〈盡心章句〉(上)

177(13-1) 盡其心者

孟子曰:「盡其心者, 知其性也. 知其性, 則知天矣. 存其心, 養其性, 所以事天也. 殀壽不貳, 修身以俟之, 所以立命也.」

① 陶山本

孟子(ᄆᆡᇰᄌᆞ)ㅣ ᄀᆞᆯᄋᆞ샤ᄃᆡ 그 心(심)을 盡(진)ᄒᆞᄂᆞᆫ 者(쟈)ᄂᆞᆫ 그 性(셩)을 알 씨니 그 性(셩)을 알면 天(텬)을 아ᄂᆞ니라

그 心(심)을 存(존)ᄒᆞ야 그 性(셩)을 養(양)ᄒᆞ욤은 ᄡᅧ 天(텬)을 事(ᄉᆞ)ᄒᆞᄂᆞᆫ 배오

殀壽(요슈)에 貳(ᅀᅵ)티 아니ᄒᆞ야 身(신)을 修(슈)ᄒᆞ야 ᄡᅧ 俟(ᄉᆞ)ᄒᆞ욤은 ᄡᅧ 命(명)을 立(립)ᄒᆞᄂᆞᆫ 배니라

② 栗谷本

孟子(ᄆᆡᇰᄌᆞ)ㅣ ᄀᆞᄅᆞ샤ᄃᆡ 그 心(심)을 盡(진)ᄒᆞᆫ 者(쟈)ᄂᆞᆫ 그 性(셩)을 알 시니 그 性(셩)을 알면 天(텬)을 알리라

그 心(심)을 存(존)ᄒᆞ야 그 性(셩)을 養(양)홈은 ᄡᅧ 天(텬)을 事(ᄉᆞ)ᄒᆞᄂᆞᆫ 배오

殀(요)와 壽(슈)애 貳(이)티 아니ᄒᆞ야 몸을 닷가 ᄡᅧ 기드림은 命(명)을 立(립)ᄒᆞᆫ 배니라

178(13-2) 正命

孟子曰:「莫非命也, 順受其正. 是故知命者, 不立乎巖牆之下. 盡其道而死, 正命也. 桎梏死者, 非正命也.」

① 陶山本

孟子(ᄆᆡᇰᄌᆞ)ㅣ ᄀᆞᆯᄋᆞ샤ᄃᆡ 命(명)이 아니니 업ᄉᆞ나 그 正(졍)을 順(슌)히 受(슈)홀 띠니라

이런 故(고)로 命(명)을 아ᄂᆞᆫ 者(쟈)ᄂᆞᆫ 巖墻(암쟝)ㅅ 下(하)애 立(립)디 아니ᄒᆞᄂᆞ니라

그 道(도)ᄅᆞᆯ 盡(진)ᄒᆞ야 死(ᄉᆞ)ᄒᆞᄂᆞᆫ 者(쟈)는 正(졍)ᄒᆞᆫ 命(명)이오

桎梏(딜곡)ᄒᆞ야 死(ᄉᆞ)ᄒᆞᄂᆞᆫ 者(쟈)ᄂᆞᆫ 正(졍)ᄒᆞᆫ 命(명)이 아니니라

② 栗谷本

孟子(ᄆᆡᇰᄌᆞ)ㅣ ᄀᆞᄅᆞ샤ᄃᆡ 命(명)이 아닌 이 업스나 그 正(졍)을 順(슌)ᄒᆞ야 受(슈)홀 디니라

이런 故(고)로 命(명)을 아ᄂᆞᆫ 者(쟈)ᄂᆞᆫ 巖墻(암쟝) 아래 셔디 아니ᄒᆞᄂᆞ니라

그 道(도)ᄅᆞᆯ 盡(진)ᄒᆞ야 死(ᄉᆞ)ᄒᆞᆫ 者(쟈)는 正命(졍명)이오

桎梏(딜곡)ᄒᆞ야 死(ᄉᆞ)ᄒᆞᆫ 者(쟈)ᄂᆞᆫ 正命(졍명)이 아니니라

179(13-3) 求則得之

孟子曰:「求則得之, 舍則失之, 是求有益於得也, 求在我者也. 求之有道, 得之有命, 是求無益於得也, 求在外者也.」

① 陶山本

孟子(밍ᄌᆞ)ㅣ ᄀᆞᆯᄋᆞ샤ᄃᆡ 求(구)ᄒᆞ면 得(득)ᄒᆞ고 舍(샤)ᄒᆞ면 失(실)ᄒᆞᄂᆞ니 이 求(구)ᄂᆞᆫ 得(득)홈애 益(익)홈이 인ᄂᆞ니 내게 인ᄂᆞᆫ 者(쟈)를 求(구)ᄒᆞᆯ 씨니라

求(구)ᄒᆞ욤이 道(도)ㅣ 잇고 得(득)ᄒᆞ욤이 命(명)이 이시니 이 求(구)ᄂᆞᆫ 得(득)홈애 益(익)홈이 업ᄉᆞ니 外(외)예 인ᄂᆞᆫ 者(쟈)를 求(구)ᄒᆞᆯ 씨니라

② 栗谷本

孟子(밍ᄌᆞ)ㅣ ᄀᆞᄅᆞ샤ᄃᆡ 求(구)ᄒᆞ면 得(득)ᄒᆞ고 舍(샤)ᄒᆞ면 失(실)ᄒᆞᄂᆞᆫ 이ᄂᆞᆫ 이ᄂᆞᆫ 求(구)홈이 得(득)애 益(익)이 잇ᄂᆞ니 내게 잇ᄂᆞᆫ 거ᄉᆞᆯ 求(구)ᄒᆞᆯ ᄉᆡ오

求(구)ᄒᆞ기 道(도)ㅣ 잇고 得(득)ᄒᆞ기 命(명)이 잇ᄂᆞᆫ 이ᄂᆞᆫ 이ᄂᆞᆫ 求(구)홈이 得(득)애 益(익)이 업스니 外(외)예 잇ᄂᆞᆫ 거ᄉᆞᆯ 求(구)ᄒᆞᆯ ᄉᆡ니라

180(13-4) 萬物皆備於我矣

孟子曰:「萬物皆備於我矣. 反身而誠, 樂莫大焉. 强恕而行, 求仁莫近焉.」

① 陶山本

孟子(밍ᄌᆞ)ㅣ ᄀᆞᆯᄋᆞ샤ᄃᆡ 萬物(만믈)이 다 내게 備(비)ᄒᆞ얀ᄂᆞ니

身(신)애 反(반)ᄒᆞ야 誠(셩)ᄒᆞ면 樂(락)이 이만 크니 업고

恕(셔)를 强(강)ᄒᆞ야 行(힝)ᄒᆞ면 仁(ᅀᅵᆫ)을 求(구)홈이 이만 ᄀᆞᆺ가오니 업ᄉᆞ니라

② 栗谷本

孟子(밍ᄌᆞ)ㅣ ᄀᆞᄅᆞ샤ᄃᆡ 萬物(만믈)이 다 내게 備(비)ᄒᆞ얏ᄂᆞ니

身(신)애 反(반)ᄒᆞ야 誠(셩)ᄒᆞ면 樂(락)이 이만 큰 이 업스니라

恕(셔)ᄅᆞᆯ 强(강)ᄒᆞ야 行(힝)ᄒᆞ면 仁(인)을 求(구)홈애 이만 近(근)ᄒᆞᆫ 이 업스니라

181(13-5) 行之而不著焉

孟子曰:「行之而不著焉, 習矣而不察焉, 終身由之而不知其道者, 衆也.」

① 陶山本

孟子(ᄆᆡᆼᄌᆞ)ㅣ ᄀᆞᆯᄋᆞ샤ᄃᆡ 行(ᄒᆡᆼ)호ᄃᆡ 著(뎌)티 몯ᄒᆞ며 習(습)호ᄃᆡ 察(찰)티 몯ᄒᆞᄂᆞᆫ 디라 身(신)이 終(죵)토록 由(유)ᄒᆞ야도 그 道(도)를 아디 몯ᄒᆞᆯ 者(쟈)ㅣ 하니라

② 栗谷本

孟子(ᄆᆡᆼᄌᆞ)ㅣ ᄀᆞᄅᆞ샤ᄃᆡ 行(ᄒᆡᆼ)ᄒᆞ며 著(뎌)티 몯ᄒᆞ며 習(습)ᄒᆞ며 察(찰)티 몯ᄒᆞᄂᆞᆫ 디라 몸이 ᄆᆞᆺ도록 由(유)호ᄃᆡ 그 道(도)ᄅᆞᆯ 아디 몯ᄒᆞᆯ 者(쟈)ㅣ 하니라

182(13-6) 無恥

孟子曰:「人不可以無恥. 無恥之恥, 無恥矣.」

① 陶山本

孟子(ᄆᆡᆼᄌᆞ)ㅣ ᄀᆞᆯᄋᆞ샤ᄃᆡ 人(신)이 可(가)히 ᄡᅥ 恥(티) 업디 몯ᄒᆞᆯ ᄭᅥ시니 恥(티) 업슴을 恥(티)ᄒᆞ면 恥(티)ㅣ 업스리니라

② 栗谷本

孟子(ᄆᆡᆼᄌᆞ)ㅣ ᄀᆞᄅᆞ샤ᄃᆡ 人(인)이 可(가)히 ᄡᅥ 恥(티) 업디 몯ᄒᆞᆯ 디니 恥(티) 업솜을 恥(티)ᄒᆞ면 恥(티)ᄒᆞᆯ 거시 업스리라

183(13-7) 機變之巧

孟子曰:「恥之於人大矣. 爲機變之巧者, 無所用恥焉. 不恥不若人, 何若人有?」

① 陶山本

孟子(ᄆᆡᆼᄌᆞ)ㅣ ᄀᆞᆯᄋᆞ샤ᄃᆡ 恥(티)ㅣ 사ᄅᆞᆷ의게 크다
機變(긔변)ㅅ 巧(교)를 ᄒᆞᄂᆞᆫ 者(쟈)ᄂᆞᆫ 恥(티)를 ᄡᅳᆯ ᄲᅢ 업스니라
恥(티)티 아니홈이 사ᄅᆞᆷ ᄀᆞᆮ디 몯ᄒᆞ면 므서시 사ᄅᆞᆷ ᄀᆞᄐᆞᆷ이 이시리오

② 栗谷本

孟子(ᄆᆡᆼᄌᆞ)ㅣ ᄀᆞᄅᆞ샤ᄃᆡ 恥(티)홈이 人(인)의게 크니라
機變(긔변)의 巧(교)ᄅᆞᆯ ᄒᆞᄂᆞᆫ 者(쟈)ᄂᆞᆫ 恥(티) ᄡᅳᆯ 배 업스니
人(인) ᄀᆞᆮ디 몯ᄒᆞᆫ 줄을 恥(티)티 아니ᄒᆞ면 엇디 人(인) ᄀᆞᄐᆞ미 이시리오

184(13-8) 古之賢王

孟子曰:「古之賢王好善而忘勢, 古之賢士何獨不然? 樂其道而忘人之勢. 故王公不致敬盡禮, 則不得亟見之. 見且由不得亟, 而況得而臣之乎?」

① 陶山本

孟子(ᄆᆡᆼᄌᆞ)ㅣ ᄀᆞᆯᄋᆞ샤ᄃᆡ 녜 賢(현)ᄒᆞᆫ 王(왕)이 善(션)을 好(호)ᄒᆞ야 勢(셰)ᄅᆞᆯ 忘(망)ᄒᆞ더니 녜 賢(현)ᄒᆞᆫ 士(ᄉᆞ)ㅣ 엇디 호올로 그러티 아니리오 그 道(도)ᄅᆞᆯ 樂(락)ᄒᆞ야 人(ᅀᅵᆫ)의 勢(셰)ᄅᆞᆯ 忘(망)ᄒᆞᄂᆞᆫ 디라 故(고)로 王公(왕공)이 敬(경)을 致(티)ᄒᆞ며 禮(례)ᄅᆞᆯ 盡(진)티 아니ᄒᆞ면 시러곰 ᄌᆞ로 見(견)티 몯ᄒᆞ니 見(견)ᄒᆞ옴도 ᄯᅩ 오히려 시러곰 ᄌᆞ로 몯ᄒᆞ곤 ᄒᆞᄆᆞᆯ며 시러곰 臣(신)ᄒᆞ랴

② 栗谷本

孟子(ᄆᆡᆼᄌᆞ)ㅣ ᄀᆞᄅᆞ샤ᄃᆡ 녜 賢王(현왕)은 善(션)을 好(호)ᄒᆞ고 勢(셰)ᄅᆞᆯ 닛더니 녜 賢士(현ᄉᆞ)ᅟᅵᆫ들 엇디 혼자 그러티 아니리오 그 道(도)ᄅᆞᆯ 즐기고 人(인)의 勢(셰)ᄅᆞᆯ 닛ᄂᆞᆫ 디라 故(고)로 王公(왕공)이 敬(경)을 致(티)ᄒᆞ며 禮(례)ᄅᆞᆯ 盡(진)티 아니ᄒᆞ면 시러곰 ᄌᆞ조 보디 몯ᄒᆞ니 보기도 ᄯᅩ 오히려 시러곰 ᄌᆞ조 몯ᄒᆞ거든 ᄒᆞ믈며 시러곰 신하ᄅᆞᆯ 삼으랴

185(13-9) 獨善其身

孟子謂宋句踐曰:「子好遊乎? 吾語子遊. 人知之, 亦囂囂; 人不知, 亦囂囂.」

曰:「何如斯可以囂囂矣?」

曰:「尊德樂義, 則可以囂囂矣. 故士窮不失義, 達不離道. 窮不失義, 故士得己焉; 達不離道, 故民不失望焉. 古之人, 得志, 澤加於民; 不得志, 脩身見於世. 窮則獨善其身, 達則兼善天下.」

① 陶山本

孟子(ᄆᆡᆼᄌᆞ)ㅣ 宋句踐(송구쳔)ᄃᆞ려 닐어 ᄀᆞᆯᄋᆞ샤ᄃᆡ 子(ᄌᆞ)ㅣ 遊(유)ᄒᆞ옴을 好(호)ᄒᆞᄂᆞ냐 내 子(ᄌᆞ)ᄃᆞ려 遊(유)ᄅᆞᆯ 語(어)호리라

人(ᅀᅵᆫ)이 知(디)홀 ᄯᅵ라도 ᄯᅩᄒᆞᆫ 囂囂(효효)ᄒᆞ며 人(ᅀᅵᆫ)이 知(디)티 몯홀 ᄯᅵ라도 ᄯᅩᄒᆞᆫ 囂囂(효효)홀 ᄯᅵ니라

ᄀᆞᆯ오ᄃᆡ 엇더ᄒᆞ야ᅀᅡ 이 可(가)히 ᄡᅥ 囂囂(효효)ᄒᆞ리잇고 ᄀᆞᆯᄋᆞ샤ᄃᆡ 德(덕)을 尊(존)ᄒᆞ며

義(의)를 樂(락)ᄒᆞ면 可(가)히 ᄡᅥ 囂囂(효효)홀 이니라

故(고)로 士(ᄉᆞ)는 窮(궁)ᄒᆞ야도 義(의)를 失(실)티 아니ᄒᆞ며 達(달)ᄒᆞ야도 道(도)애 離(리)티 아니ᄒᆞᄂᆞ니라

窮(궁)ᄒᆞ야도 義(의)를 失(실)티 아니ᄒᆞᄂᆞᆫ 故(고)로 士(ᄉᆞ)ㅣ 己(긔)를 得(득)ᄒᆞ고 達(달)ᄒᆞ야도 道(도)애 離(리)티 아니ᄒᆞᄂᆞᆫ 故(고)로 民(민)이 望(망)을 失(실)티 아니ᄒᆞᄂᆞ니라

녯 사ᄅᆞᆷ이 志(지)를 得(득)ᄒᆞ야ᄂᆞᆫ 澤(튁)이 民(민)의게 加(가)ᄒᆞ고 志(지)를 得(득)디 몯ᄒᆞ야ᄂᆞᆫ 身(신)을 修(슈)ᄒᆞ야 世(셰)예 見(현)ᄒᆞ니 窮(궁)ᄒᆞ면 그 身(신)을 호올로 善(션)ᄒᆞ고 達(달)ᄒᆞ면 天下(텬하)를 兼(겸)ᄒᆞ야 善(션)ᄒᆞ니라

② 栗谷本

孟子(ᄆᆡᇰᄌᆞ)ㅣ 宋句踐(송구쳔)ᄃᆞ려 닐너 ᄀᆞᄅᆞ샤ᄃᆡ 子(ᄌᆞ)ㅣ 遊(유)를 好(호)ᄒᆞᄂᆞᆫ다 내 子(ᄌᆞ)ᄃᆞ려 遊(유)ᄒᆞ기를 닐오리라

人(인)이 알 디라도 ᄯᅩᄒᆞᆫ 囂囂(효효)ᄒᆞ며 人(인)이 아디 몯홀 디라도 ᄯᅩᄒᆞᆫ 囂囂(효효)홀 디니라

ᄀᆞᆯ오ᄃᆡ 엇디ᄒᆞ야사 이예 可(가)히 ᄡᅥ 囂囂(효효)ᄒᆞ리잇고 ᄀᆞᄅᆞ샤ᄃᆡ 德(덕)을 尊(존)ᄒᆞ며 義(의)를 樂(락)ᄒᆞ면 可(가)히 ᄡᅥ 囂囂(효효)홀 디니라

故(고)로 士(ᄉᆞ)는 窮(궁)홈애 義(의)를 失(실)티 아니ᄒᆞ며 達(달)홈애 道(도)애 離(리)티 아닛ᄂᆞ니라

窮(궁)홈애 義(의)를 失(실)티 아닛ᄂᆞᆫ 디라 故(고)로 士(ᄉᆞ)ㅣ 己(긔)를 得(득)ᄒᆞ고 達(달)홈애 道(도)애 離(리)티 아닛ᄂᆞᆫ 디라 故(고)로 民(민)이 望(망)을 失(실)티 아닛ᄂᆞ니라

녯 人(인)이 志(지)를 得(득)ᄒᆞ얀 澤(튁)이 民(민)에 加(가)ᄒᆞ고 志(지)를 得(득)디 몯ᄒᆞ얀 身(신)을 修(슈)ᄒᆞ야 世(셰)여 見(현)ᄒᆞ니 窮(궁)ᄒᆞ면 그 몸을 혼자 善(션)케 ᄒᆞ고 達(달)ᄒᆞ면 天下(텬하)를 兼(겸)ᄒᆞ야 善(션)케 ᄒᆞ니라

186(13-10) 凡民

孟子曰:「待文王而後興者, 凡民也. 若夫豪傑之士, 雖無文王猶興.」

① 陶山本

孟子(ᄆᆡᇰᄌᆞ)ㅣ ᄀᆞᆯᄋᆞ샤ᄃᆡ 文王(문왕)을 待(ᄃᆡ)ᄒᆞᆫ 後(후)에 興(흥)ᄒᆞᄂᆞᆫ 者(쟈)는 凡民(범민)이니 만일에 豪傑(호걸)읫 士(ᄉᆞ)는 비록 文王(문왕)이 업슬 ᄯᅵ라도 오히려 興(흥)ᄒᆞᄂᆞ니라

② 栗谷本

孟子(ᄆᆡᇰᄌᆞ)ㅣ ᄀᆞᄅᆞ샤ᄃᆡ 文王(문왕)을 待(ᄃᆡ)ᄒᆞᆫ 後(후)에 興(흥)ᄒᆞᄂᆞᆫ 者(쟈)는 凡民(범민)이니 만일 豪傑(호걸)읫 士(ᄉᆞ)는 비록 文王(문왕)이 업스나 오히려 興(흥)ᄒᆞᄂᆞ니라

187(13-11) 附之以韓魏之家

孟子曰:「附之以韓魏之家, 如其自視欿然, 則過人遠矣.」

① 陶山本

孟子(밍ᄌᆞ)ㅣ ᄀᆞᆯᄋᆞ샤ᄃᆡ 附(부)호ᄃᆡ 韓(한)과 魏(위)ㅅ 家(가)로ᄡᅧ ᄒᆞᆯ ᄯᅵ라도 만일에 그 스스로 視(시)홈이 欿然(감션)ᄒᆞ면 人(신)에 過(과)홈이 遠(원)ᄒᆞ니라

② 栗谷本

孟子(밍ᄌᆞ)ㅣ ᄀᆞᄅᆞ샤ᄃᆡ 韓魏(한위)의 家(가)로ᄡᅧ 附(부)ᄒᆞᆯ 디라도 만일 그 스스로 봄이 欿然(감연)ᄒᆞ면 人(인)의게 過(과)홈이 머니라

188(13-12) 佚道

孟子曰:「以佚道使民, 雖勞不怨; 以生道殺民, 雖死不怨殺者.」

① 陶山本

孟子(밍ᄌᆞ)ㅣ ᄀᆞᆯᄋᆞ샤ᄃᆡ 佚(일)ᄒᆞᆫ 道(도)로ᄡᅧ 民(민)을 使(ᄉᆞ)ᄒᆞ면 비록 勞(로)ᄒᆞ나 怨(원)티 아니ᄒᆞ고 生(싱)ᄒᆞᆫ 道(도)로ᄡᅧ 民(민)을 殺(살)ᄒᆞ면 비록 死(ᄉᆞ)ᄒᆞ나 殺(살)ᄒᆞᄂᆞᆫ 者(쟈)ᄅᆞᆯ 怨(원)티 아니ᄒᆞᄂᆞ니라

② 栗谷本

孟子(밍ᄌᆞ)ㅣ ᄀᆞᄅᆞ샤ᄃᆡ 佚(일)ᄒᆞᆯ 道(도)로ᄡᅧ 民(민)을 使(ᄉᆞ)ᄒᆞ면 비록 勞(로)ᄒᆞ나 怨(원)티 아니ᄒᆞ며 生(싱)ᄒᆞᆯ 道(도)로ᄡᅧ 民(민)을 殺(살)ᄒᆞ면 비록 죽으나 殺(살)ᄒᆞᄂᆞᆫ 者(쟈)ᄅᆞᆯ 怨(원)티 아닛ᄂᆞ니라

189(13-13) 霸者之民

孟子曰:「霸者之民, 驩虞如也; 王者之民, 皞皞如也. 殺之而不怨, 利之而不庸, 民日遷善而不知爲之者. 夫君子所過者化, 所存者神, 上下與天地同流, 豈曰小補之哉?」

① 陶山本

孟子(밍ᄌᆞ)ㅣ ᄀᆞᆯᄋᆞ샤ᄃᆡ 霸者(파쟈)의 民(민)ᄋᆞᆫ 驩虞(환우)ᄐᆞᆺ ᄒᆞ고 王者(왕쟈)의 民(민)ᄋᆞᆫ 皞皞(호호)ᄐᆞᆺ ᄒᆞᄂᆞ니라

殺(살)ᄒᆞ야도 怨(원)티 아니ᄒᆞ며 利(리)ᄒᆞ야도 庸(용)티 아니ᄒᆞᄂᆞᆫ 디라 民(민)이 日(실)로

善(션)에 遷(쳔)호디 ᄒᆞᆫ 者(쟈)를 아디 몯ᄒᆞᄂᆞ니라

君子(군ᄌᆞ)ᄂᆞᆫ 過(과)ᄒᆞᆫ 배 化(화)ᄒᆞ며 存(존)ᄒᆞᆫ 배 神(신)ᄒᆞᆫ 디라 上下(샹하)ㅣ 天地(텬디)로 더블어 同流(동류)ᄒᆞᄂᆞ니 엇디 小補(쇼보)ᄒᆞ다 니ᄅᆞ리오

② 栗谷本

孟子(ᄆᆡᆼᄌᆞ)ㅣ ᄀᆞᄅᆞ샤ᄃᆡ 霸者(패쟈)의 民(민)은 驩虞(환우)ᄒᆞ고 王者(왕쟈)의 民(민)은 皥皥(호호)ᄒᆞᄂᆞ니라

殺(살)ᄒᆞ야도 怨(원)티 아니ᄒᆞ며 利(리)케 ᄒᆞ야도 공삼디 아니ᄒᆞ며 民(민)이 날로 善(션)에 遷(쳔)호ᄃᆡ ᄒᆞᆫ 者(쟈)를 아디 몯ᄒᆞᄂᆞ니라

君子(군ᄌᆞ)ᄂᆞᆫ 過(과)ᄒᆞᆫ 배 化(화)ᄒᆞ며 存(존)ᄒᆞᆫ 배 神(신)ᄒᆞ야 上下(샹하)애 天地(텬디)로 더브러 ᄒᆞᆫ 가지로 流(류)ᄒᆞᄂᆞ니 엇디 젹이 補(보)홈이라 ᄀᆞᄅᆞ리오

190(13-14) 仁言

孟子曰:「仁言, 不如仁聲之入人深也. 善政, 不如善敎之得民也. 善政民畏之, 善敎民愛之; 善政得民財, 善敎得民心.」

① 陶山本

孟子(ᄆᆡᆼᄌᆞ)ㅣ ᄀᆞᆯᄋᆞ샤ᄃᆡ 仁(신)ᄒᆞᆫ 言(언)이 仁(신)ᄒᆞᆫ 聲(셩)이 人(신)의게 入(십)홈이 深(심)홈만 ᄀᆞᆮ디 몯ᄒᆞ니라

善(션)ᄒᆞᆫ 政(정)이 善(션)ᄒᆞᆫ 敎(교)의 民(민)을 得(득)홈만 ᄀᆞᆮ디 몯ᄒᆞ니라

善(션)ᄒᆞᆫ 政(정)은 民(민)이 畏(외)ᄒᆞ고 善(션)ᄒᆞᆫ 敎(교)ᄂᆞᆫ 民(민)이 愛(ᄋᆡ)ᄒᆞᄂᆞ니 善(션)ᄒᆞᆫ 政(정)은 民(민)의 財(ᄌᆡ)를 得(득)ᄒᆞ고 善(션)ᄒᆞᆫ 敎(교)ᄂᆞᆫ 民(민)의 心(심)을 得(득)ᄒᆞᄂᆞ니라

② 栗谷本

孟子(ᄆᆡᆼᄌᆞ)ㅣ ᄀᆞᄅᆞ샤ᄃᆡ 仁言(인언)이 仁聲(인셩)의 人(인)의게 入(입)홈이 기픔만 ᄀᆞᆺ디 몯ᄒᆞ고

善政(션정)이 善敎(션교)의 民(민)을 得(득)홈만 ᄀᆞᆺ디 몯ᄒᆞ니

善政(션정)은 民(민)이 畏(외)ᄒᆞ고 善敎(션교)ᄂᆞᆫ 民(민)이 愛(ᄋᆡ)ᄒᆞᄂᆞ니 善政(션정)은 民(민)의 財(ᄌᆡ)를 得(득)ᄒᆞ고 善敎(션교)ᄂᆞᆫ 民(민)의 心(심)을 得(득)ᄒᆞᄂᆞ니라

191(13-15) 良能·良知

孟子曰:「人之所不學而能者, 其良能也; 所不慮而知者, 其良知也. 孩提之童, 無不知愛其親者; 及其長也, 無不知敬其兄也. 親親, 仁也; 敬長, 義也. 無他, 達之天下也.」

① 陶山本

孟子(ᄆᆡᆼᄌᆞ)ㅣ ᄀᆞᆯᄋᆞ샤ᄃᆡ 人(ᅀᅵᆫ)의 學(ᄒᆞᆨ)디 아니ᄒᆞ여도 能(능)ᄒᆞᄂᆞᆫ 바ᄂᆞᆫ 그 良能(량능)이오 慮(려)티 아니ᄒᆞ여도 知(디)ᄒᆞᄂᆞᆫ 바ᄂᆞᆫ 그 良知(량디)니라

孩提(ᄒᆡ뎨)옛 童(동)이 그 親(친) 愛(ᄋᆡ)ᄒᆞ욤을 아디 아니리 업스며 그 長(댱)홈애 믿처 그 兄(형) 敬(경)홈을 아디 아니리 업스니라

親(친)을 親(친)ᄒᆞ욤은 仁(ᅀᅵᆫ)이오 長(댱)을 敬(경)ᄒᆞ욤은 義(의)니 他(타)ㅣ 업ᄉᆞᆫ 디라 天下(텬하)에 達(달)ᄒᆞᆯ 씨니라

② 栗谷本

孟子(ᄆᆡᆼᄌᆞ)ㅣ ᄀᆞᄅᆞ샤ᄃᆡ 人(인)의 學(ᄒᆞᆨ)디 아녀 能(능)ᄒᆞᄂᆞᆫ 바ᄂᆞᆫ 그 본ᄃᆡᆺ 能(능)이오 慮(려)티 아녀 아ᄂᆞᆫ 바ᄂᆞᆫ 그 본ᄃᆡᆺ 知(디)ㅣ니

孩提(ᄒᆡ뎨)읫 아ᄒᆡ 그 어버이 ᄉᆞ랑홈을 아디 몯ᄒᆞᆯ 이 업스며 그 長(댱)홈애 밋처ᄂᆞᆫ 그 兄(형) 敬(경)홈을 아디 몯ᄒᆞᆯ 이 업스니라

親(친)을 親(친)홈은 仁(인)이오 長(댱)을 敬(경)홈은 義(의)ㅣ니 他(타)ㅣ 업슨 디라 天下(텬하)에 達(달)ᄒᆞ니라

192(13-16) 舜之居深山之中

孟子曰:「舜之居深山之中, 與木石居, 與鹿豕遊, 其所以異於深山之野人者幾希. 及其聞一善言, 見一善行, 若決江河, 沛然莫之能禦也.」

① 陶山本

孟子(ᄆᆡᆼᄌᆞ)ㅣ ᄀᆞᆯᄋᆞ샤ᄃᆡ 舜(슌)이 深山(심산)ㅅ 가온ᄃᆡ 居(거)ᄒᆞ심애 木(목)과 石(셕)으로 더블어 居(거)ᄒᆞ시며 鹿(록)과 豕(시)로 더블어 遊(유)ᄒᆞ시니 그 ᄡᅧ 深山(심산)ㅅ 野人(야ᅀᅵᆫ)의게 달ᄋᆞᆫ 배 幾希(긔희)ᄒᆞ더시니 그 ᄒᆞᆫ 善言(션언)을 聞(문)ᄒᆞ시며 ᄒᆞᆫ 善行(션ᄒᆡᆼ)을 見(견)ᄒᆞ심애 미츠샤ᄂᆞᆫ 江河(강하)ᄅᆞᆯ 決(결)ᄒᆞᆫ 디라 沛然(패연)ᄒᆞ야 能(능)히 禦(어)ᄒᆞ리 업숨 ᄀᆞᆮ더시다

② 栗谷本

孟子(ᄆᆡᆼᄌᆞ)ㅣ ᄀᆞᄅᆞ샤ᄃᆡ 舜(슌)이 기픈 뫼 가온ᄃᆡ 사ᄅᆞ실 제 木石(목셕)과 더브러 居(거)ᄒᆞ시며 鹿豕(록시)과 더브러 遊(유)ᄒᆞ시니 그 ᄡᅧ 深山(심산)의 野人(야인)과 다른 배 젹으되 밋 그 ᄒᆞᆫ 善言(션언)을 드르시며 ᄒᆞᆫ 善行(션ᄒᆡᆼ)을 보샤 江河(강하)ᄅᆞᆯ 決(결)홈 ᄀᆞᆮᄐᆞ야 沛然(패연)홈을 能(능)히 禦(어)ᄒᆞᆯ 이 업더라

193(13-17) 無爲其所不爲

孟子曰:「無爲其所不爲, 無欲其所不欲, 如此而已矣.」

① 陶山本

孟子(밍ᄌᆞ)ㅣ ᄀᆞᆯᄋᆞ샤ᄃᆡ 그 ᄒᆞ디 아니홀 빠를 ᄒᆞ디 말며 그 欲(욕)디 아니홀 빠를 欲(욕)디 마롤 띠니 이러ᄐᆞᆺ 홀 ᄯᆞᄅᆞᆷ이니라

② 栗谷本

孟子(밍ᄌᆞ)ㅣ ᄀᆞᄅᆞ샤ᄃᆡ 그 ᄒᆞ디 아닐 바를 ᄒᆞ디 말며 그 欲(욕)디 아닐 바를 欲(욕)디 마롤 디니 이러홀 ᄯᆞᄅᆞᆷ이니라

194(13-18) 德慧術知

孟子曰:「人之有德慧術知者, 恆存乎疢疾. 獨孤臣孽子, 其操心也危, 其慮患也深, 故達.」

① 陶山本

孟子(밍ᄌᆞ)ㅣ ᄀᆞᆯᄋᆞ샤ᄃᆡ 人(신)의 德(덕)의 慧(혜)와 術(슐)의 知(디)를 둔ᄂᆞᆫ 者(쟈)ᄂᆞᆫ 덛덛이 疢疾(딘질)에 인ᄂᆞ니라

오직 孤臣(고신)과 孽子(얼ᄌᆞ)ᄂᆞᆫ 그 心(심)을 操(조)홈이 危(위)ᄒᆞ며 그 患(환)을 慮(려)홈이 深(심)ᄒᆞᆫ 故(고)로 達(달)ᄒᆞᄂᆞ니라

② 栗谷本

孟子(밍ᄌᆞ)ㅣ ᄀᆞᄅᆞ샤ᄃᆡ 人(인)의 德(덕)이 慧(혜)와 術(슐)의 知(디)를 둣ᄂᆞᆫ 者(쟈)ᄂᆞᆫ ᄒᆞᆼ샹 疢疾(딘질)을 둣ᄂᆞ니

홀로 孤臣(고신)과 孽子(얼ᄌᆞ)ㅣ 그 心(심)을 操(조)홈이 危(위)ᄒᆞ며 그 患(환)을 慮(려)홈이 深(심)ᄒᆞᆫ 디라 故(고)로 達(달)ᄒᆞᄂᆞ니라

195(13-19) 有事君人者

孟子曰:「有事君人者, 事是君則爲容悅者也. 有安社稷臣者, 以安社稷爲悅者也. 有天民者, 達可行於天下而後行之者也. 有大人者, 正己而物正者也.」

① 陶山本

孟子(밍ᄌᆞ)ㅣ ᄀᆞᆯᄋᆞ샤ᄃᆡ 君(군)을 事(ᄉᆞ)ᄒᆞᄂᆞᆫ 人(신)이 이시니 이 君(군)을 事(ᄉᆞ)ᄒᆞ면 容(용)ᄒᆞ며 悅(열)홈을 ᄒᆞᄂᆞᆫ 者(쟈)ㅣ니라

社稷(샤직)을 安(안)ᄒᆞᄂᆞᆫ 臣(신)이 이시니 社稷(샤직)을 安(안)ᄒᆞ욤오로ᄡᅥ 悅(열)을

삼ᄂᆞᆫ 者(쟈)ㅣ니라

天民(텬민)인 者(쟈)ㅣ 이시니 達(달)ᄒᆞ야 可(가)히 天下(텬하)애 行(ᄒᆡᆼ)ᄒᆞ얌즉 ᄒᆞᆫ 後(후)에 行(ᄒᆡᆼ)ᄒᆞᄂᆞᆫ 者(쟈)ㅣ니라

大人(대ᅀᅵᆫ)인 者(쟈)ㅣ 이시니 己(긔)를 正(졍)홈애 物(믈)이 正(졍)ᄒᆞᄂᆞᆫ 者(쟈)ㅣ니라

② 栗谷本

孟子(ᄆᆡᆼᄌᆞ)ㅣ ᄀᆞᄅᆞ샤ᄃᆡ 君(군)을 事(ᄉᆞ)ᄒᆞᄂᆞᆫ 人(인)이 이시니 이 君(군)을 事(ᄉᆞ)ᄒᆞ기예 容悅(용열)ᄒᆞᄂᆞᆫ 者(쟈)ㅣ니라

社稷(샤직)을 安(안)케 ᄒᆞᄂᆞᆫ 臣(신)이 이시니 社稷(샤직)을 安(안)케 ᄒᆞ기로ᄡᅥ 悅(열)을 삼ᄂᆞᆫ 者(쟈)ㅣ니라

天民(텬민)이 이시니 達(달)ᄒᆞ야 可(가)히 天下(텬하)에 行(ᄒᆡᆼ)ᄒᆞᆫ 後(후)에 行(ᄒᆡᆼ)ᄒᆞᄂᆞᆫ 者(쟈)ㅣ니라

大人(대인)이 이시니 己(긔)을 正(졍)홈애 物(믈)이 正(졍)ᄒᆞᄂᆞᆫ 者(쟈)ㅣ니라

196(13-20) *君子三樂*

孟子曰:「君子有三樂, 而王天下不與存焉. 父母俱存, 兄弟無故, 一樂也. 仰不愧於天, 俯不怍於人, 二樂也. 得天下英才而教育之, 三樂也. 君子有三樂, 而王天下不與存焉.」

① 陶山本

孟子(ᄆᆡᆼᄌᆞ)ㅣ ᄀᆞᆯ으샤ᄃᆡ 君子(군ᄌᆞ)ㅣ 세 樂(락)이 이쇼ᄃᆡ 天下(텬하)애 王(왕)ᄒᆞ욤이 與(여)ᄒᆞ야 存(존)티 아니ᄒᆞ니라

父母(부모)ㅣ 다 存(존)ᄒᆞ며 兄弟(형뎨)ㅣ 故(고)ㅣ 업슴이 ᄒᆞᆫ 樂(락)이오

仰(앙)ᄒᆞ얀 天(텬)에 愧(괴)티 아니ᄒᆞ며 俯(부)ᄒᆞ얀 人(ᅀᅵᆫ)에 怍(작)디 아니홈이 두 樂(락)이오

天下(텬하)엣 英才(영ᄌᆡ)를 得(득)ᄒᆞ야 教育(교육)홈이 세 樂(락)이니

君子(군ᄌᆞ)ㅣ 세 樂(락)이 이쇼ᄃᆡ 天下(텬하)애 王(왕)ᄒᆞ욤이 與(여)ᄒᆞ야 存(존)티 아니ᄒᆞ니라

② 栗谷本

孟子(ᄆᆡᆼᄌᆞ)ㅣ ᄀᆞᄅᆞ샤ᄃᆡ 君子(군ᄌᆞ)ㅣ 세 樂(락)을 두되 天下(텬하)애 王(왕)ᄒᆞ기 與(여)ᄒᆞ야 存(존)티 아니ᄒᆞ니

父母(부모)ㅣ 다 이시며 兄弟(형뎨)ㅣ 연고업솜이 ᄒᆞᆫ 樂(락)이오

우럴어 天(텬)에 愧(괴)티 아니ᄒᆞ며 구버 人(인)에 怍(작)디 아니홈이 두 樂(락)이오

天下(텬하)에 英才(영ᄌᆡ)를 어더 教育(교육)홈이 세 樂(락)이니

君子(군ᄌᆞ)ㅣ 세 樂(락)을 두되 天下(텬하)에 王(왕)ᄒᆞ기 與(여)ᄒᆞ야 存(존)티 아니ᄒᆞ니라

197(13-21) 廣土衆民

孟子曰:「廣土衆民, 君子欲之, 所樂不存焉. 中天下而立, 定四海之民, 君子樂之, 所性不存焉. 君子所性, 雖大行不加焉, 雖窮居不損焉, 分定故也. 君子所性, 仁義禮智根於心, 其生色也, 睟然見於面, 盎於背, 施於四體, 四體不言而喩.」

① 陶山本

孟子(ᄆᆡᆼᄌᆞ)ㅣ ᄀᆞᆯᄋᆞ샤ᄃᆡ 土(토)ㅣ 廣(광)ᄒᆞ며 民(민)이 衆(즁)ᄒᆞᆷ을 君子(군ᄌᆞ)ㅣ 欲(욕)ᄒᆞ나 樂(락)ᄒᆞᄂᆞᆫ 바ᄂᆞᆫ 存(존)티 아니ᄒᆞ니라

天下(텬하)애 中(듕)ᄒᆞ야 立(립)ᄒᆞ야 四海(ᄉᆞ희)ㅅ 民(민)을 定(뎡)ᄒᆞ욤을 君子(군ᄌᆞ)ㅣ 樂(락)ᄒᆞ나 性(셩)인 바ᄂᆞᆫ 存(존)티 아니ᄒᆞ니라

君子(군ᄌᆞ)의 性(셩)인 바ᄂᆞᆫ 비록 키 行(ᄒᆡᆼ)ᄒᆞ나 加(가)티 아니ᄒᆞ며 비록 窮(궁)히 居(거)ᄒᆞ나 損(손)티 아니ᄒᆞᄂᆞ니 分(분)이 定(뎡)ᄒᆞᆫ 故(고)ㅣ니라

君子(군ᄌᆞ)의 性(셩)인 바ᄂᆞᆫ 仁(ᅀᅵᆫ)과 義(의)와 禮(례)와 智(디)ㅣ 心(심)에 根(근)ᄒᆞ얀ᄂᆞᆫ디라 그 色(ᄉᆡᆨ)애 生(ᄉᆡᆼ)ᄒᆞ욤이 睟然(슈연)히 面(면)에 見(현)ᄒᆞ며 背(ᄇᆡ)예 盎(앙)ᄒᆞ며 四體(ᄉᆞ톄)예 施(시)ᄒᆞ야 四體(ᄉᆞ톄)ㅣ 言(언)티 아니ᄒᆞ야셔 喩(유)ᄒᆞᄂᆞ니라

② 栗谷本

孟子(ᄆᆡᆼᄌᆞ)ㅣ ᄀᆞᄅᆞ샤ᄃᆡ 土(토)ᄅᆞᆯ 廣(광)케 ᄒᆞ며 民(민)을 衆(즁)케 ᄒᆞᆷ을 君子(군ᄌᆞ)ㅣ 欲(욕)ᄒᆞ나 樂(락)ᄒᆞᄂᆞᆫ 바ᄂᆞᆫ 잇디 아니ᄒᆞ고

天下(텬하)에 中(듕)ᄒᆞ야 立(립)ᄒᆞ야 四海(ᄉᆞ희)예 民(민)을 定(뎡)ᄒᆞᆷ을 君子(군ᄌᆞ)ㅣ 樂(락)ᄒᆞ나 性(셩)인 바ᄂᆞᆫ 잇디 아니ᄒᆞ니

君子(군ᄌᆞ)의 性(셩)인 바ᄂᆞᆫ 비록 크게 行(ᄒᆡᆼ)ᄒᆞ나 加(가)티 아니ᄒᆞ며 비록 窮(궁)히 居(거)ᄒᆞ나 損(손)티 아닛ᄂᆞ니 分(분)이 定(뎡)ᄒᆞᆫ 故(고)ㅣ니라

君子(군ᄌᆞ)의 性(셩)인 바ᄂᆞᆫ 仁(인)과 義(의)와 禮(례)와 智(디)ㅣ 心(심)에 根(근)ᄒᆞ야 그 色(ᄉᆡᆨ)애 生(ᄉᆡᆼ)ᄒᆞᆷ이 睟然(슈연)히 面(면)에 見(현)ᄒᆞ며 背(ᄇᆡ)예 盎(앙)ᄒᆞ며 四體(ᄉᆞ톄)예 施(시)ᄒᆞ야 四體(ᄉᆞ톄)ㅣ 言(언)티 아녀셔 아ᄂᆞ니라

198(13-22) 西伯善養老

孟子曰:「伯夷辟紂, 居北海之濱, 聞文王作興, 曰:『盍歸乎來! 吾聞西伯善養老者.』大公辟紂, 居東海之濱, 聞文王作興, 曰:『盍歸乎來! 吾聞西伯善養老者.』天下有善養老, 則仁人以爲己歸矣. 五畝之宅,樹牆下以桑, 匹婦蠶之, 則老者足以衣帛矣. 五母雞, 二母彘, 無失其時, 老者足以無失肉矣. 百畝之田, 匹夫耕之, 八口之家可以無飢矣. 所謂西伯善養老者, 制其田里, 敎之樹畜, 導其妻子, 使養其老. 五十非帛不煖, 七十非肉不飽. 不煖不飽, 謂之凍餒. 文王之民, 無凍餒之老者, 此之謂也.」

① 陶山本

孟子(ᄆᆡᆼᄌᆞ)ㅣ ᄀᆞᆯᄋᆞ샤ᄃᆡ 伯夷(ᄇᆡᆨ이)ㅣ 紂(듀)ᄅᆞᆯ 辟(피)ᄒᆞ야 北海(븍ᄒᆡ)ㅅ 濱(빈)에 居(거)ᄒᆞ더니 文王(문왕)의 作興(작흥)홈을 듣고 ᄀᆞᆯ오ᄃᆡ 엇디 歸(귀)ᄒᆞ야 來(ᄅᆡ)티 아니ᄒᆞ리오 나ᄂᆞᆫ 西伯(셔ᄇᆡᆨ)은 老者(로쟈)ᄅᆞᆯ 善養(션양)ᄒᆞᆫ다 드로라 ᄒᆞ고 太公(태공)이 紂(듀)ᄅᆞᆯ 辟(피)ᄒᆞ야 東海(동ᄒᆡ)ㅅ 濱(빈)에 居(거)ᄒᆞ더니 文王(문왕)의 作興(작흥)홈을 듣고 ᄀᆞᆯ오ᄃᆡ 엇디 歸(귀)ᄒᆞ야 來(ᄅᆡ)티 아니ᄒᆞ리오 나ᄂᆞᆫ 西伯(셔ᄇᆡᆨ)은 老者(로쟈)ᄅᆞᆯ 善養(션양)ᄒᆞᆫ다 드로라 ᄒᆞ니 天下(텬하)애 老(로)ᄅᆞᆯ 善養(션양)ᄒᆞ리 이시면 仁人(ᅀᅵᆫᅀᅵᆫ)이 ᄡᅧ 己(긔)의 歸(귀)ᄅᆞᆯ 삼ᄂᆞ니라

五畝(오모)ㅅ 宅(ᄐᆡᆨ)애 墻下(쟝하)애 樹(슈)호ᄃᆡ 桑(상)으로ᄡᅧ ᄒᆞ야 匹婦(필부)ㅣ 蠶(ᄌᆞᆷ)ᄒᆞ면 老者(로쟈)ㅣ 足(죡)히 ᄡᅧ 帛(ᄇᆡᆨ)을 衣(의)ᄒᆞ리며 五母(오모)ㅅ 鷄(계)와 二母(ᅀᅵ모)ㅅ 彘(톄)ᄅᆞᆯ 그 時(시)ᄅᆞᆯ 失(실)홈이 업ᄉᆞ면 老者(로쟈)ㅣ 足(죡)히 ᄡᅧ 肉(ᅀᅲᆨ)을 失(실)홈이 업스리며 百畝(ᄇᆡᆨ모)ㅅ 田(뎐)을 匹夫(필부)ㅣ 耕(경)ᄒᆞ면 八口(팔구)ㅅ 집이 可(가)히 ᄡᅧ 飢(긔)홈이 업ᄉᆞ리라

닐온 밧 西伯(셔ᄇᆡᆨ)이 老者(로쟈)ᄅᆞᆯ 善養(션양)타 홈은 그 田里(뎐리)ᄅᆞᆯ 制(졔)ᄒᆞ야 樹(슈)ᄒᆞ며 畜(휵)홈을 敎(교)ᄒᆞ며 그 妻子(쳐ᄌᆞ)를 導(도)ᄒᆞ야 ᄒᆞ여곰 그 老(로)ᄅᆞᆯ 養(양)케 홈이니 五十(오십)에 帛(ᄇᆡᆨ)이 아니면 煖(란)티 아니ᄒᆞ며 七十(칠십)에 肉(ᅀᅲᆨ)이 아니면 飽(포)티 아니ᄒᆞᄂᆞ니 煖(란)티 아니ᄒᆞ며 飽(포)티 아니홈을 凍(동)ᄒᆞ며 餒(뇌)홈이라 니ᄅᆞᄂᆞ니 文王(문왕)의 民(민)이 凍(동)ᄒᆞ며 餒(뇌)ᄒᆞᆫ 老者(로쟈)ㅣ 업다 홈이 이ᄅᆞᆯ 닐옴이니라

② 栗谷本

孟子(ᄆᆡᆼᄌᆞ)ㅣ ᄀᆞᄅᆞ샤ᄃᆡ 伯夷(ᄇᆡᆨ이)ㅣ 紂(듀)ᄅᆞᆯ·辟(피)ᄒᆞ야 北海(븍ᄒᆡ)ㅅ ᄀᆞ애 사더니 文王(문왕)의 作(작)ᄒᆞ샤ᄆᆞᆯ 듣고 興(흥)ᄒᆞ야 ᄀᆞᆯ오ᄃᆡ 도라오기를 엇디 아니리오 나ᄂᆞᆫ 西伯(셔ᄇᆡᆨ)이 老(로)ᄅᆞᆯ 잘 치ᄂᆞᆫ 者(쟈)ㅣ라 드로라 ᄒᆞ며 太公(태공)이 紂(듀)ᄅᆞᆯ 辟(피)ᄒᆞ야 東海(동ᄒᆡ)ㅅ ᄀᆞ애 사더니 文王(문왕)의 作(작)ᄒᆞ샤믈 듣고 興(흥)ᄒᆞ야 ᄀᆞᆯ오ᄃᆡ 도라오기ᄅᆞᆯ 엇디 아니리오 나ᄂᆞᆫ 西伯(셔ᄇᆡᆨ)이 老(로)ᄅᆞᆯ 잘 치ᄂᆞᆫ 者(쟈)ㅣ라 드로라 ᄒᆞ니 天下(텬하)에 老(로)ᄅᆞᆯ 잘 칠 이 이시면 仁人(인인)이 ᄡᅧ 제 갈 ᄃᆡᄅᆞᆯ 삼으리라

五畝(오모)ㅅ 집에 담 아래 桑(상)으로ᄡᅧ 시므고 匹婦(필부)ㅣ 누에치면 老者(로쟈)ㅣ 足(죡)히 ᄡᅧ 帛(ᄇᆡᆨ)을 니부며 다ᄉᆞᆺ 어이 ᄃᆞᆰ과 두 어이 돗틀 그 時(시)ᄅᆞᆯ 일치 아니ᄒᆞ면 老者(로쟈)ㅣ 足(죡)히 ᄡᅧ 肉(육)을 失(실)치 아니며 百畝(ᄇᆡᆨ모)ㅅ 밧흘 匹夫(필부)ㅣ 耕(경)ᄒᆞ면 여ᄃᆞᆲ 입 집이 可(가)히 ᄡᅧ 飢(긔)홈이 업스리라

닐온 밧 西伯(셔ᄇᆡᆨ)이 老(로)ᄅᆞᆯ 잘 친다 ᄒᆞᆷ은 그 田(뎐)과 里(리)ᄅᆞᆯ 制(져)ᄒᆞ며 樹(슈)ᄒᆞᆷ과 畜(휵)ᄒᆞᆷ을 ᄀᆞᄅᆞ치고 그 妻子(쳐ᄌᆞ)ᄅᆞᆯ 인도ᄒᆞ야 ᄒᆡ여곰 그 老(로)ᄅᆞᆯ 養(양)케 ᄒᆞᆷ이니 五十(오십)에 帛(ᄇᆡᆨ)이 아니면 煖(란)치 몯ᄒᆞ고 七十(칠십)에 肉(육) 아니면 飽(포)치 몯ᄒᆞᄂᆞ니 煖(란)티 몯ᄒᆞ며 飽(포)티 몯ᄒᆞᆷ을 凍餒(동뇌)라 닐을 디니 文王(문왕)의 民(민)이 凍餒(동뇌)ᄒᆞᆯ 老(로)ㅣ 업다 ᄒᆞ니 이ᄅᆞᆯ 니옴이니라

199(13-23) 易其田疇

孟子曰:「易其田疇, 薄其稅斂, 民可使富也. 食之以時, 用之以禮, 財不可勝用也. 民非水火不生活, 昏暮叩人之門戶, 求水火, 無弗與者, 至足矣. 聖人治天下, 使有菽粟如水火. 菽粟如水火, 而民焉有不仁者乎?」

① 陶山本

孟子(ᄆᆡᆼᄌᆞ)ㅣ ᄀᆞᆯᄋᆞ샤ᄃᆡ 그 田疇(뎐듀)ᄅᆞᆯ 易(이)ᄒᆞ며 그 稅斂(셰렴)을 薄(박)히 ᄒᆞ면 民(민)을 可(가)히 ᄒᆞ여곰 富(부)케 ᄒᆞᆯ 이니라

食(식)ᄒᆞ욤을 時(시)로ᄡᅥ ᄒᆞ며 用(용)ᄒᆞ욤을 禮(례)로ᄡᅥ ᄒᆞ면 財(ᄌᆡ)ᄅᆞᆯ 可(가)히 이긔여 用(용)티 몯ᄒᆞᆯ 이니라

民(민)이 水火(슈화)ㅣ 아니면 生活(ᄉᆡᆼ활)티 몯ᄒᆞᆯ 꺼시로ᄃᆡ 昏暮(혼모)앳 人(ᅀᅵᆫ)의 門戶(문호)를 叩(고)ᄒᆞ야 水火(슈화)를 求(구)ᄒᆞ야든 與(여)티 아닐 者(쟈)ㅣ 업슴은 지극히 足(죡)ᄒᆞᆯ ᄊᆡ니 聖人(셩ᅀᅵᆫ)이 天下(텬하)ᄅᆞᆯ 治(티)ᄒᆞ심애 ᄒᆞ여곰 菽粟(슉쇽)ᄃᆞᆯ을 水火(슈화) ᄀᆞᆮ티 ᄒᆞ시ᄂᆞ니 菽粟(슉쇽)이 水火(슈화) ᄀᆞᆮᄐᆞ면 民(민)이 엇디 仁(ᅀᅵᆫ)티 아닌 者(쟈)ㅣ 이시리오

② 栗谷本

孟子(ᄆᆡᆼᄌᆞ)ㅣ ᄀᆞᄅᆞ샤ᄃᆡ 그 田疇(뎐듀)ᄅᆞᆯ 易(이)케 ᄒᆞ고 그 稅斂(셰렴)을 薄(박)히 ᄒᆞ면 民(민)을 可(가)히 ᄒᆞ여곰 富(부)케 ᄒᆞᆯ 디며

食(식)ᄒᆞᆷ을 時(시)로ᄡᅥ ᄒᆞ며 用(용)ᄒᆞᆷ을 禮(례)로ᄡᅥ ᄒᆞ면 財(ᄌᆡ)ᄅᆞᆯ 可(가)히 니르 ᄡᅳ디 몯ᄒᆞᆯ 디니

民(민)이 水火(슈화) 곳 아니면 사디 몯ᄒᆞᆯ 거시로ᄃᆡ 昏暮(혼모)애 人(인)의 門戶(문호)ᄅᆞᆯ 叩(고)ᄒᆞ야 水火(슈화)ᄅᆞᆯ 求(구)ᄒᆞ거든 주디 아니리 업ᄉᆞᆷ은 지극히 足(죡)ᄒᆞᆯ ᄉᆡ니 聖人(셩인)이 天下(텬하) 다ᄉᆞ리시매 ᄒᆞ여곰 菽粟(슉쇽)을 두되 水火(슈화) ᄀᆞᆺ게 ᄒᆞ시니 菽粟(슉쇽)이 水火(슈화) ᄀᆞᆺᄐᆞ면 民(민)이 어ᄃᆡ 仁(인)티 아니리 이시리오

200(13-24) 登太山而小天下

孟子曰:「孔子登東山而小魯, 登太山而小天下. 故觀於海者難爲水, 遊於聖人之門者難爲言. 觀水有術, 必觀其瀾. 日月有明, 容光必照焉. 流水之爲物也, 不盈科不行; 君子之志於道也, 不成章不達.」

① 陶山本

孟子(뮝ᄌᆞ)ㅣ ᄀᆞᆯᄋᆞ샤ᄃᆡ 孔子(공ᄌᆞ)ㅣ 東山(동산)애 登(등)ᄒᆞ샤 魯(로)ᄅᆞᆯ 小(쇼)히 너기시고 太山(태산)애 登(등)ᄒᆞ샤 天下(텬하)를 小(쇼)히 너기시니 故(고)로 海(ᄒᆡ)예 觀(관)ᄒᆞᆫ 者(쟈)애 水(슈)되옴이 어렵고 聖人(셩신)의 門(문)에 遊(유)ᄒᆞᆫ 者(쟈)애 言(언)되옴이 어려오니라

水(슈)ᄅᆞᆯ 觀(관)홈이 術(슐)이 인ᄂᆞ니 반ᄃᆞ시 그 瀾(란)을 觀(관)홀 띠니라 日月(실월)이 明(명)이 이시니 光(광)을 容(용)ᄒᆞᄂᆞᆫᄃᆡ 반ᄃᆞ시 照(죠)ᄒᆞᄂᆞ니라

流水(류슈)의 物(믈)이로옴이 科(과)애 盈(영)티 몯ᄒᆞ면 行(ᄒᆡᆼ)티 몯ᄒᆞᄂᆞ니 君子(군ᄌᆞ)의 道(도)애 志(지)홈애도 章(쟝)이 成(셩)티 몯ᄒᆞ면 達(달)티 몯ᄒᆞᄂᆞ니라

② 栗谷本

孟子(뮝ᄌᆞ)ㅣ ᄀᆞᄅᆞ샤ᄃᆡ 孔子(공ᄌᆞ)ㅣ 東山(동산)에 오ᄅᆞ샤 魯(로)ᄅᆞᆯ 젹에 너기시고 太山(태산)에 오ᄅᆞ샤 天下(텬하)ᄅᆞᆯ 젹게 너기시니 故(고)로 海(ᄒᆡ)ᄅᆞᆯ 觀(관)ᄒᆞᆫ 者(쟈)의게ᄂᆞᆫ 水(슈)ㅣ 되기 어렵고 聖人(셩인)의 門(문)에 遊(유)ᄒᆞᄂᆞᆫ 者(쟈)의게ᄂᆞᆫ 言(언)ᄒᆞ기 어려우니라

水(슈)ᄅᆞᆯ 보기 術(슐)이 이시니 반ᄃᆞ시 그 瀾(란)을 보고 日月(일월)이 明(명)이 이시니 光(광)을 容(용)홀 ᄃᆡ 반ᄃᆞ시 비최ᄂᆞ니라

流(류)ᄒᆞᄂᆞᆫ 水(슈)의 物(믈)이론디 科(과)에 盈(영)티 몯ᄒᆞ야 行(ᄒᆡᆼ)티 아니ᄒᆞᄂᆞ니 君子(군ᄌᆞ)의 道(도)애 志(지)홈애 章(쟝)이 成(셩)티 몯ᄒᆞ야ᄂᆞᆫ 達(달)티 아니ᄒᆞᄂᆞ니라

201(13-25) 雞鳴而起

孟子曰:「雞鳴而起, 孶孶爲善者, 舜之徒也. 雞鳴而起, 孶孶爲利者, 蹠之徒也. 欲知舜與蹠之分, 無他, 利與善之閒也.」

① 陶山本

孟子(뮝ᄌᆞ)ㅣ ᄀᆞᆯᄋᆞ샤ᄃᆡ 鷄(계)ㅣ 鳴(명)ᄒᆞ거든 起(긔)ᄒᆞ야 孶孶(ᄌᆞᄌᆞ)히 善(션)을 ᄒᆞᄂᆞᆫ 者(쟈)ᄂᆞᆫ 舜(슌)의 徒(도)ㅣ오

鷄(계)ㅣ 鳴(명)ᄒᆞ거든 起(긔)ᄒᆞ야 孶孶(ᄌᆞᄌᆞ)히 利(리)ᄅᆞᆯ ᄒᆞᄂᆞᆫ 者(쟈)ᄂᆞᆫ 蹠(쳑)의 徒(도)ㅣ니

舜(슌)과 다뭇 蹠(쳑)의 分(분)ᄒᆞ욤을 알오쟈 홀 띤댄 他(타)ㅣ 업슨 디라 利(리)와 다뭇 善(션)의 間(간)이니라

② 栗谷本

孟子(ᄆᆡᆼᄌᆞ)ㅣ ᄀᆞᄅᆞ샤ᄃᆡ 鷄(계)ㅣ 鳴(명)홈애 起(긔)ᄒᆞ야 孳孳(ᄌᆞᄌᆞ)히 善(션)을 ᄒᆞᄂᆞᆫ 者(쟈)ᄂᆞᆫ 舜(슌)의 무리오

鷄(계)ㅣ 鳴(명)홈애 起(긔)ᄒᆞ야 孳孳(ᄌᆞᄌᆞ)히 利(리)를 ᄒᆞᄂᆞᆫ 者(쟈)ᄂᆞᆫ 蹠(쳑)의 무리니

舜(슌)과 다뭇 蹠(쳑)의 分(분)홈을 알고져 홀 딘댄 他(타)ㅣ 아니라 利(리)와 다뭇 善(션)의 ᄉᆞ이이니라

202(13-26) 爲我與兼愛

孟子曰:「楊子取爲我, 拔一毛而利天下, 不爲也. 墨子兼愛, 摩頂放踵利天下, 爲之. 子莫執中, 執中爲近之, 執中無權, 猶執一也. 所惡執一者, 爲其賊道也, 擧一而廢百也.」

① 陶山本

孟子(ᄆᆡᆼᄌᆞ)ㅣ ᄀᆞᆯᄋᆞ샤ᄃᆡ 楊子(양ᄌᆞ)ᄂᆞᆫ 我(아)를 爲(위)홈을 取(취)ᄒᆞ니 一毛(일모)를 拔(발)ᄒᆞ야 天下(텬하)를 利(리)케 홀 ᄯᅵ라도 ᄒᆞ디 아니ᄒᆞᄂᆞ니라

墨子(믁ᄌᆞ)ᄂᆞᆫ 兼(겸)ᄒᆞ야 愛(ᄋᆡ)ᄒᆞ니 頂(뎡)을 摩(마)ᄒᆞ야 踵(죵)애 放(방)홀 ᄯᅵ라도 天下(텬하)를 利(리)케 홀 띤댄 ᄒᆞ니라

子莫(ᄌᆞ막)은 中(듕)을 執(집)ᄒᆞ니 中(듕)을 執(집)홈이 近(근)ᄒᆞ나 中(듕)을 執(집)ᄒᆞ고 權(권)이 업슴이 오히려 一(일)ᄋᆞᆯ 執(집)홈이니라

一(일)ᄋᆞᆯ 執(집)홈을 惡(오)ᄒᆞᄂᆞᆫ 바ᄂᆞᆫ 그 道(도)를 賊(적)홈을 爲(위)ᄒᆞ얘니 一(일)을 擧(거)ᄒᆞ고 百(빅)을 廢(폐)홈이니라

② 栗谷本

孟子(ᄆᆡᆼᄌᆞ)ㅣ ᄀᆞᄅᆞ샤ᄃᆡ 楊子(양ᄌᆞ)ᄂᆞᆫ 나를 爲(위)홈만 取(취)ᄒᆞ야 ᄒᆞᆫ 털을 ᄲᅡ야 天下(텬하)를 利(리)케 ᄒᆞ기를 ᄒᆞ디 아니ᄒᆞ고

墨子(믁ᄌᆞ)ᄂᆞᆫ 兼(겸)ᄒᆞ야 愛(ᄋᆡ)ᄒᆞ야 頂(뎡)을 摩(마)ᄒᆞ야 踵(죵)에 니를 디라도 天下(텬하)를 利(리)케 홀 딘댄 ᄒᆞ고

子莫(ᄌᆞ막)은 中(듕)을 執(집)ᄒᆞ니 中(듕)을 執(집)홈이 近(근)ᄒᆞ나 中(듕)을 執(집)고 權(권)이 업솜이 一(일)을 執(집)홈 ᄀᆞᄐᆞ니라

一(일)을 執(집)홈을 惡(오)ᄒᆞᄂᆞᆫ 바ᄂᆞᆫ 그 道(도)를 賊(적)홈을 爲(위)홈이니 一(일)을 擧(거)ᄒᆞ고 百(빅)을 廢(폐)ᄒᆞᄂᆞ니라

203(13-27) 飢者甘食

孟子曰:「飢者甘食, 渴者甘飮, 是未得飮食之正也, 飢渴害之也. 豈惟口腹有飢渴之害? 人心亦皆有害. 人能無以飢渴之害爲心害, 則不及人不爲憂矣.」

① 陶山本

孟子(밍ᄌᆞ)ㅣ 골ᄋᆞ샤ᄃᆡ 饑(긔)ᄒᆞᆫ 者(쟈)ㅣ 食(식)을 甘(감)ᄒᆞ고 渴(갈)ᄒᆞᆫ 者(쟈)ㅣ 飮(음)을 甘(감)ᄒᆞᄂᆞ니 이 飮食(음식)의 正(졍)을 得(득)디 몯홈이라 饑渴(긔갈)이 害(해)홈이니 엇디 오직 口腹(구복)이 饑渴(긔갈)의 害(해) 이시리오 人心(신심)이 ᄯᅩᄒᆞᆫ 다 害(해) 인ᄂᆞ니라

人(신)이 能(능)히 饑渴(긔갈)의 害(해)로ᄡᅥ 心(심)의 害(해)를 삼디 아니ᄒᆞ면 人(신)의게 밋디 몯홈을 憂(우)ᄒᆞ디 아니ᄒᆞ리라

② 栗谷本

孟子(밍ᄌᆞ)ㅣ ᄀᆞᄅᆞ샤ᄃᆡ 饑(긔)ᄒᆞᆫ 者(쟈)ᄂᆞᆫ 食(식)을 甘(감)히 ᄒᆞ고 渴(갈)ᄒᆞᆫ 者(쟈)ᄂᆞ 飮(음)을 甘(감)히 ᄒᆞᄂᆞ니 이ᄂᆞᆫ 飮食(음식)의 正(졍)을 得(득)홈아 어나라 饑渴(긔갈)이 害(해)홈이니 엇디 오직 口腹(구복)이 饑渴(긔갈)의 害(해)ㅣ 이시리오 人心(인심)이 ᄯᅩᄒᆞᆫ 다 害(해)홈이 잇ᄂᆞ니라

人(인)이 能(능)히 饑渴(긔갈)의 害(해)로ᄡᅥ 心(심) 害(해)를 되게 말면 人(인)의게 及(급)지 몯홈을 시름 삼지 아니리라

204(13-28) 柳下惠

孟子曰:「柳下惠, 不以三公易其介.」

① 陶山本

孟子(밍ᄌᆞ)ㅣ 골ᄋᆞ샤ᄃᆡ 柳下惠(류하혜)ᄂᆞᆫ 三公(삼공)으로ᄡᅥ 그 介(개)를 易(역)디 아니ᄒᆞ니라

② 栗谷本

孟子(밍ᄌᆞ)ㅣ ᄀᆞᄅᆞ샤ᄃᆡ 柳下惠(류하혜)ᄂᆞᆫ 三公(삼공)으로ᄡᅥ 그 介(개)를 易(역)디 아니ᄒᆞ니라

205(13-29) 掘井

孟子曰:「有爲者辟若掘井, 掘井九軔而不及泉, 猶爲棄井也.」

① 陶山本

孟子(ᄆᆡᆼᄌᆞ)ㅣ ᄀᆞᆯᄋᆞ샤ᄃᆡ ᄒᆞ욤이 인ᄂᆞᆫ 者(쟈)ㅣ 辟(비)컨댄 井(졍)올 掘(굴)ᄒᆞ욤 ᄀᆞᄐᆞ니 井(졍) 掘(굴)홈을 九軔(구싄)을 호ᄃᆡ 泉(쳔)에 及(급)디 몯ᄒᆞ면 오히려 井(졍)을 棄(기)홈이니라

② 栗谷本

孟子(ᄆᆡᆼᄌᆞ)ㅣ ᄀᆞᄅᆞ샤ᄃᆡ 홈이 잇ᄂᆞᆫ 者(쟈)ᄂᆞᆫ 辟(비)컨댄 井(졍)을 掘(굴)홈 ᄀᆞᄐᆞ니 井(졍)을 掘(굴)홈을 九軔(구인)이라도 泉(쳔)에 及(급)디 몯ᄒᆞ면 오히려 井(졍)을 棄(기)홈이니라

206(13-30) *堯舜性之也*

孟子曰:「堯舜, 性之也; 湯武, 身之也; 五霸, 假之也. 久假而不歸, 惡知其非有也?」

① 陶山本

孟子(ᄆᆡᆼᄌᆞ)ㅣ ᄀᆞᆯᄋᆞ샤ᄃᆡ 堯舜(요슌)은 性(셩)ᄒᆞ신 이오 湯武(탕무)ᄂᆞᆫ 身(신)ᄒᆞ신 이오 五霸(오파)ᄂᆞᆫ 假(가)ᄒᆞᆫ 이니라

오래 假(가)ᄒᆞ고 歸(귀)티 아니ᄒᆞ니 엇디 그 有(유)ㅣ 아닌 주를 알리오

② 栗谷本

孟子(ᄆᆡᆼᄌᆞ)ㅣ ᄀᆞᄅᆞ샤ᄃᆡ 堯舜(요슌)은 性(셩)으로 ᄒᆞ시니오 湯武(탕무)ᄂᆞᆫ 身(신)으로 ᄒᆞ시니오 五霸(오패)ᄂᆞᆫ 假(가)로 ᄒᆞ니라

오래 假(가)ᄒᆞ야 歸(귀)티 아니ᄒᆞ니 그 둔 거시 아닌 줄을 엇디 알리오

207(13-31) *伊尹*

公孫丑曰:「伊尹曰:『予不狎于不順.』放太甲于桐, 民大悅. 太甲賢. 又反之, 民大悅. 賢者之爲臣也, 其君不賢, 則固可放與?」

孟子曰:「有伊尹之志, 則可; 無伊尹之志, 則簒也.」

① 陶山本

公孫丑(공손튝)ㅣ ᄀᆞᆯ오ᄃᆡ 伊尹(이윤)이 ᄀᆞᆯ오ᄃᆡ 予(여)ㅣ 不順(블슌)을 狎(압)디 아니호리라 ᄒᆞ고 太甲(태갑)을 桐(동)에 放(방)ᄒᆞᆫ대 民(민)이 키 悅(열)ᄒᆞ고 太甲(태갑)이 賢(현)커ᄂᆞᆯ ᄯᅩ 反(반)ᄒᆞᆫ대 民(민)이 키 悅(열)ᄒᆞ니

賢者(현쟈)ㅣ 人臣(신신)이 되야심애 그 君(군)이 賢(현)티 아니ᄒᆞ면 진실로 可(가)히

放(방)ᄒᆞ리잇가 孟子(ᄆᆡᆼᄌᆞ)ㅣ ᄀᆞᆯᄋᆞ샤ᄃᆡ 伊尹(이윤)의 志(지)ㅣ 이시면 可(가)커니와 伊尹(이윤)의 志(지)ㅣ 업스면 簒(찬)홈이니라

② 栗谷本

公孫丑(공손튜)ㅣ ᄀᆞᆯ오ᄃᆡ 伊尹(이윤)이 ᄀᆞᆯ오ᄃᆡ 내 順(슌)치 아니홈을 狎(압)디 아니ᄒᆞ리라 ᄒᆞ고 太甲(태갑)을 桐(동)애 放(방)ᄒᆞᆫ대 民(민)이 크게 깃거ᄒᆞ고 太甲(태갑)이 賢(현)ᄒᆞ거시ᄂᆞᆯ ᄯᅩ 反(반)ᄒᆞᆫ대 民(민)이 크게 깃거ᄒᆞ니

賢者(현쟈)ㅣ 人臣(인신)이 되옴애 그 님금이 賢(현)티 아니면 진실로 可(가)히 放(방)ᄒᆞ리잇가 孟子(ᄆᆡᆼᄌᆞ)ㅣ ᄀᆞᄅᆞ샤ᄃᆡ 伊尹(이윤)의 ᄠᅳᆮ을 두면 可(가)커니와 伊尹(이윤)의 ᄠᅳᆮ이 업스면 簒(찬)홈이니라

208(13-32) 安富尊榮

公孫丑曰:「詩曰:『不素餐兮』, 君子之不耕而食, 何也?」

孟子曰:「君子居是國也, 其君用之, 則安富尊榮; 其子弟從之, 則孝弟忠信. 『不素餐兮』, 孰大於是?」

① 陶山本

公孫丑(공손튜)ㅣ ᄀᆞᆯ오ᄃᆡ 詩(시)예 ᄀᆞᆯ오ᄃᆡ 素(소)히 餐(찬)티 아니타 ᄒᆞ니 君子(군ᄌᆞ)의 耕(경)티 아니ᄒᆞ고 食(식)홈은 엇디잇고 孟子(ᄆᆡᆼᄌᆞ)ㅣ ᄀᆞᆯᄋᆞ샤ᄃᆡ 君子(군ᄌᆞ)ㅣ 이 國(국)에 居(거)홈애 그 君(군)이 用(용)ᄒᆞ면 安(안)ᄒᆞ며 富(부)ᄒᆞ며 尊(존)ᄒᆞ며 榮(영)ᄒᆞ고 그 子弟(ᄌᆞ뎨)ㅣ 從(죵)ᄒᆞ면 孝(효)ᄒᆞ며 弟(뎨)ᄒᆞ며 忠(튱)ᄒᆞ며 信(신)ᄒᆞᄂᆞ니 素(소)히 餐(찬)티 아니홈이 뉘 이에셔 크리오

② 栗谷本

公孫丑(공손튜)ㅣ ᄀᆞᆯ오ᄃᆡ 詩(시)예 ᄀᆞᆯ오ᄃᆡ 素餐(소찬)을 아니ᄒᆞᆫ다 ᄒᆞ니 君子(군ᄌᆞ)의 耕(경)티 아니코 食(식)홈은 엇디잇고 孟子(ᄆᆡᆼᄌᆞ)ㅣ ᄀᆞᄅᆞ샤ᄃᆡ 君子(군ᄌᆞ)ㅣ 이 나라히 居(거)홈애 그 님금이 ᄡᅳ면 安(안)코 富(부)코 尊(존)코 榮(영)ᄒᆞ고 그 子弟(ᄌᆞ뎨)ㅣ 從(죵)ᄒᆞ면 孝(효)코 弟(뎨)코 忠(튱)코 信(신)ᄒᆞᄂᆞ니 素餐(소찬)을 아니홈이 므서시 이예셔 크리오

209(13-33) 尙志

王子墊問曰:「士何事?」

孟子曰:「尙志.」

曰:「何謂尙志?」

曰:「仁義而已矣. 殺一無罪, 非仁也; 非其有而取之, 非義也. 居惡在? 仁是也; 路惡在? 義是也. 居仁由義, 大人之事備矣.」

① 陶山本

王子(왕ᄌᆞ) 墊(뎜)이 묻ᄌᆞ와 ᄀᆞᆯ오ᄃᆡ 士(ᄉᆞ)ᄂᆞᆫ 므서ᄉᆞᆯ 事(ᄉᆞ)ᄒᆞᄂᆞ니잇고

孟子(ᄆᆡᆼᄌᆞ)ㅣ ᄀᆞᆯᄋᆞ샤ᄃᆡ 志(지)를 尙(샹)ᄒᆞᄂᆞ니라

ᄀᆞᆯ오ᄃᆡ 엇디 닐온 志(지)를 尙(샹)홈이니잇고 ᄀᆞᆯᄋᆞ샤ᄃᆡ 仁義(ᅀᅵᆫ의) ᄯᆞᄅᆞᆷ이니 ᄒᆞᆫ 無罪(무죄)를 殺(살)홈이 仁(ᅀᅵᆫ)이 아니며 그 두디 아닐 꺼ᄉᆞᆯ 取(츄)ᄒᆞ욤이 義(의)ㅣ 아니니 居(거)ㅣ 어ᄃᆡ 인ᄂᆞᇁ 仁(ᅀᅵᆫ)이 이라 路(로)ㅣ 어ᄃᆡ 인ᄂᆞᇁ 義(의)ㅣ 이라 仁(ᅀᅵᆫ)에 居(거)ᄒᆞ며 義(의)를 由(유)ᄒᆞ면 大人(대ᅀᅵᆫ)의 일이 備(비)ᄒᆞᆯ 이니라

② 栗谷本

王子(왕ᄌᆞ) 墊(뎜)이 問(문)ᄒᆞ야 ᄀᆞᆯ오ᄃᆡ 士(ᄉᆞ)ᄂᆞᆫ 므서슬 事(ᄉᆞ)ᄒᆞᄂᆞ니잇고

孟子(ᄆᆡᆼᄌᆞ)ㅣ ᄀᆞᄅᆞ샤ᄃᆡ 志(지)를 尙(샹)ᄒᆞᄂᆞ니라

ᄀᆞᆯ오ᄃᆡ 엇디 닐온 志(지)를 尙(샹)홈이니잇고 ᄀᆞᄅᆞ샤ᄃᆡ 仁義(인의)ㅣ ᄯᆞᄅᆞᆷ이니 ᄒᆞᆫ 罪(죄) 업슨 이를 殺(살)홈이 仁(인)이 아니오 그 둠이 아닌 거슬 取(츄)홈이 義(의)ㅣ 아니니 居(거)ㅣ 어ᄃᆡ 잇ᄂᆞᇁ 仁(인)이 이오 路(로)ㅣ 어ᄃᆡ 잇ᄂᆞᇁ 義(의)ㅣ 이니 仁(인)에 居(거)ᄒᆞ고 義(의)를 由(유)홈애 大人(대인)의 일이 ᄀᆞᆽᄂᆞ니라

210(13-34) 簞食豆羹

孟子曰:「仲子, 不義與之齊國而弗受, 人皆信之, 是舍簞食豆羹之義也. 人莫大焉亡親戚·君臣·上下. 以其小者信其大者, 奚可哉?」

① 陶山本

孟子(ᄆᆡᆼᄌᆞ)ㅣ ᄀᆞᆯᄋᆞ샤ᄃᆡ 仲子(듕ᄌᆞ)ㅣ 不義(블의)로 齊國(졔국)을 與(여)ᄒᆞ야든 受(슈)티 아니홈을 人(ᅀᅵᆫ)이 다 信(신)ᄒᆞ려니와 이 簞(단)읫 食(ᄉᆞ)와 豆(두)읫 羹(깅)을 舍(샤)ᄒᆞᄂᆞᆫ 義(의)라 人(ᅀᅵᆫ)이 이만 크니 업거늘 親戚(친쳑)과 君臣(군신)과 上下(샹하)ㅣ 업스니 그 小者(쇼쟈)로ᄡᅧ 그 大者(대쟈)를 信(신)홈이 엇디 可(가)ᄒᆞ리오

② 栗谷本

孟子(ᄆᆡᆼᄌᆞ)ㅣ ᄀᆞᄅᆞ샤ᄃᆡ 仲子(듕ᄌᆞ)ㅣ 不義(블의)로 齊國(졔국)을 주어도 받디 아닐 디라 人(인)이 다 밋거니와 이ᄂᆞᆫ 簞食(단ᄉᆞ)와 豆羹(두깅)을 ᄇᆞ리ᄂᆞᆫ 義(의)라 人(인)만 큰 이 업거ᄂᆞᆯ 親戚(친쳑)이며 君臣(군신)이며 上下(샹하)ㅣ 업게 ᄒᆞ니 그 져근 者(쟈)로ᄡᅧ 그 큰 者(쟈)를 미듬이 엇디 可(가)ᄒᆞ리오

211(13-35) 桃應

桃應問曰:「舜爲天子, 皐陶爲士, 瞽瞍殺人, 則如之何?」

孟子曰:「執之而已矣.」

「然則舜不禁與?」

曰:「夫舜惡得而禁之? 夫有所受之也.」

「然則舜如之何?」

曰:「舜視棄天下, 猶棄敝蹝也. 竊負而逃, 遵海濱而處, 終身訢然, 樂而忘天下.」

① 陶山本

桃應(도웅)이 묻ᄌᆞ와 ᄀᆞᆯ오ᄃᆡ 舜(슌)이 天子(텬ᄌᆞ)ㅣ 되야 겨시고 皐陶(고요)ㅣ 士(ᄉᆞ)ㅣ 도엿거든 瞽瞍(고수)ㅣ 人(신)을 殺(살)ᄒᆞ면 엇디 ᄒᆞ리잇고

孟子(ᄆᆡᆼᄌᆞ)ㅣ ᄀᆞᆯᄋᆞ샤ᄃᆡ 執(집)ᄒᆞᆯ ᄯᆞᄅᆞᆷ이니라

그러면 舜(슌)은 禁(금)티 아니ᄒᆞ시리잇가

ᄀᆞᆯᄋᆞ샤ᄃᆡ 舜(슌)이 엇디 시러곰 禁(금)ᄒᆞ시리오 受(슈)ᄒᆞᆫ 배 인ᄂᆞ니라

그러면 舜(슌)은 엇디 ᄒᆞ시리잇고

ᄀᆞᆯᄋᆞ샤ᄃᆡ 舜(슌)이 天下(텬하) 棄(기)홈을 視(시)ᄒᆞ샤ᄃᆡ 敝(폐)ᄒᆞᆫ 蹝(ᄉᆞ)를 棄(기)홈 ᄀᆞ티 ᄒᆞ샤 竊(졀)ᄒᆞ야 負(부)ᄒᆞ야 逃(도)ᄒᆞ샤 海濱(ᄒᆡ빈)을 遵(쥰)ᄒᆞ야 處(쳐)ᄒᆞ샤 身(신)이 終(죵)토록 訢然(흔연)히 樂(락)ᄒᆞ야 天下(텬하)를 忘(망)ᄒᆞ시리라

② 栗谷本

桃應(도웅)이 問(문)ᄒᆞ야 ᄀᆞᆯ오ᄃᆡ 舜(슌)이 天子(텬ᄌᆞ)ㅣ 되시고 皐陶(고요)ㅣ 士(ᄉᆞ)ㅣ 되어실 제 瞽瞍(고수)ㅣ 人(인)을 殺(살)ᄒᆞ면 엇디리잇고

孟子(ᄆᆡᆼᄌᆞ)ㅣ ᄀᆞᄅᆞ샤ᄃᆡ 執(집)ᄒᆞᆯ ᄯᆞᄅᆞᆷ이니라

그러면 舜(슌)이 禁(금)티 아니시리잇가

ᄀᆞᄅᆞ샤ᄃᆡ 舜(슌)이 엇디 시러곰 禁(금)ᄒᆞ시리오 受(슈)ᄒᆞᆫ 배 잇ᄂᆞ니라

그러면 舜(슌)이 엇디시리잇고

ᄀᆞᄅᆞ샤ᄃᆡ 舜(슌)이 天下(텬하) ᄇᆞ리기 봄을 헌 신 ᄇᆞ림 ᄀᆞ티 녀기샤 竊負(졀부)ᄒᆞ야 逃(도)ᄒᆞ샤 海濱(ᄒᆡ빈)을 遵(쥰)ᄒᆞ야 處(쳐)ᄒᆞ샤 몸이 ᄆᆞᆺ도록 訢然(흔연)히 즐겨 天下(텬하)를 니ᄌᆞ시리라

212(13-36) 廣居

孟子自范之齊, 望見齊王之子. 喟然歎曰:「居移氣, 養移體, 大哉,居乎! 夫非盡人之子與?」

孟子曰:「王子宮室·車馬·衣服多與人同, 而王子若彼者, 其居使之然也; 況居天下之廣居者乎? 魯君之宋, 呼於垤澤之門. 守者曰:『此非吾君也, 何其聲之似我君也?』此無他, 居相似也.」

① 陶山本

孟子(ᄆᆡᆼᄌᆞ)ㅣ 范(범)으로브터 齊(졔)예 가더시니 齊王(졔왕)의 子(ᄌᆞ)ᄅᆞᆯ ᄇᆞ라보시고 喟然(위연)히 嘆(탄)ᄒᆞ야 ᄀᆞᆯᄋᆞ샤ᄃᆡ 居(거)ㅣ 氣(긔)ᄅᆞᆯ 移(이)ᄒᆞ며 養(양)이 體(톄)ᄅᆞᆯ 移(이)ᄒᆞᄂᆞ니 크다 居(거)ㅣ여 다 人(신)의 子(ᄌᆞ)ㅣ 아니가

王子(왕ᄌᆞ)의 宮室(궁실)과 車馬(거마)와 衣服(의복)이 만히 人(신)으로 더브러 同(동)호ᄃᆡ 王子(왕ᄌᆞ)ㅣ 뎌 ᄀᆞᄐᆞᆫ 그 居(거)ㅣ ᄒᆞ여곰 그러케 홈이니 ᄒᆞᄆᆞᆯ며 天下(텬하)읫 廣居(광거)에 居(거)ᄒᆞᄂᆞᆫ 者(쟈)아

魯君(로군)이 宋(송)애 가 垤澤(딜턱)ㅅ 門(문)에셔 呼(호)ᄒᆞ거ᄂᆞᆯ 守(슈)ᄒᆞᆫ 者(쟈)ㅣ ᄀᆞᆯ오ᄃᆡ 이 우리 君(군)이 아니로ᄃᆡ 엇디 그 소ᄅᆡ 우리 君(군) ᄀᆞᄐᆞ뇨 ᄒᆞ니 이ᄂᆞᆫ 他(타)ㅣ 업슨 디라 居(거)ㅣ 서르 ᄀᆞᄐᆞᆷ이니라

② 栗谷本

孟子(ᄆᆡᆼᄌᆞ)ㅣ 范(범)으로브터 齊(졔)예 가샤 齊王(졔왕)의 子(ᄌᆞ)ᄅᆞᆯ ᄇᆞ라보시고 喟然(위연)히 탄식ᄒᆞ야 ᄀᆞᄅᆞ샤ᄃᆡ 居(거)ㅣ 氣(긔)ᄅᆞᆯ 移(이)ᄒᆞ며 養(양)이 體(톄)ᄅᆞᆯ 移(이)ᄒᆞᄂᆞ니 크다 居(거)ㅣ여 다 人(인)의 아ᄃᆞᆯ이 아니가

王子(왕ᄌᆞ)ㅣ 宮室(궁실)이며 車馬(거마)ㅣ며 衣服(의복)이 해 人(인)과 더브러 ᄒᆞᆫ 가지로ᄃᆡ 王子(왕ᄌᆞ)ㅣ 뎌러홈은 그 居(거)ㅣ ᄒᆡ여곰 그러ᄒᆞ니 ᄒᆞᄆᆞᆯ며 天下(텬하)의 廣居(광거)에 居(거)ᄒᆞᄂᆞᆫ 者(쟈)ㅣ ᄯᆞ녀

魯君(로군)이 宋(송)에 가 垤澤(딜턱)의 門(문)에셔 呼(호)ᄒᆞ거ᄂᆞᆯ 守者(슈쟈)ㅣ ᄀᆞᆯ오ᄃᆡ 이 내 님금이 아니로ᄃᆡ 엇디 그 소ᄅᆡ 내 님금 ᄀᆞᄐᆞ뇨 ᄒᆞ니 이ᄂᆞᆫ 他(타)ㅣ 아니라 居(거)ㅣ 서르 ᄀᆞᄐᆞᆯ 시니라

213(13-37) *虛拘*

孟子曰:「食而弗愛, 豕交之也; 愛而不敬, 獸畜之也. 恭敬者, 幣之未將者也. 恭敬而無實, 君子不可虛拘.」

① 陶山本

孟子(ᄆᆡᆼᄌᆞ)ㅣ ᄀᆞᆯᄋᆞ샤ᄃᆡ 食(ᄉᆞ)ᄒᆞ고 愛(ᄋᆡ)티 아니면 豕(시)로 交(교)홈이오 愛(ᄋᆡ)ᄒᆞ고 敬(경)티 아니면 獸(슈)로 畜(휵)홈이니라

恭敬(공경)은 幣(폐) ㅣ 將(쟝)티 몯ᄒᆞ야셔 ᄒᆞᄂᆞᆫ 者(쟈) ㅣ니라
恭敬(공경)호ᄃᆡ 實(실)이 업스면 君子(군ᄌᆞ) ㅣ 可(가)히 虛(허)히 拘(구)티 몯ᄒᆞᆯ 꺼시니라

② 栗谷本

孟子(ᄆᆡᆼᄌᆞ) ㅣ ᄀᆞᄅᆞ샤ᄃᆡ 食(ᄉᆞ)코 愛(ᄋᆡ)티 아니ᄒᆞ면 豕(시)로 交(교)홈이오 愛(ᄋᆡ)코 敬(경)티 아니ᄒᆞ면 獸(슈)로 畜(휵)홈이니라
恭敬(공경)은 幣(폐)의 將(쟝)티 아닌 제니
恭敬(공경)호ᄃᆡ 實(실)이 업스면 君子(군ᄌᆞ) ㅣ 可(가)히 虛(허)히 拘(구)티 몯ᄒᆞᆯ 디니라

214(13-38) 踐形

孟子曰:「形色, 天性也; 惟聖人, 然後可以踐形.」

① 陶山本

孟子(ᄆᆡᆼᄌᆞ) ㅣ ᄀᆞᆯᄋᆞ샤ᄃᆡ 形(형)과 色(ᄉᆡᆨ)은 天性(텬셩)이니 오직 聖人(셩신)인 然後(연후)에 可(가)히 ᄡᅧ 形(형)을 踐(쳔)ᄒᆞᄂᆞ니라

② 栗谷本

孟子(ᄆᆡᆼᄌᆞ) ㅣ ᄀᆞᄅᆞ샤ᄃᆡ 形(형)과 色(ᄉᆡᆨ)이 天性(텬셩)이니 오직 聖人(셩인)인 後(후)에아 可(가)히 ᄡᅧ 形(형)을 踐(쳔)ᄒᆞᄂᆞ니라

215(13-39) 短喪

齊宣王欲短喪.
公孫丑曰:「爲朞之喪, 猶愈於已乎?」
孟子曰:「是猶或紾其兄之臂, 子謂之姑徐徐云爾. 亦敎之孝弟而已矣.」
王子有其母死者, 其傅爲之請數月之喪.
公孫丑曰:「若此者, 何如也?」
曰:「是欲終之而不可得也. 雖加一日愈於已, 謂夫莫之禁而弗爲者也.」

① 陶山本

齊宣王(졔션왕)이 喪(상)을 短(단)히 ᄒᆞ고져 ᄒᆞ거늘 公孫丑(공손튜) ㅣ ᄀᆞᆯ오ᄃᆡ 期(긔)ㅅ 喪(상)을 홈이 오히려 已(이)홈애셔 愈(유)ᄒᆞᆫ뎌
孟子(ᄆᆡᆼᄌᆞ) ㅣ ᄀᆞᆯᄋᆞ샤ᄃᆡ 이ᄂᆞᆫ 或(혹)이 그 兄(형)의 臂(비)ᄅᆞᆯ 紾(딘)ᄒᆞ거든 子(ᄌᆞ) ㅣ 닐오ᄃᆡ 아직 徐徐(셔셔)히 ᄒᆞ라 홈 ᄀᆞᆮ도다 ᄯᅩᄒᆞᆫ 孝弟(효뎨)로 敎(교)ᄒᆞᆯ ᄯᆞᄅᆞᆷ이니라

王子(왕ᄌᆞ)ㅣ 그 母(모)ㅣ 死(ᄉᆞ)ᄒᆞᆫ 者(쟈)ㅣ 잇거ᄂᆞᆯ 그 傅(부)ㅣ 爲(위)ᄒᆞ야 數月(수월)ㅅ 喪(상)을 請(쳥)ᄒᆞ더니 公孫丑(공손튜)ㅣ ᄀᆞᆯ오ᄃᆡ 이ᄀᆞᄐᆞᆫ 者(쟈)ᄂᆞᆫ 엇더니잇고

ᄀᆞᆯᄋᆞ샤ᄃᆡ 이 終(죵)코쟈 호ᄃᆡ 可(가)히 得(득)디 몯ᄒᆞᄂᆞᆫ 디라 비록 一日(일실)을 加(가)ᄒᆞ나 已(이)홈애셔 愈(유)ᄒᆞ니 禁(금)ᄒᆞ리 업시셔 ᄒᆞ디 아니ᄒᆞᄂᆞᆫ 者(쟈)를 닐옴이니라

② 栗谷本

齊宣王(졔션왕)이 喪(상)을 短(단)케 ᄒᆞ고져 ᄒᆞ거시ᄂᆞᆯ 公孫丑(공손튜)ㅣ ᄀᆞᆯ오ᄃᆡ 期(긔)의 喪(상)을 홈이 오히려 말기두곤 나은뎌

孟子(ᄆᆡᆼᄌᆞ)ㅣ ᄀᆞᄅᆞ샤ᄃᆡ 이ᄂᆞᆫ 或(혹) 그 兄(형)의 臂(비)ᄅᆞᆯ 紾(딘)ᄒᆞ거ᄂᆞᆯ 子(ᄌᆞ)ㅣ 안즉 날회여 ᄒᆞ라 닐옴 ᄀᆞᆮ도소니 ᄯᅩᄒᆞᆫ 孝弟(효뎨)ᄅᆞᆯ ᄀᆞᄅᆞ칠 ᄯᆞᄅᆞᆷ이니라

王子(왕ᄌᆞ)ㅣ 그 母(모)ㅣ 죽은 이 잇거ᄂᆞᆯ 그 傅(부)ㅣ 爲(위)ᄒᆞ야 數月(수월)의 喪(상)을 請(쳥)ᄒᆞᆫ대 公孫丑(공손튜)ㅣ ᄀᆞᆯ오ᄃᆡ 이러ᄒᆞᆯ 者(쟈)ᄂᆞᆫ 엇더ᄒᆞ니잇고

ᄀᆞᄅᆞ샤ᄃᆡ 이ᄂᆞᆫ 終(죵)코져 호ᄃᆡ 可(가)히 得(득)디 몯홈이라 비록 ᄒᆞᆫ 날을 더으나 말기두곤 나으니 禁(금)ᄒᆞᆯ 이 업시 ᄒᆞ디 아닌ᄂᆞᆫ 者(쟈)ᄅᆞᆯ 니ᄅᆞ니라

216(13-40) 五敎

孟子曰:「君子之所以敎者五: 有如時雨化之者, 有成德者, 有達財者, 有答問者, 有私淑艾者. 此五者, 君子之所以敎也.」

① 陶山本

孟子(ᄆᆡᆼᄌᆞ)ㅣ ᄀᆞᆯᄋᆞ샤ᄃᆡ 君子(군ᄌᆞ)의 ᄡᅥ 敎(교)ᄒᆞᄂᆞᆫ 밧 者(쟈)ㅣ 다ᄉᆞ시니
時雨(시우)ㅣ 化(화)홈 ᄀᆞᄐᆞᆫ 者(쟈)도 이시며
德(덕)을 成(셩)ᄒᆞᆫ 者(쟈)도 이시며 財(ᄌᆡ)를 達(달)ᄒᆞᆫ 者(쟈)도 이시며
問(문)을 答(답)ᄒᆞᄂᆞᆫ 者(쟈)도 이시며
그으기 淑(슉)으로 艾(예)ᄒᆞᄂᆞᆫ 者(쟈)도 이시니
이 五者(오쟈)ᄂᆞᆫ 君子(군ᄌᆞ)의 ᄡᅥ 敎(교)ᄒᆞᄂᆞᆫ 배니라

② 栗谷本

孟子(ᄆᆡᆼᄌᆞ)ㅣ ᄀᆞᄅᆞ샤ᄃᆡ 君子(군ᄌᆞ)의 ᄡᅥ 敎(교)ᄒᆞᄂᆞᆫ 배 다ᄉᆞ시니
時雨(시우)ㅣ 化(화)홈 ᄀᆞᆮᄐᆞᆫ 者(쟈)ㅣ 이시며
德(덕)을 成(셩)ᄒᆞᄂᆞᆫ 者(쟈)ㅣ 이시며 財(ᄌᆡ)ᄅᆞᆯ 達(달)ᄒᆞᄂᆞᆫ 者(쟈)ㅣ 이시며
問(문)을 答(답)ᄒᆞᄂᆞᆫ 者(쟈)ㅣ 이시며
그으기 淑(슉)으로 艾(예)ᄒᆞᆯ 者(쟈)ㅣ 이시니
이 다ᄉᆺ 者(쟈)ㅣ 君子(군ᄌᆞ)의 ᄡᅥ 敎(교)ᄒᆞᄂᆞᆫ 배니라

217(13-41) 繩墨・彀率

公孫丑曰:「道則高矣美矣, 宜若登天然, 似不可及也. 何不使彼爲可幾及而日孶孶也?」

孟子曰:「大匠不爲拙工改廢繩墨, 羿不爲拙射變其彀率. 君子引而不發, 躍如也. 中道而立, 能者從之.」

① 陶山本

公孫丑(공손튜)ㅣ ᄀᆞᆯ오ᄃᆡ 道(도)ㅣ 곧 高(고)ᄒᆞ고 美(미)ᄒᆞ나 맛당이 天(텬)에 登(등)홈 ᄀᆞᄐᆞᆫ 디라 可(가)히 及(급)디 몯홀ᄃᆞᆺ ᄒᆞ니 엇디 彼(피)로 ᄒᆞ여곰 可(가)히 거의 及(급)홀다 ᄒᆞ야 日(실)로 孶孶(ᄌᆞᄌᆞ)케 아니ᄒᆞ시ᄂᆞ니잇고 孟子(ᄆᆡᆼᄌᆞ)ㅣ ᄀᆞᆯᄋᆞ샤ᄃᆡ 大匠(대쟝)이 拙(졸)ᄒᆞᆫ 工(공)을 爲(위)ᄒᆞ야 繩(승)과 墨(믁)을 改(ᄀᆡ)ᄒᆞ며 廢(폐)티 아니ᄒᆞ며 羿(여)ㅣ 拙(졸)ᄒᆞᆫ 射(샤)를 爲(위)ᄒᆞ야 그 彀(구)의 率(률)을 變(변)티 아니ᄒᆞᄂᆞ니라

君子(군ᄌᆞ)ㅣ 引(인)ᄒᆞ고 發(발)티 아니ᄒᆞ야 躍(약)ᄃᆞᆺ ᄒᆞ야 中道(듕도)로 立(립)ᄒᆞ얏거든 能(ᄂᆞᆼ)ᄒᆞᆫ 者(쟈)ㅣ 從(죵)ᄒᆞᄂᆞ니라

② 栗谷本

公孫丑(공손튜)ㅣ ᄀᆞᆯ오ᄃᆡ 道(도)ᄂᆞᆫ 高(고)ᄒᆞ며 美(미)ᄒᆞ나 맛당이 天(텬)에 오름 ᄀᆞᄐᆞᆫ 디라 可(가)히 밋디 몯홀ᄃᆞᆺ ᄒᆞ도소니 엇디 뎌로 ᄒᆡ여곰 可(가)히 밋초믈 ᄇᆞ라게 ᄒᆞ야 날로 孶孶(ᄌᆞᄌᆞ)케 아니시ᄂᆞ니잇고 孟子(ᄆᆡᆼᄌᆞ)ㅣ ᄀᆞᄅᆞ샤ᄃᆡ 大匠(대쟝)이 拙工(졸공)을 爲(위)ᄒᆞ야 繩墨(승믁)을 고텨 廢(폐)티 아니ᄒᆞ며 羿(여)ㅣ 拙射(졸샤)ᄅᆞᆯ 爲(위)ᄒᆞ야 그 彀率(구률)을 變(변)티 아니ᄒᆞᄂᆞ니라

君子(군ᄌᆞ)ㅣ 引(인)코 發(발)티 아니ᄒᆞ나 躍(약)ᄒᆞᆫᄃᆞᆺ ᄒᆞ야 道(도)에 中(듕)ᄒᆞ야 立(립)ᄒᆞ얏거든 能(ᄂᆞᆼ)ᄒᆞᆫ 者(쟈)ㅣ 從(죵)ᄒᆞᄂᆞ니라

218(13-42) 以道殉身

孟子曰:「天下有道, 以道殉身; 天下無道, 以身殉道. 未聞以道殉乎人者也.」

① 陶山本

孟子(ᄆᆡᆼᄌᆞ)ㅣ ᄀᆞᆯᄋᆞ샤ᄃᆡ 天下(텬하)ㅣ 道(도)ㅣ 이숌앤 道(도)로ᄡᅧ 身(신)을 殉(슌)ᄒᆞ고 天下(텬하)ㅣ 道(도)ㅣ 업슴앤 身(신)으로ᄡᅧ 道(도)를 殉(슌)ᄒᆞᄂᆞ니

道(도)로ᄡᅧ 人(신)의게 殉(슌)홈을 듣디 몯게라

② 栗谷本

孟子(밍ᄌᆞ)ㅣ ᄀᆞᄅᆞ샤ᄃᆡ 天下(텬하)ㅣ 道(도)ㅣ 이신 제 道(도)로ᄡᅥ 身(신)을 殉(슌)ᄒᆞ고 天下(텬하)ㅣ 道(도)ㅣ 업슨 제 身(신)으로ᄡᅥ 道(도)를 殉(슌)ᄒᆞᆯ 디니

道(도)로ᄡᅥ 人(인)의게 殉(슌)ᄒᆞᄂᆞᆫ 者(쟈)를 듯디 몯게라

219(13-43) 滕更

公都子曰:「滕更之在門也, 若在所禮. 而不答, 何也?」

孟子曰:「挾貴而問, 挾賢而問, 挾長而問, 挾有勳勞而問, 挾故而問, 皆所不答也. 滕更有二焉.」

① 陶山本

公都子(공도ᄌᆞ)ㅣ ᄀᆞᆯ오ᄃᆡ 滕更(등깅)이 門(문)에 이실 제 禮(례)ᄒᆞᆯ ᄲᅡ애 이싦ᄃᆞᆺ 호ᄃᆡ 答(답)디 아니ᄒᆞ심은 엇디잇고

孟子(밍ᄌᆞ)ㅣ ᄀᆞᆯᄋᆞ샤ᄃᆡ 貴(귀)를 挾(협)ᄒᆞ야 問(문)ᄒᆞ며 賢(현)을 挾(협)ᄒᆞ야 問(문)ᄒᆞ며 長(댱)을 挾(협)ᄒᆞ야 問(문)ᄒᆞ며 勳勞(훈로) 이심을 挾(협)ᄒᆞ야 問(문)ᄒᆞ며 故(고)를 挾(협)ᄒᆞ야 問(문)홈이 다 答(답)디 아니ᄒᆞᆯ ᄲᅢ니 滕更(등깅)이 二(ᅀᅵ)를 둔ᄂᆞ니라

② 栗谷本

公都子(공도ᄌᆞ)ㅣ ᄀᆞᆯ오ᄃᆡ 滕更(등깅)이 門(문)에 이신 제 禮(례)ᄒᆞ실 배 잇ᄂᆞᆫᄃᆞᆺ 호ᄃᆡ 答(답)디 아니ᄒᆞ샴은 엇디니잇고

孟子(밍ᄌᆞ)ㅣ ᄀᆞᄅᆞ샤ᄃᆡ 貴(귀)를 挾(협)ᄒᆞ야 問(문)ᄒᆞ며 賢(현)을 挾(협)ᄒᆞ야 問(문)ᄒᆞ며 長(댱)을 挾(협)ᄒᆞ야 問(문)ᄒᆞ며 勳勞(훈로)ㅣ 이숌을 挾(협)ᄒᆞ야 問(문)ᄒᆞ며 故(고)를 挾(협)ᄒᆞ야 問(문)홈이 다 答(답)디 아닐 배니 滕更(등깅)이 둘흘 두니라

220(13-44) 進銳退速

孟子曰:「於不可已而已者, 無所不已; 於所厚者薄, 無所不薄也. 其進銳者, 其退速.」

① 陶山本

孟子(밍ᄌᆞ)ㅣ ᄀᆞᆯᄋᆞ샤ᄃᆡ 可(가)히 已(이)티 몯ᄒᆞᆯ ᄃᆡ 已(이)ᄒᆞᄂᆞᆫ 者(쟈)ᄂᆞᆫ 已(이)티 아닐 ᄲᅢ 업고 厚(후)ᄒᆞᆯ ᄡᅡ 者(쟈)에 薄(박)ᄒᆞ면 薄(박)디 아닐 ᄲᅢ 업ᄂᆞ니라

그 進(진)홈이 銳(예)ᄒᆞᆫ 者(쟈)ᄂᆞᆫ 그 退(퇴)홈이 速(속)ᄒᆞᄂᆞ니라

② 栗谷本

孟子(밍ᄌᆞ)ㅣ ᄀᆞᄅᆞ샤ᄃᆡ 可(가)히 마디 몯홀 ᄃᆡ 마는 者(쟈)ᄂᆞᆫ 마디 아닐 배 업스며 厚(후)홀 바애 薄(박)히 ᄒᆞ면 薄(박)히 아닐 배 업ᄉᆞ니라

그 進(진)홈이 銳(예)ᄒᆞᆫ 者(쟈)ᄂᆞᆫ 그 退(퇴)홈이 速(속)ᄒᆞ니라

221(13-45) 愛物

孟子曰:「君子之於物也, 愛之而弗仁; 於民也, 仁之而弗親. 親親而仁民, 仁民而愛物.」

① 陶山本

孟子(밍ᄌᆞ)ㅣ ᄀᆞᆯᄋᆞ샤ᄃᆡ 君子(군ᄌᆞ)ㅣ 物(믈)에 愛(ᄋᆡ)ᄒᆞ고 仁(ᅀᅵᆫ)티 아니ᄒᆞ고 民(민)에 仁(ᅀᅵᆫ)ᄒᆞ고 親(친)티 아니ᄒᆞᄂᆞ니 親(친)을 親(친)ᄒᆞ고 民(민)을 仁(ᅀᅵᆫ)ᄒᆞ며 民(민)을 仁(ᅀᅵᆫ)ᄒᆞ고 物(믈)을 愛(ᄋᆡ)ᄒᆞᄂᆞ니라

② 栗谷本

孟子(밍ᄌᆞ)ㅣ ᄀᆞᄅᆞ샤ᄃᆡ 君子(군ᄌᆞ)ㅣ 物(믈)에 愛(ᄋᆡ)코 仁(인)티 아니ᄒᆞ고 民(민)에 仁(인)코 親(친)티 아닛ᄂᆞ니 親(친)을 親(친)코 民(민)을 仁(인)ᄒᆞ고 民(민)을 仁(인)코 物(믈)을 愛(ᄋᆡ)홀 디니라

222(13-46) 當務之爲急

孟子曰:「知者無不知也, 當務之爲急; 仁者無不愛也, 急親賢之爲務. 堯舜之知而不偏物, 急先務也; 堯舜之仁不偏愛人, 急親賢也. 不能三年之喪, 而緦小功之察; 放飯流歠, 而問無齒決, 是之謂不知務.」

① 陶山本

孟子(밍ᄌᆞ)ㅣ ᄀᆞᆯᄋᆞ샤ᄃᆡ 知(디)ᄒᆞᆫ 者(쟈)ㅣ 知(디)티 아니홈이 업스나 맛당이 務(무)홀 꺼슬 急(급)을 삼고 仁(ᅀᅵᆫ)ᄒᆞᆫ 者(쟈)ㅣ 愛(ᄋᆡ)티 아니홈이 업스나 賢(현) 親(친)홈 急(급)히 홈을 務(무)를 삼ᄂᆞ니 堯舜(요슌)의 知(디)로 物(믈)에 偏(변)티 몯홈은 몬져 務홀 꺼슬 急(급)히 홈이오 堯舜(요슌)의 仁(ᅀᅵᆫ)으로 人(ᅀᅵᆫ)을 愛(ᄋᆡ)홈애 偏(변)티 몯홈은 賢(현)을 親(친)홈을 急(급)히 홈이니라

三年(삼년)ㅅ 喪(상)을 能(능)티 몯ᄒᆞ고 緦(싀)와 小功(쇼공)을 察(찰)ᄒᆞ며 放(방)히 飯(반)ᄒᆞ며 흘리 歠(텰)ᄒᆞ고 齒決(치결) 말옴올 問(문)홈이 이를 닐온 務(무)를 아디 몯홈이니라

② 栗谷本

孟子(ᄆᆡᆼᄌᆞ)ㅣ ᄀᆞᄅᆞ샤ᄃᆡ 知者(디쟈)ㅣ 아디 몯ᄒᆞᆷ이 업스나 맛당이 務(무)ᄒᆞᆯ 거시 急(급)ᄒᆞ고 仁者(인쟈)ㅣ 愛(ᄋᆡ)티 아님이 업스나 賢(현)을 親(친)ᄒᆞ기 急(급)히 녀곰을 務(무)삼을 디니 堯舜(요슌)의 知(디)로 物(믈)에 徧(변)티 아니ᄒᆞ샴은 몬져 務ᄒᆞᆯ 거슬 急(급)히 녀기심이오 堯舜(요슌)의 仁(인)으로 人(인)을 徧(변)히 愛(ᄋᆡ)티 아니ᄒᆞ샴은 賢(현)을 親(친)ᄒᆞᆷ을 急(급)히 녀기심이니라

三年(삼년)읫 喪(상)을 能(능)히 몯ᄒᆞ고 緦(싀)와 小功(쇼공)에 察(찰)ᄒᆞ며 飯(반)을 放(방)코 歠(텰)을 流(류)ᄒᆞ며 齒(치)로 決(결)티 마롬을 물옴이 이 닐온 務(무)ᄅᆞᆯ 아디 몯ᄒᆞᆷ이니라

第十四〈盡心章句〉(下)

223(14-1) 不仁哉梁惠王也

孟子曰:「不仁哉, 梁惠王也! 仁者以其所愛及其所不愛, 不仁者以其所不愛及其所愛.」

公孫丑曰:「何謂也?」

「梁惠王以土地之故, 糜爛其民而戰之, 大敗, 將復之, 恐不能勝, 故驅其所愛子弟以殉之, 是之謂以其所不愛及其所愛也.」

① 陶山本

孟子(ᄆᆡᆼᄌᆞ)ㅣ ᄀᆞᆯᄋᆞ샤ᄃᆡ 仁(ᅀᅵᆫ)티 아니ᄒᆞ다 梁惠王(량혜왕)이여 仁(ᅀᅵᆫ)ᄒᆞᆫ 者(쟈)ᄂᆞᆫ 그 愛(ᄋᆡ)ᄒᆞᄂᆞᆫ 바로뻐 그 愛(ᄋᆡ)티 아니ᄒᆞᄂᆞᆫ 바애 及(급)ᄒᆞ고 仁(ᅀᅵᆫ)티 아니ᄒᆞᆫ 者(쟈)ᄂᆞᆫ 그 愛(ᄋᆡ)티 아니ᄒᆞᄂᆞᆫ 바로뻐 그 愛(ᄋᆡ)ᄒᆞᄂᆞᆫ 바애 及(급)ᄒᆞᄂᆞ니라

公孫丑(공손튜)ㅣ ᄀᆞᆯ오ᄃᆡ 엇디 닐옴이니잇고 梁惠王(량혜왕)이 土地(토디)의 故(고)로뻐 그 民(민)을 糜爛(미란)케 ᄒᆞ야 戰(젼)ᄒᆞ야 키 敗(패)ᄒᆞ고 쟝ᄎᆞᆺ 復(부)호려 호ᄃᆡ 能(능)히 勝(승)티 몯ᄒᆞᆯ까 恐(공)ᄒᆞᆫ 故(고)로 그 愛(ᄋᆡ)ᄒᆞᄂᆞᆫ 밧 子弟(ᄌᆞ뎨)를 驅(구)ᄒᆞ야 뻐 殉(슌)ᄒᆞ니 이를 닐온 그 愛(ᄋᆡ)티 아니ᄒᆞᄂᆞᆫ 바로뻐 그 愛(ᄋᆡ)ᄒᆞᄂᆞᆫ 바애 及(급)홈이니라

② 栗谷本

孟子(ᄆᆡᆼᄌᆞ)ㅣ ᄀᆞᄅᆞ샤ᄃᆡ 仁(인)치 아니타 梁惠王(량혜왕)이여 仁(인)ᄒᆞᆫ 者(쟈)ᄂᆞᆫ 그 ᄉᆞ랑ᄒᆞᄂᆞᆫ 바로뻐 그 ᄉᆞ랑티 아닛ᄂᆞᆫ 바에 及(급)ᄒᆞ고 仁(인)티 아닌 者(쟈)ᄂᆞᆫ 그 ᄉᆞ랑티 아닛ᄂᆞᆫ 바로뻐 그 ᄉᆞ랑ᄒᆞᄂᆞᆫ 바에 及(급)ᄒᆞᄂᆞ니라

公孫丑(공손튜)ㅣ ᄀᆞᆯ오ᄃᆡ 엇디 닐옴이니잇고 梁惠王(량혜왕)이 土地(토디)의 故(고)로뻐 그 民(민)을 糜爛(미란)케 ᄒᆞ야 戰(젼)ᄒᆞ다가 크게 敗(패)ᄒᆞ고 쟝ᄎᆞᆺ 또 호려 호ᄃᆡ 能(능)히 이긔디 몯ᄒᆞᆯ가 젓ᄂᆞᆫ 디라 故(고)로 그 ᄉᆞ랑ᄒᆞᄂᆞᆫ 밧 子弟(ᄌᆞ뎨)ᄅᆞᆯ 모라 뻐 殉(슌)ᄒᆞ니 이 닐온 그 ᄉᆞ랑티 아닛ᄂᆞᆫ 바로뻐 그 ᄉᆞ랑ᄒᆞᄂᆞᆫ 바에 及(급)홈이니라

224(14-2) 春秋無義戰

孟子曰:「春秋無義戰. 彼善於此, 則有之矣. 征者上伐下也, 敵國不相征也.」

① 陶山本

孟子(밍ᄌᆞ)ㅣ ᄀᆞᆯᄋᆞ샤ᄃᆡ 春秋(츈츄)에 義戰(의젼)이 업스니 뎌 이에셔 善(션)ᄒᆞ니ᄂᆞᆫ 인ᄂᆞ니라

征(졍)은 上(샹)이 下(하)를 伐(벌)홈이니 敵國(뎍국)은 서르 征(졍)티 몯ᄒᆞᄂᆞ니라

② 栗谷本

孟子(밍ᄌᆞ)ㅣ ᄀᆞᄅᆞ샤ᄃᆡ 春秋(츈츄)애 義(의)ᄒᆞᆫ 戰(젼)이 업스니 뎌 이두곤 善(션)ᄒᆞᆫ 이ᄂᆞᆫ 잇ᄂᆞ니라

征(졍)홈은 上(샹)이 下(하)ᄅᆞᆯ 伐(벌)호미니 敵(뎍)ᄒᆞᆫ 나라ᄒᆞᆫ 서르 征(졍)티 몯ᄒᆞᆯ 디니라

225(14-3) 流杵

孟子曰:「盡信書, 則不如無書. 吾於武成, 取二三策而已矣. 仁人無敵於天下. 以至仁伐至不仁, 而何其血之流杵也?」

① 陶山本

孟子(밍ᄌᆞ)ㅣ ᄀᆞᆯᄋᆞ샤ᄃᆡ 書(셔)를 다 信(신)ᄒᆞ면 書(셔)ㅣ 업슴만 ᄀᆞᆮ디 몯ᄒᆞ니라

내 武成(무셩)에 二三策(ᅀᅵ삼칙)을 取(취)ᄒᆞᆯ ᄯᆞᄅᆞᆷ이로라

仁人(ᅀᅵᆫ신)은 天下(텬하)애 敵(뎍)이 업ᄉᆞ니 지극ᄒᆞᆫ 仁(신)으로ᄡᅥ 지극ᄒᆞᆫ 不仁(블신)을 伐(벌)ᄒᆞ거니 엇디 그 血(혈)이 杵(져)를 流(류)ᄒᆞ리오

② 栗谷本

孟子(밍ᄌᆞ)ㅣ ᄀᆞᄅᆞ샤ᄃᆡ 書(셔)를 다 미드면 書(셔)ㅣ 업솜만 ᄀᆞᆺ디 몯ᄒᆞ니라

내 武成(무셩)에 두 세 策(칙)만 取(취)ᄒᆞᆯ ᄯᆞᄅᆞᆷ이로라

仁(인)ᄒᆞᆫ 人(인)은 天下(텬하)에 敵(뎍)이 업슬 디니 지극ᄒᆞᆫ 仁(인)으로ᄡᅥ 지극ᄒᆞᆫ 不仁(블인)을 치거든 엇디 그 血(혈)이 杵(져)ᄅᆞᆯ 流(류)케 ᄒᆞ리오

226(14-4) 焉用戰

孟子曰:「有人曰:『我善爲陳, 我善爲戰.』大罪也. 國君好仁, 天下無敵焉. 南面而征北狄怨, 東面而征西夷怨. 曰:『奚爲後我?』武王之伐殷也, 革車三百兩, 虎賁三千人. 王曰:『無畏! 寧爾也, 非敵百姓也.』若崩厥角稽首. 征之爲言正也, 各欲正己也, 焉用戰?」

① 陶山本

孟子(밍ᄌᆞ)ㅣ ᄀᆞᆯᄋᆞ샤ᄃᆡ 人(신)이 이셔 ᄀᆞᆯ오ᄃᆡ 내 陳(딘)ᄒᆞ기를 善(션)히 ᄒᆞ며 내 戰(젼)

ᄒᆞ기를 善(션)히 ᄒᆞ노라 ᄒᆞ면 큰 罪(죄)니라

國君(국군)이 仁(ᅀᅵᆫ)을 好(호)ᄒᆞ면 天下(텬하)애 敵(뎍)ᄒᆞ리 업ᄂᆞ니 南(남)으로 面(면)ᄒᆞ야 征(졍)홈애 北狄(븍뎍)이 怨(원)ᄒᆞ며 東(동)으로 面(면)ᄒᆞ야 征(졍)홈애 西夷(셔이)ㅣ 怨(원)ᄒᆞ야 ᄀᆞᆯ오ᄃᆡ 엇디 나ᄅᆞᆯ 後(후)에 ᄒᆞᄂᆞ뇨 ᄒᆞ니라

武王(무왕)이 殷(은)을 伐(벌)ᄒᆞ심애 革車(혁거)ㅣ 三百兩(삼ᄇᆡᆨ량)이오 虎賁(호분)이 三千人(삼쳔ᅀᅵᆫ)이러니라

王(왕)이 ᄀᆞᆯᄋᆞ샤ᄃᆡ 畏(외)티 말라 爾(ᅀᅵ)를 寧(녕)케 ᄒᆞ논 디라 百姓(ᄇᆡᆨ셩)을 敵(뎍)홈이 아니라 ᄒᆞ신대 그 角(각)이 崩(붕)ᄐᆞᆺ ᄒᆞ야 首(슈)를 稽(계)ᄒᆞ니라

征(졍)이란 말ᄋᆞᆫ 正(졍)홈이니 각각 己(긔)ᄅᆞᆯ 正(졍)콰댜 ᄒᆞ니 엇디 戰(젼)을 ᄡᅳ리오

② 栗谷本

孟子(ᄆᆡᇰᄌᆞ)ㅣ ᄀᆞᄅᆞ샤ᄃᆡ 人(인)이 이셔 ᄀᆞᆯ오ᄃᆡ 내 陳(진)을 잘 ᄒᆞ며 내 戰(젼)을 잘 ᄒᆞ노라 ᄒᆞ면 큰 罪(죄)ㅣ니라

國君(국군)이 仁(인)을 好(호)ᄒᆞ면 天下(텬하)애 敵(뎍)이 업슬 디니 南面(남면)ᄒᆞ야 征(졍)ᄒᆞ시매 北狄(븍뎍)이 怨(원)ᄒᆞ며 東面(동면)ᄒᆞ야 征(졍)ᄒᆞ시매 西夷(셔이)ㅣ 怨(원)ᄒᆞ야 ᄀᆞᆯ오ᄃᆡ 엇디 우리게 後(후)ᄒᆞ시ᄂᆞ뇨 ᄒᆞ니라

武王(무왕)이 殷(은)을 치실 제 革車(혁거)ㅣ 三百兩(삼ᄇᆡᆨ량)이오 虎賁(호분)이 三千人(삼쳔인)이러니

王(왕)이 ᄀᆞᄅᆞ샤ᄃᆡ 젓티 말라 너를 편케 홈이오 百姓(ᄇᆡᆨ셩)을 敵(뎍)홈이 아니라 ᄒᆞ신대 그 角(각)이 崩(붕)ᄐᆞ시 ᄒᆞ야 首(슈)ᄅᆞᆯ 稽(계)ᄒᆞ니라

征(졍)이라 言(언)홈은 正(졍)홈이라 각각 己(긔)ᄅᆞᆯ 正(졍)콰져 ᄒᆞᆯ 디니 엇디 ᄡᅧ 戰(젼)ᄒᆞ리오

227(14-5) 梓匠輪輿

孟子曰:「梓匠輪輿能與人規矩, 不能使人巧.」

① 陶山本

孟子(ᄆᆡᇰᄌᆞ)ㅣ ᄀᆞᆯᄋᆞ샤ᄃᆡ 梓(ᄌᆞ)와 匠(쟝)과 輪(륜)과 輿(여)ㅣ 能(능)히 人(ᅀᅵᆫ)을 規矩(규구)를 與(여)ᄒᆞᆯ ᄲᅮᆫ이언뎡 能(능)히 人(ᅀᅵᆫ)으로 ᄒᆞ여곰 巧(교)케 몯ᄒᆞᄂᆞ니라

② 栗谷本

孟子(ᄆᆡᇰᄌᆞ)ㅣ ᄀᆞᄅᆞ샤ᄃᆡ 梓(ᄌᆞ)와 匠(쟝)과 輪(륜)과 輿(여)ㅣ 能(능)히 人(인)을 規矩(규구)로 줄 ᄲᅮᆫ이언뎡 能(능)히 人(인)으로 ᄒᆡ여곰 巧(교)케 몯ᄒᆞᄂᆞ니라

228(14-6) 飯糗茹草

孟子曰:「舜之飯糗茹草也, 若將終身焉; 及其爲天子也, 被袗衣, 鼓琴, 二女果, 若固有之.」

① 陶山本

孟子(ᄆᆡᆼᄌᆞ)ㅣ ᄀᆞᆯᄋᆞ샤ᄃᆡ 舜(슌)이 糗(후)ᄅᆞᆯ 飯(반)ᄒᆞ시며 草(초)ᄅᆞᆯ 茹(ᅀᅧ)ᄒᆞ심애 쟝ᄎᆞᆺ 身(신)을 終(쥬ᇰ)ᄒᆞᇙ ᄃᆞᆺ ᄒᆞ더시니 그 天子(텬ᄌᆞ)ㅣ 되심애 미츠샨 袗衣(딘의)ᄅᆞᆯ 被(피)ᄒᆞ시며 琴(금)을 鼓(고)ᄒᆞ시며 二女(ᅀᅵ녀)ㅣ 果(과)ᄒᆞ욤을 본ᄃᆡ 둔ᄂᆞᆫ ᄃᆞᆺ ᄒᆞ더시다

② 栗谷本

孟子(ᄆᆡᆼᄌᆞ)ㅣ ᄀᆞᄅᆞ샤ᄃᆡ 舜(슌)이 糗(후)ᄅᆞᆯ 飯(반)ᄒᆞ시며 草(초)ᄅᆞᆯ 茹(여)ᄒᆞ실 제 쟝ᄎᆞᆺ 身(신)을 終(쥬ᇰ)ᄒᆞᆯ ᄃᆞᆺ ᄒᆞ더시니 밋 그 天子(텬ᄌᆞ)ㅣ 되시매ᄂᆞᆫ 袗衣(딘의)ᄅᆞᆯ 닙고 琴(금)을 鼓(고)ᄒᆞ시며 二女(이녀) 果(과)ᄅᆞᆯ 본ᄃᆡ 둠 ᄀᆞᆺ티 녀기더시니라

229(14-7) 殺人

孟子曰:「吾今而後知殺人親之重也: 殺人之父, 人亦殺其父; 殺人之兄, 人亦殺其兄. 然則非自殺之也, 一閒耳.」

① 陶山本

孟子(ᄆᆡᆼᄌᆞ)ㅣ ᄀᆞᆯᄋᆞ샤ᄃᆡ 내 이젠 後(후)에 人(ᅀᅵᆫ)의 親(친)을 殺(살)홈이 重(듀ᇰ)ᄒᆞᆫ 주ᄅᆞᆯ 알와라 人(ᅀᅵᆫ)의 父(부)ᄅᆞᆯ 殺(살)ᄒᆞ면 人(ᅀᅵᆫ)이 ᄯᅩᄒᆞᆫ 그 父(부)ᄅᆞᆯ 殺(살)ᄒᆞ고 人(ᅀᅵᆫ)의 兄(형)을 殺(살)ᄒᆞ면 人(ᅀᅵᆫ)이 ᄯᅩᄒᆞᆫ 그 兄(형)을 殺(살)ᄒᆞᄂᆞ니 그러면 스스로 殺(살)티 아닐 ᄯᅵ언뎡 一閒(일간) ᄲᅮᆫ이니라

② 栗谷本

孟子(ᄆᆡᆼᄌᆞ)ㅣ ᄀᆞᄅᆞ샤ᄃᆡ 내 이제 後(후)에 人(인)의 어버이 殺(살)ᄒᆞ기 重(듀ᇰ)홈을 알괘라 人(인)의 아비ᄅᆞᆯ 殺(살)ᄒᆞ면 人(인)이 ᄯᅩᄒᆞᆫ 제 아비ᄅᆞᆯ 殺(살)ᄒᆞ고 人(인)의 兄(형)을 殺(살)ᄒᆞ면 人(인)이 ᄯᅩᄒᆞᆫ 제 兄(형)을 殺(살)ᄒᆞ리니 그러면 스스로 殺(살)홈이 아니나 ᄒᆞᆫ나만 閒(간)ᄒᆞ얏ᄂᆞ니라

230(14-8) 禦暴

孟子曰:「古之爲關也, 將以禦暴. 今之爲關也, 將以爲暴.」

① 陶山本

孟子(밍ᄌᆞ)ㅣ ᄀᆞᆯᄋᆞ샤ᄃᆡ 네 關(관)을 ᄒᆞ욤은 쟝ᄎᆞᆺ ᄡᅧ 暴(포)를 禦(어)호려 ᄒᆞ더니 이제 關(관)을 ᄒᆞ욤은 쟝ᄎᆞᆺ ᄡᅧ 暴(포)를 홈이로다

② 栗谷本

孟子(밍ᄌᆞ)ㅣ ᄀᆞᄅᆞ샤ᄃᆡ 네 關(관)을 홈은 쟝ᄎᆞᆺ ᄡᅧ 暴(포)를 禦(어)홈이러니 이제 關(관)을 홈은 쟝ᄎᆞᆺ ᄡᅧ 暴(포)를 홈이로다

231(14-9) 身不行道

孟子曰:「身不行道, 不行於妻子; 使人不以道, 不能行於妻子.」

① 陶山本

孟子(밍ᄌᆞ)ㅣ ᄀᆞᆯᄋᆞ샤ᄃᆡ 身(신)이 道(도)를 行(ᄒᆡᆼ)티 아니ᄒᆞ면 妻子(쳐ᄌᆞ)애 行(ᄒᆡᆼ)티 아니ᄒᆞ고 人(신)을 使(ᄉᆞ)호ᄃᆡ 道(도)로ᄡᅥ 아니ᄒᆞ면 能(ᄂᆞᆼ)히 妻子(쳐ᄌᆞ)애 行(ᄒᆡᆼ)티 몯ᄒᆞᄂᆞ니라

② 栗谷本

孟子(밍ᄌᆞ)ㅣ ᄀᆞᄅᆞ샤ᄃᆡ 身(신)이 道(도)를 行(ᄒᆡᆼ)티 몯ᄒᆞ면 妻子(쳐ᄌᆞ)에 行(ᄒᆡᆼ)티 몯ᄒᆞ고 人(인)을 使(ᄉᆞ)호ᄃᆡ 道(도)로ᄡᅥ 아니면 能(ᄂᆞᆼ)히 妻子(쳐ᄌᆞ)에 行(ᄒᆡᆼ)티 몯ᄒᆞᆯ 디니라

232(14-10) 周于利者

孟子曰:「周于利者, 凶年不能殺; 周于德者, 邪世不能亂.」

① 陶山本

孟子(밍ᄌᆞ)ㅣ ᄀᆞᆯᄋᆞ샤ᄃᆡ 利(리)에 周(쥬)ᄒᆞᆫ 者(쟈)ᄂᆞᆫ 凶(흉)ᄒᆞᆫ 年(년)이 能(ᄂᆞᆼ)히 殺(살)티 몯ᄒᆞ고 德(덕)에 周(쥬)ᄒᆞᆫ 者(쟈)ᄂᆞᆫ 邪(샤)ᄒᆞᆫ 世(셰)ㅣ 能(ᄂᆞᆼ)히 亂(란)티 몯ᄒᆞᄂᆞ니라

② 栗谷本

孟子(밍ᄌᆞ)ㅣ ᄀᆞᄅᆞ샤ᄃᆡ 利(리)에 周(쥬)ᄒᆞᆫ 者(쟈)ᄂᆞᆫ 凶年(흉년)이 能(ᄂᆞᆼ)히 殺(살)티 몯ᄒᆞ고 德(덕)에 周(쥬)ᄒᆞᆫ 者(쟈)ᄂᆞᆫ 邪世(샤셰)ㅣ 能(ᄂᆞᆼ)히 亂(란)티 몯ᄒᆞᄂᆞ니라

233(14-11) 好名之人

孟子曰:「好名之人, 能讓千乘之國; 苟非其人, 簞食豆羹見於色.」

① 陶山本

孟子(ᄆᆡᇰᄌᆞ)ㅣ ᄀᆞᆯᄋᆞ샤ᄃᆡ 名(명)을 好(호)ᄒᆞᄂᆞᆫ 사ᄅᆞᆷ은 能(ᄂᆞᆼ)히 千乘(쳔승)ㅅ 國(국)을 讓(샹)ᄒᆞᄂᆞ니 진실로 그 人(ᄉᆡᆫ)이 아니면 簞(단)읫 食(ᄉᆞ)와 豆(두)읫 羹(ᄀᆡᆼ)애 色(ᄉᆡᆨ)애 見(현)ᄒᆞᄂᆞ니라

② 栗谷本

孟子(ᄆᆡᇰᄌᆞ)ㅣ ᄀᆞᄅᆞ샤ᄃᆡ 名(명)을 好(호)ᄒᆞᄂᆞᆫ 人(인)이 能(ᄂᆞᆼ)히 千乘(쳔승) 나라ᄒᆞᆯ 讓(양)ᄒᆞ거니와 진실로 그 人(인)이 아니면 簞食(단ᄉᆞ)와 豆羹(두ᄀᆡᆼ)만 □ᄃᆡ 色(ᄉᆡᆨ)애 見(현)ᄒᆞᄂᆞ니라

234(14-12) 不信仁賢

孟子曰:「不信仁賢, 則國空虛. 無禮義, 則上下亂. 無政事, 則財用不足.」

① 陶山本

孟子(ᄆᆡᇰᄌᆞ)ㅣ ᄀᆞᆯᄋᆞ샤ᄃᆡ 仁賢(ᄉᆡᆫ현)을 信(신)티 아니ᄒᆞ면 國(국)이 空虛(공허)ᄒᆞ고
禮義(례의)ㅣ 업ᄉᆞ면 上下(샹하)ㅣ 亂(란)ᄒᆞ고
政事(졍ᄉᆞ)ㅣ 업ᄉᆞ면 財用(ᄌᆡ용)이 足(죡)디 몯ᄒᆞᄂᆞ니라

② 栗谷本

孟子(ᄆᆡᇰᄌᆞ)ㅣ ᄀᆞᄅᆞ샤ᄃᆡ 仁賢(인현)을 밋디 아니ᄒᆞ면 나라히 空虛(공허)ᄒᆞ고
禮義(례의)ㅣ 업스면 上下(샹하)ㅣ 亂(란)ᄒᆞ고
政事(졍ᄉᆞ)ㅣ 업스면 財用(ᄌᆡ용)이 足(죡)디 몯ᄒᆞᆯ 디니라

235(14-13) 得天下

孟子曰:「不仁而得國者, 有之矣; 不仁而得天下, 未之有也.」

① 陶山本

孟子(ᄆᆡᇰᄌᆞ)ㅣ ᄀᆞᆯᄋᆞ샤ᄃᆡ 仁(ᄉᆡᆫ)티 몯ᄒᆞ고 國(국)을 得(득)ᄒᆞᆫ 者(쟈)ᄂᆞᆫ 잇거니와 仁(ᄉᆡᆫ)티 몯ᄒᆞ고 天下(텬하)ᄅᆞᆯ 得(득)ᄒᆞᆫ 이ᄂᆞᆫ 잇디 아니ᄒᆞ니라

② 栗谷本

孟子(ᄆᆡᇰᄌᆞ)ㅣ ᄀᆞᄅᆞ샤ᄃᆡ 仁(인)티 아니코 國(국)을 得(득)ᄒᆞᆫ 者(쟈)ᄂᆞᆫ 잇거니와 仁(인)티 아니코 天下(텬하)ᄅᆞᆯ 得(득)ᄒᆞᆫ 이ᄂᆞᆫ 잇디 아니니라

236(14-14) 民爲貴

孟子曰:「民爲貴, 社稷次之, 君爲輕. 是故得乎丘民而爲天子, 得乎天子爲諸侯, 得乎諸侯爲大夫. 諸侯危社稷, 則變置. 犧牲旣成, 粢盛旣潔, 祭祀以時, 然而旱乾水溢, 則變置社稷.」

① 陶山本

孟子(ᄆᆡᆼᄌᆞ)ㅣ ᄀᆞᆯᄋᆞ샤ᄃᆡ 民(민)이 貴(귀)ᄒᆞ고 社稷(샤직)이 次(ᄎᆞ)ᄒᆞ고 君(군)이 輕(경)ᄒᆞ니라

이런 故(고)로 丘民(구민)에 得(득)ᄒᆞᆫ 이 天子(텬ᄌᆞ)ㅣ 되고 天子(텬ᄌᆞ)에 得(득)ᄒᆞᆫ 이 諸侯(져후)ㅣ 되고 諸侯(져후)의 得(득)ᄒᆞᆫ 이 태위 되ᄂᆞ니라

諸侯(져후)ㅣ 社稷(샤직)을 危(위)케 ᄒᆞ면 變置(변티)ᄒᆞᄂᆞ니라

犧牲(희ᄉᆡᆼ)이 임의 成(셩)ᄒᆞ며 粢盛(ᄌᆞ셩)이 임의 潔(결)ᄒᆞ야 祭祀(졔ᄉᆞ)ᄅᆞᆯ 時(시)로ᄡᅥ 호ᄃᆡ 그러나 旱(한)ᄒᆞ야 乾(간)ᄒᆞ며 水(슈)ᄒᆞ야 溢(일)ᄒᆞ면 社稷(샤직)을 變置(변티)ᄒᆞᄂᆞ니라

② 栗谷本

孟子(ᄆᆡᆼᄌᆞ)ㅣ ᄀᆞᄅᆞ샤ᄃᆡ 民(민)이 貴(귀)ᄒᆞ고 社稷(샤직)이 次(ᄎᆞ)ᄒᆞ고 君(군)이 輕(경)ᄒᆞ니라

이런 故(고)로 丘民(구민)에 得(득)ᄒᆞᆫ 이 天子(텬ᄌᆞ)ㅣ 되고 天子(텬ᄌᆞ)에 得(득)ᄒᆞᆫ 이 諸侯(져후)ㅣ 되고 諸侯(져후)예 得(득)ᄒᆞᆫ 이 大夫(대부)ㅣ 되ᄂᆞ니라

諸侯(져후)ㅣ 社稷(샤직)을 危(위)케 ᄒᆞ면 變(변)ᄒᆞ야 置(티)ᄒᆞᄂᆞ니라

犧牲(희ᄉᆡᆼ)이 이믜 成(셩)ᄒᆞ며 粢盛(ᄌᆞ셩)이 이믜 潔(결)ᄒᆞ야 祭祀(졔ᄉᆞ)ᄅᆞᆯ 時(시)로ᄡᅥ 호ᄃᆡ 그려도 旱(한)ᄒᆞ야 乾(간)ᄒᆞ며 水(슈)ㅣ 溢(일)ᄒᆞ면 社稷(샤직)을 變(변)ᄒᆞ야 置(티)ᄒᆞᄂᆞ니라

237(14-15) 百世之師

孟子曰:「聖人, 百世之師也, 伯夷·柳下惠是也. 故聞伯夷之風者, 頑夫廉, 懦夫有立志; 聞柳下惠之風者, 薄夫敦, 鄙夫寬. 奮乎百世之上, 百世之下, 聞者莫不興起也. 非聖人而能若是乎? 而況於親炙之者乎?」

① 陶山本

孟子(ᄆᆡᆼᄌᆞ)ㅣ ᄀᆞᆯᄋᆞ샤ᄃᆡ 聖人(셩인)은 百世(ᄇᆡᆨ셰)옛 師(ᄉᆞ)ㅣ니 伯夷(ᄇᆡᆨ이)와 柳下惠(류하혜)ㅣ 이라 故(고)로 伯夷(ᄇᆡᆨ이)의 風(풍)을 聞(문)ᄒᆞᆫ 者(쟈)ᄂᆞᆫ 頑(완)ᄒᆞᆫ 夫(부)ㅣ 廉(렴)ᄒᆞ며 懦(라)ᄒᆞᆫ 夫(부)ㅣ 立(립)ᄒᆞᆯ 志(지)를 두고 柳下惠(류하혜)의 風(풍)을 聞(문)ᄒᆞᆫ

者(쟈)ᄂᆞᆫ 薄(박)ᄒᆞᆫ 夫(부)ㅣ 敦(돈)ᄒᆞ며 鄙(비)ᄒᆞᆫ 夫(부)ㅣ 寬(관)ᄒᆞᄂᆞ니 百世(ᄇᆡᆨ셰)ㅅ 上(샹)에 奮분)ᄒᆞ여든 百世(ᄇᆡᆨ셰)ㅅ 下(하)에 聞(문)ᄒᆞᆫ 者(쟈)ㅣ 興起(흥긔)티 아니ᄒᆞ리 업스니 聖人(셩신)이 아니오 能(능)히 이ᄀᆞᄐᆞ랴 ᄒᆞ믈며 親(친)히 炙(쟈)ᄒᆞᆫ 者(쟈)아

② 栗谷本

孟子(ᄆᆡᆼᄌᆞ)ㅣ ᄀᆞᄅᆞ샤ᄃᆡ 聖人(셩인)은 百世(ᄇᆡᆨ셰)의 스승이니 伯夷(ᄇᆡᆨ이)와 柳下惠(류하혜)ㅣ 이라 故(고)로 伯夷(ᄇᆡᆨ이)의 風(풍)을 드른 者(쟈)ᄂᆞᆫ 頑(완)ᄒᆞᆫ 夫(부)ㅣ 廉(렴)ᄒᆞ며 懦(라)ᄒᆞᆫ 夫(부)ㅣ 立(립)ᄒᆞᆫ 志(지)을 두고 柳下惠(류하혜)의 風(풍)을 드른 者(쟈)ᄂᆞᆫ 薄(박)ᄒᆞᆫ 夫(부)ㅣ 敦(돈)ᄒᆞ며 鄙(비)ᄒᆞᆫ 夫(부)ㅣ 寬(관)ᄒᆞᄂᆞ니 百世(ᄇᆡᆨ셰) 우희셔 奮분)ᄒᆞ얏거든 百世(ᄇᆡᆨ셰) 아래 드른 者(쟈)ㅣ 興起(흥긔)티 아니리 업스니 聖人(셩인)이 아니오 能(능)히 이러ᄒᆞ랴 ᄒᆞ믈며 親(친)히 炙(쟈)ᄒᆞᆫ 者(쟈)ㅣᄯᆞ녀

238(14-16) 仁也者

孟子曰:「仁也者, 人也. 合而言之, 道也.」

① 陶山本

孟子(ᄆᆡᆼᄌᆞ)ㅣ ᄀᆞᆯᄋᆞ샤ᄃᆡ 仁(신)이란 거슨 人(신)이니 合(합)ᄒᆞ야 言(언)ᄒᆞ면 道(도)ㅣ니라

② 栗谷本

孟子(ᄆᆡᆼᄌᆞ)ㅣ ᄀᆞᄅᆞ샤ᄃᆡ 仁(인)이라 ᄒᆞᆫ 者(쟈)ᄂᆞᆫ 人(인)이니 合(합)ᄒᆞ야 言(언)컨댄 道(도)ㅣ니라

239(14-17) 接淅

孟子曰:「孔子之去魯, 曰:『遲遲吾行也.』去父母國之道也. 去齊, 接淅而行, 去他國之道也.」

① 陶山本

孟子(ᄆᆡᆼᄌᆞ)ㅣ ᄀᆞᆯᄋᆞ샤ᄃᆡ 孔子(공ᄌᆞ)ㅣ 魯(로)애 去(거)ᄒᆞ심애 ᄀᆞᆯᄋᆞ샤ᄃᆡ 遲遲(디디)ᄒᆞ다 내 行(ᄒᆡᆼ)이여 ᄒᆞ시니 父母(부모)의 國(국)을 去(거)ᄒᆞᄂᆞᆫ 道(도)ㅣ오 齊(졔)예 去(거)ᄒᆞ심애 淅(셕)을 接(졉)ᄒᆞ야 行(ᄒᆡᆼ)ᄒᆞ시니 他國(타국)을 去(거)ᄒᆞᄂᆞᆫ 道(도)ㅣ니라

② 栗谷本

孟子(ᄆᆡᆼᄌᆞ)ㅣ ᄀᆞᄅᆞ샤ᄃᆡ 孔子(공ᄌᆞ)ㅣ 魯(로)ᄅᆞᆯ 去(거)ᄒᆞ실 제 ᄀᆞᄅᆞ샤ᄃᆡ 遲遲(디디)ᄒᆞ다 내의 行(ᄒᆡᆼ)이여 ᄒᆞ시니 父母(부모)의 國(국)을 去(거)ᄒᆞᄂᆞᆫ 道(도)ㅣ오 齊(졔)ᄅᆞᆯ 去(거)ᄒᆞ실 제 淅(셕)을 接(졉)ᄒᆞ야 行(ᄒᆡᆼ)ᄒᆞ시니 他國(타국)을 去(거)ᄒᆞᄂᆞᆫ 道(도)ㅣ니라

240(14-18) 陳蔡之間

孟子曰:「君子之戹於陳蔡之閒, 無上下之交也.」

① 陶山本

孟子(밍ᄌᆞ)ㅣ 골ᄋᆞ샤ᄃᆡ 君子(군ᄌᆞ)ㅣ 陳蔡(딘채)ㅅ 間(간)애 戹(익)ᄒᆞ심은 上下(샹하)의 交(교)ᄒᆞ리 업슴이니라

② 栗谷本

孟子(밍ᄌᆞ)ㅣ ᄀᆞᄅᆞ샤ᄃᆡ 君子(군ᄌᆞ)ㅣ 陳蔡(딘채)ㅅ ᄉᆞ이에 戹(익)ᄒᆞ샴은 上下(샹하)의 交(교)ㅣ 업더시다

241(14-19) 貉稽

貉稽曰:「稽大不理於口.」

孟子曰:「無傷也. 士憎玆多口. 詩云:『憂心悄悄, 慍于群小.』孔子也. 『肆不殄厥慍, 亦不隕厥問.』文王也.」

① 陶山本

貉稽(믹계)ㅣ 골오ᄃᆡ 稽(계)ㅣ 키 口(구)에 理(리)티 몯호이다

孟子(밍ᄌᆞ)ㅣ 골ᄋᆞ샤ᄃᆡ 傷(샹)홈이 업ᄉᆞ니라 士(ᄉᆞ)ㅣ 더욱 이에 口(구)ㅣ 하니라

詩(시)예 닐오ᄃᆡ 憂(우)ᄒᆞᄂᆞᆫ 心(심)이 悄悄(쵸쵸)ᄒᆞ거ᄂᆞᆯ 群小(군쇼)의 慍(온)타 ᄒᆞ니 孔子(공ᄌᆞ)ㅣ시고 드듸여 그 慍(온)을 殄(딘)티 몯ᄒᆞ시나 ᄯᅩᄒᆞᆫ 그 問(문)을 隕(운)티 아니타 ᄒᆞ니 文王(문왕)이시니라

② 栗谷本

貉稽(믹계)ㅣ ᄀᆞ오ᄃᆡ 稽(계)ㅣ 크게 口(구)에 理(리)티 몯호이다

孟子(밍ᄌᆞ)ㅣ ᄀᆞᄅᆞ샤ᄃᆡ 傷(샹)홈이 업스니라 士(ᄉᆞ)의게 더고나 口(구)ㅣ 하니라

詩(시)예 닐오ᄃᆡ 心(심)에 憂(우)홈은 悄悄(쵸쵸)히 ᄒᆞ거ᄂᆞᆯ 羣小(군쇼)의게 慍(온)ᄒᆞ이다 ᄒᆞ니 孔子(공ᄌᆞ)ㅣ시고 그 慍(온)홈을 殄(딘)티 몯ᄒᆞ시나 ᄯᅩᄒᆞᆫ 그 問(문)을 隕(운)티 아니시다 ᄒᆞ니 文王(문왕)이시니라

242(14-20) 昭昭昏昏

孟子曰:「賢者以其昭昭, 使人昭昭; 今以其昏昏, 使人昭昭.」

① 陶山本

孟子(밍ᄌᆞ)ㅣ ᄀᆞᆯᄋᆞ샤ᄃᆡ 賢(현)ᄒᆞᆫ 者(쟈)ᄂᆞᆫ 그 昭昭(쇼쇼)로ᄡᅧ 人(신)으로 ᄒᆞ여곰 昭昭(쇼쇼)케 ᄒᆞ거ᄂᆞᆯ 이제ᄂᆞᆫ 그 昏昏(혼혼)으로ᄡᅧ 人(신)으로 ᄒᆞ여곰 昭昭(쇼쇼)ᄒᆞ라 ᄒᆞᄂᆞᆺ다

② 栗谷本

孟子(밍ᄌᆞ)ㅣ ᄀᆞ로샤ᄃᆡ 賢(현)ᄒᆞᆫ 者(쟈)ᄂᆞᆫ 그 昭昭(쇼쇼)로ᄡᅧ 人(인)을 ᄒᆡ여곰 昭昭(쇼쇼)케 ᄒᆞ거ᄂᆞᆯ 이제 그 昏昏(혼혼)으로ᄡᅧ 人(인)을 ᄒᆡ여곰 昭昭(쇼쇼)케 호려 ᄒᆞᄂᆞᆺ다

243(14-21) 山徑

孟子謂高子曰:「山徑之蹊閒, 介然用之而成路. 爲閒不用, 則茅塞之矣. 今茅塞子之心矣.」

① 陶山本

孟子(밍ᄌᆞ)ㅣ 高子(고ᄌᆞ)ᄃᆞ려 닐어 ᄀᆞᆯᄋᆞ샤ᄃᆡ 山徑(산경)의 蹊(계)ㅅ 間(간)이 介然(알연)애 用(용)ᄒᆞ면 路(로)ㅣ 成(셩)ᄒᆞ고 져근덛 用(용)티 아니ᄒᆞ면 茅(모)ㅣ 塞(식)ᄒᆞᄂᆞ니 이제 茅(모)ㅣ 子(ᄌᆞ)의 心(심)에 塞(식)ᄒᆞ엿도다

② 栗谷本

孟子(밍ᄌᆞ)ㅣ 高子(고ᄌᆞ)ᄃᆞ려 닐러 ᄀᆞ로샤ᄃᆡ 묏길희 蹊(계)ㅅ 즈음이 믄득 用(용)ᄒᆞ면 路(로)ㅣ 일고 져근덧 用(용)티 아니ᄒᆞ면 茅(모)ㅣ 塞(식)ᄒᆞᄂᆞ니 이제 子(ᄌᆞ)의 心(심)에 茅(모)ㅣ 塞(식)ᄒᆞ얏도다

244(14-22) 追蠡

高子曰:「禹之聲, 尙文王之聲.」
孟子曰:「何以言之?」
曰:「以追蠡.」
曰:「是奚足哉? 城門之軌, 兩馬之力與?」

① 陶山本

高子(고ᄌᆞ)ㅣ ᄀᆞᆯ오ᄃᆡ 禹(우)의 聲(셩)이 文王(문왕)의 聲(셩)의셔 더으도소이다
孟子(밍ᄌᆞ)ㅣ ᄀᆞᆯᄋᆞ샤ᄃᆡ 엇디 ᄡᅧ 닐옴고 ᄀᆞᆯ오ᄃᆡ 追(퇴)ㅣ 蠡(려)홈으로 ᄡᅦ니이다
ᄀᆞᆯᄋᆞ샤ᄃᆡ 이 엇디 足(족)ᄒᆞ리오 城門(셩문)읫 軌(궤)ㅣ 兩馬(량마)의 力(력)가

② 栗谷本

高子(고ᄌᆞ)ㅣ ᄀᆞᆯ오ᄃᆡ 禹(우)의 聲(셩)이 文王(문왕)의 聲(셩)두곤 더으도소이다
孟子(ᄆᆡᆼᄌᆞ)ㅣ ᄀᆞᄅᆞ샤ᄃᆡ 엇디 ᄡᅧ 니르ᄂᆞ뇨 ᄀᆞᆯ오ᄃᆡ 追(퇴)ㅣ 蠡(려)홈을 ᄡᅥ니이다
ᄀᆞᄅᆞ샤ᄃᆡ 이 엇디 足(족)ᄒᆞ리오 城門(셩문)의 軌(궤)ㅣ 두 ᄆᆞᆯ의 힘가

245(14-23) *馮婦*

齊饑. 陳臻曰:「國人皆以夫子將復爲發棠, 殆不可復.」

孟子曰:「是爲馮婦也. 晉人有馮婦者, 善搏虎, 卒爲善士. 則之野, 有衆逐虎. 虎負嵎, 莫之敢攖. 望見馮婦, 趨而迎之. 馮婦攘臂下車. 衆皆悅之, 其爲士者笑之.」

① 陶山本

齊(졔)ㅣ 饑(긔)ᄒᆞ거늘 陳臻(딘진)이 ᄀᆞᆯ오ᄃᆡ 國人(국신)이 다 夫子(부ᄌᆞ)로ᄡᅧ 쟝ᄎᆞᆺ 다시 棠(당)을 發(발)ᄒᆞ시리라 ᄒᆞᄂᆞ니 ᄌᆞ못 可(가)히 다시 몯ᄒᆞ시리로소이다

孟子(ᄆᆡᆼᄌᆞ)ㅣ ᄀᆞᆯᄋᆞ샤ᄃᆡ 이 馮婦(풍부)ㅣ로다 晉人(진신) 馮婦(풍부)ㅣ라 ᄒᆞᆫ 者(쟈)ㅣ 虎(호) 搏(박)ᄒᆞ기ᄅᆞᆯ 善(션)히 ᄒᆞ더니 ᄆᆞᄎᆞᆷ애 善(션)ᄒᆞᆫ 士(ᄉᆞ)ㅣ 되야 곧 野(야)의 갈 ᄊᆡ 衆(즁)이 虎(호)ᄅᆞᆯ 逐(튝)ᄒᆞ니 虎(호)ㅣ 嵎(우)ᄅᆞᆯ 負(부)ᄒᆞ얏거늘 敢(감)히 攖(영)티 몯ᄒᆞ야 馮婦(풍부)ᄅᆞᆯ ᄇᆞ라보고 趨(추)ᄒᆞ야 迎(영)ᄒᆞᆫ대 馮婦(풍부)ㅣ 臂(비)ᄅᆞᆯ 攘(샹)ᄒᆞ고 車(거)의 下(하)ᄒᆞ니 衆(즁)은 다 悅(열)ᄒᆞ고 그 士(ᄉᆞ) 도연ᄂᆞᆫ 者(쟈)ᄂᆞᆫ 笑(쇼)ᄒᆞ니라

② 栗谷本

齊(졔)ㅣ 饑(긔)ᄒᆞ거늘 陳臻(딘진)이 ᄀᆞᆯ오ᄃᆡ 나랏 人(인)이 다 夫子(부ᄌᆞ)로ᄡᅧ 쟝ᄎᆞᆺ ᄯᅩ 棠(당)을 發(발)ᄒᆞ게 ᄒᆞ시리라 ᄒᆞᄂᆞ니 ᄌᆞ못 可(가)히 다시 몯ᄒᆞ시리로소이다

孟子(ᄆᆡᆼᄌᆞ)ㅣ ᄀᆞᄅᆞ샤ᄃᆡ 이ᄂᆞᆫ 馮婦(풍부)ㅣ되옴이로다 晉人(진인) 馮婦(풍부)ㅣ라 ᄒᆞᆫ 者(쟈)ㅣ 이셔 虎(호) 搏(박)ᄒᆞ기ᄅᆞᆯ 잘 ᄒᆞ다가 ᄆᆞᄎᆞᆷ내 善士(션ᄉᆞ)ㅣ 되엿더니 들희 갈 제 衆(즁)이 이셔 虎(호)ᄅᆞᆯ 逐(튝)ᄒᆞᆫ대 虎(호)ㅣ 嵎(우)ᄅᆞᆯ 負(부)ᄒᆞ니 敢(감)히 攖(영)티 몯ᄒᆞ야 馮婦(풍부)ᄅᆞᆯ ᄇᆞ라보고 ᄃᆞ라와 맛거늘 馮婦(풍부)ㅣ ᄑᆞᆯ을 ᄲᅢ히고 술위예 ᄂᆞ린대 衆(즁)은 다 깃거ᄒᆞ고 그 士(ᄉᆞ) 되엿ᄂᆞᆫ 者(쟈)ᄂᆞᆫ 웃더라

246(14-24) *君子不謂命也*

孟子曰:「口之於味也, 目之於色也, 耳之於聲也, 鼻之於臭也, 四肢之於安佚也, 性也, 有命焉, 君子不謂性也. 仁之於父子也, 義之於君臣也, 禮之於賓主也, 智之於賢者也, 聖人之於天道也, 命也, 有性焉, 君子不謂命也.」

① 陶山本

孟子(ᄆᆡᆼᄌᆞ)ㅣ ᄀᆞᆯᄋᆞ샤ᄃᆡ 口(구)ㅣ 味(미)에와 目(목)이 色(ᄉᆡᆨ)애와 耳(ᅀᅵ)ㅣ 聲(셩)에와 鼻(비)ㅣ 臭(취)에와 四肢(ᄉᆞ지)ㅣ 安佚(안일)홈애 性(셩)이나 命(명)이 인ᄂᆞᆫ 디라 君子(군ᄌᆞ)ㅣ 性(셩)이라 닐ᄋᆞ디 아니ᄒᆞᄂᆞ니라

仁(ᅀᅵᆫ)이 父子(부ᄌᆞ)애와 義(의)ㅣ 君臣(군신)에와 禮(례)ㅣ 賓主(빈쥬)에와 智(디)ㅣ 賢者(현쟈)애와 聖人(셩ᅀᅵᆫ)이 天道(텬도)애 命(명)이나 性(셩)이 인ᄂᆞᆫ 디라 君子(군ᄌᆞ)ㅣ 命(명)이라 닐ᄋᆞ디 아니ᄒᆞᄂᆞ니라

② 栗谷本

孟子(ᄆᆡᆼᄌᆞ)ㅣ ᄀᆞᄅᆞ샤ᄃᆡ 입의 맛과 눈의 빗과 귀에 소ᄅᆡ와 코희 내와 四肢(ᄉᆞ디)에 편안홈이 性(셩)이나 命(명)이 잇ᄂᆞᆫ 디라 君子(군ᄌᆞ)ㅣ 性(셩)이라 니ᄅᆞ디 아닛ᄂᆞ니라

仁(인)이 父子(부ᄌᆞ)의게와 義(의)ㅣ 君臣(군신)의게와 禮(례)ㅣ 賓主(빈쥬)의게와 智(디)ㅣ 賢者(현쟈)의게와 聖人(셩인)이 天道(텬도)의게 命(명)이나 性(셩)이 잇ᄂᆞᆫ 디라 君子(군ᄌᆞ)ㅣ 命(명)이라 니ᄅᆞ디 아닛ᄂᆞ니라

247(14-25) 善人與信人

浩生不害問曰:「樂正子, 何人也?」

孟子曰:「善人也, 信人也.」

「何謂善? 何謂信?」

曰:「可欲之謂善, 有諸己之謂信. 充實之謂美, 充實而有光輝之謂大, 大而化之之謂聖, 聖而不可知之之謂神. 樂正子, 二之中, 四之下也.」

① 陶山本

浩生不害(호ᄉᆡᆼ블해) 묻ᄌᆞ와 ᄀᆞᆯ오ᄃᆡ 樂正子(악졍ᄌᆞ)ᄂᆞᆫ 엇던 사ᄅᆞᆷ이니잇고 孟子(ᄆᆡᆼᄌᆞ)ㅣ ᄀᆞᆯᄋᆞ샤ᄃᆡ 善(션)ᄒᆞᆫ 人(ᅀᅵᆫ)이며 信(신)ᄒᆞᆫ 人(ᅀᅵᆫ)이니라

엇디 닐온 善(션)이며 엇디 닐온 信(신)이잇고

ᄀᆞᆯᄋᆞ샤ᄃᆡ 可(가)히 欲(욕)ᄒᆞ염즉 홈을 닐온 善(션)이오

己(긔)예 두심을 닐온 信(신)이오

充實(츙실)홈을 닐온 美(미)오

充實(츙실)ᄒᆞ야 光輝(광휘) 이슘을 닐온 大(대)오

大(대)ᄒᆞ야 化(화)홈을 닐온 聖(셩)이오

聖(셩)ᄒᆞ야 可(가)히 아디 몯홈을 닐온 神(신)이니
樂正子(악졍ᄌᆞ)는 二(ᅀᅵ)의 中(듕)이오 四(ᄉᆞ)의 下(하)ㅣ니라

② 栗谷本

浩生不害(호ᄉᆡᆼ블해)ㅣ 問(문)ᄒᆞ야 ᄀᆞᆯ오ᄃᆡ 樂正子(악졍ᄌᆞ)는 엇던 人(인)이니잇고 孟子(ᄆᆡᆼᄌᆞ)ㅣ ᄀᆞᄅᆞ샤ᄃᆡ 善人(션인)이며 信人(신인)이니라
엇디 닐온 善(션)이며 엇디 닐온 信(신)이니잇고
ᄀᆞᄅᆞ샤ᄃᆡ 可(가)히 欲(욕)홈을 닐온 善(션)이오
己(긔)예 둠을 닐온 信(신)이오
充實(츙실)홈을 닐온 美(미)ㅣ오
充實(츙실)ᄒᆞ야 光輝(광휘) 이숌을 닐온 大(대)오
大(대)ᄒᆞ야 化(화)홈을 닐온 聖(셩)이오
聖(셩)ᄒᆞ야 可(가)히 아디 몯홈을 닐온 神(신)이니
樂正子(악졍ᄌᆞ)는 二(이)의 中(듕)이오 四(ᄉᆞ)의 下(하)ㅣ니라

248(14-26) 逃墨歸楊

孟子曰:「逃墨必歸於楊, 逃楊必歸於儒. 歸, 斯受之而已矣. 今之與楊墨辯者, 如追放豚, 旣入其苙, 又從而招之.」

① 陶山本

孟子(ᄆᆡᆼᄌᆞ)ㅣ ᄀᆞᆯᄋᆞ샤ᄃᆡ 墨(믁)에 逃(도)ᄒᆞ면 반ᄃᆞ시 楊(양)에 歸(귀)ᄒᆞ고 楊(양)에 逃(도)ᄒᆞ면 반ᄃᆞ시 儒(슈)에 歸(귀)ᄒᆞᄂᆞ니 歸(귀)커든 이예 受(슈)홀 ᄯᆞᄅᆞᆷ이니라
이제 楊(양)과 墨(믁)으로 더블어 辯(변)ᄒᆞᄂᆞᆫ 者(쟈)는 放(방)ᄒᆞᆫ 豚(돈)을 追(튜)홈 ᄀᆞᄐᆞ니 이믜 그 苙(닙)에 入(ᅀᅵᆸ)ᄒᆞ여든 ᄯᅩ 조초 招(됴)홈이로다

② 栗谷本

孟子(ᄆᆡᆼᄌᆞ)ㅣ ᄀᆞᄅᆞ샤ᄃᆡ 墨(믁)을 逃(도)ᄒᆞ면 반ᄃᆞ시 楊(양)에 歸(귀)ᄒᆞ고 楊(양)을 逃(도)ᄒᆞ면 반ᄃᆞ시 儒(유)에 歸(귀)홀 디니 歸(귀)커든 이에 受(슈)홀 ᄯᆞᄅᆞᆷ이니라
이제 楊(양)과 墨(믁)과 더브러 辯(변)ᄒᆞᄂᆞᆫ 者(쟈)ㅣ 放(방)ᄒᆞᆫ 豚(돈)을 追(튜)홈 ᄀᆞᄐᆞ야 이믜 그 笠(닙)에 들거든 ᄯᅩ 조차 招(됴)ᄒᆞᄂᆞᆺ다

249(14-27) 布縷之征

孟子曰:「有布縷之征, 粟米之征, 力役之征. 君子用其一, 緩其二. 用其二而民有殍, 用其三而父子離.」

① 陶山本

孟子(밍ᄌᆞ)ㅣ ᄀᆞᆯᄋᆞ샤ᄃᆡ 布縷(포루)ㅅ 征(졍)과 粟米(속미)ㅅ 征(졍)과 力役(력역)ㅅ 征(졍)이 이시니 君子(군ᄌᆞ)ㅣ 그 一(일)을 用(용)ᄒᆞ고 其(기) 二(ᅀᅵ)ᄅᆞᆯ 緩(완)ᄒᆞᆯ 띠니 그 二(ᅀᅵ)ᄅᆞᆯ 用(용)ᄒᆞ면 民(민)이 殍(표)ㅣ 잇고 그 三(삼)을 用(용)ᄒᆞ면 父子(부ᄌᆞ)ㅣ 離(리)ᄒᆞ리니라

② 栗谷本

孟子(밍ᄌᆞ)ㅣ ᄀᆞᄅᆞ샤ᄃᆡ 布縷(포루)의 征(졍)과 粟米(속미)의 征(졍)과 力役(력역)의 征(졍)이 이시니 君子(군ᄌᆞ)ㅣ 그 一(일)을 用(용)ᄒᆞ고 其(기) 二(이)ᄅᆞᆯ 緩(완)히 ᄒᆞᄂᆞ니 그 二(이)ᄅᆞᆯ 用(용)ᄒᆞ면 民(민)이 殍(표)ㅣ 잇고 그 三(삼)을 用(용)ᄒᆞ면 父子(부ᄌᆞ)ㅣ 離(리)ᄒᆞ리라

250(14-28) 諸侯之寶三

孟子曰:「諸侯之寶三: 土地, 人民, 政事. 寶珠玉者, 殃必及身.」

① 陶山本

孟子(밍ᄌᆞ)ㅣ ᄀᆞᆯᄋᆞ샤ᄃᆡ 諸侯(져후)의 寶(보)ㅣ 三(삼)이니 土地(토디)와 人民(ᅀᅵᆫ민)과 政事(졍ᄉᆞ)ㅣ니 珠玉(쥬옥)을 寶(보)ᄒᆞᄂᆞᆫ 者(쟈)ᄂᆞᆫ 殃(앙)이 반ᄃᆞ시 身(신)에 及(급)ᄒᆞᄂᆞ니라

② 栗谷本

孟子(밍ᄌᆞ)ㅣ ᄀᆞᄅᆞ샤ᄃᆡ 諸侯(져후)의 寶(보)ㅣ 세히 土地(토디)와 人民(인민)과 政事(졍ᄉᆞ)ㅣ니 珠玉(쥬옥)을 寶(보)ᄒᆞᄂᆞᆫ 者(쟈)ᄂᆞᆫ 殃(앙)이 반ᄃᆞ시 身(신)에 及(급)ᄒᆞᄂᆞ니라

251(14-29) 盆成括

盆成括仕於齊.
孟子曰:「死矣, 盆成括!」
盆成括見殺, 門人問曰:「夫子何以知其將見殺?」
曰:「其爲人也小有才, 未聞君子之大道也, 則足以殺其軀而已矣.」

① 陶山本

盆成括(분셩괄)이 齊(졔)예 仕(ᄉᆞ)ᄒᆞ더니 孟子(밍ᄌᆞ)ㅣ ᄀᆞᆯᄋᆞ샤ᄃᆡ 死(ᄉᆞ)ᄒᆞ리로다 盆成括(분셩괄)이여 盆成括(분셩괄)이 殺(살)홈을 見(견)ᄒᆞ야ᄂᆞᆯ 門人(문ᅀᅵᆫ)이 묻ᄌᆞ와 ᄀᆞᆯ오ᄃᆡ 夫子(부ᄌᆞ)ㅣ 엇디 ᄡᅧ 그 쟝ᄎᆞᆺ 殺(살)홈을 見(견)ᄒᆞᆯ ᄯᅮᆯ 아ᄅᆞ시니잇고 ᄀᆞᆯᄋᆞ샤ᄃᆡ 그 사ᄅᆞᆷ이로옴이

져기 才(진)를 둣고 君子(군즈)의 큰 道(도)를 듣디 몯ᄒᆞ여시니 곧 足(죡)히 ᄡᅧ 그 軀(구)를 殺(살)ᄒᆞᆯ ᄯᆞᄅᆞᆷ이니라

② 栗谷本

盆成括(분셩괄)이 齊(졔)예 仕(ᄉᆞ)ᄒᆞ거ᄂᆞᆯ 孟子(ᄆᆡᇰᄌᆞ)ㅣ ᄀᆞᄅᆞ샤ᄃᆡ 死(ᄉᆞ)ᄒᆞ리로다 盆成括(분셩괄)이여 盆成括(분셩괄)이 殺(살)홈을 보와ᄂᆞᆯ 門人(문인)이 問(문)ᄒᆞ야 ᄀᆞᆯ오ᄃᆡ 夫子(부ᄌᆞ)ㅣ 엇디 ᄡᅧ 그 쟝ᄎᆞᆺ 殺(살)호ᄆᆞᆯ 볼 줄을 아ᄅᆞ시니잇고 ᄀᆞᄅᆞ샤ᄃᆡ 그 人(인)이론디 젹이 才(진)를 두고 君子(군즈)의 大道(대도)를 듯디 몯ᄒᆞ야시니 足(죡)히 ᄡᅧ 그 軀(구)를 殺(살)ᄒᆞᆯ ᄯᆞᄅᆞᆷ이니라

252(14-30) 竊屨

孟子之滕, 館於上宮. 有業屨於牖上, 館人求之弗得. 或問之曰:「若是乎從者之廋也?」

曰:「子以是爲竊屨來與?」

曰:「殆非也. 夫子之設科也, 往者不追, 來者不拒. 苟以是心至, 斯受之而已矣.」

① 陶山本

孟子(ᄆᆡᇰᄌᆞ)ㅣ 滕(ᄃᆞᇰ)에 가샤 上宮(샹궁)에 館(관)ᄒᆞ얏더시니 業(업)ᄒᆞ던 屨(구)ㅣ 牖上(유샹)의 잇더니 館(관)ㅅ 人(신)이 求(구)ᄒᆞ야 得(득)디 몯ᄒᆞ다

或(혹)이 묻ᄌᆞ와 ᄀᆞᆯ오ᄃᆡ 이러ᄐᆞᆺ ᄒᆞᆯ셔 從者(죵쟈)의 廋(수)홈이여 ᄀᆞᆯᄋᆞ샤ᄃᆡ 子(ᄌᆞ)ㅣ 일로ᄡᅧ 屨(구) 竊(졀)홈을 爲(위)ᄒᆞ야 來(ᄅᆡ)ᄒᆞ다 ᄒᆞᄂᆞ냐 ᄀᆞᆯ오ᄃᆡ ᄌᆞᄆᆞᆺ 아니라 夫子(부ᄌᆞ)의 科(과)를 設(셜)ᄒᆞ심은 往(왕)ᄒᆞᄂᆞᆫ 者(쟈)를 追(튜)티 아니ᄒᆞ며 來(ᄅᆡ)ᄒᆞᄂᆞᆫ 者(쟈)를 拒(거)티 아니ᄒᆞ샤 진실로 이 ᄆᆞ음으로ᄡᅧ 至(지)ᄒᆞ거든 이에 受(슈)ᄒᆞᆯ ᄯᆞᄅᆞᆷ이시니라

② 栗谷本

孟子(ᄆᆡᇰᄌᆞ)ㅣ 滕(ᄃᆞᇰ)에 가샤 上宮(샹궁)에 館(관)ᄒᆞ얏더시니 業(업)ᄒᆞᆫ 屨(구)를 牖(유)우희 둗다가 館人(관인)이 求(구)ᄒᆞ야 得(득)디 몯ᄒᆞ다

或(혹)이 問(문)ᄒᆞ야 ᄀᆞᆯ오ᄃᆡ 이러ᄒᆞ냐 從者(죵쟈)의 廋(수)홈이여 ᄀᆞᄅᆞ샤ᄃᆡ 子(ᄌᆞ)ㅣ 일로ᄡᅧ 屨(구) 竊(졀)ᄒᆞ기를 爲(위)ᄒᆞ야 오다 ᄒᆞᄂᆞ냐 ᄀᆞᆯ오ᄃᆡ ᄌᆞ몯 아니라 夫子(부ᄌᆞ)의 科(과)를 設(셜)ᄒᆞ샴은 往(왕)ᄒᆞᄂᆞᆫ 者(쟈)를 追(튜)티 아니ᄒᆞ고 來(ᄅᆡ)ᄒᆞᄂᆞᆫ 者(쟈)를 拒(거)티 아니ᄒᆞ야 진실로 이 ᄆᆞ음으로ᄡᅧ 니르거든 이에 受(슈)ᄒᆞᆯ ᄯᆞᄅᆞᆷ이니이다

253(14-31) 穿踰之類

孟子曰:「人皆有所不忍, 達之於其所忍, 仁也; 人皆有所不爲, 達之於其所爲, 義也. 人能充無欲害人之心, 而仁不可勝用也; 人能充無穿踰之心, 而義不可勝用也. 人能充無受爾汝之實, 無所往而不爲義也. 士未可以言而言, 是以言餂之也; 可以言而不言, 是以不言餂之也, 是皆穿踰之類也.」

① 陶山本

孟子(ᄆᆡᆼᄌᆞ)ㅣ ᄀᆞᆯᄋᆞ샤ᄃᆡ 人(ᅀᅵᆫ)이 다 ᄎᆞᆷ디 몯ᄒᆞᄂᆞᆫ 바ᄅᆞᆯ 둔ᄂᆞ니 그 ᄎᆞᆷᄂᆞᆫ 바애 達(달)ᄒᆞ면 仁(ᅀᅵᆫ)이오 人(ᅀᅵᆫ)이 다 ᄒᆞ디 아니ᄒᆞᄂᆞᆫ 바ᄅᆞᆯ 둔ᄂᆞ니 그 ᄒᆞᄂᆞᆫ 바애 達(달)ᄒᆞ면 義(의)니라

人(ᅀᅵᆫ)이 能(능)히 人(ᅀᅵᆫ)을 害(해)티 말고져 ᄒᆞᄂᆞᆫ ᄆᆞᅀᆞᆷ을 充(츙)ᄒᆞ면 仁(ᅀᅵᆫ)을 可(가)히 이긔여 ᄡᅳ디 몯ᄒᆞ며 人(ᅀᅵᆫ)이 能(능)히 穿踰(쳔유)티 말오져 ᄒᆞᄂᆞᆫ ᄆᆞᅀᆞᆷ을 充(츙)ᄒᆞ면 義(의)를 可(가)히 이긔여 ᄡᅳ디 몯ᄒᆞ리니라

人(ᅀᅵᆫ)이 能(능)히 爾汝(ᅀᅵᅀᅧ)ᄅᆞᆯ 受(슈)티 마로려 ᄒᆞᄂᆞᆫ 實(실)을 充(츙)ᄒᆞ면 往(왕)ᄒᆞᆫ 바애 義(의) 아님이 업ᄉᆞ리니라

士(ᄉᆞ)ㅣ 可(가)히 ᄡᅧ 言(언)ᄒᆞ염직디 아니호ᄃᆡ 言(언)ᄒᆞ면 이ᄂᆞᆫ 言(언)으로ᄡᅥ 餂(텸)홈이오 可(가)히 ᄡᅧ 言(언)ᄒᆞ염직 호ᄃᆡ 言(언)티 아니ᄒᆞ면 이ᄂᆞᆫ 言(언)티 아니홈으로ᄡᅥ 餂(텸)홈이니 이 다 穿踰(쳔유)의 類(류)ㅣ니라

② 栗谷本

孟子(ᄆᆡᆼᄌᆞ)ㅣ ᄀᆞᄅᆞ샤ᄃᆡ 人(인)이 다 ᄎᆞᆷ디 몯ᄒᆞᄂᆞᆫ 바ᄅᆞᆯ 둣ᄂᆞ니 그 ᄎᆞᆷᄂᆞᆫ 바에 達(달)ᄒᆞ면 仁(인)이오 人(인)이 다 ᄒᆞ디 아닛ᄂᆞᆫ 바ᄅᆞᆯ 둣ᄂᆞ니 그 ᄒᆞᄂᆞᆫ 바에 達(달)ᄒᆞ면 義(의)ㅣ니라

人(인)이 能(능)히 人(인)을 害(해)코져 아니ᄒᆞᄂᆞᆫ ᄆᆞ음을 치오면 仁(인)을 可(가)히 니르 ᄡᅳ디 몯ᄒᆞᆯ 디오 人(인)이 能(능)히 穿踰(쳔유) 아니ᄒᆞᄂᆞᆫ ᄆᆞ음을 치오면 義(의)ᄅᆞᆯ 可(가)히 니르 ᄡᅳ디 몯ᄒᆞᆯ 디니라

人(인)이 能(능)히 爾汝(이여)ᄅᆞᆯ 밧디 마ᄂᆞᆫ 實(실)을 치오면 往(왕)ᄒᆞᆫ 바에 義(의)ㅣ 아니될 ᄃᆡ 업슬 디니라

士(ᄉᆞ)ㅣ 可(가)히 ᄡᅧ 言(언)티 아닐 ᄃᆡ 言(언)ᄒᆞ면 이ᄂᆞᆫ 言(언)으로ᄡᅥ 餂(텸)홈이오 可(가)히 ᄡᅧ 言(언)ᄒᆞᆯ ᄃᆡ 言(언)티 아니면 이ᄂᆞᆫ 言(언)티 아니모로ᄡᅥ 餂(텸)홈이니 이 다 穿踰(쳔유)의 類(류)ㅣ니라

254(14-32) 言近而指遠

孟子曰:「言近而指遠者, 善言也; 守約而施博者, 善道也. 君子之言也,不下帶而道存焉. 君子之守, 修其身而天下平. 人病舍其田而芸人之田, 所求於人者重, 而所以自任者輕.」

① 陶山本

孟子(밍ᄌᆞ)ㅣ ᄀᆞᆯᄋᆞ샤ᄃᆡ 言(언)이 近(근)호ᄃᆡ 指(지)ㅣ 遠(원)ᄒᆞᆫ 者(쟈)ᄂᆞᆫ 善(션)ᄒᆞᆫ 言(언)이오 守(슈)ㅣ 約(약)호ᄃᆡ 施(시)ㅣ 博(박)ᄒᆞᆫ 者(쟈)ᄂᆞᆫ 善(션)ᄒᆞᆫ 道(도)ㅣ니 君子(군ᄌᆞ)의 言(언)은 帶(ᄃᆡ)예 ᄂᆞ리오디 아니ᄒᆞ여도 道(도)ㅣ 存(존)ᄒᆞ니라

君子(군ᄌᆞ)의 守(슈)ᄂᆞᆫ 그 身(신)을 脩(슈)홈애 天下(텬하)ㅣ 平(평)ᄒᆞᄂᆞ니라

人(싄)의 病(병)은 그 田(뎐)을 舍(샤)ᄒᆞ고 人(싄)의 田(뎐)을 芸(운)홈이니 人(싄)에 求(구)ᄒᆞᄂᆞᆫ 밧 者(쟈)ㅣ 重(듕)ᄒᆞ고 ᄡᅧ 스ᄉᆞ로 任(심)ᄒᆞᄂᆞᆫ 밧 者(쟈)ㅣ 輕(경)홈이니라

② 栗谷本

孟子(밍ᄌᆞ)ㅣ ᄀᆞᄅᆞ샤ᄃᆡ 言(언)이 近(근)코 指(지)ㅣ 遠(원)ᄒᆞᆫ 者(쟈)ᄂᆞᆫ 善(션)ᄒᆞᆫ 言(언)이오 守(슈)ㅣ 約(약)ᄒᆞ고 施(시)ㅣ 博(박)ᄒᆞᆫ 者(쟈)ᄂᆞᆫ 善(션)ᄒᆞᆫ 道(도)ㅣ니 君子(군ᄌᆞ)의 言(언)은 帶(ᄃᆡ)예 下(하)티 아녀셔 道(도)ㅣ 存(존)ᄒᆞ고

君子(군ᄌᆞ)의 守(슈)ᄂᆞᆫ 그 身(신)을 脩(슈)홈애 天下(텬하)ㅣ 平(평)ᄒᆞᄂᆞ니라

人(인)이 제 田(뎐)을 ᄇᆞ리고 人(인)의 田(뎐)을 芸(운)홈이 病(병)이니 人(인)의게 求(구)ᄒᆞᄂᆞᆫ 배 重(듕)ᄒᆞ고 ᄡᅧ 스스로 任(임)ᄒᆞᄂᆞᆫ 배 輕(경)홀 ᄉᆡ니라

255(14-33) 言語必信

孟子曰:「堯舜, 性者也; 湯武, 反之也. 動容周旋中禮者, 盛德之至也; 哭死而哀, 非爲生者也; 經德不回, 非以干祿也; 言語必信, 非以正行也. 君子行法, 以俟命而已矣.」

① 陶山本

孟子(밍ᄌᆞ)ㅣ ᄀᆞᆯᄋᆞ샤ᄃᆡ 堯舜(요슌)은 性(셩)인 者(쟈)ㅣ오 湯武(탕무)ᄂᆞᆫ 反(반)ᄒᆞ시니라

容(용)을 動(동)ᄒᆞ며 周旋(쥬션)홈이 禮(례)예 中(듕)ᄒᆞᆫ 者(쟈)ᄂᆞᆫ 盛德(셩덕)의 至(지)홈이니 死(ᄉᆞ)를 哭(곡)ᄒᆞ야 哀(ᄋᆡ)홈이 生(싱)ᄒᆞᆫ 者(쟈)를 爲(위)홈이 아니며 經(경)ᄒᆞᆫ 德(덕)이 回(회)티 아니홈이 ᄡᅧ 祿(록)을 干(간)홈이 아니며 言語(언어)를 반ᄃᆞ시 信(신)홈이 ᄡᅧ 行(힝)을 正(졍)홈이 아니니라

君子(군ᄌᆞ)ᄂᆞᆫ 法(법)을 行(힝)ᄒᆞ야 ᄡᅧ 命(명)을 俟(ᄉᆞ)홀 ᄯᆞᄅᆞᆷ이니라

② 栗谷本

孟子(밍ᄌᆞ)ㅣ ᄀᆞᄅᆞ샤ᄃᆡ 堯舜(요슌)은 性(셩)으로 ᄒᆞ신 者(쟈)ㅣ오 湯武(탕무)ᄂᆞᆫ 反(반)ᄒᆞ시니라

容(용)을 動(동)ᄒᆞ며 周旋(쥬션)홈이 禮(례)예 中(듕)ᄒᆞᆫ 者(쟈)ᄂᆞᆫ 盛(셩)ᄒᆞᆫ 德(덕)의 지극홈이니 死(ᄉᆞ)ᄅᆞᆯ 哭(곡)ᄒᆞ야 哀(ᄋᆡ)홈이 生(ᄉᆡᆼ)ᄒᆞᆫ 者(쟈)ᄅᆞᆯ 爲(위)홈이 아니며 經(경)ᄒᆞᆫ 德(덕)이 回(회)티 아니홈이 ᄡᅥ 祿(록)을 干(간)홈이 아니며 言語(언어)ᄅᆞᆯ 반ᄃᆞ시 信(신)히 홈이 ᄡᅥ 行(ᄒᆡᆼ)을 正(졍)홈이 아니니라

君子(군ᄌᆞ)ᄂᆞᆫ 法(법)을 行(ᄒᆡᆼ)ᄒᆞ야 ᄡᅥ 命(명)을 기ᄃᆞ릴 ᄯᆞᄅᆞᆷ이니라

256(14-34) 大人

孟子曰:「說大人, 則藐之, 勿視其巍巍然. 堂高數仞, 榱題數尺, 我得志弗爲也; 食前方丈, 侍妾數百人, 我得志弗爲也; 般樂飮酒, 驅騁田獵, 後車千乘, 我得志弗爲也. 在彼者, 皆我所不爲也; 在我者, 皆古之制也, 吾何畏彼哉?」

① 陶山本

孟子(ᄆᆡᆼᄌᆞ)ㅣ ᄀᆞᆯᄋᆞ샤ᄃᆡ 大人(대신)을 說(셰)홈애 곧 藐(묘)히 너겨 그 巍巍(외외)홈을 視(시)티 마롤 ᄯᅵ니라

堂(당)이 高(고)홈이 두어 仞(신)과 榱(최)의 題(뎨) 두어 尺(쳑)을 我(아)ㅣ 志(지)ᄅᆞᆯ 得(득)ᄒᆞ야도 ᄒᆞ디 아니ᄒᆞ며 食(식)이 前(젼)의 方(방)으로 丈(댱)과 侍(시)ᄒᆞᆫ 妾(쳡)이 두어 百人(ᄇᆡᆨ신)을 我(아)ㅣ 志(지)ᄅᆞᆯ 得(득)ᄒᆞ야도 ᄒᆞ디 아니ᄒᆞ며 般樂(반락)ᄒᆞ야 飮酒(음쥬)홈과 驅騁(구빙)ᄒᆞ야 田獵(뎐렵)홈과 後車(후거) 千乘(쳔승)을 我(아)ㅣ 志(지)ᄅᆞᆯ 得(득)ᄒᆞ야도 ᄒᆞ디 아니ᄒᆞᆯ 꺼시니 뎌에 인ᄂᆞᆫ 者(쟈)ᄂᆞᆫ 다 내의 ᄒᆞ디 아니ᄒᆞᆯ 빼오 내게 인ᄂᆞᆫ 者(쟈)ᄂᆞᆫ 다 녯 制(졔)니 내 엇디 뎌ᄅᆞᆯ 畏(외)ᄒᆞ리오

② 栗谷本

孟子(ᄆᆡᆼᄌᆞ)ㅣ ᄀᆞᄅᆞ샤ᄃᆡ 大人(대인)을 說(셰)ᄒᆞ거든 藐(묘)히 너겨 그 巍巍(외외)홈을 視(시)티 마롤 디니라

堂(당)의 노ᄑᆡ 數仞(수인)과 榱(최)의 머리 數尺(수쳑)을 내 志(지)를 得(득)ᄒᆞᆯ 디라도 ᄒᆞ디 아니며 食(식)의 前(젼)이 方(방)의 丈(댱)이 나홈과 侍(시)ᄒᆞᆫ 妾(쳡)이 數百人(수ᄇᆡᆨ인)을 내 志(지)를 得(득)ᄒᆞᆯ 디라도 ᄒᆞ디 아니며 般(반)ᄒᆞ야 樂(락)ᄒᆞ야 酒(쥬)ᄅᆞᆯ 飮(음)홈과 驅(구)ᄒᆞ야 騁(빙)ᄒᆞ야 田獵(뎐렵)홈과 뒤 수ᄅᆡ 千乘(쳔승)을 내 志(지)를 得(득)ᄒᆞᆯ 디라도 ᄒᆞ디 아닐 디니 뎌에 잇ᄂᆞᆫ 者(쟈)ᄂᆞᆫ 다 내의 ᄒᆞ디 아닐 배오 내게 잇ᄂᆞᆫ 者(쟈)ᄂᆞᆫ 다 녯 법이니 내 엇디 뎌를 저흐리오

257(14-35) 養心

孟子曰:「養心莫善於寡欲. 其爲人也寡欲, 雖有不存焉者, 寡矣; 其爲人也多欲, 雖有存焉者, 寡矣.」

① 陶山本

孟子(밍즈)ㅣ 골ᄋᆞ샤ᄃᆡ 心(심)을 養(양)홈이 欲(욕)을 寡(과)히 홈만 善(션)ᄒᆞᆫ 이 업ᄉᆞ니 그 人(신)이로옴이 欲(욕)이 寡(과)ᄒᆞ면 비록 存(존)티 아니홈이 이실 ᄯᅵ라도 寡(과)ᄒᆞ고 그 人(신)이로옴이 欲(욕)이 하면 비록 存(존)홈이 이실 ᄯᅵ라도 寡(과)ᄒᆞ니라

② 栗谷本

孟子(밍즈)ㅣ ᄀᆞᄅᆞ샤ᄃᆡ 心(심)을 養(양)홈이 欲(욕)이 져금만 善(션)ᄒᆞᆫ 이 업ᄉᆞ니 그 人(인)이론디 欲(욕)이 젹으면 비록 存(존)티 아니홈이 이시나 젹고 그 人(인)이론디 欲(욕)이 하면 비록 存(존)홈이 이시나 젹을 디니라

258(14-36) 羊棗與膾炙

曾晳嗜羊棗, 而曾子不忍食羊棗.
公孫丑問曰:「膾炙與羊棗孰美?」
孟子曰:「膾炙哉!」
公孫丑曰:「然則曾子何爲食膾炙而不食羊棗?」
曰:「膾炙所同也, 羊棗所獨也. 諱名不諱姓, 姓所同也, 名所獨也.」

① 陶山本

曾晳(증셕)이 羊棗(양조)를 즐기더니 曾子(증ᄌᆞ)ㅣ ᄎᆞ마 羊棗(양조)를 食(식)디 몯ᄒᆞ시니라

公孫丑(공손듀)ㅣ 묻ᄌᆞ와 골오ᄃᆡ 膾炙(회쟈)와 다ᄆᆺ 羊棗(양조)ㅣ 뉘 美(미)ᄒᆞ니잇고 孟子(밍ᄌᆞ)ㅣ 골ᄋᆞ샤ᄃᆡ 膾炙(회쟈)ㄴ뎌 公孫丑(공손듀)ㅣ 골오ᄃᆡ 그러면 曾子(증ᄌᆞ)ᄂᆞᆫ 엇디 膾炙(회쟈)를 食(식)ᄒᆞ시고 羊棗(양조)를 食(식)디 아니ᄒᆞ시니잇고 골ᄋᆞ샤ᄃᆡ 膾炙(회쟈)ᄂᆞᆫ 同(동)ᄒᆞᆫ 배오 羊棗(양조)ᄂᆞᆫ 獨(독)ᄒᆞᆫ 배니 名(명)을 諱(휘)ᄒᆞ고 姓(셩)을 諱(휘)티 아니ᄒᆞᄂᆞ니 姓(셩)은 同(동)ᄒᆞᆫ 배오 名(명)은 獨(독)ᄒᆞᆫ 밸 ᄡᅵ니라

② 栗谷本

曾晳(증셕)이 羊棗(양조)를 즐기더니 曾子(증ᄌᆞ)ㅣ ᄎᆞᆷ아 羊棗(양조)를 食(식)디 몯ᄒᆞ더시다

公孫丑(공손듀)ㅣ 問(문)ᄒᆞ야 골오ᄃᆡ 膾炙(회쟈)ㅣ 羊棗(양조)로 더브러 어늬야 美(미)ᄒᆞ니잇고 孟子(밍ᄌᆞ)ㅣ ᄀᆞᄅᆞ샤ᄃᆡ 膾炙(회쟈)ㄴ뎌 公孫丑(공손듀)ㅣ 골오ᄃᆡ 그러면 曾子(증ᄌᆞ)ㅣ 엇디 膾炙(회쟈)란 食(식)ᄒᆞ시고 羊棗(양조)를 食(식)디 아니시니잇고 ᄀᆞᄅᆞ샤ᄃᆡ

膾炙(회쟈)ᄂᆞᆫ 同(동)ᄒᆞᆫ 배오 羊棗(양조)ᄂᆞᆫ 獨(독)ᄒᆞᆫ 배니 名(명)을 諱(휘)ᄒᆞ고 姓(셩)을 諱(휘)티 아니ᄒᆞᄂᆞ니 姓(셩)은 同(동)ᄒᆞᆫ 배오 名(명)은 獨(독)ᄒᆞᆫ 배니라

259(14-37) 鄕原

萬章問曰:「孔子在陳曰:『盍歸乎來! 吾黨之士狂簡, 進取, 不忘其初.』孔子在陳, 何思魯之狂士?」

孟子曰:「孔子『不得中道而與之, 必也狂獧乎! 狂者進取, 獧者有所不爲也』. 孔子豈不欲中道哉? 不可必得, 故思其次也.」

「敢問何如, 斯可謂狂矣?」

曰:「如琴張·曾皙·牧皮者, 孔子之所謂狂矣.」

「何以謂之狂也?」

曰:「其志嘐嘐然, 曰:『古之人, 古之人』. 夷考其行而不掩焉者也. 狂者又不可得, 欲得不屑不潔之士而與之, 是獧也, 是又其次也. 孔子曰:『過我門而不入我室, 我不憾焉者, 其惟鄕原乎! 鄕原, 德之賊也.』」

曰:「何如, 斯可謂之鄕原矣?」

曰:「『何以是嘐嘐也? 言不顧行, 行不顧言, 則曰:'古之人, 古之人'. 行何爲踽踽凉凉? 生斯世也, 爲斯世也, 善斯可矣.』閹然媚於世也者, 是鄕原也.」

萬章曰:「一鄕皆稱原人焉, 無所往而不爲原人, 孔子以爲德之賊, 何哉?」

曰:「非之無擧也, 刺之無刺也; 同乎流俗, 合乎汙世; 居之似忠信, 行之似廉潔; 衆皆悅之, 自以爲是, 而不可與入堯舜之道, 故曰『德之賊也』. 孔子曰:『惡似而非者, 惡莠, 恐其亂苗也; 惡佞, 恐其亂義也; 惡利口, 恐其亂信也; 惡鄭聲, 恐其亂樂也; 惡紫, 恐其亂朱也; 惡鄕原, 恐其亂德也.』君子反經而已矣. 經正, 則庶民興; 庶民興, 斯無邪慝矣.」

① 陶山本

萬章(만쟝)이 묻ᄌᆞ와 ᄀᆞᆯ오ᄃᆡ 孔子(공ᄌᆞ)ㅣ 陳(딘)의 겨샤 ᄀᆞᆯᄋᆞ샤ᄃᆡ 엇디 歸(귀)ᄒᆞ야 來(릐)티 아니ᄒᆞ리오 우리 黨(당)읫 士(ᄉᆞ)ㅣ 狂(광)ᄒᆞ고 簡(간)ᄒᆞ야 進(진)ᄒᆞ야 取(취)호려

호ᄃᆡ 그 初(초)ᄅᆞᆯ 닛디 몯ᄒᆞᆫ다 ᄒᆞ시니 孔子(공ᄌᆞ)ㅣ 陳(딘)에 겨샤 엇디 魯(로)읫 狂(광)ᄒᆞᆫ 士(ᄉᆞ)ᄅᆞᆯ 思(ᄉᆞ)ᄒᆞ시니잇고

孟子(ᄆᆡᆼᄌᆞ)ㅣ ᄀᆞᆯᄋᆞ샤ᄃᆡ 孔子(공ᄌᆞ)ㅣ ᄀᆞᆯᄋᆞ샤ᄃᆡ 中道(듕도)ᄅᆞᆯ 得(득)ᄒᆞ야 與(여)티 몯ᄒᆞᆯ 띤댄 반ᄃᆞ시 狂(광)이며 獧(견)인뎌 狂(광)ᄒᆞᆫ 者(쟈)ᄂᆞᆫ 進(진)ᄒᆞ야 取(취)호려 ᄒᆞ고 獧(견)ᄒᆞᆫ 者(쟈)ᄂᆞᆫ ᄒᆞ디 아닐 빼 잇다 ᄒᆞ시니 孔子(공ᄌᆞ)ㅣ 엇디 中道(듕도)ᄅᆞᆯ 欲(욕)디 아니시리오마ᄂᆞᆫ 可(가)히 반ᄃᆞ시 得(득)디 몯ᄒᆞᄂᆞᆫ 故(고)로 그 次(ᄎᆞ)ᄅᆞᆯ 思(ᄉᆞ)ᄒᆞ시니라

敢(감)히 묻ᄌᆞᆸ노이다 엇더ᄒᆞ여ᅀᅡ 이에 可(가)히 狂(광)이라 닐ᄋᆞ리잇고

ᄀᆞᆯᄋᆞ샤ᄃᆡ 琴張(금댱)과 曾晳(증셕)과 牧皮(목피) ᄀᆞᄐᆞᆫ 者(쟈)ㅣ 孔子(공ᄌᆞ)의 닐ᄋᆞ신 밧 狂(광)이니라

엇디 뼈 狂(광)이라 닐ᄋᆞᄂᆞ니잇고

ᄀᆞᆯᄋᆞ샤ᄃᆡ 그 志(지)ㅣ 嘐嘐(효효)ᄒᆞ야 ᄀᆞᆯ오ᄃᆡ 녯 사ᄅᆞᆷ이여 녯 사ᄅᆞᆷ이여 호ᄃᆡ 夷(이)히 그 行(ᄒᆡᆼ)을 考(고)ᄒᆞ면 掩(엄)티 몯ᄒᆞᄂᆞᆫ 者(쟈)ㅣ니라

狂(광)ᄒᆞᆫ 者(쟈)ᄅᆞᆯ ᄯᅩ 可(가)히 得(득)디 몯ᄒᆞ거든 潔(결)티 아니타 ᄒᆞ야 屑(셜)티 아니ᄒᆞᄂᆞᆫ 士(ᄉᆞ)ᄅᆞᆯ 得(득)ᄒᆞ여 與(여)ᄒᆞ고져 ᄒᆞ시니 이 獧(견)이니 이 ᄯᅩ 그 次(ᄎᆞ)ㅣ니라

孔子(공ᄌᆞ)ㅣ ᄀᆞᆯᄋᆞ샤ᄃᆡ 내 門(문)에 過(과)호ᄃᆡ 내 室(실)에 入(ᅀᅵᆸ)디 아닐 띠라도 내 憾(감)티 아니ᄒᆞᆶ 者(쟈)ᄂᆞᆫ 그 오직 鄕原(향원)인뎌 鄕原(향원)ᄋᆞᆫ 德(덕)의 賊(적)이라 ᄒᆞ시니 ᄀᆞᆯ오ᄃᆡ 엇더ᄒᆞ여ᅀᅡ 이 可(가)히 鄕原(향원)이라 닐ᄋᆞ리잇고

ᄀᆞᆯᄋᆞ샤ᄃᆡ 엇디 뼈 이리 嘐嘐(효효)ᄒᆞ야 言(언)이 行(ᄒᆡᆼ)을 顧(고)티 아니ᄒᆞ며 行(ᄒᆡᆼ)이 言(언)을 顧(고)티 아니ᄒᆞ고 곧 ᄀᆞᆯ오ᄃᆡ 녯 사ᄅᆞᆷ이여 녯 사ᄅᆞᆷ이여 ᄒᆞ며 行(ᄒᆡᆼ)을 엇디 踽踽(우우)ᄒᆞ며 涼涼(량량)히 ᄒᆞ리오 이 世(셰)예 生(ᄉᆡᆼ)ᄒᆞ연ᄂᆞᆫ 디라 이 世(셰)ᄅᆞᆯ 爲(위)ᄒᆞ야 善(션)타케 ᄒᆞᆷ이 이 可(가)ᄒᆞ다 ᄒᆞ야 閹然(엄션)히 世(셰)예 媚(미)ᄒᆞᄂᆞᆫ 者(쟈)ㅣ 이 鄕原(향원)이니라

萬章(만쟝)이 ᄀᆞᆯ오ᄃᆡ 一鄕(일향)이 다 原人(원ᅀᅵᆫ)이라 稱(칭)ᄒᆞ면 往(왕)ᄒᆞᆫ 바애 原人(원ᅀᅵᆫ)이 되디 아닐 ᄃᆡ 업거ᄂᆞᆯ 孔子(공ᄌᆞ)ㅣ 뼈 德(덕)의 賊(적)이라 ᄒᆞ심은 엇디잇고

ᄀᆞᆯᄋᆞ샤ᄃᆡ 非(비)호려 ᄒᆞ여도 擧(거)ᄒᆞᆯ 꺼시 업고 刺(ᄌᆞ)호려 ᄒᆞ여도 刺(ᄌᆞ)ᄒᆞᆯ 꺼시 업서 流俗(류쇽)에 同(동)ᄒᆞ며 汙世(오셰)예 合(합)ᄒᆞ야 居(거)ᄒᆞᆷ애 忠信(튱신)ᄒᆞᆫᄃᆞᆺ ᄒᆞ며 行(ᄒᆡᆼ)ᄒᆞᆷ애 廉潔(렴결)ᄒᆞᆫᄃᆞᆺ ᄒᆞ야 衆(즁)이 다 悅(열)ᄒᆞ거든 스스로뼈 是(시)호라 호ᄃᆡ 可(가)히 더블어 堯舜(요슌)의 道(도)애 入(ᅀᅵᆸ)디 몯ᄒᆞᄂᆞ니 故(고)로 ᄀᆞᆯᄋᆞ샤ᄃᆡ 德(덕)의 賊(적)이라 ᄒᆞ시니라

孔子(공ᄌᆞ)ㅣ ᄀᆞᆯᄋᆞ샤ᄃᆡ ᄀᆞ토ᄃᆡ 아닌 者(쟈)ᄅᆞᆯ 惡(오)ᄒᆞ노니 莠(유)ᄅᆞᆯ 惡(오)ᄒᆞ옴은 그 苗(묘)ᄅᆞᆯ 亂(란)ᄒᆞᆯ까 恐(공)ᄒᆞᆷ이오 佞(녕)을 惡(오)ᄒᆞ옴은 그 義(의)ᄅᆞᆯ 亂(란)ᄒᆞᆯ까 恐(공)ᄒᆞᆷ이오 利口(리구)ᄅᆞᆯ 惡(오)ᄒᆞ옴은 그 信(신)을 亂(란)ᄒᆞᆯ까 恐(공)ᄒᆞᆷ이오 鄭聲(뎡셩)을 惡(오)ᄒᆞ옴은 그 樂(악)을 亂(란)ᄒᆞᆯ까 恐(공)ᄒᆞᆷ이오 紫(ᄌᆞ)ᄅᆞᆯ 惡(오)ᄒᆞ옴은 그 朱(쥬)를 亂(란)ᄒᆞᆯ까 恐(공)ᄒᆞᆷ이오 鄕原(향원)을 惡(오)ᄒᆞ옴은 그 德(덕)을 亂(란)ᄒᆞᆯ까 恐(공)ᄒᆞᆷ이라 ᄒᆞ시니라

君子(군ᄌᆞ)ㅣ 經(경)을 反(반)ᄒᆞᆯ ᄯᆞᄅᆞᆷ이니 經(경)이 正(졍)ᄒᆞ면 庶民(셔민)이 興(흥)ᄒᆞ고 庶民(셔민)이 興(흥)ᄒᆞ면 이에 邪慝(샤특)이 업ᄉᆞ리라

② 栗谷本

萬章(만쟝)이 問(문)ᄒᆞ야 ᄀᆞᆯ오ᄃᆡ 孔子(공ᄌᆞ)ㅣ 陳(딘)에 계샤 ᄀᆞᄅᆞ샤ᄃᆡ 도라오기를 엇디 아니리오 우리 黨(당)의 士(ᄉᆞ)ㅣ 狂(광)코 簡(간)ᄒᆞ야 進(진)ᄒᆞ야 取(취)호려 호ᄃᆡ 그 初(초)를 닛디 몯ᄒᆞᆫ다 ᄒᆞ시니 孔子(공ᄌᆞ)ㅣ 陳(딘)에 겨샤 엇디 魯(로)의 狂(광)ᄒᆞᆫ 士(ᄉᆞ)를 思(ᄉᆞ)ᄒᆞ시니잇고

孟子(ᄆᆡᆼᄌᆞ)ㅣ ᄀᆞᄅᆞ샤ᄃᆡ 孔子(공ᄌᆞ)ㅣ ᄀᆞᄅᆞ샤ᄃᆡ 中道(듕도)를 得(득)ᄒᆞ야 與(여)티 몯ᄒᆞ거든 반ᄃᆞ시 狂(광)과 獧(견)인뎌 狂(광)ᄒᆞᆫ 者(쟈)ᄂᆞᆫ 進(진)ᄒᆞ야 取(취)ᄒᆞ고 獧(견)ᄒᆞᆫ 者(쟈)ᄂᆞᆫ ᄒᆞ디 아닐 배 잇다 ᄒᆞ시니 孔子(공ᄌᆞ)ㅣ 엇디 中道(듕도)를 欲(욕)디 아니시리오마ᄂᆞᆫ 可(가)히 긔필코 엇디 몯ᄒᆞᆯ 디라 故(고)로 그 次(ᄎᆞ)를 思(ᄉᆞ)ᄒᆞ시니라

敢(감)히 問(문)ᄒᆞ노니 엇더ᄒᆞ면 이에 可(가)히 狂(광)이라 니르리잇고

ᄀᆞᄅᆞ샤ᄃᆡ 琴張(금댱)과 曾皙(증셕)과 牧皮(목피) ᄀᆞᄐᆞᆫ 者(쟈)ㅣ 孔子(공ᄌᆞ)의 狂(광)이라 니ᄅᆞ신 배니라

엇디 ᄡᅧ 狂(광)이라 니르니잇고

ᄀᆞᄅᆞ샤ᄃᆡ 그 ᄠᅳᆮ이 嘐嘐(효효)ᄒᆞ야 ᄀᆞᆯ오ᄃᆡ 녯 人(인)이여 녯 人(인)이여 호ᄃᆡ 평히 그 行(ᄒᆡᆼ)을 考(고)컨댄 掩(엄)티 몯ᄒᆞᄂᆞᆫ 者(쟈)ㅣ니라

狂(광)ᄒᆞᆫ 者(쟈)를 ᄯᅩ 可(가)히 得(득)디 몯ᄒᆞᆯ 디어든 不潔(블결)을 屑(셜)티 아닌ᄂᆞᆫ 士(ᄉᆞ)를 得(득)ᄒᆞ야 與(여)코져 ᄒᆞ시니 이 獧(견)이니 이 ᄯᅩ 그 次(ᄎᆞ)ㅣ니라

孔子(공ᄌᆞ)ㅣ ᄀᆞᄅᆞ샤ᄃᆡ 내 門(문)에 지나며 내 室(실)에 드디 아닐 디라도 내 憾(감)티 아닐 者(쟈)ᄂᆞᆫ 그 오직 鄕原(향원)인뎌 鄕原(향원)은 德(덕)의 賊(적)이라 ᄒᆞ시니 ᄀᆞᆯ온 엇더ᄒᆞ면 이에 可(가)히 鄕原(향원)이라 니르리잇고

ᄀᆞᄅᆞ샤ᄃᆡ 엇디 ᄡᅧ 이리 嘐嘐(효효)ᄒᆞ야 言(언)이 行(ᄒᆡᆼ)을 顧(고)티 아니ᄒᆞ며 行(ᄒᆡᆼ)이 言(언)을 顧(고)티 아니코 ᄀᆞᆯ오ᄃᆡ 녯 人(인)이여 녯 人(인)이여 ᄒᆞ며 行(ᄒᆡᆼ)을 엇디 踽踽(우우)ᄒᆞ며 凉凉(량량)히 ᄒᆞ리오 이 世(셰)예 生(ᄉᆡᆼ)ᄒᆞ란 ᄃᆡ 이 世(셰)ㅣ 될 디니 善(션)타 홈이 이 可(가)ᄒᆞ리라 ᄒᆞ야 閹然(엄연)히 世(셰)예 媚(미)ᄒᆞᄂᆞᆫ 者(쟈)ᄂᆞᆫ 이 鄕原(향원)이니라

萬章(만쟝)이 ᄀᆞᆯ오ᄃᆡ 一鄕(일향)이 다 原人(원인)이라 일ᄏᆞᄅᆞ면 往(왕)ᄒᆞᆫ 바에 原人(원인) 아니될 ᄃᆡ 업슬 디어ᄂᆞᆯ 孔子(공ᄌᆞ)ㅣ ᄡᅧ 德(덕)의 賊(적)이라 ᄒᆞ샴은 엇디잇고

ᄀᆞᄅᆞ샤ᄃᆡ 非(비)홈애 擧(거)ᄒᆞᆯ 거시 업스며 刺(ᄌᆞ)홈애 刺(ᄌᆞ)ᄒᆞᆯ 거시 업고 流俗(류속)에 同(동)ᄒᆞ며 汚世(오셰)예 合(합)ᄒᆞ야 居(거)홈이 忠信(튱신) ᄀᆞᆺᄐᆞ며 行(ᄒᆡᆼ)홈이 廉潔(렴결) ᄀᆞᆺᄐᆞ니 衆(즁)이 다 깃거ᄒᆞ거든 스스로 ᄡᅧ 올호라 ᄒᆞ고 可(가)히 더브러 堯舜(요슌)의 道(도)에 드디 몯ᄒᆞᆯ 디라 故(고)로 ᄀᆞᄅᆞ샤ᄃᆡ 德(덕)의 賊(적)이라 ᄒᆞ시니라

孔子(공ᄌᆞ)ㅣ ᄀᆞᄅᆞ샤ᄃᆡ 似(ᄉᆞ)코 非(비)ᄒᆞᆫ 者(쟈)를 아쳐ᄒᆞ노니 莠(유)를 아쳐홈은 그 苗(묘)를 亂(란)ᄒᆞᆯ가 저흠이오 佞(녕)을 아쳐홈은 그 義(의)를 亂(란)ᄒᆞᆯ가 저흠이오 利口(리구)를 아쳐홈은 그 信(신)을 亂(란)ᄒᆞᆯ가 저흠이오 鄭聲(뎡셩)을 아쳐홈은 그 樂(악)을 亂(란)ᄒᆞᆯ가 저흠이오 紫(ᄌᆞ)를 아쳐홈은 그 朱(쥬)를 亂(란)ᄒᆞᆯ가 저흠이오 鄕原(향원)을 아쳐홈은 그 德(덕)을 亂(란)ᄒᆞᆯ가 저흠이라 ᄒᆞ시니라

君子(군ᄌᆞ)ㅣ 經(경)을 反(반)ᄒᆞᆯ ᄯᆞᄅᆞᆷ이니 經(경)이 正(정)ᄒᆞ면 庶民(셔민)이 興(흥)ᄒᆞᆯ 디니 庶民(셔민)이 興(흥)ᄒᆞ면 이에 邪慝(샤특)이 업슬 디니라

260(14-38) 五百餘歲

孟子曰:「由堯舜至於湯, 五百有餘歲, 若禹·皐陶, 則見而知之; 若湯, 則聞而知之. 由湯至於文王, 五百有餘歲, 若伊尹·萊朱, 則見而知之; 若文王, 則聞而知之. 由文王至於孔子, 五百有餘歲, 若太公望·散宜生, 則見而知之; 若孔子, 則聞而知之. 由孔子而來至於今, 百有餘歲, 去聖人之世, 若此其未遠也; 近聖人之居, 若此其甚也, 然而無有乎爾, 則亦無有乎爾.」

① 陶山本

孟子(ᄆᆡᆼᄌᆞ)ㅣ ᄀᆞᄅᆞ샤ᄃᆡ 堯舜(요슌)으로 말ᄆᆡ사마 湯(탕)애 至(지)홈이 五百(오ᄇᆡᆨ)이오 ᄯᅩ 餘歲(여셰)니 禹(우)와 皐陶(고요)ᄂᆞᆫ 見(견)ᄒᆞ야 知(디)ᄒᆞ시고 湯(탕)ᄋᆞᆫ 聞(문)ᄒᆞ야 知(디)ᄒᆞ시니라

湯(탕)으로 말ᄆᆡ사마 文王(문왕)에 至(지)홈이 五百(오ᄇᆡᆨ)이오 ᄯᅩ 餘歲(여셰)니 伊尹(이윤)과 萊朱(ᄅᆡ쥬)ᄂᆞᆫ 見(견)ᄒᆞ야 知(디)ᄒᆞ고 文王(문왕)ᄋᆞᆫ 聞(문)ᄒᆞ야 知(디)ᄒᆞ시니라

文王(문왕)으로 말ᄆᆡ사마 孔子(공ᄌᆞ)에 至(지)홈이 五百(오ᄇᆡᆨ)이오 ᄯᅩ 餘歲(여셰)니 太公望(태공망)과 散宜生(산의ᄉᆡᆼ)ᄋᆞᆫ 見(견)ᄒᆞ야 知(디)ᄒᆞ고 孔子(공ᄌᆞ)ᄂᆞᆫ 聞(문)ᄒᆞ야 知(디)ᄒᆞ시니라

孔子(공ᄌᆞ)로 말ᄆᆡ사마 옴으로 今(금)에 至(지)홈이 百(ᄇᆡᆨ)이오 ᄯᅩ 餘歲(여셰)니 聖人(셩신)의 世(셰)ㅣ 去(거)홈이 이ᄀᆞ티 그 머디 아니ᄒᆞ며 聖人(셩신)의 居(거)ㅣ 近(근)홈이 이ᄀᆞ티 그 甚(심)호ᄃᆡ 그러나 잇디 아니ᄒᆞ니 곧 ᄯᅩᄒᆞᆫ 잇디 아니ᄒᆞ리로다

② 栗谷本

孟子(ᄆᆡᆼᄌᆞ)ㅣ ᄀᆞᄅᆞ샤ᄃᆡ 堯舜(요슌)으로브터 湯(탕)ᄭᅴ 니르기 五百(오ᄇᆡᆨ)이오 ᄯᅩ 나믄 ᄒᆡ니 禹(우)와 皐陶(고요) ᄀᆞᄐᆞ신 이ᄂᆞᆫ 見(견)ᄒᆞ야 知(디)ᄒᆞ시고 湯(탕) ᄀᆞᄐᆞ신 이ᄂᆞᆫ 聞(문)ᄒᆞ야 知(디)ᄒᆞ시니라

湯(탕)으로브터 文王(문왕)ᄭᅴ 니르기 五百(오ᄇᆡᆨ)이오 ᄯᅩ 나믄 ᄒᆡ니 伊尹(이윤)과 萊朱(ᄅᆡ쥬) ᄀᆞᄐᆞᆫ 이ᄂᆞᆫ 見(견)ᄒᆞ야 知(디)ᄒᆞ고 文王(문왕) ᄀᆞᄐᆞ신 이ᄂᆞᆫ 聞(문)ᄒᆞ야 知(디)ᄒᆞ시니라

文王(문왕)으로브터 孔子(공ᄌᆞ)ᄭᅴ 니르기 五百(오ᄇᆡᆨ)이오 ᄯᅩ 나믄 ᄒᆡ니 太公望(태공망)과 散宜生(산의ᄉᆡᆼ) ᄀᆞᄐᆞ이ᄂᆞᆫ 見(견)ᄒᆞ야 知(디)ᄒᆞ고 孔子(공ᄌᆞ) ᄀᆞᄐᆞ시니ᄂᆞᆫ 聞(문)ᄒᆞ야 知(디)ᄒᆞ시니라

孔子(공ᄌᆞ)로브터 옴으로 이제 니르기 百(ᄇᆡᆨ)이오 ᄯᅩ 나믄 ᄒᆡ니 聖人(셩인)의 世(셰)예 去(거)홈이 이러ᄐᆞ시 머디 아니며 聖人(셩인)의 居(거)애 近(근)홈이 이러ᄐᆞ시 甚(심)호ᄃᆡ 그러나 이숌이 업스니 ᄯᅩᄒᆞᆫ 이숌이 업스리로다

中庸

<原文·諺解>

〈第一章〉

天命之謂性，率性之謂道，脩道之謂教.

道也者，不可須臾離也，可離非道也. 是故君子戒愼乎其所不睹，恐懼乎其所不聞.

莫見乎隱，莫顯乎微，故君子愼其獨也.

喜怒哀樂之未發，謂之中；發而皆中節，謂之和. 中也者，天下之大本也；和也者，天下之達道也.

致中和，天地位焉，萬物育焉.

① 陶山本

하늘히 命(명)ᄒᆞ샨 거슬 닐온 性(셩)이오 性(셩)을 率(솔)홀 ᄯᅥᆺ 닐온 道(도)ㅣ오 道(도)를 닷글 ᄯᅥᆺ 닐온 敎(교)ㅣ니라

道(도)ᄂᆞᆫ 可(가)히 須臾(슈유)도 離(리)티 몯홀 꺼시니 可(가)히 離(리)홀 꺼시면 道(도)ㅣ 아니라 이런 故(고)로 君子(군ᄌᆞ)ᄂᆞᆫ 그 보디 몯ᄒᆞᄂᆞᆫ 바에 戒愼(계신)ᄒᆞ며 그 듣디 몯ᄒᆞᄂᆞᆫ 바에 恐懼(공구)ᄒᆞᄂᆞ니라

隱(은)만 見(현)ᄒᆞ니 업스며 微(미)만 顯(현)ᄒᆞ니 업스니 故(고)로 君子(군ᄌᆞ)ᄂᆞᆫ 그 獨(독)을 愼(신)ᄒᆞᄂᆞ니라

喜(희)와 怒(노)와 哀(ᄋᆡ)와 樂(락)의 發(발)티 아닌 적을 中(듕)이라 니ᄅᆞ고 發(발)ᄒᆞ야 다 節(졀)에 中(듕)홈을 和(화)ㅣ라 니ᄅᆞᄂᆞ니 中(듕)은 天下(텬하)에 큰 本(본)이오 和(화)ᄂᆞᆫ 天下(텬하)에 達(달)ᄒᆞᆫ 道(도)ㅣ니라

中(듕)과 和(화)를 닐위면 天地(텬디)ㅣ 位(위)ᄒᆞ며 萬物(만믈)이 育(육)ᄒᆞᄂᆞ니라

② 栗谷本

天(텬)이 命(명)ᄒᆞ샨 거슬 닐온 性(셩)이오 性(셩)을 率(솔)ᄒᆞᆫ 거슬 닐온 道(도)ㅣ오 道(도)를 修(슈)ᄒᆞᆫ 거슬 닐온 敎(교)ㅣ니라

道(도)ᄂᆞᆫ 可(가)히 須臾(슈유)도 離(리)티 몯홀 디니 可(가)히 離(리)홀 거시면 道(도)ㅣ 아니라 이런 故(고)로 君子(군ᄌᆞ)ᄂᆞᆫ 그 보디 아닌 바의 戒愼(계신)ᄒᆞ며 그 듣디 아닌 바의 恐懼(공구)ᄒᆞᄂᆞ니라

隱(은)만 見(현)ᄒᆞ니 업스며 微(미)만 顯(현)ᄒᆞ니 업스니 故(고)로 君子(군ᄌᆞ)ᄂᆞᆫ 그 獨(독)애 愼(신)ᄒᆞᄂᆞ니라

喜(희)와 怒(노)와 哀(ᄋᆡ)와 樂(락)의 發(발)티 아닌 제를 中(듕)이라 니ᄅᆞ고 發(발)ᄒᆞ야 다 節(졀)의 中(듕)호ᄆᆞᆯ 和(화)ㅣ라 니ᄅᆞᄂᆞ니 中(듕)은 天下(텬하)의 大本(대본)이오 和(화)ᄂᆞᆫ 天下(텬하)에 達道(달도)ㅣ니라

中和(듕화)를 致(티)ᄒᆞ면 天地(텬디)ㅣ 位(위)ᄒᆞ며 萬物(만믈)이 育(육)홀 디니라

〈第二章〉

仲尼曰:「君子中庸, 小人反中庸. 君子之中庸也, 君子而時中; 小人之中庸也, 小人而無忌憚也.」

① 陶山本

仲尼(듕니) ㅣ ᄀᆞᆯᄋᆞ샤ᄃᆡ 君子(군ᄌᆞ)ᄂᆞᆫ 中庸(듕용)이오 小人(쇼ᅀᅵᆫ)은 中庸(듕용)에 反(반)ᄒᆞ니라

君子(군ᄌᆞ)의 中庸(듕용)은 君子(군ᄌᆞ) ㅣ 오 時(시)로 中(듕)홈이오 小人(쇼ᅀᅵᆫ)의 中庸(듕용)에 反(반)홈은 小人(쇼ᅀᅵᆫ)이오 忌憚(긔탄)홈이 업슴이니라

② 栗谷本

仲尼(듕니) ㅣ ᄀᆞᄅᆞ샤ᄃᆡ 君子(군ᄌᆞ)ᄂᆞᆫ 中庸(듕용)ᄒᆞ고 小人(쇼인)은 中庸(듕용)의 反(반)ᄒᆞᄂᆞ니라

君子(군ᄌᆞ)의 中庸(듕용)호믄 君子(군ᄌᆞ) ㅣ 오 時(시)로 中(듕)호미오 小人(쇼인)의 中庸(듕용)을 反(반)호ᄆᆞᆫ 小人(쇼인)이오 忌憚(긔탄)홈이 업소미니라

〈第三章〉

子曰:「中庸其至矣乎! 民鮮能久矣!」

① 陶山本

子(ᄌᆞ) ㅣ ᄀᆞᆯᄋᆞ샤ᄃᆡ 中庸(듕용)은 그 지극ᄒᆞᆫ뎌 民(민)이 能(능)ᄒᆞᆯ 이 젹건디 오라니라

② 栗谷本

子(ᄌᆞ) ㅣ ᄀᆞᄅᆞ샤ᄃᆡ 中庸(듕용)은 그 지극ᄒᆞᆫ뎌 民(민)이 能(능)ᄒᆞ리 져건디 오라니라

〈第四章〉

子曰:「道之不行也, 我知之矣. 知者過之, 愚者不及也; 道之不明也, 我知之矣. 賢者過之, 不肖者不及也. 人莫不飮食也, 鮮能知味也.」

① 陶山本

子(ᄌᆞ) ㅣ ᄀᆞᆯᄋᆞ샤ᄃᆡ 道(도)의 行(ᄒᆡᆼ)티 몯홈을 내 아노라 知(디)ᄒᆞᆫ 者(쟈)ᄂᆞᆫ 過(과)ᄒᆞ고 愚(우)ᄒᆞᆫ 者(쟈)ᄂᆞᆫ 及(급)디 몯ᄒᆞᄂᆞ니라 道(도)의 明(명)티 몯홈을 내 아노라 賢(현)ᄒᆞᆫ 者(쟈)ᄂᆞᆫ 過(과)ᄒᆞ고 不肖(블쵸)ᄒᆞᆫ 者(쟈)ᄂᆞᆫ 及(급)디 몯ᄒᆞᄂᆞ니라

사ᄅᆞᆷ이 飮食(음식) 아니리 업건마ᄂᆞᆫ 能(능)히 맛 알 리 젹으니라

② 栗谷本

子(ᄌᆞ)ㅣ ᄀᆞᄅᆞ샤ᄃᆡ 道(도)의 行(ᄒᆡᆼ)티 몯호ᄆᆞᆯ 내 아노니 知(디)ᄒᆞᆫ 者(쟈)ᄂᆞᆫ 過(과)ᄒᆞ고 愚(우)ᄒᆞᆫ 者(쟈)ᄂᆞᆫ 及(급)디 몯ᄒᆞᆯ ᄉᆡ오 道(도)의 明(명)티 몯홈을 내 아노니 賢(현)ᄒᆞᆫ 者(쟈)ᄂᆞᆫ 過(과)ᄒᆞ고 不肖(블쵸)ᄒᆞᆫ 者(쟈)ᄂᆞᆫ 及(급)디 몯ᄒᆞᆯ ᄉᆡ니라

人(인)이 飮食(음식) 아니ᄒᆞ리 업건마ᄂᆞᆫ 能(능)히 마ᄉᆞᆯ 알리 져그니라

〈第五章〉

子曰:「道其不行矣夫!」

① 陶山本

子(ᄌᆞ)ㅣ ᄀᆞᆯᄋᆞ샤ᄃᆡ 道(도)ㅣ 그 行(ᄒᆡᆼ)티 몯ᄒᆞ린뎌

② 栗谷本

子(ᄌᆞ)ㅣ ᄀᆞᄅᆞ샤ᄃᆡ 道(도)ㅣ 그 行(ᄒᆡᆼ)티 몯ᄒᆞᆯ 딘뎌

〈第六章〉

子曰:「舜其大知也與! 舜好問而好察邇言, 隱惡而揚善, 執其兩端, 用其中於民, 其斯以爲舜乎!」

① 陶山本

子(ᄌᆞ)ㅣ ᄀᆞᆯᄋᆞ샤ᄃᆡ 舜(슌)ᄋᆞᆫ 그 큰 知(디)신뎌 舜(슌)이 무롬을 됴히 너기시고 邇言(ᅀᅵ언) ᄉᆞᆯ핌을 됴히 너기샤ᄃᆡ 惡(악)을 隱(은)ᄒᆞ시고 善(션)을 揚(양)ᄒᆞ시며 그 두 그틀 자브샤 그 中(듕)을 ᄇᆡᆨ셩의게 ᄡᅳ시니 그 이 ᄡᅧ 舜(슌)되옴이신뎌

② 栗谷本

子(ᄌᆞ)ㅣ ᄀᆞᄅᆞ샤ᄃᆡ 舜(슌)ᄋᆞᆫ 그 큰 知(디)신뎌 舜(슌)이 問(문)을 好(호)ᄒᆞ시며 邇言(이언) 察(찰)ᄒᆞ기ᄅᆞᆯ 好(호)ᄒᆞ샤 惡(악)을 隱(은)코 善(션)을 揚(양)ᄒᆞ시며 그 兩端(량단)을 執(집)ᄒᆞ샤 그 中(듕)을 民(민)의게 ᄡᅳ시니 그 이 ᄡᅧ 舜(슌)되미신뎌

〈第七章〉

子曰:「人皆曰予知, 驅而納諸罟擭陷阱之中, 而莫之知辟也. 人皆曰予知, 擇乎中庸而不能期月守也.」

① 陶山本

子(ᄌᆞ)ㅣ ᄀᆞᆯᄋᆞ샤ᄃᆡ 사ᄅᆞᆷ이 다 ᄀᆞᆯ오ᄃᆡ 내 知(디)호라 호ᄃᆡ 驅(구)ᄒᆞ야 罟(고)와 擭(화)와 陷阱(함정)ㅅ 가온ᄃᆡ 納(납)호ᄃᆡ 辟(피)ᄒᆞᆯ 줄을 아디 몯ᄒᆞ며 사ᄅᆞᆷ이 다 ᄀᆞᆯ오ᄃᆡ 내 知(디)호라 호ᄃᆡ 中庸(듕용)을 ᄀᆞᆯᄒᆡ야 能(능)히 期月(긔월)도 ᄃᆡᆨ희디 몯ᄒᆞᄂᆞ니라

② 栗谷本

子(ᄌᆞ)ㅣ ᄀᆞᄅᆞ샤ᄃᆡ 人(인)이 다 ᄀᆞᆯ오ᄃᆡ 내 知(디)호라 호ᄃᆡ 모라 罟(고)와 擭(화)와 陷阱(함정) 가온ᄃᆡ 녀호매 辟(피)호ᄆᆞᆯ 아디 몯ᄒᆞ며 人(인)이 다 ᄀᆞᆯ오ᄃᆡ 내 知(디)호라 호ᄃᆡ 中庸(듕용)의 擇(택)ᄒᆞ야 能(능)히 期月(긔월)도 守(수)티 몯ᄒᆞᄂᆞ니라

〈第八章〉

子曰:「回之爲人也, 擇乎中庸, 得一善, 則拳拳服膺而弗失之矣.」

① 陶山本

子(ᄌᆞ)ㅣ ᄀᆞᆯᄋᆞ샤ᄃᆡ 回(회)ㅣ 사ᄅᆞᆷ이론디 中庸(듕용)을 ᄀᆞᆯᄒᆡ야 ᄒᆞᆫ 善(션)을 어드면 拳拳(권권)히 膺(응)에 服(복)ᄒᆞ야 일티 아니ᄒᆞᄂᆞ니라

② 栗谷本

子(ᄌᆞ)ㅣ ᄀᆞᄅᆞ샤ᄃᆡ 回(회)의 사ᄅᆞᆷ이론디 中庸(듕용)의 擇(택)ᄒᆞ야 ᄒᆞᆫ 善(션)을 어드면 拳拳(권권)히 膺(응)의 服(복)ᄒᆞ야 失(실)티 아닛ᄂᆞ니라

〈第九章〉

子曰:「天下國家, 可均也; 爵祿, 可辭也; 白刃, 可蹈也; 中庸, 不可能也.」

① 陶山本

子(ᄌᆞ)ㅣ ᄀᆞᆯᄋᆞ샤ᄃᆡ 天下(텬하) 國家(국가)도 可(가)히 均(균)ᄒᆞᆯ 꺼시며 爵祿(쟉록)도 可(가)히 辭(ᄉᆞ)ᄒᆞᆯ 꺼시며 白刃(ᄇᆡᆨ인)도 可(가)히 蹈(도)ᄒᆞᆯ 꺼시로ᄃᆡ 中庸(듕용)은 可(가)히 能(능)티 몯ᄒᆞᄂᆞ니라

② 栗谷本

子(ᄌᆞ)ㅣ ᄀᆞᄅᆞ샤ᄃᆡ 天下(텬하)ㅣ며 國家(국가)를 可(가)히 均(균)ᄒᆞᆯ 디며 爵祿(쟉록)을 可(가)히 辭(ᄉᆞ)ᄒᆞᆯ 디며 白刃(ᄇᆡᆨ인)을 可(가)히 蹈(도)ᄒᆞᆯ 디어니와 中庸(듕용)은 可(가)히 能(능)티 몯ᄒᆞᆯ 디니라

〈第十章〉

子路問强.

子曰:「南方之强與? 北方之强與? 抑而强與? 寬柔以敎, 不報無道, 南方之强也, 君子居之. 衽金革, 死而不厭, 北方之强也, 而强者 居之. 故君子和而不流, 强哉矯! 中立而不倚, 强哉矯! 國有道, 不變塞焉, 强哉矯! 國無道, 至死不變, 强哉矯!」

① 陶山本

子路(ᄌᆞ로)ㅣ 强(강)을 묻ᄌᆞ온대

子(ᄌᆞ)ㅣ ᄀᆞᄅᆞ샤ᄃᆡ 南方(남방)의 强(강)가 北方(븍방)의 强(강)가 네의 强(강)가

寬(관)ᄒᆞ며 柔(슈)ᄒᆞ야 ᄡᅥ ᄀᆞᄅᆞ치고 道(도) 업스니를 갑디 아니 홈은 南方(남방)의 强(강)이니 君子(군ᄌᆞ)ㅣ 居(거)ᄒᆞᄂᆞ니라

金(금)과 革(혁)을 衽(심)ᄒᆞ야 주거도 厭(염)티 아니홈은 北方(븍방)의 强(강)이니 强(강)ᄒᆞᆫ 者(쟈)ㅣ 居(거)ᄒᆞᄂᆞ니라

故(고)로 君子(군ᄌᆞ)ᄂᆞᆫ 和(화)호ᄃᆡ 流(류)티 아니ᄒᆞᄂᆞ니 强(강)ᄒᆞ다 矯(교)홈이여 中立(듕립)ᄒᆞ야 倚(의)티 아니ᄒᆞᄂᆞ니 强(강)ᄒᆞ다 矯(교)홈이여 나라히 道(도)ㅣ 이숌애 塞(싁)을 變(변)티 아니ᄒᆞᄂᆞ니 强(강)ᄒᆞ다 矯(교)홈이여 나라히 道(도)ㅣ 업슴애 주금애 니르러도 變(변)티 아니ᄒᆞᄂᆞ니 强(강)ᄒᆞ다 矯(교)홈이여

② 栗谷本

子路(ᄌᆞ로)ㅣ 强(강)을 問(문)ᄒᆞᆫ대

子(ᄌᆞ)ㅣ ᄀᆞᄅᆞ샤ᄃᆡ 南方(남방)의 强(강)가 北方(븍방)의 强(강)가 ᄯᅩᄒᆞᆫ 네의 强(강)가

寬柔(관유)ᄒᆞ야 ᄡᅥ 敎(교)ᄒᆞ고 道(도) 업슨 거슬 報(보)티 아니 호ᄆᆞᆫ 南方(남방)의 强(강)이니 君子(군ᄌᆞ)ㅣ 居(거)ᄒᆞᄂᆞ니라

金(금)과 革(혁)을 衽(임)ᄒᆞ야 주거도 厭(염)티 아니키ᄂᆞᆫ 北方(븍방)의 强(강)이니 强(강)ᄒᆞᆫ 者(쟈)ㅣ 居(거)ᄒᆞᄂᆞ니라

故(고)로 君子(군ᄌᆞ)ᄂᆞᆫ 和(화)코 流(류)티 아니ᄒᆞᄂᆞ니 强(강)ᄒᆞ다 矯(교)호미여 中立(듕립)ᄒᆞ야 倚(의)티 아니ᄒᆞᄂᆞ니 强(강)ᄒᆞ다 矯(교)호미여 國(국)이 道(도)ㅣ 이신 제 塞(싁)을 變(변)티 아니 ᄒᆞᄂᆞ니 强(강)ᄒᆞ다 矯(교)호미여 國(국)이 道(도)ㅣ 업슨 제 死(사)애 至(지)토록 變(변)티 아니ᄒᆞᄂᆞ니 强(강)ᄒᆞ다 矯(교)호미여

〈第十一章〉

子曰:「素隱行怪, 後世有述焉, 吾弗爲之矣. 君子遵道而行, 半塗而廢, 吾弗能已矣. 君子依乎中庸, 遯世不見知而不悔, 唯聖者能之.」

① 陶山本

子(ᄌᆞ)ㅣ ᄀᆯᄋᆞ샤ᄃᆡ 隱(은)을 索(ᄉᆡᆨ)ᄒᆞ며 恠(괴)ᄅᆞᆯ 行(ᄒᆡᆼ)홈을 後世(후셰)예 述(ᄉᆔᆯ)ᄒᆞ리 인ᄂᆞ니 내 ᄒᆞ디 아니ᄒᆞ노라

君子(군ᄌᆞ)ㅣ 道(도)를 조차 行(ᄒᆡᆼ)ᄒᆞ다가 塗(도)에 半(반)만 ᄒᆞ야 廢(폐)ᄒᆞᄂᆞ니 내 能(ᄂᆞᆼ)히 마디 몯ᄒᆞ노라

君子(군ᄌᆞ)ᄂᆞᆫ 中庸(듕용)을 依(의)ᄒᆞ야 世(셰)예 遯(돈)ᄒᆞ야 알옴을 보디 몯ᄒᆞ야도 뉘웃디 아니ᄒᆞᄂᆞ니 오직 聖者(셩쟈)ㅣ사 能(ᄂᆞᆼ)ᄒᆞᄂᆞ니라

② 栗谷本

子(ᄌᆞ)ㅣ ᄀᆞᄅᆞ샤ᄃᆡ 隱(은)을 索(ᄉᆡᆨ)ᄒᆞ며 恠(괴)ᄅᆞᆯ 行(ᄒᆡᆼ)호ᄆᆞᆯ 後世(후셰)예 述(ᄉᆔᆯ)호미 잇거니와 내 ᄒᆞ디 아닛노라

君子(군ᄌᆞ)ㅣ 道(도)ᄅᆞᆯ 遵(준)ᄒᆞ야 行(ᄒᆡᆼ)ᄒᆞ다가 塗(도)애 半(반)ᄒᆞ야셔 廢(폐)ᄒᆞᄂᆞ니 내 能(ᄂᆞᆼ)히 마디 몯ᄒᆞ노라

君子(군ᄌᆞ)ᄂᆞᆫ 中庸(듕용)의 依(의)ᄒᆞ야 世(셰)ᄅᆞᆯ 遯(돈)ᄒᆞ야 知(디)호ᄆᆞᆯ 보디 몯ᄒᆞ야도 悔(회)티 아니ᄒᆞᄂᆞ니 오직 聖(셩)ᄒᆞᆫ 者(쟈)ㅣ아 能(ᄂᆞᆼ)ᄒᆞᆯ 디니라

〈第十二章〉

君子之道費而隱.

夫婦之愚, 可以與知焉, 及其至也, 雖聖人亦有所不知焉; 夫婦之不肖, 可以能行焉, 及其至也, 雖聖人亦有所不能焉, 天地之大也, 人猶有所憾. 故君子語大, 天下莫能載焉; 語小, 天下莫能破焉.

詩云:「鳶飛戾天, 魚躍于淵.」言其上下察也.

君子之道, 造端乎夫婦, 及其至也, 察乎天地.

① 陶山本

君子(군ᄌᆞ)의 道(도)ᄂᆞᆫ 費(비)호ᄃᆡ 隱(은)ᄒᆞ니라

夫婦(부부)의 愚(우)로도 可(가)히 ᄡᅧ 與(여)ᄒᆞ야 알오ᄃᆡ 그 지극홈애 미쳐ᄂᆞᆫ 비록 聖人(셩신)이라도 ᄯᅩᄒᆞᆫ 아디 몯ᄒᆞᄂᆞᆫ 배 이시며 夫婦(부부)의 不肖(블쵸)로도 可(가)히 ᄡᅧ 能(ᄂᆞᆼ)히 行(ᄒᆡᆼ)호ᄃᆡ 그 지극홈애 미쳐ᄂᆞᆫ 비록 聖人(셩신)이라도 ᄯᅩᄒᆞᆫ 能(ᄂᆞᆼ)티 몯ᄒᆞᄂᆞᆫ 배 이시며 天地(텬디)의 큼애도 사ᄅᆞᆷ이 오히려 憾(감)ᄒᆞᄂᆞᆫ 배 인ᄂᆞ니 故(고)로 君子(군ᄌᆞ)ㅣ 大(대)ᄅᆞᆯ 닐을 딘댄 天下(텬하)ㅣ 能(ᄂᆞᆼ)히 載(ᄌᆡ)티 몯ᄒᆞ며 小(쇼)ᄅᆞᆯ 닐을 딘댄 天下(텬하)ㅣ 能(ᄂᆞᆼ)히 破(파)티 몯ᄒᆞᄂᆞ니라

詩(시)예 닐오ᄃᆡ 鳶(연)은 飛(비)ᄒᆞ야 天(텬)애 戾(려)ᄒᆞ거ᄂᆞᆯ 魚(어)ᄂᆞᆫ 淵(연)에셔 躍(약)ᄒᆞᆫ다 ᄒᆞ니 그 上下(샹하)의 察(찰)홈을 닐ᄋᆞ니라

君子(군ᄌᆞ)의 道(도)ᄂᆞᆫ 端(단)이 夫婦(부부)에 造(조)ᄒᆞᄂᆞ니 그 지극홈애 미처ᄂᆞᆫ 天地(텬디)예 察(찰)ᄒᆞᄂᆞ니라

② 栗谷本

君子(군ᄌᆞ)의 道(도)ᄂᆞᆫ 費(비)코 隱(은)ᄒᆞ니라

夫婦(부부)의 愚(우)로 可(가)히 ᄡᅥ 참예ᄒᆞ야 알 거시로ᄃᆡ 그 지극호매 미처ᄂᆞᆫ 비록 聖人(셩인)이라도 ᄯᅩᄒᆞᆫ 아디 몯ᄒᆞᄂᆞᆫ 배 이시며 夫婦(부부)의 不肖(블쵸)로 可(가)히 ᄡᅥ 能(능)히 行(ᄒᆡᇰ)홀 거시로ᄃᆡ 그 지극호매 미처ᄂᆞᆫ 비록 聖人(셩인)이라도 ᄯᅩᄒᆞᆫ 能(능)티 몯ᄒᆞᄂᆞᆫ 배 이시며 天地(텬디)의 크모로도 人(인)이 오히려 憾(감)ᄒᆞᄂᆞᆫ 배 이시니 故(고)로 君子(군ᄌᆞ)ㅣ 大(대)ᄅᆞᆯ 語(어)홀 딘댄 天下(텬하)ㅣ 能(능)히 載(ᄌᆡ)티 몯ᄒᆞ며 小(쇼)ᄅᆞᆯ 語(어)홀 딘댄 天下(텬하)ㅣ 能(능)히 破(파)티 몯ᄒᆞᄂᆞ니라

詩(시)예 닐오ᄃᆡ 鳶(연)은 飛(비)ᄒᆞ야 天(텬)의 戾(려)ᄒᆞ고 魚(어)ᄂᆞᆫ 淵(연)의셔 躍(약)ᄒᆞᆫ다 ᄒᆞ니 그 上下(샹하)의 察(찰)호ᄆᆞᆯ 니ᄅᆞ니라

君子(군ᄌᆞ)의 道(도)ㅣ 夫婦(부부)의 端(단)을 造(조)ᄒᆞ야 그 지극호매 미처ᄂᆞᆫ 天地(텬디)예 察(찰)ᄒᆞᄂᆞ니라

〈第十三章〉

子曰:「道不遠人. 人之爲道而遠人, 不可以爲道. 詩云:『伐柯伐柯, 其則不遠.』執柯以伐柯, 睨而視之, 猶以爲遠. 故君子以人治人, 改而止. 忠恕違道不遠, 施諸己而不願, 亦勿施於人. 君子之道四, 丘未能一焉: 所求乎子, 以事父未能也; 所求乎臣, 以事君未能也; 所求乎弟, 以事兄未能也; 所求乎朋友, 先施之未能也. 庸德之行, 庸言之謹, 有所不足, 不敢不勉, 有餘不敢盡; 言顧行, 行顧言, 君子胡不慥慥爾!」

① 陶山本

子(ᄌᆞ)ㅣ ᄀᆞᆯᄋᆞ샤ᄃᆡ 道(도)ㅣ 사ᄅᆞᆷ의게 머디 아니ᄒᆞ니 사ᄅᆞᆷ이 道(도)ᄅᆞᆯ 호ᄃᆡ 사ᄅᆞᆷ의게 멀리 ᄒᆞ면 可(가)히 ᄡᅥ 道(도)ㅣ라 ᄒᆞ디 몯ᄒᆞ리니라

詩(시)예 닐오ᄃᆡ 柯(가)ᄅᆞᆯ 버힘이여 柯(가)ᄅᆞᆯ 버힘이여 그 則(측)이 머디 아니타 ᄒᆞ니 柯(가)ᄅᆞᆯ 잡아 ᄡᅥ 柯(가)ᄅᆞᆯ 버휴ᄃᆡ 睨(예)ᄒᆞ야 보고 오히려 ᄡᅥ 멀리 너기ᄂᆞ니 故(고)로 君子(군ᄌᆞ)ᄂᆞᆫ 사ᄅᆞᆷ으로ᄡᅥ 사ᄅᆞᆷ을 다ᄉᆞ리다가 改(ᄀᆡ)커든 止(지)ᄒᆞᄂᆞ니라

忠(튱)과 恕(셔)ㅣ 道(도)에 違(위)홈이 머디 아니ᄒᆞ니 己(긔)예 施(시)ᄒᆞ야 願(원)티 아니홈을 ᄯᅩᄒᆞᆫ 사ᄅᆞᆷ의게 施(시)티 마롤 디니라

君子(군ᄌᆞ)의 道(도)ㅣ 네헤 丘(구)ㅣ ᄒᆞ나토 能(능)티 몯ᄒᆞ노니 아ᄃᆞᆯ의게 求(구)ᄒᆞᄂᆞᆫ 바로ᄡᅥ 아비 셤김을 能(능)티 몯ᄒᆞ며 신하의게 求(구)ᄒᆞᄂᆞᆫ 바로ᄡᅥ 님금 셤김을 能(능)티

몯ᄒᆞ며 아의게 求(구)ᄒᆞᄂᆞᆫ 바로ᄡᅧ 兄(형) 셤김을 能(능)티 몯ᄒᆞ며 벋의게 求(구)ᄒᆞᄂᆞᆫ 바로 몬져 施(시)홈을 能(능)티 몯ᄒᆞ노니 庸(용)ᄒᆞᆫ 德(덕)을 行(ᄒᆡᆼ)ᄒᆞ며 庸(용)ᄒᆞᆫ 言(언)을 謹(근)ᄒᆞ야 不足(블족)ᄒᆞᆫ 배 잇거든 敢(감)히 勉(면)티 아니티 아니ᄒᆞ며 有餘(유여)ᄒᆞ거든 敢(감)히 盡(진)티 아니ᄒᆞ야 말이 ᄒᆡᆼ실을 도라보며 ᄒᆡᆼ실이 말을 돌아볼 디니 君子(군ᄌᆞ)ㅣ 엇디 慥慥(조조)티 아니ᄒᆞ리오

② 栗谷本

子(ᄌᆞ)ㅣ ᄀᆞᄅᆞ샤ᄃᆡ 道(도)ㅣ 人(인)의 遠(원)티 아니ᄒᆞ니 人(인)의 道(도)를 호미 人(인)의 遠(원)케 ᄒᆞ면 可(가)히 ᄡᅧ 道(도)ㅣ라 ᄒᆞ디 몯ᄒᆞᆯ디니라

詩(시)예 닐오ᄃᆡ 柯(가)를 伐(벌)ᄒᆞ기여 柯(가)를 伐(벌)ᄒᆞ기여 그 則(측)이 머디 아니타 ᄒᆞ니 柯(가)를 자바 ᄡᅧ 柯(가)를 伐(벌)호ᄃᆡ 睨(예)ᄒᆞ야 視(시)ᄒᆞ야 오히려 ᄡᅧ 머다 ᄒᆞᄂᆞ니 故(고)로 君子(군ᄌᆞ)ᄂᆞᆫ 人(인)으로ᄡᅧ 人(인)을 治(티)ᄒᆞ다가 改(ᄀᆡ)ᄒᆞ야ᄃᆞᆫ 止(지)ᄒᆞᄂᆞ니라

忠恕(듕셔)ㅣ 道(도)의 違(위)호미 머디 아니ᄒᆞ니 己(긔)예 施(시)ᄒᆞ야 願(원)티 아니호ᄆᆞᆯ ᄯᅩᄒᆞᆫ 人(인)의 施(시)티 마로미니라

君子(군ᄌᆞ)의 道(도)ㅣ 네히 丘(구)ㅣ 一(일)도 能(능)티 몯ᄒᆞ노니 子(ᄌᆞ)의게 求(구)ᄒᆞᄂᆞᆫ 바로ᄡᅧ 父(부)를 셤기기를 能(능)티 몯ᄒᆞ며 臣(신)의게 求(구)ᄒᆞᄂᆞᆫ 바로ᄡᅧ 君(군)을 셤기기를 能(능)티 몯ᄒᆞ며 弟(뎨)의게 求(구)ᄒᆞᄂᆞᆫ 바로ᄡᅧ 兄(형)을 셤기기를 能(능)티 몯ᄒᆞ며 朋友(붕우)의게 求(구)ᄒᆞᄂᆞᆫ 바로 몬져 施(시)ᄒᆞ기를 能(능)티 몯ᄒᆞ노니 庸(용)ᄒᆞᆫ 德(덕)을 行(ᄒᆡᆼ)ᄒᆞ며 庸(용)ᄒᆞᆫ 言(언)을 謹(근)ᄒᆞ야 足(죡)디 몯ᄒᆞᆫ 배 잇거든 敢(감)히 勉(면)티 아니티 아니ᄒᆞ며 餘(여)호미 잇거든 敢(감)히 盡(진)티 아니ᄒᆞ야 言(언)이 行(ᄒᆡᆼ)을 顧(고)ᄒᆞ며 行(ᄒᆡᆼ)이 言(언)을 顧(고)ᄒᆞ면 君子(군ᄌᆞ)ㅣ 엇디 慥慥(조조)티 아니리오

〈第十四章〉

君子素其位而行，不願乎其外.

素富貴，行乎富貴；素貧賤，行乎貧賤；素夷狄，行乎夷狄；素患難，行乎患難；君子無入而不自得焉.

在上位不陵下，在下位不援上，正己而不求於人則無怨. 上不怨天，下不尤人. 故君子居易以俟命，小人行險以徼幸.

子曰：「射有似乎君子；失諸正鵠，反求諸其身.」

① 陶山本

君子(군ᄌᆞ)ᄂᆞᆫ 그 位(위)예 素(소)ᄒᆞ야셔 行(ᄒᆡᆼ)ᄒᆞ고 그 밧글 願(원)티 아니 ᄒᆞᄂᆞ니라

富貴(부귀)에 素(소)ᄒᆞ얀 富貴(부귀)예 行(ᄒᆡᆼ)ᄒᆞ며 貧賤(빈쳔)에 素(소)ᄒᆞ얀 貧賤(빈쳔)에 行(ᄒᆡᆼ)ᄒᆞ며 夷狄(이뎍)에 素(소)ᄒᆞ얀 夷狄(이뎍)에 行(ᄒᆡᆼ)ᄒᆞ며 患難(환난)에 素(소)ᄒᆞ얀

患難(환난)에 行(힝)ᄒᆞᄂᆞ니 君子(군ᄌᆞ)ᄂᆞᆫ 든 ᄃᆡ마다 스스로 得(득)디 아니홇 ᄃᆡ 업ᄂᆞ니라

웃 位(위)예 이셔 아래ᄅᆞᆯ 陵(릉)티 아니ᄒᆞ며 아래 位(위)예 이셔 우흘 援(원)티 아니ᄒᆞ고 몸을 正(졍)히 ᄒᆞ고 사ᄅᆞᆷ의게 求(구)티 아니ᄒᆞ면 怨(원)이 업ᄉᆞ리니 우흐로 하ᄂᆞᆯ을 怨(원)티 아니ᄒᆞ며 아래로 사ᄅᆞᆷ을 尤(우)티 아니ᄒᆞᄂᆞ니라

故(고)로 君子(군ᄌᆞ)ᄂᆞᆫ 易(이)예 居(거)ᄒᆞ야 ᄡᅧ 命(명)을 기ᄃᆞᆯ오고 小人(쇼인)ᄋᆞᆫ 險(험)에 行(힝)ᄒᆞ야 ᄡᅧ 幸(힝)을 儌(요)ᄒᆞᄂᆞ니라

子(ᄌᆞ)ㅣ ᄀᆞᆯᄋᆞ샤ᄃᆡ 射(샤)ㅣ 君子(군ᄌᆞ) ᄀᆞᄐᆞᆷ이 인ᄂᆞ니 正(졍)과 鵠(곡)애 失(실)ᄒᆞ고 도라 그 몸애 求(구)ᄒᆞᄂᆞ니라

② 栗谷本

君子(군ᄌᆞ)ᄂᆞᆫ 그 位(위)예 素(소)ᄒᆞ야 行(힝)ᄒᆞ고 그 外(외)ᄅᆞᆯ 願(원)티 아닛ᄂᆞ니라

富貴(부귀)예 素(소)ᄒᆞ야 富貴(부귀)예 行(힝)ᄒᆞ며 貧賤(빈쳔)의 素(소)ᄒᆞ야 貧賤(빈쳔)의 行(힝)ᄒᆞ며 夷狄(이뎍)의 素(소)ᄒᆞ야 夷狄(이뎍)의 行(힝)ᄒᆞ며 患難(환난)의 素(소)ᄒᆞ야 患難(환난)의 行(힝)ᄒᆞᆯ 디니 君子(군ᄌᆞ)ᄂᆞᆫ 入(입)ᄒᆞᆫᄃᆡ 自得(ᄌᆞ득)디 몯ᄒᆞᆯ ᄃᆡ 업ᄂᆞ니라

上位(샹위)예 이셔 아래ᄅᆞᆯ 陵(릉)티 아니ᄒᆞ며 下位(하위)예 이셔 上(샹)을 援(원)티 아니ᄒᆞ고 己(긔)ᄅᆞᆯ 正(졍)코 人(인)의게 求(구)호미 업스면 怨(원)이 업슬 디니 上(샹)으로 天(텬)을 怨(원)티 아니ᄒᆞ며 下(하)로 人(인)을 尤(우)티 아닛ᄂᆞ니라

故(고)로 君子(군ᄌᆞ)ᄂᆞᆫ 易(이)예 居(거)ᄒᆞ야 ᄡᅧ 命(명)을 俟(ᄉᆞ)ᄒᆞ고 小人(쇼인)ᄋᆞᆫ 險(험)의 行(힝)ᄒᆞ야 ᄡᅧ 幸(힝)을 儌(요)ᄒᆞᄂᆞ니라

子(ᄌᆞ)ㅣ ᄀᆞᄅᆞ샤ᄃᆡ 射(샤)ㅣ 君子(군ᄌᆞ) ᄀᆞ토미 이시니 正(졍)과 鵠(곡)의 失(실)ᄒᆞ거든 도라 그 身(신)의 求(구)ᄒᆞᆫ다 ᄒᆞ시니라

〈第十五章〉

君子之道, 辟如行遠必自邇, 辟如登高必自卑.

詩曰:「妻子好合, 如鼓瑟琴; 兄弟旣翕, 和樂且耽; 宜爾室家, 樂爾妻帑.」

子曰:「父母其順矣乎!」

① 陶山本

君子(군ᄌᆞ)의 道(도)ᄂᆞᆫ 辟(비)컨댄 먼 ᄃᆡ 行(힝)ᄒᆞ리 반ᄃᆞ시 갓가온 ᄃᆡ로브터 홈 ᄀᆞᄐᆞ며 辟(비)컨댄 노픈 ᄃᆡ 오ᄅᆞ리 반ᄃᆞ시 ᄂᆞ즌 ᄃᆡ로브터 홈 ᄀᆞᄐᆞ니라

詩(시)예 ᄀᆞᆯ오ᄃᆡ 妻子(쳐ᄌᆞ)의 好(호)ᄒᆞ며 合(합)홈이 瑟(슬)과 琴(금)을 鼓(고) 홈 ᄀᆞᄐᆞ며 兄(형)과 弟(뎨)ㅣ 이믜 翕(흡)ᄒᆞ야 和(화)ᄒᆞ며 樂(락)ᄒᆞ고 ᄯᅩ 耽(담)혼 디라 네의 室家(실가)를 宜(의)케 ᄒᆞ며 네의 妻(쳐)와 帑(노)를 樂(락)게 ᄒᆞ다 ᄒᆞ야ᄂᆞᆯ

子(ᄌᆞ)ㅣ ᄀᆞᆯᄋᆞ샤ᄃᆡ 父母(부모)ᄂᆞᆫ 그 順(슌)ᄒᆞ시린뎌

② 栗谷本

君子(군ᄌᆞ)의 道(도)ㅣ 辟(비)컨댄 遠(원)의 行(ᄒᆡᆼ)ᄒᆞ기 반ᄃᆞ시 邇(이)로부터 홈ᄀᆞᄐᆞ며 辟(비)컨댄 高(고)의 登(등)ᄒᆞ기 반ᄃᆞ시 비(卑)로비터 홈 ᄀᆞᄐᆞ니라

詩(시)예 ᄀᆞᆯ오ᄃᆡ 妻子(쳐ᄌᆞ)의 好合(호합)호미 瑟琴(슬금)을 鼓(고)홈 ᄀᆞᄐᆞ며 兄弟(형뎨)이믜 翕(흡)ᄒᆞ야 和樂(화락)ᄒᆞ고 ᄯᅩ 耽(담)ᄒᆞ도다 爾(이)의 室家(실가)ᄅᆞᆯ 宜(의)케 ᄒᆞ며 爾(이)의 妻孥(쳐노)ᄅᆞᆯ 樂(락)케 ᄒᆞ다 ᄒᆞ야ᄂᆞᆯ

子(ᄌᆞ)ㅣ ᄀᆞᄅᆞ샤ᄃᆡ 父母(부모)ㅣ 그 順(슌)ᄒᆞᆯ딘뎌 ᄒᆞ시니라

〈第十六章〉

子曰:「鬼神之爲德, 其盛矣乎! 視之而弗見, 聽之而弗聞, 體物而不可遺. 使天下之人, 齊明盛服, 以承祭祀. 洋洋乎! 如在其上, 如在其左右. 詩曰:『神之格思, 不可度思! 矧可射思!』夫微之顯, 誠之不可揜如此夫.」

① 陶山本

子(ᄌᆞ)ㅣ ᄀᆞᆯᄋᆞ샤ᄃᆡ 鬼神(귀신)의 德(덕)이로옴이 그 盛(셩)ᄒᆞᆫ뎌

視(시)호려 ᄒᆞ야도 見(견)티 몯ᄒᆞ며 聽(텽)호려 ᄒᆞ야도 聞(문)티 몯호ᄃᆡ 物(믈)에 體(톄)ᄒᆞ야 可(가)히 遺(유)티 몯ᄒᆞᄂᆞ니라

天下(텬하)읫 사ᄅᆞᆷ으로 ᄒᆡ여곰 齊(지)ᄒᆞ며 明(명)ᄒᆞ며 服(복)을 盛(셩)히 ᄒᆞ야 ᄡᅥ 祭祀(졔ᄉᆞ)ᄅᆞᆯ 承(승)케 ᄒᆞ고 洋洋(양양)히 그 上(샹)에 인ᄂᆞᆫ 듯 ᄒᆞ며 그 左右(자우)에 잇ᄂᆞᆫ 듯 ᄒᆞ니라

詩(시)예 ᄀᆞᆯ오ᄃᆡ 神(신)의 格(격)홈을 可(가)히 度(탁)디 몯ᄒᆞ곤 ᄒᆞ믈며 可(가)히 射(역)ᄒᆞ랴

微(미)ᄒᆞᆫ 거시 顯(현)ᄒᆞ니 誠(셩)의 可(가)히 揜(엄)티 몯홈이 이 ᄀᆞᄐᆞᆫ뎌

② 栗谷本

子(ᄌᆞ)ㅣ ᄀᆞᄅᆞ샤ᄃᆡ 鬼神(귀신)의 德(덕)이론디 그 盛(셩)ᄒᆞᆫ뎌

視(시)ᄒᆞ야 見(견)티 몯ᄒᆞ며 聽(텽)ᄒᆞ야 聞(문)티 몯호ᄃᆡ 物(믈)의 體(톄)ᄒᆞ야 可(가)히 遺(유)티 몯ᄒᆞᆯ 디니라

天下(텬하)의 人(인)으로 ᄒᆡ여곰 齊(지)ᄒᆞ며 明(명)ᄒᆞ며 服(복)을 盛(셩)히 ᄒᆞ야 ᄡᅥ 祭祀(졔ᄉᆞ)ᄅᆞᆯ 承(승)호ᄃᆡ 洋洋(양양)히 그 上(샹)의 잇둧ᄒᆞ며 그 左右(자우)의 잇둧ᄒᆞ니라

詩(시)예 ᄀᆞᆯ오ᄃᆡ 神(신)의 格(격)호미 可(가)히 度(탁)디 몯ᄒᆞᆯ 거시온 ᄒᆞ믈며 可(가)히 射(역)ᄒᆞᆯ 것가 ᄒᆞ니

微(미)의 顯(현)호미니 誠(셩)의 可(가)히 揜(엄)티 몯호미 이 ᄀᆞᄐᆞᆫ뎌

〈第十七章〉

子曰:「舜其大孝也與! 德爲聖人, 尊爲天子, 富有四海之內. 宗廟饗之, 子孫保之. 故大德必得其位, 必得其祿, 必得其名, 必得其壽. 故天之生物, 必因其材而篤焉. 故栽者培之, 傾者覆之. 詩曰:『嘉樂君子, 憲憲令德! 宜民宜人, 受祿于天. 保佑命之, 自天申之!』故大德者 必受命.」

① 陶山本

子(ᄌᆞ)ㅣ 골ᄋᆞ샤ᄃᆡ 舜(슌)은 그 큰 孝(효)ㅣ신뎌 德(덕)은 聖人(셩인)이 되시고 尊(존)은 天子(텬ᄌᆞ)ㅣ 되시고 富(부)ᄂᆞᆫ 四海(ᄉᆞ힋)ㅅ 內(ᄂᆡ)ᄅᆞᆯ 두샤 宗廟(종묘)ᄅᆞᆯ 饗(향)ᄒᆞ시며 子孫(ᄌᆞ손)을 保(보)ᄒᆞ시니라

故(고)로 큰 德(덕)은 반ᄃᆞ시 그 位(위)ᄅᆞᆯ 어ᄃᆞ며 반ᄃᆞ시 그 祿(록)을 어ᄃᆞ며 반ᄃᆞ시 그 名(명)을 어ᄃᆞ며 반ᄃᆞ시 그 壽(슈)ᄅᆞᆯ 언ᄂᆞ니라

故(고)로 하ᄂᆞᆯ의 物(믈) 生(ᄉᆡᆼ)홈이 반ᄃᆞ시 그 材(ᄌᆡ)ᄅᆞᆯ 因(인)ᄒᆞ야 篤(독)ᄒᆞᄂᆞ니 故(고)로 栽(ᄌᆡ)ᄒᆞᆫ 者(쟈)ᄅᆞᆯ 培(ᄇᆡ)ᄒᆞ고 傾(경)ᄒᆞᆫ 者(쟈)ᄅᆞᆯ 覆(복)ᄒᆞᄂᆞ니라

詩(시)예 골오ᄃᆡ 嘉樂(가락)ᄒᆞᆫ 君子(군ᄌᆞ)의 顯(현)ᄒᆞ며 顯(현)ᄒᆞᆫ 令德(령덕)이 民(민)에 宜(의)ᄒᆞ며 人(신)에 宜(의)혼 디라 祿(록)을 하ᄂᆞᆯᄭᅴ 受(슈)ᄒᆞ거ᄂᆞᆯ 保(보)ᄒᆞ며 佑(우)ᄒᆞ야 命(명)ᄒᆞ시고 하ᄂᆞᆯ로브터 申(신)타 ᄒᆞ니라

故(고)로 큰 德(덕)은 반ᄃᆞ시 命(명)을 受(슈)ᄒᆞᄂᆞ니라

② 栗谷本

子(ᄌᆞ)ㅣ ᄀᆞᄅᆞ샤ᄃᆡ 舜(슌)은 그 큰 孝(효)ㅣ신뎌 德(덕)은 聖人(셩인)이 되시고 尊(존)호미 天子(텬ᄌᆞ)ㅣ 되시고 富(부)호미 四海(ᄉᆞ힋) 안ᄒᆞᆯ 두샤 宗廟(종묘)ㅣ 饗(향)ᄒᆞ시며 子孫(ᄌᆞ손)이 保(보)ᄒᆞ니라

故(고)로 큰 德(덕)은 반ᄃᆞ시 그 位(위)ᄅᆞᆯ 어드며 반ᄃᆞ시 그 祿(록)을 어드며 반ᄃᆞ시 그 名(명)을 어드며 반ᄃᆞ시 그 壽(슈)ᄅᆞᆯ 어들 디니라

故(고)로 天(텬)의 物(믈)을 生(ᄉᆡᆼ)ᄒᆞ기 반ᄃᆞ시 그 材(ᄌᆡ)ᄅᆞᆯ 因(인)ᄒᆞ야 篤(독)ᄒᆞᄂᆞ니 故(고)로 栽(ᄌᆡ)ᄒᆞᄂᆞᆫ 者(쟈)ᄅᆞᆯ 培(ᄇᆡ)ᄒᆞ고 傾(경)ᄒᆞᄂᆞᆫ 者(쟈)ᄅᆞᆯ 覆(복)ᄒᆞᄂᆞ니라

詩(시)예 골오ᄃᆡ 嘉樂(가락)ᄒᆞᆫ 君子(군ᄌᆞ)ㅣ여 顯顯(현현)ᄒᆞᆫ 令德(령덕)이로다 民(민)의 宜(의)ᄒᆞ며 人(인)의 宜(의)ᄒᆞᆫ 디라 天(텬)ᄭᅴ 祿(록)을 受(슈)ᄒᆞ거ᄂᆞᆯ 保(보)ᄒᆞ며 佑(우)ᄒᆞ며 命(명)ᄒᆞ시고 天(텬)으로브터 申(신)ᄒᆞ시다 ᄒᆞ니

故(고)로 큰 德(덕)인 者(쟈)ᄂᆞᆫ 반ᄃᆞ시 命(명)을 受(슈)ᄒᆞᆯ 디니라

〈第十八章〉

子曰:「無憂者其惟文王乎! 以王季爲父, 以武王爲子, 父作之, 子述之.

武王纘大王·王季·文王之緖. 壹戎衣而有天下, 身不失天下之顯名. 尊爲天子, 富有四海之內. 宗廟饗之, 子孫保之. 武王末受命, 周公成文武之德, 追王大王·王季, 上祀先公以天子之禮. 斯禮也, 達乎諸侯大夫, 及士庶人. 父爲大夫, 子爲士; 葬以大夫, 祭以士. 父爲士, 子爲大夫; 葬以士, 祭以大夫. 期之喪達乎大夫, 三年之喪達乎天子, 父母之喪無貴賤一也.」

① 陶山本

子(ᄌᆞ)ㅣ ᄀᆞᆯᄋᆞ샤ᄃᆡ 근심 업ᄉᆞ니는 그 오직 文王(문왕)이신뎌 王季(왕계)로ᄡᅥ 父(부) 사므시고 武王(무왕)으로ᄡᅥ 子(ᄌᆞ) 삼으시니 父(부)ㅣ 作(작)ᄒᆞ야시ᄂᆞᆯ 子(ᄌᆞ)ㅣ 述(슐)ᄒᆞ시니라

武王(무왕)이 大王(태왕)과 王季(왕계)와 文王(문왕)의 緖(셔)를 니으샤 ᄒᆞᆫ 번 戎衣(슝의)ᄒᆞ샤 天下(텬하)를 두샤ᄃᆡ 몸애 天下(텬하)읫 顯(현)ᄒᆞᆫ 일홈을 일티 아니ᄒᆞ샤 尊(존)은 天子(텬ᄌᆞ)ㅣ 되시고 富(부)는 四海(ᄉᆞ히)ㅅ 內(ᄂᆡ)를 두샤 宗廟(종묘)를 饗(향)ᄒᆞ시며 子孫(ᄌᆞ손)을 保(보)ᄒᆞ시니라

武王(무왕)이 末(말)애 命(명)을 受(슈)ᄒᆞ야시ᄂᆞᆯ 周公(쥬공)이 文武(문무)ㅅ 德(덕)을 일오샤 大王(태왕)과 王季(왕계)를 조초 王(왕)ᄒᆞ시고 우흐로 先公(션공)을 祀(ᄉᆞ)ᄒᆞ샤ᄃᆡ 天子(텬ᄌᆞ)ㅅ 禮(례)로ᄡᅥ ᄒᆞ시니 이 禮(례)ㅣ 諸侯(져후)와 태우와 밋 士(ᄉᆞ)와 庶人(셔신)의게 達(달)ᄒᆞ니 父(부)ㅣ 태위 되고 子(ᄌᆞ)ㅣ 士(ᄉᆞ)ㅣ 되얏거든 葬(장)호ᄃᆡ 태우로ᄡᅥ ᄒᆞ고 祭(졔)호ᄃᆡ 士(ᄉᆞ)로ᄡᅥ ᄒᆞ며 父(부)ㅣ 士(ᄉᆞ)ㅣ 되고 子(ᄌᆞ)ㅣ 태위 되얏거든 葬(장)호ᄃᆡ 士(ᄉᆞ)로ᄡᅥ ᄒᆞ고 祭(졔)호ᄃᆡ 태우로ᄡᅥ ᄒᆞ며 期(긔)ㅅ 喪(상)은 태우에 達(달)ᄒᆞ고 三年(삼년)ㅅ 喪(상)은 天子(텬ᄌᆞ)에 達(달)ᄒᆞ니 父母(부모)ㅅ 喪(상)은 貴(귀)ᄒᆞ며 賤(쳔)ᄒᆞ니 업시 ᄒᆞᆫ 가지니라

② 栗谷本

子(ᄌᆞ)ㅣ ᄀᆞᄅᆞ샤ᄃᆡ 시름 업스니는 그 오직 文王(문왕)이신뎌 王季(왕계)로ᄡᅥ 父(부)ㅣ 되시고 武王(무왕)으로ᄡᅥ 子(ᄌᆞ)ㅣ 되시니 父(부)ㅣ 作(작)ᄒᆞ야시ᄂᆞᆯ 子(ᄌᆞ)ㅣ 述(슐)ᄒᆞ시니라

武王(무왕)이 大王(태왕)과 王季(왕계)와 文王(문왕)의 緖(셔)를 纘(찬)ᄒᆞ샤 ᄒᆞᆫ 번 戎衣(융의)호매 天下(텬하)를 두샤ᄃᆡ 모미 天下(텬하)의 顯名(현명)을 일티 아니ᄒᆞ시며 尊(존)호미 天子(텬ᄌᆞ)ㅣ 되시고 富(부)호미 四海(ᄉᆞ히) 안ᄒᆞᆯ 두샤 宗廟(종묘)ㅣ 饗(향)ᄒᆞ시며 子孫(ᄌᆞ손)ㅣ 保(보)ᄒᆞ시니라

武王(무왕)이 末(말)애 命(명)을 受(슈)ᄒᆞ야시ᄂᆞᆯ 周公(쥬공)이 文武(문무)의 德(덕)을 成(셩)ᄒᆞ샤 大王(태왕)과 王季(왕계)를 追王(튜왕)ᄒᆞ시고 우흐로 先公(션공)을 天子(텬ᄌᆞ)의 禮(례)로ᄡᅥ 祀(ᄉᆞ)ᄒᆞ시니 이 禮(례)ㅣ 諸侯(져후)ㅣ며 大夫(대부)ㅣ며 밋 士(ᄉᆞ)ㅣ며 庶人(셔인)의게 達(달)ᄒᆞ니 父(부)ㅣ 大夫(대부)ㅣ 되고 子(ᄌᆞ)ㅣ 士(ᄉᆞ)ㅣ 되면 大夫(대부)

로써 葬(장)코 士(ᄉᆞ)로써 祭(졔)ᄒᆞ고 父(부)ㅣ 士(ᄉᆞ)ㅣ 되고 子(ᄌᆞ)ㅣ 大夫(대부)ㅣ 되면 士(ᄉᆞ)로써 葬(장)코 大夫(대부)로써 祭(졔)홀 디니 期(긔)읫 喪(상)은 大夫(대부)의게 達(달)ᄒᆞ고 三年(삼년)읫 喪(상)은 天子(텬ᄌᆞ)ᄭᅴ 達(달)ᄒᆞ니 父母(부모)의 喪(상)은 貴賤(귀쳔)업시 ᄒᆞᆫ 가지니라

〈第十九章〉

子曰:「武王·周公, 其達孝矣乎! 夫孝者: 善繼人之志, 善述人之事者也. 春秋脩其祖廟, 陳其宗器, 設其裳衣, 薦其時食. 宗廟之禮, 所以序昭穆也; 序爵, 所以辨貴賤也; 序事, 所以辨賢也; 旅酬下 爲上, 所以逮賤也; 燕毛, 所以序齒也. 踐其位, 行其禮, 奏其樂, 敬其所尊, 愛其所親, 事死如事生, 事亡如事存, 孝之至也. 郊社之禮, 所以事上帝也; 宗廟之禮, 所以祀乎其先也. 明乎郊社之禮·禘嘗之義, 治國其如示諸掌乎.」

① 陶山本

子(ᄌᆞ)ㅣ ᄀᆞᆯᄋᆞ샤ᄃᆡ 武王(무왕)과 周公(쥬공)은 그 達(달)ᄒᆞᆫ 孝(효)ㅣ신뎌

孝(효)ᄂᆞᆫ 사ᄅᆞᆷ의 ᄠᅳᆮ을 善(션)히 繼(계)ᄒᆞ며 사ᄅᆞᆷ의 일을 善(션)히 述(슐)홈이니라

春秋(춘츄)에 그 祖廟(조묘)ᄅᆞᆯ 修(슈)ᄒᆞ며 그 宗器(종긔)를 陳(딘)ᄒᆞ며 그 裳衣(샹의)ᄅᆞᆯ 設(셜)ᄒᆞ며 그 時食(시식)을 薦(쳔)ᄒᆞᄂᆞ니라

宗廟(종묘)ㅅ 禮(례)ᄂᆞᆫ ᄡᅥ 昭(쇼)와 穆(목)을 序(셔)ᄒᆞᄂᆞᆫ 배오 爵(쟉)을 序(셔)홈은 ᄡᅥ 貴(귀)와 賤(쳔)을 辨(변)ᄒᆞᄂᆞᆫ 배오 事(ᄉᆞ)ᄅᆞᆯ 序(셔)홈은 ᄡᅥ 賢(현)을 辨(변)ᄒᆞᄂᆞᆫ 배오 모다 酬(슈)홈애 下(하)ㅣ 上(샹)을 爲(위)홈은 ᄡᅥ 賤(쳔)에 미치ᄂᆞᆫ 배오 燕(연)애 毛(모)로 홈은 ᄡᅥ 齒(치)ᄅᆞᆯ 序(셔)ᄒᆞᄂᆞᆫ 배니라

그 位(위)ᄅᆞᆯ 踐(쳔)ᄒᆞ야 그 禮(례)ᄅᆞᆯ 行(ᄒᆡᇰ)ᄒᆞ며 그 樂(악)을 奏(주)ᄒᆞ며 그 尊(존)ᄒᆞ더신 바ᄅᆞᆯ 공경ᄒᆞ며 그 親(친)ᄒᆞ더신 바ᄅᆞᆯ 사랑ᄒᆞ며 주근 이 셤김을 산 이 셤김 ᄀᆞ티 ᄒᆞ며 업ᄉᆞᆫ 이 셤김을 잇ᄂᆞᆫ 이 셤기ᄀᆞ티 홈이 孝(효)의 지극홈이니라

郊(교)와 社(샤)ㅅ 禮(례)ᄂᆞᆫ ᄡᅥ 上帝(샹뎨)ᄅᆞᆯ 셤기ᄂᆞᆫ 배오 宗廟(종묘)ㅅ 禮(례)ᄂᆞᆫ ᄡᅥ 그 先(션)을 祀(ᄉᆞ)ᄒᆞᄂᆞᆫ 배니 郊(교)와 社(샤)ㅅ 禮(례)와 禘(톄)와 嘗(샹)ㅅ 義(의)예 ᄇᆞᆰ으면 나라 다ᄉᆞ림은 그 掌(쟝)을 봄 ᄀᆞᄐᆞᆫ뎌

② 栗谷本

子(ᄌᆞ)ㅣ ᄀᆞᄅᆞ샤ᄃᆡ 武王(무왕)과 周公(쥬공)은 그 達(달)ᄒᆞᆫ 孝(효)ㅣ신뎌

孝(효)ᄂᆞᆫ 人(인)의 志(지)ᄅᆞᆯ 잘 繼(계)ᄒᆞ며 人(인)의 事(ᄉᆞ)ᄅᆞᆯ 잘 述(슐)ᄒᆞᄂᆞᆫ 者(쟈)ㅣ니라

春秋(츈츄)애 그 祖廟(조묘)ᄅᆞᆯ 修(슈)ᄒᆞ며 그 宗器(종긔)ᄅᆞᆯ 陳(딘)ᄒᆞ며 그 裳衣(샹의)ᄅᆞᆯ

設(셜)ᄒᆞ며 그 時食(시식)을 薦(쳔)ᄒᆞᄂᆞ니라

宗廟(종묘)의 禮(례)ᄂᆞᆫ ᄡᅧ 昭穆(쇼목)을 序(셔)ᄒᆞᄂᆞᆫ 배오 爵(쟉)을 序(셔)호ᄆᆞᆫ ᄡᅧ 貴賤(귀쳔)을 辨(변)ᄒᆞᄂᆞᆫ 배오 事(ᄉᆞ)ᄅᆞᆯ 序(셔)호ᄆᆞᆫ ᄡᅧ 賢(현)을 辨(변)ᄒᆞᄂᆞᆫ 배오 모다 酬(슈)ᄒᆞᆯ제 下(하)ㅣ 上(샹)을 爲(위)호ᄆᆞᆫ ᄡᅧ 賤(쳔)의 逮(톄)ᄒᆞᄂᆞᆫ 배오 燕(연)애 毛(모)로 호ᄆᆞᆫ ᄡᅧ 齒(치)ᄅᆞᆯ 序(셔)ᄒᆞᄂᆞᆫ 배니라

그 位(위)ᄅᆞᆯ 踐(쳔)ᄒᆞ야 그 禮(례)ᄅᆞᆯ 行(ᄒᆡᆼ)ᄒᆞ며 그 樂(악)을 奏(주)ᄒᆞ며 그 尊(존)ᄒᆞ더신 바ᄅᆞᆯ 敬(경)ᄒᆞ며 그 親(친)ᄒᆞ더신 바ᄅᆞᆯ 愛(ᄋᆡ)ᄒᆞ며 死(ᄉᆞ)ᄅᆞᆯ 事(ᄉᆞ)호ᄃᆡ 生(ᄉᆡᆼ)을 事(ᄉᆞ)홈 ᄀᆞ티 ᄒᆞ며 亡(망)을 事(ᄉᆞ)호ᄃᆡ 存(존)을 事(ᄉᆞ)홈 ᄀᆞ티 호미 孝(효)의 지극호미니라

郊社(교샤)의 禮(례)ᄂᆞᆫ ᄡᅧ 上帝(샹뎨)ᄅᆞᆯ 事(ᄉᆞ)ᄒᆞᄂᆞᆫ 배오 宗廟(종묘)의 禮(례)ᄂᆞᆫ ᄡᅧ 그 先(션)을 祀(ᄉᆞ)ᄒᆞᄂᆞᆫ 배니 郊社(교샤)의 禮(례)와 禘嘗(톄샹)의 義(의)예 明(명)ᄒᆞ면 國(국)을 治(티)ᄒᆞ기 그 掌(쟝)을 봄 ᄀᆞᆮᄐᆞᆫ뎌

〈第二十章〉

哀公問政.

子曰:「文武之政, 布在方策. 其人存, 則其政擧; 其人亡, 則其政息. 人道敏政, 地道敏樹. 夫政也者, 蒲盧也. 故爲政在人, 取人以身, 脩身以道, 脩道以仁. 仁者人也, 親親爲大; 義者宜也, 尊賢爲大; 親親之殺, 尊賢之等, 禮所生也. 在下位不獲乎上, 民不可得而治矣! 故君子不可以不脩身; 思脩身, 不可以不事親; 思事親, 不可以不知人; 思知人, 不可以不知天.」

天下之達道五, 所以行之者三: 曰君臣也, 父子也, 夫婦也, 昆弟也, 朋友之交也: 五者天下之達道也. 知·仁·勇三者, 天下之達德也, 所以行之者一也.

或生而知之, 或學而知之, 或困而知之, 及其知之一也; 或安而行之, 或利而行之, 或勉强而行之, 及其成功一也.

子曰:「好學近乎知, 力行近乎仁, 知恥近乎勇. 知斯三者, 則知所以脩身; 知所以脩身, 則知所以治人; 知所以治人, 則知所以治天下國家矣.」

凡爲天下國家有九經, 曰: 脩身也, 尊賢也, 親親也, 敬大臣也, 體羣臣也, 子庶民也, 來百工也, 柔遠人也, 懷諸侯也.

脩身則道立, 尊賢則不惑, 親親則諸父昆弟不怨, 敬大臣則不眩, 體羣臣則士之報禮重，子庶民則百姓勸，來百工則財用足，柔遠人則四方歸之，懷諸侯則天下畏之.

齊明盛服，非禮不動，所以脩身也；去讒遠色，賤貨而貴德，所以勸賢也；尊其位，重其祿，同其好惡，所以勸親親也；官盛任使，所以勸大臣也；忠信重祿，所以勸士也；時使薄斂，所以勸百姓也；日省月試，旣稟稱事，所以勸百工也；送往迎來，嘉善而矜不能，所以柔遠人也；繼絶世，擧廢國，治亂持危，朝聘以時，厚往而薄來，所以懷諸侯也. 凡爲天下國家有九經，所以行之者一也.

凡事豫則立，不豫則廢. 言前定則不跲，事前定則不困，行前定則不疚，道前定則不窮.

在下位不獲乎上，民不可得而治矣；獲乎上有道：不信乎朋友，不獲乎上矣；信乎朋友有道：不順乎親，不信乎朋友矣；順乎親有道：反諸身不誠，不順乎親矣；誠身有道：不明乎善，不誠乎身矣.

誠者，天之道也；誠之者，人之道也. 誠者，不勉而中，不思而得，從容中道，聖人也；誠之者，擇善而固執之者也.

博學之，審問之，愼思之，明辨之，篤行之.

有弗學，學之弗能弗措也；有弗問，問之弗知弗措也；有弗思，思之弗得弗措也；有弗辨，辨之弗明弗措也；有弗行，行之弗篤弗措也；人一能之，己百之；人十能之，己千之.

果能此道矣，雖愚必明，雖柔必强.

① 陶山本

哀公(ᄋᆡ공)이 政(졍)을 묻ᄌᆞ온대

子(ᄌᆞ)ㅣ ᄀᆞᆯᄋᆞ샤ᄃᆡ 文武(문무)의 政(졍)이 方(방)과 策(ᄎᆡᆨ)애 布(포)ᄒᆞ야 이시니 그 사ᄅᆞᆷ이 이시면 그 政(졍)이 擧(거)ᄒᆞ고 그 사ᄅᆞᆷ이 업스면 그 政(졍)이 息(식)ᄒᆞᄂᆞ니라

人(ᅀᅵᆫ)의 道(도)ᄂᆞᆫ 政(졍)에 ᄲᆞᄅᆞ고 地(디)의 道(도)ᄂᆞᆫ 樹(슈)에 ᄲᆞᄅᆞ니 政(졍)은 蒲盧(포로)ㅣ니라

故(고)로 政(졍)을 ᄒᆞᆷ이 사ᄅᆞᆷ에 이시니 사ᄅᆞᆷ을 取(취)호ᄃᆡ 몸으로ᄡᅥ ᄒᆞ고 몸을 닷고ᄃᆡ 道(도)로ᄡᅥ ᄒᆞ고 道(도)ᄅᆞᆯ 닷고ᄃᆡ 仁(ᅀᅵᆫ)으로ᄡᅥ ᄒᆞᆯ 띠니라

仁(ᅀᅵᆫ)은 人(ᅀᅵᆫ)이니 親(친)을 親(친)ᄒᆞᆷ이 크고 義(의)ᄂᆞᆫ 宜(의)니 賢(현)을 尊(존)ᄒᆞᆷ이 크니 親(친)을 親(친)ᄒᆞᄂᆞᆫ 殺(새)와 賢(현)을 尊(존)ᄒᆞᄂᆞᆫ 等(ᄃᆞᆼ)이 禮(례)ㅣ 生(ᄉᆡᆼ)ᄒᆞᄂᆞᆫ

배니라

故(고)로 君子(군ᄌᆞ)ᄂᆞᆫ 可(가)히 ᄡᅧ 몸을 닷디 아니티 몯홀 꺼시니 몸 닷곰을 ᄉᆡᆼ각홀 띤댄 可(가)히 ᄡᅧ 어버이를 셤기디 아니티 몯홀 꺼시오 어버이 셤김을 ᄉᆡᆼ각홀 띤댄 可(가)히 ᄡᅧ 사ᄅᆞᆷ을 아디 아니티 몯홀 꺼시오 사ᄅᆞᆷ 아ᄅᆞᆷ을 ᄉᆡᆼ각홀 띤댄 可(가)히 ᄡᅧ 하ᄂᆞᆯ을 아디 아니티 몯홀 꺼시니라

天下(텬하)엣 達(달)ᄒᆞᆫ 道(도) ㅣ 다ᄉᆞ새 ᄡᅧ 行(ᄒᆡᆼ)ᄒᆞᄂᆞᆫ 밧 者(쟈)ᄂᆞᆫ 세히니 ᄀᆞᆯ온 君臣(군신)과 父子(부ᄌᆞ)와 夫婦(부부)와 昆弟(곤뎨)와 朋友(붕우)의 交(교)홈 다ᄉᆞᄉᆞᆫ 天下(텬하)엣 達(달)ᄒᆞᆫ 道(도) ㅣ 오 知(디)와 仁(신)과 勇(용) 세ᄒᆞᆫ 天下(텬하)엣 達(달)ᄒᆞᆫ 德(덕)이니 ᄡᅧ 行(ᄒᆡᆼ)ᄒᆞᄂᆞᆫ 밧 者(쟈)ᄂᆞᆫ 一(일)이니라

或(혹) 生(ᄉᆡᆼ)ᄒᆞ야 知(디)ᄒᆞ며 或(혹) 學(ᄒᆞᆨ)ᄒᆞ야 知(디)ᄒᆞ며 或(혹) 困(곤)ᄒᆞ야 知(디)ᄒᆞᄂᆞ니 그 知(디)홈애 미처ᄂᆞᆫ ᄒᆞᆫ 가지니라 或(혹) 安(안)ᄒᆞ야 行(ᄒᆡᆼ)ᄒᆞ고 或(혹) 利(리)ᄒᆞ야 行(ᄒᆡᆼ)ᄒᆞ며 或(혹) 勉強(면강)ᄒᆞ야 行(ᄒᆡᆼ)ᄒᆞᄂᆞ니 그 功(공)을 일옴애 미처ᄂᆞᆫ ᄒᆞᆫ 가지니라

學(ᄒᆞᆨ)을 됴히 너김은 知(디)예 갓갑고 힘 ᄡᅧ 行(ᄒᆡᆼ)홈은 仁(신)에 갓갑고 붓그러옴을 알옴은 勇(용)애 갓가오니라

이 세흘 알면 ᄡᅧ 몸 닷글 바를 알고 ᄡᅧ 몸 닷글 바를 알면 ᄡᅧ 사ᄅᆞᆷ 다ᄉᆞ릴 바를 알고 ᄡᅧ 사ᄅᆞᆷ 다ᄉᆞ릴 바를 알면 ᄡᅧ 天下(텬하) 國家(국가)를 다ᄉᆞ릴 바를 알리라

믈읫 天下(텬하) 國家(국가)를 ᄒᆞ욤이 아홉 經(경)이 잇ᄂᆞ니 ᄀᆞᆯ온 몸을 닷곰과 賢(현)을 尊(존)홈과 親(친)을 親(친)홈과 大臣(대신)을 공경홈과 群臣(군신)을 體(톄)홈과 庶民(셔민)을 子(ᄌᆞ)홈과 百工(ᄇᆡᆨ공)을 來(ᄅᆡ)케 홈과 遠人(원신)을 柔(슈)홈과 諸侯(져후)를 懷(회)케 홈이니라

몸을 닷그면 道(도) ㅣ 셔고 賢(현)을 尊(존)ᄒᆞ면 惑(혹)디 아니ᄒᆞ고 親(친)을 親(친)ᄒᆞ면 諸父(져부)와 昆弟(곤뎨) ㅣ 怨(원)티 아니ᄒᆞ고 大臣(대신)을 공경ᄒᆞ면 眩(현)티 아니ᄒᆞ고 群臣(군신)을 體(톄)ᄒᆞ면 士(ᄉᆞ)의 禮(례)를 報(보)홈이 重(듕)ᄒᆞ고 庶民(셔민)을 子(ᄌᆞ)ᄒᆞ면 百姓(ᄇᆡᆨ셩)이 勸(권)ᄒᆞ고 百工(ᄇᆡᆨ공)을 來(ᄅᆡ)케 ᄒᆞ면 財用(ᄌᆡ용)이 足(죡)ᄒᆞ고 遠人(원신)을 柔(슈)ᄒᆞ면 四方(ᄉᆞ방)이 歸(귀)ᄒᆞ고 諸侯(져후)를 懷(회)케 ᄒᆞ면 天下(텬하) ㅣ 畏(외)ᄒᆞᄂᆞ니라

齊(ᄌᆡ)ᄒᆞ며 明(명)ᄒᆞ며 服(복)을 盛(셩)히 ᄒᆞ야 禮(례) 아니어든 動(동)티 아니홈은 ᄡᅧ 몸을 닫ᄂᆞᆫ 배오 讒(참)을 去(거)ᄒᆞ고 色(ᄉᆡᆨ)을 멀리ᄒᆞ며 貨(화)를 賤(쳔)히 너기고 德(덕)을 貴(귀)히 너김은 ᄡᅧ 賢(현)을 勸(권)ᄒᆞᄂᆞᆫ 배오 그 位(위)를 尊(존)히 ᄒᆞ며 그 祿(록)을 重(듕)히 ᄒᆞ며 그 好(호)ᄒᆞ며 惡(오)홈을 ᄒᆞᆫ 가지로 홈은 ᄡᅧ 親(친)을 親(친)홈을 勸(권)ᄒᆞᄂᆞᆫ 배오 官(관)을 盛(셩)히 ᄒᆞ야 使(ᄉᆞ)를 任(심)케 홈은 ᄡᅧ 大臣(대신)을 勸(권)ᄒᆞᄂᆞᆫ 배오 忠信(튱신)으로 ᄒᆞ고 祿(록)을 重(듕)히 홈은 ᄡᅧ 士(ᄉᆞ)를 勸(권)ᄒᆞᄂᆞᆫ 배오 時(시)로 브리며 薄(박)히 斂(렴)홈은 ᄡᅧ 百姓(ᄇᆡᆨ셩)을 勸(권)ᄒᆞᄂᆞᆫ 배오 날로 省(셩)ᄒᆞ며 ᄃᆞᆯ로 試(시)ᄒᆞ야 旣(희)와 廩(름)을 일에 맛게 홈은 ᄡᅧ 百工(ᄇᆡᆨ공)을 勸(권)ᄒᆞᄂᆞᆫ 배오 가ᄂᆞᆫ 이를 보내고 오ᄂᆞᆫ 이를 마ᄌᆞ며 어딘 이를 아ᄅᆞᆷ다이 너기고 能(능)티 몯ᄒᆞᆫ 이를 에엿비 너김은 ᄡᅧ 遠人(원신)을 柔(슈)ᄒᆞᄂᆞᆫ 배오 그ᄎᆞᆫ 世(셰)를 니으며 廢(폐)ᄒᆞᆫ 나라흘 擧(거)ᄒᆞ며 亂(란)을 治(티)ᄒᆞ고

危(위)ᄅᆞᆯ 持(디)ᄒᆞ며 朝(됴)와 聘(빙)을 ᄣᅢ로ᄡᅥ ᄒᆞ며 往(왕)을 厚(후)히 ᄒᆞ고 來(ᄅᆡ)ᄅᆞᆯ 薄(박)히 홈은 ᄡᅥ 諸侯(져후)ᄅᆞᆯ 懷(회)ᄒᆞᄂᆞᆫ 배니라

믈읫 天下(텬하) 國家(국가)ᄅᆞᆯ ᄒᆞ욤이 아홉 經(경)이 이시니 ᄡᅥ 行(ᄒᆡᆼ)ᄒᆞᄂᆞᆫ 밧 者(쟈)ᄂᆞᆫ 一(일)이니라

믈읫 일이 豫(예)ᄒᆞ면 立(립)ᄒᆞ고 豫(예)티 아니ᄒᆞ면 廢(폐)ᄒᆞᄂᆞ니 말ᄉᆞᆷ이 前(젼)에 定(뎡)ᄒᆞ야시면 跲(겹)디 아니ᄒᆞ고 일이 前(젼)에 定(뎡)ᄒᆞ야시면 困(곤)티 아니ᄒᆞ고 行(ᄒᆡᆼ)이 前(젼)에 定(뎡)ᄒᆞ야시면 疚(구)티 아니ᄒᆞ고 道(도)ㅣ 前(젼)에 定(뎡)ᄒᆞ야시면 窮(궁)티 아니ᄒᆞᄂᆞ니라

아랫 位(위)예 이셔 우희 獲(획)디 몯ᄒᆞ면 民(민)을 可(가)히 시러곰 다ᄉᆞ리디 몯ᄒᆞ리라 우희 獲(획)홈이 道(도)ㅣ 이시니 朋友(붕우)에 믿브디 몯ᄒᆞ면 우희 獲(획)디 몯ᄒᆞ리라 朋友(붕우)에 믿븜이 道(도)ㅣ 이시니 어버의게 順(슌)티 몯ᄒᆞ면 朋友(붕우)에 믿브디 몯ᄒᆞ리라 어버의게 順(슌)홈이 道(도)ㅣ 이시니 몸애 反(반)ᄒᆞ야 誠(셩)티 몯ᄒᆞ면 어버의게 順(슌)티 몯ᄒᆞ리라 몸을 誠(셩)히욤이 道(도)ㅣ 이시니 善(션)에 ᄇᆞᆰ디 몯ᄒᆞ면 몸을 誠(셩)티 몯ᄒᆞ리라

誠(셩)ᄒᆞᆫ 者(쟈)ᄂᆞᆫ 天(텬)의 道(도)ㅣ오 誠(셩)히오ᄂᆞᆫ 者(쟈)ᄂᆞᆫ 人(신)의 道(도)ㅣ니 誠(셩)ᄒᆞᆫ 者(쟈)ᄂᆞᆫ 힘ᄡᅳ디 아니ᄒᆞ야셔 中(듕)ᄒᆞ며 ᄉᆡᆼ각디 아니ᄒᆞ야셔 得(득)ᄒᆞ야 從容(죵용)히 道(도)애 中(듕)ᄒᆞᄂᆞ니 聖人(셩신)이오 誠(셩)히오ᄂᆞᆫ 者(쟈)ᄂᆞᆫ 善(션)을 ᄀᆞᆯ히야 구디 執(집)ᄒᆞᄂᆞᆫ 者(쟈)ㅣ니라

너비 ᄇᆡ호며 ᄉᆞᆯ펴 무ᄅᆞ며 삼가 ᄉᆡᆼ각ᄒᆞ며 ᄇᆞᆰ이 분변ᄒᆞ며 도타이 行(ᄒᆡᆼ)홀 ᄯᅵ니라

ᄇᆡ호디 아니홈이 이실 ᄯᅵ언뎡 ᄇᆡ홀 ᄯᅵᆫ댄 能(능)티 몯ᄒᆞ니ᄅᆞᆯ 措(조)티 아니ᄒᆞ며 묻디 아니홈이 이실 ᄯᅵ언뎡 무를 ᄯᅵᆫ댄 아디 몯ᄒᆞ니ᄅᆞᆯ 措(조)티 아니ᄒᆞ며 ᄉᆡᆼ각디 아니홈이 이실 ᄯᅵ언뎡 ᄉᆡᆼ각홀 ᄯᅵᆫ댄 得(득)디 몯ᄒᆞ니ᄅᆞᆯ 措(조)티 아니ᄒᆞ며 분변티 아니홈이 이실 ᄯᅵ언뎡 분변홀 ᄯᅵᆫ댄 ᄇᆞᆰ디 몯ᄒᆞ니ᄅᆞᆯ 措(조)티 아니ᄒᆞ며 行(ᄒᆡᆼ)티 아니홈이 이실 ᄯᅵ언뎡 行(ᄒᆡᆼ)홀 ᄯᅵᆫ댄 도탑디 몯ᄒᆞ니ᄅᆞᆯ 措(조)티 아니ᄒᆞ야 人(신)은 ᄒᆞᆫ 번에 能(능)히 ᄒᆞ거든 己(긔)ᄂᆞᆫ 百(ᄇᆡᆨ)을 ᄒᆞ며 人(신)은 열 번에 能(능)히 ᄒᆞ거든 己(긔)ᄂᆞᆫ 千(쳔)을 홀 ᄯᅵ니라

과연히 이 道(도)ᄅᆞᆯ 能(능)히 ᄒᆞ면 비록 愚(우)ᄒᆞ나 반ᄃᆞ시 明(명)ᄒᆞ며 비록 柔(슈)ᄒᆞ나 반ᄃᆞ시 强(강)ᄒᆞᄂᆞ니라

② 栗谷本

哀公(ᄋᆡ공)이 政(졍)을 問(문)ᄒᆞ신대

子(ᄌᆞ)ㅣ ᄀᆞᄅᆞ샤ᄃᆡ 文武(문무)의 政(졍)이 方策(방ᄎᆡᆨ)의 펴 이시니 그 人(인)이 存(존)ᄒᆞ면 그 政(졍)이 擧(거)ᄒᆞ고 그 人(인)이 亡(망)ᄒᆞ면 그 政(졍)이 息(식)ᄒᆞᄂᆞ니이다

人(인)의 道(도)ᄂᆞᆫ 政(졍)애 敏(민)ᄒᆞ고 地(디)의 道(도)ᄂᆞᆫ 樹(슈)애 敏(민)ᄒᆞ니 政(졍)은 蒲盧(포로)ㅣ니이다

故(고)로 政(졍)을 ᄒᆞ기 人(인)의게 이시니 人(인)을 取(취)호ᄃᆡ 身(신)으로ᄡᅥ ᄒᆞᆯ 디오 身(신)을 修(슈)호ᄃᆡ 道(도)로ᄡᅥ ᄒᆞᆯ디오 道(도)ᄅᆞᆯ 修(슈)호ᄃᆡ 仁(인)으로ᄡᅥ ᄒᆞᆯ 디니이다

仁(인)은 人(인)이니 親(친)을 親(친)호미 크고 義(의)ᄂᆞᆫ 宜(의)호미니 賢(현)을 尊(존)호미 크니 親(친)을 親(친)홈의 殺(새)홈과 賢(현)을 尊(존)홈의 等(등)은 禮(례)의 生(ᄉᆡᆼ)ᄒᆞᆫ

배니이다

故(고)로 君子(군ᄌᆞ)ᄂᆞᆫ 可(가)히 ᄡᅥ 身(신)을 修(슈)티 아니티 몯ᄒᆞᆯ 디니 身(신)을 修(슈)호ᄆᆞᆯ 思(ᄉᆞ)ᄒᆞᆯ 딘댄 可(가)히 ᄡᅥ 親(친)을 事(ᄉᆞ)티 아니티 몯ᄒᆞᆯ 디오 親(친)을 事(ᄉᆞ)호ᄆᆞᆯ 思(ᄉᆞ)ᄒᆞᆯ 딘댄 可(가)히 ᄡᅥ 人(인)을 知(디)티 아니티 몯ᄒᆞᆯ 디오 人(인)을 知(디)호ᄆᆞᆯ 思(ᄉᆞ)ᄒᆞᆯ 딘댄 可(가)히 ᄡᅥ 天(텬)을 知(디)티 아니티 몯ᄒᆞᆯ 디니이다

天下(텬하)의 達道(달도)ㅣ 다ᄉᆞ새 ᄡᅥ 行(ᄒᆡᇰ)ᄒᆞᄂᆞᆫ 배 세히니 ᄀᆞᆯ온 君臣(군신)과 父子(부ᄌᆞ)와 夫婦(부부)와 昆弟(곤뎨)와 朋友(븡우)의 交(교)홈 다ᄉᆞᆺ 者(쟈)ᄂᆞᆫ 天下(텬하)의 達道(달도)ㅣ오 知(디)와 仁(인)과 勇(용) 세 者(쟈)ᄂᆞᆫ 天下(텬하)의 達德(달덕)이니 ᄡᅥ 行(ᄒᆡᇰ)ᄒᆞᄂᆞᆫ 배 ᄒᆞ나히니이다

或(혹) 生(ᄉᆡᆼ)ᄒᆞ며 知(디)ᄒᆞ고 或(혹) 學(ᄒᆞᆨ)ᄒᆞ야 知(디)ᄒᆞ고 或(혹) 困(곤)ᄒᆞ야 知(디)ᄒᆞᄂᆞ니 그 知(디)호매 미처ᄂᆞᆫ ᄒᆞᆫ 가지오 或(혹) 安(안)ᄒᆞ야 行(ᄒᆡᇰ)ᄒᆞ고 或(혹) 利(리)ᄒᆞ야 行(ᄒᆡᇰ)ᄒᆞ고 或(혹) 勉强(면강)ᄒᆞ야 行(ᄒᆡᇰ)ᄒᆞᄂᆞ니 그 功(공)을 成(셩)호매 미처ᄂᆞᆫ ᄒᆞᆫ 가지니이다

學(ᄒᆞᆨ)을 好(호)호ᄆᆞᆫ 知(디)예 近(근)ᄒᆞ고 行(ᄒᆡᇰ)을 力(력)호ᄆᆞᆫ 仁(인)에 近(근)ᄒᆞ고 恥(티)ᄅᆞᆯ 知(디)호ᄆᆞᆫ 勇(용)의 近(근)ᄒᆞ니이다

이 세 者(쟈)ᄅᆞᆯ 알면 ᄡᅥ 身(신)을 修(슈)ᄒᆞᆯ 바ᄅᆞᆯ 알고 ᄡᅥ 身(신)을 修(슈)ᄒᆞᆯ 바ᄅᆞᆯ 알면 ᄡᅥ 人(인)을 治(티)ᄒᆞᆯ 바ᄅᆞᆯ 알고 ᄡᅥ 人(인)을 治(티)ᄒᆞᆯ 바ᄅᆞᆯ 알면 ᄡᅥ 天下(텬하)ㅣ며 國(국)이며 家(가)ᄅᆞᆯ 治(티)ᄒᆞᆯ 바ᄅᆞᆯ 알 리이다

믈읫 天下(텬하)ㅣ며 國家(국가)ᄅᆞᆯ ᄒᆞ기 아홉 經(경)이 이시니 ᄀᆞᆯ온 身(신)을 修(슈)홈과 賢(현)을 尊(존)홈과 親(친)을 親(친)홈과 大臣(대신)을 敬(경)홈과 羣臣(군신)을 體(톄)홈과 庶民(셔민)을 子(ᄌᆞ)홈과 百工(ᄇᆡᆨ공)을 來(ᄅᆡ)홈과 遠人(원인)을 柔(유)홈과 諸侯(져후)ᄅᆞᆯ 懷(회)호미니이다

身(신)을 修(슈)ᄒᆞ면 道(도)ㅣ 立(립)ᄒᆞ고 賢(현)을 尊(존)ᄒᆞ면 惑(혹)디 아니ᄒᆞ고 親(친)을 親(친)ᄒᆞ면 諸父(져부)ㅣ며 昆弟(곤뎨)ㅣ 怨(원)티 아니ᄒᆞ고 大臣(대신)을 敬(경)ᄒᆞ면 眩(현)티 아니ᄒᆞ고 羣臣(군신)을 體(톄)ᄒᆞ면 士(ᄉᆞ)의 禮(례)ᄅᆞᆯ 報(보)호미 重(듕)ᄒᆞ고 庶民(셔민)을 子(ᄌᆞ)ᄒᆞ면 百姓(ᄇᆡᆨ셩)이 勸(권)ᄒᆞ고 百工(ᄇᆡᆨ공)을 來(ᄅᆡ)ᄒᆞ면 財用(ᄌᆡ용)이 足(죡)ᄒᆞ고 遠人(원인)을 柔(유)ᄒᆞ면 四方(ᄉᆞ방)이 歸(귀)ᄒᆞ고 諸侯(져후)ᄅᆞᆯ 懷(회)ᄒᆞ면 天下(텬하)ㅣ 畏(외)ᄒᆞᄂᆞ니이다

齊(ᄌᆡ)ᄒᆞ며 明(명)ᄒᆞ고 服(복)을 盛(셩)히 ᄒᆞ야 禮(례) 아니어든 動(동)티 아니호ᄆᆞᆫ ᄡᅥ 身(신)을 修(슈)ᄒᆞᄂᆞᆫ 배오 讒(참)을 去(거)ᄒᆞ며 色(ᄉᆡᆨ)을 遠(원)ᄒᆞ며 貨(화)ᄅᆞᆯ 賤(쳔)히 너기고 德(덕)을 貴(귀)히 너교ᄆᆞᆫ ᄡᅥ 賢(현)을 勸(권)ᄒᆞᄂᆞᆫ 배오 그 位(위)ᄅᆞᆯ 尊(존)히 ᄒᆞ며 그 祿(록)을 重(듕)히 ᄒᆞ며 그 好惡(호오)ᄅᆞᆯ ᄒᆞᆫ 가지로 호ᄆᆞᆫ ᄡᅥ 親(친)을 親(친)홈을 勸(권)ᄒᆞᄂᆞᆫ 배오 官(관)이 盛(셩)ᄒᆞ야 使(ᄉᆞ)ᄅᆞᆯ 任(임)케 호ᄆᆞᆫ ᄡᅥ 大臣(대신)을 勸(권)ᄒᆞᄂᆞᆫ 배오 忠信(튱신)ᄒᆞ고 祿(록)을 重(듕)히 호ᄆᆞᆫ ᄡᅥ 士(ᄉᆞ)ᄅᆞᆯ 勸(권)ᄒᆞᄂᆞᆫ 배오 時(시)로 使(ᄉᆞ)ᄒᆞ며 斂(렴)을 薄(박)히 호ᄆᆞᆫ ᄡᅥ 百姓(ᄇᆡᆨ셩)을 勸(권)ᄒᆞᄂᆞᆫ 배오 日(일)로 省(셩)ᄒᆞ며 月(월)로 試(시)ᄒᆞ야 旣廩(희름)이 事(ᄉᆞ)애 稱(칭)케 호ᄆᆞᆫ ᄡᅥ 百工(ᄇᆡᆨ공)을 勸(권)ᄒᆞᄂᆞᆫ 배오 往(왕)을 送(송)ᄒᆞ며 來(ᄅᆡ)ᄅᆞᆯ 迎(영)ᄒᆞ며 善(션)을 嘉(가)ᄒᆞ고 不能(블능)을 矜(긍)호ᄆᆞᆫ ᄡᅥ 遠人

(원인)을 柔(유)ᄒᆞᆫ 배오 絶(졀)ᄒᆞᆫ 世(셰)를 繼(계)ᄒᆞ며 廢(폐)ᄒᆞᆫ 國(국)을 擧(거)ᄒᆞ며 亂(란)을 治(티)ᄒᆞ며 危(위)를 持(디)ᄒᆞ며 朝(됴)와 聘(빙)을 時(시)로ᄡᅥ ᄒᆞ며 往(왕)애 厚(후)케 ᄒᆞ고 來(ᄅᆡ)예 薄(박)게 호ᄆᆞᆫ ᄡᅥ 諸侯(져후)를 懷(회)ᄒᆞᄂᆞᆫ 배니이다

믈읫 天下(텬하)ㅣ며 國家(국가)를 ᄒᆞ기 아홉 經(경)이 이쇼ᄃᆡ ᄡᅥ 行(ᄒᆡᆼ)ᄒᆞᄂᆞᆫ 배 ᄒᆞ나히니이다

믈읫 일이 豫(여)ᄒᆞ면 立(립)ᄒᆞ고 豫(여)티 아니면 廢(폐)ᄒᆞᄂᆞ니 言(언)이 前(젼)의 定(뎡)ᄒᆞ면 跲(겹)디 아니ᄒᆞ며 事(ᄉᆞ)ㅣ 前(젼)의 定(뎡)ᄒᆞ면 困(곤)티 아니ᄒᆞ며 行(ᄒᆡᆼ)이 前(젼)의 定(뎡)ᄒᆞ면 疚(구)티 아니ᄒᆞ며 道(도)ㅣ 前(젼)의 定(뎡)ᄒᆞ면 窮(궁)티 아닐 디니이다

下位(하위)예 이셔 上(샹)의게 獲(획)디 몯ᄒᆞ면 民(민)을 可(가)히 시러곰 治(티)티 몯ᄒᆞ리니 上(샹)의게 獲(획)호미 道(도)ㅣ 이시니 朋友(븡우)의게 信(신)티 몯ᄒᆞ면 上(샹)의게 獲(획)디 몯ᄒᆞᆯ 디오 朋友(븡우)의게 信(신)호미 道(도)ㅣ 이시니 親(친)의게 順(슌)티 몯ᄒᆞ면 朋友(븡우)의게 信(신)티 몯ᄒᆞᆯ 디오 親(친)의게 順(슌)호미 道(도)ㅣ 이시니 身(신)의 反(반)호매 誠(셩)티 몯ᄒᆞ면 親(친)의게 順(슌)티 몯ᄒᆞᆯ 디오 身(신)을 誠(셩)호미 道(도)ㅣ 이시니 善(션)에 明(명)티 몯ᄒᆞ면 身(신)의 誠(셩)티 몯ᄒᆞᆯ 디니이다

誠(셩)ᄒᆞᆫ 者(쟈)ᄂᆞᆫ 天(텬)의 道(도)ㅣ오 誠(셩)ᄒᆞᄂᆞᆫ 者(쟈)ᄂᆞᆫ 人(인)의 道(도)ㅣ니 誠(셩)ᄒᆞᆫ 者(쟈)ᄂᆞᆫ 勉(면)티 아녀 中(듕)ᄒᆞ며 思(ᄉᆞ)티 아녀 得(득)ᄒᆞ야 從容(죵용)히 道(도)애 中(듕)ᄒᆞᄂᆞ니 聖人(셩인)이오 誠(셩)ᄒᆞᄂᆞᆫ 者(쟈)ᄂᆞᆫ 善(션)을 擇(ᄐᆡᆨ)ᄒᆞ야 固(고)히 執(집)ᄒᆞᄂᆞᆫ 者(쟈)ㅣ니이다

너비 學(ᄒᆞᆨ)ᄒᆞ며 ᄉᆞᆯ펴 問(문)ᄒᆞ며 삼가 思(ᄉᆞ)ᄒᆞ며 ᄇᆞᆯ기 辨(변)ᄒᆞ며 독실히 行(ᄒᆡᆼ)ᄒᆞᆯ 디니이다

學(ᄒᆞᆨ)디 아닐 디언뎡 學(ᄒᆞᆨ)ᄒᆞᆯ 딘댄 能(능)티 몯ᄒᆞ얀 措(조)티 아니며 問(문)티 아닐 디언뎡 問(문)ᄒᆞᆯ 딘댄 知(디)티 몯ᄒᆞ얀 措(조)티 아니며 思(ᄉᆞ)티 아닐 디언뎡 思(ᄉᆞ)ᄒᆞᆯ 딘댄 得(득)디 몯ᄒᆞ얀 措(조)티 아니며 辨(변)티 아닐 디언뎡 辨(변)ᄒᆞᆯ 딘댄 明(명)티 몯ᄒᆞ얀 措(조)티 아니며 行(ᄒᆡᆼ)티 아닐 디언뎡 行(ᄒᆡᆼ)ᄒᆞᆯ 딘댄 篤(독)디 몯ᄒᆞ얀 措(조)티 아니ᄒᆞ야 人(인)이 一(일)을 能(능)커든 己(긔)ㅣ 百(ᄇᆡᆨ)을 ᄒᆞ며 人(인)이 十(십)을 能(능)커든 己(긔)ㅣ 千(쳔)올 ᄒᆞᆯ 디니이다

과연히 이 道(도)를 能(능)히 ᄒᆞ면 비록 愚(우)ᄒᆞ나 반ᄃᆞ시 明(명)ᄒᆞ며 비록 柔(유)ᄒᆞ나 반ᄃᆞ시 強(강)ᄒᆞ리이다

〈第二十一章〉

自誠明，謂之性；自明誠，謂之敎．誠則明矣，明則誠矣．

① 陶山本

誠(셩)으로 말ᄆᆡ아마 明(명)홈을 性(셩)이라 닐ᄋᆞ고 明(명)으로 말ᄆᆡ아마 誠(셩)홈을 敎(교)ㅣ라 닐ᄋᆞᄂᆞ니 誠(셩)ᄒᆞ면 明(명)ᄒᆞ고 明(명)ᄒᆞ면 誠(셩)ᄒᆞᄂᆞ니라

② 栗谷本

誠(셩)으로브터 明(명)ᄒᆞ니를 性(셩)이라 니ᄅᆞ고 明(명)으로브터 誠(셩)ᄒᆞ니를 敎(교)ㅣ라 니ᄅᆞᄂᆞ니 誠(셩)ᄒᆞ면 明(명)ᄒᆞ고 明(명)ᄒᆞ면 誠(셩)ᄒᆞᆯ 디니라

〈第二十二章〉

唯天下至誠, 爲能盡其性; 能盡其性, 則能盡人之性; 能盡人之性, 則能盡物之性; 能盡物之性, 則可以贊天地之化育; 可以贊天地之化育, 則可以與天地參矣.

① 陶山本

오직 天下(텬하)읫 지극ᄒᆞᆫ 誠(셩)이사 能(능)히 그 性(셩)을 盡(진)ᄒᆞᄂᆞ니 能(능)히 그 性(셩)을 盡(진)ᄒᆞ면 能(능)히 人(신)의 性(셩)을 盡(진)ᄒᆞ고 能(능)히 人(신)의 性(셩)을 盡(진)ᄒᆞ면 能(능)히 物(믈)의 性(셩)을 盡(진)ᄒᆞ고 能(능)히 物(믈)의 性(셩)을 盡(진)ᄒᆞ면 可(가)히 ᄡᅥ 天地(텬디)의 化育(화육)을 贊(찬)ᄒᆞ고 可(가)히 ᄡᅥ 天地(텬디)의 化育(화육)을 贊(찬)ᄒᆞ면 可(가)히 ᄡᅥ 天地(텬디)로 더브러 參(참)ᄒᆞᄂᆞ니라

② 栗谷本

오직 天下(텬하)의 지극ᄒᆞᆫ 誠(셩)이아 能(능)히 그 性(셩)을 盡(진)ᄒᆞᆯ 디니 能(능)히 그 性(셩)을 盡(진)ᄒᆞ면 能(능)히 人(인)의 性(셩)을 盡(진)ᄒᆞᆯ 디오 能(능)히 人(인)의 性(셩)을 盡(진)ᄒᆞ면 能(능)히 物(믈)의 性(셩)을 盡(진)ᄒᆞᆯ 디오 能(능)히 物(믈)의 性(셩)을 盡(진)ᄒᆞ면 可(가)히 ᄡᅥ 天地(텬디)의 化育(화육)을 贊(찬)ᄒᆞᆯ 디오 可(가)히 ᄡᅥ 天地(텬디)의 化育(화육)을 贊(찬)ᄒᆞ면 可(가)히 ᄡᅥ 天地(텬디)로 더브러 參(참)ᄒᆞᆯ 디니라

〈第二十三章〉

其次致曲, 曲能有誠, 誠則形, 形則著, 著則明, 明則動, 動則變, 變則化, 唯天下至誠爲能化.

① 陶山本

그 버금은 曲(곡)으로 致(티)ᄒᆞᄂᆞ니 曲(곡)ᄒᆞ면 能(능)히 誠(셩)홈이 인ᄂᆞ니 誠(셩)ᄒᆞ면 形(형)ᄒᆞ고 形(형)ᄒᆞ면 著(뎌)ᄒᆞ고 著(뎌)ᄒᆞ면 明(명)ᄒᆞ고 明(명)ᄒᆞ면 動(동)ᄒᆞ고 動(동)ᄒᆞ면 變(변)ᄒᆞ고 變(변)ᄒᆞ면 化(화)ᄒᆞᄂᆞ니 오직 天下(텬하)의 至(지)극ᄒᆞᆫ 誠(셩)이사 能(능)히 化(화)ᄒᆞᄂᆞ니라

② 栗谷本

그 次(ᄎᆞ)ᄂᆞᆫ 曲(곡)을 致(티)ᄒᆞᆯ 디니 曲(곡)애 能(능)히 誠(셩)호미 잇ᄂᆞ니 誠(셩)ᄒᆞ면 形(형)ᄒᆞ고 形(형)ᄒᆞ면 著(뎌)ᄒᆞ고 著(뎌)ᄒᆞ면 明(명)ᄒᆞ고 明(명)ᄒᆞ면 動(동)ᄒᆞ고 動(동)ᄒᆞ면 變(변)ᄒᆞ고 變(변)ᄒᆞ면 化(화)ᄒᆞᄂᆞ니 오직 天下(텬하)의 지극ᄒᆞᆫ 誠(셩)이아 能(능)히 化(화)ᄒᆞᄂᆞ니라

〈第二十四章〉

至誠之道, 可以前知. 國家將興, 必有禎祥; 國家將亡, 必有妖孽; 見乎蓍龜, 動乎四體. 禍福將至: 善, 必先知之; 不善, 必先知之. 故至誠如神.

① 陶山本

至誠(지셩)의 道(도)ᄂᆞᆫ 可(가)히 ᄡᅧ 前(젼)의 아ᄂᆞ니 國家(국가)ㅣ 쟝ᄎᆞᆺ 興(흥)홈애 반ᄃᆞ시 禎祥(뎡샹)이 이시며 國家(국가)ㅣ 쟝ᄎᆞᆺ 亡(망)홈애 반ᄃᆞ시 妖孽(요얼)이 이셔 蓍(시)와 龜(귀)예 見(현)ᄒᆞ며 四體(ᄉᆞ톄)예 動(동)ᄒᆞᄂᆞᆫ 디라 禍(화)ㅣ며 福(복)이 쟝ᄎᆞᆺ 니ᄅᆞᆷ애 善(션)을 반ᄃᆞ시 몬져 알며 不善(블션)을 반ᄃᆞ시 몬져 아ᄂᆞ니 故(고)로 지극ᄒᆞᆫ 誠(셩)은 神(신) ᄀᆞᆮᄐᆞ니라

② 栗谷本

至誠(지셩)의 道(도)ᄂᆞᆫ 可(가)히 ᄡᅧ 前(젼)의 알 디니 國家(국가)ㅣ 쟝ᄎᆞᆺ 興(흥)ᄒᆞᆯ 제 반ᄃᆞ시 禎祥(뎡샹)이 잇고 國家(국가)ㅣ 쟝ᄎᆞᆺ 亡(망)ᄒᆞᆯ 제 반ᄃᆞ시 妖孽(요얼)이 이시며 蓍龜(시귀)의 見(현)ᄒᆞ며 四體(ᄉᆞ톄)의 動(동)ᄒᆞᄂᆞᆫ 디라 禍福(화복)이 쟝ᄎᆞᆺ 至(지)ᄒᆞᆯ 제 善(션)을 반ᄃᆞ시 몬져 알며 不善(블션)을 반ᄃᆞ시 몬져 아ᄂᆞ니 故(고)로 至誠(지셩)은 神(신) ᄀᆞᄐᆞ니라

〈第二十五章〉

誠者自成也, 而道自道也.

誠者物之終始, 不誠無物. 是故君子誠之爲貴.

誠者非自成己而已也, 所以成物也. 成己, 仁也; 成物, 知也. 性之德也, 合外內之道也. 故時措之宜也.

① 陶山本

誠(셩)은 스스로 成(셩)ᄒᆞᄂᆞᆫ 거시오 道(도)ᄂᆞᆫ 스스로 道(도)ᄒᆞᆯ 꺼시니라

誠(셩)은 物(믈)의 終(죵)이며 始(시)니 誠(셩)티 아니ᄒᆞ면 物(믈)이 업ᄂᆞ니 이런 故(고)로 君子(군ᄌᆞ)ᄂᆞᆫ 誠(셩)ᄒᆡ욤을 貴(귀)히 너기ᄂᆞ니라

誠(셩)은 스스로 己(긔)를 成(셩)ᄒᆞᆯ ᄯᆞᄅᆞᆷ이 아니라 ᄡᅥ 物(믈)을 成(셩)ᄒᆞᄂᆞᆫ 배니 己(긔)를 成(셩)ᄒᆞᆷ은 仁(ᅀᅵᆫ)이오 物(믈)을 成(셩)ᄒᆞᆷ은 知(디)니 性(셩)의 德(덕)이라 內外(ᄂᆡ외)를 合(합)한 道(도)ㅣ니 故(고)로 時(시)로 措(조)ᄒᆞᆷ애 宜(의)ᄒᆞᄂᆞ니라

② 栗谷本

誠(셩)은 스스로 成(셩)ᄒᆞᆫ 거시오 道(도)ᄂᆞᆫ 스스로 道(도)ᄒᆞᆯ 디니라

誠(셩)은 物(믈)의 終始(죵시)니 誠(셩) 아니면 物(믈)이 업슬 디라 이런 故(고)로 君子(군ᄌᆞ)ᄂᆞᆫ 誠(셩)ᄒᆞᄆᆞᆯ 貴(귀)히 너기ᄂᆞ니라

誠(셩)은 스스로 己(긔)만 成(셩)코 마로미 아니라 ᄡᅥ 物(믈)을 成(셩)ᄒᆞᄂᆞᆫ 배니 己(긔)를 成(셩)ᄒᆞᄆᆞᆫ 仁(인)이오 物(믈)을 成(셩)ᄒᆞᄆᆞᆫ 知(디)니 性(셩)의 德(덕)이라 內外(ᄂᆡ외)의 道(도)를 合(합)ᄒᆞ미니 故(고)로 時(시)로 措(조)ᄒᆞ매 宜(의)ᄒᆞ니라

〈第二十六章〉

故至誠無息. 不息則久, 久則徵, 徵則悠遠, 悠遠則博厚, 博厚則高明.

博厚, 所以載物也; 高明, 所以覆物也; 悠久, 所以成物也.

博厚配地, 高明配天, 悠久無疆.

如此者, 不見而章, 不動而變, 無爲而成.

天地之道, 可一言而盡也: 其爲物不貳, 則其生物不測.

天地之道: 博也, 厚也, 高也, 明也, 悠也, 久也.

今夫天, 斯昭昭之多, 及其無窮也, 日月星辰繫焉, 萬物覆焉. 今夫地, 一撮土之多, 及其廣厚, 載華嶽而不重, 振河海而不洩, 萬物載焉. 今夫山, 一卷石之多, 及其廣大, 草木生之, 禽獸居之, 寶藏興焉. 今夫水, 一勺之多, 及其不測, 黿鼉·蛟龍·魚鼈生焉, 貨財殖焉.

詩云:「維天之命, 於穆不已!」蓋曰天之所以爲天也.「於乎不顯! 文王之德之純!」蓋曰文王之所以爲文也, 純亦不已.

① 陶山本

故(고)로 지극ᄒᆞᆫ 誠(셩)은 息(식)ᄒᆞᆷ이 업ᄉᆞ니

息(식)디 아니ᄒᆞ면 久(구)ᄒᆞ고 久(구)ᄒᆞ면 徵(딩)ᄒᆞ고

徵(딩)ᄒᆞ면 悠遠(유원)ᄒᆞ고 悠遠(유원)ᄒᆞ면 博厚(박후)ᄒᆞ고 博厚(박후)ᄒᆞ면 高明(고명)ᄒᆞᄂᆞ니라

博厚(박후)ᄂᆞᆫ ᄡᅥ 物(믈)을 載(ᄌᆡ)ᄒᆞᄂᆞᆫ 배오 高明(고명)은 ᄡᅥ 物(믈)을 覆(부)ᄒᆞᄂᆞᆫ 배오 悠久(유구)ᄂᆞᆫ ᄡᅥ 物(믈)을 成(셩)ᄒᆞᄂᆞᆫ 배니라

博厚(박후)ᄂᆞᆫ 地(디)를 配(ᄇᆡ)ᄒᆞ고 高明(고명)은 天(텬)을 配(ᄇᆡ)ᄒᆞ고 悠久(유구)ᄂᆞᆫ 疆(강)이 업ᄉᆞ니라

이러ᄐᆞᆺᄒᆞᆫ 者(쟈)ᄂᆞᆫ 見(현)티 아니ᄒᆞ야셔 章(쟝)ᄒᆞ며 動(동)티 아니ᄒᆞ야셔 變(변)ᄒᆞ며 ᄒᆞ욤이 업시 成(셩)ᄒᆞᄂᆞ니라

天地(텬디)의 道(도)ᄂᆞᆫ 可(가)히 ᄒᆞᆫ 말애 盡(진)ᄒᆞᆯ 꺼시니 그 物(믈)이론디 貳(ᄉᆡ)티 아니ᄒᆞᆫ 디라 곧 그 物(믈)을 生(ᄉᆡᆼ)홈이 測(측)디 몯ᄒᆞᄂᆞ니라

天地(텬디)의 道(도)ᄂᆞᆫ 博(박)과 厚(후)와 高(고)와 明(명)과 悠(유)와 久(구)ㅣ니라

이제 天(텬)이 이 昭昭(쇼쇼)의 함이니 그 無窮(무궁)홈애 미처ᄂᆞᆫ 日月(일월)과 星辰(셩신)이 繫(계)히여시며 萬物(만믈)이 覆(부)히연ᄂᆞ니라 이제 地(디)ㅣ ᄒᆞᆫ 撮(촬)ㅅ 土(토)의 함이니 그 廣厚(광후)홈애 미처ᄂᆞᆫ 華嶽(화악)을 載(ᄌᆡ)ᄒᆞ야쇼ᄃᆡ 重(듕)티 아니ᄒᆞ며 河海(하ᄒᆡ)롤 振(진)ᄒᆞ야쇼ᄃᆡ 洩(셜)티 아니ᄒᆞ며 萬物(만믈)이 載(ᄌᆡ)히연ᄂᆞ니라 이제 山(산)이 ᄒᆞᆫ 卷(권)ㅅ 石(셕)의 함이니 그 廣大(광대)홈애 미처ᄂᆞᆫ 草木(초목)이 生(ᄉᆡᆼ)ᄒᆞ며 禽獸(금슈)ㅣ 居(거)ᄒᆞ며 寶藏(보장)이 興(흥)ᄒᆞᄂᆞ니라 이제 水(슈)ㅣ 一勺(일쟉)의 함이니 그 測(측)디 몯홈애 미처ᄂᆞᆫ 黿鼉(원타)과 蛟龍(교룡)과 魚鼈(어별)이 生(ᄉᆡᆼ)ᄒᆞ며 貨財(화ᄌᆡ)ㅣ 殖(식)ᄒᆞᄂᆞ니라

詩(시)예 닐오ᄃᆡ 天(텬)의 命(명)이 於(오)ㅣ라 穆(목)ᄒᆞ야 已(이)티 아니타 ᄒᆞ니 天(텬)의 ᄡᅥ 天(텬)된 바롤 닐옴이오 於(오)ㅣ라 顯(현)티 아니냐 文王(문왕)의 德(덕)의 純(슌)ᄒᆞ심이여 ᄒᆞ니 文王(문왕)의 ᄡᅥ 文(문)되신 바롤 닐옴이니 純(슌)이 ᄯᅩᄒᆞᆫ 已(이)티 아니홈이니라

② 栗谷本

故(고)로 至誠(지셩)은 息(식)호미 업스니라

息(식)디 아니면 久(구)ᄒᆞ고 久(구)ᄒᆞ면 徵(딩)ᄒᆞ고

徵(딩)ᄒᆞ면 悠遠(유원)ᄒᆞ고 悠遠(유원)ᄒᆞ면 博厚(박후)ᄒᆞ고 博厚(박후)ᄒᆞ면 高明(고명)ᄒᆞᄂᆞ니라

博厚(박후)ᄂᆞᆫ ᄡᅥ 物(믈)을 載(ᄌᆡ)ᄒᆞᄂᆞᆫ 배오 高明(고명)은 ᄡᅥ 物(믈)을 覆(부)ᄒᆞᄂᆞᆫ 배오 悠久(유구)ᄂᆞᆫ ᄡᅥ 物(믈)을 成(셩)ᄒᆞᄂᆞᆫ 배니라

博厚(박후)ᄂᆞᆫ 地(디)를 配(ᄇᆡ)ᄒᆞ고 高明(고명)은 天(텬)을 配(ᄇᆡ)ᄒᆞ고 悠久(유구)ᄂᆞᆫ 疆(강)이 업스니라

이ᄀᆞᄐᆞᆫ 者(쟈)ᄂᆞᆫ 見(현)티 아녀셔 章(쟝)ᄒᆞ며 動(동)티 아녀셔 變(변)ᄒᆞ며 ᄒᆞ미 업시셔 成(셩)ᄒᆞᄂᆞ니라

天地(텬디)의 道(도)ㅣ 可(가)히 一言(일언)의 盡(진)ᄒᆞᆯ 디니 그 物(믈)이론디 貳(이)티 아닌 디라 그 物(믈)을 生(ᄉᆡᆼ)호미 測(측)디 몯게 ᄒᆞᄂᆞ니라

天地(텬디)의 道(도)는 博(박)홈과 厚(후)홈과 高(고)홈과 明(명)홈과 悠(유)홈과 久(구)호미니라

이제 天(텬)이 이 昭昭(쇼쇼)호미 한 거시로되 그 無窮(무궁)호매 及(급)ᄒᆞ얀 日月(일월)과 星辰(셩신)이 繫(계)ᄒᆞ며 萬物(만믈)이 더픠여 잇고 이제 地(디)ㅣ ᄒᆞᆫ 줌 土(토)ㅣ 한 거시로되 그 廣厚(광후)호매 及(급)ᄒᆞ얀 華嶽(화악)을 載(지)ᄒᆞ야도 重(듕)티 아니ᄒᆞ며 河海(하ᄒᆡ)를 振(진)ᄒᆞ야도 洩(셜)티 아니ᄒᆞ며 萬物(만믈)이 실리여 잇고 이제 山(산)이 ᄒᆞᆫ 卷石(권셕)이 한 거시로되 그 廣大(광대)호매 及(급)ᄒᆞ얀 草木(초목)이 生(ᄉᆡᆼ)ᄒᆞ며 禽獸(금슈)ㅣ 居(거)ᄒᆞ며 寶藏(보장)이 興(흥)ᄒᆞ고 이제 水(슈)ㅣ ᄒᆞᆫ 勺(쟉)이 한 거시로되 그 測(측)디 몯호매 及(급)ᄒᆞ얀 黿(원)이며 鼉(타)ㅣ며 蛟(교)ㅣ며 龍(룡)이며 魚(어)ㅣ며 鼈(별)이 生(ᄉᆡᆼ)ᄒᆞ며 貨財(화지)ㅣ 殖(식)ᄒᆞᄂᆞ니라

詩(시)예 닐오되 天(텬)의 命(명)이 於(오)ㅣ라 穆(목)ᄒᆞ야 已(이)티 아니타 ᄒᆞ니 天(텬)의 뻐 天(텬)이 된 바를 ᄀᆞᆯ오미오 於乎(오호)ㅣ라 顯(현)티 아니ᄒᆞ랴 文王(문왕)의 德(덕)의 純(슌)ᄒᆞ시미여 ᄒᆞ니 文王(문왕)의 뻐 文(문)이 되신 배 純(슌)코 ᄯᅩᄒᆞᆫ 已(이)티 아니샤믈 ᄀᆞᆯ오미니라

〈第二十七章〉

大哉! 聖人之道! 洋洋乎! 發育萬物, 峻極于天. 優優大哉! 禮儀三百, 威儀三千. 待其人而後行.

故曰:「苟不至德, 至道不凝焉.」

故君子尊德性而道問學, 致廣大而盡精微, 極高明而道中庸. 溫故而知新, 敦厚以崇禮.

是故居上不驕, 爲下不倍. 國有道, 其言足以興; 國無道, 其黙足以容. 詩曰:「旣明且哲, 以保其身.」其此之謂與!

① 陶山本

크다 聖人(셩신)의 道(도)ㅣ여

洋洋(양양)히 萬物(만믈)을 發育(발육)ᄒᆞ야 峻(쥰)홈이 天(텬)에 極(극)ᄒᆞ얏도다

優優(우우)히 크다 禮儀(례의) 三百(삼ᄇᆡᆨ)과 威儀(위의) 三千(삼쳔)이로다

그 사ᄅᆞᆷ을 기ᄃᆞ론 後(후)에 行(ᄒᆡᆼ)ᄒᆞᄂᆞ니라

故(고)로 ᄀᆞᆯ오되 진실로 지극ᄒᆞᆫ 德(덕)이 아니면 지극ᄒᆞᆫ 道(도)ㅣ 凝(응)티 아니ᄒᆞᆫ다 ᄒᆞ니라

故(고)로 君子(군ᄌᆞ)는 德性(덕셩)을 尊(존)ᄒᆞ고 問學(문ᄒᆞᆨ)을 道(도)ᄒᆞᄂᆞ니 廣大(광대)를 致(티)ᄒᆞ고 精微(졍미)를 盡(진)ᄒᆞ며 高明(고명)을 極(극)ᄒᆞ고 中庸(듕용)을 道(도)ᄒᆞ며

故(고)롤 溫(온)ᄒᆞ고 新(신)을 知(디)ᄒᆞ며 厚(후)롤 敦(돈)ᄒᆞ고 ᄡᅥ 禮(례)롤 崇(슝)ᄒᆞᄂᆞ니라
이런 故(고)로 우희 居(거)ᄒᆞ야 驕(교)티 아니ᄒᆞ며 아래 되여 倍(빅)티 아니ᄒᆞᆫ 디라 나라히 道(도)ㅣ 이숌애 그 言(언)이 足(죡)히 ᄡᅥ 興(흥)ᄒᆞ고 나라히 道(도)ㅣ 업숌애 그 黙(믁)이 足(죡)히 ᄡᅥ 容(용)ᄒᆞᄂᆞ니 詩(시)예 ᄀᆞᆯ오ᄃᆡ 이믜 明(명)ᄒᆞ며 ᄯᅩ 哲(텰)ᄒᆞ야 ᄡᅥ 그 몸을 保(보)ᄒᆞ다 ᄒᆞ니 그 이롤 닐옴인뎌

② 栗谷本

크다 聖人(셩인)의 道(도)ㅣ여

洋洋(양양)히 萬物(만믈)을 發育(발육)ᄒᆞ야 峻(쥰)호미 天(텬)의 極(극)ᄒᆞ도다

優優(우우)히 크다 禮儀(례의)ㅣ 三百(삼빅)이오 威儀(위의)ㅣ 三千(삼쳔)이로다

그 人(인)을 기드린 後(후)에 行(힝)홀 디니

故(고)로 ᄀᆞᆯ오ᄃᆡ 진실로 至德(지덕) 곧 아니면 至道(지도)ㅣ 凝(응)티 몯ᄒᆞᆫ다 ᄒᆞ니라

故(고)로 君子(군ᄌᆞ)ᄂᆞᆫ 德性(덕셩)을 尊(존)ᄒᆞ고 問學(문ᄒᆞᆨ)을 道(도)홀디니 廣大(광대)롤 致(티)ᄒᆞ고 精微(졍미)롤 盡(진)ᄒᆞ며 高明(고명)을 極(극)ᄒᆞ고 中庸(듕용)을 道(도)ᄒᆞ며 故(고)롤 溫(온)ᄒᆞ고 新(신)을 知(디)ᄒᆞ며 敦厚(돈후)ᄒᆞ고 ᄡᅥ 禮(례)롤 崇(슝)홀 디니라

이런 故(고)로 上(샹)의 居(거)ᄒᆞ야 驕(교)티 아니ᄒᆞ며 下(하)ㅣ 되여 倍(빅)티 아니ᄒᆞ며 國(국)이 道(도) 이신 제 그 言(언)이 足(죡)히 ᄡᅥ 興(흥)ᄒᆞ고 國(국)이 道(도) 업슨 제 그 黙(믁)호미 足(죡)히 ᄡᅥ 容(용)홀 디니 詩(시)예 ᄀᆞᆯ오ᄃᆡ 이믜 明(명)ᄒᆞ며 ᄯᅩᄒᆞᆫ 哲(텰)ᄒᆞ야 ᄡᅥ 그 身(신)을 保(보)ᄒᆞ다 ᄒᆞ니 그 이롤 닐오민뎌

〈第二十八章〉

子曰:「愚而好自用, 賤而好自專, 生乎今之世, 反古之道. 如此者, 烖及其身者也.」

非天子, 不議禮, 不制度, 不考文.

今天下車同軌, 書同文, 行同倫. 雖有其位, 苟無其德, 不敢作禮樂焉; 雖有其德, 苟無其位, 亦不敢作禮樂焉.

子曰:「吾說夏禮, 杞不足徵也; 吾學殷禮, 有宋存焉; 吾學周禮, 今用之, 吾從周.」

① 陶山本

子(ᄌᆞ)ㅣ ᄀᆞᆯᄋᆞ샤ᄃᆡ 愚(우)ᄒᆞ고 自用(ᄌᆞ용)홈을 됴히 너기며 賤(쳔)ᄒᆞ고 自專(ᄌᆞ젼)홈을 됴히 너기고 이젯 世(세)예 나셔 녯 道(도)롤 反(반)호려 ᄒᆞ면 이ᄀᆞᄐᆞᆫ 者(쟈)ᄂᆞᆫ 烖(재)ㅣ 그 몸애 미촐 者(쟈)ㅣ니라

天子(텬ᄌᆞ)ㅣ 아니면 禮(례)롤 議(의)티 몯ᄒᆞ며 度(도)롤 制(졔)티 몯ᄒᆞ며 文(문)을

考(고)티 몯ᄒᆞᄂᆞ니라

이제 天下(텬하)ㅣ 車(거)ㅣ 軌(궤)ㅣ 同(동)ᄒᆞ며 書(셔)ㅣ 文(문)이 同(동)ᄒᆞ며 行(힝)이 倫(륜)이 同(동)ᄒᆞ니라

비록 그 位(위)ㅣ 이시나 진실로 그 德(덕)이 업ᄉᆞ면 敢(감)히 禮樂(례악)을 作(작)디 몯ᄒᆞ며 비록 그 德(덕)이 이시나 진실로 그 位(위)ㅣ 업ᄉᆞ면 또ᄒᆞᆫ 敢(감)히 禮樂(례악)을 作(작)디 몯ᄒᆞᄂᆞ니라

子(ᄌᆞ)ㅣ ᄀᆞᆯᄋᆞ샤ᄃᆡ 내 夏(하)ㅅ 禮(례)ᄅᆞᆯ 說(셜)ᄒᆞ나 杞(긔)ㅣ 足(죡)히 徵(딩)티 몯ᄒᆞ고 내 殷(은)ㅅ 禮(례)ᄅᆞᆯ 學(ᄒᆞᆨ)호니 宋(송)이 잇거니와 내 周(쥬)ㅅ 禮(례)ᄅᆞᆯ 學(ᄒᆞᆨ)호니 이제 ᄡᅳᄂᆞᆫ 디라 내 周(쥬)ᄅᆞᆯ 조초리라

② 栗谷本

子(ᄌᆞ)ㅣ ᄀᆞᄅᆞ샤ᄃᆡ 愚(우)코 ᄉᆞᄉᆞ로 用(용)키를 됴히 너기며 賤(쳔)코 ᄉᆞᄉᆞ로 專(젼)키를 됴히 너기며 이젯 世(셰)예 生(ᄉᆡᆼ)ᄒᆞ야 녯 道(도)ᄅᆞᆯ 反(반)호려 ᄒᆞ면 이런 者(쟈)ᄂᆞᆫ 烖(재)ㅣ 그 身(신)의 미ᄎᆞᆯ 者(쟈)ㅣ라 ᄒᆞ시니라

天子(텬ᄌᆞ)ㅣ 아니면 禮(례)ᄅᆞᆯ 議(의)티 몯ᄒᆞ며 度(도)ᄅᆞᆯ 制(졔)티 몯ᄒᆞ며 文(문)을 考(고)티 몯ᄒᆞᆯ 디니라

이제 天下(텬하)ㅣ 車(거)ㅣ 軌(궤)ㅣ ᄒᆞᆫ 가지며 書(셔)ㅣ 文(문)이 ᄒᆞᆫ 가지며 行(힝)이 倫(륜)이 ᄒᆞᆫ 가지니라

비록 그 位(위)ᄅᆞᆯ 두나 진실로 그 德(덕)이 업스면 敢(감)히 禮樂(례악)을 作(작)디 몯ᄒᆞ며 비록 그 德(덕)을 두나 진실로 그 位(위)ㅣ 업스면 敢(감)히 禮樂(례악)을 作(작)디 몯ᄒᆞᆯ 디니라

子(ᄌᆞ)ㅣ ᄀᆞᄅᆞ샤ᄃᆡ 내 夏禮(하례)ᄅᆞᆯ 說(셜)ᄒᆞ나 杞(긔)ᄅᆞᆯ 足(죡)히 徵(딩)티 몯ᄒᆞᆯ 디오 내 殷禮(은례)ᄅᆞᆯ 學(ᄒᆞᆨ)호니 宋(송)이 잇거니와 내 周禮(쥬례)ᄅᆞᆯ 學(ᄒᆞᆨ)호니 이제 ᄡᅳᄂᆞᆫ 디라 내 周(쥬)ᄅᆞᆯ 從(종)호리라

〈第二十九章〉

王天下有三重焉，其寡過矣乎!

上焉者雖善無徵，無徵不信，不信民弗從；下焉者雖善不尊，不尊不信，不信民弗從.

故君子之道：本諸身，徵諸庶民，考諸三王而不繆，建諸天地而不悖，質諸鬼神而無疑，百世以俟聖人而不惑.

質諸鬼神而無疑，知天也；百世以俟聖人而不惑，知人也.

是故君子動而世爲天下道，行而世爲天下法，言而世爲天下則. 遠之則有望，近之則不厭.

詩曰:「在彼無惡, 在此無射; 庶幾夙夜, 以永終譽!」君子未有不如此而蚤有譽於天下者也.

① 陶山本

天下(텬하)를 王(왕)홈이 세 重(듕)흔 거시 이시니 그 허므리 져그린뎌

上(샹)인 者(쟈)는 비록 善(션)ᄒᆞ나 徵(딩)홈이 업ᄉᆞ니 徵(딩)홈이 업슨 디라 信(신)티 아니ᄒᆞ고 信(신)티 아니ᄒᆞᄂᆞᆫ 디라 民(민)이 좃디 아닌ᄂᆞ니라 下(하)ㅣᆫ 者(쟈)는 비록 善(션)ᄒᆞ나 尊(존)티 아니ᄒᆞ니 尊(존)티 아닌 디라 信(신)티 아니ᄒᆞ고 信(신)티 아니ᄒᆞᄂᆞᆫ 디라 民(민)이 좃디 아닌ᄂᆞ니라

故(고)로 君子(군ᄌᆞ)의 道(도)ᄂᆞᆫ 身(신)에 本(본)ᄒᆞ야 庶民(셔민)에 徵(딩)ᄒᆞ며 三王(삼왕)에 考(고)ᄒᆞ야도 謬(뉴)티 아니ᄒᆞ며 天地(텬디)예 建(건)ᄒᆞ야도 悖(패)티 아니ᄒᆞ며 鬼神(귀신)에 質(질)ᄒᆞ야도 疑(의)ㅣ 업ᄉᆞ며 百世(ᄇᆡᆨ셰)예 뻐 聖人(셩신)을 俟(ᄉᆞ)ᄒᆞ야도 惑(혹)디 아니ᄒᆞᄂᆞ니라

鬼神(귀신)에 質(질)ᄒᆞ야도 疑(의)ㅣ 업ᄉᆞᆷ은 天(텬)을 알 시오 百世(ᄇᆡᆨ셰)예 뻐 聖人(셩신)을 俟(ᄉᆞ)ᄒᆞ야도 惑(혹)디 아니홈은 人(신)을 알 시니라

이런 故(고)로 君子(군ᄌᆞ)ᄂᆞᆫ 動(동)홈애 世(셰)로 天下(텬하)엣 道(도)ㅣ 되ᄂᆞ니 行(ᄒᆡᆼ)홈애 世(셰)로 天下(텬하)엣 法(법)이 되며 言(언)홈애 世(셰)로 天下(텬하)엣 則(측)이 되ᄂᆞᆫ 디라 遠(원)ᄒᆞ면 望(망)홈이 잇고 近(근)ᄒᆞ면 厭(염)티 아닌ᄂᆞ니라

詩(시)예 ᄀᆞᆯ오ᄃᆡ 뎌에 이셔 惡(오)홈이 업ᄉᆞ며 이예 이셔 射(역)홈이 업슨 디라 夙夜(슉야)ᄒᆞ야 뻐 譽(여)를 기리 終(죵)타 ᄒᆞ니 君子(군ᄌᆞ)ㅣ 이ᄀᆞᆮ디 아니ᄒᆞ고 일찌기 譽(여)를 天下(텬하)에 둘 者(쟈)ㅣ 잇디 아니ᄒᆞ니라

② 栗谷本

天下(텬하)의 王(왕)ᄒᆞ기 세 重(듕)이 이시니 그 過(과)ㅣ 져글 딘뎌

上(샹)읫 者(쟈)ᄂᆞᆫ 비록 善(션)ᄒᆞ나 徵(딩)이 업ᄉᆞ니 徵(딩)홈이 업슨 디라 信(신)티 아니코 信(신)티 아닌ᄂᆞᆫ 디라 民(민)이 從(죵)티 아니ᄒᆞ며 下(하)읫 者(쟈)ᄂᆞᆫ 비록 善(션)ᄒᆞ나 尊(존)티 아니ᄒᆞ니 尊(존)티 아닌 디라 信(신)티 아니코 信(신)티 아닛ᄂᆞᆫ 디라 民(민)이 從(죵)티 아닛ᄂᆞ니라

故(고)로 君子(군ᄌᆞ)의 道(도)ᄂᆞᆫ 身(신)의 本(본)ᄒᆞ야 庶民(셔민)의 徵(딩)ᄒᆞᄂᆞ니 三王(삼왕)의 考(고)호매 謬(뉴)티 아니ᄒᆞ며 天地(텬디)예 建(건)호매 悖(패)티 아니ᄒᆞ며 鬼神(귀신)의 質(질)호매 의심이 업ᄉᆞ며 百世(ᄇᆡᆨ셰)예 뻐 聖人(셩인)을 俟(ᄉᆞ)호매 惑(혹)디 아닐 디니라

鬼神(귀신)의 質(질)호매 의심이 업소ᄆᆞᆫ 天(텬)을 알오미오 百世(ᄇᆡᆨ셰)예 뻐 聖人(셩인)을 俟(ᄉᆞ)호매 惑(혹)디 아니키ᄂᆞᆫ 人(인)을 알오미니라

이런 故(고)로 君子(군ᄌᆞ)ᄂᆞᆫ 動(동)호매 世(셰)로 天下(텬하)의 道(도)ㅣ 되ᄂᆞ니 行(ᄒᆡᆼ)호매 世(셰)로 天下(텬하)의 法(법)이 되며 言(언)호매 世(셰)로 天下(텬하)의 則(측)이 되ᄂᆞᆫ 디라 遠(원)ᄒᆞ니ᄂᆞᆫ 望(망)홈이 잇고 近(근)ᄒᆞ니ᄂᆞᆫ 厭(염)티 아닛ᄂᆞ니라

詩(시)예 골오듸 뎌의 이쇼매 惡(오)ᄒᆞ리 업스며 이에 이쇼매 射(역)ᄒᆞ리 업서 거의 夙夜(슉야)ᄒᆞ야 뻐 기리 譽(여)를 終(죵)ᄒᆞ리라 ᄒᆞ니 君子(군ᄌᆞ)ㅣ 이러티 아니코 일즉이 天下(텬하)의 譽(여)를 둘 者(쟈)ㅣ 잇디 아니니라

〈第三十章〉

仲尼祖述堯舜, 憲章文武; 上律天時, 下襲水土.

辟如天地之無不持載, 無不覆幬, 辟如四時之錯行, 如日月之代明.

萬物並育而不相害, 道並行而不相悖, 小德川流, 大德敦化, 此天地之所以爲大也.

① 陶山本

仲尼(듕니)ᄂᆞᆫ 堯舜(요슌)을 祖述(조슐)ᄒᆞ시고 文武(문무)를 憲章(헌쟝)ᄒᆞ시며 우흐로ᄂᆞᆫ 天時(텬시)를 律(률)ᄒᆞ시고 아래로ᄂᆞᆫ 水土(슈토)를 襲(습)ᄒᆞ시니라

辟(비)컨댄 天地(텬디)의 持載(디ᄌᆡ)티 아니홈이 업스며 覆幬(부도)티 아니홈이 업슴 ᄀᆞᄐᆞ며 辟(비)컨댄 四時(ᄉᆞ시)의 錯(착)ᄒᆞ야 行(ᄒᆡᆼ)홈 ᄀᆞᄐᆞ며 日月(실월)의 代(ᄃᆡ)ᄒᆞ야 明(명)홈 ᄀᆞᄐᆞ니라

萬物(만믈)이 ᄀᆞᆯ와 育(육)ᄒᆞ야 서르 害(해)티 아니ᄒᆞ며 道(도)ㅣ ᄀᆞᆯ와 行(ᄒᆡᆼ)ᄒᆞ야 서르 悖(패)티 아니ᄒᆞᄂᆞᆫ 디라 小德(쇼덕)은 川(쳔)의 流(류)홈이오 大德(대덕)은 化(화)를 敦(돈)ᄒᆞ니 이 天地(텬디)의 뻐 큰 배니라

② 栗谷本

仲尼(듕니)ᄂᆞᆫ 堯舜(요슌)을 祖述(조슐)ᄒᆞ시고 文武(문무)를 憲章(헌쟝)ᄒᆞ시며 우흐로 天時(텬시)를 律(률)ᄒᆞ시고 아래로 水土(슈토)를 襲(습)ᄒᆞ시니라

辟(비)컨댄 天地(텬디)의 持載(디ᄌᆡ) 아닐 듸 업스며 覆幬(부도) 아닐 듸 업슴 ᄀᆞᄐᆞ며 辟(비)컨댄 四時(ᄉᆞ시)의 錯(착)ᄒᆞ야 行(ᄒᆡᆼ)홈 ᄀᆞᄐᆞ며 日月(일월)의 代(ᄃᆡ)ᄒᆞ야 明(명)홈 ᄀᆞᄐᆞ니라

萬物(만믈)이 ᄀᆞᆲ 育(육)ᄒᆞ야 서르 害(해)티 아니ᄒᆞ며 道(도)ㅣ ᄀᆞᆲ 行(ᄒᆡᆼ)ᄒᆞ야 서르 悖(패)티 아니ᄒᆞ야 져근 德(덕)은 川(쳔)의 流(류)ᄐᆞᆺᄒᆞ고 큰 德(덕)은 化(화)를 敦(돈)히 ᄒᆞᄂᆞ니 이 天地(텬디)의 뻐 大(대)ᄒᆞᆫ 배니라

〈第三十一章〉

唯天下至聖, 爲能聰明睿知, 足以有臨也; 寬裕溫柔, 足以有容也; 發强剛毅, 足以有執也; 齊莊中正, 足以有敬也; 文理密察, 足以有別也.

溥博淵泉，而時出之. 溥博如天，淵泉如淵. 見而民莫不敬，言而民莫不信，行而民莫不說.

是以聲名洋溢乎中國，施及蠻貊；舟車所至，人力所通；天之所覆，地之所載，日月所照，霜露所隊；凡有血氣者，莫不尊親，故曰配天.

① 陶山本

오직 天下(텬하)읫 지극ᄒᆞᆫ 聖(셩)이ᅀᅡ 能(능)히 聰(ᄎᆞᆼ)이며 明(명)이며 睿(예)ㅣ며 知(디)ㅣ 足(죡)히 ᄡᅧ 臨(림)홈이 인ᄂᆞ니 寬(관)이며 裕(유)ㅣ며 溫(온)이며 柔(ᅀᅲ)ㅣ 足(죡)히 ᄡᅧ 容(용)홈이 이시며 發(발)이며 强(강)이며 剛(강)이며 毅(의)ㅣ 足(죡)히 ᄡᅧ 執(집)홈이 이시며 齊(ᄌᆡ)ㅣ며 莊(장)이며 中(듕)이며 正(졍)이 足(죡)히 ᄡᅧ 敬(경)홈이 이시며 文(문)이며 理(리)ㅣ며 密(밀)이며 察(찰)이 足(죡)히 ᄡᅧ 別(별)홈이 인ᄂᆞ니라

溥(보)ᄒᆞ고 博(박)ᄒᆞ며 淵(연)ᄒᆞ고 泉(쳔)ᄒᆞ야 時(시)로 出(츌)ᄒᆞᄂᆞ니라

溥博(보박)ᄋᆞᆫ 天(텬)ᄀᆞᆮ고 淵泉(연쳔)ᄋᆞᆫ 淵(연)ᄀᆞᆮᄐᆞᆫ 디라 見(현)홈애 民(민)이 공경티 아니리 업스며 言(언)홈애 民(민)이 믿디 아니리 업스며 行(ᄒᆡᆼ)홈애 民(민)이 깃거 아니리 업스니라

일로ᄡᅧ 聲名(셩명)이 中國(듕국)에 洋溢(양일)ᄒᆞ야 蠻貊(만ᄆᆡᆨ)에 施及(이급)ᄒᆞ야 舟車(쥬거)의 니ᄅᆞᄂᆞᆫ 바와 人力(ᅀᅵᆫ력)의 通(통)ᄒᆞᄂᆞᆫ 바와 天(텬)의 覆(부)ᄒᆞᆫ 바와 地(디)의 載(ᄌᆡ)ᄒᆞᆫ 바와 日月(ᅀᅵᆯ월)의 照(죠)ᄒᆞᄂᆞᆫ 바와 霜露(상로)의 隊(튜)ᄒᆞᄂᆞᆫ 바애 믈읫 血氣(혈긔) 인ᄂᆞᆫ 者(쟈)ㅣ 尊(존)ᄒᆞ며 親(친)티 아니리 업ᄂᆞ니 故(고)로 ᄀᆞᆯ오ᄃᆡ 天(텬)을 配(ᄇᆡ)홈이니라

② 栗谷本

오직 天下(텬하)의 지극ᄒᆞᆫ 聖(셩)이아 能(능)히 聰(ᄎᆞᆼ)ᄒᆞ며 明(명)ᄒᆞ며 睿知(예디)호미 足(죡)히 ᄡᅧ 臨(림)호미 잇ᄂᆞ니 寬(관)ᄒᆞ며 裕(유)ᄒᆞ며 溫(온)ᄒᆞ며 柔(유)호미 足(죡)히 ᄡᅧ 容(용)호미 이시며 發(발)ᄒᆞ며 强(강)ᄒᆞ며 剛(강)ᄒᆞ며 毅(의)호미 足(죡)히 ᄡᅧ 執(집)호미 이시며 齊(ᄌᆡ)ᄒᆞ며 莊(장)ᄒᆞ며 中(듕)ᄒᆞ며 正(졍)호미 足(죡)히 ᄡᅧ 敬(경)호미 이시며 文(문)ᄒᆞ며 理(리)ᄒᆞ며 密(밀)ᄒᆞ며 察(찰)호미 足(죡)히 ᄡᅧ 別(별)호미 잇ᄂᆞ니라

溥博(보박)ᄒᆞ며 淵泉(연쳔)ᄒᆞ야 時(시)로 出(츌)ᄒᆞᄂᆞ니라

溥博(보박)호ᄆᆞᆫ 天(텬)ᄀᆞᆮ고 淵泉(연쳔)호ᄆᆞᆫ 淵(연)ᄀᆞᄐᆞ니 見(현)호매 民(민)이 敬(경)티 아니리 업스며 言(언)호매 民(민)이 信(신)티 아니리 업스며 行(ᄒᆡᆼ)호매 民(민)이 說(열)티 아니리 업스니라

일로ᄡᅧ 聲名(셩명)이 中國(듕국)의 洋溢(양일)ᄒᆞ야 施(시)호미 蠻貊(만ᄆᆡᆨ)의 미처 舟車(쥬거)의 至(지)ᄒᆞᄂᆞᆫ 바와 人力(인력)의 通(통)ᄒᆞᄂᆞᆫ 바와 天(텬)의 覆(부)ᄒᆞᆫ 바와 地(디)의 載(ᄌᆡ)ᄒᆞᆫ 바와 日月(일월)의 照(죠)ᄒᆞᄂᆞᆫ 바와 霜露(상로)의 隊(튜)ᄒᆞᄂᆞᆫ 바의 믈읫 血氣(혈긔) ᄃᆞᆺᄂᆞᆫ 者(쟈)ㅣ 尊(존)ᄒᆞ며 親(친)티 아니리 업ᄂᆞ니 故(고)로 ᄀᆞᆯ오ᄃᆡ 天(텬)을 配(ᄇᆡ)ᄒᆞ다 ᄒᆞ니라

〈第三十二章〉

唯天下至誠, 爲能經綸天下之大經, 立天下之大本, 知天地之化育. 夫焉有所倚? 肫肫其仁! 淵淵其淵! 浩浩其天!

苟不固聰明聖知達天德者, 其孰能知之?

① 陶山本

오직 天下(텬하)읫 지극흔 誠(셩)이사 能(능)히 天下(텬하)읫 큰 經(경)을 經(경)흐며 綸(륜)흐며 天下(텬하)읫 큰 本(본)을 立(립)흐며 天地(텬디)의 化育(화육)을 아느니 엇디 倚(의)흔 배 이시리오

肫肫(쥰쥰)흔 그 仁(신)이며 淵淵(연연)흔 그 淵(연)이며 浩浩(호호)흔 그 天(텬)이니라

진실로 진짓 聰(총)흐며 明(명)흐며 聖(셩)흐며 知(디)흐야 天德(텬덕)을 達(달)흔 者(쟈) ㅣ 아니면 그 뉘 能(능)히 알리오

② 栗谷本

오직 天下(텬하)의 至誠(지셩)이아 能(능)히 天下(텬하)의 大經(대경)을 經綸(경륜)흐며 天下(텬하)의 大本(대본)을 立(립)흐며 天地(텬디)의 化育(화육)을 아느니 엇디 倚(의)흔 배이시리오.

肫肫(쥰쥰)흔 그 仁(인)이며 淵淵(연연)흔 그 淵(연)이며 浩浩(호호)흔 그 天(텬)이로다

질실로 실히 聰明(총명)흐며 聖知(셩디)흐야 天德(텬덕)을 達(달)흔 者(쟈) ㅣ 아니면 그 뉘 能(능)히 알리오

〈第三十三章〉

詩曰:「衣錦尚絅」, 惡其文之著也. 故君子之道, 闇然而日章; 小人之道, 的然而日亡. 君子之道: 淡而不厭, 簡而文, 溫而理, 知遠之近, 知風之自, 知微之顯, 可與入德矣.

詩云:「潛雖伏矣, 亦孔之昭!」故君子內省不疚, 無惡於志. 君子之所不可及者, 其唯人之所不見乎!

詩云:「相在爾室, 尚不愧于屋漏.」故君子不動而敬, 不言而信.

詩曰:「奏假無言, 時靡有爭.」是故君子不賞而民勸, 不怒而民威於鈇鉞.

詩曰:「不顯惟德! 百辟其刑之.」是故君子篤恭而天下平.

詩云:「予懷明德, 不大聲以色.」子曰:「聲色之於以化民, 末也.」詩云:「德輶如毛」, 毛猶有倫, 「上天之載, 無聲無臭」, 至矣!

① 陶山本

詩(시)예 골오ᄃᆡ 錦(금)을 衣(의)ᄒᆞ고 絅(경)을 尙(샹)ᄒᆞ다 ᄒᆞ니 그 文(문)의 著(뎌)홈올 惡(오)홈이라 故(고)로 君子(군ᄌᆞ)의 道(도)ᄂᆞᆫ 闇然(암연)호ᄃᆡ 날로 章(장)ᄒᆞ고 小人(쇼인)의 道(도)ᄂᆞᆫ 的然(뎍션)호ᄃᆡ 날로 亡(망)ᄒᆞᄂᆞ니 君子(군ᄌᆞ)의 道(도)ᄂᆞᆫ 淡(담)호ᄃᆡ 厭(염)티 아니ᄒᆞ며 簡(간)호ᄃᆡ 文(문)ᄒᆞ며 溫(온)호ᄃᆡ 理(리)ᄒᆞ니 遠(원)의 近(근)으로 홈을 알며 風(풍)의 自(ᄌᆞ)홈을 알며 微(미)의 顯(현)홈을 알면 可(가)히 더브러 德(덕)에 入(십)ᄒᆞ리라

詩(시)예 닐오ᄃᆡ 潛(즘)ᄒᆞᆫ 거시 비록 伏(복)ᄒᆞ나 ᄯᅩᄒᆞᆫ 심히 昭(쇼)타 ᄒᆞ니 故(고)로 君子(군ᄌᆞ)ᄂᆞᆫ 內(ᄂᆡ)로 省(셩)ᄒᆞ야 疚(구)티 아니ᄒᆞ야 志(지)예 惡(오)홈이 업ᄂᆞ니 君子(군ᄌᆞ)의 可(가)히 밋디 몯홀 바ᄂᆞᆫ 그 오직 사ᄅᆞᆷ의 보디 몯ᄒᆞᄂᆞᆫ 바엔뎌

詩(시)예 닐오ᄃᆡ 네 室(실)애 在(ᄌᆡ)홈을 相(샹)혼ᄃᆡ 거의 屋漏(옥루)에 붓그럽디 아니타 ᄒᆞ니 故(고)로 君子(군ᄌᆞ)ᄂᆞᆫ 動(동)티 아니ᄒᆞ야셔 敬(경)ᄒᆞ며 言(언)티 아니ᄒᆞ야셔 信(신)ᄒᆞᄂᆞ니라

詩(시)예 골오ᄃᆡ 奏(주)ᄒᆞ야 假(격)홈애 言(언)이 업서 時(시)예 爭(징)ᄒᆞ리 잇디 아니타 ᄒᆞ니 이런 故(고)로 君子(군ᄌᆞ)ᄂᆞᆫ 賞(샹)티 아니ᄒᆞ야셔 民(민)이 勸(권)ᄒᆞ며 怒(노)티 아니ᄒᆞ야셔 民(민)이 鈇鉞(부월)두곤 威(위)ᄒᆞᄂᆞ니라

詩(시)예 골오ᄃᆡ 顯(현)티 아니ᄒᆞᆫ 德(덕)을 百辟(ᄇᆡᆨ벽)이 그 刑(형)ᄒᆞ다 ᄒᆞ니 이런 故(고)로 君子(군ᄌᆞ)ᄂᆞᆫ 恭(공)을 篤(독)히 홈애 天下(텬하)ㅣ 平(평)ᄒᆞᄂᆞ니라

詩(시)예 닐오ᄃᆡ 내 明德(명덕)의 聲(셩)과 다믓 色(ᄉᆡᆨ)을 크게 아니홈을 懷(회)ᄒᆞ노라 ᄒᆞ야ᄂᆞᆯ 子(ᄌᆞ)ㅣ 골ᄋᆞ샤ᄃᆡ 聲(셩)과 色(ᄉᆡᆨ)이 ᄡᅧ 民(민)을 化(화)홈애 末(말)이라 ᄒᆞ시니라 詩(시)예 닐오ᄃᆡ 德(덕)의 輶(유)홈이 毛(모)ᄀᆞᆮ다 ᄒᆞ니 毛(모)ᄂᆞᆫ 오히려 倫(륜)이 잇거니와 上天(샹텬)의 載(ᄌᆡ)ㅣ 聲(셩)이 업ᄉᆞ며 臭(취)ㅣ 업다 홈이사 지극ᄒᆞ니라

② 栗谷本

詩(시)예 골오ᄃᆡ 錦(금)을 衣(의)ᄒᆞ고 絅(경)을 尙(샹)ᄒᆞ다 ᄒᆞ니 그 文(문)의 著(뎌)호믈 惡(오)호미니 故(고)로 君子(군ᄌᆞ)의 道(도)ᄂᆞᆫ 闇然(암연)호ᄃᆡ 날로 章(장)ᄒᆞ고 小人(쇼인)의 道(도)ᄂᆞᆫ 的然(뎍연)호ᄃᆡ 날로 亡(망)ᄒᆞᄂᆞ니 君子(군ᄌᆞ)의 道(도)ᄂᆞᆫ 淡(담)호ᄃᆡ 厭(염)티 아니ᄒᆞ며 簡(간)호ᄃᆡ 文(문)ᄒᆞ며 溫(온)호ᄃᆡ 理(리)ᄒᆞ니 遠(원)의 近(근)호믈 알며 風(풍)의 自(ᄌᆞ)호믈 알며 微(미)의 顯(현)호믈 알면 可(가)히 더브러 德(덕)의 入(입)홀 디니라

詩(시)예 닐오ᄃᆡ 潛(즘)ᄒᆞᆫ 거시 비록 伏(복)ᄒᆞ나 ᄯᅩᄒᆞᆫ 孔(공)히 昭(쇼)ᄒᆞ다 ᄒᆞ니 故(고)로 君子(군ᄌᆞ)ᄂᆞᆫ 안ᄒᆞ로 省(셩)호매 疚(구)티 아니ᄒᆞ야 志(지)예 惡(오)호미 업ᄂᆞ니 君子(군ᄌᆞ)의 可(가)히 及(급)디 몯홀 바ᄂᆞᆫ 그 오직 人(인)의 見(견)티 아닌 밴뎌

詩(시)예 닐오ᄃᆡ 爾(이)의 室(실)애 이신 제ᄅᆞᆯ 본ᄃᆡ 거의 屋漏(옥루)의도 愧(괴)티 아니타 ᄒᆞ니 故(고)로 君子(군ᄌᆞ)ᄂᆞᆫ 動(동)티 아녀셔 敬(경)ᄒᆞ며 言(언)티 아녀셔 信(신)ᄒᆞᄂᆞ니라

詩(시)예 ᄀᆞᆯ오ᄃᆡ 奏(주)ᄒᆞ야 假(격)ᄒᆞᆯ 제 言(언)이 업소매 時(시)예 爭(징)ᄒᆞ리 잇디 아니타 ᄒᆞ니 이런 故(고)로 君子(군ᄌᆞ)ᄂᆞᆫ 賞(샹)티 아녀셔 民(민)이 勸(권)ᄒᆞ며 怒(노)티 아녀셔 民(민)이 鈇鉞(부월)두곤 젓ᄂᆞ니라

詩(시)예 ᄀᆞᆯ오ᄃᆡ 顯(현)티 아닌 德(덕)을 百辟(ᄇᆡᆨ벽)이 그 刑(형)ᄒᆞᆫ다 ᄒᆞ니 이런 故(고)로 君子(군ᄌᆞ)ᄂᆞᆫ 恭(공)을 篤(독)히 호매 天下(텬하)ㅣ 平(평)ᄒᆞᄂᆞ니라

詩(시)예 닐오ᄃᆡ 내 明(명)ᄒᆞᆫ 德(덕)의 聲(셩)과 다ᄆᆞᆺ 色(ᄉᆡᆨ)을 大(대)케 아니호ᄆᆞᆯ 懷(회)ᄒᆞ노라 ᄒᆞ야ᄂᆞᆯ 子(ᄌᆞ)ㅣ ᄀᆞᄅᆞ샤ᄃᆡ 聲色(셩ᄉᆡᆨ)이 民(민)을 化(화)호매 末(말)이라 ᄒᆞ시니 詩(시)예 닐오ᄃᆡ 德(덕)이 가ᄇᆡ야오미 毛(모)ᄀᆞᆺ다 ᄒᆞ니 毛(모)ᄂᆞᆫ 오히려 倫(륜)이 잇거니와 上天(샹텬)의 載(ᄌᆡ)ㅣ 聲(셩) 업스며 臭(취)업다 호미아 지극ᄒᆞ니라

大 學

<原文·諺解>

≪大學≫ 章句

經文 一章 : 大學之道

大學之道, 在明明德, 在親民, 在止於至善.

知止而后有定, 定而后能靜, 靜而后能安, 安而后能慮, 慮而后能得.

物有本末, 事有終始, 知所先後, 則近道矣.

古之欲明明德於天下者, 先治其國; 欲治其國者, 先齊其家; 欲齊其家者, 先脩其身; 欲脩其身者, 先正其心; 欲正其心者, 先誠其意; 欲誠其意者, 先致其知; 致知在格物.

物格而后知至, 知至而后意誠, 意誠而后心正, 心正而后身脩, 身脩而后家齊, 家齊而后國治, 國治而后天下平.

自天子以至於庶人, 壹是皆以脩身爲本.

其本亂而末治者否矣, 其所厚者薄, 而其所薄者厚, 未之有也!

① 陶山本

(앞 부분 落帳)

物(믈)이 格(격)ᄒᆞᆫ 后(후)에 知(디)ㅣ 至(지)ᄒᆞ고 知(디)ㅣ 至(지)ᄒᆞᆫ 后(후)에 意(의)ㅣ 誠(셩)ᄒᆞ고 意(의)ㅣ 誠ᄒᆞᆫ(셩) 后(후)에 ᄆᆞᄋᆞᆷ이 正(졍)ᄒᆞ고 ᄆᆞᄋᆞᆷ이 正(졍)ᄒᆞᆫ 后(후)에 몸이 닷고 몸이 닷근 后(후)에 집이 ᄀᆞ족ᄒᆞ고 집이 ᄀᆞ족ᄒᆞᆫ 后(후)에 나라히 다ᄉᆞᆯ고 나라히 다ᄉᆞᆫ 后(후)에 天下(텬하)ㅣ 平(평)ᄒᆞᄂᆞ니라

天子(텬ᄌᆞ)로브터 ᄡᅧ 庶人(셔인)에 니르히 ᄒᆞᆫ골ᄀᆞᆮ티 다 몸 닷그모로ᄡᅥ 本(본)을 삼ᄂᆞ니라

그 本(본)이 亂(란)ᄒᆞ고 末(말)이 다ᄉᆞᆯ 者(쟈)ㅣ 否(부)ᄒᆞ며 그 厚(후)ᄒᆞᆯ 바애 薄(박)ᄒᆞ고 그 薄(박)ᄒᆞᆯ 바애 厚(후)ᄒᆞ리 잇디 아니ᄒᆞ니라

② 栗谷本

大學(대ᄒᆞᆨ)의 道(도)ᄂᆞᆫ 明德(명덕)을 明(명)호매 이시며 民(민)을 新(신)호매 이시며 至善(지션)의 止(지)호매 잇ᄂᆞ니라

止(지)ᄅᆞᆯ 안 后(후)애 定(뎡)호미 이실 디니 定(뎡)ᄒᆞᆫ 后(후)애 能(능)히 靜(졍)ᄒᆞ고 靜(졍)ᄒᆞᆫ 后(후)애 能(능)히 安(안)ᄒᆞ고 安(안)ᄒᆞᆫ 后(후)애 能(능)히 慮(려)ᄒᆞ고 慮(려)ᄒᆞᆫ 后(후)애 能(능)히 得(득)ᄒᆞᆯ 디니라

物(믈)이 本(본)과 末(말)이 잇고 事(ᄉᆞ)ㅣ 終(죵)과 始(시)ㅣ 이시니 몬져ᄒᆞ며 후에 ᄒᆞᆯ 바ᄅᆞᆯ 알면 道(도)의 갓가오리라

녜 明德(명덕)을 天下(텬하)의 明(명)코져 ᄒᆞᄂᆞᆫ 者(쟈)는 몬져 그 國(국)을 治(티)ᄒᆞ고 그 國(국)을 治(티)코져 ᄒᆞᄂᆞᆫ 者(쟈)ᄂᆞᆫ 몬져 그 家(가)를 齊(졔)ᄒᆞ고 그 家(가)를 齊(졔)코져 ᄒᆞᄂᆞᆫ 者(쟈)ᄂᆞᆫ 몬져 그 身(신)을 脩(슈)ᄒᆞ고 그 身(신)을 脩(슈)코져 ᄒᆞᄂᆞᆫ 者(쟈)ᄂᆞᆫ 몬져 그 心(심)을 正(졍)ᄒᆞ고 그 心(심)을 正(졍)코져 ᄒᆞᄂᆞᆫ 者(쟈)ᄂᆞᆫ 몬져 그 意(의)를 誠(셩)ᄒᆞ고 그 意(의)를 誠(셩)코져 ᄒᆞᄂᆞᆫ 者(쟈)는 몬져 그 知(디)를 致(티)ᄒᆞ니 知(디)를 致(티)호ᄆᆞᆫ 物(믈)을 格(격)호매 잇ᄂᆞ니라

物(믈)이 格(격)ᄒᆞᆫ 后(후)애 知(디)ㅣ 至(지)ᄒᆞ고 知(디)ㅣ 至(지)ᄒᆞᆫ 后(후)애 意(의)ㅣ 誠(셩)ᄒᆞ고 意(의)ㅣ 誠ᄒᆞᆫ(셩) 后(후)애 心(심)이 正(졍)ᄒᆞ고 心(심)이 正(졍)ᄒᆞᆫ 后(후)애 身(신)이 脩(슈)ᄒᆞ고 身(신)이 脩(슈)ᄒᆞᆫ 后(후)애 家(가)ㅣ 齊(졔)ᄒᆞ고 家집(가)ㅣ 齊(졔)ᄒᆞᆫ 后(후)애 國(국)이 治(티)ᄒᆞ고 國(국)이 治(티)ᄒᆞᆫ 后(후)애 天下(텬하)ㅣ 平(평)ᄒᆞᆯ 디니라

天子(텬ᄌᆞ)로브터 뻐 庶人(셔인)의 니르히 ᄒᆞᆫᄀᆞᆯᄀᆞ티 다 身(신)을 脩(슈)호ᄆᆞ로뻐 本(본)을 ᄉᆞᆷ을 디니라

그 本(본)이 亂(란)코 末(말)이 治(티)ᄒᆞᆯ 者(쟈)ㅣ 업스며 그 厚(후)ᄒᆞᆯ 바의 薄(박)고 그 薄(박)ᄒᆞᆯ 바의 厚(후)ᄒᆞ리 잇디 아니ᄒᆞ니라

傳文 第一章 : 釋「明明德」

康誥曰:「克明德.」
大甲曰:「顧諟天之明命.」
帝典曰:「克明峻德.」
皆自明也.

① 陶山本

康誥(강고)애 ᄀᆞᆯ오ᄃᆡ 능히 德(덕)을 ᄇᆞᆯ키다 ᄒᆞ며
太甲(태갑)애 ᄀᆞᆯ오ᄃᆡ 이 하ᄂᆞᆳ ᄇᆞᆯᄀᆞᆫ 命(명)을 顧(고)ᄒᆞ다 ᄒᆞ며
帝典(뎨뎐)애 ᄀᆞᆯ오ᄃᆡ 능히 큰 德(덕)을 ᄇᆞᆯ키다 ᄒᆞ니
다 스스로 ᄇᆞᆯ키미니라

② 栗谷本

康誥(강고)의 ᄀᆞᆯ오ᄃᆡ 德(덕)을 克(극)히 明(명)ᄒᆞ다 ᄒᆞ고
太甲(태갑)의 ᄀᆞᆯ오ᄃᆡ 이 天(텬)의 明(명)ᄒᆞᆫ 命(명)을 顧(고)ᄒᆞ다 ᄒᆞ고
帝典(뎨뎐)의 ᄀᆞᆯ오ᄃᆡ 峻(쥰)ᄒᆞᆫ 德(덕)을 克(극)히 明(명)ᄒᆞ다 ᄒᆞ니
다 스스로 明(명)호미니라

傳文 第二章 : 釋「新民」

湯之盤銘曰:「苟日新, 日日新, 又日新.」
康誥曰:「作新民.」
詩曰:「周雖舊邦, 其命惟新.」
是故君子無所不用其極.

① 陶山本

湯(탕)의 盤(반)ㅅ 銘(명)애 골오ᄃᆡ 진실로 나래 새롭거든 나날 새로이 ᄒᆞ고 또 날로 새로이 ᄒᆞ라 ᄒᆞ며

康誥(강고)애 골오ᄃᆡ 새롭ᄂᆞᆫ 民(민)을 作(작)ᄒᆞ라 ᄒᆞ며

詩(시)예 골오ᄃᆡ 周(쥬)ㅣ 비록 녯 나라히나 그 命(명)이 새롭다 ᄒᆞ니

이런 故(고)로 君子(군ᄌᆞ)ᄂᆞᆫ 그 極(극)을 쓰디 아닐 배 업ᄂᆞ니라

② 栗谷本

湯(탕)ㅅ 盤銘(반명)의 골오ᄃᆡ 진실로 ᄂᆞᆯ애 新(신)ᄒᆞ거든 나날 新(신)ᄒᆞ며 또 날로 新(신)ᄒᆞ라 ᄒᆞ고

康誥(강고)의 골오ᄃᆡ 新(신)ᄒᆞᄂᆞᆫ 民(민)을 作(작)ᄒᆞ라 ᄒᆞ고

詩(시)예 골오ᄃᆡ 周(쥬)ㅣ 비록 녯 나라히나 그 命(명)이 新(신)ᄒᆞ다 ᄒᆞ니

이런 故(고)로 君子(군ᄌᆞ)ᄂᆞᆫ 그 極(극)을 쓰디 아닐 배 업스니라

傳文 第三章 : 釋「止於至善」

詩云:「邦畿千里, 惟民所止.」

詩云:「緡蠻黃鳥, 止于丘隅.」子曰:「於止, 知其所止, 可以人而不如鳥乎?」

詩云:「穆穆文王, 於緝熙敬止!」爲人君, 止於仁; 爲人臣, 止於敬; 爲人子, 止於孝; 爲人父, 止於慈; 與國人交, 止於信.

詩云:「瞻彼淇澳, 菉竹猗猗. 有斐君子, 如切如磋, 如琢如磨. 瑟兮僩兮, 赫兮喧兮. 有斐君子, 終不可諠兮!」如切如磋者, 道學也; 如琢如磨者, 自脩也; 瑟兮僩兮者, 恂慄也; 赫兮喧兮者, 威儀也; 有斐君子, 終不可諠兮者, 道盛德至善, 民之不能忘也.

詩云:「於戲前王不忘!」君子賢其賢而親其親, 小人樂其樂而利其利,此以沒世不忘也.

① 陶山本

詩(시)예 닐오ᄃᆡ 邦(방)ㅅ 畿(긔)ㅣ 千里(쳔리)여 民(민)의 止(지)ᄒᆞ연ᄂᆞᆫ 배라 ᄒᆞ니라

詩(시)예 닐오ᄃᆡ 緜蠻(면만)ᄒᆞᄂᆞᆫ 黃鳥(황됴)ㅣ여 丘隅(구우)에 止(지)타 ᄒᆞ야ᄂᆞᆯ 子(ᄌᆞ)ㅣ ᄀᆞᆯᄋᆞ샤ᄃᆡ 止(지)홈애 그 止(지)홀 바ᄅᆞᆯ 아도소니 可(가)히 ᄡᅧ 사ᄅᆞᆷ이오 鳥(됴)만 ᄀᆞᆮ디 몯ᄒᆞ랴

詩(시)예 닐오ᄃᆡ 穆穆(목목)ᄒᆞ신 文王(문왕)이여 於(오)ㅣ 라 緝(즙)ᄒᆞ야 熙(희)ᄒᆞ야 敬(경)ᄒᆞ야 止(지)ᄒᆞ시다 ᄒᆞ니 人君(ᅀᅵᆫ군)이 도여ᄂᆞᆫ 仁(ᅀᅵᆫ)에 止(지)ᄒᆞ시고 人臣(ᅀᅵᆫ신)이 도여ᄂᆞᆫ 敬(경)에 止(지)ᄒᆞ시고 人子(ᅀᅵᆫᄌᆞ)ㅣ 도여ᄂᆞᆫ 孝(효)애 止(지)ᄒᆞ시고 人父(ᅀᅵᆫ부)ㅣ 도여ᄂᆞᆫ 慈(ᄌᆞ)애 止(지)ᄒᆞ시고 國人(국ᅀᅵᆫ)으로 더브러 交(교)ᄒᆞ시매ᄂᆞᆫ 信(신)에 止(지)ᄒᆞ더시다

詩(시)예 닐오ᄃᆡ 뎌 淇(기)ㅅ 澳(욱)을 본ᄃᆡ 菉竹(록듁)이 猗猗(의의)ᄒᆞ도다 斐(비)ᄒᆞᆫ 君子(군ᄌᆞ)ㅣ여 切(졀)ᄐᆞᆺ ᄒᆞ고 磋(차)ᄐᆞᆺ ᄒᆞ며 琢(탁)ᄃᆞᆺ ᄒᆞ고 磨(마)ᄐᆞᆺ ᄒᆞᆫ 디라 瑟(슬)ᄒᆞ며 僩(한)ᄒᆞ며 赫(혁)ᄒᆞ며 喧(훤)ᄒᆞ니 斐(비)ᄒᆞᆫ 君子(군ᄌᆞ)ㅣ여 ᄆᆞᄎᆞᆷ내 可(가)히 닛디 몯ᄒᆞ리로다 ᄒᆞ니 切(졀)ᄐᆞᆺ ᄒᆞ고 磋(차)ᄐᆞᆺ ᄒᆞ다 홈은 學(ᄒᆞᆨ)을 닐옴이오 琢(탁)ᄃᆞᆺ ᄒᆞ고 磨(마)ᄐᆞᆺ ᄒᆞ다 홈은 스스로 닷금이오 瑟(슬)ᄒᆞ며 僩(한)ᄒᆞ다 홈은 恂慄(쥰률)홈이오 赫(혁)ᄒᆞ며 喧(훤)ᄒᆞ다홈은 威儀(위의)ㅣ오 斐(비)ᄒᆞᆫ 君子(군ᄌᆞ)ㅣ여 ᄆᆞᄎᆞᆷ내 可(가)히 닛디 몯ᄒᆞ리로다 홈은 盛(셩)ᄒᆞᆫ 德(덕)과 지극ᄒᆞᆫ 善(션)을 民(민)의 能(ᄂᆞᆼ)히 닛디 몯홈을 니ᄅᆞ니라

詩(시)예 닐오ᄃᆡ 於戲(오호)ㅣ라 前王(젼왕)을 닛디 몯ᄒᆞ리로다 ᄒᆞ니 君子(군ᄌᆞ)ᄂᆞᆫ 그 賢(현)ᄒᆞ샤ᄆᆞᆯ 賢(현)히 너기며 그 親(친)ᄒᆞ샤ᄆᆞᆯ 親(친)히 너기고 小人(쇼ᅀᅵᆫ)은 그 樂(락)게 ᄒᆞ샤ᄆᆞᆯ 樂(락)히 너기며 그 利(리)케 ᄒᆞ샤ᄆᆞᆯ 利(리)히 너기ᄂᆞ니 이 ᄡᅧ 世(셰)ㅣ 沒(몰)ᄒᆞ야도 닛디 몯홈이니라

② 栗谷本

詩(시)예 닐오ᄃᆡ 邦(방)읫 畿(긔)ㅣ 千里(쳔리)여 民(민)의 止(지)홀 배라 ᄒᆞ도다

詩(시)예 닐오ᄃᆡ 緡蠻(면만)ᄒᆞᄂᆞᆫ 黃鳥(황됴)ㅣ 丘隅(구우)에 止(지)타ᄒᆞ야ᄂᆞᆯ 子(ᄌᆞ)ㅣ ᄀᆞᄅᆞ샤ᄃᆡ 止(지)홀 제 그 止(지)홀 바ᄅᆞᆯ 아노소니 可(가)히 人(인)으로ᄡᅧ 鳥(됴)만 ᄀᆞᆮ디 몯홀 것가 ᄒᆞ시니라

詩(시)예 닐오ᄃᆡ 穆穆(목목)ᄒᆞ신 文王(문왕)이여 於(오)홉다 니워 熙(희)ᄒᆞ야 敬(경)ᄒᆞ고 止(지)ᄒᆞ시다 ᄒᆞ니 人君(인군)이 되얀 仁(인)의 止(지)ᄒᆞ시고 人臣(인신)이 되얀 敬(경)의 止(지)ᄒᆞ시고 人子(인ᄌᆞ)ㅣ 되얀 孝(효)의 止(지)ᄒᆞ시고 人父(인부)ㅣ 되얀 慈(ᄌᆞ)의 止(지)ᄒᆞ시고 國人(국인)과 더브러 交(교)호매ᄂᆞᆫ 信(신)에 止(지)ᄒᆞ더시다

詩(시)예 닐오ᄃᆡ 뎌 淇澳(긔욱)을 본ᄃᆡ 菉(록)ᄒᆞᆫ 竹(듁)이 猗猗(의의)ᄒᆞ도다 斐(비)ᄒᆞᆫ 君子(군ᄌᆞ)ㅣ여 切(졀)ᄐᆞᆺ ᄒᆞ며 磋(차)ᄐᆞᆺ ᄒᆞ며 琢(탁)ᄃᆞᆺ ᄒᆞ며 磨(마)ᄐᆞᆺ ᄒᆞ도다 瑟(슬)ᄒᆞ며 僩(한)ᄒᆞ며 赫(혁)ᄒᆞ며 喧(훤)ᄒᆞᆫ 디라 斐(비)ᄒᆞᆫ 君子(군ᄌᆞ)ㅣ여 ᄆᆞᄎᆞᆷ내 可(가)히 닛디 몯ᄒᆞ리로다 ᄒᆞ니 切(졀)ᄐᆞᆺ 磋(차)ᄐᆞᆺ 호ᄆᆞᆫ 學(ᄒᆞᆨ)을 닐오미오 琢(탁)ᄃᆞᆺ 磨(마)ᄐᆞᆺ 호ᄆᆞᆫ 스스로 脩(슈)호미오 瑟(슬)ᄒᆞ며 僩(한)호ᄆᆞᆫ 恂慄(쥰률)호미오 赫(혁)ᄒᆞ며 喧(훤)호ᄆᆞᆫ 威儀(위의)오 斐(비)

ᄒᆞᆫ 君子(군ᄌᆞ) ᄆᆞᄎᆞᆷ내 可(가)히 닛디 몯호ᄆᆞᆫ 盛(셩)ᄒᆞᆫ 德(덕)과 지극ᄒᆞᆫ 善(션)을 民(민)이 能(능)히 닛디 몯호ᄆᆞᆯ 니ᄅᆞ니라

詩(시)예 닐오ᄃᆡ 於戱(오호)ㅣ라 前王(젼왕)을 닛디 몯ᄒᆞ리로다 ᄒᆞ니 君子(군ᄌᆞ)ᄂᆞᆫ 그 賢(현)ᄒᆞ샤ᄆᆞᆯ 賢(현)히 너기며 그 親(친)ᄒᆞ샤ᄆᆞᆯ 親(친)히 너기시고 小人(쇼인)은 그 樂(락)게 ᄒᆞ샤ᄆᆞᆯ 樂(락)히 너기며 그 利(리)케 ᄒᆞ샤ᄆᆞᆯ 利(리)히 너기ᄂᆞᆫ 디라 이 ᄡᅧ 世(세) 沒(몰)호ᄃᆡ 닛디 몯호미니라

傳文 第四章：釋「本末」

子曰:「聽訟, 吾猶人也, 必也使無訟乎!」無情者不得盡其辭. 大畏民志, 此謂知本.

① 陶山本

子(ᄌᆞ)ㅣ ᄀᆞᆯᄋᆞ샤ᄃᆡ 訟(숑)을 드롬이 내 사ᄅᆞᆷ과 ᄀᆞᄐᆞ나 반ᄃᆞ시 ᄒᆞ여곰 訟(숑)이 업게 호린뎌 ᄒᆞ시니 情(졍)업슨 者(쟈)ㅣ 시러곰 그 말ᄉᆞᆷ을 다ᄒᆞ디 몯홈은 크게 民(민)의 ᄠᅳᆮ을 畏(외)케 홈이니 이 닐온 本(본)을 아롬이니라

② 栗谷本

子(ᄌᆞ)ㅣ ᄀᆞᄅᆞ샤ᄃᆡ 訟(숑)을 聽드(텽)ᄒᆞ기 내 人(인)ᄀᆞᆺᄐᆞ나 반ᄃᆞ시 히여곰 訟(숑)을 업게 ᄒᆞᆯ 딘뎌 ᄒᆞ시니 情(졍)업슨 者(쟈)ㅣ 시러곰 그 辭(ᄉᆞ)ᄅᆞᆯ 盡(진)티 몯호ᄆᆞᆫ 크게 民(민)의 志(지)를 畏(외)케 호미니 이 닐온 本(본)을 알오미니라

傳文 第五章：釋「格物·致知」

此謂知本,
此謂知之至也.

① 陶山本

이 닐온 知(디)ㅣ 至(지)홈이니라

② 栗谷本

이 닐온 知(디)의 至(지)호미니라

閒嘗竊取程子之意以補之曰:「所謂致知在格物者, 言欲致吾之知, 在卽物而窮其理也. 蓋人心之靈莫不有知, 而天下之物莫不有理, 惟於理有未窮，故其知有不盡也. 是以大學始敎，必使學者，卽凡天下之物，莫不因其已知之理而益窮之，以求至乎其極. 至於用力之久，而一旦豁然貫通焉，則衆物之表裏精粗無不到，而吾心之全體大用無不明矣. 此謂物格，此謂知之至也.」

① 陶山本

근간에 일즉 그ᅀᅳ기 程子(뎡ᄌᆞ)ㅅ ᄠᅳᆮ을 取(취)ᄒᆞ야 ᄡᅥ 補(보)ᄒᆞ여 ᄀᆞᆯ오ᄃᆡ 닐온 밧 知(디)를 致(티)홈이 物(믈)을 格(격)홈애 잇다 홈은 내의 知(디)를 致(티)코져 홀 딘댄 物(믈)에 卽(즉)ᄒᆞ야 그 理(리)를 窮(궁)홈애 이쇼믈 니ᄅᆞ니라 人心(ᅀᅵᆫ심)의 靈(령)이 知(디)ㅣ 잇디 아님이 업고 天下(텬하)앳 物(믈)이 理(리)ㅣ 잇디 아닌 이 업건마ᄂᆞᆫ 오직 理(리)예 窮(궁)티 몯홈이 인ᄂᆞᆫ 故(고)로 그 知(디)ㅣ 盡(진)티 몯홈이 인ᄂᆞ니 일로ᄡᅥ 大學(대ᄒᆞᆨ) 비로소 ᄀᆞᄅᆞ치매 반ᄃᆞ시 學者(ᄒᆞᆨ쟈)로 ᄒᆞ여곰 믈읫 天下(텬하)앳 物(믈)에 卽(즉)ᄒᆞ야 그 이믜 아ᄂᆞᆫ 理(리)를 因(인)ᄒᆞ야 더옥 窮(궁)ᄒᆞ야 ᄡᅥ 그 極(극)에 至(지)홈을 求(구)티 아님이 업게 ᄒᆞᄂᆞ니 힘을 ᄡᅳ미 오라 ᄒᆞᄅᆞ아ᄎᆞᆷ의 豁然(할연)히 貫通(관통)홈애 니르면 衆物(즁믈)의 表(표)와 裏(리)와 精(졍)과 粗(조)ㅣ 니르디 아니미 업고 吾心(오심)의 全體(젼톄)와 大用(대용)이 ᄇᆞᆰ디 아니미 업스리니 이 닐온 物(믈)이 格(격)홈이며 이 닐온 知(디)ㅣ 至(지)홈이니라

② 栗谷本

근간의 일즉 程子 ᄠᅳᆮ을 竊取ᄒᆞ야 ᄡᅥ 補ᄒᆞ니 ᄀᆞᆯ오ᄃᆡ 닐온 밧 知를 致호미 物을 格호매 잇다 홈은 내의 知를 致코져 홀 진댄 物에 卽ᄒᆞ야 그 理를 窮호매 이숌을 니르미라 人心의 靈이 知ㅣ 잇지 아닌 이 업고 天下앳 物이 理ㅣ 잇지 아닌 이 업ᄉᆞ니 오직 理예 窮치 못호미 잇ᄂᆞᆫ 지라 故로 그 知ㅣ 盡치 못호미 잇ᄂᆞ니 일로ᄡᅥ 大學 비로소 ᄀᆞᄅᆞ치매 반ᄃᆞ시 學者로 ᄒᆞ여곰 믈읫 天下의 物의 卽ᄒᆞ야 그 임의 아ᄂᆞᆫ 理를 因ᄒᆞ야 더욱 窮ᄒᆞ야 ᄡᅥ 그 極애 至홈을 求티 아님이 업게 ᄒᆞᄂᆞ니 力을 ᄡᅳᆷ이 오라 一旦애 豁然히 貫通호매 니ᄅᆞ면 衆物의 表裏와 精粗ㅣ 到티 아님이 업고 吾心의 全體와 大用이 明치 아님이 업ᄉᆞ리니 이 닐온 物이 格호미며 이 닐온 知의 至호미니라

傳文 第六章：釋「誠意」

所謂誠其意者：毋自欺也，如惡惡臭，如好好色，此之謂自謙. 故君子必愼其獨也!

小人閒居爲不善，無所不至，見君子而后厭然，揜其不善，而著其善. 人之視己，如見其肺肝然，則何益矣? 此謂誠於中，形於外. 故君子必愼其獨也.

曾子曰:「十目所視, 十手所指, 其嚴乎!」
富潤屋, 德潤身, 心廣體胖. 故君子必誠其意.

① 陶山本

닐온 밧 그 意(의)를 誠(셩)ᄒᆞ다 홈은 스스로 소기디 마로미니 惡臭(악츄)를 아쳐홈 ᄀᆞ티 ᄒᆞ며 好色(호ᄉᆡᆨ)을 됴히 너김ᄀᆞ티 홈이 이 닐온 스스로 謙(겸)홈이니 故(고)로 君子(군ᄌᆞ)ᄂᆞᆫ 반ᄃᆞ시 그 獨(독)을 삼ᄀᆞᄂᆞ니라

小人(쇼신)이 閒居(한거)홈애 不善(블션)을 호ᄃᆡ 니르디 아닐 바 업시 ᄒᆞ다가 君子(군ᄌᆞ)를 본 后(후)에 厭然(안연)히 그 不善(블션)을 ᄀᆞ리오고 그 善(션)을 나타내ᄂᆞ니 사ᄅᆞᆷ의 己(긔)ㅣ 보미 그 肺肝(폐간)을 보ᄃᆞ시 ᄒᆞ니 곧 므서시 益(익)ᄒᆞ리오 이 닐온 中(듕)에 誠(셩)ᄒᆞ면 外(외)예 形(형)홈이니 故(고)로 君子(군ᄌᆞ)ᄂᆞᆫ 반ᄃᆞ시 그 獨(독)을 삼가ᄂᆞ니라

曾子(증ᄌᆞ)ㅣ ᄀᆞᆯᄋᆞ샤ᄃᆡ 十目(십목)의 보ᄂᆞᆫ 배며 十手(십슈)의 ᄀᆞᄅᆞ치ᄂᆞᆫ 배니 그 嚴(엄)ᄒᆞᆫ뎌

富(부)ᄂᆞᆫ 집을 潤(슌)ᄒᆞ고 德(덕)은 몸을 潤(슌)ᄒᆞᄂᆞᆫ 디라 ᄆᆞᄋᆞᆷ이 廣(광)홈애 體(톄)ㅣ 胖(반)ᄒᆞᄂᆞ니 故(고)로 君子(군ᄌᆞ)ᄂᆞᆫ 반ᄃᆞ시 그 意(의)를 誠(셩)ᄒᆞᄂᆞ니라

② 栗谷本

닐온 밧 그 意(의)를 誠(셩)ᄒᆞ다 호ᄆᆞᆫ 스스로 欺(긔)ᄒᆞ디 마로미니 惡臭(악츄)를 惡(오)ᄐᆞᆺ ᄒᆞ고 好色(호ᄉᆡᆨ)을 好(호)ᄐᆞᆺ 호미 이 닐온 스스로 謙(겸)호미니 故(고)로 君子(군ᄌᆞ)ᄂᆞᆫ 반ᄃᆞ시 그 獨(독)애 愼(신)홀 디니라

小人(쇼인)이 閒居(한거)호매 不善(블션)을 호ᄃᆡ 니ᄅᆞ디 아닐 배 업시 ᄒᆞ다가 君子(군ᄌᆞ)를 본 후제 厭然(암연)히 그 不善(블션)을 揜(엄)ᄒᆞ고 그 善(션)을 著(뎌)ᄒᆞᄂᆞ니 人(인)의 己(긔)ㅣ 보기 그 肺肝(폐간)을 봄ᄀᆞ티 ᄒᆞ논 디니 엇디 益(익)ᄒᆞ리오 이 닐온 中(듕)에 誠(셩)ᄒᆞ면 外(외)예 形(형)호미니 故(고)로 君子(군ᄌᆞ)ᄂᆞᆫ 반ᄃᆞ시 그 獨(독)애 愼(신)홀 디니라

曾子(증ᄌᆞ)ㅣ ᄀᆞᄅᆞ샤ᄃᆡ 열 눈의 보ᄂᆞᆫ 배며 열 손의 ᄀᆞᄅᆞ치ᄂᆞᆫ 배니 그 嚴(엄)ᄒᆞᆫ뎌 ᄒᆞ시니라

富(부)ᄂᆞᆫ 屋(옥)을 潤(윤)케 ᄒᆞ고 德(덕)은 身(신)을 潤(윤)케 ᄒᆞᄂᆞᆫ 디라 心(심)이 廣(광)ᄒᆞ며 體(톄)ㅣ 胖(반)ᄒᆞᄂᆞ니 故(고)로 君子(군ᄌᆞ)ᄂᆞᆫ 반ᄃᆞ시 그 意(의)를 誠(셩)홀 디니라

傳文 第七章 : 釋「正心·脩身」

所謂脩身在正其心者, 身有所忿懥, 則不得其正; 有所恐懼, 則不得其正; 有所好樂, 則不得其正; 有所憂患, 則不得其正.

心不在焉, 視而不見, 聽而不聞, 食而不知其味.

此謂脩身在正其心.

① 陶山本

닐온 밧 몸을 닷금이 그 ᄆᆞ음을 正(졍)홈애 잇다 홈은 ᄆᆞ음애 忿懥(분티)ᄒᆞ논 바를 두면 그 正(졍)을 得(득)디 몯ᄒᆞ고 恐懼(공구)ᄒᆞ논 바를 두면 그 正(졍)을 得(득)디 몯ᄒᆞ고 好樂(호요)ᄒᆞ논 바를 두면 그 正(졍)을 得(득)디 몯ᄒᆞ고 憂患(우환)ᄒᆞ논 바를 두면 그 正(졍)을 得(득)디 몯ᄒᆞᄂᆞ니라

ᄆᆞ음이 잇디 아니면 보아도 보디 몯ᄒᆞ며 드러도 듣디 몯ᄒᆞ며 먹어도 그 마ᄉᆞᆯ 아디 몯ᄒᆞᄂᆞ니라

이 닐온 몸 닷금이 그 ᄆᆞ음을 正(졍)홈애 이숌이니라

② 栗谷本

닐온 밧 身(신)을 修(슈)ᄒᆞ기 그 心(심)을 正(졍)호매 잇다 호ᄆᆞᆫ 心(심)의 忿懥(분티)ᄒᆞᆫ 바를 두면 그 正(졍)을 得(득)디 몯ᄒᆞ며 恐懼(공구)ᄒᆞᆫ 바를 두면 그 正(졍)을 得(득)디 몯ᄒᆞ며 好樂(호요)ᄒᆞᆫ 바를 두면 그 正(졍)을 得(득)디 몯ᄒᆞ며 憂患(우환)ᄒᆞᆫ 바를 두면 그 正(졍)을 得(득)디 몯홀 디니라

心(심)이 잇디 아니ᄒᆞ면 視(시)ᄒᆞ야도 見(견)티 몯ᄒᆞ며 聽(텽)ᄒᆞ야도 聞(문)티 몯ᄒᆞ며 食(식)ᄒᆞ야도 그 마ᄉᆞᆯ 아디 몯ᄒᆞᄂᆞ니라

이 닐온 身(신)을 修(슈)ᄒᆞ기 그 心(심)을 正(졍)호매 이쇼미니라

傳文 第八章 : 釋「脩身·齊家」

所謂齊其家在脩其身者: 人之其所親愛而辟焉, 之其所賤惡而辟焉, 之其所畏敬而辟焉, 之其所哀矜而辟焉, 之其所敖惰而辟焉. 故好而知其惡, 惡而知其美者, 天下鮮矣!

故諺有之曰:「人莫知其子之惡, 莫知其苗之碩.」

此謂身不脩不可以齊其家.

① 陶山本

닐온 밧 그 집을 ᄀᆞᄌᆞ기 홈이 그 몸 닷금애 잇다 홈은 사ᄅᆞᆷ이 그 親愛(친ᄋᆡ)ᄒᆞᆫ 바애 辟(벽)ᄒᆞ며 그 賤惡(쳔오)ᄒᆞᆫ 바애 辟(벽)ᄒᆞ며 그 畏敬(외경)ᄒᆞᆫ 바애 辟(벽)ᄒᆞ며 그 哀矜(ᄋᆡ긍)ᄒᆞᆫ 바애 辟(벽)ᄒᆞ며 그 敖惰(오타)ᄒᆞᆫ 바애 辟(벽)ᄒᆞᄂᆞ니 故(고)로 됴히 너교ᄃᆡ 그 사오나옴을 알며 아쳐 호ᄃᆡ 그 아ᄅᆞᆷ다오믈 알 者(쟈)ㅣ 天下(텬하)애 져그니라

故(고)로 諺(언)에 이시니 ᄀᆞᆯ오ᄃᆡ 사ᄅᆞᆷ이 그 子(ᄌᆞ)의 사오나옴을 아디 몯ᄒᆞ며 그 苗(묘)의 큼을 아디 몯ᄒᆞᆫ다 ᄒᆞ니라

이 닐온 몸이 닷디 아니면 可(가)히 ᄡᅧ 그 집을 ᄀᆞᄌᆞ기 ᄒᆞ디 몯홈이니라

② 栗谷本

닐온 밧 그 家(가)를 齊(졔)ᄒ기 그 身(신)을 修(슈)호매 잇다 호믄 人(인)이 그 親愛(친ᄋᆡ)ᄒᆞᄂᆞᆫ 바의 辟(벽)ᄒᆞ며 그 賤惡(쳔오)ᄒᆞᄂᆞᆫ 바의 辟(벽)ᄒᆞ며 그 畏敬(외경)ᄒᆞᄂᆞᆫ 바의 辟(벽)ᄒᆞ며 그 哀矜(ᄋᆡ긍)ᄒᆞᄂᆞᆫ 바의 辟(벽)ᄒᆞ며 그 敖惰(오타)ᄒᆞᄂᆞᆫ 바의 辟(벽)ᄒᆞᄂᆞ니 故(고)로 好(호)코 그 惡(악)을 알며 惡(오)코 그 美(미)를 알 者(쟈)ㅣ 天下(텬하)의 鮮(션)ᄒᆞ니라

故(고)로 諺(언)에 이시니 ᄀᆞᆯ오ᄃᆡ 人(인)이 그 子(ᄌᆞ)의 惡(악)을 아디 몯ᄒᆞ며 그 苗(묘)의 碩(셕)호ᄆᆞᆯ 아디 몯ᄒᆞᆫ다 ᄒᆞ니라

이 닐온 身(신)이 修(슈)티 몯ᄒᆞ면 可(가)히 ᄡᅥ 그 家(가)를 齊(졔)티 몯호미니라

傳文 第九章：釋「齊家·治國」

所謂治國必先齊其家者，其家不可教而能教人者，無之．故君子不出家而成教於國：孝者，所以事君也；弟者，所以事長也；慈者，所以使衆也．

康誥曰：「如保赤子」，心誠求之，雖不中不遠矣．未有學養子而后嫁者也！

一家仁，一國興仁；一家讓，一國興讓；一人貪戾，一國作亂；其機如此．此謂一言僨事，一人定國．

堯舜帥天下以仁，而民從之；桀紂帥天下以暴，而民從之；其所令反其所好，而民不從．是故君子有諸己而后求諸人，無諸己而后非諸人．所藏乎身不恕，而能喩諸人者，未之有也．

故治國在齊其家．

詩云：「桃之夭夭，其葉蓁蓁：之子于歸，宜其家人．」宜其家人，而后可以教國人．

詩云：「宜兄宜弟．」宜兄宜弟，而后可以教國人．

詩云：「其儀不忒，正是四國．」其爲父子兄弟足法，而后民法之也．

此謂治國在齊其家．

① 陶山本

닐온 밧 나라흘 다ᄉᆞ리미 반ᄃᆞ시 몬져 그 집을 ᄀᆞᄌᆞ기 홇 거시라 홈은 그 집을 可(가)히 敎(교)티 몯ᄒᆞ고 能(능)히 사ᄅᆞᆷ을 敎(교)홀 者(쟈)ㅣ 업스니 故(고)로 君子(군ᄌᆞ)ᄂᆞᆫ 집의 나디 아니ᄒᆞ야셔 敎(교)ㅣ 나라히 이ᄂᆞ니 孝(효)ᄂᆞᆫ ᄡᅥ 君(군)을 셤기ᄂᆞᆫ 배오 弟(뎨)ᄂᆞᆫ ᄡᅥ 長(댱)을 셤기ᄂᆞᆫ 배오 慈(ᄌᆞ)ᄂᆞᆫ ᄡᅥ 衆(즁)을 브리ᄂᆞᆫ 배니라

康誥(강고)애 ᄀᆞᆯ오ᄃᆡ 赤子(젹ᄌᆞ)를 保(보)홈 ᄀᆞ티 ᄒᆞ라 ᄒᆞ니 ᄆᆞᄋᆞᆷ애 誠(셩)으로 求(구)ᄒᆞ면 비록 中(듕)티 몯ᄒᆞ나 머디 아니ᄒᆞᄂᆞ니 子(ᄌᆞ) 養(양)홈을 ᄇᆡ혼 后(후)에 嫁(가)ᄒᆞᆯ 者(쟈)ㅣ 잇디 아니ᄒᆞ니라

ᄒᆞᆫ 집이 仁(신)ᄒᆞ면 ᄒᆞᆫ 나라히 仁(신)에 興(흥)ᄒᆞ고 ᄒᆞᆫ 집이 讓(샹)ᄒᆞ면 ᄒᆞᆫ 나라히 讓(샹)에 興(흥)ᄒᆞ고 ᄒᆞᆫ 사ᄅᆞᆷ이 貪(탐)ᄒᆞ며 戾(려)ᄒᆞ면 ᄒᆞᆫ 나라히 亂(란)을 作(작)ᄒᆞᄂᆞ니 그 機(긔)ㅣ 이ᄀᆞᄐᆞ니 이 닐온 ᄒᆞᆫ 말이 이ᄅᆞᆯ 僨(분)ᄒᆞ며 ᄒᆞᆫ 사ᄅᆞᆷ이 나라ᄒᆞᆯ 定(뎡)홈이니라

堯(요)와 舜(슌)이 天下(텬하) 帥(솔)ᄒᆞ심을 仁(신)으로ᄡᅥ ᄒᆞ신대 民(민)이 좃고 桀(걸)과 紂(듀)ㅣ 天下(텬하) 帥(솔)홈을 暴(포)로ᄡᅥ ᄒᆞᆫ대 民(민)이 조ᄎᆞ니 그 令(령)ᄒᆞᄂᆞᆫ 배 그 됴히 너기ᄂᆞᆫ 바애셔 反(반)ᄒᆞ면 民(민)이 좃디 아니ᄒᆞᄂᆞ니 이런 故(고)로 君子(군ᄌᆞ)ᄂᆞᆫ 몸애 둔 後(후)에 사ᄅᆞᆷ의게 求(구)ᄒᆞ며 몸애 업슨 後(후)에 사ᄅᆞᆷ의게 외다 ᄒᆞᄂᆞ니 몸애 藏(장)ᄒᆞᆫ 배 恕(셔) 몯ᄒᆞᆯ 거시오 能(능)히 사ᄅᆞᆷ의게 喩(유)ᄒᆞᆯ 者(쟈)ㅣ 잇디 아니ᄒᆞ니라

故(고)로 나라ᄒᆞᆯ 다ᄉᆞ림이 그 집을 ᄀᆞᄌᆞ기 홈애 인ᄂᆞ니라

詩(시)예 닐오ᄃᆡ 桃(도)의 夭夭(요요)홈이여 그 닙피 蓁蓁(진진)ᄒᆞ도다 之子(지ᄌᆞ)의 歸(귀)홈이여 그 家人(가신)을 宜(의)ᄒᆞ리로다 ᄒᆞ니 그 家人(가신)을 宜(의)ᄒᆞᆫ 后(후)에 可(가)히 ᄡᅥ 國人(국신)을 ᄀᆞᄅᆞ칠 이니라

詩(시)예 닐오ᄃᆡ 兄(형)을 宜(의)ᄒᆞ며 弟(뎨)를 宜(의)ᄒᆞ다 ᄒᆞ니 兄(형)을 宜(의)ᄒᆞ며 弟(뎨)를 宜(의)ᄒᆞᆫ 后(후)에 可(가)히 ᄡᅥ 國人(국신)을 ᄀᆞᄅᆞ칠 이니라

詩(시)예 닐오ᄃᆡ 그 儀(의)ㅣ 그르디 아니ᄒᆞᆫ 디라 이 四國(ᄉᆞ국)을 正(졍)ᄒᆞ리로다 ᄒᆞ니 그 父子(부ᄌᆞ)와 兄弟(형뎨)ㅣ 도윈 이 足(족)히 法(법)ᄒᆞᆫ 후에 民(민)이 法(법)ᄒᆞᄂᆞ니라

이 닐온 나라ᄒᆞᆯ 다ᄉᆞ림이 그 집을 ᄀᆞᄌᆞ기 홈애 이숌이니라

② 栗谷本

닐온 밧 國(국)을 治(티)ᄒᆞ기 반ᄃᆞ시 몬져 그 家(가)를 齊(제)ᄒᆞᆫ다 호ᄆᆞᆫ 그 家(가)를 可(가)히 敎(교)티 몯ᄒᆞ고 能(능)히 人(인)을 敎(교)ᄒᆞᆯ 者(쟈)ㅣ 업슨 디라 故(고)로 君子(군ᄌᆞ)ᄂᆞᆫ 家(가)의 나디 아녀 國(국)애 敎(교)를 일우ᄂᆞ니 孝(효)ᄂᆞᆫ ᄡᅥ 君(군)을 事(ᄉᆞ)ᄒᆞᆯ 배오 弟(뎨)ᄂᆞᆫ ᄡᅥ 長(댱)을 事(ᄉᆞ)ᄒᆞᆯ 배오 慈(ᄌᆞ)ᄂᆞᆫ ᄡᅥ 衆(듕)을 使(ᄉᆞ)ᄒᆞᆯ 배니라

康誥(강고)의 ᄀᆞᆯ오ᄃᆡ 赤子(젹ᄌᆞ)를 保(보)ᄐᆞᆺ ᄒᆞ라 ᄒᆞ니 心(심)의 誠(셩)으로 求(구)ᄒᆞ면 비록 中(듕)티 몯ᄒᆞ나 遠(원)티 아닛ᄂᆞ니 子(ᄌᆞ) 養(양)키를 學(ᄒᆞᆨ)ᄒᆞᆫ 后(후)에 嫁(가)ᄒᆞᆯ 者(쟈)ㅣ 잇디 아니니라

一家(일가)ㅣ 仁(인)ᄒᆞ면 一國(일국)이 仁(인)을 興(흥)ᄒᆞ며 一家(일가)ㅣ 讓(양)ᄒᆞ면 一國(일국)이 讓(양)을 興(흥)ᄒᆞ고 一人(일인)이 貪(탐)코 戾(려)ᄒᆞ면 一國(일국)이 亂(란)을 作(작)ᄒᆞᄂᆞ니 그 機(긔)ㅣ 이ᄀᆞᄐᆞ니 이 닐온 一言(일언)이 事(ᄉᆞ)를 僨(분)ᄒᆞ며 一人(일인)이 국(國)을 定(뎡)호미니라

堯舜(요슌)이 天下(텬하)를 仁(인)으로ᄡᅥ 帥(솔)ᄒᆞ신대 民(민)이 從(죵)ᄒᆞ며 桀紂(걸듀)ㅣ 天下(텬하)를 暴(포)로ᄡᅥ 帥(솔)ᄒᆞᆫ대 民(민)이 從(죵)ᄒᆞ니 그 令(령)ᄒᆞᆫ 배 그 好(호)ᄒᆞᄂᆞᆫ 바의 反(반)ᄒᆞ면 民(민)이 從(죵)티 아닛ᄂᆞᆫ 디라 이런 故(고)로 君子(군ᄌᆞ)ᄂᆞᆫ 己(긔)예 둔 後(후)제 人(인)의게 求(구)ᄒᆞ며 己(긔)예 업슨 後(후)제 人(인)의게 외다 ᄒᆞᄂᆞ니 身(신)의

藏(장)혼 배 恕(셔)ㅣ 아니오 能(능)히 人(인)을 喩(유)홀 者(쟈)ㅣ 잇디 아니니라

故(고)로 國(국)을 治(티)ᄒᆞ기 그 家(가)를 齊(졔)호매 잇ᄂᆞ니라

詩(시)예 닐오ᄃᆡ 桃(도)의 夭夭(요요)호미여 그 니피 蓁蓁(진진)ᄒᆞ도다 之子(지ᄌᆞ)의 歸(귀)호미여 그 家人(가인)을 宜(의)케 ᄒᆞ리로다 ᄒᆞ니 그 家人(가인)을 宜(의)케 ᄒᆞᆫ 后(후)제 可(가)히 ᄡᅥ 國人(국인)을 敎(교)홀디니라

詩(시)예 닐오ᄃᆡ 兄(형)을 宜(의)케 ᄒᆞ며 弟(뎨)를 宜(의)케 ᄒᆞ다 ᄒᆞ니 兄(형)을 宜(의)케 ᄒᆞ며 弟(뎨)를 宜(의)케 ᄒᆞᆫ 后(후)제 可(가)히 ᄡᅥ 國人(국인)을 敎(교)홀 디니라

詩(시)예 닐오ᄃᆡ 그 儀(의)ᄅᆞᆯ 忒(특)디 아닌 디라 이 四國(ᄉᆞ국)을 正(졍)ᄒᆞ다 ᄒᆞ니 그 父子(부ᄌᆞ) 兄弟(형뎨) 되엿ᄂᆞᆫ 니 足(죡)히 法(법)ᄒᆞᆫ 后(후)제 民(민)이 法(법)ᄒᆞᄂᆞ니라

이 닐온 國(국)을 治(티)ᄒᆞ기 그 家(가)를 齊(졔)호매 이쇼미니라

傳文 第十章：釋「治國·平天下」

所謂平天下在治其國者: 上老老而民興孝, 上長長而民興弟, 上恤孤而民不倍, 是以君子有絜矩之道也.

所惡於上, 毋以使下; 所惡於下, 毋以事上; 所惡於前, 毋以先後; 所惡於後, 毋以從前; 所惡於右, 毋以交於左; 所惡於左, 毋以交於右: 此之謂絜矩之道.

詩云:「樂只君子, 民之父母.」民之所好好之, 民之所惡惡之, 此之謂民之父母.

詩云:「節彼南山, 維石巖巖, 赫赫師尹, 民具爾瞻.」有國者不可以不愼, 辟則爲天下僇矣.

詩云:「殷之未喪師, 克配上帝; 儀監于殷, 峻命不易.」道得衆則得國, 失衆則失國.

是故君子先愼乎德. 有德此有人, 有人此有土, 有土此有財, 有財此有用.

德者本也, 財者末也.

外本內末, 爭民施奪.

是故財聚則民散, 財散則民聚.

是故言悖而出者, 亦悖而入; 貨悖而入者, 亦悖而出.

康誥曰:「惟命不于常!」道善則得之, 不善則失之矣.

楚書曰:「楚國無以爲寶，惟善以爲寶.」

舅犯曰:「亡人無以爲寶，仁親以爲寶.」

秦誓曰:「若有一个臣，斷斷兮無他技，其心休休焉，其如有容焉. 人之有技，若己有之，人之彦聖，其心好之，不啻若自其口出，寔能容之，以能保我子孫黎民，尚亦有利哉! 人之有技，媢疾以惡之，人之彦聖，而違之俾不通，寔不能容，以不能保我子孫黎民，亦曰殆哉!」

唯仁人放流之，迸諸四夷，不與同中國. 此謂唯仁人爲能愛人，能惡人.

見賢而不能擧，擧而不能先，命也; 見不善而不能退，退而不能遠，過也.

好人之所惡，惡人之所好，是謂拂人之性，菑必逮夫身.

是故君子有大道，必忠信以得之，驕泰以失之.

生財有大道，生之者衆，食之者寡，爲之者疾，用之者舒，則財恆足矣.

仁者以財發身，不仁者以身發財.

未有上好仁而下不好義者也. 未有好義其事不終者也，未有府庫財非其財者也.

孟獻子曰:「畜馬乘不察於雞豚，伐冰之家不畜牛羊，百乘之家不畜聚斂之臣，與其有聚斂之臣，寧有盜臣.」此謂國不以利爲利，以義爲利也.

長國家而務財用者，必自小人矣. 彼爲善之，小人之使爲國家，菑害並至. 雖有善者，亦無如之何矣! 此謂國不以利爲利，以義爲利也.

① 陶山本

닐온 밧 天下(텬하)롤 平(평)히 홈이 그 나라흘 다스림애 잇다 홈은 上(샹)이 늘근이롤 늘근이로 ᄒᆞ욤애 民(민)이 孝(효)애 興(흥)ᄒᆞ며 上(샹)이 얼운을 얼운으로 ᄒᆞ욤애 民(민)이 弟(뎨)예 興(흥)ᄒᆞ며 上(샹)이 孤(고)롤 恤(휼)홈애 民(민)이 倍(빅)티 아니ᄒᆞᄂᆞ니 일로뼈 君子(군ᄌᆞ)ㅣ 矩(구)로 絜(혈)ᄒᆞᄂᆞᆫ 道(도)ㅣ 인ᄂᆞ니라

上(샹)에 아쳐ᄒᆞᄂᆞᆫ 바로뼈 下(하)롤 브리디 말며 下(하)에 아쳐ᄒᆞᄂᆞᆫ 바로뼈 上(샹)을 셤기디 말며 前(젼)에 아쳐ᄒᆞᄂᆞᆫ 바로뼈 後(후)에 몬져 말며 後(후)에 아쳐ᄒᆞᄂᆞᆫ 바로뼈 前(젼)에 從(쫑)티 말며 右(우)에 아쳐ᄒᆞᄂᆞᆫ 바로뼈 左(자)에 交(교)티 말며 左(자)에 아쳐ᄒᆞ는 바로뼈 右(우)에 交(교)티 마롬이 이를 닐온 矩(구)로 絜(혈)ᄒᆞᄂᆞᆫ 道(도)ㅣ니라

詩(시)예 닐오ᄃᆡ 나온 君子(군ᄌᆞ)ㅣ여 民(민)의 父母(부모)ㅣ라 ᄒᆞ니 民(민)의 됴하ᄒᆞᄂᆞᆫ 바롤 됴히 너기며 民(민)의 아쳐ᄒᆞᄂᆞᆫ 바롤 아쳐홈이 이롤 닐온 民(민)의 父母(부모)ㅣ니라

詩(시)예 닐오ᄃᆡ 節(졀)ᄒᆞᆫ뎌 南山(남산)이여 石(셕)이 巖巖(암암)ᄒᆞ도다 赫赫(혁혁)ᄒᆞᆫ 師(ᄉᆞ)ㅣ언 尹(윤)이여 民(민)이 다 너를 본다 ᄒᆞ니 나라ᄒᆞᆯ 둔ᄂᆞᆫ 者(쟈)ㅣ 可(가)히 ᄡᅥ 삼가디 아니티 몯ᄒᆞᆯ 거시니 辟(벽)ᄒᆞ면 天下(텬하)의 僇(륙)이 되ᄂᆞ니라

詩(시)예 닐오ᄃᆡ 殷(은)이 師(ᄉᆞ)를 喪(상)티 아니ᄒᆞ야신 제 능히 上帝(샹뎨)ᄭᅴ 配(ᄇᆡ)ᄒᆞ엿더니 맛당히 殷(은)에 볼 디어다 큰 命(명)이 쉽디 아니타 ᄒᆞ니 衆(즁)을 어드면 나라ᄒᆞᆯ 얻고 衆(즁)을 일흐면 나라ᄒᆞᆯ 일홈을 니ᄅᆞ니라

이런 故(고)로 君子(군ᄌᆞ)ᄂᆞᆫ 몬져 德(덕)을 삼가ᄂᆞ니 德(덕)이 이시면 이에 사ᄅᆞᆷ이 잇고 사ᄅᆞᆷ이 이시면 이에 ᄯᅡ히 잇고 ᄯᅡ히 이시면 이에 財(ᄌᆡ)ㅣ 잇고 財(ᄌᆡ)ㅣ 이시면 이에 用(용)이 인ᄂᆞ니라

德(덕)은 本(본)이오 財(ᄌᆡ)ᄂᆞᆫ 末(말)이니

本(본)을 外(외)ᄒᆞ고 末(말)을 內(ᄂᆡ)ᄒᆞ면 民(민)을 爭(ᄌᆡᆼ)케 ᄒᆞ야 奪(탈)을 施(시)홈이니라

이런 故(고)로 財(ᄌᆡ)ㅣ 모ᄃᆞ면 民(민)이 흐터디고 財(ᄌᆡ)ㅣ 흐트면 民(민)이 모ᄂᆞ니라

이런 故(고)로 말이 悖(패)ᄒᆞ야 난 者(쟈)ᄂᆞᆫ ᄯᅩᄒᆞᆫ 悖(패)ᄒᆞ야 들고 貨(화)ㅣ 悖(패)ᄒᆞ야 든 者(쟈)ᄂᆞᆫ ᄯᅩᄒᆞᆫ 悖(패)ᄒᆞ야 나ᄂᆞ니라

康誥(강고)애 ᄀᆞᆯ오ᄃᆡ 오직 命(명)은 덛덛ᄒᆞᆫ ᄃᆡ 아닌ᄂᆞ다 ᄒᆞ니 善(션)ᄒᆞ면 얻고 善(션)티 아니ᄒᆞ면 일홈을 니ᄅᆞ니라

楚書(초셔)애 ᄀᆞᆯ오ᄃᆡ 楚(초)ㅅ 나라ᄒᆞᆫ ᄡᅥ 寶(보) 삼ᄋᆞᆯ 거시 업고 오직 어디니를 ᄡᅥ 寶(보) 삼ᄂᆞ다 ᄒᆞ니라

舅(구)ㅣ언 犯이(범) ᄀᆞᆯ오ᄃᆡ 亡(망)ᄒᆞᆫ 사ᄅᆞᆷ은 ᄡᅥ 寶(보) 삼ᄋᆞᆯ 거시 업고 親(친)을 仁(신)홈을 ᄡᅥ 寶(보) 삼으라 ᄒᆞ니라

秦誓(진셔)애 ᄀᆞᆯ오ᄃᆡ 만일에 ᄒᆞᆫ낫 臣(신)이 斷斷(단단)ᄒᆞ고 다른 ᄌᆡ죄 업스나 그 ᄆᆞᄋᆞᆷ이 休休(휴휴)혼디 그 용납홈이 인ᄂᆞᆫ ᄃᆞᆺ 혼디라 사ᄅᆞᆷ의 ᄌᆡ조둠을 몸이 둠 ᄀᆞ티 ᄒᆞ며 사ᄅᆞᆷ의 彦聖(언셩)을 그 ᄆᆞᄋᆞᆷ애 됴히 너기미 그 입오로브터 남 ᄀᆞᆮ틀 ᄲᅮᆫ니 안이면 진실로 能(능)히 용납ᄒᆞᄂᆞᆫ 디라 ᄡᅥ 能(능)히 우리 子孫(ᄌᆞ손)과 黎民(려민)을 保(보)ᄒᆞ리니 거의 ᄯᅩᄒᆞᆫ 利(리)이시린뎌 사ᄅᆞᆷ의 ᄌᆡ조둠을 媢疾(모질)ᄒᆞ야 ᄡᅥ 아쳐ᄒᆞ며 사ᄅᆞᆷ의 彦聖(언셩)을 違(위)ᄒᆞ야 ᄒᆞ여곰 通(통)티 몯게 ᄒᆞ면 진실로 能(능)히 용납디 몯ᄒᆞᄂᆞᆫ 디라 ᄡᅥ 能(능)히 우리 子孫(ᄌᆞ손)과 黎民(려민)을 保(보)티 몯ᄒᆞ리니 ᄯᅩᄒᆞᆫ ᄀᆞᆯ온 위틱ᄒᆞ린뎌

오직 仁(신)ᄒᆞᆫ 사ᄅᆞᆷ이사 放流(방류)ᄒᆞ야 四夷(ᄉᆞ이)예 迸(병)ᄒᆞ야 더브러 中國(듕국)에 同(동)티 아니ᄒᆞᄂᆞ니 이 닐온 오직 仁(신)ᄒᆞᆫ 사ᄅᆞᆷ이사 能(능)히 사ᄅᆞᆷ을 ᄉᆞ랑ᄒᆞ며 能(능)히 사ᄅᆞᆷ을 아쳐홈이니라

어디니를 보고 能(능)히 擧(거)티 몯ᄒᆞ며 擧(거)호ᄃᆡ 能(능)히 몬져 몯홈이 慢(만)홈이오 어디디 안인 이를 보고 能(능)히 退(퇴)티 몯ᄒᆞ며 退(퇴)호ᄃᆡ 能(능)히 멀리 몯홈이 過(과)ㅣ니라

사ᄅᆞᆷ의 아쳐ᄒᆞᄂᆞᆫ 바ᄅᆞᆯ 됴히 너기며 사ᄅᆞᆷ의 됴히 너기ᄂᆞᆫ 바ᄅᆞᆯ 아쳐홈이 이 닐온 사ᄅᆞᆷ의 性(셩)을 拂(블)홈이라 菑(ᄌᆡ)ㅣ 반ᄃᆞ시 몸애 미ᄂᆞ니라

이런 故(고)로 君子(군ᄌᆞ)ㅣ 큰 道(도)ㅣ 이시니 반ᄃᆞ시 忠(튱)과 信(신)으로ᄡᅥ 얻고 驕(교)와 泰(태)로ᄡᅥ 일ᄂᆞ니라

財(ᄌᆡ)를 生(ᄉᆡᆼ)ᄒᆞ욤이 큰 道(도)ㅣ 이시니 生(ᄉᆡᆼ)ᄒᆞᆯ 者(쟈)ㅣ 衆(즁)ᄒᆞ고 食(식)ᄒᆞᆯ 者(쟈)ㅣ 寡(과)ᄒᆞ며 爲(위)ᄒᆞᆯ 者(쟈)ㅣ 疾(질)ᄒᆞ고 用(용)ᄒᆞᆯ 者(쟈)ㅣ 舒(셔)ᄒᆞ면 곧 財(ᄌᆡ)ㅣ 덛덛이 足(죡)ᄒᆞ리라

仁(ᅀᅵᆫ)ᄒᆞᆫ 者(쟈)ᄂᆞᆫ 財(ᄌᆡ)로ᄡᅥ 몸을 發(발)ᄒᆞ고 不仁(블ᅀᅵᆫ)ᄒᆞᆫ 者(쟈)ᄂᆞᆫ 몸으로ᄡᅥ 財(ᄌᆡ)를 發(발)ᄒᆞᄂᆞ니라

上(샹)이 仁(ᅀᅵᆫ)을 됴히 너기고 下(하)ㅣ 義(의)를 됴히 너기디 아닐 者(쟈)ㅣ 잇디 아니니 義(의)를 됴히 너기고 그 일이 ᄆᆞᆺ디 몯ᄒᆞᆯ 者(쟈)ㅣ 잇디 아니며 府庫(부고)읫 財(ᄌᆡ)ㅣ 그 財(ᄌᆡ) 아니니 잇디 아니ᄒᆞ니라

孟獻子(ᄆᆡᆼ헌ᄌᆞ)ㅣ ᄀᆞᆯ오ᄃᆡ 馬乘(마승)치ᄂᆞᆫ 이ᄂᆞᆫ 鷄(계)와 豚(돈)에 ᄉᆞᆯ피디 아니ᄒᆞ고 冰(빙)을 伐(벌)ᄒᆞᄂᆞᆫ 집은 牛(우)와 羊(양)을 치디 아니ᄒᆞ고 百乘(ᄇᆡᆨ승)ㅅ 집은 聚斂(취렴)ᄒᆞᄂᆞᆫ 臣(신)을 치디 아니ᄒᆞᄂᆞ니 그 聚斂(취렴)ᄒᆞᄂᆞᆫ 臣(신) 둠으로 더브러론 출하리 盜臣(도신)을 둘 디라 ᄒᆞ니 이 닐온 나라ᄒᆞᆫ 利(리)로ᄡᅥ 利(리)를 삼디 아니ᄒᆞ고 義(의)로ᄡᅥ 利(리)를 삼오미니라

國家(국가)에 長(댱)ᄒᆞ야 財用(ᄌᆡ용)을 힘ᄡᅳᄂᆞᆫ 이ᄂᆞᆫ 반ᄃᆞ시 小人(쇼ᅀᅵᆫ)으로브테니 小人(쇼ᅀᅵᆫ)으로 ᄒᆞ여곰 國家(국가)를 ᄒᆞ게 ᄒᆞ면 菑(ᄌᆡ)와 害(해)ㅣ ᄀᆞᆯ와 니를 디라 비록 어딘 者(쟈)ㅣ 이시나 ᄯᅩᄒᆞᆫ 엇디려뇨 홈이 업스리니 이 닐온 나라ᄒᆞᆫ 利(리)로ᄡᅥ 利(리)를 삼디 아니ᄒᆞ고 義(의)로ᄡᅥ 利(리)를 삼오미니라

② 栗谷本

닐온 밧 天下(텬하)를 平(평)히 ᄒᆞ기 그 國(국)을 治(티)호매 잇다 호믄 上(샹)이 老(로)를 老(로)호매 民(민)이 孝(효)를 興(흥)ᄒᆞ며 上(샹)이 長(댱)을 長(댱)호매 民(민)이 弟(뎨)를 興(흥)ᄒᆞ며 上(샹)이 孤(고)를 恤(휼)호매 民(민)이 倍(ᄇᆡ)티 아니ᄒᆞᄂᆞ니 일로ᄡᅥ 君子(군ᄌᆞ)ㅣ 矩(구)로 絜(혈)ᄒᆞᄂᆞᆫ 道(도)를 둣ᄂᆞ니라

上(샹)의게 惡(오)ᄒᆞᄂᆞᆫ 바로ᄡᅥ 下(하)를 使(ᄉᆞ)티 말며 下(하)의게 惡(오)ᄒᆞᄂᆞᆫ 바로ᄡᅥ 上(샹)을 事(ᄉᆞ)티 말며 前(젼)의게 惡(오)ᄒᆞᄂᆞᆫ 바로ᄡᅥ 後(후)의 先(션)티 말며 後(후)의게 惡(오)ᄒᆞᄂᆞᆫ 바로ᄡᅥ 前(젼)의 從(죵)티 말며 右(우)의게 惡(오)ᄒᆞᄂᆞᆫ 바로ᄡᅥ 左(자)의 交(교)티 말며 左(자)의게 惡(오)ᄒᆞᄂᆞᆫ 바로ᄡᅥ 右(우)의 交(교)티 마로미 이 닐온 矩(구)로 絜(혈)ᄒᆞᄂᆞᆫ 道(도)ㅣ니라

詩(시)예 닐오ᄃᆡ 樂(락)ᄒᆞᆫ 君子(군ᄌᆞ)ㅣ여 民(민)의 父母(부모)ㅣ라 ᄒᆞ니 民(민)의 好(호)ᄒᆞᄂᆞᆫ 바ᄅᆞᆯ 好(호)ᄒᆞ고 民(민)의 惡(오)ᄒᆞᄂᆞᆫ 바ᄅᆞᆯ 惡(오)호미 이 닐온 民(민)의 父母(부모)ㅣ니라

詩(시)예 닐오ᄃᆡ 節(절)ᄒᆞᆫ뎌 南山(남산)이여 石(셕)이 巖巖(암암)ᄒᆞ도다 赫赫(혁혁)ᄒᆞᆫ 師尹(ᄉᆞ윤)이여 民(민)이 다 爾(이)를 瞻(쳠)ᄒᆞᆫ다 ᄒᆞ니 國(국)을 둣ᄂᆞᆫ 者(쟈)ㅣ 可(가)히 ᄡᅥ 愼(신)티 아니티 몯ᄒᆞᆯ 디니 辟(벽)ᄒᆞ면 天下(텬하)의 僇(륙)이 되리라

詩(시)예 닐오ᄃᆡ 殷(은)의 師(ᄉᆞ)를 喪(상)티 아닌 제 上帝(샹뎨)를 克(극)히 配(ᄇᆡ)ᄒᆞ더니 맛당히 殷(은)의 監(감)ᄒᆞᆯ 디어다 峻(쥰)ᄒᆞᆫ 命(명)이 易(이)티 아니타 ᄒᆞ니 衆(듕)을 得(득)ᄒᆞ면 國(국)을 得(득)ᄒᆞ고 衆(듕)을 失(실)ᄒᆞ면 國(국)을 失(실)호ᄆᆞᆯ 니ᄅᆞ니라

이런 故(고)로 君子(군ᄌᆞ)ᄂᆞᆫ 몬져 德(덕)의 愼(신)ᄒᆞᆯ 디니 德(덕)을 두면 이에 人(인)을

둘 디오 人(인)을 두면 이에 土(토)를 둘 디오 土(토)를 두면 이에 財(지)를 둘 디오 財(지)를 두면 이에 用(용)을 둘 디니라

德(덕)은 本(본)이오 財(지)는 末(말)이니

本(본)을 外(외)ᄒᆞ고 末(말)을 內(닉)ᄒᆞ면 民(민)을 爭(징)케 ᄒᆞ야 奪(탈)로 施(시)호미니라

이런 故(고)로 財(지)ㅣ 聚(취)ᄒᆞ면 民(민)이 散(산)ᄒᆞ고 財(지)ㅣ 散(산)ᄒᆞ면 民(민)이 聚(취)ᄒᆞᄂᆞ니라

이런 故(고)로 言(언)이 悖(패)ᄒᆞ야 出(츌)ᄒᆞᆫ 者(쟈)ㅣ 또ᄒᆞᆫ 悖(패)ᄒᆞ야 入(입)ᄒᆞ며 貨(화)ㅣ 悖(패)ᄒᆞ야 入(입)ᄒᆞᆫ 者(쟈)ㅣ 또ᄒᆞᆫ 悖(패)ᄒᆞ야 出(츌)ᄒᆞᄂᆞ니라

康誥(강고)의 ᄀᆞᆯ오ᄃᆡ 오직 命(명)은 常(샹)티 아니타 ᄒᆞ니 善(션)ᄒᆞ면 得(득)ᄒᆞ고 善(션)티 몯ᄒᆞ면 失(실)호ᄆᆞᆯ 니ᄅᆞ니라

楚書(초셔)의 ᄀᆞᆯ오ᄃᆡ 楚(초)ㅅ 나라ᄒᆞᆫ ᄡᅧ 寶(보) 사ᄆᆞᆯ 거시 업고 오직 善(션)으로ᄡᅧ 寶(보)를 삼ᄂᆞ다 ᄒᆞ니라

舅犯(구범)이 ᄀᆞᆯ오ᄃᆡ 亡人(망인)은 ᄡᅧ 寶(보) 사ᄆᆞᆯ 거시 업고 親(친)을 仁(인)호ᄆᆞ로ᄡᅧ 寶(보)를 사ᄆᆞᆯ 디라 ᄒᆞ니라

秦誓(진셔)의 ᄀᆞᆯ오ᄃᆡ 만일 一介(일개) 臣(신)이 斷斷(단단)코 다른 ᄌᆡ죄 업스나 그 ᄆᆞ음이 休休(휴휴)호미 그 容(용)호미 잇ᄂᆞᆫ ᄃᆞᆺ ᄒᆞᆫ디라 人(인)의 技(기)두ᄆᆞᆯ 己(긔) 둠 ᄀᆞᆺ티 너기며 人(인)의 彦(언)과 聖(셩)을 그 ᄆᆞ음의 好(호)호미 그 口(구)로브터 남ᄀᆞᆺ티 너길 ᄲᅮᆫ 아니면 진실로 能(능)히 容(용)ᄒᆞᆯ 디라 ᄡᅧ 能(능)히 우리 子孫(ᄌᆞ손)이며 黎民(려민)을 保(보)ᄒᆞᆯ 디니 거의 또ᄒᆞᆫ 利(리) 이시린뎌 人(인)의 技(기)두ᄆᆞᆯ 媢疾(모질)ᄒᆞ야 ᄡᅧ 惡(오)ᄒᆞ며 人(인)의 彦(언)과 聖(셩)을 違(위)ᄒᆞ야 ᄒᆡ여곰 通(통)티 몯게 ᄒᆞ면 진실로 能(능)히 容(용)티 몯ᄒᆞᆯ 디라 ᄡᅧ 能(능)히 우리 子孫(ᄌᆞ손)이며 黎民(려민)을 保(보)티 몯ᄒᆞᆯ 디라 또ᄒᆞᆫ ᄀᆞᆯ온 殆(틱)ᄒᆞᆫ뎌 ᄒᆞ니라

오직 仁人(인인)이아 放流(방류)ᄒᆞ야 四夷(ᄉᆞ이)예 迸(병)ᄒᆞ야 더브러 中國(듕국)을 同(동)티 아니ᄒᆞᄂᆞ니 이 닐온 오직 仁人(인인)이아 能(능)히 人(인)을 愛(이)ᄒᆞ며 能(능)히 人(인)을 惡(오)호미니라

賢(현)을 보고 能(능)히 擧(거)티 몯ᄒᆞ며 擧(거)호ᄃᆡ 能(능)히 先(션)티 몯호미 慢(만)호미오 不善(블션)을 보고 能(능)히 退(퇴)티 몯ᄒᆞ며 退(퇴)호ᄃᆡ 能(능)히 遠(원)티 몯호미 過(과)ㅣ니라

人(인)의 惡(오)ᄒᆞᄂᆞᆫ 바를 好(호)ᄒᆞ고 人(인)의 好(호)ᄒᆞᄂᆞᆫ 바를 惡(오)호미 이 닐온 人(인)의 性(셩)을 拂(블)호미라 菑(지) 반ᄃᆞ시 身(신)의 미츨 디니라

이런 故(고)로 君子(군ᄌᆞ)ㅣ 큰 道(도)ㅣ 이시니 반ᄃᆞ시 忠信(튱신)ᄒᆞ야 ᄡᅧ 得(득)ᄒᆞ고 驕泰(교태)ᄒᆞ야 ᄡᅧ 失(실)ᄒᆞᆯ 디니라

財(지)를 生(싱)ᄒᆞ기 큰 道(도)ㅣ 이시니 生(싱)ᄒᆞᆯ 者(쟈)ㅣ 衆(즁)ᄒᆞ고 食(식)ᄒᆞᆯ 者(쟈)ㅣ 寡(과)ᄒᆞ며 爲(위)ᄒᆞᆯ 者(쟈)ㅣ 疾(질)ᄒᆞ고 用(용)ᄒᆞᆯ 者(쟈)ㅣ 舒(셔)ᄒᆞ면 財(지)ㅣ ᄒᆞᆼ샹 足(족)ᄒᆞ리라

仁(인)ᄒᆞᆫ 者(쟈)ᄂᆞᆫ 財(지)로ᄡᅧ 身(신)을 發(발)ᄒᆞ고 仁(인)티 아닌 者(쟈)ᄂᆞᆫ 身(신)으로ᄡᅧ

財(ᄌᆡ)를 發(발)ᄒᆞᄂᆞ니라

上(샹)이 仁(인)을 好(호)코 下(하)ㅣ 義(의)ᄅᆞᆯ 好(호)티 아닐 者(쟈)ㅣ 잇디 아니니 義(의)ᄅᆞᆯ 好(호)코 그 事(ᄉᆞ)ㅣ 終(죵)티 몯ᄒᆞᆯ 者(쟈)ㅣ 잇디 아니며 府庫(부고)의 財(ᄌᆡ)ㅣ 그 財(ᄌᆡ)ㅣ 아닌 者(쟈)ㅣ 잇디 아니니라

孟獻子(ᄆᆡᆼ헌ᄌᆞ)ㅣ ᄀᆞᆯ오ᄃᆡ 馬乘(마승)을 畜(휵)ᄒᆞᄂᆞ니ᄂᆞᆫ 雞(계)와 豚(돈)의 察(찰)티 아니ᄒᆞ고 冰(빙)을 伐(벌)ᄒᆞᄂᆞᆫ 家(가)ᄂᆞᆫ 牛羊(우양)을 畜(휵)디 아니ᄒᆞ고 百乘(ᄇᆡᆨ승)의 家(가)ᄂᆞᆫ 聚斂(취렴)ᄒᆞᄂᆞᆫ 臣(신)을 畜(휵)디 아니ᄒᆞᆯ 디니 다ᄆᆞᆺ 그 聚斂(취렴)ᄒᆞᄂᆞᆫ 臣(신)을 두모론 ᄎᆞᆯ히 盜(도)ᄒᆞᄂᆞᆫ 臣(신)을 둘 거시라 ᄒᆞ니 이 닐온 國(국)은 利(리)로ᄡᅥ 利(리)ᄅᆞᆯ 삼디 아니코 義(의)로ᄡᅥ 利(리)ᄅᆞᆯ 삼오미니라

國家(국가)의 長(댱)ᄒᆞ야 財用(ᄌᆡ용)을 務(무)ᄒᆞᄂᆞᆫ 者(쟈)ᄂᆞᆫ 반ᄃᆞ시 小人(쇼인)으로브터 ᄒᆞᄂᆞ니 小人(쇼인)을 ᄒᆡ여곰 國家(국가)ᄅᆞᆯ ᄒᆞ면 菑害(ᄌᆡ해) 並 至(지)ᄒᆞᆯ 디라 비록 善者(션쟈)ㅣ 이실 디라도 ᄯᅩᄒᆞᆫ 엇디려뇨 홈도 업스리니 이 닐온 國(국)은 利(리)로ᄡᅥ 利(리)ᄅᆞᆯ 삼디 아니코 義(의)로ᄡᅥ 利(리)ᄅᆞᆯ 사ᄆᆞᆯ 거시라 호미니라

임동석(林東錫)

호 茁浦·莎浦·負郭齋·醉碧軒. 1949년 경북 榮州생. 충북 丹陽에서 성장. 京東高, 서울敎大, 國際大, 建國大 대학원 졸업. 雨田 辛鎬烈 선생에게 漢學 배움. 臺灣 國立臺灣師範大學 國文硏究所(大學院) 博士班 졸업. 中華民國 國家文學博士(1983) 현 建國大 敎授. 成均館大, 延世大, 高麗大, 外國語大, 서울대 등 大學院 강의 역임. 韓國中國言語學會, 中國語文學硏究會, 韓國中語中文學會 등 會長역임. 저서: 《朝鮮譯學考》(中文) 《中國學術槪論》《中韓對比語文論》. 편역서: 《수레를 밀기 위해 내린 사람들》《栗谷先生詩文選》. 역서: 《漢語音韻學講義》《廣開土王碑硏究》《東北民族源流》《龍鳳文化源流》《論語心得》 등. 역주서: 《世說新語》《韓詩外傳》《說苑》《新序》《搜神記》《晏子春秋》《西京雜記》《戰國策》《四書集注》《詩品》《博物志》《唐才子傳》《潛夫論》《顔氏家訓》《賢文》《幼學瓊林》《搜神記》《菜根譚》《明心寶鑑》. 「임동석 중국고전100 완역총서」 출간.

사서강독四書講讀

〈原文·諺解〉

《論語》《孟子》《中庸》《大學》

林東錫 編

1판 1쇄 발행/2009년 3월 10일

발행인 고정일

발행처 동서문화사

창업 1956. 12. 12. 등록 16-3799(윤)

서울강남구신사동540-22 ☎546-0331~6 (FAX)545-0331

www.epascal.co.kr

잘못 만들어진 책은 바꾸어 드립니다.

*

사업자등록번호 211-87-75330

ISBN 978-89-497-0519-4 03140